雨润控股集团是一家集食品、物流、商业、房地产、文化旅游、金融和建筑等七大产业于一体的民营企业集团，总部位于江苏南京，员工总数近13万人，下属子（分）公司300多家，遍布全国30个省、直辖市和自治区。目前，雨润旗下拥有雨润食品（1068.HK）、中央商场（600280.SH）两家上市公司。

技术

2013年，雨润实现销售收入1299亿元，企业综合实力位列中国企业500强中排名第112位，中国制造业500强第39位，中国民营企业500强第8位，中国肉食品加工业第1位。

在食品主业方面，雨润始终坚持“食品工业是道德工业”的核心经营理念，创建了一条从源头到终端的安全食品链，覆盖种植、饲料、育种、养殖、屠宰、精深加工、冷链贮运、生物制药等各个环节，形成了冷鲜肉、冷冻肉、低温肉制品、高温肉制品等多个大类、上千个品种的全系列产品阵容。目前，集团拥有“雨润”、“旺润”、“福润”、“大众肉联”四大品牌，并荣获两个中国驰名商标、三个中国名牌和一个中华百年老字号，市场覆盖全国300多个大中城市，并出口至澳大利亚、新西兰、俄罗斯、韩国、中东、东南亚、港澳等国家和地区。截至2013年底，食品主业上游生猪屠宰产能达5545万头，稳居世界首位。下游深加工产能超过30万吨，雨润牌低温肉制品市场占有率连续16年位列全国第一，高星级酒店市场份额占70%以上。2011—2014年，雨润冷鲜肉市场综合占有率，也跃居全国第一。雨润是中国消费市场20年来最具影响力的消费品牌之一。

在科技研发方面，雨润成为我国食品行业首家同时拥有“国家级重点实验室”、“博士后工作站”、“院士工作站”、“国家级企业技术中心”、“国家级肉品工程中心”和“国家级检测中心”的民营企业。依托以上科研平台，雨润在食品关键技术领域取得上百项专利，牵头制定数十项国家标准，承担了包括“十五”、“十一五”和“十二五”期间肉类行业大部分重大科技攻关和支撑项目。

雨润充分发挥首批“国家级农业产业化重点龙头企业”的带动作用，推行“政府+公司+基地+农业经纪人+农村合作社”五位一体的订单农业发展模式，带动农民增收致富，促进城乡一体化发展与新农村建设。2012年，雨润直接带动900万户、4500万农民实现增收，增收总额超过138亿元。

雨润集团食品工业园鸟瞰图

中国食品工业年鉴

CHINA FOOD INDUSTRY YEARBOOD

2011-2013

（总第25部）

中华书局

图书在版编目（CIP）数据

中国食品工业年鉴. 2011～2013 / 中国食品工业年鉴编辑委员会编. — 北京：中国华书局，2014. 11

ISBN 978-7-101-10524-7

Ⅰ. 中… Ⅱ. 中… Ⅲ. 食品工业—中国—2011～2013—年鉴 Ⅳ. F426.82-54

中国版本图书馆CIP数据核字（2014）第253112号

责任编辑：金峰

中国食品工业年鉴. 2011～2013

中国食品工业年鉴编辑委员会编.

*

中 华 书 局 出 版

（北京市丰台区太平桥西里38号　100073）

http: // www. zhbc. com. cn

E-mail: zhbc@zhbc. com. cn

廊坊市晶艺印务有限公司 印刷

*

889*1194　1/16　32印张　1030千字

2014年11月第1版　2014年11月第1次印刷

印数：1-5000册　定价：680.00元（人民币）

ISBN 978-7-101-10524-7

《中国食品工业年鉴 2011-2013》编辑委员会

主　编

刘　治

副主编

沈　篪
王金声

编　辑

张京玉　郑宣东　邢　兵　高智杰　董　磊

特约撰稿人

（按姓氏笔画排序）

王　庆　王延才　白　燕　刘美菊　闫卫民　朱念琳
李晓燕　宋占京　吴月芳　余淑敏　赵亚莉　高　观
高宏泉　梁仲康　薛　毅

编辑说明

一、《中国食品工业年鉴》由中国食品工业协会主管、主办，本书是中国食品工业纪年性、资料性的大型工具书，2011年，因故暂停出版，2013年，恢复出版发行。《中国食品工业年鉴（2011–2013）》为总第25部。

二、为保持连续性，《中国食品工业年鉴（2011–2013）》的结构体例和以前《中国食品工业年鉴》的结构体例大体一致，部分篇幅进行了更新和新内容增设。

“政策、法规文件”内容，由部分“政策、法规文件”的原文照登更新为按时间顺序汇集了2010年–2012年中，政府有关部门发布的主要“政策、法规文件”文号、令号等的目录。

在行业分述时，2010年、2011年，参考GB/T4754—2002《国民经济行业分类》所规定的分类名称和顺序，2012年，参考GB/T4754—2011《国民经济行业分类》所规定的分类名称和顺序，原则上按中类名称记述，少数特殊类有所合并或以小类名称来分述。

在地方分述中，未包括内蒙古、海南、四川、新疆、西藏、广西、安徽、香港、澳门及台湾的地方分述。

新增设的内容有:“十一五”的回顾；中国驰名商标企业和商品的汇总；中国地理标志商标和商品的名录。

三、《中国食品工业年鉴（2011–2013）》中的统计数字，以国家统计局、政府有关部门提供的数据为准。

统计数据中未包括香港、澳门及台湾。

2011年，规模以上企业的标准发生了变化，食品工业分类的名称也进行了更变，为方便比较，本书既提供了新的指标数据，又兼顾一些指标的连续性。

统计数据中，原则上产值、利润、销售额等以亿元、液体以千升、固体以万吨、万箱作为标准计量单位；“同比”表示“与上（去）年同期相比”；部分数据表格“…”表示不足本表最小单位数，“空格”表示该项统计指标数据不详或无该项数据。

四、书中所汇集近年来的一些专论等，均原文照登，不再做技术处理。

五、本书的撰稿人署名一律在条目之后，连续条目为同一撰写人时，则在最后一条目后。辑录资料，一般不署名。

六、本书的组稿、编纂、出版等工作，得到了中央和地方有关部门、中国食品行业各专业协会、地方食品工业协会（办公室）等的大力支持和帮助，谨此表示衷心的谢意！

《中国食品工业年鉴》编辑部

百果园冷库：现代化配送中心的多功能核心保鲜库

百果园现代化果品配送中心

东莞百果园配送中心

百果园介绍：百果园是“水果专营连锁业态”的首创者，是全球水果专营连锁店最多的企业，现有600多家连锁店，同时以每月新增20～30家店的速度扩张。百果园是中国水果种植基地最多的企业，32个水果基地遍及国内外。百果园冷库（即：现代化果品配送中心）为其公司的快速发展及品牌提升，发挥着极其重要的作用，保证了为消费者提供最佳品质的水果。

百果园冷库：百果园冷库是区域仓储中心和物流配送中心。作为仓储中心的百果园冷库，储藏果品的种类繁多，各种水果对温湿度要求不同，对空气中的氧气、二氧化碳浓度要求各有差异，对环境中的乙烯浓度亦有严格的要求。考虑为企业节能减排，打造环保、高效能品牌工程，德尔制冷整体设计百果园冷库，采用最先进的冷热利用、全热回收等设备，使用全智能控制系统，实现了百果园冷库的最华丽呈现。

1、通过划分不同库区空间，细分温湿度控制，实现各种类水果的差异化储藏与保鲜。

2、水果加工间设置风淋室、更衣室、消毒、灭菌、正压供风等，实现洁净无菌控制。

3、配备了水果前期清洗净化处理工艺及后期废料处理工序。

4、配置催熟区，通对温度、湿度、二氧化氮浓度、乙烯浓度的不同时段的精确控制，使催熟工艺发挥最佳效果。

5、为减少或消除库区高浓度混合空气对果品品质的影响，通过全热回收新风换气系统实现对库区空气质量的控制。

6、通过全热回收利用工艺，实现对热能最大幅度的再利用，将回收的热能用于加工工序中热水的供应、灭菌工艺等。为百果园大大提高了能效，大幅降低成本，转化为企业利润。

德尔制冷提供的百果园冷库整体解决方案，得到百果园的高度赞赏。经过几年的运转，有效支持了百果园连锁企业的快速扩张。在百果园10000平方米东莞冷库顺利投产后，德尔制冷又分别为百果园建设了佛山10000平方米冷库项目和江西赣州脐橙产业基地的保鲜库项目。

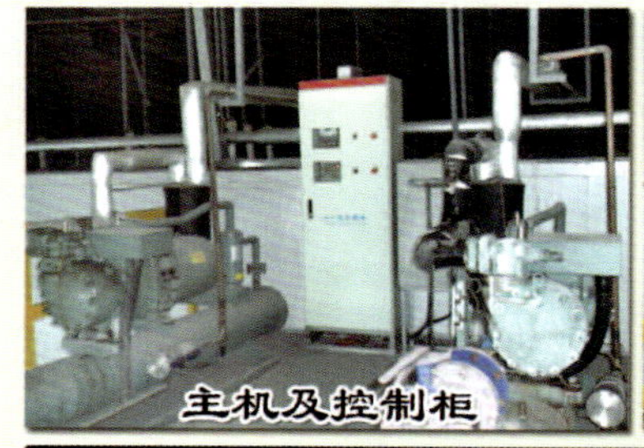
主机及控制柜

冷风机控制柜

冷库库区

散热系统

上市公司热能改造、节能减排获突破性成功

摘掉高能耗重污染的帽子，肠衣公司节能减排获政府补贴

广西某肠衣公司介绍：根据中国肉类协会发表的排名，广西某肠衣公司（以下称S公司）为中国最大食用胶原蛋白肠衣产品制造商，上市公司。

S公司胶原蛋白肠衣产品大部分于中国市场销售，占据中国市场绝对领导地位。S公司在梧州市拥有3个生产基地，占地面积1200多亩（约800,400平方米），胶原蛋白肠衣年生产能力超过50亿米，2012年销售收入16.485亿元。

螺杆式冷热水机组

项目热能改造：S公司原300条生产线使用了传统的锅炉加热烘干和除湿用冷冻设备。锅炉工达100多人，每天消耗燃煤数百吨，大量的工业废气与燃煤尘灰等被排放到大气中，常被环保部门光顾。因此，S公司的节能、环保的议题被提上重要的议事日程。在与德尔制冷接触、沟通交流后，确定进行热能改造，摘掉环保问题的帽子。经过详细沟通与论证，S公司全面采用德尔制冷提出的改造方案及新生产线冷热工艺解决方案。大量采购了德尔制冷的**热泵冷热水机组**和**除湿加热热回收机组**，替代原有的锅炉设备。

食品除湿烘干机组

热泵冷热水机组的热源部分，用于生产线对食品、产品进行烘干加热，冷源部分用于生产线的降温除湿。通过除湿加热热回收机组，实现对环境温度、相对湿度、风量、风压及风速的控制，并对新风量进行调控。烘干工艺后期的热风热能，则进行全面的回收使用。

食品冷热水系统

经过德尔制冷两年多的努力，S公司对生产线冷热工艺进行了三期改造，热能改造项目获得巨大成功。不仅摘掉了节能减排不达标的帽子，减少了排放，每年还享受数额不菲的政府环保补贴。*广西S蛋白肠衣有限公司以技术创新为企业发展的源动力，在节能减排中取得突破性进展，热能技术被列入广西2012年千亿元产业重大科技攻关项目（来自S公司网站）*。此后，S公司在新增了的五期生产线上，全部使用德尔制冷的解决方案和设备。

自动控制系统

综述：德尔制冷在S公司热能改造项目中，通过使用最先进的制冷制热工艺、设备及热回收设备，将自动控制与信息技术高密度结合，实现对生产线风阀、风机、变频水泵、比例调节阀及核心机组进行了智能控制，采用PLC+人机界面+交换机+服务器，实现对整个工艺的全面监控和全自动控制，达到不同时段、不同环境、不同工艺条件的无级量变控制。大大提高了S公司的能效，节省了大量的人力成本和能源消耗。

食品除湿加热绝对湿度控制系统

油脂分体整体解决方案，德尔制冷新工艺独树一帜

全热回收节能工艺纯熟使用，德尔制冷一路领先

油脂分体原理：油脂分体或称油脂分提，是指通过温度控制的物理方法，将油脂组分内不同熔点的油在不同温度下进行结晶分离，达到提纯油品的目的。

德尔制冷油脂分体工艺：传统锅炉供热的油脂分体是采用锅炉产生的蒸汽对油品加热，结晶采用冷冻机产生的冷水循环降温。不但锅炉耗能高，而且造成大气污染，冷冻机制冷时产生的热量排放到大气中造成大量的能量浪费。目前我公司采用**全热回收及高温热泵技术**，把冷冻机产生的冷水用于降温结晶，产生的热量回收用于油脂加热，这样不但节省了锅炉及配套成本，同时也节约了大量能源。

油脂分体主要分四个部分：

1、加热：把毛油（待提纯的混合油）通过换热器加热到一定温度，使晶体全部溶解，成为液态油，通过油泵输送到结晶罐内。

2、搅拌：对结晶罐内的液态油进行搅拌，使其处于比较均匀状态，上下温差小，利于降温时晶体均匀结晶，结晶晶体颗粒饱满。搅拌在整个结晶分体的过程中起到比较重要的作用。

3、降温：油脂分体最重要的部分就是对油降温，使高熔点油的晶核形成，并逐渐在晶核的周围慢慢形成晶体。降温控制至关重要，通过比例积分模拟量控制，使温度控制±0.3℃，精准控制才能实现把不同熔点的油分离出来。

4、过滤：把结晶罐内的晶体油和液态油脂通过恒压泵输送到隔膜压榨过滤机内进行过滤，把高熔点和低熔点的油分离开来，实现分体提纯。

油脂分体工艺，除使用螺杆式冷热水机组、隔膜过滤压榨机、结晶罐外，其他的附属设备包括：空压机、冷冻机、冷却塔、油泵、水泵、罐底加热、输送管道加热、自动切换的气动碟阀、液位控制器、温度控制器、板式换热器、自动控制柜及控制电脑等。另外需要结晶罐灌体保温、水管保温、蒸汽管道保温等。

案例列表：

序号	公司名称	机组型号	机组台数	产能
1	东莞迪奥油脂有限公司	ILG450等	3	日产800吨
2	东莞盛源食用油有限公司	ILG480	2	日产320吨
3	东莞源丰食用油有限公司	ILG600	1	日产240吨
4	东莞宏海油脂有限公司	ILG300	2	日产200吨
5	湛江鸿业油脂有限公司	ILG300	2	日产240吨
6	海口盈海油脂有限公司	ILG300	1	日产120吨
7	衡阳港通油脂有限公司	ILG450	1	日产300吨
8	山东鸿鑫油脂有限公司	ILG180	1	日产40吨
…	…	…	…	…

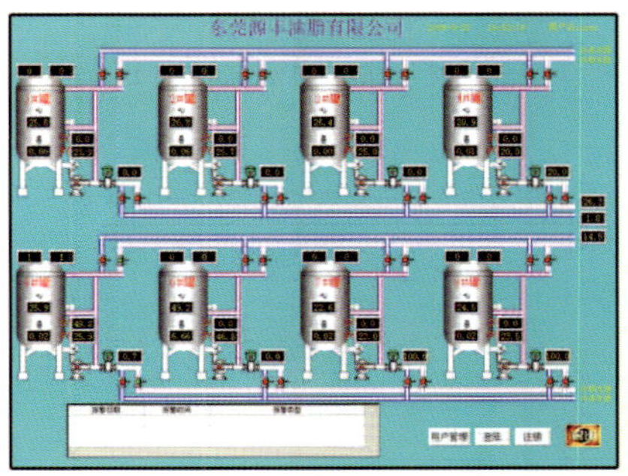

油脂降温系统

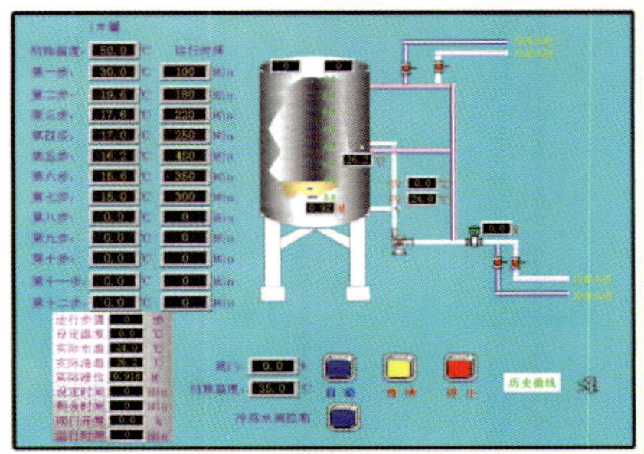

油脂降温工艺

油脂分体控制系统

自动控制柜

油脂分体散热装置

AUCMA 澳柯玛

★ 强大的技术研发能力

依托澳柯玛国家级技术中心，已建成国内一流的研发平台体系，并利用全球科技资源优势在国内外建立多个科研开发实体，为技术创新打下了坚实的物质基础，确保整体技术水平处于同行业的前列。

智能自学温控技术
恒温又保鲜

iFreeze
智能控制技术

新一代MEP保鲜技术
360度立体保鲜

★ 选择澳柯玛的9大理由

★强大的售后服务能力

澳柯玛在全国形成了“总部服务中心——地区服务分中心——特约维修部”三级服务体系，分布在全国各地的产品维修服务网点1400多个，拥有超过3000名的专业售后服务工程师。

金海豚五星服务——真情真意　品质如金

全国售后服务热线：400-618-7777

★完美的物流配送平台

在全国设有11个大区物流分拨中心，30个物流配送中心，拥有近百万方可用仓储资源；

公司拥有销售订单实时管理信息化系统，实现了24小时订单向发运单的自动转化、订单合并、订单拆分，提高货物运输的及时性，满足客户需求。

用实际的生产设备来演示每一种工艺对产品外观和口味的影响。我们秉承“为客户量身定做”的理念，综合顾客的具体需要来选择并设计最为合适的设备。瑞控公司将会是您最佳的合作伙伴，为您的食品加工和包装提出创造性的解决方案和服务，生产出完全符合您需要的产品。

作为全球知名的食品机械制造企业，我公司为世界许多国家的休闲食品市场提供设备的咨询、设计、制造和安装调试服务。从设备操作、生产线保养及维护的培训服务到完整的售后服务，全方位为您服务！

肉制品加工类

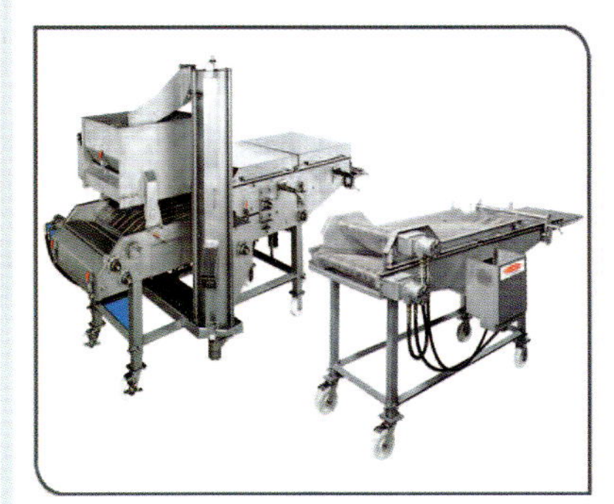

上粉机、上浆机

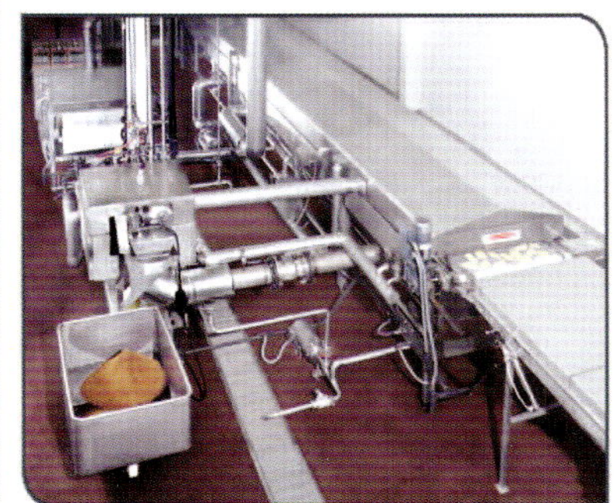

油炸系统

螺旋烤箱

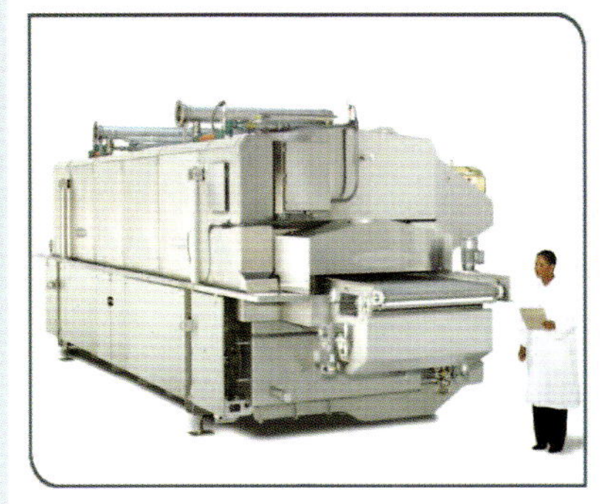

强力烤箱

烙印机

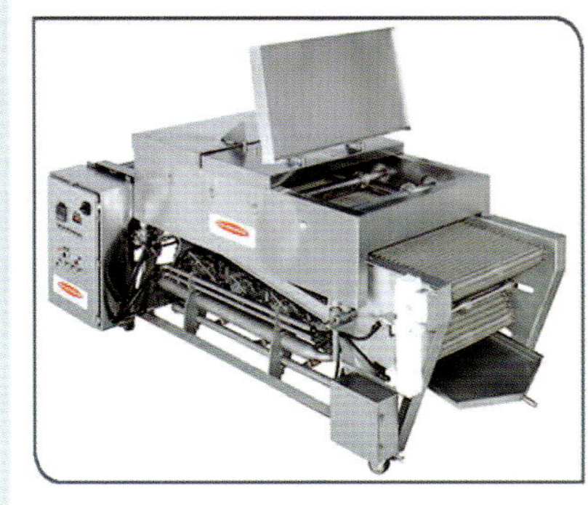

烧烤机

瑞控机械（南京）有限公司

地址：江苏省南京市经济技术开发区恒飞路2号　　邮编：210038

电话：025-84035000　　传真：025-85805033

网址：www.heatandcontrol.com; www.ruikongnj.cn　　邮箱：info@heatandcontrol.cn

鹏程熟食—品种丰富 款款经典

肉源好—有保障 鹏程熟食全部采用鹏程自产优质冷鲜肉为原料，肉源安全优质，熟食品质自然有保障！

工艺好—品质高 鹏程熟食制品在制作工艺上达到国际一流水平，配比科学，配料精准，品质稳定，外形美观。

配方好—更健康 鹏程食品分公司引进国内一流的肉制品研发人才，并特邀西班牙、德国肉类专家指导开发，采用国际风行的健康美味配方，色泽诱人，外形美观，口味经典。产品不含合成色素及其他人工添加剂，是真正健康的美味选择！

品类多—更丰富 鹏程熟食制品分为无糖无淀粉、精致美味、经典中式、儿童营养、风干发酵共5大系列产品，百余个品种，为消费者提供更多美味和营养的选择。

标准高—更安全 鹏程熟食制品全程高标准要求，产品更安全。

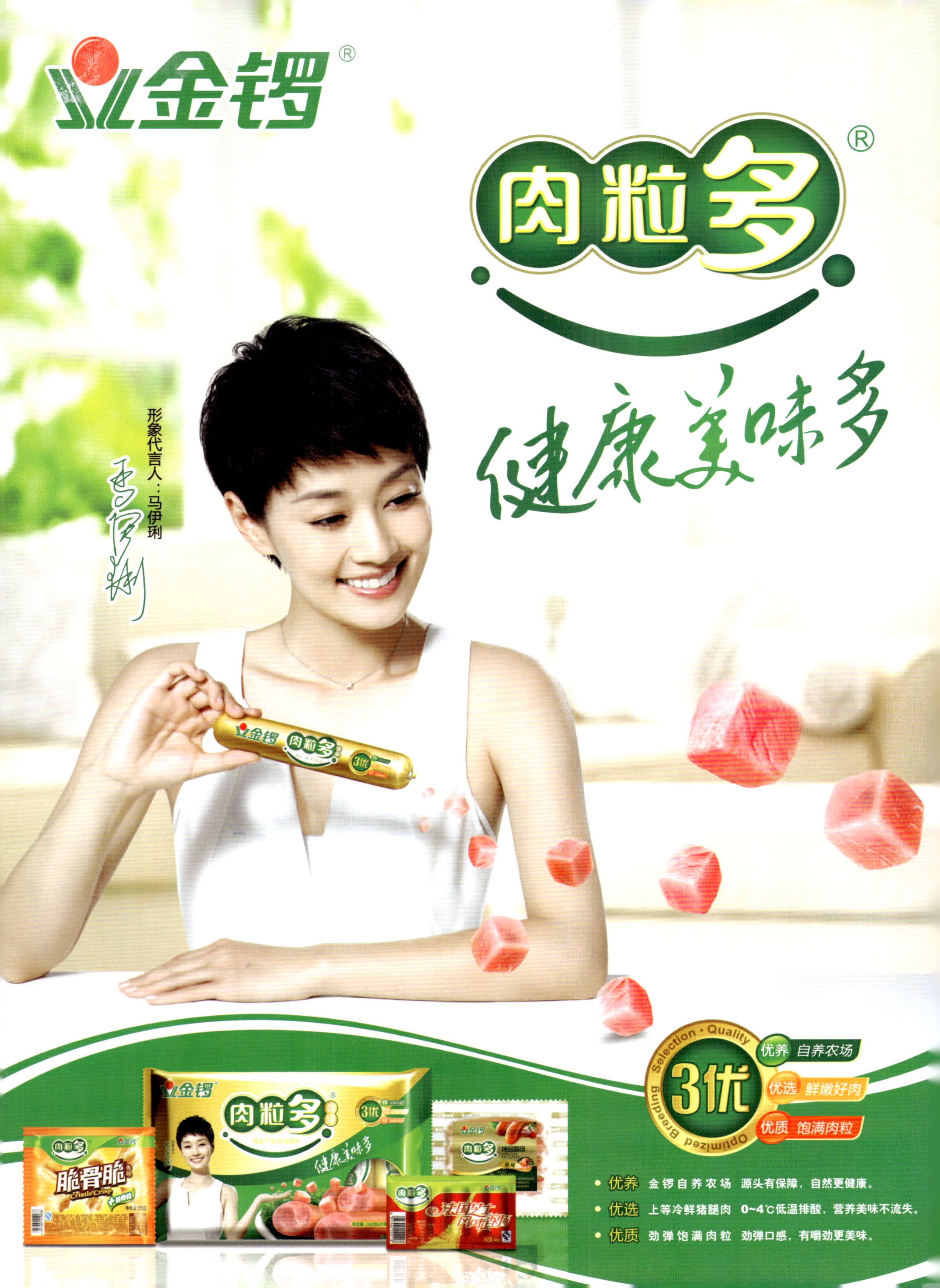

金锣®
肉粒多®
健康美味多
形象代言人：马伊琍
马伊琍
Selection · Quality
Optimized Breeding
3优
优养 自养农场
优选 鲜嫩好肉
优质 饱满肉粒
• 优养 金锣自养农场 源头有保障，自然更健康。
• 优选 上等冷鲜猪腿肉 0~4℃低温排酸，营养美味不流失。
• 优质 劲弹饱满肉粒 劲弹口感，有嚼劲更美味。

金锣集团是一家集产业源头控制运营、大消费市场开发和环保科技制造于一体的综合企业集团，拥有肉及肉类深加工、大豆深加工和环保治污三大支柱产业。

金锣集团是中国最大的生猪屠宰加工企业，产品跨越冷鲜肉、冻品、调味品、包装品和熟制品，引领中国健康肉制品品牌。

金锣集团是是世界上最大的大豆深加工企业之一，创新研发了提能大豆肽和大豆低聚糖等功能性保健食品。

金锣集团办公大楼外景

金锣集团是环保技术领先性企业集团，突破了城市污水污泥过程减量技术和生活污水分散处理、中水就地回用两大世界级难题。

金锣集团总部位于山东省临沂市，现有员工3万余名，在全国设有11处生产基地、245家销售办事处、18000多家专卖店，是全国农业产业化重点龙头企业。在2013年中国企业500强中位列第246位，在2013中国民营企业500强中位列第48位。

作为中国肉食行业的领军企业，金锣集团以“中国肉食健康力”为核心，积极创新求变，以“大品牌驱动大营销”，以产品开发本土化、质量标准国际化和品类经营品牌化，引领消费升级，驱动产业健康可持续发展。

近几年来，金锣集团通过一系列产品创新升级，陆续推出了冷鲜肉高端自养品牌“优养”，中温突破型明星产品品牌“肉粒多”，升级低温开拓型产品“脆脆肠”、夯实清真工艺第一品牌“尚清斋”、高温换代型产品“无淀粉王中王”等明星产品品牌，形成品牌矩阵，持续提升和巩固金锣集团主品牌的影响力，引领健康肉制品行业升级。受到全国消费市场的积极响应和主要竞争伙伴的跟随性升级。

从2009年参加“世界猪肉大会”实现行业占位，到2010年赞助广州亚运会、坚守事件营销，再到2011年签约姚晨和2013年签约马伊俐代言肉粒多打造明星产品品牌，2014签约汪涵代言“金锣无淀粉系列”产品。金锣始终是中国肉食行业营销创新的引领者，在肉食行业中率先完成从生产型企业向营销型企业的转变，正在向品牌营销驱动型企业挺进。

“品质是食品企业发展的第一要义”。在实践中，金锣集团一手抓源头养殖，一手抓过程监管，全力保障产品质量，让消费者肉食无忧、美味尽享。金锣集团深耕源头，把好品质第一关；从田间到餐桌，铸造品质工程。通过狠抓原料供应，投资集约化、专业化养殖和牧场工厂一体化建设，实现对产业源头的控制运营。通过坚持加强标准化生产基地建设，以保障农产品有效供给和质量安全。

企业荣誉：

二〇一三年

山东民营企业100强

山东省工商业联合会
二〇一三年七月

绿色金锣：

健康科技馆

研发中心

山松生物厂区一角

污水治理现场一角

养殖场远景图

电厂

分割车间

冷鲜肉车间一角

高温包装车间

企业风采：

央视捐款

运动会开幕式

集团七一红歌会演出现场

临沂新程金锣肉制品集团有限公司

LINYI XINCHENG JINLUO MEAT PRODUCTS GROUP CO.,LTD.

梅特勒-托利多
关注食品安全质量、提高企业生产力

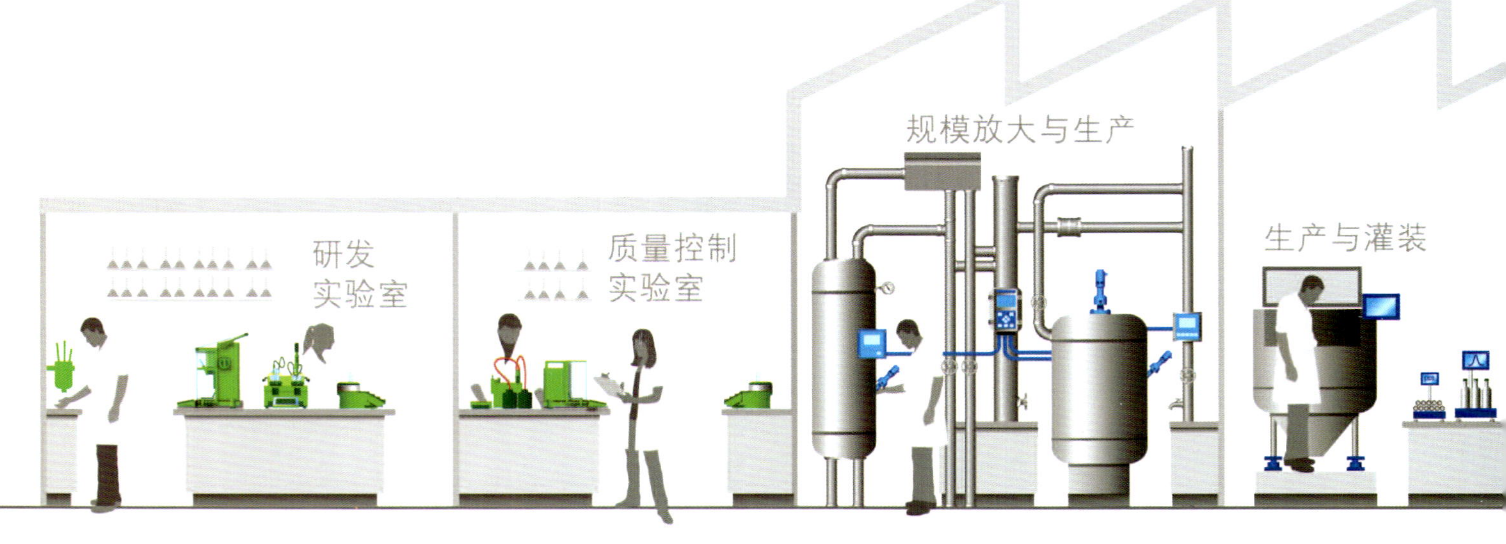

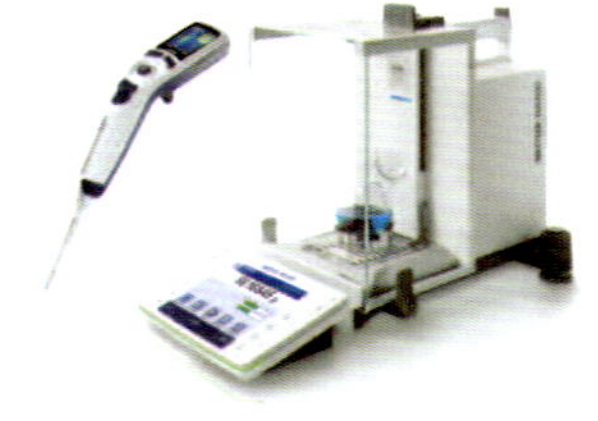

研发实验室解决方案

分析天平
pH计
移液器
热分析仪器
熔点分析仪
原位FTIR反应分析技术
合成工作站
反应量热系统

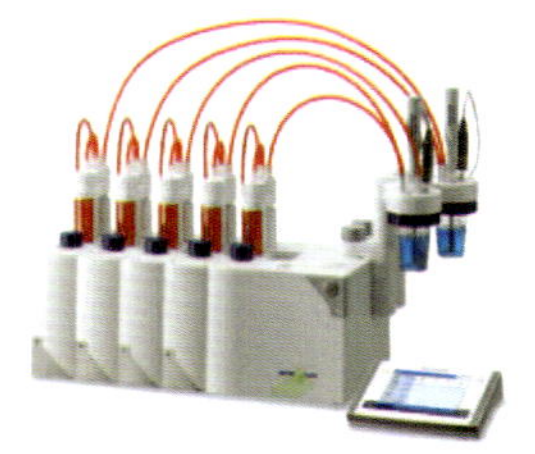

质量控制实验室解决方案

自动滴定仪
分析天平
精密天平
密度计与折光率仪
水分测定仪
熔点与滴点分析仪
pH计
移液器

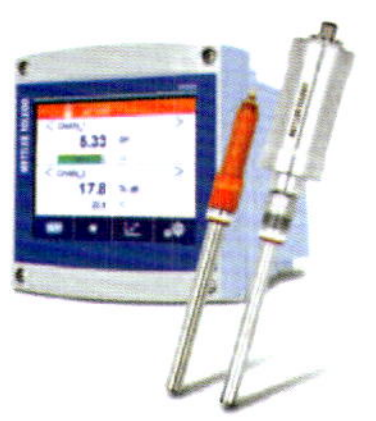

规模放大与生产解决方案

pH/ORP
溶氧
浊度
电导率/电阻率
总有机碳

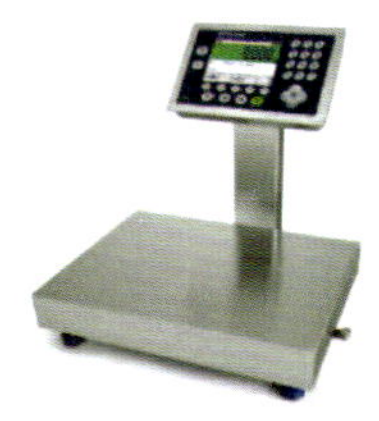

生产解决方案

台秤
案秤
计数秤
平台秤/叉车秤/
低台面平台秤
超重/欠重检重秤
危险区域解决方案
称重模块和称重传感器
终端/指示器/控制器

Seydelmann
In the hands of the best
Gegr. 1843

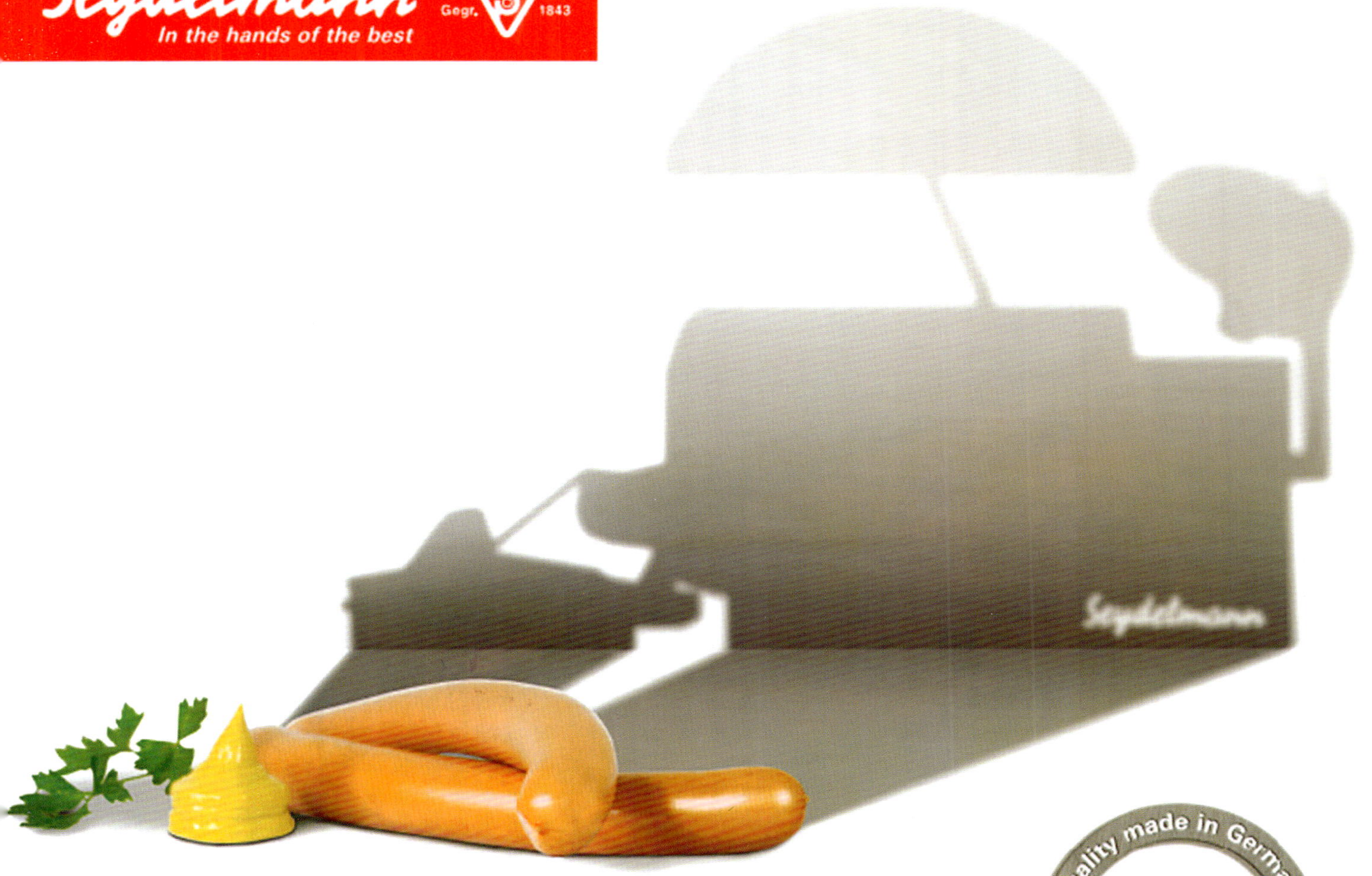

每一支伟大香肠的背后都有一台伟大的机器！

Quality made in Germany
since 1843

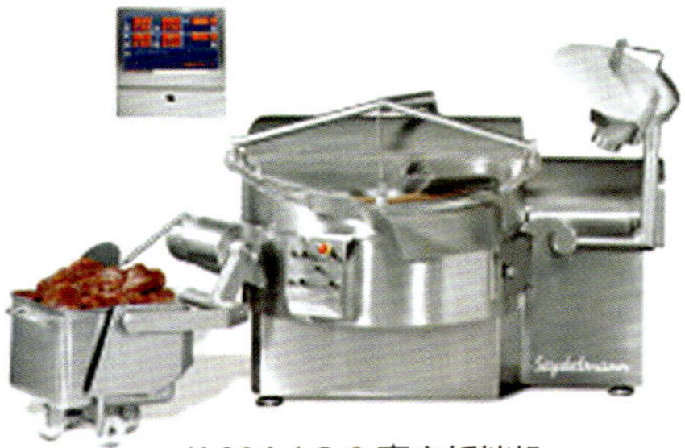

K 324 AC-8 真空斩拌机

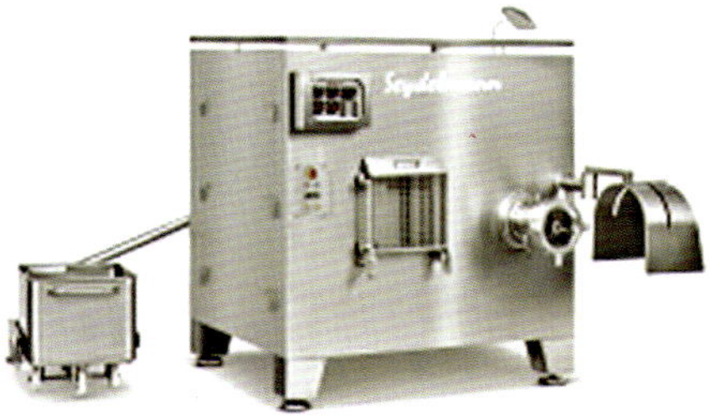

AU 200 U 鲜冻肉绞肉机

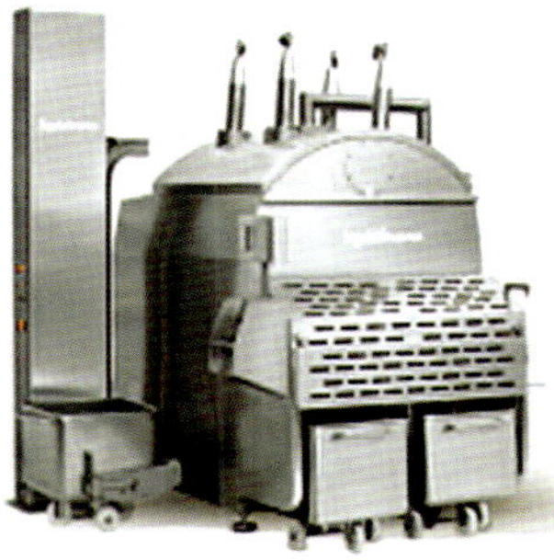

MR 1800 搅拌机

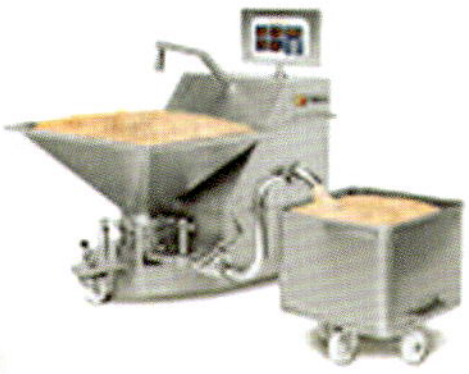

KK 140 AC - 6 乳化机

ORIENTAL RHEIN
东方.莱茵

漯河东方莱茵机械技术有限公司

地　址：河南省漯河市经济技术开发区经三路53号

电　话：0395-2623667

传　真：0395-2623668

美国马瑞奥公司汤森品牌——去皮机的发明者

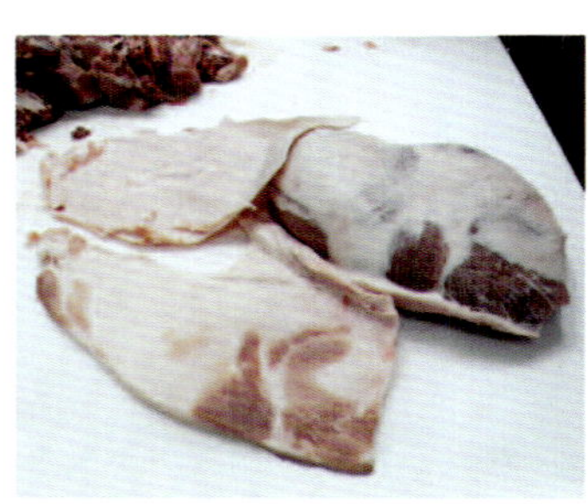

▲ 汤森SK 11-312 双刀片设计，去皮同时去脂

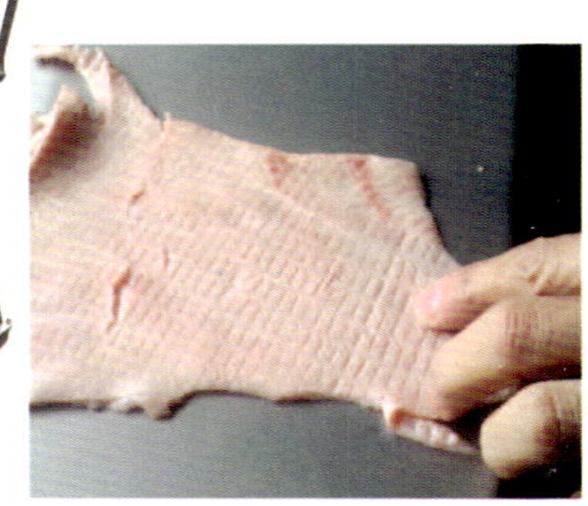

▲ 汤森 SK7-150 可开合顶盖设计，去猪皮

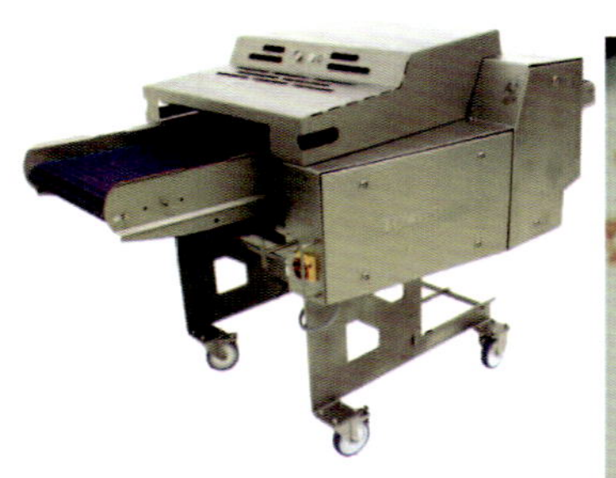
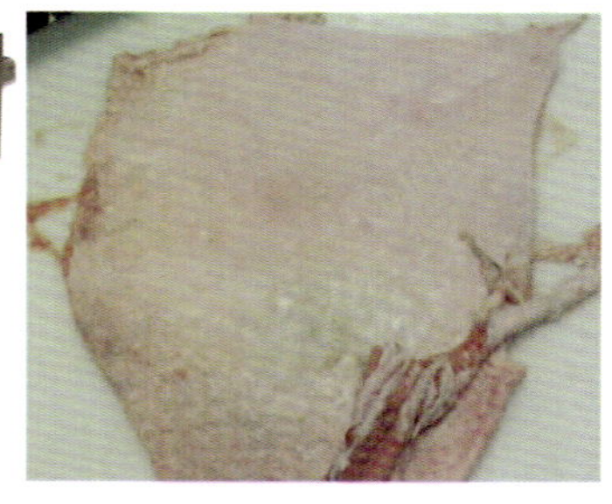

▲ 汤森 15-320 全自动输送带式去皮机，整块自动去皮，出品率高

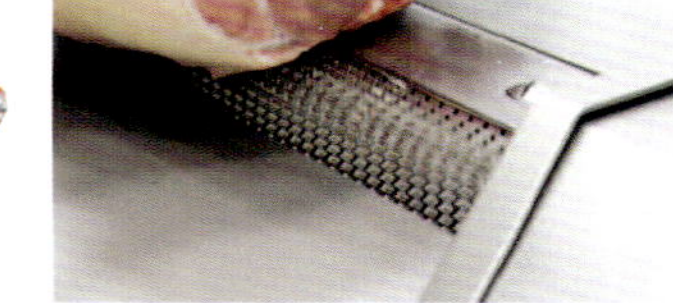

▲ 汤森SK 11-350 可开合顶盖设计，去猪皮牛皮

公司介绍：

美国马瑞奥肉类加工机械公司的汤森品牌，拥有世界领先的去皮技术，坚持为您提供高效快捷的去皮设备，保证出品率的最大化并满足您的多种产品需求。

产品特点：

去皮效果卓越，出品率高

操作简单 易于保养

可拆卸设计 便于清洁

结构坚固 材质耐用

应用范围广泛（猪牛，去皮去筋膜）

恒威多年来倾力打造了一支高水平的科研团队，强大的产品开发能力以及先进的研发理念，多年来取得了多项国家专利，产品质量和创新一直处于国内前列。通过和国内知名院校以及国外的生产厂家及科研机构有着广泛的合作和交流，形成紧密的产、研合作。在产品技术上，研发人员在不断完善企业原有产品技术的同时，还密切留意来自国内、国际的市场动向，引进先进技术，创新开发出多种新产品，力求将最新、最好的产品提供给客户，增强企业的核心竞争力。面对入世后的今天，恒威公司更是时刻关注市场发展。公司提出了“专业的烘焙行业系统服务商”的战略，以改变行业的生产方式为企业使命，秉承专业、认真的精神帮助客户实现宏业。

恒威还拥有一支强有力的由高级专业管理人才组成的专业管理团队，在向客户提供设备的同时，不断地为客户提供管理支持等高附加值服务，提升客户的管理水平与管理能力，增加企业的核心竞争力，带动整个行业软硬件升级。

恒威多年来的努力，得到了社会的广泛认可，获得了许多荣誉。恒威主要业务包括贸易、客户服务和管理咨询几大类业务。设置了市场营销中心、研发中心等五个中心来管理公司的运作。坚持“愉快合作、资源共享、结果双赢”的原则，广交八方朋友，使产品及服务已辐射至全国和亚、美、澳、欧等40多个国家和地区，如：澳大利亚、德国、加拿大、日本、荷兰、美国、西班牙等。

全自动发酵柜

目前，恒威公司的主要产品及服务有：

1、烤炉系列：远红外烤炉、燃气烤炉、电热烤炉、摇篮炉、热风炉；

2、陈列柜系列；

3、蛋糕柜系列；

4、和面机、发酵柜；

5、蛋糕蒸柜；

6、专业门店设计服务；

7、烘焙管理系统等系列产品和服务，能全面满足客户在整个烘焙过程中的需求；

恒威专设了24小时咨询服务热线，配备专业的客户服务人员，及时高效地为客户提供优质、快捷、高效的服务，解决客户的后顾之忧。

恒威一直秉承“感恩、专注、诚信、责任、分享”的企业文化，携手各方朋友，整合多方资源，用行动回报社会。

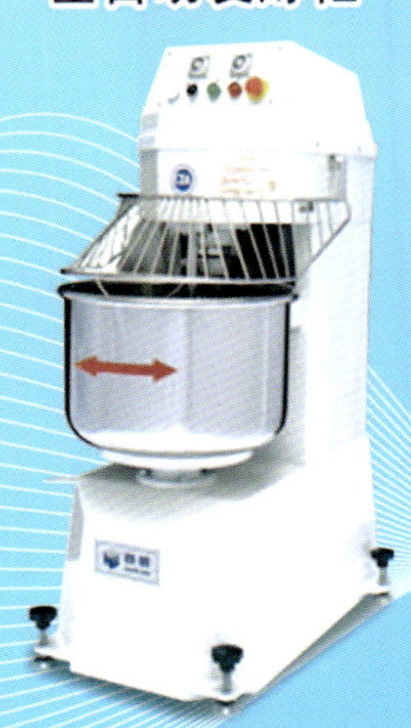
和面机

蓝色恒威，梦想起飞的平台！

广州市恒威建亿贸易有限公司
地　址：广州市五羊新城寺右一马路18号泰恒大厦1808室
电　话：020-87378771　　传　真：020-87378411
网　址：http://heng-wei.com　　邮　箱：gzhw@heng-wei.com

矽感集团以具有自主知识产权且国际领先的矽感二维条码技术和离子迁移谱技术为核心，倾力打造以物联网为模式的食品安全网络平台，解决食品安全快速检测和追溯两大社会化课题。

矽感，为食品安全保驾护航

近几年，食品安全的风暴席卷全球，特别是我国奶制品中添加三聚氰胺和美国食品沙门氏菌污染等事件，不仅严重损害了消费者的身体健康，而且沉重打击了相关产业的发展，影响了和谐社会的建立。

世界各国纷纷制定严格的食品质量安全管理法规。我国政府面对危机，也做出了快速的反应，陆续出台了一系列严格的食品质量安全法规。法规中明确了食品的生产、流通、储存、销售等环节的质量安全管理规定，突出了对食品追溯和食品中有害物品检测要求。

矽感， 打造物联网网络信息资源平台

矽感集团主要从事二维条码技术、离子迁移谱技术和光学影像器件及相关产品的研究、开发、设计、应用、制造及销售。集团利用公司具有完全自主知识产权的离子迁移谱仪(IMS作为多成分、在线式、高精度的快速离子检测传感设备，可以实现食品安全领域对蔬菜中农残、肉类中瘦肉精、奶类中三聚氰胺等实现分钟级（2分钟内）的快速检测)、二维条码等高科技感知技术，倾力打造以物联网为模式的食品安全“感知网”，解决食品安全快速检测和追溯两大社会化课题，为政府、企业和消费者提供全环节、全方位的食品安全“信息流”服务，并将此信息服务的触角向国民经济其它领域延伸，进而打造物联网网络信息资源平台。

引领行业技术创新

矽感集团将其离子迁移谱的应用定位于食品质量安全领域（后期会扩展到更多领域），已开发出面向食品质量安全快速检测的离子迁移谱创新产品以及配套的针对农药残留和添加剂的样本数据库，在国内国外率先具备应用条件，结合我国重点建设食品质量安全监管体系的大趋势，市场前景非常良好。矽感集团创建的感知网独特概念，最终将演进为开放的、具有中国特色的、便于实施的食品安全快速检测体系和追溯体系框架系统，为国内食品安全提供重要的保障措施。

除此以外，矽感集团二维条码自动识别技术“网格矩阵码”（GM码）、“紧密矩阵码”（CM码）于2006年5月成为电子行业标准，2008年4月GM码成为AIM国际标准。2012年5月1日矽感集团GM、CM二维条码正式成为国家标准，并作为国家标准公布使用。此前，GM二维条码已通过军队相关部门评审，于2011年12月被正式发布为军用标准。

GM码

GM码

GMOID注册中心隶属于国家OID注册中心（国家工信部科技司），国家OID注册中心是国际OID注册的一部分（中国分支），GMOID是基于OID二维条码标识体系的重要分支。为加快推进GMOID在我国信息化建设中的应用普及，便于开展基于GM二维条码标识符注册分配管理，成立GMOID注册中心，负责我国GM二维条码标识符的分配，搭建GMOID注册解析系统，建设我国基于GMOID的二维条码统一标识体系，促进物联网领域对象的互连互通。GMOID一方面要做好国内GMOID注册工作，另一方面要与国家注册中心保持一致，随时将我国注册的GMOID在国际上备案。

GMOID是网络通信或信息处理系统中用于标识对象唯一身份的二维条码（GM码）标识符，是“对象”的身份证。企业进入GMOID注册中心进行免费注册，并提交与完善相关的法律文件和商品信息，即可获取企业唯一的GMOID号，相当于一个授权的license，只有获得该licence，企业才可以合法的进行GM二维条码编码和解码，享受有偿的“大数据”服务，同时它在世界范围内永久有效。

食品质量安全信息追溯经典案例——武汉中百超市

食品质量安全信息追溯体系的建设是一项复杂的系统工程，通过深入的调查研究，本方案提出在中百的平台上利用矽感二维码物联网感知技术打造食品/农产品质量安全追溯体系，实现以食品/农产品质量安全为主线的智慧超市，为武汉市、湖北省乃至全国建立一个崭新的食品质量安全标杆，为武汉市食品质量安全和物联网产业做出贡献。目前，食品质量安全信息追溯系统已经覆盖了14家武汉中百仓储超市。2014年，矽感集团将稳定有序的在武汉市各大卖场推进食品质量安全信息追溯系统，追溯的范围将由原来的几十个品种扩展到更多的品种。

该系统提供了多层全体系的食品/农产品“从农田到餐桌”的追溯模式，提取生产、加工、流通、消费等供应链环节消费者关心的公共追溯要素，建立食品安全信息平台数据库和检测预警体系，一旦发现问题，能够根据溯源进行有效的控制和召回，从源头上保障消费者的合法权益。

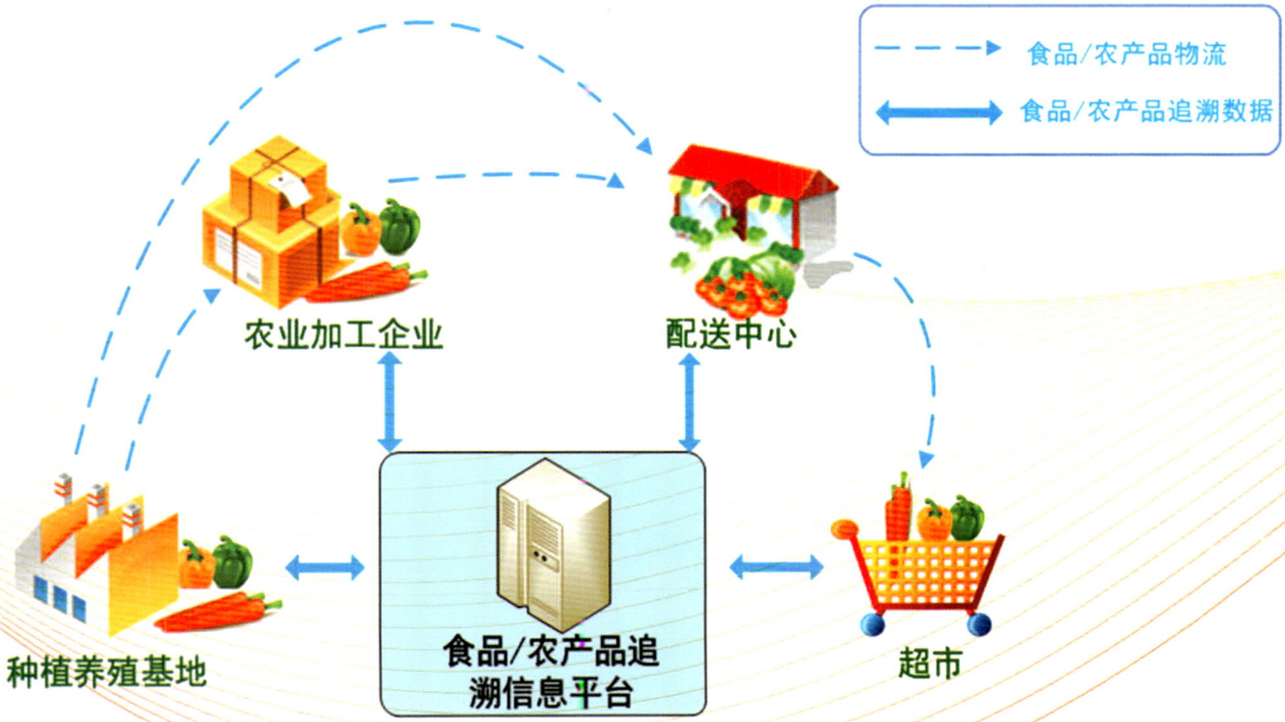

食品/农产品物流
食品/农产品追溯数据
农业加工企业
配送中心
种植养殖基地
食品/农产品追溯信息平台
超市

在左图中的物流链中采用了物联网二维条码感知技术，实现了商品追溯信息和检测信息的互联网自动接入，进而解决了商品流通信息的自动实时采集和共享问题，使建立于之上的商品质量安全监管体系更加系统化、科学化，能更好地服务于普通消费者、生产企业和相关职能监管机构。

感知365食品安全信息服务终端

消费者使用本终端上的扫描枪扫描所购商品价签上的二维条码标识，查询所购食品的追溯信息。

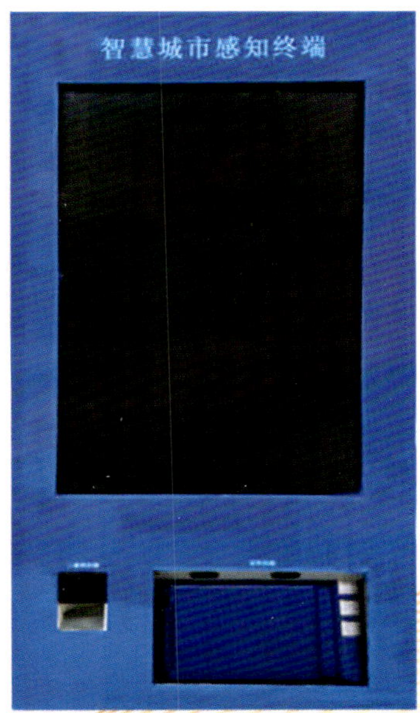

"智慧眼"二维码公共服务平台

智慧眼手机APP

基于中国自主知识产权GM二维码国家标准技术，快速便捷地获取智慧城市食品、建筑、公共设施等众多领域的公共服务信息，可信安全地提供二维码电子商务服务，全面杜绝恶意二维码电子陷阱。

公司地址：

上海矽感（集团总部）
地址：上海市浦东新区龙东大道3000号7号楼501室
电话：（021）50493190
传真：（021）38924048
网站：www.syscanit.com

武汉矽感
地址：武汉市东西湖临空港经济技术开发区金北一路1号武汉矽感光电产业园
电话：（027）61675573
传真：（027）61675592
网站：www.syscanit.com

深圳矽感
地址：深圳市福田区深南大道7028号时代科技大厦西座12层
电话：（0755）82781991
传真：（0755）82781992
网站：www.syscanit.com

北京矽感
地址：北京市朝阳区工人体育场北路21号永利国际1单元1525房
电话：（010）65390677-131
传真：（010）65390677
网站：www.syscanit.com

奥瑞金包装股份有限公司

O. R. G.

（股票简称：奥瑞金，股票代码：002701）

1994年，海南奥瑞金包装实业有限公司在海南文昌成立，奥瑞金开始了创业的旅程。

经过十几年的艰苦创业，奥瑞金包装股份有限公司本着“包装名牌、名牌包装”的发展理念，公司现已发展成为集科研、生产、销售为一体的制罐、制盖、涂印现代化企业集团。目前公司在湖北、海南、浙江、山东、广东、江苏等拥有十几家分（子）公司。

2007年10月9日，在曼谷亚洲制罐年会颁奖典礼上，奥瑞金摘取饮料三片罐、5L啤酒桶特殊用途罐以及亚洲年度最佳制罐公司三项大奖。从此，奥瑞金跻身亚洲一流罐装企业行列！

奥瑞金包装股份有限公司是目前中国最大的马口铁三片罐制造企业之一，从2012年开始涉足两片罐领域。

奥瑞金包装股份有限公司为经济建设作出贡献，向国家累计缴纳税金数亿元，安排社会千余人就业。

2012年10月11日，奥瑞金包装股份有限公司正式在深交所中小板市场挂牌上市（股票简称：奥瑞金，股票代码：002701），成功登陆A股，奥瑞金成为北京市怀柔区首家A股上市公司，也是金属包装A股首家上市公司。

如今，奥瑞金及旗下各公司先后荣获了中国包装龙头企业、北京高新技术企业称号；其产品马口铁三片饮料罐、食品罐，先后被评为中华包装精品，中国包装名牌产品等荣誉二十多项，连续八年荣获北京市怀柔区经济贡献十佳企业。

目前，奥瑞金在上海、北京建有两个科研中心。近年来公司不断加大投资先后从美国、英国、德国、瑞士引进先进制罐生产线，从英国、以色列等国引进先进的检测仪器、试验设备，强化了原材料、产品理化检验及试验，为公司的新产品开发、新材料的应用创造了条件。公司成立技术研发中心后，研发费用投入总计已达到近亿元，研发成果显著，已获国家专利30余项。其中，公司率先开展的二次冷轧铁（DR材）的研究应用，取得了巨大成功，填补了国内空白。

2013年，奥瑞金先后荣获“2010—2012年度北京市节能先进集体”、“首都劳动奖状”等光荣称号；同年，企业被推选为北京上市公司协会第四届理事会理事单位。

2013年，奥瑞金实现营业收入近46亿元，同比增长逾30%。

近20年来，奥瑞金持续不断地推进战略联盟建设，坚持“金属包装产品的出路在创新，企业的出路在规范化、规模化和国际化，而产业的出路在于回收与再生利用”的发展理念，使金属包装与食品工业紧密结合，与红牛、加多宝、露露、啤酒企业、乳品企业紧密合作，为食品包装安全作出了应有的贡献。

特邀协办理事单位

中国的奥瑞金 世界的奥瑞金

因需而变，随机而动

公司地址：北京市怀柔区雁栖工业开发区 电话：010-61666999 传真：010-61669196 网址：http://www.orgpackaging.com

目录

第一部分

综　述

1.1 大事记

2010 年

1 月 21 日，农业部发布《动物检疫管理办法》和《动物防疫条件审查办法》。

2 月 6 日，为贯彻落实《食品安全法》，切实加强对食品安全工作的领导，国务院印发了《国务院关于设立国务院食品安全委员会的通知》，中共中央政治局常委、国务院副总理李克强任该委员会主任。

2 月 20 日，国家发改委、农业部发布了《生态养猪及相关补贴政策》。

3 月 4 号，卫生部发布《食品检疫工作规范》。

3 月 8 日，国务院办公厅印发《2010 年食品安全整顿工作安排的通知》。

3 月 23 日，国家工商总局发布《2010 年流通环节食品安全整顿方案》。

3 月 25 日，国家粮食储备局发布《粮食战略性问题研究项目管理办法（试行）》。

同日，《中国食品报》报道：国家质检总局在官方网站上集中发布了产品质量信用“黑名单”，以惩戒违法违规企业。

4 月 1 日，卫生部施行《食品检疫机构资质认定条件》。

4 月 3 日，卫生部发布《预包装食品标签标准（征求意见稿）》和《预包装食品营养标签标准（征求意见稿）》。

4 月 22 日，卫生部发布《可用于食品的菌种名单》。

4 月 28 日，商务部公布对美白羽肉鸡产品返补贴率，未应诉公司从价补贴率为 31.4%。

4 月 30 日，卫生部发布《食品安全国家标准管理办法（草案）》。

5 月 1 日，卫生部施行《餐饮服务食品安全监督管理办法》和《餐饮服务许可管理办法》。

5 月 14 日，商务部施行《低温肉制品质量要求（1 号修改单）》。

6 月 1 日，国家质检总局发布《植物油抽提溶剂》、《食品生产许可管理办法》和《食品添加剂生产监督管理规定》。

6 月 13 日，国家食药监局发布《保健食品生产企业日常监督现场检查工作指南（征求意见稿）》。

6 月 17 日，国家食药监局施行《餐饮服务许可审查规范》。

6 月 19 日，央行宣布进一步推进人民币汇率形成机制改革，增强人民币汇率弹性。

6 月 29 日，中国工程院院士陈君石在浙江省举行的疾控中心成立 10 周年庆祝活动上表示，食品安全问题不仅危害我国消费者的健康，而且造成了巨大的经济损失。

6 月底，在北京召开的第八届中国国际肉类工作博览会上，双汇集团董事长万隆获得了“中国肉类食品行业功勋企业家”称号。

7 月，受国内外多种因素影响，以农产品为主的生活必需品价格涨声一片。

7 月 5 日，卫生部发布《食品用香料、香精使用原则（征求意见稿）》和《食品工业用加工助剂使用原则和规定（征求意见稿）》。

7 月 6 日，国家质检总局发布《进出口食品安全管理办法（征求意见稿）》。

7 月 11 日，卫生部发布《食品安全国家标准 食品添加剂使用标准（征求意见稿）》、《食用盐碘含量（征求意见稿）》和《食品添加剂碘酸钾（征求意见稿）》。

7 月 12 日，国家质检总局施行《监督生产者规范生产使用食品添加剂》。

7 月 16 日，卫生部发布《关于磷酸酯双淀粉等 14 个食品添加剂的质量规格标准的公告》。

7 月 19 日，针对群众反映强烈的“地沟油”回流餐桌问题，国务院办公厅发布关于加强地沟油整治和餐厨废弃物管理意见，开展“地沟油”专项整治，严厉打击非法生产销售“地沟油”行为，严防“地沟油”流入食品生产经营单位。

7 月 21 日，为防控食品安全事故发生，卫生部专门发布公告，就食品中毒等进行预警。

7 月 22 日，卫生部会同科技部、工信部、公安部等 10 部门发布了《2010 年加强整顿违法添加非食用物质和滥用食品添加剂工作实施方案》。

7 月底，著名亚洲投资基金赛富基金（SAIFPARTNERS）以 10.7 亿元的溢价购入汇源果汁集团 22.98%的已发行股本，成为汇源的第二大股东。

7 月 30 日，国家食药监局发布《餐饮服务单位现榨饮料管理办法（征求意见稿）》。

8 月 3 日，卫生部发布《营养改善工作管理办法》。

8 月 6 日，国家食药监局发布《保健食品生产企业日常监督现场检查工作指南》。

8 月 9 日，卫生部发布《进口无食品安全国家标准食品许可管理规定》。

8 月 18 日，国务院总理温家宝主持召开国务院常务会议，研究部署进一步促进蔬菜生产，保障市场供应和价格基本稳定的政策措施。

8 月 23 日，国家质检总局施行《关于发布食品生产许可审查通则（2010 版）的公告》。

9 月 1 日，卫生部施行《营养改善工作管理办法》。

9 月 8 日，袁隆平在北京举行的“21 世纪论坛”2010 年会议上表示，解决粮食短缺问题的唯一途径是科技进步，大幅提高单位土地的粮食作物产量。

9 月 15 日，最高人民法院、最高人民检察院、公安部、司法部联合下发《关于依法严惩危害食品安全犯罪活动的通知》。

9 月 16 日，国家质检总局发布《企业生产乳制品许可条件审查细则（2010 版）（征求意见稿）》。

9 月 18 日，卫生部、铁道部施行《铁道运营食品安全管理办法》。

9 月 20 日，国家新闻出版署正式发文《关于同意〈中国食品质量报〉更名为〈中国食品安全报〉的批复》（新出审字[2010]733 号）。

9 月 25 日，国家发改委发布《2011 年粮食、棉花进口关税配额数量、申请条件和分配原则》。

9 月 26 日，中国食品工业协会第六次全国会员代表大会在北京召开。田纪云、顾秀莲、陈锦华、袁宝华、王文哲被聘请为名誉会长，石秀诗当选中国食品工业协会会长，刘治为常务副会长。会上，石秀诗会长代表新一届理事会向大会做了重要讲话。

10 月，居民消费价格指数（CPI）同比上涨 4.4%，其中，食品价格上涨 10.1%。

10 月 14 日，国家粮食局发布《国家粮食质量检验检测机构管理暂行办法》。

10 月 19 日，应河南人民政府邀请，全国人大财经委主任、中国食协石秀诗会长带队赴河南省调研考察。

10 月 21 日，卫生部发布《蔗糖聚酯、玉米低聚肽粉、磷脂酸丝氨酸等 3 种物品为新资源食品》。

同日，国家食药监局发布《保健食品注册申报资料项目要求补充规定（征求意见稿）》。

10 月 22 日，国家食药监局发布《保健食品产品技术要求规范》。

10 月 26 日，卫生部发布食品营养强化剂使用标准（征求意见稿）》。

同日，《中国食品报》报道：上海世博会食品安全保障系统运行良好，得到了世界卫生组织专家的肯定和称赏。

10 月 30 日，由中国食协主办，广东省食品工业协会承办，北京、上海、辽宁、山东、浙江、江西、河南、湖北、云南 10 个省市食品行业主管部门、行业协会协办的“食品安全亚运行”活动及“亚运食品安全高峰论坛”在广州市举行。

11 月 1 日，国家质检总局发布《企业生产婴幼儿配方乳粉许可条件审查细则》、《企业生产乳制品许可条件审查细则（2010 版）》和《食品检验机构资质认定管理办法》。

11 月 3 日，国家食药监局发布《食品安全信息公布管理办法》。

11 月 5 日-7 日，由中国食协和广东省中山市人民政府共同主办的“2010 年中国国际食品洽谈会”在中山市举办。

11 月 6 日，由中国国际跨国公司促进会、联合国开发计划署、贸易和发展大会、工业发展组织、环境绿化署、全球契约组织共同举办的第四届中外跨国公司 CEO 圆桌会议在中国大饭店举行。

11 月 9 日，国内媒体关于植物黄油、氢化钠中的反式脂肪酸对人体造成危害的有关报道引起了社会的广泛关注和强烈反响，卫生部召开新闻发布会表示，已采取了一系列

措施对反式脂肪酸进行管理。

11 月 10 日，卫生部发布《食品安全国家标准管理办法》。

11 月 15 日，卫生部施行《18 种食品添加剂扩大使用范围》。

11 月 20 日，第八届中国食品安全年会在北京开幕。

11 月 22 日，工信部发布《食品工业用速溶茶》和《食品工业用茶浓缩液》。

11 月 24 日，国家食药监局施行《餐饮服务食品安全监管绩效考核办法（试行）》。

11 月 30 日，《中国食品报》报道：2010 年的前三季度，全国规模以上食品工业企业完成总产值 44915 亿元，比上年同期增长 26%，预计今年全年食品工业总产值将达 50000 亿元。

12 月 1 日，由卫生部起草并发布的《食品安全国家标准管理办法》开始施行。

12 月 6 日，十一届全国人大财经委主任委员、中国食协石秀诗会长赴广东省东莞市考察“食品安全亚运行”活动开展情况。

12 月 7 日，国家质检总局发布《关于食品添加剂生产许可工作的公告》。

12 月 12 日-18 日，中国食品博览会暨交易会在武汉市举行，中国食协常务副会长刘治出席开幕式。

12 月 16 日，全国食品安全办公室主任会议在成都市召开。

12 月 28 日，食品安全亚运行活动组委会在广州市召开了“食品安全亚运行”活动总结表彰大会。十一届全国人大财经委主任委员、中国食协会长石秀诗出席大会。

2011 年

1 月，媒体曝光湖南省发现化学火锅“一滴香”。

1 月 15 日，国务院食安办通报，联合查办问题乳粉系列案件的结果，96 名犯罪嫌疑人被抓获，191 人被追究党纪政纪责任。

1 月 17 日，中国食协按照中宣部的通知要求，在北京召开动员会，安排部署“杜绝虚假报道 增强社会责任 加强新闻职业道德建设”专项教育活动。会议成立了中国食协专项教育活动办公室。

1 月 18 日-19 日，中国食协组织的“全国食品工业统计信息工作会议暨年报布置会”在北京召开。

1 月 19 日，中国食协刘治常务副会长主持召开了全国食品协会座谈会暨中国食协第六届第一次常务理事会。

同日，中国食协石秀诗会长主持召开了中国食协第六届理事会第一次会长办公会议。

1 月 31 日，《中国食品报》报道：国务院食安办部署，加大葡萄酒行业整治力度，严厉查处违法违规行为。

同日，《中国食品报》报道：国务院食安办部署，加强对生产、销售和使用食品调味品和食品添加剂监管工作，并发出紧急通知，确保公众饮食安全。

2 月 16 日，国家食药监局发布了《重大活动餐饮服务食品安全监督管理规范》，对重大活动餐饮安全保障工作予以规范。

2 月 18 日，国务院食安委召开全体会议，国务院副总理李克强主持会议并讲话，他强调要认真贯彻落实党中央、国务院的决策部署，把加强食品安全作为保障和改善民生的重要内容，全面执行《食品安全法》，彻查严处重大食品安全事故，坚持集中治理和日常监管并重，突出重点，常抓不懈，打好攻坚战、持久战，切实保障人民群众身体健康和生命安全。

2 月 19 日，国务院食品安全委员会全面部署 2011 年食品安全 8 项重点工作。

2 月 23 日，全国人大常委会第三次审议刑法修正案（八）草案，加重了对生产、销售有毒、有害食品的犯罪处罚。

2 月 24 日，全国人大常委会《食品安全法》执法检查组第一次全体会议在北京举行。全国人大常委会委员长吴邦国批示强调：切实改进我国食品安全状况。

2 月 24 日-25 日，工信部组织召开了“2011 年全国工业和信息化系统消费品发展座谈会”。

2 月 29 日，汇源果汁集团宣布：汇源以 1201 万元人民币强势进军茶市场。

3 月，中国食协发布了“2010 年食品价格走势分析”和“2010 年食品进出口贸易情况分析及 2011 年食品对外贸易走势判断”。

3 月 1 日，工信部、商务部、卫生部、国家工商总局、国家粮食局、国家质检总局、国家食药监局联合发布撤消食品添加剂过氧化苯甲酰、过氧化钙（即“面粉”增白剂）的公告。

3 月 9 日，中国食协诚邀食品界全国人大代表，于全国

“两会”期间在北京召开了座谈会，共商行业发展大计。

3 月 21 日，国务院副总理回良玉视察了河南众品食业股份有限公司。

同日，国务院食安办会同公安部、监察部、农业部、商务部、卫生部、国家工商总局、国家质检总局组成的联合工作组，要求彻查瘦肉精，坚决打击非法添加，严肃追究事故责任。

3 月 25 日，国务院办公厅公布《2011 年食品安全重点工作安排》的通知。

3 月 28 日，国家高检院下发《关于依法严惩危害食品安全犯罪和相关职务犯罪活动的通知》。

4 月，中国食协会长石秀诗，常务副会长刘治一行对浙江省 1~3 月份经济运行情况和省食品工业进行调研。

4 月 12 日，央视曝光上海多家超市销售染色杂粮馒头问题，再次将民众因食品安全而变得脆弱的神经拧紧，同时也震动了行业和各级政府。

4 月 20 日，国务院办公厅下发《关于严厉打击食品非法添加行为，切实加强食品添加剂监管的通知》。

4 月 22 日，国务院食安办会同工信部、公安部、农业部、商务部、卫生部、国家工商总局、国家质检总局、国家食药监局联合发布《关于严厉打击食品非法添加行为，严格规范食品添加剂生产经营使用》公告。

5 月，国务院食安办印发《食品安全宣传教育工作纲要（2011–2015 年）》。

5 月 13 日，国务院副总理李克强出席全国食品安全工作专题会议暨省部级领导干部加强食品安全监管专题研讨班结业式，听取汇报并讲话。

同日，中国轻工业联合会第三次会员代表大会在北京召开。

5 月 14 日–16 日，中国食协分别与河南省商丘市人民政府、漯河市人民政府签署战略合作框架协议。

5 月 16 日，中国食协举行的“2011 年一季度暨 2010 年度全国食品工业经济运行情况发布会”在漯河市召开。

5 月 16 日–19 日，由河南省人民政府、中国食协、中国商业联合会共同主办的第九届中国（漯河）食品博览会在漯河市举行。

5 月 24 日，中国食协组织专家对山东西王的“鲜胚玉米芽油‘六重保鲜锁’的研究与开发”项目进行了技术鉴定。

6 月 1 日，台湾卫生署报告：台湾已向 15 个国家和地区通报塑化剂污染情况。

6 月 3 日–7 日，由中国食协、东莞市人民政府、广东省食品行业协会主办的第二届美食文化节暨名优食品展、第七届中国粽子文化节在东莞市举行。

6 月 7 日，中华全国手工业合作总社第七次代表大会北京召开。

6 月 13 日，由国务院食安办、工信部、公安部、农业部、商务部、卫生部、国家工商总局、国家质检总局、国家食药监局共同举行的全国食品安全宣传周启动仪式暨第三届中国食品安全论坛。

6 月 21 日，全国人大常委、教科文卫委员副主任任茂东一行到中国食协，听取了关于《食品安全法》实施两年以来的有关情况汇报。

6 月 29 日，在十一届全国人大常委会第二十一次会议第二次全体会议上，全国人大常委会副委员长路甬祥代表执法检查组向常委会做关于检查《食品安全法》实施情况报告。

6 月 30 日，全国人大常委会委员长吴邦国在十一届人大常委会第二十一次会议上指出，食品安全形势总体稳定，部分领域地区不容乐观。

7 月，雀巢斥资 17 亿美元收购徐福记 60%股权。

7 月 6 日，《中国食品报》报道：中国食品和包装机械工业第五届第二次理事会在青岛市召开。

7 月 8 日，《中国食品报》报道：我国首个食品塑化剂行业标准实施。

7 月 21 日，工信部：建立食品工业企业食品安全诚信体系。

8 月 15 日，浙江省工商局宣布燕窝市场中血燕的亚硝酸盐含量严重超标。

8 月 28 日–30 日，中国食协举办的第二届中国广州国际食品工业博览会在广州市举行。

9 月 13 日，工信部下发了《关于印发〈食品工业企业诚信管理体系评价工作规则（试行）〉和委托评价机构名单（第一批）的通知》。

9 月 24 日–29 日，由中国食协食品安全培训管理办公室举办的高级食品安全师培训活动在贵阳市举办。

10 月 10 日，由中国轻工业联合会和中国酿酒协会联合主办的第二届“中国酿酒大师”颁证大会在北京召开。

10 月 11 日，中国食品科学技术学会第五次全国会员代表大会在北京召开。

10 月 14 日，国务院发布《国家食品安全事故应急预案》。

10 月 17 日，《中国食品报》报道：国家食品安全风险

评估中心日前挂牌成立。这一食品安全领域权威技术机构的建立，是中国在加强食品安全方面迈出的又一重要步伐。

10月19日，“思念”三鲜水饺检出金黄色葡萄球菌。

10月23日–29日，中国食协在四川、广西、广东、江苏、湖北调研食品工业循环经济情况。

10月10日–11日，中国食品科学技术学会第五次全国会员代表大会在北京召开。

11月4日–6日，由中国食协、欧中联合商会、中山市人民政府共同主办的“2011中国国际食品工业经贸洽谈会”在中山市举办。

11月28日，卫生部关于公开征集2012年度食品安全国家标准立项计划项目的公告。

12月9日，由中央政法委、国务院食安办指导，中国法学会主办的主题为“通过法治，实现食品安全”—2011年（首届）中国食品安全法治高峰论坛在北京举办。

12月20日，2011中国食品包装论坛发布会在北京举行。

12月28日，河南省食品工业协会冷冻专委会在郑州市成立。

12月31日，本日是卫生部公开征集检测“地沟油”办法的最后一天。

2012年

1月10日，全国工商系统流通环节食品监管工作会议在北京市召开。

1月12日，国家发改委、工信部组织编制《食品工业“十二五”发展规划》，《规划》共分7个部分35条。

2月8日，国务院食品安全委员会第四次全体会议在北京召开，国务院副总理李克强、回良玉、王岐山出席会议并讲话。

2月16日，商务部、工信部、财政部、环保部、农业部、卫生部、国家工商总局、国家质检总局和国家食药监局联合部署实施生猪定点屠宰资格审核清理。

2月21日，在国家质检总局指导下，中国食协在成都市组织召开了白酒骨干企业打假维权情况分析座谈会。全国人大财经委主任委员、中国食协会长石秀诗，国家质检总局副局长刘平均出席会议并作重要讲话。

3月11–15日，中国食协在深圳市举办了高级食品安全能力建设研修班。

3月15日，食用盐新国家标准实施。

同日，央视对麦当劳、家乐福坑害消费者权益的行为进行了曝光。

4月10日，《中国食品报》报道：卫生部发布新版《食品营养强化剂使用标准》。

4月17日，陕西省人民政府与中国轻工业联合会、中国轻工集团公司“共建陕西科技大学签约仪式”在西安市举行。

4月20日，2012年国际食品安全论坛在北京举办。

4月25日，福建省食品工业协会第八次全员代表大会在福州市召开，原省政府副秘书长黄常谔任新一届会长，汪侨生任名誉会长。

同日，中国酿酒工业协会更名为中国酒业协会。

5月14日，央视一套推出了纪录片《舌尖上的中国》，引爆了一场全民“夜宴”。

5月22日，《中国食品报》报道：在召开的第二届中国国际大豆食品产品发展大会上，中国食协大豆制品专委会常务副会长卫祥云做了行业报告，介绍了2011年度大豆食品行业的发展状况和未来五年的发展趋势和目标。

6月8日，《中国食品报》报道：首部《食品安全法律法规文件汇编》正式出版发行。

6月11日，2012年全国食品安全宣传周启动暨第四届中国食品安全论坛在北京市举行，国务院副总理李克强作出重要批示。

6月13日，国务院总理温家宝主持召开国务院常务会议，研究部署进一步加强食品安全工作。

6月14日，由工信部主办的全国食品工业“十二五”发展交流会在北京召开。

6月15日，卫生部等国家八部门联合发布的《食品安全国家标准“十二五”规划》，《规划》指出：我国将全面清理整合现行食品标准，到2015年底前基本完成相关标准的整合和废止工作。

6月16日，国务院食安办和中国科协共同发布《食品安全科普宣传大纲》。

6月20日，中国食协组织召开植物油行业生产企业增值税进项税额核定扣除办法调研座谈会

6月23日，国务院公布的《国务院关于加强食品安全工作的决定》提出了我国食品安全的阶段性目标。

7月2日，国务院总理温家宝主持召开国务院常务会议，讨论并原则通过《国家粮食安全中长期规划纲要》。

7月4日，《中国食品报》报道：全国农产品加工“双百”对接活动在济南市举办。

7月13日，《中国食品报》报道：工信部开展食品工业企业诚信管理体系师资培训。

7月19日-21日，“中国啤酒年会” 在上海市举行。

7月18日，《中国食品报》报道：最高人民检察院要求严查食品安全犯罪背后职务犯罪。

7月24日，日本日经BP社董事小浜利之、总编辑三桥英之等一行5人来访我会，中国食协负责人接待了来访客人。双方就食品安全、食品行业诚信体系建设以及今后合作领域等方面的问题进行了友好交流。

8月4日，由中国食协葡萄酒、果酒专家委员会主办，云南太阳魂集团公司承办的“2012年全国葡果酒行业年会”在云南省召开。

8月16日-20日，第五届中国（国际）冷冻食品产业大会在郑州市举行。

8月17日，中国食协出席了中国疾病预防控制中心营养与食品安全所在北京举行的“国家食品营养标签健康教育行动启动仪式”。

9月4日，国务院食安办在北京召开食品安全工作行业协会座谈会。

9月5日，中国食协负责人在北京会见了安徽省淮北市领导及农业部总经济师毕美家一行。

9月14日，《中国食品报》报道：“美国大杏仁”不是杏仁，是扁桃仁，揭开中国市场“美国大杏仁”的真相。

9月17日，中国食协和黑龙江省肇东市人民政府在北京举行了《中国食品工业协会与肇东市人民政府携手打造中国食品名城战略合作框架协议》签约仪式。

9月20日，国内方便面行业首份《中国方便面营养健康趋势报告》在石家庄市发布，报告总结：中国方便面7年近零增长。

同日，中国食协负责人会见了美国食品饮料和消费品制造商协会全球策略及规则执行副总裁肖恩•达拉先生、亚洲事务首席顾问孙霖博士一行。

9月25日，食品工业科技国际论坛2012—功能性食品及配料的创新与安全保障论坛在北京举行。

10月1日，新版《绿色食品标志管理办法》开始施行。

10月9日，农业部召开常务会议，研究推动我国奶业持续健康发展。

10月19日，卫生部办公厅印发了《食品标准清理工作方案》的通知。

同日，光明乳业第六次（6月15日、6月27日、7月20日、9月8日、18日、10月19日）陷入“质量门”。

10月21日-23日，ICMSF—中国食品安全国际研讨会在厦门市举办。

10月25日，国务院食安办、中央文明办、农业部、商务部、卫生部、国家工商总局、国家质检总局、国家食药监局联合发文：推动食品行业道德诚信建设。

11月15日-18日，2012年中国食品博览会在宁波市举办，全国人大财经委主任委员、中国食协会长石秀诗出席开幕式并作主题讲话。

11月17日，由工信部、农业部、国家工商总局、国家质检总局、国家食药监局、中国食协联合主办，国务院食安办、国家发改委、卫生部共同支持，中国食品安全报社独家承办的第十届中国食品安全年会在北京开幕。

11月18日，由中国食协与漳州市人民政府、台湾食品产业发展协会、福建省经贸委联合主办的首届海峡两岸食品博览会在漳州市开幕。

11月20日，卫生部关于公开征集2013年度食品安全国家标准立项建议的公告。

11月21日-22日，2012年食品安全与产品真实性技术国际论坛在北京召开。

12月7日，农业部与卫生部联合发布食品安全国家标准。

12月10-11日，工信部在广州市召开全国食品行业诚信建设工作交流会。

12月19日，卫生部公布《食品安全国家标准跟踪评价规范（试行）》。

12月25日，在国务院举行的新闻发布会上，农业部新闻发言人介绍，从2004年到2012年，我国粮食生产实现“九连增”。

1.2 中国食协工作

开拓进取 履行职责 搞好服务 努力开创协会工作新局面

2010 年主要工作

2010 年是实施《全国食品工业“十一五”发展规划纲要》的最后一年，也是为“十二五”开局打基础的一年，中国食品工业协会在两届理事会的领导下，认真贯彻执行党的十七届四中、五中全会和中央经济工作会议精神，在地方食品协会和广大会员单位的大力支持下，全面落实科学发展观，紧紧围绕协会宗旨和年度工作目标，按照市场化的原则推进协会改革、规范和发展，坚持“三个服务”，拓展业务范围、提升协会地位，各方面工作取得了新进展。

2010 年全国食品工业规模以上实现现价总产值 6.31 万亿元，比 2009 年增长 27.5%，是“十一五”开局之年 2005 年（2005 年全国食品工业规模以上总产值 2.05 万亿元）的 3.1 倍，比 2005 年增长 208.1%，年均增长 25.2%，扣除物价因素,年均增长 21.3%。圆满完成《全国食品工业“十一五”发展规划纲要》提出的“食品工业总产值 2010 年达到 40900 亿元，年均增长 15%的目标”。

换届以来开展的工作

2010 年 9 月 26 日，中国食品工业协会在国务院领导，协会名誉会长、顾问，国务院有关部门，地方食协以及全体会员单位的关心和大力支持下，召开了第六次会员代表大会，顺利完成了理事会换届工作，选举产生了中国食品工业协会第六届理事会及其领导班子。在新一届理事会及其领导班子的领导下，中国食品工业协会广大干部职工按照坚持正确的办会方向，认真履行协会职责；积极推动协会转型,努力搞好“三个服务”；大力加强行业自律,切实维护食品安全；抓好协会自身建设,推动协会不断发展的要求积极开展工作，基本上实现了工作的动态衔接和平稳过渡，不少工作都取得了新的进展。换届以来开展的主要工作：

一、做好统计工作，提供决策依据

11 月份，在广东中山召开了 2010 年 1～9 月全国食品工业经济运行和进出口信息发布会，介绍食品工业经济运行和进出口情况，为全行业发展和企业经营提供信息服务。国家统计局已批准由我会实施《全国食品工业统计报表制度》、《全国烘焙食品报表制度》、《全国黄酒工业统计报表制度》、《全国肉蛋制品及副产品产销报表制度》等四个统计报表制度，并计划从 2011 年元月起开始实施统计报送制度。及时向工信部提供月度全国食品工业数据报告。为协会领导和各省（区、市）食协提供月度、全年食品工业生产运行情况分析报告。

二、注重食品安全，加强制度建设

食品安全工作是关系国计民生的大事。理事会换届后，围绕食品安全重点抓了两件大事。

一是“食品安全亚运行”活动。此次活动由中国食品工业协会主办，广东省食品行业协会承办，石秀诗会长出任组委会主任，联合 13 个省（区、市）食品行业协会，组织所有亚运食品供应商精心组织生产，严格把好产品质量关，确保了广州亚运会和亚残运会期间食品“零事故、零投诉”，实现了活动组委会提出的“确保亚运会食品 100%合格，确保运动员食品安全万无一失”的目标。此项活动创造了全国性行业协会联合地方行业协会，保障大型国际赛事食品安全的新模式，为我国食品工业赢得了良好的国际声誉，受到社会各方面的好评。

二是乳品安全问题。“问题奶粉”再度出现，引起社会震惊，国务院领导同志非常重视并在有关会议上做了重要讲话。为贯彻落实领导讲话精神，我会积极联系中国奶业协会、中国乳制品工业协会，筹备召开乳品行业“加强行业自律、坚守企业诚信、保障食品安全——共同行动”座谈会，并在乳品行业开展以行业自律为主题的专题活动。

在抓好与食品安全有关的社会关注热点问题的同时，我会还特别注意做好与食品安全有关的基础性工作。在标准化制、修订方面，积极配合卫生部等部门，抓紧制、修订完善《GB2760 食品添加剂使用卫生标准》、《GB7718 预包装食品标签通则》等数十项标准，同时安排专人对与食品行业相关的部门规章、食品安全标准的制、修订过程密切跟踪。

在诚信体系建设方面，向工信部提交了《关于在食品行业中开展食品工业企业诚信等级评价试点工作的申请》、《2011 年开展诚信体系建设工作评价、培训和宣传的工作计划》。继续开展食品安全专职人员培训，为食品生产企业培养专职或兼职的食品安全人员队伍。

三、鼓励创新发展，推动科技进步

经与科技部沟通，争取到“十二五”国家科技计划农村领域首批预备项目及相关专家推荐名额。成功开通《国家科学技术奖励评审专家在线推荐系统》，向国家奖励办推荐了国家科学技术奖励相关评审专家，同时积极争取行业获奖项目直接推荐参与国家科技奖评审资格。与清华大学协商联合举办“食品加工行业领导力与科技创新高级研修班”，为食品行业创新型(试点)企业建设工作做好创新能力提升服务。继续修订、完善《2006～2016 食品行业科技发展纲要建议》。

四、总结发展经验，规范园区建设

为落实科学发展观，在实践中走出一条具有中国特色的食品产业发展之路，多年来，我会积极推进行业优势产业特色园区（基地、名城）的建设与发展，目前已誉名的特色园区（基地、名城）近 60 家。为更加科学、合理、规范、有序开展园区建设工作，我会已要求各园区（基地、名城）总结誉名以来的经验和发展情况，将适时召开工作经验交流会。

五、开拓产品市场，进行国际交流

围绕食品安全、企业创新等主题，通过展品展示、产销对接、经贸洽谈等多种形式，成功举办了中国（中山）食品洽谈会、第 19 届中国食品博览会暨交易会等多个食品展览会。

接待了日本、泰国、智利、香港等国家和地区的访问团或代表，开展了国际经济技术合作与交流，建立了良好的业务往来。

六、发挥专业委员会作用，提高服务水平

我会各专业委员会及工作委员会充分发挥行业组织自律、协调、服务作用，在发展规划、原料基地建设、标准法规、专题培训、会议展览和出版发行等各个方面，全方位为行业和企业提供服务，赢得行业和企业的好评。

七、推动协会转型，做好“三个服务”

为政府服务方面。围绕食品工业发展规划、产业政策、食品安全等重大问题，积极向政府有关部门提出意见或建议。继续配合国家发改委、工信部起草《全国食品工业“十二五”发展规划纲要》。认真完成国务院有关部委交办事项共计 48 件。

为行业服务方面。加强与地方食协协调和配合，形成工作合力。协会领导分别赴河南、广东、黑龙江等地进行调研考察，并与地方政府、食协就当地食品工业发展情况进行座谈。协会领导还分别参加了天津、广东、四川、河南、湖北等地展会，增强了与地方的沟通了解。此外，与黑龙江省人民政府就战略合作进行了洽谈。

为企业服务方面。采取多种手段，积极了解企业诉求，维护企业合法权益，同时开展多种形式的服务，如办理申报驰名商标的行业证明，举办有针对性的专题培训等。

八、加强媒体管理，把握宣传方向

2010 年，我会主管、主办的《中国食品质量报》、《中国食品工业杂志》、《中国食品工业年鉴》、《中国食品工业网》等宣传媒体，根据各自不同的定位和侧重，开展了食品安全法律、法规以及食品安全标准和知识的公益宣传。《中国食品质量报》于 11 月成功举办了以“确保食品安全，构建和谐社会”为主题的第八届中国食品安全年会。

恢复编辑中国食品工业协会简报，及时披露协会动态，加强协会与政府、行业、企业间的信息交流。做好《中国食品质量报》更名为《中国食品安全报》的有关工作。出版了《中国食品工业年鉴 2009》。

九、加强自身建设，完善规章制度

强化基础管理。在协会章程规定的基础上，完善规章制度，明确工作规则，坚持依法办会，照章办事。主要建立完善了秘书长办公会制度、信息报送制度、工作规则及相关财务制度等，同时启动了 OA 办公系统的培训和建设工作。

抓好党建工作。12 月 20 日，根据上级党委要求，我会召开了党员领导干部民主生活会。中国企业联合会党委副书记、纪委书记张志骧参会并给予了高度评价：“这次民主生活会，领导班子成员开诚布公，开展了批评与自我批评，收

到了良好的效果。协会自换届以来，做了大量工作，卓有成效。中国企联领导对协会新一届领导班子寄予厚望”。

为了把党员和干部的思想统一到共谋协会发展上来，11月份，协会党委开展了“我为协会发展做贡献，献计献策”活动，全体员工积极响应和参加，提出了很多有利于协会发展的意见和建议，充分调动了员工的积极性。

2011 年主要工作

2011 年是“十二五”开局之年，又是中国食品工业协会成立 30 周年。我国食品工业将以科学发展观为主题，以转变发展方式为主线，努力实现持续稳定发展。在第六届理事会及其领导班子的领导下，我会将密切与各兄弟协会以及各地方食品工业协会的联系与配合，充分发挥中国食品工业协会及各行业协会在全国食品工业发展中的影响和作用。在改革中不断转型，在服务中发展壮大，积极做好“三个服务”、加强行业自律、维护企业合法权益、加强自身建设，以切实维护食品安全为重点，明确方向，锐意进取，更好地推动行业健康发展。2011 年，我会的工作将主要围绕以下几个方面展开：

一、编制“十二五”规划，谋划发展蓝图

积极参与、配合由国家发改委、工信部共同组织的《全国食品工业“十二五”发展规划纲要》的编制工作。在总结“十一五”发展经验的基础上，为“十二五”全国食品工业的发展梳理思路，制定目标，为行业、企业制定发展计划提供参考。

继续修订、完善由我会负责编制的《2006～2016 食品行业科技发展纲要建议》。

二、举全会之力，办好协会成立三十周年纪念活动

中国食品工业协会成立的这三十年，是伴随着我国改革开放不断深化和经济建设快速发展以及中国食品工业的跨越发展成长起来的，因此，总结经验，谋划长远，意义重大。为做好这项工作，协会将成立纪念活动筹备小组。纪念活动方案和内容将充分听取各方面和地方的意见和建议。初步考虑纪念活动主要包括：一是举行大型纪念会；二是召开历史回顾与总结座谈会；三是举办纪念三十年发展综合展览；四是出版几个专辑，主要包括领导同志题词、回忆文章、珍贵照片和主要行业发展综述等。纪念活动初定于四季度进行。

六届二次理事会拟于纪念活动期间举行。

三、做好统计分析，引导行业发展

跟踪全行业经济运行情况，力争准确统计各项数据，动态分析发展趋势，权威发布相关信息，是中国食品工业协会作为食品工业领域唯一综合性协会所肩负的重任，也是我们的优势所在。我们将建立健全食品行业信息统计渠道和网络，广泛拓宽信息来源，提高信息处理能力，加强信息分析，增加信息发布频率。在做好上述工作的基础上，争取为国务院领导和有关部委以及地方食协和企业提供行业走势分析及预警报告。

1 月，召开全国食品工业统计工作会议。加强对粮食、植物油、肉类、乳制品、调味品等大宗、敏感产品的监测和分析。

4 月，举办“2010 年全国食品工业经济运行发布会”。

我会今后将定期举办全国食品工业经济运行发布会。

四、推进诚信建设，促进食品安全

在工信部的指导下，发挥综合性行业协会的优势，在全国食品企业和会员企业中继续稳步、扎实开展食品工业企业诚信体系建设工作。指导企业建立完善诚信制度、实施国家标准，组织和督促企业积极参与诚信评价活动，认真开展食品企业诚信认证和评价工作。加强行业诚信宣传，鼓励社会资源向诚信企业倾斜。继续开展食品安全专职人员培训工作，向人保部申报“食品安全师”新增职业申请。

积极参与国家有关食品安全法规的相关工作，跟踪有关法规、标准制、修订进程。推动各行业产品标准建设，研究标准体系的建设。

办好第九届中国食品安全年会。

与中国奶业协会、中国乳制品工业协会共同办好“加强行业自律、坚守企业诚信、保障食品安全——共同行动”座谈会，尝试与更多的专业性协会在食品安全方面共同行动。

五、以企业为主体，推进自主创新

加强与国务院各部委的工作联系，争取为政府服务的固定服务项目和委托职能。根据政府、行业、企业的需求，运用市场机制集聚创新资源，建立政府、协会、企业、科研机构之间的深层交流与合作，探索符合市场规律、产学研有效结合的发展模式，推动科研成果的转化，推进企业自主创新。

组织好“第五届中国食品工业协会科学技术奖奖励暨第八届全国食品工业科技进步工作”会议以及“第三届全国食品行业创新型（试点）企业建设工作会议”。开展第二批试点企业的考核评价工作和第三批创新型企业试点单位的申报工作。

继续做好“十二五”国家科技计划农村领域预备项目和有关专家推荐及科技成果项目的鉴定、论证工作。

六、关注热点问题，开展专题调研

发挥综合性协会的优势，关注与食品工业持续、稳定发展关系重大的问题。采取专题调研、座谈会等形式，对食品工业与农业的依存和共同发展，龙头企业对区域经济的拉动作用，产业聚集区、产业带的建设等问题进行调研，并提出专题调研报告，为政府部门宏观调控提供决策建议。

继续开展优秀龙头食品企业、食品工业强县特色县认定工作。编辑出版《中国食品工业龙头企业　食品工业强县发展报告（2011）》。

加强重视协会和地方食品协会的协作共建工作，由主要领导带队深入各地进行指导和协调，帮助基层结局实际困难和问题。

七、发挥专业委员会作用，切实为企业搞好服务

专业委员会及工作委员会是中国食品工业协会开展工作的重要基础，是协会专业性工作的有力支撑。要加强对专业委员会及工作委员会的管理和资源整合，发挥好专业委员会及工作委员会为行业服务，凝聚行业力量的作用。要及时了解行业、企业的情况，反映合理、合法的诉求，为企业排忧解难，维护企业合法权益。积极推进工作委员会转型。

八、共建食品园区，推动经济发展

为引导园区（基地、名城）优势产业集聚发展，我会在总结食品行业优势产业特色园区（基地、名城）建设的同时，拓展与地方政府合作共建内容，帮助地方政府制定发展规划、提供信息服务支持、共同举办展览会、招商引资等，达到推动区域经济发展的目的。

对于地方政府新提出的共建“园区”的申请，我们将遵循上述原则，本着谨慎、从严的标准，拓展共建内容，提供全方位服务，高标准建设，共赢式发展。

九、加强国际合作，搭建交流平台

开创工作新方式，拓宽交流新渠道，组织国内企业积极应对国际贸易纠纷，维护企业合法利益；帮助企业开拓国际市场，为他们参与国际竞争搭建服务平台；帮助国内企业走出去，以境外贸易洽谈、投资建厂、技术引进、参观考察等多种方式，把国内知名企业和产品推到国际市场。

十、扩大展会影响，打造精品展览

目前，每年以我会名义和地方联办的展会有20多个。今后办展览会，要走“精品”之路。一是提高自主办展会的能力，每年举办1～2个以我会为主的食品展，逐渐办成能检阅行业发展、扩大行业影响的“精品”展览。二是在现有联办的展会中，选择少数影响大、品牌号召力强、政府主导型的展会，重点予以支持，办好办精。三是逐渐形成层次，自主办、联合办、特色专业展，互为补充。

十一、把握宣传方向，配合中心工作

充分利用中国食品工业协会现有的报纸、杂志、网站、简报、年鉴等媒体资源。着眼于发挥不同媒体的特点，有所分工，有所侧重。

在宣传内容上，要坚决贯彻中宣部、外宣办、广电总局、新闻出版总署和全国记协深入开展“杜绝虚假报道　增强社会责任　加强新闻职业道德建设”专项教育活动通知和动员会议精神的要求和部署，开展专项教育。加强宣传报道的计划性。把握媒体宣传报道方向，围绕协会的中心工作、重点工作和食品行业的特点，反映社会公众关注的热点、难点等问题。同时针对“反式脂肪酸”、“甲醛”、“滑石粉”等焦点问题，加强公众消费知识普及，引导消费，优化消费环境。

十二、加强自身建设，提升服务水平

加强自身建设是做好服务工作的基础和保障。要严格执行协会章程，坚持民主办会、科学办会，处理好协会与政府部门、地方协会、其他兄弟协会、国外同行及相关组织等四个方面的关系，创造良好的工作环境。

2011年主要做好几件事：

一是抓好党务工作。完成协会党委换届工作。加强预备党员和入党积极分子培养，做好分支机构党员组织关系的接转工作。继续开展创先争优和“我为协会发展做贡献，献计献策”活动。

二是根据工作需要，调整协会内部工作机构，定岗定员定责。实现机关与专业委员会工作人员共同调配，加快年轻干部培养。

三是完成协会OA系统建设，实现无纸化办公。

四是加快食堂改造、加层，增加办公室，为这项工程做好前期准备工作。

五是恳请有关部门帮助解决中国食品工业协会作为直管协会的问题。

二〇一一年一月十九日

认真履行职责　提升服务水平 创新工作模式　争创品牌协会

——中国食品工业协会2011年工作回顾和2012年工作要点

2011年是"十二五"开局之年。全国食品工业在国家宏观经济政策的支持下，保持了平稳较快发展的势头，全年现价工业总产值达到7.8万亿元，同比增长31.6%。中国食品工业协会（以下简称我会）在新一届领导班子的带领下，以邓小平理论、"三个代表"重要思想、科学发展观和中央经济工作会议精神为指导，面向食品企业、食品行业组织和各级政府，坚持"三个服务"工作方针，开拓创新，努力拼搏，较好完成了全年的各项工作任务。

2011年工作回顾

（一）拓展战略合作，创新服务模式

与地方政府开展战略合作，是我会新一届领导班子成立以来创新服务模式、谋求双赢的一项重大举措。2011年，我会分别与新疆自治区人民政府、河南省人民政府签署了战略合作框架协议。协议着眼于促进地方食品工业发展，确定战略合作关系，搭建在省级行政区域内开展各种合作服务的平台，拓展中国食协创新服务的新模式。我会还先后与河南商丘、河南漯河、福建漳州三个地级市签署了食品工业发展战略合作协议，并积极推动落实各项工作。5月，与河南省人民政府、漯河市等联合举办了第九届中国（漯河）食品博览会，召开了"2010年及2011年第一季度全国食品工业经济运行情况发布会"，授予漯河市临颍县为"中国食品名城——临颍休闲食品产业基地"称号。针对商丘市食品工业存在的总量小、分布散、链条短、装备差、产业集中度较低、优质原料基地建设发展滞后等现状，我会从大力发展农产品精深加工、大力培育特色食品产业、大力加强食品工业集聚区建设着手，为商丘市编制了《商丘市"十二五"食品工业发展规划》。规划布局了打造著名食品产品生产基地的具体措施和政策保障，以促进食品工业成为支撑能力强的支柱产业。11月，与农业部、国台办、福建省人民政府等单位联合主办了"第三届海峡两岸现代农业博览会、第十三届海峡两岸花卉博览会"，并授予漳州市"中国食品名城"称号。与漳州市政府以"绿色创新 合作发展"为主题，共同主办了"海峡两岸食品产业论坛"。

一年来的实践表明，与地市级政府开展战略合作内容更具体，更具可操作性，使合作内涵得到深化和进一步提升。

（二）强化信息发布，扩大社会影响

为充分发挥我会综合性协会的优势，2011年我会建立了全国食品工业经济运行信息发布制度，向社会定期发布权威、完整的行业信息、运行信息，分析运行状况，寻找运行特点，预测运行趋势。年内分别在漯河、中山、郑州等地召开新闻发布会，发布了"2010年食品工业经济运行综述及2011年展望"、"2011年上半年全国食品工业经济运行综述"、"2011年前三季度全国食品工业经济运行情况"等季度、半年度、年度食品工业经济运行分析报告。同时，将信息及时在中国食品安全报上独家刊载，社会影响较大，效果良好。

一年来，我会还参与国家发改委、工信部编制《食品工业"十二五"发展规划》，并提供所需完整数据。为工信部提供《月度食品工业运行分析报告》。向国家统计局申请新建《全国速冻食品统计报表制度》等。

我会还对糖果、白酒、啤酒、豆制品、面包糕饼、马铃薯、坚果炒货等行业的主要产品的产量、销售额、进出口额、企业品牌经营、人才管理、质量控制、储藏运输、能源消耗和成本核算等方面进行了全面调查统计，对行业发展起到了积极的导向作用。

（三）推动技术进步，促进科技创新

2011年，我会组织召开了第五届中国食品工业协会科学技术奖暨第八届全国食品工业科技进步工作会议。会上颁发了中国食品工业协会科学技术奖一等奖6项、二等奖6项，表彰了优秀企业52家和优秀企业家7人。

参与工信部编制《工业转型升级规划（2011—2015年）》，就食品工业自主创新、节能减排、转型升级、行业发展、产业链延伸、品牌建设等内容，提出了修改意见。组织业内重点企业、高等院校等专家召开"十二五"食品行业关键技术项目征集座谈会，向国家有关部委上报了现代加工技术设备改造传统产业、食品安全保障体系建设、食品加工新型节能减排技术，共3大类，26个子项目。

此外，受河北省工信厅和天津市国资委邀请，分别牵头审议了《河北省"十二五"食品工业发展规划》和《天津市二商集团"十二五"食品工业发展规划》。组织了"西王玉米胚芽油技术"科技成果鉴定、"结晶果糖营养健康作用"论证工作、"生态技术生产浓香型白酒工艺的研究"科技成

果鉴定，对推动行业发展起到了积极促进作用。

（四）制订修订标准，规范企业生产

积极参与和组织制订各种标准是我会的一项重要工作。2011 年，我会与中国疾控中心营养与食品安全所共同承担完成了《GB 7718 预包装食品标签通则》实施问答、《GB 2760 食品添加剂使用标准》公众问答及实施问答报卫生部稿，并组织企业就食品添加剂使用标准、标签标准进行了宣传贯彻和答疑。完成了《GB 14881 食品生产企业通用卫生规范》公示稿。此外，还积极参与了《食品添加剂标签标识通则》、《食品中致病菌限量》、《GB 14880 营养强化剂标准》等标准的制、修订工作。

根据卫生部要求，针对《GB 2760 食品添加剂使用卫生标准》附录 D 中的胶基配料，组织行业骨干企业开展国际标准直接指定工作。完成了《坚果炒货》等食品安全国家标准的制订任务。参与了《蒸馏酒及其配制酒》等食品安全国家标准和全国白酒标准化技术委员会相关标准的制、修订工作。受商务部委托，完成了《豆浆》、《卤制豆腐干》两项行业标准的制订工作；组织起草了《大豆食品分类》、《大豆食品术语》两项行业标准。组织起草《马铃薯冷冻薯条》、《马铃薯雪花全粉》、《加工用马铃薯流通规范》三项行业标准。其中《SB 马铃薯冷冻薯条》已于 2011 年 12 月正式实施。

（五）加强诚信建设，保障食品安全

我会是食品工业企业诚信体系部门联席会议成员单位，是工信部授权的首批食品工业企业诚信管理体系委托评价机构 5 家成员之一。

2011 年，我会参与起草了《食品工业企业诚信管理体系评价机构工作规则（试行）》和《食品工业企业诚信管理体系评价工作程序（试行）》；参与了乳制品、肉类、葡萄酒、调味品、罐头、饮料 6 个行业的《食品工业企业诚信管理体系（CMS）建立及实施通用要求实施指南》培训教材的编写工作；参加了工信部组织的诚信管理体系标准在黑龙江、陕西、云南、江苏等地的宣传贯彻培训活动；确定建立诚信管理体系的试点行业与企业，并完成了诚信管理体系评价工作；组织举办了食品工业企业诚信管理体系师资培训班；向工信部报送了《2011 年食品工业企业“讲诚信　保质量　树新风”活动工作方案》；为国务院食安办、工信部食品安全宣传周活动提供《我国食品工业“十一五”成就》稿件；在中国食品安全报开辟专栏，集中报道食品工业诚信建设工作；按照商务部和国资委的要求，组织开展了食品企业信用等级评价复评工作，评出 2011 年度食品企业信用等级 AAA 级企业 18 家，AA 级企业 6 家。

认真贯彻落实《食品安全法》，及时将实施《食品安全法》中存在的问题向卫生部、工商总局、质检总局等相关部门提出改进意见和建议。同时，根据中共中央办公厅要求，向中办督察室专题汇报了“关于科学推进我国食品安全工作的情况汇报”，并提出了“重点地区食品安全督察调研的建议”。根据全国人大教科文卫委员会的要求，起草了贯彻执行《食品安全法》有关工作情况的专题报告，全国人大常委会委员任茂东专程来我会听取了汇报。

为实现食品安全“预防为主、科学管理”，切实发挥好食品安全核心技术支撑作用，中央机构编制委员会办公室批准成立国家食品安全风险评估中心，中国食协正式成为国家食品安全风险评估中心理事单位。

（六）服务政府部门，争取政策支持

2011 年，我会还完成了国家发改委委托的《国家鼓励的循环经济技术、工艺和设备名录（2011 年）》的征求意见工作；承担了工信部委托的《违法食品企业黑名单管理办法》的起草工作；应卫生部、工信部等要求，就《新资源食品管理办法》、《绿色食品标志管理办法》等法规提出了修改建议；对国务院法制办修订《标准化法》提出修改意见；完成了国家发改委“十二五”食品工业发展循环经济的课题研究报告；完成了工信部委托的《马铃薯加工业“十二五”规划》组织编写工作。参与卫生部组织编写的《2010 年全国食品安全总体状况的报告》起草工作。

关注产业安全，参与有关重大并购案的反垄断审查。2011 年 5 月，我会向商务部反垄断局递交了提请关注“美国 ADM 公司收购长春大成集团在港上市公司”的报告，就此案在玉米深加工行业可能产生的产业安全问题，提出了反垄断预警。应商务部要求，代表行业对百事中国收购北京百事可乐饮料有限公司 15% 股权案、雀巢公司收购徐福记国际集团 60% 股权案、华润雪花啤酒有限公司收购喜力亚太酿酒集团 100% 股权案以及重庆啤酒股份有限公司、重庆轻纺控股（集团）公司、香港嘉士伯啤酒有限公司在境内成立合资啤酒企业案等，提供了反垄断审核意见。

（七）面向行业企业，提供有效服务

2011 年，我会面向行业、企业，做了大量细致、认真的服务工作，进一步扩大了我会在业界的影响。

为了解决食品企业在税收政策上存在的增值税进项税和销项税抵扣“高征低扣”的问题，减轻企业税负，协会领导赴浙江调查研究，形成了《浙江省食品工业调研报告》。

2011年10月，在获悉国家税务总局在网上公布了《国家税务总局关于部分行业试行农产品增值税进项税额核定扣除管理办法的公告》（征求意见稿），拟在乳制品制造和食用植物油加工两个行业先行开展增值税抵扣政策调整试点工作后，我会与中国税务学会一起就征求意见稿内容展开调查研究。11月，向国家税务总局货物和劳务税司增值税处汇报并按照国税总局的建议对试点工作予以跟踪调查。

应泸州老窖集团邀请，出席该公司与联想集团共同经营的湖南武陵酒厂“千亩万吨酱酒生态园”开工奠基工程，对武陵酒如何发挥自身品牌优势、技术优势、区位优势，再创酱香型白酒名牌企业的发展战略，提出了意见和建议。组织专家对申报使用纯粮固态发酵白酒标志的金沙酒厂、世纪金徽酒厂和鄂尔多斯酒厂进行生产现场审核。对北京牛栏山酒厂坚持传统工业、融汇科技创新、坚持科学发展提出了意见和建议；组织部分白酒专家到黄鹤楼酒厂进行实地考察，对咸宁酿酒基地规划设计方案进行了论证。

在日常工作中，注重积极做好会员发展和日常服务工作；做好会员、理事证书发放以及会员信息的整理和更新工作；及时向会员单位发送《中国食品工业》杂志、《中国食品工业协会简报》、《关于认真汲取瘦肉精事件教训加强食安自律的通知》、《两会专刊》等文件和资料。2011年，对10家企业申报“中国驰名商标”的材料进行审核，并出具了证明。

（八）深化服务内容，推进行业发展

2011年，我会向国家科技部、工信部推荐“十二五”国家科技计划社会发展科技领域项目2项、两化融合促进节能减排重点推进项目2项及评审专家2人。

组织了2010–2011年度全国食品工业优秀龙头食品企业、食品工业强县和产业集群示范区认定工作。共认定35个“食品工业强县（市、区）”，1个“食品工业产业集群示范区”，263家“全国食品工业优秀龙头食品企业”。12月，在北京召开了“履行社会责任、打造诚信品牌暨2010—2011年度全国食品工业优秀龙头食品企业、食品工业强县（市、区）经验交流会”，发布了《中国龙头食品企业、食品工业强县发展报告（2011）》。还组织召开了第六届全国休闲食品产业峰会。

为促进食品工业企业国际间交流搭建平台。5月，组织国内糖果企业赴德国、美国参观“第十九届国际加工与包装机械展览会”、“2011美国芝加哥国际糖果及甜食展”，并积极洽谈相关合作事宜。6月，组织豆制品行业骨干企业赴日本进行了大豆食品生产和市场考察。7月，组织五粮液、茅台、剑南春等酒厂的生产技术管理人员出访北欧四国，考察了世界著名的蒸馏酒绝对伏特加、啤酒嘉士伯和当地葡萄酒生产企业，并与外方管理团队进行了工艺技术交流，深入了解了北欧酿酒工业发展现状和酒类消费市场的变化情况。还组织国内专家与欧盟、美国、澳大利亚等国专家就发酵酒生产添加剂使用进行了交流。与美国、荷兰、英国、加拿大、秘鲁等国家马铃薯行业协会及组织进行沟通、开展交流，组织了中国—荷兰食品经贸论坛，派员参加了在美国举行的第六届世界马铃薯大会。

重点办好政府支持的展会。2011年我会与其他单位联合主办的博览会主要有：在漯河市举办“中国（漯河）食品博览会”，国内外1400多家企业参展，签约投资项目59个，总投资213.32亿元。在东莞市举办第二届中国（道滘）美食文化节暨名优食品展和“第七届中国粽子文化节”，并授予道滘镇“中国特色食品名镇”称号。在中山市举办“2011中国（中山）国际食品工业经贸洽谈会”，30多个国家和地区的食品企业代表、客商和嘉宾参会。在武汉举办“第20届中国食品博览会暨交易会、第2届中国（武汉）国际食品交易会”，国内外1260家企业参展，参展产品2.1万余种，观众56.5万人次，总成交额为104.48亿元。此外，我会还与天津、上海、广州合作，举办了“中国（天津）环渤海食品交易会”、“第十三届亚洲食品配料（中国）展览会”、“第二届广州国际食品工业博览会”。

（九）针对企业需求，做好培训工作

2011年，中国食协白酒专业委员会圆满完成了第八届白酒国家评委培训、考聘工作。

白酒品评是食品感官科学的重要组成部分，组织专业评酒委员对白酒产品质量风格进行鉴评，指导白酒生产工艺技术的改进和提高，是中国食协促进白酒行业科技进步和提高生产管理水平的重要手段。2011年4月，中国食协白酒专业委员会筹备开展白酒国家评委换届工作，成立了由中国食协、山东、四川、贵州、北京等地方食协领导和行业技术专家组成的领导小组，召开了全国白酒专家委员会会议，就培训和考试范围、时间、地点、录取比例等进行研究，邀请五粮液、茅台、汾酒等20余家白酒企业提供了具有典型风格的样品酒。有关省、市食品协会对白酒评委换届工作也给与高度重视，积极配合。10月，第八届白酒国家评委考试在北京如期举行，经过考试，中国食品工业协会共聘任第八届白酒国家评委、资格评委260余人。

我会还举办了食品安全师讲师培训和高级食品安全师培训班；在全国 13 个城市同时举办食品安全师全国统一考试；专门举办了三期全国餐饮企业食品安全管理者培训班，针对餐饮食品安全管理者的需求量身定做课程，受到了企业的好评；继 2010 年“全国标杆食品企业高层管理者游学之旅”首站广东省知名食品企业游学圆满结束后，2011 年组织了“全国标杆食品企业高层管理者游学之旅”四川省知名食品企业的游学活动。截止目前，授权全国培训机构和考试机构共 32 家，培训食品安全师 4600 多人、高级食品安全师 82 人、授课讲师 248 人，他们在食品安全生产第一线发挥着重要作用。

举办了第二届功能性食品技术创新与配料应用技术研讨会和食品安全危机管理与媒体应对培训班。举办了食品工业卓越绩效型先进企业经验交流会和复合调味料产品生产技术培训班。3 月，在汕头举办了针对该地区糖果发展情况及需求的糖果技术培训班；6 月，在苏州举办第一届“全国巧克力技术培训班”；7 月，在杭州举办了第四期豆制品工艺技术培训班；举办了复合调味料产品培训班；在广西南宁市举办了主题为健康功能糖果的第二十期全国糖果巧克力技术研讨培训班。

修订、出版了《公共营养师培训教材（第三版）》，培训公共营养师 300 名，合格率达 96%。与清华大学合作，举办了“食品加工行业领导力与科技创新高级研修班”。

召开了“中国啤酒‘单宁’应用技术研讨会”、“中国啤酒高峰论坛”、“中国啤酒国家评委年检会议”和“中国啤酒创新产品认定会议”。

我会还向国资委提交了将“坚果炒货工艺员”变更为“坚果炒货工艺师”职业名称的报告。

（十）回顾辉煌历程，搞好建会纪念

2011 年，正值中国食品工业协会成立 30 周年。为了继往开来，同心奋进，努力推动协会工作不断迈上新台阶，我会举办了中国食协成立 30 周年纪念活动。纪念活动分为举办博览会、召开座谈会、出版纪念专辑三部分。

为了向党和政府、向社会各界汇报改革开放以来中国食品工业取得的巨大成就，为了宣传介绍食品工业最具代表性的一些行业的新技术、新产品、新成果，在国家发改委、工信部、卫生部、工商总局、质检总局、食品药品监督管理局等部门的大力支持下，我会于 11 月 25 日–27 日在北京全国农业展览馆举办了“2011 中国食品工业发展与食品安全优秀成果博览会”。这次博览会是继 1991 年之后我会自行主办的一次大型汇报展览。在国务院有关部委的大力支持下，有关地方和众多食品骨干企业热情参与，本届博览会办得隆重、热烈，既展示了琳琅满目的食品工业产品，也宣传了 30 年来食品工业的发展成就，收到了良好的社会效果。

11 月 25 日，我会在京召开“纪念中国食品工业协会成立 30 周年座谈会”。十届全国人大常委会副委员长顾秀莲，中国食协名誉会长王文哲，中国食协顾问韩家增、王永祯和中国食协的现任领导出席座谈会。中国食协名誉会长田纪云、顾秀莲、陈锦华为纪念活动题词，中国食协名誉会长袁宝华撰写了纪念文章。座谈会上，王文哲、石秀诗先后发表讲话，国家发改委、工信部、民政部的代表，省级食协的代表、食品企业的代表、地方政府的代表发言，纪念中国食协成立 30 周年。

为纪念中国食协成立 30 周年，我会还编辑出版了《朝阳产业　辉煌成就——中国食品工业协会成立 30 周年纪念专辑》。书中收录了中国食协名誉会长、顾问的题词、专文，纪念中国食协成立 30 周年座谈会上领导同志的讲话，各省食协、部分食品企业、中国食协退休老干部的回忆文章，中国食协 30 年大事记等。

（十一）重视媒体宣传，发挥导向作用

重视媒体宣传，加强报刊管理，扩大我会影响，是 2011 年工作的一个特点。6 月，协会领导到中国食品安全报办公地点现场办公，听取了报社的工作汇报，并对报社今后主要工作做了指示。同时，还就中国食品安全报社办好“第九届中国食品安全年会”提出了具体要求。

在全社会高度关注食品安全的形势下，“第九届中国食品安全年会”受到方方面面的重视。国务院与食品安全有关的部委都对年会的召开给予了大力支持，并在年会期间启动了“中国食品安全万里行”活动。来自全国各地的食品工业企业踊跃参会，不少食品工业的大县、强县的政府领导人也主动参会，大家齐聚一堂，为食品安全献计献策。

中国食品安全报社与北京市工商局等单位合作举办的“北京市食品安全与营养健康知识宣传教育活动”已达 200 场次；“百家名优食品企业诚信宣言社区巡展活动”达 50 场次；“首都商务区食品安全与消费维权宣传活动”8 场次。

《中国食品安全报》、《中国食品工业》杂志、《中国食品工业年鉴》，中国食协《简报》和啤酒、糖果、豆制品、坚果炒货等专业刊物以及“中国食品工业网”和各专业委员会的网站，克服时间紧、任务重、资金短缺等方面的困难，秉承“来稿择优先登”的原则，保证了刊物的新鲜度和时效

性，受到业内欢迎，树立了我会的良好形象。另外，还完成了《两会特刊》和2010版的《中国食品工业年鉴》出版与发行工作。

（十二）加强自身建设，提高综合素质

2011年，我会领导注重协会员工队伍的自身建设，加强政治学习和业务能力的培养，不断提高综合素质，高质量做好"三个服务"工作。

在中国共产党诞辰九十周年之际，7月1日，我会联合天津市食品工业协会组织全体党员和入党积极分子赴天津，参观滨海新区两家高新技术企业，重温入党誓词，回顾党的光辉历程，对全体党员进行了一次党性教育、爱国主义教育和增强协会凝聚力的集体活动。副会长兼秘书长熊必琳作了"让'没有共产党就没有新中国'这首歌永远唱下去"的党课发言，勉励大家坚定共产主义信念，牢记中国共产党全心全意为人民服务的宗旨，珍惜工作岗位，发挥奉献精神，脚踏实地，兢兢业业，共同开创我会工作新局面。

根据上级党委要求，2011年度我会领导干部民主生活会主要围绕领导班子成员贯彻执行党的方针政策的情况、加强班子建设，实行民主集中制的情况、坚持群众路线，改进领导作风联系群众情况和领导干部清正廉洁、遵纪守法的情况进行工作汇报，并开展了批评与自我批评。民主生活会严肃认真，活泼和谐，达到了预期目的。中共中国企业联合会党委书记宛宝成同志对这次生活会给予了高度评价。

根据党章规定，我会党委换届工作正在抓紧进行，中国食协党委已召开会议，提出了换届选举工作方案及初步人选，待报送上级党委批准后，进行换届选举。

为做好我会年终考核工作，正确评价员工德才和工作业绩，我会专门印发了《关于2011年度考核工作通知》，成立了考核领导小组，对做好考核工作提出了具体要求。考核工作坚持"客观公正、民主公开、注重实绩"的原则，采取领导与群众相结合的方式，在往年个人年度考核内容的基础上增加了以部室为单位在协会内部会议上进行部室年度工作汇报交流，并接受集体评议和协会领导班子成员在党员领导干部民主生活（扩大）会议上接受集体民主评议两点内容，收到较好的效果。

做好协会换届报备工作。按民政部、国资委要求，4月底全部完成我会第六届理事会审批、备案手续。3月初至5月末，组织各分支机构参加2010年度社团年检，并按时提交年检资料。

在健全规章制度方面，出台了《财务管理制度》、《员工福利制度》、《印章管理制度》和《协会费用支出标准及报销办法》。

完善了人事、财务和文书档案整理归纳及各类年度、季度报表的填写、报送工作。

完成了办公楼加固、消防改造施工的后续收尾工作和食品安全体系风险评估网络项目的申报。与相关公安部门和街道分别签订了安保协议，营造了良好了办公环境。

2012年工作要点

2012年是实施《食品工业"十二五"发展规划》承上启下的重要一年，是为全面实现"十二五"发展宏伟蓝图巩固基础、奋勇拼搏的一年。在新的一年里，中国食品工业协会要坚决贯彻落实中央关于"稳中求进"的总方针，坚持科学发展观，认真履行协会职能，加强行业自律，强化自身建设，全方位推动行业转型，提高服务水平，高质量搞好"三个服务"，为推动食品工业又好又快发展多做贡献。2012年度的主要工作任务是：

（一）组织实施《食品工业"十二五"发展规划》

组织行业、企业学习贯彻落实《食品工业"十二五"发展规划》。以满足人民群众不断增长的食品消费和营养健康需求为目标，落实好"十二五"规划提出的：强化食品质量安全、推进产业结构调整、增强自主创新能力、提高装备研制水平、加快企业技术进步、促进产业集聚发展、大力推进两化融合等主要任务，实现食品工业持续稳定健康发展。

（二）贯彻落实《食品安全法》，抓好诚信体系建设

继续贯彻落实《食品安全法》，把食品安全作为推进行业发展的工作重点，引导企业严格依法经营，保障食品安全。推动政府落实《食品安全法》中的强化监督问责职能，及时向社会公开食品安全状况，接受舆论和全社会监督。

抓好诚信体系建设。一是促进食品工业企业诚信体系建设工作，发挥行业协会在诚信体系建设中的评价、培训和宣传作用。二是为信用等级优良的企业积极争取和落实国家有关扶持政策。三是推进建立食品生产企业专职或兼职的食品安全人员和诚信管理人员队伍。四是积极开展宣传工作，在全社会营造"以讲诚信为荣，不讲诚信为耻"的社会诚信氛围。

此外，积极配合国务院有关部委及时了解食品法规、标准制修订的动态，提出相关政策建议，积极参与有关法规、标准的制修订工作。

（三）发布经济运行信息，引导行业协调发展

做好2012年度全国食品工业经济运行情况发布工作。

定期向社会发布全国食品工业经济运行态势、食品产销状况、食品价格趋势、食品进出口贸易情况、食品行业经济效益情况等行业信息，引导行业、企业健康协调发展。根据国家统计局的授权，继续做好肉类、食用油、乳制品、酱油等行业运行情况的跟踪监测工作。

为有关政府部门及省（区、市）食品协会（食品办）做好信息服务工作，提供月度分地区食品工业数据，组织召开年报布置会，完善年报报送工作。

（四）抓好技术进步，推进自主创新

深入贯彻《国家中长期科学和技术发展规划纲要（2006–2020年）》，加强与科技部的联系，争取政策和资金上的支持。进一步做好食品行业创新型（试点）企业的工作，开展创新型企业先进经验总结、交流活动。加强与政府部门、科研院所、大专院校的联系沟通，为企业技术创新搭建服务平台。

建立中国食品工业协会专家库，面向社会，面向行业和企业，提供更多更好的服务。

继续做好推荐"十二五"国家科技支撑计划相关项目和有关专家的工作。向国家科学技术奖励工作办公室推荐行业专家，参与国家科技进步奖的评审工作。

鼓励自主创新，探索新形势下食品工业发展的共性、关键性技术解决方法与途径等。引导生产企业加强技术交流合作，推动企业间的协作与相互支持，共同提高。继续做好科技成果项目的鉴定、论证以及产业基地建设工作，为食品企业、政府部门提供针对性服务。

（五）发挥专业委员会作用，为企业办实事

各专业委员会（工作委员会）要充分发挥贴近行业、贴近企业的优势，掌握行业发展的规律，制定量化指标，提出本行业发展和结构调整及规范竞争秩序等方面的建议和课题，按专业召开峰会，推进各行业发展，全方位为企业做好服务工作。

要及时了解行业、企业运行中遇到的问题，反映合理、合法的诉求，为企业排忧解难，维护企业的合法权益。认真总结、查找专委会的工作经验和存在问题，加强专委会之间的学习交流活动，进一步提升服务质量与工作水平，推进行业健康、有序、协调发展。

（六）完善共建模式，加强战略合作

巩固已与我会建立战略合作关系的地方政府的关系，开发新的合作内容和项目，拓展合作深度，扩大合作范围。

继续与有合作意向的地方政府保持密切联系，根据各地的特点，培育新的合作伙伴，共同推动各地食品工业加快发展。

与国家开发银行商洽建立战略合作关系，拓展与部委系统的联系与合作，进一步丰富合作共建的内容与范围。

发挥我会在信息、渠道等方面的资源优势，有选择地支持、培育已经具备一定影响力的展览会，力创食品展览会的名牌。

（七）立足行业，心系企业，做好服务

坚持服务立会的宗旨，切实履行服务、自律、协调和维权等职能；密切与会员企业和大型骨干企业的联系，紧紧围绕推动食品工业又好又快发展和增强食品安全性提供服务内容。

维护会员企业的合法权益。协调会员之间以及会员与相关监管机构之间的关系，营造和谐的行业发展环境。

帮助企业争取政策和资金支持。争取国家有关部门对我会评选的龙头食品企业和食品工业强县给予政策支持，促进其做大做强，发挥示范和对行业发展的推动作用。引导食品企业走低碳经济的发展路子，发展循环经济。继续配合国家税务总局做好解决企业增值税"高征低扣"税收试点工作。

根据行业、企业的实际需求，做好食品行业实用技术、新颁国家标准、功能食品及配料、食品安全管理等方面的培训；进行与食品加工、制造、管理有关的专业人才、专业知识和专业技能培训。

加强国际交流与合作，为企业开拓国际市场、参与国际竞争搭建服务平台。

积极推进食品工业信息化进程，抓好"中国食品工业协会官方网站"建设，打造行业管理与服务、风险监测与评估的现代化网络平台。

总结经验，完善方案，办好"第十届食品安全年会"。

加强我会报刊、网站的监督管理，维护我会良好形象。

（八）加强自身建设，提升服务水平，争创品牌协会

加强自身建设是做好服务工作的基础和保障。要严格执行协会《章程》，坚持民主办会、科学办会，创造性地开展工作，争创国家级品牌协会。

加强领导班子和办事机构建设，充分发挥领导班子和办事机构的主观能动作用。坚持重大事项要经过理事会或常务理事会、会长会议讨论。大力开展调查研究，树立求真务实的工作作风。加强党建工作，发挥党员的模范带头作用，完成党委换届工作。加强员工队伍的思想、作风和组织观念建设，打造高素质的员工队伍。

加强沟通协调，创造良好的工作环境。一是加强与政府部门的关系，自觉接受有关部门的业务指导和监督，在工作中争取有关部门的支持。二是加强与地方协会的关系，形成工作合力。三是加强与兄弟协会的协调、沟通关系，丰富合作的途径和方式，共同发展。四是加强对分支机构和内设机构的领导和指导，支持其创造性地开展工作。五是加强与国外同行及相关组织的交流与合作。

强化基础管理，继续完善各项规章制度，做到有章可循，有规可依，用制度规范行为。加强协会工作的计划性，实行严格的工作责任制。

坚持科学发展　促进和谐共建
加强行业自律　维护食品安全

——中国食品工业协会2012年工作回顾和2013年工作要点

2012年是实施《食品工业"十二五"发展规划》承上启下的重要一年。我国食品工业在全球经济增长放缓，国内经济下行压力加大的形势下，认真落实中央关于"稳增长、控物价、调结构、惠民生、抓改革、促和谐"的方针，保持了持续健康较快发展，全年完成食品工业总产值近9万亿元，比上年增长21.7%。

2012年工作回顾

一年来，我会坚持科学发展，加强行业自律，强化自身建设，提高服务水平，认真履行协会职能，积极推动协会转型，努力搞好"三个服务"，较好地完成全年的各项工作任务。

（一）发挥协会综合性优势，拓展工作视角和深度

我会充分发挥综合性协会的优势，进一步在创新工作方法、创新服务模式、创新服务内容上下功夫，收到较好的效果。

1、做好食品工业统计和经济运行情况发布

继续完善《食品工业统计报表制度》，组织实施食品工业统计，研究分析食品工业经济运行情况，完成工信部、国家发改委政府采购项目——按期递交《食品工业运行情况月度报告》。形成季度、年度等食品工业经济运行情况报告，并通过《中国食品安全报》等途径向全社会发布，引导食品工业健康有序发展。

汇编整理了《2011年中国食品工业经济运行白皮书》，报告内容涉及食品工业领域生产、销售、投资、效益、价格、进出口等各个方面，为国家、地方有关部门以及重点行业企业提供了重要参考和决策依据。

2、着眼大局，力促行业科学发展、和谐发展

2012年，中国食协继续发挥综合协调职能，积极参与事关产业发展大局、事关食品安全大事的工作，力促行业科学发展、和谐发展，着力做好面向有关部委的服务工作。

全年承办全国人大有关专门委员会，国务院食安办、国家发改委、工信部、农业部、商务部、卫生部、国家工商总局、国家质检总局、国务院法制办等机构办文超过50件。内容涉及食品安全和食品生产、经营管理等各个方面；领域涉及国家相关法律、法规、政策的颁布与实施以及WTO框架下中国参与国际事务的相关方面；事项涉及财税政策、海关税则、自由贸易区谈判、反垄断审查，重点领域、重要行业的调查与分析报告等。这些工作为国家有关部委制订科学管理政策和适当的国际要约提供重要参考。

为努力实现党的"十七大"提出的加快转变经济发展方式的目标，我会配合国家发改委完成《"十二五"食品工业发展循环经济课题研究报告》。课题研究从分析国内外食品工业循环经济发展的基本路线和模式入手，明确了"十二五"期间的主要任务、重要领域、重点工程和技术。在此基础上编制了《食品工业循环经济发展战略及近期行动计划》（草案），拟提交国家发改委批准执行。同时，参与编写中国社科院编写的《中国循环经济发展报告2011-2012》。

为深入实施科教兴国战略和人才强国战略，2012年完成《食品行业企业科技竞争力评价指标体系及评价标准》（初稿），采取定性和定量相结合的评价方式，对食品行业企业科技竞争力进行客观、科学评价。

推进食品行业信息化与工业化融合，促进产业升级。受工信部委托成为第一批参加两化融合评估试点工作的行业协会。先后研究制定了肉制品、乳制品、饮料行业评估指标体系和报告。同时参与了《工业企业"信息化和工业化融合"评估规范（试行）》的编写工作和"国家级两化融合示范企业"、"国家级两化融合项目基金"推荐等多项工作。

3、密切联系食品企业，引导行业健康发展

秉承服务原则，我会继续加强与食品工业企业，尤其是大型食品工业企业的联系。2012年"两会"期间，石秀诗会长专门邀请部分出席“两会”的食品企业人大代表座谈，充分肯定大型食品工业企业在促进产业发展、维护食品安全等方面的作用，认真听取大家对如何发展食品工业的意见和建议，寄望他们一定要当好食品安全第一责任人，千方百计地落实好食品安全保障。

我会先后与中粮、光明、双汇、茅台、五粮液、顶新、白象等大型食品集团密切接触，通过项目共担、互派人员等形式积极开展合作。与上海光明集团等单位联合举办“2012中国食品产业论坛”；帮助会员企业维护合法权益，及时将会员企业在标准执行等方面遇到的普遍性问题向卫生、工商、质检等部门反映；帮助企业协调解决消费者恶意投诉和存在的实际困难等。

我会还继续为重点企业和会员单位提供品牌咨询服务、投资服务、出口咨询等服务，并为30余家骨干会员企业申报“中国驰名商标”出具了行业审查意见。

（二）高度重视食品安全，促进食品工业健康发展

2012年，食品安全依然是全社会关注的热点和敏感话题。我会按照党中央和国务院的部署，认真贯彻落实《食品安全法》，重点突出食品安全性保障，努力促进食品工业健康发展。

1、召开第十届中国食品安全年会

11月中旬，由国务院有关部委和我会主办，中国食品安全报社承办的第十届中国食品安全年会召开，全国人大常委会副委员长周铁农，全国政协副主席白立忱、王志珍，十届全国人大常委会副委员长顾秀莲等领导出席开幕式。会上，与会企业代表宣读了《2012年食品安全(北京)宣言》。参会的有关部门领导、专家和食品企业代表在年会上踊跃发言，围绕食品安全监管工作、食品安全标准和政策法规等热门话题展开研讨。

2003年以来，国务院相关部委局办与我会联合举办的食品安全年会，每届都紧紧围绕国务院关于食品安全工作的部署确定会议主题，对提高食品安全水平起到了积极促进作用，受到各方面的充分肯定。

2、配合政府有关部门做好食品安全工作

中国食协作为国家食品安全风险评估中心理事单位中唯一的行业协会，积极参与国家食品安全风险评估工作。先后参加审议了《国家食品安全风险评估中心发展规划》、《国家食品安全监管体系“十二五”规划工作方案》等重要文件，并提出意见与建议。

我会在食品领域法制化建设和标准化建设方面开展了大量工作。在法制化建设方面，重点对《保健食品监督管理条例》、《消费品安全供应商指南》（ISO1037DIS稿）提出修改建议，协助有关部门制订可实施性强的规章制度，促进食品工业领域法制化建设。在标准化建设方面，先后参与并完成《食品营养强化剂使用标准》（GB 14880－2012）、《食品添加剂使用标准》（GB 2760–2011）、《食品生产企业通用卫生规范》、《添加剂标签标识通则》、《食品中致病菌限量》等标准的制修订工作；并完成了2013年食品安全国家标准项目申报。协会各专委会也立足本行业，积极参加行业标准化建设，先后组织参与《熟制扁桃（巴旦木）核和仁》等多项行业标准的制修订工作。

为国务院有关部门科学管理食品工业提供协助。组织相关企业开展了针对性调查研究工作，就400多项食品添加剂的工艺必要性开展调研，重点就卫生部在网上公开征求意见的食品添加剂全面提交了安全性、工艺必要性和国内生产销售情况等资料。此外，还就食品添加剂查询方式、含铝食品添加剂、《预包装食品营养标签通则》等标准的实施问题、临期产品处理情况、糖醇使用情况、PET包装材料等问题进行调研，收集反映企业意见等。

受卫生部委托，参与编写《2011年全国食品安全总体状况报告》，就《食品安全国家标准“十二五”规划（征求意见稿）》、《2013年国家食品安全风险监测计划》、《食品安全法实施细则》等重要文件提出意见与建议。

3、积极应对行业性食品安全突发事件

对一年来发生的有关行业突发事件，中国食协发挥专业委员会了解企业情况，通晓工艺技术的优势，积极协助政府、行业、企业应对行业突发事件，引导公众科学认识食品安全问题。我会白酒专委会应国务院有关部门要求，积极就“塑化剂”问题提供意见建议，主动配合媒体、企业做好解释说明工作。糖果专委会、坚果炒货专委会分别就果冻“工业明胶”事件、陈年葵花籽流入加工企业等问题，组织召开媒体见面会，澄清事实，宣传食品安全知识。

4、开展白酒打假维权“两公开”活动

配合国家质检总局开展白酒骨干企业打假维权“两公开”活动，有效推动企业履行社会责任，遏制制假贩假，保障食品安全。2012年初，国家质检总局、中国食协及白酒专委会在成都联合召开白酒骨干企业打假维权情况分析座谈会，与会的茅台、五粮液等8家白酒骨干企业以宣言的形式向社会承诺，公开产品销售渠道、网络、供应商，公开假冒产品查处信息。7月，红星二锅头、衡水老白干等第二批

8家白酒企业也加入了"两公开"的行列。随着其他白酒企业的积极跟进，由政府部门与行业协会联合开展的"两公开"工作初见成效，基本实现了维护广大消费者利益和保护企业合法权益的预期目的。

5、促进和引导食品工业企业做好食品安全工作

我会继续开展食品工业企业诚信体系建设工作，发布了《关于开展食品企业诚信管理体系评价工作的通知》，按照规定程序，对13家食品企业开展了评价工作；编写《食品工业企业诚信管理体系指南（试行）》；参与工信部《食品工业诚信管理体系评价机构规划（试行）》、《食品工业企业诚信管理体系评价工作程序（试行）》的讨论修改；参与工信部第二批诚信管理体系评价机构名单认定、文件审核等。

为全面提升食品行业从业人员对食品安全的重视和认识，我会受人社部、国资委委托举办了"高级食品安全能力建设研修班"等培训活动，安排从业人员全面系统学习食品安全管理经验。继续开展食品安全师的培训工作，截止2012年底，我会共授权培训机构32家，培训授课讲师248人，培训食品安全师5482人、高级食品安全师117人。

6、加强对外交流，扩大国际影响

进一步加强对外交流，扩大国际影响。在连续多年参与CCFA会议的基础上，2012年，中国食协首次作为支持团成员正式参与中国出席国际食品法典会议的有关活动。同时，受邀加入美国药典委员会（USP）。

此外，我会还分别接待了美国kosher认证中心、ADM公司、食品饮料和消费品制造商协会(GMA)，英国IGD公司，日本日经BP社等企业、商会和机构的来访，就共同关心的食品安全、产业发展、市场准入、贸易壁垒、危机管理等话题展开研讨，为进一步开展双边论坛、研讨会、专题调研等形式的具体合作奠定基础。

（三）稳步推进特色园区建设，支持誉名园区深化发展

稳步推进食品工业特色园区建设，在誉名的特色园区深化发展上下功夫。同时，采取积极支持、普遍培养、重点选择的方式支持地方孵化、培育、发展特色园区。

1、调研、考察了一批拟建园区

根据有意愿的地方政府要求，及时派调研组到当地去调研，帮助他们分析发展食品工业的基础和条件，制定相应的发展规划，协助招商引资、举办大型食品展和专题性论坛等。积极培育食品工业特色园区的建设。如山东的潍坊、济宁，黑龙江肇东，安徽淮北，宁夏吴忠，湖北黄冈，武汉吴家山，辽宁桓仁，甘肃武威等。

2、誉名、建设了一批成熟园区

先后与安徽省淮北市、武汉市东西湖区（吴家山经济技术开发区）、黑龙江肇东市等地的人民政府签署了战略合作协议；授予甘肃省武威市"中国葡萄酒名城"；与融园集团合作，支持湖北黄冈食品产业城建设。

3、继续做好园区服务，支持深化发展

5月，与河南省漯河市人民政府共同建设的漯河百强工业园揭牌；11月，与漯河市人民政府在京召开漯河百强工业园招商座谈会；11月在漳州举行的第四届海峡两岸现代农业博览会上，设立"中国食品名城展区"，推动了"中国食品名城"之间的合作；受河南省商丘市人民政府委托，对商丘食品工业园发展规划提供咨询意见。

（四）打造服务平台，加强交流合作

1、办好品牌展会，扩大行业影响

继续做好中国（漯河）食品博览会、中国食品博览会暨交易会、中国（沈阳）食品博览会等协会联办展览会的组织协调工作。对定期举办且已具备一定行业影响力的会展项目，通过做好前期调研筹备、加强专业观众邀请和在展会同期举办论坛、新产品新技术介绍会、商超采购专场说明会等方式提升展会规模，扩大协会品牌展会的影响力；同时探索多种形式，做好新办展会的组织协调工作。除紧密围绕展会主题开展相关活动外，还将展会工作与协会区域共建、"中国食品名城"建设等工作相结合，突出协会办展特色。

2、办好自有媒体，传递行业信息

我会继续办好自有报纸、杂志、简报，并筹建了"中国食品工业协会官网"，全方位发挥媒体传播力量，扩大行业影响。

我会机关报《中国食品安全报》2012年出刊145期，并加强了报网一体化建设，及时向社会发布电子版；《中国食品工业》杂志全年出刊12期；《中国食品工业协会简报》全年刊发19期，编发工作正常稳妥。

我会还重点筹建了"中国食品工业协会官网"，并于11月开通试运行。网站现设"行业资讯、统计分析、综合导读、食品科技、政策法规、食品标准、公众交流、中国食协、食品安全、食品检验、企业管理、食品经营、相关产品、网上展会、食品配料、诚信体系"等16个信息发布频道和"会员专区、网上调查、民意征集"等3个互动栏目。

3、加强与地方食协的沟通与联系，打造服务平台

我会积极加强与地方食品工业部门和食协的沟通联系，

推动区域食品工业发展。协会领导利用调研、参加地方食协换届会议等形式，与北京、天津、山东、上海、福建、河南、湖北、湖南、广东、云南、青海等省（市）食协（或省级食品管理机构）进行沟通和联系，听取他们对我会工作以及我会和地方食协联动发展的建议。

通过我会工作推动，食品工业日益受到地方人民政府的重视。2012 年，安徽省淮北市、河南省漯河市、福建省漳州市分别成立了由副地级在职干部任会长的当地食品工业协会，为扩大各级食品协会的影响起到积极的作用。

（五）加强协会自身建设，扎实提高服务能力

我会着眼未来发展，抓好自身建设，打造服务平台，扎扎实实提高服务能力。

1、召开六届二次常务理事会

3 月 30 日，中国食协六届二次常务理事会在京召开，国务院有关部委领导应邀出席会议，石秀诗会长、刘治常务副会长等出席会议。会议提交了中国食品工业协会年度工作报告，提名王伟、马勇、杜荷为副秘书长。会议通过了增补副会长、常务理事、理事；批准新会员单位入会；批准筹建中国食协冷冻食品专业委员会。上述事项在常务理事会后，以通讯会议的方式，获得六届二次理事会通过。

在六届二次理事会获得通过的中国食协 2012 年工作要点，在当年已基本完成。

2、完成中国共产党中国食协党委和中国食协工会换届选举

7 月 2 日，协会召开中国共产党中国食品工业协会党员大会。通过差额选举，产生新一届中国共产党中国食品工业协会委员会。经党委会选举，上级党委批准，熊必琳同志担任党委书记。党委换届之后，中国食协机关党支部、中国食品安全报社党支部、离退休干部党支部相应进行了改选。协会进一步加强了党的工作，中共中国食协党委会全年共召开 5 次党委会。

此外，中国食协工会也于 2012 年进行了换届选举。

一年来，机关工作作风进一步转变，协会业务工作开展得更加深入、更加广泛，各项工作均取得较好成效，各分支机构的主人翁意识继续增强。

3、密切联系协会工作实际，深入学习领会党的十八精神

党的十八大胜利召开后，协会认真抓好十八大精神的贯彻落实，中国食协党委还印发了学习贯彻落实习近平同志重要讲话和中央《关于改进工作作风、密切联系群众的八项规定》主要措施的通知，并以“学习贯彻党的十八大精神，始终保持党的先进性和纯洁性”为主题，召开了党员领导干部民主生活会，协会各部门也都制定了落实八项规定的具体措施。

2013 年工作要点

2013 年，是全面贯彻落实十八大精神的开局之年，是全党、全国上下坚定不移走社会主义道路，加快推进社会主义现代化建设，为全面实现“十二五”发展规划、全面建成小康社会奠定坚实基础的重要一年。做好今年的工作，要落实好十八大精神，落实好中央关于稳中求进的工作总基调，坚持科学发展，加强行业自律，强化自身建设，全方位推动行业转型，深化“三个服务”，努力建成品牌协会。2013 年度的主要工作任务是：

（一）围绕“十二五”规划实施，做好发展战略有关工作

做好《食品工业“十二五”发展规划》的中期评估，为“十三五”规划的编制打好基础。其中要特别关注产业政策、财税政策等政策的实施和效果检验，努力为食品工业的发展创造有利的政策环境。对于单独编制并已发布的食品工业分行业“十二五”发展规划，如马铃薯加工业、制糖行业、粮食加工业、肉类工业等行业的“十二五”发展规划，也要根据不同情况，做好中期评估组织工作或配合开展工作。

继续高度关注产业安全问题，配合有关部委，做好反垄断、重大并购项目的审查。

按照《食品工业“十二五”发展规划》，研究落实产业发展方向，推进产业结构调整；淘汰落后产能和食品安全不达标企业，促进有条件的企业做优做强；积极推动品牌建设，促进食品工业品牌能力的提升。

积极推进两化融合，在工信部统一部署下，做好肉制品、乳制品、饮料等行业的两化融合评估工作。颁布《食品工业循环经济发展战略及近期行动计划》，推广企业、园区循环经济模式，打造食品工业循环经济产业链。

（二）深入贯彻落实《食品安全法》，重点抓好诚信体系建设

十二届全国人大通过了在国务院内设置国家食品药品监督管理总局的方案，此举将对食品安全管理工作产生重大影响。我会将在继续深入贯彻落实《食品安全法》的基础上，研究新形势、新的管理体制带来的新变化，跟进、配合有关部门的工作，力求为食品行业推进食品安全创造更多有利的条件。

认真办好第十一届“中国食品安全年会”。

重点抓好食品工业企业诚信体系建设。借助和发挥我会作为食品工业企业诚信管理体系评价机构的作用，引导食品工业企业认真做好诚信管理体系建设。继续做好食品安全师、高级食品安全师的培训工作，为企业储备食品安全工作的人才。

继续发挥我会作为国家食品安全风险评估中心理事单位的优势，积极参与国家食品安全风险评估、监测、预警、交流和食品安全标准制修订等相关工作，如实反映行业和企业在食品安全方面的情况，主动提出相关意见和建议。

继续积极配合国家立法机构和国务院有关部委，参与食品工业相关法律、法规的起草、修订、解释等相关工作；积极参与食品工业相关标准清理工作和新标准体系的构建；在调研行业和企业需求的基础上，推动和组织制订有关行业标准；做好标准的宣贯和释疑，推动标准落实，利用好我会官网，结合标准的有关内容，做好食品工业科学知识的推广普及。

（三）发布经济运行信息，为行业发展提供决策参考

做好全国食品工业经济运行情况发布工作。主要包括：2012 年食品工业全年运行情况报告、2013 年食品工业月度运行报告、季度运行报告。依托中国食品安全报、中国食品工业协会官网等我会自有报纸、网站和权威、专业的外部媒体，向社会发布全国食品工业经济运行情况、产销状况、经济效益情况、进出口贸易情况等，分析运行质量，解析行业动态，引导行业发展。

根据国家统计局的授权，继续做好肉类、食用油、乳制品、酱油等行业的统计工作。配合国家统计局，做好工作统计改革的准备工作。

（四）抓好行业技术进步，推进企业自主创新

深入贯彻《国家中长期科学和技术发展规划纲要（2006–2020 年）》，加强与科技部的联系，争取政策和资金上的支持。进一步做好食品行业创新（试点）企业的工作，开展创新型企业先进经验总结、交流活动。

建成中国食品工业协会专家库并试运行，面向社会、面向行业和企业，提供更多更好的服务。继续做好科技成果项目的鉴定、论证以及产业基地建设工作。

继续做好推荐“十二五”国家科技支撑计划相关项目和有关专家的工作。向国家科学技术奖励工作办公室推荐行业专家，参与国家科技进步奖的评审工作。

（五）发挥分支机构专业优势，为企业排忧解难

各专业委员会（工作委员会）要充分发挥贴近行业、贴近企业的优势，掌握行业发展规律，制定量化指标，提出本行业发展和结构调整及规范竞争秩序等方面的建议和课题，推进各行业发展，全方位为企业做好服务工作。

要及时了解行业、企业运行中遇到的问题，反映合理、合法的诉求，为企业排忧解难，维护企业的合法权益。认真总结、查找专委会的工作经验和存在问题，加强专委会之间的学习交流，进一步提升服务质量与工作水平，推进行业健康、有序、协调发展。加强专委会内部建设，保证工作正常运转。

（六）完善共建模式，加强战略合作

巩固与我会已建立战略合作关系的地方政府的关系，开发新的合作内容和项目，拓展合作深度，扩大合作范围。

发挥我会在信息、渠道等方面的资源优势，有选择地支持已经具备一定影响力的展览会，培育名牌食品展览会。

（七）不断创新服务方式，营造和谐发展环境

坚持服务立会的宗旨，切实履行服务、自律、协调和维权等职能；密切与会员企业和大型骨干企业的联系，紧紧围绕推动食品工业又好又快发展和增强食品安全性提供服务内容。

维护会员企业的合法权益。协调会员之间以及会员与相关监管机构之间的关系，营造和谐的行业发展环境。

（八）加强自身建设与服务能力，争创品牌协会

严格按我会《章程》办事，坚持民主办会、科学办会，创造性地开展工作，争创国家级品牌协会。

加强领导班子和办事机构建设，充分发挥领导班子和办事机构的主观能动作用。坚持重大事项要经过理事会或常务理事会、会长会议讨论。大力开展调查研究，树立求真务实的工作作风。新的办事机构经理事会通过后，将充实、招聘人员，提高服务意识，提高办公能力，提高办事效率。加强员工队伍的思想、作风和组织观念建设，打造高素质的员工队伍。

加强“中国食品工业官网”建设，充实栏目，及时更新内容，把官网打造成我会沟通社会、沟通会员、便利工作的一个实用平台。

1.3 统计数据

2010 年分地区食品工业主要原料产品产量

单位：万吨

地　区	粮　食							棉　花
		谷　物				豆　类	薯　类	
			稻　谷	小　麦	玉　米			
全国总计	54647.7	49637.1	19576.1	11518.1	17724.5	1896.5	3114.1	596.1
北　京	115.7	113.2	0.2	28.4	84.2	1.2	1.4	
天　津	159.7	157.4	11.2	53.2	92.7	1.9	0.5	6.3
河　北	2975.9	2844.3	54.2	1230.6	1508.7	33.5	98.1	57.0
山　西	1085.1	1035.2	0.5	232.2	766.0	24.1	25.9	6.9
内蒙古	2158.2	1821.2	74.8	165.2	1465.7	166.0	171.0	0.1
辽　宁	1765.4	1677.1	457.6	3.7	1150.5	37.0	51.3	0.1
吉　林	2842.5	2654.1	568.5	1.2	2004.0	112.9	75.5	0.5
黑龙江	5012.8	4284.8	1843.9	92.5	2324.4	601.9	126.2	
上　海	118.4	116.3	90.3	19.3	3.0	1.2	1.0	0.4
江　苏	3235.1	3110.4	1807.9	1008.1	218.5	85.2	39.5	26.1
浙　江	770.7	699.0	648.2	24.7	12.2	30.4	41.3	2.9
安　徽	3080.5	2911.2	1383.4	1206.7	312.7	121.9	47.4	31.6
福　建	661.9	525.8	507.9	1.0	15.2	18.7	117.4	
江　西	1954.7	1869.7	1858.3	2.1	8.4	27.9	57.1	13.1
山　东	4335.7	4105.3	106.4	2058.6	1932.1	41.1	189.3	72.4
河　南	5437.1	5207.1	471.2	3082.2	1634.8	93.3	136.6	44.7
湖　北	2315.8	2174.1	1557.8	343.1	261.0	44.3	97.4	47.2
湖　南	2847.5	2689.2	2506.0	9.9	168.1	40.3	118.0	22.7
广　东	1316.5	1135.9	1060.6	0.2	72.1	18.3	162.3	
广　西	1412.3	1332.5	1121.3	0.6	208.7	23.7	56.2	0.2
海　南	180.4	147.6	138.5		9.1	2.2	30.6	

重 庆	1156.1	822.1	518.6	45.9	251.6	41.9	292.1	
四 川	3222.9	2656.9	1512.1	427.7	669.0	98.3	467.7	1.4
贵 州	1112.3	911.6	445.7	24.8	415.4	26.6	174.1	0.1
云 南	1531.0	1278.0	616.6	46.0	613.0	79.5	173.6	
西 藏	91.2	88.5	0.6	24.3	2.8	2.4	0.4	
陕 西	1164.9	1042.1	81.0	403.8	532.2	45.0	77.8	6.9
甘 肃	958.3	737.7	4.1	250.9	390.4	35.5	185.2	7.6
青 海	102.0	57.0		37.3	10.7	8.5	36.6	
宁 夏	356.5	310.3	70.0	70.3	165.8	3.7	42.5	
新 疆	1170.7	1121.9	59.0	623.5	421.6	28.3	20.5	247.9

续表–1： 单位：万吨

地 区	油 料				甘 蔗	甜 菜	烟 叶	
		花 生	油菜籽	芝 麻				烤 烟
全国总计	3230.1	1564.4	1308.2	58.7	11078.9	929.6	300.4	273.1
北 京	1.6	1.5						
天 津	0.6	0.5						
河 北	140.3	129.2	2.9	1.1		49.0	0.7	0.3
山 西	17.6	2.1	0.6	0.4		22.6	1.2	0.8
内蒙古	128.1	2.9	22.4	0.2		161.0	1.5	1.2
辽 宁	99.6	96.1	0.1	0.2		4.9	2.9	2.5
吉 林	70.4	37.1		1.2		7.7	7.2	3.1
黑龙江	27.5	4.9	0.2	0.1		175.0	9.6	8.5
上 海	2.3	0.2	2.0		2.7			
江 苏	152.0	37.7	112.4	1.8	10.2	0.1	0.1	
浙 江	39.5	5.4	33.3	0.8	74.3		0.3	
安 徽	227.6	86.4	133.7	6.6	22.4		3.0	2.9
福 建	26.6	25.0	1.5	0.2	61.6		12.6	12.5
江 西	107.6	40.8	63.8	2.8	59.1		3.8	3.6
山 东	342.2	339.0	2.7	0.1			6.9	6.7
河 南	540.7	427.6	88.9	23.2	26.1		28.7	28.7
湖 北	311.8	64.4	232.6	13.9	32.4		12.4	7.8
湖 南	195.3	27.3	166.6	1.3	76.6		22.2	21.3
广 东	88.2	87.1	0.8	0.2	1300.1		5.5	4.9
广 西	45.8	43.5	1.5	0.6	7119.6		2.7	2.0
海 南	9.5	9.2		0.3	385.4			
重 庆	44.4	9.1	34.2	0.7	11.7		8.1	6.4

四　川	268.5	61.5	205.2	0.5	93.4	0.2	24.5	19.4
贵　州	60.3	7.7	51.6		52.2		39.1	37.0
云　南	34.2	7.0	26.0		1750.9		99.1	95.4
西　藏	5.9		5.8					
陕　西	56.1	9.0	37.3	2.2	0.2		6.8	6.7
甘　肃	64.1	0.2	33.2			22.0	1.2	1.0
青　海	34.4		33.7				0.1	
宁　夏	20.8						0.2	0.2
新　疆	66.6	1.7	15.1	0.2		487.0		

续表-2：　　单位：万吨

地　区	茶　叶	水　果						禽　蛋
			苹　果	柑　桔	梨	葡　萄	香　蕉	
全国总计	147.5	21401.4	3326.3	2645.2	1505.7	854.9	956.1	2762.7
北　京		115.2	10.4		15.9	4.2		15.1
天　津		60.0	5.6		3.6	10.3		18.7
河　北		1612.4	272.5		375.8	107.5		339.1
山　西		474.9	256.6		34.2	22.0		70.5
内蒙古		278.2	7.8		8.0	5.3		50.0
辽　宁		733.1	209.5		126.1	63.4		275.7
吉　林		218.0	15.4		14.1	15.3		95.6
黑龙江		279.6	11.7		3.8	5.7		105.3
上　海		101.9		20.2	3.8	9.1		6.3
江　苏	1.5	738.6	56.6	5.4	66.9	33.2		190.6
浙　江	16.3	701.3		190.8	37.9	42.6		44.3
安　徽	8.3	805.3	40.7	2.8	96.6	26.1		119.0
福　建	27.3	642.8		272.3	18.5	10.0	88.2	26.3
江　西	3.0	468.4		268.6	11.7	2.9		42.0
山　东	1.2	2793.8	798.8		111.2	95.8		384.3
河　南	4.3	2394.0	409.0	4.2	94.7	48.4		388.6
湖　北	16.6	778.5	1.0	301.0	48.1	13.1		132.6
湖　南	11.8	788.4		388.9	15.5	10.1		91.7
广　东	5.3	1235.9		350.0	6.2		371.3	34.4
广　西	3.9	1094.4		313.2	22.3	23.2	186.5	20.0
海　南	0.1	375.1		4.8			172.3	3.5
重　庆	2.5	238.5	0.5	139.0	29.4	4.3	0.2	37.2
四　川	16.9	722.9	42.9	292.9	87.3	21.7	3.4	144.4

贵 州	5.2	123.5	1.5	20.4	18.2	4.7	0.6	12.5
云 南	20.7	397.9	25.8	41.7	33.2	20.6	133.6	20.8
西 藏		2.2	0.5	0.1	0.1			0.3
陕 西	2.5	1476.5	856.0	28.7	80.0	32.2		47.1
甘 肃	0.1	488.5	201.7	0.3	33.4	12.8		13.8
青 海		3.8	0.6		0.4			1.6
宁 夏		228.9	35.4		3.3	13.8		7.2
新 疆		1028.8	65.9		105.3	196.6		24.4

续表–3： 单位：万吨

地 区	肉 类					奶 类		蜂 蜜
		猪牛羊肉					牛 奶	
			猪 肉	牛 肉	羊 肉			
全国总计	7925.8	6123.1	5071.2	653.1	398.9	3748.0	3575.6	40.1
北 京	46.3	27.5	24.1	2.0	1.4	64.1	64.1	0.3
天 津	42.6	32.6	28.0	3.1	1.5	69.3	69.0	
河 北	416.7	332.6	245.2	58.1	29.3	449.1	439.8	1.1
山 西	72.4	63.6	53.1	4.9	5.6	74.9	73.2	0.3
内蒙古	238.7	210.8	71.9	49.7	89.2	945.7	905.2	0.4
辽 宁	406.7	277.9	228.4	41.6	7.9	126.7	121.2	0.2
吉 林	238.9	166.9	119.8	43.2	3.8	44.6	43.5	1.2
黑龙江	197.9	165.7	114.5	39.0	12.1	558.8	552.5	1.6
上 海	26.2	18.4	17.9		0.5	24.7	24.7	
江 苏	365.8	223.9	213.1	3.5	7.4	57.3	57.3	0.5
浙 江	175.1	134.9	131.9	1.1	1.9	20.3	20.3	7.2
安 徽	376.9	271.3	238.8	18.3	14.2	20.5	20.5	1.6
福 建	180.2	150.7	146.6	2.3	1.8	15.7	15.4	0.9
江 西	289.9	233.4	221.1	11.2	1.1	11.9	11.4	1.2
山 东	704.4	454.5	353.2	68.7	32.7	271.6	253.1	0.6
河 南	638.4	516.5	408.3	83.0	25.2	307.9	290.9	9.8
湖 北	379.3	312.7	287.0	17.7	8.1	30.4	14.0	1.5
湖 南	494.8	439.3	412.4	16.3	10.6	7.8	7.8	1.1
广 东	441.1	282.6	275.5	6.3	0.9	14.5	14.2	1.6
广 西	387.8	258.5	241.5	13.7	3.3	8.2	8.2	0.9
海 南	68.5	44.6	41.2	2.2	1.1	0.2	0.2	0.1
重 庆	192.5	156.3	147.6	6.3	2.4	8.0	8.0	1.2
四 川	656.6	546.4	492.2	29.4	24.8	70.3	69.8	4.3

贵 州	179.1	163.5	148.1	12.0	3.4	4.6	4.6	0.2
云 南	321.4	285.3	242.5	29.9	12.9	54.1	50.4	0.6
西 藏	25.0	24.7	1.3	14.8	8.7	29.4	23.3	
陕 西	102.6	93.7	79.1	7.3	7.3	177.6	137.5	0.4
甘 肃	84.4	78.0	46.3	16.1	15.6	36.3	36.3	0.1
青 海	28.3	27.4	9.2	8.5	9.8	26.3	26.2	0.1
宁 夏	25.7	23.3	8.5	7.5	7.3	84.5	84.5	0.1
新 疆	121.7	105.5	23.0	35.5	47.0	132.8	128.6	0.9

2010 年分地区农副食品加工业经济指标

单位：亿元

	企业数（个）	工业销售产值（现价、新规定）	其中：出口交货值	资产总计	利润总额	亏损企业单位数	产成品	负债合计	主营业务收入	主营业务成本	应收账款
食品工业总计	25612	34228.93	1982.52	16731.35	2343.61	1644	1285.28	9121.78	34668.26	30338.53	1190.81
北京市	213	277.43	10.04	226.85	7.99	55	13.28	129.14	312.95	278.71	16.51
天津市	164	374.51	11.99	249.80	11.61	35	8.28	190.33	402.00	373.18	15.25
河北省	754	1340.13	44.77	573.56	80.36	62	58.04	325.08	1347.52	1173.02	34.14
山西省	160	184.97	2.68	160.44	15.69	32	17.01	85.18	192.29	168.45	10.88
内蒙古自治区	572	961.00	2.81	416.33	74.33	32	25.19	172.69	955.44	791.36	20.54
辽宁省	1872	2716.43	276.13	1106.10	215.29	145	96.64	509.36	2744.94	2405.88	75.31
吉林省	925	1577.63	33.71	647.40	73.00	34	37.62	333.69	1554.44	1357.36	44.84
黑龙江省	752	1164.15	43.51	760.82	80.30	69	91.11	472.36	1266.67	1129.40	41.59
上海市	202	259.86	12.06	183.89	11.44	42	8.93	98.90	279.28	245.73	24.18
江苏省	1858	2226.68	64.37	1166.98	125.09	77	68.24	784.94	2258.84	2029.03	91.32
浙江省	1123	748.76	134.92	595.70	31.46	112	65.39	393.44	761.33	687.88	65.61
安徽省	1542	1276.12	16.92	565.87	93.21	67	42.00	275.73	1270.53	1132.86	56.18
福建省	1045	1203.21	254.31	659.82	79.82	72	52.77	400.25	1205.35	1067.05	77.09
江西省	458	659.01	16.93	228.90	38.91	9	11.26	104.36	667.26	587.92	12.40
山东省	4445	7379.64	766.99	3167.93	440.10	115	222.14	1530.05	7287.00	6416.13	193.30
河南省	2040	2743.19	21.38	1031.86	291.53	29	51.29	420.56	3024.34	2599.30	48.89
湖北省	1702	1494.91	36.53	635.72	125.25	74	68.46	318.27	1488.45	1300.77	45.24
湖南省	1036	1396.04	11.28	450.58	93.04	18	29.30	217.77	1385.23	1150.24	26.40
广东省	993	1779.18	136.37	1106.04	115.08	128	72.04	690.46	1786.01	1605.18	97.31
广西壮族自治区	572	1067.53	22.82	935.96	124.37	63	67.20	602.00	1064.13	883.84	60.14
海南省	85	91.89	22.98	81.85	6.34	29	7.29	52.25	94.27	82.97	13.19
重庆市	437	346.96	8.23	134.66	23.08	27	8.32	65.48	348.81	299.57	7.30
四川省	1088	1803.04	8.53	608.13	102.00	73	46.67	323.93	1838.16	1610.63	43.43
贵州省	153	78.92	0.22	35.94	4.15	26	4.73	20.70	79.32	71.88	3.20
云南省	306	235.85	13.72	230.27	32.37	48	13.66	141.62	242.57	191.52	18.87

西藏自治区	9	1.85		4.50	0.25	1	0.15	1.39	2.00	1.61	0.37
陕西省	370	393.27	1.40	200.65	21.13	55	23.98	108.27	381.76	332.57	12.24
甘肃省	259	161.44	1.94	217.71	9.46	36	21.26	131.87	129.40	106.21	16.70
青海省	42	21.44		20.51	1.33	5	1.89	10.51	22.74	20.99	1.60
宁夏回族自治区	90	45.56	0.47	45.42	1.92	9	4.74	25.83	47.94	43.45	2.42
新疆维吾尔自治区	345	218.32	4.50	281.16	13.70	65	46.39	185.36	227.31	193.83	14.37

2010 年分地区食品制造业经济指标

单位：亿元

	企业数（个）	工业销售产值（现价、新规定）	其中：出口交货值	资产总计	利润总额	亏损企业单位数	产成品	负债合计	主营业务收入	主营业务成本	应收账款
食品工业总计	9152	11049.45	744.51	7229.41	1015.45	960	410.40	3685.27	11133.50	8760.31	713.90
北京市	226	189.05	11.58	250.31	8.86	71	12.74	163.77	245.69	172.03	36.58
天津市	158	328.69	25.11	198.20	50.15	41	9.00	131.36	331.54	257.52	17.16
河北省	293	413.41	12.87	237.78	30.04	36	10.43	110.12	439.29	351.66	20.44
山西省	101	76.66	1.19	69.45	6.68	22	4.68	34.01	74.84	62.30	7.31
内蒙古自治区	176	614.57	17.65	479.73	80.61	21	17.94	291.56	612.35	481.04	22.12
辽宁省	478	471.92	27.43	239.01	44.78	40	11.68	86.69	478.29	411.07	17.03
吉林省	205	202.86	7.48	157.53	11.59	14	10.54	71.91	205.59	169.16	14.12
黑龙江省	185	414.58	2.64	246.81	38.39	29	21.55	127.12	409.42	302.36	30.71
上海市	296	437.28	18.06	391.62	32.22	72	16.73	233.31	484.58	329.76	61.98
江苏省	462	405.48	41.82	335.65	27.25	66	19.64	178.61	414.24	336.55	46.48
浙江省	459	381.39	51.32	324.81	29.99	65	23.87	176.85	382.93	295.43	45.69
安徽省	334	214.58	12.45	129.00	18.08	22	8.88	60.72	230.24	189.81	12.12
福建省	525	541.24	97.23	287.94	41.62	47	25.21	133.37	535.02	436.33	35.56
江西省	174	241.54	25.20	108.85	17.94	6	4.44	46.49	241.57	193.16	6.85
山东省	1341	1854.51	208.48	1131.44	144.46	65	48.86	509.58	1843.02	1537.74	77.25
河南省	676	1177.84	15.53	540.87	138.33	15	21.52	245.75	1131.84	915.88	50.37
湖北省	404	373.76	27.23	228.27	32.97	34	13.67	110.60	378.52	305.61	25.00
湖南省	350	429.74	10.05	179.85	34.09	11	8.48	88.31	425.20	340.42	11.32
广东省	882	1073.96	61.41	764.28	136.65	96	39.89	377.92	1074.73	714.42	86.08
广西壮族自治区	167	117.16	16.28	93.81	12.41	21	5.95	47.51	116.13	90.52	9.25
海南省	26	37.92	0.33	32.29	4.71	4	2.21	13.01	38.33	24.05	2.69
重庆市	175	99.32	5.30	69.08	9.79	11	2.86	34.82	110.34	87.29	5.76
四川省	436	436.56	10.65	246.52	27.93	36	15.44	128.84	428.73	355.99	20.73
贵州省	56	55.00	0.25	44.71	8.89	6	4.22	23.37	54.94	41.96	5.33
云南省	96	65.18	7.80	53.08	4.70	15	5.29	24.20	64.97	50.68	5.89
西藏自治区	3	0.87		2.09	0.03	1	0.03	0.95	0.92	0.74	0.11
陕西省	176	192.25	1.95	100.49	13.32	23	6.69	47.32	184.68	147.74	10.47

甘肃省	70	40.82	3.32	42.67	0.77	17	4.73	27.15	34.46	27.76	2.41
青海省	21	18.04		13.82	1.30	1	1.59	6.76	17.66	15.67	1.32
宁夏回族自治区	37	45.72	3.91	53.55	3.47	8	3.05	33.37	43.88	36.08	3.39
新疆维吾尔自治区	164	97.57	20.01	175.91	3.43	44	29.59	119.90	99.59	79.6	22.38

2010 年分地区酒饮料精制茶制造业经济指标

单位：亿元

	企业数（个）	工业销售产值（现价、新规定）	其中：出口交货值	资产总计	利润总额	亏损企业单位数	产成品	负债合计	主营业务收入	主营业务成本	应收账款
食品工业总计	6371	8915.26	181.27	7852.83	991.33	588	431.43	3954.34	9165.70	6669.36	460.86
北京市	65	161.48	1.87	310.37	14.32	18	9.97	159.20	185.47	126.77	20.23
天津市	53	101.91	0.81	103.58	4.83	15	5.73	62.14	113.81	85.82	9.97
河北省	182	264.84	7.11	239.01	23.72	40	20.70	149.68	257.35	191.59	12.46
山西省	66	87.23	0.49	121.34	12.12	19	7.36	65.87	109.64	72.70	4.42
内蒙古自治区	131	184.01	0.80	150.47	17.34	11	6.52	71.12	182.71	135.03	5.80
辽宁省	283	339.18	6.59	209.73	32.13	20	7.46	92.63	329.35	263.48	6.54
吉林省	242	280.83	0.30	200.67	10.63	20	6.30	111.28	267.66	218.64	15.38
黑龙江省	155	189.43	0.75	172.85	15.62	19	11.04	96.55	194.53	153.17	7.60
上海市	63	159.76	5.35	165.22	7.49	15	8.73	90.74	170.59	91.98	26.30
江苏省	254	594.71	3.15	512.72	60.25	22	21.54	267.63	584.19	429.05	21.62
浙江省	373	417.35	35.53	481.20	35.55	54	33.04	258.91	480.23	366.35	38.71
安徽省	351	284.52	3.32	222.29	35.00	22	19.96	119.23	280.18	192.04	12.05
福建省	522	368.82	8.28	252.85	42.12	18	15.20	110.74	367.04	271.87	21.15
江西省	112	125.76	1.04	110.36	13.99	5	5.78	60.57	129.65	91.64	4.36
山东省	561	925.94	37.62	664.50	95.92	29	37.89	308.75	991.36	756.14	28.22
河南省	448	668.63	8.15	391.91	79.01	12	17.06	199.93	672.84	533.53	23.05
湖北省	467	553.44	1.84	447.40	53.61	30	20.26	289.56	549.84	392.18	20.45
湖南省	301	293.77	1.71	167.27	27.13	5	14.18	76.30	289.38	228.22	6.97
广东省	294	635.80	12.66	527.16	40.77	46	15.53	286.06	639.98	467.55	59.19
广西壮族自治区	175	185.81	0.68	131.64	28.03	16	7.41	61.17	179.05	127.58	5.95
海南省	18	16.31	0.02	32.81	3.14	4	0.58	14.58	19.62	12.83	1.65
重庆市	111	104.70	2.57	100.61	9.31	9	3.96	53.62	104.71	75.05	5.53
四川省	531	1287.44	11.86	1110.83	189.12	24	58.39	473.69	1413.32	1007.07	50.40
贵州省	133	192.01	6.99	419.71	91.24	10	21.65	128.26	184.25	49.78	3.93
云南省	146	90.60	5.11	134.76	11.93	39	12.44	75.49	92.10	64.48	11.93
西藏自治区	7	9.98		17.48	1.89		0.21	5.77	9.37	5.58	0.42
陕西省	133	222.12	14.27	194.59	17.40	22	18.39	104.33	199.23	144.82	17.17
甘肃省	82	73.61	2.13	113.72	4.98	22	13.18	67.87	73.06	51.48	10.67
青海省	10	16.24		18.86	–0.77	2	1.09	10.51	15.76	10.71	1.10

宁夏回族自治区	26	17.08	0.15	37.05	2.08	7	4.77	24.31	15.84	11.00	1.62
新疆维吾尔自治区	76	61.96	0.13	89.84	11.44	13	5.10	57.84	63.56	41.24	6.03

2010年分地区烟草制品业经济指标

单位：亿元

	企业数（个）	工业销售产值（现价、新规定）	其中：出口交货值	资产总计	其中：利润总额	亏损企业单位数	产成品	负债合计	主营业务收入	主营业务成本	应收账款
食品工业总计	151	5846.40	27.72	5484.04	734.00	11	142.6	1318.71	5628.19	1737.77	246.6
北京市	1	36.86	1.25	31.36	3.40		0.49	9.05	36.56	13.02	0.88
天津市	1	26.61		2.09	1.91		0.12	2.09	26.61	10.87	1.68
河北省	3	116.45		90.40	11.06		1.64	33.75	113.54	42.44	4.42
山西省	1	26.06		24.31	2.89		0.36	6.14	26.36	10.09	1.07
内蒙古自治区	2	50.41		38.02	5.47		0.5	7.24	49.96	16.98	3.69
辽宁省	4	50.98	0.07	32.95	3.44		0.74	30.71	50.91	18.16	4.72
吉林省	6	96.14		89.11	6.92		1.42	46.25	88.77	33.08	7.47
黑龙江省	7	63.64		64.81	9.41	2	1.29	10.34	63.34	26.71	4.31
上海市	2	539.69	7.82	756.76	141.76		6.91	51.86	538.16	68.14	22.92
江苏省	6	345.17		352.49	65.15		4.05	52.74	345.16	78.36	8.41
浙江省	4	280.69	1.90	247.04	19.44		10.9	24.14	279.33	58.45	1.73
安徽省	8	225.41	0.19	166.86	25.53		3.91	35.42	225.04	72.69	3.63
福建省	6	164.43	0.10	157.64	16.69	2	1.46	39.28	167.77	52.84	6.28
江西省	1	94.12		75.46	8.65		1.59	32.39	94	33.37	0.88
山东省	12	355.69	0.04	235.18	20.73	2	0.55	103.73	259.14	96.64	9.45
河南省	12	281.22	0.12	219.89	27.36		4.07	107.18	280.93	110.06	14.58
湖北省	10	360.60	0.20	276.01	18.89	2	18.31	157.53	359.47	104.64	16.08
湖南省	8	526.12	1.66	454.82	68.47		6.63	69.1	520.78	202.29	14.38
广东省	11	376.97	3.78	292.60	47.21		23.85	28.52	312.16	97.9	14.26
广西壮族自治区	2	118.69		99.41	11.75		1.52	16.91	118.99	42.3	2.47
海南省	1	13.43		14.51	1.03		0.27	2.66	13.43	5.67	0.32
重庆市	4	99.83		66.11	8.59		3.3	25.93	97.56	35.86	4.37
四川省	7	171.95	0.13	123.88	15.04	1	3.75	49.06	171.16	63.64	6.18
贵州省	3	206.76	0.03	167.10	17.71		3.73	74.25	212.11	78.32	12.28
云南省	21	990.79	10.20	1190.75	156.20		39.12	220.46	949.58	283.47	67.44
西藏自治区											
陕西省	3	121.24	0.25	124.83	11.42		1.22	52.72	120.59	45.24	4.67
甘肃省	2	78.14		63.07	5.99	1	0.69	14.2	78.47	25.06	5.86
青海省											
宁夏回族自治区	2	4.69		4.86	–0.43	1	0.2	5.26	4.69	2.57	0.36
新疆维吾尔自治区	1	23.60		21.71	2.34			9.8	23.6	8.89	1.81

2011 年分地区食品工业主要原料产品产量

单位：万吨

地 区	粮 食							棉 花
		谷 物				豆 类	薯 类	
			稻 谷	小 麦	玉 米			
全国总计	57120.8	51939.4	20100.1	11740.1	19278.1	1908.4	3273.0	658.9
北 京	121.8	119.3	0.2	28.4	90.3	1.2	1.3	0.1
天 津	161.8	159.5	10.7	54.2	94.4	1.7	0.6	7.2
河 北	3172.6	3032.3	60.2	1276.1	1639.6	35.7	104.6	65.3
山 西	1193.0	1138.4	0.5	240.3	854.6	24.4	30.2	6.3
内蒙古	2387.5	2012.2	77.9	170.9	1632.1	171.3	204.0	0.2
辽 宁	2035.5	1933.5	505.1	3.7	1360.3	37.0	65.0	0.1
吉 林	3171.0	3015.3	623.5	1.3	2339.0	101.3	54.5	1.2
黑龙江	5570.6	4858.2	2062.1	103.8	2675.8	577.8	134.7	
上 海	122.0	119.6	88.9	24.1	2.8	1.5	0.8	0.5
江 苏	3307.8	3186.4	1864.2	1023.2	226.2	82.8	38.6	24.7
浙 江	781.6	704.6	649.0	27.0	14.6	31.6	45.4	3.2
安 徽	3135.5	2974.0	1387.1	1215.7	362.6	115.0	46.5	37.8
福 建	672.8	533.2	514.1	0.8	16.6	19.9	119.7	
江 西	2052.8	1964.3	1950.1	2.2	10.5	28.7	59.9	14.3
山 东	4426.3	4194.9	104.0	2103.9	1978.7	43.3	188.1	78.5
河 南	5542.5	5308.1	474.5	3123.0	1696.5	95.2	139.3	38.2
湖 北	2388.5	2249.2	1616.9	344.8	276.2	39.5	99.8	52.6
湖 南	2939.4	2779.5	2575.4	10.2	188.5	41.1	118.8	22.7
广 东	1361.0	1178.5	1096.9	0.3	78.9	18.2	164.2	
广 西	1429.9	1333.2	1084.1	0.2	244.7	28.9	67.8	0.2
海 南	188.0	155.4	145.1		10.3	2.3	30.3	
重 庆	1126.9	799.2	493.5	42.4	257.0	43.5	284.2	
四 川	3291.6	2753.7	1527.1	436.0	701.6	96.2	441.7	1.5
贵 州	876.9	615.6	303.9	50.4	243.7	22.0	239.3	0.1
云 南	1673.6	1368.9	668.7	98.9	598.2	125.7	178.9	
西 藏	93.7	91.0	0.6	24.9	2.8	2.4	0.4	
陕 西	1194.7	1069.8	84.5	410.9	550.7	44.6	80.3	6.7
甘 肃	1014.6	750.9		247.5	425.6	34.8	228.9	7.6
青 海	103.4	59.4		35.4	15.2	7.1	36.9	
宁 夏	359.0	309.7	70.8	63.0	172.4	4.7	44.5	

新　疆	1224.7	1171.7	60.6	576.6	517.7	29.1	24.0	289.8

续表–1：　　单位：万吨

地　区	油　料				甘　蔗	甜　菜	烟　叶	
		花　生	油菜籽	芝　麻				烤　烟
全国总计	3306.8	1604.6	1342.6	60.5	11443.4	1073.1	313.2	287.0
北　京	1.4	1.3						
天　津	0.7	0.5						
河　北	141.8	128.9	3.0	1.0		46.5	0.7	0.4
山　西	18.7	2.2	0.6	0.5		32.4	1.1	1.1
内蒙古	133.9	3.1	24.0	0.2		157.7	1.5	1.3
辽　宁	119.8	116.5	0.1	0.2		7.8	3.0	2.6
吉　林	69.6	36.0		1.4		16.3	7.2	3.0
黑龙江	23.3	5.7	0.1	0.1		275.0	8.5	7.8
上　海	1.9	0.2	1.6		1.1			
江　苏	144.1	37.0	105.2	1.8	9.6			
浙　江	39.9	5.4	33.6	0.9	71.1		0.3	
安　徽	213.8	84.3	122.8	6.2	21.6		3.1	3.0
福　建	27.5	25.7	1.6	0.2	56.0		14.3	14.2
江　西	113.6	43.7	66.7	3.2	62.8		4.6	4.4
山　东	341.0	338.6	2.2	0.1			8.8	8.7
河　南	532.4	429.8	77.3	24.1	26.7		29.2	29.2
湖　北	304.7	68.7	220.4	14.6	32.5		14.1	9.6
湖　南	215.3	32.0	182.0	1.4	72.2		24.7	23.3
广　东	91.9	90.8	0.8	0.3	1390.0		5.6	5.1
广　西	50.1	47.5	1.6	0.6	7270.0		2.9	2.2
海　南	9.9	9.8		0.2	387.8			
重　庆	46.5	10.1	35.1	0.7	11.8		9.4	7.6
四　川	278.4	62.7	214.4	0.5	87.7	0.3	24.9	20.0
贵　州	78.9	6.1	71.8		43.6		34.3	32.5
云　南	60.7	7.0	51.8		1898.8		105.6	101.8
西　藏	6.4		6.3					
陕　西	59.0	9.3	38.4	2.4	0.2		7.8	7.7
甘　肃	63.5	0.3	33.1			18.1	1.2	1.0
青　海	33.3		32.7				0.2	
宁　夏	18.4		0.1				0.2	0.2
新　疆	66.8	1.3	15.2	0.1		519.0		

续表–2：　　　　单位：万吨

地　区	茶　叶	水　果						禽　蛋
			苹　果	柑　桔	梨	葡　萄	香　蕉	
全国总计	162.3	22768.2	3598.5	2944.0	1579.5	906.7	1040.0	2811.4
北　京		120.9	10.5		16.2	4.2		15.1
天　津		62.6	5.5		3.9	12.3		18.7
河　北		1719.2	292.6		406.9	112.5		339.8
山　西		617.9	333.9		59.0	25.9		71.0
内蒙古		301.4	10.6		7.7	7.4		52.5
辽　宁		810.7	239.7		140.2	67.3		277.4
吉　林		225.7	14.4		13.3	14.2		95.3
黑龙江		279.9	11.4		4.0	6.2		105.4
上　海		88.0		17.7	3.2	9.5		6.3
江　苏	1.5	757.1	61.7	5.1	73.0	39.2		194.9
浙　江	17.0	712.4		194.4	38.6	52.7		47.2
安　徽	8.8	846.6	41.1	2.9	100.4	25.9		119.7
福　建	29.6	687.9		300.4	19.7	11.2	87.0	25.2
江　西	3.3	580.6		356.7	13.5	3.3		44.5
山　东	1.1	2850.8	837.9		122.7	98.5		401.2
河　南	4.9	2414.1	420.3	3.9	100.5	50.1		390.5
湖　北	18.4	855.2	1.0	331.0	46.3	15.2		137.0
湖　南	13.3	868.8		420.4	15.1	11.9		93.5
广　东	6.0	1314.3		378.7	7.4		384.9	34.8
广　西	4.4	1223.0		355.0	24.2	27.2	205.7	21.0
海　南	0.1	403.7		4.5			189.2	3.3
重　庆	2.8	261.1	0.6	153.3	30.4	5.4	0.2	37.4
四　川	18.6	776.6	45.7	319.4	92.3	24.3	3.6	144.8
贵　州	5.8	128.0	2.2	20.8	19.5	8.0	0.6	13.7
云　南	23.8	476.4	25.3	45.0	36.4	35.6	168.7	21.7
西　藏		1.4	0.5		0.1			0.3
陕　西	2.8	1587.1	902.9	34.3	88.1	36.4		50.3
甘　肃	0.1	519.1	227.6	0.4	33.4	12.5		14.2
青　海		4.4	0.6					1.8
宁　夏		237.3	40.9		2.9	14.1		7.3
新　疆		1036.0	71.5		60.6	175.5		25.6

续表-3：　　　　单位：万吨

地　区	肉　类					奶　类		蜂　蜜
		猪牛羊肉					牛　奶	
			猪　肉	牛　肉	羊　肉			
全国总计	7957.8	6093.7	5053.1	647.5	393.1	3810.7	3657.8	43.1
北　京	44.4	27.6	24.2	2.1	1.3	64.0	64.0	0.3
天　津	42.9	32.2	27.6	3.1	1.5	69.4	69.1	0.0
河　北	418.2	329.5	246.6	54.5	28.4	466.9	458.9	1.2
山　西	71.3	62.3	52.2	4.5	5.6	75.9	74.6	0.4
内蒙古	237.4	208.3	71.3	49.7	87.2	931.4	908.2	0.3
辽　宁	408.2	275.8	225.9	42.0	7.9	132.0	124.5	0.2
吉　林	243.9	169.3	122.0	43.4	3.9	46.0	45.2	1.5
黑龙江	201.2	168.0	116.9	39.3	11.8	550.4	543.1	2.0
上　海	27.6	19.7	19.1		0.6	29.1	29.1	0.1
江　苏	375.9	226.8	215.9	3.6	7.3	59.2	59.2	0.4
浙　江	176.0	138.8	135.8	1.2	1.8	19.9	19.9	7.8
安　徽	375.5	265.1	233.1	17.8	14.2	22.5	22.5	1.8
福　建	183.0	150.9	146.6	2.4	1.9	15.8	15.5	0.9
江　西	295.6	236.9	224.1	11.7	1.1	12.3	11.8	1.3
山　东	711.1	445.6	346.9	66.2	32.5	279.0	268.9	0.6
河　南	641.7	513.2	406.4	82.0	24.8	321.1	306.6	10.0
湖　北	381.9	316.7	290.5	18.2	8.0	34.8	14.2	2.3
湖　南	489.5	432.5	406.1	16.2	10.2	8.1	8.1	1.1
广　东	434.7	278.4	271.0	6.6	0.9	14.5	14.2	1.6
广　西	391.1	257.3	239.8	14.3	3.2	8.9	8.9	1.0
海　南	71.6	45.7	42.2	2.4	1.1	0.2	0.2	0.1
重　庆	196.3	157.8	148.6	6.7	2.6	8.0	8.0	1.2
四　川	651.2	537.6	484.8	28.9	23.9	71.7	71.2	4.3
贵　州	180.0	163.7	148.3	12.0	3.4	4.9	4.9	0.2
云　南	324.4	287.6	243.9	30.7	13.0	56.6	52.4	0.7
西　藏	26.1	24.8	1.4	14.8	8.6	29.8	23.8	
陕　西	99.6	91.4	77.3	7.4	6.7	182.4	140.5	0.4
甘　肃	83.8	77.4	45.8	16.1	15.4	37.7	37.0	0.1
青　海	28.8	27.8	9.2	8.7	9.9	28.4	27.0	0.1
宁　夏	25.2	22.7	7.3	7.5	7.9	96.0	96.0	0.1
新　疆	120.0	102.7	22.5	33.8	46.4	133.9	130.5	1.0

2011 年分地区农副食品加工业经济指标

单位：亿元

	企业数（个）	工业销售产值（现价、新规定）	其中：出口交货值	资产总计	利润总额	亏损企业单位数	产成品	负债合计	主营业务收入	主营业务成本	应收账款
食品工业总计	20895	43272.65	2249.78	19725.22	2795.22	1118	1510.05	10657.86	43848.58	38437.31	1421.42
北京市	134	317.48	11.67	251.82	13.64	23	13.51	147.49	349.86	306.45	19.05
天津市	131	497.72	10.10	342.68	11.50	15	26.88	267.06	521.91	492.86	26.97
河北省	616	1722.78	53.49	675.51	89.72	48	58.78	358.48	1746.98	1541.61	44.65
山西省	128	256.18	2.28	179.33	28.66	15	18.28	92.62	267.66	231.68	13.21
内蒙古自治区	527	1243.00	3.96	394.61	78.23	35	31.87	186.93	1236.91	1032.06	22.95
辽宁省	1485	338[illegible].91	275.87	1383.53	227.00	84	76.60	560.91	3422.31	3012.84	90.08
吉林省	825	2177.08	69.17	808.88	101.71	36	55.92	439.38	2141.78	1897.21	56.74
黑龙江省	699	1629.98	16.05	1000.11	81.00	50	75.85	658.79	1726.29	1558.08	45.74
上海市	142	297 181	13.19	204.26	9.78	28	16.21	111.00	336.59	301.82	27.42
江苏省	1355	2545.65	66.94	1250.11	160.38	62	77.38	823.86	2555.55	2274.30	94.46
浙江省	692	83[illegible].62	143.15	636.73	33.14	45	67.50	417.61	846.93	765.63	73.91
安徽省	1303	1856.69	27.45	716.04	104.71	48	55.98	346.64	1839.44	1654.51	58.92
福建省	828	1470.95	323.14	811.63	100.71	42	71.13	493.474	1477.29	1317.48	104.20
江西省	305	824.50	19.80	264.87	47.82	9	13.79	119.94	855.02	764.39	14.62
山东省	3777	8386.89	848.72	3559.67	525.81	115	279.69	1784.65	8449.71	7417.75	227.07
河南省	1883	3623.95	23.47	1460.92	353.45	23	57.54	533.05	3949.84	3381.46	63.16
湖北省	1219	2284.51	59.03	782.93	154.50	46	89.83	383.49	2253.77	1985.03	48.38
湖南省	984	1991.92	16.85	615.60	119.10	20	32.04	280.18	1988.80	1619.00	34.33
广东省	797	21[illegible]6.80	169.25	1255.11	113.52	92	88.9	809.47	2201.32	2009.70	127.81
广西壮族自治区	488	1378.37	28.38	1114.12	168.84	31	98.27	711.37	1377.40	1145.63	85.95
海南省	61	95.40	26.38	71.43	3.37	24	10.36	46.89	96.90	87.78	10.61
重庆市	296	456.33	9.35	164.36	24.99	13	12.33	84.70	455.14	381.83	9.20
四川省	1009	23[illegible]2.22	8.13	710.51	139.51	38	55.05	367.13	2294.117	2016.03	48.78
贵州省	117	119.63	0.34	50.32	5.52	10	4.46	23.66	111.84	98.92	4.08
云南省	250	293.37	13.45511	270.32	43.72	24	15.55	165.49	298.57	229.19	17.10
西藏自治区	5	[illegible].75	0	3.59	0.22	1	0.50	0.91	1.95	1.44	0.21
陕西省	307	5[illegible]5.33	1.91	224.10	27.91	31	26.25	124.42	505.25	443.66	11.21
甘肃省	179	2[illegible]5.89	4.32	202.64	8.19	35	25.21	117.90	189.38	165.28	18.97
青海省	29	25.93	0.15	22.40	0.64	5	2.50	11.51	21.36	18.95	2.68
宁夏回族自治区	68	55.92	1.22	46.76	4.07	3	4.29	25.14	56.71	49.74	2.18
新疆维吾尔自治区	256	236.73	2.54	250.31	13.86	67	47.58	163.72	271.96	235.00	16.79

2011 年分地区食品制造业经济指标

单位：亿元

	企业数（个）	工业销售产值（现价、新规定）	其中：出口交货值	资产总计	利润总额	亏损企业单位数	产成品	负债合计	主营业务收入	主营业务成本	应收账款
食品工业总计	6870	13795.29	864.86	8511.61	1232.25	552.00	495.74	4231.64	13875.73	10921.33	882.75
北京市	122	219.21	12.482	262.72	14.58	32	15.40	170.27	294.27	199.54	35.01
天津市	100	738.30	28.20	350.11	91.71	21	13.94	185.65	691.85	502.85	57.85
河北省	226	585.58	19.26	292.84	44.96	14	13.08	127.72	625.12	512.47	36.41
山西省	73	96.78	1.07	72.54	7.83	10	5.52	35.69	93.58	75.24	8.15
内蒙古自治区	148	633.61	26.41	547.71	62.48	19	32.85	336.27	618.04	482.11	28.75
辽宁省	308	531.31	28.04	231.73	40.82	21	11.45	90.8855	544.02	457.12	14.37
吉林省	154	269.97	10.35	170.52	25.43	10	12.23	70.16	277.07	223.60	9.80
黑龙江省	143	477.80	4.41	285.63	33.16	24	24.75	147.95	467.01	368.18	41.89
上海市	206	488.39	17.18	433.39	37.89	44	28.48	255.27	547.98	377.87	62.63
江苏省	314	478.20	50.78	395.42	36.16	41	22.51	221.42	481.88	390.66	48.41
浙江省	302	432.88	63.27	406.83	31.92	36	28.69	207.82	440.52	348.95	80.34
安徽省	255	343.95	15.29	157.44	21.79	13	10.35	74.03	338.31	289.30	14.80
福建省	429	681.28	119.05	372.25	62.65	23	30.38	168.60	680.89	564.29	42.57
江西省	139	269.20	26.72	125.14	20.838	11	5.88	55.97	273.91	222.86	6.56
山东省	1052	2021.49	209.26	1201.85	162.00	42	55.32	546.98	2036.57	1656.69	94.16
河南省	628	1528.11	28.10	725.16	170.67	10	23.51	288.12	1501.21	1246.52	64.01
湖北省	280	517.24	35.63	266.10	43.77	8	18.78	126.43	518.92	416.95	30.83
湖南省	326	616.81	23.86	240.53	44.60	8	11.60	107.11	605.88	465.31	12.98
广东省	572	1239.55	69.53	858.15	155.29	52	43.15	424.80	1249.61	827.59	93.42
广西壮族自治区	126	169.56	18.68	127.31	17.06	12	6.83	68.64	168.49	133.56	12.41
海南省	12	35.03	0.36	32.82	2.29	0	1.56	15.26	33.85	25.02	1.78
重庆市	99	126.85	2.66	82.66	9.61	5	3.12	44.22	133.83	106.99	6.65
四川省	387	636.32	10.36	315.36	41.89	16	16.96	145.80	625.55	523.16	21.28
贵州省	37	73.15	0.08	38.05	15.46	1	2.03	15.52	72.13	50.55	2.71
云南省	74	91.48	10.62	67.39	7.34	10	6.03	30.06	89.61	70.72	4.98
西藏自治区	3	1.11	0	2.08	0.083	1	0.03	0.99	1.05	0.80	0.09
陕西省	139	257.96	4.46	116.23	16.54	12	6.20	54.70	245.05	207.16	14.99
甘肃省	51	49.80	1.48	46.62	1.27	16	5.59	27.83	38.24	32.97	4.01
青海省	13	15.74	0.70	13.49	1.25	1	1.30	4.83	10.91	9.12	0.91
宁夏回族自治区	34	60.33	6.17	78.33	6.78	3	3.572	47.51	58.52	44.78	2.98
新疆维吾尔自治区	118	108.29	20.40	195.20	4.17	36	34.66	135.09	111.89	88.44	27.01

2011 年分地区酒饮料精制茶制造业经济指标

单位：亿元

	企业数（个）	工业销售产值（现价、新规定）	其中：出口交货值	资产总计	利润总额	亏损企业单位数	产成品	负债合计	主营业务收入	主营业务成本	应收账款
食品工业总计	4874	11542.05	202.79	9441.18	1315.37	420.00	532.17	4685.26	11774.80	8581.47	552.96
北京市	41	197.14	1.76	349.62	16.66	15	9.50	177.63	222.10	155.92	16.98
天津市	37	148.50	1.01	131.76	3.61	14	6.01	88.35	153.82	119.99	19.95
河北省	142	345.77	1.65	273.95	33.85	25	23.93	153.32	333.29	244.29	17.29
山西省	60	123.02	0.53	154.09	16.24	14	20.59	81.51	147.23	94.05	4.87
内蒙古自治区	116	219.12	0	158.99	21.35	13	7.16	86.37	221.27	165.31	7.27
辽宁省	214	426.32	4.70	250.13	36.10	10	9.60	112.10	406.39	325.12	7.41
吉林省	199	364.84	0.10	224.61	22.54	12	12.25	122.88	373.15	301.30	8.90
黑龙江省	116	220.68	0.01	190.65	14.83	17	12.78	109.94	232.33	179.96	7.15
上海市	47	185.53	6.66	170.37	11.43	12	11.72	89.94	192.95	112.46	29.64
江苏省	176	754.84	2.89	569.01	124.89	24	35.39	304.70	747.25	551.70	29.78
浙江省	221	446.09	36.69	483.129	40.08	31	32.62	245.49	503.89	387.24	36.69
安徽省	226	386.02	5.65	294.86	42.07	21	25.02	145.72	367.20	247.02	16.06
福建省	415	512.83	6.46	288.77	55.70	15	18.14	132.92	512.23	385.61	22.44
江西省	91	158.80	1.28	131.87	18.12	4	10.58	70.51	161.31	115.91	5.09
山东省	448	1067.02	43.02	750.78	107.57	29	46.45	329.06	1130.23	861.23	35.44
河南省	420	886.06	14.83	497.65	98.74	10	18.61	233.67	911.64	739.89	24.42
湖北省	246	803.80	2.46	680.54	71.64	11	23.18	400.83	763.36	543.21	41.10
湖南省	263	384.85	2.10	195.45	26.84	5	11.69	87.26	384.11	289.42	6.92
广东省	197	820.71	12.66	585.62	45.32	37	21.20	312.09	808.86	598.31	68.36
广西壮族自治区	134	263.57	1.87	203.19	34.94	11	13.35	95.40	247.90	189.66	11.77
海南省	17	16.79	0.01	37.23	5.31	3	0.78	14.78	18.57	13.36	1.44
重庆市	60	118.47	1.42	97.86	9.56	6	3.37	55.62	119.20	88.10	6.10
四川省	501	1806.38	15.41	1493.21	253.90	21	78.05	681.52	1945.82	1385.09	75.73
贵州省	118	295.68	11.04	558.88	141.84	6	17.01	174.17	298.75	82.90	5.53
云南省	96	110.64	2.00	158.68	13.26	16	12.43	89.67	116.94	84.02	10.96
西藏自治区	6	11.46	0.01	21.29	2.77	1	0.89	7.08	11.17	7.78	0.52
陕西省	121	266.05	21.62	206.78	26.63	15	24.57	110.60	256.26	185.79	13.25
甘肃省	65	93.95	4.28	119.05	4.94	14	12.24	69.00	83.42	61.05	10.29
青海省	9	15.85	0	27.43	-0.24	1	1.16	14.25	12.66	5.74	1.63
宁夏回族自治区	15	18.29	0.68	37.95	3.61	2	6.18	22.01	17.24	10.21	2.58
新疆维吾尔自治区	57	72.98	0	97.76	11.26	5	5.73	66.86	74.30	49.83	7.41

2011 年分地区烟草制品业经济指标

单位：亿元

	企业数（个）	工业销售产值（现价、新规定）	其中：出口交货值	资产总计	其中：利润总额	亏损企业单位数	产成品	负债合计	主营业务收入	主营业务成本	应收账款
食品工业总计	131	6839.57	31.01	6169.25	840.52	8.00	145.94	1492.43	6666.90	1856.70	269.33
北京市	0	42.69	1.28	35.96	4.37	0	0.74	11.52	42.15	14.67	1.14
天津市	0	32.26	0	25.41	1.23	0	0.28	25.41	32.26	13.19	0.38
河北省	3	135.45	0	91.44	14.05	0	2.123	30.34	131.67	47.57	8.36
山西省	0	31.58	0	26.22	3.90	0	0.83	6.28	30.49	11.10	3.67
内蒙古自治区	0	59.58	0	48.21	5.11	0	0.75	15.30	58.67	18.53	9.19
辽宁省	4	58.54	0.06	33.72	3.93	1	0.99	29.75	57.63	20.14	3.69
吉林省	6	116.15	0	98.49	10.90	0	1.64	51.49	115.61	40.69	9.75
黑龙江省	7	86.46	0	69.16	11.03	0	1.89	9.0607	86.92	33.12	3.57
上海市	0	670.98	7.73	871.96	168.24	0	8.74	78.53	669.49	75.74	17.26
江苏省	5	403.50	0	395.92	68.77	0	4.05	53.54	403.62	90.19	5.60
浙江省	3	324.58	2.57	267.73	27.97	0	6.15	28.60	322.54	64.42	4.48
安徽省	8	261.60	0.25	184.49	29.02	1	2.99	35.72	261.18	81.92	4.28
福建省	6	204.87	0.14	177.02	18.00	0	3.81	47.86	202.01	60.17127	5.16
江西省	0	108.28	0	83.99	10.16	0	2.45	24.47	108.14	36.86194	2.142
山东省	12	273.38	0.21	229.28	25.72	1	0.72	73.67	261.31	92.33	4.13
河南省	11	339.15	0	238.24	35.72	1	2.8407	82.74	337.44	119.7515	14.60
湖北省	11	464.13	0.49	321.05	34.66	1	11.90	172.52	457.43	128.51	10.70
湖南省	8	617.61	2.171	536.79	88.11	1	5.02	100.46	618.43	137.45	15.99
广东省	15	446.03	4.21	331.14	43.96	0	11.76	39.55	351.49	113.14	17.61
广西壮族自治区	0	139.90	0	105.58	16.08	0	2.05	14.56	140.10	47.25	2.38
海南省	0	16.07	0	16.11	0.75	0	0.50	4.27	16.08	6.45	0.99
重庆市	4	118.05	0	72.35	13.55	0	3.69	32.42	115.58	39.77	9.12
四川省	4	199.17	0.10	117.60	15.23	1	5.41	54.01	199.33	69.97	1.44
贵州省	6	256.77	0.04	204.19	23.37	0	3.40	63.32	262.01	89.02	11.51
云南省	15	1152.92	11.41	1348.43	138.27	0	58.47	333.38	1105.82	309.56	84.21
西藏自治区											
陕西省	3	152.15	0.35	127.05	16.76	0	1.63	42.20	151.61	53.21	8.39
甘肃省	0	90.40	0	68.71	7.60	0	1.00	15.84	90.55	27.94	5.94
青海省											
宁夏回族自治区	0	7.10	0	5.87	-0.01	1	0.09	5.83	7.10	3.39	0.71
新疆维吾尔自治区	0	30.21	0	37.17	4.06	0	0	9.81	30.21	10.63	2.94

2011 年分行业分经济类型食品工业主要经济指标

分类	地区	企业单位数（个）	工业销售产值（当年价格）千元	其中：出口交货值 千元	资产总计 千元	利税总额	利润总额 千元
农副食品加工业	国有企业	281	78808670	2919828	56145063	2157068	3066829
农副食品加工业	集体企业	178	54720398	1981172	14857315	1455145	3810484
农副食品加工业	股份合作企业	131	34187209	1323047	14220716	689662	1729699
农副食品加工业	国有联营企业	5	1740516	0	1176370	99523	333981
农副食品加工业	集体联营企业	7	938317	6830	469155	29668	51393
农副食品加工业	国有与集体联营企业	8	608166	0	203698	13754	54914
农副食品加工业	其他联营企业	12	1793288	0	931165	20172	66984
农副食品加工业	国有独资公司	36	12854121	7220	6545602	307774	1045275
农副食品加工业	其他有限责任公司	3979	970373186	32624239	458617493	20008436	60523117
农副食品加工业	股份有限公司	608	230674028	11630229	148163734	5279402	15445250
农副食品加工业	私营独资企业	3404	412131071	4541336	117696430	12336942	29918182
农副食品加工业	私营合伙企业	364	45844093	248504	11272891	1838876	3471743
农副食品加工业	私营有限责任公司	8765	1.384E+09	59040939	505245980	33610177	93678583
农副食品加工业	私营股份有限公司	597	120389798	2979756	48432802	3323654	8495840
农副食品加工业	其他企业	506	91678685	8042905	38273395	1970929	5990938
农副食品加工业	合资经营企业（港或澳、台资）	332	129680125	16241976	76910118	2659681	10512093
农副食品加工业	合作经营企业（港或澳、台资）	24	9244969	2230169	8581362	276471	1252840
农副食品加工业	港、澳、台商独资经营企业	302	134532387	11382782	82772898	4836523	8080241
农副食品加工业	港、澳、台商投资股份有限公司	12	12428217	206224	5998907	928275	1487490
农副食品加工业	其他港、澳、台商投资企业	0	49967	0	12502	1783	7056
农副食品加工业	中外合资经营企业	690	290344076	40981449	183948069	5396578	16096616
农副食品加工业	中外合作经营企业	58	17440351	4717429	11916559	327168	1704931
农副食品加工业	外资企业	575	288993880	23475599	177094586	7211294	12746722
农副食品加工业	外商投资股份有限公司	18	3304302	396247	2987601	68527	-56453
农副食品加工业	其他外商投资企业	0	197686	0	47616	6239	6797
谷物磨制	国有企业	103	16127714	252	9565024	289008	941237
谷物磨制	集体企业	32	3419820	0	731297	98874	297852
谷物磨制	股份合作企业	36	9074297	0	4279814	308447	516048
谷物磨制	国有联营企业	0	159312	0	69215	1836	2674
谷物磨制	集体联营企业	3	413320	0	61338	19520	31444
谷物磨制	国有与集体联营企业	0	23992	0	3500	0	201
谷物磨制	其他联营企业	5	1215055	0	740973	16580	31511
谷物磨制	国有独资公司	13	1798567	0	538726	15940	125776
谷物磨制	其他有限责任公司	882	155329160	242542	61175381	2664071	8917122
谷物磨制	股份有限公司	125	27317159	75065	17834138	710156	2025186

谷物磨制	私营独资企业	1371	147313858	359	42911743	4383780	11145440
谷物磨制	私营合伙企业	128	11791205	0	2518149	383269	936061
谷物磨制	私营有限责任公司	2279	337766517	375040	102868917	6817023	21295321
谷物磨制	私营股份有限公司	140	32313970	0	9703249	754616	2266953
谷物磨制	其他企业	156	30828421	10500	7304111	444011	1635620
谷物磨制	合资经营企业（港或澳、台资）	12	4414887	19044	2631057	78083	191833
谷物磨制	港、澳、台商独资经营企业	21	4157033	98065	3265272	69248	154186
谷物磨制	其他港、澳、台商投资企业	0	49967	0	12502	1783	7056
谷物磨制	中外合资经营企业	35	9695229	221614	6293636	81938	238606
谷物磨制	中外合作经营企业	0	106644	0	35945	3891	11374
谷物磨制	外资企业	20	10116391	453509	8413113	119503	129605
谷物磨制	外商投资股份有限公司	0	166408	0	109769	8070	34453
饲料加工	国有企业	16	1498983	0	490781	15388	139805
饲料加工	集体企业	8	530688	0	558121	10224	22917
饲料加工	股份合作企业	21	10436883	0	2340707	57245	506940
饲料加工	国有联营企业	0	80423	0	14916	3	3046
饲料加工	国有与集体联营企业	0	75224	0	33392	0	322
饲料加工	其他联营企业	3	374886	0	141334	1380	27787
饲料加工	国有独资公司	0	392169	0	168261	38625	3880
饲料加工	其他有限责任公司	769	166941954	1694202	58185555	3011998	9970718
饲料加工	股份有限公司	133	42381440	32402	22707599	810211	3549417
饲料加工	私营独资企业	376	53595201	49306	15198146	1523767	3601302
饲料加工	私营合伙企业	49	10142408	0	2154175	354312	708550
饲料加工	私营有限责任公司	1321	243774151	1709768	76840418	5338066	16559709
饲料加工	私营股份有限公司	107	23477365	168177	7345946	454275	1635597
饲料加工	其他企业	71	14580402	0	5132874	206004	943940
饲料加工	合资经营企业（港或澳、台资）	70	35067545	233313	12456441	346383	2375125
饲料加工	合作经营企业（港或澳、台资）	5	2310206	0	2217163	738	85806
饲料加工	港、澳、台商独资经营企业	49	11895580	398290	4287215	140425	502269
饲料加工	港、澳、台商投资股份有限公司	4	8675211	0	3034461	636193	1143985
饲料加工	中外合资经营企业	105	54161971	253297	31045439	752129	2434361
饲料加工	中外合作经营企业	13	7387436	333345	2659999	96685	780859
饲料加工	外资企业	93	37579340	495939	17550068	426919	1669807
饲料加工	外商投资股份有限公司	3	946321	0	172482	1981	24971
植物油加工	国有企业	16	33251468	13250	31502002	1159200	504655
植物油加工	集体企业	21	5895289	49451	2552945	202798	620557
植物油加工	股份合作企业	11	3890882	0	1293890	111445	205444
植物油加工	其他联营企业	0	70940	0	14527	478	301
植物油加工	国有独资公司	5	7798445	0	3146540	97413	712799
植物油加工	其他有限责任公司	461	185380186	525359	92583818	3775186	7858672

植物油加工	股份有限公司	64	24333189	11564	14579868	314324	1220279
植物油加工	私营独资企业	325	39264121	1287	11947864	1421196	2999191
植物油加工	私营合伙企业	51	8235765	0	1963389	299938	648874
植物油加工	私营有限责任公司	819	152205925	1977218	58453632	3846938	10303113
植物油加工	私营股份有限公司	78	15209117	0	5032159	387490	906821
植物油加工	其他企业	56	8042920	0	2955562	325668	539186
植物油加工	合资经营企业（港或澳、台资）	18	25397762	25721	18007305	282409	1962838
植物油加工	港、澳、台商独资经营企业	18	17669488	73912	11464828	1789934	255635
植物油加工	港、澳、台商投资股份有限公司	0	1973265	0	2101294	232991	165560
植物油加工	中外合资经营企业	45	85044851	523952	61900362	784305	2731477
植物油加工	中外合作经营企业	0	119464	0	60484	7960	–520
植物油加工	外资企业	46	122147058	805762	92632753	3294711	4454345
植物油加工	外商投资股份有限公司	0	25848	0	10188	632	868
制糖	国有企业	18	5310652	0	4482516	263152	403636
制糖	股份合作企业	3	563371	0	297761	30748	63642
制糖	国有联营企业	0	1150726	0	933431	76583	284858
制糖	国有独资公司	6	1704035	7220	1943423	143383	192052
制糖	其他有限责任公司	110	40749907	60052	47214896	2397544	5399780
制糖	股份有限公司	22	10412564	3660	16771389	669006	1317767
制糖	私营独资企业	5	896287	0	1099072	32686	31071
制糖	私营合伙企业	0	231027	36253	63836	3159	18746
制糖	私营有限责任公司	65	12842160	70116	16818996	786655	1538602
制糖	私营股份有限公司	10	2321245	7648	1574588	124172	297052
制糖	其他企业	10	2045331	0	1871093	178835	608727
制糖	合资经营企业（港或澳、台资）	12	8295649	0	13276653	645924	1551710
制糖	港、澳、台商独资经营企业	0	48050	41962	30799	115	1699
制糖	中外合资经营企业	10	8729017	0	7384884	684617	2144347
制糖	外资企业	5	2112624	0	2116993	107350	325421
制糖	外商投资股份有限公司	0	496925	30185	1021350	26343	–17506
制糖	其他外商投资企业	0	34016	0	34016	2332	2300
屠宰及肉类加工	国有企业	100	16815413	391978	5730150	335393	702108
屠宰及肉类加工	集体企业	38	6807441	0	921011	197982	587842
屠宰及肉类加工	股份合作企业	16	5069845	0	1883542	99269	226381
屠宰及肉类加工	国有联营企业	0	350055	0	158808	21101	43403
屠宰及肉类加工	集体联营企业	0	86691	0	46157	2069	–2525
屠宰及肉类加工	国有与集体联营企业	3	459228	0	155101	13649	53386
屠宰及肉类加工	其他联营企业	0	111237	0	24453	1326	6398
屠宰及肉类加工	国有独资公司	7	494750	0	301650	12400	5530
屠宰及肉类加工	其他有限责任公司	710	237420354	4056981	98334158	4187592	16258568
屠宰及肉类加工	股份有限公司	107	73549087	2945295	38350346	1630697	3454938

屠宰及肉类加工	私营独资企业	467	74279655	379008	18197258	1928726	5068835
屠宰及肉类加工	私营合伙企业	41	7158857	85	1994000	540352	530295
屠宰及肉类加工	私营有限责任公司	1465	293747281	4459481	102190596	7193467	18914012
屠宰及肉类加工	私营股份有限公司	97	23292492	389188	9063104	831029	1246061
屠宰及肉类加工	其他企业	90	14000314	75433	8059215	280148	769372
屠宰及肉类加工	合资经营企业（港或澳、台资）	38	19227008	1999557	9065638	447279	1780399
屠宰及肉类加工	合作经营企业（港或澳、台资）	8	1354133	695784	586210	70466	107922
屠宰及肉类加工	港、澳、台商独资经营企业	42	35846055	1011749	34181556	1223647	3209907
屠宰及肉类加工	港、澳、台商投资股份有限公司	0	756198	0	564838	27269	75364
屠宰及肉类加工	中外合资经营企业	78	47619477	5891729	28752561	867673	1549851
屠宰及肉类加工	中外合作经营企业	3	212737	91959	154683	9839	4770
屠宰及肉类加工	外资企业	35	36561760	743727	16220725	418992	1721260
屠宰及肉类加工	外商投资股份有限公司	0	44786	0	16821	302	103
水产品加工	国有企业	10	4057238	2410466	2793962	62993	265854
水产品加工	集体企业	33	15223299	1322655	4298685	456635	953175
水产品加工	股份合作企业	16	2090194	982494	2427995	35346	116177
水产品加工	集体联营企业	0	396995	0	335713	6124	18457
水产品加工	国有独资公司	0	394713	0	262019	13	3076
水产品加工	其他有限责任公司	275	60261850	20056458	26443337	1118060	3664503
水产品加工	股份有限公司	40	15073458	5072253	11905312	254285	1204732
水产品加工	私营独资企业	187	23413758	2069381	7092741	590913	1250939
水产品加工	私营合伙企业	20	1267568	153722	467630	50603	66934
水产品加工	私营有限责任公司	738	105589380	30471432	47705706	2957526	6789881
水产品加工	私营股份有限公司	41	7836024	1750558	8147585	229605	778294
水产品加工	其他企业	21	9178775	6328733	5964912	136846	548710
水产品加工	合资经营企业（港或澳、台资）	67	14402503	6322524	9454982	235744	1053081
水产品加工	合作经营企业（港或澳、台资）	7	1752189	1372962	313983	32836	117708
水产品加工	港、澳、台商独资经营企业	66	10414264	3264268	5963794	215201	510366
水产品加工	港、澳、台商投资股份有限公司	0	53324	53324	49623	0	–136
水产品加工	中外合资经营企业	192	47312498	20399590	31129753	1298123	3793584
水产品加工	中外合作经营企业	28	8628124	4008055	8444166	164240	861740
水产品加工	外资企业	125	31059012	9410694	13262449	1661791	1199040
水产品加工	外商投资股份有限公司	0	297072	2270	68845	5356	26297
蔬菜、水果和坚果加工	国有企业	6	376519	83939	272137	6554	8264
蔬菜、水果和坚果加工	集体企业	15	1985494	528362	616241	73325	213678
蔬菜、水果和坚果加工	股份合作企业	14	1192970	265291	847877	15420	53315
蔬菜、水果和坚果加工	国有独资公司	0	271442	0	184983	0	2162
蔬菜、水果和坚果加工	其他有限责任公司	388	37880734	3232500	20800287	890617	2693638
蔬菜、水果和坚果加工	股份有限公司	63	21375273	2351981	16335260	461399	1515204
蔬菜、水果和坚果加工	私营独资企业	378	36339978	1696641	10147337	1164586	2939863

蔬菜、水果和坚果加工	私营合伙企业	33	3260542	34890	1020314	98041	306043
蔬菜、水果和坚果加工	私营有限责任公司	1268	134334809	15591534	51977096	3933147	10655394
蔬菜、水果和坚果加工	私营股份有限公司	68	7521742	558827	3913633	284600	537671
蔬菜、水果和坚果加工	其他企业	47	6425622	1575503	2326264	183324	485378
蔬菜、水果和坚果加工	合资经营企业（港或澳、台资）	81	14454125	6579079	7320107	376454	1066226
蔬菜、水果和坚果加工	合作经营企业（港或澳、台资）	0	3176417	24901	4773602	167121	881928
蔬菜、水果和坚果加工	港、澳、台商独资经营企业	70	7934075	2869108	4592426	179895	581734
蔬菜、水果和坚果加工	港、澳、台商投资股份有限公司	3	629314	152900	111551	18001	97232
蔬菜、水果和坚果加工	中外合资经营企业	169	27789827	12480444	11937277	658639	2705468
蔬菜、水果和坚果加工	中外合作经营企业	9	881163	284070	460081	33543	35727
蔬菜、水果和坚果加工	外资企业	171	22380364	8572019	10783691	593448	1621013
蔬菜、水果和坚果加工	外商投资股份有限公司	4	437098	237138	238073	7310	27498
其他农副食品加工	国有企业	12	1370683	19943	1308491	25380	101270
其他农副食品加工	集体企业	31	20858367	80704	5179015	415307	1114463
其他农副食品加工	股份合作企业	14	1868767	75262	849130	31742	41752
其他农副食品加工	集体联营企业	0	41311	6830	25947	1955	4017
其他农副食品加工	国有与集体联营企业	0	49722	0	11705	105	1005
其他农副食品加工	其他联营企业	0	21170	0	9878	408	987
其他农副食品加工	其他有限责任公司	384	86409041	2756145	53880061	1963368	5760116
其他农副食品加工	股份有限公司	54	16231858	1138009	9679822	429324	1157727
其他农副食品加工	私营独资企业	295	37028213	345354	11102269	1291288	2881541
其他农副食品加工	私营合伙企业	40	3756721	23554	1091398	109202	256240
其他农副食品加工	私营有限责任公司	810	104046872	4386350	48390619	2737355	7622551
其他农副食品加工	私营股份有限公司	56	8417843	105358	3652538	257867	827391
其他农副食品加工	其他企业	55	6576900	52736	4659364	216093	460005
其他农副食品加工	合资经营企业（港或澳、台资）	34	8420646	1062738	4697935	247405	530881
其他农副食品加工	合作经营企业（港或澳、台资）	0	652024	136522	690404	5310	59476
其他农副食品加工	港、澳、台商独资经营企业	35	46567842	3625428	18987008	1218058	2864445
其他农副食品加工	港、澳、台商投资股份有限公司	0	340905	0	137140	13821	5485
其他农副食品加工	中外合资经营企业	56	9991206	1210823	5504157	269154	498922
其他农副食品加工	中外合作经营企业	0	104783	0	101201	11010	10981
其他农副食品加工	外资企业	80	27037331	2993949	16114794	588580	1626231
其他农副食品加工	外商投资股份有限公司	4	889844	126654	1350073	18533	-153137
其他农副食品加工	其他外商投资企业	0	163670	0	13600	3907	4497
食品制造业	国有企业	75	12108551	306411	11944830	422394	521802
食品制造业	集体企业	38	14631439	82148	5366165	427548	2059947
食品制造业	股份合作企业	34	4639798	267609	2602336	135330	270919
食品制造业	集体联营企业	3	120926	0	37053	4855	2863
食品制造业	国有与集体联营企业	3	96042	0	85858	5199	877
食品制造业	其他联营企业	0	277410	0	210000	22182	89352

食品制造业	国有独资公司	8	1742475	9417	1579330	141070	159847
食品制造业	其他有限责任公司	1431	286868060	15244837	171929111	10378577	25992620
食品制造业	股份有限公司	225	106831318	7370611	90627156	4163406	9000974
食品制造业	私营独资企业	830	93465893	2341534	35800925	3458518	8525599
食品制造业	私营合伙企业	84	10804606	413217	3851850	386265	1105937
食品制造业	私营有限责任公司	2573	338218065	17114612	176439636	12167412	26566041
食品制造业	私营股份有限公司	171	32245325	2789294	15740161	1263273	3199022
食品制造业	其他企业	171	21516424	1527958	9129465	767968	2240240
食品制造业	合资经营企业（港或澳、台资）	172	47945906	5781329	33426859	1769281	4801791
食品制造业	合作经营企业（港或澳、台资）	12	1239787	73813	994828	60474	45343
食品制造业	港、澳、台商独资经营企业	260	75407995	6998123	53166701	4438423	8135748
食品制造业	港、澳、台商投资股份有限公司	13	4969793	201342	4647650	288577	448947
食品制造业	中外合资经营企业	304	121914575	13313257	77537313	5505000	11802116
食品制造业	中外合作经营企业	32	5712894	692626	6195016	253706	331826
食品制造业	外资企业	404	181215403	11280365	133688459	9128491	16849644
食品制造业	外商投资股份有限公司	26	17556087	677599	16160597	737701	1073716
焙烤食品制造	国有企业	6	169024	0	91936	12966	11541
焙烤食品制造	集体企业	4	292414	0	135859	11016	17632
焙烤食品制造	股份合作企业	6	387958	0	267551	25984	15924
焙烤食品制造	国有独资公司	0	15688	0	17585	1841	1214
焙烤食品制造	其他有限责任公司	178	26440912	102704	13081046	920737	2437654
焙烤食品制造	股份有限公司	22	2698579	67114	1590370	94685	345407
焙烤食品制造	私营独资企业	152	21555434	537764	6229372	644582	2341586
焙烤食品制造	私营合伙企业	9	1142072	106238	392536	45219	107293
焙烤食品制造	私营有限责任公司	417	44977263	561567	19990266	1702480	3766579
焙烤食品制造	私营股份有限公司	23	3331115	0	1107308	164898	353353
焙烤食品制造	其他企业	25	5421302	0	2376783	107929	765258
焙烤食品制造	合资经营企业（港或澳、台资）	32	13051633	54976	5448174	333917	1711578
焙烤食品制造	合作经营企业（港或澳、台资）	4	210417	15630	178828	6678	3277
焙烤食品制造	港、澳、台商独资经营企业	77	18254367	553385	13791841	1021882	1646758
焙烤食品制造	港、澳、台商投资股份有限公司	0	143693	0	123631	3971	6569
焙烤食品制造	中外合资经营企业	26	3242238	298279	1734896	181358	202896
焙烤食品制造	中外合作经营企业	9	1935939	37693	1548336	122556	124952
焙烤食品制造	外资企业	87	16926749	1249105	16606146	908130	1292174
焙烤食品制造	外商投资股份有限公司	7	2203025	34115	1123090	89216	345769
糖果、巧克力及蜜饯制造	集体企业	7	471294	0	97558	22456	63626
糖果、巧克力及蜜饯制造	股份合作企业	0	61098	0	38614	1066	717
糖果、巧克力及蜜饯制造	国有与集体联营企业	0	23985	0	55184	3034	516
糖果、巧克力及蜜饯制造	其他有限责任公司	111	12792795	687441	6420446	332799	909744
糖果、巧克力及蜜饯制造	股份有限公司	9	5894009	659001	5964062	157875	1260253

糖果、巧克力及蜜饯制造	私营独资企业	103	12082094	200886	5355311	474654	1349035
糖果、巧克力及蜜饯制造	私营合伙企业	8	848090	0	329218	21157	82767
糖果、巧克力及蜜饯制造	私营有限责任公司	272	29583229	860064	13695657	1130443	2389764
糖果、巧克力及蜜饯制造	私营股份有限公司	15	2041315	549756	1138504	45201	181896
糖果、巧克力及蜜饯制造	其他企业	16	1476966	0	674436	71692	169243
糖果、巧克力及蜜饯制造	合资经营企业（港或澳、台资）	15	4681769	372653	5717281	239530	939244
糖果、巧克力及蜜饯制造	合作经营企业（港或澳、台资）	3	294306	25456	420460	16396	9967
糖果、巧克力及蜜饯制造	港、澳、台商独资经营企业	36	6437026	1108076	4434757	215259	590861
糖果、巧克力及蜜饯制造	港、澳、台商投资股份有限公司	0	892019	113048	421413	40660	122655
糖果、巧克力及蜜饯制造	中外合资经营企业	6	715495	13877	243075	20365	57672
糖果、巧克力及蜜饯制造	中外合作经营企业	4	340902	42418	357622	18826	27783
糖果、巧克力及蜜饯制造	外资企业	38	29463363	2603814	22077312	2296072	4613049
糖果、巧克力及蜜饯制造	外商投资股份有限公司	0	89015	4565	265461	1159	–15834
方便食品制造	国有企业	14	2912245	0	1509849	39001	39254
方便食品制造	集体企业	5	10757514	0	3628141	316434	1754904
方便食品制造	股份合作企业	5	1037425	0	839048	22837	42618
方便食品制造	国有独资公司	0	714190	9417	370282	66274	128139
方便食品制造	其他有限责任公司	205	41880609	2252320	22415292	1547107	3271362
方便食品制造	股份有限公司	27	10237495	16000	4568094	262612	432042
方便食品制造	私营独资企业	147	13005508	125412	4890892	547355	1189393
方便食品制造	私营合伙企业	22	3863537	88	1316581	115986	397460
方便食品制造	私营有限责任公司	379	56130174	771595	23771235	1575630	3815627
方便食品制造	私营股份有限公司	32	5025628	0	1778355	194607	340429
方便食品制造	其他企业	26	3127886	0	835848	68153	174939
方便食品制造	合资经营企业（港或澳、台资）	33	5656125	790706	4304105	260262	341586
方便食品制造	港、澳、台商独资经营企业	48	14719341	1723735	9551444	659474	806667
方便食品制造	港、澳、台商投资股份有限公司	3	608575	0	444586	25280	61240
方便食品制造	中外合资经营企业	48	14944933	632791	7478692	561339	1014994
方便食品制造	中外合作经营企业	4	910797	19700	2461842	5256	77885
方便食品制造	外资企业	57	70673938	1629328	39429885	2903049	5128714
方便食品制造	外商投资股份有限公司	0	2297472	0	2832880	56361	41497
液体乳及乳制品制造	国有企业	15	4485998	0	2383532	124719	323008
液体乳及乳制品制造	集体企业	0	211563	0	98052	21708	19381
液体乳及乳制品制造	股份合作企业	4	1011015	0	632874	18626	70797
液体乳及乳制品制造	国有与集体联营企业	0	22788	0	5605	462	181
液体乳及乳制品制造	其他联营企业	0	277410	0	210000	22182	89352
液体乳及乳制品制造	国有独资公司	0	88417	0	168485	2068	3789
液体乳及乳制品制造	其他有限责任公司	211	60959438	122309	32844409	2156023	3757492
液体乳及乳制品制造	股份有限公司	47	34817600	0	36154372	1337304	2840065
液体乳及乳制品制造	私营独资企业	41	5351304	55	3160946	245854	546543

液体乳及乳制品制造	私营合伙企业	6	668929	54230	167083	22993	52261
液体乳及乳制品制造	私营有限责任公司	183	30824238	43357	18902035	1138134	2458665
液体乳及乳制品制造	私营股份有限公司	14	2369426	0	1281957	79207	149383
液体乳及乳制品制造	其他企业	16	1856556	21300	805955	41773	60440
液体乳及乳制品制造	合资经营企业（港或澳、台资）	5	1135028	0	893561	11406	31363
液体乳及乳制品制造	合作经营企业（港或澳、台资）	0	271540	0	43200	10664	42312
液体乳及乳制品制造	港、澳、台商独资经营企业	10	2626668	3968	3467543	125686	337791
液体乳及乳制品制造	港、澳、台商投资股份有限公司	0	2865282	0	3205117	204391	234780
液体乳及乳制品制造	中外合资经营企业	38	46314233	328408	28896742	2211959	3619299
液体乳及乳制品制造	中外合作经营企业	0	168547	0	104000	6721	16378
液体乳及乳制品制造	外资企业	30	24883973	72432	18243470	1314486	2711090
液体乳及乳制品制造	外商投资股份有限公司	10	8915781	0	6252908	251869	407487
罐头制造	国有企业	6	759240	199949	1590236	34573	17697
罐头制造	集体企业	0	47298	47298	71360	2303	290
罐头制造	股份合作企业	4	763614	267609	243130	18804	39709
罐头制造	其他有限责任公司	136	18198377	4867963	18378628	635266	427129
罐头制造	股份有限公司	32	6209626	1684089	5155913	225222	204779
罐头制造	私营独资企业	76	8101418	889043	2621011	349424	548917
罐头制造	私营合伙企业	9	949124	131100	406271	42616	87516
罐头制造	私营有限责任公司	319	46048473	9159751	19347741	1918335	3013575
罐头制造	私营股份有限公司	16	3569784	994408	1820386	134768	87908
罐头制造	其他企业	21	2961541	1114815	1133190	127119	248973
罐头制造	合资经营企业（港或澳、台资）	28	4380601	1215296	2957440	114105	268820
罐头制造	合作经营企业（港或澳、台资）	3	404320	32727	341015	23251	−4116
罐头制造	港、澳、台商独资经营企业	21	4447088	1068454	2194513	177968	394983
罐头制造	港、澳、台商投资股份有限公司	0	21950	17717	30295	49	483
罐头制造	中外合资经营企业	61	13711130	4654895	7239484	407527	756848
罐头制造	中外合作经营企业	5	622806	406493	259755	4304	23356
罐头制造	外资企业	31	5105079	1556595	3195808	229023	295528
罐头制造	外商投资股份有限公司	0	500151	346308	504716	25551	73069
调味品、发酵制品制造	国有企业	13	1856687	32966	4703787	98335	69227
调味品、发酵制品制造	集体企业	7	411388	0	246274	15126	34317
调味品、发酵制品制造	股份合作企业	7	524755	0	247598	20801	33905
调味品、发酵制品制造	国有独资公司	3	880966	0	971453	68830	19956
调味品、发酵制品制造	其他有限责任公司	217	47989298	2839482	32479631	1492459	5031936
调味品、发酵制品制造	股份有限公司	29	22201858	1081832	17921754	918492	1267483
调味品、发酵制品制造	私营独资企业	141	14086687	23659	5609256	532387	1188159
调味品、发酵制品制造	私营合伙企业	14	1950181	0	834645	100090	295837
调味品、发酵制品制造	私营有限责任公司	335	42420584	1638642	25918980	1617767	3985756
调味品、发酵制品制造	私营股份有限公司	24	3891117	15822	3127910	180765	414991

调味品、发酵制品制造	其他企业	34	3035958	158888	1694441	156257	272033
调味品、发酵制品制造	合资经营企业（港或澳、台资）	19	8410520	1403367	7364723	228871	581151
调味品、发酵制品制造	港、澳、台商独资经营企业	25	11272996	1578904	7519836	344457	1294895
调味品、发酵制品制造	港、澳、台商投资股份有限公司	0	245540	70577	210224	9973	13427
调味品、发酵制品制造	中外合资经营企业	37	14689621	985264	11457842	646683	1605453
调味品、发酵制品制造	中外合作经营企业	5	584663	95832	350443	22013	60039
调味品、发酵制品制造	外资企业	51	11655743	1813295	8263346	365459	1033969
调味品、发酵制品制造	外商投资股份有限公司	0	101532	0	207567	12315	39653
其他食品制造	国有企业	21	1925357	73496	1665490	112800	61075
其他食品制造	集体企业	12	2439968	34850	1088921	38505	169797
其他食品制造	股份合作企业	7	853933	0	333521	27212	67249
其他食品制造	集体联营企业	3	120926	0	37053	4855	2863
其他食品制造	国有与集体联营企业	0	49269	0	25069	1703	180
其他食品制造	国有独资公司	0	43214	0	51525	2057	6749
其他食品制造	其他有限责任公司	373	78606631	4372618	46309659	3294186	10157303
其他食品制造	股份有限公司	59	24772151	3862575	19272591	1167216	2650945
其他食品制造	私营独资企业	170	19283448	564715	7934137	664262	1361966
其他食品制造	私营合伙企业	16	1382673	121561	405516	38204	82803
其他食品制造	私营有限责任公司	668	88234104	4079636	54813722	3084623	7136075
其他食品制造	私营股份有限公司	47	12016940	1229308	5485741	463827	1671062
其他食品制造	其他企业	33	3636215	232955	1608812	195045	549354
其他食品制造	合资经营企业（港或澳、台资）	40	10630230	1944331	6741575	581190	928049
其他食品制造	合作经营企业（港或澳、台资）	0	59204	0	11325	3485	-6097
其他食品制造	港、澳、台商独资经营企业	43	17650509	961601	12206767	1893697	3063793
其他食品制造	港、澳、台商投资股份有限公司	0	192734	0	212384	4253	9793
其他食品制造	中外合资经营企业	88	28296925	6399743	20486582	1475769	4544954
其他食品制造	中外合作经营企业	4	1149240	90490	1113018	74030	1433
其他食品制造	外资企业	110	22506558	2355796	25872492	1112272	1775120
其他食品制造	外商投资股份有限公司	3	3449111	292611	4973975	301230	182075
饮料制造业	国有企业	77	42776232	1076481	80076160	8400972	15209069
饮料制造业	集体企业	51	9444014	0	3379715	633956	773983
饮料制造业	股份合作企业	43	4485385	56330	3798798	399873	507525
饮料制造业	国有联营企业	4	218735	99000	323725	15861	-550
饮料制造业	集体联营企业	3	290696	0	59501	13816	40933
饮料制造业	国有与集体联营企业	0	70010	0	15371	999	97
饮料制造业	国有独资公司	16	47585854	1727734	82773814	6564821	10776557
饮料制造业	其他有限责任公司	1074	214380568	2207334	179285472	20132326	24814654
饮料制造业	股份有限公司	205	144856698	726416	133587263	15557656	20733529
饮料制造业	私营独资企业	624	74978356	908583	29859270	3345624	6478729
饮料制造业	私营合伙企业	73	5488865	58345	1795519	221879	522651

饮料制造业	私营有限责任公司	1708	223304134	3569347	120561947	12212168	19867250
饮料制造业	私营股份有限公司	134	19124742	115215	10200398	1062037	1891238
饮料制造业	其他企业	117	12201608	2930	9659035	510807	895296
饮料制造业	合资经营企业（港或澳、台资）	96	31242759	739199	25532209	2077632	1733730
饮料制造业	合作经营企业（港或澳、台资）	10	1921958	96361	1409354	105998	106553
饮料制造业	港、澳、台商独资经营企业	134	65226351	1123392	49766884	4024248	5641618
饮料制造业	港、澳、台商投资股份有限公司	4	1638239	0	1020825	128191	−251272
饮料制造业	中外合资经营企业	254	137765731	1513869	93439960	6803951	11564981
饮料制造业	中外合作经营企业	12	4937174	47565	3730121	308036	334421
饮料制造业	外资企业	209	87968057	2046647	84676763	6883660	7043169
饮料制造业	外商投资股份有限公司	22	24039898	4164650	28909132	2113230	2879850
饮料制造业	其他外商投资企业	3	259298	0	256682	7431	−26742
酒的制造	国有企业	48	37460557	1039116	73181560	8059885	14850159
酒的制造	集体企业	28	6203884	0	2781866	470923	536710
酒的制造	股份合作企业	29	3177507	0	3425934	353198	405199
酒的制造	国有联营企业	0	20443	0	141712	11321	−7485
酒的制造	集体联营企业	3	290696	0	59501	13816	40933
酒的制造	国有独资公司	10	41164663	1445684	74285183	6380677	10610898
酒的制造	其他有限责任公司	531	138603064	465733	129118680	16766213	18165832
酒的制造	股份有限公司	126	102866591	180777	99829693	13791857	17549695
酒的制造	私营独资企业	320	37938692	86058	16256988	1911486	3363082
酒的制造	私营合伙企业	27	2309917	0	853672	96833	238994
酒的制造	私营有限责任公司	713	96560653	253381	47530657	7382145	8333195
酒的制造	私营股份有限公司	68	11127996	0	5815831	716908	1266631
酒的制造	其他企业	47	5677248	2930	4476729	358018	525596
酒的制造	合资经营企业（港或澳、台资）	38	11367535	160479	9902738	1497920	646016
酒的制造	合作经营企业（港或澳、台资）	3	299511	0	532862	61446	36653
酒的制造	港、澳、台商独资经营企业	36	8958345	1726	12199376	1339951	935576
酒的制造	港、澳、台商投资股份有限公司	0	1473968	0	652574	123547	68204
酒的制造	中外合资经营企业	64	26698501	65202	22509993	2802567	1881269
酒的制造	中外合作经营企业	4	715708	27594	789348	98607	67727
酒的制造	外资企业	86	30067401	440608	34692853	3676100	2040730
酒的制造	外商投资股份有限公司	12	16782716	326708	20785230	1730865	1868470
酒的制造	其他外商投资企业	0	111513	0	36830	4325	18939
软饮料制造	国有企业	12	846680	37365	1509256	58572	121403
软饮料制造	集体企业	6	972380	0	285790	49727	105640
软饮料制造	股份合作企业	9	1058448	56330	305328	35837	79826
软饮料制造	国有联营企业	3	198292	99000	182013	4540	6935
软饮料制造	国有独资公司	0	105015	32967	154973	2048	−547
软饮料制造	其他有限责任公司	276	38451729	834919	25001748	1527002	3182208

软饮料制造	股份有限公司	50	36089314	483879	27278624	1247157	2688581
软饮料制造	私营独资企业	144	21081326	130218	7998359	816453	1898947
软饮料制造	私营合伙企业	15	1174636	0	286469	51712	126489
软饮料制造	私营有限责任公司	435	59429549	749518	32029217	2196023	5395835
软饮料制造	私营股份有限公司	35	4515776	0	2298095	145156	343508
软饮料制造	其他企业	33	4305417	0	3954360	89953	233178
软饮料制造	合资经营企业（港或澳、台资）	48	18615777	215628	14265318	534790	1077244
软饮料制造	合作经营企业（港或澳、台资）	6	1565918	96361	833111	42254	67246
软饮料制造	港、澳、台商独资经营企业	74	50523546	1089826	32986782	2389379	3660363
软饮料制造	港、澳、台商投资股份有限公司	0	164271	0	368251	4644	–319476
软饮料制造	中外合资经营企业	181	109262697	1399428	68679907	3958198	9570579
软饮料制造	中外合作经营企业	7	4160068	19971	2655932	204122	242906
软饮料制造	外资企业	109	53274235	1290282	46069510	2954063	4436460
软饮料制造	外商投资股份有限公司	9	7140111	3837942	8020730	381469	994883
软饮料制造	其他外商投资企业	0	147785	0	219852	3106	–45681
精制茶加工	国有企业	14	797363	0	466089	28491	40059
精制茶加工	集体企业	17	2267750	0	312059	113306	131633
精制茶加工	股份合作企业	5	249430	0	67536	10838	22500
精制茶加工	国有与集体联营企业	0	70010	0	15371	999	97
精制茶加工	国有独资公司	3	416389	0	116319	19268	60695
精制茶加工	其他有限责任公司	218	21403561	899610	12031027	858802	2220148
精制茶加工	股份有限公司	25	2669217	0	3071466	147048	411943
精制茶加工	私营独资企业	143	10057812	692307	4028967	336133	931687
精制茶加工	私营合伙企业	31	2004312	58345	655378	73334	157168
精制茶加工	私营有限责任公司	494	43281215	2566448	29001755	1517198	3968776
精制茶加工	私营股份有限公司	26	1514976	115215	1109079	51521	146231
精制茶加工	其他企业	34	1920218	0	920328	51040	132694
精制茶加工	合资经营企业（港或澳、台资）	8	928641	363092	959038	12771	36012
精制茶加工	合作经营企业（港或澳、台资）	0	56529	0	43381	2298	2654
精制茶加工	港、澳、台商独资经营企业	22	4015203	31840	3717392	189836	886989
精制茶加工	中外合资经营企业	6	451577	49239	242897	27274	29138
精制茶加工	中外合作经营企业	0	61398	0	284841	5307	23788
精制茶加工	外资企业	11	754334	281467	707401	10395	79827
精制茶加工	外商投资股份有限公司	0	117071	0	103172	896	16497
烟草制品业	国有企业	61	367829151	808540	290260812	233223019	40266100
烟草制品业	集体企业	12	1697039	1662	1506141	103054	86041
烟草制品业	股份合作企业	0	329513	0	100711	35910	90473
烟草制品业	国有独资公司	10	242867003	1806650	263667985	157663783	36326210
烟草制品业	其他有限责任公司	51	67293699	483057	58272059	37172692	6894480
烟草制品业	股份有限公司	4	3003414	0	1489663	1320280	226628

烟草制品业	私营有限责任公司	5	442098	0	716175	21534	36979
烟草制品业	其他企业	0	0	0	0	0	0
烟草制品业	合资经营企业（港或澳、台资）	3	494761	1297	911036	73025	124596
烟叶复烤	国有企业	17	7670208	0	7052643	805481	1087948
烟叶复烤	集体企业	0	172160	0	13460	8662	11836
烟叶复烤	股份合作企业	0	329513	0	100711	35910	90473
烟叶复烤	其他有限责任公司	29	3418146	0	12606618	403886	720858
烟叶复烤	合资经营企业（港或澳、台资）	0	62808	0	252973	10435	35
卷烟制造	国有企业	37	357633557	808540	281508051	232286482	38910097
卷烟制造	集体企业	3	458888	0	464692	28933	33113
卷烟制造	国有独资公司	10	242867003	1806650	263667985	157663783	36326210
卷烟制造	其他有限责任公司	11	61023781	9264	42385871	36485198	5684727
卷烟制造	股份有限公司	0	2405999	0	1080461	1295041	162707
卷烟制造	私营有限责任公司	0	25007	0	5330	267	338
卷烟制造	其他企业	0	0	0	0	0	0
卷烟制造	合资经营企业（港或澳、台资）	0	294627	1297	525418	47894	90329
其他烟草制品加工	国有企业	7	2525386	0	1700118	131056	268055
其他烟草制品加工	集体企业	8	1065991	1662	1027989	65459	41092
其他烟草制品加工	其他有限责任公司	11	2851772	473793	3279570	283608	488895
其他烟草制品加工	股份有限公司	3	597415	0	409202	25239	63921
其他烟草制品加工	私营有限责任公司	4	417091	0	710845	21267	36641
其他烟草制品加工	合资经营企业（港或澳、台资）	0	137326	0	132645	14696	34232

续表–1：

分类	地区	亏损企业单位数(个)	其中：产成品（千元）	负债合计（千元）	其中：主营业务收入（千元）	其中：主营业务成本（千元）	其中：应收账款（千元）
农副食品加工业	国有企业	43	4562473	44487869	84755361	78293841	2545340
农副食品加工业	集体企业	6	630899	4864383	53494381	44730430	642159
农副食品加工业	股份合作企业	6	1229908	5986108	34053845	29764090	1048433
农副食品加工业	国有联营企业	0	115103	509694	1672893	1254407	152296
农副食品加工业	集体联营企业	1	72527	370311	924324	805442	40160
农副食品加工业	国有与集体联营企业	0	17587	95299	615752	520357	18302
农副食品加工业	其他联营企业	0	90664	407852	1716252	1553883	70717
农副食品加工业	国有独资公司	6	740257	4528283	13098101	9605617	399568
农副食品加工业	其他有限责任公司	326	39898769	263993492	975774400	857853374	33229330
农副食品加工业	股份有限公司	44	9000173	77749064	234297046	201953467	7799849
农副食品加工业	私营独资企业	41	7588132	37259141	411018984	351778950	6339974
农副食品加工业	私营合伙企业	6	552677	4106127	45759819	38512690	617962
农副食品加工业	私营有限责任公司	318	40160109	238672549	1.388E+09	1.208E+09	42348712

农副食品加工业	私营股份有限公司	25	3093998	22530069	120336770	104792210	4035755
农副食品加工业	其他企业	28	2921102	19032351	90501349	77585518	2821756
农副食品加工业	合资经营企业（港或澳、台资）	25	5687853	48343841	130097872	114393739	8479668
农副食品加工业	合作经营企业（港或澳、台资）	1	403245	2723499	9227616	6986213	419642
农副食品加工业	港、澳、台商独资经营企业	50	4612845	51827236	164773446	149404251	7340363
农副食品加工业	港、澳、台商投资股份有限公司	3	246092	3181883	12532997	12169511	167837
农副食品加工业	其他港、澳、台商投资企业	0	268	5368	49967	41473	825
农副食品加工业	中外合资经营企业	83	14717250	111732380	295786213	265612712	10553698
农副食品加工业	中外合作经营企业	5	461483	4629709	16245083	13418760	573816
农副食品加工业	外资企业	99	13883945	116609624	296699848	271807241	12427097
农副食品加工业	外商投资股份有限公司	2	310345	2126490	3300595	3062322	63883
农副食品加工业	其他外商投资企业	0	6989	12914	209451	196322	5325
谷物磨制	国有企业	10	649374	6566787	18432313	16387074	597359
谷物磨制	集体企业	0	19774	138395	3396019	2965229	29161
谷物磨制	股份合作企业	1	221150	1672705	8961276	7807282	309837
谷物磨制	国有联营企业	0	1880	26268	164049	156523	7046
谷物磨制	集体联营企业	0	790	33805	418571	368240	1393
谷物磨制	国有与集体联营企业	0	25	250	23992	23052	40
谷物磨制	其他联营企业	0	80244	366779	1120160	1032532	67720
谷物磨制	国有独资公司	2	23003	280771	1568647	1438858	41067
谷物磨制	其他有限责任公司	48	4539634	31586059	155865574	139068221	3858278
谷物磨制	股份有限公司	10	749184	11202083	33380056	29870067	1158632
谷物磨制	私营独资企业	8	1624284	10974628	147003123	126022992	1893133
谷物磨制	私营合伙企业	0	158512	706190	11808420	9974136	139845
谷物磨制	私营有限责任公司	49	6901518	43504731	339829099	300517957	7848299
谷物磨制	私营股份有限公司	1	392776	3308728	32753195	29079821	547070
谷物磨制	其他企业	2	482153	2566355	30586929	26734012	428037
谷物磨制	合资经营企业（港或澳、台资）	2	57451	1080190	4396095	3820248	192891
谷物磨制	港、澳、台商独资经营企业	5	128713	1322362	4304191	3760661	330337
谷物磨制	其他港、澳、台商投资企业	0	268	5368	49967	41473	825
谷物磨制	中外合资经营企业	7	763451	3856984	11236946	10419934	586476
谷物磨制	中外合作经营企业	0	2830	20910	106255	92129	1870
谷物磨制	外资企业	6	520530	5286042	10339150	9552644	543165
谷物磨制	外商投资股份有限公司	0	503	9208	166408	129419	3179
饲料加工	国有企业	2	10988	265187	1536473	1278500	70493
饲料加工	集体企业	1	2083	75487	529009	465680	18215
饲料加工	股份合作企业	0	16575	1070393	10145738	9177276	49329
饲料加工	国有联营企业	0	294	5372	88219	81322	0
饲料加工	国有与集体联营企业	0	1293	13613	82810	80187	15486
饲料加工	其他联营企业	0	1415	15853	374885	333166	760

饲料加工	国有独资公司	1	3153	134862	392169	366009	–20889
饲料加工	其他有限责任公司	47	3294095	33781030	167905145	149970881	3738676
饲料加工	股份有限公司	7	1031759	10263608	43324832	37287408	921231
饲料加工	私营独资企业	8	641246	4945823	54012806	45582409	961110
饲料加工	私营合伙企业	0	80392	869254	10054023	8369960	106456
饲料加工	私营有限责任公司	49	3210681	33435396	243543315	213065675	5444136
饲料加工	私营股份有限公司	10	456170	3812600	23447634	20962327	414746
饲料加工	其他企业	4	391731	2102763	14743211	12726165	295818
饲料加工	合资经营企业（港或澳、台资）	3	360387	6136072	35385334	32054760	1461545
饲料加工	合作经营企业（港或澳、台资）	0	278779	1479091	1885858	1732446	77621
饲料加工	港、澳、台商独资经营企业	6	176570	1803705	12009969	10566661	554886
饲料加工	港、澳、台商投资股份有限公司	1	54776	1040875	8851242	8599524	55904
饲料加工	中外合资经营企业	12	1035799	11553356	55423323	50255905	1181205
饲料加工	中外合作经营企业	0	59155	729742	6650673	5083929	116694
饲料加工	外资企业	22	1207285	10668154	38687011	34252934	1145465
饲料加工	外商投资股份有限公司	0	17835	51794	923312	835852	8758
植物油加工	国有企业	4	2067628	27879028	36357801	35622398	440321
植物油加工	集体企业	0	118274	1057695	5598639	4897460	117931
植物油加工	股份合作企业	0	29029	708872	4053738	3421228	91765
植物油加工	其他联营企业	0	2923	10056	68017	66432	1001
植物油加工	国有独资公司	0	283613	2552729	8228957	5375860	61280
植物油加工	其他有限责任公司	71	13240827	61588237	193941738	174164839	4564973
植物油加工	股份有限公司	10	1520491	10635989	24268329	22475126	367898
植物油加工	私营独资企业	5	629844	3718944	39226618	34741091	550590
植物油加工	私营合伙企业	2	87028	1123418	8374191	7154289	68410
植物油加工	私营有限责任公司	50	6797856	30856324	154186814	133976353	3500776
植物油加工	私营股份有限公司	2	333041	2282589	14981484	13447886	199883
植物油加工	其他企业	2	316149	1472480	8657002	7192648	307721
植物油加工	合资经营企业（港或澳、台资）	3	1620316	14986304	25820134	24312846	1375740
植物油加工	港、澳、台商独资经营企业	5	1341939	7951435	19199125	18202405	303898
植物油加工	港、澳、台商投资股份有限公司	0	120174	1878277	1937265	2055280	71312
植物油加工	中外合资经营企业	11	5469523	47307141	88139711	83640436	1630319
植物油加工	中外合作经营企业	1	6088	15185	132844	114307	14629
植物油加工	外资企业	11	7613725	70572406	124121447	118791903	4790034
植物油加工	外商投资股份有限公司	0	828	3563	25020	15012	434
制糖	国有企业	2	724984	3425738	5105610	4228938	297228
制糖	股份合作企业	1	0	229926	550388	449804	2375
制糖	国有联营企业	0	112590	465174	1070570	720951	145250
制糖	国有独资公司	0	358349	1058196	1627525	1209023	182262
制糖	其他有限责任公司	18	3534272	32696439	42208387	32891395	4456975

制糖	股份有限公司	1	1431113	8371691	10506444	7949672	993371
制糖	私营独资企业	0	22810	745812	941620	789772	42813
制糖	私营合伙企业	0	7946	32526	235721	212827	9051
制糖	私营有限责任公司	5	1206809	12011884	13147465	10716551	1160781
制糖	私营股份有限公司	0	182182	1008604	2246655	1672633	207467
制糖	其他企业	3	46444	1284058	2056408	1247358	120584
制糖	合资经营企业（港或澳、台资）	0	839751	10639717	9236036	6948739	928868
制糖	港、澳、台商独资经营企业	0	1551	2155	47969	43250	4662
制糖	中外合资经营企业	0	1710364	4544203	9283580	6092755	318059
制糖	外资企业	0	312668	795654	2025798	1532321	17816
制糖	外商投资股份有限公司	1	147609	908189	494878	435003	–403
制糖	其他外商投资企业	0	5749	6750	34016	26261	3575
屠宰及肉类加工	国有企业	19	369170	3444766	17575138	15798660	545467
屠宰及肉类加工	集体企业	5	26564	391769	6789665	5791365	64458
屠宰及肉类加工	股份合作企业	0	210019	608353	5204535	4584107	121084
屠宰及肉类加工	国有联营企业	0	339	12880	350055	295611	0
屠宰及肉类加工	集体联营企业	1	0	43097	60458	60259	322
屠宰及肉类加工	国有与集体联营企业	0	13913	77416	459228	369403	1704
屠宰及肉类加工	其他联营企业	0	4425	12287	132020	104329	982
屠宰及肉类加工	国有独资公司	2	59175	223819	670817	641359	52069
屠宰及肉类加工	其他有限责任公司	59	6015281	49937163	232775473	202546614	6944311
屠宰及肉类加工	股份有限公司	7	1854826	20644177	73779945	63072115	1610727
屠宰及肉类加工	私营独资企业	9	2453358	6685405	72939200	63769080	1122844
屠宰及肉类加工	私营合伙企业	0	52925	422000	7086989	6184137	72277
屠宰及肉类加工	私营有限责任公司	61	7184166	47118335	293292145	255912666	8765612
屠宰及肉类加工	私营股份有限公司	6	576372	4987770	23177130	20633540	665998
屠宰及肉类加工	其他企业	7	421208	5158205	14239325	11959146	417762
屠宰及肉类加工	合资经营企业（港或澳、台资）	4	483886	3976400	19044959	16450700	1595935
屠宰及肉类加工	合作经营企业（港或澳、台资）	0	41743	350782	1349814	1060129	138078
屠宰及肉类加工	港、澳、台商独资经营企业	5	1156405	19805683	63825197	57650621	2876288
屠宰及肉类加工	港、澳、台商投资股份有限公司	0	13144	94261	707451	635922	15145
屠宰及肉类加工	中外合资经营企业	16	1366411	18868269	46836569	42364955	2499701
屠宰及肉类加工	中外合作经营企业	0	5527	64988	204005	170622	20571
屠宰及肉类加工	外资企业	13	1033633	7379599	40949980	37188064	652883
屠宰及肉类加工	外商投资股份有限公司	0	46	12103	42521	41417	211
水产品加工	国有企业	2	509190	1856702	4112137	3637661	385756
水产品加工	集体企业	0	312862	1858237	14114341	11956189	194105
水产品加工	股份合作企业	0	664883	619118	2208976	1891185	427176
水产品加工	集体联营企业	0	68331	269920	403984	341537	35287
水产品加工	国有独资公司	0	10757	237895	338544	319236	83308

水产品加工	其他有限责任公司	21	2757227	15503575	60636952	53430664	3863428
水产品加工	股份有限公司	4	1008005	5251772	12398020	10411158	1090591
水产品加工	私营独资企业	4	654929	3339746	23708683	19989268	562643
水产品加工	私营合伙企业	1	12334	260721	1249578	1018866	82958
水产品加工	私营有限责任公司	44	5623556	26463423	106167248	92843561	6669967
水产品加工	私营股份有限公司	4	578096	3819126	8259725	6613999	1240282
水产品加工	其他企业	1	598332	3213941	7461167	6499598	586004
水产品加工	合资经营企业（港或澳、台资）	6	1259380	5506231	13810027	11740423	1450676
水产品加工	合作经营企业（港或澳、台资）	0	29409	153500	2185797	1925941	42006
水产品加工	港、澳、台商独资经营企业	13	627704	3440033	10110397	8840283	838647
水产品加工	港、澳、台商投资股份有限公司	1	28209	45216	45340	42110	0
水产品加工	中外合资经营企业	21	2833140	16941190	46677018	40382005	2517490
水产品加工	中外合作经营企业	4	359994	3573018	8179067	7123419	380828
水产品加工	外资企业	13	1688539	7460885	31233213	28391606	1935538
水产品加工	外商投资股份有限公司	0	126	33018	297493	273019	3549
蔬菜、水果和坚果加工	国有企业	1	21791	188808	394763	341140	12426
蔬菜、水果和坚果加工	集体企业	0	19932	189335	2007012	1598786	25319
蔬菜、水果和坚果加工	股份合作企业	1	13636	336270	1127554	785980	29850
蔬菜、水果和坚果加工	国有独资公司	1	2207	40011	271442	255272	471
蔬菜、水果和坚果加工	其他有限责任公司	28	1926167	9611035	37520765	32317169	2271831
蔬菜、水果和坚果加工	股份有限公司	2	1003109	6845395	20772106	17409689	972861
蔬菜、水果和坚果加工	私营独资企业	3	867249	3240066	36787138	30575499	699066
蔬菜、水果和坚果加工	私营合伙企业	1	43611	223269	3260519	2625662	52731
蔬菜、水果和坚果加工	私营有限责任公司	27	4410968	21747198	134818467	113769237	5322594
蔬菜、水果和坚果加工	私营股份有限公司	2	193920	1633695	7385720	6046652	274703
蔬菜、水果和坚果加工	其他企业	1	262488	972305	6096871	5613683	277619
蔬菜、水果和坚果加工	合资经营企业（港或澳、台资）	3	727585	3671316	14174111	12327473	1074738
蔬菜、水果和坚果加工	合作经营企业（港或澳、台资）	1	5972	274671	3176417	1863200	46522
蔬菜、水果和坚果加工	港、澳、台商独资经营企业	9	442202	2330201	7859917	6732645	757762
蔬菜、水果和坚果加工	港、澳、台商投资股份有限公司	0	18090	52030	650794	529613	14020
蔬菜、水果和坚果加工	中外合资经营企业	8	945093	5363744	28480379	24292621	1397116
蔬菜、水果和坚果加工	中外合作经营企业	0	23162	195329	866979	761174	27470
蔬菜、水果和坚果加工	外资企业	10	581155	4458268	23037182	19560780	1311650
蔬菜、水果和坚果加工	外商投资股份有限公司	0	49968	99905	444952	384575	21356
其他农副食品加工	国有企业	3	209348	860853	1241126	999470	196290
其他农副食品加工	集体企业	0	131410	1153465	21059696	17055721	192970
其他农副食品加工	股份合作企业	3	74616	740471	1801640	1647228	17017
其他农副食品加工	集体联营企业	0	3406	23489	41311	35406	3158
其他农副食品加工	国有与集体联营企业	0	2356	4020	49722	47715	1072
其他农副食品加工	其他联营企业	0	1657	2877	21170	17424	254

其他农副食品加工	其他有限责任公司	34	4591266	29289954	84920366	73463591	3530858
其他农副食品加工	股份有限公司	3	401686	4534349	15867314	13478232	684538
其他农副食品加工	私营独资企业	4	694412	3608717	36399796	30308839	507775
其他农副食品加工	私营合伙企业	2	109929	468749	3690378	2972813	86234
其他农副食品加工	私营有限责任公司	33	4824555	23535258	102931034	86832254	3636547
其他农副食品加工	私营股份有限公司	0	381441	1676957	8085227	6335352	485606
其他农副食品加工	其他企业	8	402597	2262244	6660436	5612908	388211
其他农副食品加工	合资经营企业（港或澳、台资）	4	339097	2347611	8231176	6738550	399275
其他农副食品加工	合作经营企业（港或澳、台资）	0	47342	465455	629730	404497	115415
其他农副食品加工	港、澳、台商独资经营企业	7	737761	15171662	47416681	43607725	1673883
其他农副食品加工	港、澳、台商投资股份有限公司	1	11699	71224	340905	307062	11456
其他农副食品加工	中外合资经营企业	8	593469	3297493	9708687	8164101	423332
其他农副食品加工	中外合作经营企业	0	4727	30537	105260	73180	11754
其他农副食品加工	外资企业	24	926410	9988616	26306067	22536989	2030546
其他农副食品加工	外商投资股份有限公司	1	93430	1008710	906011	948025	26799
其他农副食品加工	其他外商投资企业	0	1240	6164	175435	170061	1750
食品制造业	国有企业	10	831196	8475437	12421779	10378929	944998
食品制造业	集体企业	3	152873	2045691	13655928	10684575	356605
食品制造业	股份合作企业	1	86443	1241919	4343428	3523419	143074
食品制造业	集体联营企业	0	778	6924	104956	68606	3465
食品制造业	国有与集体联营企业	0	111	50002	92496	85345	8704
食品制造业	其他联营企业	0	3980	59000	277410	198536	0
食品制造业	国有独资公司	1	98951	926729	1805378	1440618	141045
食品制造业	其他有限责任公司	137	11094091	93554370	286823078	230603987	17151085
食品制造业	股份有限公司	25	5166378	46426642	108751453	88160259	6960875
食品制造业	私营独资企业	11	1693974	11358131	94397973	76912447	2224868
食品制造业	私营合伙企业	2	386644	1268488	10833833	9056396	325189
食品制造业	私营有限责任公司	142	10438693	81694933	337405724	275723556	15432873
食品制造业	私营股份有限公司	5	1214837	6562329	31777240	25131551	1115497
食品制造业	其他企业	8	662162	3476086	23040385	19141407	577677
食品制造业	合资经营企业（港或澳、台资）	22	2393858	14942514	48512368	39140890	3220214
食品制造业	合作经营企业（港或澳、台资）	4	237342	747564	1250507	1002023	187514
食品制造业	港、澳、台商独资经营企业	37	3167541	25998954	79226578	55189655	6402365
食品制造业	港、澳、台商投资股份有限公司	1	165475	1749360	4738025	3185935	215982
食品制造业	中外合资经营企业	48	3321301	45419949	120831445	91738209	7706207
食品制造业	中外合作经营企业	4	582022	3191980	7363935	5768630	621367
食品制造业	外资企业	87	6890701	66740312	179699116	128818660	22308235
食品制造业	外商投资股份有限公司	4	984832	7226589	20220154	16179774	2226982
焙烤食品制造	国有企业	0	11446	49593	181326	129831	15717
焙烤食品制造	集体企业	0	9023	47412	292523	240407	2536

焙烤食品制造	股份合作企业	0	5004	113704	360041	306680	6582
焙烤食品制造	国有独资公司	0	0	4494	15688	7888	4781
焙烤食品制造	其他有限责任公司	8	541646	5576609	26033832	21421449	1015999
焙烤食品制造	股份有限公司	1	36397	425801	2732470	2206764	57874
焙烤食品制造	私营独资企业	0	184083	1359703	21475199	17420096	286884
焙烤食品制造	私营合伙企业	0	26243	148406	1138127	954782	64974
焙烤食品制造	私营有限责任公司	15	1009411	9368287	44386523	35876934	1498002
焙烤食品制造	私营股份有限公司	0	43993	466463	3339802	2585056	53116
焙烤食品制造	其他企业	1	67451	317929	5543198	4441104	61009
焙烤食品制造	合资经营企业（港或澳、台资）	2	142201	2311406	12705672	10080714	390978
焙烤食品制造	合作经营企业（港或澳、台资）	1	13326	292507	213247	177579	27662
焙烤食品制造	港、澳、台商独资经营企业	7	795398	6649014	20379776	15108437	2041286
焙烤食品制造	港、澳、台商投资股份有限公司	0	1694	96621	143004	131491	15387
焙烤食品制造	中外合资经营企业	6	67205	831001	3299282	2709374	224700
焙烤食品制造	中外合作经营企业	2	20239	786675	3002711	2372073	223680
焙烤食品制造	外资企业	17	647271	7988494	18203927	12996130	2799044
焙烤食品制造	外商投资股份有限公司	0	39275	449040	2207025	1749502	132958
糖果、巧克力及蜜饯制造	集体企业	0	5836	30569	471294	383832	14589
糖果、巧克力及蜜饯制造	股份合作企业	0	556	26229	34693	31767	11193
糖果、巧克力及蜜饯制造	国有与集体联营企业	0	0	34251	20439	18476	0
糖果、巧克力及蜜饯制造	其他有限责任公司	3	463619	3131141	12863404	11044127	892747
糖果、巧克力及蜜饯制造	股份有限公司	0	117183	2583705	6287836	5041912	248156
糖果、巧克力及蜜饯制造	私营独资企业	1	242480	1686861	12547400	9891579	461842
糖果、巧克力及蜜饯制造	私营合伙企业	0	10275	76731	850525	720693	11295
糖果、巧克力及蜜饯制造	私营有限责任公司	11	1010056	5892795	29794668	24268386	1721628
糖果、巧克力及蜜饯制造	私营股份有限公司	0	276831	634606	2050696	1731867	183019
糖果、巧克力及蜜饯制造	其他企业	0	26296	443967	1504939	1246328	171000
糖果、巧克力及蜜饯制造	合资经营企业（港或澳、台资）	0	180982	1375416	5108222	3839268	335615
糖果、巧克力及蜜饯制造	合作经营企业（港或澳、台资）	1	184155	48957	321539	216653	84701
糖果、巧克力及蜜饯制造	港、澳、台商独资经营企业	4	254474	1533290	6586732	4942510	988866
糖果、巧克力及蜜饯制造	港、澳、台商投资股份有限公司	0	8745	112514	892019	699802	48547
糖果、巧克力及蜜饯制造	中外合资经营企业	0	11570	82191	721612	604700	20970
糖果、巧克力及蜜饯制造	中外合作经营企业	0	2631	163958	760710	635266	62110
糖果、巧克力及蜜饯制造	外资企业	5	1860208	11818699	31852923	18915471	2664650
糖果、巧克力及蜜饯制造	外商投资股份有限公司	1	92	150223	89015	90366	29990
方便食品制造	国有企业	1	249279	1076308	2958359	2725512	117381
方便食品制造	集体企业	1	61964	1364056	10016292	7723192	125426
方便食品制造	股份合作企业	0	7975	255617	841235	596695	43740
方便食品制造	国有独资公司	0	22640	152051	707955	468330	23948
方便食品制造	其他有限责任公司	21	1257943	10647723	43106962	36199360	2019318

方便食品制造	股份有限公司	1	208634	2571056	10204165	9045266	370474
方便食品制造	私营独资企业	1	235973	1539191	13439278	10950280	300626
方便食品制造	私营合伙企业	0	49294	466709	3849889	3197046	75988
方便食品制造	私营有限责任公司	14	1162987	11280147	56807598	48219526	2532808
方便食品制造	私营股份有限公司	1	100060	436558	5036413	4206854	100985
方便食品制造	其他企业	2	43526	360465	3133091	2712207	51285
方便食品制造	合资经营企业（港或澳、台资）	8	167580	1911521	6110331	5038811	590419
方便食品制造	港、澳、台商独资经营企业	10	453591	4842733	15524184	12373869	1034825
方便食品制造	港、澳、台商投资股份有限公司	0	28611	199421	614347	533731	55258
方便食品制造	中外合资经营企业	8	387266	4605365	13917814	11891134	1331000
方便食品制造	中外合作经营企业	1	429552	508185	910797	666082	56494
方便食品制造	外资企业	10	1340519	17281761	66447318	51002889	9045663
方便食品制造	外商投资股份有限公司	0	87730	1491883	2378399	2041663	366618
液体乳及乳制品制造	国有企业	3	157496	1661058	4441653	3722259	495256
液体乳及乳制品制造	集体企业	0	2913	7585	193253	163610	7687
液体乳及乳制品制造	股份合作企业	0	7354	385371	957821	760684	10316
液体乳及乳制品制造	国有与集体联营企业	0	111	3578	22788	21830	2402
液体乳及乳制品制造	其他联营企业	0	3980	59000	277410	198536	0
液体乳及乳制品制造	国有独资公司	0	1242	46862	122280	108401	8195
液体乳及乳制品制造	其他有限责任公司	35	1361555	19412099	60772380	49391377	4845620
液体乳及乳制品制造	股份有限公司	7	1889616	21435630	37582363	28682517	2385247
液体乳及乳制品制造	私营独资企业	2	137784	1231264	5393815	3950079	237853
液体乳及乳制品制造	私营合伙企业	0	4459	24166	675713	576279	11724
液体乳及乳制品制造	私营有限责任公司	21	857985	10108880	30606010	24099304	1858244
液体乳及乳制品制造	私营股份有限公司	0	88069	774318	2336677	1947692	132713
液体乳及乳制品制造	其他企业	1	93299	357750	1735615	1514607	49712
液体乳及乳制品制造	合资经营企业（港或澳、台资）	2	21271	403025	1074024	952695	25087
液体乳及乳制品制造	合作经营企业（港或澳、台资）	0	0	29876	255021	207393	17121
液体乳及乳制品制造	港、澳、台商独资经营企业	3	133251	2259635	2689229	1722282	316395
液体乳及乳制品制造	港、澳、台商投资股份有限公司	1	71575	1158855	2618116	1443624	52832
液体乳及乳制品制造	中外合资经营企业	8	701663	17862801	46441412	34081049	2428698
液体乳及乳制品制造	中外合作经营企业	0	865	39300	152835	114765	0
液体乳及乳制品制造	外资企业	7	597284	9266220	23194276	15765742	2826387
液体乳及乳制品制造	外商投资股份有限公司	2	728305	3748011	9947543	8180317	453095
罐头制造	国有企业	1	249951	916626	994550	866405	68211
罐头制造	集体企业	0	1034	65773	40095	34597	14698
罐头制造	股份合作企业	1	50906	204470	765960	693433	26975
罐头制造	其他有限责任公司	20	2630549	12171457	17628822	14946749	2317122
罐头制造	股份有限公司	8	1246848	3509096	6195879	5004254	306224
罐头制造	私营独资企业	0	311703	1173124	8158989	6881090	219692

罐头制造	私营合伙企业	1	90574	222879	883493	773808	31900
罐头制造	私营有限责任公司	17	2395365	9108954	45855803	38764679	2226933
罐头制造	私营股份有限公司	2	295134	1213838	3394165	2669643	29121
罐头制造	其他企业	2	251104	546896	3473796	2934840	15024
罐头制造	合资经营企业（港或澳、台资）	2	774481	1916880	4435140	3689392	376259
罐头制造	合作经营企业（港或澳、台资）	1	39361	366272	410098	358892	58716
罐头制造	港、澳、台商独资经营企业	4	368259	1054550	4453228	3786287	471216
罐头制造	港、澳、台商投资股份有限公司	0	560	14568	21950	21555	3671
罐头制造	中外合资经营企业	6	928224	5005627	13547252	12014393	944208
罐头制造	中外合作经营企业	0	35446	176954	621951	567580	20590
罐头制造	外资企业	5	209457	1901922	4923563	3900546	263370
罐头制造	外商投资股份有限公司	0	19000	205551	500151	456372	12044
调味品、发酵制品制造	国有企业	3	61433	3671990	1879766	1434724	104890
调味品、发酵制品制造	集体企业	0	15182	99854	411698	341514	26185
调味品、发酵制品制造	股份合作企业	0	4219	145948	525055	455709	20422
调味品、发酵制品制造	国有独资公司	1	71564	691232	915894	825208	98996
调味品、发酵制品制造	其他有限责任公司	19	2092689	17437468	46956295	38523088	1926929
调味品、发酵制品制造	股份有限公司	2	832787	8553901	21814620	18301593	1758754
调味品、发酵制品制造	私营独资企业	2	223497	1576609	14159263	11609719	333648
调味品、发酵制品制造	私营合伙企业	0	133384	151541	2060255	1608066	88884
调味品、发酵制品制造	私营有限责任公司	19	1436448	10996351	41465016	33135092	1724749
调味品、发酵制品制造	私营股份有限公司	0	95933	1056468	3954576	2858861	106227
调味品、发酵制品制造	其他企业	0	74938	816636	3737816	3115734	93600
调味品、发酵制品制造	合资经营企业（港或澳、台资）	4	607937	4094752	8206050	6979654	559814
调味品、发酵制品制造	港、澳、台商独资经营企业	2	397122	3479985	10881905	8890382	775247
调味品、发酵制品制造	港、澳、台商投资股份有限公司	0	13237	93513	255855	181794	35942
调味品、发酵制品制造	中外合资经营企业	7	386368	6569136	15283128	11236888	1142474
调味品、发酵制品制造	中外合作经营企业	0	22353	77481	584957	415572	64639
调味品、发酵制品制造	外资企业	8	347483	4548555	11157575	9070243	1769880
调味品、发酵制品制造	外商投资股份有限公司	0	0	22512	101122	52999	1574
其他食品制造	国有企业	2	101591	1099862	1966125	1500198	143543
其他食品制造	集体企业	2	56921	430442	2230773	1797423	165484
其他食品制造	股份合作企业	0	10429	110580	858623	678451	23846
其他食品制造	集体联营企业	0	778	6924	104956	68606	3465
其他食品制造	国有与集体联营企业	0	0	12173	49269	45039	6302
其他食品制造	国有独资公司	0	3505	32090	43561	30791	5125
其他食品制造	其他有限责任公司	31	2746090	25177873	79461383	59077837	4133350
其他食品制造	股份有限公司	6	834913	7347453	23934120	19877953	1834146
其他食品制造	私营独资企业	5	358454	2791379	19224029	16209604	384323
其他食品制造	私营合伙企业	1	72415	178056	1375831	1225722	40424

其他食品制造	私营有限责任公司	45	2566441	24939519	88490106	71359635	3870509
其他食品制造	私营股份有限公司	2	314817	1980078	11664911	9131578	510316
其他食品制造	其他企业	2	105548	632443	3911930	3176587	136047
其他食品制造	合资经营企业（港或澳、台资）	4	499406	2929514	10872929	8560356	942042
其他食品制造	合作经营企业（港或澳、台资）	1	500	9952	50602	41506	–686
其他食品制造	港、澳、台商独资经营企业	7	765446	6179747	18711524	8365888	774530
其他食品制造	港、澳、台商投资股份有限公司	0	41053	73868	192734	173938	4345
其他食品制造	中外合资经营企业	13	839005	10463828	27620945	19200671	1614157
其他食品制造	中外合作经营企业	1	70936	1439427	1329974	997292	193854
其他食品制造	外资企业	35	1888479	13934661	23919534	17167639	2939241
其他食品制造	外商投资股份有限公司	1	110430	1159369	4996899	3608555	1230703
饮料制造业	国有企业	12	2027769	28780164	42693264	16828637	1243255
饮料制造业	集体企业	3	174669	1810972	9604583	8071944	168411
饮料制造业	股份合作企业	4	240914	2023890	4495749	3310228	221364
饮料制造业	国有联营企业	1	56281	359064	220110	197452	7952
饮料制造业	集体联营企业	0	1451	1584	283304	234689	251
饮料制造业	国有与集体联营企业	0	2805	7597	20900	17441	1744
饮料制造业	国有独资公司	3	3410480	34623063	65039632	44625723	2849658
饮料制造业	其他有限责任公司	124	13407810	99492471	225906442	163086774	10207265
饮料制造业	股份有限公司	26	7468207	71839215	139666615	94197210	6670097
饮料制造业	私营独资企业	8	2129376	11334702	73500639	59586690	1828893
饮料制造业	私营合伙企业	1	145911	606390	5546254	4435034	129598
饮料制造业	私营有限责任公司	72	9136801	56163751	221585844	177310861	8594721
饮料制造业	私营股份有限公司	6	936841	4511204	19060963	15362805	538774
饮料制造业	其他企业	6	548321	2907207	11902229	9553020	353614
饮料制造业	合资经营企业（港或澳、台资）	19	1188893	13741235	32200471	24336822	1482852
饮料制造业	合作经营企业（港或澳、台资）	1	28307	801431	1951513	1584783	105907
饮料制造业	港、澳、台商独资经营企业	30	1793756	26153835	65579673	48023342	5615246
饮料制造业	港、澳、台商投资股份有限公司	1	13891	1249811	1719541	1445299	58269
饮料制造业	中外合资经营企业	51	4909274	48077870	139303740	107313762	7407962
饮料制造业	中外合作经营企业	0	364811	1832951	5698383	4135537	760302
饮料制造业	外资企业	48	3640712	48997111	87245235	57469990	6285096
饮料制造业	外商投资股份有限公司	3	1588849	12848561	23951048	16753314	752315
饮料制造业	其他外商投资企业	1	414	362232	304056	266006	12200
酒的制造	国有企业	10	1828535	25140803	37458594	12853716	993585
酒的制造	集体企业	2	157846	1506958	6341838	5308352	101361
酒的制造	股份合作企业	2	213897	1873528	3141155	2357092	207172
酒的制造	国有联营企业	1	17643	263486	23031	19852	2580
酒的制造	集体联营企业	0	1451	1584	283304	234689	251
酒的制造	国有独资公司	2	3186125	27901812	58606304	39086053	2652112

酒的制造	其他有限责任公司	84	9627927	71334724	144712897	96302920	6100613
酒的制造	股份有限公司	17	5584233	55155838	97882221	59885096	4685421
酒的制造	私营独资企业	4	1415470	5847015	36856793	29963285	923954
酒的制造	私营合伙企业	0	92567	215142	2319621	1762756	36639
酒的制造	私营有限责任公司	31	4365607	21856289	94939335	75091989	3138788
酒的制造	私营股份有限公司	4	494092	2486645	11269650	8811132	245491
酒的制造	其他企业	5	335374	1388279	5657405	4352409	103457
酒的制造	合资经营企业（港或澳、台资）	8	302179	4994300	11311794	7806879	578527
酒的制造	合作经营企业（港或澳、台资）	1	1264	384473	320755	223204	8143
酒的制造	港、澳、台商独资经营企业	10	316203	7244512	9147606	6229720	721852
酒的制造	港、澳、台商投资股份有限公司	0	2228	391941	1535415	1285780	55675
酒的制造	中外合资经营企业	19	451501	11028015	25777539	17358716	1330259
酒的制造	中外合作经营企业	0	40906	109894	684749	439218	200478
酒的制造	外资企业	25	1575046	22527470	28495285	17545918	1307851
酒的制造	外商投资股份有限公司	2	339121	8738688	16818678	10979537	378269
酒的制造	其他外商投资企业	0	414	6964	111513	87220	4304
软饮料制造	国有企业	1	74889	751014	918082	579000	162680
软饮料制造	集体企业	1	5441	151460	966491	835346	16977
软饮料制造	股份合作企业	2	18060	118035	1132198	779973	6490
软饮料制造	国有联营企业	0	38638	95578	197079	177600	5372
软饮料制造	国有独资公司	1	37084	147257	105145	95234	9950
软饮料制造	其他有限责任公司	23	1626996	14355382	43641122	36300242	2176146
软饮料制造	股份有限公司	7	1280077	12958553	35889855	29508773	1407426
软饮料制造	私营独资企业	2	296433	2666338	20603150	16181304	415538
软饮料制造	私营合伙企业	0	14108	96343	1216975	1007597	13890
软饮料制造	私营有限责任公司	23	1870651	16654323	59488190	47870609	2376098
软饮料制造	私营股份有限公司	1	120531	907883	4357694	3633339	135778
软饮料制造	其他企业	1	62580	974508	4134745	3465540	90866
软饮料制造	合资经营企业（港或澳、台资）	9	794041	7961392	19600529	15470702	751887
软饮料制造	合作经营企业（港或澳、台资）	0	20168	394298	1579345	1316694	95941
软饮料制造	港、澳、台商独资经营企业	17	1349521	17462629	50703882	37853988	4233096
软饮料制造	港、澳、台商投资股份有限公司	1	11663	857870	184126	159519	2594
软饮料制造	中外合资经营企业	31	4302968	36023710	111961903	88479473	5923873
软饮料制造	中外合作经营企业	0	309471	1484294	4952236	3640830	462602
软饮料制造	外资企业	22	1794973	24800962	53447293	35969267	4735053
软饮料制造	外商投资股份有限公司	1	1249581	4023432	7015299	5678825	371675
软饮料制造	其他外商投资企业	1	0	355268	192543	178786	7896
精制茶加工	国有企业	0	35392	221968	778917	694386	41448
精制茶加工	集体企业	0	11382	152554	2296254	1928246	50073
精制茶加工	股份合作企业	0	8957	32327	222396	173163	7702

精制茶加工	国有与集体联营企业	0	2805	7597	20900	17441	1744
精制茶加工	国有独资公司	0	10217	72630	428396	307364	36217
精制茶加工	其他有限责任公司	9	1374325	5129112	21189964	16658188	1281608
精制茶加工	股份有限公司	1	208569	1171979	2697031	1890587	154696
精制茶加工	私营独资企业	2	349202	1728657	10144667	8288569	451916
精制茶加工	私营合伙企业	1	39236	294905	2009658	1664681	79069
精制茶加工	私营有限责任公司	10	2056942	11097133	42986572	33928152	2776500
精制茶加工	私营股份有限公司	0	219390	507140	1528047	1217445	111384
精制茶加工	其他企业	0	106964	371575	1834372	1526836	113203
精制茶加工	合资经营企业（港或澳、台资）	0	18522	324612	948527	732813	136803
精制茶加工	合作经营企业（港或澳、台资）	0	6875	22660	51413	44885	1823
精制茶加工	港、澳、台商独资经营企业	3	91642	877179	3967615	2410479	548669
精制茶加工	中外合资经营企业	0	67449	105681	451577	376832	13399
精制茶加工	中外合作经营企业	0	14434	238763	61398	55489	97222
精制茶加工	外资企业	1	38877	299000	779215	610084	109395
精制茶加工	外商投资股份有限公司	0	147	86441	117071	94952	2371
烟草制品业	国有企业	5	7459277	80556698	365473382	105074390	9106859
烟草制品业	集体企业	1	119338	783059	1755488	1398074	284901
烟草制品业	股份合作企业	0	10963	4893	329513	219462	3767
烟草制品业	国有独资公司	0	5194915	46273830	228060651	52295493	11698081
烟草制品业	其他有限责任公司	2	1735416	19920455	67075527	24576613	5367289
烟草制品业	股份有限公司	0	53442	1051318	3044693	1461056	324404
烟草制品业	私营有限责任公司	0	15818	509160	452208	380930	45321
烟草制品业	其他企业	0	0	0	0	0	0
烟草制品业	合资经营企业（港或澳、台资）	0	4887	143624	498562	263560	102760
烟叶复烤	国有企业	2	2656381	2341660	8290007	5231946	616746
烟叶复烤	集体企业	0	0	1525	219160	188170	759
烟叶复烤	股份合作企业	0	10963	4893	329513	219462	3767
烟叶复烤	其他有限责任公司	1	231374	1197282	3911887	2222464	1095134
烟叶复烤	合资经营企业（港或澳、台资）	0	1673	14609	62808	38704	51405
卷烟制造	国有企业	3	4713386	77687579	354681043	97961832	8346929
卷烟制造	集体企业	0	11900	273181	486636	362188	70218
卷烟制造	国有独资公司	0	5194915	46273830	228060651	52295493	11698081
卷烟制造	其他有限责任公司	1	996974	16984844	60454404	20566162	3735928
卷烟制造	股份有限公司	0	35659	962674	2374255	904810	205514
卷烟制造	私营有限责任公司	0	575	3980	25007	21005	1148
卷烟制造	其他企业	0	0	0	0	0	0
卷烟制造	合资经营企业（港或澳、台资）	0	0	105610	298428	148890	32029
其他烟草制品加工	国有企业	0	89510	527459	2502332	1880612	143184
其他烟草制品加工	集体企业	1	107438	508353	1049692	847716	213924

其他烟草制品加工	其他有限责任公司	0	507068	1738329	2709236	1787987	536227
其他烟草制品加工	股份有限公司	0	17783	88644	670438	556246	118890
其他烟草制品加工	私营有限责任公司	0	15243	505180	427201	359925	44173
其他烟草制品加工	合资经营企业（港或澳、台资）	0	3214	23405	137326	75966	19326

2012年分地区食品工业主要原料产品产量

单位：万吨

地区	粮食							棉花
		谷物				豆类	薯类	
			稻谷	小麦	玉米			
全国总计	58958.0	53934.7	20423.6	12102.3	20561.4	1730.5	3292.8	58958.0
北京	113.8	111.6	0.1	27.4	83.6	1.0	1.2	113.8
天津	161.8	159.8	11.2	55.8	92.5	1.5	0.5	161.8
河北	3246.6	3102.7	49.8	1337.7	1649.5	32.5	111.5	3246.6
山西	1274.1	1214.7	0.6	259.2	903.9	27.6	31.9	1274.1
内蒙古	2528.5	2180.9	73.3	188.4	1784.4	162.9	184.7	2528.5
辽宁	2070.5	1986.5	507.8	3.2	1423.5	34.2	49.8	2070.5
吉林	3343.0	3221.7	532.0		2578.8	52.6	68.7	3343.0
黑龙江	5761.5	5147.9	2171.2	70.0	2887.9	479.6	134.0	5761.5
上海	122.4	120.1	89.1	22.6	2.5	1.5	0.8	122.4
江苏	3372.5	3252.0	1900.1	1048.8	230.2	81.2	39.3	3372.5
浙江	769.8	678.0	608.3	27.1	29.1	36.6	55.2	769.8
安徽	3289.1	3123.3	1393.5	1294.0	427.5	120.5	45.4	3289.1
福建	659.3	524.2	503.8	0.7	18.0	20.8	114.3	659.3
江西	2084.8	1992.8	1976.0	2.3	12.6	29.8	62.2	2084.8
山东	4511.4	4285.8	103.4	2179.5	1994.5	39.9	185.8	4511.4
河南	5638.6	5431.4	492.6	3177.4	1747.8	84.6	122.6	5638.6
湖北	2441.8	2315.6	1651.4	370.8	282.6	32.2	94.0	2441.8
湖南	3006.5	2843.2	2631.6	8.6	197.3	38.4	124.8	3006.5
广东	1396.3	1208.8	1126.6	0.3	79.7	20.1	167.4	1396.3
广西	1484.9	1396.5	1142.0	0.2	250.6	23.6	64.8	1484.9
海南	199.5	167.1	155.8		11.3	2.4	30.0	199.5
重庆	1138.5	799.1	498.0	38.5	256.3	45.0	294.4	1138.5
四川	3315.0	2741.0	1536.1	437.0	701.3	93.6	480.4	3315.0
贵州	1079.5	820.1	402.4	52.4	342.3	23.6	235.8	1079.5
云南	1749.1	1436.5	644.6	88.3	700.0	129.7	183.0	1749.1
西藏	94.9	92.2	0.5	24.6	2.6	2.3	0.5	94.9

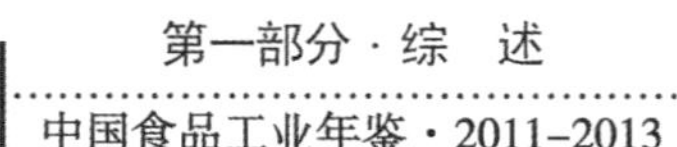

陕　西	1245.1	1119.5	87.4	435.5	566.9	43.1	82.5	1245.1
甘　肃	1109.7	837.1	3.9	278.5	504.1	33.1	239.5	1109.7
青　海	101.5	61.9		35.2	17.0	7.1	32.5	101.5
宁　夏	375.0	328.1	71.3	62.0	191.2	4.7	42.2	375.0
新　疆	1273.0	1234.8	59.4	576.5	592.1	25.0	13.2	1273.0

续表–1：　　单位：万吨

地　区	油　料				甘　蔗	甜　菜	烟　叶	
		花　生	油菜籽	芝　麻				烤　烟
全国总计	3436.8	1669.2	1400.7	63.9	12311.4	1174.0	340.7	312.6
北　京	1.3	1.2						
天　津	0.6	0.5						
河　北	142.8	126.9	3.0	0.9		59.4	0.7	0.5
山　西	19.6	2.0	0.7	0.4		40.8	1.0	1.0
内蒙古	145.1	3.2	30.7	0.1		167.9	1.4	1.2
辽　宁	120.9	116.5	0.1	0.2		9.7	3.4	3.1
吉　林	80.7	46.7		1.4		20.9	8.1	3.2
黑龙江	22.5	7.0	0.1	0.1		273.1	9.7	8.8
上　海	1.7	0.2	1.5		1.0			
江　苏	146.9	36.0	109.1	1.8	9.7			
浙　江	38.3	5.3	32.1	0.9	70.1		0.3	
安　徽	227.7	86.9	134.3	6.5	20.6		3.6	3.5
福　建	28.1	26.2	1.7	0.2	56.5		14.8	14.7
江　西	117.1	44.8	68.8	3.4	61.6		5.2	5.0
山　东	351.0	348.7	2.1	0.1			10.3	10.3
河　南	569.5	454.0	87.6	26.8	26.9		30.7	30.7
湖　北	319.7	74.3	230.0	14.4	31.1		14.6	9.9
湖　南	207.8	27.8	178.6	1.5	73.8		24.7	23.6
广　东	96.6	95.5	0.8	0.3	1469.2		5.8	5.2
广　西	54.5	51.3	2.0	0.6	7829.7		3.4	2.7
海　南	10.4	10.2		0.2	415.9			
重　庆	50.1	11.3	37.7	0.5	11.9		10.3	7.6
四　川	287.8	64.8	222.1	0.5	61.3	0.2	27.4	22.7
贵　州	87.4	7.9	78.2		128.1		39.3	37.3
云　南	62.8	7.5	53.5		2043.8		115.0	111.0
西　藏	6.3		6.3					
陕　西	60.3	9.8	39.9	2.4	0.2		9.2	9.1

甘　肃	67.0	0.4	33.9			24.7	1.3	1.1
青　海	35.2		34.5				0.1	
宁　夏	18.0		0.3				0.2	0.2
新　疆	59.0	2.1	11.2	0.8		577.2		

续表–2：　　　　　　　　　　　　　　　　　　　　　　　　　　单位：万吨

地　区	茶　叶	水　果						禽　蛋
			苹　果	柑　桔	梨	葡　萄	香　蕉	
全国总计	179.0	24056.8	3849.1	3167.8	1707.3	1054.3	1155.8	2861.2
北　京		113.6	10.3		16.3	4.1		15.2
天　津		58.2	5.0		3.6	10.7		18.7
河　北		1814.9	311.5		445.1	124.2		342.6
山　西		677.3	375.2		66.4	25.8		74.7
内蒙古		283.5	14.4		7.5	8.1		54.5
辽　宁		894.3	263.4		154.7	76.9		279.9
吉　林		217.5	16.7		11.3	14.8		100.2
黑龙江		268.6	15.1		3.7	8.3		108.2
上　海		87.2		24.3	3.7	10.3		5.9
江　苏	1.5	796.0	60.1	5.8	74.8	48.6		197.2
浙　江	17.5	703.8		193.6	39.1	60.6		48.1
安　徽	9.5	885.4	38.7	3.4	106.9	31.6		122.6
福　建	32.1	708.8		303.4	20.6	12.8	90.3	25.4
江　西	3.9	571.3		336.5	14.1	4.3		45.8
山　东	1.3	2924.5	871.0		119.1	105.0		402.0
河　南	5.1	2535.0	436.7	4.0	104.4	55.2		404.2
湖　北	20.7	885.7	1.1	385.3	53.6	20.5		139.4
湖　南	13.5	909.2		483.5	15.4	13.2		95.2
广　东	6.3	1390.1		414.5	7.8		403.2	31.8
广　西	4.9	1325.0		384.0	25.8	31.9	230.3	21.8
海　南	0.1	428.7		5.5			209.1	3.6
重　庆	3.1	291.2	0.5	171.5	34.1	6.3	0.1	40.1
四　川	21.0	821.6	48.8	340.8	96.0	25.0	4.0	146.4
贵　州	7.4	147.7	2.5	22.7	21.7	8.7	0.6	14.7
云　南	27.2	581.1	32.2	51.7	41.6	54.3	218.3	22.1
西　藏		1.4	0.4	0.1	0.1			0.4
陕　西	3.5	1693.8	965.1	36.8	89.7	46.5		51.9
甘　肃	0.1	565.0	248.8	0.3	33.3	22.8		14.7

青　海		3.7	0.6		0.5			2.0
宁　夏		250.5	48.9		1.4	14.7		6.2
新　疆		1222.1	82.1		95.0	209.1		25.9

续表-3：　　单位：万吨

地　区	肉　类					奶　类		蜂　蜜
		猪牛羊肉					牛　奶	
			猪　肉	牛　肉	羊　肉			
全国总计	8387.2	6405.9	5342.7	662.3	401.0	3875.4	3743.6	44.8
北　京	43.2	27.3	23.9	2.2	1.2	65.1	65.1	0.3
天　津	45.8	33.9	29.2	3.3	1.5	68.2	67.9	
河　北	442.9	343.0	259.0	55.3	28.7	479.0	470.4	1.2
山　西	77.4	67.1	56.3	4.9	5.9	81.0	80.0	0.4
内蒙古	245.8	213.7	73.9	51.2	88.6	930.7	910.2	0.2
辽　宁	418.7	281.3	230.2	43.2	7.9	130.2	124.7	0.1
吉　林	260.0	181.8	132.7	45.0	4.1	49.8	49.1	1.6
黑龙江	216.2	180.2	128.4	39.7	12.1	565.0	559.9	2.0
上　海	25.8	19.3	18.7	0.0	0.6	30.2	30.2	0.1
江　苏	396.5	239.9	228.8	3.5	7.6	61.3	61.3	0.4
浙　江	180.8	142.5	139.7	1.2	1.7	19.3	19.3	8.8
安　徽	397.7	282.4	249.7	18.1	14.6	24.1	24.1	1.9
福　建	200.8	160.0	155.6	2.5	2.0	15.4	15.0	1.0
江　西	311.1	250.5	237.3	12.1	1.1	12.6	12.6	1.3
山　东	764.2	476.8	376.7	67.0	33.1	294.1	283.9	0.6
河　南	677.4	537.7	432.5	80.4	24.8	330.4	316.1	10.0
湖　北	412.3	344.4	317.3	18.9	8.2	15.7	15.3	2.0
湖　南	515.3	454.7	427.6	16.8	10.3	8.5	8.5	1.1
广　东	443.2	284.0	276.4	6.7	0.9	13.9	13.6	1.6
广　西	411.0	269.6	252.5	13.9	3.2	9.4	9.4	1.2
海　南	79.5	51.7	48.1	2.5	1.0	0.2	0.2	0.1
重　庆	201.2	160.6	150.7	7.1	2.8	7.7	7.7	1.4
四　川	670.2	549.7	496.4	29.3	24.0	72.2	71.7	4.8
贵　州	190.3	172.7	156.1	13.0	3.5	5.1	5.1	0.2
云　南	348.7	309.5	264.1	31.9	13.6	58.0	53.7	0.8
西　藏	25.2	25.0	1.5	15.1	8.5	31.6	25.6	
陕　西	107.1	97.8	83.5	7.5	6.9	189.1	141.8	0.5
甘　肃	87.8	81.2	48.6	16.7	15.9	38.6	38.0	0.1

青　海	30.5	29.4	9.4	9.6	10.4	29.4	27.6	0.1
宁　夏	26.5	24.0	7.7	7.9	8.5	103.5	103.5	0.1
新　疆	134.2	114.3	30.2	36.2	48.0	136.3	132.2	1.1

2012 年分地区农副食品加工业经济指标

单位：亿元

	企业数（个）	工业销售产值（现价、新规定）	其中：出口交货值	资产总计	利润总额	亏损企业单位数	产成品	负债合计	主营业务收入	主营业务成本	应收账款
食品工业总计	22356	51601.59	2602.66	23454.12	3202.68	1426.00	1779.68	12745.29	52145.58	45740.92	1951.26
北京市	135	344.13	9.78	295.95	11.00	30	18.19	180.80	383.24	333.97	22.80
天津市	149	808.36	12.23	696.78	18.99	21	31.10	597.86	829.47	785.34	94.27
河北省	640	1883.67	65.95	821.61	95.11	61	70.18	467.81	1929.46	1719.29	68.38
山西省	127	287.05	2.63	193.04	22.37	16	18.84	102.83	299.33	261.21	8.96
内蒙古自治区	530	1280.55	3.41	478.27	74.42	37	39.16	210.10	1292.12	1065.69	23.18
辽宁省	1553	4295.24	400.10	1685.04	311.56	107	82.55	752.97	4298.20	3733.93	149.66
吉林省	857	2743.89	76.00	876.69	132.66	29	57.39	450.80	2685.81	2372.14	67.67
黑龙江省	849	2115.57	12.76	1259.79	104.45	53	129.36	848.74	2220.84	2016.39	82.05
上海市	137	335.83	8.72	210.16	16.39	21	14.98	109.09	357.64	316.58	26.96
江苏省	1476	3281.63	90.29	1344.52	210.83	95	112.26	813.51	3272.70	2884.49	205.88
浙江省	747	930.97	145.06	677.89	34.60	68	75.33	432.92	946.81	858.41	73.95
安徽省	1440	2199.67	41.38	834.24	120.39	54	63.09	409.19	2206.33	1973.85	49.73
福建省	897	1772.39	393.79	985.90	109.40	42	91.61	590.90	1781.27	1582.84	99.66
江西省	343	1126.88	27.67	388.73	70.69	17	21.23	195.34	1164.35	1022.77	23.59
山东省	3899	10074.51	849.57	4097.46	629.96	157	306.50	2052.77	10237.37	9054.65	274.46
河南省	1916	4053.31	25.03	1815.74	354.41	35	74.51	607.88	4202.10	3592.44	78.92
湖北省	1410	3196.91	105.01	1051.17	212.10	59	96.93	512.61	3153.54	2769.32	61.54
湖南省	1020	2150.44	32.51	684.45	119.94	37	35.78	299.35	2128.58	1733.84	32.55
广东省	822	2321.64	179.84	1346.70	121.74	111	90.61	909.52	2322.96	2106.66	171.86
广西壮族自治区	509	1670.05	47.56	1276.54	140.53	49	101.73	831.24	1690.83	1459.83	161.95
海南省	66	110.56	27.44	88.29	0.27	36	9.32	62.21	113.37	107.19	12.78
重庆市	317	543.49	9.26	180.95	28.81	27	14.88	91.50	545.68	468.31	20.73
四川省	1076	2193.90	6.67	829.48	144.83	50	68.69	431.09	2249.85	1938.55	50.58
贵州省	139	141.59	0.27	56.01	6.26	13	6.98	30.05	137.14	123.05	3.82
云南省	303	383.50	20.60	346.96	30.39	42	21.42	223.56	382.34	319.47	16.97
西藏自治区	7	2.41	0	4.69	0.28	1	0.58	1.35	2.09	1.63	0.06
陕西省	360	663.47	0.24	258.80	44.55	39	26.65	135.71	642.25	561.43	18.61
甘肃省	244	278.02	6.77	263.29	11.18	48	36.52	136.39	238.53	199.72	21.57

青海省	33	34.844	0.11	31.95	1.05	5	4.63	18.08	35.16	32.04	0.99
宁夏回族自治区	76	75.10	0.25	60.81	2.80	10	5.69	29.33	75.95	68.34	2.98
新疆维吾尔自治区	279	302.04	1.80	312.13	20.76	56	53.01	209.79	320.26	277.57	24.16

2012 年分地区食品制造业经济指标

单位：亿元

	企业数（个）	工业销售产值（现价、新规定）	其中：出口交货值	资产总计	利润总额	亏损企业单位数	产成品	负债合计	主营业务收入	主营业务成本	应收账款
食品工业总计	7306	15573.50	955.77	10009.68	1423.10	631.00	529.94	4836.06	15834.33	12324.57	1042.56
北京市	122	239.22	15.65	296.94	16.93	26	14.47	199.50	369.22	242.62	43.72
天津市	113	954.96	30.30	411.13	150.46	26	12.72	219.21	894.93	630.97	69.87
河北省	249	679.28	18.44	358.76	57.03	22	17.37	150.23	723.79	590.42	42.11
山西省	76	109.17	0.90	85.55	9.38	8	6.47	42.31	111.64	90.84	9.41
内蒙古自治区	149	542.16	15.37	598.68	35.94	26	18.17	351.34	547.06	425.96	26.80
辽宁省	313	656.99	42.01	330.09	51.85	17	13.38543	136.43	661.74	548.10	22.03
吉林省	155	342.56	7.81	202.62	19.67	10	15.91	87.72	328.87	272.24	14.45
黑龙江省	154	458.68	4.80	317.96	33.97	27	21.87	162.98	446.59	350.26	42.05
上海市	225	609.74	29.79	566.67	50.87	49	33.43	304.24	685.48	454.70	91.82
江苏省	338	618.75	79.89	480.82	45.61	50	26.77	262.75	627.48	497.54	58.74
浙江省	316	496.70	83.23	480.06	52.12	34	31.63	239.69	500.09	394.42	87.79
安徽省	312	401.77	20.84	198.30	29.77	14	12.45	92.90	410.97	339.58	25.48
福建省	481	804.10	128.85	470.03	65.40	28	34.78	201.91	800.56	654.46	52.30
江西省	145	334.61	41.93	133.22	26.95	10	6.75	60.86	351.13	289.32	8.38
山东省	1059	2187.80	188.87	1298.40	159.17	53	55.42	561.83	2232.88	1844.61	92.97
河南省	672	1564.19	28.09	824.26	170.56	14	27.84	322.57	1592.68	1317.90	70.69
湖北省	315	671.64	57.92	347.96	51.33	20	22.67	164.83	665.29	534.60	37.64
湖南省	315	649.90	6.70	257.61	43.69	15	14.47	98.95	639.76	505.11	16.18
广东省	596	1397.14	69.26	986.86	206.37	54	50.59	451.32	1409.64	888.12	98.53
广西壮族自治区	129	221.24	15.89	159.05	21.20	13	9.25	76.47	216.63	168.17	19.86
海南省	13	38.25	0.67	38.25	2.41	1	2.06414	19.2434	38.38661	26.44179	2.04462
重庆市	98	125.13	3.90	98.44	9.61	4	4.32	49.90	137.06	107.11	13.06
四川省	410	652.25	17.67	372.71	49.72	16	22.76	178.18	653.77	529.10	23.69
贵州省	49	67.76	0.25	39.30	12.03	3	1.72	20.44	66.73	48.81	2.36
云南省	99	134.08	11.142	98.80	10.15	6	7.15	47.61	133.19	102.43	7.51
西藏自治区	3	1.34	0	3.59	0.17	1	0.09	1.21	1.33	0.92	0.23
陕西省	167	297.05	5.98	135.20	24.91	16	7.75	62.55	288.18	229.16	21.28
甘肃省	63	71.09	2.18	103.20	2.83	18	5.65	58.69	61.14	50.04	4.45873

青海省	13	18.44	0.74	16.04	1.30	0	1.69	7.49	13.16	9.89	0.86
宁夏回族自治区	40	102.04	8.96	100.89	4.71	9	5.34	62.37	97.79	79.88	7.16
新疆维吾尔自治区	117	125.49	17.71	198.28	6.99	41	25.01	140.33	127.14	100.84	29.10

2012 年分地区酒饮料精制茶制造业经济指标

单位：亿元

	企业数（个）	工业销售产值（现价、新规定）	其中：出口交货值	资产总计	利润总额	亏损企业单位数	产成品	负债合计	主营业务收入	主营业务成本	应收账款
食品工业总计	5311	13233.13	243.20	11176.84	1602.36	445.00	602.64	5392.43	13549.14	9703.25	645.38
北京市	42	210.59	0.49	370.64	8.87	11	11.35	178.88	228.59	157.96	16.66
天津市	38	141.96	1.10	134.58	5.30	16	5.33	72.94	149.59	114.87	12.90
河北省	150	374.45	3.11	344.85	41.58	23	24.08	201.38	373.02	269.56	23.26
山西省	57	147.20	1.57	183.17	22.61	13	24.98	92.25	190.66	119.96	8.66
内蒙古自治区	121	259.40	0	213.70	25.07	10	8.18	112.25	271.06	192.55	11.46
辽宁省	227	515.87	9.37	276.01	46.13	15	11.33	125.49	500.48	397.75	10.71
吉林省	209	437.52	0.24	233.18	22.59	11	11.88	124.68	435.39	352.11	12.18
黑龙江省	136	281.50	0.124	223.82	14.39	20	17.39	134.75	285.12	224.97	10.42
上海市	44	104.53	7.02	121.99	6.02	10	4.09	59.06	117.07	81.89	15.59
江苏省	185	857.39	3.29	754.09	153.84	28	32.85	338.27	853.21	594.64	36.08
浙江省	219	481.05	36.81	520.01	48.70	21	37.07	275.09	472.06	342.71	36.60
安徽省	271	508.97	17.16	417.84	56.18	18	35.39	218.98	479.96	331.16	21.12
福建省	469	582.58	11.20	348.41	63.13	14	21.18	149.06	614.84	463.01	34.57
江西省	100	213.63	1.77	184.43	21.74	7	15.00	113.77	219.79	165.49	5.39
山东省	457	1282.78	47.96	848.97	119.30	34	45.85	365.40	1337.49	1044.67	42.69
河南省	426	984.80	13.66	691.67	96.73	12	23.70	322.05	1008.60	810.60	35.19
湖北省	302	1018.37	3.56	769.59	88.89	17	26.42	486.30	961.97	700.39	42.67
湖南省	285	466.22	2.84	227.84	34.83	12	11.67	98.96	461.26	343.00	11.34
广东省	214	845.25	15.29	634.19	39.72	39	22.34	337.80	850.60	591.36	76.59
广西壮族自治区	143	311.87	0.99	219.24	42.35	7	12.95	110.49	296.77	219.11	13.14
海南省	20	17.10	0.02	42.29	1.86	4	0.71	15.28	19.11	13.45	2.23
重庆市	69	129.59	0.57	116.81	10.74	6	5.68	64.40	135.16	98.24	9.39
四川省	552	1944.07	18.67	1783.53	330.78	23	91.96	760.73	2144.11	1462.43	95.13
贵州省	146	383.36	13.38	724.10	211.83	7	18.17	188.23	436.89	119.71	8.59
云南省	115	134.45	8.68	179.42	16.19	16	15.06	101.90	135.26	95.78	16.00
西藏自治区	6	12.73	0	28.13	5.04	0	0.15	12.53	13.48	9.06	1.29
陕西省	142	324.85	19.76	237.48	40.08	14	37.99	126.75	317.55	224.71	16.72
甘肃省	76	125.48	4.38	145.43	6.08	24	14.21	85.97	106.25	75.88	9.93

青海省	11	29.50	0	44.07	0.92	2	1.61	19.51	25.06	16.96	2.40
宁夏回族自治区	16	20.77	0.01	39.58	5.09	1	6.42	23.02	19.15	12.22	1.90
新疆维吾尔自治区	63	85.29	0.18	117.76	15.78	10	7.65	76.27	89.64	57.05	4.57

2012 年分地区烟草制品业经济指标

单位：亿元

	企业数（个）	工业销售产值（现价、新规定）	其中：出口交货值	资产总计	其中：利润总额	亏损企业单位数	产成品	负债合计	主营业务收入	主营业务成本	应收账款
食品工业总计	121	7940.39	34.79	7084.34	1071.49	29.00	229.50	1770.50	7571.52	1965.76	742.29
北京市	0	45.18	1.24	35.85	3.37	0	0.36	11.76	44.90	16.02	2.18
天津市	0	45.47	0	30.04	7.24	0	0.06	30.04	45.47	15.13	1.79
河北省	3	164.69	0	95.33	17.37	0	2.31	26.06	155.83	52.10	5.40
山西省	0	36.91	0	26.15	4.97	0	0.81	3.96	36.55	12.64	3.23
内蒙古自治区	0	70.38	0	58.71	8.18	0	2.19	18.67	71.01	21.18	15.04
辽宁省	4	68.06	0.06	44.97	4.51	0	0.84	42.44	67.74	21.93	8.10
吉林省	5	119.88	0	102.87	12.52	0	1.08	48.66	118.89	36.05	16.15
黑龙江省	6	102.03	0	75.92	12.49	2	1.95	11.05	101.25	36.36	5.72
上海市	0	764.71	8.53	979.83	191.15	0	11.71	80.97	763.06	82.65	31.86
江苏省	5	440.70	0	441.75	82.56	0	3.19	53.09	440.75	91.45	33.82
浙江省	3	350.78	2.69	316.90	35.42	0	6.77	55.17	347.69	65.40	39.73
安徽省	7	291.00	0.29	229.75	33.67	2	3.63	61.55	290.75	87.94	23.16
福建省	6	227.83	0.22	196.49	23.15	0	3.79	58.46	226.75	66.59	32.12
江西省	3	136.70	0	103.42	21.88	0	2.36	24.97	136.52	43.25	10.12
山东省	13	426.48	0.02	274.60	34.33	1	1.07	76.78	303.01	101.90	18.76
河南省	11	414.18	0	282.66	66.27	0	3.27	80.76	414.03	123.70	42.35
湖北省	8	464.39	0.57	376.56	43.47	0	16.47	200.95	449.32	98.54	65.72
湖南省	7	711.09	2.77	661.44	109.08	0	14.95	161.73	709.34	144.66	55.43
广东省	8	476.32	3.99	375.47	43.19	0	12.05	68.81	369.86	115.48	35.08
广西壮族自治区	0	166.64	0	127.58	24.20	0	40.82	16.92	166.93	50.84	10.75
海南省	0	21.14	0	21.07	1.88	0	0.39	7.99	21.14	7.79	4.10
重庆市	4	141.00	0	83.85	10.27	1	4.21	41.23	131.41	45.54	18.06
四川省	3	237.30	0.07	131.13	15.14	1	3.18	65.03	237.36	78.61	7.153
贵州省	6	307.72	0.06	234.68	42.21	0	4.44	75.72	305.07	88.39	35.32
云南省	16	1381.33	13.94	1515.2	184.35	0	85.09	384.58	1288.25	358.18	193.29
西藏自治区											
陕西省	3	179.96	0.34	135.87	21.30	0	1.58	35.48	179.98	59.53	14.52
甘肃省	0	112.82	0	81.47	11.82	1	0.86	14.65	112.95	31.56	5.10

青海省											
宁夏回族自治区	0	0.25	0	0.21	0.01	0	0.07	0.12	0.25	0.18	0.01
新疆维吾尔自治区	0	35.46	0	44.58	5.48	0	0	12.89	35.46	12.14	8.22

2012 年分行业分经济类型食品工业主要经济指标

分类	地区	企业单位数（个）	工业销售产值（当年价格）千元	其中：出口交货值 千元	资产总计 千元	利税总额	利润总额 千元
农副食品加工业	国有企业	284	62781232	2923171	29881776	1157181	2445152
农副食品加工业	集体企业	154	51552927	1456188	15458556	1676442	3832781
农副食品加工业	股份合作企业	122	31070225	1364691	16066786	739240	1450666
农副食品加工业	国有联营企业	9	2237343	0	1492456	171672	171992
农副食品加工业	集体联营企业	6	814179	630	433201	22497	46845
农副食品加工业	国有与集体联营企业	6	915192	0	298628	17966	49421
农副食品加工业	其他联营企业	8	1119504	0	974433	24910	67948
农副食品加工业	国有独资公司	36	15944170	1200	8905344	337937	1134233
农副食品加工业	其他有限责任公司	4736	1.22E+09	36686987	6.21E+08	25384769	67919920
农副食品加工业	股份有限公司	626	2.63E+08	11832983	1.73E+08	6577306	15389136
农副食品加工业	私营独资企业	3317	4.82E+08	6157995	1.41E+08	14973055	35133810
农副食品加工业	私营合伙企业	329	49804310	673401	12331842	1715045	4295694
农副食品加工业	私营有限责任公司	9511	1.72E+09	73728838	6.42E+08	45173025	1.13E+08
农副食品加工业	私营股份有限公司	560	1.24E+08	3235337	51809160	3445578	8791806
农副食品加工业	其他企业	670	1.33E+08	10869723	53025285	3502216	8073249
农副食品加工业	合资经营企业（港或澳、台资）	321	1.24E+08	18235938	74199709	3378717	8989308
农副食品加工业	合作经营企业（港或澳、台资）	27	10735820	2733277	7512100	598007	1329976
农副食品加工业	港、澳、台商独资经营企业	295	1.63E+08	10771775	93288946	5156215	9906763
农副食品加工业	港、澳、台商投资股份有限公司	13	9757170	548387	8171938	358360	521414
农副食品加工业	其他港、澳、台商投资企业	0	92385	0	23955	1408	9174
农副食品加工业	中外合资经营企业	675	3.23E+08	46466856	1.83E+08	7840037	18653050
农副食品加工业	中外合作经营企业	61	21785389	5414463	10442820	576098	1772666
农副食品加工业	外资企业	569	3.35E+08	26710971	1.97E+08	6755052	17406957
农副食品加工业	外商投资股份有限公司	18	6017951	452821	4384320	126302	306303
农副食品加工业	其他外商投资企业	0	980872	0	651229	9	17721
谷物磨制	国有企业	102	17523702	0	8438418	275046	759596
谷物磨制	集体企业	26	3499796	275458	822558	94662	295519
谷物磨制	股份合作企业	36	9260694	0	5786279	263121	443048
谷物磨制	国有联营企业	4	279690	0	155209	2008	1558
谷物磨制	集体联营企业	3	339694	0	46331	12083	14180
谷物磨制	国有与集体联营企业	0	44378	0	8142	0	266

谷物磨制	其他联营企业	4	872835	0	894579	24240	61683
谷物磨制	国有独资公司	12	1981103	0	638808	17643	99522
谷物磨制	其他有限责任公司	1068	2.03E+08	245466	88535325	3960757	12386288
谷物磨制	股份有限公司	117	28698940	21185	13415357	828911	2101032
谷物磨制	私营独资企业	1364	1.81E+08	338209	52633868	5376757	13641060
谷物磨制	私营合伙企业	123	13589204	0	3469528	434822	950461
谷物磨制	私营有限责任公司	2422	4.14E+08	738250	1.22E+08	9190559	25501247
谷物磨制	私营股份有限公司	129	36380532	15600	10673573	944116	2728159
谷物磨制	其他企业	196	40591204	44961	9045008	883216	2081769
谷物磨制	合资经营企业（港或澳、台资）	9	2922914	84327	1394099	14040	53752
谷物磨制	港、澳、台商独资经营企业	4	251973	0	152253	856	14010
谷物磨制	其他港、澳、台商投资企业	25	4775558	135286	5624857	60483	119952
谷物磨制	中外合资经营企业	0	842972	0	953295	0	-35383
谷物磨制	中外合作经营企业	0	38966	0	9050	1408	4256
谷物磨制	外资企业	39	13168231	389428	9781628	136464	873389
谷物磨制	外商投资股份有限公司	0	25020	0	28180	340	40
饲料加工	国有企业	20	12272546	525744	8492727	154609	137319
饲料加工	集体企业	17	2174949	4060	763386	82641	120317
饲料加工	股份合作企业	4	253306	0	81552	3905	6777
饲料加工	国有联营企业	17	5164387	0	1149038	87424	278380
饲料加工	国有与集体联营企业	0	69990	0	14404	2	3039
饲料加工	其他联营企业	0	52736	0	13307	0	128
饲料加工	国有独资公司	0	92879	0	37881	27	2282
饲料加工	其他有限责任公司	0	443411	0	197965	53871	1637
饲料加工	股份有限公司	909	2.09E+08	870035	64725109	3455800	11450998
饲料加工	私营独资企业	139	49654765	21889	27246552	832296	3953490
饲料加工	私营合伙企业	370	62397837	424083	17752892	1851610	4445106
饲料加工	私营有限责任公司	41	10465455	270681	2317426	483555	821353
饲料加工	私营股份有限公司	1464	3.05E+08	1239301	90964533	6508364	18936599
饲料加工	其他企业	108	22751353	35023	7545086	441318	1457514
饲料加工	合资经营企业（港或澳、台资）	87	17709676	0	5719385	413093	1270117
饲料加工	合作经营企业（港或澳、台资）	73	32398749	937586	13355688	384820	1790331
饲料加工	港、澳、台商独资经营企业	4	2192169	0	2341376	52696	38072
饲料加工	港、澳、台商投资股份有限公司	47	14968391	380416	6071792	185443	915875
饲料加工	中外合资经营企业	3	2767758	0	2301829	36009	169224
饲料加工	中外合作经营企业	0	53419	0	14905	0	4918
饲料加工	外资企业	104	60639513	479653	23026779	815954	3257175
饲料加工	外商投资股份有限公司	13	8139066	0	1794148	155317	689257
植物油加工	国有企业	101	38263841	210196	14712298	615067	1704142
植物油加工	集体企业	0	605273	0	181745	2230	32535

植物油加工	股份合作企业	17	12371317	0	6334291	34181	363729
植物油加工	其他联营企业	17	2603474	0	1187844	118244	218627
植物油加工	国有独资公司	9	5607101	0	2003021	101105	339324
植物油加工	其他有限责任公司	0	124683	0	23260	450	260
植物油加工	股份有限公司	5	8866830	0	4830522	90889	795191
植物油加工	私营独资企业	541	2.53E+08	365924	1.58E+08	5133315	10051628
植物油加工	私营合伙企业	68	28535518	339275	20788251	692206	1267027
植物油加工	私营有限责任公司	287	41118590	146	12948171	1507770	2555605
植物油加工	私营股份有限公司	46	9412648	0	1812417	326106	894015
植物油加工	其他企业	882	2.04E+08	1904785	75199877	5746369	13085741
植物油加工	合资经营企业（港或澳、台资）	71	17337393	106826	6491720	492350	868289
植物油加工	港、澳、台商独资经营企业	81	16909721	23829	6918400	495291	1079526
植物油加工	港、澳、台商投资股份有限公司	17	28087884	8302	17893929	1125700	2785362
植物油加工	中外合资经营企业	0	84048	0	39572	47	459
植物油加工	中外合作经营企业	18	26704598	238644	12555444	701192	912990
植物油加工	外资企业	0	2898566	0	2495233	289448	264280
植物油加工	外商投资股份有限公司	43	94176303	997405	56388485	1311870	2694088
制糖	国有企业	0	128551	0	57308	6807	–7565
制糖	股份合作企业	47	1.54E+08	2076193	1.13E+08	2890221	4919375
制糖	国有联营企业	0	414291	0	555581	85	17587
制糖	国有独资公司	16	5302003	0	4183690	270279	151899
制糖	其他有限责任公司	3	507245	0	296428	32672	50594
制糖	股份有限公司	0	1573991	0	1152900	166644	165338
制糖	私营独资企业	5	1519437	1200	2030608	112825	97003
制糖	私营合伙企业	114	45494441	33799	56148709	2391333	3491602
制糖	私营有限责任公司	20	9005025	0	17338651	588586	397490
制糖	私营股份有限公司	4	991226	0	1539925	50589	59974
制糖	其他企业	0	198961	0	34362	3189	9268
制糖	合资经营企业（港或澳、台资）	81	17895877	48798	25796806	978672	1124848
制糖	港、澳、台商独资经营企业	10	2190705	13719	2069140	71961	202208
制糖	中外合资经营企业	8	1389802	0	1442787	96672	171988
制糖	外资企业	12	7550477	0	15236122	465984	961755
制糖	外商投资股份有限公司	9	7894209	0	6853148	667536	1822710
制糖	其他外商投资企业	7	2702049	0	2947894	122391	489671
屠宰及肉类加工	国有企业	0	704751	0	932109	40085	–14604
屠宰及肉类加工	集体企业	99	18547942	91537	5294179	378590	682983
屠宰及肉类加工	股份合作企业	37	7908021	0	1066940	218989	767131
屠宰及肉类加工	国有联营企业	15	5244670	0	1935447	145329	295276
屠宰及肉类加工	集体联营企业	0	313672	0	169943	3018	2057
屠宰及肉类加工	国有与集体联营企业	3	790648	0	274263	17841	48379

屠宰及肉类加工	其他联营企业	0	29107	0	18713	193	3723
屠宰及肉类加工	国有独资公司	7	2692114	0	850283	57313	144934
屠宰及肉类加工	其他有限责任公司	829	2.71E+08	4147893	1.21E+08	4523615	16013832
屠宰及肉类加工	股份有限公司	118	86954291	2128196	45457477	1911290	3635017
屠宰及肉类加工	私营独资企业	445	82805055	443687	23457605	2356345	5876635
屠宰及肉类加工	私营合伙企业	36	7053215	0	1843798	160992	792087
屠宰及肉类加工	私营有限责任公司	1584	3.58E+08	4616956	1.36E+08	9251311	23065628
屠宰及肉类加工	私营股份有限公司	90	17259945	194052	8196193	551609	965413
屠宰及肉类加工	其他企业	101	20538031	116662	13530260	634833	1389379
屠宰及肉类加工	合资经营企业（港或澳、台资）	38	14062100	1895975	5929271	273461	394405
屠宰及肉类加工	合作经营企业（港或澳、台资）	7	1262310	707421	593247	79630	116333
屠宰及肉类加工	港、澳、台商独资经营企业	39	39700767	1278878	38434391	1657762	3183923
屠宰及肉类加工	港、澳、台商投资股份有限公司	0	2459275	386324	2158128	2257	15907
屠宰及肉类加工	中外合资经营企业	74	48737281	4699892	32091999	1033614	2922600
屠宰及肉类加工	中外合作经营企业	3	976608	368038	353902	11249	8344
屠宰及肉类加工	外资企业	45	38100949	1646203	15651854	743209	2608763
屠宰及肉类加工	外商投资股份有限公司	3	662385	0	768184	2752	33475
水产品加工	国有企业	0	980872	0	651229	9	17721
水产品加工	集体企业	11	4648124	2623628	2932255	70700	243393
水产品加工	股份合作企业	29	15686169	917973	4954207	650706	1184001
水产品加工	集体联营企业	12	2057181	800659	2697048	40838	−116101
水产品加工	国有独资公司	0	408416	0	351524	7309	26243
水产品加工	其他有限责任公司	318	75765882	22462133	32513140	1918144	3981326
水产品加工	股份有限公司	42	19627735	6753700	17105674	477532	1410646
水产品加工	私营独资企业	177	28482884	2544565	8404061	892943	2003502
水产品加工	私营合伙企业	21	1551081	212971	579482	29049	87588
水产品加工	私营有限责任公司	856	1.43E+08	39951321	66960301	5603272	9953946
水产品加工	私营股份有限公司	37	9923431	2244407	8626670	370653	1134017
水产品加工	其他企业	29	11632673	8120356	4696149	128496	564722
水产品加工	合资经营企业（港或澳、台资）	71	18547754	8919769	11574137	521322	1578127
水产品加工	合作经营企业（港或澳、台资）	6	2706506	1904591	949585	259097	182051
水产品加工	港、澳、台商独资经营企业	67	11256067	3412767	6165988	334475	603268
水产品加工	港、澳、台商投资股份有限公司	0	129921	26473	115627	5310	16075
水产品加工	中外合资经营企业	182	53944417	24929325	34440193	2633071	3412529
水产品加工	中外合作经营企业	34	11326416	4820249	7555006	382787	1020841
水产品加工	外资企业	120	39100965	9742885	16453540	882953	5035867
水产品加工	外商投资股份有限公司	0	304072	0	285965	6674	49270
蔬菜、水果和坚果加工	国有企业	7	590787	203946	657405	24059	39137
蔬菜、水果和坚果加工	集体企业	10	1821043	156396	728149	67531	206732
蔬菜、水果和坚果加工	股份合作企业	15	1709855	498803	924871	40222	77673

蔬菜、水果和坚果加工	国有独资公司	0	27430	0	2916	125	648
蔬菜、水果和坚果加工	其他有限责任公司	0	322172	0	202789	1188	4856
蔬菜、水果和坚果加工	股份有限公司	489	57233489	5832633	27491076	1479303	4227187
蔬菜、水果和坚果加工	私营独资企业	60	20944544	1372693	18944065	649263	1379928
蔬菜、水果和坚果加工	私营合伙企业	371	41958399	1927566	10600482	1348740	3463154
蔬菜、水果和坚果加工	私营有限责任公司	25	3726733	49106	1303691	117206	445618
蔬菜、水果和坚果加工	私营股份有限公司	1305	1.55E+08	17612552	65266489	4640976	12396300
蔬菜、水果和坚果加工	其他企业	62	7071265	529379	3292568	250595	527070
蔬菜、水果和坚果加工	合资经营企业（港或澳、台资）	83	11461950	2328150	5264695	457508	889560
蔬菜、水果和坚果加工	合作经营企业（港或澳、台资）	66	12239415	5404134	4707497	346239	1022563
蔬菜、水果和坚果加工	港、澳、台商独资经营企业	4	3904581	110074	2992427	205681	922780
蔬菜、水果和坚果加工	港、澳、台商投资股份有限公司	70	7662531	2375503	5477456	212425	614598
蔬菜、水果和坚果加工	中外合资经营企业	0	592678	135590	100956	15015	92636
蔬菜、水果和坚果加工	中外合作经营企业	164	30360908	12790766	13855037	859774	3112928
蔬菜、水果和坚果加工	外资企业	5	872591	155570	472828	13620	51755
蔬菜、水果和坚果加工	外商投资股份有限公司	157	24444007	9873286	11240010	687256	1587179
其他农副食品加工	国有企业	4	545024	326824	234017	10986	38669
其他农副食品加工	集体企业	15	1622408	0	1278152	21685	84098
其他农副食品加工	股份合作企业	31	19781118	106361	6617306	522405	1153994
其他农副食品加工	集体联营企业	15	1519092	65229	1274654	28529	82472
其他农副食品加工	国有与集体联营企业	0	66069	630	35346	3105	6422
其他农副食品加工	其他联营企业	3	119103	0	154369	4208	-8910
其他农副食品加工	其他有限责任公司	468	1.09E+08	2729104	72145577	2522502	6317059
其他农副食品加工	股份有限公司	62	19088643	1196045	12213528	597222	1244506
其他农副食品加工	私营独资企业	299	43651716	479739	13658474	1588301	3088774
其他农副食品加工	私营合伙企业	36	3807013	140643	971138	160126	295304
其他农副食品加工	私营有限责任公司	917	1.27E+08	7616875	59945746	3253502	8487778
其他农副食品加工	私营股份有限公司	53	11251064	96331	4914210	322976	909136
其他农副食品加工	其他企业	85	12487621	235765	6408601	393107	626188
其他农副食品加工	合资经营企业（港或澳、台资）	35	8546094	985845	4108966	247151	403013
其他农副食品加工	合作经营企业（港或澳、台资）	0	334233	11191	443640	0	56271
其他农副食品加工	港、澳、台商独资经营企业	29	58407137	2950281	18959018	2004435	3556157
其他农副食品加工	港、澳、台商投资股份有限公司	0	66000	0	46870	10321	-1325
其他农副食品加工	中外合资经营企业	60	13962817	2180387	6799719	381754	557631
其他农副食品加工	中外合作经营企业	4	317137	70606	181448	5978	9994
其他农副食品加工	外资企业	72	25528302	2636464	14737883	659346	924641
其他农副食品加工	外商投资股份有限公司	5	2782155	125997	1426719	63490	149371
其他农副食品加工	其他外商投资企业	73	15681820	641652	12726922	538580	839503
食品制造业	国有企业	36	16826796	195	5427546	402980	2535242
食品制造业	集体企业	26	3537940	389545	1293870	111261	259018

食品制造业	股份合作企业	0	114976	0	16692	4601	3434
食品制造业	集体联营企业	3	120138	0	88636	4931	446
食品制造业	国有与集体联营企业	0	77083	0	11122	1271	1832
食品制造业	其他联营企业	12	1708238	39581	1511859	122458	216570
食品制造业	国有独资公司	1652	3.41E+08	16480583	2.06E+08	11898178	32619541
食品制造业	其他有限责任公司	250	1.18E+08	9652070	1.18E+08	5171301	10770349
食品制造业	股份有限公司	797	1.03E+08	2960090	41901319	3679201	9277824
食品制造业	私营独资企业	81	11442262	219846	4623163	452518	955442
食品制造业	私营合伙企业	2780	4.01E+08	22889173	2.11E+08	14681960	30139108
食品制造业	私营有限责任公司	172	30656726	3616067	18375877	1226973	3145547
食品制造业	私营股份有限公司	203	27626727	938447	13238663	1061459	1530151
食品制造业	其他企业	164	55653085	7118791	36518261	2268716	5898086
食品制造业	合资经营企业（港或澳、台资）	11	965426	56305	636868	32303	–10197
食品制造业	合作经营企业（港或澳、台资）	271	81753473	7321439	62316472	5496260	8538318
食品制造业	港、澳、台商独资经营企业	10	2947231	208572	1977295	105711	216117
食品制造业	港、澳、台商投资股份有限公司	298	1.13E+08	9494586	81169075	5795810	12214749
食品制造业	中外合资经营企业	29	4713520	759744	6098562	214997	371990
食品制造业	中外合作经营企业	411	2.05E+08	12766495	1.55E+08	12057623	20422162
食品制造业	外资企业	21	18885735	23609	16344317	798727	1386902
食品制造业	外商投资股份有限公司	3	3182191	0	5835222	394520	977721
焙烤食品制造	国有企业	5	168217	5062	115568	13475	6377
焙烤食品制造	集体企业	3	241420	0	140480	12289	18725
焙烤食品制造	股份合作企业	7	414265	0	213070	21367	16386
焙烤食品制造	国有独资公司	207	28748656	124588	13851257	991609	2265961
焙烤食品制造	其他有限责任公司	19	3561019	91802	1938884	67900	429131
焙烤食品制造	股份有限公司	136	20251173	594244	7251451	640738	2147309
焙烤食品制造	私营独资企业	6	694856	0	247634	21566	24822
焙烤食品制造	私营合伙企业	469	59144906	624253	25887064	2428867	4824046
焙烤食品制造	私营有限责任公司	23	3110555	0	1397175	112956	485881
焙烤食品制造	私营股份有限公司	28	2346285	0	995966	75053	130040
焙烤食品制造	其他企业	29	15271639	54945	5536036	390035	1996869
焙烤食品制造	合资经营企业（港或澳、台资）	5	248123	31082	221760	7252	6039
焙烤食品制造	合作经营企业（港或澳、台资）	83	18676479	446650	15565676	1205097	1901220
焙烤食品制造	港、澳、台商独资经营企业	0	452906	0	259298	10174	29060
焙烤食品制造	港、澳、台商投资股份有限公司	27	3808838	337686	2570568	209304	357314
焙烤食品制造	中外合资经营企业	6	1194543	16437	1312787	87102	–2704
焙烤食品制造	中外合作经营企业	87	20692987	1138970	18548989	1183481	1698960
焙烤食品制造	外资企业	5	1847065	19241	646581	95425	327790
焙烤食品制造	外商投资股份有限公司	6	578368	0	85598	15112	31375
糖果、巧克力及蜜饯制造	集体企业	0	47056	0	55345	2955	34

糖果、巧克力及蜜饯制造	股份合作企业	0	77083	0	11122	1271	1832
糖果、巧克力及蜜饯制造	国有与集体联营企业	137	16348037	821002	9047521	497633	1127145
糖果、巧克力及蜜饯制造	其他有限责任公司	16	10819044	707243	10321866	351234	1526928
糖果、巧克力及蜜饯制造	股份有限公司	105	13377157	143796	5330066	443305	1306138
糖果、巧克力及蜜饯制造	私营独资企业	7	501392	0	264138	9971	60279
糖果、巧克力及蜜饯制造	私营合伙企业	295	33147129	1219487	15959445	1258169	2632858
糖果、巧克力及蜜饯制造	私营有限责任公司	14	2088797	589070	1270726	52546	140819
糖果、巧克力及蜜饯制造	私营股份有限公司	20	1429322	0	1085226	101642	110056
糖果、巧克力及蜜饯制造	其他企业	14	4669440	468711	5241561	274272	898393
糖果、巧克力及蜜饯制造	合资经营企业（港或澳、台资）	0	35290	0	36563	2707	9705
糖果、巧克力及蜜饯制造	合作经营企业（港或澳、台资）	35	8880759	1391328	5684797	544317	901667
糖果、巧克力及蜜饯制造	港、澳、台商独资经营企业	0	920881	119930	459121	43043	120788
糖果、巧克力及蜜饯制造	港、澳、台商投资股份有限公司	6	772765	166523	299324	22085	72597
糖果、巧克力及蜜饯制造	中外合资经营企业	4	302718	43373	404272	15769	12159
糖果、巧克力及蜜饯制造	中外合作经营企业	42	33248387	2700918	25395157	2795730	6014332
糖果、巧克力及蜜饯制造	外资企业	0	86843	4218	264876	2169	-795
糖果、巧克力及蜜饯制造	外商投资股份有限公司	0	22433	0	49997	2834	10550
方便食品制造	国有企业	10	2741884	0	1346632	28988	82634
方便食品制造	集体企业	5	12894868	195	3901242	291875	2147996
方便食品制造	股份合作企业	0	626338	0	144132	10455	63830
方便食品制造	国有独资公司	4	885623	9276	475454	85938	183416
方便食品制造	其他有限责任公司	250	50178525	2146188	25129092	1678811	4180390
方便食品制造	股份有限公司	36	12455633	10000	7322425	346105	660943
方便食品制造	私营独资企业	149	16020393	194260	5260227	616948	1428930
方便食品制造	私营合伙企业	20	3747947	10470	1689973	163396	317417
方便食品制造	私营有限责任公司	413	61016875	495431	28262422	1974619	4130432
方便食品制造	私营股份有限公司	27	4711287	0	1887479	198649	321856
方便食品制造	其他企业	36	4731678	0	1872995	160861	306331
方便食品制造	合资经营企业（港或澳、台资）	31	7552284	1076131	5224781	351737	486373
方便食品制造	港、澳、台商独资经营企业	0	25859	25223	21303	1610	1504
方便食品制造	港、澳、台商投资股份有限公司	49	17958733	2180028	10617421	839898	1345428
方便食品制造	中外合资经营企业	0	659016	0	449407	27334	51088
方便食品制造	中外合作经营企业	44	9929487	1234514	6084861	482709	846002
方便食品制造	外资企业	5	1363810	57905	2921664	27159	135900
方便食品制造	外商投资股份有限公司	62	77984243	1420667	47094649	3594011	5796406
液体乳及乳制品制造	国有企业	3	2479757	0	3327284	51438	75220
液体乳及乳制品制造	集体企业	16	4822309	0	2630680	122643	214526
液体乳及乳制品制造	股份合作企业	4	283525	0	107094	28450	24986
液体乳及乳制品制造	国有与集体联营企业	0	353997	0	86327	13730	25331
液体乳及乳制品制造	其他联营企业	0	23523	0	4993	359	185

液体乳及乳制品制造	国有独资公司	0	145207	0	182534	6757	15369
液体乳及乳制品制造	其他有限责任公司	227	68651111	223757	37498915	2174633	3914059
液体乳及乳制品制造	股份有限公司	46	33180790	0	41290799	2481722	3167176
液体乳及乳制品制造	私营独资企业	32	5476933	73749	3355592	218203	386222
液体乳及乳制品制造	私营合伙企业	4	267279	0	136527	8155	22838
液体乳及乳制品制造	私营有限责任公司	180	32245698	33491	20570526	970215	2357470
液体乳及乳制品制造	私营股份有限公司	15	2832202	0	1625796	101382	193147
液体乳及乳制品制造	其他企业	26	5703437	0	2797887	105267	138816
液体乳及乳制品制造	合资经营企业（港或澳、台资）	4	1401935	0	929387	33256	77439
液体乳及乳制品制造	合作经营企业（港或澳、台资）	0	427037	0	47417	3480	1440
液体乳及乳制品制造	港、澳、台商独资经营企业	11	4224908	3679	3935987	378266	115202
液体乳及乳制品制造	港、澳、台商投资股份有限公司	0	306840	0	359026	74	–1569
液体乳及乳制品制造	中外合资经营企业	40	43304373	308653	28979632	2146037	2785188
液体乳及乳制品制造	中外合作经营企业	0	29067	0	140561	110	–2298
液体乳及乳制品制造	外资企业	26	26396207	73674	21548008	1587389	2914009
液体乳及乳制品制造	外商投资股份有限公司	10	13741369	0	11002436	617051	944725
罐头制造	国有企业	0	2399287	0	1018223	170700	105746
罐头制造	集体企业	5	1356652	218773	1578205	63977	193594
罐头制造	股份合作企业	0	92493	0	70180	7827	23477
罐头制造	其他有限责任公司	5	547604	389545	328096	11551	24082
罐头制造	股份有限公司	0	371032	30305	308897	17181	6793
罐头制造	私营独资企业	153	25429479	5570615	21453582	984482	1004146
罐头制造	私营合伙企业	34	7129712	1715549	4647530	165831	315417
罐头制造	私营有限责任公司	75	10334722	624550	3333871	416899	932692
罐头制造	私营股份有限公司	10	1464074	79264	497828	83723	137058
罐头制造	其他企业	344	52153157	12600540	24169531	2009328	3531363
罐头制造	合资经营企业（港或澳、台资）	16	3250846	913268	1733102	79189	94552
罐头制造	合作经营企业（港或澳、台资）	19	2838727	637254	1078589	114957	159165
罐头制造	港、澳、台商独资经营企业	25	4669486	849924	3187142	156551	450408
罐头制造	港、澳、台商投资股份有限公司	0	75885	0	71208	4371	–12251
罐头制造	中外合资经营企业	23	4665575	866770	2779516	217073	226379
罐头制造	中外合作经营企业	0	21215	15911	33770	552	175
罐头制造	外资企业	55	8094259	3297276	5481213	291019	495865
罐头制造	外商投资股份有限公司	5	917090	534422	353007	23093	163498
调味品、发酵制品制造	国有企业	31	6080071	1563798	3140116	240309	475974
调味品、发酵制品制造	集体企业	0	528660	0	458621	21780	1619
调味品、发酵制品制造	股份合作企业	13	3200521	28766	4074016	193160	184057
调味品、发酵制品制造	国有独资公司	9	804298	0	344808	29343	110172
调味品、发酵制品制造	其他有限责任公司	5	603821	0	154113	17346	38329
调味品、发酵制品制造	股份有限公司	0	88663	0	349275	0	729

调味品、发酵制品制造	私营独资企业	254	48503255	1621125	37478358	1667632	3949025
调味品、发酵制品制造	私营合伙企业	34	25441069	1950593	26767738	973928	2047486
调味品、发酵制品制造	私营有限责任公司	138	16221347	36825	7251521	618470	1519777
调味品、发酵制品制造	私营股份有限公司	12	2761423	0	991538	108897	254817
调味品、发酵制品制造	其他企业	363	48867895	1822390	30690667	1939476	4410089
调味品、发酵制品制造	合资经营企业（港或澳、台资）	28	5425010	1550	5178114	272622	652038
调味品、发酵制品制造	港、澳、台商独资经营企业	41	4483618	9	2497524	184379	364195
调味品、发酵制品制造	港、澳、台商投资股份有限公司	19	9233541	1738938	7601871	269582	805223
调味品、发酵制品制造	中外合资经营企业	25	11445941	1575897	9871643	528483	928083
调味品、发酵制品制造	中外合作经营企业	0	279900	72731	225905	13632	15951
调味品、发酵制品制造	外资企业	36	16141306	1098774	12702075	660565	2066676
调味品、发酵制品制造	外商投资股份有限公司	4	241578	102224	178993	4322	18429
其他食品制造	国有企业	60	11565138	1425589	9758209	434590	1028672
其他食品制造	集体企业	24	3392237	389051	2981821	116337	158315
其他食品制造	股份合作企业	8	1931824	0	778144	18084	178511
其他食品制造	集体联营企业	5	991915	0	368132	36812	91060
其他食品制造	国有与集体联营企业	0	114976	0	16692	4601	3434
其他食品制造	国有独资公司	0	49559	0	28298	1617	227
其他食品制造	其他有限责任公司	3	217713	0	195699	12582	10263
其他食品制造	股份有限公司	424	1.03E+08	5973308	61366947	3903378	16178815
其他食品制造	私营独资企业	65	25407027	5176883	26082309	784581	2623268
其他食品制造	私营合伙企业	162	21227892	1292666	10118591	724638	1556756
其他食品制造	私营有限责任公司	22	2005291	130112	795525	56810	138211
其他食品制造	私营股份有限公司	716	1.15E+08	6093581	65702981	4101286	8252850
其他食品制造	其他企业	49	9238029	2112179	5283485	409629	1257254
其他食品制造	合资经营企业（港或澳、台资）	33	6093660	301184	2910476	319300	321548
其他食品制造	合作经营企业（港或澳、台资）	42	12854760	2930142	8797483	793283	1183381
其他食品制造	港、澳、台商独资经营企业	0	153232	0	238617	12883	−16634
其他食品制造	港、澳、台商投资股份有限公司	45	15901078	857087	13861432	1783126	3120339
其他食品制造	中外合资经营企业	0	306473	0	190768	10902	624
其他食品制造	中外合作经营企业	90	31304367	3051160	25051402	1984091	5591107
其他食品制造	外资企业	4	664714	5383	787278	57442	47006
其他食品制造	外商投资股份有限公司	103	29198248	4442879	29931082	2222113	2493809
饮料制造业	国有企业	0	202041	150	644519	10864	38343
饮料制造业	集体企业	0	760471	0	4767002	220986	861425
饮料制造业	股份合作企业	76	50179637	1749885	94585564	8291297	21855281
饮料制造业	国有联营企业	48	6024808	90333	2548299	301817	502749
饮料制造业	集体联营企业	50	6321667	165780	5050188	572875	686607
饮料制造业	国有与集体联营企业	3	590249	303295	184799	41517	20903
饮料制造业	国有独资公司	4	346816	41	73984	15128	34426

饮料制造业	其他有限责任公司	0	375980	0	26660	9207	1435
饮料制造业	股份有限公司	16	15604692	349360	29421939	2873772	2075456
饮料制造业	私营独资企业	1261	2.68E+08	2134582	2.28E+08	24776472	31375301
饮料制造业	私营合伙企业	205	2.15E+08	3706624	2.41E+08	23018745	39018150
饮料制造业	私营有限责任公司	611	83511901	1052372	32947898	3777879	7951047
饮料制造业	私营股份有限公司	78	6144762	57758	2053532	237798	464375
饮料制造业	其他企业	1909	2.62E+08	4498027	1.43E+08	14031718	21948260
饮料制造业	合资经营企业（港或澳、台资）	133	23102785	300621	11991325	1379254	2695440
饮料制造业	合作经营企业（港或澳、台资）	160	23540778	23	16662347	1182195	1842942
饮料制造业	港、澳、台商独资经营企业	105	35661030	857924	30902189	2668126	2088803
饮料制造业	港、澳、台商投资股份有限公司	11	2387985	51830	1570534	148058	112253
饮料制造业	中外合资经营企业	136	65712618	1141043	53704531	4412876	3195125
饮料制造业	中外合作经营企业	7	1109435	0	2180933	151618	–328068
饮料制造业	外资企业	257	1.4E+08	1639533	98653694	7159993	14461491
饮料制造业	外商投资股份有限公司	10	5100935	90477	3874810	264535	457558
饮料制造业	其他外商投资企业	207	85093111	2082466	87895148	7769465	6999283
酒的制造	国有企业	22	27805317	4047906	30734203	2522907	2817113
酒的制造	集体企业	0	137554	0	186529	2529	–39435
酒的制造	股份合作企业	55	48676659	1694331	93395461	8201127	21765241
酒的制造	国有联营企业	23	3417917	0	1826784	143084	303607
酒的制造	集体联营企业	32	3593940	0	4123146	498015	389742
酒的制造	国有独资公司	3	273556	41	64236	15063	34955
酒的制造	其他有限责任公司	10	15101083	335353	29097058	2852682	2057090
酒的制造	股份有限公司	647	1.9E+08	612398	1.75E+08	21623607	24381055
酒的制造	私营独资企业	129	1.7E+08	3016878	2.05E+08	21362030	35019077
酒的制造	私营合伙企业	328	49734316	144580	20225338	2411291	4809305
酒的制造	私营有限责任公司	28	2435733	0	765854	110810	239574
酒的制造	私营股份有限公司	829	1.32E+08	473201	76083296	9475036	10860314
酒的制造	其他企业	69	14918575	330	7147680	957136	1627279
酒的制造	合资经营企业（港或澳、台资）	64	10850423	0	6606938	782079	713133
酒的制造	合作经营企业（港或澳、台资）	36	12358744	312871	11247084	1578788	664634
酒的制造	港、澳、台商独资经营企业	3	506509	0	574435	101230	66646
酒的制造	港、澳、台商投资股份有限公司	40	11351046	131655	15157879	1488639	905069
酒的制造	中外合资经营企业	3	810230	0	711549	144986	26923
酒的制造	中外合作经营企业	64	26646618	44117	23881662	2916065	1877927
酒的制造	外资企业	3	586120	26420	733553	87096	72455
酒的制造	外商投资股份有限公司	94	34990097	387398	40933120	5321314	2024514
酒的制造	其他外商投资企业	14	20071373	306412	22535270	1979063	1955544
软饮料制造	国有企业	7	661590	55554	671270	49118	58334
软饮料制造	集体企业	7	781354	0	269212	30045	37839

软饮料制造	股份合作企业	9	2269223	165780	764356	50526	233835
软饮料制造	国有联营企业	3	590249	303295	184799	41517	20903
软饮料制造	国有独资公司	0	73260	0	9748	65	-529
软饮料制造	其他有限责任公司	3	158862	14007	186008	2705	-5398
软饮料制造	股份有限公司	334	50382638	646972	34425195	2001198	4078653
软饮料制造	私营独资企业	52	41599966	655569	33243221	1473155	3614329
软饮料制造	私营合伙企业	143	21412909	239762	9255200	848573	1866844
软饮料制造	私营有限责任公司	16	1384344	0	370706	36236	41750
软饮料制造	私营股份有限公司	501	74527285	870697	39276396	2562570	6381723
软饮料制造	其他企业	41	6386230	105670	3507260	349396	825207
软饮料制造	合资经营企业（港或澳、台资）	47	7776327	0	7887078	244033	538508
软饮料制造	合作经营企业（港或澳、台资）	60	22219914	149866	18737615	1071815	1370311
软饮料制造	港、澳、台商独资经营企业	7	1826114	51830	943485	44478	42819
软饮料制造	港、澳、台商投资股份有限公司	72	50668745	999934	35218318	2799110	1739281
软饮料制造	中外合资经营企业	3	270809	0	1457416	6632	-357240
软饮料制造	中外合作经营企业	190	1.13E+08	1531491	74653692	4230207	12572409
软饮料制造	外资企业	7	4514815	64057	3141257	177439	385103
软饮料制造	外商投资股份有限公司	104	48074927	1290344	45609163	2371211	4654880
软饮料制造	其他外商投资企业	7	7627168	3741494	8095982	542815	844476
精制茶加工	国有企业	0	137554	0	186529	2529	-39435
精制茶加工	集体企业	14	841388	0	518833	41052	31706
精制茶加工	股份合作企业	18	1825537	90333	452303	128688	161303
精制茶加工	国有与集体联营企业	9	458504	0	162686	24334	63030
精制茶加工	国有独资公司	0	375980	0	26660	9207	1435
精制茶加工	其他有限责任公司	3	344747	0	138873	18385	23764
精制茶加工	股份有限公司	280	28394752	875212	19115597	1151667	2915593
精制茶加工	私营独资企业	24	3070595	34177	2971502	183560	384744
精制茶加工	私营合伙企业	140	12364676	668030	3467360	518015	1274898
精制茶加工	私营有限责任公司	34	2324685	57758	916972	90752	183051
精制茶加工	私营股份有限公司	579	54763817	3154129	27867234	1994112	4706223
精制茶加工	其他企业	23	1797980	194621	1336385	72722	242954
精制茶加工	合资经营企业（港或澳、台资）	49	4914028	23	2168331	156083	591301
精制茶加工	合作经营企业（港或澳、台资）	9	1082372	395187	917490	17523	53858
精制茶加工	港、澳、台商独资经营企业	0	55362	0	52614	2350	2788
精制茶加工	中外合资经营企业	24	3692827	9454	3328334	125127	550775
精制茶加工	中外合作经营企业	0	28396	0	11968	0	2249
精制茶加工	外资企业	3	227438	63925	118340	13721	11155
精制茶加工	外商投资股份有限公司	9	2028087	404724	1352865	76940	319889
烟草制品业	国有企业	0	106776	0	102951	1029	17093
烟草制品业	集体企业	54	3.68E+08	1152679	3.14E+08	2.27E+08	47476719

烟草制品业	股份合作企业	12	1849827	1306	1684812	107512	55862
烟草制品业	国有独资公司	0	517215	0	148682	40285	104698
烟草制品业	其他有限责任公司	9	2.37E+08	1347961	2.34E+08	1.58E+08	32646323
烟草制品业	股份有限公司	50	1.82E+08	976898	1.55E+08	1.08E+08	26588307
烟草制品业	私营有限责任公司	4	3462384	0	2128429	1610854	187873
烟草制品业	其他企业	4	583248	0	1553467	17281	38760
烟草制品业	合资经营企业（港或澳、台资）	0	167387	0	158533	17941	50019
烟叶复烤	国有企业	19	10675314	0	13045386	1140433	2314786
烟叶复烤	集体企业	0	247125	0	22321	9895	8764
烟叶复烤	股份合作企业	0	517215	0	148682	40285	104698
烟叶复烤	其他有限责任公司	26	5448641	0	13562020	662628	1383308
烟叶复烤	合资经营企业（港或澳、台资）	30	3.56E+08	1152679	2.99E+08	2.26E+08	44825729
卷烟制造	国有企业	0	147349	0	131876	16880	958
卷烟制造	集体企业	8	2.36E+08	1347961	2.34E+08	1.58E+08	32627815
卷烟制造	国有独资公司	13	1.73E+08	327687	1.38E+08	1.06E+08	24183870
卷烟制造	其他有限责任公司	0	2737735	0	1704134	1586151	126372
卷烟制造	股份有限公司	5	2129852	0	1991980	94578	336204
卷烟制造	私营有限责任公司	9	1455353	1306	1530615	80737	46140
卷烟制造	其他企业	0	674702	0	134326	16697	18508
卷烟制造	合资经营企业（港或澳、台资）	11	3949905	649211	3824933	424594	1021129
其他烟草制品加工	国有企业	3	724649	0	424295	24703	61501
其他烟草制品加工	集体企业	4	583248	0	1553467	17281	38760
其他烟草制品加工	其他有限责任公司	0	167387	0	158533	17941	50019
其他烟草制品加工	股份有限公司	284	62781232	2923171	29881776	1157181	2445152
其他烟草制品加工	私营有限责任公司	154	51552927	1456188	15458556	1676442	3832781
其他烟草制品加工	合资经营企业（港或澳、台资）	122	31070225	1364691	16066786	739240	1450666

续表–1：

分类	地区	亏损企业单位数(个)	其中：产成品（千元）	负债合计（千元）	其中：主营业务收入（千元）	其中：主营业务成本（千元）	其中：应收账款（千元）
农副食品加工业	国有企业	46	3266920	19770658	67463637	60938506	2054550
农副食品加工业	集体企业	7	509542	4293478	52300906	44216885	884377
农副食品加工业	股份合作企业	11	1321616	5879065	30706249	26888723	1204950
农副食品加工业	国有联营企业	4	154994	756016	2090989	1693469	209632
农副食品加工业	集体联营企业	0	79251	300022	784737	644717	3300
农副食品加工业	国有与集体联营企业	0	40825	197559	761748	683034	10101
农副食品加工业	其他联营企业	0	80913	475898	1123634	1058679	41015
农副食品加工业	国有独资公司	8	949924	4844070	16617454	14452251	520504
农副食品加工业	其他有限责任公司	457	55028574	3.71E+08	1.24E+09	1.1E+09	49970300

农副食品加工业	股份有限公司	60	9102262	91819741	2.6E+08	2.27E+08	8743445
农副食品加工业	私营独资企业	40	6975316	44732515	4.84E+08	4.12E+08	6468890
农副食品加工业	私营合伙企业	9	620286	4004324	49588411	42534233	600428
农副食品加工业	私营有限责任公司	456	50382744	3.08E+08	1.73E+09	1.51E+09	44125813
农副食品加工业	私营股份有限公司	24	3044884	23456412	1.24E+08	1.05E+08	2652934
农副食品加工业	其他企业	25	4750170	27984211	1.31E+08	1.13E+08	2268159
农副食品加工业	合资经营企业（港或澳、台资）	33	5708813	49829115	1.26E+08	1.11E+08	11010221
农副食品加工业	合作经营企业（港或澳、台资）	4	321852	2791363	10794648	8148339	433295
农副食品加工业	港、澳、台商独资经营企业	45	4749994	54219710	1.82E+08	1.64E+08	16996437
农副食品加工业	港、澳、台商投资股份有限公司	3	658678	5344852	9262380	8207448	1178570
农副食品加工业	其他港、澳、台商投资企业	0	990	12398	92998	77635	4254
农副食品加工业	中外合资经营企业	89	14911998	1.12E+08	3.24E+08	2.89E+08	18469751
农副食品加工业	中外合作经营企业	6	636065	4355490	21271243	18085496	857785
农副食品加工业	外资企业	96	14247089	1.35E+08	3.4E+08	3.11E+08	25826202
农副食品加工业	外商投资股份有限公司	3	401725	3009386	6323601	5534541	512357
农副食品加工业	其他外商投资企业	0	22770	314739	973025	863064	79639
谷物磨制	国有企业	13	756285	5646564	19543790	17413755	477107
谷物磨制	集体企业	0	20473	127717	3539127	3066532	9348
谷物磨制	股份合作企业	0	339959	1793109	9003489	8183543	226401
谷物磨制	国有联营企业	2	14643	95119	258971	243653	40642
谷物磨制	集体联营企业	0	890	3300	341818	303248	300
谷物磨制	国有与集体联营企业	0	20	7498	44378	42770	0
谷物磨制	其他联营企业	0	52500	447979	865082	813679	36032
谷物磨制	国有独资公司	2	14307	325340	2028328	1910719	66333
谷物磨制	其他有限责任公司	73	7089294	48477850	2.09E+08	1.86E+08	4212585
谷物磨制	股份有限公司	8	937485	6224585	28853463	25678650	453927
谷物磨制	私营独资企业	8	2112791	14596330	1.82E+08	1.56E+08	1587412
谷物磨制	私营合伙企业	2	224571	1001774	13751828	11555180	168434
谷物磨制	私营有限责任公司	61	7128426	49368700	4.15E+08	3.64E+08	5791597
谷物磨制	私营股份有限公司	0	391546	3606750	37072050	32176359	353921
谷物磨制	其他企业	2	508041	3265080	41198649	36543768	319734
谷物磨制	合资经营企业（港或澳、台资）	1	41823	808220	2522550	2333432	36589
谷物磨制	港、澳、台商独资经营企业	0	11033	47050	233346	209156	5221
谷物磨制	其他港、澳、台商投资企业	6	208133	3301993	5133730	4422606	655201
谷物磨制	中外合资经营企业	2	22391	669461	842973	799809	40718
谷物磨制	中外合作经营企业	0	515	1960	38966	33668	0
谷物磨制	外资企业	5	946039	5636553	13688429	12278724	707157
谷物磨制	外商投资股份有限公司	0	3250	26850	16430	14950	600
饲料加工	国有企业	7	569245	5888268	12627167	11798483	668360
饲料加工	集体企业	2	23215	395694	2169432	1962509	31661

饲料加工	股份合作企业	0	3851	15098	241506	218628	1513
饲料加工	国有联营企业	0	15240	335047	5007825	4407550	88920
饲料加工	国有与集体联营企业	0	564	4650	77294	71212	2411
饲料加工	其他联营企业	0	742	8112	53804	52736	6954
饲料加工	国有独资公司	0	971	6943	97524	90225	2740
饲料加工	其他有限责任公司	1	7215	137905	443512	403492	32291
饲料加工	股份有限公司	88	3388346	32916498	2.11E+08	1.89E+08	6396077
饲料加工	私营独资企业	15	656488	13376287	51867138	45559994	1890693
饲料加工	私营合伙企业	9	919632	5579755	64769794	54824583	1061098
饲料加工	私营有限责任公司	3	93432	984532	10495134	9178121	190401
饲料加工	私营股份有限公司	75	4080758	41468298	3.07E+08	2.68E+08	7588587
饲料加工	其他企业	6	263601	3597210	23268769	20184067	509814
饲料加工	合资经营企业（港或澳、台资）	4	448714	2629268	17825158	15647442	465139
饲料加工	合作经营企业（港或澳、台资）	5	333814	7830963	33164471	29798141	2481180
饲料加工	港、澳、台商独资经营企业	0	115458	1424912	2055416	1867685	91346
饲料加工	港、澳、台商投资股份有限公司	4	304964	2815654	14535299	12874080	671424
饲料加工	中外合资经营企业	0	24032	609605	2541273	2221044	47534
饲料加工	中外合作经营企业	0	475	10438	54032	43967	4254
饲料加工	外资企业	14	1141135	13562790	61905269	55867825	2714350
饲料加工	外商投资股份有限公司	0	54079	751840	8081686	6398193	209368
植物油加工	国有企业	23	857743	7379216	38237991	33492418	1926864
植物油加工	集体企业	0	6285	39770	590164	506500	16908
植物油加工	股份合作企业	3	469686	4318556	14123528	13596858	396214
植物油加工	其他联营企业	1	24469	417713	2823785	2355313	53571
植物油加工	国有独资公司	0	92478	982882	5642329	4803672	3840
植物油加工	其他有限责任公司	0	18920	10175	126364	124822	0
植物油加工	股份有限公司	1	305769	2767274	9514692	8079201	0
植物油加工	私营独资企业	68	21428208	1.17E+08	2.64E+08	2.41E+08	18325105
植物油加工	私营合伙企业	8	1413551	14544492	25928719	23900070	705785
植物油加工	私营有限责任公司	6	635933	3545769	40383945	35056445	384679
植物油加工	私营股份有限公司	2	71829	624787	8977310	7895728	83166
植物油加工	其他企业	46	8209551	39045861	2.05E+08	1.82E+08	4906404
植物油加工	合资经营企业（港或澳、台资）	2	478291	2831774	15334416	13401895	111421
植物油加工	港、澳、台商独资经营企业	2	1241135	3675297	17296371	15053120	351425
植物油加工	港、澳、台商投资股份有限公司	3	1716406	14929188	28749414	26139783	4939605
植物油加工	中外合资经营企业	0	35691	34643	65676	64013	0
植物油加工	中外合作经营企业	5	1232247	8854541	26449801	24820810	5179146
植物油加工	外资企业	0	201627	2232207	2637920	2298930	929099
植物油加工	外商投资股份有限公司	10	5259431	41594881	92738466	86681214	7443104
制糖	国有企业	1	4453	19568	128551	114440	9900

制糖	股份合作企业	13	8334367	87449867	1.59E+08	1.49E+08	17450101
制糖	国有联营企业	0	100838	752459	705792	592941	86689
制糖	国有独资公司	3	481079	2981184	5500423	4868494	570486
制糖	其他有限责任公司	1	0	203993	507245	421064	178095
制糖	股份有限公司	1	139448	641020	1383983	1067723	166392
制糖	私营独资企业	2	478647	1204911	1530320	1228940	358971
制糖	私营合伙企业	36	2849435	40056198	47280559	39474582	5375669
制糖	私营有限责任公司	7	1248685	9821031	9057912	7387661	1258858
制糖	私营股份有限公司	0	19798	1458368	1202206	1073903	120006
制糖	其他企业	0	890	11147	198961	188260	4682
制糖	合资经营企业（港或澳、台资）	24	1682568	19745111	18465942	15285991	2375404
制糖	港、澳、台商独资经营企业	2	222895	1521805	2087526	1798408	390001
制糖	中外合资经营企业	2	71335	1314277	1337667	1014117	116544
制糖	外资企业	3	876476	12311230	8588370	6750423	1078706
制糖	外商投资股份有限公司	1	748613	4024873	9035852	6917577	1248728
制糖	其他外商投资企业	2	265367	2789048	2942388	2185442	431921
屠宰及肉类加工	国有企业	1	143134	891672	690477	620385	27738
屠宰及肉类加工	集体企业	21	520625	3262179	19401992	17257070	318361
屠宰及肉类加工	股份合作企业	4	44174	422555	7716253	6606201	100099
屠宰及肉类加工	国有联营企业	1	60248	433150	5257000	4475565	21815
屠宰及肉类加工	集体联营企业	1	339	15227	370741	310881	187
屠宰及肉类加工	国有与集体联营企业	0	39372	181939	638586	565883	3147
屠宰及肉类加工	其他联营企业	0	8522	10801	34664	29953	2243
屠宰及肉类加工	国有独资公司	1	107541	305639	2692726	2445883	44891
屠宰及肉类加工	其他有限责任公司	101	8049456	63120121	2.72E+08	2.36E+08	6863021
屠宰及肉类加工	股份有限公司	13	2465216	24779661	85578449	74624775	2482803
屠宰及肉类加工	私营独资企业	7	1158318	7518562	82051852	69389335	1059920
屠宰及肉类加工	私营合伙企业	0	27129	418140	7079792	6155675	34413
屠宰及肉类加工	私营有限责任公司	96	10088488	64087443	3.58E+08	3.12E+08	9273631
屠宰及肉类加工	私营股份有限公司	6	479607	4787445	17244611	14524831	601254
屠宰及肉类加工	其他企业	4	881107	8996752	20312925	17061478	211720
屠宰及肉类加工	合资经营企业（港或澳、台资）	6	444727	2832713	14056079	12732356	672314
屠宰及肉类加工	合作经营企业（港或澳、台资）	2	27587	259209	1304581	984737	65994
屠宰及肉类加工	港、澳、台商独资经营企业	9	1113914	17455967	58117850	51311469	6615768
屠宰及肉类加工	港、澳、台商投资股份有限公司	0	367547	1699951	2459275	2260993	110644
屠宰及肉类加工	中外合资经营企业	14	1458881	18945235	49682455	43734871	1766427
屠宰及肉类加工	中外合作经营企业	0	49726	282674	696791	662621	45335
屠宰及肉类加工	外资企业	12	976355	8452568	38660098	35338180	1684493
屠宰及肉类加工	外商投资股份有限公司	2	3628	305683	660451	604856	151653
水产品加工	国有企业	0	22770	314739	973025	863064	79639

水产品加工	集体企业	1	672563	1835536	4655731	4105062	199908
水产品加工	股份合作企业	0	255491	1367841	15704199	13356743	582635
水产品加工	集体联营企业	3	576393	681193	1855050	1708726	98733
水产品加工	国有独资公司	0	74921	273236	376850	283890	3000
水产品加工	其他有限责任公司	34	3556274	19173885	73112703	64492234	3723810
水产品加工	股份有限公司	5	744475	8630354	18352271	15778772	480121
水产品加工	私营独资企业	4	642320	3674058	28959135	24646468	747579
水产品加工	私营合伙企业	1	33802	285824	1561235	1328702	17322
水产品加工	私营有限责任公司	59	7867337	36999613	1.43E+08	1.25E+08	6082766
水产品加工	私营股份有限公司	2	353965	3826817	9977799	8275970	254085
水产品加工	其他企业	2	697101	2551118	8288826	7528949	282161
水产品加工	合资经营企业（港或澳、台资）	9	1550893	6319746	18184838	15783192	963755
水产品加工	合作经营企业（港或澳、台资）	0	82076	555328	2946625	2511942	27202
水产品加工	港、澳、台商独资经营企业	15	727143	3500699	11288866	9889768	945389
水产品加工	港、澳、台商投资股份有限公司	0	24091	63393	130139	91443	14657
水产品加工	中外合资经营企业	21	2977272	17540554	53263108	46368806	3055388
水产品加工	中外合作经营企业	5	487592	3060133	11154445	9853621	574376
水产品加工	外资企业	13	1579103	10829599	39333446	36335767	1701312
水产品加工	外商投资股份有限公司	0	325	89444	354143	265025	0
蔬菜、水果和坚果加工	国有企业	1	104287	516708	616978	504802	18913
蔬菜、水果和坚果加工	集体企业	0	16485	259474	1812624	1402979	24793
蔬菜、水果和坚果加工	股份合作企业	2	35337	400056	1836035	1503825	81255
蔬菜、水果和坚果加工	国有独资公司	0	691	10	24980	21645	0
蔬菜、水果和坚果加工	其他有限责任公司	0	4179	52117	340052	318888	1549
蔬菜、水果和坚果加工	股份有限公司	24	1965016	12239310	56246881	48236576	1671833
蔬菜、水果和坚果加工	私营独资企业	2	912484	8302303	21140274	17744034	711215
蔬菜、水果和坚果加工	私营合伙企业	3	690426	3574295	42168360	35736596	520591
蔬菜、水果和坚果加工	私营有限责任公司	1	64853	218588	3687692	3065875	14566
蔬菜、水果和坚果加工	私营股份有限公司	47	5527797	27774720	1.56E+08	1.31E+08	4170096
蔬菜、水果和坚果加工	其他企业	3	195458	1366988	7016458	5753399	215792
蔬菜、水果和坚果加工	合资经营企业（港或澳、台资）	2	352973	2597931	11678860	9613421	169995
蔬菜、水果和坚果加工	合作经营企业（港或澳、台资）	2	456325	2515379	12591176	10680094	421318
蔬菜、水果和坚果加工	港、澳、台商独资经营企业	2	50007	377933	3908396	2339454	240126
蔬菜、水果和坚果加工	港、澳、台商投资股份有限公司	5	383322	2915587	7715405	6594388	1093666
蔬菜、水果和坚果加工	中外合资经营企业	0	18990	51512	584800	492707	35918
蔬菜、水果和坚果加工	中外合作经营企业	11	1545833	6137663	30342268	25007355	1067901
蔬菜、水果和坚果加工	外资企业	0	32371	176791	870831	779541	11506
蔬菜、水果和坚果加工	外商投资股份有限公司	9	574775	4065481	24511178	21100010	40558
其他农副食品加工	国有企业	0	52501	71000	545840	461401	8365
其他农副食品加工	集体企业	2	239180	814237	1451763	1229956	41900

其他农副食品加工	股份合作企业	2	144599	1683080	20463412	17210489	112418
其他农副食品加工	集体联营企业	4	201961	1049635	1597276	1384778	505891
其他农副食品加工	国有与集体联营企业	0	3440	23486	66069	57579	0
其他农副食品加工	其他联营企业	1	32266	50884	67824	65128	16469
其他农副食品加工	其他有限责任公司	33	6702545	37911532	1.09E+08	95273415	3402200
其他农副食品加工	股份有限公司	2	723878	6141028	19111120	16106477	760043
其他农副食品加工	私营独资企业	3	796098	4785378	42690774	35673182	987605
其他农副食品加工	私营合伙企业	0	103780	459532	3836459	3166692	87444
其他农副食品加工	私营有限责任公司	48	5797819	29278586	1.29E+08	1.1E+08	3937328
其他农副食品加工	私营股份有限公司	3	659521	1917623	11886594	9360243	216646
其他农副食品加工	其他企业	7	549764	2954488	12791906	10824148	351441
其他农副食品加工	合资经营企业（港或澳、台资）	4	288349	2281676	7879625	6773613	416754
其他农副食品加工	合作经营企业（港或澳、台资）	0	0	92288	280608	171352	3406
其他农副食品加工	港、澳、台商独资经营企业	1	780271	15375269	58768897	54089419	1835843
其他农副食品加工	港、澳、台商投资股份有限公司	1	0	18723	66000	42522	0
其他农副食品加工	中外合资经营企业	13	834794	4229072	13828578	12043493	466696
其他农副食品加工	中外合作经营企业	0	4594	37634	322509	262130	6700
其他农副食品加工	外资企业	17	1090134	8462606	24793090	21863888	1922593
其他农副食品加工	外商投资股份有限公司	0	95014	859358	2776734	2483433	221004
其他农副食品加工	其他外商投资企业	11	880363	8855610	17067197	14531625	1400425
食品制造业	国有企业	0	95188	1783502	16529056	12831122	219739
食品制造业	集体企业	0	187593	699227	3527566	2869519	118505
食品制造业	股份合作企业	0	290	5024	114976	82245	2930
食品制造业	集体联营企业	0	478	52547	130486	123447	8878
食品制造业	国有与集体联营企业	0	502	2275	77083	70543	771
食品制造业	其他联营企业	2	87808	985019	1793201	1317814	208347
食品制造业	国有独资公司	184	11353677	1.11E+08	3.47E+08	2.78E+08	19994300
食品制造业	其他有限责任公司	25	4329920	55031021	1.24E+08	97087616	9037726
食品制造业	股份有限公司	10	1945922	12257639	1.04E+08	85461528	1961876
食品制造业	私营独资企业	3	464022	1500322	11293350	9224938	212896
食品制造业	私营合伙企业	163	12736504	96307538	4.01E+08	3.3E+08	14715081
食品制造业	私营有限责任公司	11	1317681	7877836	30824667	25186542	1705375
食品制造业	私营股份有限公司	9	905419	6093418	26949992	22383462	1069897
食品制造业	其他企业	23	2001056	16743512	55322535	43281482	3438246
食品制造业	合资经营企业（港或澳、台资）	3	49123	651511	948491	769748	101514
食品制造业	合作经营企业（港或澳、台资）	43	3593141	28439561	85560090	58327608	7253877
食品制造业	港、澳、台商独资经营企业	2	138642	957738	2880093	2326133	174655
食品制造业	港、澳、台商投资股份有限公司	51	3930385	44944928	1.15E+08	81773437	11015234
食品制造业	中外合资经营企业	4	348494	3726466	6700285	5308871	699010
食品制造业	中外合作经营企业	84	7474219	76223577	2.06E+08	1.41E+08	24160862

食品制造业	外资企业	3	1080345	8019863	19437342	14955182	2173137
食品制造业	外商投资股份有限公司	0	73579	1345024	6977322	4780857	730004
焙烤食品制造	国有企业	1	22266	74237	181888	129998	17707
焙烤食品制造	集体企业	0	4260	78066	241485	185902	65215
焙烤食品制造	股份合作企业	0	16402	152014	350536	306630	23646
焙烤食品制造	国有独资公司	13	419083	5816652	28998528	24159190	1490067
焙烤食品制造	其他有限责任公司	0	37899	461257	3497287	2679322	108354
焙烤食品制造	股份有限公司	2	211998	1507463	20726230	16893152	251055
焙烤食品制造	私营独资企业	0	7894	60732	694440	536928	13567
焙烤食品制造	私营合伙企业	18	1222438	11893812	60072756	48444311	2060229
焙烤食品制造	私营有限责任公司	1	40446	538079	3089225	2377053	48666
焙烤食品制造	私营股份有限公司	2	79280	476933	2526062	1982535	163967
焙烤食品制造	其他企业	3	185766	2177259	14559468	11314441	327503
焙烤食品制造	合资经营企业（港或澳、台资）	1	21502	319676	254654	206297	50613
焙烤食品制造	合作经营企业（港或澳、台资）	9	623657	7243917	21883079	15669346	1944733
焙烤食品制造	港、澳、台商独资经营企业	0	34531	157446	412906	365550	29432
焙烤食品制造	港、澳、台商投资股份有限公司	6	88661	1301041	3804728	2951824	140762
焙烤食品制造	中外合资经营企业	3	9381	891818	2444435	1990816	365274
焙烤食品制造	中外合作经营企业	18	855318	8476843	21929292	15966712	2297876
焙烤食品制造	外资企业	0	783	220968	2054919	1656706	84699
焙烤食品制造	外商投资股份有限公司	0	3207	32366	557028	475892	13633
糖果、巧克力及蜜饯制造	集体企业	0	403	34352	56969	55486	0
糖果、巧克力及蜜饯制造	股份合作企业	0	502	2275	77083	70543	771
糖果、巧克力及蜜饯制造	国有与集体联营企业	5	523869	3589920	16178479	13379920	663861
糖果、巧克力及蜜饯制造	其他有限责任公司	0	120613	3438008	10928669	8763183	675183
糖果、巧克力及蜜饯制造	股份有限公司	0	189824	1580197	13335958	10836024	261152
糖果、巧克力及蜜饯制造	私营独资企业	0	5645	78530	502792	410910	620
糖果、巧克力及蜜饯制造	私营合伙企业	11	1188059	7579626	33404177	27308152	1291195
糖果、巧克力及蜜饯制造	私营有限责任公司	0	305264	727890	2117116	1869357	58217
糖果、巧克力及蜜饯制造	私营股份有限公司	1	56194	552824	1622168	1272874	309567
糖果、巧克力及蜜饯制造	其他企业	1	108766	1565949	5021520	3702686	438273
糖果、巧克力及蜜饯制造	合资经营企业（港或澳、台资）	0	88	2149	32454	22933	1483
糖果、巧克力及蜜饯制造	合作经营企业（港或澳、台资）	2	478945	1681659	9517121	7243534	672993
糖果、巧克力及蜜饯制造	港、澳、台商独资经营企业	0	25387	113200	913012	700223	52785
糖果、巧克力及蜜饯制造	港、澳、台商投资股份有限公司	0	13549	78372	775043	653506	16677
糖果、巧克力及蜜饯制造	中外合资经营企业	0	30306	221462	732885	620103	100369
糖果、巧克力及蜜饯制造	中外合作经营企业	4	1857656	13123824	36610541	20621240	5746482
糖果、巧克力及蜜饯制造	外资企业	1	1060	150434	86843	87443	6746
糖果、巧克力及蜜饯制造	外商投资股份有限公司	0	0	10749	22859	9739	1704
方便食品制造	国有企业	1	319232	926224	2504137	2276858	110716

方便食品制造	集体企业	0	35054	1343011	12506846	9554005	93555
方便食品制造	股份合作企业	0	3296	58587	690479	551028	841
方便食品制造	国有独资公司	1	26246	197537	938601	588050	91951
方便食品制造	其他有限责任公司	23	1492717	11905386	52166601	43054742	2366439
方便食品制造	股份有限公司	1	471973	4051810	13052768	11255529	745340
方便食品制造	私营独资企业	0	250016	1597028	16245453	13236372	164298
方便食品制造	私营合伙企业	0	45933	463092	3746971	3081022	114007
方便食品制造	私营有限责任公司	20	1448422	12042943	60890773	51515545	2106068
方便食品制造	私营股份有限公司	1	90451	375994	4708848	4169559	45368
方便食品制造	其他企业	1	83493	592516	4986468	4150642	66066
方便食品制造	合资经营企业（港或澳、台资）	6	164544	2050497	7427992	5964845	677778
方便食品制造	港、澳、台商独资经营企业	0	1591	12390	25859	21031	2498
方便食品制造	港、澳、台商投资股份有限公司	9	482231	5015523	17898598	13713968	1692394
方便食品制造	中外合资经营企业	0	25318	141551	659017	587871	46504
方便食品制造	中外合作经营企业	6	265835	2858093	10760511	8274338	1214003
方便食品制造	外资企业	0	209227	1130524	1379150	1014977	54110
方便食品制造	外商投资股份有限公司	9	1364155	19889633	71070589	54417212	5828293
液体乳及乳制品制造	国有企业	2	59486	1702375	2319933	1985630	898398
液体乳及乳制品制造	集体企业	3	119873	1819369	4711235	3966229	431118
液体乳及乳制品制造	股份合作企业	0	4652	17014	269762	213392	4672
液体乳及乳制品制造	国有与集体联营企业	0	8271	15160	348062	151353	3316
液体乳及乳制品制造	其他联营企业	0	75	2964	23958	22833	956
液体乳及乳制品制造	国有独资公司	0	221	53475	175841	140072	8828
液体乳及乳制品制造	其他有限责任公司	46	1422981	21605728	69133914	57295584	5994779
液体乳及乳制品制造	股份有限公司	8	467295	20568296	37263487	26325777	4497644
液体乳及乳制品制造	私营独资企业	0	200618	1332133	5690016	4690025	218275
液体乳及乳制品制造	私营合伙企业	0	4762	40369	267245	212799	0
液体乳及乳制品制造	私营有限责任公司	20	802453	10308531	32030475	26191204	2130820
液体乳及乳制品制造	私营股份有限公司	2	91480	1001924	2866481	2332540	372194
液体乳及乳制品制造	其他企业	2	163029	1804943	4702581	3956747	366909
液体乳及乳制品制造	合资经营企业（港或澳、台资）	2	29354	406202	1234595	1056648	302539
液体乳及乳制品制造	合作经营企业（港或澳、台资）	0	0	40108	398843	391587	22937
液体乳及乳制品制造	港、澳、台商独资经营企业	4	264121	2589860	4127538	2120683	191646
液体乳及乳制品制造	港、澳、台商投资股份有限公司	1	13269	344510	323260	185960	0
液体乳及乳制品制造	中外合资经营企业	11	1325385	17185254	44388206	32095191	4742600
液体乳及乳制品制造	中外合作经营企业	1	1909	115343	29067	20635	2570
液体乳及乳制品制造	外资企业	6	734348	12231642	24989940	14976775	4457174
液体乳及乳制品制造	外商投资股份有限公司	0	1003142	5718760	14273437	10640542	1161518
罐头制造	国有企业	0	8721	418051	2949287	2006594	154837
罐头制造	集体企业	1	179711	825003	1713563	1517458	86867

罐头制造	股份合作企业	0	2823	61066	156513	123404	0
罐头制造	其他有限责任公司	0	135765	312642	581559	523258	36296
罐头制造	股份有限公司	0	53146	207337	370007	348801	47906
罐头制造	私营独资企业	28	2747569	14342025	25691352	21021354	1798582
罐头制造	私营合伙企业	9	877526	2995070	7170433	6173853	204498
罐头制造	私营有限责任公司	1	336655	1516105	10253074	8653554	193234
罐头制造	私营股份有限公司	1	89061	181085	1406221	1074351	29589
罐头制造	其他企业	29	3070397	11682663	52476784	44828823	1615904
罐头制造	合资经营企业（港或澳、台资）	1	242252	1068751	3236063	2861801	63304
罐头制造	合作经营企业（港或澳、台资）	0	297530	512016	2732570	2372900	65105
罐头制造	港、澳、台商独资经营企业	3	633689	2159823	4602441	3796940	277366
罐头制造	港、澳、台商投资股份有限公司	1	9263	206620	79491	59315	5885
罐头制造	中外合资经营企业	5	348639	1310664	4691327	3896118	209631
罐头制造	中外合作经营企业	0	2084	15730	21215	17418	3495
罐头制造	外资企业	9	684759	4083480	8295656	7059148	1558811
罐头制造	外商投资股份有限公司	0	16449	194559	930765	881658	60155
调味品、发酵制品制造	国有企业	3	260138	1267240	6083174	4938604	199972
调味品、发酵制品制造	集体企业	0	15874	196325	528660	479981	0
调味品、发酵制品制造	股份合作企业	2	95545	3047663	3526698	2715493	415817
调味品、发酵制品制造	国有独资公司	0	25923	73609	827646	649025	25663
调味品、发酵制品制造	其他有限责任公司	0	5769	43254	579848	528699	22412
调味品、发酵制品制造	股份有限公司	0	0	362633	99762	72912	48929
调味品、发酵制品制造	私营独资企业	25	1926313	21180059	50252895	41925591	2648141
调味品、发酵制品制造	私营合伙企业	3	933346	13267916	27012843	21839711	1491489
调味品、发酵制品制造	私营有限责任公司	1	307134	1938931	16104358	13039386	320942
调味品、发酵制品制造	私营股份有限公司	0	156771	216399	2680430	2227761	19728
调味品、发酵制品制造	其他企业	16	1644970	13245246	48605477	39238769	1354996
调味品、发酵制品制造	合资经营企业（港或澳、台资）	0	118844	1542229	5557950	4112958	478152
调味品、发酵制品制造	港、澳、台商独资经营企业	0	147659	978278	4440749	3500905	55931
调味品、发酵制品制造	港、澳、台商投资股份有限公司	3	433982	4054487	9394484	7906777	651982
调味品、发酵制品制造	中外合资经营企业	3	765538	4918943	11585046	9636793	1161024
调味品、发酵制品制造	中外合作经营企业	0	15854	98583	287394	208187	20156
调味品、发酵制品制造	外资企业	8	605442	7686692	17032795	12114626	1374910
调味品、发酵制品制造	外商投资股份有限公司	0	12421	67587	241578	190894	26863
其他食品制造	国有企业	14	556004	4868910	11521077	9054662	1180498
其他食品制造	集体企业	3	143736	2163114	4429676	3925589	338200
其他食品制造	股份合作企业	0	19269	178370	1969776	1629502	17001
其他食品制造	集体联营企业	0	18090	117570	977082	808551	31994
其他食品制造	国有与集体联营企业	0	290	5024	114976	82245	2930
其他食品制造	国有独资公司	0	0	15231	49559	45128	7922

其他食品制造	其他有限责任公司	1	8195	164037	208990	167979	10733
其他食品制造	股份有限公司	44	2821145	32663289	1.05E+08	77378082	5032431
其他食品制造	私营独资企业	4	1421268	10248664	25067362	20050241	1315218
其他食品制造	私营合伙企业	6	449677	2785782	21295410	18113015	552920
其他食品制造	私营有限责任公司	2	153956	460115	1995251	1681167	35385
其他食品制造	私营股份有限公司	49	3359765	29554717	1.13E+08	92778471	4155869
其他食品制造	其他企业	6	428944	2622969	9248984	7463274	639474
其他食品制造	合资经营企业（港或澳、台资）	3	78234	1175908	5939394	5146859	42352
其他食品制造	合作经营企业（港或澳、台资）	5	444955	4329295	13082035	9539145	762805
其他食品制造	港、澳、台商独资经营企业	1	16679	70568	157190	68585	18098
其他食品制造	港、澳、台商投资股份有限公司	11	630010	5678995	15857381	6047166	1381456
其他食品制造	中外合资经营企业	1	22199	86718	263289	260924	22283
其他食品制造	中外合作经营企业	11	946754	11751996	29995864	18624804	1967471
其他食品制造	外资企业	0	68801	1105173	942405	589788	89669
其他食品制造	外商投资股份有限公司	30	1846600	16365485	34286940	21267988	4450567
饮料制造业	国有企业	0	0	31001	173550	104880	21776
饮料制造业	集体企业	0	64858	916224	4005176	2764524	573463
饮料制造业	股份合作企业	14	1841062	28854586	54839261	19476280	2299393
饮料制造业	国有联营企业	1	190663	1210280	6209195	5127646	256767
饮料制造业	集体联营企业	3	291957	2587282	6300959	4878143	242360
饮料制造业	国有与集体联营企业	0	49940	98117	590249	538209	57
饮料制造业	国有独资公司	1	2387	10679	378206	301584	1626
饮料制造业	其他有限责任公司	0	9420	13710	171630	155420	0
饮料制造业	股份有限公司	3	2411574	17594645	20035113	12934337	2039135
饮料制造业	私营独资企业	139	17107256	1.25E+08	2.74E+08	1.93E+08	17157855
饮料制造业	私营合伙企业	18	10019038	1.1E+08	2.28E+08	1.5E+08	13622175
饮料制造业	私营有限责任公司	10	2375515	12153020	84093085	67281050	1985734
饮料制造业	私营股份有限公司	0	239400	772900	5978177	4783119	132917
饮料制造业	其他企业	75	11358047	70270347	2.62E+08	2.09E+08	8980306
饮料制造业	合资经营企业（港或澳、台资）	5	986451	5168241	22607619	17134477	640513
饮料制造业	合作经营企业（港或澳、台资）	5	835713	7253462	23411580	18718012	877699
饮料制造业	港、澳、台商独资经营企业	21	1066812	17035350	38383294	28902192	4865519
饮料制造业	港、澳、台商投资股份有限公司	1	188110	789271	2359053	1928230	125576
饮料制造业	中外合资经营企业	32	2424735	27392539	65791962	46323372	7050691
饮料制造业	中外合作经营企业	2	39495	1935691	1110126	839065	162121
饮料制造业	外资企业	47	3501922	45129077	1.42E+08	1.08E+08	12067997
饮料制造业	外商投资股份有限公司	0	146422	1996933	5772266	4040133	481349
饮料制造业	其他外商投资企业	62	2929776	50613167	84955641	57168824	11350569
酒的制造	国有企业	5	2248737	13364003	26584435	19160551	3816028
酒的制造	集体企业	1	0	88580	208479	154517	7903

酒的制造	股份合作企业	13	1743443	28258495	53292602	18292242	2240325
酒的制造	国有联营企业	1	154397	916376	3639263	3033714	206296
酒的制造	集体联营企业	2	209254	2160511	3581254	2595960	144495
酒的制造	国有独资公司	0	1912	7085	273556	228324	1522
酒的制造	其他有限责任公司	2	2330374	17330683	19531329	12537476	1951791
酒的制造	股份有限公司	96	13107093	96555995	1.96E+08	1.33E+08	12205931
酒的制造	私营独资企业	11	8285398	93554938	1.83E+08	1.14E+08	11732444
酒的制造	私营合伙企业	3	1615528	7716061	50410103	40625151	1227648
酒的制造	私营有限责任公司	0	94635	221333	2402332	1806782	43064
酒的制造	私营股份有限公司	43	6620664	37749206	1.33E+08	1.06E+08	3613275
酒的制造	其他企业	3	575782	3268986	14727641	11342718	351355
酒的制造	合资经营企业（港或澳、台资）	3	473571	3256503	10823293	8625867	421044
酒的制造	合作经营企业（港或澳、台资）	9	273515	6183584	11929234	8472227	1286478
酒的制造	港、澳、台商独资经营企业	0	107650	302750	472979	329098	17159
酒的制造	港、澳、台商投资股份有限公司	14	555010	8906432	11226900	7804630	1103623
酒的制造	中外合资经营企业	1	27474	663729	810243	660753	147791
酒的制造	中外合作经营企业	16	415835	11595862	26191440	18779968	2168367
酒的制造	外资企业	0	6018	198144	593350	363492	20969
酒的制造	外商投资股份有限公司	32	1199183	25797780	34233532	22436889	4953563
酒的制造	其他外商投资企业	4	218646	9358482	18765338	12940478	2305319
软饮料制造	国有企业	0	66035	335597	700152	433795	22398
软饮料制造	集体企业	0	4551	139067	759465	702739	15350
软饮料制造	股份合作企业	1	66895	369408	2262194	1954497	91226
软饮料制造	国有联营企业	0	49940	98117	590249	538209	57
软饮料制造	国有独资公司	1	475	3594	104650	73260	104
软饮料制造	其他有限责任公司	1	66550	180083	159217	149464	10325
软饮料制造	股份有限公司	38	2240576	18628766	49511528	38886097	3142647
软饮料制造	私营独资企业	6	1457073	15519072	42039754	33947725	1765318
软饮料制造	私营合伙企业	5	402200	2996264	21279088	17176485	495729
软饮料制造	私营有限责任公司	0	9219	116767	1247642	1068932	10590
软饮料制造	私营股份有限公司	28	2136217	20575478	73728926	59210805	3361225
软饮料制造	其他企业	1	206809	1276614	6073036	4440949	230599
软饮料制造	合资经营企业（港或澳、台资）	2	151297	3276224	7640171	6225202	384045
软饮料制造	合作经营企业（港或澳、台资）	11	772481	10543101	25611372	19706083	3503127
软饮料制造	港、澳、台商独资经营企业	1	66500	456016	1830712	1552992	100612
软饮料制造	港、澳、台商投资股份有限公司	16	1787978	17716976	50845230	35930872	5791400
软饮料制造	中外合资经营企业	1	10823	1268243	271487	156168	14330
软饮料制造	中外合作经营企业	31	3059039	33479841	1.15E+08	89235883	9893451
软饮料制造	外资企业	0	140404	1798789	5178916	3676641	460380
软饮料制造	外商投资股份有限公司	29	1650530	24138538	48879242	33335812	6270312

软饮料制造	其他外商投资企业	1	2030033	3926425	7712321	6131725	1507859
精制茶加工	国有企业	1	0	88580	208479	154517	7903
精制茶加工	集体企业	1	31584	260494	846507	750243	36670
精制茶加工	股份合作企业	0	31715	154837	1810467	1391193	35121
精制茶加工	国有与集体联营企业	0	15808	57363	457511	327686	6639
精制茶加工	国有独资公司	0	9420	13710	171630	155420	0
精制茶加工	其他有限责任公司	0	14650	83879	344567	247397	77019
精制茶加工	股份有限公司	5	1759587	9411758	28248582	21605602	1809277
精制茶加工	私营独资企业	1	276567	1240192	3059843	2154409	124413
精制茶加工	私营合伙企业	2	357787	1440695	12403894	9479414	262357
精制茶加工	私营有限责任公司	0	135546	434800	2328203	1907405	79263
精制茶加工	私营股份有限公司	4	2601166	11945663	54464405	43458486	2005806
精制茶加工	其他企业	1	203860	622641	1806942	1350810	58559
精制茶加工	合资经营企业（港或澳、台资）	0	210845	720735	4948116	3866943	72610
精制茶加工	合作经营企业（港或澳、台资）	1	20816	308665	842688	723882	75914
精制茶加工	港、澳、台商独资经营企业	0	13960	30505	55362	46140	7805
精制茶加工	中外合资经营企业	2	81747	769131	3719832	2587870	155668
精制茶加工	中外合作经营企业	0	1198	3719	28396	22144	0
精制茶加工	外资企业	0	27048	53374	227438	204916	6179
精制茶加工	外商投资股份有限公司	1	80063	676849	1842867	1396123	126694
烟草制品业	国有企业	0	58	79096	106776	88348	2850
烟草制品业	集体企业	3	9692340	73076475	3.55E+08	97914237	29637448
烟草制品业	股份合作企业	2	113636	888038	1916510	1539767	513405
烟草制品业	国有独资公司	0	963	4895	517215	402314	614
烟草制品业	其他有限责任公司	0	9870996	48712267	2.18E+08	42858481	19403999
烟草制品业	股份有限公司	3	3188177	51285824	1.78E+08	51791694	23922405
烟草制品业	私营有限责任公司	0	51395	1677614	3442588	1550980	308985
烟草制品业	其他企业	0	30294	1369630	576466	426049	428059
烟草制品业	合资经营企业（港或澳、台资）	0	1894	34989	167387	92343	14408
烟叶复烤	国有企业	2	4306101	3921710	10768236	7512433	185214
烟叶复烤	集体企业	0	113	2629	222103	194356	0
烟叶复烤	股份合作企业	0	963	4895	517215	402314	614
烟叶复烤	其他有限责任公司	2	524289	1621504	5241025	3246721	437335
烟叶复烤	合资经营企业（港或澳、台资）	1	5248790	68719630	3.42E+08	88859119	29346496
卷烟制造	国有企业	0	22852	92772	210867	138346	75983
卷烟制造	集体企业	0	9870658	48682372	2.17E+08	42301685	19402147
卷烟制造	国有独资公司	0	2148308	47968204	1.69E+08	46246403	22797770
卷烟制造	其他有限责任公司	0	15947	1617689	2737631	963618	264833
卷烟制造	股份有限公司	0	137449	435135	2124514	1542685	105738
卷烟制造	私营有限责任公司	2	90671	792637	1483540	1207065	437422

卷烟制造	其他企业	0	338	29895	674697	556796	1852
卷烟制造	合资经营企业（港或澳、台资）	1	515580	1696116	3827135	2298570	687300
其他烟草制品加工	国有企业	0	35448	59925	704957	587362	44152
其他烟草制品加工	集体企业	0	30294	1369630	576466	426049	428059
其他烟草制品加工	其他有限责任公司	0	1894	34989	167387	92343	14408
其他烟草制品加工	股份有限公司	46	3266920	19770658	67463637	60938506	2054550
其他烟草制品加工	私营有限责任公司	7	509542	4293478	52300906	44216885	884377
其他烟草制品加工	合资经营企业（港或澳、台资）	11	1321616	5879065	30706249	26888723	1204950

2010年-2012年分地区食品工业主要产品产量

地区	大米（万吨）			小麦粉（万吨）			乳制品（万吨）		
	2012年	2011年	2010年	2012年	2011年	2010年	2012年	2011年	2010年
全 国	10769.65526	8839.539435		12331.72394	11677.79398		2537.91	2316.44	2157.77
北 京	3.6808	3.9486		52.218726	47.569746		56.6	58.6	52.3
天 津	6.638965	7.614		33.765765	44.41185		44	22.99	26.58
河 北	7.0995	17.13884		883.294487	1211.15708		272.5	269	255.44
山 西	0.4474	0.8435		27.526685	24.4616		65.2	52.5	50.03
内蒙古	67.695963	58.310858		113.7142	121.6879		325.7	383.2	345.36
辽 宁	789.402791	914.163408		24.5508	25.930088		106	102.9	101.55
吉 林	1023.714123	811.903146		1.284	1.1219		16.7	6.9	6.96
黑龙江	1503.780301	932.078242		69.2158	60.07989		185.7	178.3	183.9
上 海	18.0089	19.612526		17.239044	20.985		58.2	45.7	42.3
江 苏	687.996147	548.73049		897.170172	788.180011		128.3	100.2	99.71
浙 江	49.40244	47.2966		59.328259	58.548319		42.1	35.7	30.76
安 徽	1424.699965	1146.956972		1297.592383	1279.302404		71.16	79	66.48
福 建	164.465431	114.33569		115.4622	57.9468		22.4	19.4	16.74
江 西	526.645855	458.653462					28.5	28.9	28.17
山 东	37.37218	33.97275		2470.181394	2182.795406		319.9	246.08	249.11
河 南	500.716576	422.86414		4584.058299	4281.72675		175.4	153.17	132.54
湖 北	1708.27233	1288.325954		414.3215	339.8832		60.5	49.1	57.53
湖 南	1186.250043	1022.57207		15.5285	23.9112		35.35	27	18.06
广 东	81.116933	104.858306		231.403405	196.460422		56.8	61.2	58.02
广 西	206.840813	160.21803		25.0241	23.5378		15.7	14.3	11.17
海 南	1.3431	4.1319		0.5953	0.737		0.4	0.4	0.46
重 庆	109.948935	86.866908		7.265	3.1839		11.2	12.9	12.58
四 川	504.611664	520.442097		226.140068	234.122763		77.2	78	58
贵 州	44.9041	35.1198		2.0868	2.5613		5.9	5.5	4.4
云 南	12.8561	7.7211		6.9605	5.316		47	34.6	31
西 藏				1.0786	1.4441		0.5	0.6	0.7
陕 西	44.53047	31.23056		419.910048	358.05108		172.1	160.2	147.97

甘 肃				162.57315	127.513632		24	16.7	14.34
青 海				7.5218	6.2708		15.8	12.2	11.9
宁 夏	45.370531	35.563686		37.781452	30.541718		56.6	25.2	13.41
新 疆	11.8429	4.0658		126.9315	118.35432		40.5	36	30.3

续表-1：

地区	食品植物油（万吨）			成品糖（万吨）			鲜、冻畜肉（万吨）		
	2012 年	2011 年	2010 年	2012 年	2011 年	2010 年	2012 年	2011 年	2010 年
全 国	5172.97	4331.8	3878.54	1409.47	1187.43	1117.59	3128.063579	2654.929231	
北 京	4	3.9	1.2				78.193869	68.588718	
天 津	272.3	288.4	277.02				22.015053	18.001857	
河 北	147.2	146.2	130.25	2.88	4.99	2.75	68.998365	64.089505	
山 西	18.5	16.2	12.26	5.3	4.3	4.35	39.967862	34.440527	
内蒙古	63.6	62.1	56.8	31.1	17.96	12.04	109.183974	94.052669	
辽 宁	234.5	169.8	192.85	5.4	24.21	6.11	162.894574	136.60652	
吉 林	81.3	87.9	60.22				195.085972	183.11222	
黑龙江	304.8	288.8	209.97	28.35	22.42	22.28	114.001481	88.24984	
上 海	101.7	84.6	85.31				5.32945	4.55298	
江 苏	474.9	482.5	496.72	0.97	0.84	0.14	39.807446	41.192317	
浙 江	37.3	43.1	44.59	0.19	0.16	0.17	22.114259	29.73603	
安 徽	127	76.3	66.23				74.034126	89.433774	
福 建	105.3	71.6	168.43	7	10.01	3.73	68.350206	41.4908	
江 西	111.8	28.6	30.96		0.01	0.01	17.308309	13.235648	
山 东	878.3	557.5	556.83	3.34	3.13	0.99	955.807033	751.924805	
河 南	232	265.9	216.72	0.79	0.86	0.96	387.154989	324.19593	
湖 北	429.57	346.9	275.3	3.3			105.87564	70.556684	
湖 南	283.4	266.2	219.31	5.96	4.33	0.73	82.164514	75.301824	
广 东	583.9	510.8	344.21	149.79	101.65	94.85	34.213534	28.874734	
广 西	198.3	131.7	110.41	861.51	742.31	705.46	45.225037	30.157212	
海 南				31.31	25.19	30.69	0.165708		
重 庆	63.1	48.6	19.78	1.2	0.54	1.9	63.886742	58.15069	
四 川	139	162.3	117.72	2.58	2.52	3.81	349.716116	350.680624	
贵 州	23.1	11.4	10.22	2.93	0.67	1.01	8.870392	6.455324	
云 南	13.6	9.1	18.23	207.93	173.55	179.78	14.392884	8.71012	
西 藏	0.1	0.1	0.08						
陕 西	121.9	88.1	67.92		0.04		36.797297	30.243779	
甘 肃	9.6	9.1	6.06	4	1.6	0.73	7.632739	2.4765	
青 海	11.3	7.6	6.18				2.064287	1.5635	
宁 夏	6	6.3	2.53				8.19848	1.3609	
新 疆	95.6	60.2	74.23	53.64	46.14	45.1	8.613241	7.4932	

续表-2：

地区	罐头（万吨）			糖果（万吨）			白酒（万千升）		
	2012 年	2011 年	2010 年	2012 年	2011 年	2010 年	2012 年	2011 年	2010 年
全 国	1043.01	1093.41	980.52	242.085756	222.794692		1153.158158	1025.550766	
北 京	0.76	0.7	0.63	5.386481	5.541732		24.12144	20.569327	
天 津	14.2	16.9	17.6	0.3238	0.247343		2.82957	4.275011	
河 北	47.09	38.37	30.54	7.104037	4.706525		29.082589	32.385565	
山 西	2.51	1.55	1.98				13.06908	14.5722	
内蒙古	0.4	0.3	0.2				54.048902	52.278611	
辽 宁	43.56	25.17	19.96	1.7204	2.0943		80.581924	68.053298	
吉 林	0.8	0.7	0.5		0.0333		53.53804	42.447509	
黑龙江	2.76	2.65	2.69	0.0166	0.02275		38.021934	20.882	
上 海	4.43	3.9	4.1	16.547478	15.417556		0.614	1.0798	
江 苏	15.24	16.78	18.31	4.563165	3.8162		91.412217	67.854848	
浙 江	75.2	99.46	90.43	5.731571	4.550857		2.182466	2.051059	
安 徽	44.99	37.4	33.5	6.16844	4.2204		40.772271	39.497468	
福 建	242.6	243.82	203.2	52.931756	29.361117		3.463754	3.327074	
江 西	13.46	11.2	7.91	7.835496	10.970432		15.705987	14.581658	
山 东	97.94	80.06	69.05	13.12257	14.646392		124.443761	99.167967	
河 南	32.74	34.55	29.51	10.53928	8.62835		99.903971	105.27839	
湖 北	92.02	80.69	70.95	17.867758	24.52519		72.120384	29.807073	
湖 南	76.62	115.33	95.44	15.408	18.32649		19.850708	12.949758	
广 东	32.58	26.37	32.53	59.239962	52.212324		11.018897	10.034936	
广 西	51.57	48.7	47.92	4.359035	6.8412		6.756604	7.324203	
海 南	24.5	23.2	20.3	0.592983	0.833166			0.4236	
重 庆	6.17	5.49	6.91	0.763706	0.780498		18.221807	17.349595	
四 川	42.23	49.05	52.01	10.67724	14.5356		295.176016	309.38652	
贵 州	1.46	1.6	1.2	0.1388	0.085		26.831904	24.659044	
云 南	3.09	2.38	2.5	0.571068	0.247		6.497569	5.8634	
西 藏									
陕 西	1.7	1.42	1.7	0.33983	0.05417		9.305667	7.986593	
甘 肃	3.02	9.64	8.62				3.669599	2.965256	
青 海			0.01				1.917797	1.705509	
宁 夏							1.6669	1.5374	
新 疆	69.37	116.03	110.3	0.1363	0.0968		6.3324	5.256094	

续表-3：

地区	啤酒（万千升）			葡萄酒（万千升）			软饮料（万吨）			卷烟（万支）		
	2012 年	2011 年	2010 年	2012 年	2011 年	2010 年	2012 年	2011 年	2010 年	2012 年	2011 年	2010 年
全 国	4778.58	4834.5	4490.16	138.161456	115.686495		13024	11812.18	9953.37	251609000	244740000	237526000

北 京	166.21	164.82	164.64	0.927393	1.217472		430.6	381.9	332.33	1986000	2089000	2030000
天 津	27.1	33.2	31.97	3.2269	4.1095		408.8	468.1	448.57	2390000	2260000	2205000
河 北	157.51	160.34	134.68	10.581962	9.371318		308.5	267.7	180.05	8275000	8075000	7750000
山 西	41.92	45.68	33.92	0.21882	0.19236		128.5	83.5	63.69	1560000	1550000	1475000
内蒙古	104.3	116.4	113.03	0.8205	0.85366		200.2	204.5	263.69	3150000	2875000	2650000
辽 宁	264.1	262.2	248.06	4.304242	2.017473		446.4	397.1	381.54	2764000	2745000	2653000
吉 林	135.25	148.64	142.17	32.699166	20.6519		762.6	623.5	504.68	4650000	4300000	4000000
黑龙江	210.95	223.67	187.69	3.7942	2.149		261.5	239.5	172.46	4370000	4361000	4310000
上 海	59.5	50.9	65.36	0.078422	0.12184		284.2	268.2	260.98	9169000	8961000	8826000
江 苏	217.61	235.41	258.59				595.5	400.3	390.19	10062000	9911000	9595000
浙 江	268.55	281.4	283.41		0.00039		904.4	856.2	685.51	9011000	8852000	8510000
安 徽	152	170.6	154.11				191	161.1	146.3	12861000	12583000	12258000
福 建	198.07	198.52	188.78	0.3196			398.2	424.8	386.96	9212000	8843000	8438000
江 西	117.15	130.07	123.7	0.66007	0.442174		236.7	213.3	189.57	5990000	5840000	5590000
山 东	665.53	642.75	537.15	46.714126	44.608552		610.4	589.7	535.86	13831000	13613000	13331000
河 南	369.25	357	411.04	21.89878	17.69007		909.1	833.4	694.6	16910000	16761000	16504000
湖 北	226.8	202.5	187.06	0.1717	0.0484		628.5	622	438.06	13674000	13475000	13147000
湖 南	79.73	127.12	104.19	0.686	2.4433		372.1	268.18	141.45	18377000	18162000	17527000
广 东	474.2	482.24	400.16				2103.5	2015	1768.52	13709000	13456000	13035000
广 西	169.45	150.74	138.26	0.1874	0.243623		675.5	545.1	342.33	7535000	7415000	7165000
海 南	8.8	10.1	16.11				48.4	42.1	42.13	1050000	950000	875000
重 庆	77.2	77.3	75.19				261.3	298.4	349.97	5510000	5160000	5010000
四 川	198	192.1	158.9	0.081095	0.051614		745.4	644.7	495.91	9789000	9442000	9142000
贵 州	41.4	36.28	33.36	0.00677	0.004717		137.8	109.5	68.6	12467000	12262000	11962000
云 南	89.09	76.22	54.72	1.8494	2.3866		262.6	245	186.1	38412000	36499000	35738000
西 藏	17.5	18.2	13.33				13.2	10.2	8.41			
陕 西	102.13	99	94.37	3.0221	1.5289		419.8	383.5	215.79	8795000	8600000	8300000
甘 肃	63.17	64.9	65.52	1.102381	1.407446		110.1	93	138.43	4400000	4100000	4000000
青 海	10.1	8.9	12.5				22.7	12.4	15.31			
宁 夏	15.4	16.2	14.1	1.6527	2.520473		11.7	7.3	13.84			
新 疆	50.61	51.1	44.09	3.157729	1.625713		134.8	103	91.54	1700000	1600000	1500000

2010 年-2012 年全国食品工业主要产品产量

产品名称	单位	2012 年	2011 年	2010 年
原盐	万吨	6911.78	6742.16	7037.76
小麦粉	万吨	11404.04	11324.11	10118.5
大米	万吨	10777.52	8839.5	8244.2
饲料	万吨	21682.07	19079.7	17440.42
精制食用植物油	万吨	5172.97	4331.8	3878.54

成品糖	万吨	1409.47	1187.43	1117.59
鲜、冷藏肉	万吨	3128.2	2655.1	2116.8
冷冻水产品	万吨	677.4	609.4	484.5
糖果	万吨	241.9	222.5	179.9
速冻米面食品	万吨	415.82	346.5	297.8
方便面	万吨	946.7	827.5	688.2
乳制品	万吨	2537.91	2316.44	2157.77
其中：液体乳	万吨	2280.88	2089.54	1959.51
乳粉	万吨			
罐头	万吨	1043.01	1093.41	980.52
酱油	万吨	700.2	662.8	595.7
冷冻饮品	万吨	254.3	249.3	242.26
食品添加剂	万吨			
发酵酒精(折 96 度,商品量)	万千升	820.7	824.77	825.9
饮料酒	万千升	6239.37	6168.41	5668.13
其中：白酒(折 65 度,商品量)	万千升	1153.1	1011.14	886.51
啤酒	万千升	4778.58	4834.5	4490.16
葡萄酒	万千升	138.2	111.34	108.8
软饮料	万吨	13024	11812.18	9953.37
其中：碳酸饮料类(汽水)	万吨	1311.4	1640.72	1265.2
包装饮用水类	万吨	5562.8	4788.8	4249.6
果汁和蔬菜汁饮料类	万吨			
精制茶	万吨			
卷烟	万支	251609000	244740000	237526000

2010 年-2012 年进口主要食品数量和金额

金额单位：万美元

品　名		2012 年		2011 年		2010 年	
		数　量	金　额	数　量	金　额	数　量	金　额
谷物及谷物粉	(万吨)	1398	478673	545	204380	571	152726
小麦	(万吨)	370	110863	126	42369	123	31584
稻谷和大米	(万吨)	237	115335	60	40764	39	27136
大豆	(万吨)	5838	3499017	5264	2983418	5480	2508123
食用植物油	(万吨)	845	969212	657	771400	687	602672
其他植物油	(万吨)						
乳制品	(万吨)						
葡萄酒	(万升)	42565	257335	39100	217852	30490	133335
食糖	(万吨)	375	224374	292	194340	177	90578

2010 年-2012 年出口主要食品数量和金额

金额单位：万美元

品　名		2012 年		2011 年		2010 年	
		数　量	金　额	数　量	金　额	数　量	金　额
活猪	(万头)	164	46056	156	45205	172	33854
活家禽	(万只)	736	3094	723	2862	696	2610
鲜、冻牛肉	(万吨)	1	8060	2	11959	2	10909
鲜、冻猪肉	(万吨)	7	29504	8	32610	11	33201
冻鸡	(万吨)	9	22175	11	26823	10	20828
水海产品	(万吨)	368	1811810	288	1098377	243	880218
鲜蛋	(百万个)	1230	11203	1285	12107	1298	9789
谷物及谷物粉	(万吨)	96	59373	116	75346	120	66066
稻谷和大米	(万吨)	28	27213	52	42698	62	41868
玉米	(万吨)	26	10117	14	4658	13	3335
蔬菜	(万吨)	741	755935	772	934993	655	798093
鲜或冷藏蔬菜	(万吨)	485	317737	505	397112	421	377180
橘、橙	(吨)	942596	83932	792721	63686	814322	52098
鲜苹果	(吨)	975878	95991	1034635	91433	1122953	83163
核桃仁	(吨)	7199	5480	7066	4675		
栗子	(吨)	35027	8606	45811	7604		
松子仁	(吨)	11576	17459	9633	15390	7027	15928
大豆	(万吨)	32	27913	21	16154	16	11825
花生及花生仁	(万吨)	15	27236	17	25977	19	24176
食用植物油(含棕榈油)	(吨)	99519	18357	121602	20804	92461	12262
食糖	(吨)	47144	4349	59389	5128	94348	6386
天然蜂蜜	(吨)	110158	21505	99894	20147	101138	18251
茶叶	(吨)	313484	104226	322580	96510	302525	78412
辣椒干	(吨)	51957	13748	63107	17954	44535	11500
猪肉罐头	(吨)	48109	14967	45108	12567	41932	10604
蘑菇罐头	(吨)	307841	52250	326575	55514	329621	46185
啤酒	(万升)	22574	14099	22091	13068	19410	11234
肠衣	(吨)	82809	109716	86443	109991	74961	82930
烤烟	(吨)	100800	46326	103496	47757	90784	43862

2010 年-2012 年分地区酒、饮料和精制茶制造业总产值及其比例

单位：亿元

地区	2012 年		2011 年		2010 年（2010 年为饮料制造业）	
	主营业务收入	利润总额	主营业务收入	利润总额	主营业务收入	利润总额
全国	13549.14	1602.36	11774.80	1315.37	9165.70	991.33
北京市	228.59	8.88	222.10	16.66	185.47	14.32
天津市	149.59	5.30	153.82	3.61	113.81	4.83
河北省	373.02	41.58	333.29	33.85	257.35	23.72
山西省	190.66	22.61	147.23	16.24	109.64	12.12
内蒙古	271.06	25.07	221.27	21.35	182.71	17.34
辽宁省	500.48	46.13	406.39	36.10	329.35	32.13
吉林省	435.39	22.59	373.15	22.54	267.66	10.63
黑龙江省	285.12	14.39	232.33	14.83	194.53	15.62
上海市	117.07	6.02	192.95	11.43	170.59	7.49
江苏省	853.21	153.84	747.25	124.89	584.19	60.25
浙江省	472.06	48.70	503.89	40.08	480.23	35.55
安徽省	479.96	56.18	367.20	42.07	280.18	35.00
福建省	614.84	63.13	512.23	55.70	367.04	42.12
江西省	219.79	21.74	161.31	18.12	129.65	13.99
山东省	1337.49	119.30	1130.23	107.57	991.36	95.92
河南省	1008.61	96.73	911.64	98.74	672.84	79.01
湖北省	961.97	88.89	763.36	71.64	549.84	53.61
湖南省	461.26	34.83	384.11	26.84	289.38	27.13
广东省	850.60	39.72	808.86	45.32	639.98	40.77
广西壮族自治区	296.77	42.35	247.90	34.94	179.05	28.03
海南省	19.11	1.86	18.57	5.31	19.62	3.14
重庆市	135.13	10.74	119.20	9.56	104.71	9.31
四川省	2144.11	330.78	1945.82	253.90	1413.32	189.12
贵州省	436.89	211.83	298.75	141.84	184.25	91.24
云南省	135.26	16.19	116.94	13.26	92.10	11.93
西藏自治区	13.48	5.04	11.17	2.77	9.37	1.89
陕西省	317.55	40.08	256.26	26.63	199.23	17.40
甘肃省	106.25	6.08	83.42	4.94	73.06	4.98
青海省	25.06	0.92	12.66	-0.24	15.76	-0.77
宁夏回族自治区	19.15	5.09	17.24	3.61	15.84	2.08
新疆维吾尔自治区	89.64	15.78	74.30	11.26	63.56	11.44

2010 年-2012 年分地区烟草制品业主营业务收入及利润总额

单位：亿元

地区	2012 年		2011 年		2010 年	
	主营业务收入	利润总额	主营业务收入	利润总额	主营业务收入	利润总额
全国	7571.52	1071.49	6666.90	840.52	5628.19	734.00
北京市	44.89636	3.36885	42.15303	4.36685	36.56	3.40
天津市	45.47086	7.24428	32.26397	1.23348	26.61	1.91
河北省	155.8272	17.37316	131.66954	14.05449	113.54	11.06
山西省	36.54748	4.96827	30.49417	3.8952	26.36	2.89
内蒙古	71.00902	8.18112	58.66737	5.11194	49.96	5.47
辽宁省	67.73785	4.51419	57.63463	3.93168	50.91	3.44
吉林省	118.88678	12.51677	115.61068	10.89716	88.77	6.92
黑龙江省	101.25428	12.4864	86.92498	11.02901	63.34	9.41
上海市	763.05562	191.14753	669.49114	168.23654	538.16	141.76
江苏省	440.75374	82.55661	403.6229	68.76816	345.16	65.15
浙江省	347.68798	35.42344	322.54228	27.97072	279.33	19.44
安徽省	290.75408	33.67051	261.18062	29.02473	225.04	25.53
福建省	226.75077	23.14839	202.01404	17.99809	167.77	16.69
江西省	136.52407	21.88021	108.13812	10.16387	94.00	8.65
山东省	303.01246	34.3335	261.30877	25.72481	259.14	20.73
河南省	414.03359	66.26703	337.44401	35.71863	280.93	27.36
湖北省	449.3234	43.46999	457.42771	34.66182	359.47	18.89
湖南省	709.33859	109.07586	618.42804	88.11285	520.78	68.47
广东省	369.86228	43.19458	351.49122	43.95825	312.16	47.21
广西壮族自治区	166.92742	24.20411	140.10151	16.08386	118.99	11.75
海南省	21.14227	1.88161	16.07643	0.74526	13.43	1.03
重庆市	131.409	10.26756	115.58298	13.54923	97.56	8.59
四川省	237.35677	15.13551	199.33349	15.22641	171.16	15.04
贵州省	305.07489	42.21063	262.01151	23.37303	212.11	17.71
云南省	1288.25098	184.35172	1105.81845	138.2684	949.58	156.20
西藏自治区						
陕西省	179.97633	21.30476	151.61021	16.75708	120.59	11.42
甘肃省	112.947	11.82455	90.55183	7.5981	78.47	5.99
青海省						
宁夏回族自治区	0.24655	0.00933	7.10081	–0.00938	4.69	–0.43
新疆维吾尔自治区	35.45887	5.47514	30.2058	4.0648	23.60	2.34

2010 年-2012 年分地区食品制造业主营业务收入及利润总额

单位：亿元

地区	2012 年		2011 年		2010 年	
	主营业务收入	利润总额	主营业务收入	利润总额	主营业务收入	利润总额
全国	15834.33	1423.1	13875.73	1232.25	11133.5	1015.45
北京市	369.2191	16.93447	294.26732	14.57648	245.69	8.86
天津市	894.93183	150.46318	691.84197	91.70769	331.54	50.12
河北省	723.79922	57.0346	625.1215	44.96156	439.29	30.04
山西省	111.64487	9.38133	93.57601	7.82515	74.84	6.68
内蒙古	547.06026	35.94141	618.03678	62.47573	612.35	80.61
辽宁省	661.74273	51.85316	544.01928	40.8172	478.29	44.78
吉林省	328.8668	19.66684	277.06832	25.43635	205.59	11.59
黑龙江省	446.59156	33.97425	467.00584	33.16133	409.42	38.39
上海市	685.4813	50.87279	547.97627	37.88847	484.58	32.22
江苏省	627.47811	45.60666	481.87859	36.15502	414.24	27.25
浙江省	500.09134	52.11827	440.51994	31.92684	382.93	29.99
安徽省	410.96655	29.76979	338.31351	21.79439	230.24	18.08
福建省	800.56276	65.39508	680.89292	62.64693	535.02	41.62
江西省	351.12905	26.94674	273.90678	20.83158	241.57	17.94
山东省	2232.88432	159.16528	2036.56553	161.97967	1843.02	144.46
河南省	1592.68499	170.56495	1501.2074	170.66781	1131.84	138.33
湖北省	665.28484	51.32934	518.91909	43.77266	378.52	32.97
湖南省	639.75642	43.68503	605.88216	44.59813	425.2	34.09
广东省	1409.64027	206.37298	1249.60527	155.29158	1074.73	136.65
广西壮族自治区	216.63255	21.19813	168.48874	17.06195	116.13	12.41
海南省	38.38661	2.40632	33.84972	2.29033	38.33	4.71
重庆市	137.0611	9.61245	133.83254	9.61037	110.34	9.79
四川省	653.7661	49.72149	625.55079	41.88973	428.73	27.93
贵州省	66.73168	12.02973	72.12548	15.45929	54.94	8.89
云南省	133.19089	10.14718	89.61445	7.33508	64.97	4.7
西藏自治区	1.33383	0.1662	1.05124	0.08463	0.92	0.03
陕西省	288.18176	24.91347	245.05477	16.53825	184.68	13.32
甘肃省	61.14089	2.82872	38.23967	1.2743	34.46	0.77
青海省	13.15911	1.30273	10.91431	1.24948	17.66	1.3
宁夏回族自治区	97.79176	4.7098	58.51665	6.77606	43.88	3.47
新疆维吾尔自治区	127.13931	6.98618	111.88905	4.16767	99.59	3.43

2010 年-2012 年分地区农副食品加工业主营业务收入及利润总额

单位：亿元

地区	2012 年		2011 年		2010 年	
	主营业务收入	利润总额	主营业务收入	利润总额	主营业务收入	利润总额
全国	52145.58	3202.68	43848.58	2795.22	34668.26	2343.61
北京市	383.2406	10.95999	349.86339	13.63877	312.95	7.99
天津市	829.47188	18.9856	521.9103	11.49858	402.00	11.61
河北省	1929.45791	95.10674	1746.97774	89.71916	1347.52	80.36
山西省	299.32841	22.37073	267.65962	28.6622	192.29	15.69
内蒙古	1292.12089	74.41982	1236.91285	78.22578	955.44	74.33
辽宁省	4298.20416	311.56077	3422.31556	226.99794	2744.94	215.29
吉林省	2685.80652	132.66137	2141.77684	101.7146	1554.44	73.00
黑龙江省	2220.8392	104.44707	1726.28601	80.99562	1266.67	80.30
上海市	357.64161	16.38804	336.58578	9.77725	279.28	11.44
江苏省	3272.69569	210.8311	2555.54559	160.37987	2258.84	125.09
浙江省	946.80769	34.59976	846.92876	33.14078	761.33	31.46
安徽省	2206.32882	120.38816	1839.44393	104.70841	1270.53	93.21
福建省	1781.2742	109.40356	1477.29176	100.71117	1205.35	79.82
江西省	1164.35473	70.68817	855.02119	47.82233	667.26	38.91
山东省	10237.3724	629.95617	8449.70912	525.80799	7287.00	440.10
河南省	4202.09605	354.4129	3949.83928	353.45084	3024.34	291.53
湖北省	3153.5387	212.10692	2253.76782	154.50374	1488.45	125.25
湖南省	2128.57842	119.93591	1988.80046	119.09642	1385.23	93.04
广东省	2322.96304	121.74324	2201.31636	113.51608	1786.01	115.08
广西壮族自治区	1690.82844	140.52754	1377.39719	168.84583	1064.13	124.37
海南省	113.37012	0.27367	96.90295	3.37482	94.27	6.34
重庆市	545.67723	28.81364	455.1418	24.98632	348.81	23.08
四川省	2249.85449	144.83252	2294.16615	139.50751	1838.16	102.00
贵州省	137.14189	6.26307	111.83677	5.52009	79.32	4.15
云南省	382.3378	30.39207	298.56797	43.72492	242.57	32.37
西藏自治区	2.08733	0.27525	1.95002	0.21967	2.00	0.25
陕西省	642.25307	44.54742	505.25015	27.90816	381.76	21.13
甘肃省	238.53299	11.17814	189.38411	8.18543	129.40	9.46
青海省	35.15991	1.05293	21.36086	0.64349	22.74	1.33
宁夏回族自治区	75.94911	2.79636	56.71153	4.07576	47.94	1.92
新疆维吾尔自治区	320.26419	20.76209	271.95766	13.85592	227.31	13.70

2010 年-2012 年各地区城镇居民家庭人均全年消费性支出

单位：元

地　区	消费性支出			食　品			粮　食			淀粉及薯类		
	2012 年	2011 年	2010 年	2012 年	2011 年	2010 年	2012 年	2011 年	2010 年	2012 年	2011 年	2010 年
全　国	**16674.32**	**15160.89**	**13471.45**	**6040.85**	**5506.33**	**4804.71**	**458.53**	**437.58**	**385.51**	**54.05**	**49.65**	**41.74**
北　京	24045.86	21984.37	19934.48	7535.29	6905.51	6392.90	432.00	441.43	409.02	51.55	55.07	54.33
天　津	20024.24	18424.09	16561.77	7343.64	6663.31	5940.44	438.70	426.79	385.73	61.37	64.67	51.34
河　北	12531.12	11609.29	10318.32	4211.16	3927.26	3335.23	391.57	380.71	326.16	48.95	45.48	37.79
山　西	12211.53	11354.30	9792.65	3855.56	3558.04	3052.57	421.97	408.04	369.50	70.33	67.67	64.52
内蒙古	17717.10	15878.07	13994.62	5463.18	4962.40	4211.48	488.84	461.19	401.60	39.84	41.57	37.49
辽　宁	16593.60	14789.61	13280.04	5809.39	5254.96	4658.00	472.76	457.31	387.35	69.55	63.96	52.27
吉　林	14613.53	13010.63	11679.04	4635.27	4252.85	3767.85	453.09	435.00	391.04	59.95	56.89	47.39
黑龙江	12983.55	12054.19	10683.92	4687.23	4348.45	3784.72	479.60	454.91	429.72	71.66	71.42	64.97
上　海	26253.47	25102.14	23200.40	9655.60	8905.95	7776.98	699.84	677.47	614.73	71.01	70.14	58.23
江　苏	18825.28	16781.74	14357.49	6658.37	6060.91	5243.14	442.90	417.74	373.38	62.70	56.66	47.99
浙　江	21545.18	20437.45	17858.20	7552.02	7066.22	6118.46	467.83	437.87	364.15	58.42	50.82	40.80
安　徽	15011.66	13181.46	11512.55	5814.92	5246.76	4369.63	455.44	433.96	337.74	39.51	35.26	22.52
福　建	18593.21	16661.05	14750.01	7317.42	6534.94	5790.72	563.59	520.87	469.71	58.60	51.42	44.02
江　西	12775.65	11747.21	10618.69	5071.61	4675.16	4195.38	437.95	408.64	353.11	30.76	31.77	23.81
山　东	15778.24	14560.67	13118.24	5201.32	4827.61	4205.88	394.36	392.46	343.91	53.85	44.96	36.97
河　南	13732.96	12336.47	10838.49	4607.47	4212.76	3575.75	393.08	393.17	349.36	60.79	57.26	48.11
湖　北	14495.97	13163.77	11450.97	5837.93	5363.68	4429.30	583.33	541.43	516.40	36.74	28.16	29.69
湖　南	14608.95	13402.87	11825.33	5441.63	4943.89	4322.09	423.53	382.99	329.92	34.21	28.11	24.13
广　东	22396.35	20251.82	18489.53	8258.44	7471.88	6746.62	544.10	523.23	460.12	44.17	43.44	35.60
广　西	14243.98	12848.37	11490.08	5552.56	5074.49	4372.75	387.45	377.10	321.35	37.30	34.29	27.78
海　南	14456.55	12642.75	10926.71	6556.10	5673.65	4895.96	330.15	313.07	307.56	28.90	24.75	22.12
重　庆	16573.14	14974.49	13335.02	6870.23	5847.90	5012.56	417.12	364.42	311.81	59.87	45.28	39.19
四　川	15049.54	13696.30	12105.09	6073.86	5571.69	4779.60	413.09	390.83	336.37	73.96	67.07	53.77
贵　州	12585.70	11352.88	10058.29	4992.85	4565.85	4013.67	395.96	374.20	320.00	31.13	25.86	19.45
云　南	13883.93	12248.03	11074.08	5468.17	4802.26	4593.49	408.86	387.35	335.31	48.84	45.41	31.99
西　藏	11184.33	10398.91	9685.54	5517.69	5184.18	4847.58	462.52	517.68	432.38	26.98	26.12	33.54
陕　西	15332.84	13782.75	11821.88	5550.71	5040.47	4381.40	441.54	419.44	390.19	65.40	63.77	53.95
甘　肃	12847.05	11188.57	9895.35	4602.33	4182.47	3702.18	404.81	380.56	352.83	48.52	42.97	40.73
青　海	12346.29	10955.46	9613.79	4667.34	4260.27	3784.81	481.05	469.35	452.34	50.99	49.13	37.60
宁　夏	14067.15	12896.04	11334.43	4768.91	4483.44	3768.09	389.07	394.84	343.10	57.05	56.74	49.36
新　疆	13891.72	11839.40	10197.09	5238.89	4537.46	3694.81	494.46	441.69	362.74	56.37	50.16	41.08

续表-1： 单位：元

地区	消费性支出			食品			粮食			淀粉及薯类		
	2012年	2011年	2010年	2012年	2011年	2010年	2012年	2011年	2010年	2012年	2011年	2010年
全 国	72.68	69.31	66.48	161.48	151.07	125.43	1183.59	1105.93	914.22	119.00	116.65	98.02
北 京	73.30	72.84	77.39	177.90	156.41	136.85	1084.73	1045.05	909.54	146.93	146.78	120.22
天 津	58.37	62.38	59.61	182.78	153.66	130.85	1128.65	1037.96	865.70	192.10	195.87	158.77
河 北	58.59	55.72	50.84	148.51	137.60	119.09	764.95	716.53	578.26	125.99	126.47	103.51
山 西	69.71	65.44	64.93	117.58	111.20	88.12	546.45	511.25	432.23	106.60	106.52	89.86
内蒙古	44.05	42.91	39.20	116.43	109.36	94.12	990.75	925.73	761.02	83.19	82.42	66.43
辽 宁	75.58	71.19	65.31	152.21	139.25	113.27	979.53	873.02	738.95	131.32	130.71	104.74
吉 林	74.58	66.49	68.69	135.65	124.94	106.00	803.19	736.97	657.07	99.27	93.62	89.84
黑龙江	68.97	66.73	66.13	147.34	138.90	109.58	857.79	807.37	692.99	112.20	109.62	94.90
上 海	108.67	105.18	98.45	139.82	134.47	113.73	1447.45	1344.65	1136.23	149.84	144.47	117.29
江 苏	95.14	86.92	82.77	134.40	124.47	108.09	1315.82	1205.12	1027.57	128.98	123.90	106.86
浙 江	99.87	93.99	82.66	144.84	138.89	117.84	1128.30	1048.80	845.32	108.24	105.45	85.88
安 徽	82.67	78.74	68.55	158.16	156.63	113.86	1035.59	982.96	742.07	148.34	153.78	125.39
福 建	73.22	71.47	72.96	142.13	143.68	120.13	1484.76	1348.75	1152.92	131.03	125.83	112.40
江 西	90.66	87.17	86.22	200.83	191.16	164.49	1161.74	1107.29	916.40	104.09	104.28	89.11
山 东	52.92	56.02	53.77	147.07	130.81	107.28	860.31	831.03	682.72	151.22	152.57	132.17
河 南	59.64	62.29	60.95	128.00	128.10	105.41	796.87	756.56	611.01	131.49	134.03	110.61
湖 北	85.61	82.97	83.47	196.98	185.13	152.31	1118.08	1083.30	853.27	115.20	111.11	96.35
湖 南	87.86	77.75	80.32	206.38	212.09	164.97	1172.72	1126.05	918.32	96.52	92.10	75.51
广 东	65.47	62.00	59.75	185.80	169.36	142.28	2086.69	1926.38	1640.60	107.81	104.49	83.75
广 西	69.62	67.38	62.27	143.58	136.37	93.84	1617.61	1554.17	1280.94	83.19	81.07	69.24
海 南	35.51	32.35	28.57	151.43	128.46	117.67	1840.30	1681.02	1285.53	60.81	58.42	51.22
重 庆	82.88	67.98	62.47	266.56	232.24	199.45	1591.79	1427.15	1142.96	135.26	117.26	101.66
四 川	72.03	68.62	61.95	195.95	178.61	166.62	1512.48	1473.67	1177.98	120.48	113.44	93.47
贵 州	58.77	52.72	49.79	167.13	156.85	137.06	1147.14	1082.74	880.80	79.12	75.36	65.76
云 南	40.81	38.68	49.70	155.16	151.70	81.44	1138.47	1031.71	882.90	69.72	67.41	72.53
西 藏	10.51	10.24	5.21	143.22	136.12	163.40	1204.78	1124.98	1084.98	41.05	48.67	53.89
陕 西	75.20	72.72	69.59	142.18	132.78	110.86	716.92	642.23	533.01	98.47	96.75	79.56
甘 肃	49.60	46.64	46.27	161.61	148.66	134.30	705.05	621.34	529.16	87.86	85.68	70.19
青 海	37.36	40.08	34.37	125.99	125.63	107.83	966.15	910.27	708.90	80.99	82.70	66.87
宁 夏	51.72	49.33	48.16	124.26	126.31	111.58	834.58	782.52	626.04	65.78	65.62	56.92
新 疆	39.44	37.41	36.93	177.44	155.97	131.07	1205.88	1048.21	815.84	91.01	85.84	68.38

续表-2：　　　　单位：元

地　区	消费性支出			食　品			粮　食			淀粉及薯类		
	2012 年	2011 年	2010 年	2012 年	2011 年	2010 年	2012 年	2011 年	2010 年	2012 年	2011 年	2010 年
全　国	408.92	353.99	326.86	591.97	527.32	501.65	76.10	68.84	63.28	55.06	50.59	41.67
北　京	296.17	254.38	250.95	583.57	536.87	530.94	128.73	120.90	108.97	81.42	77.31	71.05
天　津	564.76	492.85	443.79	614.19	555.79	521.49	116.79	103.06	98.08	54.46	52.21	44.08
河　北	177.91	153.67	141.81	412.78	390.51	403.14	69.11	60.18	55.43	42.12	35.99	30.13
山　西	73.25	63.43	57.45	383.69	352.14	347.90	56.58	51.61	47.78	33.00	28.12	24.13
内蒙古	144.44	111.97	102.05	457.17	403.33	353.14	62.79	61.18	54.51	39.79	35.21	30.27
辽　宁	474.35	403.53	364.23	581.19	515.76	499.40	90.33	82.16	75.88	44.15	40.41	30.54
吉　林	208.16	178.78	173.70	489.50	452.21	462.56	78.69	68.53	66.91	34.27	32.00	26.77
黑龙江	213.69	204.51	185.57	463.23	441.68	420.29	74.44	69.69	65.21	48.48	42.69	36.29
上　海	1011.40	912.35	817.64	761.58	672.39	622.01	91.92	85.49	79.76	125.58	133.36	103.92
江　苏	542.92	458.25	421.94	662.97	582.89	568.46	76.37	66.92	61.18	57.90	54.13	40.25
浙　江	949.22	811.65	713.79	660.54	582.55	543.17	65.02	61.93	54.28	54.47	57.13	46.73
安　徽	268.20	235.67	211.35	577.93	538.66	472.44	47.99	43.21	42.23	48.36	40.15	19.91
福　建	1219.95	1029.64	999.62	629.91	534.17	543.68	76.61	68.23	67.26	48.38	45.51	39.44
江　西	291.38	260.95	254.69	671.48	580.69	581.89	56.84	51.93	51.35	48.16	44.10	39.31
山　东	384.33	339.25	321.62	439.17	427.02	401.49	67.06	62.46	55.60	41.38	38.66	32.16
河　南	105.77	89.38	78.49	400.70	375.92	373.02	64.16	59.05	55.32	39.66	35.36	27.62
湖　北	334.46	294.01	267.47	703.01	653.65	615.32	73.89	76.33	68.05	43.30	38.98	34.30
湖　南	272.49	233.01	219.42	627.38	558.90	512.80	57.37	52.39	50.63	50.01	44.80	38.94
广　东	792.27	700.98	657.73	742.25	642.09	615.84	74.15	62.43	58.80	81.35	74.70	63.92
广　西	378.22	324.82	293.42	521.24	448.41	428.87	45.74	41.84	38.57	60.04	53.02	42.27
海　南	963.24	770.92	669.83	726.07	580.75	528.01	53.56	46.54	45.62	32.82	31.22	26.76
重　庆	266.13	200.42	190.51	797.03	624.99	559.89	137.92	110.56	97.50	74.79	58.45	57.01
四　川	185.40	161.85	144.56	710.36	608.90	580.03	115.95	105.69	98.87	64.07	55.51	51.48
贵　州	99.05	86.94	81.01	558.19	513.14	457.11	67.21	64.05	58.70	61.01	53.33	43.48
云　南	116.62	96.68	122.38	744.88	614.03	562.90	65.53	59.07	46.78	51.71	46.11	34.99
西　藏	50.96	41.45	51.08	682.52	600.81	566.63	59.32	60.02	45.92	53.66	64.11	59.19
陕　西	116.03	94.89	86.70	538.90	481.61	443.78	87.52	79.13	64.86	52.66	56.40	37.44
甘　肃	88.24	79.64	72.29	509.66	462.58	437.07	77.02	67.01	62.17	36.77	31.50	30.63
青　海	112.87	95.79	83.40	493.94	467.77	405.40	61.36	62.69	50.02	41.58	40.90	38.73
宁　夏	81.17	80.01	70.21	422.65	402.09	370.71	58.93	54.91	47.67	46.90	43.40	36.01
新　疆	115.34	100.17	87.82	499.33	427.51	363.33	57.90	49.22	41.76	71.91	56.49	47.10

续表-3： 单位：元

地　区	消费性支出			食　品			粮　食			淀粉及薯类		
	2012年	2011年	2010年	2012年	2011年	2010年	2012年	2011年	2010年	2012年	2011年	2010年
全　国	271.47	249.11	232.59	294.58	259.63	230.36	506.30	449.14	378.75	122.97	110.09	98.30
北　京	301.41	251.45	249.11	590.23	510.02	480.22	772.88	705.92	646.29	258.05	234.48	220.03
天　津	290.64	242.35	235.43	416.94	396.75	355.53	664.40	615.62	539.06	215.76	202.48	185.61
河　北	145.33	138.55	130.65	279.81	249.90	209.73	408.96	366.89	287.33	109.95	98.32	80.78
山　西	255.65	225.09	206.51	186.72	164.64	138.13	402.92	353.45	289.15	105.19	94.52	78.02
内蒙古	337.22	282.97	272.32	368.71	335.60	333.55	484.96	432.46	339.56	73.46	66.63	58.43
辽　宁	250.70	227.62	231.66	287.47	249.35	234.80	638.97	562.50	455.52	108.22	92.59	88.77
吉　林	202.16	167.49	144.45	208.24	179.10	165.20	530.94	460.69	381.68	76.83	68.69	54.38
黑龙江	164.63	161.69	128.33	208.41	176.77	155.31	502.81	459.06	395.02	89.08	79.83	68.23
上　海	469.37	474.73	444.70	372.72	381.32	336.51	756.66	695.27	593.73	272.02	237.51	205.14
江　苏	386.30	378.79	309.24	345.41	303.68	248.73	513.86	441.46	382.30	130.17	118.39	102.73
浙　江	407.55	445.71	413.12	265.03	287.54	256.99	664.99	611.57	491.58	139.95	133.88	109.27
安　徽	436.60	392.64	345.48	481.81	410.68	359.12	378.58	351.57	286.14	84.12	73.41	91.58
福　建	231.11	213.78	176.06	317.01	298.89	261.05	541.04	468.01	411.69	117.68	101.71	87.77
江　西	241.42	211.15	207.44	196.48	137.02	136.82	423.16	392.04	345.92	110.03	96.87	86.13
山　东	149.42	136.13	128.31	375.43	336.95	294.71	546.77	484.14	403.26	127.56	120.75	107.78
河　南	185.98	163.26	158.35	299.33	250.38	224.66	410.78	357.91	288.11	107.05	94.61	79.69
湖　北	405.88	358.06	280.32	278.36	250.11	177.09	385.98	345.60	265.53	120.33	106.18	95.33
湖　南	294.25	249.19	250.42	228.79	173.00	162.11	471.33	412.81	348.30	95.62	75.76	72.24
广　东	162.23	132.93	146.00	294.75	247.22	216.23	551.94	483.95	432.64	160.84	141.64	133.63
广　西	164.41	125.98	123.30	165.68	152.57	131.71	406.75	363.02	329.18	100.08	97.34	76.10
海　南	156.74	141.60	155.39	113.14	104.90	111.46	377.61	326.35	297.01	83.11	74.30	70.06
重　庆	323.04	274.12	260.70	244.37	201.37	171.39	460.46	362.69	309.52	85.30	69.92	73.30
四　川	283.69	272.53	276.91	251.90	228.04	214.08	425.78	378.78	323.71	78.21	71.82	70.48
贵　州	308.76	277.38	278.65	222.31	178.08	172.84	408.36	375.50	316.56	74.61	72.26	68.66
云　南	456.40	397.84	434.46	143.83	117.86	140.81	422.47	353.03	315.52	155.90	139.19	83.05
西　藏	496.27	443.67	408.16	299.33	292.56	298.35	315.56	292.39	248.62	33.67	34.23	38.04
陕　西	284.20	273.09	283.99	278.52	235.17	227.22	527.62	486.65	393.86	157.30	137.73	116.65
甘　肃	279.55	250.87	220.24	263.44	234.71	204.79	443.60	384.88	327.13	74.23	64.65	61.63
青　海	264.65	192.76	185.01	273.25	209.15	224.59	408.76	386.02	308.84	76.31	67.58	62.13
宁　夏	259.75	267.59	239.60	193.38	187.33	165.73	504.76	454.83	360.36	74.97	65.37	54.69
新　疆	132.86	122.31	101.52	199.04	169.59	142.49	549.88	462.68	363.77	105.05	92.51	77.10

续表-4:　　　　　　　　　　　　　　　　　　　　　　　　　　　单位：元

地　区	消费性支出			食　品			粮　食			淀粉及薯类		
	2012 年	2011 年	2010 年	2012 年	2011 年	2010 年	2012 年	2011 年	2010 年	2012 年	2011 年	2010 年
全　国	253.57	234.01	198.47	93.64	88.44	80.45	1315.09	1183.20	1019.29	1.85	1.77	1.63
北　京	421.05	384.52	371.04	101.16	79.17	68.75	2032.46	1831.93	1687.28	1.76	0.97	0.92
天　津	325.39	252.24	236.06	136.77	118.75	128.83	1881.44	1689.69	1500.26	0.13	0.19	0.23
河　北	203.69	179.01	148.19	110.71	102.67	81.67	710.96	687.47	549.54	1.30	1.57	1.17
山　西	209.63	201.17	161.23	82.80	75.04	62.66	732.17	677.22	529.24	1.30	1.48	1.21
内蒙古	237.35	205.68	173.47	239.87	228.21	175.72	1252.86	1134.80	917.50	1.45	1.18	1.08
辽　宁	244.07	213.82	188.03	91.41	85.15	64.70	1116.80	1045.82	961.85	0.77	0.81	0.76
吉　林	159.41	141.82	109.85	99.16	110.96	137.34	921.42	877.62	684.09	0.78	1.05	0.89
黑龙江	179.71	151.50	137.02	62.25	58.12	64.38	942.22	853.02	670.14	0.74	0.94	0.62
上　海	494.26	462.70	410.27	85.15	99.23	99.39	2598.09	2274.91	1925.05	0.22	0.29	0.18
江　苏	303.81	279.66	234.10	127.26	122.96	107.13	1327.86	1235.52	1017.48	3.60	3.46	2.93
浙　江	283.59	274.03	219.84	88.76	81.26	77.86	1963.11	1841.80	1653.25	2.29	1.34	1.95
安　徽	323.75	305.14	241.78	89.43	90.84	104.18	1156.17	920.87	782.30	2.27	2.58	2.98
福　建	264.37	254.99	203.15	52.03	52.72	44.39	1364.83	1204.34	983.66	1.16	0.93	0.81
江　西	217.66	205.83	171.04	113.02	103.59	96.92	674.62	659.42	589.09	1.33	1.27	1.64
山　东	263.62	251.31	225.43	103.51	90.99	89.00	1041.41	929.82	788.18	1.92	2.29	1.54
河　南	214.23	207.20	170.31	98.41	95.23	72.35	1110.10	951.70	761.04	1.45	1.35	1.34
湖　北	218.63	205.33	146.55	57.09	70.44	49.03	1078.62	930.62	697.16	2.44	2.26	1.67
湖　南	147.40	156.98	128.30	124.04	114.83	92.83	1049.17	951.37	850.94	2.56	1.77	1.99
广　东	246.06	228.97	211.35	64.95	56.68	52.94	2052.64	1870.65	1734.51	0.99	0.71	0.91
广　西	189.55	179.19	152.45	56.13	51.05	63.39	1123.88	985.61	836.69	2.09	1.26	1.38
海　南	144.75	137.22	160.75	33.26	38.10	44.81	1424.35	1183.49	973.47	0.33	0.17	0.12
重　庆	317.50	268.29	234.68	99.43	71.46	70.43	1505.04	1346.93	1126.43	5.75	4.36	3.67
四　川	269.99	238.86	203.04	65.73	57.98	60.61	1231.24	1094.72	861.22	3.56	4.79	4.45
贵　州	169.88	157.23	154.78	86.95	99.50	88.27	1054.53	918.02	818.58	2.72	2.69	2.17
云　南	216.00	187.40	89.80	59.61	58.24	64.54	1172.06	1009.25	1242.76	1.29	1.30	1.64
西　藏	398.54	410.33	310.55	156.05	151.91	82.02	1079.75	927.08	964.20	2.98	1.81	1.41
陕　西	273.33	256.62	224.00	116.87	112.00	100.16	1577.08	1398.60	1164.90	0.96	0.90	0.66
甘　肃	221.40	200.05	168.11	171.88	188.84	159.19	978.18	890.58	784.97	0.90	1.31	0.49
青　海	204.82	193.65	187.53	94.18	106.57	101.02	892.64	759.01	729.74	0.45	1.22	0.49
宁　夏	243.08	218.14	176.87	137.20	120.43	107.80	1223.25	1113.42	902.98	0.43	0.56	0.30
新　疆	237.05	197.70	164.52	82.34	65.47	59.04	1122.63	973.82	788.94	0.96	0.73	1.41

2010 年-2012 年居民消费价格分类指数

（上年=100）

项　目	2012 年	2011 年	2010 年
居民消费价格指数	102.6	105.4	103.3
食品	104.8	111.8	107.2
粮食	104.0	112.2	111.8
大米	104.0	114.2	116.2
面粉	102.6	109.4	107.5
淀粉及制品	103.2	115.9	108.2
干豆类及豆制品	102.0	105.4	109.2
油脂	105.1	113.4	103.8
肉禽及其制品	102.1	122.6	102.9
蛋	97.1	114.2	108.3
水产品	108.0	112.1	108.1
菜	113.7	101.1	118.5
鲜菜	115.9	100.5	118.7
调味品	104.2	105.5	104.1
糖	104.2	111.2	108.3
茶及饮料	104.2	104.0	101.3
茶叶	103.3	103.9	102.6
饮料	104.6	104.0	100.7
干鲜瓜果	100.1	115.9	114.6
鲜果	98.8	116.4	115.6
糕点饼干面包	104.3	108.1	102.4
液体乳及乳制品	103.2	105.1	102.8
在外用膳食品	106.7	108.2	103.6
其它食品	104.2	105.7	101.7
烟酒及用品	102.9	102.8	101.6
烟草	100.5	100.3	100.5
酒	106.3	106.7	103.6

2010 年-2012 年农产品生产价格指数

（上年 = 100）

项　目	2012 年	2011 年	2010 年
农产品生产价格指数	102.7	116.5	110.9
种植业产品	104.8	107.8	116.6
谷物	104.8	109.7	112.8

小麦	102.9	105.2	107.9
稻谷	104.1	113.3	112.8
玉米	106.6	109.9	116.1
大豆	105.7	106.3	107.9
油料	105.2	112.1	112.1
糖料	105.0	125.5	106.0
蔬菜	109.9	103.4	116.8
水果	103.9	106.2	118.9
畜牧业产品	99.7	126.2	103.0
猪（毛重）	95.9	137.0	98.3
牛（毛重）	116.8	108.1	104.7
羊（毛重）	107.8	115.7	108.7
家禽（毛重）	103.8	112.0	107.0
蛋类	100.5	112.6	107.5
奶类	103.9	108.1	115.3
渔业产品	106.2	110.0	107.6

2010 年-2012 年分行业食品工业生产者出厂价格指数

（上年＝100）

	2012 年	2011 年	2010 年
农副食品加工业	102.2	110.6	105.5
食品制造业	102.2	106.3	103.3
饮料制造业	101.9	104.4	102.9
烟草制品业	101.3	100.3	100.4

2010 年-2012 年分行业食品工业能源消费总额

单位：万吨

	2012 年	2011 年	2010 年
食品工业合计			
农副食品加工业		2663.79	2644.27
食品制造业		1517.97	1508.52
酒、饮料及精制茶制造业		1197.41	1130.42
烟草制品业		272.31	228.89

2010 年-2012 年城镇居民家庭人均全年购买主要商品数量

项　目	单位	2012 年	2011 年	2010 年
粮　食	千克	78.76	80.71	81.53
鲜 菜	千克	112.33	114.56	116.11

食用植物油	千克	9.14	9.26	8.84
猪 肉	千克	21.23	20.63	20.73
牛羊肉	千克	3.73	3.95	3.78
禽 类	千克	10.75	10.59	10.21
鲜 蛋	千克	10.52	10.12	10.00
水产品	千克	15.19	14.62	15.21
鲜 奶	千克	13.95	13.70	13.98
鲜瓜果	千克	56.05	52.02	54.23
酒	千克	6.88	6.76	7.02

2010年-2012年限额以上批发和零售业商品销售类值

单位：万元

项 目	销售合计			批 发			零 售		
	2012年	2011年	2010年	2012年	2011年	2010年	2012年	2011年	2010年
粮油、食品、饮料、烟酒类	428669815	360407406	275131446	304607428	259103944	203282461	124062387	101303462	71848985
粮油、食品类	207642212	172003097	124765080	123441374	102000511	75198914	84200838	70002586	49566166
粮油类	76384009	63505135	46511552	55084505	46392938	35263873	21299504	17112197	11247680
肉禽蛋类	24342006	20422205	14697530	10765778	8585262	6371464	13576228	11836944	8326066
饮料类	30261109	25642956	18627797	17644844	15262240	11107511	12616265	10380716	7520286
烟酒类	191145883	162756788	131738569	163851925	141839764	116976035	27293958	20917024	14762534

2010年-2012年分行业食品工业主营业务收入和主营业务成本

单位：亿元

行 业	2012年		2011年		2010年	
	主营业务收入	主营业务成本	主营业务收入	主营业务成本	主营业务收入	主营业务成本
农副食品加工业	52145.57749	45740.92063	43848.57952	38437.31074	34668.26	30338.53
谷物磨制	9972.62531	8755.29864	8159.10435	7192.62504	6268.94	5527.7
饲料加工	8557.2004	7526.75597	7299.96991	6431.28976	5557.9	4879.62
植物油加工	9198.65062	8370.52109	7573.18874	6896.67799	5984.9	5396.32
制糖	1098.09831	902.8297	1008.1907	771.67253	771.58	593.3
屠宰及肉类加工	10449.44535	9103.36677	9214.92619	8072.84821	7470.52	6560.83
水产品加工	4426.44128	3876.42724	3535.97707	3076.71728	2951.39	2574.59
蔬菜、水果和坚果加工	3838.08993	3225.0475	3291.33088	2777.9085	2697.97	2287.34
其他农副食品加工	4605.02629	3980.67372	3765.89168	3217.57143	2965.06	2518.83
食品制造业	15834.33191	12324.5665	13875.73189	10921.33407	11133.5	8760.31
焙烤食品制造	1877.21918	1478.16713	1656.53373	1309.16291	1262.5	1003.59
糖果、巧克力及蜜饯制造	1324.92717	981.03748	1127.58666	843.23003	904.71	662.24
方便食品制造	2839.79594	2294.13224	2560.04427	2095.92447	1862.25	1511.31
乳制品制造	2501.9723	1889.9317	2314.90234	1776.05042	1939.79	1453.06

罐头食品制造	1310.20868	1106.28739	1163.04885	983.64515	863.02	736.48
调味料、发酵制品制造	2097.5103	1689.63149	1843.50846	1490.3684	1601.74	1313.53
其他食品制造	3882.69834	2885.37907	3210.10758	2422.95269	2699.49	2080.1
酒、饮料及精制茶制造业	13549.14297	9703.25286	11774.80188	8581.47363	9165.7	6669.36
酒的制造	7752.82798	5238.72003	5936.95482	3979.85533	4658.07	3144.92
饮料制造	4619.17473	3546.88852	4222.87882	3291.82641	3324.69	2549.92
精制茶加工	1177.14026	917.64431	925.1399	726.20592	716.56	569.42
烟草制品业	7571.51649	1965.75865	6666.90024	1856.69578	5628.19	1737.77
烟叶复烤	167.48579	113.55824	128.13375	79.00746	106.54	70.57
卷烟制造	7308.44374	1785.09171	6463.80424	1722.6038	5463.9	1624.25
其他烟草制品制造	95.58696	67.1087	74.96225	55.08452	57.75	42.94

2010 年-2012 年分行业食品工业资产及负债

单位：亿元

行　业	2012 年		2011 年		2010 年	
	资产总计	负责总计	资产总计	负责总计	资产总计	负责总计
农副食品加工业	23454.1249	12745.29368	19725.22	10657.855	16731.35	9121.78
谷物磨制	3430.91642	1513.6805	2810.6687	1245.156	2379.62	1117.74
饲料加工	2823.29076	1358.80485	2647.3549	1242.5403	2055.75	1049.14
植物油加工	4992.91328	3461.1828	4122.0341	2866.0067	3504.29	2398.42
制糖	1380.03279	989.75868	1169.357	782.26716	995.08	637.59
屠宰及肉类加工	4552.55825	2288.88353	3749.5258	1903.1953	3141.65	1619.99
水产品加工	2273.60552	1212.58371	1865.3319	998.47267	1687.61	879.44
蔬菜、水果和坚果加工	1737.59424	736.13846	1486.5824	614.72851	1342.07	567.11
其他农副食品加工	2263.21364	1184.26115	1874.3655	1005.4888	1625.27	852.35
食品制造业	10009.6781	4836.06217	8511.613	4231.639	7229.41	3685.27
焙烤食品制造	967.00244	418.48213	858.35554	372.83159	698.62	327.9
糖果、巧克力及蜜饯制造	812.66721	345.63786	677.06371	298.26103	578.66	272.18
方便食品制造	1530.33443	663.54714	1324.2705	609.9075	1004.64	488.05
乳制品制造	1782.48347	976.19636	1579.2185	902.75284	1383.55	767.35
罐头食品制造	747.04004	431.38204	674.90892	397.75437	593.63	348.32
调味料、发酵制品制造	1561.16368	775.91419	1291.2971	640.83932	1136.21	587.94
其他食品制造	2608.98683	1224.90245	2106.4988	1009.2924	1834.11	893.53
酒、饮料及精制茶制造业	11176.83666	5392.42601	9441.1792	4685.2631	7852.83	3954.34
酒的制造	7345.62462	3540.02935	5599.5981	2703.9836	4603.93	2240.24
饮料制造	3180.93906	1569.3156	2753.8363	1432.4053	2431.86	1260.2
精制茶加工	650.27298	283.08106	578.53496	227.41913	431.44	202.85
烟草制品业	7084.34049	1770.49732	6169.2458	1492.4304	5484.04	1318.71

烟叶复烤	267.78409	55.50738	200.26405	35.59969	164.79	39.97
卷烟制造	6720.37491	1670.80667	5896.3781	1422.917	5248.3	1246.28
其他烟草制品制造	96.18149	44.18327	72.60369	33.9137	70.95	32.47

2010年-2012年分行业食品工业固定资产投资

表1：

单位：亿元

行　业	按建设性质分									按资金来源分		
	新建			扩建			改建			国家预算资金		
	2012年	2011年	2010年	2012年	2011年	2010年	2012年	2011年	2010年	2012年	2011年	2010年
农副食品加工业	3640.6	2788.3	1901.7	1493.4	1163.4	830.1	1571.5	1138.9	760.70	39.90	47.20	28.30
食品制造业	1573.4	1205.8	957.7	607.4	532.1	484.4	769.7	533.7	406.90	7.70	7.20	10.20
酒、饮料及精制茶制造业	1198.7	873.4	608.1	605.7	451.5	306.9	658.1	464.1	338.00	4.90	6.30	3.70
烟草制品业	70.3	75.0	35.7	26.5	34.1	35.0	100.1	79.1	73.40	4.90	1.30	1.80

表2：

单位：亿元

行业	按资金来源分											
	国内贷款			利用外资			自筹资金			其他资金		
	2012年	2011年	2010年	2012年	2011年	2010年	2012年	2011年	2010年	2012年	2011年	2010年
农副食品加工业	534.50	418.20	288.00	86.70	91.20	77.30	6300.90	4797.70	3282.90	216.20	167.6	141.3
食品制造业	252.80	194.80	198.10	86.80	87.10	66.50	2822.30	2216.70	1653.30	63.90	72.8	78.2
酒、饮料及精制茶制造业	173.20	118.90	97.60	63.40	45.60	64.00	2413.40	1737.90	1256.00	52.00	49	40.2
烟草制品业	11.10	14.30	3.80	2.00	2.00	0.20	244.90	288.60	225.50	3.20	4.5	0.5

2010年-2012年分行业食品工业固定资产投资及新增固定资产

单位：亿元

	固定资产投资额			新增固定资产			固定资产交付使用率（%）		
	2012年	2011年	2010年	2012年	2011年	2010年	2012年	2011年	2010年
农副食品加工业	6858.70	5233.70	3632.00	5180.40	3864.10	2569.90	75.5	73.8	70.8
食品制造业	3061.50	2404.90	1946.90	2116.70	1839.10	1312.20	69.1	76.5	67.4
酒、饮料及精制茶制造业	2581.50	1910.10	1354.10	1797.50	1345.20	904.70	69.6	70.4	66.8
烟草制品业	238.80	268.60	208.40	108.80	125.60	91.30	45.6	46.8	43.8

2010年-2012年分行业食品工业建设项目

单位：个

	施工项目数			全部建成投产项目数			项目建成投产率（%）		
	2012年	2011年	2010年	2012年	2011年	2010年	2012年	2011年	2010年
农副食品加工业	14185	14184	12430	9468	9619	8436	66.8	67.8	67.9
食品制造业	5697	5839	5598	3723	3951	3563	65.4	67.7	63.7
酒、饮料及精制茶制造业	4672	4369	4012	2959	2861	2563	63.3	65.5	63.9
烟草制品业	253	251	327	118	117	175	46.6	46.6	53.5

2010 年-2012 年分行业大中型食品工业企业研究与试验发展（R&D）情况

	R&D 人员全时当量（人年）			R&D 经费（万元）			R&D 项目数（项）		
	2012 年	2011 年	2010 年	2012 年	2011 年	2010 年	2012 年	2011 年	2010 年
农副食品加工业	30426	25154	13362	1357189	920658	478254	5269	3545	1622
食品制造业	23471	19564	11010	868614	626131	388737	3798	2917	1826
酒、饮料及精制茶制造业	22728	20013	13803	800503	693436	460381	2800	2742	1665
烟草制品业	4126	3483	4029	198001	159702	138549	1161	884	689

2010 年-2012 年分行业大中型食品工业企业新产品开发及生产情况

	新产品项目数（项）			开发新产品经费（万元）			新产品销售收入（万元）		
	2012 年	2011 年	2010 年	2012 年	2011 年	2010 年	2012 年	2011 年	2010 年
农副食品加工业	5542	3947	1792	1611686	1197057	522260	20041824	14677321	7623757
食品制造业	4041	3007	1810	897428	682741	403400	8444769	6814431	5906578
酒、饮料及精制茶制造业	2899	2628	1502	825783	716557	430503	10686172	7833815	5825543
烟草制品业	901	800	662	152354	164401	127833	13836853	14928820	8014047

2010 年-2012 年分行业大中型食品工业企业专利情况

	新产品项目数（项）			开发新产品经费（万元）			新产品销售收入（万元）		
	2012 年	2011 年	2010 年	2012 年	2011 年	2010 年	2012 年	2011 年	2010 年
农副食品加工业	5927	4350	1908	2398	1689	558	2261	1613	621
食品制造业	4716	3870	1875	1809	1512	834	2375	1435	948
酒、饮料及精制茶制造业	3699	2174	1961	994	600	272	1290	1239	563
烟草制品业	1581	1145	766	550	381	245	710	490	251

2010 年-2012 年新增主要产品生产能力

名　称	单　位	2012 年	2011 年	2010 年
啤酒	万吨／年	379	376	290
白酒	万吨／年	290	199	175
其他酒	万吨／年	47	26	56
卷烟	箱／年	1320000	1097000	1083600

第二部分

行业分述

2.1 制糖业

【a. 概况】

我国产糖省区由2008/09年制糖期的18个减少至15个，沿边境地区分布，集中在北部、西北部和西南部。甘蔗糖产区主要分布在广西、云南、广东、海南及邻近省区；甜菜糖主要分布在新疆、黑龙江、内蒙古及邻近省区。与糖料种植相关的人员近4000万。

我国甜菜糖厂一般在9月底或10月初开机生产；甘蔗糖厂中，湖南10月底或11月初开榨，广西、广东、海南等省区11月初或12月初开榨，云南省12月底或次年1月初开榨。

2010年-2012年的主要经济指标

2009/10～2011/12年制糖期制糖行业主要经济指标表

制糖期 / 项目	2009/10年制糖期	2010/11年制糖期	2011/12年制糖期
销售收入	576.64亿元	784.45亿元	775亿元
利税总额	122.82亿元	172.81亿元	75.89亿元
农民种植糖料收入	50.16亿元	109.8亿元	68亿元

2009/10～2011/12年制糖期我国食糖产量表　　单位：万吨

制糖期	09/10	10/11	11/12
全国合计	1073.83	1045.42	1151.75
甘蔗糖小计	1013.83	966.04	1051.02
广东	85.77	87.20	114.91
其中：湛江	73.03	77.64	99.36
广西	710.20	672.80	694.20
云南	177.15	176.14	201.36
海南	31.81	22.64	30.88
福建	3.48	1.96	2.09
其他	5.42	5.30	7.58
甜菜糖小计	60.00	79.38	100.74
黑龙江	9.89	18.37	28.38
新疆	38.44	42.60	47.17

内蒙古	7.01	11.10	13.71
其他	4.66	7.31	11.48

【b.“十一五”主要成就】

1、**制糖行业稳步发展。**“十一五”期间，我国形成年制糖能力 1460 万吨（日处理糖料能力 107 万吨）；食糖累计总产量 5882 万吨(年均产糖 1176 万吨),食糖消费累计达 6439 万吨（年均消费 1288 万吨），分别比“十五”期间增长 32% 和 31.6%。

2、**生产布局日趋合理。**“十一五”期间，食糖生产逐步向优势地区集中,产糖省区数量从 1 8 个减少到 1 5 个，生产集中度进一步提高，广西、云南、广东、海南、黑龙江、新疆 6 个主产区食糖产量占全国总产量的 98%。2009/10 年制糖期，全国共有 302 家制糖企业，以核心企业为龙头、以资产为纽带的国有、民营、外资等多种经营形式、多元投资主体共存的大型糖业集团得到迅速发展。

3、**糖料生产稳步增长。**到“十一五”末期全国糖料种植面积 2859 万亩(2009/10 年制糖期全国糖料种植面积 2412 万亩），比“十五”末期增加 513 万亩，增长 22%（比 2004/05 年制糖期增加 369 万亩，增长 18%）。糖料产量 1.2 亿吨，比“十五”末期增加 2540 万吨。“十一五”期间农民种植糖料总收入 1397 亿元，比“十五”期间增加 726 亿元，增长 108%。“十一五”期间，制糖企业加大了反哺农业的投入，共投入资金 54.8 亿元。通过提供种子和肥料补贴，加强基础设施和田间管理等措施，促进糖料稳定发展。

4、**技术装备有所提高。**“十一五”期间，我国自行设计、制造、安装了日处理甘蔗 1.6 万吨和日处理甜菜 3 千吨的制糖生产线，研制推广了高效撕解机、环保高效燃硫炉、自动调节硫熏中和器、快速沉降器、全自动板框过滤机、无滤布真空吸滤机、板式换热器、喷射雾化式冷凝器、高效捕汁器、强制循环结晶罐、连续助晶机、全自动离心机等高效新型设备,推广了均衡进榨计量控制系统、甘蔗压榨自动控制系统、糖厂蒸发过程 DCS 控制系统（集散控制系统）、全自动煮糖控制系统，以及锅炉全自动控制及能源集中管理系统，完成了磷浮法改进与推广，产品质量稳步提高，一些达到或接近国际水平的技术，如低碳低硫制糖新工艺、烟道气余热利用技术、甜菜干法输送技术、制糖过程集成控制系统、糖厂用水深度处理与循环利用技术在国内得到初步尝试并取得一定的成效。

5、**节能减排成效显著。**“十一五”期间，我国制糖业在清洁生产、节能降耗、综合利用等方面取得了一定的进展。全行业百吨糖料耗标煤从“十五”末期的 5.99 吨下降到“十一五”末期的 5.31 吨，下降 11%；COD 排放总量从期初的 35.96 万吨下降到期末的 18.01 万吨，下降 50%，提前 3 年完成了国家“十一五”期间 COD 排放下降的目标。以蔗渣、糖蜜为原料的综合利用产品生产规模不断扩大,初步实现了专业化、集约化生产，经济效益普遍提高。制糖行业 综合利用产品达 80 余种。

6、**流通新格局初步形成。**“十一五”期间，食糖流通领域加大了整合力度，逐步形成了一批年销售食糖百万吨以上规模的食糖流通企业，成为食糖现货交易的主力。计算机技术、电子结算和现代物流在批发市场得到普遍应用，降低了食糖流通成本，提高了交易效率。食糖期货市场不断发展和完善，为企业提供了套期保值的机会，发挥了发现价格的基本功能。

7、**政策环境明显改善。**“十一五”期间，通过实施行业结构调整战略，进一步优化了产业布局，通过加强食糖市场宏观调控，维护了食糖生产和市场的基本稳定，工业短期储存食糖政策的实施有效缓解了食糖季产年销资金紧缺状况；糖精等高倍化学合成甜味剂限产限销扩大了食糖消费空间，国家制定的一系列政策措施，促进了制糖业稳定健康发展。

【c. 2010-2012 年行业大事记】

1 月 22 日，由农业部组织召开的“全国糖料工作会议”在广西南宁召开。各省区分别介绍了糖业发展情况，分析存在的制约因素以及采取的对策措施，与会专家也从品种、市场等方面分析，并提出推进糖业发展的建议。

3 月 2 日，中国糖业协会和广西糖业协会在广西南宁联合召开了“2010 年广西食糖交易会暨中国糖业协会商业流通会员会议”。

本次会议上，有关部委领导就制糖行业相关政策等方面内容做了介绍。广西、云南、广东等食糖主产区糖业协会的负责同志通报了 2009/10 年制糖期产销情况和产量预测，并对国家宏观调控提出了意见和建议。

3 月 5 日，工信部消费品司在贵州贵阳召开“全国糖精行业 2010 年计划工作会议”。会议总结了全国 2009 年糖精产、销情况；分析国际、国内糖精市场发展趋势，听取 2010 年糖精生产计划安排建议；研讨糖精行业发展和行业清洁生产有关问题；修改《关于开展糖精生产经营秩序整顿工作的通知》（征求意见稿），并提出修改意见。

3 月 29 日 ~ 31 日，中国糖业协会理事长贾志忍任组长、中国轻工业联合会综合业务部副主任查长全为副组长的“中国糖都”考核专家组，就广西崇左市申报“中国糖都”进行了为期 3 天的考核。通过考核，专家组成员一致认为：崇左市是中国第 1 产糖市，基本具备授予“中国糖都”称号的条件。4 月 27 日，中国轻工业联合会、中国糖业协会联合发文，授予广西壮族自治区崇左市“中国糖都”称号。

6 月 2 日，工信部会同环保部、工商总局、质检总局在北京召开整顿糖精生产经营秩序工作座谈会。经过与会代表认真讨论研究，做出如下工作安排：由各省区工信部门牵头，环保、工商、质监等部门密切配合，按照《通知》的要求，制定详尽的工作方案，立即对重点地区和重点企业进行调查，对非定点企业坚决予以取缔，9 月底前各地工信部门要总结整顿工作的成效，并书面上报工信部。

6 月 14 日 ~ 16 日，中国糖业协会第 4 届会员代表大会在北京召开。会议表决通过了《关于中国糖业协会第 3 届理事会工作报告的决议》、《关于中国糖业协会第 3 届理事会财务工作报告的决议》、《关于修改中国糖业协会章程的决议》、《关于修改中国糖业协会会费收缴（标准）办法的决议》。大会选举产生了中国糖业协会第 4 届理事会。陆宝明为理事长，闫卫民为秘书长。与会领导为获得制糖行业“10 强”企业授牌，为中国糖业第 2 届专家组专家颁发了聘书。

6 月 16 日 ~ 18 日，由世界糖业研究组织主办、中国糖业协会承办、英国糖业集团协办的“世界糖业研究组织 2010 年年会及研讨会”在北京召开。此次研讨会以“发展中的世界糖业”为主题，邀请来自国际糖业组织、联合国粮农组织等机构的专家和学者，围绕糖业对经济发展所做出的贡献、食糖在食品安全方面所做出的贡献等议题发表演讲。

11 月 1 日 ~ 2 日，中国糖业协会在广西桂林召开《2010/11 年制糖期全国食糖产销工作会议暨全国食糖、糖蜜酒精订货会》。

会议分析了 2010/11 年制糖期糖料生产、食糖产销形势和存在的问题，提出了解决问题的意见和建议。

11 月 3 日 ~ 6 日，根据工信部等 4 部门联合下发的《关于开展糖精生产经营秩序整顿工作的通知》（工信部联消费[2010]222 号）要求，为确保工作落实到实处，由工信部牵头，环保部、工商总局、质检总局和中国糖业协会及专家组成的联合检查组，赴河南省和湖北省继续进行糖精整顿工作专项检查。检查组分别听取两省工信厅、工商局、质监局等部门关于整顿工作的汇报，并对重点企业进行实地检查。

12 月 8 日，工信部在北京召开“2010 年全国制糖、糖精行业座谈会”，研究部署了稳定制糖企业生产工作；会议听取了食糖主产区工业和信息化主管部门有关加强糖业管理工作的意见和建议，听取了糖精定点生产企业 2010 年生产计划执行情况的汇报。

2011 年 1 月 12 日 ~ 13 日，2010 年，国家甜菜品种区试验年会及甜菜品种鉴定会在北京召开。会议对 2010 年国家甜菜品种区域试验进行了总结，Beta796、CH9301、SR–411 三个甜菜新品种通过全国甜菜品种鉴定委员会鉴定。会议还组织有关专家就甜菜品种管理、做强民族种业等热点问题进行了座谈。

2 月 23 日，中国糖业办会和广西糖业协会在广西南宁联合召开了“广西 2011 年食糖交易会暨中国糖业协会商业流通会员会议”。

4 月 26 日，工信部消费品司、中国糖业协会在昆明组织召开了制糖行业“十二五”发展规划座谈会。

5 月 20 日，中国糖业协会第 4 届 2 次理事长工作会议在湖北宜昌召开。会议就如何加保持糖业持续稳定发展、保证国民食糖供给安全，如何加大支农扶农力度，如何加强企业内部管理、提升行业竞争力等重大问题进行了深入研究和讨论；听取并审议了协会秘书处工作汇报；审议了《“十二五”时期我国糖业发展规划（草案）》；协会秘书处还在本次会议上发布了《中国淀粉糖行业发展报告 2011》。会议还研究了协会副理事长、理事单位调整、增补等有关事宜。

8 月 8 日 ~ 10 日，中国糖业协会第 4 届 2 次理事扩大会议在甘肃召开。会议审议并通过了副理事长兼秘书长闫卫民所作的《协会秘书处工作报告》、《关于进一步加强企业内部管理的决议》、《关于进一步加大制糖企业扶持糖农工作力度的决议》、《关于“十二五”时期我国糖业发展规划的决议》、《关于稳定糖料发展、加快糖业技术进步的决议》、《关于变更中国糖业协会副理事长人选的决议》以及《关于增补广西湘桂糖业集团有限公司为中国糖业协会第四届理事单位的决议》等。会上，全国主要产糖省、区糖协负责人通报了 2010/11 年制糖期食糖产销情况和 2011/12 年制糖期糖料种植情况，并对国家宏观调控和食糖产销工作提出了意见和建议。

8 月 19 日 ~ 20 日，中国糖业第 2 届专家组在内蒙古包头市召开 2011 年工作会议。与会的 18 位专家以“十二五”科技进步为主题，分别从糖料、制糖工艺、设备与自动化、糖品深加工、综合利用与循环经济、节能减排等方面的一些关键性共性问题展开了广泛深入地交流。

8 月 26 日，工信部消费品工业司在北京组织召开了《制糖行业“十二五”发展规划（征求意见稿）》专家论证会。专家组在认真听取了起草组对《规划》内容和编制过程的说明后，对《规划》进行了认真审议和论证，并提出了意见和建议。专家组认为规划已具备报批条件，建议对部分内容进一步修改完善后报批。

8 月 22 日，工信部政策法规司在北京组织召开《糖精生产计划管理办法（草案）》专家论证会。论证会，对编制工作给予积极评价，并提出建设性意见和建议。

9 月 21 日 ~ 22 日，“2011 世界糖业研讨会”在北京召开。中国轻工业联合会会长步正发出席会议并致欢迎词。中国糖业协会副理事长兼秘书长闫卫民在会上作了题为《中国糖业的现状与未来》的演讲，并回答了中外代表的提问。会议围绕世界食糖市场现状与未来、全球食糖贸易形势、糖业技术进步与节能减排等方面进行了专题讨论和交流。

11 月 1 日 ~ 2 日，中国糖业协会第 4 届 4 次常务理事会暨 2011/12 年制糖期全国食糖产销工作会议在海南海口召开。会议总结了 2010/11 年制糖期各产区食糖产销工作，通报了 2011/12 年制糖期各产区糖料种植及产量预计情况；分析研究了 2011/12 年制糖期全国糖料生产及食糖产销形势，对新制糖期食糖供求平衡、产销工作、政府调控工作提出建议；通报了新制糖期国家对食糖行业宏观调控的思路和原则；分析和展望了我国经济运行态势和全球食糖形势。

9 月 8 日，国家工商总局印发了《关于认真做好流通环节糖精市场专项整治工作的通知》（办字[2011]127 号），并组织山东、贵州、广西、吉林、云南、江西等六省（区）工商部门开展了为期 2 个月的流通环节糖精市场整治工作。在本次专项整治行动中，山东等地的工商局进一步加强了与中国糖业协会的沟通，根据中国糖业协会提供的案件线索，结合打击非法添加非食用物质和滥用添加剂专项行动工作部署，依法开展市场排查和违法案件查处工作，有效维护了流通环节糖精经营秩序。

2012 年 3 月 ~ 5 月，中国糖业协会对大型制糖企业（集团）的生产经营情况进行了调研，了解制糖企业（集团）运营情况、发展规划、主要困难和诉求以及对国家宏观调控政策的意见和建议。调研组走访了广西、云南、广东和甜菜糖产区的 21 家重点制糖企业（集团），广西、云南、广东和广东湛江当地糖业协会负责人参加了调研。调研组向企业介绍了中糖协会近期所做工作，听取了企业领导对企业及行业发展的规划、意见和建议，探讨了行业发展思路，并就当前食糖走私等严重影响行业发展的热点问题的处置办法达成了共识。

4 月 11 日，按照国家发改委、海关总署对打击食糖走私工作的要求和部署，中糖协在北京召开了由广西糖业协会、云南糖业协会、广东糖业协会和湛江糖业协会理事长出席的“打击食糖走私专题工作会议”。会议决定成立“打击食糖走私工作小组”,中糖协副理事长兼秘书长闫卫民任组长。会议决定向食糖行业下发《关于加强行业自律 坚决打击食糖走私违法行为的通知》，要求食糖行业企业进一步增强法律意识，加强企业自律，规范生产经营行为。会议还下发了《关于对揭发检举查办食糖走私行为予以奖励的公告》，并在中糖协和各主产区协会同时设立 24 小时举报电话，对揭发检举查办食糖走私行为的有功人员或单位将按照具体奖励细则予以奖励。

5 月 28 日，中国糖业协会第 4 届 3 次理事长工作会议在陕西召开。会议听取并审议了协会秘书处工作汇报和糖精限产限销工作报告，并对目前食糖走私、国家宏观调控以及下阶段行业发展的重要问题进行了深入研究和讨论。会议讨论并通过了协会秘书处提交的相关决议、决定，还研究了协会副理事长、理事单位调整、增补及其它事宜。

9 月 8 日，中国糖业协会成立 20 周年庆祝大会在京隆重举行。商务部、国家质检总局、国资委、海关总署、国家农发行、中国食品科学技术学会、中轻食品工业管理中心、兄弟协会代表分别到会祝贺并讲话。大会为“2011 年度中国轻工业制糖行业 10 强企业” 举行了授牌仪式，为中国糖业近 20 年来做出突出贡献的 35 名优秀人物举行了颁奖典礼。

9 月 9 日，中国糖业协会第 4 届 3 次理事扩大会议在京举行。全国各主产省区糖业协会负责人汇报了 2011/12 年制糖期产销情况、2012/13 年制糖期产销预期和对国家宏观调控的意见和建议。大会审议并通过了“关于《中国糖业协会 2011 年工作报告》的决议”、“关于《维护糖料种植区域稳定，防止盲目扩大产能若干问题》的决定”、“关于《进一步加强打击食糖走私活动》的决定”、“关于《变更中国糖业协会副理事长人选》的表决”等有关决议。

【d. 政策、法规】

2011 年 3 月 10 日，工信部发布《制糖行业清洁生产技术推行方案》。

12 月 10 日，工信部、农业部、商务部联合发布《制糖

行业“十二五”发展规划》。

【e. 2010 年-2012 年全国食糖产量】

截止到 2012 年 9 月，全国开工制糖生产企业（集团）共有 48 家比上制糖期增加 1 家，开工糖厂 270 间比上制糖期减少 1 家，其中：甜菜糖生产企业（集团）5 家，糖厂 37 间；甘蔗糖生产企业（集团）43 家，糖厂 233 间；另有炼糖企业 11 家。2011/12 年制糖期全国食糖总产量中，甘蔗糖占 91.25%，甜菜糖占 8.75%；食糖产量超过 40 万吨的企业集团已经发展到 11 家，占全国食糖总量的 70.23%。

【f. 先进企业和名优产品】

东恒福糖业集团有限公司广西南华糖业集团有限公司（现更名为“广西洋浦南华糖业集团股份有限公司”）、广西南宁东亚糖业集团、广西凤糖生化股份有限公司、广西农垦糖业集团股份有限公司、东莞市东糖集团有限公司、南宁糖业股份有限公司、英糖集团、广西永鑫华糖集团有限公司、云南英茂糖业有限公司（现更名为“云南英茂糖业（集团）有限公司”）、广东恒福糖业集团有限公司等 10 家企业连续 4 年（2009 年度，2010 年度，2011 年度，2012 年度）被授予中国轻工业制糖行业“十强企业”称号。

2010 年 11 月，广西都安永鑫糖业有限公司被工信部授予“两化融合促进节能减排示范企业”称号。

2011 年，广西湘桂集团被环保部授予“资源节约与环境友好型企业”称号。

2012 年 8 月 13 日，工信部发布了 2011 年度钢铁、有色金属、建材、轻工、纺织等行业 16 种重点用能产品（工序）能效标杆指标及企业。2011 年度制糖行业重点用能产品是甜菜糖、甘蔗糖 2 个产品。甜菜糖能效标杆企业分别为：博天糖业股份有限公司张北分公司、中粮屯河股份有限公司焉耆糖业分公司、新疆绿翔糖业有限责任公司；甘蔗糖能效标杆企业分别为：广西来宾永鑫小平阳糖业有限公司、广西东门南华糖业有限责任公司、广西东亚扶南精糖有限公司。

8 月 7 日，全国轻工业科技大会在京召开。广州甘蔗糖业研究所、广西永鑫华糖集团有限公司、广西农垦糖业集团股份有限公司 3 个单位，获得“‘十一五’轻工业科技创新先进集体奖”。

9 月 21 日，“2012 中国轻工业企业信息化发展论坛暨表彰大会”在京召开。

广西来宾永鑫小平阳糖业有限公司、广西农垦糖业集团股份有限公司、广西糖网食糖批发市场有限责任公司、云南鲲鹏农产品电子商务批发市场有限公司、新疆绿翔糖业有限责任公司等 5 家单位获得“全国轻工业信息化与工业化深度融合示范企业”称号。

【g. 行业标准】

2010 年 11 月 10 日，《制糖工业术语》（GB/T 9289-2010）、《糖料甘蔗》（GB/T 10498-2010）两项标准获准发布。

11 月 22 日，《制糖工业助剂 消泡剂（有机硅类）》（QB/T 4088-2010）、《制糖工业助剂 消泡剂（聚甘油脂肪酸酯类）》（QB/T 4089-2010）、《制糖工业助剂 防锈剂（非水溶性）》（QB/T 4090-2010）、《制糖工业助剂 杀菌剂（有机硫类）》（QB/T 4091-2010）、《糖霜》（QB/T 4092-2010）、《液体糖》(QB/T 4093-2010)、《黄砂糖》(QB/T 4095-2010)7 项标准获准发布。

（王让梅）

2.2 酿酒工业

2010 年

【a. 既况】

2010 年，中国白酒行业经济指标显著提高，发展态势良好。“十一五”期间，酒类市场消费旺盛，带动白酒行业的跨越式发展，白酒的产量、销售收入、利税等经济指标以及各项指标增速，都保持了高速增长态势。

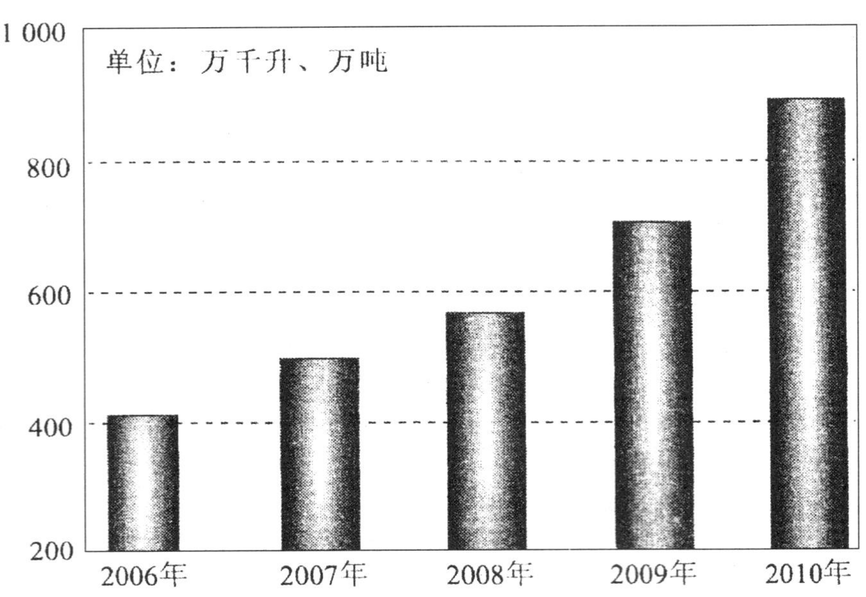

2006 年～2010 年白酒行业产量变化情况

根据国家统计局公布数据显示，各项指标均创 2003 年以来的历史新高，白酒产量近 900 万千升，这是 1997 年产量 801 万千升后的最高值（见上图）。各项经济指标中，除资产和产量增速在 25%左右外，产值、出口交货值、销售收入、利税等均实现 30%以上的增长（见表 2）。行业的高速增长带来了可观的效益，行业两大龙头企业五粮液和贵州茅台 2010 年主营业务收入分别达 400 亿元和 130 亿元。

表 1　2010 年全国各区域白酒产量　　单位：万千升

地区	产量	同比增长	地区	产量	同比增长
北京	19.85	10.44	河南	84.43	24.58
天津	4.83	17.77	湖北	42.74	3.18
河北	26.14	13.46	湖南	12.95	45.77

山西	11.20	12.08	广东	10.27	10.40
内蒙古	36.86	12.83	广西	5.18	34.24
辽宁	64.29	27.92	海南	0.52	－5.78
吉林	46.22	33.84	重庆	15.48	－8.75
黑龙江	16.46	42.36	四川	229.80	47.12
上海	0.78	2.19	贵州	16.04	12.63
江苏	56.39	64.86	云南	6.06	21.47
浙江	2.44	0.97	陕西	8.33	13.63
安徽	47.99	17.17	甘肃	3.51	11.51
福建	3.40	58.61	青海	1.20	13.23
江西	12.63	9.97	宁夏	2.10	－8.01
山东	96.90	16.78	新疆	5.73	7.74

表 2　2010 年白酒行业规模以上企业经济指标完成情况　　单位：亿元

指标名称	2010 年	增长（%）
产量（万千升）	890.83	26.81
企业数（家）	1607	12.06
资产总额	2259.30	24.10
工业总产值	2793.33	34.06
工业销售产值	2713	35.17
出口交货值	13.56	35.31
产品销售收入	2421.62	31.01
利税总额	678	31.84
其中：利润	318.61	34.05

（数据来源：国家统计局）

白酒产业地域集中度较高。西南地区白酒产业具有天然优势，位于该地区的川、黔 2 省白酒产销量占行业 40%以上的比重；另外鲁、豫、苏、皖等地区白酒业也实现快速发展，详见表 3：

表 3　2010 年重点省市白酒行业规模以上企业各项指标占比情况

指标＼地区	四川	贵州	山东	江苏	河南	安徽
企业数量（%）	16.05	4.23	12.94	4.98	8.71	6.47
资产总额（%）	38.19	15.47	5.63	5.82	3.67	4.48
产量（%）	25.80	1.80	10.88	6.33	9.48	5.39
销售收入（%）	38.78	5.90	9.27	6.10	5.79	4.68
利润总额（%）	37.28	22.82	4.35	8.79	4.75	4.60

数据来源：中国酿协

白酒行业地域集中度高，规模优势凸显，特别是大型企业。在不同控股类型企业中，国有控股企业和私人控股企业占绝对优势。其中国有控股企业的行业资产比重达 50%以上，销售收入和利润总额的比重也十分可观，行业龙头企业大都具有国有成分，因此国有控股企业的利润总额占行业近60%的份额。私人控股企业是行业的主力军，占88%，在资产、销售、利润等方面有较强优势，但平均到单个企业竞争力不如其他类型企业。详见表4、表5。

表4　2010年白酒行业不同规模企业各项指标占比情况

指标	大型企业	中型企业	小型企业
企业数量（%）	1.49	8.90	89.61
资产总额（%）	62.39	17.69	19.92
销售收入（%）	45.24	19.99	34.77
利润总额（%）	71.86	10.86	17.28

（数据来源：中国酿协协）

表5　2010年不同控股类型白酒行业规模以上企业各项指标占比情况

指标	国有控股	私人控股	集体、港澳台、外商、其他
企业数量（%）	5.23	87.99	6.78
资产总额（%）	51.82	36.08	12.10
销售收入（%）	38.20	50.77	11.03
利润总额（%）	59.10	29.87	11.03

（数据来源：中国酿协）

2010年，能源、煤炭等基础性资料价格比上年同期上涨20%，而酿酒原料小麦、高粱等涨价超过10%，受原材料和人工成本的上涨，特别是原材料价格上涨影响，白酒行业吨酒成本呈现上涨趋势，2008年吨酒成本在1.86万元／吨左右，至2010年上升到2.09万元／吨，3年间增长幅度达12.04%，即使扣除通货膨胀因素，成本上涨也十分显著。旺盛的消费需求导致高端白酒市场供不应求、渠道经销商加价、《白酒消费税最低计税价格核定管理办法（试行）》[2009年8月1日起正式实施]等原因也是白酒涨价的重要原因。

2010年白酒进出口情况详见表6：

表6　2010年白酒进出口情况

产品名称	进口		出口	
	数量（千升）	金额（美元）	数量（升）	金额（美元）
浓度<80%的未改性乙醇；其他酒精料	724.15	1378.19	1920.09	9916.14

【b. 白酒个性化产品的发展】

近年来白酒生产企业为了适应市场，在产品结构调整、转变经济增长方式上，开拓创新，加大科技投入力度，加快科技创新步伐，个性化白酒产品不断涌现，企业赢得了市场，扩大了消费，经济效益增长显著。

众多企业通过深入研究市场和消费需求，通过技术攻关、技术创新，开发新产品，赢得了市场。白酒企业产品优化，品质提升已成为行业的主旋律。

提倡创薪发展使白酒个性化产品不断涌现，通过传统工艺与现代科技相结合、改进传统工艺、多种传统工艺相结合、创新酒体设计、中外蒸馏酒生产工艺相结合等各种创新工艺生产出许多具有独特风味、风格明显的创新型白酒产品。白酒个性化产品的发展对提高企业市场竞争力，满足消费者不同的需求，促进行业良性发展等方面都作用明显。

【c. 白酒产品市场】

随着白酒行业的发展增速加快，高端白岔的消费增速也逐步加快，龙头企业垄断高端白酒产品的市场格局已经打破。白酒定价机制、高端白酒市场需求等问题引起消费者的关注。

高端白酒产品增加的原因：1、市场对高端白酒产品需求量的增加；2、缘于企业对产品形象、知名度、利润率、回报率的追求；3、由于白酒产品的市场特性及产品的社会性因素；4、业外资本、外国投资的介入，以及营销模式的变革；5、税收政策促使白酒业加快产品结构调整。这因素

推动越来越多的白酒企业涉足高端市场，或提高其高端产品的比重。

2010 年，中端白酒产品通过一系列的特色营销，争取到更多的市场份额，实现了新的突破。

2010 年，中国农村人口收入增速首次超过城镇人口，这意味着低端白酒消费将迎来新的发展机遇。另一方面，城市化进程也促进了白酒消费的增长，释放了低端白酒的市场容量和价位空间。专注低端白酒领域的品牌通过细分市场，利用区域优势和营销创新实现了突破。随着经济发展和人均收入的不断增长，市场对白酒档次需求的不断更新，将带动白酒行业持续的消费升级，低端白酒的价位将呈现持续上移趋势。

【d. 特色区域建设】

中国酿酒协先会在在四川宜宾、广东佛山、内蒙古巴彦淖尔开展共建酿酒行业寺色区域评审工作，并坚持历史和发展现状相结合，区域优势和行业优势相结合，经济效益和社会效益相结合，社会影响力与公众认知度相结合的原则，为这 3 个地区颁发了特色区域荣誉称号。

白酒行业近年来保持持续增长的发展势头。全国性品牌与区域性品牌都处于蓬勃发展的阶段。“茅台”、“五粮液”等国内一线品牌凭借雄厚实力，成为行业的排头兵，逐步崛起的区域性品牌向全国性品牌靠近。行业内已出现并开始强化产区概念，四川宜宾获“中国白酒之都”，泸州申请“中国酒城”，四川省政府提出打造“中国白酒金三角”产区概念，推行“长江上游白酒经济带和千亿产业的建设规划”系统工程；山东省出台“山东省白酒产业振兴和调整指导意见”；贵州省人民政府印发《贵州白酒品牌基地建设方案》拟从 2010 年起将安排不少于 3000 万元专项资金，重点建设黔北、黔中、黔南三大“贵州白酒”品牌基地，同时规划 2015 年将茅台镇居民全部搬迁，给茅台酒生产创造更好的环境等。

【e. 职业技能培训】

2010 年 11 月 22–24 日，由中国财贸轻纺烟草工会全国委员会、中国就业培训技术指导中心、中国轻工业职业技能鉴定指导中心、中国酿协同举办“第 2 全国白酒品酒职业技能竞赛”，本次比赛得到了全行业企业领导、各省市酒类协会、技术人员的响应和支持。

【f. 推动白酒现代化生产】

“中国白酒 169 计划”摸索出很多很好的产、学、研合作经验，并且创造了符合白酒行业发展需要的新的科学技术研究合作模式：以技术创新项目为载体，采取多样化、多层次的合作形式，实行资源共享，成果共享，优势互补，风险共担。在技术领域，“中国白酒 169 计划”研究成果填补了白酒应用基础科学研究领域的多项空白，采用微生物生态学、分子酶学、分子生物学等现代生物技术手段，围绕白酒产业共性的、关键的科学与技术问题进行创新性研究，建立了以风味化学物定向的功能微生物和酶技术的平台，对白酒年份酒、白酒中微量成分、白酒中风味化合物、白酒中异味化合物以及白酒风味定向功能微生物方面等基础理论的研究都取得了突破。

“中国白酒 169 计划”项目开展的意义：引领白酒行业真正深入微生物核心领域；对白酒产业基础应用科学的探索，开创了国内白酒业科研的新篇章；成功创新了白酒业的产、学、研结合模式，实现了中国几代白酒专家的白酒科研梦想。

【g. 发挥协会桥梁作用】

2010 年，白酒分会深入全国各地白酒企业调查研究，掌握了解行业企业在新形势下产生的新情况、新问题，为政府机关提供决策依据，为行业服务，维护行业正当权益。通过多种形式、途径，向国务院、全国人大、全国政协、发改委、财政部、税务总局等有关部门反映白酒企业情况，替企业解决实际问题，发挥行业协会桥梁纽带作用。为了打击制假，维护企业利益和合法权益，白酒分会共推荐 11 家企业申请驰名商标，多次处理企业因不明原因被处罚事件。

2010 年，白酒分会配合国家认证认可监督管理委员会，在行业内开展“国家食品质量认证——酒类”认证工作和宣贯工作，先后组织 69 个产品进行产品质量认证。

【h. 白酒生产许可技术支持报告】

自 2007 年–2010 年，中国酿协与国家质检总局连续 4 年签订《白酒、酒精生产许可技术支持技术服务合同》。根据合同要求，白酒分会完成下列项目：

1、白酒产品生产许可证实施细则的修订

由于国家法律、法规、产品标准及技术要求发生较大变化，为了全面完善食品生产许可制度、提高酒类产品的安全水平、增强酒类产品生产许可证审查细则的适用性，以便更好地指导酒类许可认证工作，中国酿协作为全国酒类专业技术委员会向国家质检总局食品司提出修订酒类相关生产许可证审查细则的建议，并提交修改内容，针对《食品安全法>涉及的要求对《白酒产品生产许可审查细则（2006 版）》增添了卫生许可部分，更新了白酒审查细则所涉及的白酒标准，以及企业落实质量安全责任的具体要求。

2、白酒行业内存在的质量隐患和质量安全问题的调研

及试验分析报告

2007年至2010年，中国酿协连续4年与全国标准化研究院签订《酒类产品生产许可技术支持》项目合同，2010年项目报告中详细阐述了中国酿酒行业发展情况，分析了酿酒行业质量安全问题产生原因，并就如何提高行业酒类产品质量安全水平提交了建议。

【i.白酒行业存在的问题】

1、改、扩建项目较多，行业总资产增加较快

2010年11月止，行业总资产合计4872.77亿元，比上年同期增加771.08亿元，增速为18.80R，与上年同期相比增幅提高6.6个百分点。白酒行业近年投资速度快，资金投入量大，投资地域范围大。老牌名酒扩建、地方名酒扩建等，大规模的投资，对白酒行业不一定是好事，也不一定有丰厚收效，理性投资才是最好的选择。

2、高端产品发展迅速

高端白酒在近年来虽然保持良好的发展态势，但也显现出一些问题，（1）是一些不具备强硬品牌实力和足够市场地位的白酒企业盲目定位高价，强行推动高端产品市场的发展。这种盲目的追求给白酒业高端产品市场带来隐患，在流通管理不完善，市场监管不力的情况下，以次充好、以劣充优的白酒产品出现，侵害了高端白酒的消费诚信，（2）一味地完全依赖市场规律调节中国高端白酒的发展，势必会造成投资过剩和高端白酒供过于求，最终给白酒企业造成损害。

3、白酒产业结构调整仍需加大力度

低水平加工能力过剩、高水平加工能力不足，重复建设、加工能力过剩、资源浪费严重。2010年全国白酒生产企业约1.8万家，年生产能力超过1200万千，远超年需求量。

小酒厂数量过多，规模小、结构不合理、资源配置不合理，导致全行业效益难以提高。据中国酿协白酒分会统计，1.8万家白酒生产企业中，规模以上企业（国有企业及年销售额超过500万元的企业）每年为1200家左右，占6.67%。规模以上企业中，前50位企业的各项数据占行业比重：产量占70%、销售收人占80%、税金占90%、利润占99%。“茅台”、“五粮液”两家企业的利润占规模以上企业利润总额的60%以上。

4、白酒行业发展政策环境仍不乐观

从白酒相关税收政策看，粮食白酒、薯类白酒的税率统一为20%，0.5元从量计税依然没有取消。税收政策对白酒产品的结构必然产生调节作用，影响白酒产品的定位和走势。由于靠产量获取利润的低端产品得不到税收政策的支持，加上各方面生产成本的提高，致使许多管理规范、安全诚信、质量有保障的企业放弃低端产品，而一些不规范甚至是非法生产的小企业乘虚而入，大量生产低端白酒产品，占领农村、边远地区消费市场，这些企业通过偷漏税等手段扰乱正常的市场竞争，更给白酒质量安全带来严重隐患。

从白酒产品生产许可制度看，白酒产品生产许可证获证门槛过低，在白酒产品生产许可证获证企业中：10人以下企业1569家，10人-30人企业2464家，30人-50人企业1675家。50人以下的企业占获证企业总数66.77%;年税金10万元以下的企业2604家，占获证企业29.52%。其中年税金1万元以下的企业165家，年税金1万-5万元的企业1424家（税金数据根据企业上报申证材料统计，实际未达到）。2010年的全国食品行业专业技术委员会会议上明确提出，对“白酒生产许可门槛低的问题”要在生产许可审查细则中有所体现。

在白酒生产企业中，仍有相当一部分属于小作坊式生产企业，这些白酒生产企业沿袭着家庭作坊式的生产方式，大都资金短缺、生产条件落后、卫生条件差、检测手段不齐全，不能严格执行标准，不能对生产环节加以严格控制，产品以低档酒、散装酒为主。

5、白酒产品标准体系建设不完善

中国白酒业的硬件设施和管理标准与国家食品卫生标准差距很大，标准化体系不健全，技术标准由于种种原因，长期以来发展缓慢。标准的出台实效性差，行业技术标准发展不平衡，跟不上行业技术的进步速度。标准之间缺乏系统科学的研究，有些标准严重滞后，有些标准间互有抵触，这些情况远不能适应《食品安全法》的要求，严重影响了白酒行业的健康发展，阻碍了白酒行业的技术进步和产品更新。

6、白酒业科技发展水平亟待提高

中国白酒业装备水平相对低下，技术进步仍然缓慢。不少白酒企业设备老化，检测手段落后，仍停留在粗放型生产，手工作坊式操作阶段。科技发展水平落后的原因一是由于白酒行业被列为国家产业政策限制发展行业，科学研发项目得不到国家资金的支持；二是有相当一部分企业不注重科研投入、人才培养和储备。由于这两方面的原因的限制，白酒业要实现现代化生产和科技水平的提高还有相当一段距离。

2011 年

【a. 概况】

2011 年，白酒行业全面贯彻落实加强和改善宏观调控的各项政策措施，各项经济指标保持平稳较快发展。2011 年，白酒行业继续保持稳定增长态势，在国家统计局提高规模以上企业标准，规模企业数量减少的情况下，全行业在产量、销售收入、利润等方面依然保持了较高的增长速度。

表 1　2011 年白酒行业规模以上企业经济指标完成情况

指标	2011 年	比上年增长（%）
企业数（家）	1233	–23.27
产量（万千升）	1025.55	30.70
资产总额（亿元）	3095.03	34.65
工业总产值（亿元）	3831.27	41.40
工业销售产值（亿元）	3618.40	40.03
出口交货值（亿元）	17.62	17.52
产品销售收入（亿元）	3746.67	40.25
利润总额（亿元）	571.59	51.91
上缴税金（亿元）	445.10	39.23

注：规模以上企业标准调整为销售收入 2000 万元以上后，上年同期指标数据作相应调整。（数据来源：国家统计局）

表 2　2011 年一至四季度白酒行业规模以上企业产业规模情况

指标	一季度	二季度	三季度	四季度
企业数（家）	1221	1224	1227	1233
从业人数（人）	386588	403366	409998	438921
产品销售收入（亿元）	880.98	845.64	891.78	1128.27
资产总额（亿元）	2458.37	2611.97	2775.38	3095.03

注：数据来源于国家统计局。2011 年，国家统计制度改革，规模以上企业标准由年销售收入 500 万元提高至 2000 万元，白酒行业规模以上企业数量缩减至 1200 余家。

2011 年，据国家统计局公布数据，全国白酒行业规模以上企业 1233 家，比上年同期减少 23%左右；行业资产总额 3095.03 亿元。全年规模以上企业白酒产量 1025.50 万千升，完成工业总产值 3831.27 亿元，工业销售产值 3618.40 亿元。出口交货值 17.62 亿元；全行业完成产品销售收人 3746.67 亿元，实现利润 571.59 亿元，上缴税金 445.10 亿元。除出口交货值外，各项经济指标数据都保持了 30%以上的增长速度。

表 3 2011 年一至四季度白酒行业规模以上企业资本 / 劳动密集度情况

指标	一季度	二季度	三季度	四季度
人均产品销售收入（万元/人）	22.79	20.97	21.75	25.71
人均资产总额（万元/人）	63.59	64.75	67.69	70.52
单位产品销售收入（万元/单位）	7215	6909	7268	9151
单位资产总额（万元/单位）	20134	21340	22619	25102

数据来源：国家统计局

2011 年，国家继续实施扩大内需战略，酒类消费不断增长，市场不断扩大。酒业发展倾向于规模生产，集约经营，打破酒类、香型的界限，资源整合，融汇发展，白酒行业在实现利润、税金跨越式发展的同时，区域化、集团式发展的理念日趋成熟，酿酒企业的文化意识、环境保护意识逐渐增强。

表 4　2011 年一至四季度白酒行业规模以上企业成本费用情况

指标		一季度	二季度	三季度	四季度
产品销售成本	实际值（亿元）	581.26	546.84	606.53	714.17
	同比增长（%）	37.89	36.83	44.45	39.54
产品销售费用	实际值（亿元）	73.45	59.42	67.38	93.58
	同比增长（%）	29.26	53.84	22.68	50.63
管理费用	实际值（亿元）	38.70	34.24	39.53	61.63
	同比增长（%）	28.00	5.11	19.32	55.19
财务费用	实际值（亿元）	4.39	3.95	5.09	4.25
	同比增长（%）	51.85	16.15	57.30	17.49

数据来源：国家统计局

2011 年，白酒行业规模以上企业成本费用总额为 2934.41 亿元，比上年同期增长 38.80%，高于同期产品产量增长幅度 30.70%。其中产品销售成本为 2448.79 亿元，同比增长 39.70%;累计产品销售费用为 293.84 亿元，同比增长 38.27%；累计管理费用为 174.10 亿元，同比增长 28.34%；累计财务费用为 17.68 亿元，同比增长 34.50%。

表 5　2011 年一至四季度白酒行业规模以上企业成本费用比重

指标（%）	一季度	二季度	三季度	四季度
产品销售成本比例	65.98	65.34	66.25	65.36
产品销售费用比例	8.34	7.70	7.65	7.84
管理费用比例	4.39	4.22	4.30	4.65
财务费用比例	0.50	0.48	0.51	0.47

数据来源：国家统计局

2011 年，中国白酒行业各项成本费用在销售收入中所占比例达 78.3206，其中比例最大的是产品销售成本，占行业收入的 65.36%，其次是管理费用，占行业收入比例是 7.84%，产品销售费用和财务费用比例分别为 4.60% 和 0.47%。

表 6　2011 年一至四季度白酒行业规模以上企业盈利情况

指标		一季度	二季度	三季度	四季度
利润总额	实际值（亿元）	131.16	125.50	128.00	186.93
	同比增长（%）	40.07	44.32	61.04	60.87
亏损企业亏损额	实际值（亿元）	1.25	2.81	2.71	2.58
	同比增长（%）	110.29	106.62	60.48	34.82
亏损面（%）		5.90	6.29	6.28	4.14
亏损深度（%）		0.95	1.10	0.71	0.45

数据来源：国家统计局

2011 年，白酒行业利润规模以上企业累计利润总额为 571.59 亿元，同比增长 51.91%；亏损企业累计亏损额为 2.58 亿元，同比增长 34.82%；亏损面为 4.14%；亏损深度为 0.45%。分季度看，四季度白酒行业利润最高，是前三季度的 1.5 倍

左右。

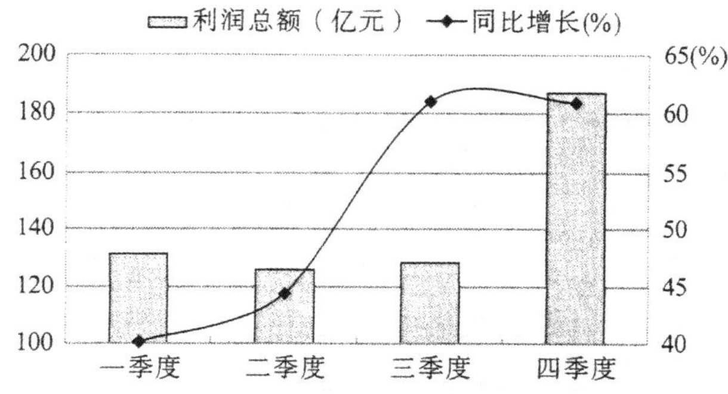

图 1　2011 年一至四季度白酒行业规模以上企业利润情况

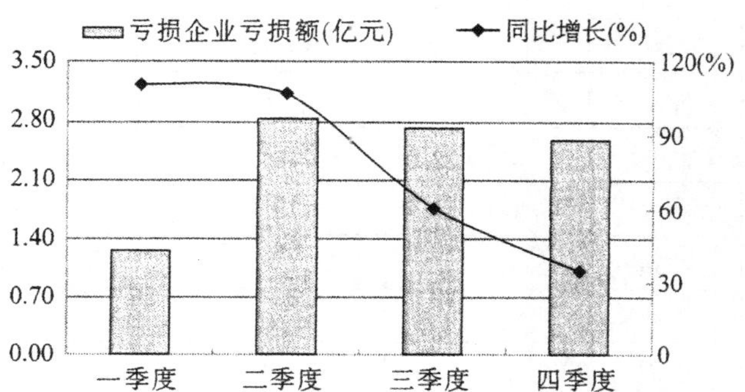

图 2　2011 年一至四季度白酒行业规模以上亏损企业亏损情况

2011 年，白酒行业规模以上企业平均销售收入增长率为 40.25%；平均资产总额增长率为 34.65%；资本保值增值率为 134.02%。各季度保持平稳状态，表明行业成长能力稳定。

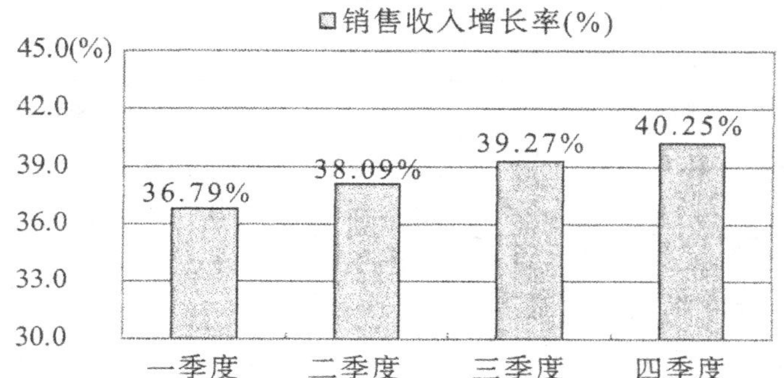

图 3　2011 年一至四季度白酒行业规模以上企业销售收入增长率变化情况

表 7　2011 年各省市白酒行业规模以上企业效益情况

地区	企业数	销售收入（亿元	同比增长（%）	利润总额（亿元）	同比增长（%）
全国	1233	3746.67	40.25	571.59	51.91
北京	3	10.78	6.86	0.35	–26.94
天津	6	10.50	4.21	0.80	28.22
河北	47	105.30	26.73	9.44	57.43
山西	17	86.87	38.27	12.81	32.67
内蒙古	58	97.80	18.79	9.67	53.01
辽宁	75	138.74	41.23	10.03	71.61
吉林	67	68.41	85.11	2.62	60.54
黑龙江	32	33.96	38.28	1.62	2.18
上海	1	1.07	39.38	0.04	102.85
江苏	50	227.01	43.70	71.83	110.75
浙江	4	2.22	–5.39	0.24	12.37
安徽	58	169.72	41.58	25.44	57.01

福建	13	11.06	21.72	0.34	22.74
江西	15	46.68	33.10	8.23	29.93
山东	156	299.81	23.52	19.37	32.41
河南	123	215.61	34.68	25.81	42.76
湖北	45	263.31	56.07	14.51	55.28
湖南	38	56.83	57.47	3.73	104.87
广东	14	22.04	19.15	2.47	27.33
广西	13	11.17	29.19	1.38	32.20
海南	1	0.22	42.66	– 0.04	355.58
重庆	17	32.26	23.80	2.86	32.91
四川	257	1478.60	41.52	207.43	37.99
贵州	66	255.81	66.29	128.18	62.13
云南	9	6.76	20.04	0.73	37.20
陕西	18	47.52	25.51	3.47	117.62
甘肃	13	15.94	51.89	1.86	43.14
青海	2	8.35	33.71	2.61	36.22
宁夏	2	3.11	– 3.41	0.50	– 26.23
新疆	13	19.20	27.70	3026	25.02

数据来源：国家统计局

从区域销售情况看，四川省全年实现销售收入 1478.60 亿元，占行业全部销售收入比重近 40%；山东、湖北、贵州、江苏、湖南等五个省份的白酒销售收入在 200 亿元 ~ 300 亿元之间，五省合计 1261.05 亿元，占行业全部销售收入比重达 33.67%;销售收入在 100 亿元 ~ 200 亿元之间的省市有安徽、辽宁及河北三省，销售收入合计 413.76 亿元，占行业全部销售收入的比重为 11.04%。

从行业利润总额看，四川行业利润总额 207. 43 亿元，占行业比重 36.38%；贵州利润总额 128.18 亿元，占行业比重 22.24%；江苏利润总额 71.83 亿元，占行业比重 12.56%；其他省份利润总额超过 10 亿元的有河南、安徽、山东、湖北、山西、辽宁六省，合计占行业利润总额比重为 41.17%。

表 8　2011 年白酒行业不同地区规模以上企业数量分布情况

地区	规模以上企业数（家）
华北	131
东北	174
华东	297
华中	206
华南	28
西南	349
西北	48
总计	1233

数据来源：国家统计局

表 9　2011 年白酒行业不同地区规模以上企业产品销售收入分布情况

地区	产品销售收入（亿元）	经上年增长（%）
华北	311.26	25.30
东北	241.11	50.93
华东	757.56	33.41
华中	535.76	46.82
华南	33.43	22.46
西南	1773.43	44.14
西北	94.12	29.19
总计	3746.67	40.25

数据来源：国家统计局

表 10　2011 年白酒行业不同地区规模以上企业利润总额分布情况

地区	利润总额（亿元）	比上年增长（%）
华北	33.08	43.30
东北	14.27	57.47
华东	125.48	74.88
华中	44.05	50.62
华南	3.82	28.16
西南	339.19	46.17
西北	11.70	44.53
总计	571.59	51.91

数据来源：国家统计局

2011 年，中国白酒行业无论是白酒产量、销售收入、利税等经济指标，还是各项指标增速，都体现出强劲、持续的增长势头。

【b. 白酒行业社会美誉度亟待提升】

第一，应该认识到这其中有一些是社会对白酒产业和行业的误解，还有一些是行业自身的责任。解决传统白酒产品与现代文明有机融合、相互适应的问题，将产品的内涵宣传出去，行业企业主动积极承担社会责任，加强自律，规范经营，强化行业诚信体系建设，正视行业客观存在的问题，以实际行动赢得社会尊重。

第二，从名优白酒企业产品的提价提档行为看，普遍是遵循市场发展规律的。一方面从白酒中、低端产品日益同化，消费群体开始向高端品牌集中的情况看，白酒产品升级具备了市场基础，诸多白酒企业抓住机遇，致力于产品结构的调整、优化，推出主打产品，抢占高端市场战略支点，体现了当前白酒市场充分的竞争和白酒定价机制市场化的客观趋势，另一方面近几年进口名酒对传统白酒市场造成的冲击也是白酒产品升级的重要原因。总体看来，相比国外名酒品牌，中国白酒高端品牌建设相对滞后，仍处于发展的初级阶段。

所以，把高端白酒定义为“腐败酒”，将反腐倡廉片面化、简单化，把正在成长的可以代表“中国制造”的品牌奢侈化，都是舍本而逐末，对社会进步、对产业发展均有害而无利，也必然会给中国文化发展、中国自有品牌建设等造成长久的负面影响。

【c. 加强白酒生产管理确保食品安全】

2011 年，国务院食品安全委员会办公室两次下发文件，重点监督白酒行业产品安全（《关于印发 201 1 年食品安全重点工作的通知》[国办发[2011]12 号]、《关于进一步加强酒类质量安全工作的通知》[食安办[2011] 23 号文印发]）。为了加强行业自律，全面提高白酒生产质量安全管理水平，保障消费者身体健康和生命安全，促进产业健康发展。白酒企业要进一步提高食品安全意识，把食品安全工作当成头等大事

来抓。要加强生产过程中使用的原、辅材料的农药残留物检测工作；禁止在生产、贮存、销售过程中使用塑料制品，加强对接触酒的塑料瓶盖的检测；禁止在生产过程中使用化学合成的氮源、碳源等化合物；禁止在产品中使用甜蜜素、安赛蜜、糖精钠、阿巴斯甜等食品添加剂；禁止使用没有生产许可证企业生产的食用香精、香料等产品；生产过程中使用的食用香料，必须符合 GB2760–2011《食品安全国家标准食品添加剂使用标准》；严禁使用任何企业生产的酒用混合香料、天然液、调香液等。

【d. 促进白酒产业均衡发展】

2011 年，白酒行业各项经济指标呈现出不同程度的增长。随着国民经济增长，大众消费能力的不断提升，尽管白酒产业发展存在不利因素，但依然前景向好，白酒市场进一步扩容的大趋势不会改变。

改革开放以来，白酒行业经过三个“黄金十年”，逐步淘汰落后产能，产业结构的优化，推动了白酒产业升级和技术进步，国家“扶优限劣”的产业政策取得了明显实效，国家宏观经济的快速持续发展，为白酒发展提供了很好的市场基础；随着经济的进步，中国的社会结构发生很大变化，人民生活水平不断提高，中等收入群体逐步扩大，消费者看待事物更科学、理性，体会生活和对白酒的需求也发生了根本转变，“少喝酒、喝好酒”的消费理念逐渐得到消费者的认同，使白酒中、高端产品市场具备了有力的消费基础。随着人们对高端白酒需求的快速增长，中国白酒高端品牌与价格逐步呈现国际化趋势。从供需关系上看. 中、低端白酒长期以来～直是供大于求，价格一直稳定。而高端白酒的生产对产区自然条件要求严格，工艺极其复杂，生产和贮存周期长，受一系列条件的影响，一直以来产量极低，只占整个白酒产量的约 2%。随着人们消费需求的多样化和社交、商务活动消费的增加，对高端白酒越来越推崇，近年来出现的高端白酒收藏热，更刺激了高端白酒价格上涨，供需矛盾日益尖锐，并且在短期内难以解决。

从国家经济发展的大格局看，最近十年中国名酒品牌价格的提升是符合市场规律的，是中国名酒品牌价值的回归，未来随着国家经济的持续增长，高端白酒的价格将持续稳定上涨，这是必然趋势。但需要重点关注的是高端白酒的价格应当与其企业的历史底蕴和品牌的文化内涵相适应、与其产品品质和品牌个性相适应、与中国宏观经济增长速度相适应、与消费群体的可支配收入相适应、与国家财政收入及支出的稳定增长相适应。

白酒产业的发展不能脱离市场消费的大环境，这是白酒企业长远发展应当遵守的规则。因此，科学引导白酒产业的均衡发展是白酒企业共同的责任，白酒行业应当坚持弘扬白酒文化的民族特性，挖掘民族品牌的历史内涵，主动承担当代社会发展阶段应有的社会责任，本着产业结构上大、中、小型共同发展，产品结构上高、中、低档百花齐放的观念，深入研究市场需求，努力平衡产品结构，科学白酒价格与市场购买力的关系，通过攻关、科技创新，开发出既有品牌支撑又能被普通消费者接受的优质低价产品，通过提供不同价位的产品，满足消费者的多元化选择，充分保障广大消费者的利益，维持有效需求，使白酒产业发展更契合国家经济建设和国民利益的需要。

【e. 科技进步是白酒产业现代化的基础】

2011 年，白酒产业在继承白酒优良传统生产工艺和深厚历史文化的同时，人力资源成本、土地的利用成本以及原料等成本的不断增长正在逐渐削弱白酒产业的资源支撑，落后的科技装备、管理水平、文化发展等严重制约了白酒产业的发展，使白酒企业生产经营遭受很大压力。

中国酿酒工业协会从 2007 年开始，先后组织了“中国白酒 169”、“中国白酒 158"计划等一系列技术攻关措施。其中“中国白酒 169”项目的科研成果已经进入生产应用推广阶段；“中国白酒 158 计划”开展了包括制曲机械化研究、发酵工艺机械化研究、蒸馏工艺机械化研究、调酒计算机集成制造技术研究和灌装、包装、成品库、智能管理的研究等，其研究成果将在全国 60%规模以上白酒企业推广实施，力争降低劳动强度 60%以上、节煤 35%、节水 45%，提高优质品率 15%以上。

【f. 开创中国白酒国际化新局面】

酿酒产业“十二五”规划已经明确了中国白酒的发展方向：加强白酒民族品牌和自主品牌保护，弘扬优秀的白酒文化，推进中国白酒国际化进程，使中国白酒成为世界的白酒，使中国白酒文化成为人类文明的重要组成部分。

白酒企业要站在振兴中国白酒产业、传播白酒传统文化的高度，积极协作、共同担当、互信合作、整体作战、抱团出海，将中国的白酒品牌推出国门，并带领中国白酒行业走向全球，开创中国白酒文化的复兴与繁荣。

【g. 特色区域建设】

“十一五”期间，国务院公布了《轻工业调整和振兴规划》，其中着重提出要着力培育发展轻工特色区域和产业集群。近年来，中国各地轻工特色区域和产业集群蓬勃发展，

促进了产业调整和提升，同时还形成了较强的集成创新能力和自主创新能力，形成了具有中国特色的轻工生产体系，是中国在全球经济一体化时代参与国际竞争与合作的重要力量。为进一步鼓励和规范其发展，促进区域产品结构的调整，加强行业自律，中国轻工业联合会提出《关于共建和授予中国轻工行业特色区域荣誉称号的行业规范》。

为了推动中国酿酒工业的发展，发挥重点产区带动行业经济的巨大作用，完善具有公益性的行规行约，中国酿酒工业协会先后在四川宜宾、广东佛山、内蒙古巴彦淖尔、山东安丘景芝镇 4 个地区开展了共建酿酒行业特色区域评审工作，并坚持历史和发展现状相结合，区域优势和行业优势相结合，经济效益和社会效益相结合，社会影响力与公众认知度相结合的原则，为这 4 个地区颁发了特色区域荣誉称号。

【h. "中国白酒 158 计划"开启】

2011 年，协会开启了"中国白酒 158 计划"项目，由协会牵头组织，相关院校、研究单位、设备生产企业和白酒生产企业共同参与的又一次中国白酒全行业的大规模产、学、研合作。

全面落实"中国白酒 169 计划"。"中国白酒 169 计划"项目经过 5 年时间，已经完成了 6 个项目中的 5 项（其中包括：不同类型白酒特征香味物质的研究，微生物的研究与应用，中国白酒呈香物质阈值测定，中国白酒年份酒研究，中国白酒健康因子的确定。"中国白酒贮存的研究"项目，是长期跟踪监测项目，需要若干年后才能得出结论）。"169 计划"计划 2012 年底以前全部完成中国白酒 169 项目鉴定工作。

【i. 发挥协会桥梁作用】

2011 年，白酒分会深入全国各地白酒企业调查研究，掌握了解行业企业在新形势下产生的新情况、新问题，为政府机关提供决策依据，为行业服务，维护行业正当权益。经过多种形式、多种途径，多次向国务院、全国人大、国家政协、发改委、财政部、税务总局等有关政府部门，反映白酒企业呼声，为企业解决实际问题，真正发挥行业协会桥梁纽带作用。

为了打击制假、售假，维护企业利益和合法权益，弘扬优秀品牌，白酒分会共推荐 9 家企业申请驰名商标，多次处理企业因种种不明原因被处罚事件。

【j. 完成白酒生产许可技术支持报告】

自 2007 年至 2011 年，协会与国家质检总局签订了《白酒、酒精生产许可技术支持技术服务合同》。根据合同要求，白酒分会完成下列项目：

一、白酒产品生产许可证实施细则的修订

由于国家法律、法规、产品标准及技术要求发生较大变化，为了全面完善食品生产许可制度、提高酒类产品的安全水平、增强酒类产品生产许可证审查细则的适用性，以便更好地指导酒类许可认证工作，中国酿酒工业协会作为全国酒类专业技术委员会向国家质检总局食品司提出了修订酒类相关生产许可证审查细则的建议，并提交了修改内容，针对《食品安全法》涉及的要求对《白酒产品生产许可审查细则》（2006 版）增添了卫生许可部分，更新了白酒审查细则所涉及的白酒标准，以及企业落实质量安全责任的具体要求。

二、白酒行业内存在的质量隐患和质量安全问题的调研及试验分析报告

2007 年至 2011 年，中国酿酒工业协会与全国标准化研究院签订《酒类产品生产许可技术支持》项目合同。2011 年项目报告中，详细阐述了中国酿酒行业发展情况，分析了酿酒行业质量安全问题产生原因，并就如何提高行业酒类产品质量安全水平提交了建议。

三、《酿酒行业食品生产企业落实质量安全责任监督检查基本要点》撰写工作

2009 年，协会与国家质检总局签订撰写《食品生产企业落实质量安全主体责任监督检查基本要点》系列手册——酒类分册的合同。在调查研究的基础上，依据质检总局印发的酒类产品审查细则和总局 119 号公告，撰写《食品生产企业落实质量安全主体责任监督检查基本要点》系列手册——酒类分册，用于指导各地方局有效实施酒类生产企业落实质量安全主体责任监督检查工作。

（甘权）

2012 年

【a. 概况】

2012 年，我国酒行业总体保持了增长的态势，但行业整体增速开始放慢。

据国家统计局公布数据，2012 年，酿酒行业总产量 7202.25 万千升(含饮料酒及发酵酒精)，同比增长 5.67%，酿酒行业完成工业总产值 7527.02 亿元，同比增长 20.65%，实现工业销售产值 7322.89 亿元，同比增长 20.82%；酿酒行业出口交货值 62 亿元，同比增长 23.36%，但各项指标同比，

增幅均回落。作为快速消费品行业的酿酒业，消费需求较大，2012 年，酿酒行业总体保持了增长的态势，但行业整体增速在 2012 年开始放慢。2012 年酿酒行业发展呈现出以下特点：

1、行业区域集中度增强，产销全年呈增长趋势

步入“十二五”以来，由政府主导的产业整合为酿酒行业的发展注入了动力，如四川和贵州共同打造优势产区“白酒金三角”，实施“长江上游名酒经济带”战略;贵州重点打造黔北、黔中、黔南 3 大品牌基地;山东省《蓬莱市葡萄酒庄聚集区总体规划》布局一带三谷，重点打造葡萄酒业等。中国轻工业联合会和中国酒业协会共同开展了行业特色区域建设，包括中国(宜宾)白酒之都、广东佛山豉香型白酒产业基地等项目，也加速了行业集中度的提升。地方政府对酿酒产业的高度关注和大力支持，在实现酿酒产业空间聚集、整合优势资源、推动结构调整、促进产业升级等方面发挥了推动作用，也进一步刺激了行业产能的扩张。

根据国家统计局的数据，2012 年，我国 2364 家规模以上酿酒生产企业，在工业总产值、工业销售产值、销售收入、行业资产等主要经济指标继续保持了两位数的增长趋势，产业规模继续扩大。全国各省市中，饮料酒及发酵酒精总产量排在前 5 的省市与 2011 年保持一致，分别是山东、河南、四川、广东和江苏，5 省合计产量 3146 万千升，占行业比重 43.68%，同比上升 0.71 个百分点，说明区域集中度进一步提高。总体来看，酿酒生产继续向具有地域优势、原料优势和消费优势的区域进一步集中。

2、利润同比继续增长，行业效益继续提升

在酿酒行业整体成长的背后，酿酒行业整体效益也在提升。据国家统计局数据，2012 年，酿酒行业 2364 家规模以上生产企业利润总额 1054 亿元，同比增长 36.45%；酿酒行业平均销售利润额 13.98%，同比增加 1.72 个百分点；行业平均毛利率 32.73%，同比增加 1.2 个百分点。2012 年，累计成本费用总额 6030.48 亿元，同比增长 16.57%，低于销售收入和利润的增长水平；成本费用利润率 17.49%，同比提高 2.54 个百分点，行业整体效益继续提升。

3、产销增速放缓，行业发展步入缓增通道

从以上分析可以看出，2012 年，酿酒行业继续保持着较高的增长水平，但受国内经济放缓影响，酿酒产业在增长幅度上也出现收窄的迹象。虽然各项指标依然保持增长态势，但同比产量增幅下降了 7.75 个百分点，产值增幅下降了 12.65 个百分点，销售产值增幅下降了 11.29 个百分点，销售收入增幅下降了 12.74 个百分点，利润增幅下降了 5.52 个百分点。

4、进出口贸易依然活跃，但增长幅度大幅下降

2012 年，受国内外经济增长放缓的影响，我国酒类产品出口贸易虽然延续高增长态势，但增长幅度大幅下降。据海关总署数据，2012 年，酒类产品进出口贸易总额达 35.88 亿美元，同比增长 22.41%，增速同比下降 34.54 个百分点。其中，出口额 6.49 亿美元，同比增长 33.53%，增速同比下降 17.78 个百分点；进口额 29.39 亿美元，同比增长 20.20%，增速同比下降 37.92 个百分点，其中作为主力军的进口葡萄酒贸易总额同比增长仅 8.77%。

5、行业资产快速增加，产业结构调整加速

近 10 年酿酒产业的蓬勃发展对业外资本产生了巨大吸引力，外部资金大量涌入，刺激了酒企的产能扩张。据测算，2010—2012 年间，白酒行业资产总额增长 70%，啤酒行业仅 2012 年新增产能就达到 443 万千升。如此大规模资本增长和产能扩张，在当前国际经济复苏缓慢、国内需求相对不足的大背景下，很可能会带来产能过剩和供需矛盾，给行业发展带来隐忧，加大了酒行业的经营风险。

6、理性饮酒观念提升，市场消费相应变化

随着居民收入的不断提高和消费者食品安全意识的不断增强，消费者对酒类产品的健康消费、饮用体验和产品附加值都提出了更高的要求，价格的接受程度也更加理性，优质合理的价格成为普遍要求，这些都将引导消费市场的进一步转变。

7、现代化营销手段，融入传统酿酒产业

随着行业的发展，以品类、品牌为划分依据的多元市场营销管理体系逐渐发展，厂商通过建立利益共同体进行管理，大大提高了营销管理的现代化水平。

2012 年，黄酒陷入 EC 风波、葡萄酒“农残”事件、白酒“塑化剂”风波、“禁酒令”等，使得酒业多次成为舆论的热点和焦点。如何理解和把握现阶段以及未来酒与社会之间的关系，实现酒与社会的和谐发展。

【b. 数字酒业】

2012 年 1–12 月份，全国酿酒行业总产量为 7202.25 万千升（含饮料酒及发酵酒精），同比增长 5.67%；完成工业总产值 7527.02 亿元，同比增长 20.65%；实现工业销售产值 7323.89 亿元，同比增长 20.82%。

各分酒种及酒精行业相关数据如下：

白酒

2012 年全行业 1290 家规模以上白酒企业完成总产量 1153.16 万千升，同比增长 18.55%(上年同期白酒产量调整为 972.70 万千升)；销售收入 4466.26 亿元，同比增长 26.82%；利润总额 818.56 亿元，同比增长 48.52%；税金总额 547.62 亿元，同比增长 26.93%。

啤酒

2012 年我国啤酒总产量 4902 万千升，同比（上年调整数为 4756.5 万千升）增长 3.1%，是近十几年来增幅最小的一年；人均占有量为 36.2 升，与上年基本持平；实现销售收入 1611.7 亿元，同比增长 6.8%，高于产量的增幅；利税总额 308.8 亿元，同比增长 9.0%，高于产量与销售收入增幅。其中税金总额增长 12.3%，利润总额增长 3.0%。

葡萄酒

2012 年我国国有及主营业务收入 2000 万元以上的葡萄酒生产企业共完成总产量 138.16 万千升，同比增长 16.90%；工业总产值 380.5 亿元，同比增长 11.25%；销售收入 438.46 亿元，同比增长 14.3g%；利润总额 54.05 亿元，同比增长 4.76%；税金总额 29.81 亿元，同比增长 3.02%。

2012 年出口葡萄酒 0.197 万千升，同比增长 7.88%；进口葡萄酒 38.8 万千升，同比增长 7.31%。

果露酒

2012 年国有及主营业务收入 2000 万元以上果露酒企业完成工业总产值 220.88 亿元，比上年同期增长 34.17%；主营业务收入 202.82 亿元，同比增长 31.42%；利润总额 24.85 亿元，同比增长 12.27%；税金总额 16.31 亿元，同比增长 31.63%。

黄酒

根据对全国 72 家规模以上黄酒企业的统计：2012 年 1–3 季度完成工业产值 102 亿元，同比增长 22.74%；实现利税 13.74 亿元，同比增长 14.6%。

酒精

2012 年全国发酵酒精总产量为 820.62 万千升（年主营业务收入 2000 万元以上工业法人企业），比上年同口径统计产量 793.20 万千升增长 3.46%；完成工业销售产值 678.40 亿元，同比增长 12.39%；主营业务收入 693.62 亿元，同比增长 11.86%；主营业务税金及附加 16.80 亿元，同比增长 26.36%；利润总额 38 亿元，同比增长 15.56%。

【c. 酿酒行业稳步提升】

我国是世界最大的饮料酒生产和消费国，酿造历史悠久、产业规模庞大。酿酒产业是我国的传统产业，也是我国食品工业的重要组成部分。据不完全统计，目前全行业企业总数 2 万多家，从业人数达 350 万。

根据国家统计局对销售收入 2000 万元以上的工业企业的统计：2011 年底，酿酒行业规模以上企业 2254 家，全年饮料酒及发酵酒精生产量 7103 万千升，工业总产值 6699 亿元，主营业务收入 6631 亿元，利

税总额 1518 亿元，其中利润 807 亿元，全行业平均亏损面 10.91%（亏损面=亏损企业数量／全部企业数量），亏损深度 3.60%(亏损深度=亏损额／利润总额)。据不完全统计，2011 年酿酒行业主营业务收入过百亿元的企业超过了 10 家，其中，几家上市公司的数据显示，2011 年五粮液集团销售收入 487 亿元（其中宜宾五粮液股份有限公司 2011 年实现营业总收入 202.26 亿元），泸州老窖销售收入 285 亿元，青岛啤酒销售收入 231 亿元，华润雪花销售收入 221 亿元，贵州茅台销售收入 203 亿元，燕京啤酒销售收入 172 亿元，江苏洋河销售收入 129 亿元，烟台张裕销售收入 124 亿元。

中国酿酒工业协会理事长王延才说，目前，酿酒行业整体规模化水平、技术进步等方面与高新企业相比还存在着很大的差距，使得规模以上企业的数量占行业总量的比重不大。国家统计局统计制度改革后，从 2011 年开始，规模以上工业企业统计标准由过去的年主营业务收入 500 万元提高到 2000 万元。2011 年与 2010 年同期相比，酿酒行业进入统计规模的企业数量减少比例为 23.83%。王延才对酒行业的各类酒及酒市场、酿酒原料等做了大致分析。

白酒行业

白酒行业发展形势较好，健康饮酒、理性饮酒的消费理念逐渐深入人心，消费者的品牌意识进一步加强，高端白酒品牌传播国际化趋势明显，中端白酒消费量大幅提升，低端白酒品牌化步伐逐渐加快；个性化、功能性产品需求加大，低度、优质的白酒成为当前的主要消费方向。

啤酒行业

啤酒行业继续保持世界第一大国的地位，城市的啤酒消费趋于平衡，农村市场快速崛起；较发达的地区增速变缓，欠发达的地区增长提速，啤酒的单位产品效益逐年提升，单位产品效益偏低的情况正在得到改善。

葡萄酒行业

经过近几年的市场培育和文化推广，葡萄酒越来越受消费者的青睐，国内葡萄酒的消费总量逐步提升，但是现在我国葡萄酒的年人均消费水平仅为世界平均水平的 6%，还有

很大的上升空间。

果露酒行业

果露酒消费量继续保持着现有的发展速度，少数全国性品牌的强势地位逐步加强，大部分产品继续保持地域性格局。

黄酒行业

近几年，养生保健功能逐渐被国内消费者所认识，而且档次、价格和消费趋势有明显提升，随着国际贸易的不断扩大，黄酒出口量继续增长，消费空间和行业利润逐步提升。

酒精工业随着国民经济的快速发展，继续保持增长态势，行业利润达到近几年来的最高水平，燃料乙醇在国家政策导向下产量平稳发展。

伴随着国内酒企业集团化步伐的加快以及品牌集中度强化和消费观念转变的影响，我国葡萄酒和烈酒市场呈现更加繁荣的景象；白酒市场稳中有增；啤酒市场主要消费群体继续向大啤酒集团和品牌集中；黄酒市场逐步走出浙沪地区，向外围扩延；果露酒市场发展势头良好。

近几年，由于行业人、财、物成本压力的逐步增加，食品安全门槛的大幅提高，拥有自己原料生产基地的酿酒生产企业越来越多，大型白酒企业已经基本拥有了自己可控的原料生产基地；国内啤酒原料种植区域逐步成形；葡萄酒企业纷纷在酿酒葡萄优质产区建立了原料基地；黄酒行业优质原料基地已经超过 50 万亩；果露酒行业建设原料基地的意识进一步强化。

2.3 啤酒工业

2010 年

【a. 既况】

2010 年，啤酒产量增长趋势不变。全国啤酒产量国家统计局公布初报数是 4483 万千升（统计范围为国有企业和销售收入 500 万元以上的非国有企业，（调整数）同比增长 6.3%，按当年公布数为 4236 万千升计算为 5.3%；行业统计啤酒产量数为 4218 万千；同比增长 4.5%（见图 1），啤酒人均年消费量 31.5 升，同比增长 1.3 升。

分析各省市区的啤酒产量，比较行业统计数和国家统计局数，河南、山东和江苏 3 个省行业数低于国家统计局数，且差距颇大，其余各省市区差别较小。

啤酒产量前 5 位的省市和上年相比没有变化，山东以 441.9 万千升保持第一位；广东和浙江以 387.4 万千升和 28.9 万千升居第 2、3 位；第 4、5 位为河南、辽宁；第 6 至第 10 位为湖北、江苏、福建、四川和黑龙江。300 万千升以上的省市区 2 个（同比少 1 个浙江），200 万千升以上和 100 万千升以上的省市区分别为 7 个（减少 1 个福建和 1 个（增加 1 个江西）。增长比例在 20%以上的是中西部省份，为湖南、内蒙古、江西和西藏，增幅 10%以上的省市区还有青海、新疆、宁夏、上海和山东。天津、福建、浙江、海南、江苏和辽宁出现负增长，数量同比持平。以大地区作比较，西北增幅最大，为 9.4%；华东次之为 8.5%；中南和西南地区均为 6.2%；华北地区为 5.9%；东北增幅最小为 0.3%；没有负增长的地区。

2010 年华润雪花的产量达 933 万千升，仍居第一位，岛啤酒集团以 640 万千升居第 2 位，燕京以 5。3 万千升居中第 3 号，其后是金星、重啤、雪津、洙江，100 万午升以上的啤酒集团为 7 个 7 个（见表 1），同比相同（百威英博未合并计算，未计入）。

表 1　2010 年全国啤酒产量 20 万千升以上啤酒企业

地区	企业名称	产量（万千升）
北京	华润雪花啤酒（中国）有限公司	933.43
山东	青岛啤酒集团有限公司	640.15
北京	北京燕京啤酒集团有限公司	503.08
河南	河南金星啤酒集团有限公司	192.76
重庆	重庆啤酒（集团）有限责任公司	177.60
福建	英博雪津啤酒有限公司	124.27
广东	广州珠江啤酒集团有限公司	120.62
广东	金威啤酒（中国）有限公司	92.27
湖北	湖北金龙泉啤酒集团公司	49.27
山东	山东新银麦啤酒有限公司	48.02

吉林	四平金士百啤酒股份有限公司	46.18
湖北	百威（武汉）国际啤酒有限公司	45.79
江苏	江苏大富豪啤酒有限公司	44.66
上海	三得利啤酒（中国）投资有限公司	44.31
河北	蓝贝酒业集团有限公司	43.60
黑龙江	哈尔滨啤酒有限公司	42.89
浙江	英博双鹿啤酒集团	41.77
广东	百威啤酒（佛山）有限公司	28.23
浙江	浙江英博石梁啤酒有限公司	25.19
云南	云南澜沧江啤酒企业集团有限公司	24.07
江西	南昌亚洲啤酒有限公司	23.98
河南	河南蓝牌集团商丘啤酒有限公司	22.40
辽宁	大连大雪啤酒股份有限公司	21.58
山东	烟台啤酒青岛朝日有限公司	20.87
甘肃	兰州黄河嘉酿啤酒有限公司	20.80

【b. 瓶装酒比例持续下降】

2010 年，中国啤酒产品中，瓶装酒仍为主流，但瓶装酒比例已连续 4 年下降，2010 年为 92.9%，同比降低了 0.3 个百分点，其中 500 毫升以上瓶装酒比例下降 1.6 个百分点，500 毫升以下瓶装酒比例比上年增长 0.8 个百分点（见图 2）。听装啤酒产量增加较多，提高 0.5 个百分点。桶装啤酒下降 0.3 个百分点，其他包装形式提高 0.1 个百分点。

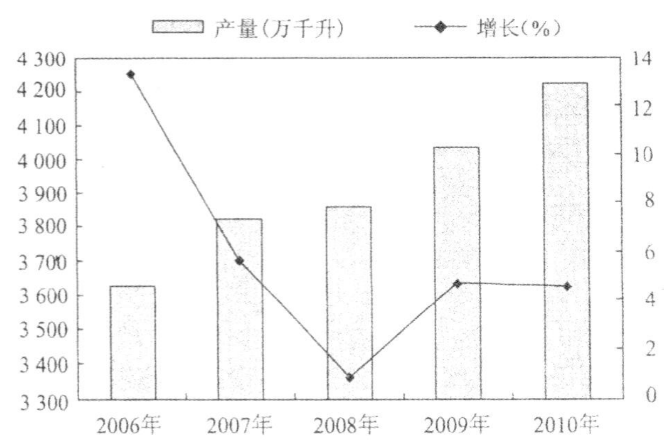

图 1 近五年中国啤酒产量及增长率

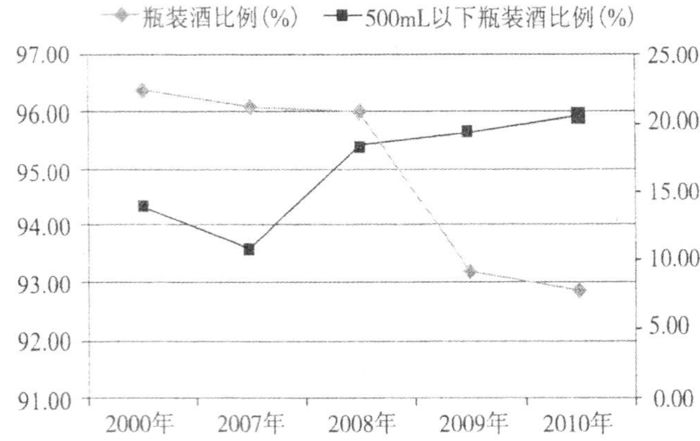

图 2 近五年中国瓶装啤酒变化趋势

【c. 啤酒进出口情况】

2010 年，中国出口啤酒 19.41 万千升，同比下降 7.70%，出口额 1.2 亿美元，出口单价同比下降 0.79%；进口啤酒 4.67 万千升，同比增长 15.35%，进口额 5831 万美元，进口平均价格增长 2.92%。出口单价与进口单价之比同比下降 1.73 个分点。

2010 年啤酒产品的进出口量不大，进出口总量占全年啤酒总产量的 0.5%左右，但是，近两年进口量的增长体现出消费者对高端产品的需求正在逐步增强，高端啤酒市场的份额在缓步扩大。

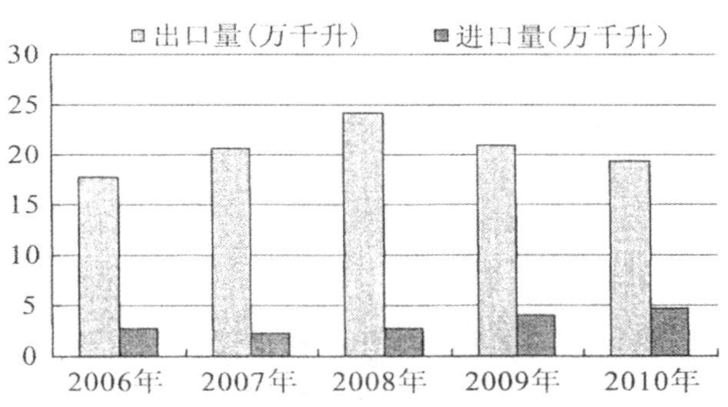

图 3　近五年中国啤酒进出量变化趋势

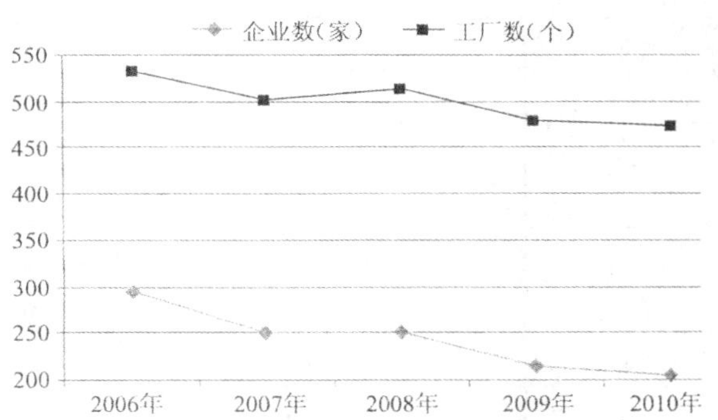

图 4　近五年中国啤酒业规模化趋势

【d. 结构调整态势稳定】

2010 年，啤酒企业 203 家，同比减少 8 家；生产啤酒的工厂 472 家。20 万千升以上 10 万～20 万千升和 1 万千升以下的啤酒企业产量占总全国总产量的比例分别提高 1.6、2.3 和 0.1 个百分点，1 万–10 万千升啤酒企业产量占总全国总产量的比例同比下降 0.9 个分点。企业平均年产量为 20 万千升，同比提高 7.4%。2010 年 20 万千升以上企业 26 家，同比减少 2 家；其产量占全国啤酒总量的 81.9%，同比提高 1.6 个百分点。华润、青岛、燕京 3 大集团的产量占全国总量的 49.2%，比上年提高 2.2 个百分点。由此可见，虽然中国啤酒业总体规模和企业规模同比虽然变化不大，但是，仍能体现出其内在的结构性调整和变化趋势（见图 4）。

从企业性质分类数据看，各种类型啤酒企业数量基本稳定，占企业总数的比例变化较小，私营和民营企业同比减少 3 家，企业数量仍为最多，占企业总数的 45.8%，同比提高 0.3 个百分点；股份制企业比上年减少 4 家，占企业总数的 22.2%；外资企业数量未发生变化，所占比例增大至 24.6%；同比提高 0.9 个百分点；国有和集体所占比例最少，为 0.4%。以股份制、外资和民营 3 种类型的啤酒企业为主体的格局已经形成。在市场竞争加剧的环境中，外资企业较为稳定，变数较小；数量最多的私营和民营企业，变数则较大。

【e. 销售收入缓步提升】

据行业统计，2010 年啤酒产品销售收入 1059 亿元，同比增长 5.8%，略高于产量增幅；平均千升啤酒销售收入 2510 元，同比增长 1.2%。

千升啤酒销售收入以西藏、山东、海南、陕西、湖北、广西较高，达 3000 元以上，高于全国平均水平的还有新疆、北京、贵州、云南、河北，较低的有青海、内蒙古、吉林、黑龙江、天津、安徽。啤酒企业中，千升啤酒销售收入较高的虽仍以外资企业为主，但民族品牌的大中型企业中青岛啤酒、燕京啤酒、山东泰山、珠江啤酒等进入前列，反映出中国本土品牌的市场认知度和品牌价值均得到了进一步提升。

按行业统计的不同包装形式净酒价格分析，瓶装啤酒价格继续呈上升趋势，增长 3.0%，听装和桶装酒价格下降 7.8% 和 0.9%，不同包装类型的啤酒产品价格反映出市场化的量价趋势。

表 2　2010 年销售收入 4 亿元以上啤酒企业

地区	企业名称	销售收入（亿元）
山东	青岛啤酒集团有限公司	196.14
北京	华润雪花啤酒（中国）有限公司	187.80
北京	北京燕京啤酒集团有限公司	143.37
河南	金星啤酒集团有限公司	51.06
湖北	百威（武汉）国际啤酒有限公司	48.59
重庆	重庆啤酒（集团）有限责任公司	34.52
福建	英博雪津啤酒有限公司	31.77
广东	广州市珠江啤酒集团有限公司	31.63
河北	蓝贝酒业集团有限公司	16.87
广东	金威啤酒（中国）有限公司	16.18

山东	山东新银麦啤酒有限公司	12.30
上海	三得利啤酒（中国）投资有限公司	11.25
黑龙江	哈尔滨啤酒有限公司	8.48
浙江	英博双鹿啤酒集团	8.03
湖北	湖北金龙泉啤酒集团公司	7.88
吉林	四平金士百啤酒股份有限公司	7.58
江苏	江苏大富豪啤酒有限公司	7.44
云南	云南澜沧江啤酒企业集团有限公司	6.82
山东	山东威海卫酒业集团有限公司	6.80
浙江	浙江楠溪江啤酒有限公司	6.66
海南	海南亚洲太平洋酿酒有限公司	6.61
江西	南昌亚洲啤酒有限公司	5.10
上海	上海亚太酿酒有限公司	4.84
山东	烟台啤酒青岛朝日有限公司	4.66
河南	河南蓝牌集团商丘啤酒有限公司	4.57
甘肃	兰州黄河嘉酿啤酒有限公司	4.41
浙江	浙江英博石梁啤酒有限公司	4.40
西藏	西藏拉萨啤酒有限公司	4.14
河南	河南维雪啤酒有限公司	4.11

【f. 效益持续提高】

2010 年，啤酒产品的利税总额实现 230 亿元，同比增长 4.7%。其中税金实现 176 亿元，同比增长 0.5%；实现利润 55 亿元，同比增长 21.0%。千升啤酒税金同比降低 3.8%，千升啤酒利润增长 15.8%，2010 年中国啤酒行业经济指标呈现出较好的持续发展势头。从经济指标中可以看出，利润增幅承继上年的增长势头，保持了较高的增长水平，啤酒行业的盈利能力得到进一步提升。

各省市啤酒利润总额中，山东、四川、辽宁、广西、广东列前 5 位，千升啤酒利润西藏、广西、四川、山东达 400 元以上。亏损省市浙江、吉林、天津、山西 4 个同比减少 1 个，4 个省市均是连续亏损，河北扭亏为盈。税金总额和啤酒产量成正相关，千升啤酒税金海南、山东、湖北在 500 元以上，低于 300 元的有西藏、天津、新疆。

1、原料价格处于低位

2010 年中国进口啤酒大麦 236.75 万吨，同比增长 36.18%，全年平均进口单价同比下降 9.42%，平均每吨大麦价格 226.45 美元，年底价又反弹到每吨 249 美元（到岸价，国家海关总署）。2010 年啤酒大麦进口量占总需求量的 65%。低价的进口啤酒大麦促使国内大麦价格一直处于低位，降低了啤酒生产的主要原料成本；从 2010 年 11 月，大麦价格出现反弹，且有持续走高的趋势，至 2011 年 3 月，进口大麦价格同比上升 43.5%，大麦价格的反弹必将会影响到 2011 年的啤酒生产成本。2010 年进口酒花量大幅增长，全年进口颗粒酒花 1094.91 吨，同比增长 95.19%，平均单价降低 5.82%。进口酒花浸膏和液汁同比增长 38.54%，和历史水平相比，进口量并不算多，平均价格上升 4.87%。

按行业原料使用统计结果分析，啤酒行业使用的麦芽价格相比下降 3.7%，而大米的价格上涨 13.2%，已接近麦芽的价格。啤酒瓶新瓶的价格相比上年下降降 6.5%，（2008–2009 年）啤酒行业使用专用瓶新瓶较多，专用瓶多为可回收瓶，2010 年使用的专用瓶新瓶相对较少，因此，新瓶价格下降在情理之中。

2、节能降耗产生效益

2010 年啤酒企业消耗指标的加权平均数（产量平均）比较，每千升啤酒耗粮同比减少 0.1 千克、电减少 3.0 千瓦时、水减少 0.4 立方米、煤降低 3.2 千克，以一般水平的价格计算，可使千升啤酒成本降低 5 元–8 元。以降幅而言，取水指标降幅最大，为 7.5%，依次是煤耗、电耗和粮耗，降幅分别为 5.1%、4.1%和 0.1%。

3、装备水平发展较快

据行业统计，全行业从业人数相比下降 8.5%，人均啤酒产量同比提高 14.2%，人均劳产率同比提高。中国啤酒业装备水平提高的速度在食品制造业中是非常先进的，在酿酒行业中更加突出。近几年，国产化的新型煮沸锅、50000 瓶 / 小时高速灌装机、高速回转式不干胶标签贴标机、啤酒瓶自动理瓶机以及规模化膜式错流过滤机等设备在啤酒行业中得到不断普及和应用，新建工厂的陆续投产和国家对节能技术装备的大力扶持，也促进了行业整体装备水平和自动化水平的提高。

【g. 啤酒生产成本上升】

2010 年新建扩建工厂的速度有所放缓，新增产能处于逐步释放阶段。2010 年啤酒工业固定资产净值平均余额净减少 5 亿元，降幅为 0.9%；工业增加值增加 35 亿元，增幅 8.7%；千升啤酒占用资金比增长 3.4%；资金利润率提高 0.6 个百分点；负债总额同比上年增加 8.7%，资产负债率同比上年提高 1.8 个百分点；千升啤酒占有流动资产平均余额提高 13.70%。

2010 年各类资源和能源价格均出现普遍上涨态势，国家统计局公布的“2010 年主要统计数据”中显示，“全年原材料、燃料、动力购进价格”同比上涨 9.6%；“生产资料原料出厂价格”同比上涨 10.1%。年中出现的“用工荒”也波及啤酒行业，使啤酒企业的人工成本增加。数据显示，2010 年啤酒行业成本费用总额上升 7.3%，千升啤酒生产成本上升 2.7%。

【h. 整合优势继续显现】

以企业间的经济指标作对比，规模效益呈现出继续放大的特征，华润、青岛、燕京三大集团啤酒总产量 2077 万千升，占全国啤酒总产量（行业统计数）的 49.2%同比提高 2.84%分点。税金占 50.4 售收入占全国总额的 49.8%，利润占 88.4%，税金占 50.4%，分别同比提高 1.8、5.0、0.8 个百分点。千升啤酒经济指标均高于全国平均水平，其中千升啤酒销售收入和千升啤酒税金仅略高于全国平均水平 1.2%和 2.5%，千升啤酒利润高于全国平均水平 79.6%。

以 100 万千升以上的 7 个大集团效益指标来看，其啤酒产量占全国总产量的 63.8%，同比提高 2.2 个百分点。销售收入占全国总额的 63.9%，税金占 66.6%、利润是行业利润总额的 1.1 倍。千升啤酒销售收入和千升啤酒税金仅略高于全国平均水平 0.1%和 4.4%，千升啤酒利润却高于全国平均水平 73.0%。

20 万千升以上 26 家啤酒企业，啤酒产量占全国总产量的 80.9%、销售收入占全国总额的 82.2%，税金占 83.4%、利润是行业利润总额的 1.2 倍。千升啤酒销售收入和千升啤酒税金仅略高于全国平均水平 1.7%和 3.1%，但是，千升啤酒利润高于全国平均水平 51.1%。

通过对以上 3 种规模的啤酒企业集团效益数据分析显示出：3 种规模的企业集团各项指标均高于全国平均水平；销售收入、税金和利润总额占全国总额的比例均高于其产量占全国总产量的比例；千升啤酒销售收入和千升啤酒税金高于全国平均水平的幅度比较小，但千升啤酒利润高于全国平均水平的幅度较大，而且规模越大幅度则越大。

【i. 新建扩建情况】

2010 年，国际、国内啤酒大集团的新建工厂的步伐明显减速，并购和新建工厂的频率和总体规模上都弱于前几年。其原因有大集团的布局布点战略即将进入收官阶段，以及经过快速扩张后，新增产能过速，有待消费市场的消化。在 2010 年，各大集团仍有不少新建、扩建项目和兼并扩张的举措。据不完全统计，在 2010 年，全国新建、改扩建新项目约 350 万千升规模，投产 100 万千升，投入资金约 150 亿元。

2010 年以来，燕京啤酒 2. 27 亿元收购月山，华润雪花收购悦泉、2011 年初收购奥克，百威英博投资 27 亿元在新乡卫辉建 100 万千升新厂，又与维雪签订了收购协议。体现出国内啤酒企业扩张并购的市场化洼地效应，在国内难以找到如此集中可并购资源的时候，进入河南就成为了必然。可以预见的是，待河南市场的整合结束后，啤酒集团的战略布局将进一步放缓，并购频率也会降低，将逐步上升到寡头竞争阶段。

【j. 产品质量】

2010 年 2 季度对全国 22 个省、自治区、直辖市 200 家企业生产的 200 种啤酒产品的包装、二氧化碳、酒精度、原麦汁浓度、甲醛、铅、双乙酰、蔗糖转化酶活性（生、鲜啤酒）、特种啤酒的特征性指标、致病菌等 15 项质量指标进行了检验。抽查结果显示，有 1 种产品违反标准规定，使用非“B”字啤酒瓶；有 1 种产品的酒精度实测值为 2.9%vol，低于标准值≥3.1%vol 的规定。抽查结果显示大中型啤酒企业的质量均为合格，反映出其对产品质量和品牌信誉更为重视。

【k. 啤酒分会主要工作】

1、年度啤酒行业统计工作

2010 年 2–5 月，啤酒分会完成了 2009 年年度啤酒行业统计工作。在《啤酒科技>杂志上公布了产量、销售收入、利税总额排行，向各省市区协会反馈了各类统计结果。

2010 年 11 月 9 日–10 日，召开 2010 年全国啤酒行业统计工作会议。表彰了 2008 ~ 2010 年度行业统计工作中的先进单位和统计工作先进个人。

2、召开中国酿酒工业协会啤酒分会 3 届理事会 2 次理事长办公会、啤酒分会 3 届 3 次常务理事扩大会议暨啤酒原料专业委员会 1 届 2 次理事扩大会议。

会议于 2010 年 1 月 31 日–2 月 1 日和 2010 年 4 月 13 日–15 日分别召开，会议审议通过了啤酒分会 2009 年工作报告和啤酒分会 2010 年工作计划，对《啤酒》、《啤酒瓶》、<添加剂使用卫生标准》国家标准重要内容进行了通报与探讨，颁发了 2009 年度“啤酒行业科技进步优秀论文奖”获得者颁发了奖杯及证书。

3、举办 2010 届国家级啤酒评酒委员考评选拔暨《品酒师》国家职业资格鉴定。

2010 年 4 月 23 日–27 日在济南市举办。参加本次考评和鉴定的人员经过各省、自治区、直辖市协会的选拔和推荐，并经啤酒分会秘书处核定考试资格和级别。参加考评的人员来自于全国 29 个省、市、自治区的 187 家啤酒生产企业，共 327 人，聘任国家评委 54 人。这项工作的开展，对提升中国啤酒行业品评技能水平和整体素质起到了推动作用，对提高啤酒产品感官质量意义深远。

4、举办 2 批 3 次《酿酒师》国家职业资格鉴定

啤酒分会在 IO 月和 12 月举办，每次培训班为期 5 天，参加培训的企业人员及相关行业从业人员共计 707 人，其中参加高级（一级）酿酒师考试的人员达 240 人；中级（2 级）酿酒师考试的人员达 307 人；助理（三级）酿酒师考试的人员达 160 人。分别就啤酒原料、生产工艺、机械装备等方面，结合当下一些热点、难点的技术管理问题从基础理论到生产实践展开了系统培训。

5、技术委员会换届

啤酒分会技术委员会 2010 年度扩大会议及换届工作会议于 2010 年 9 月 5 日–7 日在北京召开。按照首届技术委员会 2008 年–2009 年的工作内容，主要是围绕啤酒品种等问题展开讨论，内容涉及低度啤酒发展趋势问题，中国纯生啤酒发展前景分析及生啤酒蔗糖转化酶的检测问题等。会议审查了 GB/T18916.6《取水定额第 6 部分啤酒制造》国家标准（修订稿）。介绍了《啤酒瓶》国家标准和《食品安全国家标准食品添加剂使用标准》的修订经过及当前情况通过了二届技术委员会的委员名单（37 名），同时选举杜绿君为主任委员，投票选举出两位副主任委员。

【l. 其他工作】

9 月，啤酒分会协办了 2010 中国国际啤酒、饮料造技术及设备展览会。展览会以展示行业最新技术、装备、工艺为核心，向啤酒行业提供一站式采购服务。

9 月，啤酒分会与中国食品工业发酵研究院及德国 VLB 联合主办了中国啤酒技术国际高峰论坛。论坛汇聚了全国啤酒行业的主要技术力量，同时邀请德国、俄罗斯等多个国家的国际酿造技术研究专家与学者进行技术与学术方面的沟通交流，在学术与技术的碰撞中产生啤酒生产技术的推动力。

2 月 4 日，啤酒分会与百威英博啤酒集团及旗下百威啤酒在北京联合发起百威“驾给我好吗”大型理性饮酒主题活动，同时在主流媒体上投放中国首个倡导“友情代驾”的电视公益广告——“都是为你好”，并在全国各大城市开展各式各样的趣味宣传活动。

2 月，中国酿酒工业协会开展“首届中国酒业‘仪狄奖’活动”。啤酒行业的华润雪花啤酒获得“经济效益奖”（集体奖）、燕京啤酒获得“科技创新奖”（集体奖）、珠江啤酒获得“环境友好奖’’（集体奖）、百威英博获得“社会责任奖”（集体奖）、燕京啤酒的李福成和青岛啤酒的金志国获得“卓越贡献奖”（个人奖）、河北蓝贝获得“企业腾飞奖”（特别奖）。

【m. 行业服务工作】

7 月 5 日，卫生部监督局以卫监督食便函[2010]227 号发布了《食品工业用加工助剂使用原则和规定》征求意见稿），啤酒分会组织重点啤酒企业和研究单位对征求意见稿进行了讨论，并针对行业应用加工助剂的实际情况，代表行业提出和上报了具体意见。

完成了政府相关部门各种委托的组织材料上报，如：“十二五”重点行业清洁生产技术推行目标及资金需求分析、制修订行业清洁生产评价标准项目建议书、国家级两化融合促进节能减排试点示范项目评价、啤酒产品质量安全分析报告、参与重点行业节能减排技术筛选与评估课题等。参与了商务部外资司和反垄断局对嘉士伯增持重庆啤酒股份、青岛啤酒收购蒙阴新银麦的反垄断调查和审查工作。

为啤酒企业出具申报“中国驰名商标”的证明函；解答企业的咨询，例如添加剂问题、各种认证的相关问题等；为

啤酒企业在市场中遇到的纠纷开具证明与说明，例如啤酒生产中啤酒瓶、标签标准不规范等问题；向国家职能部门提出各种意见与建议；完成日常的数据统计工作；随时与企业及相关单位保持良好的沟通与联系等。

2010 年，啤酒分会参加了在无锡市召开的第九届法国啤酒大麦研讨会，出席了各种企业活动。

2010 年，组织部分国家级啤酒评酒委员和高级品酒师了 2 次酒类产品认证感官品评，共品评 36 个批次啤酒样品，统计品评结果后，分别为每个样品出具了品评报告。

利用<啤酒科技》杂志作，介绍啤酒行业的政策法规、标准等资料，行业内各种会议及活动结果，及时传达行业信息。

在省市协会和啤酒企业的大力支持下，啤酒分会承担行业统计工作，组织每季度统计资料的汇总和交换。信息内有全国企业的“产量、消耗、劳动、财务、效益、价格、销量”等方面的 23 项 31 个指标。真实反映了全国啤酒行业生产经营状况及发展水平，在啤酒企业间的信息交流方面发挥了很好的作用，为各级领导和啤酒企业的经营决策提供了重要的依据和参考。

（何勇）

2011 年

【a. 概况】

2011 年，全国啤酒产量增长趋势不变。根据国家统计局公布初报数统计，全国啤酒产量 4 898.8 万千升（统计范围为限额以上企业），比上年同期增长 10.7%（按当年公布数 4483 万千升计算为 9.3%）；行业统计啤酒产量数为 4488.9 万千升，比上年增长 6.4%（见图 1），啤酒人均年消费量 33.3 升，比上年增 1.8 升。各地啤酒产量，比较行业统计数和国家统计局数，河南、山东、广东和湖南行业数低于国家统计局数，且差距较大，其余各省市区差别较小。

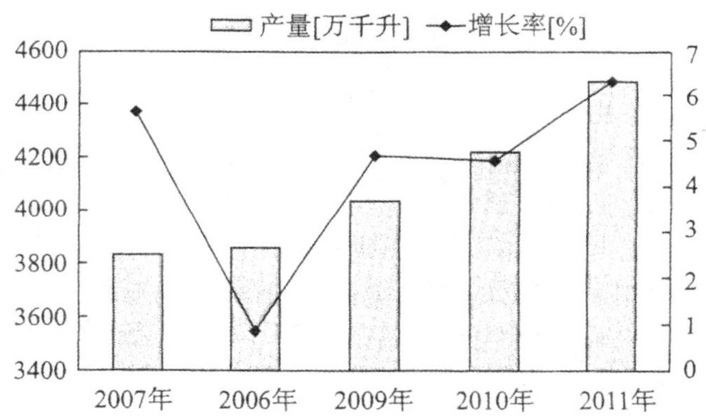

图 1　近五年中国啤酒产量及增长率

啤酒产量前五位的省市和上年相比没有变化，山东以 500.9 万千升保持第一位；广东 403.9 万千升居第二位；浙江 281.3 万千升居第三位；第四、第五位为河南、辽宁；第六至第十位为江苏、四川、福建、湖北和黑龙江。300 万千升以上的省、自治区、直辖市 2 个（与上年持平），200 万千升以上和 100 万千升以上的省、自治区、直辖市分别为 10 个（增加四川、福建和黑龙江）和 18 个（增加云南）。增长比例在 20%以上的是西藏、云南、山西和江西，均为中西部省份，增幅 10%以上的省、自治区、直辖市还有黑龙江、河北、新疆、宁夏、山东、四川、陕西和湖南 8 个。海南、青海、上海、湖北、内蒙古、河南、甘肃和浙江 8 个省、自治区、直辖市出现负增长，数量比上年增加 2 个。以大地区作比较，西南增幅最大，为 14.2%；东北次之，为 9.1%；西北和华东地区为 7. 3%和 7.2%；华北地区为 6.6%；中南地区增幅最小为 0.7%；没有负增长的地区。

2011 年华润雪花的产量达 1033 万千升，居第一位并成为第一个突破 1000 万千升的中国啤酒集团，青岛啤酒集团 728 万千升，百威英博集团 567 万千升，燕京啤酒集团 550 万千升分列二至四位，其后是金星、重啤、珠江，100 万千升以上的啤酒集团仍为 7 个，与上年相同（百威英博首次以集团名义合并计算，原福建雪津产量计人百威英博）。

表 1　2011 年全国啤酒产量 20 万千升以上啤酒企业

序号	地区	企业名称	产量（千升）
1	北京	华润雪花啤酒（中国）有限公司	10328721
2	山东	青岛啤酒集团有限公司	7282799
3	上海	百威英博啤酒投资（中国）有限公司	5666807
4	北京	北京燕京啤酒集团有限公司	5501490
5	河南	金星啤酒集团有限公司	1946921
6	重庆	重庆啤酒（集团）有限责任公司	1806656
7	广东	广州市珠江啤酒集团有限公司	1293124
8	广东	金威啤酒（中国）有限公司	921500
9	江西	江西樟树啤酒集团有限公司	485200
10	吉林	四平金士百啤酒股份有限公司	481841
11	江苏	江苏大富豪啤酒有限公司	446836
12	上海	三得利啤酒（中国）投资有限公司	435918
13	河北	蓝贝酒业集团有限公司	401673
14	新疆	新疆乌苏啤酒有限责任公司	370991
15	云南	云南澜沧江啤酒企业集团有限公司	322560
16	江西	南昌亚洲啤酒有限公司	216808
17	山东	烟台啤酒青岛朝日有限公司	211748
18	河南	河南省府泉酒业责任有限公司	201325

【b. 包装形式转变加快】

2011 年，从啤酒产品的包装形式上看，中国啤酒产品中瓶装酒仍占据主流位置，但其所占比例已出现连续 5 年下降，2011 年为 88. 30%，比上年降低 4.6 个百分点，其中 500 毫升以卜–瓶装酒比例下降 6. 0 个点（见图 2）；听装啤酒产量增加较多，提高 4.0 个百分点；桶装啤酒下降 0.4 个百分点；其他包装形式提高 0.9 个百分点。

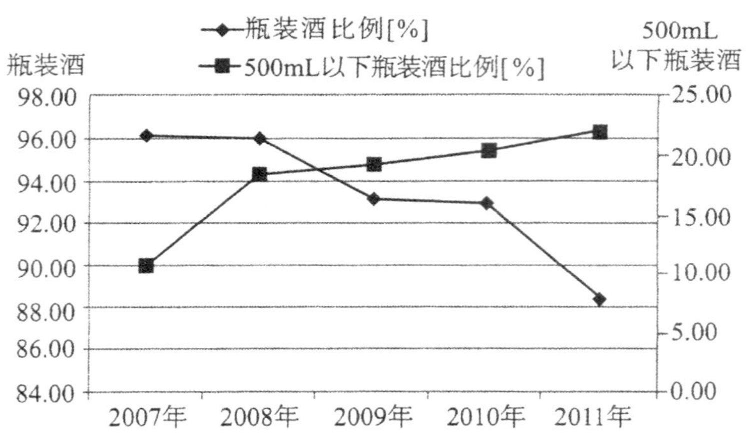

图 2　近五年中国瓶装啤酒变化趋势

【c. 啤酒进出口情况】

2011 年，中国出口啤酒 22.1 万千升，比上年增长 13.8%，出口额 1.31 亿美元，出口单价上升 2.2%；进口啤酒 6.4 万千升，比上年增长 37.4%，进口额 9061.0 万美元，进口平均

价格上升 13.1%。出口单价与进口单价之比，比上年下降 0.2%（见图 3）。

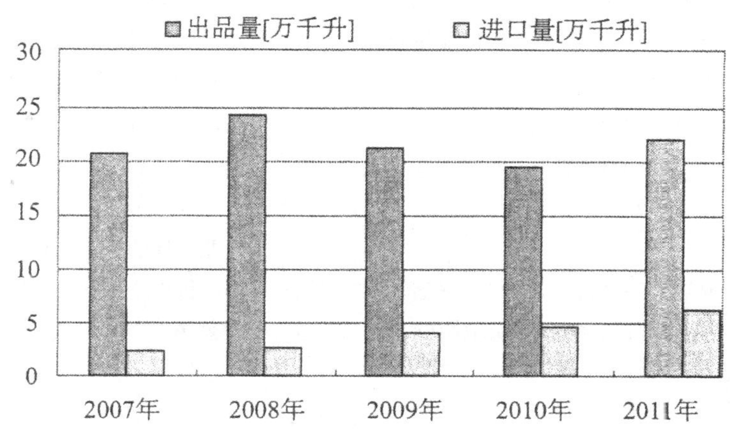

图 3 近五年中国啤酒进出口量变化趋势

2011 年，啤酒产品的进出口表现相对活跃，均出现不同程度的增长，且量值增、价格涨。进口啤酒量虽然不大，但从 2009 年开始增长，至 2011 年增幅达 128%。基于啤酒产品低价值、新鲜化和地域化销售的特点，中国进出口啤酒总量相比啤酒总产量很小，所占比例从未超过 1%，表现出消费者对高端产品和个性化啤酒产品的需求正在逐步增强，高端啤酒市场的份额在日益扩大。

【d. 企业结构调整继续深化】

2011 年，啤酒企业数和生产工厂数与上年相比发生变化，企业数 166 家，比上年减少 37 家（因百威英博集团合并计算减少的企业数为 25 家）；生产啤酒的工厂数减少 17 家，为 455 家。20 万千升以上和 5 万～10 万千升的啤酒企业产量占全国总产量的比例分别提高 3.5 和 1.0 个百分点，10 万～20 万千升、1 万～5 万千升和 1 万千升以下的啤酒企业产量占总全国总产量的比例比上年下降 3.5%。7 和 0.2 个百分点。企业平均年产量为 27 万千升，比上年增长 14.0%。201 1 年 20 万千升以上企业 18 家，增长 12.3%。华润雪花、青岛啤酒、百威英博和燕京啤酒四大集团的产量占全国总产量的 64.1%（如按上年口径华润雪花、青岛啤酒和燕京啤酒三大集团的产量占全国总产量的 51.5%，比上年提高 2.3 个百分点）。由此可见，中国啤酒业总体规模和企业规模相比前几年变化稍大，集约化的趋势越来越为明显，从图 4 可见，企业数趋势线与工厂数趋势线偏离度加大，体现出行业内在的结构性调整和两极分化的变化趋势。

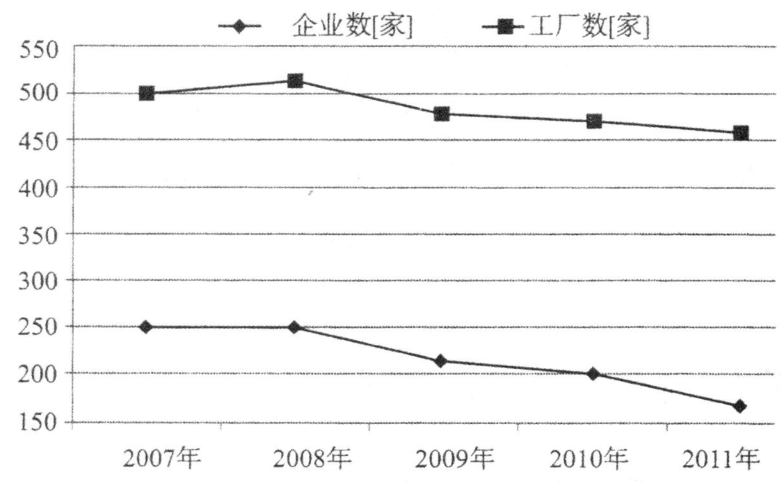

图 4 近五年中国啤酒业企业和工厂数变化

从企业性质分类数据看，各种类型啤酒企业数量基本稳定，占企业总数的比例变化较小，私营和民营企业比上年减少 5 家，企业数量仍为最多，占企业总数的 03.0%，比上年提高 7.2 个百分点；股份制企业比上年减少 4 家，占企业总数的 17.5%；外资企业数量减少 12 家（百威英博合并计算的原因），所占比为 22.9%，比上年降低了 1.1 个百分点；国有和集体企业所占比例最少，为 6.6%。啤酒行业以股份制、外资和民营私营三种类型的啤酒企业为主体的格局已经形成。三种类型企业的市场表现中，外资企业和股份制表现较为稳定，变化不大；占据数量最多的私营和民营企业，市场表现变数最大。

【e. 销售收入稳步提升】

据行业统计，2011 年啤酒产品销售收入 1157.7 亿元，比上年增长 13.8%，高于产量增幅；平均千升啤酒销售收入 2682.3 元，比上年增长 6.9%。

千升啤酒销售收入以西藏、海南、陕西、广西、新疆和重庆较高，达 3000 元以上，高于全国平均水平的还有山东、上海、贵州和北京，较低的有天津、山西、宁夏、吉林、青海。啤酒企业中，千升啤酒销售收入较高的一直以外资企业为主，但青岛啤酒、燕京啤酒、河北蓝贝、珠江啤酒、山东泰山等民族品牌的大中型企业也一直处于前列，反映出中国民族啤酒品牌的市场认知度和品牌价值。

按行业统计的不同包装形式净酒价格分析，瓶装啤酒和桶装啤酒的价格增幅不大，仅增长 0.51%和 0.45%，听装啤酒价格增幅 2%，听装啤酒因其饮用安全，便于携带，呈现出量升价涨的态势，也间接反映出市场需求的变化。

表 2　2011 年销售收入 4 亿元以上啤酒企业

序号	地区	企业名称	销售收入（万元）
1	山东	青岛啤酒集团有限公司	2279039
2	北京	华润雪花啤酒（中国）有限公司	2214769
3	北京	北京燕京啤酒集团有限公司	1716232
4	上海	百威英博啤酒投资（中国）有限公司	1356409
5	河南	金星啤酒集团有限公司	520762
6	广东	广州市珠江啤酒集团有限公司	366335
7	重庆	重庆啤酒（集团）有限责任公司	269494
8	广东	金威啤酒（中国）有限公司	169129
9	河北	蓝贝酒业集团有限公司	148517
10	新疆	新疆乌苏啤酒有限责任公司	125816
11	上海	三得利啤酒（中国）投资有限公司	120933
12	云南	云南澜沧江啤酒企业集团有限公司	85040
13	江西	江西樟树啤酒集团有限公司	82485
14	吉林	四平金士百啤酒股份有限公司	79343
15	江苏	江苏大富豪啤酒有限公司	74443
16	山东	烟台啤酒青岛朝日有限公司	52886
17	江西	南昌亚洲啤酒有限公司	51298
18	云南	云南大理啤酒股份有限公司	48221
19	上海	上海亚太酿酒有限公司	44514
20	西藏	西藏拉萨啤酒有限公司	43569
21	海南	海南亚洲太平洋酿酒有限公司	40862

【f.啤酒行业利税完成情况】

2011 年，啤酒产品的利税总额实现 262.2 亿元，比上年增长 13.9%。其中税金实现 201.5 亿元，比上年增长 14.7%；实现利润 60.8 亿元，比上年增长 11%。千升啤酒税金同比增长 7.8%，千升啤酒利润增长 4.3%。从经济指标中可以看出，啤酒行业的盈利水平表现一般。

各省、自治区、直辖市啤酒利润总额中，山东、四川、辽宁、福建、广西列前五位，千升啤酒利润西藏、海南、广西、内蒙古达 400 元以上。亏损的有上海、天津、江苏、山西、青海，比上年增加 1 个，2 个省市均是连续亏损。浙江、

吉林扭亏为盈，上海、江苏、青海由盈转亏。税金总额和啤酒产量成正相关，千升啤酒税金海南、河南、新疆、山东、贵州、四川、广西在500元以上，低于300元的有西藏、青海、宁夏。2011 年与行业盈利水平相关联的方面主要有以下三点：

【g. 啤酒原料价格处于高位】

2011年中国进口啤酒大麦177.6万吨，比上年下降25%，全年平均进口单价比上年上涨 52.3%，平均每吨大麦价格 344.9 美元，年底价又反弹到每吨 383.4 美元（到岸价来源于国家海关总署）。2011 年啤酒大麦进口量占总需求量下降至约 46%。自 2010 年 11 月开始，啤酒大麦价格出现了较为明显的涨幅之后，一直在高位运行，至 2011 年 12 月，大麦价格再次上涨，环比上涨 17%。2012 年 1 月，平均单价创出近三年的新高 370.1 美元，然后冲高回落，前 4 个月的大麦价格也基本处于较高位，平均单价 317.9 美元。成品麦芽进口量一直不大，且进口单价也较为稳定，201 1 年进口 1.1 万吨，增长 51.2%，平均单价同比下降 17.3%；进口颗粒酒花 1127.4 吨，比上年增长 3%，平均单价上涨 2.4%，其中进口香型酒花占 80%以上；进口酒花浸膏和液汁比上年下降 11.8%，平均价格增长 7.4%。

按行业原料使用统计结果分析，啤酒行业使用的麦芽价格相比上年增长 13.5%，辅料大米的价格也增长 10.8%，大米的价格从 2009 年开始趋于接近麦芽的价格，目前仍略低于麦芽价格，促使啤酒企业使用部分淀粉或糖浆等为辅料。啤酒瓶新瓶的价格相比上年增长 5.2%。

【h. 资源消耗持续降低】

行业集中度的提高、单厂产能的增加以及技术装备水平的提升，均对节能降耗产生积极影响，啤酒生产的各种消耗指标均呈下降趋势。以 2011 年啤酒企业消耗指标的加权平均数（产量平均）比较，每千升啤酒耗粮相比上年减少 0.7 千克、电减少 2.7 千瓦时、水减少 0.4 立方米、煤降低 4.1 千克，以一般水平的价格计算，可使千升啤酒成本降低 7 元～lO 元。各项消耗指标均继续呈现出算术平均数（企业平均）高于加权平均数（产量平均）的现象，两者之间的差距也越来越大，由此也更加凸显了啤酒行业规模效益的特点。以降幅而言，取水指标降幅最大，为 7.5%，煤耗次之，为 7.0%，这和国家相关部门积极推进清洁生产和循环经济政策以及能源价格上涨有较大关联，电耗降幅分别为 3.9%，粮耗降幅最小，仅为 0.5%。新、改、扩建工厂的陆续投产和国家对节能技术装备的大力扶持，提高了生产效率，促进了行业整体装备水平和自动化水平的提高。

【i. 运营成本大幅增加】

行业统计数据显示，2011 年全行业从业人数比上年增长 2.8%，人均啤酒产量同比提高 3.0%，低于全国产量的增幅。啤酒工业资产总额增加 199.8 亿元，增幅为 14.7%；固定资产净值平均余额净增加 67.4 亿元，增幅 12.4%；工业增加值增加 27.6 亿元，增幅 6.3%；千升啤酒占有流动资产平均余额提高 3.4%；负债总额比上年增加 19.1%，资产负债率比上年提高 1.9 个百分点，单位产品财务费用上升 4.6%。啤酒工业的资产负债率仍处于较低水平，其主要原因还是啤酒行业盈利水平较低的缘故。市场竞争的加剧，使销售费用大幅增加，千升啤酒销售成本费用相比上年提高 13.8%。

2011 年啤酒行业成本费用总额比上年增长 14.3%，千升啤酒生产成本增长 7.4%，售价的提升几乎被生产成本的增加而抵消，啤酒产品的售价则属于被动提高，从而也显示出中国啤酒市场竞争过度所带来的啤酒产品市场定价权的薄弱。千升啤酒 4.3%的盈利增长水平甚至低于中国 2011 年 5.4%物价指数的涨幅，投资回报率属于较低水平。所以 2011 年中国啤酒行业处于“增量不增效”的现状。

【j. 四强鼎立集约发展】

百威英博首次以集团的名义高调亮相，正式加入啤酒行业第一梯队的行列，以 567 万千升的产销量位居第三，从而改变了原有的三大集团的名义格局。华润雪花 2011 年啤酒产量首次突破 1000 万千升，稳居行业榜首；青岛啤酒和百威英博也分别提出了三年产销量实现 1000 万千升的发展目标；燕京啤酒提出“十二五”期间产销量达 800 万千升的发展计划，呈现出华润雪花、青岛啤酒、百威英博和燕京啤酒的四强鼎立的竞争格局。以企业间的经济指标作对比，2011 年四强企业啤酒总产量 2878 万千升，占全国啤酒总产量（行业统计数）的 64.1%，比上年提高 2.8 个百分点。而其销售收入占全国总额的 62.8%，税金占 66.2%，利润占 98.3%。千升啤酒销售收入略低于全国平均水平 2%，千升啤酒税金仅略高于全国平均水平 3.2%；千升啤酒利润却高于全国平均水平 53.3%，比上年提高 4.9 个百分点，盈利能力和规模效益呈现出持续放大的特征。

以 100 万千升以上的 7 个大集团效益指标来看，其啤酒产量占全国总产量的 75.4%，比上年提高 2.4 个百分点。销售收入占全国总额的 70.1%，税金占 79.1%、利润是行业利润总额的 1.1 倍。千升啤酒销售收入略低于全国平均水平 0.4%，千升啤酒税金高于全国平均水平 5%，千升啤酒利润

却高于全国平均水平 46.9%，比上年提高 2.6 个百分点。

从以上两种规模企业的经济指标可以看出，销售收入占全国销售收入总额的比例略低于其产量占全国总产量的比例，千升啤酒的销售收入也低于全国平均水平，但是，其盈利水平却大幅高于行业平均水平。由此可见，规模企业的盈利水平提升并非主要源自于售价的提高，主要来自于规模化后集中度提高的整合效应。集团化的规范管理具有渠道统一、资源共享等优势，从而使生产成本降低、使经济效益提高。

【k. 啤酒行业扩大发展的特点】

2011 年啤酒行业的扩张特点体现在几个方面：

一是进驻河南。各大集团 2011 年抢滩河南市场，或收购兼并，或新建项目，使河南市场成为业界关注的焦点。燕京啤酒收购月山，华润雪花收购悦泉、奥克，百威英博收购维雪、在新乡卫辉投资新建工厂等。

二是挺进西部。在西部加大投入、扩大产能是 2011 年各大集团的重要战略之一，百威英博在四川资阳新建工厂，青岛啤酒武威工厂扩建搬迁，燕京啤酒新疆工厂三期竣工，华润雪花收购贵州茅台啤酒，嘉士伯成为重庆啤酒第一大股东又成功取得重啤集团西部资产（7 家工厂）的控制权以及在宁夏工厂的二期项目投产等。

三是扩张转型。2011 年，各大集团兼并、收购、新建、扩建、改建、搬迁，但相比前两年，各大啤酒集团新建工厂的步伐出现明显减速的迹象。据不完全统计，以四强企业为主的 2011 年全国啤酒集团收购、建设项目见表 3：

表 3　2011 年全国啤酒集团收购、建设项目统计表

扩张类型 企业名称	兼并收购规模（万千升）	新建、在建项目产能（万千升）	改扩建、搬迁项目总规模（万千升）	项目合计（个）	约增加产能（万千升）
华润雪花	130	150	220	24	410
青岛啤酒	30	50	306	16	260
百威英博	70	140	280	15	350
燕京啤酒	10	40	130	13	130
其他企业		63	80	9	110
合计	240	443	1016	77	–

备注：未包括协议投资和意向投资项目。

2011 年，以四强企业为首的啤酒集团全年累计投入资金约 230 亿元，行业新增产能约 650 万千升（除去在建项目产能和改扩建、搬迁项目原有产能）。2011 年，啤酒集团的改扩建项目产能和规模大大超过了并购和新建项目规模的总和。77 个项目中有 44 个项目是改扩建、搬迁项目，其他 33 个项目属于新建、在建项目和兼并收购项目。扩张的重点已由收购兼并和新建布局步入了对原有生产基地进行改建扩建和资源整合，开始把市场开拓的重心由前期市场版图的开拓转型于市场既定版图内消费潜量的挖掘上。

【l. 食品安全强化监管】

国家质量监督检验检疫总局每年在二季度都要对啤酒产品进行抽查，2011 年 8 月公布的对 28 类食品的二季度抽查报告和 2011 年 10 月公布的对 37 类食品的三季度抽查报告显示，没有对啤酒产品进行全国性的抽查，仅有个别省市的质监部门对啤酒产品进行了抽查，抽查合格率为 100%。国家监管部门加大了对食品质量的抽查范围和力度，但却没有抽查啤酒产品，是啤酒产品质量安全性的充分体现，可以说，啤酒产品是目前最为安全的食品之一。质检总局在三季度对啤酒瓶进行了全国性抽查，抽查了 18 个省市 58 家企业生产的 58 种啤酒瓶产品。对啤酒瓶产品的内应力、抗冲击、耐内压力等 9 个项目进行了检验。抽查发现有 11 种产品不符合标准的规定，涉及抗冲击、耐内压力、垂直轴偏差项目。其中，有 10 种产品抗冲击项目不达标，是造成不合格的主要原因。啤酒瓶是啤酒产品的重要组成部分，严格地说，啤酒瓶不安全就等于啤酒产品不安全，啤酒瓶已经成为当前啤酒产品的食品安全隐患。其中虽然有标准要求不合理性的因素，但这并不是关键因素，关键还是在于啤酒企业自身的要求。

【m. 啤酒行业统计工作】

2011 年 2 ~ 5 月，在各省、自治区、直辖市协会和啤酒企业的协助下，啤酒分会完成了 2010 年年度啤酒行业统计工作。在《啤酒科技》杂志上公布了产量、销售收入、利税

总额排行，向各省市区协会反馈了各类统计结果。为了使入网企业尽快得到信息交换资料，在 2011 年增加了每季度的行业重点企业快报，采用电子版形式发送，并且未对入网企业加收费用，突出协会的服务理念。在对 2010 年行业统计数据分析的基础上，完成了题为“以不变应万变”的行业总结和发展趋势报告。

【n. 专业会议】

2011 年 2 月 20～23 日，在云南召开中国酿酒工业协会啤酒分会三届理事会三次理事长办公会。4 月，啤酒分会与啤酒原料专业委员会在“第三次（扩大）会议”期间联合召开中国酿酒工业协会啤酒分会第三届理事会第四次常务理事扩大会议暨啤酒原料专业委员会第一届理事会第三次扩大会议。会议审议通过了啤酒分会 2010 年工作报告和啤酒分会 2011 年工作计划，对<食品安全国家标准食品添加剂使用标准》等国家标准进行解读。会议颁发了 2010 年度“啤酒行业科技进步优秀论文奖”，向获奖者颁发了奖杯及证书。

9 月 18～21 日，在天津举行 2010 届国家级啤酒评酒委员颁证仪式暨 2011 年会。在 2010 年通过国家级啤酒评酒委员考试选拔的“2010 届国家级评酒委员”46 人参加了年会。会议为 44 位“2010 届国家级啤酒评酒委员”和 2 位“国家级啤酒评酒荣誉委员”颁发了评酒委员证书，组织啤酒品评练习及实物鉴别以外，还进行了同一啤酒品牌不同地域，不同工厂的产品口味一致性评价。

12 月 11～15 日，在吉林省四平市召开啤酒分会第二届技术委员会 2011 年度会议，对第二届技术委员会委员颁发了聘任证书；对 2010～2011 年工作内容汇总交流，此次年会汇总了 23 名委员 39 篇有关啤酒行业技术进步、节能降耗方面以及对等行业热点问题探讨的科研论文、经验总结或调查报告，其论文总数之多及内容之广为历次技术委员会年会活动之最。会议对啤酒老化分析、营养标签等啤酒行业热点、焦点技术问题探讨与交流，技术委员有针对性地对行业相关问题广泛发表了讨论意见。会议讨论并确定了技术委员会 2012 年工作计划；一致通过了增补嘉士伯啤酒香港有限公司汤澍浩为第二届技术委员会委员。

12 月 26～30 日，在河南省郑州市举办了第四批啤酒“酿酒师”国家职业资格鉴定，此次鉴定由河南省酒业协会协办。培训班为期 5 天，有效申报并参加考试与考核的人数合计 77 人，其中申报并参加一级（高级）“酿酒师”考核鉴定的人员 50 人，二级“酿酒师”23 人，三级（助理）“酿酒师”4 人。考核鉴定分为理论知识考试和技能考核，参加一级（高级）“酿酒师”考核鉴定的人员需参加专业知识的口试评审，各门考试和考核均须及格方可通过鉴定，经考评组阅卷、复核，通过一级（高级）“酿酒师”鉴定人数 37 人，鉴定通过率 74.0%；通过二级“酿酒师”鉴定人数 15 人，鉴定通过率 65.2%；通过三级（助理）“酿酒师”鉴定人数 4 人，鉴定通过率 100%；三个级别合计通过鉴定 56 人，鉴定通过率 72.7%。

【o. 主办协办工作】

2011 年，协会参与了以下工作：《中国酿酒产业“十二五”发展规划》的筹备、起草、修订、审定、发布和报送国家相关部门的工作。第二届“中国酿酒大师”的评价细则起草、组织申报、评审、审定以及颁证大会的筹备与会务组织工作。在协会第四届理事会第三次（扩大）会议期间举办的“中国酿酒产业两化融合、两型企业战略推进主题论坛”的筹备、策划和组织等工作。参与了“中国酿酒工业协会科学技术奖”的申请、设立，以及成立奖励委员会、评审委员会的筹办工作。

11 月 18～23 日，在天津武清举办了“‘赛诺杯’第二届全国啤酒品酒职业技能竞赛”决赛。经各省、自治区、直辖市酒协、劳动部门和产业工会组织初赛和推荐，共有 212 名选手获得参加决赛资格，实际参加决赛的选手 178 名，来自于 27 个省、直辖市、自治区的 113 个啤酒生产厂。经过 5 轮培训，进行了理论考试和 33 组的技能考核，历时 5 天。竞赛决出了第一、二、三名选手和前 70 名优秀选手。第一名是华润雪花（浙江）公司的王江群，将获得“五一劳动奖章”荣誉；前三名将获得“全国技术能手”荣誉称号；前 70 名获得了“酿酒行业技术能手”荣誉称号。

【p. 行业服务工作】

为啤酒企业开展服务与咨询工作。为啤酒企业在市场中遇到的纠纷开具证明与说明，例如啤酒生产经营中啤酒瓶、商标注册等问题；为企业之间在经营过程中的争议提供沟通与协调平台；解答啤酒企业的咨询，例如食品添加剂问题、各种认证的相关问题等；为啤酒企业出具申报“中国驰名商标”的证明函；办理食品生产许可证过程中的审查细则方面的解释与说明；完成日常的数据统计工作；随时与企业及相关单位保持良好的沟通与联系等。

完成政府各种委托的工作，向国家职能部门提出各种意见与建议。如：国家发改委第四批重点节能技术申报、国家工信部“十二五”轻工行业固体废弃物资源化利用课题建议、“两型”企业试点方案评价、国家职业分类大典修订工作、

国家商务部酒类流通行业标准建议、国家质监局的啤酒产品质量安全分析年度报告，国家食品药品监督管理局和国家质监局的信访函的解释与回复，国家工商总局商标局关于商标注册方面的咨询材料反馈等。参与了国家商务部外资司和反垄断局对啤酒行业相关并购案的经营者集中和反垄断调查和审查工作。

3 月 31 日，啤酒分会组织青岛啤酒、燕京啤酒、雪花啤酒、百威英博四大啤酒集团负责人参加了国家发改委价格司召开酒类商品价格座谈会，完成《酒类企业规范价格行为倡议书》并在相关媒体发布。

（何勇）

2.4 葡萄酒工业

2010 年

【a. 概况】

2010 年，葡萄酒产量增速减缓，产品销售仍保持较高增长速度。根据国家统计局对国有及年销售收入 500 万元以上企业的统计，2010 年葡萄酒产量 108.88 万千升，比上年增长 12.38%;总产值 309.52 亿元，比上年增长 29.85%;工业销售产值 294.77 亿元，比上年增长 29.14%。

葡萄酒生产及区域的集中度仍较高，但已逐步降低。根据 2010 年统计数据，全国葡萄酒产量前十位的省、自治区、直辖市占全国产量的 92.51%，居前五位的山东、吉林、河南、河北、天津占 82.39%，山东、吉林、河南的葡萄酒产量占行业总产量的 67.42%。

表 1　葡萄酒产量前十位省市区主要经济指标

地区	产量总计（千升）	比上年增长（%）	工业总产值（千元）	比上年增长（%	工业销售产值（千元）	比上年增长（%）
山东	375440.86	9.60	16662693	30.08	16605493	29.98
吉林	208284.20	–5.71	1978177	15.47	1872457	17.41
河南	150305.6	46.40	1309940	30.56	1307846	30.89
河北	99526.35	–12.34	2635681	9.57	1937889	– 13.73
天津	63466.1	26.21	1136790	– 3.80	1126314	– 10.36
新疆	33465.73	206.01	1261212	125.91	1063179	143.77
湖南	22888.00	46.76	95198	0.94	94601	0.30
宁夏	21886.7	119.11	194730	17.12	176398	167.90
甘肃	16751.27	– 14.03	1 356746	37.13	1182813	43.42
云南	15288.00	153.26	599890	211.00	531062	534.53
合计	1007302.81		27231057		25898052	
占全行业比重（%）	92.51		87.98		87.86	

【b. 葡萄酒进出口】

2010 年，葡萄酒产品出口持续下降，进口仍保持较高增长速度。2010 年出口葡萄酒 0.14 万千升，比上年下降 2.81%。进口葡萄酒 28. 34 万千升，比上年增长 65.48%。其中：2 升以下包装的进口 14.63 万千升，比上年增长 60.7%，进口量位居前五位的国家是：法国、澳大利亚、意大利、智利、西班牙。2 升以上包装的 13. 71 万千升，比上年增长 70.91%，进口量位居前五位的国家是：智利、西班牙、澳大利亚、意大利、法国。

表 2　2010 年葡萄酒进口量前五位的国家分布统计

产品规格	国家	进口量（千升）
2 升以下包装	法国	67735.97
	澳大利亚	23765.41
	意大利	11238.64
	智利	10503.01
	西班牙	9483.74
2 升以上包装	智利	45047.67
	西班牙	37686.42
	澳大利亚	32553.5
	意大利	8750.30
	法国	5918.86

【c. 企业分布】

中国葡萄酒生产分布在 26 个省、自治区、直辖市，但主要集中在山东、河北、河南、吉林、辽宁、新疆、甘肃、天津等省、自治区、直辖市。2010 年，全国有葡萄酒企业约 600 家，但国有及销售收入在 500 万元以上非国有企业数 248 家，山东、河北两省葡萄酒企业数约占总数的 39. 11%，其次分布在河南、吉林、辽宁、新疆、天津、甘肃等省、自治区、直辖市。

酒产业成为多方关注的热点。产区的政府和企业开始加大投入，并在酿酒葡萄品种的选择和栽培方式方面开展探索。新的产区加快了产业发展的步伐；很多行业外的企业、资本介入了葡萄酒产业；市场上对葡萄酒产品的投资升温，已成为投资的热点。

酿酒葡萄基地建设步伐加快。除了新的产区或新的企业比较大规模地建设酿酒葡萄基地外，国内的主要葡萄酒生产企业也加大了基地建设的力度，基地建设规模和速度明显高于以前。

产品结构逐渐发生改变。葡萄酒产品的结构逐步改变，虽然干白葡萄酒的比例不大，但增速较快，比重逐年增加，其他类型的葡萄酒的比例也有所上升。根据协会对 2009 年统计的结果，干红葡萄酒约占 73%，干白葡萄酒约占 8%，半甜、甜葡萄酒约占 13%。

【d. 行业活动】

2010 年，中国酿酒工业协会葡萄酒分会召开座谈会，初步确定上报的加工助剂、添加剂名单。协调安排相关专家、企业，根据名单收集国内外相关资料，对加工助剂、添加剂在产品中的含量和残留量进行检测等工作。提出《酿酒行业用加工助剂使用名单》、《葡萄酒、果酒行业传统工艺一直沿用但未经批准的添加物质》并上报卫生部，其中涉及葡萄酒行业用助剂 49 种、添加剂 24 种。协会参与了整个食品工业用加工助剂名单制修订过程，对比 GB2760 修订稿，协会申报的加工助剂有 34 种被载入。亚硫酸、酒石酸二种添加剂种获得卫生部的批准。

2010 年 7 月，在山东蓬莱市召开葡萄酒国家级评委年会，技术委员会专家、国家级评委及其他代表 140 人参加了会议。会议进行了技术讲座，品评了蓬莱产区葡萄酒产品和国外不同的代表产区的干白葡萄酒产品。

2010 年，协会统计范围扩大，统计的企业数比上年增加 19 家。完成了葡萄酒品酒师、酿酒师教材编写和印刷工作。讨论了《葡萄酒酒庄酒证明商标使用管理规则实施细则（征求意见稿）》，对实施细则进行了修改，并起草了与标志实施相关的文件。

2010 年，协会与世贸司农业处就中国和澳大利亚政府双边贸易协定，第十五轮谈判中有关葡萄酒产品进口关税优惠可能对中国葡萄酒产业造成的损害进行交流，并根据农业处要求与国内各主要产区沟通，为谈判准备了产业和主要产区的一些基本资料。

【e. 存在的问题】

中国葡萄酒产业无论是产量、产品品质，还是生产技术和装备水平都得到长足的发展，达到较好的水平，呈现出良好的发展态势。但从国内外的现实情况来看，中国葡萄酒产业既有新的发展机遇，也将面临更高层面、更严峻的挑战。

从中国葡萄酒整个产业链的实际情况看，酿酒葡萄将在相当长一段时期内，影响中国葡萄酒产业的关键因素。

一、产区及基地建设缺乏科学、长期的规划。在一些地区出现了局部过热的现象，对产业发展的规模以及市场定位有一定的缺陷；缺乏对整个行业的深入分析，对行业及本区域存在的问题重视不够；过于重视产业发展的规模，不注重研究选择适合本地区的、合理的品种结构；不少的基地建设普遍没有处理好产业发展规模、速度与葡萄酒行业自身规律的关系，最终将可能造成产区、基地建设只是简单、低水平的重复，缺乏核心竞争力。

二、种植技术和管理跟不上产业快速发展的需要。中国对酿酒葡萄的研究的基础相对薄弱，人才缺乏，同时，产业的快速发展，部分地区酿酒葡萄种植面积短期内大幅度增长，种植技术及技术管理已跟不上面积增长的速度。

三、中国酿酒葡萄品种比较单一，各产区或基地缺乏有自己特点或的优势酿酒葡萄品种的种植，从而造成了产区、企业葡萄酒产品的品种单一，特点、个性不突出。

四、随着中国葡萄酒产业的发展，粗放式的发展模式和葡萄酒文化建设，缺乏对外来葡萄酒文化本土化的研究，已不能适应产业进一步发展的需要。

五、产品销售概念化。在不少产区和企业，在产区定位和产品推广中宣扬了欧美的葡萄酒理念，形成的市场也是欧美化的市场，本土葡萄酒产品与品牌，可能成为中国消费者由传统酒精饮料转向消费进口葡萄酒的过渡；在产品推广中，概念性的东西偏多，不重视与消费者的沟通，没有真正构建适应本国消费者的推广体系。

六、进口葡萄酒对国产葡萄酒的冲击开始显现。随着进口葡萄酒量的快速增长，国产葡萄酒与进口葡萄酒的竞争渐趋激烈，虽然国产葡萄酒占据大部分市场份额，但进口葡萄酒对国产葡萄酒的冲击已经显现出来。

（王祖明）

2011 年

【a. 概况】

2011 年，葡萄酒行业一直保持着较高的增长速度，但是 2010 年起，增速有所减缓。2010 年产量 108.88 万千升，同比增长 12.38%;产量 115.69 万千升，同比增长 13.02%；2011 年产量 110.69 万千升，同比增长 13.02%。

根据 2011 年统计数据，全国葡萄酒产量前十位的省市区占全国产量的 93.31%，居前五位的山东、吉林、河南、河北、天津占 82.39%，山东、吉林、河南的葡萄酒产量占行业总产量的 71.7%。

表 1　2011 年葡萄酒产量前十位的省、自治区、直辖市主要经济指标

序号	地区	产量总计（千升）	比上年增长（%）	工业总产值（万元）	比上年增长（%）	工业销售产值（万元）	比上年增长（%）
1	山东	446085.52	16.36	1899327.3	23.3	1867912.2	21.76
2	吉林	206519.00	14.72	252058.1	45.54	248770.8	52.21
3	河南	176900.70	17.89	151829.0	13.32	150876.2	12.91
4	河北	93713.18	－5.31	256330.3	9.27	223341.6	25.35
5	天津	41095.00	－3.15	81788.6	24.45	103628.5	3.59
6	宁夏	25204.73	150.31	24280.4	66.76	20146.6	32.27
7	湖南	24433.00	6.75	12031.3	26.38	11218.2	18.58
8	云南	23866.00	56.11	154848.0	33.12	149659.1	39.79
9	辽宁	20174.73	－10.51	167413.8	0.75	156844.1	－2.59
10	新疆	16257.13	28.6	85822.4	－0.27	86825.7	－20.4
合计		1074248.99		3085729.2		3019223.0	
占全行业比重（%）		92.86		90.2		88.26	

2011 年，参与协会统计的企业 63 家，其生产的产品产量，与国家统计局统计数据相比较，占 47.2%。

随着葡萄酒行业的快速发展和消费市场的扩大，葡萄酒产业及产品仍是多方关注的热点。产区的政府和企业继续加大对这个产业的投入，并在酿酒葡萄品种的选择和栽培方式方面开展探索；很多行业外的企业、资本介入了葡萄酒产业的热度不减；在市场上，对葡萄酒产品的投资仍是热点。

酿酒葡萄基地建设规模在逐步形成。产区特别是新产区较大规模地建设酿酒葡萄基地，国内的主要葡萄酒生产企业也加大了基地建设的力度，基地建设规模逐步在形成。

【b. 葡萄酒进口情况】

2 升以下产品进口保持高速增长。2009 ~ 2011 年的增速分别为 58%、60.7%和 64.99%。

表 2 2011 年葡萄酒进口量前五位的国家分布统计

包装	国家	进口量（千升）
2 升以下	法国	117872.7
	澳大利亚	32609
	西班牙	18971.63
	意大利	18865.58
	智利	17478.89
2 升以上	西班牙	54626.37
	智利	25961.46
	澳大利亚	11743.59
	意大利	11009.86
	法国	8553.26

【c. 企业分布及产品结构】

中国葡萄酒生产分布在 26 个省、自治区、直辖市，但主要集中在山东、河北、河南、吉林、辽宁、新疆、甘肃、天津等省、自治区、直辖市。2011 年，全国有葡萄酒企业约 700 家，但国有及销售收入在 2000 万元以上非国有企业数 178 家，山东、河北两省葡萄酒企业数约占总数的 37.08%，其次分布在河南、吉林、辽宁、新疆、甘肃、宁夏、天津等省、自治区、直辖市。

葡萄酒产品的结构逐步改变，虽然干白葡萄酒的比例仍不大，但增速较快，比重逐年增加，其他类型的葡萄酒的比例也有所上升。根据协会对 2010 年统计的结果，干红葡萄酒约占 71.24%，干白葡萄酒约占 10.62%，半甜、甜葡萄酒约占 13.71%。

【d. 葡萄酒技术委员会换届】

中国酿酒工业协会葡萄酒技术委员会换届。根据协会章程，葡萄酒分会、技术委员会于 2011 年进行换届。2011 年 2 月发文进行换届工作，通过个人申请，企业、委员会专家推荐，共有 19 人申请加入新一届技术委员会，经过审核，有 14 人符合“技术委员会章程”的要求。3 月召开中国葡萄酒技术委员会换届会议，会议经过无记名投票，有 8 人获得通过，成立了新一届技术委员会。

【e. 2011 届国家级葡萄酒评委换届】

根据协会章程，国家级评委与分会同年换届，根据上届国家级评委年龄结构比较合理的现实情况，为保证评委队伍的稳定性，本次换届采用新评委增补的方式；同时，为了使行业内更多的年轻技术人员进入到评委的队伍，以便有更多的学习机会，在技术委员会管理办法中规定，技术委员会专家不再任国家级评委。2011 年 2 月起发文开展这项工作，总报名人数 106 人，最终 98 人取得新一届国家级评委。

【f. 葡萄酒品酒师培训】

根据协会新的评委管理细则，品酒师鉴定与国家评委考核工作基本相同，2011 年 2 月协会发文开展一级、二级品酒师培训、鉴定工作，总报名人数 245 人，其中报考一级品酒师 105 人、二级品酒师 140 人。经过考试，最终录取一级品酒师 73 人、二级品酒师 160、三级品酒师 11 人。

与广东省酒类行业协会联合举办了二期三级品酒师培训、鉴定班，114 人报名参加培训和考试，最终有 107 人通过了考试。

【g. 中国葡萄酒产业年会召开】

近年来，随着葡萄酒行业的发展，葡萄酒产业引起国内新、老产区政府以及业外企业、个人的重视，葡萄酒产业进入快速发展阶段，但同时在规划思路的科学性、规模控制、

酿酒葡萄品种选择、产品质量监管、行业自律，以及葡萄种植、酿酒技术和管理等诸多方面出现了问题。针对葡萄酒产业在近几年发展中出现的这些问题，分会与中国农学会葡萄分会、中国园艺学会葡萄与葡萄酒分会、国家葡萄产业技术体系联合召开中国葡萄酒产业年会。会议主要内容有：一是葡萄酒产业发展：国内外产业规划的经验介绍和交流，探讨科学的规划、思路及产业对策；二是酿酒葡萄种植技术与管理：针对酿酒葡萄种植中存在的技术及管理问题，探讨与交流其解决的思路和办法。

【h. 葡萄酒行业“十二五”发展规划】

2011 年，协会受工信部消费品司的委托，起草了《葡萄酒行业“十二五”发展规划》和《葡萄酒行业准人条件》初稿及修订等工作。召开了主要产区和企业的座谈会，查阅、收集了资料、数据，并开展了调研工作，在此基础上，起草了两个文件的草稿，并征求了意见，修改后将初稿报工信部消费品司，然后协助工信部开展文件的修订、论证等工作。工信部征求了各有关政府部门的意见，并召开论证会，将根据各方面的意见进行修改后定稿发布。

【i. 葡萄酒行业存在的问题】

一是产区规划不够科学、合理。大部分产区已经制定了产业发展规划，但所制定的规划普遍缺乏对整个产业及本区域产业的认真总结和深入分析，几乎没有对本区域内的各产区进行科学的区划和细分；过于重视产业发展的规模，不注重研究选择适合本地区的、合理的品种结构；没有处理好产业发展规模、速度与葡萄酒行业自身规律的关系，最终将可能造成产区间低水平重复，缺乏核心竞争力。

二是产区的产品定位出现偏差。有的产区缺乏对本产区的细分，缺乏对产品结构分布的分析，缺乏对市场和消费人群分布的分析，普遍给自己产区的产品定位在中高端，可能会造成全行业高中端产品与佐餐酒产品比例的严重失衡，产品结构不能适应市场的需要，最终会影响各产区和全行业的发展。

三是酿酒葡萄种植技术和人才缺乏。随着部分地区酿酒葡萄种植面大幅度地增长，种植技术、技术管理和技术人才已跟不上酿酒葡萄种植面积扩张的需要，将对产区的发展后劲是非常不利的。

四是酿酒葡萄品种单一，产品缺乏特点不突出。中国各产区酿酒葡萄品种基本趋同，品种比较单一，造成了产品的特点、个性不突出，同质化现象严重。产品以干红葡萄酒为主，干白葡萄酒产量比重仍然偏少，其他葡萄酒更是凤毛麟角；品种葡萄酒以赤霞珠为主，其他品种葡萄酒很少。

五是市场推广模式和本土葡萄酒文化建设滞后。随着中国葡萄酒行业和产品销售市场的发展，不细分品种档次的粗放式及不专业的市场推广模式和葡萄酒文化建设已显滞后，越来越不能适应逐步细分的葡萄酒市场以及行业的进一步发展。

六是进口葡萄酒对国产葡萄酒的冲击开始显现。随着进口葡萄酒量的快速增长，国产葡萄酒与进口葡萄酒的竞争渐趋激烈，总体上国产葡萄酒仍占据了大部分的市场份额，但在部分区域，进口葡萄酒对国产葡萄酒的冲击已经显现出来。

【j. 发展趋势】

一是葡萄酒行业保持现有发展速度。从近几年国内葡萄酒生产及销售的增长态势，以及进口葡萄酒增长速度来看，中国葡萄酒的生产和消费已逐步进入快速道，产品产量和消费量的增长将继续保持现有的发展速度。

二是葡萄酒产品的市场进一步扩大。从统计资料来年，这几年，在葡萄酒产量增长的同时，其他酒类也保持了增长的态势，说明整个酒类市场都在扩大。而中国葡萄酒的消费主要集中的在沿海经济发达地区，随着葡萄酒产品的推广，葡萄酒文化和知识的普及，将有更多地区的消费者逐步接受葡萄酒产品，市场将进一步扩大。

三是市场将逐步细分。随着葡萄酒市场的扩大，葡萄酒文化和知识在部分人群中逐渐深入，中高端消费者对葡萄酒的要求逐步提高，高中低端葡萄酒的市场将逐步细分。

四是仍将保持较高的生产集中度。

五是外来资本进入产业，将带来更多新的思路。随着葡萄酒产业的发展，外来资本（包括业外和国外的资本）进入的速度加快，这给产业的发展带来新的力量，外来资本在地域的选择、酿酒葡萄种植、酒庄建设等方面的做法. 将给行业带来新的思路。

六是国外葡萄酒品牌的竞争更趋激烈。随着中国葡萄酒产业的发展和市场的不断扩大，国外葡萄酒品牌进入到全面进入中国的阶段，其市场的推广的方式也逐步见效，国内外品牌的竞争将更趋激烈。

（王祖明）

2.5 酒精工业

2010 年

【a. 溉况】

2010 年，全国发酵酒精产量 825.93 万千升（以年销售收入 500 万元以上的企业计，不包括小企业和自产自用的酒精量）同比全年产量 745.57 万千升增长 10.78%。同比增幅 6.06%相比，增长速度进一步提升。

表 1　2010 年分地区发酵酒精产量　　单位：万千升

地区	2010 年产量	2009 年产量	地区	2010 年产量	2009 年产量
天津	0.63	2.43	湖北	7.08	5.27
河北	17.58	15.71	湖南	1.19	2.00
山西	5.21	5.18	广东	12.68	14.58
内蒙古	121.99	78.92	广西	68.78	77.85
辽宁	0.81	0.75	海南	0.21	0.37
吉林	148.71	154.　65	四川	35.89	32.99
黑龙江	81.89	58.94	贵州	0.03	0.19
江苏	95.01	89.65	云南	17.36	18.25
浙江	0.02	0.03	陕西	2.07	2.89
安徽	67.95	59.97	甘肃	1.48	1.25
山东	48.82	43.89	宁夏	0.21	1.15
河南	85.22	75.06	新疆	5.14	3.64

内蒙古和黑龙江增长量最大，分别增加 43.07 万千升和 22.95 万千升。减产量较大的省份：天津减产 1.80 万千升、广东减产 1.90 万千升、吉林减产 5.93 万千升、广西减产 9.08 万千升。

表 2　2010 年全国酒精各月产量　　单位：万千升

月份	1 月	2 月	3 月	4 月	5 月	6 月
产量	70.86	67.16	77.45	71.41	67.16	66.18
月份	7 月	8 月	9 月	10 月	11 月	12 月
产量	56.86	57.00	60.30	64.98	72.56	80.49

2010 年、2009 年分月酒精产量对比图（单位：千升）

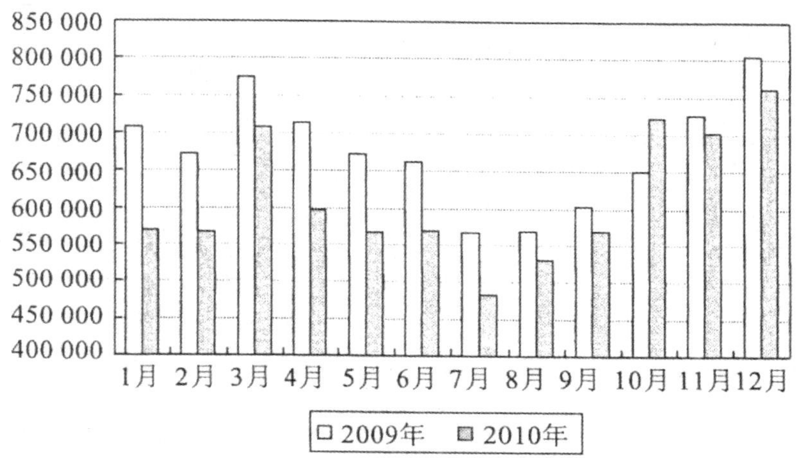

根据协会统计，2010 年全年燃料乙醇产量为 186.8 万吨，5 家燃料乙醇企业产量见表 3：

表 3　2010 年燃料乙醇产量　　单位：万吨

企业名称	产量
河南天冠企业集团有公司	55.9
吉林燃料乙醇有限公司	48
安徽丰原生化股份有限公司	46.6
中粮生化能源（肇东）有限公司	20.3
广西中粮生物质能源有限公司	16
合计	186.6

表 4　其他产量较大的企业情况

企业名称	产量（万千升）
梅河口市阜康酒精有限责任公司	51.02
吉林省新天龙酒业有限公司	37.33
中粮生化能源（肇东）有限公司	21.1（除燃料乙醇）
潍坊英轩实业有限公司	18.79
江苏花厅酒业有限公司	17.46
大庆博润生物科技有限公司	12.4
承德避暑山庄企业集团有限责任公司	11.5
山西纪元玉米产业有限公司	11.1
吉林省东丰县华粮生化有限公司	9.60
安徽安特生物化学有限公司	8.88

注：根据协会统计。除表 3 内 5 家企业外。

【b. 酒精行业各项经济指标】

2010 年，根据国家统计局统计快报，酒精行业主要经济指标如下：

表5　2010年酒精行业各项经济指标　　单位：亿元

指标	2010年	2009年	比上年增长（%）
工业总产值（当年价格）	547.69	476.21	15.01
工业销售产值（当年价格）	529.65	458.86	15.4
主营业务收入（当年价格）*	474.30	377.87	25.5
主营业务成本（当年价格）*	417.13	342.41	21.8
主营业务税金及附加*	8.87	6.88	28.8
利润总额*	19.43	12.18	59.6
应交增值税*	11.93	9.36	27.4

注：*表示11个月累计

以2010年前11个月的统计数字来推算，2010全年累计主营业务收入（当年价格）为517.42亿元、主营业务成本为455.05亿元、主营业务税金及附加为9.67亿元、利润总额21.20亿元、应交增值税13.01亿元。

【c. 酒精进出口情况】

2010年，全国出口酒精达15.60万千升，同比出口量10.80万千升有所增长，但绝对数量仍然很小；出口创汇9975.80万美元，每千升酒精创汇639.40美元，同比每千升酒精创汇552.34美元有所提高。2010年全国进口酒精3611.13千升，同比进口量158.623千升数量略有增长。

2010年6月22日，财政部发出《关于取消部分商品出口退税的通知》（财税[2010]07号），自2010年7月15日起取消含酒精在内的六大类商品的出口退税。2010年上半年，中国酒精出口量合计13.30万千升，比2009年同期有大幅增长。在7月出口退税政策取消后，下半年的出口量在本来就较小的基础上又大幅萎缩。

酒精消费税方面，2010年9月向财政部上报《关于取消酒精消费税促进行业节能减排和转变增长模式的建议》（中酒协[2010]55号）。在2010年酒精年会期间，财政部税收司有关人员听取了生产企业的意见，实地参观考察了酒精生产企业，表示将研究有关问题和建议。

【d. 食用酒精产品生产许可证】

2010年，根据国家质检总局，《关于调整部分食品生产许可工作的公告》（总局2010年第75号公告）的规定，食用酒精产品生产许可证从2010年7月下旬正式下放省局管理，并由其审查和发证。根据国家质检总局质检食监函[2010]262号文件，食用酒精产品纳入食品管理，证书有效期3年。已取得食用酒精产品生产许可证的企业，应在2011年底完成换发食品生产许可证工作。自证书换发批准之日起，原工业产品生产许可证证书有效期不足3年的，新证书有效期按原证书有效期不变；原证书有效期超过3年的，新证书有效期按换证批准日期顺延3年。自证书换发批准之日起18个月内，已取得由国家质检总局核发的生产许可证的企业可以继续使用已印制的带有原食用酒精产品生产许可证编号和生产许可证标志的包装物。

【e. 淘汰落后产能】

2010年4月初，国务院下发<关于进一加强淘汰落后产能工作的通知》[国发[2010]7号]文件，进一步加强了淘汰落后产能，促进节能减排方面工作。2010年8月，向社会公告18个工业行业淘汰落后产能企业名单，列入淘汰落后产能名单企业的落后产能在2010年9月底前关停，其中酒精行业有38家企业的68.8万吨产能。

在2009年制订的《轻工业调整和振兴规划》中，2009年–2011年，淘汰落后酒精产能100万吨。随着市场竞争和淘汰落后的推进，酒精行业规模化和集约化趋势越加明显，酒精生产企业从2000年前的1000家减少到2004年的457家，到2010年约400家。年产10万吨以上的大型企业已成为行业产量和技术进步的主体。

【f. 酒精行业清洁生产】

由酒精分会制订的酒精行业清洁生产重点技术需求及应用推广目录（第一批），于2010年3月由工业和信息化部公布实施。其中推广以下技术：浓醪发酵技术、酒糟离心清液回配技术、糟液废水全糟处理技术等。按工信部部署，第一批清洁生产技术重点以减排为主，其他如节能技术将在以后推出。协会将把技术成熟、节能减排环境和经济效果好的技术逐步示范和推广，推动行业清洁生产水平不断提升。中粮生化能源（肇东）有限公司利用大罐浓醪发酵技术生产15万吨乙醇项目和承德避暑山庄企业集团饲料有限公司酒精多酶法浓醪发酵清洁生产推示范项目得到协会推荐，最终得到工信部的清洁生产资金支持。

【g. 酒精制造业清洁生产标准】

2010年9月1日，《清洁生产标准酒精制造业》

（HJ581–2010）起执行，该标准为酒精制造企业开展清洁生产提供技术支持和导向，规定在达到国家和地方环境保护标准的基础上，根据当前的行业技术、装备水平和管理水平，酒精制造企业清洁生产的一般要求。标准分为 3 级，1 级代表国际清洁生产先进水平，2 级代表国内清洁生产先进水平，3 级代表国内清洁生产基本水平。标准将清洁生产标准指标分成五类，即生产工艺与装备要求、资源能源利用指标、污染物产生指标（末端处理前）、废物回收利用指标和环境管理要求。用于酒精企业进行清洁生产审核、清洁生产潜力与机会的判断、清洁生产绩效评定和清洁生产绩效公告制度。

【h. 酒精原料价格上升】

2010 年初，木薯价格在每吨 1300 多元，玉米价格在每吨 1600 元–1700 元。从 3 月初木薯和玉米价格均逐渐上行，直到 5 月底开始的酒精行情淡季。但由于受东南亚木薯生产国泰国、越南各种灾害天气影响，木薯产量下降，同时其国内需求量增长，导致中国木薯市场供应偏紧，木薯价格从 8 月下旬开始不断上涨，到年底上涨到近 2000 元／吨。玉米价格方面，受中国近几年玉米供应处于紧平衡状况下，玉米价格从年初 1 600 元／吨不断上行到年底的 2000 元／吨左右。酒精价格受原料价格不断上涨的影响，从年初的 5500 元／吨左右涨到年底的 6500 元／吨左右。总体上木薯酒精企业受原料上涨过快因素影响，利润水平要远低于玉米酒精企业。

受国际和国内通胀影响，在今后的一段时间内，酒精主要生产原料木薯和玉米的价格将维持在高位。

【i. 酒精行业主要经济指标】

2010 年，从国家统计局的数丁看，每万千升酒精的各项经济指标都要好于前两年，特别是利润有较大提高，行业形势转好，但行业总体税收水平仍不容乐观。

表 6　2010 年酒精行业主要经济指标　　单位：万元/万千升

指标名称	指标单位平均数	
	2010 年	2009 年
工业产值	6631.22	6387.21
工业销售产值	6412.76	6154.48
收入*	6360.88	5624.08
成本*	5594.19	5096.29
税金及附加*	118.90	102.47
利润*	260.63	181.29
应交增值税*	159.94	139.35

注：*为 1～11 月累计数据。

【j 加快淘汰落后产能】

从 2007 年中国节能减排工作开展以来，酒精行业淘汰 3 万吨以下落后产能工作到 2010 年年底结束。在轻工振兴方案中，2011 年酒精行业仍有 34.5 万吨产能要淘汰，对行业的产业结构带了很大变化，规模小的企业越来越受到制约。各级政府对环保的日益重视，使一些靠偷排来盈利和节约成本来生存的企业无法生存。政府有关部门表示，“十二五”期间将开征环境保护税。对于酒精行业企业来说，资源、能源以及污染物排放对企业的约束和影响将加大。一些企业被淘汰，一些企业在挣扎，一些企业通过技术改造升级达到 3 万吨以上而得到生存。一些原料非优势地区的酒精生产企业将越来越步履维艰，如果再加上管理不善、技术落后或其它问题，将很可能被淘汰。

【k. 适度发展燃料乙醇】

中国发展燃料乙醇所消耗的玉米总量很少。2010 年中国燃料乙醇总产量为 186.6 万吨，其中用玉米为原料生产的燃料乙醇是 135 万吨，相应消耗玉米 472.5 万吨，占 2010 年中国玉米产量 1.73 亿吨（预计）的 2.74%。玉米原料生产燃料乙醇重要的副产品蛋白饲料 DDGS(吨酒精可生产 0.8 吨 DDGS)抵消了 108 万吨的玉米消耗。依次计算，燃料乙醇所消耗玉米为 364.5 万吨，占 2010 年玉米总产量比例为 2.11%，因此，燃料乙醇并非推动玉米价格上涨主因，玉米价格的不断提高与全球通胀密切相关。

中国石油对外依赖程度不断提高，2010 年达到 55%，国家能源安全问题同样不容轻视。燃料乙醇是最可靠、可行、可再生的生物质替代能源产品。适度发展玉米乙醇有益粮食供需平衡，同时也起到玉米供给的蓄水池作用。中国的燃料乙醇始于陈化粮问题，燃料乙醇作为一个有效的供需平衡“调节器”出现，而现在随着陈化粮问题的解决，燃料乙醇的发展依然可以起到粮食供需平衡的蓄水池作用。通过调节燃料乙醇生产企业的生产量来调节玉米供给形势，将是一个很好的供给调节阀门。

【l. 酒精分会主要工作】

1、2010 年，由河南天冠集团承办完成（酒精》内刊如期出版。

2、协会承担了由科技部、工信部组织“轻工行业节能减排技术筛选与评估”子课题“酒精行业节能减排技术筛选与评估工作”。由酒精分会和北京工商大学合作进行，从节能减排的资源综合利用、工艺技术改进和污染物治理技术等方面筛选应用前景好的技术在行业内推广应用。这项工作已经完成前期数据采集和现场调研工作，进入收尾阶段。

3、4 月，在北京召开了酒精分会第三届理事会第五次扩大会议，同时参加了中国酿酒工业协会第四届会员代表大会暨第四届理事会第一次会议。

4、4 月，首届酒精高级酿酒师进修培训班在北京举行，40 多名酒精行业的技术人员经过为期 6 天的学习并考核，获得由人力资源和社会保障部颁发的酒精高级酿酒 9 币证书。参与了由工信部或国家发改委等部门组织的节能减排、清洁生产项目评审活动，支持行业企业争取到合理的国家资金。

5、6 月，酒精分会在北京诺维信公司总部举办了第二届酒精高级酿酒师进修培训班。培训班实际模块化教学，培训教师由酒精分会组织专家和科研院校教授等组成，并组织学员参观了北京诺维信公司总部实验室，对有关酒精部分进行了实际操作。

6、9 月 13 日–15 日，酒精分会在江苏省太仓市召开了中国酿酒工业协会酒精分会 2010 年年会。来自酒精制造、装备及相关企业 200 余人代表参加了此次会议。中国酿酒工业协会秘书长兼酒精分会理事长王琦做“2009 年和 2010 年上半年酒精行业经济运行形势分析报告”，总结和分析了 2009 年和 2010 年上半年酒精行业经济运行形势，指出行业存在的主要问题和所面临的困难。太仓新太酒精有限公司茅伟刚副总经理做“实施清洁生产，发展循环经济——太仓新太酒精有限公司实现生态经济之路”经验介绍。年会围绕行业经济情况分析总结、酒精节能减排技术交流等展开。多家企业进行了经验交流。

7、9 月 14 日，酒精分会技术委员会 2010 年年会召开。技术委员会研讨了中科天元专利技术（优级食用酒精五塔二级差压蒸馏装置及其工艺）在太仓新太酒精有限公司应用（结合现场参观），委员会成员肯定了中科天元专利技术的先进性，并指出所存在的主要问题和改进方向。

【m. 应对美国干玉米酒糟（DDGS）反倾销案】

自 2009 年下半年以来美国 DDGS 开始大量进入中国市场。据海关统计，2009 年以前美国 DDGS 仅少量对中国出口，2009 年出口数量急剧增至 65.17 万吨，2010 年增至 316.23 万吨，比 2009 年增长 385%。中国进口的 DDGS 几乎全部来自美国。随着美国 DDGS 的大量进口和倾销，造成北方大量 DDGS 库存积压。DDGS 产品是中国酒精行业重要的副产品之一，是酒精生产企业重要的盈亏平衡点。国产 DDGS 的低价和滞销严重影响中国酒精产业安全形势。

2010 年 9 月 29 日，酒精分会在吉林省长春市召集中粮集团生化能源事业部及其下属企业安徽丰原生化股份有限公司、中粮生化能源（肇东）有限公司，以及吉林燃料乙醇有限责任公司、梅河口市阜康酒精有限责任公司、吉林省新天龙酒业有限公司商议反倾销应对措施。最后由安徽丰原生物化学股份有限公司、吉林燃料乙醇有限责任公司、梅河口市阜康酒精有限责任公司、吉林省新天龙酒业有限公司作为申请人，中粮生化能源（肇东）有限公司、佳木斯阳光生化有限公司、黑龙江省盛龙酒精有限公司为支持申请企业，委托北京市博恒律师事务所开展反倾销调查申请的有关工作。

11 月 16 日，安徽丰原生物化学股份有限公司、吉林燃料乙醇有限责任公司、梅河口市阜康酒精有限责任公司、吉林省新天龙酒业有限公司代表国内干玉米酒糟产业正式向商务部提交反倾销调查申请书，请求对原产于美国的进口干玉米酒糟进行反倾销调查。

商务部对申请人的资格、申请调查产品的有关情况、中国同类产品的有关情况、申请调查产品对国内产业的影响、申请调查国家的有关情况等进行了审查。并就申请书提供的涉及倾销、损害及倾销与损害之间的因果关系等方面的证据进行了审查。12 月 28 日，商务部正式发布立案公告，决定对原产于美国的进口 DDGS 展开反倾销调查。

（张国红）

2011 年

【概况】

2011 年，酒精产量继续保持较快增长速度，全国发酵酒精产量 833.73 万千升（年主营业务收入在 2000 万元及以上的工业法人企业），比上年年同口径统计产量 448.09 万千升增长 11.45%分省（自治区）发酵酒精产量见表 1：

表 1　2011 年分地区发酵酒精产量　　单位：万千升

地区	2011 年产量	2010 年产量	地区	2011 年产量	2010 年产量
河南	167.17	84.79	广东	15.83	12.10
吉林	147.98	123.13	新疆	6.27	5.13
黑龙江	101.10	78.62	山西	5.22	5.21
江苏	88.00	92.74	湖南	3.29	0.94
广西	69.54	68.06	陕西	3.26	1.93
内蒙古	59.77	117.46	湖北	2.17	2.87
四川	52.55	50.08	甘肃	1.33	1.48
山东	50.09	45.42	辽宁	1.10	0.51
河北	21.53	17.51	海南	0.07	0.21
安徽	19.74	21.08	浙江	0.02	0.05
云南	17.15	18.74	贵州	0	0.03

2011 年酒精产量以河南和吉林省增长量最大，分别增长 82.38 万千升、24.85 万千升。以内蒙古和江苏减产量较大，产量分别减少 57.69 万千升、4.73 万千升。

全年分月全国酒精产量统计详见表 2：

表 2　2011 年各月酒精产量　　单位：万千升

月份	产量	月份	产量
1 月	74.57	7 月	53.55
2 月	72.48	8 月	62.18
3 月	75.34	9 月	65.66
4 月	65.01	10 月	75.79
5 月	62.75	11 月	83.51
6 月	67.75	12 月	85.11

根据协会统计，2011 年全年燃料乙醇产量为 193.76 万吨，5 家燃料乙醇企业产量见表 3：

表 3　2011 年燃料乙醇产量　　单位：万吨

企业名称	2011 年产量	2010 年产量
河南天冠企业集团有公司	59.6	55.9
吉林燃料乙醇有限公司	52	48
中粮生物化学能源（安徽）股份有限公司	47.23	46.6
中粮生化能源（肇东）有限公司	24.33	20.3
广西中粮生物质能源有限公司	10.60	16
合计	193.76	186.6

其他产量较大的企业依次有梅河口市阜康酒精有限责任公司、中粮生化能源肇东公司、焦作市河阳酒精实业有限公司、吉林省新天龙酒业有限公司、大庆博润生物科技有限公司、内蒙古利牛生物化工有限责任公司、孟州市华兴食用酒精有限公司、东丰县华粮生化有限公司、江苏东成生物科技集团有限公司、辽源市巨峰生化科技有限责任公司、潍坊英轩实业有限公司、天冠集团新乡乙醇有限公司、承德避暑山庄企业集团有限责任公司、内蒙古百年酒业有限责任公司、广西金源生物化工实业有限公司、江苏花厅酒业有限公司、山东振龙生物化工集团有限公司等。

2.6 饮料工业

2010 年

【a. 概况】

2010 年，饮料行业继续高速增长，全国饮料总产量为 9983.66 万吨，比 2009 年同期增长 23.47%。其中碳酸饮料类产量 1265.24 万吨，比 2009 年同期增长 0.88%；果汁和蔬菜汁类产量 1762.17 万吨，比 2009 年同期增长 21.73%;包装饮用水类产量 4249.61 万吨，比 2009 年同期增长 34.52%。

各饮料品种产量所占比重略有变化。包装饮用水类仍是最大的品种，占 42.57%，比 2009 年同期增加 3.50 个百分点；果汁和蔬菜汁类比重为 17.650/，比 2009 年同期下降 0.25 个百分点；碳酸饮料类比重为 12.67%，比 2009 年同期下降 2.84 个百分点。

从各地区情况来看，东部地区产量最高，为 5435.48 万吨，占全国比重的 54.44%;中部地区产量 2358.27 万吨，占全国比重的 23.62%;西部地区最低，为 2 189.91 万吨，占全国比重的 21.93%。各省市情况，广东产量居全国首位，达 1768.52 万吨，占全国比重的 17.71%，河南和浙江分列第二位和第三位，产量分别为 702.05 万吨和 685.51 万吨，均与广东省存在较大差距。详见表 1 ~ 表 2：

表 1　2010 年全国分地区饮料产量　　单位：万吨

地区＼产品	饮料	碳酸饮料类	果汁和蔬菜汁类	包装饮用水类
全国总计	9983.66	1265.24	1762.17	4249.61
北京	332.33	72.64	52.88	100.01
天津	448.57	93	11.18	169.14
河北	202.89	2.62	58.70	57.88
山西	63.69	18.45	25.99	1.31
内蒙古	263.69	12.88	90.39	57.49
辽宁	381.53	54.01	20.13	109.51
吉林	504.68	55.37	29.67	372.71
黑龙江	172.46	30.54	71.69	53.56
上海	260.98	103.26	15.10	96.99
江苏	390.19	62.08	58.24	118.08
浙江	685.51	57.92	60.08	228.10
安徽	146.30	39.42	8.21	34.91

福建	386.96	46.24	31.25	122.37
江西	189.57	33.26	35.01	74.78
山东	535.86	55.82	87.50	298.48
河南	702.05	46.90	143.23	327.65
湖北	438.06	63.38	68.61	122.74
湖南	141.45	7.59	28.25	64.40
广东	1768.52	245.04	301.18	808.54
广西	342.33	27.61	3.38	262.40
海南	42.13	7.72	7.38	24.90
重庆	349.97	38.63	198.61	82.89
四川	495.91	56.87	116.97	311.53
贵州	68.60	–	15.37	52.99
云南	186.10	7.85	12.40	151.40
西藏	8.41	–	–	8.41
陕西	215.79	20.67	102.32	63.13
甘肃	138.43	15 吨	69.51	29.90
青海	15.31	–	4.52	10.79
宁夏	13.84	–	3.61	–
新疆	91.54	5.50	30.79	32.62

表 2　2010 年全国饮料产量前八位省市情况　　单位：万吨

位次	地区	产量	占全国比重（%）
1	广东	1768.52	17.71
2	河南	702.05	7.03
3	浙江	685.51	6.87
4	山江	535.86	5.37
5	吉林	504.68	5.06
6	四川	495.91	4.97
7	天津	448.57	4.49

【b. 碳酸饮料】

碳酸饮料类产量 1265.24 万吨，比 2009 年同期增长 0.88%，占全国饮料总产量的比重为 12.67%，比 2009 年同期下降 2.84 个百分点。国产品牌娃哈哈的非常系列碳酸饮料产量为 55.11 万吨，占全国碳酸饮料总产量的 4.36%。

表 3　2010 年全国碳酸饮料产量前六位省市情况　　单位：万吨

位次	地区	产量	占全国比重（%）
1	广东	245.04	19.37
2	上海	103.26	8.16

3	天津	93.00	7.35
4	北京	72.64	5.74
5	湖北	63.38	5.01
6	江苏	62.08	4.91

【c. 果汁及蔬菜汁类】

果汁及蔬菜汁类产量增长较快，增速超过 20%，北京汇源饮料食品集团有限公司2010年果汁及蔬菜汁类产量99.30万吨，占全国产量的 5.64%。

2010 年浓缩水果汁出口量为 88. 23 万吨，比 2009 年同期增长 0.11%；其中浓缩苹果汁出口量为 78.84 万吨，比 2009 年同期下降 1.39%，占浓缩水果汁出口量的 89.35%；浓缩苹果汁出口额 7.47 亿美元，平均价格为 947.59 美元 / 吨。

2010 年浓缩水果汁进口量为 10.01 万吨，比 2009 年同期增长 18.41%；其中冷冻浓缩橙汁进口量为 6.50 万吨，比 2009 年同期增长 32.91%；冷冻浓缩橙汁进口额 9724.1 万美元，平均价格 1495.14 美元 / 吨。

【d. 中国饮料工业“二十强”】

2010 年，中国饮料工业“二十强”企业按产量排序如下：

表 4　2010 年中国饮料工业“二十强”

康师傅饮品控股有限公司	杭州娃哈哈集团有限公司
统一企业（中国）投资有限公司	农夫山泉股份有限公司有限公司
华润怡宝食品饮料（深圳）有限公司	四川蓝剑饮品集团有限公司
北京汇源饮料食品集团有限公司	厦门银鹭食品集团有限公司
惠尔康集团有限公司	深圳市景田食品饮料有限公司
乐百氏（广东）食品饮料有限公司	深圳百事可乐饮料有限公司
椰树集团有限公司	杭州中萃食品有限公司
深圳达能益力泉饮品有限公司	红牛维他命饮料有限公司
上海百事可乐饮料有限公司	广东健力宝集团有限公司
河北承德露露股份有限公司	国投中鲁果汁股份有限公司

“二十强”企业产量合计 4326.97 万吨，占全国饮料总产量的 43.34%，其中“康师傅”和“娃哈哈”产量均超过1000 万吨，远高于其他企业。“二十强”企业销售收入 1267.97 亿元，利税总额 212.61 亿元，其中“娃哈哈”的销售收人达 548.8 亿元。

【e. “两乐”企业】

2010 年“两乐”装瓶厂共 51 家，其中可口可乐企业 31 家，百事可乐企业 20 家，共生产饮料 1453.07 万吨，比 2009 年同期增长 6.13%。可口可乐企业产量 967,57 万吨，比 2009 年同期增长 2.81%；百事可乐企业产量 485.00 万吨，比 2009 年同期增长 13.44%。两乐产量中可口可乐占 66.59%，百事可乐占 33.41%。

“两乐”合计生产外国牌号碳酸饮料 1080.07 万吨，其中可口可乐企业产量 650.94 万吨；百事可乐企业产量 429.14 万吨。“两乐”合计其他饮料产量 373.00 万吨。

外国牌号碳酸饮料按口味分类情况，可乐型所占比重为 47.99%，柠檬型为 38.39%，橙型为 9.87%，其他型为 3.75%；增长率方面，可乐型比 2009 年同期增长 0.69%，柠檬型比 2009 年同期增长 4.01%，橙型比 2009 年同期增长 17.96%，其他型比 2009 年同期增长 7.07%。

【f. 行业活动】

2010 年 4 月 1 日，中国饮料工业协会在重庆市召开 2010 中国饮料行业绿色峰会，会议重点探讨和研究了与低碳经济热点话题相吻合的主题——饮料的绿色生产和绿色运营。中国饮料行业在采取积极主动措施，促进企业在原料采购、生产工艺、过程控制、节水节能措施、资源循环使用、环境保护管理等方面，运用循环经济理论，努力引导建设一批资源节省、环境友好的“绿色工厂”。探索了如何与零售商合作，将“绿色”的概念延伸到产品的物流、采购、销售和消费各环节中，摸索“建设饮料产品从生产到消费的绿色链条”的新途径。在“绿色峰会”上，中国饮料工业协会与沃尔玛（中国）投资有限公司签署《饮料产品绿色生产和绿色运营推进

计划备忘录》。

4 月 13 ~ 14 日，国际饮料协会(ICBA)理事会春季会议在巴西里约热内卢召开，中国饮料工业协会派员参加了此次会议，会议主要讨论了包括国际食品法典委员会（CAC）涉及饮料行业有关工作通报、科学政策有关问题；饮料与健康的问题；关于能量饮料的问题；关于污染物的问题；关于产品分类、能耗、水耗的问题；关于税收的问题等。

4 月 28 ~ 29 日，由中国饮料工业协会主办的 2010 中国茶饮料、咖啡饮料发展研讨会在天津市举行。此次会议以“健康、技术与市场的交汇”为主题，会议代表分析了国内外茶饮料、咖啡饮料发展现状和趋势，探讨了茶、咖啡与人体健康，并就饮料行业最新的生产、包装、节能、新品研发及茶叶质量判定等话题展开交流。

6 月 10 ~ 11 日，以“谷物饮料——可以喝的中式快餐”为主题的 2010 中国代餐饮料产业论坛在厦门市召开，论坛由中国饮料工业协会主办，厦门惠尔康集团有限公司协办。此次论坛的主要内容是：行业专家看好代餐饮料产业；营养专家、配料专家献计献策；技术难点行业共同探讨；高起点发展——食品安全考虑在前。

7 月 22 ~ 23 日，以提升中国果汁工业市场竞争力为主题的 2010 中国果蔬汁产业峰会在武汉市开幕，会议由中国饮料工业协会、国际果汁工业保护协会(SGF)、中华全国供销合作总社济南果品研究院共同主办，会议探讨中国果蔬汁产业持续快速发展之道，中国果汁市场未来发展机会、果汁质量安全不容忽视、全球果汁市场纵观、差异化的发展之道和绿色洁净工厂的建设。

9 月 16 ~ 17 日，中国饮料工业协会携手国际瓶装饮用水协会、欧洲瓶装饮用水协会在青岛市召开 2010 中国 · 国际包装饮用水峰会(CGPW2010)。会议围绕标准法规、市场研发、健康科研、水资源管理、产品质量、瓶型设计、在线监测等方面展开，并特别开辟“桶装饮用水专题”，促进企业优秀经验的交流和沟通。本次峰会上正式启动了“中国桶装饮用水质量和管理提升行动计划”。

9 月 17 日，中国饮料工业协会天然矿泉水分会在青岛市组织召开了分会第三届二次副会长会议。围绕桶装水产品生产许可条件审查细则、桶装水企业税赋问题、中国桶装饮用水行业质量提升行动计划等议题进行了讨论，并达成共识。针对饮水机的食品安全工作，会议确定需要增加专业人士参与开展此项工作并确定了关于桶装水企业税赋问题的工作进程。

11 月 5 日，中国饮料工业协会在北京市组织召开固体饮料重点企业座谈会，会议针对产品分类、标准法规、成立分会、组织研讨会等方面进行了研讨，沟通和讨论，并就某些内容达成共识。

【g.“爱健康　喝果汁——果蔬汁饮料行动计划”】

由中国饮料工业协会主办，国内 15 家知名果汁及浓缩果汁生产企业协办的“爱健康喝果汁——果蔬汁饮料行动计划”，按照活动计划，2010 年完成了广州、上海、天津、西安四大区域的宣传活动，活动中将果汁消费手册转换成易拉宝的形式介绍果汁知识，并根据参与人员的特点设置了“果汁问卷调查”、“我与果蔬汁饮料的故事”创意大赛、“果汁大转盘”、“超值购果汁”、“闻汁起劲”等游戏活动，在娱乐的同时了解了果汁的健康营养知识。各地区每场活动都得到了广大学生的热情关注和社区消费者的广泛参与，一般高校的参与人数超过 600 人，个别高校上千人参与。

【h. 标准化工作】

2010 年随着《食品安全法》实施的不断深入，国家有关部门开始加快制修订食品安全国家标准，中国饮料工业协会以技术工作委员会为依托，与有关负责单位密切合作，积极配合卫生部开展食品安全国家标准制修订工作，对食品行业基础标准及相关工作提供行业意见，并直接参与饮料类食品安全国家标准的修订工作。

2010 年，饮料行业的标准化工作持续有效开展，中国饮料工业协会技术工作委员会继续组织开展饮料产品国家标准和行业标准的制修订工作，完成了《复合蛋白饮料》和《谷物饮料》两个行业标准的审定工作；完成《浓缩苹果汁》和《苹果醋饮料》两项国家标准的审定；《固体饮料》、《咖啡饮料》、《果汁类饮料通则》、《植物饮料》、《饮用矿物质水》等国家标准的制修订工作正在进行中。饮料 PET 瓶，特别是包装饮用水 PET“垂直载压”问题一直是困扰行业的问题，中国饮料行业与全国食品直接接触材料及制品标准化技术委员会塑料分技术委员会建立联系，促进“PET 瓶通用技术要求”国家标准的制修订工作。

环保部委托中国饮料工业协会技术工作委员会制定两个国家环境保护标准《清洁生产标准饮料制造业（碳酸饮料类）》和《清洁生产标准饮料制造业（果汁和蔬菜汁类）》，有 5 家饮料企业参与，共同完成了标准制定工作。

国家质检总局食品生产监管司委托中国饮料工业协会组织国内 10 多家企业的质量管理及生产技术负责人召开座谈会，围绕饮料行业生产许可及审查细则展开座谈，会上委托中国饮料工业协会组织企业起草大桶水和浓缩果汁的QS审查细则。

【i. 保证食品安全】

为进一步提升桶装饮用水行业整体素质，保证食品安全，加强行业自律，2010年中国饮料工业协会正式启动“中国桶装饮用水质量和管理提升行动计划”，本计划旨在通过与政府部门、科研机构、检测机构、优秀企业的合作，提出提高大桶水准入门槛的方案、桶装饮用水生产企业应具备的硬件条件、水站和门店准入门槛的方案、研究和解决饮水机的食品安全控制技术、开展生产管理及检测培训等工作。“提升行动”以中国饮料工业协会技术工作委员会、天然矿泉水分会为依托，按照实施计划有序开展工作。

工信部委托中国饮料工业协会组织制定“浓缩果蔬汁加工行业准入条件”。制定准入条件的目的是为了提高浓缩苹果汁的加工门槛，有望使目前产能过剩，无序竞争的浓缩苹果汁加工行业得到有效的规范、限制，对于已有的企业可以根据准入条件进行规范或扩建；对于密度过大区域的新上项目需要一定限制。对于新地区、新品种、特别是小果种（含浆果、热带果蔬）的加工，则可以根据准入条件，鼓励新上项目。

【j. 教材编写与培训】

4月2日，饮料行业清洁生产／节能降耗高级研修班在重庆市举办。来自国内重点饮料企业的高管和高级管理人员共70余人参加了学习和交流，研修结束后进行考核，并颁发了《专业技术人才知识更新工程培训合格证》。

1月28日，汇源集团组织属下30多家工厂的1100多名员工，参加了按照国家职业标准《饮料制作工》规定的中级工、高级工和技师理论知识要求的模拟考试，准备在企业内部开展国家职业技能鉴定制度，按照职业技能等级对员工进行岗位津贴。为便于企业进行职业技能培训和鉴定，经汇源集团申请，中国饮料工业协会于11月10～11日在北京汇源集团总部组织了一期考评员的汇源专场培训。来自汇源集团生产中心和全国20个省、自治区、直辖市的34家工厂的65名中高级技术、生产、设备管理人员参加了培训。

2011年

【a. 概况】

2011年，全国饮料行业总产量为11891万吨（国家统计局快报数据为11762.2万吨），比2010年同期增长22.0%。其中碳酸饮料类产量1606.6万吨，比2010年同期增长26.5%。果汁和蔬菜汁类产量1920.3万吨，比2010年同期增长8.7%；包装饮用水类产量4788.8万吨，比2010年同期增长25.7%；“非三大”饮料产量3446.5万吨，比2010年同期增长23.3%。各饮料品种产量所占比重情况，包装饮用水类仍是最大的品种，占40.71%，比2010年同期提高1.19个百分点；碳酸饮料类占13.66%，比2010年同期提高0.49个百分点；果汁和蔬菜汁类占16.33%，比2010年同期下降1.99个百分点；“非三大”饮料占29.30%，比2010年同期提高0.31个百分点。

2011年全国分省市饮料产品产量 单位：万吨

地区	饮料	碳酸饮料类	果汁和蔬菜汁类	包装饮用水类
全国	11762.2	1606.6	1920.3	4788.8
北京	381.9	70.1	60.0	119.7
天津	468.1	110.3	10.8	170.9
河北	267.7	8.2	44.8	76.6
山西	83.5	18.0	36.8	3.9
内蒙古	204.5	9.0	48.1	65.1
辽宁	397.1	109.4	31.5	99.3
吉林	623.5	46.7	29.9	513.6
黑龙江	239.5	81.1	80.0	62.1
上海	268.2	93.2	21.8	97.2
江苏	400.3	64.2	62.4	62.4

浙江	856.2	54.8	81.6	284.0
安徽	161.1	37.3	7.4	45.2
福建	424.8	50.1	35.7	116.9
江西	213.3	43.1	38.1	88.6
山东	589.7	57.1	125.6	268.0
河南	833.4	67.6	165.2	334.6
湖北	622.0	66.8	126.6	130.7
湖南	218.2	24.8	27.5	121.8
广东	2015.0	330.9	326.2	825.7
广西	545.1	28.2	8.4	437.5
海南	42.1	7.5	8.7	23.9
重庆	298.4	40.2	138.6	85.0
四川	644.7	116.0	152.7	345.7
贵州	109.5	0.0	23.6	84.0
云南	245.0	14.6	28.3	166.5
西藏	10.2	0.0	0.0	8.8
陕西	383.5	50.0	95.3	90.9
甘肃	93.0	0.0	50.0	26.3
青海	12.4	0.0	7.4	5.0
宁夏	7.3	0.0	7.1	0.0
新疆	103.0	7.4	40.2	28.9

2011 年饮料行业“二十强”企业产量合计 4993. 57 万吨，比上年同期增长 16.00%；“两乐”合资合作企业共 53 家，生产饮料 1606.44 万吨，比上年同期增长 10.56%。

【b. 企业发展情况】

2011 年 1 月 24 日，华润创业有限公司发布公告，将与日本啤酒生产商麒麟控股公司在华成立一家软饮料生产合资公司，双方分别占 60%和 40%权益，在包括中国内地、香港和澳门的大中华区生产和分销非酒精类饮料，重点发展内地市场。根据协议，双方将分别向合资公司注入各自在中国内地的现有非酒精饮料业务，麒麟控股还将额外投资 4 亿美元。

2 月 23 日，汇源果汁集团在北京召开了新闻发布会，宣布通过竞拍获得“旭日升”全部 164 枚商标所有权。为了将“旭日升”打造成为专属的茶品牌，汇源集团采用“汇源”与“旭日升”分品牌并行运作，在主要力量专注于做果汁饮料的同时，分出一部分力量大力开发茶产品，2 月底，“旭日升”品牌第一款新产品旭日升问世。

3 月 3 日，广州药业公告公司持股 48.05%的王老吉药业与白云山和黄签署了“白云山凉茶系列产品代理销售框架协议”。根据协议，白云山和黄授权王老吉药业为其生产的白云山凉茶系列产品的全国总代理商，签约合作期限为 3 年。

7 月，中国汇源集团公司与日本丸红株式会社签署战略合作协议，正式进入日本市场。根据协议，丸红株式会社将获得汇源集团生产的浓缩果汁和果浆在日本的总销售代理权。汇源集团将通过丸红株式会社向日本及海外市场销售苹果、桃等浓缩果汁及果浆产品。同时，丸红株式会社将通过其海外网络向汇源集团提供浓缩果汁、茶叶、咖啡、乳制品等原料。

7 月，第四届津台投资合作洽谈会上，台湾康师傅控股有限公司与开发区管委会签署战略合作协议，在开发区设立康师傅饮品（中国）投资有限公司，初期注册资本 3000 万美元，并以此为基础陆续开展集团内部各饮品企业的整合工作，使其成为康师傅饮品事业群的全国总部，最终投资总额将达 2.8 亿美元。

7月,法国达能将所持上海正广和饮用水公司50%股权，出售给光明食品集团旗下子公司上海正广和网上购物有限公司。

7月28日，维他奶以6186万向光明集团收购深圳维他奶15%股权，并以3 378.45万向光明集团出售佛山维他奶15%权益。

8月27日，三元股份与新华联控股组成联合体并与新华联控股指定方，拟以不高于7.2亿元的金额参与太子奶集团、太子奶生物以及太子奶供销的破产重整。8月31日，重整草案被提出,新华联控股有限公司与三元股份组成的联合体将提供7.15亿元资金偿还太子奶全部债务，并获得重整后的湖南太子奶、株洲太子奶、供销公司100%的股权以及太子奶的全部重整资产。10月由新华联三元组成的新投资联合体与管理人方面正式签约，接管太子奶，并按照重整计划支付偿债资金。

10月28日，三元与爱之味等多股东共同投资成立的北京爱之味三元健康科技股份有限公司、北京三元爱之味饮品销售有限公司签约奠基仪式在三元食品新建大兴工业园区正式启动，标志着三元进入饮料行业，迈出多元化发展的重要一步。

11月初，康师傅控股有限公司宣布与百事公司达成协议，在大陆建立战略联盟。康师傅将获得百事在华的24家瓶装厂资产，百事获得康师傅旗下饮料业务子公司康师傅饮品控股5%股权。康师傅饮品控股成为百事碳酸饮料的特许装瓶商，将获得百事旗下的纯果乐、佳得乐等非碳酸饮料业务的分销和生产，上述合作均于2050年底届满。

11月17日，雀巢与福建食品企业银鹭合资合作启动仪式在厦门举行，2011年4月18日，雀巢对外宣布该收购项目，8月26日商务部“无条件审批”，至此启动仪式雀巢收购银鹭60%股份完成。合资后银鹭集团董事长陈清渊继续领导新的合资公司，双方计划共同投入25亿元资本金，加快银鹭各生产基地产能扩张与国内生产基地建设布局。

11月，北京老品牌、停产近15年的“北冰洋”汽水重新上市，市场售价每瓶2.5元，瓶身依旧保持传统的玻璃瓶。

【c. 产品质量监督抽查】

2011年3月，山东省开展桶装饮用水桶及桶装饮用水专项整治行动，对包装饮用水桶生产企业、塑料制品生产企业进行全面检查和产品质量抽查，严厉打击水桶和饮用水加工生产黑窝点。

4月，北京市质监局对北京市5家聚碳酸酯饮用水桶生产企业和183家瓶（桶）装饮用水生产企业进行排查，以确保全市桶装水市场安全。

6月13日，国家质检总局公布2011年4类饮料产品质量监督抽查结果。茶饮料共抽查北京、河北、上海、江苏、浙江、安徽、福建、江西、山东、湖北、广东、重庆、四川等13个省、直辖市57家企业生产的80种产品。抽查中有79种茶饮料符合标准规定，有1种不符合标准的规定，不符合项目涉及茶多酚、咖啡因。

碳酸饮料共抽查北京、天津、山西、辽宁、吉林、黑龙江、上海、江苏、浙江、安徽、江西、山东、河南、湖北、湖南、广东等16个省、直辖市50家企业生产的60种产品。抽查的60种碳酸饮料全部符合标准规定。

果蔬汁饮料共抽查北京、天津、河北、山西、辽宁、上海、江苏、浙江、福建、山东、河南、湖北、湖南、广东、广西、海南等16个省、自治区、直辖市160家企业生产的160种产品。抽查中有157种果蔬汁饮料符合标准规定，有3种不符合标准的规定，不符合项目涉及菌落总数、霉菌、酵母。

植物蛋白饮料共抽查北京、河北、福建、山东、广东、广西、海南等7个省、自治区、直辖市49家企业生产的49种产品。抽查中有47种植物蛋白饮料符合标准规定，有2种不符合标准的规定. 不符合项目涉及蛋白质、甜蜜素、商业无菌。

8月，国家质检总局公布2011年28类产品质量国家监督抽查结果，其中瓶（桶）装饮用水产品合格率91.8%。此次共抽查北京、天津、河北、内蒙古、辽宁、吉林、黑龙江、上海、江苏、浙江、安徽、福建、江西、山东、河南、湖北、湖南、广东、广西、重庆、四川、贵州、云南、陕西等24个省、自治区、直辖市211家企业生产的220种瓶（桶）装饮用水产品，包括186种瓶装饮用水和34种桶装饮用水。

【d. 行业活动】

201年4月22～23日，2011中国固体饮料发展研讨会在浙江湖州召开，来自企业、科研院校、媒体单位的240多位代表参加了研讨会。围绕如何发展固体饮料，创新固体饮料，保证固体饮料质量最安全，固体饮料标准。

6月22～24日，中国饮料工业协会矿泉水分会第九次会员大会暨产业技术交流会在长春召开。参加会议的企业有140多家，参会代表270多人。会议的主题是：提高行业门槛，消除安全隐患，15个专题报告围绕近期普遍关注的PC桶的质量及安全问题、桶装饮用水的包装材料、清洗工艺、

物流运输等、世界各地矿泉水有关产品信息、标准和法规、质量管理、食品安全等共性问题展开研讨。

2011 年矿泉水分会开展“中国饮料工业天然矿泉水十强”活动。本着公平、公开、公正的原则，根据企业近三年的矿泉水经营业绩、产品质量，企业美誉度等方面分项考核。2011 年 5 月 31 日，由中国饮料工业饮料协会、行业专家、政府部门和新闻媒体等专家组成考核组，对各项目数据及资料进行了审核、确认，推荐了“中国饮料工业天然矿泉水十强”企业名单。

7 月 6～7 日，2011 中国果蔬汁产业峰会在杭州召开。会议由中国饮料工业协会联合国际果汁工业保护协会（SGF）和中华全国供销合作总社济南果品研究院（CTCF）共同主办，果蔬汁分会承办。来自企业、科研院校的 260 多位国内外代表和专家参加会议，围绕“贸易 · 合作”、“标准 · 法规”、“技术 · 创新”三个专题展开研讨。

7 月 6 日，为期三年的“爱健康喝果汁果蔬汁饮料行动计划”结束，来自果蔬汁行业的企业代表 260 多人参加了活动。

饮料行业清洁生产持续推进。9 月由中国饮料工业协会、饮料行业专家、政府部门和新闻媒体等组成的专家考核组，按照“饮料制造取水定额(QB/T2931-2008)”和“饮料制造综合能耗限额(QB/T4069-2010)”两个行业标准分别审核计算企业申报的取水量和综合能耗值，并对企业进行了综合考核和评议，最后确定了取水量达到“饮料制造取水定额”一级标准的企业和综合能耗值达到“饮料制造综合能耗限额”先进值的企业。

11 月 6～8 日，第五届中国国际饮料工业科技展在上海举办，展出面积比上一届增长了 40%，展品范围基本涵盖了饮料全产业链。特别设立了饮料创意区，集中展示中国饮料工业协会多年来从国内外收集的超过 1500 款的饮料包装。“可口可乐”、“百事”、“雀巢”、“康师傅”、“达能”等知名饮料公司在创意区内展示其全球饮料样品和市场理念。

“Bev-Model”颁奖盛典于 11 月 6 日在上海举行，推出了围绕产品研发、包装设计、市场推广、品牌建设四个方面的全国饮料行业精彩杰作。

【e. 行业应对成本上涨】

2011 年 3 月，中国饮料工业协会向国家发改委价格司递交《关于抑制糖价上涨的建议》，反映在饮料生产成本上涨中，糖价是很重要的因素，也是政府比较容易控制价格的原料，建议政府在抑制糖价方面采取有力措施。具体建议是增加国内制糖产量，增加糖的进口量，大力发展果葡糖浆，抑制食糖囤货并严厉打击高价炒作，避免形成垄断经营。

按照发改委价格司的统一要求及行业的实际情况，根据实事求是的原则，4 月中国饮料工业协会向会员企业发出企业提出 4 项倡议，特别强调“在确定成本与价格关系时，要兼顾消费者利益、员工利益、上下游企业利益及企业的承受力，科学合理地为产品定价”。

【f. 发挥桥梁作用为企业服务】

为帮助缓解“零供关系”矛盾，协助饮料企业解决被误判“商业贿赂”的难题，2011 年 1 月，中国饮料工业协会对 20 家饮料企业进行函调，并邀请国家工商总局领导参加了企业座谈会，形成了题为《关于“产品陈列”等支出不应被界定为“商业贿赂”的报告》的调查报告。

饮料行业被国家工业和信息化部列入轻工业第三批推行清洁生产技术的行业，受工信部委托，中国饮料工业协会组织编制了《饮料行业清洁生产技术推行方案》技术标准，并于 2011 月 9 日在北京召开“推行方案”技术讨论会，通过了专家论证会并上报工信部。

2011 年 8 月，中国饮料工业协会形成《关于初加工农产品享受所得税优惠政策的报告》，提出 5 条建议，上报财政部、国家税务总局，全面反映企业享受所得税优惠政策的实际情况和面临的主要困难，以期得到政府的理解，寻求合理的解决方案。

2011 年 8 月 18 日，《浓缩果蔬汁（浆）加工行业准入条件》由工信部以 2011 年第 27 号公告正式发布，自 2011 年 10 月 1 日开始实施。为避免重蹈浓缩苹果汁布局无序、竞争过度、大起大落的覆辙，经中国饮料工业协会果蔬汁分会申请，浓缩果蔬汁纳入国家生产准入管理，并接受工信部委托，起草了《浓缩果蔬汁（浆）加工行业准人条件》，2011 年在国家各部委意见的基础上多次进行了修改。

【g. 标准法规】

2011 年由中国饮料工业协会技术工作委员会组织，企业参与开展产品标准的制修订工作，完成了四项国家标准的制修订任务。1 月 24 日，召开《浓缩苹果汁》和《苹果醋饮料》国标审定会；9 月 2 日，召开《植物蛋白饮料豆奶和豆奶饮料》国标审定会；9 月 29 日，召开《植物蛋白饮料核桃露》国标审定会。正在制修订的六项国家标准分别是《饮用矿物质水》、《饮用天然泉水和其他饮用天然水》、《果汁类饮料通用标准》、《咖啡饮料》、《植物饮料》、《固体饮料》。已立项制修订的标准是《饮料通则》国家标准、《浓缩枣汁》

行业标准。

受卫生部委托，中国饮料工业协会组织并参与了包括固体饮料、可可粉固体饮料、含乳饮料、植物蛋白饮料、果蔬汁饮料、食品工业用浓缩果蔬汁（浆）、碳酸饮料、茶饮料等饮料的食品安全国家标准的制修订起草工作，分别完成了各产品独立的标准草案及各产品标准的整合草案。饮料类食品安全国家标准体系的整体思路是：《食品安全国家标准饮料》、《食品安全国家标准食品工业用浓缩液（汁、浆）》、《食品安全国家标准包装饮用水》。

2 月，受国家有关单位委托，要求中国饮料工业协会对 GB2760《食品安全国家标准食品添加剂使用标准》中“包装饮用水”的分类提出处理意见。食品安全国家标准审评委员会秘书处召开了专家和企业面对面的座谈会，专家、企业、行业协会从多个角度提出了对“饮用矿物质水”名称的看法及建议，最终达成共识，“饮用矿物质水”属于包装饮用水的一类。

2011 年中国饮料工业协会应企业需求，召开豆奶主要生产企业参加的电话会议和座谈会，向卫生部等有关部门等有关部门上报行业意见，希望保持 20 余年豆奶、豆奶饮料、豆（奶）粉归属于饮料的分类传统，和已经发布的 GB2760 的分类系统一致。

【h. 预防食品安全　加强行业自律】

2011 年 3 月，中国饮料工业协会组织对饮用水行业 PC 桶使用情况的调查。经过调研，行业内小企业存在使用劣质 PC 桶的情况，有的使用旧料或使用其他劣质材料，也存在劣质桶混入正规企业的现象，协会组织相关生产企业和广东微生物所共同开展有关桶装饮用水双酚 A 的研究课题。

3 月，中国饮料工业协会向国家质检总局提交了组织编写的专门用于大桶水的 QS 审查细则，反映了浓缩果蔬汁应单独设立 QS 审查细则的诉求。

5 月，台湾饮料“起云剂”事件是饮料行业近年来直接遭受的影响较大的食品安全危机事件，对全行业造成了影响。事件经媒体披露后，中国饮料工业协会向所有会员单位发出预警通知，要求企业就邻苯二甲酸酯类等塑化剂物质对产品及使用的食品添加剂开展自查工作，在 6 月国家开展的针对四大类饮料的质量抽查中，饮料产品保持了较高的合格率，没有发现塑化剂超标。

受工业和信息化部消费品工业司委托，中国饮料工业协会组织有关饮料企业在《食品工业企业诚信管理体系(CMS)建立及实施通用要求》基础上编写了饮料生产企业实施指南。5 月，工信部消费品司委派专家参加在广东召开了“实施指南”编写讨论会，经现场讨论、修改确定了最终稿并由工信部安排出版发行。

（赵亚利　王　琦）

2012 年

【a. 概况】

根据国家统计局快报数据，2012 年全国饮料行业总产量为 13024.01 万吨，比上年同期增长 10.73%。其中碳酸饮料类产量 1311.29 万吨，比上年同期增长-18.38%。果汁和蔬菜汁类产量 2229.17 万吨，比上年同期增长 16.09%；包装饮用水类产量 5562.78 万吨，比上年同期增长 16.16%；“非三大”饮料产量 3920.77 万吨，比 2011 年同期增长 13.76%。各饮料品种产量所占比重情况，包装饮用水类仍是最大的品种，占到了 42.71%，比上年同期增加 2.00 个百分点；碳酸饮料类比重为 10.07%，比上年同期减少 3.59 个百分点；果汁和蔬菜汁类比重为 17.12%，比上年同期增加 0.79 个百分点；“非三大”饮料比重为 30.10%，比上年同期增加 0.80 个百分点。

表　2012 年全国饮料产量分省市表格

地区	饮料（吨）	碳酸饮料类（汽水）（吨）	果汁和蔬菜汁饮料类（吨）	包装饮用水类（吨）
全国	130240112	13112939	22291686	55627751
北京	4305812	660620	708690	1354014
天津	4087522	726401	1658409	1319067
河北	3085215	20616	653970	912756
山西	1285281	157342	491884	297267
内蒙古	2001615	122254	628070	537332

辽宁	4464281	891808	584697	1302952
吉林	7625687	331500	309601	6545102
黑龙江	2614798	266779	932985	780609
上海	2841527	1116312	182354	1064359
江苏	5955473	445701	806470	818137
浙江	9043687	527764	845434	3501712
安徽	1909851	403323	74678	537989
福建	3981895	430798	626049	1398310
江西	2366528	455135	419163	948694
山东	6104109	469435	913342	3508220
河南	9090953	684749	2370164	3129673
湖北	6285081	642348	1026382	2142140
湖南	3721187	372144	132077	2267856
广东	21035006	2566658	3452468	9277520
广西	6755332	295526	212814	4020440
海南	483766	70408	131262	259660
重庆	2613289	382557	874407	937197
四川	7454450	307851	992547	3966379
贵州	1378120	0	427573	857547
云南	2625561	195711	224207	1855265
西藏	132136	0	0	87654
陕西	4198421	501989	1189192	1127952
甘肃	1101135	0	609309	307289
青海	226888	0	77450	70568
宁夏	117439	0	114957	0
新疆	1348069	67210	621082	494090

2012 年，饮料行业“二十强”企业产量合计 5253.57 万吨，比 2011 年同期增长 5.8%；“两乐”合资合作企业共计 54 家，共生产饮料 1685.32 万吨，比 2011 年同期增长 4.91%。

【b. 企业发展情况】

1 月 30 日，台湾统一集团投资逾 1.056 亿美元在苏州市昆山建设新基地，注册资本 3520 万美元。工厂将分 2 期实施，一期规划 8 条饮料生产线，实验工厂 1 座，内置实验线 3 条；二期投入 2 条 PET 无菌饮料生产线和配套存货库房。

2 月 6 日，星巴克咖啡公司与爱伲集团在昆明正式签订协议成立合资公司，星巴克和爱伲集团分别持有合资公司股份 51%和 49%，其中星巴克主导经营，将通过新企业从云南购买并出口优质的阿拉比卡咖啡豆，同时还将在当地运营咖啡初加工厂。

2 月 22 日，娃哈哈集团有限公司于哈尔滨双城市政府签订合作项目。娃哈哈集团将投资 9 亿元在双城扩建 5 条饮料生产线。

2 月 29 日，达能集团将在邛峡投资 5 亿元，用来主要生产达能脉动和饮用水。

3 月 26 日，深圳市景田食品饮料有限公司参与广东省国土资源厅的矿业权挂牌出让现场竞价，经过四轮竞价，最终以高出起始价 10 万元竞得博罗县横河矿泉水详查探矿权。5 月 17 日，与博罗签订投资协议书，正式落户博罗县。

3 月 29 日，可口可乐公司董事长兼首席执行官穆泰康先生正式宣布可口可乐中国第 42 家装瓶厂——可口可乐辽宁（中）饮料有限公司开业，该项目总投资达1.6亿美元（约合人民币10亿元），占地面积17万平方米，规划投资9条生产线。

3月31日，康师傅控股有限公司和百事公司宣布完成交易，在中国建立战略性饮料联盟。中国预计2015年将成为全球最大的饮料市场。此联盟于2月份获得了康师傅股东的批准，于3月29日获的中国政府监管机构的批准。根据联盟的条款规定，百事已将其现有在华全资和合资装瓶企业中的非直接持股转交给康师傅饮品控股，百事由此间接持有康师傅饮品控股5%股权。百事将有权决定到2015年前把在康师傅饮品控股的间接持股增加到20%。目前百事中国合资装瓶企业的股东不会因为此交易而发生变化。

4月9日，康师傅通过旗下附属公司、Calbee及日企伊藤忠商事株式会社签订合资协议，将于中国成立合资公司从事生产及销售食品业务。合资公司的注册资本为2000万美元，康师傅旗下附属公司、Calbee及日企伊藤忠商事株式会社的持股比例分别为45%、51%及4%。

4月10日，汇源集团与北京正谷农业签订战略合作协议，对集团目前在全国已建立的果蔬种植基地进行有机化农业改造，由正谷农业提供技术服务。

4月17日，湖南省茶业公司宣布推出即溶黑茶饮品——臻溪黑茶活力饮，进军即溶饮料行业。

4月18日，康师傅中国控股有限公司和甘肃酒泉荣康公司联合在酒泉市工业园区投资建设酒泉顶津饮品有限公司。总投资5600万元，主要生产康师傅矿物质水。

4月27日，华彬集团和奥瑞金公司共同投资年产30万吨红牛饮料项目在宜兴经济开发区落户。

4月27日，中企投资集团与韩国咖啡品牌Caffebene在北京签订合作协议，将以共同投资方式等多种方案扩大加盟计划，其布局也将由中、小城市逐渐扩展到整个中国。

5月11日，中国国际经济贸易仲裁委员会裁决：广药集团与加多宝母公司鸿道（集团）有限公司签订的《“王老吉”商标许可补充协议》和《关于“王老吉”商标使用许可合同的补充协议》无效；鸿道（集团）有限公司停止使用“王老吉”商标。

5月12日，美国维他命能量饮料“MR.Pink”在深圳举行发布会，宣布正式登陆中国市场。

5月，杭州宏胜饮料集团有限公司与河南省周口市开发区管委会签订协议，由杭州宏胜饮料集团有限公司投资5亿元，合作建设周口娃哈哈饮料生产基地项目，新的生产基地拟建设6条饮料生产线。

5月16日，臣丰食业苦荞饮料加工项目开工，总投资1.5亿元，新上年产10万吨苦荞饮料生产线2条。

5月28日，年产50万吨矿泉水——北大荒五大连池矿泉水项目（一期）在五大连池市竣工投产。

5月28日，加多宝凉茶全国上市启动仪式在京举行。

6月3日，广药集团在八达岭长城上举行了红罐王老吉新装上市盛典，会上同时宣布成立1.828亿元王老吉爱心基金。

6月26日，由北京汇源饮料食品集团有限公司和北京祥聚斋食品集团公司共同创办的北京祥聚斋汇源清真饮料有限公司在北京宣布成立。双方将共同开拓中外清真果汁饮料市场，生产具有穆斯林特色的清真果汁饮料系列产品。10月底，首款清真果汁饮料在宁夏上市。

6月28日，湖南中粮可口可乐饮料有限公司全新的吹罐一体线正式上线。这条生产线投资近1亿元。

6月28日，广药集团旗下王老吉大健康公司与30多家食品生产企业签署生产供应战略合作协议，其中有统一、银鹭、惠尔康集团等食品企业

7月4日，台湾统一集团饮料加工项目正式落户澄迈，统一计划投资6亿元。

7月22日，由水口顾渚山泉水厂投资，浙江娃哈哈实业股份有限公司技术指导的娃哈哈桶装水生产线正式投产，年产娃哈哈桶装水300万桶，产品主要销往湖州、宜兴、广德等地。

8月1日，华润集团的饮料项目正式落户国家级宁乡经济技术开发区，投资5亿元。

8月1日，广药集团与江苏省泰州人民政府签署战略合作协议，在泰州医药高新技术产业开发区建设王老吉罐（瓶）装凉茶生产基地。

8月7日，贵州百灵发布公告，公司拟建设投资总额为3.95亿元的胶原蛋白果汁饮品、中草药草本植物功能饮料投资项目。

8月21日，汇源集团投资3亿元在黑龙江省尚志市建设水果蔬菜加工厂项目举行奠基仪式。

8月30日，海天海纳百川食品股份有限公司、河南欣欣印务有限公司签约合作，共同出资2亿元组建成立河南省明星食品有限公司，将进行专营年产6万吨的苹果醋、柿子醋等果汁系列饮品。

10月16日，华润怡宝饮料长沙生产基地开工，此项目

总投资额 8 亿元，主要生产华润旗下品牌的纯净水、咖啡、奶茶饮料产品。

10 月 24 日，中绿食品集团有限公司与颍东区政府在阜签约投资“粗粮饮料阜阳生产基地”项目。项目总投资 5 亿元，建设 12 条“中绿”牌粗粮果蔬饮品“利乐包”生产线。

10 月 24 日，康师傅控股有限公司和百事公司宣布正式开启在中国郑州设立的新的饮料工厂——郑州百事饮料有限公司（简称郑州百事）。

11 月 13 日，百事公司宣布在中国上海成立新的食品和饮料创新开发中心。该中心是百事公司在北美之外最大的顶级研发中心，也是百事在整个亚洲业务中新产品、包装和设备创新的中心。

12 月 11 日，统一企业中国控股有限公司发布公告称，正与多名潜在买家进行磋商，拟出售统一旗下两家附属公司所持有的今麦郎饮品股份有限公司共计 47.83%股权，以提高统一的资产利用效率。

【c. 质量安全】

2 月 2 日，福建省质监局公布了对福建省获证食品企业生产的茶饮料及植物蛋白饮料产品进行的省级监督抽查结果，整体质量状况良好。此次共抽查全省 36 家企业生产的 38 批次产品，产品抽样批次合格率为 97.4%。其中，抽查茶饮料 16 批次，合格 16 批次；抽查植物蛋白饮料 22 批次，1 批次花生牛奶饮料蛋白质含量未达标。

2 月 15 日，国家食品药品监督管理局针对红牛饮料标签标识与批准证书内容不符等情况发布了《关于红牛饮料检验结果的通报》，通报表示：北京、山东、湖北、哈尔滨四省市食品药品监督管理部门分别组织检验机构对红牛饮料 11 个批次的产品进行了抽检，符合规定，未发现存在质量安全问题。

3 月 16 日，广州市消委会公布对市场上运动饮料等产品的比较试验结果，120 批次样品中，运动饮料等功能饮料 20 批次、果蔬汁饮料 32 批次、茶饮料 19 批次、植物蛋白饮料 16 批次、含乳饮料 26 批次和风味饮料 7 批次。经检测，所检项目全部符合标准要求的样品有 113 批次，符合率为 94.17%。

3 月，福建省质监局公布一季度饮用水、碳酸饮料、含乳饮料、果蔬汁饮料抽检结果，合格率为 91.5%。共抽检瓶（桶）装纯净水、山泉水 287 批次，碳酸饮料 8 批次，含乳饮料 12 批次，果蔬汁饮料 35 批次。

5 月 13 日，浙江省饮用水质量检验中心公布了对杭州地区二季度天然水生产企业的质量监督抽查结果。对此次抽查的 30 批次产品进行了检测，合格率为 93.3%。

5 月 29 日，广州市质量监督局公布了 2012 年度第 5 批饮料产品日常监督抽查结果，共抽查 67 家企业生产的碳酸饮料、茶饮料、果（蔬）汁及果（蔬）汁饮料、植物蛋白饮料、固体饮料、运动饮料、其他饮料等 130 批次产品，经检验合格 122 批次，不合格 8 批次，合格率为 93.8%。

6 月 20 日，湖南省工商局公布了 2012 年第二季度重点食品抽检结果：对全省范围内茶叶、果蔬汁、桶装水等九类食品抽样检测，其中桶装水合格率为 40%。

7 月 4 日，温州市工商局公布对温州市各区县的桶（瓶）装水产品的抽检监测结果，共抽检 55 批次，合格率为 72.7%。

7 月 5 日，贵州省工商行政管理局公布 6 月流通环节食品抽样检验结果，碳酸饮料合格率为 100%，桶装饮用水合格率为 83.3%。

7 月 5 日，山东省平原县质监局公布全县 8 家桶（瓶）装纯净水生产企业的抽检结果，共抽检 21 批次，产品抽样合格率为 71.4%。

8 月 14 日，河南省质监局公布 2012 年第二季度产品质量状况分析报告，瓶（桶）装水的合格率为 62.6%。

8 月 29 日，国家质检总局公布了植物蛋白饮料、碳酸饮料及果、蔬汁饮料、固体饮料的产品质量国家监督抽查结果。植物蛋白饮料共抽查了北京、河北、辽宁、福建、山东、广东、广西、海南等 8 个省、自治区、直辖市 50 家企业生产的 50 种产品，结果显示，顺露、瑞盛、每一倩、酷泉等 4 种产品不符合标准的规定，涉及到蛋白质、糖精钠、甜蜜素等项目。果、蔬汁饮料共抽查了北京、天津、山西、辽宁、上海、江苏、浙江、福建、广东、云南等 10 个省、直辖市 90 家企业生产的 90 种产品，结果显示，选中你、果禾等 2 种产品原果汁含量不符合标准的规定。固体饮料共抽查了辽宁、黑龙江、江苏、浙江、安徽、福建、河南、湖北、湖南、广东、广西、海南等 12 个省、自治区、直辖市 90 家企业生产的 90 种产品，包括蛋白型固体饮料、普通型固体饮料、可可粉固体饮料 3 种类型。结果显示，花之恋、careskin 等 4 种产品不符合标准的规定，涉及到总砷、大肠菌群、霉菌、蛋白质等项目。

9 月 11 日，深圳市市场监督管理局公布 2012 年食品安全抽样检验情况结果，共抽检瓶装饮用水 35 批次，2 批次检测不合格，不合格检测项目为菌落总数超标。共抽检固体饮料 50 批次，1 批次检测不合格，不合格检测项目为检出柠檬黄。

9 月 21 日，安徽省质监局公布含乳饮料省级监督抽查结果，共抽取样品 15 组，合格 13 组，合格率为 86.67%。2 组不合格产品均为蛋白质含量不达标。

9 月 25 日，陕西省质监局公布 2012 年第三批食品及食品相关产品监督抽查结果，其中共抽查西安、宝鸡、咸阳、渭南、铜川、延安、榆林、汉中、安康等 8 个市杨凌示范区 78 家企业生产的 118 批次的饮料产品，经检验，20 批次饮料产品经检验不符合标准要求，不合格项为二氧化碳气容量、菌落总数、霉菌、酵母、蛋白质含量、糖精钠和标签等。监督抽查的饮料品种包括碳酸饮料、茶饮料、果蔬汁饮料、植物蛋白饮料、含乳饮料、固体饮料和其他饮料等。

9 月 27 日，广西质监局公布 2012 年瓶（桶）装饮用水产品质量监督抽查结果，共抽查了 239 家企业生产的 248 批次产品，合格产品 189 批次，产品抽查合格率 76.2%。

11 月 2 日，天津市质监局公布了对部分食品及相关产品生产企业生产的产品开展的专项监督抽查结果，此次抽检了 52 批次瓶（桶）装饮用水，合格 50 批次，产品合格率为 96.15%，主要不合格项目为：菌落总数。

10 月 25 日，山西省质监局公布了 2012 年第二季度对饮料等 9 类食品质量的监督抽查结果，共对山西省 58 家生产企业的 65 批次的饮料产品质量进行了监督抽查，合格 59 个批次，合格率为 90.77%。

11 月 9 日，安徽省质监局公布了饮料的抽检结果，共抽取饮料样品 128 组，合格 120 组，合格率为 93.8%。主要不合格原因为标签标注不符合要求以及超量使用食品添加剂乙二胺四乙酸二钠。

【d. 行业活跃度】

“2012 中国 · 国际包装饮用水峰会”于 2012 年 3 月 22–23 日在北京召开，来自饮用水企业、供应商企业、科研院校、地方协会以及媒体等国内外 300 余名代表参加了峰会。研讨会结束后，大会组织代表分别对北京可口可乐饮料公司、加多宝北京有限公司以及雀巢北京研发中心进行了技术参观。3 月 22 日，全国健康饮水公益活动在研讨会上正式启动，并发布国内首部《健康饮水手册》，3 月 22 日“世界水日”–3 月 31 日“地球 1 小时”期间，企业开展了以“健康饮水”为主题的行业活动。在北京新中关购物中心举办健康饮水嘉年华活动，3 月 27–29 日，为北京环卫工人、邮政快递员及公交车司机售票员赠送健康安全水和《健康饮水》手册，为了扩大活动的影响力，中国饮料工业协会租用北京西客站（北 2 出口）的大幅银屏，播放“全国健康饮水公益活动”广告片长达半年（45 秒广告每天 150 次）。

“2012 中国茶与咖啡饮料发展研讨会”于 5 月 24–25 日在云南普洱召开，会议以“传承与个性化”为主题，吸引了国内主要的茶和咖啡饮料生产企业、相关的供应商企业及科研院所等近 200 名代表参加了会议。研讨会结束后，参会代表分别考察了咖啡基地示范农场、咖啡加工工厂、茶叶深加工工厂和拥有万亩茶园的中华普洱茶博园。

“2012 中国果蔬汁产业峰会”于 6 月 28–29 日在银川召开，会议围绕“让果蔬汁更健康 更健康”主题，来自国内外的行业专家从水果原料特性、加工过程农残控制、包装材料、标准法规、真实性检测、认证要求、节能降耗等方面展开精彩报告，吸引了来自企业、科研院校的 200 多位代表参加了此次峰会。会上，“爱健康 喝果汁——果蔬汁行动计划”二期市场公益活动正式启动。峰会报告结束后，参会代表来到宁夏枸杞之乡——中宁县，从种植到加工，再到贸易整个产业链进行了参观。

“2012 中国饮料与供应商发展对接会”于 8 月 30–31 日在河南郑州召开。来自饮料供应商和饮料企业生产、采购、研发部门近 300 位代表共聚一堂，共同探讨在经济调整期的发展之路。对接会结束之后，代表们参观了获得 LEED 铂金奖的世界级工厂——漯河太古可口可乐饮料有限公司。

“2012 中国饮料工业协会年会”于 2012 年 12 月 12 日在广东三水召开，以“为中国饮料寻找再发展动能”为主题，吸引了来自于全国饮料行业上下游企业的代表及相关专家学者近 500 人齐聚一堂共商发展大计。

“2012 中国特殊用途饮料发展研讨会”于 2012 年 12 月 13 日在广东三水召开。会上国内外饮料行业专家和企业家围绕全球特殊用途饮料的发展趋势、标准法规、市场和消费趋势等方面展开了精彩的报告，吸引了来自饮料生产及其上下游配套企业、科研院校、相关政府单位的 300 多位代表参会。研讨会专题报告结束之后，参会代表分别参观了可口可乐装瓶商生产（佛山）有限公司、广东红牛维他命饮料有限公司。

【e. 国际交流】

为了进一步加强国内外饮料行业间的交流、合作和共同进步，中国饮料工业协会于 2012 年 10 月 20–30 日，组织饮料行业相关企业共 28 人赴美国进行了为期 10 天的考察和交流，在美国参观了百事公司、可口可乐公司以及雀巢公司。

【f. 标准法规】

6 月 29 日，国家质量监督检验检疫总局、国家标准化管理委员会批准发布了由中国饮料工业协会技术工作委员会组织起草的 GB/T 18963–2012《浓缩苹果汁》，该标准 2013 年 4 月 1 日正式实施。

7 月 30 日，根据国家标准化管理委员会下达的国家标准制修订项目计划，由中国饮料工业协会技术工作委员会牵头起草，国内众多企业参与制定的《固体饮料》和《咖啡类饮料》两项国家标准在京通过专家评审并上报主管部门。

11 月 19 日，由中国饮料工业协会技术工作委员会牵头起草的两项国家标准《植物饮料》和《饮料通则》课题组会议在北京召开，此次会议主要是对前期反馈的意见进行了讨论和处理。

12 月 14 日，由中国饮料工业协会技术工作委员牵头起草的《植脂末》行业标准课题组会议在广东三水召开。

【g. 食品安全 行业自律】

5 月 20 日，为进一步提高桶装饮用水行业生产和管理水平，保证产品质量和食品安全，中国饮料工业协会发布《中国桶装饮用水行业生产和管理自律文件》。该文件从 2008 年起历经三年，在中国饮料工业协会的组织和引导下，经过多次全国性行业大会、重点企业、行业专家会议讨论，上千人次业内征求意见，最终形成发布文本。

10 月 16 日，根据《关于建立中国饮料工业协会协会标准体系的决议》，中国饮料工业协会技术工作委员会发布了包括《苹果醋饮料》、《植物蛋白饮料 豆奶和豆奶饮料》、《植物蛋白饮料 核桃露（乳）》、《固体饮料》、《咖啡类饮料》在内的 5 项行业自律标准，待相应的国家标准发布后，协会行业自律标准将自行废止。

（周胜敏）

2. 7 罐头工业

2010 年

【a. 概况】

2010 年，中国罐头行业国内生产总量达 918.35 万吨，同比增长 16.08%，创造历史最好水平。自 2009 年起，国内罐头总产量连续突破 700 万吨、900 万吨，以每年都上一个新台阶的速度稳步增长。罐藏食品增长速度较快，表明市场潜力较大、具有进一步发展的空间。在原材料涨介、人工费用提升等因素助长罐头企业的成本压力，人民币[率屡破新高也在不断压缩着罐头企业的利润空间，罐头行业面临严峻挑战。2010 年全国罐头生产完成情况详见表 1：

表 1　2010 年全国罐头生产完成情况

指标	单位	2010 年	比上年增长（%）
生产总量	万吨	918.35	16.08
销售额	亿元	915.96	32.8

（资料来源：国家统计局数字）

【b. 罐头行业出口情况】

2010 年，中国罐头行业全年出口量 291.04 万吨．比上年增长 34.56%，2010 年全国罐头出口完成情况详见表 2：

表 2　2010 年罐头出口完成情况

指标	单位	2010 年	比上年增长（%）
出口量	万吨	291.04	17.06
出口额	亿美元	34.56	16.32

（资料来源：国家海关数字）

2010 年，罐头出口呈现恢复性增长，完全恢复到金融危机前水平，而且创造罐头出口历史新高。出口市场的回暖充分表明国际罐头市场需求旺盛，中国罐头竞争力依旧强劲。2010 年，全国罐头出口类别和主要品种完成情况如表 3 所示：

表 3　2010 年全国罐头出口类别和主要品种完成情况

产品名称	出口量（吨）	累计量比上年增长（%）	出口额（万美元）	累计额比上年增长（%）	累计平均单价（美元/千克）	平均单价比上年增长（%）
肉类罐头合计	46027	14.94	11433	8.17	2.48	–5.88
水产类罐头合计	122624	28.94	62407	41.32	5.09	9.61
蔬菜类罐头合计	1925806	19.83	191993	11.10	1.00	–7.28

其中：					
番茄酱罐头（重量≤5kg）	295844	22.08	30864	8.78	1.04	–10.89
番茄酱罐头（重量＞5kg）	729758	29.42	49674	–5.23	0.68	–26.78
小白蘑菇罐头	265107	15.59	35490	44.10	1.34	24.67
芦笋罐头	60499	–8.98	11266	11.49	1.86	22.49
甜玉米	36832	16.06	3632	11.16	0.99	–4.21
竹笋罐头	137562	5.35	13754	8.28	1.00	2.77
清水马蹄罐头	46895	–7.43	3626	–19.34	0.77	–12.87
蚕豆罐头	56150	11.14	2586	16.8	0.46	5.10
干果类罐头合计	**20533**	**24.84**	**7342**	**39.91**	**3.58**	**12.07**
水果类罐头合计	**786960**	**8.99**	**70988**	**12.36**	**0.90**	**3.09**
其中：						
果酱、果冻、果泥、及果膏罐头	44081	54.55	3009	12.14	0.68	–27.43
菠萝罐头	50506	–21.65	3835	–9.12	0.76	16.00
柑橘罐头	336244	4.96	28034	7.71	0.83	2.62
梨罐头	57063	6.00	5182	7.59	0.91	1.50
杏	15507	–2.77	1337	2.61	0.86	5.52
桃罐头	143704	12.63	14093	12.91	0.98	0.25
草莓	24725	22.58	2849	42.02	1.15	15.85
其他什锦水果	78293	15.27	8577	14.02	1.10	–1.08
荔枝罐头	30059	36.42	2892	45.38	0.96	6.54
龙眼罐头	2108	75.54	275	111.20	1.31	20.71
狗锚饲料罐头	8506	56.58	1419	25.48	1.67	–19.85

（资料来源：国家海关数字）

自 6 月起，外汇率持续走高，吞噬利润空间，加大市场风险，削弱产品竞争力。罐头出口面对更多的不确定因素，更加需要谨慎操作。

【c. 罐头市场情况】

2010 年，国内外出现一些新情况，各种不确定性因素的增加，各种成本要素的快速上涨给罐头行业造成很大压力。原材料、辅料、生产资料、包装物料、人工成本的上涨和人民币汇率的升值等要素加压罐头行业，致使 2010 年的罐头行业历经考验。

2010 年，和罐头相关的水果、蔬菜等所有的原料价格都有较高涨幅。2009 年用于罐头加工的橘子价格 1.60 元/千克，2010 年为 2.60 元/千克。工资大幅提高促使劳动成本快速增加，如浙江的劳动力成本每年上涨在 30%左右，3 年将近翻了一番。成本上涨的趋势在今后几年不可能逆转，对罐头行业消化成本的能力提出了更高的要求。

招工难、涨薪潮、用工贵的变化迫切需要罐头行业提高机械化水平。一方面，劳动成本不断上升；另一方面，由于罐头加工季节性强、工作环境较差的特点极大地凸显了罐头行业用工难的问题。实现机械化、连续化生产是全行业面临的重要课题。

转变经营方式，实现持续发展。面对各种挑战首要是靠市场和靠企业自身。对企业而言，开源节流、高效管理在一定程度上能够有效降低成本，关键是抢得市场先机，争取到更好的发展环境。罐头企业一定要把扩大内需、发展国内市场放在重要位置，要通过培育品牌、扩大宣传，开发新品等措施，让更多消费者对罐头的安全有所认知，对罐头的营养有所了解，对罐头的方便有所喜爱，让国内消费者享用安全、美味的罐头食品。在出口方面，逐步改变单一的 OEM 为主的经营方式，创建自主品牌和自营渠道，进一步提升中国制造的罐头食品在国际市场的影响力和竞争力。

【d. 行业年度主要事件】

内需增长。国内罐头市场加速成长，具体表现为：市场规模扩大、品牌和品种增多，舆论导向开始向好的方向转化。这其中，黄桃、橘片水果罐头较快增长亮点多；梅林、鹰金钱等老品牌继续发力领跑市场；林家铺子、欢乐家、真心等品牌厚积薄发成为新军。国内市场蕴藏的潜力进一步坚定罐头发展的信心。

成本上升。原辅材料价格上涨，转化为罐头成本上升。农产品涨价不可逆转，资源性产品价格升高，罐头制造成本和市场价格之间无法平衡。面对现实，企业需要开源节流，在市场中找回罐头品牌和产品的价值。

劳力紧张。在涨薪潮推动下，廉价劳动力优势渐失，中国已不再是廉价工厂的代名词。劳动力缺乏成为困扰罐头企业的难题。罐头加工季节性强，用工周期短和工作条件差，加剧了招工难度。

协调力量。协会和企业密切配合，开展蘑菇、橘子和桃等大宗出口罐头品种协调。在企业和市场竞争中，弱势的罐头企业只有通过行业力量才能抵御风险，保护自身的权益。

转变方式。罐头工业进入迫切需要改变传统加工方式的关键时期，机械化和连续化生产逐步替代过度依赖人工操作是必然选择。随着肉类、鱼类罐头连续化生产线的投入使用，水果加工关键技术和设备日臻成熟，以机械化、连续化为标志的产业升级年代已经来，罐头加工开始向高效、现代、文明的新型工业化迈进。

多元战略。为了增强实力，做大主业，产业多元化成为企业发展的选择。从产业链向原料和市场延伸，产业跨界和产品突破，直到吸收资金和运作资本市场，罐头企业开始了解和掌握更多做大做强的方式。多元化的实质是整合资源，搭建平台、拓宽渠道、实现资产增值和企业多赢。

【e. 行业活动】

2010 年 8 月，第十届世界水果罐头大会在徐州召开，这是中国罐头行业承办的第一次大型国际性会议。近百位外国同行参加会议. 交流考察，增进了解，大会提高了中国罐头产业影响力，对于促进未来发展有着深远的意义。

罐头年会与展会，使罐头餐饮化再度成为议论的话题，与烹饪界密切交流合作，进一步扩大罐头与餐饮的对接。罐头食品必须在市场中找到发展的机会。面对消费需求的多样性和食品安全的紧迫性，罐头食品应当以餐饮化、饮料化、礼品化、休闲化成为求新求变的途径。

（梁仲康）

2011 年

【a. 概况】

2011 年，全国罐头企业挖潜力、重管理，发挥内在动力。积极外延、拓展市场、立足内需、重于经营，发挥市场导向。推进产业升级和科技创新，实现了全行业稳定发展。

表 1　2011 年全国罐头生产完成情况

指标	单位	2011 年	比上年增长（%）
生产总量	万吨	972.0	18.8
总产值	亿元	1202.6	32.3

数据来源：国家统计局

表 2　2011 年罐头出口完成情况

指标	单位	2011 年	比上年增长（%）
出口量	万吨	308.7	6.1
出口额	亿美元	45.5	31.7

数据来源：国家海关总署

表 3　2011 年各月全国罐头出口走势

2011 年	1 月	2 月	3 月	4 月	5 月	6 月
累计量同比增长（%）	12.50	6.38	5.12	9.40	6.18	4.11

2011 年	7 月	8 月	9 月	10 月	11 月	12 月
累计量同比增长（%）	3.27	2.30	4.09	4.89	4.88	6.40

表 4 2011 年罐头出口类别和主要品种完成情况

产品名称	出口量（吨）	累计量比上年增长（%）	出口额（万美元）	累计额比上年增长（%）	累计平均单价（美元/千克）	平均单价比上年增长（%）
肉类罐头合计	**49964**	**8.55**	**13644**	**19.34**	**2.73**	**9.94**
水产类罐头合计	**202091**	**64.80**	**115258**	**84.68**	**5.70**	**12.06**
蔬菜类罐头合计	**2032784**	**5.63**	**226147**	**17.85**	**1.11**	**11.57**
其中：						
番茄酱罐头（重量≤5kg）	367952	24.40	38747	25.55	1.05	0.93
番茄酱罐头（重量＞5kg）	755666	3.72	55396	11.72	0.73	7.70
小白蘑菇罐头	265552	0.17	43915	23.74	1.65	23.53
芦笋罐头	62190	2.81	13641	21.11	2.19	17.80
甜玉米	44916	21.88	4883	34.45	1.09	10.32
竹笋罐头	132729	—3.51	14607	6.20	1.10	10.07
清水马蹄罐头	35426	—24.47	3017	—16.76	0.85	10.20
蚕豆罐头	52678	—6.18	2730	5.55	0.52	12.51
干果类罐头合计	**22121**	**7.74**	**9198**	**25.28**	**4.16**	**16.29**
水果类罐头合计	**768806**	**—2.31**	**88794**	**25.08**	**1.15**	**28.04**
其中：						
果酱、果冻、果泥、及果膏罐头	44830	1.70	3538	17.57	0.79	15.61
菠萝罐头	38991	—22.80	4063	5.94	1.04	37.22
柑橘属水果罐头	337031	0.23	38688	38.01	1.15	37.68
梨罐头	57887	1.44	5972	15.25	1.03	13.61
杏罐头	18783	21.12	1938	44.96	1.03	19.68
桃罐头	138996	—3.28	16785	19.10	1.21	23.14
草莓罐头	23812	—3.69	3381	18.67	1.42	23.22
其他什锦水果罐头	65997	—15.70	8686	1.27	1.32	20.13
荔枝罐头	35177	17.03	4301	48.73	1.22	27.09
龙眼罐头	1821	—13.57	251	—8.62	1.38	5.73
狗锚饲料罐头	11362	33.58	1968	38.66	1.73	3.80

数据来源：国家海关总署

【b. 罐头出口增长国内市场扩大】

罐头一直是食品行业的重要出口品种，在国际市场保持有一定的竞争优势，中国已成为全球最主要的罐头食品生产和出口国。2009 年受国际金融危机的冲击和影响，曾经出现下滑，但很快止跌回升，呈现恢复性增长。2011 年全球经济的不确定性进一步加剧，欧美债务危机使消费不振再次显现，国内罐头食品制造成本和人民币汇率持续上涨，罐头食品出口价格上行压力增大。2011 年罐头平均出口单价比

上年增长近30%。在市场疲软和价格上升的共同挤压下，中国罐头食品出口继续保持增长的态势。根据海关统计数字，全年出口量308万吨，同比增长6.1%，出口额45.5亿美元，同比增长31.7%，出口量和出口额均创历史新高。

近几年，罐头企业把开拓国内市场作为重要任务，努力扩大内需初见成效。这种发展国内市场的动力，一方面来自于出口压力的增大。罐头出口贴牌加工、原料性和低价位的现状已经很难支撑整个产业的持续发展，过多依赖出口不是唯一的选择；另一方面是国内食品市场的繁荣与发展。随着生活水平提高和节奏加快，安全、营养、健康和便捷食品备受欢迎。罐头食品采用密封和高温杀菌技术，食品安全得到充分保证，营养健康的特点符合国内消费潮流。但发展罐头内需也遇到品牌影响力不强、市场环境不顺和产品创新不力的难题，因此，企业应拓展国内市场，努力做好市场营销和开发等工作。2011年，以黄桃、橘子为代表的水果罐头销量快速增长，成为最受市场欢迎的品种，全行业促进市场转型，逐步从单一出口为主逐步转变为国内、国外两个市场齐头并进。

【c.罐头成本不断上升】

质优价廉是罐头食品的特点，中国出口罐头凭借价格优势赢得了市场，但近年来各种成本要素的快速上涨给罐头食品加工带来巨大压力。2011年成本上升的势头不减，包括原辅材料、生产资料、包装物料以及人工费用等都有所上升，特别是农副产品原料出现的大幅度波动，猪肉价格成倍上涨，原料黄桃量少价高等都成为罐头成本上升的推手。罐头食品加工所特有的工作环境差和劳动强度大，工厂招工困难，工资福利的增加直接加大成本，2011年罐头出口卖价的提高以及国内市场的价格上扬，在一定程度上削弱了市场竞争力和影响国内市场的进一步扩大。

用工趋于紧张，谋求升级出路。原料的复杂性和加工的特殊性，使得罐头食品加工的机械化程度相对较低，属于劳动密集型行业。劳动力的结构和价值的变化使招工难和用工贵的问题凸现。为了解决生产旺季用工以及降低成本，生产企业积极推进技术改造，以机械替代人工操作，流水作业实现加二的连续化，初步达到提高生产效率，稳定产品质量和文明明生产的目标。201 1年，黄桃、橘子连续化生产线初步成形，肉类加工连续化生产日渐成熟，贴标和包装的机械化生产设备广泛应用。企业采用关键设备引进和国内技术配套相结合的途径，促进了机械化水平的提高，产业升级推进罐藏加工技术迈向新台阶。

【d.罐头品种差异明显】

果蔬是中国罐头食品的主要品种，约占出口量的95%，在国内市场有一定的发展空间和潜力。2011年番茄、蘑菇、芦笋以及黄桃等罐头的原料、加工和市场的波动，给行业造成了一些不利影响。番茄是中国罐头出口的最主要品种，全年超过100万吨的出口量使中国成为世界最大的番茄罐头出口国。番茄种植和加工主要集中在新疆、内蒙古等地区，形成一定产业优势。从2009年开始，番茄行业曾经出现新一轮的投资热，产能急剧扩大，造成了供大于求。2011年，在产能增加和产品积压的情况下，企业以低价争夺市场，行业无序的结果使番茄企业亏损面加大，市场完全受制于人，番茄产业处于低谷。黄桃是罐头近两年在国内市场发展较好的品种，黄桃罐头受到市场欢迎，行业产销两旺，甚至出现市场脱销。市场过热的背后同样潜伏着危机，2011产季企业抢购原料，增加产量，使原料价格大幅上涨，3.0元/千克的原料价格已高于世界所有的生产黄桃生产国家，成本的上升使出口锐减，给国内市场稳定也造成一定影响。发生在2011年番茄和黄桃等产品的波动，说明只有遵循市场规律，协调发展，企业获利，行业才能健康稳定。反之，如果盲目投资、扩大规模和无序竞争则一损俱损。

【e.罐头行业发展趋势】

一、坚持稳中求进，努力化解成本风险

当前中国罐头食品行业既有许多有利条件，也面对更多的不利因素。（一）罐头的原料来自农业，“靠天吃饭”的农业条件和落后的基础以及较低的组织化程度很难保证原料的有效供给。（二）行业集中度相对低，中小企业是主体，分散的企业结构难以形成市场合力。（三）中国罐头食品出口以贴牌加工为主，生产企业处在价值链最低端，国内市场处于起步阶段，市场需要培育。（四）受世界经济不景气的影响，中国经济增长放缓，成本上升。罐头企业应抓住管理和市场，提高综合实力和能力，增进行业的交流和协调。

二、坚持产业升级，不断提高工业水平

大量使用劳动力食品加工的时代已经过去，走新型工业化发展道路是罐头食品行业的必然选择。“用工多”使生产效率低下，增加成本，加大质量隐患和管理难度。各类罐头食品加工机械化连续化在国外已经十分普遍和成熟。只要结合中国的国情，因厂而宜、循序渐进、务实推进，一定能够取得良好效果。技术改造需要企业加大资金投入，但效果显现是长期的。行业应加强组织和交流，整合资源，集成技术，通过样板示范线的推广，逐步实现全行业升级的目标。

三、坚持农业改善，实现原料有效供给

罐头食品加工离不开农业，每年用于加工的水果、蔬菜、肉类和水产等原料的总量超过 1000 万吨，是实现农产品转化的有效途径。但是，农业基础薄弱也制约罐头食品加工业的发展，与国外农业集约化、规模化、产业化和现代化相比存在很大差距。差距不仅表现在技术层面，更重要反映在制度上需要突破。罐头加工企业在稳定原料供给方面做了许多有益的探索，农业改善方面如品种改良、种植技术改进及基地建设等，需要从现在做起，逐步实现。

四、坚持科技创新，跨界思维拓宽领域

罐头是一个传统的加工行业，产品畅销世界，加工技术安全可靠。但是在时代进步的大潮中，罐头食品同样需要不断创新和进步。现在人们崇尚新鲜，各种预包装食品丰富多彩，满足人们对营养、健康、美味的需求，改变食品概念和消费行为，罐头食品必须求新求变。相当一部分消费者误认为罐头食品含有防腐剂，由于一些营养专家的错误解读和传播，给罐头食品蒙上了一层阴影。面对现实，协会要通过科普宣传引导广大消费者对罐头食品的正确认识，通过品牌引导、创新技术、开发新品、改进工艺、提高风味，在产品的形态、内涵和包装上不断改进，不要把产业定格和产品固化，以创新思维拓宽领域，跨界发展。

【f. 协会活动及行业工作】

一、发挥组织作用，促进行业交流。全年召开了理事长工作会、2011 年协会年会、中国番茄产业发展论坛、水产品资源利用及罐藏加工发展研讨会和猪肉糜类罐头标准修订暨发展研讨会等会议。

二、办展参展，推动市场发展。5 月在上海举办第四届罐藏食品及原辅材料、机械设备国际博览会，10 月组团参加法国巴黎 SIAL 食品展，规模和影响力有所扩大。

三、参与出口协调，改善经营环境。组织橘子、黄（白）桃和芦笋等重点出口品种的产季协调会，引导企业交流信息，做好市场和原料的预测分析，减少经营的盲目和无序，增强行业一致性。

四、做好基础工作，促进行业规范。组织做好国家标准和行业标准制修订、卫生和质监部门基础性标准的审定、行业规范制订、技术培训班、会员登记、代号管理、罐头资讯出版物、协会官网、财务管理等。

五、加快分会建设，充实协会职能。充实和提升“代理商分会”活动，发挥分会作用。重点推进软包装分会的筹建，加强对软包装食品的规范和指导，

六、发挥服务功能，提高服务质量。评定和颁发“中国罐头十强企业”称号。为会员单位提供技术咨询、信息查询、项目评审、政府关系、证明文件等服务。

七、完成政府任务，密切部门关系。保持与相关部门的联系，承接部门下达的规划，行业调查，经济运行报告，诚信体系建设，标准和其他项目的任务。

（梁仲康）

2012 年

2012 年罐头行业总体呈现平稳态势。由于受到国际经济低迷和需求不足等不确定因素的冲击以及国内制造成本大幅上升，劳动力供需失衡和农业原料有效供给不足影响，行业面临许多难题和挑战。经过广大企业不懈努力，行业运行正常，出口市场积极调整，国内市场稳中有升。全行业正朝着转型、升级、创新的方向发展。

【a. 概况】

出口是罐头行业的重要特征，罐头出口已有几十年历史，至今仍然占据我国农产品出口的龙头地位。中国海关罐头出口数据显示，2012 年全国罐头出口贸易相对平稳，出口量略有下降，虽不及 2011 年的 308.7 万吨，但仍维持在 296.6 万吨的高位，因为出口单价的上升，出口总额超过 48 亿美元，成为历史新高。

表 1 2012 年全国罐头出口情况

出口量（万吨）	比上年增长（%）	出口额（亿美元）	比上年增长（%）
296.6	-3.94	48.03	5.62

表 2. 2012 年罐头出口主要品种类别、出口量、出口额及单价

商品名称	出口量（吨）	出口量同比增长（%）	出口额（万美元）	出口额同比增长（%）	平均吨价（美元/吨）	吨价同比增长（%）
番茄酱罐头（ >5kg）	668757	-11.5	49175	-11.2	735	0.30

番茄酱罐头（≤5kg）	398741	8.4	41866	8.0	1050	-0.30
柑橘罐头	337659	0.2	44109	14.0	1306	13.80
小白蘑菇罐头	245055	-7.7	38732	-11.8	1581	-4.42
桃罐头	131979	-5.0	17177	2.3	1301	7.77
其他蔬菜罐头	130598	-5.3	21486	3.5	1645	9.23
竹笋罐头	123600	-6.9	15234	4.3	1232	11.99
蚕豆罐头	77748	47.6	4445	62.9	572	10.34
其他蘑菇罐头	62769	2.9	13514	16.5	2153	13.27
鲭鱼	57585	-11.2	16571	-0.2	2878	12.37
什锦水果	56908	-13.8	8064	-7.2	1417	7.67
金枪鱼及鲣鱼	56838	9.0	31303	29.8	5507	19.14
芦笋罐头	51876	-16.6	12095	-11.3	2332	6.29
梨罐头	50484	-12.8	5405	-9.5	1071	3.78
猪肉罐头	48109	6.7	14967	19.7	3111	12.26
蟹	44056	7.9	78051	19.3	17716	10.54
其他鱼罐头	41340	29.5	8858	51.2	2143	16.68
果酱、果冻、果泥及果膏罐头	39770	-11.3	3338	-5.6	839	6.36
清水马蹄罐头	38982	10.0	3584	18.8	919	7.95
甜玉米	36578	-18.6	4270	-12.6	1167	7.38
其他竹笋罐头	35155	15.0	9185	21.0	2613	5.15
荔枝罐头	27332	-22.3	3046	-29.2	1114	-8.86
菠萝罐头	25061	-35.7	2249	-44.6	897	-13.88
番茄沙司、番茄浆	22749	49.0	2292	53.7	1007	3.14
其他果仁罐头	21816	13.3	9541	14.8	4373	1.40
榨菜	21561	-1.8	2076	-3.0	959	-1.19
脱荚豇豆及菜豆罐头	18451	-21.4	1674	-17.6	907	4.85
沙丁鱼及黍鲱鱼	18141	46.2	4832	53.5	2664	4.96
草莓	14848	-37.7	2769	-18.3	1865	31.12
杏	13581	-27.7	1395	-28.0	1027	-0.47
狗猫饲料罐头	11143	-1.9	2014	2.3	1807	4.34
未脱荚豇豆及菜豆罐头	9843	-31.9	1240	-22.5	1259	13.81
樱桃	5055	-7.8	1153	-3.2	2281	4.98
番茄罐头	5047	-0.5	438	15.6	868	16.21
其他绞碎番茄	3661	31.7	1194	29.7	3262	-1.59
牛肉罐头	2912	6.5	849	30.6	2916	22.64
蒿头	2901	-6.5	476	-14.0	1642	-8.04

花生米罐头	2320	9.0	392	15.8	1688	6.16
鸡罐头	1932	8.0	415	15.0	2146	6.45
龙眼罐头	1438	–21.0	194	–22.8	1349	–2.21

【附注】番茄酱是我国最重要的罐头出口大宗产品，大包装番茄酱出口量以 66.9 万吨位居罐头出口量第一，小包装番茄酱（≤5kg）排名第二，出口量 39.9 万吨，两种规格合计出口量高达 106.7 万吨，出口额 9.1 亿美元，我国番茄酱出口量在全球占有第一的位置。柑橘罐头出口量 33.76 万吨，继 2006 年首次突破 30 万吨的出口量之后已经连续 7 年在 30 万吨以上高位运行，而出口额伴随着出口价格上调，屡创历史新高，出口总额首次超过 4 亿美元，达到 4.4 亿美元，出口量排序中位居第三。中国传统的小白蘑菇罐头在 2012 年的出口量排序中位居第四，出口量 24.5 万吨，出口额 3.9 亿美元，处于量减价跌的不利境况。位居第五的品种是桃罐头，出口量 13.2 万吨，其他出口量超过 10 万吨的品种依次是“其他蔬菜罐头”和“竹笋罐头”。以上 7 个品种构成中国罐头 2012 年出口量超过 10 万吨规模的主要产品，其出口量之和占总出口量的 68.7%，出口额之和占总出口量的 47.7%。

表 3　2012 年出口罐头类别量值

类别名称	出口量（吨）	出口额（万美元）	出口量同比增长（%）	出口额同比增长（%）
蔬菜类	1954408	223081	–3.9	–1.3
水果类	704114	88899	–8.4	0.1
水产类	217979	139628	7.8	21.2
肉类	53198	16287	6.5	20.0
果仁类	24785	10418	12.0	13.3
宠物类	11143	2014	–1.9	2.3

【附注】我国罐头出口共计有 6 大类别，47 个出口产品。2012 年各大类出口情况有增有减，其中，蔬菜类罐头出口量减少 7.8 万吨，同比减少 3.9%；水果类减少出口量 6.5 万吨，同比减少 8.4%。但水果罐头的出口额并没减少，反而比 2011 年增加了 98 万美元。水产类罐头、肉类罐头、果仁类罐头的出口量均呈不同程度的增长，而且，出口额同比增长率均大于出口量同比增长率。

表 4　2012 年罐头出口主要国家（前十位）情况

国家	出口量（吨）	出口额（美元）	出口量同比增长（%）	出口额同比增长（%）
日本	409924	91794	0.88	12.24
美国	404214	74950	–1.13	3.65
俄罗斯	202407	20543	–16.23	–15.79
尼日利亚	126905	14837	29.50	29.08
德国	122465	16325	0.67	11.23
加纳	87224	9758	0.77	–0.98
也门	83481	5924	66.21	76.15
马来西亚	77396	16947	–2.77	40.35
泰国	66971	22324	–0.39	54.71
意大利	65854	5425	–59.85	–58.96

【附注】2012 年中国罐头出口到全球 185 个国家（地区），出口市场的基本格局没有变化，欧盟、日本、美国、俄罗斯

仍是中国罐头的最大出口市场。从国别出口量看，2012 年中国罐头对其出口量超过 10 万吨的国家（地区）5 个，分别是日本、美国、俄罗斯、尼日利亚、德国，对这五个国家（地区）的出口量之和占 2012 年中国罐头出口总量的 42.69%。

国内罐头市场情况，经过全行业努力实现从依赖出口逐步向两个市场并重转移，为赢得发展的更大空间和更多机会，2012 年全行业继续大力发展内需，国内市场增速有所加快，初步呈现产销两旺的局面。

表 5　2012 年罐头食品制造业概况

主要经济指标	罐头食品制造业
企业单位数（个）	802
从业人员平均人数（人）	195.860
从业人员平均人数同比增长（%）	-0.25
罐头生产量（万吨）	971.46
生产量同比增长（%）	4.02
主营业务收入（千元）	125.784.132
主营业务收入同比增长（%）	14.88
利润总额（千元）	6.847.633
利润总额同比增长（%）	36.22

【附注】全国规模以上罐头食品制造行业企业总数为 802 家，实现销售收入 1257.84 亿元，同比增加 14.88%。全行业继续保持增长势头。

表 6　2012 年全国罐头主要产地及产量

地区	生产量（万吨）	与上年同比增长（%）
福建	236.02	14.72
湖北	99.64	28.74
山东	94.44	20.49
湖南	76.20	-18.31
浙江	62.00	-12.56
新疆	53.24	-45.60
广西	50.35	14.52
安徽	42.39	24.58
河北	41.34	42.67
四川	41.10	29.81

【附注】我国罐头工业分布很广，遍及所有省市区，列入前十位的依次是：福建、湖北、山东、湖南、浙江、新疆、广西、安徽、河北、四川。其中，福建名列榜首，福建省罐头工业起步很早，厦门罐头厂是全国著名的罐头企业，漳州市荣获罐头行业唯一的“中国罐头之都”产业集群称号，拥有蘑菇、芦笋、竹笋等拳头产品。目前，福建省罐头工业正经历产业转型，涌现银鹭，古龙，紫山等一批优秀企业，全省行业继续保持活力。另外，值得关注的是，由于罐藏技术安全可靠，广泛应用于食品加工，包装也呈现多样化，不仅有金属罐、玻璃瓶，而且大量使用了各种高阻隔的袋、杯、盘、瓶等容器，极大拓宽了罐藏食品的品种和包装范围。

表 7　国内市场畅销罐头品牌

品种	市场规模（估计数）	代表性品牌
八宝粥	150 万吨	娃哈哈、银鹭、亲亲
糖水黄桃	50 万吨	林家铺子、真心、康发、科技
糖水桔子	20 万吨	辣妹子、家家红、欢乐家
午餐肉	10 万吨	梅林、美宁、高金

【附注】2012 年，国内罐头产销两旺，八宝粥成为罐头类别最大品种，娃哈哈、银鹭两个食品饮料巨头，依托其强大品牌和通路优势，助力八宝粥罐头稳定增长，娃哈哈八宝粥 489466 吨，销售额 315605 万元。糖水黄桃和柑橘罐头是近年来在国内市场表现抢眼的产品，罐装黄桃和柑橘的良好口感风味，加上丰富的品项、规格和包装，不断创造出市场新需求，在东北以及西南等区域市场的销量较快增长，一些专注国内的企业，有了较好成长性。午餐肉是肉类罐头代表型产品，上海梅林在国内市场精耕细作，重视全产业链运作，初步形成从生猪养殖、屠宰鲜销以及深加工全覆盖，品牌影响力和渠道运作能力增强，进一步确立市场的龙头地位。

【b. 行业重要事件】

1、果蔬出口美国遭遇多菌灵壁垒；美国 FDA 单方面提高多菌灵检验标准限值，增加了我国果蔬产品对美出口风险，多批蘑菇罐头因多菌灵超标被美拒绝进口，出口企业承受巨大压力，采取对策和积极应对。

2、迅速行动平息防腐剂风波；某网络恶意爆料果冻产品使用水果罐头含有防腐剂，造成恶劣影响，协会第一时间发表声明，会同政府及相关企业予以公开澄清，及时制止谣言蔓延。

3、番茄企业自律调控初见效果；由于发展过度和竞争无序，番茄产业陷入困境，2012 年产季中粮屯河、中基等 9 家企业联手自律，发出控制总量和规范行为的倡议，众多企业响应，全年加工量大幅减少，番茄被动局面有望改变。

4、黄桃加快技改实现产业升级；劳动力成本快速上涨，倒逼企业提高罐头加工机械化、连续化水平，经过不懈努力，全流程机械化黄桃生产线在大连理想、山东康发投入使用，标志黄桃加工装备技术迈向新台阶。

5、梅林整合资源迎来快速发展：梅林股份重组转型为上海光明旗下综合类品牌食品制造平台，依托光明的资源、资金、管理和市场强大优势，梅林股份大力拓展经营，开展资本运作和产业链延伸，实现罐头业务快速增长。

6、奥瑞金成功上市步入快车道：奥瑞金十月深圳上市，成为我国食品金属包装第一家在国内上市企业，凭借超前的理念、严谨的作风、扎实的管理和雄厚的实力，奥瑞金始终关注罐头产业，助力罐头企业发展和进步。

7、增进交往行业了解世界：2012 年 6 月第十届世界加工番茄大会在北京召开，7 月参加希腊第十一届世界水果大会，协会组团分别赴阿根廷、秘鲁以及日本访问，组织参加法国 SAIL 国际食品展，频繁的国际交流活动，开阔行业视野，增进与世界同行了解。

8、协会办好两会提升服务水平：协会举办 2012 年年会及第五届罐头食品国际展，搭建行业交流平台，展现企业形象风采，协会着力加强信息、协调、交流、标准、培训和网络服务的方方面面，力求有为有位。

【c. 发展思路与对策】

在当前世界经济不确定性增加的大背景下，罐头行业遇到更多难题和挑战。但是，放眼未来，行业发展一定是基本面，对此充满信心。①食品的刚性需求，追求吃的方便、安全、营养和美味是永恒主题。②罐头食品加工技术、产品的安全和健康得到更多重视和认同。③经过多年发展，行业积累坚实基础和一批优秀企业。④创新能够创造出更多的发展机会。未来的思路和对策概括为：

1、创新发展。创新是行业发展的不竭动力，面对食品工业日新月异和日益增长的巨大需求，唯有创新才能赢得新的机遇。罐头食品具有工业化程度高和加工技术安全可靠的特点，产品供应全球市场。依托技术和市场优势，以及不断的求新求变，市场空间可以得到充分拓展。罐头创新应当瞄准产品开发饮料化、餐饮化、休闲化、礼品化、多样化和价值化的方向，包装体现时尚、人性和多元的特点，同时涉及食品工业新技术的应用，进一步丰富罐藏加工技术内涵，以及推进产业升级，提高加工流程机械化、连续化水平等。

2、跨界突破。企业一主多业的多元发展，可以有效整合资源，充分释放能力，实现综合利用，符合罐头产业实际。由于罐头工业季产年销，与农业关联度高的特点，产品和资

金流转周期长，容易造成能力和人员闲置。合适的副业和产品可以形成互补互促，获利能力强的跨界项目和成功的资本运作，能够反哺主业，壮大企业实力，促进行业发展。

3、合作共进。应对挑战必须加强企业联合，抱团应对，共同发展。长期以来，有些企业习惯单打独斗，无法形成合力，市场受制于人，价格竞争往往两败俱伤和肥水外流，造成企业积累慢和成长性差。企业之间的合作应当从增进交流开始，“根在利益，源在交流”，交流可以达成更多共识，进而保护共同利益。企业合作的空间很大，领域也很宽，包括产品、市场、品牌，上下游和区域等方面的优势互补和资源共享。合作的形式很多，可以从产品 OEM 加工或技术合作开始，逐步深入到品牌、市场和资本，直至组建联合体，实现大集团、大市场、大运作的新模式。

（邵云龙）

2.8 烟草加工业

2010 年

【a. 概况】

2010 年，烟草行业围绕“卷烟上水平”的基本方针和战略任务，各项工作扎实有效推进，全面完成年初确定的各项目标任务，生产经营继续保持良好发展态势。实现工商税利 6045.52 亿元，同比增加 876.39 亿元，同比增长 16.95%；上缴国家财政（含国有资本收益）4988.5 亿元，同比增加 872.5 亿元，同比增长 21.1%。全年合作生产品牌产产量 518 万箱，同比增加 105 万箱，同比增长 25.4%。

【b. 全面推进现代烟草农业建设】

2010 年是烟叶生产最难的一年，也是烟叶工作成效显著的一年。大灾之年烟叶生产获得较好收成。上年以来，云贵川等西南烟区遭遇特大干旱，东南烟区发生严重洪涝灾害，其他烟区各种灾害也接连不断。面对严重的自然灾害，烟叶产区各单位通过艰苦努力，烟叶收购秩序良好，等级质量有所提升，完成了烤烟收购任务。受灾烟区周密制订抗灾救灾预案，及早部署安排，充分发挥烟田基础设施作用，最大限度减少灾害造成的损失；云贵川烟区保质保量完成了抗旱救灾增加的烟叶生产收购任务，为灾区经济社会发展、农民增收作出了积极贡献；全行业投入专项救灾资金 5.6 亿元，帮助烟农生产自救，保护了烟农利益。在抓好抗灾救灾同时，烟叶产区坚决贯彻落实国家局决策部署，把严格控制烟叶生产规模摆在重要位置，全面抓好控制规模各项措施落实。烟叶生产连续 13 年保持了稳定发展。

现代烟草农业建设取得新的成效。烟叶产区坚持以整县推进为抓手，以基地单元建设为载体，以创新生产组织形式为工作重点，大力推进现代烟草农业建设。全国启动了 32 个现代烟草农业示范县建设，以云南滇东现代烟草农业示范区为代表，大规模推进、高标准实施取得重大进展。进一步加大投入，加强烟田基础设施建设，共安排 75 亿元专项资金，建设项目 30.3 万件。在抓好现有工程项目建设同时，启动土地治理和大型水源工程建设试点，努力改善烟区生产条件。尊重烟农主体地位，创新生产组织形式，烟农专业合作社建设迈出可喜步伐，专业化服务水平进一步提高，烟田基础设施管护长效机制初步建立。全国共组建烟农专业合作社 11746 家，其中工商注册烟农专业合作社 3728 家。

烟叶工作水平整体提升。基地建设取得重大进展。按照“品牌导向明确、工商协同密切、质量明显提高、供应长期稳定”的要求，工业企业的积极性明显提高，商业企业的主动性明显增强，工商之间协调合作明显加强，品牌发展有效引导基地建设的新机制初步建立。全国共落实基地单元 149 个。特色优质烟叶开发扎实推进。基地单元信息管理平台成功开发，基层管理不断加强，烟叶信息化管理工作迈上新的台阶。

【c. 重点品牌呈加快发展态势】

按照“532”和“461”品牌发展要求，加强工商合作，加大培育力度，充分发挥市场导向作用，有力促进了重点品牌加快成长、价值提升。重点品牌规模持续扩大。全年有 13 个品牌销量超过 100 万箱，其中“红塔山”、“白沙”、“红金龙”、“红河”、“双喜”、“红旗渠”超过 200 万箱。重点品牌价值大幅提升。全年有 15 个品牌商业批发销售收入（含税）超过 200 亿元，其中“中华”品牌超过 760 亿元，“云烟”、“芙蓉王”、“红塔山”、“利群”、“白沙”超过 400 亿元，重点品牌对行业发展的贡献度明显提高。减害降焦取得明显进步。全国卷烟焦油量实测平均值降至 11.9 毫克／支，烟气一氧化碳量平均值降至 12.9 毫克／支，同比分别下降 0.3 毫克／支和 0.8 毫克／支。

【d. 推进技术创新完善行业标准体系】

加快推动行业发展转入科技引领、创新驱动轨道，着力增强自主创新能力作为推动“卷烟上水平”的重要支撑。围绕“4 大战略课题”，积极实施科技重大专项。启动烟草基因组计划重大专项，加快烟草种质资源平台建设，加强自育品种研发和推广工作，烤烟自育品种种植比例达到 68.47%。大力推进卷烟减害技术重大专项实施，采取综合措施降低焦油和一氧化碳等 7 种成分释放量，全国卷烟危害性指数降到 9.3，同比下降 0. 3，“卷烟危害性评价与控制体系建立及其应用”研究项目获得国家科技进步 2 等奖。高度重视增香保润重大专项实施，加快卷烟重点品牌生产专线技改步伐，启动超高速卷接包机组重大专项，努力提高技术装备和工艺水平。

完善行业标准体系，高度重视知识产权开发利用工作。发布 77 项行业标准，报批 2 项国家标准，制定中国首个烟草国际标准，构建由 502 项烟草类国家、行业标准构成的行业标准体系。专利工作取得新的成效。行北申请烟草技术类专利 1230 件，同比增长 54. 33%，其中发明专利 501 件，同比增长 38.02%；授权专利 891 件，同比增长 70.69%，行业自主创新能力明显增强。加强行业质检体系建设，确保卷烟产品质量安全。工业企业内设质检机构建设得到进一步加强。完成卷烟产品、烟丝、卷烟材料等 14 大类、4969 个批次、59365 项指标检测任务，卷烟产品质量合格率、质量安全指标合格率均达到 100%。加大人才培养工作力度，激发科技人员创新热情。面向海内外公开招聘烟草基因组计划重大专项首席科学家、国家烟草基因研究中心主任；完成为期 3 年行业首期卷烟调香师和高级调香师培养工作。至 2010 年底，全行业取得高级专业技术资格人数 2579 人，技师以上技能人数 4061 人。

【e. 市场营销】

卷烟流通企业把培育品牌作为第一要务，积挥市场营销的基础和引领作用，市场营销水平得到明显提高。高度重视市场营销管理工作。为加强高价位卷烟营销管理，制定了加强对高价位卷烟生产经营和价格管理的意见，对高价位卷烟价格管理、供货渠道、货源安排等提出明确要求，确保供应渠道规范、货源安排公平、价格管理到位。深入推进按客户订单组织货源、工商协同、精准营销工作。全国省际间卷烟交易比重 51.67%，同比提高 2.07 个百分点；零售平均毛利率达 9.8%，同比提高 0.9 个百分点；零售客户满意度 82.4 分，达到较高的满意水平。

努力推动卷烟销售网络优化升级。在 4 家省级公司开展网上订货试点工作，网上订货率由 2009 年的 7.45%提高到 28.18%。现代物流体系建设取得新的进展。加强现代物流建设规划工作，建立健全物流组织机构，完善行业物流标准体系，推广江苏烟草物流建设“全面感知、全面覆盖、全程控制、全面提升”的成效和经验，努力打造面向未来具有鲜明行业特色的中国烟草物联网。

【f. 加强内部监管和市场监督】

高度重视加强内部监管和市场监督，建立良好的生产经营和市场秩序，把行业发展建立在更加严格规范基础之上。通过开展全面预算管理，贯标、对标工作和基层单位创优活动，企业基础管理进一步加强，成本费用得到有效控制，节能减排取得新的成效。2010 年，卷烟工业企业销售收入成本率 29.76%，同比降低 0. 77 个百分点；工业企业 3 项费用率 8. 65%，同比降低 0.93 个百分点；商业企业 3 项费用率 8.58%，同比降低 0.25 个百分点。全行业万元工业增加值能耗 36.6 千克，同比下降 17%；工业二氧化硫排放总量 8103 屯，同比下降 19.8%；化学需氧量排放总量 5436 吨，同比下降 21.1%。始终保持打假高压态势，全年共打掉大型制假窝点 294 个、重大制售假烟网络 713 个；查处案值 5 万元以上制售假烟案件 7448 起，查获假烟 57.5 万件、烟叶烟丝 1.81 万吨，收缴制假烟机 841 台；打击利用互联网非法经营烟草专卖品案件 43 起；依法拘留犯罪嫌疑人 8506 人，其中追究刑事责任 4832 人。

（中国烟草总公司　汪为民）

2011 年

【a. 概况】

2011 年，烟草行业围绕“卷烟上水平”基本方针和战略任务，全面完成年初确定的目标任务，全行业实现工商税利 7529.56 亿元. 同比增长 22.5%。上缴国家财政 6001.18 亿元. 同比增长 22.8%。

【b. 烟叶生产稳定发展】

烟叶工作水平整体提升。在外部环境复杂多变和烟叶主产区遭受严重自然灾害情况下，通过采取综合举措，全国烟叶生产继续保持稳定发展。及时调整政策，烟农收益稳步增加。针对农副产品价格持续上涨、劳动力成本大幅上升带来的影响，研究政策措施，烟叶收购价格比上年提高 12%，相应提高生产投入补贴标准，稳定烟农种烟积极性；针对贵州

等烟区发生持续干旱、一些地区遭遇特大冰雹袭击等严重灾害情况，加大抗灾救灾力度，及时出台抗灾救灾政策措施，全行业投入烟叶抗灾救灾资金 9.01 亿元，有效保护了烟农利益。全年烟农总收入 499.64 亿元，同比增长 30.8%；户均烟农收入 3.6 万元. 同比增长 24.570/。加快推进基础设施建设，现代烟草农业建设水平明显提高。继续加大烟区基础设施建设投入，全年安排基础设施补贴资金 93.4 亿元，建设项目 36.6 万件。推进水源工程建设，批准补贴项目 12 个，补贴资金 16.49 亿元。积极推进烟农专业合作社建设，努力提高烟农组织化水平。全国工商注册的烟农专业合作社 2904 个，入社农户达 61 万户。重视工作创新. 烟叶技术和管理水平明显提高。推动特色烟叶开发工作深入开展。推进专业化分级、散叶收购试点工作，严格规范操作程序，确保散叶收购质量。开展烟叶基层站创优活动，加快推进烟叶信息化步伐，切实加强烟叶收购监督管理，烟叶基层建设和基础管理得到明显加强。

【c. 卷烟重点品牌加快发展】

2011 年，烟草行业整体竞争实力显著增强。坚持以培育“532”、“461”知名品牌为重点，着力提升营销水平，积极实施“走出去”发展战略，重点品牌呈加快发展良好态势。以“532”、“461"知名品牌为主导的品牌发展格局加快形成。全年有 12 个品牌销量超过 100 万箱，其中“红塔山”、“白沙”、“双喜”超过 300 万箱，“云烟”、“红河”超过 200 万箱，“532”品牌发展目标正在加快推进；有 9 个品牌商业批发销售收入超过 400 亿元，其中“中华”超过 1000 亿元，“云烟”、“芙蓉王”、“双喜”超过 600 亿元，“利群”、“红塔山”超过 500 亿元，“461”知名品牌格局已初步形成。市场营销水平不断提高。卷烟流通企业高度重视零售终端建设，较好发挥了市场营销对培育知名品牌的基础和引领作用。加强规划、健全机构、整合资源、统一标准，积极推进现代物流建设，为快捷有效服务零售客户提供了有力保障。全国省际间卷烟交易比重达 54.71%，同比提高 3.04 个百分点；网上订货率达 73.68%，同比提高 45.5 个百分点；卷烟平均零售毛利率达 10.1%，同比提高 0.3 个百分点；零售客户平均收入 2.22 万元，同比增长 21.6%；零售客户满意度为 83.1 分，同比提高 0.7 分。全年境外累计销售卷烟 100.82 万箱，其中一般贸易出口 47.42 万箱，同比增长 16.07%；境外企业销售 53.4 万箱，同比增长 17.9%。

【d. 科技创新与管理】

2011 年，科技创新持续推进，管理工作取得新的成效。高度重视科技创新，全面加强企业管理，把行业发展建立在技术不断进步、管理不断创新基础之上。精心组织实施重大科技专项。烟草基因组计划重大专项取得突破性进展，完成绒毛状烟草和林烟草全基因组序列图谱；造纸法再造烟叶技术升级重大专项启动实施，特色优质烟叶开发重大专项深入推进，卷烟增香保润重大专项进展顺利；中式卷烟制丝生产线重大专项成效明显，超高速卷接包机组研制重大专项取得重要进展，完成 16000 支 / 分钟、800 包 / 分钟超高速机型引进技术国产样机制造装配工作。

全面加强产品质量监督工作。全面开展烟用添加剂安全性评估和对国家禁止使用添加剂排查工作，严格烟用材料、添加剂的市场准入质量和标准，行业产品质量安全标准体系不断健全完善。组织完成卷烟、烟丝、烟用材料的监督抽查和专项检测，卷烟产品质量合格率 100%。全国卷烟焦油量平均值降至 11.5 毫克 / 支，烟气一氧化碳平均值降至 12.5 毫克 / 支，同比均下降 0.4 毫克 / 支。做好《烟草控制框架公约》工作，进一步加大卷烟包装警语标识力度，烟草成分信息披露准备工作有序开展。持续推进标准化和知识产权发展战略，全年新发布行业标准 56 项，报批国家标准 4 项。申请和获得授权烟草技术类专利分别为 1857 件和 1485 件，同比分别增长 50.9%和 66.6%，其中发明专利申请和授权数量达 661 件和 289 件，同比分别增长 31.9%和 77.3%。

高度重视信息化建设工作。制订行业信息化总体技术架构，拓展卷烟生产经营决策管理系统使用功能，推进调控信息支持系统、财务管理信息系统、烟叶基地单元软件等重点项目建设，总公司信息系统上海容灾中心投入试运行，信息化建设取得新的进展。不断夯实企业管理基础。严格预算管理，强化资金资产监管，财务管理制度化、规范化水平不断提升。以“体系目标化、管理流程化、流程信息化、基础规范化、改进持续化”为重点，贯标工作取得新的成效。扎实推进对标工作，成本费用得到有效控制。全年卷烟工业企业销售收入成本率为 27.86%，同比降低 1.82 个百分点；工业企业三项费用率 7.94%，同比降低 0.66 个百分点；商业企业三项费用率 8.13%，同比降低 0.02 个百分点。积极探索节能减排有效途径。行业万元工业增加值能耗 29.4 千克，同比下降 19.7%；工业二氧化硫排放总量 5688 吨，同比下降 29.8%；化学需氧量排放总量 2751 吨，同比下降 11. 7%。

【e. 强化内部监管和市场监管】

2011 年，生产经营和市场管理更加严格规范。始终把严格规范工作作为行业工作突出重点，建立良好生产经营秩

序，为行业持续健康发展提供有力保障。高度重视卷烟工业企业董事会建设。行业17家省级工业公司全部完成改制，全面建立由董事会、经理层和监事构成的公司法人治理结构，标志着工业企业从组织机构上整体完成从传统工厂制向现代企业制的转变。扎实开展整顿规范工作。以推进公开招标为突破口，以完善制度规范程序为重点，全面推进工程投资、物资采购、宣传促销项目规范管理。以健全制度、编制目录、搭建平台、抓好结合为抓手，深入开展办事公开、民主管理工作，干部职工的知情权、参与权、表达权和监督权得到较好体现。全面开展行业审计工作。国家局对行业所属单位全面开展审计工作，解决生产经营和财务管理中存在的突出问题。认真开展清理行业干部职工投资人股关联企业、“小金库”专项治理和公务用车、公务接待、公务出国考察等专项治理工作，确保取得实效。切实加强专卖内管监督。加强对高价位卷烟的管理监督，采取有效措施，推动价格管理规定的落实和货源供应规范与公开。专项治理卷烟过度包装。坚决打击制售假烟非法活动。坚持“端窝点、断源头、破网络、抓主犯”方针，开展卷烟打假工作。全年全国共查处案值5万元以上制售假烟案件4714起，捣毁大型制假窝点290个，破获重大售假网络804个；查获假冒卷烟38.2万件、制假烟丝烟叶1. 23万吨，收缴制假烟机806台；依法拘留制假犯罪嫌疑人8801人、追究刑事责任5117人。

【f. 加强思想作风建设】

认真学习贯彻党的十七届五中、六中全会精神，以庆祝中国共产党成立90周年为契机，持续推进以“两个至上”共同价值观为核心的行业思想文化建设。深入开展创先争优活动。把基层创优达标与加强基层建设各项工作紧密结合，坚持抓基层、打基础、强素质、树形象、增活力，努力建设基础管理扎实、创新活力较强、管理民主科学、职业道德良好、劳动关系和谐、领导坚强有力的基层单位。切实加强行业思想作风建设。认真总结行业文化建设做法和经验，进一步明确行业文化建设新的目标方向和主要任务，深入推进以服务品牌建设为重点的企业文化建设。高度重视领导干部教育培训，努力提高领导干部思想政治素质。深入开展“两个至上”行业共同价值观教育，在全行业开展“讲责任、讲奉献、讲纪律”教育活动，进一步打牢以人为本、执政为民的思想基础。高度重视高层次、高技能人才培养。在已经启动的7个科技重大专项中设立33名首席专家，在卷烟调香领域认定3名高级卷烟调香师，在烟草育种、减害降焦等5个关键技术领域认定9名学科带头人，有1人当选中国工程院院士。抓好职业技能培训和鉴定工作，全年鉴定获证的各类技能人员39058人，其中技师807人、高级技师57人。

（国家烟草局办公室　汪为民）

2.9 焙烤食品糖制品工业

2010 年

【a. 概况】

2010 年，焙烤食品糖制品行业呈现出健康、快速、持续发展的良好态势。根据国家统计局统计，当年全国焙烤食品糖制品行业产品产量合计为 1859.2 万吨（含糕点面包、饼干、糖果巧克力、冷冻饮品、方便面及其他方便食和蜜饯），焙烤食品糖制品产品销售收入约为 3406.3 亿元。

1、2010 年，焙烤食品糖制品行业通过食品质量安全市场准入认证的企业有 27484 家。其中，糕点企业 14262 家、饼干企业 1601 家、糖果巧克力和果冻企业 3549 家、蜜饯企业 2609 家、方便面及其他方便食品企业 2686 家、冷冻饮品企业 1187 家、薯类和膨化食品企业 1509 家。

2010 年焙烤食品糖制品行业经济运行情况

产品名称	产量（万吨）		工业销售产值（亿元）		出口交货值（亿元）	
	2010 年	同比增长（%）	2010 年	同比增长（%）	2010 年	同比增长（%）
糖果巧克力	179.8	19.29	586.6	24.43	39.2	11.16
糕点面包	150.4	39.86	425.0	32.31	9.3	–13.61
饼干	455.8	26.57	905.9	37.21	20.2	31.52
冷冻饮品	245.5	5.61	259.3	27.30	1.1	–5.25
蜜饯	(139.5)	(41.00)	279.3	41.45	22.6	40.20
方便面及其他方便食品	688.1	22.92	950.2	21.55	13.0	11.91

说明：括号内数字是行业测算数据

2、从国际市场看，除饼干、蜜饯、方便面行业的出口交货值提高幅度较大以外，其他行业食品的国际市场表现都不是很好，而且多个行业同比还呈现了负增长，但由于历年行业食品出口量值本来就不大，所以出口量的减少对整个行业的影响不是很明显，主要对本土企业生产经营者的信心有所影响。

【b. 标准化工作】

中国焙烤食品糖制品工业协会（以下简称：中焙糖协） 2010 年主要承担了卫生部 10 项卫生标准清理和食品安全国家标准的制定工作，具体项目如下：《饼干》、《糕点、面包》、《膨化食品》、《麦片》、《冷冻饮品》、《果冻》、《糖果》、《巧克力》、《蜜饯》、《油炸小食品》

参与相关标准制修订工作有：参与了 GB2760 的修订会议，反映修订建议；参与了卫生部的食品加工助剂和香精香料标准的修订工作，在行业内骨干企业中征集建议，致函卫生部"关于对食品加工助剂修订原则的建议"，同时提出了 40 多条具体建议整理后反映给卫生部；对 GB7718–2004《预包装食品标签标准》和 GB14880《预包装食品营养标签标准》（征求意见稿）代表行业提出了的诸多可行性建议；参与了《食品营养强化剂使用标准》修订工作。

【c. 行业展会】

5月12日–15日，由中焙糖协、贸促会轻工行业分会、德国中央焙烤协会共同主办的第13届中国国际焙烤展览会在上海国际博览中心举行，展出面积8万余平方米，20多个国家和地区的近1000家企业参展，来自世界各地约10万人次的专业观众参观了展会。

10月12日–14日，由中焙糖协全国冷冻饮品专业委员会主办的2010中国冰淇淋冷冻食品工业展览会，在郑州国际会展中心举办。展出面积1.2万平方米，参展企业200多家，同期举办了"2010中国冰淇淋市场与技术发展高层论坛暨全国冰淇淋行业会议"。

【d. 国际交流】

5月10日–12日，由中焙糖协、日本洋果子协会联合会、韩国焙烤食品协会联合举办的第3届亚洲西点竞技大赛(APTC)在上海与第11届全国焙烤职业技能竞赛同一场地举行。日本、韩国举办了前2届，2010年首度移师中国。竞赛分为糖果工艺制品展示及小型整形西点、巧克力工艺制品展示及小型整形西点两个项目。裁判团成员由中国、日本、韩国三国裁判员及1名国际裁判组成，经层层选拔，中国、日本、韩国3国的6名选手参加了此次大赛。经过紧张激烈的比赛，裁判团专家认真评审，最终中国选手姜川和日本的高山浩二获得了巧克力组最佳作品奖，来自韩国的郑成焕获得糖艺组最佳作品奖；日本队获得了团体赛第1名，韩国第2，中国第3。来自亚洲以及欧洲等其他国家的焙烤代表团应邀观摩了此次比赛。

全国焙烤原料与设备经销商委员会先后会同法国、新西兰、土耳其驻华使馆商务处以及德国等驻华商务机构积极合作，引进国外先进技术、先进原料，为外商在中国市场的拓展牵线搭桥。

1月–4月，全国焙烤原料与设备经销商委员会先后会同安琪酵母股份有限公司、北京丁丁立科贸有限公司、北京金麦食品有限公司，特别邀请了法国总统萨科奇的面包顾问布尔南举办了3场面包、巧克力制作技术交流演示会。通过商会介绍布尔南先后在北京、天津的6家企业进行技术服务，受到企业的好评。

10月28日，美国内布达拉斯加州干豆代表团一行拜访中焙糖协，探讨在中国的食品制造中增加干豆使用量的可行性。

【e. 主要行业活动】

3月–5月，中焙糖协对温州桂香村食品有限公司、太原双合成食品有限公司、杭州玫隆食品有限公司、宁波新美心食品工业有限公司等企业员工进行了培训鉴定服务，有近120人参加培训，通过考核合格的高级工有95人，并取得高级工证书。

4月13日–15日，以"月饼安全与健康发展"为主题的"2010年中国月饼高峰论坛"在天津召开，来自全国55家知名月饼生产企业的代表参加了此次论坛。论坛围绕食品安全、行业发展进行讨论，就原材料等的涨价对月饼市场的影响，以及《食品安全法》、《限制商品过度包装要求 食品和化妆品》等对行业的影响进行了深入分析。

4月22日，2010年中焙糖协饼干行业年会暨专业委员会理事会扩大会议在长沙召开，40余位代表参加会议由饼干专业委员会秘书长张九魁主持。朱念琳理事长做了题为"2009–2010年中国饼干行业发展概况与展望"的报告。会议邀请了中国食品发酵工业研究院标准中心主任陈岩高级工程师、益海嘉里（深圳）有限公司特种油脂研发总监胡鹏、益海嘉里集团食品研究所所长黄小林、启明公司投资副总裁黄涛等专家做了专题报告。理事会扩大会通过了由饼干专业委员会秘书处提交的理事会成员调整建议，会议还通报并讨论了中国饼干行业"十二五"规划起草的有关事宜。

4月27日，胶基糖果专业委员会第5次工作会议暨全国胶基糖果专业委员会成立大会在上海召开。会上，接受新会员和通过专委会章程，推选出专委会主席、副主席、秘书长单位及人员。会上，朱念琳理事长强调了成立胶基糖果专委会的重要性和必要性，并指出专委会在行业标准、产品创新、社会宣传、信息交流和市场推广等方面任重道远，期望专委会全体成员同心协办密切合作，为胶基糖果产业健康可持续发展做出贡献。

5月7日–10日，焙烤原料与设备经销商委员会在永诚公司的大力支持赞助下，在昆山举办了"贴合客户需求，引领客户创利"的全国焙烤原料经销商业务员培训班，宣讲了焙烤原辅料专业知识、焙烤原料营销概念、技巧、案例、焙烤产品店面营销方案等内容。

5月10日–12日，第11届全国焙烤职业技能竞赛在上海举办，比赛形式分个人和团体，共设3个比赛项目：月饼技术比赛、装饰蛋糕技术比赛、面包技术比赛。全国共设9个分赛区，分别是北京、上海、广州、天津、郑州、哈尔滨、西安、成都、福建。有1500多人参加了预选赛，经过激烈的角逐，共有79名选手获得了决赛资格，最终有60名选手在现场受到了表彰，其中有30名选手获得中国轻工业联合

会颁发的“轻工行业技术能手”称号，有 9 名选手获得由人力资源和社会保障部颁发的“全国技术能手”称号，另外还有一定比例的选手由组委会报请人力资源和社会保障部颁发升级职业技能资格证书。

5 月 21 日，巧克力专业委员会成立大会暨 2010 中国巧克力与可可发展论坛在北京召开。会议讨论通过了委员会章程，并选举产生了委员会第一届理事会领导机构。同期还进行了 2010 中国巧克力与可可发展国际论坛会议，由中外专家就“巧克力中国市场的现状和展望”、“国际巧克力、可可市场发展概况与前景”、“国际巧克力及巧克力制品发展趋势”、“中国可可市场现状与未来发展”、“可可黄烷醇带来的巧克力开发机遇”、“巧克力与可可消费通用推广”等专题发表了演讲，来自 40 余家企业的代表及国际友人 100 余人参加了会议。

8 月 26 日，在北京人民大会堂举行月饼文化节，主题是“食品安全常抓不懈、月饼传承创新发展”。由中国轻工业联合会支持，中焙糖协主办的 2010 中国月饼文化节于 7 月下旬开始启动，共有 141 家月饼生产厂家及相关企业参加，其中 129 家产品质量优良的企业得到表彰；好利来、杏花楼、稻香村、广州酒家、东莞华美、新疆麦趣尔、西安米旗等 20 家企业被授予“2010 中国月饼行业龙头企业”。

10 月 11 日–12 日，2010 全国饼店表彰大会暨行业年会在郑州召开，饼店委员会副会长、常务理事、理事、部分会员单位共 162 个企业的近 200 名代表参会。会上，中焙糖协副理事长兼秘书长周广军对饼店行业现状及发展趋势进行了分析。饼店委员会秘书长王伟明对饼店委员会 2010 年工作进行总结及并对 2011 年行业工作进行展望，会上还对行业优秀的饼店企业进行了授牌和表彰。

10 月 12 日，冷冻饮品专业委员会理事扩大会议在郑州国际会议中心召开。68 人出席了会议。会上对《冷冻饮品“十二五”规划（草案）》进行了讨论。

10 月 13 日，第 7 届中国冰淇淋市场与技术发展高层论坛暨全国冰淇淋行业会议在郑州国际会议中心举行。翟新兵教授作“企业价值观十大误区”主题演讲。会议表彰了行业龙头企业、最具影响力品牌、优秀品牌、优秀供应商。

10 月 13 日，焙烤原料与设备经销商委员会常务理事扩大会议在郑州召开，会议通过了中焙糖协原料与设备经销商委员会行业自律公约。

11 月 22 日–24 日，全国月饼行业总结会在昆山举行 70 多家企业的近百名代表参加了会议。糕点专业委员会理事长高波对 2010 年月饼市场进行了分析，并对行业发展趋势做了预测。

12 月 21 日，以“发展、创新、共赢” 为主题的 2010 年全国焙烤食品包装专业委员会年会在深圳市举行。焙烤食品包装行业骨干企业的 30 多位代表出席了会议。会上，秘书长赵世春对全国焙烤食品包装专业委员会 2010 年工作进行了总结，并提出了 2011 年工作计划。深圳市创意设计知识产权促进会会长冯家敏，深圳市包装协会设计专业委员会主席郑学华、资深律师张巍松分别就包装设计与知识产权、深圳的创意设计现状、包装企业发展中的法律风险控制等专题进行了演讲。

11 月初，中央电视台“经济半小时”栏目播出了一则“植物奶油在中国普遍使用或酿食物史上最大灾难”的报道，将焦点对准了人们日常密切接触的植物奶油，并称其可导致糖尿病、冠心病、肥胖等疾病的高发，危害堪比杀虫剂。节目播出后，立刻激起了新一轮关于食品安全的大讨论，许多消费者甚至谈植物奶油“色变”。由于植物奶油一直被广泛使用在面包、蛋糕、饼干等焙烤食品领域，因此这一风波使得焙烤食品行业陷入极其被动的局面。针对有关媒体的失实报道和夸大宣传，中焙糖协，即刻召开了有关食品界媒体和社会综合媒体的通气会，紧急向众媒体介绍了国内外有关植物奶油和反式脂肪酸的现状、危害及行业的应对措施，以便于媒体能够客观正确的报道有关情况。很快，相关媒体都做了客观公正的报道，有关内容也在互联网上被迅速转载，收到了较好的效果，同时在协会网站通告行业，并通过多种方式向相关会员企业下发了：**“关于正确认识反式脂肪酸有关报道及应对措施的通知”（中焙糖协 2010[023]号文）和“关于反式脂肪酸现状及应对措施的公告”**。以上举措，在一定程度上对稳定市场和保护行业健康发展起到了积极的促进作用。

2011 年

【a. 概况】

虽然受国际和国内的诸多不利因素的影响，但焙烤食品糖制品行业 2011 年依然呈现出了较为快速、持续发展的良好态势。根据国家统计局统计，全年焙烤食品糖制品行业产品产量合计为 2203.9 万吨（含糕点/面包、饼干、糖果巧克力、冷冻饮品、方便面和蜜饯），产品销售收入约为 4476.3

亿元。

2011 年，焙烤食品糖制品行业通过食品生产许可认证（即 QS）的企业有 28698 家。其中，糕点企业 14987 家，饼干企业 1575 家，糖果巧克力企业 3532 家，果冻企业 487 家，蜜饯企业 3073 家，方便食品企业 2454 家，冷冻饮品企业 1053 家，膨化食品企业 1537 家。

2011 年焙烤食品糖制品行业经济运行情况

产品名称	产量（万吨）		工业销售产值（亿元）		出口交货值（亿元）	
	2011 年	同比增长（%）	2011 年	同比增长（%）	2011 年	同比增长（%）
糖果巧克力	222.8	24.2	753.1	30.9	47.4	26.4
糕点面包	（188.0）	–	526.4	40.2	12.0	45.0
饼干	（551.8）	–	1103.6	37.5	21.3	33.9
冷冻饮品	249.5	20.9	294.6	30.7	0.9	4.8
蜜饯	（164.2）	–	328.4	35.4	30.7	32.1
方便面业及其他方便食品	827.6	22.8	1470.2	51.1	22.2	39.2

说明：括号内数字是行业测算数据

从以上数据可以看出，全行业的产量和销售产值都在保持了较好的增长，各子行业的出口交货值增长幅度都不小，但总的出口交货量值依然较小，因此，国际市场的波动对整个行业的影响不大。

【b. 标准化工作】

2011 年，中焙糖协基本完成了卫生部委托的 10 项卫生标准清理和食品安全国家标准的制定工作。具体项目如下：《饼干》、《糕点、面包》、《膨化食品》、《麦片》、《冷冻饮品》、《果冻》、《糖果》、《巧克力》、《蜜饯》、《油炸小食品》，这些标准送审稿在 2011 年都已上报卫生部秘书处等待审评。

参与相关标准制修订工作有：正在组织《食品安全国家标准 胶基糖果》的制定工作和《山楂制品》国家标准的起草工作；参与了卫生部组织召开的《食品安全国家标准 复配食品添加剂通则》有关问题研讨会；参加了卫生部召开的食品安全国家标准五年规划研讨会。对 GB7718–2004《预包装食品标签标准》和 GB14880《预包装食品营养标签标准》的问答释疑代表行业提出了建议。

【c. 行业展会】

2011 年 5 月 11 日–14 日，由中烤糖协、贸促会轻工行业分会和德国中央焙烤协会共同主办的第 14 届中国国际焙烤展览会在上海新国际博览中心举行，展出面积 9 万余平方米，20 多个国家和地区的 1034 家企业参展，有 10 万余人次的专业买家和观众参观了展会。

9 月 26 日–28 日，由中焙糖协全国冷冻饮品专业委员会主办的第 6 届中国冰淇淋冷冻食品工业展览会在郑州国际会展中心举办，展出面积 1.2 万平方米，参展企业 200 多家，同期举办了“2011 中国国际冰淇淋市场与技术发展论坛暨全国冰淇淋行业年会”。

【d. 国际交流】

组织开展了“2011 年美国加州大核桃杯”创意糕点技术大赛。由中焙糖协与美国加州核桃协会联合举办 5 月 13 日在上海新国际展览中心举行，全国共有 70 多名选手参加了预选赛，最终有 7 名选手进入决赛。决赛第 1 名获得组委会提供的免费去美国培训机会。

组织开展了“2011 年美国加州葡萄干杯”面包创意大赛。由中焙糖协和美国加州葡萄干管理委员会联合主办，5 月 13 日在上海新国际展览中心举行，有 40 多名选手参加预选赛，最终有 10 名选手进入决赛。决赛前 3 名获得免费去美国培训机会。

组织了多次国际行业考察活动。2011 年 2 月 15 日–21 日组织糕点行业骨干企业赴日本参观“第 22 届国际制作面包点心相关产品展览会”

应美国包装机械制造协会的邀请，9 月 19–30 日“中焙糖协国际行业考察团”对美国焙烤食品糖制品行业进行了历时 12 天的考察。期间，参观了 9 月 26 日–9 月 28 日在美国拉斯维加斯举办的“PACK EXPO International 2011（2011 年美国国际包装机械及食品机械展）”。

2011 年 10 月 25 日–30 日“中焙糖协 2011 韩国商务考察团”赴韩国对当地焙烤行业进行了为期 6 天的考察。期间参观了韩国巴黎贝甜工厂及其饼店，周广军秘书长等 4

人还参加了中日韩3方会议，就亚洲西点竞技大赛相关事宜做了进一步讨论确定。

11月10日–16日，应厄瓜多尔驻广州领事馆商务处和厄瓜多尔可可协会邀请，可可专业委员会组织骨干企业参加了“2011年厄瓜多尔可可与咖啡贸易洽谈会”，同时考察厄瓜多尔可可种植园和可可加工业。

【e. 主要行业工作和活动】

完成《中国焙烤食品糖制品行业“十二五”规划》起草工作。2月份完成草稿，在3月底的中焙糖协理事长工作会上进行了讨论，经修改完善后形成了《中国焙烤食品糖制品行业“十二五”规划》。

组织开展第12届全国焙烤职业技能竞赛。由中国轻工业联合会、中焙糖协、中国就业培训技术指导中心、中国财贸轻纺烟草工会联合举办于2010年底开始报批、筹备，3月初开始组织实施，4月1日–30日期间举行选拔赛，全国共设10个分赛区，全国共有67名选手获得了决赛资格，最终有56名选手在现场受到了表彰，有9名选手获得由人力资源和社会保障部颁发的“全国技术能手”称号，有30名选手获得由中国轻工业联合会授予的“全国轻工行业技术能手”荣誉称号。

与相关大专院校合作，为行业培育实用型人才队伍。主要有与南京工业职业技术学院、无锡商业职业技术学院、湄洲湾职业技术学院等学院合作，通过现场招聘、定向委培、合作招生等多种形式向行业引进和为行业培养大专甚至更高学历的行业从业人员，当年已经有近200人进入到企业实习和工作。5月份协会饼店委员会和无锡职业培训中心进行了联合招生，其中专科招生49人，专升本25人。

组织召开2011年协会第4届理事会第3次会议。5月12日在上海市召开。中焙糖协理事长朱念琳、副理事长兼秘书长周广军、协会其他副理事长以及理事单位代表共计200余人出席了次会议。与会各位理事对协会秘书处提议的协会常务理事和理事单位增补名单进行了投票表决。通过了福建盼盼集团食品有限公司等20家企业单位增补为常务理事；河北怡达食品集团有限公司等32家企业单位增补为理事单位。

组织开展了2011年（第17届）中国月饼文化节活动。活动由中国轻工业联合会支持，中焙糖协主办，以“食品安全常抓不懈，月饼传承创新发展”为主题，7月18日开始启动，历时1个多月，8月23日在人民大会堂举行了隆重的表彰大会。2011中国月饼文化节有奖征文获奖名单、2011年中国月饼行业产品质量抽查检验结果，发布了2011年中国月饼行业趋势，表彰了131家质量较好的2011中国月饼文化节名优月饼、30家全国糕点月饼质量安全优秀企业，以及8家2011全国月饼馅料和6家月饼包装优秀供应商。

开展产业集群的授予和共建工作，助力地方经济快速发展。为了鼓励和规范焙烤食品糖制品行业特色区域科学发展，促进区域产品结构调整，加强行业自律，依据区域优势，弘扬区域品牌，带动全行业整体水平提高。2011年中焙糖协开展了产业集群授予和共建工作。12月9日，行业首个产业集群——“中国花生产业基地”落户山东省莱西市。

开展创建劳动关系和谐企业活动。中焙糖协联合中国财贸轻纺烟草工会，在全国焙烤糖制品行业开展创建劳动关系和谐企业活动。活动共有8家企业参加最终评审，7家企业荣获“劳动关系和谐企业”荣誉称号。

组织行业有关企业参加了“2011中国国际妇幼婴童展览会暨轻工精品展览会”，并取得了较好的效果。焙烤食品糖制品行业有20余家企业，参展面积500多平米。

组织行业参加了轻工10强品牌的申报、评选活动。

为鼓励企业提高核心竞争力，促进品牌培育工作，中焙糖协在冷冻饮品、糖果巧克力、饼干行业开展了轻工十强企业的推荐和评选工作。

中焙糖协召开学习贯彻《食品添加剂使用标准》、《预预包装食品标签通则》等食品安全国家标准骨干企业座谈会。5月31日在北京举行。目的是了解行业生产经营情况，敦促企业认真学习和贯彻新颁布的食品安全国家标准，严格自律，使焙烤食品糖制品行业规范健康的发展。

6月1日，向全体会员单位发布了“关于认真学习和贯彻执行《食品添加剂使用标准》等相关食品安全国家标准的通知”（中焙糖协【2011】019号），提出了贯彻执行相关食品安全国家标准的具体指导意见，为焙烤食品糖制品行业企业全面贯彻执行《食品添加剂使用标准》等新的食品安全国家标准打下良好基础。

2012年

【a. 概况】

焙烤食品糖制品行业依然保持了快速、持续发展的良好态势。根据国家统计局统计，全年焙烤食品糖制品行业产品产量合计约为2481.5万吨（含糕点/面包、饼干、糖果巧克力、冷冻饮品、方便面和蜜饯)，销售收入为5175.7亿元，利润总额为454.9亿元，税金总额为31.8亿元，出口交货值为145.1亿元。

据行业统计，截至2012年12月，焙烤食品糖制品行业通过食品生产许可认证（即QS）的企业有29424家(含糕点15425家，饼干1623家,糖果巧克力3597，果冻507家,蜜饯3003家,方便食品2590家,冷冻饮品1053家,膨化食品1626家)。

2012年焙烤食品糖制品行业经济运行情况

		糖果巧克力	糕点面包	饼干	冷冻饮品	蜜饯	方便面
产量（万吨）	累计	242.1	（233.1）	（617）	254.3	（188.3）	946.7
	同比%	4.7	---	---	0.9	---	19.4
销售收入（亿元）	累计	920.3	652.6	1234	356	376.5	1636.3
	同比%	16.7	18.5	18.9	26.2	20.2	17
利润总额（亿元）	累计	109.4	62.0	97.4	22.6	29.4	134.1
	同比%	29	26.6	24.3	54.4	27.7	25.9
销售税金（亿元）	累计	6.4	4	8.8	3	2.2	7.4
	同比%	9.7	27.5	20.3	44.7	17.7	20.2
出口交货值（亿元）	累计	50.3	11.3	23	1.2	34.6	24.7
	同比%	5	11.1	12.7	33.7	11.7	21

说明：括号内数字是行业测算数据。

【b. 标准化工作】

2012年中焙糖协在在标准化方面的主要工作有：

完成了卫生部委托的GB 2760－2011《食品安全国家标准食品添加剂使用标准》中食品分类（焙烤食品、冷冻饮品）部分的修订工作。

2月10日，向卫生部反馈了《食品添加剂使用标准》（GB2760–2011）附录A中L–半胱氨酸盐酸盐等55种食品添加剂的技术必要性和安全性评价材料。

5月2日，向卫生部上报了“关于调整硫酸钾铝等13种含铝食品添加剂使用规定的意见和建议”。

7月，向卫生部提交了《关于卫生部拟撤销2,4–二氯苯氧乙酸等38种食品添加剂意见的建议函》。

对卫生部修订的《预包装食品标签通则》GB7718和制订的《预包装食品营养标签通则》GB2050提出了许多合理化建议并始终参与卫生部的有关会议。

12月，向卫生部提交了“粮标委建议拟删除的食品添加剂的工艺必要性”的协会建议。

完成国标《山楂制品》标准的审定工作，报批稿已上报国标委。

《食品国家安全标准　胶基》送审稿已上报卫生部。

由中焙糖协提出，经工业和信息化部正式批准的《栗（豆）羊羹》、《软冰淇淋原浆》和《花生制品》(包括《花生制品通用技术条件》《花生类糖制品》《裹衣花生》《花生酱》《油炸花生仁》《烤花生仁》《咸干花生》)系列行业标准开始制修订。

参与了卫生部组织的《食品容器 包装材料生产通用卫生规范》《食品容器 包装材料迁移试验通用要求》《食品容器 包装材料及其制品的浸泡试验方法通则》3项标准的起草工作。

完成了卫生部委托的关于修改《食品添加剂使用标准》GB2760–2011食品添加剂查询方式的调查问卷工作。

完成了果冻行业必需的食品添加剂乳酸钙的申报工作。针对果冻行业必需的食品添加剂乳酸钙在现行的《食品安全国家标准食品添加剂使用通则》GB 2760中不允许使用以及乳酸钙无标准的现状，向卫生部提出申报建议。相关部门派出专家组到企业进行了工艺必要性的考察,现已批准使用,并立项制订乳酸钙标准,并已责成有关部门尽快制订乳酸钙标准。

向国标委递交了“关于对新出台GB/T27590–2011《纸杯》标准的意见和建议”报告，意见已被采纳，为行业解决了困难，为新标准的有效实施提供了较好的参考。

【c. 行业展会】

5月10日–12日，由中焙糖协主办的“第15届中国国际焙烤展览会”在上海新国际展览中心举办。展出面积11万平方米，20多个国家和地区的参展商1086家，来自世界各地约10万余人次的专业买家和观众到场参观和业务洽谈活动。同期举办的活动：第13届全国焙烤职业技能竞赛，其中包括“安琪酵母杯”全国面包技术比赛，“维益杯”全国装饰蛋糕技术比赛，“顺南馅料杯”全国月饼技术比赛，以及首届“盼盼食品杯”全国职业技术学校（院）在校生创意西点技术大赛。

10月11–13日，“2012中国冰淇淋冷冻食品设备与原辅料展览会”在上海国际展览中心举办。展览会全面展示了我国冰淇淋领域新产品、新技术、新设备、新趋势。展出面积11000平方米，展商150多家。同期举办了“2012年中国冰淇淋技术发展高峰论坛暨全国冰淇淋行业年会”。

【d. 国际交流】

组织开展了“2012年美国加州葡萄干杯”面包创意大赛。5月12日在上海举行。经过激烈角逐，评出金奖1名、银奖2名、铜奖3名、优异奖4名。

组织开展了第42届世界技能大赛糖果糕点项目中国区选拔赛。从3月份开始组织，有8个省市的21名选手报名参赛。6月3日，中焙糖协组织技术专家进行资格初选，确定了10名优秀选手入围集训队。最终选拔出2名选手，确定参加2013年7月在德国莱比锡举行的第42届世界技能大赛。

组织开展德国IBA杯世界面包和甜食大赛。中焙糖协组织了大赛的中国区预选赛，最后选出2名优秀选手，于9月16日–18日代表中国赴德国参加第3届“IBA”杯世界面包大赛，荣获第4名。

成功组织了多次国际行业考察活动。包括2月28日，中国焙烤行业考察团访问意大利，与意大利糖果和面点协会主要负责人就两国行业共同发展等有关议题进行了交流。

5月10日，协会理事长朱念琳、副理事长兼秘书长周广军以及副秘书长赵燕萍、张九魁等人在上海与德国焙烤行业联合协会主席、德国GHM展览公司总裁、德国焙烤行业联合协会等一行4人进行了交流和会谈。并与韩国大韩制果协会代表团就两国行业共同发展有关议题进行了友好交流和会谈。

9月8日–19日，中国焙烤食品技术与市场考察团对欧洲焙烤食品糖制品行业进行了历时12天的考察，并参观了在德国慕尼黑展览中心举办的“2012国际焙烤展（IBA）。考察期间，朱念琳理事长等与德国焙烤行业联合协会主席等德方有关负责人进行了沟通和洽谈。

【e. 主要行业工作和活动】

组织召开2012年中焙糖协第4届理事会4次会议。会议于5月11日在上海召开，到会近300人。会议表决通过增补福建盼盼食品有限公司为协会副理事长单位，增补蔡金垵董事长为协会副理事长；增补天喔（福建）食品有限公司等4家企业常务理事单位；增补山东兔八哥集团有限公司等8家企业为协会理事单位。

组织开展了第13届全国焙烤职业技能竞赛。竞赛3月初组织开展，4月举行全国选拔赛，5月10日–11日在上海的第15届中国国际焙烤展览会期间举行了全国决赛。竞赛共设11个分赛区，有1700多人参加了预选赛，全国共有79名选手获得了决赛资格，大赛共设有3个竞赛项目，月饼技术比赛、装饰蛋糕技术比赛、面包技术比赛。

组织开展“盼盼食品杯”首届全国职业技术院校在校生创意西点技术大赛。为促进全国职业技术学校（院）之间的交流，使在校学生更快的适应社会，融入行业，拓宽视野，提高专业技能水平，中焙糖协与全国轻工职业教育教学指导委员会、教育部高职高专食品类专业教学指导委员会、中国轻工业职业技能鉴定指导中心、盼盼食品集团联合举办“盼盼食品杯”首届全国职业技术学校（院）在校生创意西点技术大赛。经过层层选拔，全国共有35所学校的46人晋级决赛，决赛于2012年5月11日在第15届中国国际焙烤展期间隆重举行，最后有5位选手获得金奖，10位选手获得银奖，10位选手获得铜奖。

组织开展2012年（第18届）中国月饼文化节活动。活动由中焙糖协与天津市商业联合会共同主办8月30日在天津南市食品街隆重开幕。活动以**“贯彻食品安全法，传承创新促发展”**为主题历时1个多月。系列活动主要包括：2012中国月饼文化节有奖征文活动、2012中国月饼文化高层论坛暨海峡两岸弘扬中秋传统文化研讨会、2012中国月饼文化节灯谜会、2012中国月饼行业市场趋势发布、2012月饼质量行业抽查检验结果发布、2012中国月饼文化节名优月饼表彰及产品展示、2012中国月饼文化节文艺晚会等。

组织行业企业参加了2011年度轻工行业十强企业及轻工百强企业的评选活动。福建达利集团、康师傅控股有限公司、好丽友食品有限公司3家企业入选轻工百强企业。

行业突发情况及处置措施。

1、关于《记者曝老酸奶、果冻所用明胶或用破旧皮鞋

熬制》事件的处理。2012 年 4 月 8 日，网上一则《记者曝老酸奶、果冻所用明胶或用破旧皮鞋熬制》的报道引发社会广泛关注，对食品添加剂食用胶提出质疑。中焙糖协在第一时间召集主流媒体（中国食品报、中国食品安全报、北京青年报、北京晚报、京华时报、中国消费者报等），通报果冻行业的实际生产情况，以及果冻不用明胶作原料的有关情况。同时在《中国食品报》连续刊登了果冻的相关宣传材料。另外，利用中国焙烤网休闲食品专栏，对果冻产品进行了系统的专题报导，较好的解决了行业危机。

2、关于蜜饯行业不按国家相关标准使用食品添加剂情况的处理。2012 年 4 月 24 日，央视经济频道曝光了杭州和沂水地区蜜饯生产企业不按国家相关标准使用食品添加剂的情况。中焙糖协立即与上述地区的会员企业进行了沟通，了解详细情况，另外对全国蜜饯企业进行电话联络，向企业发出自查通知。中焙糖协蜜饯专业委员会在此期间密切关注事态发展动向，及时召开全国蜜饯行业骨干企业座谈会，就央视爆光的行业问题进行通报和讨论，并要求蜜饯行业应严格自律，生产出优质、安全的产品。

及时宣贯相关标准法规，为行业健康发展服务。《食品安全国家标准 预包装食品营养标签通则》（GB28050–2011）于 2013 年 1 月 1 日实施。为使行业企业正确认识和执行即将实施的《预包装食品营养标签通则》（2011 年 10 月 12 日发布），中焙糖协在冷冻饮品、饼店、糕点面包、饼干、糖果巧克力、膨化食品等行业组织了多场次的《预包装食品营养标签通则》的宣贯和解读，受到了企业的极大欢迎。这不但为企业正确执行标准提供了极大的帮助，而且行业内企业在标准解读过程中反映了许多实际问题，也为卫生部编写《预包装食品营养标签通则》实施问答提供了较大帮助，从而为标准的顺利实施奠定了基础。

（张九魁）

2. 10 乳制品工业

【a. 概况】

1、行业基本情况

2010 年-2012 年，乳制品发展总体平稳，受进口乳粉大量增长的冲击，国产乳粉销售出现困难，乳粉增长比较缓慢。产量增长情况参见表 1，年增长率变化情况参见图 1。

2012 年底，全国有规模以上企业 649 家（比上年增加 6 家），其中液体乳生产企业 354 家，乳粉生产企业 203 家。2012 年 1-12 月，乳制品行业规模以上企业工业总产值 2542.4 亿元，同比增长 18.1%；销售产值 2469.9 亿元，同比增长 17.6%；产品销售率 97.2%；乳制品产量 2545.2 万吨，同比增长 8.1%；其中，液体乳产量 2146.6 万吨，同比增长 8.1%，乳粉产量 136.5 万吨，同比增长 2.4%。乳制品工业总产值占食品制造业的 16.0%，仍列第 3 位，但增长率列第 5 位，低于食品行业平均增长率 3 个百分点。

2012 年，乳制品行业整体经营状况继续得到了改善，盈利能力得到提高，产品销售与经济效益取得了较好成绩。2012 年规模以上企业主营业务收入 2465.4 亿元，同比增长 14.3%；利税总额完成 262.4 亿元，同比增长 19.6%；利润总额完成 159.6 亿元，同比增长 21.7%，销售收入利润率为 6.5%，比上年（6.01%）略有增长。产品销售率 97.2%，与上年持平；年终库存产成品为 68.7 亿，同比增长 5.8%；应收账款 176.6 亿元，同比增长 7.8%，占食品业总产值的 6.8%。亏损企业 144 家（上年 105 家），占规模以上企业数 22.2%，亏损额 10.7 亿元，同比下降-23.4%。规模以上企业上缴税金 102.8 亿元，平均万元收入纳税额 417.1 元，比上年增长 24.9 元。

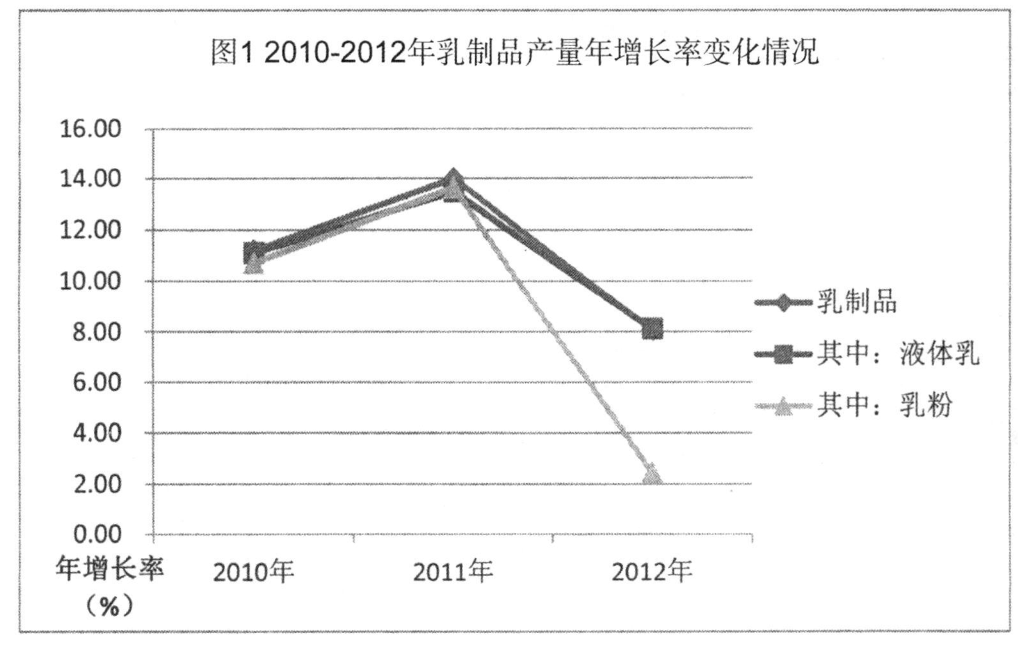

表 1　2010–2012 年乳制品产量情况　　单位：万吨

	乳制品	其中：液体乳
2010 年	2159	1846
2011 年	2387	2061
2012 年	2545	2147

2、产品结构

目前，我国乳制品产品主要以液体乳和乳粉为主，同时也生产少量的奶油、干酪、炼乳等产品。根据中国乳制品工业协会的统计数据，2011 年,液体乳中巴氏杀菌乳约占 11.8%，灭菌乳约占 60.4%，调制乳约占 8.8%，发酵乳约占 19.0%；乳粉中全脂乳粉占 30.1%，全脂加糖乳粉占 4.2%，脱脂乳粉占 2.5%，婴幼儿乳粉占 45.3%，中老年乳粉占 5.8%，调味乳粉占 3.5%，其他乳粉占 8.7%；奶油产量约 6 万吨；干酪产量约 1.5 万吨，其中原干酪约占 36.3%,加工干酪约占 63.4%；炼乳产量约 17.8 万吨，其中甜炼乳约占 68.8%，无糖炼乳约占 31.2%。

近年来，中高端产品、高附加值产品将得到迅速发展。受城镇居民收入不断提高和对中高档乳制品的逐步认可，企业逐步加大了中高端产品的研发力度，随着近年蒙牛特仑苏、伊利金典、三元极致、光明优倍等一大批中高端产品陆续上市，其产销量也迅速增长，城市消费者对中高端产品的消费已经渐成习惯，这种发展也已经成为企业城市市场开发的重要方向。

3、区域分布

我国乳制品加工业区域分布主要受自然条件和当地消费水平的影响，乳制品生产主要集中于北方地区。2012 年，乳制品产量前 5 位的省份的产量为 1280.0 万吨，占全国的 50.3%，分别为：内蒙古 325.7 万吨，占全国的 12.8%；山东省 320.7 万吨，占全国的 12.6%；河北省 272.5 万吨，占全国 10.7%；黑龙江省 185.7 万吨，占全国的 7.3%；河南 175.4 万吨，占全国的 6.9%；液体乳产量前 5 位的省份共生产液体乳 1079.1 万吨，占全国总产量的 50.3%，其中，内蒙古 273.4 万吨，占 12.7%；山东省 265.7 万吨，占 12.4%；河北省 239.6 万吨，占 11.2%；陕西省 155.1 万吨，占 7.2%；河南 145.4 万吨，占 6.8%；乳粉产量前 5 位的省份共生产乳粉 93.9 万吨，占全国的 68.8%，其中，黑龙江省 40.8 万吨，占 29.9%；内蒙古 28.5 万吨，占 20.9%；陕西省 13.5 万吨，占 9.9%；湖南省 6.3 万吨，占 4.6%；浙江省 4.9 万吨，占 3.6%。（参见表 2、表 3、表 4）

表 2　2012 年全国乳制品产量前 5 位省区市情况　　单位：万吨

地区	产量	比 2011 年增长（%）	占全国比例（%）
全国总计	2545.2	8.07	100.00
内蒙古	325.7	–8.56	12.80
山　东	320.7	14.94	12.60
河　北	272.5	3.08	10.71
黑龙江	185.7	–3.81	7.30
河　南	175.4	18.97	6.89

表 3　2012 年全国液体乳产量前 5 位省区市情况　　单位：万吨

地区	产量	比 2011 年增长（%）	占全国比例（%）
全国总计	2146.6	8.12	100.00
内蒙古	273.4	–5.44	12.74
山　东	265.7	17.58	12.38
河　北	239.6	–6.14	11.16
陕　西	155.1	8.94	7.23

河　南	145.4	18.90	6.77

表 4　2012 年全国乳粉产量前 5 位省区市情况　　单位：万吨

地区	产量	比 2011 年增长（%）	占全国比例（%）
全国总计	136.5	2.43	100.00
黑龙江	40.8	-8.25	29.87
内蒙古	28.5	-7.79	20.87
陕　西	13.5	13.28	9.89
湖　南	6.3	33.79	4.58
浙　江	4.9	72.84	3.61

4、进出口情况

2010-2012，我国乳制品进口量继续快速增长，出口增长缓慢，乳制品进出口逆差逐年增大，乳制品进出口情况见附表。

向我国出口乳制品较多的国家有新西兰、美国、法国、德国、荷兰、澳大利亚等国，其中新西兰是我国最大的乳制品进口来源国，从新西兰进口乳制品占进口量的 50%，进口的乳粉超过我国进口乳粉总量的 85%。

5、原料乳价格：

根据农业部农业信息网对全国 10 个生鲜乳主产省份监测数据显示，原料乳价格在经历了 2010 年快速增长后，2011 年全年价格维持高位并在下半年开始平稳增长；2012 年生鲜乳价格稳中略涨，全年涨幅为 4.3%，至 12 月，月平均价格达到 3.38 元/公斤。

【b. 乳品安全国家标准正式发布实施】

根据《食品安全法》、《乳品质量安全监督管理条例》和《奶业整顿和振兴规划纲要》等规定，卫生部牵头，会同农业部等部门成立了协调小组，由各监管部门、专业技术机构、大专院校、行业协会以及乳品企业等各方面的 70 多名专家组成专家组，从 2009 年开始对乳品标准进行整合完善，经第一届食品安全国家标准审评委员会审查，卫生部于 2010 年 3 月 26 日公布了《生乳》(GB19301-2010)等 66 项新乳品安全国家标准。其中，乳品产品标准 15 项、生产规范 2 项、检验方法标准 49 项。

通过清理完善，新的乳品安全国家标准基本解决了现行乳品标准的矛盾、重复、交叉和指标设置不科学等问题，提高了乳品安全国家标准的科学性，形成了统一的乳品安全国家标准体系。

【c. 乳制品企业完成清理整顿】

2010 年 9 月 16 日，国务院办公厅印发了《关于进一步加强乳品质量安全工作的通知》（国办发[2010]42 号），要求各部门切实加强乳品质量安全工作，严格乳品质量安全监管，做到严把生产经营许可关、强化检验检测和监测评估、完善乳品追溯制度、强化婴幼儿配方乳粉监管、加大对非法生产经营乳品行为的打击惩处力度、严格落实乳品质量安全各方责任，提升乳品质量安全水平，保障人民群众身体健康。

根据国办发[2010]42 号文要求，11 月 1 日，国家质检总局发布了 2010 年版《企业生产婴幼儿配方乳粉许可条件审查细则》和《企业生产乳制品许可条件审查细则》，并决定对全国乳制品生产企业、婴幼儿配方乳粉生产企业根据新的许可条件重新核发生产许可证。12 月 1 日，工业和信息化部和发展改革委、质检总局联合印发《关于在乳品行业开展项目（企业）审核清理工作的通知》，决定用 2 个月左右时间对全国所有的乳制品生产企业按照《乳制品工业产业政策（2009 年修订）》相关要求重新进行审核清理，依法淘汰落后乳制品加工生产能力，关闭已建但未达到行业准入条件的乳制品加工企业。满足《乳制品工业产业政策（2009 年修订）》规定相关文书的企业，按照质检总局公布的相关规章和规范性文件要求，于 2010 年 12 月 31 日之前重新提出生产许可申请。2011 年 3 月 1 日起，凡未重新获得生产许可的，依法停止生产乳制品及婴幼儿配方乳粉等产品。

通过清理整顿工作，可以使我国乳制品行业淘汰技术落后、规模小的企业，提升行业整体技术装备水平、生产条件和管理水平，提高行业整体质量安全保障水平。

据国家质检总局通报，到 2011 年 7 月底已经获得生产许可证的企业计 688 家，其中婴幼儿配方乳粉生产企业 117 家，占申请企业数的 58.5%，有 432 家企业被注销生产许可证，占申请企业数的 36.7%，有 56 家企业尚在停产整顿之中。本次共发生产许可证 803 个，其中：乳粉生产资格的企业 370 家、巴氏杀菌乳 280 家、灭菌乳 285 家、调制乳 248 家，发酵乳 361 家、炼乳 13 家、干酪 40 家、奶油 34 家、婴幼儿配方乳粉 117 家（其中：湿法工艺 71 家、干法工艺 48 家、干湿复合工艺 7 家）。

【d. 乳制品经营实施准入管理】

2011 年 3 月 21 日，国家工商行政管理总局印发了《关于进一步完善和规范流通环节乳制品市场主体准入有关工作的通知》（工商食字〔2011〕67 号），该通知要求在食品流通许可项目中对乳制品进行分类单项审核和管理。在原有项目基础上，对《食品流通许可证》经营项目进行调整，增设乳制品（含婴幼儿配方乳粉）或乳制品（不含婴幼儿配方乳粉）。今后，对申办《食品流通许可证》涉及上述新增相关经营项目的，由申请者依法提出申请，由其核发机关按照条件审核，并依法核发《食品流通许可证》。其中，对申请并核准经营婴幼儿配方乳粉的，在其《食品流通许可证》经营项目中标注“乳制品（含婴幼儿配方乳粉）”；对申请并核准经营除婴幼儿配方乳粉以外的乳制品的，在其《食品流通许可证》经营项目中标注“乳制品（不含婴幼儿配方乳粉）”。从 2011 年 4 月 1 日起，凡申请乳制品经营的，一律按照上述规定和要求依法受理、核准和核发《食品流通许可证》及营业执照。对已从事乳制品经营的，要求经营者在 2011 年 7 月底前主动到工商行政管理部门申请变更许可项目和经营范围。凡在 2011 年 7 月底前未向工商行政管理部门申请乳制品项目许可和变更登记的，一律不得经营乳制品，对在乳制品项目许可和变更登记中不含婴幼儿配方乳粉的，一律不得经营婴幼儿配方乳粉。

【e. 乳制品质量】

2011 年，乳制品的质量安全状况有了进一步提升，可以说是历史上产品质量情况最好的时期。这主要得益于行业的清理整顿，技术装备及检验技术水平的提升；奶源基地建设加快、自有奶源比扩大、原料乳质量提升；企业管理的加强与完善；政府监管加强等原因。据媒体发布的有关部门的监督抽查的结果，乳制品的质量安全状况是好的、稳定的、可靠的。2011 年，收集到的国家质检总局 5 批抽检结果、2 个省质检局的 2 批抽检结果以及中国乳制品工业协会的 8 批抽检结果，共抽检产品 1093 个，合格品 1082 个，合格率达 98.99%。不合格产品 11 个，除了 2 个黄曲霉毒素 M1 超标、1 个菌落总数超标、1 个大肠菌群数超标外，其余 7 个为微量元素、营养素等营养指标不达标。

2012 年，收集到的国家有关部门的检验结果和中国乳制品工业协会的月月抽检结果，共抽检乳制品及含乳食品样品 6394 个，合格品 6329 个，不合格产品 65 个，合格率达 98.98%。

【f. 国产品牌海外发展】

1、2010 年 5 月份，娃哈哈爱迪生婴幼儿配方乳粉正式在国内上市。娃哈哈爱迪生婴幼儿乳粉是选择荷兰、瑞士的优质奶源，委托著名企业贴牌加工，供应国内市场。

2、2010 年 7 月光明乳业公告，拟以 8200 万新西兰元（约 3.82 亿元人民币）认购新西兰 Synlait 乳业公司 2602 万新增普通股，从而获得该公司 51%股权。该公司的工厂于 2008 年 8 月建成投产，主要产品为奶粉。

3、2011 年 3 月，澳优乳业股份有限公司出资 1600 万欧元收购荷兰海浦诺凯乳业集团 51%的股权。

4、2012 年 9 月，圣元营养食品有限公司与法国索迪亚集团签订协议，投资 9000 万欧元（约合 7 亿元人民币）在法国布列塔尼半岛建设一座年产 10 万吨婴儿奶粉工厂。首批产品预计 2014 年底面世。

5、2012 年 11 月上海鹏信集团宣布，出资 2 亿新西兰元（约合 1.64 亿美元）购买面积达 7885 公顷的 16 个新西兰奶牛农场的全部土地和附属的牲畜、动产、设备，以及与奶牛场相关联的资产。

2010–2012 乳制品进出口情况

	2010 年				2011 年				2012 年			
	数量	金额	数量同比	金额同比	数量	金额	数量同比	金额同比	数量	金额	数量同比	金额同比
乳制品进口												
进口合计	881235	285198	19.53	61.36	1063861	378861	20.72	32.84	1341192	467461	26.08	23.40
液体乳	15890	2819	24.34	43.08	40541	6049	155.14	114.59	93784	11871	131.34	96.24
乳粉	414040	138810	67.79	139.17	449587	164545	8.59	18.54	573110	192919	27.49	17.24

炼乳	3266	739	83.21	80.46	4913	1155	50.44	56.31	5514	1259	12.23	8.96
酸乳	1229	419	−19.44	−3.84	2546	892	107.14	112.83	7898	2487	210.19	178.62
乳清	264499	34481	−8.39	21.34	344244	57102	30.15	65.60	378380	74806	9.92	31.00
奶油	23449	9141	−17.56	39.20	35676	18369	52.14	100.96	48326	19566	35.46	6.52
干酪	22921	10543	35.41	51.67	28605	13908	24.80	31.91	38806	18668	35.67	34.23
乳糖	49799	4682	−15.90	40.32	55142	6950	10.73	48.46	79812	15585	44.74	124.24
供婴幼儿食用的零售包装食品	66386	68826	6.32	13.84	78281	86142	17.92	25.16	91511	104867	16.93	21.79
酪蛋白	7890	6877	26.17	59.96	10094	10576	27.94	53.79	12476	12390	23.28	16.77
白蛋白	11867	7861	−4.03	34.02	14233	13173	19.93	67.56	11576	13043	−18.51	−0.73
乳制品出口												
出口合计	38595	6795	0.43	3.86	47901	10603	24.11	56.04	49710	11228	3.78	5.90
液体乳	22492	1600	12.29	19.89	25169	2061	11.90	28.84	27275	2312	8.37	12.20
乳粉	2970	943	−69.50	−69.45	9327	3711	214.08	293.57	9703	3984	4.02	7.35
炼乳	3444	590	−6.73	3.36	3130	599	−9.10	1.53	3723	720	18.95	20.15
酸乳	1175	114	41.34	7.88	851	79	−27.58	−30.80	526	50	−38.18	−37.22
乳清	446	80	40.95	136.27	1150	146	158.02	82.27	702	143	−38.95	−1.91
奶油	3039	972	48.55	94.06	3359	1193	10.54	22.69	2567	801	−23.58	−32.85
干酪	196	95	71.19	98.32	339	177	72.55	86.98	400	226	18.09	27.63
乳糖	702	74	587.45	232.95	320	80	−54.31	8.43	294	154	−8.23	92.52
供婴幼儿食用的零售包装食品	182	99	19.99	13.28	303	207	66.41	108.54	388	361	27.93	74.46
酪蛋白	3917	2217	187.47	203.50	3933	2330	0.41	5.12	4101	2419	4.27	3.79
白蛋白	34	11	−29.74	−49.17	20	20	−40.91	73.10	31	59	56.50	197.93

（岳增君）

2.11 发酵淀粉糖（醇）工业

2010 年

【a. 概况】

2010 年，中国淀粉糖（醇）行业正朝着多品种、个性化、专一化、规模化发展，品种结构日臻完善，市场需求旺盛，产量大幅增加，2010 年淀粉糖总产量达 922.8 万吨，比上年增长 24.7%，位居世界第二，生产规模最大的超过 100 万吨。特别是果葡糖浆在淀粉糖产品中发展较快，生产能力逐年翻番，2006 年实际产量达 40 万吨。2009 年后期到 2010 年，果葡糖浆发展进入了一个新的阶段。蔗糖价格大幅度上涨，加之国内食品工业的快速发展，主要含糖食品增长较快，食糖消费缺口增加，终端用糖企业使用淀粉糖的成本处于优势，使得国内淀粉糖需求增加，特别是以饮料中应用为主的果葡糖浆需求强盛，产销两旺，行业得到了快速发展，2010 年果葡糖浆产量 93.5 万吨。

2010 年，糖醇产量 106.3 万吨，其中山梨醇产量居世界第一位。淀粉糖、多元醇开发的产品完全具有自主知识产权，生产规模、生产技术和产品质量均达世界先进水平，国内市场占有率达 90%以上，国外市场占有率也逐年提高，2010 年淀粉糖出口量 95.90 万吨，比上年增长 25.5%，出口额 6.18 亿美元，比上年增长 38.6%。糖醇出口量达 24.14 万吨，比上年增长 21.86%，出口额 3.67 亿美元，比上年增长 52.28%。2010 年淀粉糖产值达 258 亿元。淀粉糖、多元醇品种由 6 种发展到 32 种。淀粉糖行业的集中度进一步提高，2010 年全国淀粉糖 20 强企业生产规模占全行业总规模的 90%，企业规模化发展淀粉糖、多元醇产业是农产品深加工的一个方向。

【b. 主要产品产量】

淀粉产量：2010 年总淀粉产量为 1973.66 万吨，比 2009 年增加了 171 万吨，增长 9.48%。其中玉米淀粉 1902.05 万吨，增加 176 万吨，增长 10.23%；木薯淀粉 35.38 万吨，下降 25.41%；马铃薯淀粉 22.76 万吨，增长 36.11%；小麦淀粉 4.98 万吨，增长 23.2%。

2010 年玉米淀粉实际产量在 10 万吨以上的企业有 38 家，集中在山东、吉林、河北、河南、陕西、山西 6 个省，其中 10 万 ~ 30 万吨 22 家，30 万 ~ 50 万吨 6 家，50 万 ~ 100 万吨 6 家，100 万 ~ 200 万吨 3 家，200 万吨以上 1 家，这 38 家企业玉米淀粉的年产量为 1715.61 万吨，占玉米淀粉总产量的 90.20%。

从地区分布情况看，山东、吉林、河北玉米淀粉的产量仍然保持着前三位，分别占玉米淀粉总产量的 47.43%、19.95/0、13.87%，这 3 个省合计产量占总产量的 81.25%，与 2009 年相比，有所下降。

表 1　2010 年淀粉产量情况

地区	玉米淀粉（吨）	薯类谷类淀粉（吨）				合计（万吨）
		木薯	马铃薯	红薯	小麦	
河北	2637849.77		1030.00			263.89
山西	535768.90		3130.00			53.89
内蒙古			30254.00			3.03
辽宁	856805.00					85.69
吉林	3794850.18		1200.00			379.61

黑龙江			76515.00			7.65
江苏	100000				6400.00	10.64
重庆			1100.00			0.11
山东	92272.70			8000.00		910.21
河南	1091525.00				37380.00	112.89
湖北	43500.00					4.35
四川			4200.00	5000.00		0.92
云南			30600.00			3.06
陕西	854824.70		1126.00			85.60
甘肃			44828.00			4.48
宁夏			19760.00			1.98
青海			6000.00			0.60
新疆	83281.00		7620.00			9.09
广东		68127.00			6000.00	7.41
广西		277347.00				27.73
海南		8300.00				0.83
贵州			221.00			0.02
合计（万吨）	**1902.05**	**35.38**	**22.76**	**8.5**	**4.98**	**1973.67**

变性淀粉产量:35家企业生产的变性淀粉总量为123.90万吨，比上年增长9.7%，其中1万吨以上的25家企业变性淀粉总量为118.21万吨，占总产量的95.4%。从地区分布上看，变性淀粉企业的产量山东省 30.18 万吨，占总产量24.36%，位居第一；广西产量28.68万吨，占总产量23.14%，位居第二；浙江省产量21.50万吨，占总产量17.32%，位居第三。这3个省区合计年产量为80.32万吨，占变性淀粉总产量的64.82%。

淀粉糖产量：2010年淀粉糖总产量922.8万吨，比上年增长24.7%，其中固体糖320万吨，液体糖603万吨。固体糖中的结晶葡萄糖总产量为250.30万吨，比上年增加11.52万吨，增长4.82%。从地区分布上看，山东省位居第一，总产量1536396吨，占总产量的60.81%；河北省位居第二，产量555500.195吨，占总产量的21.99%;吉林省位居第三，产量317720.5吨，占总产量的12.57%;这3个省合计年产量占结晶葡萄糖总产量的96%以上。

液体淀粉糖603万吨，同比增长28.57%，其中麦芽糖浆产量达到 345 万吨以上；果葡糖浆发展迅猛，产能超过200万吨，果葡糖浆产量达93.5万吨。

表2　2010年淀粉糖产品产量表

种类	产品	产量（万吨）
液体糖（603万吨）	麦芽糖浆	345.2
	葡萄糖浆	164.3
	果葡糖浆	93.5
固体糖（319.8万吨）	结晶糖	250.3
	麦芽糊糖	62.9
	其他	6.3

糖醇产量：2010年多元醇总产量106.3万吨，同比增长14.3%，再创历史新高。多元醇行业近年来发展较快，特别是糖醇行业，2010年金融危机及食品安全问题后续影响减弱，国内外经济复苏，国内外市场对糖醇产品需求量增加，特别是是生物化工醇的加速发展，带动了山梨醇的需求增长，加之国内外牙膏、化妆品等日化产品、化工产品及食品的原料需

求，有效带动国内外山梨醇等糖醇产品产量增长。

表 3　2010 年多元醇产品产量表

种类	产品	产量（万吨）
多元醇	山梨醇	90.8
	木糖醇	6.2
	麦芽糖醇	7.0
	其他	2.3

【c. 影响淀粉糖（醇）行业发展的因素】

一、国家政策对淀粉糖（醇）行业的宏观调控

国家对玉米深加工行业发展的调控政策是影响工业玉米消费数量的重要因素，为刺激深加工企业开工率，自 2009 年 6 月 1 日，国家将玉米淀粉和酒精的出口退税率提高到 5%。2010 年 5 月，国家禁止玉米深加工企业参与临储拍卖；6 月财政部和国家税务总局联合下发《关于取消部分商品出口退税的通知》明确从 7 月 15 日开始取消关于玉米淀粉以及酒精的出口退税；8 月发改委加强对玉米、大豆加工业调控，制止玉米深加工和大豆压榨产能盲目扩张等。

二、食品工业持续快速发展为淀粉糖（醇）行业的发展提供了广阔的发展空间

淀粉糖（醇）行业是食品工业的重要组成部分，作为食糖的有力补充和食品配料，广泛的应用于食品工业各类产品中。中国食品工业近十年年均增速超过 25%，2010 年产值增长率更是超过了 27%，全国规模以上食品工业企业完成总产值达到了 5.7 万亿元，其中多数含糖食品产量保持了 20% 左右的增长速度。食品工业特别是含糖食品的发展，扩大了对淀粉糖产品的需求，因此食品工业的发展，对淀粉糖（醇）无论是在用量上，还是在品种和质量上都保持着较高的需求，为淀粉糖（醇）行业的发展提供了广阔的空间。

三、原辅料价格上升导致企业利润空间降低

淀粉糖属于微利行业，原辅材料的成本对企业利润有着至关重要的影响。2009 年 11 月以来，原辅材料价格的持续上涨给淀粉糖企业带来很大的冲击，尤其对于以玉米、玉米淀粉为主要原料的淀粉糖企业影Ⅱ向程度更大。2010 年上半年，国内玉米市场大幅上涨行情，并不断刷新历史最高纪录。玉米价格持续上涨，给淀粉糖生产企业带来了很大压力。随着玉米价格的攀升，玉米淀粉的总体价格也呈上扬趋势。除原辅材料价格持续上涨给企业生产带来较大冲击外，劳动力成本如工资上调、养老保险及其他成本的上升，促使企业只能从内部管理经营和节能降耗上动脑筋、想办法，千方百计提高工作效率、降低成本。生产企业的利润空间将越来越小。

四、食糖价格高位震荡为淀粉糖价格和市场发展带来契机

2010 年全国糖价高位震荡运行，糖价高使得部分食品加工企业减少食糖用量，增加了价位较低的淀粉糖的使用比例，扩大了淀粉糖产品的市场需求。从而刺激了淀粉糖产量的增加和价格的提升，为淀粉糖的发展提供了契机。

五、2010 年产值增长率更是超过 27%，市场对甜味剂的需求增长持续强劲，淀粉糖已经成为食品加工和百姓生活不可或缺的甜味来源之一。随着淀粉糖种类的日益增多，产品品质的提升和应用领域的不断拓宽，淀粉糖在食品工业原料中正在扮演着越来越重要的角色。事实上淀粉糖在食品加工中有着独到之处，其优势正在为越来越多的食品企业所认知，利用淀粉糖开发新产品大有可为。

六、生产淀粉糖（醇）的原料充足，其产品应用广泛。凡是含糖的植物均可作为生产淀粉糖的原料，（含淀粉的种粒、薯类、秸秆等）淀粉糖广泛的应用于生物制造、食品、医药、发酵、化工、饲料、建筑等行业。

七、淀粉糖深加工产品众多，如氨基酸及其盐类、有机酸及其盐类、多元醇、有机降解物等 2000 余种，由于淀粉糖行业的技术进步，收率和质量提高，物料消耗下降，经过几年快速量的积累，中国已成为世界第二大淀粉糖生产国，2010 年淀粉糖产量达 922.8 万吨以上，在国内已占到食糖消费的 30% 以上，在国家产业结构调整规划中多元醇是被列为鼓励发展的行业。

【d. 淀粉糖和多元醇工业面临的主要问题】

一、产能过快扩张必然导致淀粉糖市场的激烈竞争

食品 1：业特别是含糖食品的快速发展，以及生物制造、医药等潜力市场的开发，扩大了对淀粉糖产品的需求，为行业发展带来更广阔的发展空间。但产能过快扩张必然导致淀粉糖市场的激烈竞争，生产企业将面临着原辅料及加工费用

的提高、产品的应用、市场容量、蔗糖价格不确定性因素等风险以及运输、储存等问题，因此无论已建在建或是拟建企业应持审慎的态度，不宜盲目发展。

二、原料单一、价格高涨、供应紧张

行业中 98%以上的企业采用玉米或玉米淀粉为原料生产，2010 年中国工业消费玉米量已达 5200 万吨，深加工玉米消费总量占玉米总产量的比例高达 31%，超过了国家对玉米深加工<指导意见》中规定的 26%。玉米消耗量大大超过当地玉米产量，玉米供应紧张，价格上涨，这从很大程度上制约了淀粉糖行业的发展。工业用玉米等粮食市场和产业政策将面临进一步的宏观调控和调整，对行业的生产、发展和产业布局将产生极大的影响。

三、资源节约、节能减排、清洁生产任务艰巨

企业在节能减排方面，还需继续提高节能减排意识，从原料源头抓起，采用新工艺进行节能节水技术改造，用于产业化推广，减低企业的生产成本，创造经济效益和环保效益。按照建设节约型社会和环境友好型社会的要求，从淀粉糖、多元醇行业的情况来看，由于国家对能耗、环保的要求越来越严格，行业产能正向具有规模优势、技术优势和品牌优势的企业集中。淀粉糖、多元醇行业发展面临着加强环保治污和减少资源消耗的双重压力和约束，节能减排任务艰巨。

四、高附加值产品少、产量小，产品推广力度小

经过近十年的发展，淀粉糖、多元醇品种虽然达到 30 多种。但比重较大的是液体糖（麦芽糖浆、葡萄糖浆）、麦芽糊精、果葡糖浆等，占总产量的 70%以上；一些高附加值产品如结晶果糖、功能性低聚糖、赤藓糖醇、甘露醇的产量还较低，高附加值糖类产量低发展慢，需要加大力度开发高附加值产品，并加强宣传推广力度。

五、标准化水平整体偏低

六、资源综合利用深度不够，产品技术研发还有待加强

淀粉糖和多元醇产品大部分以玉米为原料，绝大多数采用湿法生产淀粉技术，水耗、能耗较高，污染处理成本较大，30%的副产品除胚芽榨油外，大多做饲料处理，高值化转化和应用技术有限，新产品、新技术亟待开发和扩大推广应用，原料综合利用水平亟待提升。

七、自主创新能力薄弱，关键技术与装备水平不高

许多企业的关键核心技术仅停留在引进或模仿阶段，加工成本高，产品的质量和数量无法和发达国家相抗衡，自主创新加工设备较少，拥有知识产权的技术和没备偏少，整体研发能力薄弱。

八、淀粉糖市场受原辅料价格和蔗糖市场影响较大

九、淀粉糖及功能性低聚糖和糖醇的应用领域范围较窄

必要的产品应用推广试验室资源短缺，无法为行业所用和服务；产品应用领域添加量与宣传标注不统一，相对应的是应用功能性低聚糖和糖醇作为功能因子的产品领域检测标准不统一，缺少必要的监管。

【e. 淀粉糖进出口情况】

2010 年，淀粉糖产品进出口同步上升，发展形势较好，淀粉糖产品出口量 95.90 万吨，比上年增长 25.5%，出口额 6.18 亿美元，比上年增长 38.6%。进口量 24.50 万吨，比上年增长 34.2%，进口额 2.30 亿美元，比上年增长 48.4%。

表 4　2010 年淀粉糖产品进出口情况　　单位：吨　万美元

年份	出口量	出口额	进口量	进口额
2009 年	763761	44612	182620	15538
2010 年	959060	61827	245025	22981

注：此次统计与往年不同，以后淀粉糖进出口量统计去除乳糖、械糖等。

表 5　2010 年主要淀粉糖产品进出口情况　　单位：吨　万美元

产品	进口量	进口额	出口量	出口额
葡萄糖及糖浆	18602.7	616.6	531087.0	25717.9
果糖及果糖浆	4504.2	826.0	75399.4	4281.7
糊精及改性淀粉	210374.4	19106.0	101732.8	6555.7

2010 年国际市场产品需求增加。中国淀粉糖产品出口量较上年增幅很大，并且出口额增幅高于出口量增幅，可见出口产品总体价格上升，出口产品附加值较去年有所增加。

中国葡萄糖及果糖糖浆出口对象主要是菲律宾，分别占总出口量 60%以上和 46%、果糖及糖浆主要是韩国，占 26%。菲律宾制糖业在国家经济生活中占有很重要的地位，其进口

糖料较多。而纯度较高、质量较好的化学纯果糖则出口给德国、美国，应用于医药、保健等领域。

【f. 多元醇产品进出口情况】

多元醇产品 2010 年出口 24.14 万吨，比上年增长 21.86%，出口量创历史新高，出口额 3.67 亿美元，比上年增长 52.28%。进口量 36.28 万吨，比上年增长 8.27%，进口额 4.98 亿美元，比上年增长 34. 96%。

表 6　2010 年多元醇产品进出口情况　　单位：吨　万美元

年份	出口量	出口额	进口量	进口额
2009 年	198100	24143.9	335075	36902.0
2010 年	241411	36678.9	362842	49782.8

表 7　2010 年主要多元醇产品进出口情况

产品	进口量（吨）	比上年增长（%）	出口量（吨）	比上年增长（%）
山梨醇	2958.7	57.5	66247.6	32.3
丙三醇	141200.8	23.5	4954.8	—41.9
木糖醇	2101.8	495.5	15525.1	—6.9

2010 年，中国合成树脂、漆料等化工行业发展迅速，丙三醇国内需求较大，进口量增幅明显。2010 年中国出口产品仍以山梨醇为主，木糖醇出口量为 1. 55 万吨，较去年的 1.67 万吨有所下降。山梨醇进口量虽然比 2009 年增加 58%，但仍然维持了近年来的较低水平。

表 8　2010 年山梨醇进口情况

国家	进口量（千克）	进口额（万美元）
法国	1467553	114.92
韩国	949762	82.05
印度尼西亚	351840	23.07
澳大利亚	72144	5.16
日本	40701	12.97

表 9　2010 年山梨醇出口情况

国家	出口量（千克）	出口额（万美元）
泰国	11559000	502.86
日本	9526666	708.80
中国台湾	5112065	294.27
俄罗斯联邦	4918400	311.38
韩国	3892478	311.84

2010 年多元醇产品出口量和出口额较上年同期都有较大幅度上升，出口额升幅更大，进口量相比增长较小，但进口额上升幅度也比较大。一是因为金融危机及食品安全问题影响减弱，国际市场需求量上升，带动行业产品出口，使得中国糖醇行业出口成交额回升，二是出口退税政策调整以及原辅材料价格上涨，带动产品价格上浮，三是国内产能充足，很大程度上能够满足国内市场需求，进口量减少。

【g. 淀粉进出口情况】

马铃薯淀粉进口量创历史最高水平，2010 年比 2009 年增加 4 倍，比最高年份的 2005 年增长 88%。主要原因是欧盟低价倾销，到岸价比正常年份的 2008 年下降 33%以上。为此，商务部于 2010 年 4 月和 8 月分别进行了反倾销立案调查和反补贴立案调查。2009 年到岸价 465 美元 / 吨，2010 年下降至 454 美元，比 2009 年下降 2%。

表 10　2010 年淀粉进出口情况

产品	进口情况				出口情况			
	2010 年总量（吨）	比上年增长（%）	2010 年价格（美元/吨）	比上年增长（%）	2010 年总量（吨）	比上年增长（%）	2010 年价格（美元/吨）	比上年增长（%）
玉米淀粉	1113	15	804	-25	366434	26	418	31
木薯淀粉	734585	-12	450	57	220	-53	621	21
马铃薯淀粉	142471	307	454	-2	5844	-33	812	25
小麦淀粉	580	-53	754	9.77	10795	-10	485	11
未列名淀粉	3102	232	698	-36	47597	-59	806	39

木薯淀粉进口量与 2009 年相比下降 12%，2010 年到岸价比 2009 年上涨 57%，达到 450 美元 / 吨，但为了满足国内淀粉市场的需求仍然保持了较高的进口量。淀粉类商品出口情况：除玉米淀粉上涨 31%外，其他淀粉出口量均比 2009 年下降，下降幅度在 10% ~ 59%不等，下降幅度最大的是未列名淀粉为 59%。

【h. 新技术新设备新产品】

非粮原料的开拓：中国以玉米为原料的深加工企业遭遇了原料瓶颈的制约。玉米由过剩变成供需紧平衡，遇有自然灾害等风险，将发生与人争粮现象。为此，行业专家在原料“多元化”方面进行了尝试，如木薯、糖蜜、秸秆等多种替代原料生产糖产品的成功，使全行业对未来的发展看到了曙光，实现了有效的原料替代，产业未来的发展有了出路。

大成集团的分离技术的提高获得了高纯度、高附加值的产品：多种二元醇混合液的分离工艺一直是国际难题。分离出乙二醇、丙二醇、2-3 丁二醇、1-2 丁二醇、树脂醇等产品，而且产品纯度提高到 99.5%以上。

大成多元醇生产工艺从“三步法”改为“一步法”大大降低了成本：“三步法”生产工艺为：葡萄糖—结晶糖—山梨醇—多元醇。存在着生产周期长、成本高、不能连续化生产等问题。实现了用精制糖直接加氢裂解，“一步法”生产多元醇成功。“一步法”生产工艺为：葡萄糖—植物化工醇，省却了结晶糖和山梨醇加工两大步环节。

液化蒸发一体化技术：该技术是兆光研究院的专利技术，采用液化蒸发一体化技术，吨糖蒸汽单耗下降 0. 244t，吨糖成本下降 48.8 元（每吨蒸汽 200 元）。年产 20 万吨淀粉糖（折干）年经济效益可达 976 万元，而且提高了液化液质量。

颗粒炭柱脱色技术：由于是循环热再生处理，环保好、运行费用低如果产能 12 吨结晶葡萄糖可年增效益 192.0 万元；目前西王公司已采用颗粒炭柱脱色技术在结晶葡萄糖生产中。

色谱分离技术为企业减少投资、降低能耗：过去果葡糖浆采用的色谱分离设备全部进口，“十一五”期间兆光研究院自主研制色谱分离设备，通过与进口色谱分离设备对比，国产的色谱分离设备投资降低 20%，水耗降低 20%，配电负荷降低 40%。

自主创新规模世界第一的新技术：西王集团年产 5 万吨结晶果糖和 10 万吨无水结晶葡萄糖，均为自主创新规模世界第一的新技术成就。

超过国际水平 60%居世界领先水平：青岛明月集团年产 5 千吨甘露醇装置，用葡萄糖异构化、氢化制甘露醇，收率从 25%提高到 75%，超过国际水平 60%居世界领先水平。

生物材料：采用淀粉含量在 80% ~ 90%的原料，并添加少量可降解聚合物获得的淀粉基降解材料是真正意义的生物可降解塑料，其强度、耐温、耐油性能均有突破，可用于一次性餐盆、包装材料、生活用品等。

结晶过程装备：很多企业采用国产立式连续结晶机替代传统卧式结晶机，不仅提高了生产效率，而且节约了土地面积和投资。

【i. 淀粉糖分会主要工作】

2010 年 9 月 27 ~ 28 日在北海市召开全国淀粉糖、多元醇技术与发展研讨会，本次会议以“绿色、健康、节能、减排”为主题，与会专家和代表围绕淀粉糖、糖醇及发酵多元醇产品的功能性、特性和市场发展趋势以及行业面临的节能减排、清洁生产等问题开展了交流和研讨。

会议为获得“第三届全国淀粉糖行业二十强企业”称号的 17 家企业颁发了荣誉证书，向获得 2008 ~ 2010 年度发酵行业专项技术中心先进集体和先进个人颁发了荣誉证书和奖品。

6 月 24 日，中国发酵工业协会多元醇分会第二届会员代表大会在北京召开，会议选举产生了由多元醇生产企业和致力于多元醇行业发展的设备、技术企业，高等院校以及研究机构负责人组成的第二届多元醇分会理事会，选举产生了理事长、副理事长、顾问、秘书长及副秘书长。

协会受禹城市政府委托，由石维忱理事长率专家组在山东省禹城市进行了“中国功能糖城”复审工作。专家组在听取汇报和实地考察后表示，同意禹城市“中国功能糖城”通过复审。

10 月，淀粉糖分会组织专家和企业学者就《清洁生产审核指南淀粉糖工业》（征求意见稿）进行了仔细分析论证，就此征求意见稿向环境保护部科技标准司提交了近十条修订意见。

11 月，分会撰写“玉米深加工情况及调控建议”、“淀粉糖产销情况”以及“玉米深加工产品情况”书面材料，从行业布局、行业先进技术、节能减排、关税调整等多个方面向发改委提出行业观点和调控建议。

（余淑敏）

2011 年

【a. 概况】

2011 年，淀粉糖总产量达 1286 万吨，较上年增长 39%。中国淀粉糖产能、产量均位居世界第二（美国位居世界第一），其中结晶葡萄糖、山梨醇等的年产量均居世界第一。淀粉糖生产规模最大的超过 150 万吨。特别是果葡糖浆达到了跨越式发展，自 2006 年后蔗糖价格势头强劲，果葡糖浆市场需求量猛增。国内食品工业的快速发展，主要含糖食品增长较快，食糖消费缺口增加，终端用糖企业使用淀粉糖（醇）的成本处于优势，使得国内淀粉糖（醇）需求增加，以饮料中应用为主的果葡糖浆需求强盛，产销两旺，2011 年果葡糖浆产量 236 万吨，比上年增长 152.4%（到 2012 年 6 月全国范围内已建、扩建和拟建项目总产能将超过 1000 万吨）。

2011 年，中国多元醇行业运行情况良好，糖醇总产量 158 万吨，比上年增长 48%，创历史新高。其中山梨醇产能、产量均居世界第一位，且为出口大国。淀粉糖、多元醇开发的产品完全具有自主知识产权，中国淀粉糖、多元醇生产企业的生产规模、生产技术和产品质量均居世界先进水平，国内市场占有率达 90%以上，国外市场占有率也逐年提高，2011 年淀粉糖产品年出口量 106. 29 万吨，比上年增长 10.83%，出口额 7.6 亿美元，比上年增长 22.97%。多元醇产品 2011 年出口 24 万吨，与上年同比基本持平，出口额 5.05 亿美元，上升 37.6%。

2011 年淀粉糖产值达 384 亿元，比上年增长 48.83%。淀粉糖、多元醇品种由原来的 6 种发展到现在的 35 种。淀粉糖行业的集中度进一步提高，2011 年全国淀粉糖 20 强企业生产规模占全行业总规模的 90%。

【b. 淀粉生产情况】

2011 年，总淀粉产量为 2245.75 万吨，比上年增长 13.79%。其中玉米淀粉 2082. 29 万吨，比上年增长 9.48%；木薯淀粉 90.05 万吨，比上年增长 154.55%;马铃薯淀粉 57.85 万吨，比上年增长 154.20%；红薯淀粉 10.45 万吨，比上年增长 22.94%;小麦淀粉 4.51 万吨，下降 9.5%。

2011 年，玉米淀粉实际产量在 10 万吨以上的企业 41 家，其中山东 15 家、吉林 6 家、河北 10 家、河南 5 家、陕西 3 家、辽宁和黑龙江各 1 家。按规模分，其中 10 万 ~ 30 万吨 22 家，30 万 ~ 50 万吨 8 家，50 万 ~ IOO 万吨 6 家，100 万 ~ 200 万吨 4 家，200 万吨以上 1 家，这 41 家企业玉米淀粉的年产量为 1948.24 万吨，占玉米淀粉总产量的 93.56%，与 2010 年相比增长 3 个百分点。

从地区分布情况看，2011 年山东、吉林、河北玉米淀粉的产量仍然保持前三位，分别占玉米淀粉总产量的 45.44%、20.74%、15.26%，三个省合计产量占总产量的 81.44%，与上年相同。

表 1　2011 年部分省市淀粉产量情况

地区	玉米淀粉（吨）	薯类谷类淀粉（吨）				合计（吨）
		木薯	马铃薯	红薯	小麦	
河北	3176914.32		13800.00			3190714.32
山西	148137.00		618.00			148755.00
内蒙古			73798.00			73798.00
辽宁	892710.00		10325.00			903035.00

吉林	4317958.53					4317958.53
黑龙江	219025.00		77824.00			296849.00
江苏	50000.00				2900.00	52900.00
江西					5712.00	5712.00
山东	9461670.97			96000.00		9557670.97
湖北	36500.00					36500.00
河南	1179869.27				35170.00	1215039.27
四川			12000.00	5500.00		17500.00
贵州			10000.00	3000.00	300.00	13300.00
云南			118000.00	24550.00		142550.00
陕西	1194404.28		3600.00			1198004.28
甘肃	87859.64		71417.00			159276.64
宁夏			79926.00			79926.00
青海			20298.00			20298.00
新疆	57835.50		2656.00			60491.50
广东		78900.00			7000.00	85900.00
广西		675618.90				675618.90
海南		28000.00				28000.00
其他			177700.00			177700.00
合计	**20822884.51**	**900518.90**	**578512.00**	**104500.001**	**51082.00**	**22457497.41**
（万吨）	**2082.29**	**90.05**	**57.85**	**10.45**	**5.108**	**2245.75**

表 2　2011 年各类淀粉产量

种类 \ 年产量	产量（万吨）	
	2011 年	2010 年
玉米淀粉	2082.29	1902.05
木薯淀粉	90.05	35.38
马铃薯淀粉	57.85	22.76
红薯淀粉	10.45	8.50
小麦淀粉	4.51	4.98
葛根淀粉	0.60	
淀粉总计	2245.75	1973.66

【c. 变性淀粉生产情况】

2011 年，38 家企业生产的变性淀粉总量为 140.14 万吨，比上年增长 13.11%，其中 1 万吨以上的 25 家企业变性淀粉总量为 132.94 万吨，占总产量的 94.86%。变性淀粉品种中，磷酸酯淀粉、醋酸酯淀粉、羟丙基淀粉、羧甲基淀粉、降解淀粉产量增加，氧化淀粉、预糊化淀粉、复合变性淀粉产量减少。从地区分布情况看，变性淀粉企业集中在华东和两广地区，这两个地区的产量 120.06 万吨，占总产量 85.67%，但甘肃、山西、湖北等省也都开始有了变性淀粉的生产。从各省区看，位居第一的是山东，产量 42.98 万吨，占总产量的 30.67%;位居第二的是广西，产量 25.68 万吨，占总产量的 18.32%；第三是浙江，产量 22.87 万吨，占总产量的 16.19%;

第四是广东，产量 12.52 万吨，占总产量的 8.93%，4 个省区合计年产量为 103.87 万吨，占变性淀粉总产量的 74.11%。

【d. 淀粉糖生产情况】

2011 年淀粉糖总产量 1286 万吨，比上年增长 39%，其中固体糖 420.5 万吨，比上年增长 31%，液体糖 865.5 万吨（折合干基约 632 万吨），比上年增长 43.5%。

表 3　2011 年各品种淀粉糖产量

种类 \ 年产量	产量（万吨）	
	2011 年	2010 年
麦芽糖浆	457	345.2
葡萄糖浆	172	164.3
果葡糖浆	236	93.5
其他液体糖	0.5	
结晶糖	317	250.3
麦芽糊精	93	62.9
其他固体精	10.5	6.6
总计	773.37	728.87

【e. 糖醇生产情况】

2011 年，中国糖醇总产量为 158 万吨，比上年增长 48%，创历史新高。经过产业调整，部分生产大宗产品的企业已经具备相当的经济规模和国际市场竞争力，如山东福田、浙江华康的木糖醇，山东天力药业公司与青岛明月集团的甘露醇，山东天力的山梨醇等已进人世界前列，长春大成集团生物化工醇也得到快速发展。由于产能产量上升，质量提高，中国的山梨醇已经摆脱了进口局面。

表 4　2011 年多元醇产品产量表

种类	产品	产量（万吨）
多元醇	山梨醇	132.90
	木糖醇	5.60
	麦芽糖醇	11.80
	其他	7.70

【f. 影响淀粉糖（醇）行业发展的因素】

一、国家政策对淀粉糖（醇）行业的宏观调控

2011 年 5 月 30 日，国家发改委和环保部发出《关于 2010 年玉米深加工在建项目清理情况的通报和开展玉米深加工调整整顿专项行动的通知》，宣布从 2011 年 6 月到 2012 年底，在全国开展为期一年半的“全国玉米深加工业调整整顿专项行动”，使全国玉米深加工玉米消耗总量在 2010 年基础上减少 550 万吨，使深加工消耗玉米量下降到合理水平。

根据 2007 年 9 月国家发改委“关于促进玉米深加工业健康发展的指导意见”的规定，玉米深加工用粮的规模占玉米消费总量的比例将控制在 26%以内。严格控制审批以玉米为原料的新建扩建项目。淀粉糖产品虽不是国家限制淘汰类产品，但受玉米原料国家宏观政策调控，限制盲目扩大产能，未来淀粉糖行业的发展将主要在原有产能有效释放、优胜劣汰，企业兼并重组等方面实现产业的发展和集中。

从近年来的发展情况看，玉米淀粉产量小幅增加。淀粉糖、多元醇的发展速度开始加快，玉米深加工产业链条逐渐延伸。国内玉米深加工业兼并重组步伐加快，主要加工产品的产量和市场份额越来越向大企业集中。在淀粉糖（醇）行业涌现出了一批企业集团，规模化、集约化（如西王集团、鲁洲集团、大成集团、诸城兴贸集团、中粮集团等）给这些大企业提供了强大的市场竞争力，已经逐步成为中国淀粉糖（醇）行业的主体。

增值税抵扣暂停，玉米深加工调控再发力。2011 年 4 月 19 日，财政部和国家税务总局联合发出通知，为控制玉米深加工过快发展，经国务院批准，暂停玉米深加工企业收购玉米增值税抵扣政策。自 2011 年 4 月 20 日起至 6 月 30 日纳税人向农业购进玉米深加工生产除饲料产品之外的货物，不得开具农产品收购发票并计提进项税额。

二、食品工业持续快速发展为淀粉糖（醇）行业的发展

提供了广阔的发展空间

中国是世界上继美国之后的第二大淀粉糖(醇)生产国，也是世界第二大食糖消费国，淀粉糖（醇）是国计民生的重要战略物资组成部分，也是中国食品工业发展的重要基础性的原料之一。淀粉糖(醇)作为食糖的有力补充和食品配料，广泛地应用于食品工业各类产品中，也被应用于日化、造纸、纺织、化工等行业。

食品工业特别是含糖食品的快速发展，扩大了对淀粉糖（醇）产品的需求，对淀粉糖（醇）在用量上、在品种和质量上都保持着较高的需求，为淀粉糖（醇）行业的发展提供了广阔的发展空间。

三、原辅料价格上升导致企业利润空间降低

在中国加工淀粉糖（醇）的主要原料为玉米，以玉米为原材料生产的淀粉糖（醇）约占其总产量的 95%，原辅材料的成本对企业利润有着至关重要的影响。

2011 年，随着玉米深加工消费量和饲料企业规模化、集中度不断提高，加上宽松的货币政策及国家临储收购的底部支撑，玉米价格再创新高。2011 年玉米淀粉的总体价格呈上扬趋势，最高的达 3500 元／吨。除原辅材料价格持续上涨给企业生产带来较大冲击外，劳动力成本的上升，促使生产企业的利润空间将越来越小。玉米供应处于紧平衡状态，价格上涨，从很大程度上影响了淀粉糖（醇）行业的发展。随着产能的释放和扩张，世界粮食安全的紧张形势和中国玉米深加工产业政策的调整，原料供需矛盾和竞争将日益突出。

四、食糖价格高位震荡为淀粉糖（醇）价格和市场发展带来契机

2010/2011 年制糖期，中国食糖产量连续三年下降，全国食糖总产量仅 1040.42 万吨，随着产量的减少，中国食糖产需缺口继续扩大至 300 万吨左右。2011 年 1～2 月，受国际糖价迅猛上涨的推动，国内糖价出现一轮明显上涨，糖价已处于 7000 元／吨以上；6～8 月，受传统用糖旺季及国际糖价再次大幅冲高的驱动，国内糖价出现第二轮涨势。8 月，国内食糖均价为 7667 元／吨，环比上涨 5.7%，比 2010 年同期上涨 43%，是历史上食糖价格最高的月份。

作为食品工业的主要辅料之一，蔗糖价格的上涨势必迫使所有食品工业企业因生产成本的大幅增加而不得不寻找新的原料来弥补这一缺陷。糖价高使得使食品加工企业减少食糖用量，增加了价位较低的淀粉糖（醇）的使用比例，扩大了淀粉糖（醇）产品的市场需求。从而刺激了淀粉糖（醇）产量的增加和价格的提升，为淀粉糖（醇）的发展提供了契机。

五、城市化进程速度加快推动了淀粉糖（醇）的发展

随着城市化进程的加快，食品市场的日益丰富，淀粉糖（醇）在中国居民糖类消费中所占比例迅速提高，统计数据显示，市场对甜味剂的需求增长持续强劲，此时国内白砂糖产量处于近年来的低点，在此背景下，淀粉糖（醇）替代品很好地弥补了国内白砂糖供给的不足。国际卫生和粮农组织 JECFA 批准：麦芽糖醇、山梨醇、木糖醇、乳糖醇四种糖醇，ADI 值不作规定。所以麦芽糖醇、山梨醇、木糖醇、乳糖醇四种糖醇，是国际公认安全可靠的食糖替代品。因此，淀粉糖（醇）已经成为食品加工和百姓生活不可或缺的甜味来源之～。随着淀粉糖（醇）种类的日益增多，产品品质的提升和应用领域的不断拓宽，淀粉糖（醇）在食品工业原料中正在扮演着越来越重要的角色。

六、国内淀粉糖（醇）与蔗糖的替代与补充，价格成为市场的主导因素

淀粉糖（醇）与蔗糖相比，不仅在营养价值上高出一筹，而且原料广泛，凡是含淀粉的植物均可作为生产淀粉糖（醇）的原料，且能全年生产，其副产品利用价值也比较高。从甜度来看，淀粉糖中的果葡糖浆已经相当甚至超过了白砂糖甜度，因此能完全或部分取代白砂糖，淀粉糖中的低聚糖和糖醇不易被口腔微生物利用从而预防或减轻儿童龋齿。淀粉糖品种中的糖醇和纯果糖不需要胰岛素辅导就能进行正常的能量代谢，可以供糖尿病患者食用。

尤其是淀粉糖中的果葡糖浆在食品、饮料等工业中的应用尽显优势。研究发现，果葡糖浆替代蔗糖最高达 60%时，甜度仍不会降低，超过 60%时随着果葡糖浆的用量增加，甜度逐渐降低，至完全替代蔗糖时甜度约为原来的 90%。在食品、饮料等中以果葡糖浆替代蔗糖，不仅技术上可行，而且可凸显果葡糖浆清香、爽口的特性，最重要的是还可以降低生产成本。从国内下游用糖企业的用糖习惯来看，涉糖企业为缓解高糖价带来的成本压力，一般会考虑使用价格较低的食糖替代品，而不会选择提高产品市场零售价。

七、生产淀粉糖（醇）的原料充足而且广泛

在原材料方面，中国是全球第二大玉米生产国，原材料的富足为发展淀粉糖（醇）产业提供了较好物质基础。凡是含糖的植物均可作为生产淀粉糖（醇）的原料（含淀粉的种粒、薯类、秸秆等）。

八、淀粉糖（醇）深加工产品众多，广泛地应用于生物制造、食品、医药、发酵、化工、饲料、建筑等行业

淀粉糖（醇）的衍生品如氨基酸及其盐类、有机酸及其

盐类多元醇、有机降解物等 2000 余种，中国已成为世界第二大淀粉糖（醇）生产国，2011 年淀粉糖产量达 1280 万吨，在国内占到食糖消费的 30%以上。

【g. 淀粉糖和多元醇工业面临的形势和问题】

一、国家政策对玉米加工业的宏观调控

近年来中国玉米深加工业呈现快速增长的态势，在发展中也出现了一些不平衡，为抑制玉米深加工盲目过度发展的势头，2010 年国家和地方发改委对玉米深加工在建项目进行全面清查，2011 年 5 月 30 日国家发改委和环保部发出《关于 2010 年玉米深加工在建项目清理情况的通报和开展玉米深加工调整整顿专项行动的通知》，对工业玉米消耗量进行调控，全国 2011 ~ 2012 年工业消耗玉米减少总量合计 650 万吨，严格控制审批以玉米为原料的新建扩建项目。淀粉糖（醇）产品虽不是国家限制淘汰类产品，但受玉米原料国家宏观政策调控，限制盲目扩大产能，未来淀粉糖（醇）行业的发展将主要在原有产能有效释放、优胜劣汰，企业兼并重组等方面实现产业的发展和集中。

二、行业产能扩张过快，竞争加剧。

在需求旺盛、利润可观以及扩建相对容易等因素影响下，各地扩建新建淀粉糖（醇）产能增加较快，产能过快扩张必然导致市场竞争激烈，生产企业面临着产品销售、市场容量、蔗糖价格不确定等方面的风险，以及运输、贮存等问题，因此随着已建、在建还有拟建项目的开展，淀粉糖（醇）企业面临的风险也在加剧。特别是果葡糖浆产能飞快的，扩张，未来市场竞争加剧。

2011 年淀粉糖（醇）市场虽然依旧维持着良好的运行趋势，但出现了成本的超预期增长、部分产品旺季需求疲软、项目盲目上马以及市场不正当竞争的现象，长期以来，食糖价格一直是淀粉糖价格的风向标。在食糖长期高位平稳运行的市场条件下，淀粉糖（醇）价格主要受原料价格和市场需求影响。

在市场供需平衡的选择下和国家政策的引导下，淘汰落后产能将是未来淀粉糖行业发展到一定阶段的必然结果，行业或将迎来调整。

多元醇产能已超过 220 万吨，山梨醇产能产量已居世界第一并成为出口大国。近几年多元醇行业产能扩张较快，由于行业缺乏宏观调控，各地缺乏全局观念，生产能力增长高于市场的需求增长，最终将不得不竞相压价，甚至出现不正当竞争，造成间歇式生产以及停产等不必要的经济损失，影响行业的健康发展。

以玉米淀粉为原料的新扩建项目按照国家政策要求也需到国家备案核准，也是下阶段玉米项目核查及环保核查关注的焦点之一，新扩建项目的手续合法化应引起各企业的关注，以免影响企业的发展。

三、原料单一、价格高涨、供应紧张

行业中 98%以上的企业采用玉米或玉米淀粉为原料生产，随着玉米深加工产能的扩张，世界粮食安全的紧张形势和中国玉米深加工产业政策的调整，原料供需出现了紧平衡。国家日益重视粮食安全问题，一旦出现紧急情况，工业用玉米等粮食市场和产业政策将面临进一步的宏观调控和调整，对行业的生产、发展和产业布局将产生极大的影响。

四、产品应用领域开发不足

果葡糖浆目前主要应用于饮料生产，在糖果蜜饯、调味食品、烘培食品、奶制品、罐头、医药等领域的应用潜力开发的还不够充分。未来针对不同品种的性能优势，建立应用研发配套体系，为客户提供配方及相关技术服务，使淀粉糖（醇）产品更广泛地应用于食品、医药等领域，将成为龙头企业的发展方向。

五、环境保护、节能减排、清洁生产压力变大

从淀粉糖（醇）行业的情况来看，行业产能正向具有规模优势、技术优势和品牌优势的企业集中。但上规模的淀粉糖（醇）企业只占少数，大部分企业规模仍没有达到合理的经济规模。由于国家对资源能源消耗、环保治理的要求越来越严格。淀粉糖行业发展面临着加强环保治污和减少资源消耗的双重压力和约束，清洁生产、节能减排任务艰巨，这是淀粉糖行业“十二五”期间发展所面临的一个重要课题。

六、高附加值产品少、产品推广力度小

淀粉糖、多元醇品种虽然达 30 多种。但比重较大的是液体糖（麦芽糖浆、葡萄糖浆、果葡糖浆等），占总产量的 70%以上；一些高附加值产品如结晶果糖、功能性低聚糖、赤藓糖醇、甘露醇、固体山梨醇的产量较低，高附加值糖类产量较低，发展慢，需要加大力度开发高附加值产品，并加强宣传推广力度。

七、资源综合利用深度不够，产品技术研发还有待加强

淀粉糖和多元醇产品大部分以玉米为原料，绝大多数采用湿法生产淀粉技术，水耗、能耗较高，污染处理成本较大，30%的副产品除胚芽榨油外，大多做饲料处理，高值化转化和应用技术有限，新产品、新技术亟待开发和扩大推产应用，原料综合利用水平亟待提升。

八、淀粉糖（醇）市场受原辅料价格和蔗糖市场影响较

大

2008 年以来，玉米原料价格呈上涨趋势，每吨玉米价格 2400 元以上，而食糖市场价格高涨，最高 7800 元 / 吨。淀粉糖（醇）相对食糖的可替代性依然受食糖市场的影响较大。玉米原料及生产辅料价格的上涨，淀粉糖（醇）市场的份额受到较大的影响。

【h. 淀粉糖进口情况】

2011 年淀粉糖产品出口量 106.29 万吨，比上年增长 10.83%，出口额 7.6 亿美元，比上年增长 22.97%。进口量 28.34 万吨，比上年增长 15.68%，进口额 3.14 亿美元，比上年增长 36.75%。

表 5　2011 年淀粉糖产品进出口情况　　单位：吨、万美元

年份	出口量	出口额	进口量	进口额
2010 年	959060	61827	245025	22981
2011 年	1062897	76029	283455	31426

表 6　2011 年主要淀粉糖产品进出口情况　　单位：吨、万美元

产品名称	进口量	进口额	出口量	出口额
葡萄糖及糖浆	22009	741	573431	33546
果糖及糖浆	5809	791	62675	4727
糊精及变性淀粉	238089	25512	105595	7932

2011 年国际国内市场产品需求增加，中国出口仍以葡萄糖及糖浆、糊精和变性淀粉低端产品等附加值低的商品为主，这是行业发展值得关注思考的问题。行业仍要坚持不懈的消化吸收新技术，同时增强自主创新能力，开发高附加值产品，使淀粉糖商品结构更加多元化。

表 7　2011 年葡萄糖及糖浆进口情况　　单位：千克、美元

序号	国家	进口量	进口额
1	越南	21240800	5437646
2	法国	290178	223835
3	荷兰	240000	170688
4	日本	152757	363491
5	泰国	86420	85418

注：20%≤果糖＜50%

表 8　2011 年化学纯果糖进口情况　　单位：千克、美元

排序	国家	进口量	进口额
1	美国	1142002	1142297
2	芬兰	783775	1016028
3	泰国	93750	58195
4	以色列	10153	30920
5	德国	772	10383

表 9　2011 年果糖及果糖浆进口情况　　单位：千克、美元

排序	国家	进口量	进口额
1	韩国	1569332	3097164
2	缅甸	1033000	235161
3	以色列	479000	624627

4	巴基斯坦	197610	176439
5	美国	160667	269717

注：果糖 > 50%，转化糖除外

2011 年中国主要进口葡萄糖、果糖浆国别有所变化，以前主要以原料便宜、运输成本低的邻近国家为主，如越南、韩国等，2011 年从美国、法国等国家的进口量增加较多。

【i. 淀粉糖出口情况】

主要产品出口国家量值（只列出前五位）。

表 10　2011 年葡萄糖及糖浆出口情况　单位：千克、美元

排序	国家	出口量	出口额
1	美国	9078860	15764978
2	泰国	1326000	652715
3	巴布亚新几内亚	1008000	517194
4	沙特阿拉伯	555440	327387
5	菲律宾	482780	363110

注：20%≤果糖 < 50%

表 11　2011 年化学纯果糖出口情况　单位：千克、美元

排序	国家（地区）	出口量	出口额
1	德国	1903500	1938217
2	俄罗斯联邦	877275	910777
3	印度尼西亚	585575	646596
4	中国台湾	482100	489998
5	韩国	453500	944751

表 12　2011 年果糖及果糖浆出口情况　单位：千克、美元

排序	国家	出口量	出口额
1	菲律宾	31229200	16537900
2	越南	6345460	3613251
3	印度尼西亚	2905500	1600641
4	韩国	2121376	1044755
5	伊朗	1672000	1136757

注：果糖 > 50%，转化糖除外

【j. 多元醇产品进出口情况】

2011 年，多元醇出口额创历史新高，进口量下降，详见表 13：

表 13　2011 年多元醇产品进出口情况　单位：吨、万美元

	出口量	出口额	进口量	进口额
2010 年	241411	36678.9	362842	49782.8
2011 年	240019	50532.7	322211	53146.9

多元醇产品 2011 年出口 24 万吨，与上年基本持平，出口额 5.05 亿美元，比上年增长 37.6%。进口量 32. 22 万吨，同比下降 11.19%，进口额 5.31 亿美元，增长 6.63%。

表14　2011年主要糖醇产品进出口情况　　单位：吨、万美元

产品名称	进口量	进口额	出口量	出口额
山梨醇	2069	207.9	42344	3561.6
木糖醇	670	169.4	16660	5523.2
甘露醇	563	218.6	7129	1523.2
丙三醇（甘油）	121541	8191.0	4815	418.3

2011年中国出口多元醇产品仍以山梨醇为主，但出口量比上年下降36%，木糖醇出口量较上年增长7.3%。进口量最大的是丙三醇（甘油），达12.15万吨。

表15　2011年山梨醇进出口情况

年份	出口量（千克）	出口额（美元）	出口价格（美元/吨）	进口量（千克）	进口额（美元）	进口价格（美元/吨）
2010	66247620	38050148	574.36	2958754	2544934	860.14
2011	48343834	35616455	736.73	2068754	2080005	1005.43

按海关统计，2011年进口减少到0.21万吨．出口4.83万吨。

表16 2011年山梨醇进口情况　　单位：千克、美元

排序	国家或地区	进口量	进口额
1	法国	1180798	948696
2	印度尼西亚	331590	245323
3	美国	320369	337290
4	日本	94500	276606
5	中国台湾	43292	76625

表17　2011年山梨醇出口情况

排序	国家或地区	出口量	出口额
1	日本	8430615	7099044
2	中国台湾	5431230	3577376
3	俄罗斯联邦	4734800	3747284
4	尼日利亚	3978800	2320129
5	韩国	3163730	2848050

【k. 淀粉进出口情况】

2011年淀粉进出口情况详见表18：

表18　2011年淀粉进出口情况

产品名称	进口情况				出口情况			
	2011年总量（吨）	比上年增长(%)	2011年价格（美元/吨）	比上年增长（%）	2011年总量（吨）	比上年增长(%)	2011年价格（美元/吨）	比上年增长(%)
玉米淀粉	4242	281.13	902.75	12.28	226190	—38.27	500.23	19.67
木薯淀粉	867823	18.14	519.61	15.47	551	150.45	736.29	18.57
马铃薯淀粉	23147	—83.75	886.25	95.21	6047	3.47	1362.88	67.84

小麦淀粉	597	2.93	770.21	2.15	10671	—1.15	585.28	20.68
未列名淀粉	2201	—29.05	772.14	10.62	44511	—6.48	1109.90	37.70

2011 年玉米淀粉进口量创历史新高，比上年增长 281.13%。木薯淀粉进口量比上年增长 18.14%，到岸价比上年增长 37.69%，达 519.61 美元 / 吨。

淀粉类商品出口情况：除木薯淀粉、马铃薯淀粉分别上涨 150%和 3.47%外，其他淀粉出口量均比上年下降，下降幅度在 1.15%~38.27%不等，下降幅度最大的是玉米淀粉为 38.27%。

【l. 有关会议】

4 月 22 日，召开第三届“全国淀粉糖行业二十强企业”增补企业专家评审会议。对申请增补企业万福生科[湖南]农业开发股份有限公司、河南永昌飞天淀粉糖有限公司）的情况，特别是企业技术创新、技术改造情况及企业发展能力进行综合评定。经公示，最终两家企业全部入选。

5 月 19 日，召开全国果葡糖浆市场与发展高峰论坛暨中国发酵工业协会淀粉糖分会第四届三次理事会。会议邀请中国糖业协会、中国饮料工业协会以及行业专家作了报告；分析了“十二五”期间中国果葡糖浆行业面临的形势。

7 月 6 日，木糖、木糖醇母液新技术应用研讨会在吉林市召开，来自全国各地的 20 多家木糖、木糖醇生产厂家的主要负责人参加了研讨会。与会企业代表对企业发展现状、未来发展规划以及目前行业存在的问题进行了交流。

7 月 28 日，为推进中国淀粉与发酵工业行业过滤技术的进步，中国淀粉工业协会与中国发酵工业协会组织专家就西安航天华威化工生物工程有限公司独立完成的“LZB16 型立式全自动板框压滤机”项目在广西农垦明阳生化集团股份有限公司变性淀粉生产线上的应用进行了现场技术查定。查定专家组在现场考察了设备运行情况、审查了技术报告和现场原始记录等相关技术资料，并经质询、讨论，认为该设备结构合理，工艺先进，已获得多项专利，整体技术水平处于国内领先。

8 月 25 日，协会在广西南宁市召开了淀粉与制糖压力过滤高端技术论坛。来自淀粉、淀粉糖、高校院所的 70 余位代表出席论坛，探讨压力过滤技术的进展与应用。会议介绍了国内研制的具有自主知识产权的立式自动板框压滤机的研制与应用情况，并参观了应用于变性淀粉生产线上的立式全自动板框压滤机应用与运转情况，现场就有关问题咨询了设备供应企业和应用企业。

【m. 其他工作】

分会应发改委要求，多次撰写行业相关报告，如全国玉米油情况报告、淀粉糖发展情况报告等；参与全国玉米深加工业调整整顿专项行动；参与环保部组织的淀粉和淀粉糖行业环保核查工作，编写淀粉和淀粉糖行业环保核查方案. 组织专家讨论修改，下发环保核查通知文件，征集整理行业专家资料，整理企业上报环保核查自查资料等。

积极反映行业诉求，进行行业咨询，为企业撰写行业报告、出具证明材料等；开展行业信息统计工作；开展行业咨询和服务工作；定期完成《淀粉糖（醇）工业》杂志的出版工作；配合完成协会的各项大型会议，完成协会交办的其他工作。

（余淑敏）

2012 年

【a. 概况】

2012 年，国内宏观经济下行压力不小，不确定因素较多。淀粉糖（醇）工业也受到宏观经济下行的影响，出现了增长速度放缓的现象，淀粉糖（醇）行业认真把握中央关于"稳中求进"的总基调，在消费需求拉动下，保持了稳定增长。2012 年淀粉糖总产量达 1300 万吨，较 2011 年增长 1.08%。我国淀粉糖产能、产量均位居世界第二(美国位居世界第一，2012 年美国淀粉糖产量为 1361 万吨)，我国结晶葡萄糖、山梨醇、甘露醇、木糖醇的年产量均居世界第一。淀粉糖生产规模最大的超过 220 万吨。特别是果葡糖浆达到了跨越式发展。随着蔗糖价格的一路飙升，果葡糖浆利润逐年提高，F55 果葡糖浆 2012 年年已经进入可口可乐、百事可乐等的主流产品，2012 年果葡糖浆是淀粉糖行业最耀眼一个产品。果葡糖浆基本产销平衡，2012 年果葡糖浆产量 243 万吨，比 2011 年上升 2.97%.果葡糖浆总产能已达 500 万吨。2012 年果糖及果糖浆（果糖 > 50%，转化糖除外）出口量 8.93 万吨，同比上升 59.01%；

2012 年，我国多元醇行业运行情况良好，2012 年糖醇总产量为 160 万吨，同比增长 1.27%。(生物化工醇未列入统计范围)，其中山梨糖醇 135 万吨，木糖醇 8 万吨，麦芽糖醇 12 万吨，甘露醇 3 万吨，其它糖醇 2 万吨。

其中山梨醇、甘露醇、木糖醇产能、产量均居世界第一

位，而且山梨醇成为净出口国。淀粉糖、多元醇开发的产品完全具有自主知识产权，目前我国淀粉糖、多元醇生产企业的生产规模、生产技术和产品质量均已居世界先进水平，国内市场占有率达 90%以上，国外市场占有率也逐年提高，2012 年淀粉糖产品年出口量 105.02 万吨，与 2012 年同比下降 1.19%，出口额较 2011 年同比下降 3.96%。进口量同比增长 14.15%，进口额同比增长 1.55%。其中果糖及果糖浆（果糖 > 50%，转化糖除外）出口量 8.93 万吨，同比上升 59.01%。

多元醇产品 2012 年出口 22 万吨，比 2011 年同比下降 6.50%，出口额 3.99 亿美元，下降 20.99%。进口量 34.46 万吨，同比上升 6.95%，进口额 5.09 亿美元，下降 4.07%。

2012 年淀粉糖产值达 390 亿元，比 2011 年同比增长 1.56%。

淀粉糖、多元醇品种由原来的 6 个发展到现在的 35 种。

淀粉糖生产的集中度进一步提高，2012 年 20 强企业淀粉糖的生产规模占行业总规模的 85%，生产规模上已和国外公司媲美。

淀粉糖、多元醇在我国几年时间内的崛起，不仅顺应国家农业政策，更反映了国际、国内的市场需求。企业规模化的发展，有利于行业的做大做强，有利于国际竞争力的提高。

【b. 2011 年淀粉、变性淀粉、淀粉糖、多元醇产量】

1、**淀粉产量**：2012 年淀粉产量 2253 万吨，比 2011 年增加了 6.93 万吨，同比增长仅为 0.31%。而 2011 年淀粉产量的增幅高达 13%，近几年的增幅也一直维持在 10%以上。2012 年的淀粉产品中，玉米淀粉的产量为 2122 万吨，比 2011 年增加了 40.15 万吨，同比增长了 1.93%，木薯淀粉 68.19 万吨，减少 21.86 万吨同比下降 24.27%。马铃薯淀粉的产量 3848 万吨，减少 19.38 万吨同比下降 33.49%。红薯淀粉产量 19.64 万吨，增加 9.19 万吨。同比增长 87.93%。小麦淀粉产量 3.94 万吨，减少 1.17 万吨，下降 22.91%。

2012 年玉米淀粉实际产量在 10 万吨以上的企业 38 个，其中山东省 14 个、吉林省 3 个、河北省 10 个、河南省 5 个、陕西省 3 个、辽宁 1 个、北京市 1 个、新疆维吾尔自治区 1 个。按规模分，其中 10~30 万吨 20 个，30~50 万吨 6 个，50~100 万吨 7 个，100~200 万吨 3 个，200 万吨以上 2 个，这 38 个企业玉米淀粉的年产量为 2018 万吨，占玉米淀粉总产量的 95.07%，与 2011 年相比增长 3.5 个百分点。

从地区分布情况看，山东、吉林、河北三省玉米淀粉的产量仍然保持着前三位，分别占玉米淀粉总产量的 46.2%、20.7%、14.4%，这三个省合计产量占玉米淀粉总产量的 81.2%，与 2011 年基本持平。

从淀粉生产企业来看，开工率不高，整体维持在 60%-70%。但是由于近几年淀粉产能始终保持快速增长，目前行业产能已经超过 3000 万吨，所以导致淀粉产量始终保持着增长的趋势。

表 1　2007 年~2012 年各类淀粉产量表

年产量 / 种类	产量（万吨）					
	2007 年	2008 年	2009 年	2010 年	2011 年	2012 年
玉米淀粉	1529.65	1685.23	1725.52	1902.05	2082.29	2122.44
木薯淀粉	79.15	89.54	47.43	35.38	90.05	68.19
马铃薯淀粉	34.28	32.16	16.72	22.76	57.85	38.48
红薯淀粉	3.01	7.20	9.00	8.50	10.45	19.64
小麦淀粉	4.46	4.25	4.04	4.98	4.51	3.94
葛根淀粉	0.03				0.60	
淀粉总计	1650.02	1818.37	1802.71	1973.66	2245.75	2253.00

表 2　2012 年 4 万吨以上 12 省、地区玉米淀粉产量情况

序号	省份	2012 年			2011 年		
		厂家数量	淀粉产量（吨）	占比（%）	厂家数量	淀粉产量（吨）	占比（%）
1	山东省	18	9798908	46.2	18	9461671	45.4

2	吉林省	6	4386472	20.7	7	4317959	20.7
3	河北省	23	3048195	14.4	33	3176914	15.3
4	河南省	6	1162445	5.5	7	1179869	5.7
5	陕西省	3	1042517	4.9	3	1194404	5.7
6	辽宁省	2	837372	3.9	2	892710	4.3
7	黑龙江省	1	484089	2.3	1	148137	0.7
8	山西省	6	205686	1.0	3	219025	1.1
9	新疆维吾尔自治区	1	114452	0.5	1	57836	0.3
10	甘肃省	1	52792	0.2	2	50000	0.2
11	江苏省	1	50000	0.2	1	36500	0.2
12	湖北省	1	41500	0.2%	1	87860	0.4%
	总计	**69**	**21224428**	**100.00**	**79**	**20822885**	**100.00**

表 3　2007 年—2012 年玉米淀粉产能、产量（万吨）

2007 年		2008 年		2009 年		2010 年		2011 年		2012 年	
产能	产量	产能	产量	产能	产量	产能	产量	产能	产量	产能	产量
2239	1530	2316	1685	2587	1726	2712	1902	2817	2082	3025	2122

表 4　2012 年淀粉需求结构（万吨）

	2011 年	2012 年	2012 年占淀粉总量百分比（%）
淀粉糖	1060	1092	59
医药	131	133	7
变性淀粉	66	66	4
啤酒	146	144	8
化工	111	115	6
食品加工	152	149	8
造纸	130	135	7
出口	27	25	1
总计	1823	1859	100

2、变性淀粉产量：

2012 年 50 个企业生产的变性淀粉总量为 171.56 万吨，与 2011 年相比，增长 22.58%，其中 2 万吨以上的 28 个企业变性淀粉总量为 153.03 万吨，占总产量的 89.20%。变性淀粉品种中，磷酸酯淀粉、醋酸酯淀粉、羟丙基淀粉、羧甲基淀粉、降解淀粉产量增加，氧化淀粉、预糊化淀粉、复合变性淀粉产量减少。从地区分布情况看，变性淀粉企业集中在华东和两广地区，这两个地区的产量 149 万吨，占总产量 86.82%，但上海市、河南省、陕西省、青海省、黑龙江省等省也都开始有了变性淀粉的生产。从各省区看，位居第一的是山东，产量 63.30 万吨，占总产量的 36.90%；位居第二的是广西，产量 32.09 万吨，占总产量的 18.71%；第三是浙江，产量 18.80 万吨，占总产量的 10.96%；第四是广东，产量 13.19 万吨，占总产量的 7.69%，这四个省区合计年产量为 127.38 万吨，占变性淀粉总产量的 74.24%。

表 5　2012 年 19 个省区变性淀粉产量

序号	省份	2012 年			2011 年		
		厂家数量	变性淀粉产量（吨）	占比（%）	厂家数量	变性淀粉产量（吨）	占比（%）
1	山东省	10	633012	36.90	5	435375	31.11
2	广西区	9	320937	18.71	9	256803	18.35
3	浙江省	3	187963	10.96	3	226836	16.21
4	广东省	5	131928	7.69	6	149273	10.67
5	江西省	4	119698	6.98	2	99000	7.07
6	吉林省	2	93000	5.42	2	98495	7.04
7	江苏省	2	59166	3.45	2	38866	2.78
8	河北省	3	52200	3.04	2	5200	0.37
9	甘肃省	2	25430	1.48	2	30280	2.16
10	上海市	2	36872	2.15			
11	海南省	1	20000	1.17	1	10000	0.71
12	天津市	1	13833	0.81	1	33551	2.40
13	河南省	1	6531	0.38			
14	山西省	1	5860	0.34	1	5137	0.37
15	湖北省	1	5700	0.33	1	7000	0.50
16	陕西省	1	3035	0.18			
17	青海省	1	278	0.02			
18	黑龙江省	1	184	0.01			
19	内蒙古	1			1	3800	0.27
	合计	50	1715627	100.00	38	2796088	100.00

3、淀粉糖产量：

2012 年全国淀粉糖总产量为 1300 万吨，比 2011 年增长 1.08%，其中固体糖 425 万吨，较 2011 年增长 1.19%，液体糖 875 万吨（折合干基约 639 万吨），较 2011 年增长 1.16%。

表 6　2012 年淀粉糖产品产量表

种类	产品	产量（万吨）
液体糖（875 万吨）	麦芽糖浆	480
	葡萄糖浆	152
	果葡糖浆	243
固体糖（425 万吨）	结晶糖	320
	麦芽糊精	90
	其它	15

表 7　2007~2012 年各品种淀粉糖产量表

种类＼年产量	产　　量（万吨）					
	2007 年	2008 年	2009 年	2010 年	2011 年	2012 年
麦芽糖浆	379.34	285.92	322.54	345.2	457	480
葡萄糖浆	87.03	115.44	118.18	164.3	172	152
果葡糖浆	31.84	55.77	75.23	93.5	236	243
其它液体糖			4.44		0.5	
结晶糖	219.63	210.35	238.78	250.3	317	320
麦芽糊精	54.53	57.88	60.00	62.9	93	90
其它固体糖	1.34	2.80	2.49	6.6	10.5	15
总　计	773.37	728.87	827.66	922.8	1286	1300

2012 年**果葡糖浆**随着蔗糖价格的一路飙升，利润逐月提高，F55 果葡糖浆在 2012 年已经进入可口可乐的主流产品，2012 年果葡糖浆是淀粉糖行业最耀眼一个产品。果葡糖浆产销基本平衡，2012 年国内 F55 产能在 330 万吨，F42 产量在 70 万吨，整个 2012 年全国果葡糖浆产能为 400 万吨。2013 年我国仍有 50 万吨左右的果葡糖浆新增产能，预计到 2013 年末全国果葡糖浆产能达到 500 万吨。

对于整个白糖和淀粉糖替代的区域主要就集中在罐头，碳酸饮料和果汁等区域，该部分区域，交叉的甜味剂需求量 2012 年 396.98 万吨，2013 年交叉市场甜味剂需求量在 441.45 万吨。而 2013 年度果葡糖浆的产能达到了 500 万吨，供给明显大于需求，果葡糖浆出现恶性竞争，利润下降是必然的事情。而 2013 年度，正好也是国际糖价下跌，我国白糖供应达到历史高位的一年，虽然果葡糖浆相比白糖仍然具有替代优势，但是替代正在逐步走向饱和，有限的市场容量并不能消化所有产能。2012 年果糖及果糖浆（果糖＞50%，转化糖除外）出口量 8.93 万吨，同比上升 59.01%。

表 8　各省果葡糖浆产能占总产能的百分比

省份	山东	江苏	浙江	广东	河南	吉林	四川	河北	湖南	天津	上海	湖北	辽宁	陕西	福建	黑龙江
占总产能的百分比%	18	12	11	9	8	7	6	5	5	4	4	3	3	2	2	1

表 9　果葡糖浆在应用领域占百分比

应用领域	饮料	面包	奶制品	糖果	其他食品
占百分比(%)	75	9	8	1	3

4、**糖醇产量**：2012 年，我国多元醇行业运行情况良好，2012 年糖醇总产量为 160 万吨，同比增长 1.27%。（生物化工醇未列入统计范围），其中山梨糖醇 135 万吨，木糖醇 8 万吨，麦芽糖醇 12 万吨，甘露醇 3 万吨，其它糖醇 2 万吨。

表 10　2012 年多元醇产品产量表

种类	产品	产量（万吨）
多元醇	山梨醇	135
	木糖醇	8
	麦芽糖醇	12

	甘露醇	3
	其他	2
总计		160

【c. 淀粉糖的产值、集中度、消费情况】

1、产值

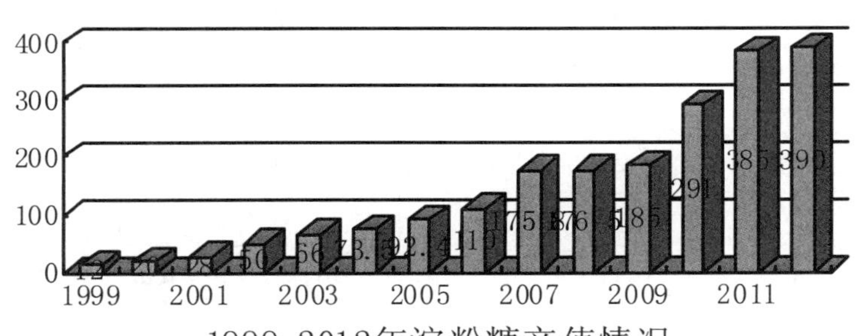

1999-2012年淀粉糖产值情况

从图中可以看出淀粉糖所创造的经济效益一直是稳步上升，特别是2007-2012年间，保持33.57%的高增长速度。

2、淀粉糖集中度：在行业整合中淀粉糖生产的集中度进一步提高，2012年20强企业淀粉糖的生产规模占行业总规模的85%，生产规模上已和国外公司媲美。

2012年淀粉糖产量在10万吨以上的企业24个，集中在山东、吉林、河北、河南、广东5个省。其中10～20万吨10个、20～30万吨6个、30～40万吨3个、65万吨一个，100万吨1个、150万吨2个、180万吨1个。这24个企业淀粉糖年产量为1025万吨，占淀粉糖总产量的78.85%。山东、吉林、广东、河北4省淀粉糖的产量分别占淀粉糖总产量的45.54%、15.38%、10%、7.92%。

3、国内外淀粉糖生产及消费情况：

世界上除少数具有丰富甘蔗资源的国家以外，发达国家淀粉糖的消费量都很高，目前全球淀粉糖的年产量已近3000万吨，其中数量最多的是果葡糖，美国是全球最大的淀粉糖产销国，美国2012年淀粉糖总量1361万吨。其中F42果葡糖浆357.81万吨，F55和以上的果葡糖浆525.01万吨,.其他为结晶葡萄糖、固体玉米糖浆和麦芽糖浆。

2010年美国年人均淀粉糖消费量29.92Kg.，人均蔗糖消费量29.96Kg。

蔗糖：淀粉糖=29.96：29.92=1：1

淀粉糖占食糖总消费量的50%，欧盟和日本的淀粉糖消费量也占到40%以上，也就是说，发达国家人们日常食用的食糖中有50%是淀粉糖。

中国淀粉糖消费情况：

中国2012年淀粉糖总量1300万吨。与美国不同，我国淀粉糖中葡萄糖、麦芽糖浆所占比例较大（结晶葡萄糖320万吨、麦芽糖浆480万吨），而国外食品工业大量使用的果葡糖需求在逐步扩大，我国已达243万吨。（产能500万吨），具有较大的发展潜力。

中国（13亿人口）年人均淀粉糖消费量10Kg

中国（13亿人口）年人均蔗糖消费量10.7Kg

蔗糖：淀粉糖=10.7：10=1.07：1

中国是玉米生产大国，为保障粮食安全，目前对玉米加工的的数量控制在26%但是随着城镇化的进程加快，人民消费水平又呈上升趋势。淀粉糖的发展在"十二五"期间还要有所发展。

【d. 淀粉、淀粉糖及多元醇进出口情况】

1、淀粉糖产品进出口情况

（1）淀粉糖产品进出口情况

表11　2008-2012年淀粉糖产品进出口量、进出口额　　**单位：吨，万美元**

	出口量	出口额	进口量	进口额
2008年	822746	60408	166395	15438
2009年	763761	44612	182620	15538

2010 年	959060	61827	245025	22981
2011 年	1062897	76029	283455	31426
2012 年	1050200	73019	323479	31914

2012 年与同期相比，淀粉糖等 6 种商品出口量全面下降，其中：葡萄糖及葡萄糖浆（果糖＜20%）下降 11.30%；葡萄糖及糖浆（20%≤果糖＜50%，转化糖除外）下降 39.61%；山梨醇下降 29.54%；未列名淀粉下降 19.47%；玉米淀粉下降 53.30%；小麦淀粉下降 45.75%。以上商品的离岸价与同期相比，无明显变化。

2012 年淀粉糖产品年出口量 105.02 万吨，与 2011 年同比下降 1.19%，出口额较 2011 年同比下降 3.96%。进口量同比增长 14.15%，进口额同比增长 1.55%。其中果糖及果糖浆（果糖＞50%，转化糖除外）出口量 8.93 万吨，同比上升 59.01%。

表 12　2011–2012 年淀粉糖产品进出口数据　　单位：吨、万美元

月份	进口量		进口额		出　口　量		出口额	
	2011	2012	2011	2012	2011	2012	2011	2012
1 月	26310	13264	2767.6	1428.2	107802	79950	7146.5	5778.2
2 月	14279	19530	1584.5	2428.5	75271	70830	4945.3	5040.2
3 月	22797	18518	2950.6	2528.9	128268	91289	8251.7	6373.7
4 月	25300	18370	2665.8	1860.7	118497	86554	8027.6	6245.0
5 月	23203	28842	2403.7	3084.8	103006	85614	4059.4	6042.6
6 月	17428	24149	1978.2	2650.8	105490	79140	7523.8	5770.4
7 月	18502	24207	2213.7	3033.7	80197	73585	4078.0	5233.9
8 月	19725	32558	2183.6	3305.9	71880	78892	5642.4	5667.3
9 月	36485	30163	3665.5	2865.5	73929	100342	5875.6	6742.4
10 月	24703	31462	2585.2	3160. 5	69267	95560	5419.9	6369.3
11 月	27929	41504	2915.2	3999.5	80312	111371	5942.8	7296.5
12 月	25919	40912	3128.0	3825.2	80767	97073	5975.5	6453.4

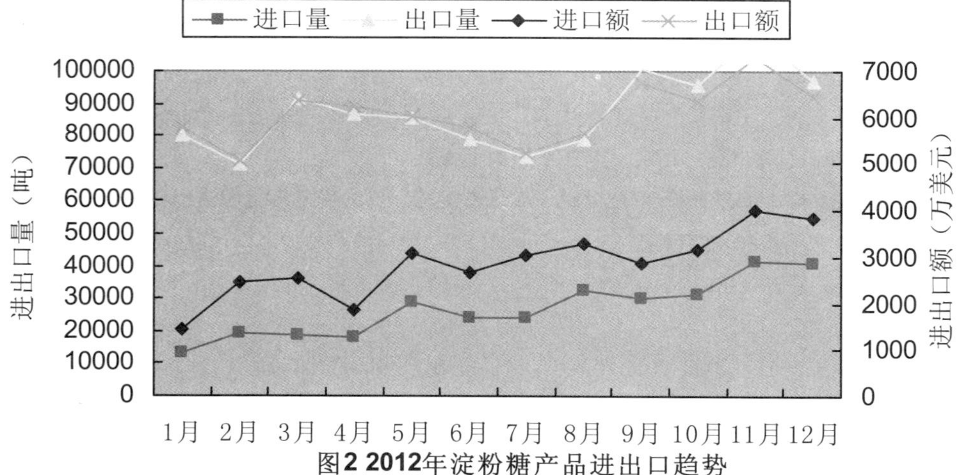

图2 2012年淀粉糖产品进出口趋势

（2）淀粉糖主要产品进口国别量值（只列出前五位）（单位：千克、美元）

表 13　葡萄糖及糖浆，20%≤果糖＜50%

序号	国别	进口量	进口额
1	越南	8358000	2139649
2	法国	180000	141681
3	荷兰	168000	128328
4	日本	124402	270950
5	泰国	123093	135751

表 14　化学纯果糖

排序	国别	进口量	进口额
1	美国	1004830	1102447
2	芬兰	592075	868655
3	泰国	37500	25261
4	以色列	36175	108860
5	台澎金马关税区	3237	1230

表 15　果糖及果糖浆，果糖＞50%，转化糖除外

排序	国别	进口量	进口额
1	韩国	1567055	3558380
2	以色列	748000	1104960
3	美国	529315	907588
4	非礼宾	300132	335770
5	缅甸	235500	55952

2012 年我国主要进口葡萄糖、果糖浆国别有所变化，以前主要以原料便宜、运输成本低的临近国家为主，如越南、韩国等，2012 年从美国、法国等美洲、欧洲国家进口的量增加较多。

（3）淀粉糖主要产品出口国别量值（只列出前五位）（单位：千克、美元）

表 16　葡萄糖及糖浆，20%≤果糖＜50%

排序	国别	出口量	出口额
1	美国	2726059	5188356
2	印度尼西亚	2104810	1054194
3	印度	811880	638136
4	沙特阿拉伯	604800	328374
5	马来西亚	555140	1053950

表 17　化学纯果糖

排序	国别	出口量	出口额
1	印度尼西亚	3233035	3356154
2	德国	3243441	3427684
3	俄罗斯联邦	2740850	2854215

4	南非	1089925	1247730
5	西班牙	1011000	1041540

表 18　果糖及果糖浆，果糖 > 50%，转化糖除外

排序	国别	出口量	出口额
1	菲律宾	54847320	28845172
2	越南	17072175	9519345
3	印度尼西亚	5382100	2921301
4	巴布亚新几内亚	2176000	1486070
5	沙特阿拉伯	1551420	1708378

2、2012 年多元醇产品进出口情况

（1）2012 年多元醇产品出口量、出口额双下降，进口量上升、但进口额下降。

表 19　2008–2012 年多元醇产品进出口量、进出口额　　单位：吨，万美元

	出口量	出口额	进口量	进口额
2008 年	268123	44109.6	258082	42093.4
2009 年	198100	24143.9	335075	36902.0
2010 年	241411	36678.9	362842	49782.8
2011 年	240019	50532.7	322211	53146.9
2012 年	224419	39923.6	344618	50982.5

多元醇产品 2012 年出口 22 万吨，比 2011 年同比下降 6.50%，出口额 3.99 亿美元，下降 20.99%。进口量 34.46 万吨，同比上升 6.95%，进口额 5.09 亿美元，下降 4.07%。

表 20　2011–2012 年各月份多元醇产品进出口数据　　单位：吨、万美元

月份	进口量		进口额		出口量		出口额	
	2011	2012	2011	2012	2011	2012	2011	2012
1 月	32534	20919	5185.8	2815.6	21872	18585	4446.3	3725.3
2 月	19493	27035	3210.3	4125.6	16597	19480	3650.9	3813.5
3 月	21098	41288	5193.9	5599.5	24143	20908	5118.4	4175.6
4 月	27041	26654	4520.8	4287.7	22068	21307	4956.8	4247.7
5 月	22145	29813	3949.9	3929.1	17796	19995	4388.8	4148.0
6 月	22582	27605	4005.9	3937.9	20609	18678	4527.7	3696.1
7 月	24450	26897	4138.7	3742.1	17618	19039	4707.3	3522.8
8 月	14144	25034	4545.1	3566.8	20252	18731	4402.3	3537.7
9 月	32789	32646	5267.9	5354.8	20492	18815	4185.4	3276.6
10 月	27757	34272	4752.7	5585.5	17280	18256	3339.4	2905. 5
11 月	25297	24470	3846.2	3751.9	16894	15627	3300.2	2567.8
12 月	25831	28283	4415.5	4408.2	18402	17720	3314.3	3019.0

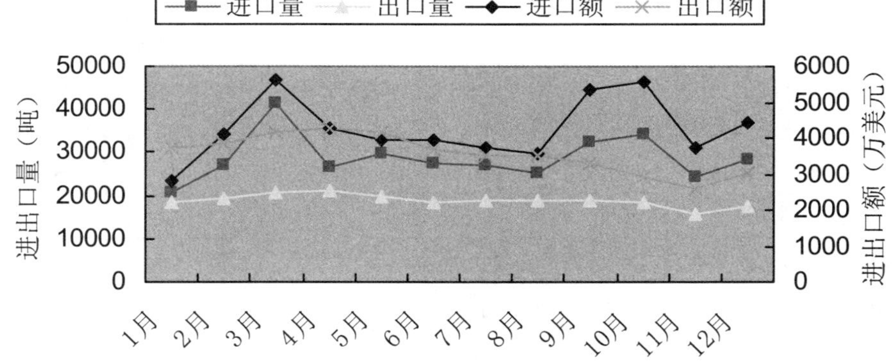

图1　2012年多元醇产品进出口形势

（2）2012 年多元醇产品主要产品进出口数据

表 21　2012 年主要糖醇产品进出口数据　　单位：吨，万美元

	进口量	进口额	出口量	出口额
山梨醇	2187	233.5	34065	2630.0
木糖醇	615	155.8	11522	4081.9
甘露醇	396	172.1	7049	1756.5
丙三醇（甘油）	130800	9722.6	4874	387.4

2012 年我国出口多元醇产品仍以山梨醇为主，但出口量比 2011 年下降 29.53%，木糖醇出口量较 2011 年下降 30.84%。进口量最大的是丙三醇（甘油），达到 13.08 万吨。

（3）山梨醇产品进出口国别量值（只列出前五位）（单位：千克、美元）

表 22　山梨醇进口国别量值

排序	国别	进口量	进口额
1	法国	1627637	1317349
2	美国	225922	273649
3	日本	154919	519246
4	英国	41388	25948
5	德国	29323	65238

表 23　山梨醇出口国别量值

排序	国别	出口量	出口额
1	日本	10218740	8526373
2	台澎金马关税区	3840290	2673229
3	韩国	2743250	2452872
4	俄罗斯联邦	2588600	2375260
5	菲律宾	1410860	822037

3、2012 年淀粉进出口情况（数据来自海关）

表 24　2012 年淀粉进出口情况

项目	进口情况				出口情况			
	2012 年总量（吨）	与 2011 年相比（%）	2012 年价格（$）	与 2011 年相比（%）	2012 年总量（吨）	与 2011 年相比（%）	2012 年价格（$）	与 2011 年相比（%）
玉米淀粉	854	–79.87	991.52	9.83	105636	–53.3	516.76	3.30
木薯淀粉	1035096	19.28	450.	–13.22	575	4.36	2346.49	218.72
马铃薯淀粉	37353	61.37	773.54	–12.72	5230	–13.51	1008.24	–26、02
小麦淀粉	785	26.97	635.80	–17.45	5789	–45.75	578.51	–1.16
未列名淀粉	11361	416.17	738.41	–4,37	35845	–19.47	1301.96	18.12

木薯淀粉进口量与 2011 年相比增长 19.28%，价格下降 13.22%。马铃薯淀粉进口量与 2011 年相比增长 61.37%，价格下降 12.72%。小麦淀粉进口量与 2011 年相比增长 26.97%，价格下降 17.45%。未列名淀粉进口量与 2011 年相比增长 416.17%，价格下降 4.37%。 淀粉类商品出口情况：除木薯淀粉上涨 4.36%外，其它淀粉出口量均比 2011 年下降，下降幅度在 13.51—53.3%不等，下降幅度最大的是玉米淀粉为 53.3%。

【e. 影响淀粉糖（醇）行业发展的因素】

1、国家政策对淀粉糖（醇）行业的宏观调控

2012 年中国政府继续严控玉米深加工企业的快速发展，国家上调玉米纤维等产品的增值税率、淘汰落后产能、燃料乙醇补贴再度下调等政策相继出台，反映出国家在粮食安全的调控问题上从未放松，确保国内玉米供需。

受政策因素影响行业增速放缓：国家近年来出台的一系列有关玉米深加工的产业政策，使得新批淀粉糖（醇）生产企业大幅度减少，不少企业只能在原淀粉产能的基础上进行进一步的深加工，不能擅自扩大产能。从而导致了淀粉糖（醇）行业整体增速放缓。尽管淀粉糖（醇）属于国家鼓励发展的惠及民生的产品，但由于其生产原料的敏感性而不能像前些年一样放开了发展。

2、食品工业持续快速发展为淀粉糖（醇）的消费市场提供了广阔的空间

食品工业持续快速发展和消费需求快速增长：我国是世界上继美国之后的第二大淀粉糖生产国，也是世界第二大食糖消费国，淀粉糖（醇）是国计民生的重要战略物资组成部分，也是中国食品工业发展的重要基础性的原料之一。淀粉糖（醇）作为食糖的有力补充和食品配料，广泛的应用于食品工业各类产品中。同时淀粉糖（醇）也被应用于日化、造纸、纺织、化工等行业。

近年来，随着人民生活水平的提高和生活节奏的不断加快，特别是食品工业的高速发展，我国食品工业近十年年均增速超过 25%。

2012 年，全国规模以上食品企业 33692 家，实现现价食品工业总产值 8.96 万亿元，同比增长 21.7%，食糖的消费量有了快速的提高，工业用糖明显的增加，其消费比例已经超过全国食糖消费总量的一半，各食品工业用糖比例如下：饮料行业 24%；糕点行业 23%；糖果 19%；休闲食品 8%；冷饮 6%；罐头 4%；酿酒 3%；制药 3%；果脯 3%；其他 7%。

2012 年糖果巧克力规模企业产量总计 242.09 万吨，比 2011 年增长了 8.66%。2012 年我国糖果工业格局未有根本改变，但在生产原料消耗中，大宗类白砂糖与糖浆的投料量已发生趋势性转变，由以往的白砂糖多、糖浆少全部转变为白砂糖少、糖浆多，部分企业的白砂糖、糖浆投料比已接近 3:5。

果冻市场规模近两年发展较快，每年均以 10%以上的速度递增，2012 年果冻年产量达到 130 万吨，销售额约为 120 亿元。2012 年果葡糖浆在果冻产品中应用较广泛，一般配料中用量占砂糖的 50%以上。果冻使用果葡糖浆优点是：可以减少化糖数量，降低能耗；提高产品透明度；因此果冻行业果葡糖浆的用量较大，未来几年市场前景广阔。

面包应用

果葡糖浆在面包的使用量，是排在饮料之后，第二位。随着消费者健康和食品安全意识的加强，工作节奏加快，面包市场需求量不断增加，我国 2012 年面包年产 300 万吨。麦可顿、义利、伊斯宝特、百麦等在面包产品中已经在使用。

冷冻饮品行业在中国具有广阔的消费市场，其规模在不

断扩大，消费的季节性差异也在逐步减弱。2012 年按全年产量 350 万吨。

2012 年糖水水果罐头年产 200 万吨、八宝粥 150 万吨、果酱 5 万吨。含糖罐头食品的总用糖量 33 万吨。

2012 年多数含糖食品产量也保持了 20%左右的增长速度。食品工业特别是含糖食品的飞速发展，扩大了对淀粉糖（醇）产品的需求，因此食品工业的发展，对淀粉糖（醇）无论是在用量上，还是在品种和质量上都保持着较高的需求，为淀粉糖（醇）产品的消费市场提供了广阔的空间。

3、原辅料价格上升导致企业利润空间降低

在我国加工淀粉糖（醇）的主要原料为玉米，以玉米为原材料生产的淀粉糖（醇）约占其总产量的 95%。所以原辅材料的成本对企业利润有着至关重要的影响。

2012 年我国玉米播种面积约 5.1 亿亩，比 2011 年增加 900 万亩，产量为 20812 万吨。9 年间，我国玉米面积增加 1.63 亿亩，增长 45.2%，占粮食面积增量的 91.6%；产量增加 1846 亿斤，增长 79.7%，占粮食产量增量的 58.1%。

2012 年，我国玉米均价延续 2011 年的涨势，虽然年中部分销区和港口价格回调整理，但整体价格走势向上。具体来看，2012 年玉米均价为 2383 元／吨，远高于 2011 年的 2287 元／吨，也高出 5 年均值 1836 元／吨，涨幅 29.7%。

同国际市场的比价关系来看，2012 年中国玉米价格同世界主要的生产国、进口国的价格相比，中国为全球玉米价格最高的国家，不仅远高于主要生产国如法国和美国的价格，而且高于我们过去的主要出口国日本。中国玉米分别为日本、美国、法国及全球价格的 1.14 倍、1.31 倍、1.30 倍和 1.13 倍。

国内玉米市场演绎了近几年来少有的大幅上涨行情，并不断刷新历史最高纪录。这给淀粉糖（醇）生产企业带来了很大压力。

另外、除原辅材料价格持续上涨给企业生产带来较大冲击外，劳动力成本如工资上调、养老保险及其他成本的上升，促使企业只能从内部管理经营和节能降耗上动脑筋、想办法，千方百计提高工作效率、降低成本。生产企业的利润空间将越来越小。玉米供应处于紧平衡状态，价格上涨，从很大程度上影响了淀粉糖（醇）行业的发展。

4、食糖价格走低使淀粉糖（醇）利润空间下降

2012／2013 年制糖期全国共生产食糖 1306.84 万吨比上一制糖期多产糖 155.09 万吨。受国际糖价持续走低的影响，国内糖企亏损，食糖业处于供过于求的状态。随着 2012 年蔗糖价格的回落，淀粉糖与白砂糖的比价优势丧失，再加上淀粉糖原料玉米价格上涨，替代品的竞争优势减弱。食糖价格走低使淀粉糖（醇）利润空间下降。淀粉糖（醇）和白糖互相替代使用的行业主要集中在碳酸饮料、果汁、罐头等饮料行业，该部分行业市场替代容量最大，饮料代表以可口可乐为主，替代量可达到 75%以上，其他如糕点、蜜饯等食品也有替代量，但整体而言，量很小,饮料行业，白糖和果葡糖浆相互替代量最大，加工工厂在选择使用哪种品种时主要根据成本来推动，两者相互替代不具有其他壁垒。

2007 年—2012 年碳酸饮料产量及用糖量

年份	2007 年	2008 年	2009 年	2010 年	2011 年	2012 年
产量（万吨）	1066.5	1123.1	1225.1	1280.0	1587.0	1356.7
添加糖量比例按 12%计（万吨）	120.78	134.77	147.01	153.6	190.44	162.8

从上表的碳酸饮料产量来看，产量的上涨跟 GDP 增速息息相关，2011 年我国进入产能调整时期，因为消费增速跟不上产能变化，调结构时期必然遇到产需调整问题。从果汁用糖比例为 8.5%计算，2012 年果汁产量为 2164.6 万吨，2012 年全年糖用量为 183.9 万吨，对于整个白沙糖和淀粉糖（醇）替代的区域主要就集中在罐头，碳酸饮料和果汁等区域，该部分区域，交叉的糖需求量 2012 年 396.98 万吨，利润下降是必然的事情。

2013 年度，国际糖价下跌，我国白糖供应达到历史高位的一年，虽然果葡糖浆相比白糖仍然具有替代优势，但替代正在逐步走向饱和，有限的市场容量并不能消化所有产能。虽然淀粉糖的（醇）使用领域非常广，范围涉及到化工、医药、食品加工等众多行业。淀粉糖（醇）在化工业及医药行业的使用已经有很长的历史，具有很强的不可替代性，但在食品加工方面，会受到食品行业产品结构的影响。如：F55 果葡糖浆适合用于饮料、冰淇淋和冰冻甜食等，F42 果葡糖浆适宜用于一般食品，葡萄糖主要用于生产各式面包以及表面有糖霜的的食品如甜饼、夹心饼干等。

食糖价格。从以往来看，每当食糖的价格较高的时候，淀粉糖（醇）的发展速度比较快、价格也比较高，当食糖的价格较低时，其产量和应用范围也会受到一定的抑制。

5、消费需求快速增长为淀粉糖（醇）的消费市场提供了广阔的空间：

① 伴随城镇化进程加快，城镇消费群体增加。2012 年城镇人口 71182 万人，占总人口比重 52.57%,比 2011 年末增加 2103 万人；乡村人口 64222 万人，同比减少 1434 万人。

② 消费水平不断上升，2012 年我国人均收入提高，城镇居民人均可支配收入 26959 元，实际增长 9.6%;农村人均纯收入 7917 元，实际增长 10.7%.消费支出明显增加，消费能力加强，恩格尔系数下降。农村居民食品消费支出占消费总支出的比重为 39.3%,城镇为 36.2%。

③ 消费潜力巨大：年内中央出台一系列扩大内需，促进消费的宏观政策措施，食品消费显示出巨大潜力。

【f. 淀粉糖和多元醇工业面临的问题和发展趋势】

1、面临的问题

① 成本上涨，企业压力增加

淀粉糖（醇）所用原料主要是玉米，山东、河南、河北等发酵行业聚集地的玉米消耗量超过当地玉米产量，玉米供应紧张，价格上涨，从很大程度上影响了淀粉糖（醇）行业的发展。随着产能的释放和扩张，世界粮食安全的紧张形势和我国玉米深加工产业政策的调整，原料供需矛盾和竞争将日益突出。2012 年，全国玉米价格呈现波动上涨态势，年底玉米价格为 2.42 元/公斤，同比上涨 3%。

从同比玉米价格变化来看，2012 年各月均有不同程度的上涨，全年的平均涨幅为 15.21%，其中上半年的上涨的幅度较高，基本在 20%以上，新粮上市以来的实际同比涨幅在 6%以下，为较低的价格上涨水平。

玉米价格近几年保持持续上涨态势，给深加工企业带来了很大的压力，特别是玉米淀粉企业，在原料玉米价格走势趋涨及下游市场需求不振影响下，玉米淀粉价格在 2720-3100 元/吨。每生产 1 吨淀粉就赔 150—200 元。近五年，玉米淀粉行业平均开工率约为 63%，比上一个五年下降 5%。

2012 年，淀粉行业开工率为 62%，行业产能闲置现象严重。

② 环境保护、节能减排、清洁生产压力变大

从淀粉糖（醇）行业的情况来看，行业产能正向具有规模优势、技术优势和品牌优势的企业集中。但是，2012 年上规模的淀粉糖（醇）企业只占少数，大部分企业规模仍没有达到合理的经济规模。由于国家对资源能源消耗、环保治理的要求越来越严格，虽然行业环保投入加大，在三废治理上已初见成效，行业积极推行循环经济、清洁生产发展模式，但从建设节约型社会和环境友好型社会的要求来看，特别是行业开展清洁生产审核和国家环保部开展淀粉、淀粉溏行业环保核查（关于开展淀粉、淀粉溏、酒精生产企业环保核查工作的通知，环办函[2011]1273 号），淀粉糖行业发展面临着加强环保治污和减少资源消耗的双重压力和约束，清洁生产、节能减排任务艰巨，这将是淀粉糖行业“十二五”期间发展所面临的一个重要课题。

③ 标准立项难影响新产品开发：由于 2012 年食品工业实行生产许可管理，标准成为产品生产不可或缺的必要条件，但标准立项困难，包括国家标准、行业标准和卫生部主导的食品安全国家标准等，没有标准无法生产，这极大影响了淀粉糖（醇）行业的新产品开发积极性，减缓了新产品产业化步伐。

④ 受政策因素影响行业增速放缓：国家近年来出台的一系列有关玉米深加工的产业政策，使得新批淀粉糖（醇）生产企业大幅度减少，不少企业只能在原淀粉产能的基础上进行进一步的深加工，不能擅自扩大产能。从而导致了淀粉糖（醇）行业整体增速放缓。尽管淀粉糖（醇）属于国家鼓励发展的惠及民生的产品，但由于其生产原料的敏感性而不能像前些年一样放开了发展。

2、未来发展趋势

① 原料供给走多元化发展道路。我国对玉米深加工限制的政策，淀粉糖（醇）企业处于一个进退二难的地步：由于我国食品工业快速发展，淀粉糖（醇）的 下游市场很大，平均年增长 15%以上，要求加大产淀粉糖（醇）产量，但主要原料玉米又受到明确的政策限制，不仅不能增加，还要减少 12.5%。淀粉糖（醇）工业要持续发展就要开辟新的原料。

（一）开发淀粉型的玉米替代原料：

A、大力开发木薯加工；木薯是热带与亚热带地区生长的一种根茎作物，它可在贫瘠土地生长，耐旱耐涝、收成稳定。它含淀粉高，蛋白质低，适于淀粉糖的生产。中国的木薯主要集中在广西、广东西部、云南南部及海南岛，其中广西占 65%以上。

2012 年我国木薯（鲜薯）总产量 900 万吨。木薯含淀粉约为 25%，按四吨木薯生产一吨淀粉计算，只能生产 225 万吨木薯淀粉。因此，国内能用于淀粉糖生产的木薯数量不多。想依靠国内的木薯种植来解决我国淀粉糖（醇）的原料，是不现实的。

走出国门，东盟大多是木薯种植国，到东盟开发木薯原料，是可行的。

——东盟木薯种植面积 350 万公顷，占世界总面积的 19%，总产量 6000 万吨，占世界 25%。

其中，泰国木薯种植面积 133 万公顷，产量 2800 万吨，居世界第 3；印尼木薯总产量 2000 万吨，居世界第 4。越南种植面积 53 万公顷，产量 1000 万吨；

东盟是世界上最大的木薯产品出口国，每年出口木薯干片与木薯粒 700 万吨，占世界木薯总贸易量的 90%。

——土地资源丰富，发展木薯潜力很大。

如柬埔寨全国耕地面积 670 万公顷，但目前仅利用 380 万公顷；印尼加里曼丹和巴布亚两个大岛，面积 40 万平方公里以上，尚未开发。

——木薯深加工产品市场空间大。

东盟有 6 亿人口，市场巨大，随着经济的发展和人民生活水平的提高，对木薯深加工产品的需求将日益增长。

——中国东盟自由贸易区已建成。平均关税降到 0.1%，双方 93%的贸易关税已降为零。

——以技术带生产线出口东盟前景良好。

我国淀粉、酒精、淀粉糖、变性淀粉及其配套的废水治理工艺及设备，已达到国际先进水平。我们应以技术先进、造价低、服务优等方面的优势，以技术带生产线出口到东盟国家，发展当地经济，开发原料；

（二）开发小麦及与碎米生产的淀粉糖（醇）：

中国地域广大，根据当地特点，开发小麦与碎米深加工，是寻找玉米替代原料的好方法。国家统计局称，2012 年全国玉米产量 20,812 万吨，增产 1,534 万吨;稻谷产量 20,429 万吨，增产 328 万吨；小麦产量 12,058 万吨，增产 318 万吨。

例如：河南省，是中国产粮大省。河南省粮食产量占到全国的十分之一，小麦产量占到全国的四分之一。2012 年河南省粮食总产量 1127.72 亿斤，在河南粮食产量中，小麦占一半，小麦深加工，可解决多年陈粮问题，大大提高经济效益。

小麦淀粉含有 A – 淀粉与 B – 淀粉，在显微镜下可以看到明显区别，充分利用 B 淀粉细微的特点，可以加工许多新型产品。

南方大米产区，在碾米中，有 3 – 5%碎米。米越精，碎米比例越多。碎米过去都直接作饲料，广西、湖南、湖北、江西一些地方，利用这些碎米制造淀粉糖浆，总产量已接近 100 万吨。

碎米制糖浆的渣，是高蛋白优质饲料。从碎米制糖浆的渣中提取高档食用蛋白，经济效益更好。

（三）糖蜜的充分利用：

1、甘蔗糖蜜：

我国蔗糖 12/13 年为 1306 万吨。每吨蔗糖有 300 公斤废蜜。全国就有 400 多万吨废糖蜜。2012 年糖蜜平均价格 936 元 / 吨。废糖蜜干物浓度为 84%，含糖约 50%，全国废糖蜜含糖份 160 多万吨。目前它主要作酒精或酵母原料。

随着分离技术的提高，膜技术的应用与色谱分离水平的提高，如果我们能够将甘蔗糖蜜中的盐份、糖份分离，不仅可得到蔗糖、果糖与葡萄糖，还可以提取钾盐与磷酸盐，作为肥料返田。

甘蔗糖蜜的分离提取同样不失为淀粉糖与糖醇的新原料。

2、淀粉糖（醇）母液的充分利用：

——葡萄糖母液的分离提取： 采用膜技术，将结晶葡萄糖母液分离，可得到 DE 值 99.5 以上的高纯葡萄糖液，回收率可以达到 80%以上；

——木糖结晶母液的分离提取：木糖母液中木糖量占 30%以上。通过模拟流动床，分离出 L – 阿拉伯糖，同时提取出木糖，大大提高了收率。

——海藻糖与赤癣糖醇结晶母液的分离提取:海藻糖与赤癣糖醇结晶母液中存留 15 – 20%以上的糖份。用模拟流动床，将母液中的多种糖分离，提取出海藻糖、麦芽糖与赤癣糖醇，提高收率。

（四）造纸与木材水解液的充分利用：

我国每年纸浆与纸板产量大于 5000 万吨，耗原料超过 1.25 亿吨。

从木材造纸废液中采用色谱分离方法，将水解液中的糖份进行分离，就可以得到我们所需要的糖，如：葡萄糖、甘露糖、木糖、L – 阿拉伯糖、半乳糖及其他杂糖。

（五）非粮原料的开拓：

1、以秸秆为代表的生物质综合利用：

据调查统计，2010 年全国秸秆理论资源量为 8.4 亿吨，可收集资源量约为 7 亿吨。秸秆品种以水稻、小麦、玉米等为主。其中，稻草约 2.11 亿吨，麦秸约 1.54 亿吨，玉米秸约 2.73 亿吨，棉秆约 2600 万吨，油料作物秸秆（主要为油菜和花生）约 3700 万吨，豆类秸秆约 2800 万吨，薯类秸秆约 2300 万吨。我国的粮食生产带有明显的区域性特点，辽宁、吉林、黑龙江、内蒙古、河北、河南、湖北、湖南、山东、江苏、安徽、江西、四川等 13 个粮食主产省（区）秸秆理论资源量约 6.15 亿吨，占全国秸秆理论资源量的 73%。以秸秆为代表的生物质综合利用，对于未来我国粮食安全、能源安全、生态安全等都具有重要意义。7 亿吨秸秆。利用现有的纤维素转化技术，可以产生相当于 20999 万吨石油产生的价值。秸秆制糖、秸秆生产乙醇等进入产业化阶段，秸秆发电、新型生物质材料不断取得新进展。

大成集团自主研发的用秸秆制糖生产多元醇技术，含糖量占总量的 57%，即用 2.5 吨玉米秸秆可生产 1 吨多元醇，其成本相当于玉米糖的成本。大成多元化工醇品种结构：丙二醇 52%、乙二醇 22%、树脂醇 13%、1，4 丁二醇 6%、2，3 丁二醇 4%、气体量 3%。率先实现了从玉米原料平台向多糖原料平台的转变，为企业发展找到了更为广阔的原料空间。

也为经济发展摆脱对石油的过渡依赖找到了方向，为人类提供了绿色环保的植物基产品，为工业生产提供了新型材料，符合国家新兴战略性产业发展方向。大成公司在建成了世界首座年产 20 万吨的大规模生产厂，并通过了国家科技部组织的全面验收。

2、蔗渣中木质素、纤维素生产木糖醇和 L – 阿拉伯糖：

一吨蔗糖，副产 2 吨蔗渣（含水 48%），蔗渣中有 30% 蔗髓，分离的蔗髓约占蔗渣一半，蔗渣或蔗髓含有大量半纤维素。半纤维素水解生产木糖。山东福田药业采用广西的蔗髓进行水解试验，每 10 吨甘蔗渣可以水解得到一吨木糖、150 公斤 L – 阿拉伯糖及 8 吨水解渣，水解渣仍然可作锅炉燃料，热值不低于原蔗渣。而水解废液通过沼气发酵，还可得沼气，可补充能源。

如果其中 50% 的蔗髓用于生产木糖醇，全国就可生产 65 万吨以上木糖醇。

3、造纸与木材水解液的充分利用：

我国每年纸浆与纸板产量大于 5000 万吨，耗原料超过 1.25 亿吨。

从木材造纸废液中采用色谱分离方法，将水解液中的糖份进行分离，就可以得到我们所需要的糖，如：葡萄糖、甘露糖、木糖、L – 阿拉伯糖、半乳糖及其他杂糖。

4、以木糖废渣为代表的生物质综合利用：

我国使用玉米芯、玉米秸秆等农业废弃物生产燃料乙醇的技术取得重大突破并实现量产，由山东龙力生物公司生产的首批 2500 吨燃料乙醇今天交付中石化山东石油分公司、中石油山东销售分公司。这也标志着，一直以来备受争议的使用粮食生产燃料乙醇的工艺在技术上实现替代升级，车与人争粮食的话题或可划上句号。

根据山东省车用乙醇汽油推广工作领导小组下发的《关于二〇一二年十月份变性燃料 乙醇需求计划的函》，山东龙力生物科技有限公司从 2012 年 10 月 8 日起，将生产的纤维素乙醇经变性处理（混入石油和防腐蚀剂）后将作为变性燃料乙醇向中石化和中石油相关分公司供货，供货地点为中石化东郊油库、中石油齐河油库、中石油枣庄油库、中石油兖州油 库、中石油胡屯油库。

一直以来，国内外不断有利用秸秆等农业废弃物生产燃料乙醇的研究和努力，但往往碍于原料不足或产品成本过高而未取得实质突破。而由我国科学家和企业联合开发的燃料乙醇，由玉米芯和玉米秸秆提取完功能糖之后的生物残渣作原料，成本低廉且原料丰富，据了解，目前的供货价格 93 号汽油调拨价的 9.11% 执行。

一直以来行业在努力的开拓淀粉糖（醇）生产原料范围，特别是利用工业生产的副产物，来代替目前必须要用玉米或精淀粉生产的糖与糖醇产品，达到减少玉米深加工量、满足市场需求的目的，发展生物产业贡献新型材料，促进淀粉糖（醇）行业的可持续发展，具有重要的经济与战略意义。

在实现此目标的过程中，也必然会遇到许多技术难点与政策壁垒。但我们相信，依靠科学、努力攻关，我们一定可以在扩大淀粉糖与糖醇的原料的同时，开发出新的工艺、新的产品及新的效益。

（六）延长产业链，生产高附加值产品：

淀粉糖的氧化产物是淀粉糖深加工，特别是葡萄糖深加工的新领域。

——全氧化，最终生成二氧化碳与水；

——部分氧化，可以生成各种生命过程中的相关物质。

无论是全氧化或是部分氧化，都是生物体获取能量的主要形式。

几种典型的葡萄糖氧化产物

（1）葡萄糖酸系列产品：

葡萄糖醛基反应性极高，很容易氧化，生成葡萄糖酸。葡萄糖酸，特别是葡萄糖酸钙的生产历史已经很长。

近年来，山东西王与德福等单位，采用液体发酵法生产葡萄糖酸钠，取得很大进展，不仅原料利用率高，而且发酵液产酸很高，提取容易，生产成本很低。以西王的葡萄糖酸钠为例，2009 年 9 月最低对外销售价格为 4350 元/吨，当时

葡萄糖为3200元/吨。

葡萄糖酸钠是一种多羟基羧酸钠， 用作水质稳定剂，可以大大提高缓蚀效果；用作阻垢剂，是唯一没有公害的阻垢剂；用作清洗剂，高效与环保；用作水泥渗合剂，增加可塑性与强度，提高施工质量。

采用同一工艺，不仅可以生产葡萄糖钠，而且可以生产葡萄糖钙、葡萄糖酸锌等系列产品，都是关系人类健康的重要产品。

液体深层发酵法葡萄糖酸钠的生产技术的突破，为葡萄糖氧化产品进一步发展打下了很好的基础。

（2）五碳糖系列产品：

A、木糖系列产品：

葡萄糖通过高渗酵母发酵脱去一个碳生成 D－阿拉伯糖醇，再通过醋酸氧化杆菌，生成木酮糖，将木酮糖异构化为木糖，再通过模拟流动床分离、加氢，可生产木糖醇。用这种工艺可以直接从淀粉原料生产木糖醇。

此工艺大约用二吨淀粉生产一吨木糖，工艺的关键在于葡萄糖脱羧，葡萄糖向D－阿拉伯糖醇的转化率达到60%。但存在发酵时间长，收率不够稳定等问题。

用玉米芯作原料生产 木糖的瓶颈在环保，吨木糖消耗玉米芯十吨，每吨木糖要产生250立方米的COD 5000mg/L的含硫废水，对厌氧活性污泥细菌的生长十分有害。采用淀粉原料，利用葡萄糖脱羧及氧化工艺，生产木糖醇，将是解决此瓶颈的一个方向。

B、D－阿拉伯糖系列产品：

以葡萄糖酸为原料，通过氧化脱羧，可以得到D－阿拉伯糖，对葡萄糖的理论收率，可以达到60%以上，最高可以达到85%。

D－阿拉伯糖是重要的医药合成中间体。以D－阿拉伯糖为原料，通过差相异构，可以得到D－阿拉伯糖与D－核糖的混合物，经分离可制备D－核糖。D-核糖(D-Ribose)是一种戊碳醛糖：它是生物遗传物质核酸的重要成份，在核苷类物质、蛋白质、脂肪代谢中处于枢纽位置，具有重要的生理功能。

在制药工业上，它是制造维生素 B_2（核黄素）的主要原料，还用于治疗心肌局部缺血，提高心脏耐受缺血的能力，以及用于治疗运动引起的肌肉酸痛、胞内缺乏磷酸化酶造成的肌肉疼痛。故作为功能食品开发有极大的市场。国内D-核糖产量在1.0万吨左右，潜在市场应当在3万吨以上。

葡萄糖直接氧化脱羧制备D－核糖：采用这种工艺，从葡萄糖到D-核糖总收率可以达到35%以上，成本可以比发酵法降低30%以上。

（3）四碳糖产品：

赤藓糖：

葡萄糖脱去二个羰基，可生成四碳糖。其中最具典型的应当是赤藓糖。

赤藓糖经氢化后的产品是赤藓糖醇。这是一个零热值的糖醇。

工业上，赤藓糖醇是以葡萄糖为原料，经高渗酵母发酵直接得到。目前，国内发酵赤藓糖醇正处于迅速发展状态，市场前景良好。

发酵生产赤藓糖醇时，糖醇发酵浓度180g/L以上，糖醇转化率达50%，提取收率达到90%。

但是，高渗酵母发酵时间长达72小时以上，电耗、设备投资都相当大。

发酵法工艺年产4000吨项目的总投资约为5000万元，吨赤癣糖醇消耗固体葡萄糖3.3吨、酵母膏50公斤、电2600度、汽3.6吨。成本高达2.2万元/吨，尽管产品市售价格高达3.1万元/吨，利润空间并不大。

用葡萄糖酸盐化学氧化法生产赤藓糖，再加氢生产赤藓糖醇，吨产品葡萄糖消耗可降到2.0吨，投资降低30%，成本降低20%。工艺流程可大大缩短，具有极大的竞争力。

淀粉糖的氧化，特别是通过葡萄糖的氧化，制备各种糖类产品，是淀粉糖深加工的一个重要领域，也是发展稀有糖品的一个重要途径。

随着科学技术的发展，新工艺、新技术的采用，葡萄糖氧化深加工，包括微生物法与化学法氧化，将与氢化生产糖醇、从另一个角度，延长淀粉糖产业链的新领域。

（4）以淀粉、淀粉糖、多元醇生产生物基材料：

A、从液态玉米淀粉生产到葡萄糖到聚乳酸纤维终端应用的完整聚乳酸产业链，包含纺织服装、汽车内饰材料和可降解地膜等产业。

B、醇聚氨酯硬泡材料：

聚氨酯PU是目前国际上性能最好的保温材料，具有易发泡、易加工、能调节软硬程度等优点，广泛用于建材、轻工、纤维及汽车等。

用乙二醇葡萄糖苷制聚成聚醚，然后再与甲苯二异氰酸酯制成预聚体，还可加入部分淀粉，制成高强度的聚氨酯热固特塑料。

用木糖醇和环氧丙烷开环聚合获得木糖醇撑五轻羟基

聚氧化丙烯醚，简称木糖醇聚醚，用山梨醇、季戍四醇或甘油同样可得类同聚醚。用木糖醇聚醚和异氰酸酯混合物气流喷射法喷涂于物料表面即能形成耐温 120 度，密度 0.04g/ml 的泡沫塑料涂层，経检其强度、耐热性、保温性，符合国家有关硬质聚氨酯泡沫塑料的技术要求。

C、山梨醇、木糖醇制表面活性剂：

表面活性剂是石油，轻工（食品、化妆品）医药，纺织，农药等部门的助剂，主要起乳化、分散、洗涤、改性等功能。多元醇表面活性剂中，有山梨醇脂肪酸脂、山梨醇三硬脂酸酯 span65，山梨醇单油脂酸酯 span80，山梨醇三油脂酸酯 span85。除了广泛用于食品工业各领域，也可用于化妆品、医药、纺织、油漆、炸药的乳化以及石油钻探泥浆的乳化。木糖醇和合酯酸 C10—16 酸生成的酯，可作为各种乳化剂。

D、醇葡萄糖苷：

糖苷亦称配糖物，是由醇类和醣类在酸催化的条件下生成。多元醇葡萄糖苷具有较高的粘性、不结晶性、良好的水溶性及一定的吸水性，其吸水性比甘油还强，是甘油的比较好的代用品。故在工业中能作为软化剂，增塑剂、水分调节剂。于某些工业部门代替甘油，以降低产品的成本。例如甘油每吨 6000 元，如用山梨醇和葡萄糖生产山梨醇葡萄糖苷，因山梨醇每吨为 4000 元，结晶葡萄糖 3000 多元，因而其代甘油成本能比甘油低。

E、制聚氯乙烯增塑剂：

木糖醇母液酯化制增塑剂

母液为木糖醇厂从离心机甩出后的浆状液体，先将母液制成 1，4-失水木糖醇，再和石腊氧化制成木糖醇三 5-9 酸酯，可和其他增塑剂复配或单独使用于聚氯乙烯薄膜、塑料制品。

F、依靠自主技术，开发新技术新装备：

技术竞争，历来是经济竞争的先导与归宿，也是我们能否从淀粉糖（醇）大国变为淀粉糖（醇）强国的关键。

经过几十年发展，我国淀粉糖（醇）已经具备对外技术竞争的基本条件。充分依靠自主技术，发展我国的经济，是我们的历史任务。

我国淀粉糖（醇）行业之所以能够在短短的二十年中，成为结晶葡萄糖、低聚糖、山梨醇、甘露醇、木糖醇的世界大国是我国高端工艺技术水平，自主技术与自主装备决定的。

例如：年产一万吨的山梨醇的关键设备，在九十年代的引进，国外报价就达到 1200 万美元，折一亿人民币。2009 年完全依靠国内技术与装备建设的河南财鑫集团年产 6 万吨山梨醇厂，全部投资只有 3400 万元，前者吨折旧将近 1000 元，后者只有 60 元。

结晶山梨醇进口价格高达 36000 元/吨，而我国自主技术装备生产的结晶山梨醇售价只有 7000 元，而且已经大量出口。

（七）目前淀粉糖（醇）行业主要技术开发方向：

1、淀粉糖（醇）产品的应用开发：

面对市场压力，淀粉糖（醇）行业要努力开拓新的应用，除其在食品与医药用途外，还可扩大新的市场范围；

如：山梨醇制造异山梨醇，原来主要用于制造异山梨醇硝酸酯，作心脏病药，它还可以用于制造聚碳酸酯等聚合物；

甘露醇可以用于制造 1,4-3,6-脱水甘露醇它同样是一种可聚合的单体；

各种淀粉糖（醇）通过其与脂肪酸的酯化可以制造成不同性质的乳化剂、防腐剂、粘结剂、赋形剂等。

2、开发具有特种功能的稀有淀粉糖（醇）：

自然界的碳水化合物是一类结构十分复杂的物质。六碳醛糖，一共有 16 种同分异构体，32 种构型。对五碳醛糖，则有 16 种构型。而到 2012 年为止，规模化生产只有几种，即葡萄糖、果糖、木糖。

甘露糖是一种可以治疗尿道炎与膀胱炎的重要功能糖；L－阿拉伯糖是一种可以抑制蔗糖吸收，有明显减肥作用；核糖更是生命代谢中重要的中间体与医药中间体、乳糖醇具有特殊的风味，是良好的糖果用食品添加剂。

开发淀粉糖（醇）的新产品，不仅可以丰富老百姓的生活，对企业来说，又是一个新的生机。

抗生素过多使用，人类面临免疫力下降危险。特种功能糖，是对付超级细菌的武器之一。如：

木糖醇可防止口腔与上呼吸道链球杆菌污染；

甘露醇可疏张血管；

甘露糖防治膀胱炎与尿道炎，有 90% 的疗效；

L-阿拉伯糖有减肥与防止心血管病的效果；

【g. 新技术、新设备、新产品】

进入 21 世纪后，我国淀粉糖（醇）已经进入世界糖醇大国的行列。并且在结晶葡萄糖、山梨醇、木糖醇与甘露醇等主要糖（醇）产品的产量上，居世界首位。

（一）技术水平

从总体看，我国的淀粉糖（醇）技术水平已经进入世界

先进水平。

1、大型装备和生产技术走出国门

近 10 年来，淀粉、淀粉糖（醇）工业的加工装备，不仅提高了质量水平，而且部分装备实现了由进口到出口的转变。对年产 40 至 70 万吨玉米淀粉的关键设备如大型脱胚磨、针磨、大型淀粉分离机、真空吸滤机、脱水机、模拟移动床、大型结晶罐、薄板蒸发器、多效降膜蒸发器、上悬式自动卸料离心机、各种规格和材质的喷射器、色谱分离器、各种规格和材质的膜分离技术、MVR 机械式蒸汽再压缩技术、大型管束干燥机等已实现国产化。同时还先后向国外出口玉米、木薯淀粉的成套装备和技术，这表明我国淀粉、淀粉糖的生产工艺和装备已接近国际水平。此外，全部采用国产装备的变性淀粉、玉米淀粉、结晶葡萄糖、木薯淀粉生产线已落户国外，给企业在国外寻求发展创造了条件，目前已有企业在海外建厂，不少企业也纷纷寻找机遇，出现了在海外投资势头。

2、我国的淀粉糖（醇）主要装备与技术实现全盘国产化。

形成了以国产技术与装备为主的整套技术体系：

A、制氢气技术与装置：原料用水煤气、合成氨尾气、甲醇、液氨、天然气等，规模从每小时 30－50M^3，到每小时 1 万 M^3，氢气收率达到 90%以上，纯度达到 99.99%，催化剂使用寿命达到 3 年以上，生产运行成本低，达到了国际先进水平，价格也很低，为我国淀粉糖（醇）行业的发展提供了可靠保证。

B、加氢装备达到世界先进水平：

加氢釜是糖醇生产的核心设备，国外进口价格十分昂贵。我国从八十年代研究磁力搅拌加氢釜，加氢压力从 40 公斤提高到 120 公斤；容积从 300L 扩大到 10M^3；材质从全不锈钢、衬不锈钢，到爆破熔融复合钢板。设备成本大幅度下降，价格只相当于进口设备的十分之一，产品性能达到国际先进水平。

C、模拟流动床分离技术达到国际先进水平：

从上世纪八十年代研究模拟流动床在淀粉糖（醇）上的应用。至今，已经成为国内糖醇与淀粉糖分离的主流。已用于：

——甘露醇上：葡萄糖与甘露糖的分离、甘露醇与山梨醇的分离；

——木糖醇上：葡萄糖与阿拉伯糖的分离；

——麦芽糖醇上：用于麦芽糖醇与多糖醇、山梨醇的分离；

——低聚果糖上：用于低聚果糖与单糖的分离。

——打破了国外技术垄断，并开始出口成套装置。

模拟流动床技术已经从二元分离发展到三元分离；从 24 柱型分离简化到 4 柱、6 柱与 9 柱分离。

在分离剂的研究上，国产的钙型分离树脂已经达到国际先进水平，国内研发的分子筛分离剂，在甘露醇生产上起了重要作用。

D、此外，薄板换热蒸发器、立式连续结晶器、蒸发结晶装置、催化剂分离回收装置都已经成功应用，为我国淀粉糖（醇）行业的迅速成长创造了条件。

E、催化剂已经达到国际先进水平。部分催化剂基本上达到德国德考莎公司的三元催化剂水平，一些糖醇厂的催化剂使用寿命、吨醇催化剂消耗、产品质量等方面，达到国际先进水平。

3、部分工艺技术达到世界先进水平：

A、甘露醇收率已经远远超过法国水平，其中山东明月集团采用模拟流动床，甘露糖收率达到 65%，河北华旭公司采用模拟流动床分离果糖路线，收率超过 60%。而国外最高收率不超过 52%。

B、结晶麦芽糖醇依靠自主技术，成功建立了三家年产万吨级的生产线。

麦芽糖醇是一种极难结晶的物质，目前我们的结晶麦芽糖醇无论是产量或是质量，都已经在世界上占有重要地位。产品进入世界各知名公司，效益很好。

C、我国的结晶山梨醇工艺，是自主创造的工艺，目前在国内外市场上占相当份额。此工艺，技术上有创造、工艺上独特、投资不到国外工艺的七分之一、产品质量达到国外先进水平，目前在国内市场上占 60%以上，产品进入日本、韩国和许多知名大公司。

D、我国的木糖醇源于前苏联，在几十年的发展中，创造出了一套新技术，使我国成为世界木糖醇的大国。吨木糖醇的玉米芯消耗已经从原来的 13－14 吨，降低到 8.5 吨。

2009 年以后，由于模拟流动床分离母液回收木糖的成功，使得吨木糖醇玉米芯的消耗，又进一步降低到 6.5－7 吨左右。

4、保龄宝生物赤藓糖醇,果糖,寡糖饲料三项目顺利通过成果鉴定验收

德州市科技局、德州市经信委受山东省科技厅和山东

省经信委委托，组织行业专家对保龄宝公司"赤藓糖醇高效发酵与废液提纯新技术"、"小麦淀粉生产果糖（固体）工艺"、"利用淀粉糖加工副产物制备寡糖饲料研究"3 个项目进行了成果鉴定验收。最终形成了 3 个项目的鉴定验收意见："赤藓糖醇高效发酵与废液提纯新技术"达到了山东省技术创新项目计划的要求，总体技术达到国际领先水平；"小麦淀粉生产果糖（固体）工艺"达到国际先进水平；"利用淀粉糖加工副产物制备寡糖饲料研究"成果达到国内领先水平。

此次 3 项技术成果的鉴定，对保龄宝公司产品生产工艺改进、降低成本具有重要价值，也为下一步募投项目的投产奠定了基础。

5、龙力生物两项科研成果通过专家组验收

2013 年 6 月 20 日，受山东省经信委及山东省科技厅委托，由德州市科技局和德州市经信委组织专家对山东龙力生物科技股份有限公司的“生物秸秆两步法制备糠醛工艺技术”和“纤维寡糖与木质素联产工艺技术”两个项目进行了现场鉴定验收。

——“生物秸秆两步法制备糠醛工艺技术”项目：

糠醛是一种用途广泛、不可替代的基本有机化工原料，可用于制备多种药物和工业产品，如用于润滑油精制、替代甲醛与苯酚缩合制备酚醛树脂等。本项目以秸秆为原料采用两步法制备糠醛，首先将原料中的聚戊糖水解成戊糖，经渣液分离、净化后脱水环化、蒸馏制备糠醛。副产品糠醛渣可作为功能性木质素与纤维素乙醇的原料，实现生物质的综合高效利用。

——“纤维寡糖与木质素联产工艺技术”项目：

纤维寡糖是一种新型的功能性糖类，具有甜度低、结构刚性、分子量小、稳定性好等特性，可用于食品调味料、制药行业及化妆品行业中，前景非常广阔。本项目是以生物质利用半纤维素制备功能糖后废渣为原料提取功能性木质素，提取木质素后经过β–葡聚糖酶酶解、净化、纯化、浓缩（干燥）等技术生产纤维寡糖。

两项科技成果均符合龙力公司“玉米全株利用”的生产理念，工艺线路合理、创新性强，是一种绿色环保的清洁生产方式。两项目顺利通过验收，并达到国际先进水平，有利于进一步完善公司循环经济产业链条，巩固公司生物质综合利用领域的领先地位 ，促进纤维质原料多元化产业发展，对公司未来业绩增长具有积极意义。

——龙力生物功能糖、纤维乙醇产品被评为生态原产地保护产品

2012 年 10 月 22 日，国家质量检验检疫总局发布《关于公布获得生态原产地保护产品名单的公告》，批准山东龙力生物科技股份有限公司的功能糖、纤维乙醇产品，为生态原产地保护产品，准予使用生态原产地保护标志，并列入《受国家保护的生态原产地产品名录》，获得国家生态原产地产品行政保护。

龙力生物是以玉米芯秸秆为原料，采用生物炼制的方法，循环利用玉米芯秸秆中的纤维素、半纤维素、木质素三大组分，生产功能糖、纤维燃料乙醇、木质素等产品。符合生态原产地产品在其形成过程中的绿色环保、低碳节能、资源节约要求，是具有原产地特征和特性的良好生态型产品。

获得生态原产地保护产品认证，是对公司发展循环经济，大力倡导绿色、生态型产品的肯定。有利于提升公司产品在国内外市场的形象，增强公司产品的综合竞争力，对公司发展具有积极意义。

6、山东鲁洲集团 4 项新产品新技术顺利通过省级鉴定

2012 年 11 月 25 日，受山东省经信委委托，临沂市经信委组织有关专家组成鉴定委员会，对集团完成的“L–缬氨酸高产菌株的选育及生产工艺研究”、“玉米蛋白粉改性制备食用蛋白粉的研究”、“功能性果醋专用糖浆的开发研究”、“树脂酸化及连续糖化技术在葡萄糖浆生产中的应用”4 项新产品、新技术项目进行了鉴定验收。鉴定委员会专家对项目进行了高度评价，4 项项目全部达到国内领先水平。这是行业专家、省市领导对集团科技成果的肯定，也表明鲁洲集团科技创新达到行业领先水平。

鲁洲集团检测中心顺利通过国家认可委复审

2013 年 5 月 25 日–26 日，中国合格评定国家认可委员会（CNAS）评审专家李红、曲晓明一行对集团检测中心进行了复审。评审小组从体系文件、运行记录、硬件配置、现场操作、盲样测试、现场提问等多方面进行了严格审查。经过严格审查，评审组专家对集团检测中心的检测能力及管理体系给予了充分肯定，顺利通过中国合格评定认可委的复审。这标志着鲁洲集团技术中心的检测能力、精度控制和各项管理等有了新的提升，已达到国际先进水平。这对于提升企业及“鲁洲”品牌的美誉度，拓宽全球业务都具有重大和深远的意义。

鲁洲集团 8 项技术创新项目列 2013 年全省第一批技术创新项目计划

2013 年 3 月，鲁洲集团研发事业部申报的“麦芽糖色谱分离纯化及结晶工艺研究与产业化”、“利用基因工程技术生产 F-55 果糖”、“利用玉米淀粉糖渣发酵制备绿色无抗饲料”、“玉米胚芽粕固态发酵制备生物活性肽”、“利用现代生物技术提取玉米黄色素的研究”等 8 项技术创新项目，被山东省经信委列入 2013 年山东省第一批技术创新项目计划。

省级以上技术创新项目体现了企业的科技创新水平，既是国家级企业技术中心、高新技术企业、博士后科研工作站的重要考评项，也是其它项目申报的前提，针对此次研发事业部针对目前我国淀粉生物糖生产技术相对落后现象、淀粉糖生产副产物利用程度低下进行的技术创新得到了相关专家及省经信委的认可，这对于鲁洲集团加快科技创新步伐、引领行业快速稳固发展具有极高的意义。

7、山东绿健公司以乳糖为原料，开发了乳果糖、塔格糖与乳糖醇，还可以制备半乳糖与半乳糖醇。

8、MVR 机械蒸汽压缩蒸发技术的推广：节能降耗是我国实现可持续发展的关键。在淀粉糖（醇）与发酵行业中，浓缩与蒸发是能源消耗的主要工序，也是多年来，行业为节能而努力的主要的目标，许多单位做出了极大的努力。近年来，行业内许多企业以科技领先，大胆创新，大胆创新，创造了许多节能降耗的优秀成绩。膜浓缩、多效列管蒸发器、薄板换热蒸发器、蒸汽喷射热泵等已经在行业许多企业内得到推广。今年以来，山东明月集团大胆采用了由南京高捷轻工设备有限公司与协作单位研制的全国产 MVR 薄板换热蒸发器，经在甘露醇生产线上运行 8 个月的实践，蒸发水份近二万吨，而蒸汽消耗几乎为零，节能效果达到 90%以上。

我国是一个能源贫国，人均能源蓄量远低于世界平均水平；我国是世界能源第一消耗大国，消耗能源占世界的 20%，能源问题早就是我国可持续发展的瓶颈。而同时，我国的能源消耗又很不合理，单位 GDP 的能源消耗远高于发达国家，是美国的 2.7 倍，是日本的四倍。节约能源，成为我国能否持续发展的关键。

9、立式自动压滤机的推广应用：

西安华威 2011 年研制成功的立式自动板框压滤机，可以高效、节能、节水地实现物料的压滤。

【h. 2012 年淀粉糖（醇）分会开展的主要工作】

淀粉糖分会在协会的带领下，开展了多项行业活动，主要工作如下：

（一）组织召开有关会议

1、协助筹备协会常务理事会，在会上进行了二十强企业总经理座谈。

2、筹备第六届中国生物产业大会。

3、组织召开全国果葡糖浆市场与发展高峰论坛暨中国生物发酵产业协会淀粉糖分会第四届三次理事会。

2012 年 7 月 14 日，淀粉糖分会在北京组织召开了全国果葡糖浆市场与发展高峰论坛暨中国生物发酵产业协会淀粉糖分会第四届三次理事会。会议邀请了中国糖业协会、中国罐头工业协会、焙烤糖制品工业协会以及行业专家作了报告；分析了“十二五”期间我国果葡糖浆行业面临的形势；理事会通过了工作报告和计划，增补了理事单位，调整了理事代表，并且讨论了行业面临的一些问题。

4、中国生物发酵产业协会淀粉糖（醇）分会重点企业工作会议于 2012 年 10 月 17 日在山东西王召开。淀粉糖、多元醇分会正副理事长、秘书长；二十强企业负责人；多元醇分会理事会以及相关企业代表共近百人参加了会议，会议由石维忱理事长主持。

研究新形势下，淀粉糖（醇）行业企业的可持续发展思路，讨论国家发改委等部门的一系列的产业政策对行业的影响，对于促进行业的健康稳固发展具有重要意义。会上，石维忱理事长提出了企业的经济效益问题、产品的标准制定问题、产业的创新问题等三个问题，引导与会的企业代表积极展开讨论。

5、召开了多元醇理事会议，进行了理事长人事的调整。和理事的调整。

6、在山东青岛召开“浓缩高效节能技术研讨会”

由中国淀粉工业协会糖醇专业委员会、中国生物发酵产业协会多元醇分会联合召开的“浓缩高效节能技术研讨会”10 月 23 日在青岛胶南召开。中国生物发酵产业协会会长石维忱、中国淀粉工业协会秘书长孙明导参加了会议并作了重要发言。中国淀粉工业协会与中国生物发酵产业协会所属会员单位代表、国内膜生产与应用单位的代表以及 MVR 研制与应用单位的代表近百人参加了会议。

节能降耗是我国实现可持续发展的关键。在淀粉糖（醇）与发酵行业中，浓缩与蒸发是能源消耗的主要工序，也是多年来，行业为节能而努力的主要的目标，许多单位做出了极大的努力。近年来，行业内许多企业以科技领先，大胆创新，大胆创新，创造了许多节能降耗的优秀成绩。膜浓缩、多效列管蒸发器、薄板换热蒸发器、蒸汽喷射热泵等已经在行业许多企业内得到推广。

（二）完成、参与部委布置任务

分会应发改委要求，多次撰写行业相关报告，如全国玉米油情况报告、淀粉糖发展情况报告等；参与全国玉米深加工业调整整顿专项行动；参与环保部组织的淀粉和淀粉糖行业环保核查工作，编写淀粉和淀粉糖行业环保核查方案，组织专家讨论修改，下发环保核查通知文件，征集整理行业专家资料，整理企业上报环保核查自查资料等。

（三）其它日常工作

（1）积极反映行业诉求，进行行业咨询，为企业撰写行业报告、出具证明材料等。

（2）定期完成《淀粉糖（醇）工业》杂志的出版工作。

（3）配合完成协会的各项大型会议，完成协会交办的其他工作。

（余淑敏）

2.12 调味料和发酵制品

【a. 行业发展概况及主要经济指标】

2010 年，中国调味品著名品牌企业 100 强统计数据显示，尽管受到通货膨胀压力，上游食品原料涨价，企业运营成本增长，人民币对外升值等多重因素的影响，中国调味品产业依旧保持了向好的增长态势：2010 年度，百强企业（58 家）的产品总产量一举突破 500 万吨大关，达到 500.85 万吨，比 2009 年的 495 万吨增长了 1.18%；产品总销售收入达到 280.27 亿元，比 2009 年的 269.96 亿元增长了 3.8%。

2011 年，伴随着餐饮业的繁荣兴旺以及居民生活水平的日益提高，我国调味品行业发展势头强劲，并始终保持着较高的市场增长率，成为我国食品行业发展的一匹黑马。2011 年，中国调味品著名品牌企业 100 强统计数据显示，行业产品产量 579.44 万吨，同比增长 15.69%；累计实现产品销售收入 380.40 亿元，同比增长 35.72%。尽管参与此项统计的企业相比于 2010 年多出 10 家，但是行业整体增速依然十分突出，这也预示着中国的调味品行业已逐步走出传统的经验模式，调味品产业化、规模化和品牌化发展时代已经到来。

2012 年，尽管世界经济仍旧低迷，受到国内宏观经济与政策的影响，高端餐饮业的增长速度开始下滑，但是受家庭消费巨大需求和食品加工业持续繁荣的推动，2012 年，调味品市场继续保持增长。2012 年中国调味品著名品牌企业 100 强统计数据显示，2012 年，我国调味品百强行业（75 家）累计实现产品产量 642.90 万吨，同比增长,10.95%；累计实现产品销售收入 408.14 亿元，同比增长 7.30%。从图一和图二可以清晰的看出，尽管参与此项统计的企业相比于 2011 年多出 7 家，但是行业整体增速依然保持较快增长，调味品产业化、规模化和品牌化发展时代已经到来。

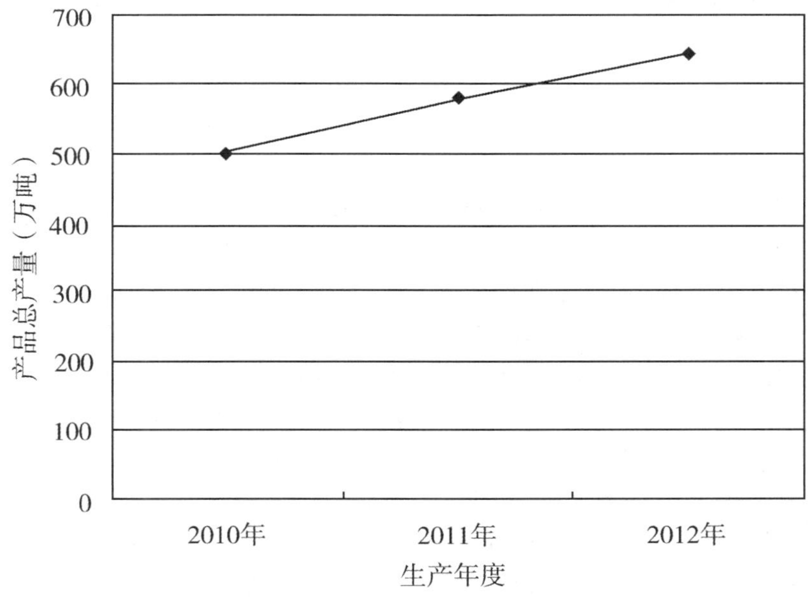

图 1：100 强企业 2010–2012 年产品总产量对比

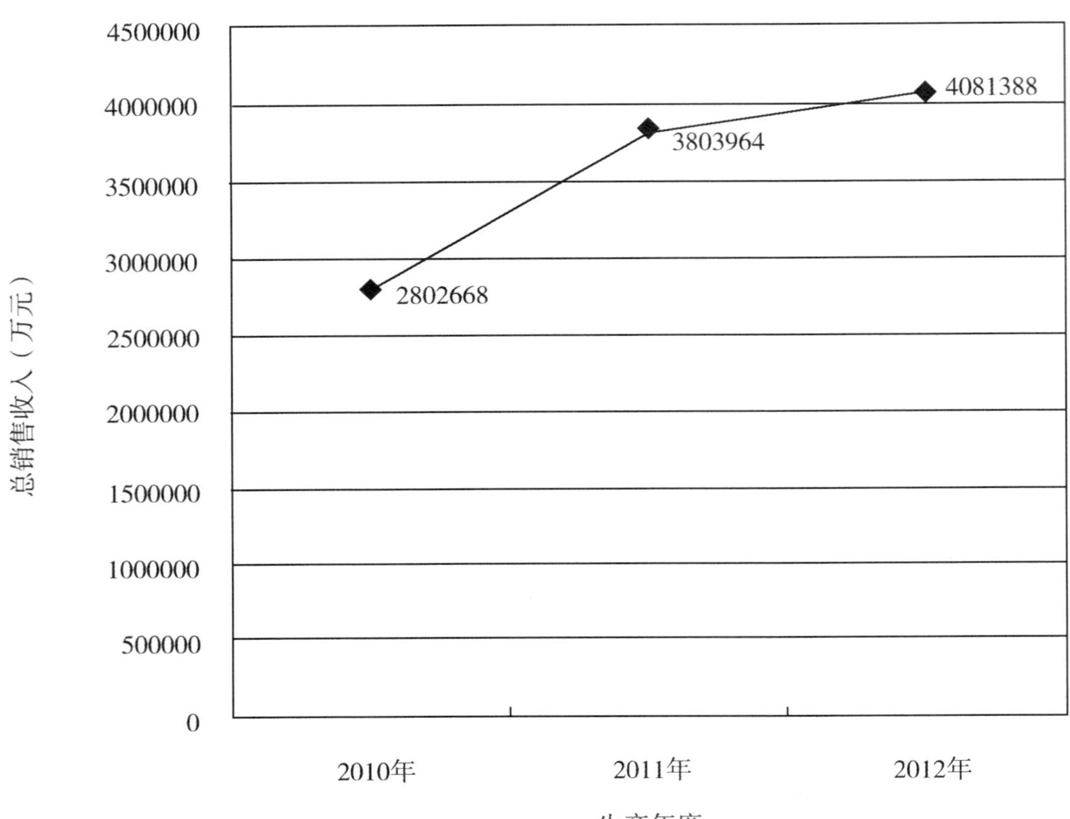

图 2：100 强企业 2010-2012 年产品总销售收入对比

【b. 行业大事记及重要行业动态】

1、2010 年，按照《关于行业信用评价工作有关事项的通知》（商秩字[2009]7 号）的文件要求，经商信函[2009]5 号文件，中国调味品协会被列为全国行业信用评价试点单位之一，正式启动调味品工业企业信用评价工作。2010 年-2012 年，已有多家调味品企业取得了行业信用资质，极大地推进了行业信用体系建设。

2、为了实现整合优化产业资源，提升企业品牌形象，由中国调味品协会组织的中国调味品及食品配料博览会经过 3 年（2010 年-2012 年）来的运作，再上一个新台阶，成为国家商务部唯一认可和支持的调味品行业品牌展会。

3、2010 年-2012 年，中国调味品协会分别向民政部和国资委报批成立了调味食品配料专业委员会、酱油专业委员会、食醋专业委员会，酱腌菜专业委员会等分支机构，更好地推动调味品各类子行业的规范与健康发展。

4、2010 年-2012 年，由全国调味品厂商联盟与 2010 中国国际调味品及食品配料博览会组委会携手举办的全国调味品生产企业集中展示洽谈活动，为实现调味品行业的厂商合作和共赢搭建了权威平台。

5、2010 年-2012 年，中国调味品协会组织全行业企业开展“新产品、新工艺、新技术”评选活动，并在全国范围内组织开酱油、食醋、腐乳、复合调味料、火锅底料、川味复合调味料、调味料酒、检验化验员生产技术及专业技能培训，全面推进我国调味品行业的专业化、科技化、现代化步伐。

6、2010 年-2012 年，中国调味品协会主办全国调味品行业食品安全专项研讨会，邀请政府相关部门领导、食品安全专家（陈君石等）、行业协会领导、媒体代表与行业内企业共议食品安全大计，宣贯食品安全法规及相关行业政策法规。协会还特别组织了《食品添加剂》、《食品中真菌毒素限量》、《预包装食品营养标签通则》、《预包装食品标签通则》、《食品营养强化剂》等食品安全国家标准宣贯班，强化企业食品安全意识，提升企业安全生产水平。

7、2010 年-2012 年，中国调味品协会报批成立专家工作委员会，吸纳行业内科技专家与人才，并通过科技交流大会和论文大赛的方式全面推进我国调味品行业的科学技术水平，促进企业与行业间的科技交流。

8、2010 年-2012 年，为改善我国缺铁性贫血人群的健

康状况，中国调味品经销商会与盖茨基金会、中国疾病预防控制中心营养强化办公室通力合作，推进铁强化酱油项目的建设与推广工作，目前项目二期已经进入审核阶段。

9、为加强与地方兄弟协会和组织的交流与沟通，中国调味品协会组织召开全国调味品行业协会（学会）工作座谈会，互通有无，共同进步。

10、2010 年-2012 年，中国调味品协会继续开展中国调味品著名品牌企业 100 强的行业统计调查工作，为企业生产销售及行业组织提供参考和借鉴。

11、2010 年-2012 年，中国调味品继续编辑出版《中国调味品产业》、《调味品经销》杂志，经营中国调味品网和调味品经销网，为广大会员提供卓越信息服务。

12、2010 年-2012 年，中国调味品协会、中国调味品经销商会继续吸纳会员入会，扩大协会（商会）规模，让更多的会员企业享受行业组织提供的各项便利优质的服务。

【c. 政策法规】

我国政府已开始加大了食品安全监管力度，从法规制定、法规颁布、法规实施、行业引导和社会监督等多个层面强化我国食品行业的治理。2010 年-2012 年，国家先后颁布出台了《食品安全法》、《食品安全整顿工作安排》、《食品添加剂生产监督管理规定》、《食品安全风险评估管理规定（试行）》、《食品添加剂规格标准》、《食品检验机构资质认定条件》、《食品检验工作规范》、《预包装食品标签标准》、《预包装食品营养标签标准》等多个大政方针及配套法律法规。

中国调味品协会积极履行行业协会职责，加强行业引导，配合国务院食品安全办公室、卫生部、工信部、农业部、国家标准化管理委员会等多个国家有关部门，全面深入地开展调味品行业相关政策法规的制修订及宣传贯彻工作。特别是在每年 1 届的全国调味品行业食品安全座谈会上，通报最新的食品安全监管政策信息，得到了国家有关部门、专家学者、兄弟协会和行业企业的大力支持，在行业内取得了巨大的反响，对加强调味品行业的法制建设有着重要意义，促进了我国调味品行业食品安全监管水平的提升。

【d. 市场开拓和产品开发】

1、2010 年 2 月，北京二商王致和食品有限公司研制开发了口感温润、香气浓郁的“致和老酒”，以满足市场中消费者需求。

2、同月，恒顺集团成为 2010 年上海世博会特许生产商。

3、5 月，北京二商王致和食品有限公司最近研制的“鲜香型低盐腐乳”正式上市，平均盐含量比普通腐乳降低了近一半。

4、同月，湖南加加集团创新类产品面条鲜实现销售额逾千万元，占增幅的 50%。

5、12 月，联合利华旗下的家乐品牌的新型调味产品浓汤宝正式投放市场。

6、2011 年 6 月，佛山海天调味食品公司推出新品“招牌拌饭酱”。

7、9 月，安琪酵母有限公司推出耐盐、耐酸性酱油、醋专用型酵母抽提物产品 LT01。

8、11 月，四川周君记火锅食品有限公司创新推出火锅调料新品周君记手提火锅。

9、2012 年 3 月，富氏集团鲜咔酱油正式成为国家体育总局训练局指定产品。

10、8 月，欣和企业的六月香豆瓣酱获得第 1 6 届世界食品科技大会国际食品工业大奖。

11、11 月，秉承绿色健康和有机理念的湖西岛有机酱油正式投放市场。

【e. 国际交流】

作为我国调味品行业组织，中国调味品协会一直致力于搭建中外调味品行业和企业间的交流平台。2010 年-2012 年，中国调味品协会先后组团赴、台湾、香港、日本、韩国、马来西亚、新加坡、印度、英国等国家和地区考察交流，通过考察提升我国调味品企业的科研技术水平，更新调味品经销商的经营思路，加强行业组织的国际间来往与交流。另外，一些调味品企业也纷纷开始了国际化的步伐，以李锦记、海天、欣和、安琪为代表的国内调味品巨擘和以联合利华、亨氏、福达为代表的国际调味品巨头，纷纷以各种各样的方式加强企业之间的国际交流，以不断推进企业自身和行业自身的健康快速发展。

【f. 科技进步和科研成果】

1、2010 年 4 月，安庆胡玉美酿造食品有限公司分别获得“实现翻番目标企业奖（实现纳税单项指标翻番）”和“优秀创新型企业”、“安庆市 2009 年度工业企业纳税五十强单位（第三十六名）”称号。

2、8 月，安琪酵母与湖北工业大学在宜昌签订了合作协议，联手打造生物工业园区支柱项目。

3、2011 年 4 月，眉山市吉香居食品有限公司和四川省食品发酵工业研究设计院共同研究开发的 “直投式乳酸菌发酵泡菜”通过四川省科技厅新产品鉴定，该新产品研究成果处于国际领先水平。

5、同年夏，国际食品品牌亨氏推出新版植物纤维 PET 番茄酱瓶。

6、2012 年 6 月，广东汇香源生物科技股份有限公司项目“大宗花生粕资源生产系列高档呈味基料及产品的关键技术研究”荣获广州市科技进步奖二等奖。

7、11 月，恒顺集团与江苏大学共同承担的科研项目“智能化检测手段提升镇江香醋及其副产品的品质等级研究”获得镇江市科技进步二等奖。

8、12 月，镇江工业科技攻关项目——“功能微生物强化生产富含川芎嗪镇江香醋的关键技术研究”顺利通过验收。

【g. 行业标准】

2010 年–2012 年，我国调味品产业快速发展，为适应广大调味品企业与调味品终端市场的实际需要，协会在国家商务部、国家标准化管理委员会和国家卫生部的委托和支持下，不断建立和完善我国调味品标准体系，加快调味品标准化工作的步伐，各项标准化工作成绩显著。

协会牵头制修定了《酿造酱油》、《酿造食醋》、《鸡精调味料》等国家标准 16 个，其中包括协会承担的国家质检总局下达的公益性科研项目《调味品重要技术标准研究》科研项目中《调味品分类》、《酿造酱油工艺技术规范》等 6 项国家标准。同时制修订《菇精调味料》、《海鲜粉调味料》、《蛋黄酱》等行业标准 20 个，已经发布《泡菜》、《牛肉汁调味料》、《蛋黄酱》、《芥末酱》等 8 个行业标准。配合国家标准化管理委员会完成调味品行业标准体系工程建设，对调味品行业标准进行整理，并提出全国调味品行业标准规划。

协会配合卫生部开展调味品行业食品安全标准制定及调味品相关标准清理工作，正在制订中的调味品行业食品安全标准，包括 8 项产品类食品安全国家标准（《食盐》、《食糖》、《味精》、《发酵酱》、《酱油》、《食醋》、《水产调味品》、《香辛料名单》）和《酱油生产卫生规范》1 项规范类食品安全国家标准。协会就调味品食品安全国家标准体系框架和各类食品安全标准中有关食品安全质量指标的界定，提出协会意见，使食品安全标准与产品质量标准形成有效配合，促进调味品产业的健康有序发展。为加强标准工作高效整合，建立统一、完善、彼此协调配合的标准体系，协会配合卫生部开展的调味品有关 79 项标准的清理工作，此项工作将于 2013 年底完成。

（孙睿）

2.13 生物发酵（酵母）工业

2010 年

【a. 概况】

2010 年，中国酵母行业继续保持较高增长速度，产品的产量一直保持着世界第一的位置，其他氨基酸的产量也在不断增长，满足了国内市场的需求。2010 年全国氨基酸总产量达 320 万吨，其中谷氨酸（味精）216 万吨、赖氨酸产量（折纯）为 56 万吨、其他氨基酸如：苏氨酸、苯丙氨酸、色氨酸的产量也在原有基础上成倍增长，产量约 50 万吨。

谷氨酸（味精）：2010 年全国谷氨酸钠（味精）总产量为 215.6 万吨，比上年增长 2.67%，在各方面因素和经济宏观调控下，其产量增长速度较前几年有所放缓。为了抵消原材料价格不断上涨等不利因素，味精价格理性调升，在市场需求不断加大的同时，规模以上大型企业抓住时机，发挥产能潜质，满足市场的需求，取得了较好的经济效益。

表 1　2010 年中国味精行业规模以上主要经济技术指标

指标名称		单位	2010 年	2009 年	同比增长（%）
工业总产值（现价）		万元	48694.94	38879.61	26.84
其中：新产品产值		万元	2277.54	264.79	8.6 倍
工业销售产值（现价）		万元	47784.92	38923.31	23.99
其中：出口交货价		万元	1190.24	989.50	23.38
工业产品销售率		%	98.13	100.11	
出口交货值占销售产值的比重		%	2.49	2.54	—
新产品产值占总产值的比重		%	4.68	0.68	6.8 倍
生产成本	谷氨酸	元	6865.00	5890.00	16.55
	味精（100%）		7177.00	6451.00	11.25
销售价格	99%味精	元	10713.40	9962.50	7.53
	80%味精		9587.13	8835.20	8.5
技术指标	提取收率	%	93.50	95.70	略降低
	精制收率		97.50	97.30	稳定
原料消耗	折纯淀粉（t/t）		1.27	1.27	持平
	耗电（kwh/t）		788.20	788.50	持平
	综合能耗（t/t）		1.01	1.07	持平

从表中看出，全行业产值增速较快，其中新产品产值和比重呈多倍增长。主产品谷氨酸生产成本上涨了 16.5%，味

精生产成本增长 11.2%，而销售价格平均才增长 8%左右。2010 年各企业开足产能，在保障大宗产品市场供应的同时，积极开发和生产新产品，原来以谷氨酸发酵为主的大部分企业产品结构都有很大变化，企业充分发挥技术和设备优势，多品种生产氨基酸。同时挖掘原料中的有效成分，提取生产高附加值产品，联产生物饲料、生物肥料等综合利用产品。通过进一步延伸产业链，如生产聚谷氨酸，生产新的生物基材料等，做到产品优势互补。不仅使原料、设备得到充分利用，也取得了很好的经济效益。2010 年，中国集中在山东、内蒙古、河南、河北、宁夏等地区的大型谷氨酸发酵企业，产品逐渐丰富，品种多达十几种，在骨干企业的带动下，氨基酸行业开始扭转过去产品单一、效益下滑的被动局面，步人多元化、现代化的良性发展轨道。

赖氨酸：2010 年全国赖氨酸产量折纯后为 56 万吨(98 赖氨酸 32 万吨、65 赖氨酸 38 万吨)，与上年的 48 万吨相比增长 16.6%。全年销售价格虽然时有波动，但总体浮动不大，基本保持市场稳定。

苏氨酸：2010 年中国苏氨酸产量为 10 万吨，比上年的 5 万吨增长 1 倍，预计随着市场需求的增加和建设产能的逐渐释放，近几年产量还会逐渐增长。

其他：其他品种氨基酸产量根据市场供求来看，也在不断增加，如苯丙氨酸等。从中国氨基酸产业技术发展情况看，很多小品种氨基酸已经可以国产化，如色氨酸、脯氨酸、L–异亮氨酸、L–缬氨酸、L–蛋氨酸等，无论品种和数量都将随着今后国内市场需求而增长和变化，不断地满足市场需求。

2010 年氨基酸行业大宗产品市场供应稳定，小品种产品更加丰富，产量不断增加，产业结构随着市场的发展而发生着改变。

【b. 产品进出口情况】

进口情况：中国是氨基酸生产大国，可以满足国内市场供应，进口量较少，基本属于调剂性进口，2010 年氨基酸类产品共进口 2.2 万吨。赖氨酸产品进口量较前几年明显减少，仅进口 0.7 万吨。

出口情况：2010 年氨基酸类产品出口总量为 47.3 万吨，较上年增长 8.39%。但其中谷氨酸类产品出口量是减少了 –17.67%，当年出口量比例只占全国总产量的 8.2%；赖氨酸及其盐出口 14.7 万吨，比上年增加 47%，出口比率占全国总产量的 21%;其他氨基酸类产品出口比上年同期增加 50%，出口额也相应有所增长。

表 2　2010 年主要产品出口情况

产品名称	2010 年		2009 年		同比增长（%）
	出口量（万吨）	出口额（亿美元）	出口量（万吨）	出口额（亿美元）	
谷氨酸、味精及其盐类	21.8	3.09	26.48	3.35	—17.67
赖氨酸及其盐类	14.7	2.33	10	1.18	47
其他氨基酸、盐及酯	10.8	4.4	7.16	3.12	50.8
合计	47.3		43.64		8.39

【c. 相关产业政策】

一、宣传落实“发酵行业清洁生产推行方案”，贯彻落实“关于开展安全生产年”活动的指示精神。

二、为工信部编写“味精行业污染防治现状与建议”。提供行业“十一五”期间节能减排情况及工作要点。配合相关人员进行行业清洁生产及节能减排工作部分文件资料的汇编。

三、为完成《节能减排综合实施方案》，协会配合环保部开展氨基酸工业污染防治技术政策调研工作。同时进行了“行业产业结构调整指导目录”修订工作，审报了该目录中的鼓励类条目和限制、淘汰类条目。

四、及时为国家发改委整理并提供产业布局情况分析、产品出口情况等数据材料。根据国家发展改革委员会办公厅《关于对玉米深加工已建和在建项目进行清理的紧急通知》文件精神，进行积极宣传，配合发改委对全国玉米深加工在建、拟建项目进行检查、协助发改委深入了解和掌握中国玉米深加工情况，并提出对产业发展的具体意见和建议。

【d. 行业活动】

1 月 25 日，召开 2010 年发酵行业重点企业董事长、总经理经济运行座谈会，针对国内味精价格出现大幅波动的情况，组织味精生产企业座谈。及时在业内下发“关于加强行业自律的通知”，呼吁味精生产企业理性地面对价格波动，加强行业自律，共同维护市场秩序，保障行业有序竞争，健康发展。

2 月，召开相关企业环保核查重大问题研究会。组织环保核查没有公告的 7 家味精企业座谈，对环保核查工作进行总结，对国家相关产业政策进行了详细解读，对存在的问题进行了剖析，并制定了整改方案和实施计划，督促企业针对自身存在的不足实施整改。

4 月 20 日，召开味精和柠檬酸两个行业座谈会。相互通报经济运行情况，特别针对行业共同特点和节能减排的现状，对今后如何推进环保核查、推广绿色标识等共同问题进行讨论，听取企业意见和建议。

5 月 27 日，与有机酸分会共同组织召开了全国氨基酸和有机酸行业绿色环保、清洁生产技术交流会。联合行业龙头企业发出倡议，响应国家关于开展节能减排、推行清洁生产的号召，从这两个行业做起，转变传统高能耗、高污染的经济增长方式，促进行业绿色环保、清洁生产的进程。

6 月 22 日，由中国发酵工业协会认定的全国氨基酸行业检测分析中心（廊坊）授牌仪式在廊坊市举行，该中心设在梅花生物科技集团股份有限公司技术中心研发部。

11 月 26 日，由中国发酵工业协会牵头组建的“氨基酸产业技术创新战略联盟”在北京市成立，该联盟由 65 家联盟成员单位组成。

【e. 为行业服务工作】

积极开展科技创新，带动行业科技进步。借助国家对行业的扶植政策，帮助企业向国家相关部门申报科技项目，争取国家政策和资金支持，开展行业技术课题的编辑工作。

配合中国轻工业联合会组织“开展行业十强企业评价”及“全国轻工业卓越绩效先进企业”推荐评选活动，氨基酸行业推荐了梅花集团、阜丰集团、菱花集团、伊品集团。

协调解决行业遇到的各种问题，为企业服务。企业在生产运行中遇到困难和问题时，根据具体事项，提供生产工艺说明，需要跨部门沟通的事宜，积极与相关管理部门进行沟通。

做好行业数据统计汇总工作，对企业每季度报送的经济技术指标进行调整，增加资源利用等指标内容，并及时汇总反馈，为企业经营提供参考。

组织制定 L–苯丙氨酸、L–茶氨酸等产品的行业标准。

【f. 行业面临的问题】

一、生产技术水平相对较低。虽然中国氨基酸生产技术水平在逐年提高，但与国际先进技术相比，特别在菌种的产酸率、产品转化率等方面仍有差距，整体技术指标提升缓慢，生产工艺及设备相对落后。

二、原料结构单一、原材料利用潜力有待进一步挖掘。中国年产氨基酸 300 多万吨，其生产原料近 90%是以玉米（淀粉）为主，耗用相当量的粮食。当前，国家为了确保粮食安全、控制工业用粮的比例，出台了有关玉米深加工的若干产业政策，“十二五”期间还会加大调控力度。在此情况下，改变氨基酸生产原料单一的现状迫在眉睫。行业必须重视研究和鼓励非粮原料的开发利用，尽快实现原料结构多元化。同时，在现有基础上，进一步挖掘原料的有效利用，提高原料利用率。

三、环保治理水平参差不齐。2009 年底味精行业进行了第一次环保核查，对行业环保工作有很大促进，同时也总结发现了一些问题，如：行业总体处理水平比较落后、企业环保治理的力度和技术参差不齐，一些企业还不能环保达标，行业整体环保治理力度和治理技术水平都有待于进一步改进和提高。

四、产品标准需要及时制订、修订和完善。随着经济发展，氨基酸的品种越来越丰富，产品的技术更新也明显加快，个别产品标准原来的指标参数已经无法指导现实生产，特别是一些新产品的生产，质量、技术等指标缺乏规范，没有国家统一标准，标准制定滞后，从而无法规范整个行业的生产秩序和保障产品质量的稳定。行业要抓紧标准征集、制定和修订工作，生产企业应积极申报，共同做好标准化工作。

五、加强企业间相互团结、搞好行业自律。生产企业在做大做强的同时，缺乏必要的团结协作。在激烈的市场竞争中，不正当竞争现象仍然存在。在行业技术进步方面交流与沟通，加强全局观念，加强行业自律，共同携手发展。

（田玉兰）

2011 年

【a. 概况】

2011 年，中国酵母行业继续保持较高增长速度，总产量达 27 万吨，同比增长 12.5%。其中各类酵母 23 万吨，酵母抽提物 4 万吨。产品品种与上年相比没有显著变化，依然以面包高活性干酵母、酿酒高活性干酵母、鲜酵母、药用酵母、饲料酵母、酵母抽提物等为主，但利用酵母生产工业用培养基增长较快。进出口方面，2011 年酵母产品进口量较上年同期下降 15%，主要原因是非活性酵母进口量的大幅度下降，进口额同比增长 23.2%（见表 1）。与上年同期相比，201 1 年酵母出口量增长 5.4%，出口额增长 12.8%（见表 2）。

表 1　2011 年酵母产品进口量及进口额

品种	进口量（吨）		进口额（万美元）	
	2011	2010	2011	2010
活性酵母	554	462	1131	859
非活性酵母；已死的其他单细胞微生物	386	735	342	357
发酵粉	152	88	73	38
合计	1092	1285	1546	1254

表 2　2011 年酵母产品出口量及出口额

品种	进口量（万吨）		进口额（亿美元）	
	2011	2010	2011	2010
活性酵母	8.0	7.30	1.87	1.65
非活性酵母；已死的其他单细胞微生物	0.78	0.96	0.07	0.06
发酵粉	0.55	0.56	0.08	0.07
合计	9.3	8.82	2.02	1.79

近年酵母产品出口一直保持增长态势（见图 1、表 3），但高附加值产品的出口份额仍然不多，需进一步加快科技进步，调整出口产品结构。

图 l2007～2011 年酵母产品出口情况变化趋势

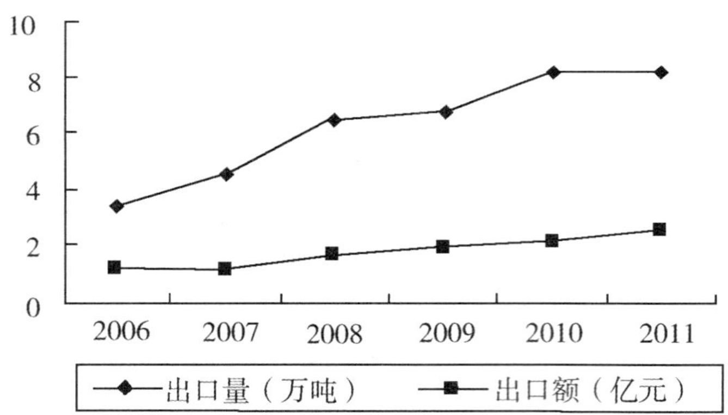

表 3 2007～2011 年酵母产品出口量及出口额情况

年份	出口		年增长率（%）	
	总量（万吨）	金额（亿美元）	总量（%）	金额（%）
2007	4.3	0.7	10	17
2008	5.6	1.0	30	43
2009	7.7	1.6	38	60
2010	8.8	1.8	14	13
2011	9.3	2.0	5	12

【b. 行业发展特点】

一、安琪继续保持高速增长和扩张、新投资建设广西柳州、云南德宏两个 2 万吨以上的生产基地。

二、原料糖蜜价格较大幅度增长，已达 1100 元／吨。由于原料供应缺口加大，以葡萄糖母液代替部分糖蜜已在生产中开始应用。

三、酵母抽提物继续保持快速增长态势。

【c. 行业存在问题】

一、节能减排任务艰巨。随着环保压力逐年增大，环保投入加大，购买新的环保处理设备，管理培训环保技术人员，以及一些传统环保设施改造，都需要投入大量资金、时间和精力。在国家节能减排指标约束性任务下，实现酵母行业原料加工的清洁生产和副产物的高值化是亟待解决的问题。

二、标准问题突出。标准中有些已经超过时限，需要重新修订。酵母行业发展迅速，新产品、新技术急需制定新标准来规范市场的健康发展。

三、市场拓展迫在眉睫。随着新上项目的增加，产能持续扩张，原有市场逐渐饱和，个别地区出现不正常压低价格，所以开拓新的应用领域，以及农村市场的开发已经刻不容缓，否则会不可避免地出现恶性竞争，影响整个行业的健康、持续发展。

【d. 行业活动】

一、2011 年 11 月 17 日，2011 年酵母生产及应用技术研讨会在北京召开。中国发酵工业协会理事长石维忱、秘书长杜军、酵母分会秘书长李晓燕、天津科技大学生物工程学院院长肖冬光等领导以及来自全国酵母相关行业的专家、学者、企业代表 20 余人参加了会议。会议传达了国家相关产业政策及有关精神；交流各酵母企业经济运行情况及当前行业主要问题和发展趋势，提出建设性措施、方法；总结了酵母行业环保自查阶段的工作，部署现场核查事宜。

二、开展酵母行业环保核查工作。2011 年下半年启动了酵母行业环保核查工作，为今后国家开展环保核查奠定基础。

三、积极推进产品标准化工作。组织相关企业和院校参加国家标准《酵母分类导则》的编制工作，同时组织申报《富营养素酵母》国家标准。

四、为企业开展个性化服务。与政府有关部门积极沟通，帮助企业解决生产经营过程中遇到的困难。如协助安琪酵母公司积极与卫生部协商发酵用营养物质扩大使用范围；帮助珠海紫英、广东江门等企业开具证明，协助办理生产许可证。为企业提供咨询服务，帮助企业及时了解相关信息等。

（李晓燕）

2012 年

【a. 概况】

2012 年，我国酵母行业继续平稳快速发展，总产量达到 28 万吨，增速 3.7%。其中各类酵母制品 23 万吨，酵母抽提物 5 万吨。产品以高活性干酵母、酵母抽提物、鲜酵母、饲料酵母等为主，工业用培养基（酵母）、酵母核酸、酵母多糖有较快增长。进出口方面，2012 年酵母产品进口量较 201 年同期增长了约 19.9%，进口额略有减少（–9.1%）（见表 1）。活性酵母的进口量有所减少，但非活性酵母和发酵粉等产品的进口量大幅度增长，使得酵母产品总进口量明显增加；活性酵母的进口额下降了约 32.1%，而发酵粉和非活性酵母等产品的进口额增长无法扭转酵母产品的总进口额减少趋势。

表 1　2011、2012 年酵母产品进口量及进口额

品种	进口量（千克）		进口额（美元）	
	2011	2012	2011	2012
活性酵母	554308	471341	11311008	7682757
非活性酵母；已死的其他单细胞微生物	385618	609498	3424366	5497057
发酵粉	152542	229395	730321	872789
合计	1092468	1310234	15465695	14052603

与 2011 年同期相比，2012 年酵母出口量增长 10.6%，出口额增加 0.9%，反映出酵母产品良好稳定的出口态势（见表 2）。

表 2　2011、2012 年酵母产品出口量及出口额

品种	进口量（千克）		进口额（美元）	
	2011	2012	2011	2012
活性酵母	79762376	86421127	187289608	186279501
非活性酵母；已死的其他单细胞微生物	7826070	11434637	7013922	11235044
发酵粉	5469125	5056402	7794934	6443275
合计	93057571	102912166	202098464	203957820

由图 1 及表 3 可以看出，从 2004–2012 年酵母产品出口一直保持较高增长，且出口量增长的幅度远大于出口额增加。

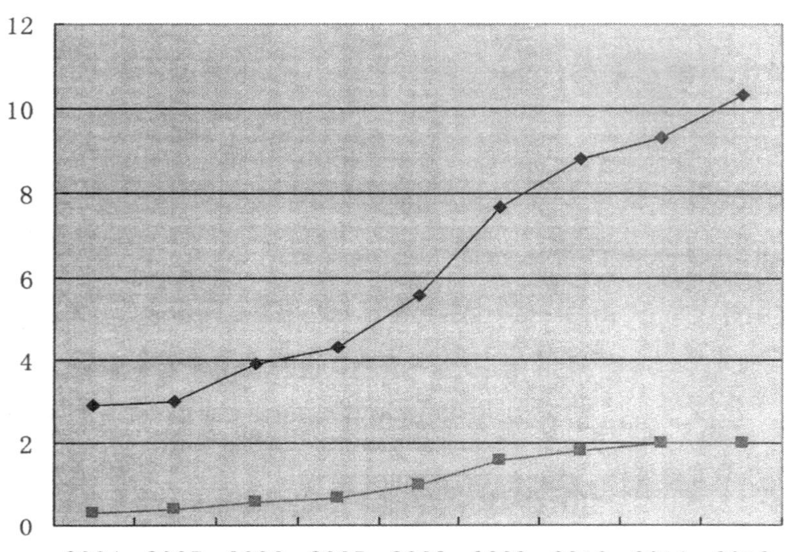

图 1　2004–2012 年酵母产品出口情况变化趋势

表 3　2004–2012 年酵母产品出口量及出口额情况

年份	出口		年增长率（%）	
	总量（万吨）	金额（亿美元）	总量（%）	金额（%）
2004	2.9	0.3	—	—
2005	3.0	0.4	3	33
2006	3.9	0.6	30	50
2007	4.3	0.7	10	17
2008	5.6	1.0	30	43
2009	7.7	1.6	38	60
2010	8.8	1.8	14	13
2011	9.3	2.0	5	12
2012	10.3	2.0	11	0

【b. 行业发展特点】

（1）企业数量增多，规模进一步扩大。安琪继续保持高速增长和扩张，引领我国酵母行业发展。国内酵母生产规模在世界所占比例持续增加。（2）加大环保投入，重视节能

减排。(3)酵母抽提物继续保持快速增长态势，产能持续增加。酵母多糖等深加工产品加快产业化步伐。

【c. 行业存在问题】

一、节能减排任务艰巨。随着环保压力逐年增大，环保投入加大，购买新的环保处理设备，管理培训环保技术人员，以及一些传统环保设施改造，都需要投入大量资金、时间和精力。在国家节能减排指标约束性任务下，实现酵母行业原料加工的清洁生产和副产物的高值化是亟待解决的问题。

二、市场拓展丞待加强。随着新上项目的增加，产能的扩张，原有市场逐渐饱和，所以开拓新的应用领域，以及农村市场的开发已经刻不容缓，否则会不可避免的出现恶性竞争，影响整个行业的健康、持续发展。

【d. 行业活动】

一、召开“新型有机氮源生物发酵领域应用与发展趋势研讨会”。 2012 年 4 月 21–22 日在湖北宜昌召开了“新型有机氮源生物发酵领域应用与发展趋势研讨会”。此次会议是为了增进发酵行业对以酵母浸出物为主的新型有机氮源营养特性、安全性、组分量化及其应用研究等方面的认识，提高工业用培养基的应用效率，促进产业发展。

二、积极推进产品标准化工作。《酵母及酵母制品分类导则》国家标准完成报批稿。并着手申报《富营养酵母》国家标准。

三、与国家有关部门沟通，使酵母产品暂缓列入“双高’’目录。国家有关部门欲将酵母列入“高风险、高污染”产品目录，经过协会的不懈努力，在行业企业的积极配合下，最终令国家相关部门作出暂缓列入的决定。四、开展企业调研。为深入了解我国酵母生产企业现状，2012 年走访了 2 家酵母企业分别是广东江门生物技术开发中心有限公司、黑龙江九鼎酵母有限公司。五、为企业开展个性化服务。分会积极为企业提供个性化服务，与政府有关部门积极沟通，帮助企业解决生产经营过程中遇到的困难。

（李晓燕）

2.14 发酵制品（酶制剂）工业

2010 年

【a. 概况】

2010 年，中国酶制剂行业总体生产和销售继续保持增长态势，新品种增多。根据分会的统计调查及估算，2010 年中国酶制剂产量约为 77.5 万吨，较上年同比增长 12.3%。山东隆大、湖南鸿鹰祥、湖南尤特尔、武汉新华杨、青岛康地恩、湖南津市、宁夏夏盛等企业产量大，产值较高。国内企业生产的酶制剂主要品种与上年相比没有太大变化，依然以糖化酶、淀粉酶、植酸酶等为主，产量过万吨，但纤维素酶和果胶酶产量较上年有较快增长。2010 年，酶制剂产品出口量达 8.2 万吨，出口额 2.3 亿美元，比上年分别增长 21.3%和 15.0%。其中，粗制凝乳酶及其浓缩物出口量及出口额有所下降，碱性蛋白酶、碱性脂肪酶等出口方面明显增加，碱性蛋白酶的出口量增长 2 倍以上，因此 2010 年酶制剂产品的总出口水平良好，稳步提升（见表 1）。

2010 年酶制剂产品进口量及进口额和上年同期相比均微降。2010 年酶制剂产品进口量 0.9 万吨，比上年下降 2.9%；进口额 1.3 亿美元，比上年同期下降 0.7%。虽然碱性脂肪酶的进口量增长近 3 倍，但由于碱性蛋白酶的进口量减少 41.3%，粗制凝乳酶及其浓缩物和未列名的酶制品等进口量也略有下降，导致 2010 年酶制剂产品的总进口量减少。粗制凝乳酶及其浓缩物和碱性脂肪酶进口额增加，碱性蛋白酶和未列名的酶制品等进口额降低（见表 2）。

表 1　2010 年酶制剂产品出口情况

产口名称	出口量（吨）		出口额（万美元）	
	2010 年	2009 年	2010 年	2009 年
粗制凝乳酶及其浓缩物	16	19	5	7
碱性蛋白酶	99	38	163	153
碱性脂肪酶	85	51	73	71
未列名的酶：未列名的酶制品	81916	67577	23028	20011
合计	82116	67685	23270	20242

表 2　2010 年酶制剂产品进口情况

产口名称	进口量（吨）		进口额（万美元）	
	2010 年	2009 年	2010 年	2009 年
粗制凝乳酶及其浓缩物	3	3	20	15
碱性蛋白酶	216	368	285	320
碱性脂肪酶	280	96	317	274

未列名的酶：未列名的酶制品	8649	8960	12210	12315
合计	9148	9427	12832	12924

近几年来酶制剂产品的出口一直保持较快的增长速度（表3），特别是走出了2009出口增幅下降幅度较大的阴影，2010年又恢复了21%的较高增长。在出口量不断增加的同时，出口额的增长比较缓慢，波动也比较大，因此需要特别引导企业调整出口产品结构，增加高附加值产品的出口份额。

表3　2006年～2010年酶制剂产品出口情况对比

年份	出口		年增长率（%）	
	总量（吨）	金额（万美元）	总量（%）	金额（%）
2006	3.5	1.3	32	—2
2007	4.7	1.3	35	1
2008	6.5	1.8	38	43
2009	6.8	2.0	4	11
2010	8.2	2.3	21	15

【b. 行业发展特点】

2010年中国酶制剂行业发展呈现出如下特点，一是继续保持较高增长势头。酶制剂行业总量保持较高增长态势，但发展出现不均衡，一些企业增速达30%以上，但也有一些企业增幅放缓；二是企业盈利有所下降。一部分是因为淀粉价格上涨，最高达2850元／吨。另外，由于饲料市场萎缩，饲用酶制剂销售受到一定程度的影响。三是一些产品的竞争趋于激烈。

【c. 技术进步】

一、国家继续通过"微生物制造"专项支持企业的技术改造和产业升级。二、企业加快与高校联合组建酶制剂研究中心，同时行业内不少重点企业建立了省级酶工程研究中心。三、企业更加重视节能减排，新建生产基地均配备相应的污水处理系统，达到废水的达标排放。

【d. 行业活动】

2010年4月17日，"酶制剂产业技术创新战略联盟"第二次工作会议在长沙市召开。11家联盟成员单位的代表共17人参加会议。此次会议重点讨论了第一次工作会议后的各项工作落实情况及后续工作安排，并邀请林影教授和江正强教授分别做"酶制剂生产技术发展前沿"、"微生物半纤维素酶研究"的主题演讲。

7月31日，"酶制剂产业技术创新战略联盟"第三次工作会议在山东省沂水县召开，石维忱理事长，杜军秘书长出席，12家联盟成员单位的代表共30余人参加会议。此次会议重点讨论了第二次工作会议后的各项工作落实情况及后续工作安排，李宪臻教授做"纤维素降解酶的研究困境与潜在应用领域"的主题演讲。

10月12～13日，第二届全国酶制剂研究开发应用技术研讨会暨2010广州市科技沙龙在广州市召开。会议由中国发酵工业协会酶制剂分会，联合中国食品科技学会酶制剂分会、广州市微生物学会主办，杰能科（中国）生物工程有限公司协办，华南理工大学及广州市微生物所承办。中国发酵工业协会理事长石维忱、华南理工大学副校长章熙春等，与来自全国酶制剂相关行业的专家、学者及企业代表共计200余人参加会议。会议进行学术交流，举行了华南理工大学·新华扬造纸酶研发中心揭牌仪式。研究中心将致力于酶制剂在造纸领域的应用研究和推广，这对推动中国酶制剂工业自主创新具有重要意义。大会还对中国发酵工业协会酶制剂分会理事会和中国食品科技学会酶制剂分会理事会联席会议中评选出的7篇优秀论文进行了颁奖。

10月12日，中国发酵工业协会酶制剂分会理事会和中国食品科技学会酶制剂分会理事会联席会议在广州市召开。会议进行了第二届全国酶制剂研究开发应用技术研讨会优秀论文奖的评选工作。会议共征集48篇论文，其中有7篇获得优秀论文奖，各位理事还就酶制剂行业的发展展开讨论。代表一致认为，虽然中国酶制剂行业整体得到快速的发展，但是同国际酶制剂企业还存在较大差别，酶制剂的基础研究不完善，酶的应用开发相对较弱，没有可依靠的产品标准，缺少自身特色的酶制剂产品。

2010年，分会协助协会标准部门征集并上报了3项酶制剂行业标准:《β–葡聚糖酶>、《木聚糖酶》及《碱性果胶酶》,已经得到立项批准。

（李晓燕）

2011 年

【a. 概况】

2011 年，中国酶制剂行业总体生产和销售继续保持增长态势，新品种增多。根据分会的统计调查及估算，2011 年中国酶制剂产量约为 89（标）吨，较上年同比增长 15%。山东隆大、广东溢多利、湖南尤特尔、湖南鸿鹰祥、武汉新华杨、青岛康地恩、湖南津市等企业产量大，产值较高。产品方面，国内酶制剂企业所生产的酶制剂主要品种有：糖化酶、植酸酶、淀粉酶、蛋白酶、纤维素酶、木聚糖酶、甘露聚糖酶、谷氨酰胺转氨酶、β–葡聚糖酶、半乳糖苷酶、果胶酶、β–淀粉酶、真菌淀粉酶、脂肪酶、凝乳酶、饲用复合酶、纺织复合酶、啤酒复合酶等。其中，糖化酶、植酸酶、淀粉酶、蛋白酶、纤维素酶实际产量已经超万吨。主要酶种所占比重（按实际产量计算）如表 1 所示，其中，糖化酶、植酸酶、淀粉酶、蛋白酶、纤维素酶所占比重之和达 78.5%，复合酶制剂所占比重为 12%。

表 1　国内酶制剂企业所生产的主要酶制剂品种所占比重

产品名称	所点比重（%）
糖化酶	29.6
植酸酶	22.0
中温淀粉酶	8.9
蛋白酶	7.1
纤维素酶	6.1
高温淀粉酶	4.8
木聚糖酶	2.8
复合酶（饲料、纺织、啤酒）	12.0

经过不断的市场竞争与发展，中国酶制剂行业基本形成了一个比较稳定的企业格局和市场格局，本土企业不断成长壮大，出现了一批有特点有规模的重点生产企业，行业总体进入良性发展的轨道。据不完全统计，2011 年国内酶制剂企业市场销售额总计约为 26 亿元，市场占有率显著提升。随着企业规模的扩大和生产技术、工艺水平的不断提高，酶制剂的产品质量得到很大提升，酶制剂生产企业的软硬件条件也在逐步向国际化标准靠拢。一些重点生产企业从最初的生存期开始转入发展期，开发新产品、申请专利技术、搞好技术储备成为中国酶制剂企业实现可持续发展战略的重要基础。进出口方面，与上年相比，2011 年酶制剂产品进口量呈现增长态势，增长幅度为 8.3%，进口额增长 28.6%；2011 年酶制剂产品出口量达 8.2 万吨，与上年基本持平，出口额 2.6 亿美元，与上年相比增长 13.0%（详见表 2、表 3）。

表 2　2011 年酶制剂产品出口情况

品种	出口量（吨）		出口额（万美元）	
	2011 年	2010 年	2011 年	2010 年
粗制凝乳酶及其浓缩物	27	16	6	5
碱性蛋白酶	162	99	100	1163
碱性脂肪酶	38	85	8	73
未列名的酶：未列名的酶制品	82058	81916	26303	23028
合计	82285	82116	26417	23270

表 3 2011 年酶制剂产品进口情况

品种	进口量（吨）		进口额（万美元）	
	2011 年	2010 年	2011 年	2010 年
粗制凝乳酶及其浓缩物	0.7	3	4	20
碱性蛋白酶	135	216	292	285
碱性脂肪酶	507	280	690	317
未列名的酶：未列名的酶制品	9261	8649	15517	12210
合计	9903.7	9148	16503	12832

近几年来酶制剂产品的出口总体来看保持较快的增长速度（见图 1、表 4）。在出口量不断增加的同时，出口额的增长比较缓慢，波动也比较大，因此需要引导企业调整出口产品结构，增加高附加值产品的出口份额。

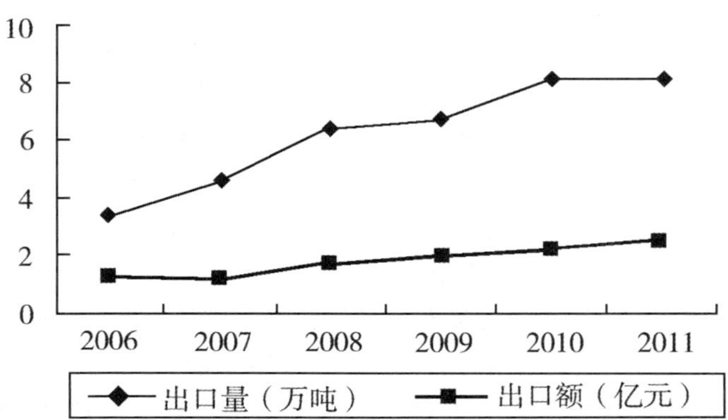

图 1　2006 ~ 2011 年酶制剂产品出口量，出口额变化

表 4　2006 ~ 2011 年酶制剂产品出口量及出口额情况对比

年份	出口		年增长率（%）	
	总量（吨）	金额（亿美元）	总量（%）	金额（%）
2006	3.5	1.3	32	—2
2007	4.7	1.3	35	1
2008	6.5	1.8	38	43
2009	6.8	2.0	4	11
2010	8.2	2.3	21	15
2011	8.2	2.6	0.2	13

【b. 行业发展特点】

2011 年. 中国酶制剂行业发展呈现出如下新的特点：(1) 继续保持较高增长势头；(2)酶制剂生产企业数量上升，规模以上企业由原来的 20 余家上升为近 50 家。(3)原料价格上涨，导致利润下降；(4)酶制剂品种继续增多，但一些产品的竞争依然比较激烈。如植酸酶。另外纤维素酶、碱性果胶酶等也开始显示出竞争势头。(5)国内酶制剂企业开始探索由单一的生产供应商向服务商的角色转换。酶制剂的应用是酶制剂产业发展的重要环节，在这方面诺维信、杰能科等国际大公司做得很好，而酶制剂企业以前往往注重于酶制剂的生产，忽视了其应用，为客户提供解决方案更是不可能的事。这种局面正在开始发生改观，一些国内的酶制剂生产企业开始尝试为客户提供定制的解决方案。这是中国酶制剂工业进步的又一个标志。

【c. 行业活动】

2011 年 12 月 8 日，中国发酵工业协会酶制剂分会理事

会在北京召开。各位理事就酶制剂行业的热点、难点问题展开讨论，包括知识产权保护、生产许可证办理等。虽然中国酶制剂行业整体得到快速的发展，但是同国际酶制剂企业还存在较大差别，酶制剂的基础研究不完善，酶的应用开发相对较弱，没有可依靠的产品标准，缺少自身特色的酶制剂产品。

5月21～22日，“酶制剂产业技术创新战略联盟”第四次工作会议在河南三门峡召开，会议分两个阶段：联盟工作会议，重点讨论第三次会议后各项工作落实情况及后续工作安排；技术交流，邀请堵国成教授和李宪臻教授分别做了“食品酶制剂的开发与应用”、“菊糖酶及其在工业原料替代中的应用”的主题演讲。

推进产品标准化工作。2011年，启动了《β-葡聚糖酶》、《木聚糖酶》及《碱性果胶酶》等行业标准的制定工作。

为企业开展个性化服务。组织白银赛诺公司得企业发展战略研讨会。帮助企业解决生产经营过程中遇到的困难。如与卫生部沟通，帮助企业解决遇到的行政审批问题，为会员企业开具相关证明等。

（李晓燕）

2012 年

【a. 概况】

2012年我国酶制剂产量约为100万（标）吨，较2011年同比增长13.2%。山东隆大、青岛蔚蓝、广州溢多利、武汉新华杨、湖南尤特尔、湖南鸿鹰祥等企业继续保持了良好发展势头。产品方面，国内酶制剂企业生产的主要单酶品种逐年增多，主要包括：糖化酶、植酸酶、淀粉酶、蛋白酶、纤维素酶、木聚糖酶、甘露聚糖酶、脂肪酶、谷氨酰胺转氨酶等16余个酶种，同时以饲用复合酶、纺织复合酶、啤酒复合酶等为代表的复合酶产品发展越来越快。国产酶制剂产品市场占有率显著提升。

经过不断的市场竞争与发展，目前我国酶制剂行业基本形成了一个比较稳定的企业格局和市场格局，本土企业不断成长壮大，出现了一批有特点有规模的重点生产企业，行业总体进入良性发展的轨道。据不完全统计，2012年我国本土酶制剂企业市场销售额总计约为30亿元人民币，同比增长约15.4%。进出口方面，与2011年相比，2012年酶制剂产品进口量继续呈现增长态势，增长幅度为16.0%，高于去年的增长幅度。进口额增长 8.9%，低于去年的增长幅度。2012年酶制剂产品出口量和出口额与2011年相比均有所下降，但降幅较小，分别为-6.5%和-1.6%（表1）。综合进出口量来看，进口增幅较大，出口减少，说明国内市场需求有所增长。

表1　2011、2012年酶制剂产品进出口比较

进口量（吨）		进口额（万美元）		出口量（吨）		出口额（万美元）	
2011	2012	2011	2012	2011	2012	2011	2012
9905	11493	16504	17974	82285	76966	26492	26072
同比增长：16.0%		同比增长：8.9%		同比增长：—6.5%		同比增长：—1.6%	

比较8年来酶制剂的出口情况，由图1及表2可以看出，近几年来酶制剂产品出口量持续增长的态势有所变化，从2011年开始出现下滑，2012年继续保持了下降趋势，同时出口额也缓慢下降。

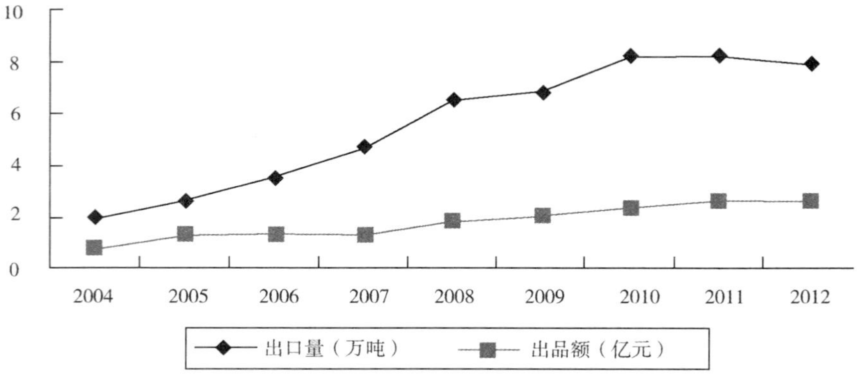

图1　2004-2011年酶制剂产品出口量、出口额变化

表 2　2004–2012 年酶制剂产品出口量及出口额情况对比

年份	出口		年增长率（%）	
	总量（万吨）	金额（亿美元）	总量（%）	金额（%）
2004	2.0	0.8	54	57
2005	2.6	1.3	35	70
2006	3.5	1.3	32	—2
2007	4.7	1.3	35	1
2008	6.5	1.8	38	43
2009	6.8	2.0	4	11
2010	8.2	2.3	21	15
2011	8.2	2.6	0.2	13
2012	7.7	2.6	—6.5	—1.6

价格方面，较 201 年同期相比，糖化酶、酸性蛋白酶、中性蛋白酶价格基本保持不变；高温淀粉酶、中温淀粉酶略有下降；纤维素酶、植酸酶、木聚糖酶价格下降幅度较大；碱性蛋白酶随着活力的提高，价格上升。扣除原料及人工成本的上升，可见实际利润均有不同程度的下降。

【b. 行业发展特点】

随着企业规模的扩大和生产技术、工艺水平的不断提高，我国酶制剂的产品质量得到很大提升，酶制剂生产企业的软硬件条件也在逐步向国际化标准靠拢。一些重点生产企业从最初的生存期开始转入发展期，开发新产品、申请专利技术、搞好技术储备成为我国酶制剂企业实现可持续发展战略的重要基础。目前我国酶制剂行业发展呈现如下特点：1）酶制剂企业重视技术创新和知识产权保护，纷纷加大 R&D 投入，技术创新使得国内企业开始有了自己的技术储备，拥有了自主知识产权的发明专利，初步具备了一定的国际竞争能力。2）发酵规模持续扩大，新建、扩建一批新的生产基地，使得我国总发酵罐容积超过 2 万立方米。3）新的应用市场逐步拓展，洗涤工业用酶、造纸工业用酶、石油开采用酶等开发活跃。4）国内酶制剂企业转变观念，配备专业人员为容户提供定制的解决方案，成为我国酶制剂工业进步的又一个标志。

在行业进步的同时，我们必须看到，我国酶制剂行业的发展有喜有忧，发展中的问题还比较突出，其中技术层面的问题主要体现在以下几个方面：一是品种单一的问题仍然比较明显，同质化严重，普遍缺少自主知识产权产品，特别是新的高端酶制剂品种很少，从而导致企业间的不正常竞争，行业整体经济效益下降；二是复合酶制剂发展相对滞后。复合酶制剂是未来发展趋势，其附加值也更高。由于复合酶的开发必须要以酶制剂的生产和应用的综合技术实力为背景，而国内大部分酶制剂企业在这一方面尚缺乏强的竞争实力；三是酶的精制不足。我国由于提取和后制备等技术、工艺和装备水平相对落后，酶制剂产品依然以粗酶为主，缺少精制酶，剂型也比较单一，使其应用受到很大限制；四是应用开发的深度和广度有待进一步提升。

【c. 行业活动】

一、召开酶制剂分会理事扩大会。2012 年 7 月 26 日，中国生物发酵产业协会酶制剂分会理事会和中国食品科技学会酶制剂分会理事会联席会议在大连召开。中国生物发酵产业协会理事长、兼中国食品科技学会酶制剂分会理事长石维忱，中国发酵工业协会酶制剂分会秘书长，兼中国食品科技学会酶制剂分会秘书长李晓燕以及 18 家理事单位的 30 余位代表出席了此次会议。会上，进行了第三届全国酶制剂研究开发应用技术研讨会优秀论文奖的评选工作。会议共征集 53 篇论文，其中有 6 篇获得优秀论文奖。优秀论文奖的评选旨在鼓励年轻人进行科技创新，对推进我国酶制剂行业的自主创新具有重要意义。会上，各位理事还就酶制剂行业的发展展开了热烈的讨论，并对下次会议的召开提出了建设性意见。大家一致同意下次会议增加下游应用行业的内容，邀请有关行业代表与会，做到上下游有效结合。最后，大家表示，在协会的平台下，加强合作和交流，为我国和世界酶制剂行业作贡献，共创未来。

二、召开“第三届全国酶制剂研究开发应用技术研讨会”。2012 年 7 月 26 日–27 日，“第三届全国酶制剂研究开发应用技术研讨会”在大连召开。会议重点研究探讨新形势

下国内外酶制剂的发展策略和方向：新酶种的发现及酶的新应用；交流酶制剂生产新技术、新工艺、新设备；旨在促进酶制剂行业的进步，加强新酶种的产业化能力，拓宽酶的应用领域，实现可持续发展，研究探讨我国酶制剂行业酶种的开发、生产和应用等核心技术。会议由中国生物发酵产业协会酶制剂分会、中国食品科技学会酶制剂分会主办，大连工业大学承办。中国生物发酵产业协会理事长石维忱、大连工业大学副校长王秀山、大连工业大学生物工程学院院长李宪臻、中国生物发酵产业协会酶制剂分会秘书长李晓燕等，与来自全国酶制剂相关行业的专家、学者及企业代表共计 130 余人参加了本次会议。会上，石维忱理事长对我国酶制剂工业发展现状及趋势进行了详细和深入的阐述，提出了今后的重点发展方向，即要特别注重生物能源用酶制剂、造纸工业用酶制剂、洗涤工业用酶制剂、纺织工业用酶制剂、饲料工业用酶制剂和食品工业用酶等酶制剂产品的研发，同时，注重挖掘新型酶助剂，大力发展复合酶制剂，提高酶制剂的性能和应用效率。在酶制剂工业后处理技术方面，要加快推进膜分离技术、颗粒酶造粒技术及发酵废液后处理技术的研发、推广和应用。会议还特邀华东理工大学魏东芝教授、江南大学堵国成教授、华南理工大学林影教授等作了大会报告。同时邀请有关专家就知识产权问题作了专题报告。

三、完成“第四届全国酶制剂重点生产企业”的评选。2012 年 3 月启动了第四届全国酶制剂重点生产企业评选工作。为了引导企业做大做强，进一步提升产业集中度，此次评选提高了准入门槛，共有 14 家企业提出申请。经过认真评审，有 10 家企业被提名为第四届全国酶制剂重点生产企业，并通过了公示。

四、积极推进产品标准化工作。2012 年启动了《过氧化氢酶》、《角质酶》的行业标准制定工作。

五、开展企业调研。为了全面了解我国酶制剂生产企业现状，2012 年走访了 4 家酶制剂企业分别是广州裕立宝生物科技有限公司、张家港市金源生物化工有限公司、广东江门生物技术开发中心有限公司、青岛根源生物技术集团有限公司（平度生产基地）。

六、为企业开展个性化服务。（1）帮助组织沅江浣溪沙酶技术有限公司制浆酶成果鉴定会，并积极推动制浆酶在造纸行业中的应用。（2）帮助企业解决生产经营过程中遇到的困难。如：积极与国家相关部门沟通，帮助企业解决遇到的行政审批问题，为会员企业开具相关证明等。

（李晓燕）

2.15 发酵制品（有机酸）工业

2010 年

【a. 概况】

柠檬酸：2010 年柠檬酸总产量约为 98 万Ⅱ屯，比上年增长 12.64%，其中无水酸总产量为 45 万吨，比上年增长 23.97%。柠檬酸行业是生产集中度较高的行业，2010 年产量排名前五位企业的总产量占到全国总产量的 87.50%，通过产量及企业数量可明显看出，柠檬酸行业集中度得到了进一步加强。

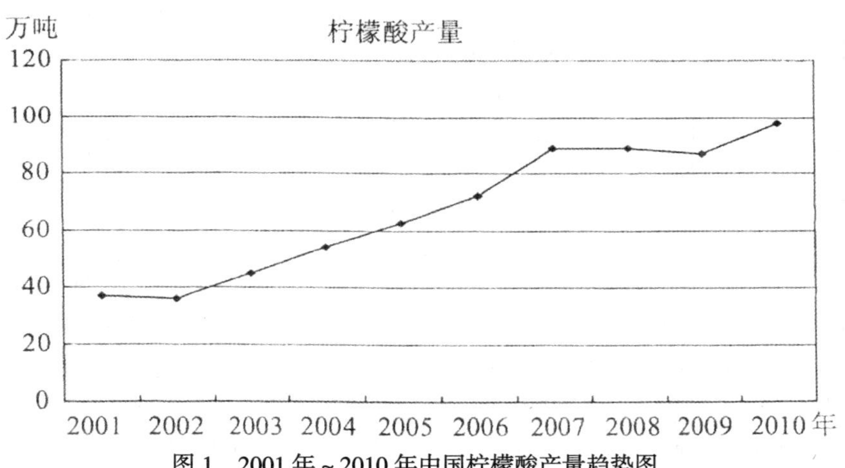

图 1　2001 年 ~ 2010 年中国柠檬酸产量趋势图

乳酸：2010 年乳酸总产量为 12 万吨，比上年增长 17.65%。产量排名前两位的企业总产量占全国总产量的 76.66%。

其他小品种有机酸：2010 年国内葡萄糖酸总产量约为 30 万吨左右，与 2009 年基本持平。其他小品种有机酸在国内已成规模发酵生产的品种还有衣康酸。近年来衣康酸产量变化不大，2010 年国内衣康酸总产量为 2 万吨左右，与 2008、2009 年产量基本持平。

技术指标略有下滑，消耗指标又有进步。近年来，随着柠檬酸企业大型化与集约化程度、生产技术水平及自动化程度的不断提高，使得各项生产技术指标都得到优化。2010 年，柠檬酸行业的平均产酸率为 13.74%；2010 年行业平均发酵周期为 59.74h；2010 年行业平均总收率为 88.48%。

2010 年，柠檬酸行业平均成品粮耗为 1.90 吨 / 吨，比上年增长 0.52%；2010 年柠檬酸行业平均汽耗为 5.10 吨 / 吨，比上年下降 5.03%，蒸汽消耗粗计可节约原煤 2.6 万吨。2010 年柠檬酸行业平均耗电 963.8 度 / 吨，比上年下降 3.30%，2010 年全行业共节电 3 224 万度。2010 年柠檬酸行业平均水耗 25.45 吨 / 吨，比上年下降 2.38%，按全年产量计算全行业共节水 60.8 万吨。

【b. 产品进出口情况】

2010 年，柠檬酸产品进出口情况详见下表 1 ~ 表 4：

表 1　2010 年柠檬酸产品进口情况　　单位：吨　万美元

产品名称	进口量	同比增长（%）	进口额	同比增长（%）
柠檬酸产品	2175	—44.02	791	—24.45
其中：柠檬酸	788	66.24	249	74.13
柠檬酸盐	1387	—59.34	542	—40.11

表 2　2010 年柠檬酸产品出口情况　　单位：吨　万美元

产品名称	出口量	同比增长（%）	出口额	同比增长（%）
柠檬酸产品	85.11	11.75	80272	27.06
其中：柠檬酸	73.42	11.53	68644	28.10
柠檬酸盐和酯	11.69	13.17	11628	21.25

表 3　2010 年乳酸及其盐和酯进出口情况　　单位：吨　万美元

产品名称	进出口数量	同比增长（%）	进出口额	同比增长（%）
乳酸及其盐和酯进口	7623	22.93	1362	9.57
乳酸及其盐和酯出口	52767	28.19	6320	

2010 年乳酸产品进口价格下降很大，下降 10.88%。乳酸产品出口价格上升 30.61%，乳酸行业在 2010 年下半年价格有所回升，在此带动下出口比例有所上升。

表 4　2010 年葡萄糖酸及其盐和酯进出口情况　　单位：吨　万美元

产品名称	进出口数量	同比增长（%）	进出口额	同比增长（%）
葡萄糖酸及其盐和酯进口	649	64.30	176	52.50
葡萄糖酸及其盐和酯出口	92261	25.27	7945	

葡萄糖酸产品进口价格同比下降 7.15%，但 2010 年下半年同上半年进口价格相比下降 47.39%;葡萄糖酸产品出口价格增长 12.77%，葡萄糖酸行业在 2010 年下半年价格有所回升，2010 年下半年同上半年进口价格相比下降 15.39%。

【c. 柠檬酸出口目的地国家和地区的变化】

2010 年，柠檬酸出口突出特点是亚洲国家进入前十数量下降，印度尼西亚、新加坡都未能够进入前十名，虽然出口泰国、日本、印度尼西亚量上升，特别是泰国增量超过 1 万吨，增幅 49.86%。但是出口新加坡、印度量减少更大，新加坡减量超过 1.5 万吨，下降 83.82%，表明亚洲国家的转口贸易在减少。出口巴西量迅猛增长，从 2009 年的 1.51 万吨上升到 2010 年的 2.68 万吨，增长 77.39%，由于上升幅度太大，从而引起了巴西的反倾销起诉。而日本一直以来是中国柠檬酸出口价格较高的目的地。见表 5：

表 5　中国柠檬酸出口国家的出口量排名前十位国家对比

排名	国家	出口量（吨）		出口额（万美元）		价格（美元/吨）	
		2010 年	2009 年	2010 年	2009 年	2010 年	2009 年
1	印度	499734	55534	4150	3931	830.51	707.84
2	荷兰	45466	27296	4887	3131	1074.87	1147.16
3	日本	35667	31136	3701	3488	1037.70	1120.21
4	土耳其	32490	31425	2732	2141	840.88	681.45
5	泰国	31861	21261	2714	1653	851.69	777.31
6	德国	31270	20853	3251	2107	1039.56	1010.31

7	巴西	26786		2437		909.98	
8	墨西哥	26666	19474	2419	1460	907.16	749.89
9	意大利	24921		2669		1071.12	
10	西班牙	23066		2453		1063.47	
	俄罗斯联邦		25805		1726		668.94
	印度尼西亚		21568		1682		779.98
	新加坡		18075		1241		686.79
	前十国	**328166**	**272426**	**31414**	**22561**	**957.25**	**828.15**
	全世界	**734246**	**658341**	**68644**	**53587**	**934.89**	**813.98**
	比例（%）	**44.69**	**41.38**	**45.76**	**42.10**		

中国柠檬酸盐及酯出口目的地国家前十位近几年都没有太大变化，已经形成了稳定结构，这有利于中国柠檬酸盐及酯行业发展。见表 6。

表 6　中国柠檬酸盐及酯出口国家的出口量排名前十位的国家对比

排名	国家	出口量（吨）		出口额（万美元）		价格（美元/吨）	
		2010 年	2009 年	2010 年	2009 年	2010 年	2009 年
1	荷兰	11037	9618	1116	936	1010.80	973.36
2	日本	9793	8737	1004	991	1025.59	1134.23
3	德国	9183	6202	1032	644	1123.53	1038.18
4	泰国	8167	7122	685	537	839.25	754.06
5	加拿大	6587	4833	607	388	922.16	802.59
6	巴西	6248	5175	657	462	1051.79	892.33
7	印度尼西亚	5440	4682	560	450	1028.76	960.44
8	比利时	5245	6755	530	767	1011.14	1135.46
9	西班牙	3840	6276	378	583	983.28	929.73
10	澳大利亚	3680	3423	342	285	928.31	833.34
	前十国	**69219**	**62821**	**6911**	**6043**	**998.40**	**961.94**
	全世界	**116906**	**103275**	**11628**	**9590**	**928.60**	**994.63**
	比例（%）	**59.21**	**60.83**	**59.43**	**63.01**		

【d. 柠檬酸出口企业情况】

2010 年，柠檬酸产品出口前十位企业全部是生产加工类企业，2010 年，贸易商逐渐退出前十企业，最多的一个月出口单位在 50 家左右，柠檬酸出口市场国内乱战已经过去，应该说生产企业已经重新夺回出口市场，柠檬酸出口市场正在理性回归。

前十家出口企业出口比例上升，说明柠檬酸生产企业出口比例上升，现在出口前十家企业所占比例接近 85%，生产企业完全占据了出口主动权，下一步生产企业应该更好地加强合作，处理好出口目的国，减少转口贸易。

【e. 行业发展存在的问题和面临的形势】

一、玉米产业政策的调整对有机酸行业的影响

2010 年，玉米价格一直在高位运行，工业玉米消耗量超过了国家玉米安全警戒线，这已经引起了国家领导的高度重视，2010 年 12 月份国家法改委对玉米主产区深加工企业进行了检查。预计 2011 年国家将出台一系列玉米产业政策，对有机酸行业以玉米为原料部分产品要限制发展，因此，有机酸行业要加强非粮原料的生产研究，扩大木薯、薯干、秸

秆原料比例，减少玉米用量。

二、扩大内需，规避反倾销危险

2006 年 ~ 2010 年五年间，柠檬酸产品出口量从 57 万吨上升到 85 万吨，年均增长 10.51%，这已经引起了多起国外反倾销，2008 年 ~ 2009 年中国分别受到欧盟、美国反倾销，2010 年，中国出口巴西、泰国、墨西哥增长速度很快，引起了目的地国家的重视，2011 年出口企业要加强注意。现在中国柠檬酸、乳酸出口比例连年上升，开展柠檬酸、乳酸应用领域研究，扩大内需，规避反倾销风险是行业可持续发展的重中之重。

三、能耗水平相差较大，行业发展水平不均衡

2010 年柠檬酸行业电耗最低和最高的企业相差接近 50%，行业发展水平很不平衡，落后生产能力的提高和改进，中西部地区企业的技术进步是行业发展突出问题。

四、加大力度淘汰落后产能，对行业要求进一步提高

2003 年以来开展的柠檬酸环保核查，使得柠檬酸行业环保水平取得了巨大变化，2004 年、2006 年两次调整柠檬酸工业污染物排放标准，2010 年开始的新的水污染排放标准已经上报环保部，新标准提高了 COD、BOD 和氨氮指标要求，同时又增加了总氮、总磷、色度等项新指标，这些指标的实施将提高柠檬酸环保水平，进一步淘汰落后企业。

【f. 行业会议】

2010 年 5 月 27 ~ 28 日，有机酸分会和氨基酸分会在黄山市召开了 2010 年全国氨基酸和有机酸行业绿色环保、清洁生产技术交流会。会议以氨基酸和有机酸两大行业的清洁生产制造技术为主题，围绕行业面对的环保治理、节能减排、清洁生产、综合利用等问题开展研讨和交流。会议还发出《绿色环保、清洁生产倡议书》，参会企业代表均在倡议书上签名，并表示将用行动实现“保护环境，合理利用资源，促进清洁生产”的目标，推进发酵行业又好又快发展。

1 月 25 日，中国发酵工业协会在北京召开了 2010 年发酵行业重点企业董事长、总经理座谈会暨 2009 年发酵行业经济运行情况和协会工作汇报会。会上，中国发酵工业协会石维忱理事长通报了 2009 年全国发酵行业经济运行情况及 2010 年协会的工作要点；杜军秘书长汇报了发酵行业技术创新服务平台的建设与运作情况；与会企业领导分别将各自企业及所处行业 2009 年的经济运行情况进行了交流。

4 月，协会召开了第四届二次常务理事会，并在会议期间召开有机酸重点企业座谈会。座谈会上，针对节能减排的现状及今后如何推进、深入开展环保核查、推广绿色标识、技术创新、企业经济运行情况等问题进行了交流与讨论。

【g. 有机酸特色区域】

2010 年 4 月 13 日，山东省昌乐县人民政府向中国发酵工业协会提交了《昌乐县人民政府关于申请命名昌乐县为“中国柠檬酸产品特色区域”的请示》。协会向中国轻工业联合会进行了专题汇报，中国轻工业联合会同意并委托协会按照国家相关规定和要求对其进行了审查。协会于 2010 年 7 月 24 日对昌乐县进行了现场审查，经审核，专家组同意其通过“中国柠檬酸特色产业基地”的现场审查。11 月 9 日中国轻工业联合会同意授予山东省潍坊市昌乐县“中国柠檬酸特色产业基地”称号，12 月 28 日由中国轻工联合会领导、协会领导出席授牌仪式，授予山东省潍坊市昌乐县“中国柠檬酸特色产业基地”称号，同时授予潍坊英轩实业有限公司“中国柠檬酸特色产业基地核心企业”称号。

（中国发酵工业协会　冯志合）

2011 年

【a. 概况】

柠檬酸：2011 年，柠檬酸总产量约 103 万吨，比上年增长 5.10%，其中无水酸总产量 46 万吨，比上年增长 2.22%。柠檬酸行业是生产集中度较高的行业，产量排名前五位的企业总产量占全国总产量的 90.50%. 较上年增长 3%。通过产量及企业数可明显看出，柠檬酸行业集中度得到了进一步加强。见表 1：

表 1　柠檬酸行业产量排名前五位的企业情况

序号	企业名称
1	山东潍坊英轩实业有限公司
2	日照鲁信金禾生化有限公司
3	安徽丰原生化有限公司

4	山东柠檬生化有限公司
5	宜兴协联生化有限公司

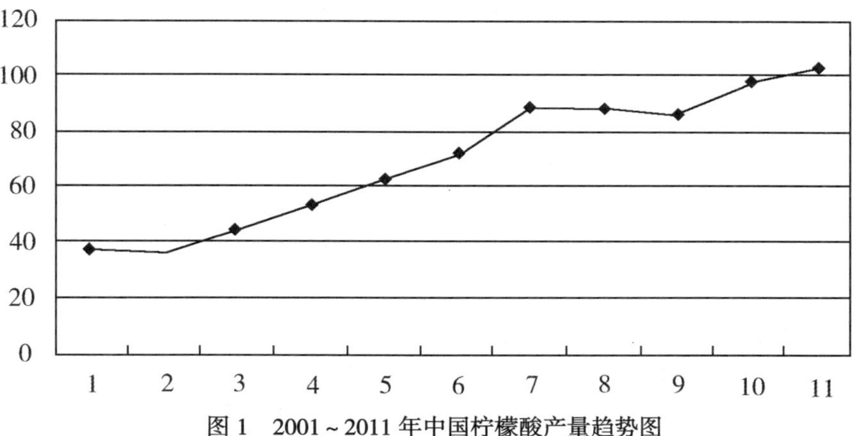

图 1　2001 ~ 2011 年中国柠檬酸产量趋势图

乳酸：2011 年，乳酸总产量 13.5 万吨，较 2009 年总产量增长 12.50%。产量排名前两位的企业是河南金丹乳酸有限公司、安徽丰原格拉特乳酸有限公司，其总产量占全国总产量的 78.71%。

其他小品种有机酸：2011 年，随着酶工程技术等生物技术的进步，以及生产技术水平的不断提高，中国葡萄糖酸发展较快，国内葡萄糖酸总产量约 30 万吨，与上年基本持平。其他小品种有机酸还有衣康酸，2011 年国内衣康酸总产量为 3 万吨左右，比上年产量略有上升。

【b. 柠檬酸行业主要消耗指标】

随着柠檬酸企业大型化与集约化程度、生产技术水平及自动化程度的不断提高，使得各项生产技术指标都得到优化。2011 年，柠檬酸行业的平均产酸率为 14.19%，提高了 0.45%产酸率较好的企业为宜兴协联生化有限公司，其产酸率为 15.57%。2011 年行业平均发酵周期为 58.91h。2010 年行业平均总收率为 88.71%，总收率最高的企业是黄石兴华生化有限公司，其收率为 89. 38%。

2011 年柠檬酸行业平均成品粮耗为 1.86 吨 / 吨，较上年节粮 2.11%，全行业共节粮 4.12 万吨，粮耗最低的单位是宜兴协联生化有限公司平均 1.83 吨 / 吨。

2011 年柠檬酸行业平均汽耗为 4.29 吨 / 吨，较上年节约 15.88%，蒸汽消耗粗计可节约原煤 8.3 万吨。汽耗最低的单位是宜兴协联生化有限公司平均 3.75 吨 / 吨，最高的是石河子长运生化有限公司平均 10.33 吨 / 吨。

2011 年柠檬酸行业平均耗电 930.0 度 / 吨，较上年节电 3.51%，全行业共节电 3481 万度。电耗最低的是山东柠檬生化有限公司为 829.1 度 / 吨；电耗最高的是云南燃二化工有限公司为 1236 度 / 吨；日照鲁信金禾生化有限公司、潍坊英轩实业有限公司、黄石兴华生化有限公司、安徽丰原生化有限公司吨产品耗电量在 1000 度 / 吨以内。

2011 年柠檬酸行业平均水耗 22.46 吨 / 吨，较上年节约 11.75%，按全年产量计全行业共节水 308 万吨。水耗最低的是宜兴协联生化有限公司，水耗在 20 吨 / 吨以内，水耗最高的是石河子长运生化有限公司，水耗为 34.31 吨 / 吨。具体消耗指标详见表 2：

表 2　2011 年柠檬酸行业消耗指标

年份	粮耗（吨/吨）	汽耗（吨/吨）	电耗（度/吨）	水耗（吨/吨）
2010	1.90	5.10	964	25.45
2011	1.86	4.29	930	22.46

*汽耗不包含上报煤耗企业的数据

【c. 谷氨酸（味精）】

根据行业统计，2011 年全国味精总产量为 206 万吨，比 2010 年的 216 万吨略有下降（此数据是根据全国 3 万吨以上谷氨酸发酵生产企业实际生产的谷氨酸产量折算得来，去除了往年可能有重复计算的影响）。2011 年味精总产量没有增长的主要原因：一是国家玉米深加工相关产业政策的调控、税收政策、淘汰落后产能以及环保治理力度加大等因素，企业不再盲目低水平扩产；二是2011年原辅材料等生产成本大幅上涨、产品效益大幅滑坡、市场竞争更加激烈，迫使个别企业采取阶段性限产调整或进行设备技术改造等措施，不再单纯追求产量的增加。虽然味精企业遇到重重困难，但整个行业进入到一个理性的调整期，大部分企业都在积极应对，抓紧调整结构、扩大投资、改革创新，随着企业技术创新能力的提升和综合实力的增强，生产能力将会更强，产业集中度也会更高。

【d. 赖氨酸】

2011年，赖氨酸生产平稳，全年产量75万吨，比上年略有增长。市场销售形式好于上年，价格也一度增高，产品处于盈利。根据饲料市场的需求状况来看，赖氨酸的产量暂时不会出现大幅度跨越增长。

【e. 苏氨酸】

2011年全国苏氨酸产量12万吨，比上年增长20%。近3年中国的苏氨酸发展较快，2010年产量达10万吨。苏氨酸主要作为饲料的配料，要经过一个科学合理添加使用的过程，同时还要根据饲料的需求供给，不适宜盲目过快的提高产量。由于2011年中国的苏氨酸价格一直低位徘徊，产品利润提不高。生产企业控制了产量，避免竞争加剧。

【f. 其他小品种氨基酸】

随着国产化技术的推进，生产的品种越来越多、但相对需求量较少，市场还有待进一步开发。有些大宗产品生产企业也在研究开发生产小品种氨基酸，发展趋势总体向好，但也要理性对待，防止一哄而上。企业必须注重提高产品质量和生产技术水平，降低生产成本。

总之，氨基酸产品还缺乏高端产品的研究开发，应用范围也不够宽泛。在注重产量规模发展的同时，必须根据应用领域的实际情况，及时调整产品结构，不断升级创新，从而保持产品兴旺不衰。

【g. 产品进出口情况】

中国是大宗氨基酸产品的生产和销售大国，产品进口数量较少，暂忽略不计。

2011年，氨基酸类产品总出口量为53.5万吨，出口额为12.14亿美元。其中谷氨酸类产品出口32.12万吨，出口额为4.74亿美元；仅味精产品就出口29万吨，占全国总产量的14%。赖氨酸类产品出口10.75万吨，出口额为2.27亿美元，占年总产量的14.3%。其他氨基酸出口10.69万吨，出口额为5.1亿美元。

2011年氨基酸产品出口量

产品名称	2011年出口量（万吨）	2010年出品量（万吨）
谷氨酸、味精及其盐类	32.12	21.8
赖氨酸及其盐类	10.75	14.7
其他氨基酸及其盐和酯	10.69	10.8

【h. 行业面临的问题】

2011年氨基酸行业面对资源限制、环保治理、食品安全等问题的约束逐步加剧，形势严峻。行业在努力依靠科技进步改变现状的同时，更加希望能更多地争取国家政策的支持。当遇到具体问题和困难时，通过与相关管理部门及时沟通，按照国家相关要求进行解决，齐心协力共同克服困难，保障行业稳步发展。具体如下：

一、原辅材料价格上涨致使企业负担增大，效益明显下滑。201 1年玉米、能源、化工等价格都在不断涨价，生产成本不断增加。以山东企业为例：原料玉米价格上涨近20%、煤炭、液氨等价格上涨4%左右。使大宗产品味精的生产成本平均涨幅达10%，企业压力明显、负担较重。在此情况下，味精价格仅有平均1%～2%的波动增长，甚至出现成本与销售价格倒挂的现象。加上国家对玉米深加工用粮的管控政策出台，从财政税收角度暂停部分玉米深加工企业购进玉米增值税抵扣，使大宗产品利润空间更小，行业竞争加剧。那些产量小、产品单一的生产企业维持运行艰难，个别企业只能减产或停产修整，企业急需应对和转变的办法。

二、产业政策加大了对落后产能的淘汰，产业集中度更高。国家2011年<产业结构调整指导目录》，其中发酵法工艺生产小品种氨基酸（赖氨酸、谷氨酸除外）等列入鼓励类；而味精在“十一五”期间淘汰3万吨以下味精生产线的基础上，“十二五”又进一步提出将年产5万吨以下且采用等电离交工艺的味精生产线列入限制类目录中。今后，一些技术落后的中小企业和生产线将逐步被淘汰，更加激烈的新一轮竞争体现在技术创新和管理经营的层面，企业优胜劣汰在所难免。

三、食品安全监管力度加大，生产受到条件约束。在严

重的食品安全问题影响下，国家对味精的质量监督要求更加严谨规范，个别企业常规生产使用的加工助剂受到安全质疑，引起行业对生产原材料选用问题的高度重视和深入思考，管理力度会逐步加强。

在新修订的国家食品安全标准《食品添加剂使用标准》（GB2760）中规定，味精是食品添加剂。如按食品管理，其生产所用的所有原辅料都要求必须是食品级的；若作为食品添加剂管理，其生产所用原辅料没有具体要求，只是按照产品标准检测来界定产品的合格与否。由此，给生产企业带来困惑。因味精生产过程中所用辅料长期以来一直沿用工业级标准，如果作为食品管理，则必须使用食品级的加工助剂。这样做不仅使企业成本大大增加，整个行业生产成本压力增大，而且有些辅料在市场上没有食品级，企业无法生产。而国外的味精生产没有受此限制，很有可能产品趁机进入中国市场，对国内民族工业形成不利因素。

【i. 产品进出口情况】

2011 年，柠檬酸出口减少，乳酸出口增长放缓。有机酸行业主要产品均表现为上半年出口增速或不减速，下半年出口减速较大。柠檬酸全年比上年出口量减少，乳酸、葡萄糖酸增速大幅减缓。2011 年上半年全行业形势大好，而下半年形势急转，延续到了 2012 年，柠檬酸、乳酸出口受阻，行业内企业出现较高的库存，价格下滑，较大比例企业出现亏损。尽管下半年价格能够保持或上升，但成本上升更大，已经出现了大比例企业停产。在此形势下还有很多企业继续改扩建增加产能，建议引起国家有关部门和行业关注。

表 3　2011 年柠檬酸产品进口情况　　单位：吨、万美元

产品名称	进口量	同比增长（%）	进口额	同比增长（%）
柠檬酸产品	1571	—25.77	782	—1.14
其中：柠檬酸	452	—42.64	—246	—1.20
柠檬酸盐	1118	—19.39	536	—1.11

表 4　2011 年柠檬酸产品出口情况　　单位：万吨、万美元

产品名称	出口量	同比增长（%）	出口额	同比增长（%）
柠檬酸产品	81.16	—4.65	91605	14.12
其中：柠檬酸	69.45	—5.41	77998	13.63
柠檬酸盐和酯	11.70	基本持平	13607	17.02（比 2009 年）

表 5　2011 年乳酸及其盐和酯进出口情况　　单位：吨、万美元

产品名称	进出口量	同比增长（%）	进出口额	同比增长（%）
乳酸及其盐和酯进口	6586	—13.60	1241	—8.88
乳酸及其盐和酯出口	54428	2.93	6927	9.60

2011 年，乳酸产品进口价格上升了 10.61%，同 2009 每下半年进口价格基本相当。乳酸产品出口价格上升了 6.27%。

表 6　2011 年葡萄糖酸及其盐和酯进出口情况　　单位：吨、万美元

产品名称	进出口量	同比增长（%）	进出口额	同比增长（%）
葡萄糖酸及其盐和酯进口	431	33.59	285	61.93
葡萄糖酸及其盐和酯出口	90713	—1.66	8726	9.83

2011 年，葡萄糖酸产品进口价格同比上升了 143.37%。葡萄糖酸产品出口价格在上升，上升了 11.68%，葡萄糖酸行业在 2010 年下半年价格有所回升，2010 年下半年同上半年进口价格相比上升了 11.10%。

【j. 柠檬酸出口目的地国家和地区的变化】

2011 年柠檬酸出口突出特点是前十国家出口量下降，出口价格上升，前十国家出口价格大于出口其他国家出口价格。俄罗斯和印度尼西亚再次进入前十国家，而欧盟国家在

前十位国家数量减少。详见表 7：

表 7 中国柠檬酸出口国家的出口量排名前十位国家对比 单位：千克、万美元

排名	国家	2011 年出口量	2011 年出口额	2011 年价格	2010 年出口量	2010 年出口额	2010 年价格
1	印度	52152338	52606410	1008.71	49973984	41504015	830.51
2	日本	37184923	47677692	1282.18	35666546	37011128	1037.7
3	土耳其	33395400	34061554	1019.95	32490325	27320316	840.88
4	印度尼西亚	28051250	29806240	1062.56			
5	俄罗斯联邦	26681500	27165861	1018.15			
6	墨西哥	26507250	29656395	1118.80	26665820	24190277	907.16
7	德国	26099500	32108836	1230.25	31269500	32506402	1039.56
8	巴西	25732255	27486023	1068.15	26786100	24374857	909.98
9	荷兰	25434000	33174324	1304.33	45465500	48869571	1074.87
10	泰国	19756700	20775953	1051.59	31861400	27136112	851.69
	意大利				24921400	26693809	1071.12
	西班牙				23065600	24529538	1063.47
	前十国	**300995116**	**334519288**	**1008.71**	**328166175**	**314136025**	**957.25**
	全世界	**694515465**	**780006259**	**934.89**	**734246018**	**686438856**	**934.89**
	比例（%）	**43.34**	**42.89**		**44.69**	**45.76**	

2009 年以来中国柠檬酸盐及酯出口目的地国家前十位近几年都没有太大变化，已经形成了稳定结构，这有利于中国柠檬酸盐及酯行业发展，见表 4。

表 8 中国柠檬酸盐及酯出口国家的出口量排名前十位的国家对比 单位：千克、万美元

排名	国家	2011 年出口量	2011 年出口额	2011 年价格	2010 年出口量	2010 年出口额	2010 年价格
1	日本	10527990	13039762	1238.58	9792510	10043064	1025.59
2	荷兰	10028000	11907575	1187.43	11037240	11156406	1010.8
3	巴西	8408100	9550324	1135.85	6248000	6571606	1051.79
4	泰国	8061270	8236148	1021.69	8166900	6854045	839.25
5	德国	7456150	9754090	1308.19	9182740	10317080	1123.53
6	比利时	5239000	6063886	1157.45	5244675	5303107	1011.14
7	印度尼西亚	5182300	6180471	1192.61	5439935	5596370	1028.76
8	加拿大	5071200	5578790	1100.09	6587200	6074469	922.16
9	西班牙	4015725	4730135	1177.90	3840000	3775795	983.28
10	澳大利亚	3407745	3712485	1089.43	3679700	3415914	928.31
	前十国	**67397480**	**78753666**	**1168.50**	**69218900**	**69107856**	**998.4**
	全世界	**117003665**	**136069527**	**1162.95**	**116906255**	**116278474**	**928.6**
	比例（%）	**57.60**	**57.88**		**59.21**	**59.43**	

【k. 柠檬酸出口企业情况】

2011 年，中国柠檬酸产品出口前十企业全部是生产加工类企业，与 2010 年情况基本一致。从 2010 年开始，贸易商逐渐退出前十企业，最多的一个月出口单位在 50 家左右，

生产企业已经重新夺回出口市场，柠檬酸出口市场正在理性回归。前十家出口企业出口所占比例超过 85%，生产企业完全占据了出口主动权，生产企业应加强合作，处理好出口目的国，继续减少转口贸易。

表 9　2011 年柠檬酸产品出口企业排名

排名	2011 年出口企业排名	2010 年出口企业排名
1	日照金穗进出口有限公司	日照金穗进出口有限公司
2	潍坊英轩实业有限公司	潍坊英轩实业有限公司
3	山东柠檬生化有限公司	山东柠檬生化有限公司
4	安徽丰原生物化学股份有限公司	安徽丰原生物化学股份有限公司
5	宜兴协联生物化学有限公司	宜兴协联生物化学有限公司
6	莱芜泰禾生化有限公司	莱芜泰禾生化有限公司
7	黄石兴华生化有限公司	甘肃雪晶进出口有限公司
8	甘肃雪晶进出口有限公司	黄石兴华生化有限公司
9	青岛扶桑精制加工有限公司	青岛扶桑精制加工有限公司
10	石河子市长运生化有限责任公司	石河子市长运生化有限责任公司
	前十家出口量比例 85.27%	**前十家出口量比例 84.82%**

表 10　2011 年柠檬酸出口企业排名

排名	2011 年出口企业排名	2010 年出口企业排名
1	日照金穗进出口有限公司	潍坊英轩实业有限公司
2	潍坊英轩实业有限公司	日照金穗进出口有限公司
3	山东柠檬生化有限公司	山东柠檬生化有限公司
4	安徽丰原生物化学股份有限公司	安徽丰原生物化学股份有限公司
5	宜兴协联生物化学有限公司	宜兴协联生物化学有限公司
6	黄石兴华生化有限公司	甘肃雪晶进出口有限公司
7	甘肃雪晶进出口有限公司	黄石兴华生化有限公司
8	石河子市长运生化有限责任公司	石河子市长运生化有限责任公司
9	青岛扶桑精制加工有限公司	安徽丰原国际贸易有限公司
10	连云港中土物产国际贸易有限公司	青岛扶桑精制加工有限公司
	前十家出口量比例 88.75%	**前十家出口量比例 88.76%**

表 11　2010 年柠檬酸盐出口企业排名

排名	2011 年出口企业排名	2010 年出口企业排名
1	莱芜泰禾生化有限公司	莱芜泰禾生化有限公司
2	日照金穗进出口有限公司	日照金穗进出口有限公司
3	潍坊英轩实业有限公司	安徽丰原生物化学股份有限公司
4	安徽丰原生物化学股份有限公司	湖南洞庭柠檬酸化学有限公司
5	湖南洞庭柠檬酸化学有限公司	宜兴协联生物化学有限公司
6	宜兴协联生物化学有限公司	潍坊英轩实业有限公司

7	江苏雷蒙化工科技有限公司	连云港树人科创进出口有限公司
8	青岛扶桑精制加工有限公司	青岛扶桑精制加工有限公司
9	连云港树人科创进出口有限公司	江苏雷蒙化工科技有限公司
10	黄石兴华生化有限公司	山东柠檬生化有限公司
	前十家出口量比例 82.90%	**前十家出口量比例 83.10%**

【1. 有机酸分会主要工作】

2011 年 5 月 16 日，在安徽省蚌埠市召开了柠檬酸行业重点企业董事长、总经理座谈会。会议重点讨论了如何积极应对近期国家产业政策的调整以及如何加强柠檬酸应用领域研究、加强行业自律等问题。与会代表从不同方面对“十二五”期间柠檬酸行业发展方向提出了意见与建议。

2011 年 10 月 18 日，有机酸分会理事会在郑州召开。会议就行业治污减排和环保核查、技术研究与应用、标准化建设以及各企业的最新情况进行了探讨和交流，表示要加强有机酸产品的应用研究，扩大内需，开拓新的应用领域，推动中国有机酸行业的健康稳定发展。

（中国生物发酵产业协会　冯志合）

2.16 食品添加剂和配料工业

2011 年

【a. 概况】

2011 年，食品添加剂和配料全行业主要产品的产量、销售额继续保持一定幅度的增长。全行业主要产品的总产量约 760 万吨，比上年增长 8.1%；销售额 762 亿元，比上年增长 6%；出口创汇约 34 亿美元，比上年增长 6.26%。各大类产品的具体情况如下：

着色剂：2011 年，主要产品总产量 37.11 万吨，比上年增长 5%。其中焦糖色约 34.65 万吨，合成色素 4500 吨左右，天然色素 2 万吨；销售额 31. 68 亿元，比上年增长 4.7%；出口量 6505.6 吨，比上年增长 12.4%；出口额 3.60 亿美元，比上年稍有下降。

增稠、乳化、品质改良剂：主要产品产量近 67.5 万吨，（其中胶类产品[黄原胶]10 万吨，变性淀粉 34 万吨，磷酸盐 3.0 万吨；复合膨松剂[泡打粉]14.5 万吨，品质改良剂 10 万吨。比上年增长 12%，销售额近 59 亿元，比上年增长 9%。

高倍甜味剂单品：总产量约 11 万吨。

其中安赛蜜 2.1 万吨. 三氯蔗糖 0.21 万吨，甜菊糖 0.35 万吨，比上年增长约 10%;阿斯巴甜 1.4 万吨，同比销量持平；糖精 2.5 万吨，比上年增长 7%;甜蜜素 5.2 万吨，比上年略有下降。

防腐、抗氧化剂：总产量约 26 万吨，比上年增长约 6%。上半年受食品安全事件和监督执法力度加大的影响，生产销售下滑。下半年逐步回升。

食用香精香料：1 ~ 4 月产量同比基本持平；5 ~ 9 月受塑化剂事件影响，产销有所下降；10 月起开始回升。2011 年，全行业产品总产量约 13.1 万吨，比上年增比 9%左右。其中食用香精产量比上年有增长，食用香料增长约 13%。

营养强化剂：维生素类产品产销平稳发展，合成维生素 E 产销量稳定增长，比上年增长超过 10%；天然维生素 E 产品供不应求，价格上涨，但原料供应紧张及价格上涨一定程度上制约了发展。

【b. 行业运行的特点】

2011 年，食品添加剂和配料行业的整体走势是先抑后扬，上半年受食品安全事件（如塑化剂、染色馒头、香精包子等）及国家加强对食品和食品添加剂监督管理的影响，行业呈现整体滑坡，下半年逐步摆脱困境，恢复了正常的生产经营，行业的发展也步入了稳定增长的轨道。2011 年，食品添加剂和配料主要品种部产量和销售额均保持了一定幅度的增长，但涨幅均低于 2010 年的水平。

中国食品工业已连续 10 年以年均超过 20%的速度增长，2010 年总产值达 6.3 万亿元，2011 年全年有望突破 7 万亿元。食品工业持续高速发展为食品添加剂行业的持续稳步发展提供了广阔的市场和技术发展空间。

行业内许多产品生产成本进一步提高，主要包括原材料价格上涨、能源、劳动力成本及运输等费用有逐渐增加的趋势，而产品销售价格不能完全同步上涨，企业利润空间被进一步压缩，给企业的生产经营造成一定的困难。

行业企业更加注重技术改造和创新，通过技术进步和创新进行规模化、连续化的高效生产，进一步提高了生产效率、降低成本、提升产品品质。行业企业更加注重保持企业的可持续发展，节能减排和循环经济得到发展。

行业企业逐步认识到法规和标准对指导和促进企业规范生产经营、促进国内外经贸合作的重要意义，积极参与食品添加剂和配料相关国家标准的制定工作。

【c. 企业因“无证”而被迫停产】

协会就生产企业因“无证”而被迫停产问题，积极向政府有关部门反映，使问题得到解决。按照《食品安全法》规定，国家对食品添加剂的生产实行许可制度，即任何食品添加剂（包括复配食品添加剂）生产企业都必须取得生产许可证才能合法生产，而发放生产许可证的必备条件是食品添加剂产品必须有产品质量的国家标准。《食品安全法》实施后，这些无国标产品的生产企业即口陷入“被无证”的境地。2011年上半年，各地质检部门开始对“无证”企业进行查处，要求“无证”企业停止生产、销售，并召回已销售的产品，使无国标的单一品种食品添加剂以及复配食品添加剂行业遭受重大损失。协会多次向国家食品安全委员会、卫生部、国家质检总局等部门提交报告反映行业面临的问题，得到政府有关部门的高度重视。7月，卫生部和质检总局联合发出64号文件，对因无国标而“无证”生产的企业设置了过渡期，明确了企业可以继续生产销售，直到国家标准出台。这项政策的出台，把食品添加剂行业企业从困境中解脱出来，使行业从下半年开始逐步恢复了正常的生产经营。

【d. 社会各阶层对食品添加剂存在误解】

社会各阶层对食品添加剂存在误解，影响行业的发展，协会通过广泛的呼吁和宣传，为食品添加剂正名。社会各阶层对食品添加剂缺乏正确的认识，往往混淆非食用物质和食品添加剂，不仅是普通消费者对食品添加剂存在很深的误解，政府部门的一些领导对食品添加剂也认识不清，尽管三聚氰胺、苏丹红、吊白块等属在食品中非法添加剂的非食用物质，而非食品添加剂，但食品安全事件发生后，政府部门不仅加强了对非食用物质非法添加的打击力度，对食品添加剂也进行监管和查处，且在文件中未明确二者的区别，使食品添加剂受到不公平待遇，也更加深了公众对食品添加剂的误解，给行业发展带业困扰。

事实上，中国曾经出现的重大食品安全事件是由不法分子在食品中违法添加非食用物质造成的，而非食品添加剂。协会多次向政府有关部门反映，提出严格区分非食用物质和食品添加剂的概念，正确宣传食品添加剂常识，避免让全社会加深对食品添加剂的误解，这既不利于行业的健康发展，也不利于对其实施科学监管，切实保障食品安全；对食品安全的监管的重点应放在加大对食品中非食用物质违法添加的打击力度，区别对待非食用物质的违法添加和食品添加剂的超范围和超量使用问题，科学有效地实施食品安全监管。

【e. 充分发挥协会的桥梁作用】

协会多次向政府部门提交报告，阐述非食用物质和食品添加剂的概念和区别，提出依法严厉打击食品中非食用物质的违法添加行为，对食品添加剂的生产和应用进行科学的严格管理。

中国曾经出现的重大食品安全事件全部都是不法分子在食品中违法添加非食用物质造成的，而非食品添加剂。然而现实中各地方监管部门在食品安全事件发生后，纷纷加大对食品添加剂生产和市场的整顿和查处力度，不仅造成市场的混乱，影响企业的正常生产营，同时更加深了消费者对食品添加剂的误解。为此，协会近年来曾多次向政府有关部门反映，提出对食品安全的监管的重点应该是加大对食品中非食用物质违法添加的打击力度，不应出现发生任何食品安全问题时都要关联到食品添加剂，也不应出现由于监管体系未理顺，法规标准不完善，就要求企业停产，让无辜企业蒙受损失。要求区别对待非食用物质的违法添加和食品添加剂的超范围和超量使用问题，科学有效地实施食品安全监管，取得了很好的效果。

2011年，全行业因为法规标准与监督管理不协调陷入困境，协会通过多种渠道政府有关部门反映情况，并根据行业发展的实际情况提出了解决问题的建议。

一、多次向国家食品安全安委员会、卫生部、国家质检总局、工信部等部门提交报告，并在中央办公厅召开的食品安全管理座谈会上详细介绍了目前中国食品安全和食品添加剂安全管理的现状，反映监督管理与相关法规和标准不协调的问题，单一品种和复配食品添加剂企业因无标准无法申领生产许可证被要求停产的问题。提出在国家标准出台之前，给“无证”生产企业设置一个过渡期，同时，加快食品安全国家标准的制修订步伐，完善相关法规和标准体系等建议。2011年7月，卫生部和质检局联合发出64号文件，对过渡期的问题做了明确规定，即凡是在2009年6月1日之前已取得卫生许可证的生产企业，在食品添加剂产品国家标准出台之前可以继续生产；复配食品添加剂生产企业可以继续生产至2011年年底。公告的颁布给全行业相关企业恢复了合法生产的身份，使行业的发展在下半年恢复到正常水平。

二、台湾塑化剂事件发生后，中国部分食用香料香精产品也检出塑化剂，对行业的负面影响，向国家食安委、卫生部、质检总局等政府部门提交了“关于在食用香精香料中检出邻苯二甲酸酯类物质的处理建议”，介绍了国际组织对邻苯二甲酸酯类物质的毒理学评价，分析了其迁移至香料香精产品中的途径及可能性，提出了香料产品中的限量值。

三、向政府有关部门咨询法规或标准中不明确或易产生

歧义的内容，帮助企业避免因法规或标准本身的问题使企业遭受不必要的损失。

【f. 食品添加剂国家安全标准的制（修）定工作】

食品添加剂标准的制（修）定工作是行业亟待解决的问题之一。由于当前国家标准的制定与生产许可证的发放直接相关，协会积极参与这方面的工作，组织企业开展质量规格国家标准的申报和制定工作。今年上半年在标准方面主要完成下列工作：一、完成了《食品安全国家标准复配食品添加剂通则》的制定任务，已由卫生部颁布实施。该标准作为复配食品添加剂生产企业申领生产许可证的依据，为企业申领生产许可证，使生产经营逐步走人正轨发挥了重要作用。该标准颁布实施后，针对国家质检总局提出的部分条款在申办许可证过程中无法执行的问题，协会配合卫生部多次组织相关企业和单位进行座谈和研讨，尽力协调标准与监督执法之间的关系，推动复配食品添加剂生产许可证的正常申办和发放工作，为维护行业企业利益做了卓有成效的工作。二、完成了番茄红等 24 项食品添加剂产品国家标准制订工作。2011 年通过食品安全国家标准审评委员会的审查，将由卫生部颁布实施。三、承担了 13 项食品添加剂安全标准的制订任务，起草工作已经开始。四、主动参与食品添加剂标识通则等标准的制定和 GB2760 修订的征求意见工作。

2011 年，协会参与了卫生部“关于规范食品添加剂新品种许可管理的公告”和“餐饮业使用食品添加剂的规定”的制定工作，前者已于 2011 年 11 月 29 日由卫生部公告。

【g. 做好行业“十二五”发展规划】

2011 年，组成由协会领导和行业专家、重点骨干企业代表参加的“十二五”发展规划专家工作组，而且召开专题研讨会就行业在“十二五”期间重点发展的方向和产品展开研讨，充分汲取各方面的意见，增强发展规划对行业下一步发展的指导性和适应性。

【h. 推动区域经济发展】

以特色产业基地为龙头，增强区域产业集团的实力。由于食品添加剂大多是以天然农产品为原料加工制作，产品加工生产的区域特色较为突出，建设特色原料加工基地，不仅能保证生产稳定、凸显集团和区域优势，而且能有效增加当地农民收入，推动区域经济的发展。因此，开展特色区域产业基地的扶持和建设是协会的一项工作。协会根据行业发展和产品分布情况，在已建成的特色产业基地的基础上，继续选取行业内原料区域优势集中、产品特点明显的产品开展特色产业基地建设，培育出更多的区域食品添加剂优势产品，充分发挥当地原料以及集约化加工生产的长处，推动行业更快发展。

【i. 搭建行业交流平台】

一、组织召开协会食用香精香料专业委员会、甜味剂专业委员会、功能糖配料专业委员会、着色剂专业委员会以及防腐一抗氧一保鲜剂专业委员会年会，行业企业通过参与年会的论坛、标准制定及其他交流活动，深入了解整个行业的发展状况，探讨促进行业和自身发展的思路和对策。

二、为适应国家监督管理体制和模式的改变，更好地促进行业发展，维护企业合法权益和行业整体利益，经民政部批准，协会成立了食品加工助剂专业委员会和功能蛋白及肽类配料专业委员会。专业委员会将主要围绕行业自律、企业诚信体系建设、完善标准体系、行业信息搜集和统计等方面开展工作。

三、组织国内企业参加国际性食品添加剂和配料展览，促进中国食品添加剂产品的出口，促进与国外同行的交流。

四、举办中国国际食品添加剂和配料展览会和全国秋季食品添加剂和配料展览会，通过食品添加剂产品、技术和装备的展示，以及多场专业论坛、交流会和新产品新技术发布会，促进食品添加剂的生产、销售、应用及科研开发与创新，为食品添加剂和食品工业的紧密结合提供了捷径。

【j. 加强行业信息交流】

2011 年，协会加强了对《中国食品添加剂》杂志的编发、组稿、审稿和规范稿件文字撰写工作，并注重提高杂志文章的质量和水平。《中国食品添加剂》杂志已成为全国中文核心期刊和中国科技核心期刊，极大地提高了刊物在行业内的影响力。成为了解行业科研动态、新产品研发、政策信息的窗口。改版后的《中国食品添加剂和配料快报》加强了行业运行情况的统计和信息收集工作，增加了快报的信息量，由原来的两月一期改为每月一期。

2012 年

【a. 概况】

2012 年，食品添加剂和配料行业总体运行平稳，但受国内外经济形势制约，以及原料成本、人工成本和能源价格上涨等因素影响，行业总体盈利能力有所下降。2012 年，全行业总产量 827 万吨，销售额 829 亿元，出口 35.6 亿美元，同比 2011 年分别增长 8.5%、8%和 4.7%。主要产品产销情况如下：

着色剂：2012 年总产量 80 万吨，其中焦糖色产品 77 万吨，天然着色剂 2.53 万吨，化学合成着色剂及复配产品 0.47 吨。各品种产量与 2011 年基本持平或略有增长，万寿菊浸膏产量同比下降超过 50%，辣椒红受上半年海关出口编码问题的影响，有一定幅度下降。

甜味剂：麦芽糖醇、赤藓糖醇等糖醇类产品产量增幅 15%；木糖产量 4.8 万吨、木糖醇产量 3.5 万吨，与去年相比价格下滑，产能过剩，部分木糖企业减产甚至停产。高倍化学合成甜味剂受国际经济形势低迷及出口编码问题等因素影响，出口普遍下降，但国内销量保持平稳。

食用香精、香料产品：产量和销售额基本与 2011 年持平；食用香料略有增长，增长幅度 4-5%。

防腐剂、抗氧化剂：产量和销售额与 2011 年相比基本持平，抗氧化剂特丁基对苯二酚（TBHQ）产品同比下降 18%，主要是受印度低价产品的冲击。

增稠剂、乳化剂和品质改良剂：全行业产量和销售额与 2011 年持平，黄原胶产品在市场需求带动下，销售量和价格均上涨，增长率同比达到 20%。

【b. 行业经济运行特点】

2012 年全行业面临的困难，一是原料价格、人工成本、能源等基础材料价格上涨，使生产经营成本不断上升，产品出口难度加大，影响到企业利税收入；二是由于部分产品原料盲目扩大种植、部分产品新建厂或扩产、现有产品扩大使用范围受限等原因，使得部分产品的原料和产能过剩，既造成资源的浪费，也加剧了行业内的相互竞争；恶意低价竞争干扰了正常的市场秩序，产品价格一降再降，使企业利润被大幅压缩，既损害了企业自身利益，对整个行业的发展也带来负面影响；三是国际市场低迷、人民币升值，加之海关对出口产品编码的规范等，使出口增长速度放缓。

总体来看，2012 年国内市场需求保持平稳，给食品添加剂行业的发展提供了宝贵空间，主要产品和骨干企业的产量、销售额与 2011 年相比均基本持平或略有增长，未产生大的波动。同时，随着《食品安全法》实施的深化和相关配套法规标准的颁布，政府相关部门对行业的管理日渐规范，社会和公众对食品添加剂的客观及科学认识逐渐增强，食品添加剂行业生产和经营环境正在向良性和规范的方向发展。

【c. 食品添加剂法规、标准的配套和完善尚需时日】

《食品安全法》颁布实施后，对我国食品和食品添加剂的生产和使用安全起到强有力的保障作用，也使得食品安全相关监管工作有法可依。近年来，食品添加剂相关法规相继出台，标准的制修订工作也在快速地推进，一大批食品添加剂安全标准的颁布实施，对规范企业生产经营，推动科学规范的行业管理和食品安全管理发挥了重要作用。但是，法规和标准的配套尚不完善，管理部门对法规标准的理解误差，执法不科学，执法尺度不一致等问题时有出现，给企业的生产经营造成不利影响。例如：对卫生部和国家质检总局 2011 年下发的 64 号文件的执行尚存在问题，对于尚无产品质量国家标准的产品，其企业标准备案到期后，由于企业标准备案问题没有落实，造成某些产品无法正常生产；另外，由于检测技术的进步，一些通过各种途径（主要是天然原料）迁移到产品的微量非食用物质被检出，而目前国家尚没有制定明确的残留限量指标，对产品的生产和监管造成一定的影响。因此，食品添加剂监管尚待理顺，法规、标准的配套和完善尚需时日，还需要政府部门和行业企业共同努力进行推动。

【d.新颁布一批食品添加剂的食品安全国家标准】

卫生部公告 2012 年第 4 号发布了《食品营养强化剂使用标准》（GB14880-2012）；

批准了 14 个食品添加剂新品种，即：紫甘薯色素、葡萄糖酸钠、红曲黄色素、β－阿朴－8’－胡萝卜素醛、索马甜、酵母β－葡聚糖、α－环状糊精、γ－环状糊精、五碳双缩醛（又名戊二醛）、焦磷酸一氢三钠、氧化亚氮、乳糖酶、柠檬酸钙（三水）、右旋糖酐酶。

颁布了核黄素 5’-磷酸钠等 98 项食品安全国家标准-食品添加剂产品标准。

【e. 推进行业食品安全工作，积极开展食品添加剂的正面宣传，让全社会正确认识食品添加剂】

与政府相关主管部门保持密切沟通，配合政府相关部门做好行业的食品安全工作，使社会各阶层和公众充分理解国家有关食品安全政策、法规和相关规定。例如，在国务院食品安全委员会办公室召开的食品安全工作行业协会座谈会上，协会就食品添加剂和配料行业食品安全工作做交流发言，赞同并参与由食安办主导的政府部门与食品相关协（学）会间的联络协作机制，以此加强沟通，及时向政府有关部门反映行业发展情况和问题；参加国家质检总局召开的食品添加剂生产监管工作研讨会和食品添加剂生产监管培训班，给各地食品添加剂生产监管负责人和工作人员介绍食品添加剂和行业的情况，强化他们对食品添加剂相关知识的正确认识，对科学规范监管食品添加剂的生产和经营提出意见和建

议。

为使社会和公众更加科学和客观地认识食品添加剂，协会及专家积极参与中央和地方电视台主办的食品添加剂科普节目；参加国家食品安全办公室主办的食品安全宣传周系列活动；并利用协会的网站、刊物等媒介，向社会各阶层消费者讲解食品添加剂常识，宣传食品添加剂对食品工业发展所起的不可替代的重要作用，让消费者了解国家对食品添加剂安全生产和使用的监管及食品添加剂相关法规和标准状况，使社会和公众更加明确食品添加剂和非食用物质的本质区别，为食品添加剂正名。

【f. 发挥协会的桥梁作用，推动行业健康发展】

1、解决辣椒提取物产品出口编码问题

2012 年 4 月，在国家海关总署统一部署下，部分省市海关对辣椒提取物出口商品编码的使用问题向出口企业进行了调查取证，大部分辣椒提取物出口企业的产品被封存，出口产品被扣留，并面临追讨巨额退税和查处，这对企业来说可谓是灭顶之灾。为此，协会先后召集相关企业和专家进行研讨，在充分掌握我国辣椒提取物产品发展情况、出口商品编码变化历史的基础上，分别向国家财政部、海关总署、农业部以及商务部提交了请示报告。报告认为，辣椒提取物作为国家鼓励发展的天然植物提取物产品，经过多年努力，已在全球市场中占有重要地位，为国家出口创汇和增加税收，为促进农产品深加工和“三农”经济做出了贡献，是需要国家继续鼓励和支持的产业；从利于产业发展的高度，对出口编码进行科学归类。经过协会以及全行业企业的共同努力，国家海关总署最终决定在辣椒提取物出口编码确定之前，将其归于“13021990（其他植物液汁及浸膏）”项下，执行 15%的退税率，使该问题基本得到解决。

2、参与食品添加剂相关法规和标准制修订工作，推动行业标准化工作，促进行业管理的科学化和规范化

2012 年初，卫生部向社会公开征求 55 种食品添加剂安全性和技术必要性材料，并据此整理出拟撤销 38 种食品添加剂名单。经调研，对于目前国内有生产和出口并在国内外广泛使用的，技术上确有必要的，安全性不存在问题的藻蓝等 17 种天然着色剂及植酸钠、刺梧桐胶等 4 种食品添加剂，协会向卫生部提出了反对撤销的建议和理由。有关部门经组织专家深入研讨，鉴于这些食品添加剂仍具备安全性、工艺必要性，且多为利用我国特有资源为原料制备而成，同意保留 15 种天然着色剂在《食品添加剂使用标准》（GB2760）中。

针对食品添加剂制剂类产品生产监管的实际状况和法规和标准上的缺失，组织行业企业和专家进行研讨，对国内食品添加剂制剂的生产使用情况，国外的管理法规和经验进行调研汇总，向卫生部提出制定相关法规或标准的建议，推动食品添加剂制剂类产品的科学管理和标准化工作。就《食品添加剂生产卫生规范（讨论稿）》在行业内广泛征求意见，并将意见上报国家质检总局。

【g. 食品安全国家标准-食品添加剂标准的制修订工作】

1、协会承担的 13 项 2011 年度食品安全国家标准-食品添加剂质量规格标准的制定工作，包括：琥珀酸二钠、脱乙酰甲壳素（壳聚糖）、单双甘油脂肪酸酯、对羟基苯甲酸甲酯钠、对羟基苯甲酸乙酯钠、柠檬酸亚锡二钠、酪蛋白磷酸肽、维生素 A 棕榈酸酯、低聚半乳糖、维生素 E（dl-α-生育酚）、焦糖色、甜菊糖苷、姜黄。已陆续完成其中 6 项标准的标准文本和编制说明，并通过了专家初审。

2、2012 年，协会承担了 6 项食品安全国家标准-食品添加剂质量规格标准的制订，主要是食品加工助剂和着色剂标准，包括，高碳醇脂肪酸酯复合物、固化单宁、聚氧丙烯甘油醚、聚氧丙烯氧化乙烯甘油醚、蔗糖聚丙烯醚、红花黄。

3、食品添加剂标准已被纳入到食品安全国家标准范畴，而食品添加剂的原料标准和相当数量的食品配料，包括一些天然提取物或功能性配料的标准在管理上还很模糊，标准缺口很大，不利于科学监管和保障食品安全。协会于 2011 年年底启动部分着色剂品种原料标准的制订工作，组织行业企业和科研等相关单位制定“协会标准”，并准备在行业内推广。这有利于提高和保障食品添加剂原料的质量和稳定性，从源头把关，确保食品添加剂的产品质量。

4、参与《食品安全国家标准 食品添加剂使用标准》（GB2760-2011）的修订工作。对 GB2760 中所列的品种（包括单一品种和加工助剂），在全行业进行广泛的摸底和调查，了解各品种的生产和应用情况，为 GB2760 标准的修订提供重要依据。

【h. 加强诚信体系建设工作】

为营造良好的行业市场竞争环境，加强诚信体系和自律建设。国家工信部和中国轻工业联合会开展了食品工业企业诚信管理体系的建设和评价工作。协会积极组织和引导行业骨干企业参加。桂林红星化工有限公司成为食品添加剂和配料行业第一个通过中国轻工业联合会组织的诚信体系评价认证的企业。

【i. 深化行业交流平台建设，促进行业良性发展】

1、协会继续举办 FIC 春秋两季的食品添加剂和配料专业展会，以及组织企业出国参加国际性专业展会等活动，为行业搭建各类有效的交流平台，促进产学研、国内外研成果、技术、市场以及经营管理经验的交流与沟通，对于推动行业健康发展发挥了重要作用。2012 年，中国国际食品添加剂和配料展览会（FIC）首次移师上海世博展览馆举行，来自全球 30 个国家和地区的 1179 家海内外公司参展，其中国际参展商达到 289 家。69 个国家和地区的 66582 人次的专业观众参观了展会。孙宝国院士、张守文教授等国内外科研、大专院校及企业专家的多场专题报告，行业大型骨干企业的各种论坛、新产品发布会，中日两国行业组织的交流和研讨，协会各专业委员会专家现场答疑解惑等丰富的交流活动彰显了展会的权威性和影响力。

2、协会分别召开了营养强化剂和特种营养食品专业委员会、甜味剂和功能糖配料专业委员会、着色剂专业委员会以及增稠-乳化-品质改良剂专业委员会年会，组织多次专题研讨会，通过这些活动，促进了行业内外的交流和沟通，保持行业的良性发展。

3、国内外公开发行的《中国食品添加剂》首次引入网上编审系统，投稿、审稿、组稿和稿件管理全部在网上进行，提高了编审的准确率和工作效率。继 2008 年获得全国中文核心期刊后，2012 年，再度入选中文核心期刊目录，继续保持"中国科技核心期刊"和"中文核心期刊"的荣誉。由协会组织编写的食品添加剂生产、使用及法规、标准方面的指导性实用工具书《食品添加剂手册》(第三版）由轻工业出版社正式出版发行。"刊物"、"手册"与协会内部刊物《中国食品添加剂和配料快报》共同形成了为业内人士提供了解行业政策信息、法规标准、科研动态、新产品研发、传播和推动科技成果转化和交流的园地。

（孙瑾）

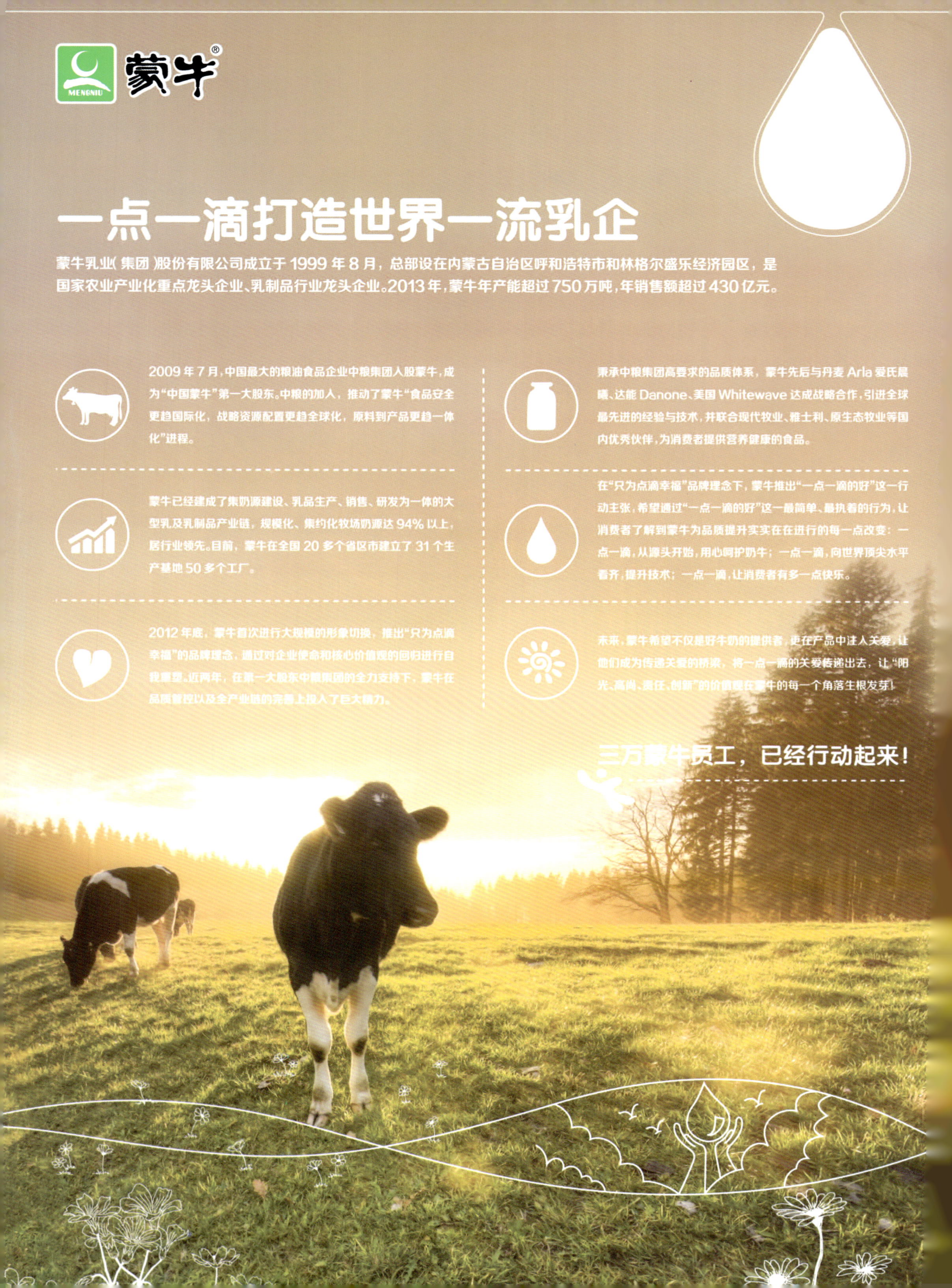
蒙牛
MENGNIU
一点一滴打造世界一流乳企
蒙牛乳业(集团)股份有限公司成立于1999年8月，总部设在内蒙古自治区呼和浩特市和林格尔盛乐经济园区，是国家农业产业化重点龙头企业、乳制品行业龙头企业。2013年，蒙牛年产能超过750万吨，年销售额超过430亿元。
2009年7月，中国最大的粮油食品企业中粮集团入股蒙牛，成为“中国蒙牛”第一大股东。中粮的加入，推动了蒙牛“食品安全更趋国际化，战略资源配置更趋全球化，原料到产品更趋一体化”进程。
蒙牛已经建成了集奶源建设、乳品生产、销售、研发为一体的大型乳及乳制品产业链，规模化、集约化牧场奶源达94%以上，居行业领先。目前，蒙牛在全国20多个省区市建立了31个生产基地50多个工厂。
2012年底，蒙牛首次进行大规模的形象切换，推出“只为点滴幸福”的品牌理念，通过对企业使命和核心价值观的回归进行自我重塑。近两年，在第一大股东中粮集团的全力支持下，蒙牛在品质管控以及全产业链的完善上投入了巨大精力。
秉承中粮集团高要求的品质体系，蒙牛先后与丹麦Arla爱氏晨曦、达能Danone、美国Whitewave达成战略合作，引进全球最先进的经验与技术，并联合现代牧业、雅士利、原生态牧业等国内优秀伙伴，为消费者提供营养健康的食品。
在“只为点滴幸福”品牌理念下，蒙牛推出“一点一滴的好”这一行动主张，希望通过“一点一滴的好”这一最简单、最执着的行为，让消费者了解到蒙牛为品质提升实实在在进行的每一点改变：一点一滴，从源头开始，用心呵护奶牛；一点一滴，向世界顶尖水平看齐，提升技术；一点一滴，让消费者有多一点快乐。
未来，蒙牛希望不仅是好牛奶的提供者，更在产品中注入关爱，让他们成为传递关爱的桥梁，将一点一滴的关爱传递出去，让“阳光、高尚、责任、创新”的价值观在蒙牛的每一个角落生根发芽！
三万蒙牛员工，已经行动起来！

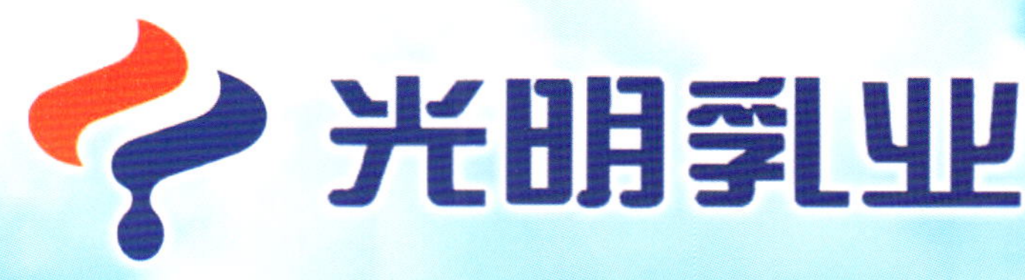

光明乳业全产业链

牛奶，作为美味营养的自然食品，从牧场到消费者，光明乳业为消费者全程把关。通过打造全产业链，把牧场管理、乳品加工、物流冷链、品牌销售连结到一起，为消费者提供安全高品质的乳制品。

在全产业链的模式下，放眼全球，不断完善生产过程中的各个环节。除了更好地满足需求，进行多产品的开发以外，我们还从物流与销售等环节，层层监控，确保高品质的产品与服务始终如一。

牧场管理

光明荷斯坦牧业有限公司，具有50多年的养牛历史，现有规模牧场26个，是国内最大的牧业综合性服务公司之一。牧场管理采用光明全球首创的“千分牧场”评价标准体系，对所有牧场兽医保健、繁殖育种、饲料饲养、生奶质量、防暑降温、安全生产等六大版块进行评分，确保生乳品质安全、可靠、优质。

乳品加工

光明乳业拥有25家工厂，遍布全国各主要省市。其中，华东中心工厂占地232亩，总建筑面积达12.6万平方米，年产60万吨，引入国际最先进生产工艺、管理体系及检测手段，是世界一流的大型综合性乳品生产基地。

在管理上，光明最早开始实施“千分工厂AIB1000分”标准，该标准是对乳品生产厂的质量系统、工厂环境、产品控制、工艺控制、员工管理五个版块进行考核评价管理。精确掌握全国各地工厂的质量和生产管理水平，时时把握产品的安全性。

领鲜物流

光明乳业旗下的上海领鲜物流有限公司，坚持“区域物流领袖、食品物流专家”的经营目标，秉承“新鲜、迅捷、准确、亲切”的服务理念，致力于为社会和广大客户提供高品质、多温带的现代食品物流服务。领鲜物流已在江浙沪及安徽设立了19座现代化冷链配送中心，仓库总面积超过4万平方米，运输覆盖终端网点约8000个；领鲜物流实施了WMS、DPS、TMS和车载系统GPS等现代化信息系统，对物流运作和管理提供有效支持。

销售终端

光明乳业的自行销售终端已经遍布全国，拥有400多个经销商和40万个有效销售网点。在保持现代商超和传统零售渠道优势的基础上还建立起了餐饮、团购、网络、学生奶等全线覆盖的优势。

光明随心订送奶到家服务是公司旗下的特色渠道，覆盖全国20多个城市，每天为200多万个家庭提供更轻松、便捷的送奶到家服务。

地址：上海市闵行区吴中路578号　　邮编：201103

电话：021-54584520　　E-mail:brightdairy@brightdairy.com

新希望乳业
打造中国鲜奶第一品牌
源头做起。 注重奶源建设，目前在全国
创建全程优质奶业产业链，我们从未停歇。
产学研联盟 ，产品创新之源。 2006 年新希望乳业技术中心被评为“四川省乳业工程技术研究中心”，2007 年，联合四川省种牛中心、四川省畜牧科学院和四川农业大学等单位组成了“四川省奶业产业技术创新联盟”。以此加大科学研究和技术推广的力度，着力产业发展、提升产品档次。
个性品类，引领潮流风暴 。24 小时巴氏鲜牛乳源自 GAP 认证天然牧场，采用国际标准，成为第一款以时间定义的好鲜奶；城市记忆系列酸奶选用 100%鲜牛奶为原料，无添加，还原经典口味；活润酸奶引进欧洲独特菌种，营养零添加好味道，润肠胃保健康；香蕉牛奶潮品快做、洋味中用，引爆市场，美味时尚。
坚持领鲜 ，打造“中国好鲜奶”。 连续三年协办“中国好鲜奶 新鲜盛典”，推动行业进一步发展，号召回归自然、回归新鲜，立志让消费者喝到自然本味的放心好奶。
好品质，源自好鲜奶
好品质，源自好鲜奶

河北养元智汇饮品股份有限公司

河北养元智汇饮品股份有限公司坐落在河北省衡水市经济开发区，始建于1997年，是国内第一家研制开发核桃乳饮料的企业，也是国内最大的核桃乳饮料生产企业，拥有安徽滁州养元饮品有限公司、河南养元饮品有限公司两个全资子公司，年产核桃饮品100万吨。公司主导产品“六个核桃”牌核桃乳以“安全、美味、营养”的内在品质，著名主持人“鲁豫”担纲代言的外在形象，‘经常用脑 多喝六个核桃”的品牌诉求，深受广大消费者喜爱，在国内核桃饮料市场占有绝对领先的市场份额。公司是业内率先通过ISO22000食品安全管理体系认证和ISO9001质量管理体系认证的企业，先后获得河北省轻工业排头兵企业、河北省重点龙头企业、河北省政府质量奖、全国农产品加工业示范企业、全国食品工业优秀龙头食品企业等殊荣。

公司自推出国内第一款核桃乳饮料起，就高擎创新旗帜，将引领行业发展作为自己的使命，十数年如一日，全心致力于核桃乳饮料的研发、生产与市场推广。公司先后起草了核桃乳饮料行业标准、核桃乳饮料国家标准；通过“技术创新”自主创立国内先进的【5·3·28】核桃饮品生产工艺，成功解决了核桃乳饮料“涩、腻、不够爽滑”的口感问题；通过“品牌创新”创立“六个核桃”品牌、实施科学的品牌推广策略，引领核桃乳饮料在激烈竞争中突围而出，成为饮料市场一个独立的细分品类；通过“品类价值创新”为核桃乳饮料确立“有益大脑”的独特价值定位，推动核桃乳饮料由风味型边缘饮料品类变身成为“南北通喝、全国同饮”的主流饮料品类。

面向未来，公司将秉承“专注核桃饮品”的发展战略，恪守‘做憨厚人、行严格事、汇众人智、立百年业”的核心价值观，全心致力于技术、品质、品牌和市场的升级，在引领核桃乳饮料行业健康前行的同时，奋力向中国民族饮料工业龙头企业迈进。

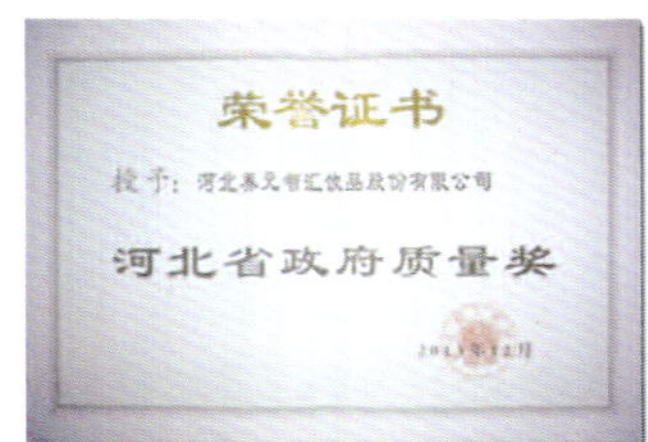

公司地址：河北衡水经济开发区北区新区六路南、滏阳四路以西
邮　　编：053000　　服务电话：0318-2329090
公司传真：0318-2088025
E-mail：hebeiyangyuan@163.com
公司网址：www.hbyangyuan.com

建立一个理想的集团

益海嘉里企业介绍

益海嘉里是新加坡丰益国际在祖国投资的以粮油加工、粮油贸易、油脂化工、大豆深加工于一体的多元化侨资企业，丰益国际凭借在全球粮油行业的卓越表现，位列世界500强第224位（2013年《财富》），企业和经营网络遍布全球20多个国家和地区。2012年、2013年，丰益国际连续两年获得美国《财富》全球最受赞赏公司排行榜食品生产企业的第一名。

在国家产业政策的指导下，益海嘉里积极投身祖国粮油产业建设，发展现代化的中国粮油事业，经过二十余年的努力，业务主要涉足油籽压榨、精炼、小包装食用油、油脂化工、特种油脂、大米、面粉等领域，成为目前我国大型粮油加工企业之一，成功塑造了中国食用油知名品牌“金龙鱼”。

坚持科技引领粮油产业发展的思想，在上海设立全球研发中心，积极拓展延伸产业链，大力发展水稻循环经济及订单农业，提升国家传统农产品的附加价值，努力促进国家从“粮油大国”向“粮油强国”转变。

率先公开配方
天然非转基因

金鼎调和油 品质看得见

衣食天下 造福民生

中国中纺集团公司创建于1951年，是国务院国有资产监督管理委员会管理的大型企业集团，中国五百强企业之一。

成立近六十年以来，中纺集团坚持科学发展，不断开拓创新，逐步从一家传统的纺织外贸进出口企业转型发展为广泛涉足纺织、粮油主业相关上下游产业、具有供应链管理能力、在国内外享有良好品牌声誉的大型企业集团。

中纺集团的企业愿景是成为一家具有行业影响力的卓越企业。我们的战略定位是成为一家沿主业上下游发展、具有价值链管理能力的企业。我们的战略目标是成为一家在纺织、粮油行业具有突出竞争优势的企业。

中纺集团作为中央企业，一直致力于站好位、履好责，立志做强做优、争创一流，为国分忧，为民造福。近十几年来，中纺集团通过在粮油和纺织两大主业上的快速发展，已经实现了从传统的贸易商向大宗农产品供应商的转型，经营规模和效益不断扩大，市场影响力和话语权持续提升，已成为保障国家粮油安全的重要力量。民以食为天，作为中央直属粮食企业，中纺集团把为老百姓提供安全、优质的粮油产品作为孜孜以求的使命。多年来一如既往地秉承“衣食天下，造福民生”的理念，为千家万户提供优质的产品和服务，进一步丰富了国内粮油市场，满足了消费者不同层次的需求。“中纺”品牌得到社会的广泛关注和公众的高度认可。

集团将担负起央企应承担的经济责任、政治责任和社会责任，以提升发展质量和核心竞争力为基础，以“丰衣足食、社会和谐”为己任，努力做强做优主业，为保障国家粮油安全和满足百姓日益提高的生活需求再做贡献。

地址：中国北京建国门内大街19号中纺大厦　电话：010-65281122
传真：010-65225509　网址：www.chinatex.com

菱花集团有限公司

LINGHUA GROUP LIMITED

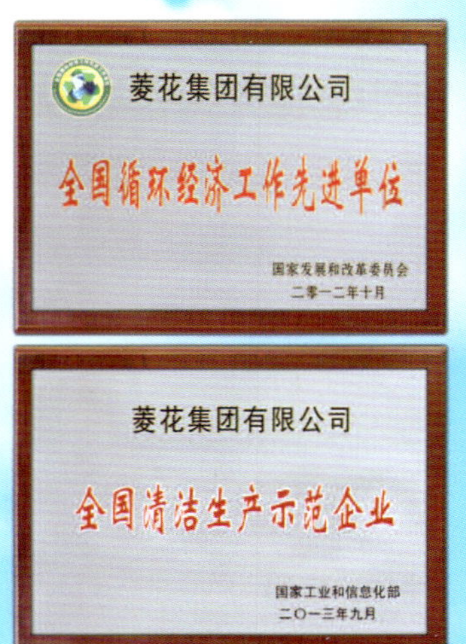

菱花集团有限公司现已发展为集科技研发、生物工程、现代农业、能源供应、国际贸易、房地产、金融于一体的国家级大型企业集团；资产总额43亿元，下辖菱花股份、梁山菱花、正大菱花、菱花味之素、菱花诚志、菱花凯鲜、菱花农科、菱花肥业等十余家公司；产品拓展到调味品、氨基酸、生物制品、绿色有机食品、有机肥料、生物饲料、电汽能源七大系列100多个品种；被评为全国循环经济工作先进单位、全国清洁生产示范企业、农业产业化国家重点龙头企业、国家循环经济试点单位、国家知识产权优势企业、全国农产品加工业示范基地、全国农产品加工业出口示范企业、全国食品安全百家诚信示范单位；建有国家级企业技术中心，与世界500强企业泰国正大集团、日本味之素株式会社等实现了强强联合，在科技、市场、品牌、循环经济等领域引领行业发展。

科技创新，先后承担国家"863计划"项目、科技支撑计划、重大产业技术开发专项、技术创新能力建设、重点节能奖励项目等科技攻关计划项目100多项，申请专利150多项，授权60多项，参与制定国家及行业标准16项；品牌价值，"菱花"牌味精先后被授予"人民大会堂宴会专用味精"、"中国名牌产品"、国内味精行业首家"绿色食品"，通过ISO9001质量管理体系、ISO22000食品安全管理体系、HACCP、犹太、伊斯兰等国际认证，面粉、大米通过绿色认证，"菱花"商标被认定为"中国驰名商标"、"中国最具市场竞争力品牌"；市场规模，投资15亿元构筑了全球化市场网络，产品进入了国内各大中城市3600多家超市，出口80多个国家和地区；循环经济，拉长、拓宽、延伸工农业循环经济产业链，生态工业年循环经济效益已达2.6亿元，生态农业种植规模达到5万多亩，把好了食品安全的农业原料、工业加工、商业流通"三道关"。

"十二五"期间，菱花集团按照"以工带农、以农促工，工农商互动、良性循环，城乡一体、区域协作"的发展思路，联合加快建设工农商"113"工程：计划完成总投资88亿元，建设100亿生物高科园，带动建设100万亩生态农业园，联合建设300亿安全食品商贸物流园，全部完成后形成销售收入500亿元、利税40亿元的能力，成为全国最大、综合效益最好的工农业循环经济园区和绿色有机农产品生产加工流通基地。

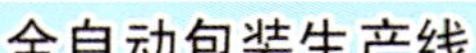
全自动包装生产线

微生物发酵生产主控室

2009年4月，经北京市政府批准，北京三元集团有限责任公司、北京华都集团有限责任公司、北京市大发畜产公司重组为北京首都农业集团有限公司。

三元集团始建于1949年9月的平郊农垦管理局；华都集团始建于1975年4月的北京市机械化养鸡养猪工程指挥部（北京市畜牧局的前身）；大发畜产公司创建于1985年5月。三家企业在发展历程中为首都副食品供应，农业现代化发展做出了重要贡献。

组建后的首都农业集团经营性资产超过300亿元，员工4万人，国有全资及控股企业64家，中外合资合作企业32家，境外公司3家；其中北京三元食品股份有限公司为上市公司。

首都农业集团在畜禽良种繁育、养殖、食品加工、生物制药、物产物流等方面具有行业明显优势，业已形成从田间到餐桌的完整产业链条，拥有5家国家级重点农业产业化龙头企业和“三元”、“华都”、“双大”三个“中国名牌”及一批著名商标，并与多家国际知名企业建立良好合作关系，具有较强的市场竞争力和影响力。

首都农业集团将紧紧围绕首都经济发展内涵，大力发展现代农牧业、食品加工业和现代物产物流业。在提高综合生产能力和经济效益的同时，强化服务“三农”的意识和社会责任，努力成为提供绿色健康食品、在国内同行业具有龙头地位、首都标志性的都市型现代农业产业集团。

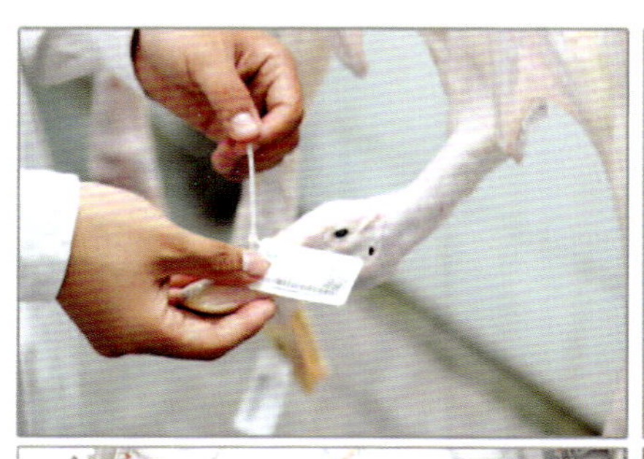

洛阳伊众清真食品有限公司

企业概况

洛阳伊众清真食品有限公司地处伊河西岸，毗邻龙门石窟世界文化遗产景区，交通便利，总占地面积1000余亩。

公司集肉牛繁育、育肥、饲料加工、屠宰加工、高低温熟食品生产、速冻调理食品生产、休闲食品开发为一体，是河南省农业产业化重点龙头企业，全国主食加工业示范企业，少数民族特需商品订单A类生产企业，河南省著名商标。

洛阳伊众清真食品有限公司是河南省农业产业化集群龙头支撑企业，拥有年出栏3万头育肥肉牛、年加工10万吨肉牛专用饲料和万吨有机肥加工企业－洛阳伊众肉牛科技有限公司；年出栏3000头纯种肉牛繁育基地－－洛阳市宜绿牛业有限公司。同时，公司拥有年屠宰60000头肉牛、年加工冷鲜肉12000吨、年加工熟肉制品1500吨、年生产清真牛肉丸3000吨的自动化生产线。伊众公司现有冰鲜系列、冷冻系列、调理系列、牛副产品系列、熟食系列、休闲牛肉系列等6大产品系列180余个品种。销售网络遍布北京、上海、重庆、福建、浙江、河南、东北等10个省市区域。

品牌建设

公司以伊众排酸牛肉产品为主导，积极推进河南周边牛肉市场发展，同时加快运作北上广深、华东、华南等市场。伊众排酸牛肉产品逐步成为公司的品牌代表。2011年荣获“河南省清真食品知名企业”、“中国著名品牌”、“2010消费者最佳信赖品牌”等荣誉。2012年“伊众”商标获得“河南省著名商标”荣誉。2013年荣获“全国主食加工业示范企业”“中国自主创新百强企业”等荣誉。2011-2014年连续获得国税、地税“A类纳税人单位”荣誉。2012-2014年连续获得“河南省农业产业化重点龙头企业”荣誉。

企业宗旨

实现“生态、环保、节能、产业化和可持续发展”的循环农业经济。

经营团队

公司现有员工277人，其中：博士3人、高级经济师、高级会计师、高级工程师8人、中级技术职称共12人、高级技工28人，公司员工主要安置下岗职工和失地农民工。

发展战略

（1）以股权投资形式，一期投资5000万元，改造与伊众公司长期合作的养牛企业，使每个企业达到存栏1000头养殖规模，推动发展高档肉牛养殖产业。

（2）通过建设投资的形式，发展“百村、万户、十头牛”项目，以资金扶持和贷款担保的形式，扶持100个村，每村建设一个存栏1000头的母牛养殖连锁机构，让农户的母牛集中饲养，实现年扩繁10万头优质杂交改良肉牛。形成以伊众食品产业园加工业为龙头，以伊众肉牛科技繁育为支撑、农户母牛繁育、乡镇示范场养殖架子牛、伊众肉牛科技育肥的产业链条。真正实现五个统一；即：统一的肉牛品种（实现品牌化）、统一的饲养技术服务体系（实现标准化管理）、统一的饲料供给（保障产品质量安全）、统一的卫生防疫服务（降低农户养殖风险）、统一的收购价格（利益均衡发展）。

随着伊众肉牛科技产业园的不断发展壮大，年产值可达数十亿元，将带动数万个家庭通过肉牛养殖致富，产业农民就业不低于10000人，直接安排就业不低于2000人。将成为中原地区最大的肉牛繁育育肥基地，积极带动当地及周边地区现代畜牧产业的发展，建立完整的生态农业循环经济产业链条，用生态、环保、节能打造可持续发展的美好前景，用畜牧产业化带动广大农民牵着黄牛奔小康，实现伟大、富强的中国梦。

2012年3月20日中央委员黄晴宜、洛阳市委书记毛万春到伊众调研

总经理关群声和副总理回良玉在中国农业产业化龙头企业协会成立大会合影

总经理关群声随温家宝总理到欧洲访问

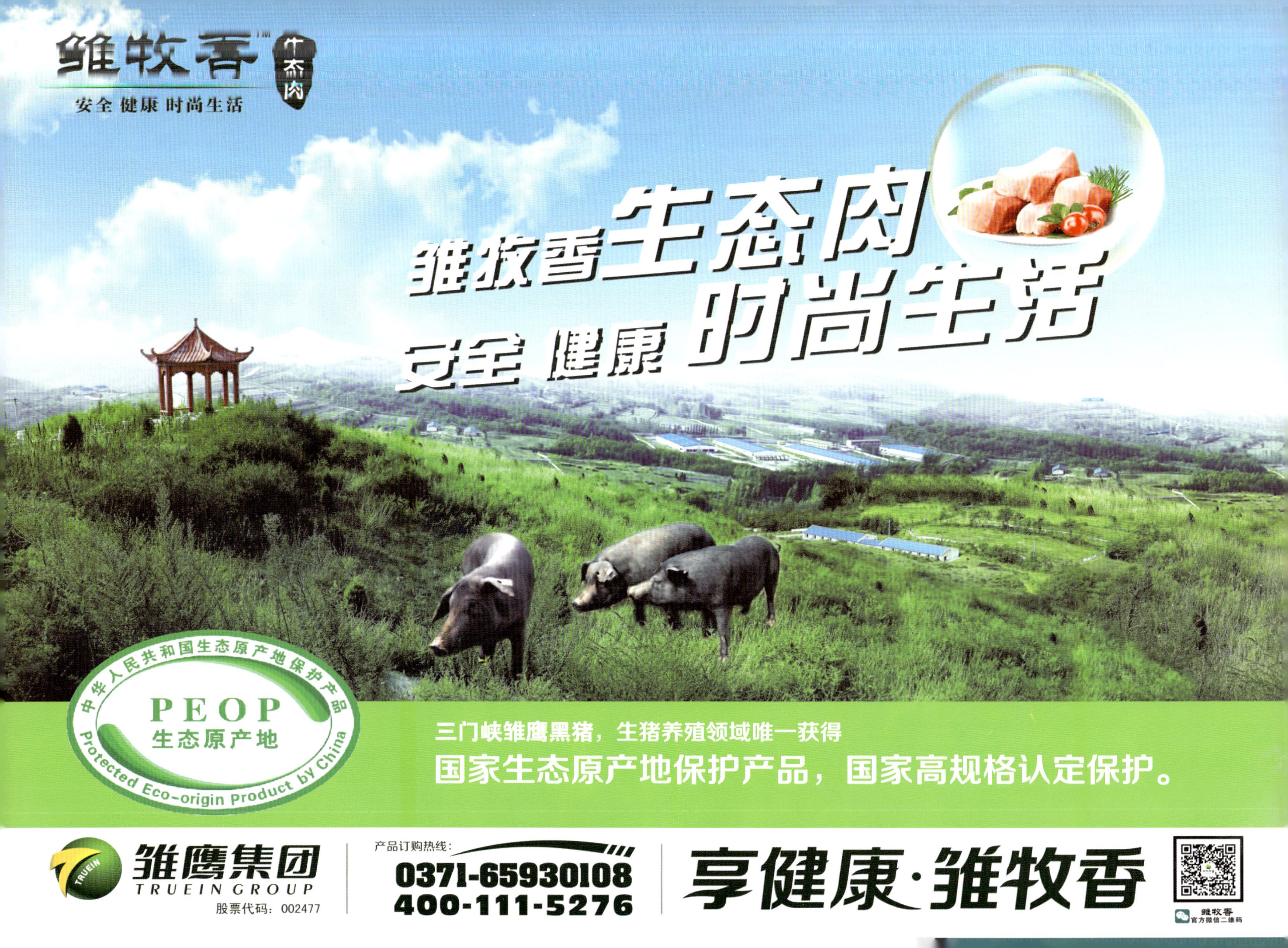
雏牧香™ 生态肉
安全 健康 时尚生活
雏牧香生态肉
安全 健康 时尚生活
中华人民共和国生态原产地保护产品
PEOP
生态原产地
Protected Eco-origin Product by China
三门峡雏鹰黑猪，生猪养殖领域唯一获得
国家生态原产地保护产品，国家高规格认定保护。
雏鹰集团
TRUEIN GROUP
股票代码：002477
产品订购热线：
0371-65930108
400-111-5276
享健康·雏牧香

滑县道口义兴张烧鸡有限公司

一、企业简介

滑县道口义兴张烧鸡有限公司，1999年成立，位于滑县新区农产品加工园区人民路南段，占地40亩，股份制私营企业，公司前身为祖传世家“道口义兴张烧鸡老铺”。公司拥有现代化厂房和附属设施14000平方米，直属销售门店14个，郑州分公司1个，外地专卖店、连锁店98个，总资产3044多万元，固定资产2700万元，公司有专业技术人员15人，特级烧鸡技师1名。注册商标“张存有”牌。

公司法人代表/董事长兼总经理张存有，系省命名特级烧鸡技师，河南省滑县道口顺北三道街人，系道口烧鸡世家“义兴张”第八代嫡系传人。

二、主导产品和业务范围

公司主导产品为道口烧鸡、软包装道口烧鸡系列产品，年生产加工能力300万只。拥有从屠宰、油炸、煮制到高温灭菌的工业化生产线，主要工序实现了机械化生产，产品主要销往河南省内、山东、山西、河北、湖北、四川、安徽、新疆、北京和东北三省等地。2013年产销售收入3509万元企业规模和经济效益在同行业中名列前茅。是道口烧鸡行业中的龙头企业，安阳市农业产业化十佳龙头企业。

三、公司历史文化

道口烧鸡是我国著名的地方特产食品，历史悠久、风味独特、驰名中外。据《滑县志》记载，道口烧鸡于清朝顺治年间（1661–1664年）始创于河南省滑县道口镇。至清朝乾隆年间（1787年），道口镇烧鸡名师张炳得老友、清宫御厨传授的烧鸡加工秘诀，使烧鸡风味更佳、名声大振，遂取“以义兴商”之意，将自己烧鸡店铺的字号定名为“义兴张”烧鸡铺，从此，“义兴张”就成为道口烧鸡历史最早、知名度最高的老字号，张炳将“义兴张”字号传给其后代子孙以至于今。本公司董事长兼总经理张存有是“义兴张”的第八代传承人。1960年就在滑县食品公司工作，跟随其祖父、“义兴张”第六代传承人张和礼学习道口烧鸡加工技术，悉得全部祖传技艺，长期在食品公司和河南中州宾馆从事道口烧鸡的加工生产。1970年代，他制作的“义兴张”道口烧鸡，曾用以招待中央领导、多国元首和50多个国家的驻华使节，备受赞誉。中央、省市电视台和《人民日报》、《大河报》以及香港《大公报》、新加坡《联合早报》等新闻媒体先后进行了专题报道。张存有也因此成为社会知名人士，先后担任滑县道口烧鸡总公司副总经理，县政协常委、河南省第六届人大代表，中国食品工业协会优质食品评审委员。省政府、省文化厅授予“河南省省级非物质文化遗产代表性传承人”证书。

四、经营业绩

公司坚持“顾客至上、质量第一”的宗旨和理念，产品严格按照祖传的烧鸡技术、工艺和配方进行生产，并在新形势下不断进行创新和提高，使烧鸡始终保持了固有的独特风味和质量，受到广大消费者的好评。

产品曾先后荣获河南省政府、商业部优质产品证书、中国保健协会保健精品证书、国际农业博览会名牌产品证书、河南省消协“消费者喜爱的产品”证书、河南省优质产品证书、河南省政府、省文物局“河南优秀食品文化遗产证书”、“河南省名牌产品证书”等10多个荣誉证书等。1990年以来，公司的烧鸡产品被确定国务院特供食品。企业通过ISO–9001质量管理体系认证，被原国内贸易部命名为“中华老字号”，滑县人民政府授予“先进私营企业”的称号。2004年被漯河市双汇集团公司确定为贴牌生产道口烧鸡企业，“张存有”牌烧鸡商标连续被河南省工商局评定为河南省著名商标。国家批准公司使用国家地理保护产品专用标志。2008年公司总经理张存有被中共安阳市委、市政府授予“十大优秀创业创新企业家”称号。2010年被评定为安阳市级农业产业化龙头企业。河南省委副书记陈全国、省政协副主席靳绥东、安阳市和滑县党政主要领导对公司非常重视，多次亲临公司视察和指导工作，并给予了较高的评价。

中华老字号
CHINA'S TIME-HONORED BRAND
中华人民共和国国内贸易部
MINISTRY OF INTERNAL TRADE
THE PEOPLE'S REPUBLIC OF CHINA

核准滑县道口义兴张烧鸡有限公司
使用国家地理标志保护产品专用标志

公告号：2006年第21号
国家质量监督检验检疫总局
二〇〇六年二月二十二日

河南省省级非物质文化遗产项目
（道口烧鸡制作技艺）
代表性传承人：张存有
河南省文化厅
二〇一〇年六月

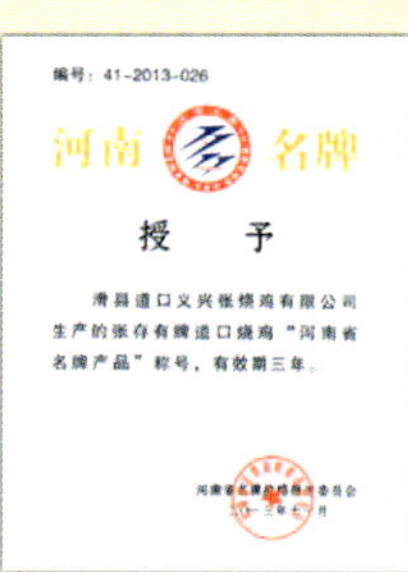

石家庄洛杉奇食品有限公司
SHIJIAZHUANG LOSANQ FOOD CO.,LTD.

石家庄洛杉奇食品有限公司位于鹿泉市绿岛火炬开发区，公司成立于2002年3月，注册资金3000万元，公司总资产2.34亿元。公司拥有中国驰名商标"金凤"和河北省著名商标"洛杉奇"两个品牌，主营"金凤"禽类制品，"洛杉奇"肉食、面食制品和生态鸡、鸡蛋的生产和销售，是一家集禽类养殖、禽肉面食品深加工、冷链物流配送、食品连锁零售为一体的混合所有制企业。公司现有员工700余人，其中大中专毕业生占46.6%，有专业技术职称的占24.2%。

公司在发展中，秉承"挑战自我，追求卓越"的企业精神；坚持"以质求胜创效益，以人为本求发展"的经营理念；推崇"时刻对品牌负责，永远让顾客满意"的质量方针，实施"以质量树立品牌，以诚信维护品牌，以创新发展品牌"品牌战略，推行"感恩、关爱、共赢"的企业文化核心思想。公司被授予"河北省著名商标企业"、"河北省自主品牌建设重点培育企业"、"河北省农业产业化重点龙头企业"、"河北省商贸名牌企业"、"全国信用评价AAA级信用企业"、"河北省AAA劳动关系和谐单位"、"全国和谐商业企业"、"共青团中央青年就业创业见习基地"、"河北省非物质文化遗产生产性保护示范基地"、"河北省工业与信息化融合重点企业"、"中国食品安全诚信体系建设示范单位"、"河北省先进集体"等荣誉称号。

公司是国家柴鸡生态养殖综合标准制定单位，国家《扒鸡》和《加工食品销售服务要求（肉制品）》行业标准制定单位，是国家工信部认定的河北省首家国家农产品冷链信息化应用试点单位，公司在河北省同行业中首家通过国际质量管理体系和食品安全管理体系双认证，在河北省禽类（熟）加工行业中位于前列。

原石家庄市市长，现任河北省副省长姜德果视察金凤冷链物流园

石家庄市市长王亮率团视察金凤工业园

河北省人大常务副主任宋恩华视察金凤工业园

石家庄市丸京干果有限公司

SHIJIAZHUANG WINGAIN DRIED FRUIT CO.,LTD

总经理秦世杰

石家庄市丸京干果有限公司是一家从事食品加工出口的独资民营企业，位于河北省石家庄市赞皇县，占地60多亩，现有职工120人，季节性加工人员500多人，总资产4200万元，主要生产经营核桃油、核桃粉、干果罐头及出口级各色路核桃仁产品，年加工核桃产品2000吨，产值9500万元，实现利税1200万元。公司建立了以北京、天津、上海、重庆、广州、成都、武汉、郑州、济南、杭州、哈尔滨、长春、大连、呼和浩特以及河北省的石家庄、保定、邢台、邯郸为中心辐射18个省40多个地区的核桃产品销售网络。产品出口到俄罗斯、澳大利亚、新西兰、日本、加拿大、英国、德国、沙特、阿联酋、韩国、及中东市场。公司建成了国内首家核桃优产示范、观光、旅游采摘为一体优质示范基地5000余亩，发展北方优质蓝莓育种、观光采摘基地200多亩。承担国家科研项目3项，省、市级科研成果20多项，成立了市级企业技术研发中心，取得了国内领先科研成果8项，申报国家专利3项，取得自主知识产权2项。公司不断加大升级改造，建立十万级净化车间，实现加工过程全部清洁生产。发挥媒体、网络营销的推广力度，在全国各地建立的庞大的销售网络，拥有直营店铺上百家，涉及营销人员数量达到上千人，公司产品涵盖了广大城乡以及不同阶段的消费人群。

公司是国家扶贫龙头企业、省市级农业产业化重点龙头企业，农业科技型企业，石家庄市科技型企业、公司通过了ISO9001:2000质量管理体系认证、HACCP食品安全管理体系认证、核桃油有机产品认证，三康牌核桃油、赞康牌罐头产品荣获河北省著名商标、河北省名牌产品，标杆示范企业。核桃油、核桃深加工产品国内市场占有率达到30%，是河北省食品工业协会认定的河北第一产品。展望未来，石家庄丸京干果有限公司继续发扬“厚德创业，以人为本”的文化理念，坚持“质量第一，客户至上；市场第一，信誉至上“的宗旨，同各界朋友携手并肩，共同打造我们的甜蜜事业。

琥珀核桃仁

有机核桃油500ml礼盒

富果团圆礼盒

地址：河北省赞皇县赞皇镇
邮编：051230
电话：0311-84229192
传真：0311-84229694
邮箱：wjxs@163.com
网址：www.sjzwanjing.cn.alibaba.com

重庆永健食品集团股份有限公司

重庆永健食品集团股份有限公司始创于1998年，其前身重庆市永健食品有限公司是一家集研发、生产、销售和原料基地于一体的综合性食品生产企业。经过15年的艰苦创业、不懈努力，现已发展成为以地方特色食品为主业，以农业产业化为依托，以全产业链发展为目标，并适度介入非食品行业的多元化企业集团。集团现有员工1200余人，旗下涵盖10余个下属企业，包括以食品生产加工为主的重庆顺源同食品有限公司和重庆健特食品有限公司、以食品销售为主的重庆六六八商贸有限公司、以冷链物流为主的重庆永健凯尔基业食品冷藏有限公司、以旅游休闲为主的重庆梨博园旅游开发有限公司、以房产和种植为主的重庆健能农业发展有限公司等。集团目前产业布局依然以食品为核心主业，以重庆特色工艺的休闲食品为核心产品，并围绕食品核心产业在东北、华北、西北、西南、华东、华南各大区、在全国各省、自治区、直辖市及主要的城市均建立了专业的营销团队和业内最为完善的通路网络。

集团创立至今，一直致力于特色休闲食品的开发和创新，成功的将传统的泡菜技术与现代生物发酵技术相结合，研发出色、香、味独特的泡制系列、香卤系列、盐焗系列、品3优豆干系列、散装系列休闲食品。为保证食品安全和产品品质，集团率先在同行业中引进了国内外先进的生产设备，建成多条净化灭菌加工生产线，添置了高精密的分析检测仪器，导入了优秀的质量管理体系，通过培训和社会公益活动的参与不断提高员工的技能和职业素养，打造出一支高素质、高效率的团队。

十五年来集团一直秉持“诚信、协作、进取、创新”的经营理念，以永健人的智慧和信誉、真诚和服务赢得了客户,赢得了消费者和社会各界的好评，连续十五年被评为全国食品安全年会示范单位、中国食品安全年会指定产品、“中国质量万里行”质量定点示范单位、品牌中国创新企业、中国西部农产品交易会“最受消费者喜爱产品”、中国糖酒会食品畅销品牌、重庆市农业产业化龙头企业、新中国成立六十年推动重庆食品行业发展十大功勋品牌，2010年公司负责人获得了“品牌中国创新年度人物”称号，成为重庆市唯一获此殊荣的企业家。

企业的发展离不开社会各界的帮助和支持，服务社会，回馈于民，是永健人永远牢记的责任和使命。历年来集团积极参加各种社会公益活动：帮助下岗工人和残疾人安排力所能及的工作，帮助失学儿童入学，定期看望慰问孤寡老人，捐助地震灾区等，多次受到市政府和市民政局的特别表彰。

展望未来，立足国内市场，开辟海外天地，将是“永健集团”进一步发展的重要课题，“永健集团”将继续以诚信经营、和谐共赢为原则，以品质安全为根本，以创新研发为基点，通过“永健人”不断的探索、创新、进取的精神打造“中国最大的地方特色食品企业”，“奉献特色美味食品,创造健康美好生活”！

上海张小宝绿色食品发展有限公司

上海张小宝绿色食品发展有限公司是一家国内合资的责任有限公司，公司成立于2000年8月，位于沪南公路7619号，距浦东国际机场36KM，距芦潮港深水码头20KM，交通运输快捷方便，并于2006年6月取得了HACCP安全质量管理体系的认证。总投资500万元，占地面积为13亩，厂房面积8060平方米，冷库面积500多平方米，公司还投资350万元装备了12条国内一流的生产线，至今公司发展成为一家拥有员工140余人，日加工黄豆10吨左右，生产规模列距整个上海市豆制品行业前列，公司拥有冷藏能力360多吨，同时配有多辆新型高档冷藏车和全封闭式保温车的专业物流配送队伍，全天候为顾客提供服务。

过硬的产品质量和优质的销售服务使得本公司多次被评为“农产品安全加工示范企业”、“重合同、守信用单位”、“放心豆制品”生产单位，还被中国豆制品专业委员会评为“中国豆制品著名品牌企业20强”、“张小宝”品牌也被评为“上海市名牌产品”、“上海市著名商标”、“上海市优质畅销品牌”、“上海市金篮子奖”和“连续三年销售领军奖”等光荣称号。

公司的百页、素鸡、油面筋等多个产品畅销美国、加拿大、日本、欧盟等国家和地区。公司不管是生产规模、技术力量还是出口创汇均雄踞整个上海市豆制品行业前列。

联系方式：021－58170080（**订货直线**）

山东省著名商标

全国工业产品生产许可证

青海晶洁镁露科技有限责任公司

经审查，你单位生产的下列产品符合取得生产许可证条件，特发此证。

产品名称：食品添加剂

住　　所：青海省格尔木昆仑经济开发区星火路

生产地址：青海省格尔木昆仑经济开发区星火路

证书编号：XK13-217-01410

有效期至：2015年10月14日

2010 年 10 月 15 日

东北农业大学食品学院

东北农业大学食品学院始建于1958年，在全国最早开设畜产品研究方向的本科专业。1988年10月东北农学院农业工程系畜产品加工教研室和园艺系园产品加工教研室、基础部食品化学教研室合并，组建食品科学系；1998年10月经黑龙江省教委批准成立食品学院。2003年被国家批准为食品科学与工程学科博士后流动站，是东北农业大学“九五”、“十五”期间和“211工程”重点建设学科，黑龙江省特聘教授岗位设置学科。目前，食品学院具有一个一级博士授予学科-食品科学与工程,四个硕士授予学科-食品科学，农产品加工与贮藏工程，粮食、油脂及植物蛋白工程，水产品加工与及贮藏工程；四个本科专业-食品科学与工程、食品质量与安全、粮食工程、乳品工程，其中食品科学与工程专业是黑龙江省重点专业。食品学院现设食品科学、畜产品加工、农产品贮藏加工工程三个系；一个校内肉品加工厂，一个校内乳品中试基地，并设有食品科学研究所，食品综合实验中心，食品工程工艺中心，黑龙江省农产品贮藏加工实验中心，黑龙江省生物乳业重点实验室，乳品科学教育部重点实验室，国家牛肉加工技术研发分中心。食品学院现已形成一定规模的教学、科研队伍。目前拥有博士生导师10名，硕士生导师31名，教授11名，副教授14名，高级实验师（工程师）4名。专任教师中，29人拥有博士学位，20人拥有硕士学位。高级职称人数占教职工总数的52%。学院承担着国家自然科学基金、国家奶业重大专项、国家西部计划、国家“863”计划、国家十五攻关、国家星火计划、国际IFS基金、省重大专项科研课题的研究,另外还承担企业、部门间的横向课题和其他多项国际合作。

食品学院具有较强的科研实力。科研设备齐全、拥有“食品科学与工程”国家级实验教学示范中心，仪器设备总值近6000万元，为科学研究提供了有利条件；校内肉品加工厂和食品加工创新基地作为固定的实验教学和科研基地，国家乳品工程技术研究中心、国家大豆工程技术研究中心作为食品学院的技术依托，成为我院科研建设的国家级重要平台。

从2008年底开始，食品学院在抓好“十一五”各级各类科技计划项目实施和结题工作的同时，超前谋划、主动参与、积极争取“十二五”课题。到2010年10月底，包括食品学院、乳品中心、大豆中心独立或联合申报并获科技部批准进入国家项目库的有关乳品加工、大豆加工、肉类加工、水稻加工课题共9项，，其中列入首批启动的课题或子课题5项，包括支撑计划课题“大豆油加工关键技术及设备研究与产业化示范”、“新型乳基料研究开发与示范”“婴幼儿配方粉功能乳基料研究与开发”、“863”课题“新型甜味剂绿色加工技术研究开发”、“传统食品非热加工技术研究”等，合同金额2200多万元。

近五年，食品学院先后承担各级各类科研课题190项（国家级59项、省部级110项、地市级21项），科研经费达近5900万元。其中主持了国际合作项目4项，国家“863”计划项目8项，国家自然资金21项，国家科技支撑项目5项，国家重大专项2项，国家科技成果转化项目3项，教育部新世纪人才1项，省杰出青年基金4项，省攻关项目25项。

食品学院获各级各类科研奖项40余项，其中国家科技进步二等奖1项，中科院科技进步二等奖1项，中国食品科技学会科技创新一等奖、二等奖，三等奖各1项，黑龙江省科技进步一等奖2项、二等奖3项、三等奖4项，省长特别奖1项。教师在各类核心期刊发表论文1000余篇，SCI、EI、ISTP收录100余篇；其中，赵新淮教授有关累黄酮化合物对人食管癌细胞系OE33的凋亡与周期停滞的分子机制的研究论文，2009年当选为《Science Watch》农业领域的“Fast Breaking Papers”（快速突破论文），我国九年中只有九篇入选。主编、参编正式出版著作85部；申请国家发明专利90余项，已取得授权40余项。

目前，实验室总面积达到23,400m²，拥有一批高级实验仪器和设备，可满足大豆生物学、化学、工艺学、生物技术等各方面的研究需要，主要包括色-质联用仪、分析及制备型高效液相色谱仪、气相色谱仪、Labscale TFF System 超滤系统装臵、英国CNSTS25质构仪、Bio-RAD 低压层析系统、双螺杆挤压机及喷雾干燥塔、MOS-450圆二色光谱仪、傅立叶红外光谱仪、动态激光光散射仪、差示扫描量热仪、表面张力仪、荧光分光光度计、紫外分光光度计、电镜、氨基酸分析仪、冻干机、实验型超滤仪(美国产)，反渗透仪(国产)、温度可调式冰箱、厌氧培养箱、高速冷冻离心机、生物显微镜、细胞流式仪等、平板式超滤、反渗透、层析、电泳等。同时，还有80m2-20℃低温种子资源储藏库1间；4℃低温蛋白质实验室1间；全自控室内温室2间；以上仪器设备为本课题实施提供了物质支撑。建成生物学、理化分析、工程技术三个研究平台，可以进行生物化学、分子生物学、营养学、微生物各方面研究工作，将为本研究的顺利进行提供良好保障。

新繁泡菜食品产业园

新都区新繁泡菜食品加工产业园是按照成都市政府关于重点镇产业发展的要求规划建设的食品园区，是成都市农产品加工业"六园区"之一，园区规划面积1410亩，以新繁泡菜加工为主，集食品加工、食品博览、食品物流、科技研发、信息交易为一体，力争建设成为年产值100亿元的西部最大的发酵食品工业园、农产品信息化交易中心。

园区依托新繁食品等现有泡菜生产企业，加快泡菜产业发展，调迁园外泡菜企业入园，提升泡菜品牌形象，"新都泡菜"已成功申报为新都地理标志产品；利用国酿食品等龙头企业带动力，加快调味品产业发展；引进台资统实企业、福建回头客食品等企业，强化园区后劲发展。并陆续引进台湾罗莎蛋糕、明学川芎、长德新世贸农副产品物流（批发）中心等项目壮大加强园区发展。现园区入驻企业达19家，建成投产企业13家，达产企业10家，在建项目4个，签约待建项目2个，完成总投资15.2亿元，解决就业2000余人。

2013年全年完成工业总产值10.79亿元，同比增长46%，实现税收1725.22万元，同比增长32.7%。

2.17 豆制品加工制造业

【a. “十一五”回顾】

“十一五”期间，我国豆制品产业发生了巨大变化：豆制品已向工业化和产业化迈进，企业数量不断增多，企业规模不断扩大，机械化自动化水平逐步提高，产品品种不断增多。同时，随着我国的豆腐饮食文化遍及全球，我国豆制品产业在世界舞台上显现出及其重要的地位。

“十一五”期间，我国大豆的年消费量逐年提升，2010年的年消费量近 7000 万吨，与 2006 年相比增加了近 2500万吨。根据中国豆制品专委会近年来对会员企业的统计数据，综合我国居民豆类及豆制品的消费变化趋势估算，2006年～2010 年，我国用于食品工业的大豆量分别约是：800万吨、850 万吨、900 万吨、950 万吨、1000 万吨；约占大豆总消费量的 15%。

2010 年约有 1000 万吨大豆用于食品工业，其中，用于传统豆制品加工约 500 万吨，用于直接信用约 300 万吨，用于其它食品加工约 200 万吨，与 2006 年，约有 800 万吨，2010 年比 2006 年增长了 25%。

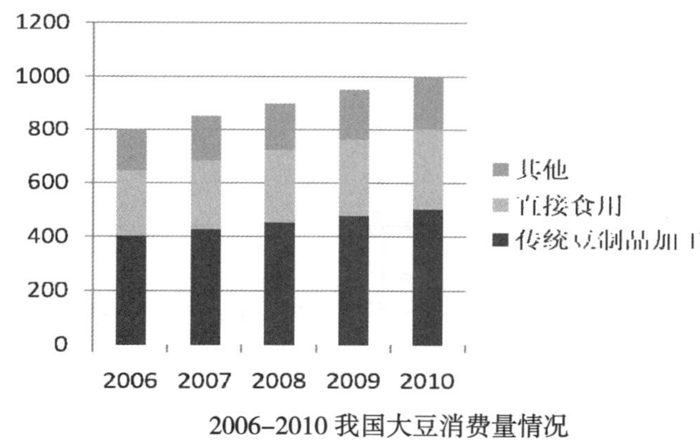

2006–2010 我国大豆消费量情况

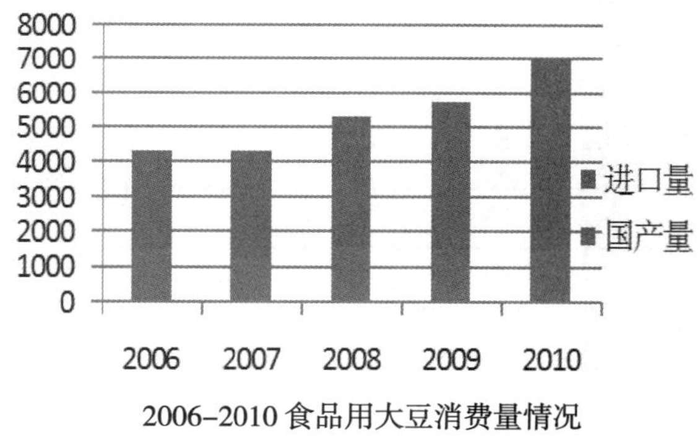

2006–2010 食品用大豆消费量情况

【b. 概况】

各类大豆食品消费比例

根据我国行业标准，按照终端产品把豆制品分为熟制大豆、豆粉、豆浆、豆腐、豆腐花、豆腐干、浸渍豆腐、腐竹、腐皮、膨化豆制品、发酵豆制品、大豆蛋白、毛豆制品、其他豆制品等 14 大类。

从产品和市场情况来看：现在我国豆制品市场供应更加规范，产品质量稳步提高。如江苏、浙江、山东、广东、安徽等地纷纷建立了豆制品生产基地。

同时，豆制品新产品在市场上涌现出来，使得我国豆制品行业的产品结构日趋完善：从直接提供给消费者的各种豆制品，到作为原辅料提供给其它食品行业的豆粉、大豆蛋白等商用产品；从液态豆浆到固态豆浆粉；从豆腐、百页等传统生鲜食品，到利乐装豆浆、休闲豆干等即饮即食类产品，我国豆制品的种类可谓是丰富多样。

此外，针对高、中、低端市场的不同需求，使得行业细分化也愈加明显。如豆浆产品，涵盖了普通巴氏消毒豆浆，携带和饮用均十分方便的瓶装豆浆和自立袋豆浆，以及更加美观大方、且可以长途运输的利乐装豆浆等。即食、调味类豆制品如休闲豆腐干产品的包装逐渐多样化，近两年还出现了礼盒装豆腐干产品，而即食素肉（膨化豆制品）由于成本投入较小，并保留了豆制品的营养价值，在农村等低端市场和在校学生中颇受欢迎。

从工艺和设备情况来看，我国豆制品的生产工艺技术水平与日本等技术先进国家的差距逐渐缩小，各类豆制品生产均已实现了工业化和规模化。就加工工艺而言，企业在不断改进工艺的同时，运用 UHT 超高温灭菌、均质工艺、半干法制浆工艺等先进的技术使产品的质量更加稳定。

从加工设备来看，豆制品的生产从洗豆、泡豆工序、点浆、凝固到最终的杀菌、包装系统，全部采用计算机自动控制，而且各系统之间的连接也已实现了自动化，不但使豆制品生产工艺实现了流水线标准化控制，提高了豆制品产品的质量安全，同时在很大程度上减少了人为控制对最终产品品质的影响程度，并大幅度减轻了员工的劳动强度，同时还实现了环保和节能。就在 2012 年 5 月，我国自主研发的完全自动化的豆腐生产线成功出口到西班牙，通过该条生产线，豆腐生产从大豆浸泡直至装盒-预冷杀菌全部实现自动化操作，一气呵成，无需手工参与。

【c. 2010 年-2012 年的主要经济指标】

根据中国食品工业协会豆制品专业委员会每年对规模企业（行业前 50 强企业）的统计，2010-2012 年我国豆制品行业投豆量、销售额、出口额及规模企业数量的情况如下。

2010 年-2012 年，年总投豆量分别为：97.53 万吨，106.04 万吨，106.00 万吨。

2010 年-2012 年，年销售额合计分别为：102.98 亿元，131.95 亿元，155.58 亿元。

2010 年-2012 年，年出口额分别为：1000 万美元，2036.69 万美元，4706.66 万美元。

2010 年-2012 年，我国年销售额上亿元的豆制品企业分别为：27 家，29 家，2012 年达到了 38 家。

年份	投豆量		销售额		出口额	
	合计（万吨）	比上年增长	合计（亿元）	比上年增长	合计（万美元）	比上年增长
2010	84.99	—	101.68	—	1614.85	—
2011	106.04	24.77%	131.95	29.77%	2036.69	26.12%
2012	106.00	/	155.58	17.90%	4706.66	131.09%

从以上数据可以看出，2010-2012 年来，我国豆制品行业的投豆量迅速提升；豆制品市场销售保持在持续稳定的增长；同时出口额不断增加；规模企业的数量越来越多。

【d. 主要产品产量】

1.豆腐等生鲜豆制品

在传统豆制品中，豆腐占据了 50%的消费份额，是重要的产品类别。根据中国豆制品专委会对 50 强规模企业的豆腐生产量统计，2012 年规模企业用于豆腐的投豆量为 23.40 万吨，占总投豆量的 22%，比 2011 年的 16.72 万吨增长了 40%。

从上述数据可以看出，随着消费者对健康的日益重视以及对大豆营养的逐步了解，豆腐在百姓饮食消费中保持稳定并略有增长。同时，规模企业豆腐的投豆量占总投豆量的 22%，而我们预估豆腐在传统豆制品中占据了 50%的消费份额，这说明我国规模企业的研发和深加工能力不断加大，新产品种类不断丰富，产品附加值也在提升，而不再局限于豆腐单一品种的生产。全国豆腐生产企业分布比较广泛，南方豆腐企业的发展状况优于北方。今后，豆腐等水含量较大且保质期较短的产品，主要营销模式将是以中心工厂为依托，合理确定消费半径，做好物流配送，实

现较长时间内的集中营销，并让产品尽量缩短与消费者的距离。

2.豆浆类产品

豆浆类产品包括了豆浆和豆浆粉。在以往的发展中，豆浆的生产和消费一直在低层次徘徊，而近年来消费者对奶制品的消费信心指数下降，给豆浆的发展带来了空间和商机。特别是人们对豆制品营养价值的不断认识，使得豆浆行业市场前景十分乐观。现在我国豆浆产品的口味越来越丰富，新产品、新包装层出不穷，不少豆浆生产企业都加大了产品的研发和市场开拓的投入，对于豆浆而言，"口感"和"营养"成为其核心的诉求。

根据中国豆制品专委会统计，2012 年规模企业用于豆浆类产品的投豆量为 20.76 万吨，比 2011 年的 18.34 万吨，增长了 13.2%。其中：

（1）豆浆粉类市场稳步提升。豆浆粉的投豆量 2012 年为 13.90 万吨，比 2011 年的 13.39 万吨，增长了 3.8%。

（2）液态豆浆方面，2012 年用于液态豆浆行业的投豆量为 6.86 万吨，比 2011 年的 2.86 万吨增长了 140%。由此可见，液态豆浆发展潜力巨大，市场空间亟待挖掘。

3.豆腐干产品

近几年，休闲豆腐干的产品类型和消费概念逐渐成形，大大拓宽了豆腐干的市场范围，我国豆腐干的生产量有了明显的提高。根据中国豆制品专委会统计，2012 年，规模企业用于豆腐干类产品的投豆量为 20.33 万吨，比 2011 年的 18.65 万吨，增长了 9%。休闲豆腐干已成为我国豆制品产业发展势头良好的产品之一。

4.腐竹产品

腐竹富含营养且口感独特，该类产品长期以来深受人们的喜爱。近年来各级地方政府对该市场的有效监管，以及生产企业的安全意识不断提高、自动化程度的加强，规模企业增长迅速，市场占有率开始增大，使消费者对该类产品的信心大为增强。目前腐竹产业主要以区域形式发展，比如河南许昌、河南安阳、山西洪洞、广西桂平地区、广东江门、福建、云南等等，其中河南腐竹约占到全国市场的半壁江山。

5.膨化豆制品

以膨化豆制品为原料、大豆素肉为产品概念的新产品近年来不断推陈出新，正在成为一个新的市场热点。根据中国豆制品专委会统计，2012 年我国豆制品行业 50 强企业用于膨化豆制品产品的投豆量约为 25.11 万吨，比 2011 年约为 24.18 万吨，增长了 3.8%。在某些地区，膨化豆制品已成为当地的优势产业，形成了从种植、加工到销售的完整产业链。

【e. 企业发展与品牌建设】

我国取得食品生产许可（QS）证的豆制品企业，从 2008 年的 1400 家左右，逐年递增，到 2013 年 5 月底，已达到了 4069 个。由此可以看出，我国豆制品生产企业的质量安全意识得到了加强，企业规模化发展是必然趋势。从各地区的生产许可证企业数量来看，东南部经济较发达地区的企业数量明显大于西北部地区。

2012 年底取得 QS 证的豆制品企业分布情况（不包括港澳台）

地区	企业数量/个	地区	企业数量/个	地区	企业数量/个
北京	49	安徽	146	四川	240
天津	36	福建	141	贵州	63
河北	81	江西	98	云南	173
山西	75	山东	188	西藏	0
内蒙古	21	河南	205	陕西	84
辽宁	151	湖北	158	甘肃	20
吉林	77	湖南	400	青海	5
黑龙江	147	广东	398	宁夏	7
上海	103	广西	111	新疆	34
江苏	200	海南	22	合计	4069
浙江	324	重庆	312		

规模企业自身正经历着长足发展，产能、产量、销售额及市场占有率等各项经济指标均得到了健康、稳步增长。在

过去的五年里，一些企业由于发展势头非常良好，即便产能满负荷运转，产品仍然是供不应求，因此他们在原有的基础上对厂房进行了新建、扩建。如祖名豆制品在扬州和安吉的新厂均已成功运营；重庆奇爽在当地梁平县建立了分公司，永和食品在牡丹江建立了原料大豆的种植基地，安徽马鞍山黄池食品新建了豆腐干和豆浆的生产基地，重庆天润新建投产了年产 5 万吨的豆制品生产基地，这些新的生产线和基地也都已顺利投入生产并运营。

此外，一些颇具实力的投资者、经销商看好豆制品市场潜力，纷纷转入豆制品行业，其中最具代表性的有：四川徽记食品、上海金丝猴纷纷进入休闲豆腐干领域，并创下佳绩；益海嘉里旗下著名品牌“金龙鱼”增加了豆浆粉产品；黑龙江北大荒也增加了豆腐、豆浆等新品种。规模企业的飞速发展，以及其他行业的企业正在以不同的方式和不同的产品定位进军豆制品产业，使得市场竞争愈加激烈，同时有力的推动了行业的发展。

由于中国大豆食品行业在生产观念、市场观念和消费观念出现了新的变化，使得企业的品牌建设越来越受到重视，品牌的集中度在提高，名牌产品的市场占有率不断扩大。如北京的“白玉”，上海的“清美”、“张小宝”“汉康”，浙江的“祖名”“鸿光浪花”，安徽的“金菜地”，河北的“豆豆”，四川的“好巴食”“香香嘴”，重庆的“奇爽”等，均是当地消费者心目中响当当的品牌，也早已成为该地区的龙头企业，成为推动当地经济发展的重要支柱。而维维集团有限公司和永和国际发展有限公司、两家企业在经营理念和市场营销方面做得比较出色，在大豆食品业界可以称是全国品牌企业。

【f. 行业标准】

根据我国《食品安全法》规定，食品安全标准是强制执行的标准。食品安全国家标准是由国家卫生部负责制定、公布的食品强制性标准；没有食品安全国家标准的，可以制定食品安全地方标准；企业生产的食品没有食品安全国家标准或者地方标准的，应当制定食品安全企业标准。除食品安全标准外，其他标准均为推荐性标准。

1. 目前已发布和即将发布的与豆制品相关的食品安全国家标准如下：

《食品安全国家标准 食品添加剂使用标准》（GB2760—2011）

《食品安全国家标准 预包装食品标签通则》（GB7718—2011）

《食品安全国家标准 复配食品添加剂通则》（GB26687—2011）

《食品安全国家标准 预包装食品营养标签通则》（GB28050—2011）

《食品安全国家标准 食品中真菌毒素限量》（GB2761—2011）

《食品安全国家标准 食品营养强化剂使用标准》(GB14880—2012）

《食品安全国家标准 食品生产通用卫生规范》（GB14881—2013）

《食品安全国家标准 食品中污染物限量》（GB2762—2012）

《食品安全国家标准 食品经营过程卫生规范》

《食品安全国家标准 食品中致病菌限量》

《食品安全国家标准 食品添加剂标签标识通则》等

《食品安全国家标准 豆制品》正在审议阶段

2.大豆食品行业相关的推荐性标准有

（1）基础标准

《大豆食品分类》（SB/T 10687—2012），按照终端产品进行分类，包括了豆粉、豆浆、豆浆粉、豆腐、豆腐干、臭干、腐竹、膨化豆制品、发酵豆制品、大豆蛋白、豆芽等共 14 大类 47 小类产品。

《大豆食品工业术语》（SB/T 10686—2012）从大豆食品加工过程中所涉及的原辅料、中间产品、产品、加工工艺及豆制品设备等五个方面对各种名词术语做了归类与定义。

以上两项行业标准将于 2012 年 6 月 1 日起实施。

（2）产品标准

《豆浆》(SB/T 10633—2011)

《卤制豆腐干》(SB/T 10633—2011)

《臭豆腐（臭干）》(SB/T 10527—2009)

《纳豆》（SB/T 10528—2009）

《膨化豆制品》（SB/T10453—2007）

《腐乳》（SB/T10170—2007）

（3）操作规范

《豆制品现场加工经营技术规范》(SB/T 10630—2011)

《豆制品良好流通规范》（SB/T10828—2012)

《豆制品企业良好操作规范》(SB/T10829—2012)

【g. 发展趋势和目标】

1.消费量

根据我国居民膳食指南要求，人均日消费大豆及其制品要达到 40 克才算合理,而目前才 20 克左右，距离目标还很

远，为实现目标可以分两步走：

第一步，到 2015 年底，大豆食品（豆类及其制品）的消费量力争达到每人每年 10 千克，即每日人均消费大豆 28 克左右。其中：

豆腐、豆浆等传统大豆食品的消费量力争达到 6 千克以上，即人均每日 17 克； 新型豆类食品（如营养棒、豆乳酪等）1 千克，即人均每日 2.8 克；直接食用及其他用于食品原料的大豆为 3 千克，人均每日 8.6 克左右。

第二步，到 2020 年底，大豆食品（豆类及其制品）的消费量要达到每人每年 14.6 千克，即每日人均消费大豆 40 克左右。

2.规模企业数量

到 2015 年底，全国各省会城市及常住人口达到 500 万的城市，至少出现 1 个年耗用大豆 1 万吨以上的以鲜货大豆食品为主的规模企业。

全国年耗用大豆 1 万吨以上的企业力争达到 50 家，其中有 5 家企业的年营业额达到 10 亿元左右；龙头企业在多元化调整产品结构的同时，要明确主打产品的定位，争取单品达到一定规模，以增强发展后劲。

3.产品目标

目前，在保留传统口味的基础上，加入时尚、流行元素，使产品在食用起来更加方便快捷，已成为今后市场的发展趋势。同时，大豆食品企业一定要把眼光盯在我们的终端消费上，在这方面有些企业还不太重视，有的企业生产的产品科技含量不低，有营养，品质高，但市场占有率不高，原因就是没有找到产品与消费者的结合点，在定位前没有考虑到这种投入是否会有回报。所以做好市场定位、开发创新产品，是豆制品企业的生存之本，重中之重。

4.设备发展目标

从大豆食品机械设备方面考虑，目前还有一些需要解决的问题：一是共性设备与个性设备的衔接配套问题；二是豆制品生产工艺与设备的结合尚不够完美；三是豆制品机械制造厂对于食品检测技术尤其是传感技术的应用关注较少；四是设备的布局不够合理；五是豆制品加工设备的零部件机加工能力有待提高；六是干燥浓缩设备有待提高。

5. 原料

中国是大豆的故乡，大豆品种资源异常丰富。但是，不同的大豆品种其理化指标存在很大差异，这就对产品品质产生重要的影响。现在，如美国、加拿大、日本等国实行的是订单农业制度，即根据生产的产品来种植具有适配性的原料大豆，这样明确了大豆原料与豆制食品生产之间的相互关系，不但对大豆育种工作者改良大豆加工品质、培育大豆食品专用品种具有指导意义，而且对大豆食品生产企业选择大豆原料、提高豆制食品得率、改善产品质构，以及实现大豆食品生产的自动化具有重要价值。对于中国大豆食品行业来说，选择专用食品大豆将是大势所趋。

【h. 充分发挥委员会在行业管理工作中的作用】

作为全国的豆制品行业管理组织，专业委员会吸收了全国主要豆制品企业和相关企业组成了会员大会和常务理事会，逐步开展行业管理工作。从近两年的发展来看，一是现有会员单位的规模越来越大，二是积极要求入会的新成员越来越多。因此，这对我们委员会来说既是鼓舞，同时也提出了更高的要求。

委员会在逐步完善组织机构的同时，还展开了一系列工作，主要有：

1. 信息交流与发布工作：在行业内开展了主要企业经济技术指标的统计和交流，同时收集豆制品企业基本情况的统计数据，培育中国豆制品行业著名品牌百强企业；定期向各级政府有关部门、委员会会员单位及科研院所等发布行业重点信息；编辑出版行业内期刊《中国豆制品产业》，编辑出版《中国豆制品产业发展研究》《中国豆制品企事业名录》等书籍，组建并开通了中国豆制品网，为大豆食品业界提供相互交流的平台，并通过这些平台向政府部门反映企业的意见和呼声，为政府相关部门更加全面、深入地了解大豆食品行业，出版。

2. 标准化工作：组织行业内技术力量，从行业实际和我国大豆食品市场管理的需要出发，开展行业标准的制定工作。目前，由委员会组织起草、并已获商务部批准的标准有：《膨化豆制品（SB/T10453—2007）》《臭豆腐（臭干）(SB/T 10527—2009)》《纳豆（SB/T 10528—2009）》《豆浆(SB/T 10633—2011)》《卤制豆腐干(SB/T 10633—2011)》《豆制品现场加工经营技术规范(SB/T 10630—2011)》《豆制品良好流通规范（SB/T10828—2012)》《豆制品企业良好操作规范(SB/T10829—2012)》。此外，委员会从行业实际出发，配合卫生部有关部门，推动《非发酵豆制品和面筋卫生标准》中关于微生物指标的修订工作；组织制定《中国豆制品行业质量安全示范单位评选办法》，会同行业有关专家，对申报“中国豆制品行业质量安全示范单位”的企业材料进行审核、部分企业进行实地考察评审，对最终入选的示范单位进行授牌表彰，该项活动提升了企业的质量安全意识，对企业标准化生产、向

规模化发展起到了积极促进作用。

3. 技术交流与培训工作：每两年举办一次中国国际大豆食品加工技术及设备展览会，每年组织召开大豆食品行业自主创新高峰论坛，这两项活动已成为中国大豆食品企业了解行业新动向、技术新发展、消费新趋势、产品新热点、政策新举措的重要平台；主办全国豆制品生产工艺技术研讨培训班，聘请行业内技术专家，为全国大豆食品加工技术从业者传授专业知识，解决技术难点；组织前往国外考察市场、参观交流，了解国际前沿技术及市场走势，为国内大豆食品企业研发新品、改进工艺提供了新的思路。

4. 科普宣传及推广工作：专业委员会编著了《大豆食品营养手册》并免费发放、开展消费者最喜爱的豆腐干品评、举办豆制品特色美食烹饪大赛等活动，对向广大消费者普及大豆食品营养健康常识，正面推广豆制品行业起到了积极、良好的作用；此外，专业委员会对各地政府主办相关大豆食品活动给予支持和帮助，为地方经济的发展创造有利条件。

（李旻怡）

2.18 制盐行业

2010 年

【a. 概况】

2010 年，盐行业全面贯彻十七大精神，落实科学发展观，走可持续性发展的道路，摆脱金融危机的影响，盐行业逐渐走出低谷，经济效益有所提高，盐的生产和销售呈现稳定的发展态势，充分保证了市场供应，为人民身体健康和社会发展做出了新的贡献。

全国 2010 年原盐产量达 7523 万吨左右，又一次刷新全国盐产量记录，盐的产销基本平衡；1–9 月海湖盐区原盐价格基本稳定，井矿盐价格低位徘徊；进入 10 月份，随着国内经济持续回暖，工业盐价格明显上升，制盐企业效益提高；但随着 2010 年投产制盐项目的增多，全国盐业产大于销的基本状况仍然无法改变，工业盐价格的波动在所难免，盐业产业结构调整的任务依然艰巨；盐业体制改革方案推迟出台，使盐业运销企业克服了恐慌情绪，继续加强市场管理，保证食盐市场稳定。同时，各级盐业公司加大内部改革的力度，扩大经营范围和转变经营方式，为盐业体制改革做准备。

2010 年，我国原盐产量（包括液体盐、自产自用盐）为 7524 万吨，比 2009 年增长 3.4%。其中，海盐 3254 万吨，占总产量的 43.25%；井矿盐（含液体盐）3285 万吨，占总产量的 43.63%；湖盐 987 万吨，占总产量的 13.12%。

食盐产区调拨量为 916.37 万吨，食盐销区购进量为 916.37 万吨，销售量为 924.36 万吨。

原盐总需求量为 7057 万吨，其中，两碱工业用盐为 5700 万吨，占总消耗量的 80.7%，食盐 916 万吨，占 12.9%，其他工业用盐 368 万吨，出口盐 143 万吨。原盐产区库存为 1870 万吨，比 2009 年减少 3.21%。

主要盐化工产品产量分别为：氯化钾 3.75 万吨、工业溴 12.56 万吨、氯化镁 39.3 万吨、芒硝 138.11 万吨，硫酸钾 1.88 万吨，其他化工产品总量为 119.61 万吨。

2010 年末，原盐生产能力为 9335 万吨，比 2009 年增加 895 万吨，其中，海盐的生产能力为 4130 万吨，占总生产能力的 44.24%；井矿盐（含液体盐）生产能力为 4210 万吨，占总能力的 45.10%，湖盐生产能力为 995 万吨，占总能力的 10.66%。

全年出口盐 143.3 万吨，比 2009 年增加 16.5%；进口盐 276.6 万吨，比 2009 年增加 89.9%。

【b. 产销特点】

2010 年，我国国内原盐生产继续增长，保持了 3.4%的增长速度，原盐产量达到 7523 万吨，再创历史新高。2010 年工业用盐量维持在6068 多万吨，占全国盐总消费量的 85.9 %，其中烧碱和纯碱行业用盐 5700 多万吨，占到 80.77%。

2010 年，海盐的价格保持稳定态势，随着国内物价波动，略有上升，没有出现大起大落的现象。这与山东盐业企业加大结构调整，加强信息沟通，有很大的关系，2010 年底，山东发证的制盐企业从 255 家减少到 38 家。

2010 年，井矿盐产能增加较快，上半年井矿盐价格低位徘徊。由于湘鄂赣主产区积极协调，采取限产保价措施，盐价未出现大幅回落。下半年在成本的推动和市场的需求进一步扩大的情况下，井矿盐价格出现上升，产销平衡。

2010 年湖盐产量增加较快，比 2009 年增长 25.25%，原盐价格基本稳定。

【c. 行业大事记】

1 月 30 日，位于青海三江源地区的玉树藏族自治州发现一座依然保持着藏族传统工艺的古盐场。这座古盐场位于玉树藏族自治州囊谦县娘拉乡多伦多村，是在全国第 3 次文物普查期间发现的。盐场坐北朝南，东西宽 235 米，南北长

2281 米，占地面积为 66035 平方米。

2 月 2 日，浙江省盐业集团公司湖州市盐业有限公司等 14 家单位经专家评审通过，被授予 AAA 级批发企业。

2 月 3 日，中盐总公司成功发行 11 亿元企业债券，主要用于中盐红四方等 6 个项目的建设及补充总公司营运资金。

3 月 19 日，云南盐化 80 万吨制盐项目举行场平开工仪式。

3 月 26 日，庆祝中国盐业总公司成立 60 周年暨“双先”表彰大会在北京人民大会堂隆重召开，全国政协副主席李金华为中盐题词“引领现代盐业，创造美好未来”，并亲临会场，为“双先”代表颁奖。国务院国资委主任李荣融为大会撰发贺信。

3 月 28 日，中盐常州化工股份有限公司揭牌仪式在常州市人民政府会议中心举行。

3 月 31 日–4 月 2 日，中盐协会在云南昆明市召开碘盐标志专业委员会工作会，总结 2009 年工作，讨论研究 2010 年工作，介绍推广使用新版（09 版）碘盐证明商标。

4 月 12 日–14 日，中盐协会在北京建银大厦召开了全国盐业产销座谈会，共 90 余人参加会议，主要内容：总结分析 2009 年全国盐业产销形势；介绍两碱工业发展趋势；交流制盐企业产、销、存情况。

4 月 15 日–18 日和 5 月 19 日–21 日，中盐协会分两期在福建武夷山举办食盐标识、碘盐标识培训班，共有 110 余人参加了培训。主要内容：宣讲《食品标识管理规定》，介绍碘盐证明商标的防伪技术。

4 月 20 日–25 日，在广东省珠海市召开了第 5 届 2 次理事长工作会，总结 2009 年协会工作，通报全国盐业产销和改革形势，汇报换届工作情况，并向中盐协会第六届理事会理事长、副理事长、顾问颁发印章。

5 月 6 日，国家环保部携河南省及平顶山市环保局到公司对三相流分效预热防结垢节能技术的环保达标情况进行验收，此项技术的实施完全符合国家环保部“设计、施工、验收三同时”原则顺利通过验收。这标志着由国家工业和信息化部推广的《三相流分效预热防结垢节能技术》得到国家环保部认可，将在盐行业逐步推广使用。

5 月 17 日，中盐昆山有限公司正式揭牌，并举行项目搬迁启动仪式。新项目建成后，年产合成氨 26.64 万吨、联碱 60 万吨。

5 月 19 日，国家商务部副部长姜增伟一行到河北省盐业专营集团公司新组建的河北海晶再生资源开发有限公司，对正在筹建中的废旧电器拆解项目进行了考察，姜部长对该项目建设提出了要求并希望加快项目建设步伐，尽快投产。

5 月 24 日–27 日，中盐协会在江苏苏州市召开了 2010 年度《中国盐业年鉴》总结和编辑培训工作会议，总结 2009 年《年鉴》编辑工作，表彰了《年鉴》编辑工作的优秀单位和个人；宣贯《中国盐业年鉴编写工作规定》和《中国盐业年鉴编写工作细则》；提出了 2010 年《年鉴》的条目编辑的要求，请中轻联年鉴社专家进行培训指导。

5 月 26 日–28 日，由中盐协会和中盐摄影协会共同在上海市良友饭店召开了盐业企业文化建设研讨会，主要内容：总结中盐集团摄影协会工作，发行《咸人之睛—全国盐业摄影大展作品集》画册。

6 月 18 日，经第六届二次常务理事会同意，民政部批准，中盐协会原“化工专业委员会”更名为“海盐工作委员会”，推选李树田担任海盐工作委员会主任，组织海盐企业独立开展各项活动。

6 月 23 日–7 月 2 日，由董志华理事长为团长的考察团一行 6 人，对美国和日本的盐业管理体制和多品种盐的开发及物流管理情况进行了考察。

6 月 23 日–25 日，国际控制碘缺乏病理事会年会在美国华盛顿召开。中盐总公司茆庆国总经理率团参加会议，并当选常务理事。

6 月 30 日，中盐总公司 2010 年第一期中期票据成功注册发行，总额为 15 亿元人民币，这是继 2010 企业债发行后开创的又一融资形式。

7 月 13 日，在内蒙古自治区召开了“第 3 届第 4 次东北、内蒙古四省（区）联合治理省际边界盐业市场工作会议”。4 省（区）盐务局局长、主管副局长、盐政处长、稽查队长参加了会议。会上，总结交流了第 3 届第 3 次行动盐政联合执法工作和盐政管理工作的经验，并形成了《第 3 届第 4 次东北、内蒙古 4 省（区）联合治理省际边界盐业市场行动方案》。

7 月 13 日，中国第一艘在盐湖的饱和卤水上行驶的旅游专用船舶 “瀚海盐舟”号游艇的首航仪式在茶卡盐湖的运河码头隆重举行，茶卡盐湖旅游揭开了新的篇章。

7 月 21 日–24 日，中盐协会在黑龙江哈尔滨市召开包装专业委员会工作会议，主要内容：由国家盐产品质量监督检验中心专家宣讲碘盐标签标识的标准格式和要求，布置下半年盐产品包装标签和碘盐证明商标的专项检查工作。

7 月 27 日，由青海省海西州旅游局、乌兰县政府、青海省盐业股份有限公司联合举办的首届“2010 中国·柴达木茶卡盐湖盐雕风光摄影艺术节”，在茶卡盐湖码头隆重开幕。中央人民广播电台、央视 4 套、青海日报等新闻媒体以及青海省摄影家协会、中国青年旅行社和广大摄影爱者等参加了开幕式。

8 月 3 日，中盐青海氯碱化工有限公司举行揭牌成立暨 40 万吨/年聚氯乙烯项目奠基庆典仪式。

8 月 7 日，甘肃省甘南藏族自治州舟曲县因强降雨引发滑坡泥石流，给中盐甘肃省盐业集团舟曲县盐业有限责任公司造成严重的人员和财产损失。省公司主要领导高玉宝、陈其鳌等第一时间组织救人，确保职工生命安全并立即启动食盐供应应急机制，确保灾区人民吃上合格的碘盐和市场的稳定。

8 月 8 日–10 日，中盐协会在山东省潍坊市召开了海盐工作会议，来自全国 9 个海盐产区的数 10 家海盐生产企业的 120 位代表参见了会议。会议的主要内容：通报近几年盐行业产销形势及销售价格，提出了海盐企业联合重组，进行结构调整的要求，对潍坊、寿光产区工业盐市场进行指导。

8 月 4 日，经企业申报、初审、行业信用建设和信用评价管理委员会最终评审，评审出盐行业首批“AAA”级信用企业五家，分别为贵州盐业（集团）有限公司、山东莱州诚源盐化公司、河北南堡盐场、中盐新干盐化有限公司、辽宁营口盐业责任公司。在全国海盐工作会议上，董志华理事长向首批“AAA”级信用企业颁发了证书。

9 月 5 日–9 日，国家卫生部、发改委、财政部等部门组成联合考核验收小组对新疆自治区实现消除碘缺乏病防治阶段目标的工作进行了省级达标和县级达标考核验收。根据 2010 年国家卫生部监测报告，新疆碘盐三率分别为：碘盐覆盖率为 98.3%，碘盐食盐用率为 96.2%，碘盐合格率 100%。

9 月 8 日–10 日和 9 月 14 日–17 日，中盐协会分别在青岛市和贵阳市召开了部分省、市、自治区盐业公司座谈会，部分副理事长和省盐业公司主要负责人参加会议。会上董志华理事长通报了盐业体制改革进展，与会代表们交流座谈各省（市、区）盐业体制改革准备情况。

9 月 10 日，国家卫生部经现场抽查后一致认为四川省已经达到实现消除碘缺乏病目标，抽查的碘合格率为 100%。2010 年，省合格碘盐食用率 97.9%，碘盐覆盖率 99.6%，碘盐合格率 98.3%。

10 月 10 日–12 日，由中国轻工联合会主办，中国盐业协会协办的《2010 中国轻工业企业信息化发展论坛盐业分论坛暨协会网站工作会议》在北京召开，会议主要内容：交流推动全国轻工业企业信息化建设工作经验，总结中盐协会网站工作，表彰优秀版主和优秀信息员。

10 月 15 日，2010 年度京、津、冀、晋、辽、蒙 6 省市盐政执法联席会在津召开，各省市盐政执法分管领导和部门负责同志参加了会议。会上，各省市盐政管理部门分别介绍了一年来盐政执法和区域协作联合行动的基本情况，围绕“进一步加强和完善六省市盐政执法工作协调长效机制”等议题进行了沟通和交流，加强执法信息共享、执法资源互助，共同创建和维护良好的经营环境。

10 月 27 日–29 日，中盐协会在北京南粤苑宾馆召开了 2010 年第 2 次全国盐业企业产销座谈会，全国 100 多位代表参加会议。董志华理事长介绍盐业体制改革进展情况；通报 2010 年 1–9 月全国盐业产销形势和两碱行业价格走势；与会代表交流情况，讨论协调工业盐价格。

10 月 28 日–29 日，中盐协会召开了省盐业协会秘书长工作会议，交流总结了各省盐业协会的工作，讨论了协会下一步工作安排。

11 月 3 日，中盐金坛公司 2 期年产 100 万吨热泵技术制盐项目一次性试车成功，被国资委评价为“拥有世界上最大的单组制盐设备，同时也是世界上规模最大、人数最少的一座现代化盐厂”。

11 月 16 日—11 月 22 日，国家卫生部消除碘缺乏病目标考评组，对西藏自治区实现消除碘缺乏病目标进行考评验收，专家组对西藏自治区在推广碘盐消除碘缺乏病方面所做的各项工作给予了高度评价和充分的肯定，碘盐覆盖率达到 91.2%。

12 月，中盐上海公司嘉青配送中心全面竣工启用，该配送中心占地 60 亩，货物吞吐量 20 万吨，项目被列入国家物流业调整和振兴项目，获得中央预算内和上海市财政专项资金补助 1200 万元。

12 月 14 日–15 日，中盐协会在北京中盐大厦召开“十二五”规划专家评审会，对盐行业“十二五”规划草案进行审议，完成报送稿。

12 月 21 日，四川久大盐业集团（公司）总投资 3 亿元的舒坪 100 万吨/年替代性真空制盐装置建设项目顺利开工，该项目集欧美日技术和久大集团自有技术于一身，建成后将推动产业的升级换代。

12 月 27 日 总公司与山东莘县人民政府签署华祥氯碱

化工有限公司股权重组协议。

8月初–12月中旬，由协会倪斌副理事长带队，组织由国家盐产品质量监督检验中心和国家轻工业井矿盐质量监督检测中心以及碘盐证明商标生产和使用单位的专家，在全国范围（除西藏以外）内对碘盐市场进行了抽查。本次抽查共30个省，600个批次，实物质量合格为98.17%，标签标识合格率为 17.55%。通过检查，引起了各省盐业公司的高度注视，对提高碘盐标志管理使用和改进食盐包装起到推动作用。

2010 年，浙江省盐业生产受天时不利影响，产量大幅减少，全年产盐10.6万吨，为历史最低。自2009年起，浙江省财政将盐业生产用油列入财政补贴，并比照渔业油价补贴政策，向全省盐民发放油价补贴。2010年，共计发放2009年度全省盐用柴油财政补贴人民币168万元。

2011 年

【a. 概述】

2011年是盐业经受"3.16"抢盐风潮考验，盐业实现平稳发展的一年。2011年盐产量创历史新纪录，达到8154万吨，比2010年增长8.3%。全年市场需求旺盛，原盐总需求量为8200万吨，维持历史偏高水平，其中，两碱工业用盐达到6672万吨。中盐协会年内多次召开产销座谈会，使全年盐价保持在合理水平，制盐企业的全年经济效益较好。经过中盐协会的努力，盐业体制改革得以平稳推进，各级盐业公司正确对待改革，开展食盐专营体制下市场化运作，并取得明显成效。

【b. 协同国家部门平息食盐抢购风潮】

受日本大地震影响，国内出现"海水受到核污染，影响食盐安全'等谣言，引发了"3.16全国食盐抢购风潮"，这次抢购食盐与以往不同，来势猛、传播快、范围广、为我国历史罕见。

在党中央、国务院的正确领导和有关部委的全力支持下，中盐协会和中盐总公司动员全国各级盐业公司迅速投入到保供应、稳民心的工作中来，充分发挥食盐专营政策和组织优势，争取各地政府支持，连夜向零售网点送货，事态很快得到控制。

在这次平息食盐抢购风潮中，中盐协会发挥了重要作用。3月16日，在协会网站发表声明，戳穿谣言，说明国内食盐供应、储备情况，表明全国盐业保证食盐市场稳定的决心，并在第一时间内发布了正面消息。3月17日–20日，中盐协会委派秘书长到工信部国家盐业行政主管部门协助开展平息食盐抢购工作。据统计，自3月17日–21日，全国各级盐业公司食盐销售量为77万吨，约为正常销量的6.4倍，3月17日，食盐销量37万吨，约为正常销量的15倍。全国抢购食盐风潮于3月18日得到有效控制，3月21日，全国市场基本恢复稳定。

【c. 工业盐价格协调】

自2010年以来，全国物价上涨，制盐所需的油、煤、水、气等主要原材料价格急剧攀升，人员工资、税费及管理费用不断上升，造成盐业企业生产成本增长过快，企业经济效益降低，制约了制盐企业的健康发展。中盐协会2010年召开全国性产销协调会2次，多次组织区域性产销座谈会，做好信息交流和区域协调工作。当年全国工业盐销售价格稳定在比较合理的水平上，制盐企业全年取得较好经济效益。此项工作得到了行业企业的认可。

【d. 协调解决资源税问题】

为保护国家资源，防止过度开采，财政部、国家税务总局出台了资源税改革方案，增加了资源税征收额度，制盐企业资源税也相应增加。文件出台后，中盐协会立即向工信部盐业主管部门反映，阐明了目前制盐行业面对的困难情况，并主张继续执行2007年财政部、税务总局文件规定的资源税的额度。有关部门听取了协会的意见，最终同意将盐业的资源税维持2007年的水平。

之后，云南、四川、新疆自治区税务部门仍然按照新出台资源税文件规定额度收取，中盐协会又与有关部门进行多次协调，最终有效地维护了制盐企业利益。

【e. 碘盐标志和食盐包装管理】

2011 年，碘盐标志专业管理委员会和包装委员会继续围绕新版碘盐标志的规范使用和食盐包装管理工作展开了一系列活动。

4月25日–28日,在江西南昌召开了"碘盐标志专业管理委员会第7次年会"。总结了2010年碘盐标志工作情况，提出了2011年的工作要求,公布了2010年碘盐质量抽查结果。

10 月，在河南郑州召开了全国盐业包装及碘标生产企业经验交流会。

中盐协会从4月份开始对全国范围内食盐的实物质量、标签标识进行全面抽查监测。为了保证本次抽测的普遍性、

代表性，这一次的抽查和往年有所不同，各省在县级城市以下的销售点进行抽样，数量不少于 3 个，且数量占全省抽样总数的 50%以上。抽查结果显示，食用盐实物质量合格率为 99.67%，比 2010 年抽查合格率 98.17%有所提高，标签标识合格率为 41.8%，比 2010 年合格率 19.38%也有较大提高。

8 月-12 月，中盐协会组织了碘标生产企业以及碘标使用单位的相关专家依据“碘盐标志生产企业管理规范”和“碘盐标志技术条件”及其指南的相关要求，对全国 19 家碘标生产企业的生产、管理和设备进行了全面检查。

【f. 发布《盐业“十二五”发展规划》】

编制盐业“十二五”规划是工信部委托中盐协会的一项重要工作，在行业会员单位大力支持下，2010 年底顺利通过行业专家评审，报送主管单位审批。2011 年 10 月《规划》经工信部审查通过，并委托中国盐业协会正式发布。

“十二五”规划共分 5 个部分，第 1 部分：盐行业发展现状；第 2 部分：“十二五”期间盐行业发展环境分析；第 3 部分：盐行业发展指导思想及目标；第 4 部分：“十二五”期间盐行业重点任务；第 5 部分：政策建议。盐业“十二五”规划充分体现出我国《国民经济和社会发展第十二个五年规划纲要》提出的精神，对全国盐行业发展现状反映客观、切合实际。《规划》思路清晰、重点突出、立意高远，具有前瞻性、指导性和可行性，将成为盐行业未来 5 年发展的纲领性文件。

【g. 组织评选盐行业“10 强企业”】

按照中国轻工业联合会的要求，组织盐业企业参加行业 10 强企业评选。盐业企业积极响应，共有 20 余家大型盐业集团公司、运销企业和制盐企业报名参选。按照企业规模，生产经营状况，发展远景等条件，经过专家评选，评出 2010 年盐行业十强企业，他们是：中国盐业总公司、江苏省盐业集团有限责任公司、湖南省轻工盐业集团、重庆市盐业（集团）有限公司、山东盐业集团有限公司、四川久大制盐有限责任公司、广东省盐业集团有限公司、内蒙自治区盐业公司、江苏金桥盐化集团有限责任公司、大连盐化集团有限公司。

【h. 组织行业企业参与轻工行业争优评比工作】

2011 年，中盐协会在盐行业“十二五”规划基础上，制定制盐行业节能减排工作规划，利用网站、会员通讯等媒体刊物广泛宣传，提高企业认识，推动盐行业节能减排工作。

中盐金坛盐化有限公司 2011 年被中国矿业联合会评为全国工矿企业首批、制盐行业首家绿色矿山企业。为树立典型，推广经验，协会组织人员专门到金坛公司进行调研、采访，搜集相关资料，归纳总结经验，在《会员通讯》上重点报道，在行业推广宣传，并以此推动制盐行业开展绿色矿山建设，推进管理创新，提升企业核心竞争力，促进企业节能减排工作落到实处。

经中盐协会推荐，在中国轻工业企业管理协会 2011 年开展的轻工企业管理创新评审工作中，云南盐化股份有限公司的《借力信息化，加强集中管控》项目，被评为三等奖；湖南轻工盐业集团公司、中盐东兴股份有限公司和中盐国本公司被评为全国轻工业卓越绩效先进企业。

【i. 继续开展行业信用体系评价工作】

2010 年，中盐协会评出了首批 5 家“AAA”级信用企业之后，行业反响热烈，多家盐业企业积极申请进行信用评价。

经企业申报、初审、行业信用建设和信用评价管理委员会最终评审，第 2 批评选出的 5 家“AAA”级信用企业于 2011 年 9 月公布，他们是中盐东兴盐化有限公司、中盐长芦沧州盐化有限公司、四川蓬莱盐化有限公司、新疆合丰宏达盐化有限公司和中盐青岛盐业公司。

【j. 食盐价格调研】

食盐属于专营产品，2003 年出台的《食盐价格管理办法》规定食盐价格实行统一领导、分级管理。国务院价格主管部门负责制定或调整食盐的出厂价格、批发价格；省、自治区、直辖市价格主管部门制定或调整食盐零售价格和小包装费用标准。出口食盐的价格由经营者自主制定。由于多年未进行食盐价格调整，陆续有盐业企业反映，原材料价格上涨较快，尤其是能源和运输价格的涨幅很大，已直接导致食盐生产和销售成本增加。2011 年 6 月，中盐协会向各省盐业公司发了《关于食盐价格调研提纲》，并于 8 月 23 日-24 日，在山西召开了食盐价格座谈会，交流座谈各省（市、区）当前食盐批发销售成本及价格情况。会后，向国家有关部门反映盐业企业要求，提出对食盐价格进行调整。

【k. 食盐市场管理】

2011 年，全国各级盐务局、盐业公司以保市场、保食盐安全为己任，认真开展各类食盐安全专项整治行动，以对集贸市场、郊区农村、餐饮以及零售终端的日常监管为工作重点，不断深入信息举报网络建设，提高自身执法能力，不断提高市场监管的针对性和时效性，联合工商、公安等部门共同联合查处案件，取得了显著成效。

2011 年，全国 31 个省共查处涉盐违规案件 49500 件，

其中移送司法机关 222 件；查获各类盐产品 30782.11 吨，没收盐产品 7616.77 吨；取缔食盐制假窝点 521 个，查获小包装袋 170 万个，罚款 1862.38 万元，没收非法所得 41.57 万元。发放宣传材料 206 万份，出动盐政管理人员检查 244042 人/次。

2011 年，全国各省盐务局认真组织边界联合市场监管活动，共召开边界联合监管会议 13 次，大部分省、市、自治区相邻边界都建立起联合监管机制，营造盐政管理大环境。

【l. 创办《会员通讯》月刊】

为了及时反映中盐协会活动和行业要闻动态，中盐协会创办了《会员通讯》月刊，每月一刊，由中盐协会秘书处和中盐总公司杂志社共同负责组稿和审核。2011 年 3 月第一刊出版，之后每月一刊，全年出版了 10 期，刊登各类报道、文章 1000 余篇，照片图片 200 多幅，封面采用彩色印刷。整本刊物内容丰富、编排形式多样，印刷精美，受到广大会员单位的好评，征订量达到 4000 多份。

【m. 网站改版】

中盐协会网站在协会领导的关怀下和各会员单位的大力支持下，经过版主和信息员的共同努力，开通正常运行已近七年之久，进行过 2 次改版，第一次是在 2008 年，主要升级版本，解决网站安全问题。改版后，随着网站性能的稳定，网站的关注度和投稿量也逐渐增多。信息员和版主在对稿件的处理过程中出现了新的问题：1.栏目的设置过于复杂，搜索过于繁琐；2.原栏目设置有些重复还存在盲点，一些稿件文章无法分类投递。信息员提出需要再次进行改版。第 2 次改版对网站安全、页面美观度、操作便捷性进行了彻底的改动，主要是“两修改、一调整”，即技术上对网站底层代码进行修改；版面上对主页进行修改；对网站设置的主要栏目进行较大幅度的调整，力求做到网站版面更合理，更美观，文字信息更及时、更全面，数据信息更完善，更准确。

【n. 建立行业统计系统】

行业数据统计工作是中盐协会的一项重要工作。近几年来，中盐协会能够在引导行业发展、反映诉求、维护企业利益等方面发挥积极作用，与各会员单位及时提供各种数据信息，是分不开的。

2011 年中盐协会统计工作主要是建立统计队伍，理顺统计渠道。6 月在北京召开了行业统计工作会，要求各单位基本统计工作都能落实到人，并且建立了月报、年报制度和统计员评比制度。会后绝大多数统计员能按时填写报表。同年年底，国家工信部食品司又专门发函，委托中盐协会承担行业统计任务，这对建立完善行业统计工作起到了推动作用。

【o.《中国盐业年鉴》实现改版】

2011 年度的年鉴内容以 2010 年事件为基础，集中报道行业发生的大事要事。全册《年鉴》设有 7 个篇目，118 个分目，527 个条目，共 416 页，50 余万字，500 余幅插图，统计图表 100 余个。印刷精美，数据准确，已基本达到了行业工具书的要求。

2011 年是实行条目式编写的第 2 年，《年鉴》在编写质量进一步提高的同时，也增加了制盐企业报送的数量，使《年鉴》的内容更加丰富，行业的代表性更强。为保证编写质量，建立了审稿小组，在牡丹江市召开了专门会议，完成了初审工作。

【p. 海盐工作委员会正式工作】

海盐工作委员会于 2010 年 8 月 4 日在潍坊盐业会议上正式宣布成立，在提升海盐企业的形象，增强海盐企业的向心力和凝聚力方面做了大量的工作，2011 年已经打开工作局面。

创办《海盐动态》刊物，发行后，得到了中盐协会领导和相关企业的支持与认可。发行量逐步增加，第一期印刷 100 份，发行量已 300 份。各企业反映该刊物办得比较现实、适用，更有指导性，利用率较高，使整个盐行业信息得到了沟通，经验得到了交流，是一份很有价值的资料。

深入海盐企业调研，总结经验，树立典型，促进海盐企业调整结构，加强管理，提高质量，增加效益。今年 9 月在海南举办了现场交流会。

组织区域协调，发挥大型企业作用，稳定原盐价格。2011 年抓住八个大的产盐企业，辽宁省的大连盐化集团有限公司、唐山盐区的南堡盐场、沧州盐区的沧盐公司、滨州盐区的埕口盐场、烟台盐区的诚源集团、莱州盐区的莱央子盐场、江苏盐区的金桥盐场、海南莺歌海盐场，以大带小，使原盐价位稳定在一个合理的水平上，促进企业效益的增长。

【q. 组织重点工作专业培训】

中盐协会对培训工作一直比较重视，每年根据行业需求组织各类人员培训。2011 年共组织培训四次：

4 月 11 日–14 日在福建武夷山举办了全国盐业企业工会干部培训班，来自全国盐业系统的 92 位学员参加了培训。这次培训是为了提高盐业企业工会干部的业务水平，同时为盐业企业工会干部提供交流学习的机会。中国劳动关系学院

吴亚平教授讲课的内容是《新时期工会理论和工会工作》、《劳动争议处理实例和案例》。

5月18日-20日在福建省武夷山举办了一期质检人员培训班，有来自全国各省、自治区、直辖市盐业公司以及全国食盐定点生产企业的质检人员共80多人参加了培训。本次培训邀请了国家盐产品质量监督检验中心的专家和碘盐标志制板企业的专家讲解了食盐质量、标签、标识以及碘盐标志的相关知识。

5月27日-30日和6月7日-10日，分两期在福建武夷山举办了盐业企业市场营销培训班，来自西北、华北地区盐业系统的225位学员参加了培训。这次培训是协会根据当前盐业体制改革和盐行业所面临的形势，应西北地区盐业公司的要求而举办的。

6月22日-24日，在北京召开了“碘盐标志生产企业主要负责人专题学习班”，重新学习“碘盐标志生产企业管理规范”和“碘盐标志技术条件”及其指南。通过培训，各企业对照两项标准进行自查，为下半年碘标生产企业的检查做好准备。

【r. 国际交流】

2011年，中盐协会根据行业发展态势，反应行业企业诉求，积极与国外同行联络，引导国内优秀企业与国外同仁进行交流互访。

5月，应比利时英伟公司的邀请，中盐协会组织行业内盐田生物方面专家出访比利时，并拜访根特大学海洋生物研究中心。通过对欧洲主要城市的实地调研，中盐协会掌握了欧洲多品种食盐和生活用盐的开发情况。

6月，中盐协会应美国盐业协会的邀请，赴美国华盛顿与美国盐业协会主席罗曼女士会面。经过与美国同仁的交流互访，一方面将先进的管理理念引入我国盐业企业，另一方面也将我国盐行业的现状介绍给国外同仁，扩大我国优秀企业的国际影响力。

11月，中盐协会组团到加拿大和古巴对食用盐添加剂的使用和管理情况进行实地调研，了解了美洲地区大城市的食盐添加剂的使用情况，将经验和结果与全行业分享。

【s. 规范内部管理】

中盐协会是民政部授予的“4A”级协会，每年要按照评估条件，接受上级主管部门的审查。2011年协会规范了内部制度，加强了秘书处日常管理，主要有：

1、健全文秘、档案等内部管理制度，完善文件收发、归档、传阅流程，严格各类公章使用登记手续；

2、根据单位领导变动情况和工作需要，变更了9名副理事长和增补了五名副理事长。

3、按照协会章程规定，定期召开各种会议，并做好会议记录；

4、秘书处工作人员加强自身业务学习，积极参加有关单位组织的业务培训。

民政部和国资委提出要求，要按照协会章程规定，每年召开理事会、常务理事会、理事长工作会等各种内部例会，研究协会工作，坚持民主办会。2011年，中盐协会召开一次理事会，一次常务理事会和一次理事长工作会。

【t. 大事记】

1. 3月16日，中盐协会接到来自多个省群众的咨询电话，反映当地出现了抢购食盐的情况。中盐协会根据董志华理事长的要求，当天在协会网站发表声明，戳穿谣言，说明国内食盐供应、储备情况，表明全国盐业保证食盐市场稳定的决心，在第一时间内传出了正面消息。

2. 3月17日，董志华理事长到中盐北京市盐业公司西直门批发部实地了解食盐抢购情况。

3. 3月17日-20日，中盐协会派秘书长到工信部国家盐业行政主管部门，协助开展平息食盐抢购的工作。

4. 3月20日，中盐协会创办的《会员通讯》月刊正式出版发行。刊物及时反映协会活动和行业要闻动态，稿件来自全国盐业企业，由协会秘书处和中盐总公司杂志社共同负责组稿和审核。

5. 3月23日，中盐协会在北京建银大厦召开了第6届3次理事会暨全国盐业产销座谈会，共150余人参加会议，主要内容：通过《关于更换增选副理事长的议案》和《关于设立湖盐工作委员会的议案》；总结分析2010年全国盐业产销形势；交流制盐企业产、销、存情况协调工业盐价格；总结全国平息“3·16”抢盐风潮经验。

6. 4月19日-22日，在湖南省长沙市召开了中盐协会6届3次理事长工作会。中盐协会的各位副理事长及全国各省市区盐业公司、重点制盐企业代表共120多人参加会议。董志华理事长在会上作了工作报告，总结回顾2010年全国盐业的生产经营情况和盐业体制改革的进展；提出了今后的工作要求。

7. 4月25日-28日，在江西南昌召开了“碘盐标志专业管理委员会第7次年会”，总结了2010年碘盐标志工作情况，提出了2011年的工作要求，公布了2010年碘盐质量抽查结果。

8. 5月10日–21日，应比利时英伟公司的邀请，中盐协会组织部分企业代表出访比利时并拜访根特大学海洋生物研究中心。通过对欧洲主要城市的实地调研，中盐协会了解了欧洲多品种食盐和生活用盐的开发情况。

9. 6月15日–17日，中盐协会在北京建银饭店召开了《中国盐业年鉴编审工作会》和《协会统计工作会议》，全国各省市盐业公司和重点制盐企业的代表 70 多人参见会议。会议主要内容是总结前年工作，表彰奖励优秀单位和个人，提出具体的工作要求。

10. 6月22日，中盐协会应美国盐业协会的邀请，赴美国华盛顿与美国盐业协会主席罗曼女士会面。经过与美国同仁的交流互访，了解了美国盐业先进的管理理念，同时扩大我国盐业企业的国际影响。

11. 8月23日–24日，在山西召开了部分副理事长单位参加的食盐价格座谈会，交流座谈各省（市、区）当前食盐批发销售成本及价格情况。会后，中盐协会向国家有关部门反映盐业企业要求，提出对食盐价格进行调整。

12. 9月15日–16日，中盐协会在北京建银饭店召开了 2011 年第二次全国盐业企业产销座谈会，全国 110 多位代表参加会议。会议主要内容：通报 2011 年 1–8 月全国盐业产销形势和两碱行业价格走势；与会代表交流情况，讨论协调工业盐价格；会上为 2010 年度盐业“十强”企业、荣获“AAA”信用等级企业和荣获创新管理奖的盐业企业授奖牌。

13. 9月19日–22日，由中盐协会牵头组织的西北地区边界盐业市场管理座谈会在新疆乌鲁木齐召开。西北七省的盐政管理人员集聚一堂，总结两年的工作情况和经验；研讨解决边界地区盐政管理存在的问题，提出完善边界盐业市场联合管理的工作方案。

14. 10月12日–14日，在河南郑州召开了全国盐业包装及碘标生产企业经验交流会。

15. 11月28日，中盐协会组团到加拿大和古巴对食用盐添加剂的使用和管理情况进行实地调研，了解了美洲地区大城市的食盐添加剂的使用情况。

16. 11月22日，中盐协会向盐业企业下发《关于盐的资源税问题通知》，经与财政部、国家税总协调，同意盐的资源税仍按照[2007]5 号文的标准执行，解决制盐企业资源税增加问题。

17. 12月7日–9日，在深圳召开了中盐协会网站工作会议，网站的各位版主和各省盐业公司、制盐企业的信息员参加会议。会议主要内容：总结 2010 年网站工作，表彰先进版主和信息员；推介新版网站的结构与使用方法；提出新的一年网站工作要求。

18. 12月26日，陕西省安康市盐业公司经专家评审通过，被授予 AAA 级批发企业。

2012 年

【a. 概况】

2012 年我国宏观经济总体保持平稳发展，但经济发展中不平衡、不协调、不可持续的矛盾和深层次问题仍很突出，稳中求进，确保经济平稳发展，实现“软着陆”已经成为当前宏观经济运行的最主要目标。

原盐市场供需基本平衡：2012 年全国原盐总产盐量 8230 万吨（其中：井矿盐产量继续两位数增长，首次超过 50%，占主导地位，而海盐受灾、湖盐受两碱不景气都减产而总消费量达 8660 万吨，出现产不敷消（费）的态势；全年原盐供应量为（8230+526）=8756 万吨，供需基本平衡。消费增长较 2011 年增长 5.61%，远高于产量增长的 0.39%。

原盐产量 8230 万吨。其中海盐产量 3094 万吨，占 37.6%；井矿盐产量 4123 万吨，占 50.1%；湖盐产量 1012 万吨，占 12.3%。

进口盐猛增：由于海运费用低、印度盐及智利盐大量涌入，2012 年全年进口各种盐 526.7 万吨，同比增长 27.19%，其中：2012 年进口工业盐 525.69 万吨，较 2011 年的 414.08 万吨增长 26.95%。

消费量受两碱刺激继续增长：2012 年原盐较上年消费增长 5.61%，其中：两碱用盐达 7075 万吨，较 2011 年消费增长 6.04%、食盐消费增长 4.90%与小工业盐消费增长 9.02%，出口盐同比减少 17.09%，

库存急剧下降：2012 年总库存量、海盐及湖盐库存同比出现负增长，总库存较 2011 年减少 260 万吨，海盐和湖盐库存较 2011 年分别减少 51 万吨和 85 万吨，总库存增长（–12.78%）低于产量增长（0.39%），表明需求继续增加，

原盐总产能突破亿吨，井矿盐继续扩能：2012 年，全国原盐总产能达 10050 万吨，较 2011 年增加 195 万吨，增长 1.98%，其中：井矿盐 240 万吨、海盐萎缩产能–45 万吨。

【b. 产销特点】

海盐——由于2012年北方4大海盐区降雨频繁，且很多盐场受灾（尤其是9、10号台风影响），致使2012年海盐减产，库存减少，价格走势总体较2011年好。2013年一季度由于气象条件较2012年同时期差，加之海盐库存很少，北方海盐区出现供不应求的局势，价格逐步拉升。2012年山东海盐价格延续上年价格走势，开始低于2011年同期走势，由于春节后库存急剧下降就促使价格上扬，在5月春扒原盐大量上市后，于6月开始下跌，7月止跌保持一个稳定的价格走势，9月价格开始拉高，由于库存继续减少、产不敷销，走势稳定，一直延续至今，因此2013年价格开局走势要好于2012年，目前出厂含税均价在280–300元/吨。

井矿盐——延续2012年较好价格走势后，2012年春节后由于两碱企业生产负荷急剧下降，特别是纯碱市场的低迷、两碱企业原盐需求萎缩，促使原盐价格持续下跌，远低于2011年同期价格，一些企业售价在成本线附近游荡，难以维持，这种萎靡现象延续至今，很多地区盐厂出厂真空盐价格远低于海盐价格，各别盐厂出厂价还低于青海湖盐出厂均价，出厂含税价低于200元/吨，在海盐库存锐减、我国原盐产不敷销和两碱产量继续增长的情况下，井矿盐价格应该止跌拉高，企业应调整生产销售策略，改变这种被动局面。

湖盐——延续上年走势，2012年至今一直维持平稳的价格，这是由于湖盐多在省内和周边地区销售，两碱用盐供应稳定，以及受铁路运力紧张影响所致。

（宋占京）

2.19 屠宰及肉类加工业

【a.“十一五”回顾】

“十一五”期间，我国肉类产业克服国际金融危机、自然灾害、动物疫病危害和畜禽原料价格大幅波动等不利因素，积极调整产业结构，转变发展方式，在产业结构、技术装备、产品质量等方面都得到新的提升。

1、肉类总产量增长，产品结构有所改善

2010 年，我国肉类总产量达到 7925 万吨，肉制品总产量达到 1200 万吨，与 2005 年相比，分别增长了 2.4% 和 34.8%。产品结构进一步适应消费需求，产量：猪肉 5070 万吨，禽肉 1658 万吨，杂畜肉 146 万吨，分别增长 1.8%、13.3% 和 19.6%；猪肉、禽肉、牛羊肉、杂畜肉的结构比重依次为 63.9：20.9：13.2：2，实现了禽肉比重增至 20% 的规划目标；肉制品产量在肉类总产量中所占比重达到 15.1%，增加 3.6 个百分点，实现了提高肉制品产量比重的目标。

2、产业集中度提升，区域布局渐趋合理

2010 年，规模以上肉类工业企业总数达到 4054 家，比 2005 年增长 64.3%，占企业总数的 20%，资产总额达到 2940 亿元，增长 157%，产业集中度进一步提升。其中，屠宰加工企业 2237 家，肉制品加工企业 1817 家，结构比为 55.2∶44.8，肉制品加工企业占比上升 5.9 个百分点。

“十一五”期间，肉类产业进一步向畜禽主产区、西部地区和少数民族地区集中。全国规模以上肉类工业企业呈三大梯度分布：鲁、豫、川、辽、苏、吉、皖、蒙、黑、冀等 10 个省份，工业资产 2263 亿元，占全国总量的 77%；闽、浙、鄂、京、湘、粤、沪、晋、津、桂等 10 个省份，工业资产 512.4 亿元，占总量的 17.4%，比“十五”末期增加 1.4 个百分点；渝、赣、陕、云、新、甘、贵、青、宁、藏、琼等 11 个省份，工业资产 164 亿元，占总量 5.6%，比“十五”末期增加 1.6 个百分点。

3、产品销售保持增长，企业经济效益提高

2010 年我国肉类商品市场交易总额为 11489.3 亿元，比 2005 年增长 1.58 倍。其中，规模以上肉类工业企业销售收入 6770 亿元，增长 1.95 倍；占肉类市场交易总额的 58.9%，增加 7.4 个百分点；规模以上肉类工业企业利润总额 304 亿元，税金总额 28 亿元，分别增长 287.8% 和 345.9%。其中，肉制品加工规模以上企业销售收入 2886 亿元，利润总额 150.2 亿元，分别增长 38.7% 和 215.7%。

4、企业技术进步加快，质量安全管理加强

“十一五”期间，通过实施国家重点支撑项目及高技术研究发展计划（863 计划），在屠宰加工技术与装备、肉制品加工技术与装备、肉品质量安全控制与溯源技术、副产物综合利用与清洁生产技术等方面实现了重大突破，推动了整个行业的科技进步。在引进国外先进技术和设备的同时，国内自主开发和生产的肉类加工技术装备的市场份额逐渐扩大。

随着《中华人民共和国食品安全法》及其实施条例等法律法规的颁布实施，肉类食品安全监管得到了加强，企业生产经营行为得到了进一步规范，生产条件和经营环境更加符合食品安全和卫生要求。同时，通过在肉类行业开展食品工业企业诚信体系建设试点工作，企业质量安全自律意识增强，企业质量安全主体责任得到了进一步落实，企业自身质量安全保障能力进一步提升。

“十一五”期间，我国肉类产业发展面临的主要问题和挑战：

（1）我国人均肉类占有量始终低于 2005 年人均 59.2 公斤的水平，保供稳价难度加大；

（2）受资源、环境等多种因素制约，我国规模化养殖发展缓慢，在农户散养为主的饲养方式下，肉用畜禽产量受市场价格和动物疫情影响波动很大，难以适应新时期肉类食品生产对原料均衡稳定供应的要求；

（3）随着城乡居民经济收入的增加，食品消费结构升级的速度明显加快，肉类产品结构调整压力加大；

（4）80% 以上的企业还处于小规模、作坊式，手工或

半机械加工的落后状态，行业内能够采用现代技术装备、具备必要的产品检测能力、建立完善食品安全管理体系的企业数量较少，肉品质量安全存在着诸多隐患，肉类食品安全事件屡有发生，与人民群众日益提高的食品安全要求不相适应，淘汰落后产能需求迫切；

（5）大多数肉类工业企业规模较小，技术水平和投资能力较低，节能减排措施难以落实，大量畜禽皮、毛、骨、血等资源综合利用水平不高，资源、能源消耗和污染排放较大，不能适应可持续发展的要求，亟需转变发展方式。

【b. 2010—2012 年行业发展概况】

2010—2012 年期间，我国肉类产业的发展有 3 个突出的特点：

1、国内肉源趋紧，价格升幅较大。

2011 年我国畜禽养殖业面临异常的自然灾害、波动的市场环境及“瘦肉精”等食品安全事件的严峻挑战，肉类生产实现小幅增长。全国肉类总产量为 7,957.8 万吨，比 2010 年增加 31.9 万吨，增长 0.4%。其中：猪肉产量为 5,053.1 万吨，比 2010 年减少 18.1 万吨，下降 0.4%；牛肉产量为 647.5 万吨，比 2010 年减少 5.6 万吨，下降 0.9%；羊肉产量为 393.1 万吨，比 2010 年减少 5.8 万吨，下降 1.4%；禽肉产量为 1,708.8 万吨，比 2010 年增加 52.7 万吨，增长 3.2%；兔肉产量为 73.1 万吨，比 2010 年增加 3.9 万吨，增长 5.6%。

由于猪肉、牛羊肉等大宗品种减产、市场供求趋紧，2011 年肉价涨幅创历史新高。据国家价格监测中心发布的数据显示，2011 年 12 月全国鲜猪肉、鲜牛肉、鲜羊肉、白条鸡的集贸市场平均成交价格分别比 2010 年同期上升了 23.71%、16.01%、23.63%和 9.99%。

肉价大幅上涨，有畜禽疫情频发、饲料成本攀升、人工水电涨价等多种因素，还有国内外通胀大环境的影响。各地认真贯彻国务院“促生产、稳物价、扩内需、保供应”的方针，落实各项惠农政策，大力推进标准化规模养殖，落实能繁母猪补贴、畜禽良种补贴、调出大县奖励等政策，同时采取加强市场物价监控、增加储备肉投放、扩大肉类进口、开展“农超对接”降低流通成本、下调动物检疫收费标准等一系列措施，有力地抑制了肉价过度上涨，稳定了畜禽生产，保障了“菜篮子”供应。到 2012 年，全国肉类总产量达 8384 万吨，比 2011 年增加了 426.2 万吨，增幅为 5.3%。其中，猪肉达 5335 万吨，比 2011 年增加了 281.9 万吨，增幅为 5.5%；禽肉达 1823 万吨，比 2011 年增加了 114.2 万吨，增幅为 6.7%；牛肉达 662 万吨，比 2011 年增加了 14.5 万吨，增幅为 2.2%；羊肉达 401 万吨，比 2011 年增加了 7.9 万吨，增幅为 2%。

由于国家的政策措施主要集中在猪肉的生产和供应方面，从 2012 年 12 月国家价格监测中心发布的集贸市场平均成交价格数据看，鲜猪肉同比下降了 5.3%，比 2010 年上升了 17.16%；但是，鲜牛肉、鲜羊肉、白条鸡同比分别上升了 28.93%、16.94%和 4%，比 2010 年分别上升了 49.56%、44.57%和 14.44%。

表 1　　2010—2012 年我国主要肉类产品产量　　单位：万吨

年份	肉类总产量	其中：猪肉	禽肉	牛肉	羊肉	杂畜肉
2010	7925	5071	1656	653	398	146
2011	7957	5053	1708	647	393	155
2012	8384	5335	1823	662	401	163

数据来源：国家统计局

2、进口不断增加，贸易逆差扩大。

据海关统计显示，2010 年我国肉类出口总量 88.4 万吨（含活畜禽出口折肉 13.0 万吨），比 2009 年 73.3 万吨（含活畜禽出口折肉 12.6 万吨）增加 15.3 万吨，增长 20.6%；出口总值 28.5 亿美元（含活畜禽出口值 4.1 亿美元），比上年 23.1 亿美元（含活畜禽出口值 4 亿美元）增加 5.4 亿美元，增长 23.6%。肉类进口总量 154.9 万吨，比 2009 年 137.9 万吨增加 17 万吨，增长 12.3%；进口总值 22.5 亿美元，比 2009 年 17.3 亿美元增加 5.2 亿美元，增长 30.3%。肉类进口总量大于出口总量，逆差 66.5 万吨，比 2009 年的 64.6 万吨回升 2.9%。

2011 年我国肉类出口总量 89.4 万吨（含活畜禽出口折肉 12.1 万吨），比 2009 年 88.4 万吨（含活畜禽出口折肉 13 万吨）增加 1 万吨，增长 1.1%；出口总值 34.7 亿美元（含活畜禽出口值 5.3 亿美元），比 2009 年 28.5 亿美元（含活畜禽出口值 4.1 亿美元）增加 6.2 亿美元，增长 21.6%；肉类进口总量 190.5 万吨，比 2009 年 154.9 万吨增加 35.6 万吨，增长 23.1%；进口总值 34.2 亿美元，比 2009 年 22.5 亿美元增加 11.6 亿美元，增长 51.8%。肉类进口总量大于出口总量，逆差 101 万吨，比 2009 年逆差 66.5 万吨扩大 52%。

2012 年我国肉类出口总量 88.4 万吨（含活畜禽出口折肉 13 万吨），比 2009 年 89.4 万吨（含活畜禽出口折肉 12.2 万吨）减少 1 万吨，下降 1.1%；出口总值 36.6 亿美元（含活畜禽出口值 5.5 亿美元），比 2009 年 34.7 亿美元（含活畜禽出口值 5.3 亿美元）增加 1.9 亿美元，增长 5.4%。肉类进口总量 207.9 万吨，比 2009 年 190.5 万吨增加 17.4 万吨，增长 9.1%；进口总值 41 亿美元，比 2009 年 34.2 亿美元增加 6.8 亿美元，增长 19.8%。肉类进口总量大于出口总量，逆差 119.5 万吨，比 2009 年的 101 万吨增加 18.5 万吨，逆差扩大 18.3%。

表 2　　2010—2012 年我国肉类产品进出口情况　　万吨/亿美元

年份	肉类出口		肉类进口		贸易逆差		贸易逆差增减%
	数量	金额	数量	金额	数量	金额	
2010	88.4	28.5	154.9	22.5	–66.5	+6	+2.9
2011	89.4	34.7	190.5	34.2	–101.0	+0.5	+52
2012	88.4	36.6	207.9	41.0	–119.5	–4.4	+18.3

数据来源：国家海关总署

3、安全形势严峻，调整升级加快。

2010 年 ~ 2012 年，我国肉类产业安全形势的严峻性，主要表现为 3 个方面：1.来自于自然界的异常变化，包括各类特大冰雪旱涝灾害等异常天气变化，以及各种动物疫情频发；2.来自于肉类产业内部的安全风险因素，例如养殖环节非法添加“瘦肉精”、屠宰环节检疫检验薄弱等；3.来自于国外肉类产业更具竞争优势产品的冲击。

为了确保我国肉类产业安全，实现稳步发展，2010 年 –2012 年，我国通过制定并组织实施《肉类工业“十二五”发展规划》、生猪产业化财政专项、生猪定点屠宰资格审查、严厉打击私屠滥宰和制售“瘦肉精”等非法行为、加强肉类食品质量安全监管和企业诚信体系建设，加快了肉类产业结构调整和升级改造的步伐。

2011 年，全国屠宰及肉类加工规模企业 3277 家，比 2010 年的 4054 家减少 777 家，降幅 19.2%。其主要原因是，从 2011 年起，规模以上工业企业起点标准由原来的年主营业务收入 500 万元，提高到年主营企业收入 2000 万元。

按照新的标准，2011 年屠宰及肉类加工规模企业资产总额 3672 亿元，比 2010 年的 2900 亿元增加了 772 亿元，增长 26.64%；销售收入达到 9303 亿元，比 2010 年的 6996 亿元增加了 2306 亿元，增长 32.97%；利润总额达到 492 亿元，比 2010 年的 351 亿元增加了 141 亿元，增长 40.22%；主营业务税金及附加达到 46 亿元，比 2010 年的 33.6 亿元增加了 12.4 亿元以上，增长 37.17%；亏损总额为 11.9 亿元，比 2010 年的 15 亿元减亏 3.1 亿元，减幅 20.51%。

2012 年，我国肉类产业集中度进一步提高，投资规模显著扩大，销售收入、企业利润和上缴税金稳步增加，但亏损企业和亏损额增幅明显。全国屠宰及肉类加工规模企业 3415 家，比 2011 年的 3277 家增加了 138 家，增幅 4.21%；工业资产总额 4355 亿元，比 2011 年的 3672 亿元增加了 682 亿元，增长 18.58%；销售收入总额达到 10319 亿元，比 2011 年的 9303 亿元增加了 1015 亿元，增长 10.92%；利润总额达到 559 亿元，比 2011 年的 492 亿元增加了 67 亿元，增长 13.62%；主营业务税金及附加总额达到 50 亿元，比 2011 年的 46 亿元增加了近 4 亿元，增长 8.44%；亏损企业有 290 家，比 2011 年的 216 家增加了 74 家，增幅为 34.26%；亏损总额为 24.2 亿元，比 2011 年的 11.9 亿元增加 12.3 亿元，增幅达 103.00%。

从规模结构上看，2012 年肉类工业规模结构调整的基本特点是，大型企业发展提速，企业数量、资产总额、销售收入和利润总额在业内占比全面上升；中小企业发展放缓，各项经济指标在业内占比全面下降。

（1）大型企业数量增加，各项指标及行业占比明显上升。2012 年，大型企业数量为 116 家，比 2011 年的 42 家增加了 74 家，在行业内所占比重由 2011 年的 1.28%提高到 3.4%，增加了 2.12 个百分点。资产总额由上年的 1208.8 亿元增加到 1715.8 亿元，比重由 32.9%提高到 39.4%，增加了 6.5 个百分点；销售收入由 2011 年的 2118.1 亿元增加到 3112.6 亿元，比重由 22.8%提高到 30.2%，增加了 7.4 个百分点；利润总额由上年的 106.4 亿元增加到 174.6 亿元，比重由 21.6%提高到 31.2%，增加了 9.6 个百分点。

（2）中型企业数量增加，其他各项指标及行业占比全

面下降。2012年，中型企业数量540家，比2011年的400家增加了140家，在行业内所占比重由2011年的12.2%提高到15. 8%，增加了3.6个百分点。资产总额由2011年的1154.7亿元下降到1149.5亿元，比重由31.4%下降到26.4%，减少了5个百分点；销售收入由2011年的2783.6亿元下降到2765.6亿元，比重由29.9%下降到26. 8%，减少了3.1个百分点；利润总额由2011年的140.1亿元下降到134.0亿元，比重由28.4%下降到23.9%，减少了4.5个百分点。

（3）小型企业数量减少，各项指标有所增加，但行业占比全面下降。2012年小型企业数量为2759家，比2011年的2835家减少了76家，在行业内所占比重由2011年的86.51%下降到80.79%；资产总额由2011年的1309.19亿元增加到1489.94亿元，比重由35.65%下降到34.21%；销售收入由2011年的4401.73亿元增加到4440.83亿元，比重由47.31%下降到43.04%；利润总额由2011年的246.3亿元增加到251.25亿元，比重由49.98%下降到44.88%。资产总额、销售收入和利润总额行业占比分别下降了1.44、4.27和5.1个百分点。

表3　　2010-2012年我国屠宰及肉类加工企业主要经济指标

年份	规模以上企业数（个）	工业资产总额（亿元）	销售收入总额（亿元）	利润总额（亿元）
2010	4054	2900	6996	351
2011*	3277	3672	9303	492
2012*	3415	4355	10319	559

*注：2011年以后，实行新的《统计上大中小微型企业划分办法》，对统计口径进行了调整。

数据来源：国家统计局

2010年-2012年

【c. 大事记】

1、国家制定并组织实施行业发展规划，确定未来5年行业发展战略

自2010年第二季度起，以美元计算的中国GDP总量超过日本，成为世界第2大经济体，被西方媒体称之为“里程碑式的超越”。经济实力、综合国力和国际影响力等总量指标的提升，见证了中国的崛起。在这样的背景下，我国肉类行业又着手制定并组织实施了两个新的发展规划：

（1）2010年商务部发布并施行了《全国生猪屠宰行业发展规划纲要（2010-2015）》。该《纲要》全面总结了我国生猪屠宰行业发展取得的成果和面临的挑战，明确提出未来5年全国生猪屠宰行业发展的指导思想、发展目标和主要任务，提出促进行业结构调整和科技进步的政策保障措施。

（2）2010年工业和信息化部组织制定《肉类工业“十二五”发展规划（2011-2015）》。该《规划》全面总结了“十一五”时期我国肉类工业发展取得的成果和面临的挑战，明确提出未来5年全国肉类工业发展的指导思想、发展目标和主要任务，提出促进肉类工业可持续发展的政策保障措施，于2012年2月由工业和信息化部、农业部联合发布实施。

2、国务院10部委启动食品工业企业诚信体系建设工作，首选在肉类行业进行国家试点。

按照国务院10部委的部署，自2010年开始，从河南省肉类行业试点起步，用3年左右的时间，建立以确保肉类产品质量安全、防范失信风险为核心的企业诚信管理体系，大力推进以守法、履责、诚信为核心的企业诚信文化建设，建立健全诚信内部核查、诚信风险信息收集评估、诚信危机处理和预警等项管理制度，结合已有的良好生产规范、全面质量管理、危害分析及关键控制点、IS09001等管理体系，切实加强原料肉及其他原辅料进货管理、生产过程管理、产品检验管理、广告宣传管理、合同管理、产品追溯与召回管理。要通过建立企业诚信教育、失信因素识别、内部信息采集、自查自纠改进和失信惩戒公示等项机制，确保企业诚信管理体系的持续运行，落实食品安全事故责任追究制度，不断提升肉类加工企业的诚信经营能力和质量管理水平。

为促进企业加强诚信建设，更好地为消费者服务，中国肉类协会于2010年6月注册成立了投诉调查处工作委员会。其主要工作内容是：第一、配合政府部门和相关企业，协助解决突发性安全事故，督促行业安全体系的建设与实施。第二、定期收集、汇总行业产品质量方面的问题，及时向行业企业进行情况通报，加强行业自律，促进社会和谐发展。第

三、宣传国家关于产品质量及食品安全方面的法律法规，针对提高产品质量、加强企业管理、增强职业技能等方面开展培训工作。第四、配合消费者投诉受理单位、新闻媒体、生产企业、商业企业，协调解决投诉问题。第五、接受会员单位委托开展产品质量调研工作，新产品介绍工作等。第六、宣传介绍行业相关产品的国家标准、行业标准、企业标准，为消费者选购安全优质产品提供帮助。

3、国务院设立食品安全委员会，以查处“瘦肉精”为重点，加强肉类食品安全监管

2011 年 3 月 15 日，中央电视台新闻频道《每周质量报告》的 315 特别节目播出了《“健美猪”真相》，对于河南孟州等地部分养猪场饲喂有“瘦肉精”的生猪流入南京市场、济源双汇食品有限公司进行了报道。随后，国务院食品安全委员会办公室发布了《“瘦肉精”专项整治方案》（食安办〔2011〕14 号文），公安、农业、工业、商务、卫生、工商、质检、食品药品监管等部门建立协调联动机制，强化联合执法，加强协作配合，按照《“瘦肉精”专项整治方案》中规定的目标和措施执行，坚决杜绝含“瘦肉精”食品进入产业链，保护人民群众身体健康。国家要求各地工业主管部门进一步加强肉类加工行业和食品添加剂行业管理，严格执行产业政策，把食品工业企业诚信体系建设作为保障食品安全的重要内容。要求行业协会认真落实 2011 年食品工业企业诚信体系建设各项任务，督促企业增强诚信意识，加强企业诚信制度建设，落实企业食品安全主体责任，共同推动食品工业企业诚信体系建设工作的落实，保障肉类食品质量安全。

截至 2012 年 10 月底，各地畜牧兽医管理部门累计出动执法人员 266.4 万人次，检查各类生产经营主体 248.5 万个次，抽检各类样品 1040 万批次，立案查处与“瘦肉精”有关的违法案件 124 起，移送公安机关 95 起。据农业部例行监测，2012 年畜产品“瘦肉精”抽检合格率为 99.7%，与 2010 年相比提高 0.4 个百分点。

4、国家修订《产业结构调整目录》，推进肉类产业结构调整

2010 年，国家启动《产业结构调整目录》修订工作，要求明确“十二五”期间肉类工业的鼓励项目及限制项目（含淘汰类），为产业发展提供导向性政策依据。根据国家发改委 2011 年第 9 号令，自 6 月 1 日起施行《产业结构调整指导目录（2011 年）》。其中，有关肉类产业的内容是：

（1）列为鼓励类的 22 项，包括：先进的食品生产设备研发与制造；食品质量与安全监测（检测）仪器、设备的研发与生产；天然食品添加剂、天然香料新技术开发与生产；采用生物发酵技术生产优质低温肉制品；畜禽骨血及内脏等副产物综合利用与无害化处理；“三废”综合利用及治理工程；“三废”处理用生物菌种和添加剂开发与生产；重复用水技术应用；高效、低能耗污水处理与再生技术开发；节能、节水、节材环保及资源综合利用等技术开发、应用及设备制造固体废物防治技术设备；防伪技术开发与运用；自动化物流系统装备、信息系统；重要商品现代化物流设施建设；农产品物流配送（含冷链）设施建设，食品物流质量安全控制技术服务；第三方物流服务设施建设；仓储和转运设施设备、运输工具、物流器具的标准化改造；自动识别和标识技术、电子数据交换技术、货物跟踪和快速分拣技术、可视化技术、移动物流信息服务技术、全球定位系统、地理信息系统、道路交通信息通讯系统、智能交通系统、物流信息系统安全技术及立体仓库技术的研发与应用；应急物流设施建设；物流公共信息平台建设；产业聚集区、商贸集散地的物流中心建设；农产品拍卖服务；统一配送和分销网络建设。

（2）列为限制类的 2 项：年屠宰生猪 15 万头及以下、肉牛 1 万头及以下、肉羊 15 万只及以下、活禽 1000 万只及以下的屠宰建设项目（少数民族地区除外）；年 3000 吨及以下的西式肉制品加工项目。

（3）列为淘汰类的 3 项：桥式劈半锯、敞式生猪烫毛机等生猪屠宰设备；猪、牛、羊、禽手工屠宰工艺；直接接触食品的聚氯乙烯（PVC）包装制品。

5、国家启动生猪定点屠宰企业审核换证工作，加快淘汰落后产能

2010 年 3 月 11 日，商务部办公厅发出《关于做好生猪定点屠宰企业审核换证工作的通知》。针对生猪定点屠宰企业过多，技术水平低，产能过剩等突出问题，要求各地商务主管部门在当地政府统一领导下，会同公安、环境保护、农业、卫生、 工商、质检等部门对当地生猪定点屠宰企业的现状、分布、生产工艺、设施设备和环保状况等进行调查和评估，根据国务院《生猪屠宰管理条例》和商务部《生猪屠宰管理条例实施办法》相关规定及有关标准，按照各自职能，密切协作配合，对本地定点屠宰企业进行逐一审核，对符合规定的审核标准和程序的企业不再换证，对不符合规定的审核标准和程序的企业，收回定点屠宰牌证，规范生猪定点屠宰秩序，保证生猪产品质量安全，保障人民群众吃上“放心肉”。截至 2011 年 2 月 28 日，全国现有网报生猪定点屠宰企业数量 21220 家，其中：完成换证企业 9091 家；责令整

改企业 3441 家；淘汰企业 2556 家；尚未换证企业 6126 家。

2011 年，商务部会同工业和信息化部、财政部、环境保护部、农业部、卫生部、工商总局、质检总局和食品药品监管局等 9 部门联合发出《关于加强生猪定点屠宰资格审核清理工作的通知》（商秩发〔2011〕493 号），加大了行业清理整顿的工作力度，要求各地在 2012 年 7 月 31 日前全面完成审核清理工作。通过审核清理，取消经整改仍不达标、不符合设置规划或有严重违法行为企业的定点屠宰资格，坚决制止将不达标定点屠宰厂（场）违法作为小型屠宰场点的行为，确保所有取得生猪定点屠宰资格的企业符合《食品安全法》、《条例》规定的条件及相关标准。

6、国家实施《缓解生猪市场价格周期性波动调控预案》，努力稳定肉类食品市场价格

从 2010 年初开始，全国生猪价格连跌 3 个月，生猪养殖户再度遭受打击。春节期间本是猪肉消费旺季，但生猪价格却不升反降，步入下行轨道。根据发改委价格监测中心监测，2010 年 3 月 3 日，全国大中城市生猪平均出场价格为每千克 10.46 元，比 2 月初下降 7.2%;猪粮比价为 5.5:1(猪粮比价的政府警戒线)，比 2 月初下降 7%，显著低于生猪生产盈亏平衡点。在连续 4 周低于 6:1 猪粮比价平衡点的情况下，3 月 12 日，国家发改委宣布将依据 6 部委发布的《防止生猪价格过低下调预案》适时采取收储等措施加强市场调控。2010 年 4 月 13 日和 20 日，商务部会同财政部、发展改革委、农业发展银行先后两次公开竞价收储中央储备冻猪肉，随后不少省份冻肉收储计划的陆续启动，使得市场猪肉价格出现持续小幅回升迹象。

2011 年上半年，由于散养户退出生猪生产较快、生猪疫病多发和养猪成本不断增加等因素，以及一些地区和单位对持续做好生猪生产和市场供应工作的重要性认识不足，工作力度不够，造成猪肉供应偏紧，价格大幅上涨，增加了消费者的生活负担，影响了物价总水平的稳定。2011 年 7 月 27 日，国务院办公厅发出《关于促进生猪生产平稳健康持续发展防止市场供应和价格大幅波动的通知》（国办发明电〔2011〕26 号），要求增强肉类市场调控的前瞻性、准确性、有效性。

2012 年 5 月 11 日，国家发展改革委、财政部、农业部、商务部、工商总局、质检总局联合发布并组织实施《缓解生猪市场价格周期性波动调控预案》，同时废止了 2009 年初发布的《防止生猪价格过度下跌调控预案（暂行）》，以建立完善生猪市场价格调控机制，缓解生猪市场价格周期性波动，促进生猪生产平稳健康持续发展，有效维护生产者、消费者和经营者合法权益。到 2012 年 12 月，国家价格监测中心发布的鲜猪肉集贸市场平均成交价格同比下降了 5.3%。

7、中央和地方财政加大政策扶持力度，促进肉类产业化发展

为了稳定肉类产业的货源基础、稳定肉食市场价格，中央和地方财政 2010—2012 年继续加大对肉类产业化的扶持力度。主要项目包括：

（1）生猪调出大县奖励。2007 年开始，中央财政安排专项资金对生猪调出大县给予奖励。2007-2011 年，奖励资金从 15 亿元增加至 25 亿元，奖励的调出大县由 253 个增加至 500 个。5 年间，中央累计投资 103.8 亿元，奖励生猪调出大县 1799 个。资助内容除养殖环节外，还包括生猪加工和流通方面的贷款贴息等支出；扶持生猪产业化骨干企业整合产业链，引导产销衔接，提高生猪的产量和质量。奖励资金计算：奖励资金以生猪调出量、出栏量和存栏量作为测算因素，所占权重分别为 50%、25%、25%。分县的生猪出栏量、存栏量按前 3 年的数据进行算术平均。

（2）生猪产业化。2010 年，中央财政安排 8.2 亿元专项资金支持生猪产业化龙头企业。2011 年，继续安排资金 8.2 亿元。资助内容主要是生猪产业化龙头企业自建基地、帮助合同养殖场（户、合作社）发展生猪生产，建设猪肉产品质量安全可追溯系统，改善加工流通条件，整合产业链，引导产销衔接，提高生猪产量和质量等。

（3）生猪标准化规模养殖场（小区）建设。按年出栏 300-499 头、500-999 头、1000-1999 头、2000-2999 头、3000-10000 头 5 个档次，分别平均补助投资 10 万元、20 万元、40 万元、60 万元和 80 万元。

（4）能繁母猪补贴。2011 年在全国 22 个省、市、区及黑龙江农垦、广东农垦继续实施能繁母猪补贴。补贴标准为每头能繁母猪补贴 100 元。2011 年安排 26.33 亿元，累计补贴能繁母猪超过 1 亿头。补贴资金政策：东部地区由地方财政负担；中西部地区由中央财政负担 60%，地方财政负担 40%；新疆生产建设兵团以及黑龙江省农垦总局、广东省农垦总局的补贴资金全部由中央财政负担。

（5）能繁母猪保险。2007 年，中央财政开始按“应保尽保”的原则推进能繁母猪保险。执行保额每头能繁母猪 1000 元，保费 60 元。截至 2011 年，中央财政补贴保费超过 60 亿元。中央财政提供保费补贴的地区为中西部地区、新疆建设兵团和中央直属垦区。其中，中西部地区保费由中央财政补贴 50%，地方财政补贴 30%，养猪户承担 20%；新疆建设兵团和中央垦区保费由中央财政补贴 80%，养猪户承担 20%；东部地区由地方财政提供一定比例的保费补贴。

（6）扶持“菜篮子”产品标准化生产。2010 年—2012 年中央财政每年投入 5 亿元资金实施畜禽标准化养殖扶持项目，对主产省区蛋鸡、肉鸡、肉牛和肉羊规模养殖场，采取"以奖代补"方式支持标准化生产改造。

（7）实施草原生态保护补助奖励政策。从 2011 年起，国家在内蒙古、新疆、西藏、青海、四川、甘肃、宁夏和云南等 8 个主要草原牧区省区和新疆生产建设兵团，全面建立草原生态保护补助奖励机制。政策目标是"两保一促进",即"保护草原生态，保障牛羊肉等特色畜产品供给，促进牧民增收".政策主要内容是：①实施禁牧补助。对生存环境非常恶劣、草场严重退化、不宜放牧的草原，实行禁牧封育，中央财政按照每亩每年 6 元的测算标准对牧民给予禁牧补助。②实施草畜平衡奖励。对禁牧区域以外的可利用草原，在核定合理载畜量的基础上，中央财政对未超载的牧民按照每亩每年 1.5 元的测算标准给予草畜平衡奖励。③给予牧民生产性补贴。包括畜牧良种补贴、牧草良种补贴和每户牧民 500 元的生产资料综合补贴。④绩效考核奖励。补奖政策由省级人民政府负总责，财政部和农业部实行定期或不定期的巡查监督，并按照各地草原生态保护效果、地方财政投入、工作进展情况等因素进行绩效考评。中央财政每年安排奖励资金，对工作突出、成效显著的省份给予资金奖励，由地方政府统筹用于草原生态保护工作。以上 4 项共 136 亿元。

（8）为加快产业升级，中央财政还对全国 26 个省（区、市）和黑龙江农垦、广东农垦实行了畜禽良种补贴；支持了国家现代畜禽产业技术体系重点项目建设。

8、我国对美国白羽肉鸡产品征收反倾销税，促进国际公平贸易

我国商务部 2010 年 4 月 28 日公布对美白羽肉鸡产品反补贴调查初步裁决，美国应诉公司被裁定 3.8% 至 11.2% 不等的从价补贴率，未应诉公司从价补贴率为 31.4%。商务部在初裁中认定，在本案调查期内，原产于美国的进口白羽肉鸡产品存在补贴，国内白羽肉鸡产业受到了实质损害，而且补贴与实质损害之间存在因果关系。根据商务部建议，国务院关税税则委员会决定，自 2010 年 4 月 30 日起，进口经营者在进口原产于美国的白羽肉鸡产品时，应依据初裁中确定的各公司从价补贴率向中国海关提供相应的保证金。商务部公平贸易局负责人对此案进行解读时指出，本案是我国首起对进口农产品发起的反补贴调查。

对原产于美国的进口白羽肉鸡产品进行反补贴立案调查，是 2009 年 9 月商务部应国内产业代表中国畜牧业协会的申请而开展的。白羽肉鸡产品是活体白羽肉鸡屠宰加工后的肉鸡产品，包括整鸡、整鸡分割部位、肉鸡副产品。活鸡以及熟食肉鸡不在调查范围内。从美国进口的白羽肉鸡产品数量占我国总进口量的 70% 以上，该项产品涉案金额超过 7 亿美元。

初裁后，调查机关继续进行调查，包括实地核查。根据商务部的调查显示，由于美国政府长期以来对白羽肉鸡产品饲料作物玉米、大豆提供的大量可诉性补贴，使美国白羽肉鸡产品在我国市场上获取了不正当的竞争优势，压缩了国内肉鸡企业的利润空间，对我国白羽肉鸡产业造成了损害。2010 年 9 月 26 日，我国商务部发布了对原产于美国的进口白羽肉鸡产品反补贴调查的最终裁定：“在本案调查期内，原产于美国的进口白羽肉鸡产品存在倾销，中国国内产业受到实质损害，且倾销与实质损害之间存在因果关系。”

根据商务部建议，国务院关税税则委员会决定自 2010 年 9 月 27 日起对自美国进口的白羽肉鸡征收反倾销税，从价补贴率为 4%–30.3%，反倾销实施期限为 5 年。

这是我国第 1 次对进口农产品征收反倾销税。

9、国家加快推进科技创新，持续增强肉类产品供给保障能力

2012 年“一号文件”要求加快推进肉类等“菜篮子”产品的区域化布局、标准化生产、规模化种养，提升整体供给保障能力和质量安全水平。稳定发展生猪生产，扶持肉牛肉羊生产大县标准化养殖和原良种场建设，推进规模化养殖小区建设；制定和实施动物疫病防控二期规划，及时处置重大疫情。充分发挥农业产业化龙头企业在“菜篮子”产品生产和流通中的积极作用；强化食品质量安全监管综合协调，加强检验检测体系和追溯体系建设，开展质量安全风险评估；大力推广高效安全肥料、低毒低残留农药，严格规范使用食品和饲料添加剂；加大生猪调出大县奖励力度；加快转变草原畜牧业发展方式，加大对牧业、牧区、牧民的支持力度，草原生态保护补助奖励政策覆盖到国家确定的牧区半牧区县（市、旗）；加大对种养大户、农民专业合作社、县域小型微型企业的信贷投放力度；鼓励符合条件的涉农企业开展直接融资，积极发展涉农金融租赁业务；鼓励地方开展优势农产品生产保险；健全农业再保险体系，逐步建立中央财

政支持下的农业大灾风险转移分散机制。

“一号文件”要求大力推进现代农业产业技术体系建设，完善以产业需求为导向、农产品为单元、产业链为主线、综合试验站为基点的新型农业科技资源组合模式，及时发现和解决生产中的技术难题，充分发挥技术创新、试验示范、辐射带动的积极作用。落实税收减免、企业研发费用加计扣除、高新技术优惠等政策，支持企业加强技术研发和升级，鼓励企业承担国家各类科技项目，增强自主创新能力。积极培育以企业为主导的农业产业技术创新战略联盟，发展涉农新兴产业。

上述政策导向对于肉类产业持续增强肉食供给保障能力具有重要的意义和影响。

10、中国肉类协会发表《促进白羽肉鸡产业稳定健康发展的若干意见》，稳定白羽肉鸡产销

2012 年 12 月 18 日，中央电视台对山东省部分地区白羽鸡养殖户违规用药、部分屠宰企业编造饲养日志和用药记录，使存有安全隐患的白羽鸡肉产品流入市场的情况进行了报道。这是继 2011 年央视报道“瘦肉精”以来在肉类行业发生的又一次影响重大的食品安全事件，在很短的时间内造成相关企业大幅减产、价格暴跌，数万农户养殖的白羽肉鸡滞销。

为加强肉类食品质量安全管理，促进白羽肉鸡产业稳定健康发展，实现增供应、保安全、调结构、稳价格和富农惠农的宏观调控目标，中国肉类协会发文提出 4 点意见：（1）**指导养殖农户进行标准化生产。**从源头上消除白羽肉鸡的质量安全隐患，确保符合肉鸡食品质量标准。（2）**严把产品质量关。**切实加强白羽肉鸡进货查验、在线检验和出厂检验，对消费者健康负责。我国白羽肉鸡产业从 20 世纪 80 年代起步,经过近 30 年的努力,已成为我国农业产业化发展最迅速、最典型的行业，产量仅次于美国，是世界第 2 大白羽肉鸡生产国。近 20 年来，我国白羽肉鸡产量以年平均 5%—6%的速度持续增长，已逐步发展成为中国肉食品中唯一能够与国际市场接轨、大量出口创汇的行业。目前，白羽肉鸡产品不仅可以供应国内市场，而且可以出口到日本、欧盟等发达国家和地区，质量安全管理明显优于肉类行业的其他领域，成绩来之不易。为进一步增强我国白羽肉鸡产品在国内外市场的竞争力，各相关企业要以养殖环节的源头管理为重点，建立健全肉鸡食品安全标准体系、质量安全控制体系和诚信管理体系，强化事前控制，确保事后追溯，落实食品安全事故责任追究制度，有效控制食品安全风险，构建食品安全长效机制。（3）**加快产销一体化建设。**肉鸡加工企业要在指导农民进行标准化生产、严把产品质量关的基础上，逐步提高自养比重，加快产销一体化建设。（4）**树立以质取胜的经营理念，争取发展的主动权。**改革开放以来，我国的肉禽产业远超猪肉和牛羊肉的发展速度，目前在肉类消费中占比达 20%以上，仅次于猪肉，已成为我国消费比重第 2 的重要肉类产品。由于鸡肉具有低脂肪、高营养的特性，加之料肉比较低，属于节粮型产品，成为肉类食品产业重要的发展方向。2010 年中国人均肉鸡消费为 10.3kg，低于人均 11.3kg 的国际水平，仅相当于先进国家美国的 21%，巴西的 23%，日本的 59%，中国的鸡肉消费还有很大的发展空间。随着中国经济的发展和人民生活水平的不断提高，以猪肉为代表的红肉消费将逐年递减，以鸡肉为代表的白肉有可能超过猪肉成为中国大众肉类膳食结构中的主流消费品。面对巨大的市场发展空间，肉鸡加工企业要树立以质取胜的经营理念，积极争取国家和地方政府的扶持政策，加大投入，增强实力，掌握发展的主动权。自 2010 年我国商务部认定美国白羽肉鸡产品存在补贴并对中国国内白羽肉鸡产业产生实质损害之后，我国已根据《中华人民共和国反补贴条例》规定，自 2010 年 9 月 27 日起，对从美国进口的白羽肉鸡征收 4.0%-30.3%的反倾销税，为期 5 年。希望我国肉鸡加工企业充分利用这一有利的政策环境，加快提高产品质量安全管理水平，使中国的白羽肉鸡产业再上一个新台阶。

【d. 百强企业和最具价值/影响力品牌】

1、中国肉类协会于 2010 年在会员企业中开展了推举中国肉类食品行业功勋企业家和影响力企业家的活动，共推举中国肉类食品行业功勋企业家 12 名，影响力企业家 26 名。2011 年 5 月 31 日中国肉类协会发布了《2011 年中国肉类食品行业强势企业公告》（中肉协〔2011〕06 号）。中国肉类食品行业强势企业评定，每 3 年进行 1 次。本次评定以各企业申报的 2009 年、2010 年的资产总额、销售收入、产量、利润、纳税、出口创汇、品牌、产品质量安全等数据为基础，分设了肉类蛋品加工企业、肉类机械加工制造企业、辅配香辛料企业、肉类肠衣包装物料企业等四大类，以企业经济效益、社会效益、在行业具有前茅位置和强势影响力评价为主，经专家组成的评审委员会，在律师的见证下进行分项目综合考评，共评出强势企业 100 家。其中：

（1）猪肉加工企业 52 家

临沂新程金锣肉制品集团有限公司；

河南众品食业股份有限公司；

四川高金食品股份有限公司；
龙大食品集团有限公司；
河南省漯河市双汇实业集团有限责任公司；
天津宝迪农业科技股份有限公司；
山东得利斯食品股份有限公司；
济南维尔康食品有限公司；
江苏雨润食品产业集团有限公司；
青岛万福集团股份有限公司；
唐人神集团股份有限公司；
江苏省食品集团有限公司；
北京顺鑫农业股份有限公司鹏程食品分公司；
江西正邦科技股份有限公司；
江苏长寿集团股份有限公司；
北京二商大红门肉类食品有限公司；
南通玉兔集团有限公司；
北京千喜鹤食品 有限公司；
青岛波尼亚食品有限公司；
吉林华正牧业集团有限公司；
杭州五丰联合肉类有限公司；
烟台市喜旺食品工业发展有限公司；
中国食品集团公司；
江西国鸿 集团有限公司；
中粮肉食投资有限公司；
河南省志元食品有限公司；
湖北联海食品集团有限公司；
无锡天鹏集团有限公司；
厦门银祥集团有限公司；
重庆今普食品有限公司；
五丰食品（深圳）有限公司；
洛阳春都投资股份有限公司；
广东省广弘食品集团有限公司；
福建森华实业有限公司；
北京资源亚太食品有限公司；
浙江义乌华统肉制品有限公司；
安徽省西商食品有限公司；
重庆华牧实业（集团）有限公司；
四川得益绿色食品集团有限公司；
成都希望食品有限公司；
天津市肉类联合加工厂；
江苏天缘物流集团有限公司；
重庆梅林今普食品有限公司；
厦门夏商黄金香食品有限公司；
嘉兴市食品肉类有限公司；
上海爱森肉食品有限公司；
上海五丰上食食品有限公司；
霸州市双根肉类食品有限公司；
广州市番禺食品有限公司；
哈尔滨秋林里道斯食品有限责任公司；
江苏三鸿食品有限公司；
广州皇上皇集团有限公司

（2）牛羊肉加工企业 10 家

吉林省长春皓月清真肉业股份有限公司；
黑龙江大庄园肉业有限公司；
希森三和集团有限公司；
大连华牧草业有限公司；
内蒙古科尔沁牛业股份有限公司；
内蒙古小肥羊食品有限公司；
大连雪龙产业集团有限公司；
山东省阳信广富畜产品有限公司；
北京月盛斋清真食品有限公司；
内蒙古草原鑫河食品有限公司

（3）禽蛋加工企业 17 家

山东六和集团有限公司；
河南大用（集团）实业有限公司；
山东风祥（集团）有限责任公司；
诸城外贸有限责任公司；
北京华都集团有限责任公司；
青岛九联集团股份有限公司；
福建省圣农实业有限公司；
河南永达食业集团；
山西粟海集团有限公司；
河南华英农业发展股份有限公司；
煌上煌集团有限公司；
山东春雪食品有限公司；
内蒙古塞飞亚集团有限责任公司；
山东仙坛股份有限公司
南京桂花鸭（集团）有限公司；
福建森宝食品集团股份有限公司；
山东德州扒鸡集团有限公司

（4）肉类加工机械企业 12 家

大连冰山集团有限公司；
烟台冰轮股份有限公司；
石家庄晓进机械制造科技有限公司；
青岛建华食品机械制造有限公司；
山东小康机械有限公司；
南京凯宏肉类机械有限公司；
吉林省艾斯克机电集团有限公司；
石家庄市汉普食品机械有限公司；
沈阳市吉祥食品机械有限公司；
杭州艾博科技工程有限公司；
常熟市屠宰成套设备厂有限公司；
济宁兴隆食品机械制造有限公司

（5）辅配香辛料企业 5 家

天津春发食品配料有限公司；
济宁耐特食品有限公司；
广东汇香源生物科技股份有限公司；
抚顺市独凤轩食品有限公司；
济南海乐西亚泽食品有限公司

（6）肠衣包装物料企业 4 家

神冠控股（集团）有限公司；
金坛市肠衣厂有限公司；
希悦尔包装（中国）有限公司；
保定太行肠衣有限公司

2、2012 年 8 月中国肉类协会开展了中国肉类食品行业最具价值品牌企业和影响力品牌企业评选活动，共评选出 44 家最具价值品牌企业及 69 家影响力品牌企业，为加快肉类产业结构调整和优化升级确立了主导力量。

（1）最具价值品牌 44 家。

猪肉加工企业（12 家）：

河南省漯河市双汇实业集团有限公司、
临沂新程金锣肉制品集团有限公司、
江苏雨润肉类产业集团有限公司、
唐人神集团股份有限公司、
天津宝迪农业科技有限公司、
河南众品食业有限公司、
得利斯集团有限公司、
北京顺鑫农业股份有限公司鹏程食品分公司、
北京二商大红门肉类食品有限公司、
四川高金食品股份有限公司、
青岛万福集团股份有限公司、
济南维尔康食品有限公司；

牛肉加工企业（3 家）：

吉林省长春皓月清真肉业股份有限公司、
黑龙江大庄园肉业有限公司、
重庆恒都食品开发有限公司；

羊肉加工企业（1 家）：

内蒙古小肥羊肉业有限公司；

禽蛋加工企业（10 家）：

山东新希望六和集团有限公司、
诸城外贸有限公司、
大成食品有限公司正大投资有限公司、
青岛九联集团股份有限公司、
山东凤祥股份有限公司、
河南大用实业有限公司、
河南永达食业集团、
福建圣农发展股份有限公司、
北京华都集团有限公司；

机械企业（11 家）：

大连冰山集团有限公司、
烟台冰轮股份有限公司、
江苏正昌集团有限公司、
青岛建华食品机械制造有限公司、
济宁兴隆食品机械制造有限公司、
石家庄晓进机械制造科技有限公司、
吉林省艾斯克机电集团有限公司、
山东小康机械有限公司、
南京凯宏肉类机械有限公司、
嘉兴市瑞邦机械工程有限公司、
杭州艾博科技工程有限公司；

调味品（3 家）：

济宁耐特食品有限公司、
抚顺市独凤轩食品有限公司、
济南海乐·西亚泽食品有限公司；

包装（2 家）：

梧州神冠蛋白肠衣有限公司、
希悦尔包装有限公司；

科研单位（2 家）：

国内贸易工程设计研究院、
中国肉类食品综合研究中心。

（2）影响力品牌 69 家。

猪肉加工企业（34 家）：
江苏省食品集团有限公司、
吉林正业集团有限责任公司、
北京千喜鹤食品有限公司、
中国食品集团公司、
浙江青莲食品股份有限公司、
山东龙大肉食品股份有限公司、
烟台市喜旺食品有限公司、
青岛波尼亚食品有限公司、
南通玉兔集团有限公司、
上海梅林正广和重庆食品有限公司、
厦门银祥集团有限公司、
北京资源亚太食品有限公司、
天津市肉类联合加工厂、
哈尔滨天手食品有限公司、
河南省志元食品有限公司、
哈尔滨大众肉联食品有限公司、
江西国鸿集团股份有限公司、
湖北联海食品集团有限公司、
江苏长寿集团、
石家庄双鸽食品有限责任公司、
哈尔滨裕昌食品有限公司、
成都希望食品有限公司、
福建森华实业有限公司、
广州皇上皇集团有限公司、
四川省德阳市瑞麟食品有限公司、
四川得益绿色食品集团有限公司、
烟台市宏大食品有限责任公司、
无锡天鹏集团有限公司、
三河市鑫兴肉类有限公司、
上海爱森肉食品有限公司、
黑龙江五方肉业有限公司、
重庆华牧有限公司、
厦门夏商黄金香食品有限公司、
金字火腿股份有限公司；
牛肉加工企业（9 家）：
山东省阳信广富畜产品有限公司、
黑龙江宾西牛业有限公司、
内蒙古科尔沁牛业股份有限公司、
黑龙江农垦北大荒牛业有限公司、
北京御香苑畜牧有限公司、
北京卓宸畜牧有限公司、
陕西秦宝牧业股份公司、
雪龙黑牛股份有限公司、
洛阳伊众清真食品有限公司；
羊肉加工企业（2 家）：
锡林郭勒乌珠穆沁羊业有限责任公司、
内蒙古草原鑫河食品有限公司；
禽蛋加工企业（14 家）：
山东春雪食品有限公司、
山东仙坛股份有限公司、
河南华英禽业集团、
南京桂花鸭有限公司、
煌上煌集团有限公司、
山东德州扒鸡集团有限公司、
福建森宝食品集团股份有限公司、
内蒙古塞飞亚农业科技发展有限公司、
黑龙江禾丰成三牧业有限公司、
黑龙江农垦曙光肉禽食品有限公司、
齐齐哈尔市永裕肉禽有限责任公司、
黑龙江对青鹅业集团有限公司、
北京市禽蛋公司、
江苏省邳州市东方养殖有限公司；
机械企业（6 家）：
石家庄汉普食品机械有限公司、
衡水鸿昊企业有限责任公司、
湖南兴业肉类机械有限公司、
常熟屠宰成套设备厂有限公司、
泉州市天顺食品机械有限公司、
石家庄博安不锈钢设备有限公司；
调味品（2 家）：
山东百寿坊食品有限公司、
青岛亚中伟业食品有限公司；
包装（2 家）：
雄县旭日纸塑包装有限公司、
南通环球塑料工程有限公司。

【e. 科技领军/科技创新人物及优秀科技工作者】

1、2012 年中国肉类协会评出中国肉类食品行业科技领军人物 65 名、科技创新人物 15 名、优秀科技工作者 17 名。

（1）具体名单如下：

科技领军人物（65 名）：

中国肉类食品综合研究中心 王守伟；
东北农业大学 孔保华；
哈尔滨商业大学食品工程学院 张根生；
河南省漯河市双汇实业集团有限公司 王玉芬；
临沂新程金锣肉制品集团有限公司 吴继忠；
江苏雨润肉类产业集团有限公司 俞章礼；
天津宝迪农业科技股份有限公司 程榆茗；
河南众品食业股份有限公司 金凤；
得利斯集团有限公司 郑和平；
北京二商大红门肉类食品有限公司 吴启成；
北京顺鑫农业股份有限公司鹏程食品分公司 张德宝；
四川高金食品股份有限公司 金翔宇；
济南维尔康食品有限公司 刘盛儒；
吉林正业集团有限责任公司 韩真发；
浙江青莲食品股份有限公司 许明曙；
烟台市喜旺食品有限公司 林强；
厦门银祥集团有限公司 苏永裕；
江西国鸿集团有限公司 曹国洪；
石家庄双鸽食品有限公司 高秋菊；
成都希望食品有限公司 周再勇；
四川得益绿色食品集团有限公司 杜成斌；
烟台市宏大食品有限责任公司 张仁祖；
哈尔滨秋林里道斯食品有限责任公司 仲兆敏；
黑龙江建鑫牧业有限公司 符彦君；
金字火腿股份有限公司 施延军；
霸州市双根肉类食品有限公司 祁双根；
三原顺源食品有限公司 高明；
黑龙江省宝泉岭农垦天香养殖有限公司 刘耀香；
哈尔滨宜民养殖有限责任公司 刚宏林；
无锡天鹏集团有限公司 马杰；
吉林省长春市皓月清真肉业股份有限公司 丛连彪；
黑龙江大庄园肉业有限公司 陈喜良；
雪龙黑牛股份有限公司 邢雪森；
御香苑控股集团有限公司 王建华；
苏州味之香食品有限公司 夏靖；
锡林郭勒乌珠穆沁羊业有限责任公司 白国良；
黑龙江宾西牛业有限公司 贺志云；
山东新希望六和集团有限公司 陶煦；
诸城外贸有限责任公司 王金友；
青岛九联集团股份有限公司 王振江；
新凤祥控股有限公司 刘志光；
河南大用实业有限公司 盖永增；
河南永达食业集团 索智勇；
福建圣农发展股份有限公司 傅光明；
北京华都集团有限责任公司 余峰；
山东仙坛股份有限公司 王寿纯；
河南华英禽业集团 曹家富；
内蒙古塞飞亚农业科技发展有限公司 李秉和；
黑龙江省农垦曙光肉禽食品有限公司 谢殿军；
江苏省邳州市东方养殖有限公司 汤继友；
大连冰山集团有限公司 杨斌；
烟台冰轮股份有限公司 李增群；
江苏正昌集团有限公司 郝波；
青岛建华食品机械制造有限公司 杨华建；
济宁兴隆食品机械制造有限公司 王向宏；
吉林省艾斯克机电集团有限公司 张奎彪；
山东小康机械有限公司 孙学军；
南京凯宏肉类机械有限公司 杨宏；
嘉兴市瑞邦机械工程有限公司 施明；
杭州艾博科技工程有限公司 韩青荣；
常熟市屠宰成套设备厂有限公司 张雪明；
济宁耐特食品有限公司 李洪久；
抚顺市独凤轩食品有限公司 于连富；
梧州神冠蛋白肠衣有限公司 周亚仙；
雄县旭日纸塑包装有限公司 郭海军。

（2）科技创新人物 15 名：

中国肉类食品综合研究中心 赵燕；
江苏雨润肉类产业集团有限公司 徐宝才；
天津宝迪农业科技股份有限公司 王雅静；
得利斯集团有限公司 于瑞波；
济南维尔康食品有限公司 马宪华；
浙江青莲食品股份有限公司 李森；
厦门银祥集团有限公司 张志刚；
陕西秦宝牧业股份有限公司 曹晖；
黑龙江大庄园肉业有限公司 王伟峰；
山东新希望六和集团有限公司 赵景全；
河南永达食业集团 王宇栋；
烟台冰轮股份有限公司 于志强；
杭州艾博科技工程有限公司 傅红兵；

石家庄汉普食品机械有限公司 王春皓；

济宁耐特食品有限公司 张勇。

（3）优秀科技工作者 17 名：

河南众品食业股份有限公司 王会玲；

四川高金食品股份有限公司 赵勤；

河北千喜鹤肉类产业有限公司 陈子卿；

成都希望食品有限公司 尹蓉学；

黑龙江省宝泉岭农垦天香养殖有限公司 聂锡强；

昆明高上高食品有限公司 高厚基；

广东真美食品有限公司 庄沛锐；

内蒙古小肥羊肉业有限公司 李猛；

诸城外贸有限责任公司 王春民；

大连冰山集团有限公司 李文江；

济宁兴隆食品机械制造有限公司 周伟生；

吉林省艾斯克机电集团有限公司 邢东杰；

南京凯宏肉类机械有限公司 焦全胜；

嘉兴市瑞邦机械工程有限公司 祝高永；

济宁耐特食品有限公司 林春波；

济宁耐特食品有限公司 刘波；

贵港市智鸿环境科技有限公司 邹振生。

【f. 国际交流合作】

2010—2012 年，我国肉类行业在扩大对外交流合作方面取得了新进展。

1、中国肉类协会每年与世界肉类组织联合主办“两会一节”。即肉类食品产业发展研讨会、中国国际肉类工业展览会和中国国际肉类食品文化节。2010—2012 年举办了第 8 届、第 9 届和第 10 届肉类食品产业发展研讨会暨中国国际肉类工业展览会，以及第 5 届、第 6 届和第 7 届中国国际肉类食品文化节，进一步加强了我国肉类行业与国际同行间的交流与合作。

2、组织中国肉类行业代表团参加国际会议、会展，进行出国考察。2010 年 5 月 7 日–22 日，以李水龙会长为团长的中国肉类协会代表团出席在德国召开的世界肉类组织执委会会议。代表团参观了 IFFA（德国法兰克福国际肉类机械展览会），对德国、捷克、奥地利、瑞士、卢森堡、比利时、荷兰等国进行访问。9 月 26 日–29 日，出席在阿根廷首都布宜诺斯艾利斯召开的世界肉类组织执行委员会会议、世界肉类组织会员大会和由世界肉类组织主办、阿根廷牛肉促进会承办的“2010 世界肉类组织第 18 届世界肉类大会”。中国肉类协会在“世界肉类组织第 18 届世界肉类大会”上提交了承办“2014 年世界肉类组织第 20 届世界肉类大会”的申请。大会全票通过了中国的承办申请。代表团在大会闭幕后对南美洲的肉类工业进行了考察。2011 年组织会员企业参加了意大利米兰国际食品展览会、俄罗斯地区性肉类食品工业展览会；访问了美国、欧洲、南美部分国家的肉类行业组织及肉类工业企业。2012 年组织业内企业出国考察与参展活动，包括：印度 2012 年国际集约化畜牧展览会、越南 2012 年国际食品加工机械展览会、北美最大的肉类加工设备展——2012 年美国肉类协会展览会、欧洲最大的肉类工业产业链展会——2012 意大利国际肉类工业展览会等。

3、开展对外合作。2010 年 6 月 29 日，中国肉类协会与波兰肉类协会签署合作备忘录；7 月 3 日，与阿根廷肉类组织签订了合作框架协议；9 月 6 日，同加拿大猪肉协会签署了两会合作框架协议；12 月，与麦当劳（中国）公司签订了合作协议。

4、接待国外来访。中国肉类协会接待肉类行业来访的国家团组有美国、英国、西班牙、丹麦、爱尔兰、匈牙利、意大利、澳大利亚、新西兰、日本、德国、俄罗斯、法国、巴西、阿根廷、希腊、波兰、加拿大、蒙古、墨西哥、罗马尼亚等 21 个国家 33 个代表团。

5、以加强与亚洲国家的联系为重点，筹备举办 2014 年第 20 届世界肉类大会。2012 年 12 月 6 日–27 日，中国肉类协会陆续拜访了亚洲 13 个国家的驻华大使馆，主要集中在东南亚各国，旨在了解各国肉类行业现状及需求；宣传 2014 年世界肉类大会；听取各国对 2014 年会议的想法和建议，并获得相关国家行业协会和机构的信息。各国使馆均表示了友好支持的态度和参与 2014 年世界肉类大会活动的意向。中国肉类协会通过加强与周边各亚洲国家的联系，及时交流行业动态，共同推动肉类行业之间的贸易和发展，为举办 2014 年第 20 届世界肉类大会做好准备。

【g. 国家标准/行业标准】

2010—2012 年，我国肉类行业在制修订国家及行业标准方面取得了新进展。

1、中国肉类协会 2010 年启动了《中国肉类行业标准规范手册》的收集、编辑、出版工作，于 2011 年 8 月完成。该《手册》共收录各类相关政策法规、规范、标准 800 余项、280 余万字、4300 多页，成为企业和行业的基础工具书。

2、积极参与肉类制品国家标准和行业标准的制修订及

标准化体系建设工作。2010 年以来，共参与了《肉丸》、《腌腊制品》、《胶原蛋白肠衣》、《抽空软包装卤蛋制品》、《风干禽肉制品》；《猪屠宰与分割车间设计规范》、《牛屠宰与分割车间设计规范》、《禽类屠宰与分割车间规范》；《腌腊肉制品卫生标准》、《鲜冻禽肉卫生标准》、《肉类罐头卫生标准》、《鲜蛋卫生标准》、《蛋制品卫生标准》；《预包装食品添加剂标签通则》等 14 项标准制修订工作。

（郑梅）

2.20 水产品加工业

【a.“十一五”回顾】

“十一五”时期，是推进社会主义新农村建设，统筹城乡与社会协调发展，加快构建社会主义和谐社会的重要阶段。发展水产品加工业是建设现代渔业的重要内容，对于落实中央提出的推进社会主义新农村建设的战略部署，解放和发展渔业生产力，促进渔业生产发展和渔民生活富裕具有重要意义。 “十一五”以来，我国水产品加工业快速发展，成为渔业经济中最具成长活力的产业之一。主要表现在：

（1）水产品加工业总量快速增长，运行态势良好。“十一五”期间，水产品加工业产值年均增长 12.29%。2010 年，全国水产品加工业产值达到 2358.60 亿元，比 2009 年增长 16.38%；水产加工企业 9762 家，其中，规模以上企业 2599 家，占全部加工企业的 26.62%；水产加工能力 2010 年达到 2388.50 万吨；水产加工品总量达到 1633.25 万吨，同比增长 10.55%。水产品加工业成为我国渔业经济的支柱产业，是发展最快的产业之一。

（2）水产品加工业在繁荣地方经济，促进渔民增收和转移剩余劳动力等方面的作用日益显现。水产品加工业在地方经济发展中的地位和作用日益增强，逐步成为地区经济发展的重要力量，并在增加渔民收入、转移剩余劳动力等方面发挥了重要作用。在一些以渔业为主的县市，水产品加工业的税收对本级财政的贡献率已达到 90%以上。通过建立“公司+基地+渔业户”、“公司+中介组织+渔业户”、“公司+村委会+渔业户”等多种利益联接机制，渔民收入有了很大增加。

（3）产业和产品结构进一步优化，逐步实现了由初加工向深加工的转变。“十一五”期间，渔业产业结构进一步优化，发展水平和产业竞争力显著提升。“十一五”末，水产品总产量中养殖和捕捞比例由“十五”末的 67：33 发展为 71：29；渔业二三产业产值比重达到 48%，水产品加工业稳步发展，企业规模不断壮大，加工能力提高了 30%；努力提高副产物品的综合开发利用水平，开发水产品加工专用成套设备和超低温速冻保鲜设备，建立水产品加工的全程质量控制体系。水产加工品结构调整重点发展冷冻调理食品、冷藏保鲜鱼制品、即和休闲食品、海藻保健食品以及虾蟹贝保鲜食品等。其中，海水产品加工以海洋低值水产品加工为重点,生产风味鱼丸、鱼卷、鱼饼、鱼肠等方便食品和微波食品,以及人造蟹肉、贝肉、鱼翅等高档合成水产食品；淡水鱼加工重点解决蛋白质冷冻变性、泥土腥味脱除等难题,重点发展鱼糜、鱼片、腌制品、熏制品和调味品等深加工制品的开发力度；贝类加工在抓好保活运输、净化工作的基础上,大力开发贝类调味品、干制品、熏制品、软罐头和动物钙源食品等深加工制品。

（4）水产品加工企业规模扩大，核心竞争力不断增强。“十一五”期间，国内已涌现出一批起点高、成长快、规模大的水产品加工企业集团，成为水产品加工业的中坚力量。到 2010 底，全国年主营业务收入 500 万以上的水产品加工企业 2599 家，同比增长 1.6%，一大批水产品加工龙头企业，不仅规模大，效益好，而且带动能力强，辐射面广。

（5）产品加工向产区和大城市郊区集中，优势产业集群初步形成。各地根据资源禀赋和区位优势，围绕优势水产品和市场需求发展水产品加工业，建设了一批特色鲜明的水产品加工产业带和加工区。优势水产品区域化布局基本形成，形成了东南沿海、环渤海出口水产品优势养殖带和长江中下游出口河蟹优势养殖区，即“两带一区”的区域化布局。

【b. 水产品加工业概况】

“十二五”是我国全面建设小康社会的关键时期，统筹城乡区域协调发展，发展现代渔业，提高渔业综合竞争力，促进渔民增收，为水产品加工业发展创造了环境条件。

（一）有利条件

（1）水产品原料丰富,加工能力稳步提升。近年来，我国水产品丰年有余，供给充足，水产品总产量已经 1990 开始连续 23 年位居世界首位。渔业开始步入效益渔业阶段。

通过延长水产品加工产业链，提高水产品附加值，水产品加工业正逐步成为效益渔业的主导产业。2012 年，我国水产加工品总量 1907.39 万吨，同比增长 6.99%。其中，海水加工产品 1563.40 万吨，同比增长 5.8%；淡水加工产品 343.99 万吨，同比增长 12.73%。水产品加工企业数量 9706 家，同比增长 0.99%，加工能力 2638.04 万吨/年，同步增长 8.59%。水产冷库数量达到 8835 座，冻结能力 58.89 万吨，冷藏能力 451.50 万吨，制冰能力 24.54 万吨。水产加工产品以冷冻产品为主，冷冻加工品加工量增幅明显大于初级冷冻品。加工产品形式由块冻向小包装、条冻、单冻发展，由初加工向精深加工发展。新产品的开发也取得较大进展，各具特色的水产加工产品丰富多彩，除满足国内市场需求，还积极拓展国外市场。

（2）水产加工产品及区域布局更加合理。

淡水鱼类加工重点研究烤鳗、鱼糜制品、鲟鱼子、水产模拟食品等精深加工技术，开发冷冻调理食品、冷藏保鲜鱼制品、即食品和休闲食品；利用加工废弃物研究开发氨基酸、调味品、营养品、健康饮料、功能食品等；开发淡水鱼加工专用成套设备；建立淡水鱼加工的全程质量控制体系。在浙江、福建、广东、广西、海南等地区主要进行鳗鱼、鲢鱼、罗非鱼、鲮鱼、鲟鱼等加工开发，发展烤鳗、冻鱼及鱼片、鱼罐头、鱼糜和鱼糜制品、氨基酸调味品、鲟鱼子、腌熏制品、鱼露、模拟食品、方便食品、功能性食品等的加工；在辽宁、江苏、山东等地区主要进行鲢鱼、鳙鱼、鲟鱼等加工开发，发展鱼糜和鱼糜制品、鱼罐头、冻鱼及鱼片、氨基酸调味品、模拟食品、方便食品、功能性食品等的加工；在安徽、江西、湖北、湖南、四川等地区主要进行鲢鱼、鳙鱼、罗非鱼和鲟鱼等加工开发，发展鱼糜及鱼糜制品、冻鱼及鱼片、鱼罐头、腌熏制品等加工。

海水鱼类加工重点研究以海水养殖鱼类、远洋捕捞鱼类、海水中上层鱼类的超低温速冻技术、物流保鲜技术、干燥技术、质构重组技术等，开发海水鱼类加工新产品；加强海水鱼类加工副产品的综合开发利用，达到提高经济效益和资源利用率的目的；建立完善的海水鱼类生产、加工、流通和消费的质量安全保障体系。在海水中上层鱼类主要分布地区，辽宁、浙江、福建、山东、广东等省，主要进行鱼粉和鱼油加工，其次，进行腌干制品和鱼糜制品加工；在远洋捕捞鱼类主要分布地区，辽宁、浙江、山东等省，主要进行金枪鱼等深海鱼类加工，开发鱼糜制品、调味制品和保健食品；在海水养殖鱼类主要分布地区，浙江、福建、山东、广东等省，重点进行养殖大黄鱼、鲈鱼加工。

（3）国内、国际市场需求旺盛，水产品加工业市场前景广阔。目前我国人均 GDP 已经达到 1700 美元，人民生活开始向全面实现小康迈进，食品消费结构进入了加速调整和升级的重要阶段。在“十二五”规划中，国内城乡居民人均水产品消费量将增速 7.6%，超过人均占有量增速近 5.4 个百分点，我国水产品加工业产值也将持续年均增长 20%以上，利润增速超过收入增速，水产品加工行业的增长质量不断提升。各级政府的政策扶持、丰富的劳动力资源、富有竞争力的低成本优势是我国水产品加工企业参与国际竞争的优势所在，而这些要素在可预见的将来不会改变，在国际订单向中国转移的背景下，中国水产品加工企业的竞争优势是可以持续的。水产品加工业快速发展的市场环境已经形成。

（二）制约因素

在外部环境上，一是竞争加剧，跨国企业对国内企业构成巨大挑战；二是生产成本增加，人民币升值、能源和用工紧张造成相应价格的持续上涨，导致水产品加工业生产成本快速增加，2003 年以来，我国水产品加工业生产成本以平均每年 10%的速度递增，使加工产品价格随之提高；三是城乡之间、地区之间发展不平衡，难以形成产加销一体化的整体竞争优势。

在水产品加工业自身发展上，存在许多问题和不足。一是区域发展不平衡。我国水产加工企业大多集中在沿海地区，加工品总量占全国比重达到 90%以上。山东、浙江、福建、广东、辽宁、江苏、海南等省份的水产品加工业总产值占全国水产品加工业总产值的 92.8%，从企业投资情况看，我国水产品加工企业投资也主要集中在浙江、山东、福建、广东、辽宁等几个沿海省份。内陆地区水产品加工业相对薄弱，水产品加工量占全国比重不足 10%。二是加工规模和整体水平还比较低。总体上看，中小企业和家庭作坊较多，产业集中度不高，处于低水平循环。发达国家水产品加工率在 90%左右，我国只有 45%左右；发达国家水产品深加工（二次以上加工）占 80%，我国只有 30%左右；发达国家水产品加工产值与渔业产值之比约为 3:1，我国仅为 0.35:1 。三是加工技术装备差距还比较大。我国水产品加工企业的技术装备 50%还处于 20 世纪 80 年代的世界平均水平，40%左右处于 20 世纪 90 年代水平，只有不到 10%装备达到世界先进水平。在国际市场上，我国水产品几乎只能作为原料和半成品出口，不仅售价低，而且由于缺乏市场竞争力，与渔业大国的地位不相称。四是加工标准和质量控制体系不完善。普遍存在标准陈旧，体系不健全，不适应行业发展与国际接轨的需要，甚至有些重要领域存在标准空白现象。2000 年以来，水产品的质量安全问题成为不容忽视的问题。水产品质量存在的突出问题主要表现在抗生素、激素、药物、重金属等的残留问题以及微生物、甲醛等指标的超标现象。水产品的质量问题已成为水产品上市和出口的最大障碍。五是服务体系建设滞后。渔民专业合作经济组织和行业协会发展滞后，公益性社会化服务平台尚未形成。五是管理体制不完善，政策不配套。

【c. 大事记】

（1）2010 年大事记

1 月 1 日，欧盟对进入其市场的海洋捕捞产品开始实行合法性认证，按此政策我国出口欧盟的大部分海洋捕捞产品除原需出具原产地证明、卫生证书外，还需要出具合法捕捞证明文件。

3 月 4 日，农业部办公厅下发《关于开展 2010 年农业部水产健康养殖示范场创建活动的通知》（农办渔[2010]21 号），提出了 2010 年水产健康养殖示范场创建活动的工作目标、实施步骤和工作要求。

10 月 21 日，农业部发布《中华人民共和国农业部关于实行珠江禁渔期制度的通告》（农业部通告[2010]1 号）。通告决定自 2011 年起实行珠江禁渔期制度，禁渔水域包括江西、湖南、广东、广西、贵州和云南 6 省（区）的干流、重要支流及通江湖泊，禁渔时间每年 4 月 1 日 12 时到 6 月 1 日 12 时。

（2）2011 年大事记

4 月 6 日，农业部印发《关于开展 2011 年海水贝类产品卫生监测和生产区域划型工作的通知》（农渔发[2011]8 号）。下达 2011 年海水贝类产品卫生监测计划，提出海水贝类生产区域划型工作要求。

5 月 23 日，农业部和卫生部就如何应对日本核泄漏可能对我国水产品造成的影响进行专题会商，初步商定由两部按照职责联合开展水产品监测，监测方案及相关事项将联合报请国务院批示。

6 月 3 日，牛盾副部长签发《全国渔业发展第十二个五年规划》。

12 月 29 日，2011 年全国渔业工作会议在北京召开。会议传达学习了中央农村工作会议、全国农业工作会议精神，总结了 2011 年渔业发展情况，部署了 2012 年全国渔业工作，并对今后一段时期渔业发展思路进行研究和谋划。

（3）2012 年大事记

10 月，《中华人民共和国渔业船舶登记办法》经 2012 年农业部第 10 次常务会议审议通过，以农业部令公布，自 2013 年 1 月 1 日起施行。农业部 1996 年 1 月 22 日发布，1997 年 12 月 25 日、2004 年 7 月 1 日、2010 年 11 月 26 日修订的《中华人民共和国渔业船舶登记办法》（农渔发[1996]2 号）同时废止。

11 月 30 日，农业部渔业局在北京召开第四届全国水产标准化技术委员会（以下简称“全国水产标委会”）第 2 次全体委员会议。农业部渔业局李书民副局长到会并做重要讲话，国家标准化管理委员会、农业部农产品质量安全监管局派员指导工作。会议总结了第四届全国水产标准化技术委员会成立 3 年以来的工作，安排部署了“十二五”后两年渔业标准化工作，并通报了全国水产标委会及各分技委委员增补和调整情况。

【d. 行业动态】

政府高度重视水产品加工业的发展，把其作为促进县域经济发展、增加渔民收入和提高渔业综合生产能力的重要措施之一。“十二五”期间，必须抓住机遇，进一步落实完善各项政策，营造良好环境，有效化解制约发展的矛盾和问题，促进水产品加工业健康发展。“十二五”期间，水产品加工业发展将着眼于以下几个方面：

1、重点开发保活保鲜运输技术

加快我国水产加工业优化升级。鼓励企业通过兼并、重组、联营等分工协作，推动水产加工企业向集团化发展，通过产学研联合等方式，促进企业科技创新能力提升；根据现有海洋渔业和水产养殖资源配量，利用区域优势建立水产加工园区，大力发展水产流通，打造产业品牌；开发和引进新工艺、新技术、新设备，提高加工保藏水平，逐渐完善水产品现代化物流体系；积极发展精深加工，生产营养、方便、即食、优质的水产加工品；挖掘海洋产品资源，加大水产品和加工副产物的开发利用力度，提高水产品附加值；实施水产加工产业结构调整和转型升级，引导水产加工企业重视节能环保，走可持续发展道路。

利用现代食品加工技术，发展水产品精深加工，加快开发包括冷冻或冷藏分割、冷冻调理、鱼糜制品、罐头等即食、小包装和各类新型水产功能食品，鼓励企业建立标准化物流中心，重点开发、推广水产品保活保鲜运输技术，实施渔船保鲜、冷冻、冷藏贮运改造工程，建立符合我国国情的现代化水产品物流体系。提高水生生物资源和生产性资料的利用

率，发展低能耗、低排放、低污染的环境友好型水产加工业。

同时，在远洋捕捞船载超低温急冻冷藏、鱼类加工、贝类的净化与加工、海藻加工及综合利用、优质名贵水产品的保鲜保活等运输装备方面，继续走自主化发展道路。

2、发挥比较优势,建设3个出口加工优势产业带

坚持因地制宜、发挥比较优势。加快培育一批水产食品加工龙头企业，着力建设黄渤海、东南沿海、长江流域3个水产品出口加工优势产业带，鼓励黄渤海地区在巩固来料加工及对虾、贝类、海藻加工优势基础上，积极向海洋功能食品领域延伸；鼓励东南沿海地区在巩固鳗鲡、对虾、贝类、大黄鱼、罗非鱼、海藻加工优势基础上，大力发展远洋水产品和近海捕捞水产品精深加工；鼓励长江流域在巩固河蟹、斑点、鳗鲡、小龙虾、海藻加工优势基础上，大力发展精深加工和副产品高值化利用。引导和扶持内陆省份开展淡水产品加工。形成全国沿海一条线、内陆局域成片、产业一条链的水产品加工产业格局。

3、提高水产加工率,建设20家年产值超20亿元大型企业

力争到2015年,水产品加工总产量达到6000万吨以上,水产品加工总产值达到3800亿元以上,年均增长10%以上。水产品加工率提高到45%以上,冷冻调理食品和分割小包装食品的比例占水产冷冻加工品的比例达到30%以上。培育形成年产值超20亿元、具有明显区域带动作用的水产品加工大型企业20家、超10亿元的100家。

【e. 行业标准】

序号	标准代码	标准名称
		一、国家标准
1	GB/T 9956–2011	青鱼鱼苗、鱼种
2	GB/T 18109–2011	冻鱼
3	GB/T 19162–2011	梭鱼
4	GB/T 26619–2011	斑节对虾
5	GB/T 26620–2011	钝吻黄盖鲽
6	GB/T 26621–2011	日本对虾
7	GB/T 26876–2011	中华鳖池塘养殖技术规范
8	GB/T 26940–2011	牡蛎干
9	GB/T 27520–2011	暗纹东方鲀
10	GB/T 27624–2011	养殖红鳍东方鲀鲜、冻品加工操作规范
11	GB/T 27625–2011	红鳍东方鲀人工繁育技术规范
12	GB/T 27635–2011	斑点叉尾鮰嗜麦芽寡养单胞菌检测操作方法
13	GB/T 27636–2011	冻罗非鱼片加工技术规范
14	GB/T 27638–2011	活鱼运输技术规范
15	GB/T 27988–2011	咸鱼加工技术规范
		二、行业标准
1	SC/T 1108–2011	蟹类性状测定
2	SC/T 1109–2011	淡水无核珍珠养殖技术规程
3	SC/T 1110–2011	罗非鱼养殖质量安全管理技术规范
4	SC/T 2008–2011	半滑舌鳎
5	SC/T 2040–2011	日本对虾 亲虾
6	SC/T 2041–2011	日本对虾 苗种

7	SC/T 2042-2011	文蛤 亲贝和苗种
8	SC/T 3108-2011	鲜活青鱼、草鱼、鲢、鳙、鲤
9	SC/T 3905-2011	鲟鱼子酱
10	SC/T 4024-2011	浮绳式网箱
11	SC/T 5007-2011	聚乙烯网线
12	SC/T 6001.1-2011	渔业机械基本术语 第1部分：捕捞机械
13	SC/T 6001.2-2011	渔业机械基本术语 第2部分：养殖机械
14	SC/T 6001.3-2011	渔业机械基本术语 第3部分：水产品加工机械
15	SC/T 6001.4-2011	渔业机械基本术语 第4部分：绳网机械
16	SC/T 6023-2011	投饲机
17	SC/T 6048-2011	淡水养殖池塘设施要求
18	SC/T 6049-2011	水产养殖网箱名词术语
19	SC/T 6050-2011	水产养殖电器设备安全要求
20	SC/T 6051-2011	溶氧装置性能试验方法
21	SC/T 6070-2011	渔业船舶船载北斗卫星导航系统终端技术要求
22	SC/T 7015-2011	染疫水生动物无害化处理规程
23	SC/T 7210-2011	鱼类简单异尖线虫幼虫检测方法
24	SC/T 7211-2011	传染性脾肾坏死病毒检测方法
25	SC/T 7212.1-2011	鲤疱疹病毒检测方法 第1部分: 锦鲤疱疹病毒
26	SC/T 7213-2011	鲴嗜麦芽寡养单胞菌检测方法
27	SC/T 7214.1-2011	鱼类爱德华氏菌检测方法 第1部分: 迟缓爱德华氏菌
28	SC/T 8001-2011	海洋渔业船舶柴油机油耗
29	SC/T 8006-2011	渔业船舶柴油机选型技术要求
30	SC/T 8012-2011	渔业船舶无线电通信、航行及信号设备配备要求
31	SC/T 8138-2011	190系列渔业船舶柴油机修理技术要求
32	SC/T 8140-2011	渔业船舶燃气安全使用技术条件
33	SC/T 8145-2011	渔业船舶自动识别系统B类船载设备技术要求
34	SC/T 9104-2011	渔业水域中甲胺磷、克百威的测定·气相色谱法

2010年全国水产品总产量

单位：吨

指标	2010年	2009年	2010年比2009年增减(±)	
			绝对量	幅度（%）
水产品总产量	53,730,024	51,164,039	2,565,985	5.02
海水产品	27,975,312	26,815,555	1,159,757	4.32
淡水产品	25,754,712	24,348,484	1,406,228	5.78
养殖产量	38,288,351	36,216,826	2,071,525	5.72
海水养殖	14,823,008	14,052,220	770,788	5.49

淡水养殖	23,465,343	22,164,606	1,300,737	5.87
捕捞产量	15,441,673	14,947,213	494,460	3.31
海洋捕捞	12,035,946	11,786,109	249,837	2.12
远洋渔业	1,116,358	977,226	139,132	14.24
淡水捕捞	2,289,369	2,183,878	105,491	4.83
养殖产品中：鱼类	21,449,928	20,340,641	1,109,287	5.45
甲壳类	3,199,124	2,977,446	221,678	7.45
贝类	11,333,329	10,765,706	567,623	5.27
藻类	1,551,013	1,463,558	87,455	5.98
其他类	754,957	669,475	85,482	12.77
捕捞产品中：鱼类	9,869,726	9,566,571	303,155	3.17
甲壳类	2,386,634	2,346,737	39,897	1.7
贝类	909,084	954,073	–44,989	–4.72
藻类	24,662	27,617	–2,955	–10.7
头足类	658,309	643,255	15,054	2.34
其他类	476,900	431,734	45,166	10.46

2010 年全国水产加工情况

指标	计量单位	2010 年	2009 年	2010 年比 2009 年增减(±)	
				绝对量	幅度（%）
1.水产加工企业	个	9,762	9,635	127	1.32
水产品加工能力	吨/年	23,884,991	22,091,650	1,793,341	8.12
其中:规模以上加工企业	个	2,599	2,558	41	1.60
2.水产冷库	座	7,970	7,548	422	5.59
冻结能力	吨/日	490,960	499,686	–8,726	–1.75
冷藏能力	吨/次	4,081,949	3,603,577	478,372	13.27
制冰能力	吨/日	246,847	212,662	34,185	16.07
3.水产加工品总量	吨	16,332,475	14,773,334	1,559,141	10.55
淡水加工产品	吨	2,822,823	2,279,306	543,517	23.85
海水加工产品	吨	13,509,652	12,494,028	1,015,624	8.13
（1）水产冷冻品	吨	10,048,886	9,411,169	637,717	6.78
其中：冷冻品	吨	5,529,952	4,896,807	633,145	12.93
冷冻加工品	吨	4,518,934	4,514,362	4,572	0.10
（2）鱼糜制品及干腌制品	吨	2,426,975	2,235,389	191,586	8.57
其中：鱼糜制品	吨	962,006	847,929	114,077	13.45
干腌制品	吨	1,464,969	1,387,460	77,509	5.59
（3）藻类加工品	吨	945,864	904,623	41,241	4.56

（4）罐制品	吨	243,109	220,823	22,286	10.09
（5）水产饲料(鱼粉)	吨	1,492,896	1,364,600	128,296	9.40
（6）鱼油制品	吨	38,840	24,724	14,116	57.09
（7）其他水产加工品	吨	1,135,905	612,006	523,899	85.60
其中：助剂和添加剂	吨	80,072	70,722	9,350	13.22
珍珠	千克	544,346	700,363	–156,017	–22.28
4.用于加工的水产品总量	吨	17,783,457	18,221,834	–438,377	–2.41
其中：淡水产品	吨	4,273,275	3,936,376	336,899	8.56
海水产品	吨	13,510,182	14,285,458	–775,276	–5.43
5.部分水产品年加工量	吨	1,417,444	1,362,740	54,704	4.01
其中：对虾	吨	462,523	430,321	32,202	7.48
克氏原螯虾	吨	168,145	150,747	17,398	11.54
罗非鱼	吨	594,200	591,870	2,330	0.39
鳗鱼	吨	112,373	113,723	–1,350	–1.19
斑点叉尾鮰	吨	80,203	76,079	4,124	5.42

2010 年各地区水产加工品总量

单位：吨

指标	2010 年		2009 年		2010 年比 2009 年增减(±)			
					绝对量		幅度（%）	
	水产加工品总量	其中:淡水加工产品	水产加工品总量	其中:淡水加工产品	水产加工品总量	其中：淡水加工产品	水产加工品总量	其中：淡水加工产品
全国总计	**16,332,475**	**2,822,823**	**14,773,334**	**2,279,306**	**1,559,141**	**543,517**	**10.55**	**23.85**
北　京	3,790	1,290	2,907	783	883	507	30.37	64.75
天　津	616	616	1,503	613	–887	3	–59.02	0.49
河　北	139,271	12,300	139,002	13,165	269	–865	0.19	–6.57
山　西								
内蒙古	8,114	8,114	5,531	5,531	2,583	2,583	46.70	46.70
辽　宁	2,007,041	32,646	1,860,367	27,772	146,674	4,874	7.88	17.55
吉　林	10,385	10,385	10,208	10,208	177	177	1.73	1.73
黑龙江	2,025	2,025	6,614	6,614	–4,589	–4,589	–69.38	–69.38
上　海	12,373	9,681	154,167	8,533	–141,794	1,148	–91.97	13.45
江　苏	1,069,306	561,274	777,752	269,502	291,554	291,772	37.49	108.26
浙　江	2,124,413	129,748	2,009,115	127,448	115,298	2,300	5.74	1.80
安　徽	93,411	93,411	94,492	94,492	–1,081	–1,081	–1.14	–1.14
福　建	2,432,677	138,245	2,133,931	156,912	298,746	–18,667	14.00	–11.90
江　西	252,906	252,906	211,190	211,190	41,716	41,716	19.75	19.75

山东	4,885,897	153,414	4,366,389	114,178	519,508	39,236	11.90	34.36
河南	16,060	16,060	17,319	17,319	–1,259	–1,259	–7.27	–7.27
湖北	674,116	674,116	525,690	525,690	148,426	148,426	28.23	28.23
湖南	64,484	64,484	60,814	60,814	3,670	3,670	6.03	6.03
广东	1,442,633	396,370	1,417,646	390,274	24,987	6,096	1.76	1.56
广西	583,839	112,453	486,942	95,128	96,897	17,325	19.90	18.21
海南	475,119	119,286	464,117	115,502	11,002	3,784	2.37	3.28
重庆	107	107	193	193	–86	–86	–44.56	–44.56
四川	2,178	2,178	2,614	2,614	–436	–436	–16.68	–16.68
贵州	3,386	3,386	1,641	1,641	1,745	1,745	106.34	106.34
云南	23,813	23,813	14,115	14,115	9,698	9,698	68.71	68.71
西藏								
陕西	2,640	2,640	6,280	6,280	–3,640	–3,640	–57.96	–57.96
甘肃	50	50			50	50		
青海			1,000	1,000	–1,000	–1,000	–100.00	–100.00
宁夏								
新疆	1,825	1,825	1,795	1,795	30	30	1.67	1.67

2010年各地区水产品加工总量（按品种分）(一)

单位：吨

地区	水产加工品总量	其中		1.水产冷冻品		
		淡水加工产品	海水加工产品		冷冻品	冷冻加工品
全国总计	**16,332,475**	**2,822,823**	**13,509,652**	**10,048,886**	**5,529,952**	**4,518,934**
北京	3,790	1,290	2,500	3,606	302	3,304
天津	616	616		500	500	
河北	139,271	12,300	126,971	57,600	19,347	38,253
山西						
内蒙古	8,114	8,114		6,338	5,788	550
辽宁	2,007,041	32,646	1,974,395	1,314,795	607,660	707,135
吉林	10,385	10,385		820	80	740
黑龙江	2,025	2,025		1,255	1,255	
上海	12,373	9,681	2,692	9,726	4,245	5,481
江苏	1,069,306	561,274	508,032	523,019	338,394	184,625
浙江	2,124,413	129,748	1,994,665	1,624,619	1,185,631	438,988
安徽	93,411	93,411		66,657	35,400	31,257
福建	2,432,677	138,245	2,294,432	1,183,227	754,225	429,002
江西	252,906	252,906		96,550	60,197	36,353

山　东	4,885,897	153,414	4,732,483	2,918,145	1,650,040	1,268,105
河　南	16,060	16,060		12,401	6,320	6,081
湖　北	674,116	674,116		288,908	94,738	194,170
湖　南	64,484	64,484		25,757	19,897	5,860
广　东	1,442,633	396,370	1,046,263	976,351	324,968	651,383
广　西	583,839	112,453	471,386	504,349	103,320	401,029
海　南	475,119	119,286	355,833	404,975	290,355	114,620
重　庆	107	107				
四　川	2,178	2,178		1,955	197	1,758
贵　州	3,386	3,386		2,411	2,411	
云　南	23,813	23,813		22,764	22,764	
西　藏						
陕　西	2,640	2,640		640	640	
甘　肃	50	50		50	50	
青　海						
宁　夏						
新　疆	1,825	1,825		1,468	1,228	240

2010 年各地区水产品加工总量（按品种分）(二)

单位：吨

地区	2.鱼糜制品及干腌制品	鱼糜制品	干腌制品	3.藻类加工品	4.罐制品	5.水产饲料（鱼粉）
全国总计	**2,426,975**	**962,006**	**1,464,969**	**945,864**	**243,109**	**1,492,896**
北　京						160
天　津						
河　北	15,328	470	14,858		6,168	58,055
山　西						
内蒙古	88		88	1,238	450	
辽　宁	168,503	53,184	115,319	298,569	18,652	67,252
吉　林	9,545	105	9,440			
黑龙江	770		770			
上　海						
江　苏	47,743	19,007	28,736	16,074	9,571	464,500
浙　江	278,110	114,827	163,283	15,847	28,116	148,544
安　徽	16,094	6,248	9,846		2,450	8,080
福　建	466,735	252,743	213,992	334,261	39,766	274,988
江　西	125,359	39,989	85,370	1,491	4,105	17,349

山　东	652,979	240,500	412,479	266,121	37,192	317,944
河　南	886	63	823	240	233	200
湖　北	353,249	124,156	229,093		30,897	
湖　南	34,343	6,347	27,996		1,612	2,486
广　东	200,124	90,474	109,650	2,962	63,158	114,491
广　西	28,715	12,949	15,766		163	2,327
海　南	26,745	934	25,811	8,585		14,520
重　庆	107		107			
四　川	223		223			
贵　州	975	10	965			
云　南	47		47	476	526	
西　藏						
陕　西						2,000
甘　肃						
青　海						
宁　夏						
新　疆	307		307		50	

2010年各地区水产品加工总量（按品种分）（三）

单位：吨

地区	6.鱼油制品	7.其他水产加工品	助剂和添加剂	珍珠(千克)
全国总计	38,840	1,135,905	80,072	544,346
北　京		24	24	
天　津		116		
河　北	35	2,085		
山　西				
内蒙古				
辽　宁	1,960	137,310	2,105	
吉　林	20			
黑龙江				
上　海		2,647		
江　苏		8,399	155	58,600
浙　江	974	28,203	8,336	875
安　徽		130	30	15,020
福　建	17,065	116,635	4,150	
江　西	400	7,652	529	380,500
山　东	16,801	676,715	59,911	3,500

河　南		2,100		
湖　北		1,062	105	6,800
湖　南		286		73,546
广　东	625	84,922	230	5,505
广　西	960	47,325	4,497	
海　南		20,294		
重　庆				
四　川				
贵　州				
云　南				
西　藏				
陕　西				
甘　肃				
青　海				
宁　夏				
新　疆				

2010 年各地区用于加工的水产品量

单位：吨

地区	用于加工的水产品量	其中	
		淡水产品	海水产品
全国总计	**17,783,457**	**4,273,275**	**13,510,182**
北　京	4,479	1,538	2,941
天　津	616	616	
河　北	456,145	15,079	441,066
山　西			
内蒙古	8,697	8,697	
辽　宁	2,362,686	39,090	2,323,596
吉　林	45,067	45,067	
黑龙江	2,795	2,795	
上　海	13,023	10,424	2,599
江　苏	1,159,031	601,882	557,149
浙　江	2,531,714	164,697	2,367,017
安　徽	144,037	144,037	
福　建	2,623,129	218,930	2,404,199
江　西	436,903	436,903	
山　东	3,159,751	76,192	3,083,559

河　南	38,311	38,311	
湖　北	1,119,640	1,119,640	
湖　南	106,573	106,573	
广　东	2,140,646	656,098	1,484,548
广　西	625,080	139,879	485,201
海　南	753,912	395,605	358,307
重　庆	330	330	
四　川	5,870	5,870	
贵　州	3,876	3,876	
云　南	35,731	35,731	
西　藏			
陕　西	3,020	3,020	
甘　肃	50	50	
青　海			
宁　夏			
新　疆	2,345	2,345	

2010 年各地区水产品加工企业、冷库基本情况

地区	水产加工企业			水产冷库			
	小计（个）	水产加工能力（吨/年）	其中:规模以上加工企业（个）	数量（座）	冻结能力（吨/日）	冷藏能力（吨/次）	制冰能力（吨/日）
全国总计	**9,762**	**23,884,991**	**2,599**	**7,970**	**490,960**	**4,081,949**	**246,847**
北　京	5	7,685	1	211	71	24,232	116
天　津	5	1,965		20	232	200,945	40
河　北	262	507,666	22	237	6,046	55,984	4,608
山　西							
内蒙古	37	7,190	17	35	360	2,724	291
辽　宁	1,017	2,618,929	353	817	65,684	637,610	18,797
吉　林	19	24,757		19	125	1,185	2
黑龙江	30	4,700		20	320	2,980	66
上　海	20	50,456	4	31	1,022	11,820	376
江　苏	983	1,195,323	279	995	23,500	139,239	17,454
浙　江	2,198	2,369,597	369	1,396	33,008	796,835	29,255
安　徽	105	147,445	53	295	9,121	21,027	618
福　建	1,156	2,769,183	399	728	14,209	352,081	16,253
江　西	124	158,467	38	136	1,894	20,328	909
山　东	1,942	7,128,287	665	1,816	237,972	1,330,614	110,856

河　南	41	43,135	4	59	761	7,185	155
湖　北	216	1,151,760	124	261	54,771	64,704	16,393
湖　南	97	69,020	40	89	5,710	40,194	1,824
广　东	1,174	4,231,133	135	540	17,498	261,579	15,272
广　西	218	941,917	51	48	2,136	69,538	2,804
海　南	42	372,621	30	131	3,860	31,167	10,664
重　庆	3	380	1	7	12,025	5,010	26
四　川	7	28,840	3	5	90	460	13
贵　州	17	5,146		12	24	218	19
云　南	33	43,439	7	19	213	1,751	33
西　藏							
陕　西	3	2,800	1	5	35	36	3
甘　肃	1	200				2	
青　海							
宁　夏							
新　疆	7	2,950	3	38	273	2,501	

2010 年各地区水产品进出口贸易情况

单位：万美元，吨

地区	2010 年进出口		2009 年进出口		2010 年比 2009 年增减（±）			
					绝对量		幅度（%）	
	金额	数量	金额	数量	金额	数量	金额	数量
全国总计	**2,036,390.32**	**7,160,638**	**1,605,991.05**	**6,705,449**	**430,399.27**	**455,189**	**26.80**	**6.79**
北　京	25,907.91	140,517	14,382.61	97,241	11,525.29	43,276	80.13	44.50
天　津	21,905.19	118,607	21,506.81	144,289	398.38	-25,682	1.85	-17.80
河　北	15,724.09	29,489	10,737.29	26,308	4,986.80	3,181	46.44	12.09
山　西	0.86	30	0.74	5	0.12	25	15.94	503.77
内蒙古	49.17	282	32.81	105	16.36	177	49.87	168.34
辽　宁	306,594.20	1,363,011	265,653.85	1,238,279	40,940.34	124,733	15.41	10.07
吉　林	13,904.44	74,015	13,801.39	91,758	103.04	-17,743	0.75	-19.34
黑龙江	220.42	1,054	294.79	539	-74.37	515	-25.23	95.64
上　海	60,089.79	187,935	38,392.74	149,439	21,697.05	38,496	56.51	25.76
江　苏	34,204.05	94,662	30,517.18	96,597	3,686.87	-1,935	12.08	-2.00
浙　江	179,180.55	567,026	143,162.06	558,623	36,018.48	8,403	25.16	1.50
安　徽	5,966.75	26,889	5,073.94	38,557	892.82	-11,669	17.60	-30.26
福　建	300,480.70	826,265	198,448.55	837,222	102,032.15	-10,957	51.41	-1.31
江　西	18,781.71	12,551	13,480.66	15,576	5,301.05	-3,025	39.32	-19.42

山　东	636,113.80	2,356,996	529,606.09	2,077,040	106,507.71	279,956	20.11	13.48
河　南	1,031.20	1,501	680.36	1,073	350.84	428	51.57	39.88
湖　北	14,811.96	25,557	12,862.55	24,039	1,949.41	1,518	15.16	6.31
湖　南	1,542.98	3,387	2,204.30	11,655	–661.32	–8,268	–30.00	–70.94
广　东	299,003.24	922,369	237,839.37	992,972	61,163.87	–70,603	25.72	–7.11
广　西	25,628.68	79,514	16,128.05	56,673	9,500.62	22,841	58.91	40.30
海　南	42,366.02	120,373	37,694.89	116,045	4,671.13	4,328	12.39	3.73
重　庆	1,274.74	10,522	548.62	6,457	726.12	4,065	132.35	62.95
四　川	3,248.30	20,084	4,144.28	41,954	–895.98	–21,869	–21.62	–52.13
贵　州	0.58	4			0.58	4		
云　南	27,593.06	175,828	7,982.33	77,910	19,610.73	97,918	245.68	125.68
西　藏	0.00	0	3.13	13	–3.13	–13	–100.00	–100.00
陕　西	391.47	559	471.31	3,668	–79.85	–3,108	–16.94	–84.76
甘　肃	22.87	140			22.87	140		
青　海	18.90	18	66.65	107	–47.75	–89	–71.64	–83.33
宁　夏	51.25	319	30.86	206	20.40	113	66.11	54.90
新　疆	281.44	1,133	242.84	1,098	38.60	35	15.90	3.20

2010 年各地区水产品出口贸易情况

单位：万美元，吨

地区	2010 年出口		2009 年出口		2010 年比 2009 年增减（±）			
					绝对量		幅度（%）	
	金额	数量	金额	数量	金额	数量	金额	数量
全国总计	**1,382,765.70**	**3,338,837**	**1,079,543.17**	**2,965,139**	**303,222.52**	**373,698**	**28.09**	**12.60**
北　京	464.47	756	257.85	337	206.62	419	80.13	124.54
天　津	3,349.69	5,841	3,653.00	5,968	–303.31	–127	–8.30	–2.12
河　北	14,569.21	26,597	10,412.30	25,523	4,156.91	1,074	39.92	4.21
山　西	0.04		0.74	5	–0.70	–5	–94.08	–100.00
内蒙古			13.30	14	–13.30	–14	–100.00	–100.00
辽　宁	188,537.50	572,473	158,592.28	515,497	29,945.22	56,976	18.88	11.05
吉　林	6,889.73	9,950	5,010.92	10,317	1,878.81	–367	37.49	–3.56
黑龙江	62.99	392	60.91	243	2.08	150	3.42	61.69
上　海	9,028.77	11,425	9,235.69	13,720	–206.91	–2,295	–2.24	–16.73
江　苏	27,111.26	57,731	23,932.45	54,028	3,178.81	3,703	13.28	6.85
浙　江	159,169.35	442,131	127,576.13	419,027	31,593.21	23,103	24.76	5.51
安　徽	2,762.78	4,536	1,755.67	3,218	1,007.12	1,318	57.36	40.97
福　建	253,752.38	515,420	152,838.69	399,088	100,913.70	116,332	66.03	29.15

江　西	18,265.56	10,982	12,894.11	10,741	5,371.45	241	41.66	2.25
山　东	398,760.79	1,017,691	337,418.66	923,045	61,342.13	94,646	18.18	10.25
河　南	1,013.87	1,451	668.36	912	345.51	539	51.70	59.15
湖　北	14,510.23	23,759	12,743.25	23,122	1,766.98	636	13.87	2.75
湖　南	1,390.27	2,569	1,383.98	2,910	6.29	–342	0.45	–11.74
广　东	217,842.16	448,061	169,507.04	396,405	48,335.12	51,656	28.52	13.03
广　西	24,263.66	69,340	15,226.09	48,165	9,037.57	21,174	59.36	43.96
海　南	40,280.51	115,433	35,998.08	111,695	4,282.43	3,738	11.90	3.35
重　庆	0.57	0	1.13	1	–0.56	0	–49.89	–54.24
四　川	124.82	314	77.69	267	47.13	47	60.66	17.72
贵　州	0.00				0.00	0		
云　南	461.54	1,538	176.28	687	285.26	852	161.83	124.07
西　藏					0.00	0		
陕　西	5.14	3	0.13	0	5.01	3	4009.84	2703.00
甘　肃	0.00	0			0.00	0		
青　海	18.42	17	65.79	68	–47.37	–51	–72.00	–74.45
宁　夏	0.09	0			0.09	0		
新　疆	129.88	428	42.66	138	87.22	290	204.43	209.35

2010 年各地区水产品进口贸易情况

单位：万美元，吨

地区	2010 年进口		2009 年进口		2010 年比 2009 年增减（±）			
					绝对量		幅度（%）	
	金额	数量	金额	数量	金额	数量	金额	数量
全国总计	**653,624.63**	**3,821,801**	**526,447.88**	**3,740,310**	**127,176.75**	**81,491**	**24.16**	**2.18**
北　京	25,443.44	139,761	14,124.76	96,904	11,318.68	42,856	80.13	44.23
天　津	18,555.50	112,766	17,853.81	138,321	701.69	–25,555	3.93	–18.48
河　北	1,154.88	2,892	324.99	785	829.89	2,106	255.36	268.21
山　西	0.82	30			0.82	30		
内蒙古	49.17	282	19.51	91	29.66	191	152.06	209.55
辽　宁	118,056.70	790,538	107,061.57	722,781	10,995.13	67,757	10.27	9.37
吉　林	7,014.71	64,065	8,790.47	81,442	–1,775.77	–17,377	–20.20	–21.34
黑龙江	157.43	661	233.88	296	–76.46	365	–32.69	123.47
上　海	51,061.02	176,511	29,157.05	135,719	21,903.97	40,792	75.12	30.06
江　苏	7,092.79	36,931	6,584.73	42,570	508.06	–5,638	7.72	–13.24
浙　江	20,011.20	124,896	15,585.93	139,596	4,425.27	–14,700	28.39	–10.53
安　徽	3,203.97	22,353	3,318.27	35,340	–114.30	–12,987	–3.44	–36.75
福　建	46,728.32	310,845	45,609.87	438,134	1,118.45	–127,289	2.45	–29.05

江　西	516.15	1,569	586.55	4,836	-70.40	-3,266	-12.00	-67.55
山　东	237,353.01	1,339,305	192,187.42	1,153,995	45,165.59	185,310	23.50	16.06
河　南	17.33	50	11.99	162	5.33	-111	44.46	-68.83
湖　北	301.73	1,798	119.30	916	182.43	882	152.91	96.25
湖　南	152.70	819	820.32	8,745	-667.61	-7,926	-81.38	-90.64
广　东	81,161.08	474,308	68,332.32	596,567	12,828.75	-122,259	18.77	-20.49
广　西	1,365.02	10,175	901.96	8,508	463.05	1,667	51.34	19.59
海　南	2,085.51	4,940	1,696.81	4,351	388.70	589	22.91	13.55
重　庆	1,274.18	10,522	547.49	6,457	726.68	4,065	132.73	62.96
四　川	3,123.48	19,770	4,066.59	41,687	-943.11	-21,916	-23.19	-52.57
贵　州	0.58	4			0.58	4		
云　南	27,131.52	174,289	7,806.05	77,223	19,325.47	97,066	247.57	125.69
西　藏			3.13	13	-3.13	-13	-100.00	-100.00
陕　西	386.33	556	471.19	3,667	-84.86	-3,111	-18.01	-84.83
甘　肃	22.87	140			22.87	140		
青　海	0.48	1	0.86	39	-0.38	-39	-44.39	-98.70
宁　夏	51.16	319	30.86	206	20.30	113	65.81	54.87
新　疆	151.55	706	200.17	960	-48.62	-254	-24.29	-26.50

2011 年全国水产品总产量

单位：吨

指标	2011 年	2010 年	2011 年比 2010 年增减(±)	
			绝对量	幅度（%）
水产品总产量	**56,032,090**	**53,730,024**	**2,302,066**	**4.28**
海水产品	29,080,487	27,975,312	1,105,175	3.95
淡水产品	26,951,603	25,754,712	1,196,891	4.65
养殖产量	40,232,630	38,288,351	1,944,279	5.08
海水养殖	15,513,292	14,823,008	690,284	4.66
淡水养殖	24,719,338	23,465,343	1,253,995	5.34
捕捞产量	15,799,460	15,441,673	357,787	2.32
海洋捕捞	12,419,386	12,035,946	383,440	3.19
远洋渔业	1,147,809	1,116,358	31,451	2.82
淡水捕捞	2,232,265	2,289,369	-57,104	-2.49
养殖产品中：鱼类	22,818,257	21,449,928	1,368,329	6.38
甲壳类	3,291,589	3,199,124	92,465	2.89
贝类	11,795,839	11,333,329	462,510	4.08
藻类	1,609,046	1,551,013	58,033	3.74
其他类	717,899	754,957	-37,058	-4.91
捕捞产品中：鱼类	10,222,415	9,869,726	352,689	3.57

甲壳类	2,415,261	2,386,634	28,627	1.20
贝类	870,654	909,084	–38,430	–4.23
藻类	27,406	24,662	2,744	11.13
头足类	695,251	658,309	36,942	5.61
其他类	420,664	476,900	–56,236	–11.79

2011 年全国水产加工情况

指标	计量单位	2011 年	2010 年	2011 年比 2010 年增减(±)	
				绝对量	幅度（%）
1.水产加工企业	个	9,611	9,762	–151	–1.55
水产品加工能力	吨/年	24,293,673	23,884,991	408,682	1.71
其中:规模以上加工企业	个	2,648	2,599	49	1.89
2.水产冷库	座	9,173	7,970	1,203	15.09
冻结能力	吨/日	677,680	490,960	186,720	38.03
冷藏能力	吨/次	4,276,993	4,081,949	195,044	4.78
制冰能力	吨/日	239,727	246,847	–7,120	–2.88
3.水产加工品总量	吨	17,827,840	16,332,475	1,495,365	9.16
淡水加工产品	吨	3,051,392	2,822,823	228,569	8.10
海水加工产品	吨	14,776,448	13,509,652	1,266,796	9.38
（1）水产冷冻品	吨	11,037,216	10,048,886	988,330	9.84
其中：冷冻品	吨	5,452,898	5,529,952	–77,054	–1.39
冷冻加工品	吨	5,584,318	4,518,934	1,065,384	23.58
（2）鱼糜制品及干腌制品	吨	2,597,930	2,426,975	170,955	7.04
其中：鱼糜制品	吨	1,040,174	962,006	78,168	8.13
干腌制品	吨	1,557,756	1,464,969	92,787	6.33
（3）藻类加工品	吨	969,560	945,864	23,696	2.51
（4）罐制品	吨	265,566	243,109	22,457	9.24
（5）水产饲料(鱼粉)	吨	1,821,526	1,492,896	328,630	22.01
（6）鱼油制品	吨	48,049	38,840	9,209	23.71
（7）其他水产加工品	吨	1,087,993	1,135,905	–47,912	–4.22
其中：助剂和添加剂	吨	74,248	80,072	–5,824	–7.27
珍珠	千克	174,284	544,346	–370,062	–67.98
4.用于加工的水产品总量	吨	19,810,438	17,783,457	2,026,981	11.40
其中：淡水产品	吨	4,572,755	4,273,275	299,480	7.01
海水产品	吨	15,237,683	13,510,182	1,727,501	12.79
5.部分水产品年加工量	吨	1,382,097	1,417,444	–35,347	–2.49
其中：对虾	吨	462,814	462,523	291	0.06

克氏原螯虾	吨	153,407	168,145	–14,738	–8.77
罗非鱼	吨	595,111	594,200	911	0.15
鳗鱼	吨	112,188	112,373	–185	–0.16
斑点叉尾鮰	吨	58,577	80,203	–21,626	–26.96

2011 年各地区水产加工品总量

单位：吨

指标	2011 年		2010 年		2011 年比 2010 年增减(±)			
					绝对量		幅度（%）	
	水产加工品总量	其中:淡水加工产品	水产加工品总量	其中:淡水加工产品	水产加工品总量	其中：淡水加工产品	水产加工品总量	其中：淡水加工产品
全国总计	**17,827,840**	**3,051,392**	**16,332,475**	**2,822,823**	**1,495,365**	**228,569**	**9.16**	**8.10**
北　京	4,019	2,030	3,790	1,290	229	740	6.04	57.36
天　津	1,126	616	616	616	510		82.79	
河　北	131,000	13,001	139,271	12,300	–8,271	701	–5.94	5.70
山　西								
内蒙古	8,179	8,179	8,114	8,114	65	65	0.80	0.80
辽　宁	1,969,610	37,257	2,007,041	32,646	–37,431	4,611	–1.86	14.12
吉　林	10,655	605	10,385	10,385	270	–9,780	2.60	–94.17
黑龙江	2,065	2,065	2,025	2,025	40	40	1.98	1.98
上　海	18,681	12,364	12,373	9,681	6,308	2,683	50.98	27.71
江　苏	1,278,441	657,633	1,069,306	561,274	209,135	96,359	19.56	17.17
浙　江	2,235,327	147,307	2,124,413	129,748	110,914	17,559	5.22	13.53
安　徽	121,950	121,950	93,411	93,411	28,539	28,539	30.55	30.55
福　建	2,737,450	144,593	2,432,677	138,245	304,773	6,348	12.53	4.59
江　西	287,658	287,658	252,906	252,906	34,752	34,752	13.74	13.74
山　东	5,625,478	156,707	4,885,897	153,414	739,581	3,293	15.14	2.15
河　南	18,875	18,875	16,060	16,060	2,815	2,815	17.53	17.53
湖　北	671,339	671,339	674,116	674,116	–2,777	–2,777	–0.41	–0.41
湖　南	130,322	130,322	64,484	64,484	65,838	65,838	102.10	102.10
广　东	1,437,863	369,905	1,442,633	396,370	–4,770	–26,465	–0.33	–6.68
广　西	610,514	116,854	583,839	112,453	26,675	4,401	4.57	3.91
海　南	505,198	130,042	475,119	119,286	30,079	10,756	6.33	9.02
重　庆	117	117	107	107	10	10	9.35	9.35
四　川	1,509	1,509	2,178	2,178	–669	–669	–30.72	–30.72
贵　州	3,959	3,959	3,386	3,386	573	573	16.92	16.92
云　南	14,154	14,154	23,813	23,813	–9,659	–9,659	–40.56	–40.56

西　藏								
陕　西			2,640	2,640	–2,640	–2,640	–100.00	–100.00
甘　肃			50	50	–50	–50	–100.00	–100.00
青　海								
宁　夏	150	150			150	150		
新　疆	2,201	2,201	1,825	1,825	376	376	20.60	20.60

2011 年各地区水产加工品总量(按品种分)（一）

单位：吨

地区	水产加工品总量	其中		1.水产冷冻品		
		淡水加工产品	海水加工产品		冷冻品	冷冻加工品
全国总计	**17,827,840**	**3,051,392**	**14,776,448**	**11,037,216**	**5,452,898**	**5,584,318**
北　京	4,019	2,030	1,989	3,795	2,216	1,579
天　津	1,126	616	510	1,126	1,093	33
河　北	131,000	13,001	117,999	54,163	25,195	28,968
山　西						
内蒙古	8,179	8,179		5,898	5,348	550
辽　宁	1,969,610	37,257	1,932,353	1,300,078	409,086	890,992
吉　林	10,655	605	10,050	3,520	680	2,840
黑龙江	2,065	2,065		1,255	1,255	
上　海	18,681	12,364	6,317	18,621	3,110	15,511
江　苏	1,278,441	657,633	620,808	546,034	334,112	211,922
浙　江	2,235,327	147,307	2,088,020	1,695,563	1,243,747	451,816
安　徽	121,950	121,950		87,909	42,881	45,028
福　建	2,737,450	144,593	2,592,857	1,259,494	693,590	565,904
江　西	287,658	287,658		105,715	66,089	39,626
山　东	5,625,478	156,707	5,468,771	3,625,725	1,667,819	1,957,906
河　南	18,875	18,875		16,220	4,802	11,418
湖　北	671,339	671,339		283,571	88,260	195,311
湖　南	130,322	130,322		66,976	51,034	15,942
广　东	1,437,863	369,905	1,067,958	981,988	380,236	601,752
广　西	610,514	116,854	493,660	530,547	115,170	415,377
海　南	505,198	130,042	375,156	430,351	309,692	120,659
重　庆	117	117				
四　川	1,509	1,509		1,065	121	944
贵　州	3,959	3,959		2,846	2,846	
云　南	14,154	14,154		13,205	2,965	10,240

西藏					
陕西					
甘肃					
青海					
宁夏	150	150			
新疆	2,201	2,201		1,551	1,551	

2011 年各地区水产加工品总量(按品种分)（二）

单位：吨

地区	2.鱼糜制品及干腌制品			3.藻类加工品	4.罐制品	5.水产饲料(鱼粉)
		鱼糜制品	干腌制品			
全国总计	**2,597,930**	**1,040,174**	**1,557,756**	**969,560**	**265,566**	**1,821,526**
北京						200
天津						
河北	10,897	470	10,427		6,013	57,553
山西						
内蒙古	36		36	1,795	450	
辽宁	138,554	48,105	90,449	276,734	18,439	69,578
吉林	7,110	1,415	5,695			
黑龙江	770		770		40	
上海						
江苏	59,302	19,374	39,928	19,054	13,494	622,543
浙江	272,434	120,843	151,591	21,953	26,082	178,704
安徽	22,034	10,364	11,670		3,802	8,103
福建	585,679	273,789	311,890	348,743	48,915	319,650
江西	148,710	57,472	91,238	1,438	5,485	18,094
山东	676,933	255,052	421,881	287,807	58,019	355,462
河南	410	64	346	242	3	
湖北	356,249	132,981	223,268		30,437	
湖南	57,393	15,516	41,877	85	2,741	753
广东	200,297	89,542	110,755	2,209	50,617	173,000
广西	30,610	14,028	16,582		173	2,711
海南	28,157	984	27,173	9,200	90	15,175
重庆	117		117			
四川	444	130	314			
贵州	1,113	45	1,068			
云南	131		131	300	516	

西　藏						
陕　西						
甘　肃						
青　海						
宁　夏					150	
新　疆	550		550		100	

2011 年各地区水产加工品总量(按品种分)（三）

单位：吨

地区	6. 鱼油制品	7.其他水产加工品	助剂和添加剂	珍珠(千克)
全国总计	**48,049**	**1,087,993**	**74,248**	**174,284**
北　京		24	24	
天　津				
河　北	52	2,322		
山　西				
内蒙古				
辽　宁	1,960	164,267	2,300	
吉　林	25			
黑龙江				
上　海		60		
江　苏		18,014	175	42
浙　江	1,007	39,584	11,038	996
安　徽		102	11	15,020
福　建	22,924	152,045	4,369	
江　西		8,216	106	481
山　东	20,191	601,341	51,476	
河　南		2,000		
湖　北		1,082	50	7,200
湖　南	1,197	1,177		144,300
广　东	693	29,059	202	6,245
广　西		46,473	4,497	
海　南		22,225		
重　庆				
四　川				
贵　州				
云　南		2		
西　藏				

陕　　西				
甘　　肃				
青　　海				
宁　　夏				
新　　疆				

2011 年各地区用于加工的水产品量

单位：吨

地区	用于加工的水产品量	其中	
		淡水产品	海水产品
全国总计	**19,810,438**	**4,572,755**	**15,237,683**
北　　京	4,567	2,578	1,989
天　　津	1,270	760	510
河　　北	282,820	15,129	267,691
山　　西			
内 蒙 古	8,929	8,929	
辽　　宁	2,929,056	42,419	2,886,637
吉　　林	29,260	2,010	27,250
黑 龙 江	3,150	3,150	
上　　海	20,476	13,329	7,147
江　　苏	1,548,521	790,550	757,971
浙　　江	2,435,657	166,399	2,269,258
安　　徽	148,582	148,582	
福　　建	3,177,539	138,553	3,038,986
江　　西	496,071	496,071	
山　　东	3,708,262	96,327	3,611,935
河　　南	37,224	37,224	
湖　　北	1,281,933	1,281,933	
湖　　南	158,397	158,397	
广　　东	1,998,896	545,358	1,453,538
广　　西	684,661	164,833	519,828
海　　南	807,085	412,142	394,943
重　　庆	650	650	
四　　川	2,647	2,647	
贵　　州	6,873	6,873	
云　　南	34,368	34,368	
西　　藏			

陕　西	220	220	
甘　肃			
青　海			
宁　夏	315	315	
新　疆	3,009	3,009	

2011 年各地区水产品加工企业、冷库基本情况

地区	水产加工企业			水产冷库			
	小计（个）	水产加工能力（吨/年）	其中:规模以上加工企业（个）	数量（座）	冻结能力（吨/日）	冷藏能力（吨/次）	制冰能力（吨/日）
全国总计	**9,611**	**24,293,673**	**2,648**	**9,173**	**677,680**	**4,276,993**	**239,727**
北　京	5	7,685	1	218	68	26,420	55
天　津	5	1,965		20	232	200,945	42
河　北	259	559,535	20	222	6,169	59,829	4,675
山　西							
内蒙古	40	7,340	17	35	360	2,724	291
辽　宁	876	2,489,425	360	828	68,923	656,380	19,270
吉　林	25	20,950		17	170	1,195	105
黑龙江	30	4,700		18	298	2,365	65
上　海	19	54,956	5	36	1,022	11,550	375
江　苏	994	1,494,961	296	1,101	28,064	153,956	17,657
浙　江	2,216	2,423,774	396	1,384	35,039	807,882	27,921
安　徽	105	184,002	58	329	9,665	33,861	625
福　建	1,094	3,250,339	393	733	14,654	364,415	19,677
江　西	134	180,643	41	138	2,029	17,869	3,183
山　东	1,948	7,927,183	643	2,670	388,535	1,429,490	103,032
河　南	57	53,620	6	59	805	7,255	213
湖　北	216	1,157,810	129	289	65,240	71,614	10,978
湖　南	105	331,780	41	238	16,148	41,686	1,802
广　东	1,155	2,619,950	135	543	20,184	264,147	15,311
广　西	214	965,584	53	50	2,318	77,523	2,908
海　南	40	372,621	36	148	4,318	33,397	11,221
重　庆	3	390	1	15	12,047	5,070	46
四　川	8	30,340	4	8	160	1,750	13
贵　州	18	7,325		12	26	221	20
云　南	38	133,045	9	21	422	2,291	241
西　藏							

陕　西				4	26	35	1
甘　肃							
青　海							
宁　夏	1	10,000	1	5	500	800	
新　疆	6	3,750	3	32	258	2,323	

2011 年各地区水产品进出口贸易情况

单位：万美元，吨

地区	2011 年进出口		2010 年进出口		2011 年比 2010 年增减（±）			
					绝对量		幅度（%）	
	金额	数量	金额	数量	金额	数量	金额	数量
全国总计	**2,580,902.20**	**8,161,197**	**2,036,390.32**	**7,160,638**	**544,511.88**	**1,000,559**	**26.74**	**13.97**
北　京	39,135.76	202,513	25,907.91	140,517	13,227.85	61,996	51.06	44.12
天　津	21,866.93	107,543	21,905.19	118,607	–38.26	–11,064	–0.17	–9.33
河　北	24,327.19	35,153	15,724.09	29,489	8,603.10	5,664	54.71	19.21
山　西	11.18	80	0.86	30	10.32	49	1200.52	162.76
内蒙古	59.18	259	49.17	282	10.02	–23	20.37	–8.31
辽　宁	397,821.12	1,656,404	306,594.20	1,363,011	91,226.92	293,393	29.75	21.53
吉　林	15,220.89	74,694	13,904.44	74,015	1,316.45	679	9.47	0.92
黑龙江	441.23	2,446	220.42	1,054	220.81	1,392	100.17	132.12
上　海	78,312.93	195,386	60,089.79	187,935	18,223.14	7,450	30.33	3.96
江　苏	40,572.97	104,705	34,204.05	94,662	6,368.91	10,043	18.62	10.61
浙　江	225,955.79	629,615	179,180.55	567,026	46,775.25	62,589	26.11	11.04
安　徽	8,348.91	37,677	5,966.75	26,889	2,382.16	10,789	39.92	40.12
福　建	444,063.59	1,091,019	300,480.70	826,265	143,582.88	264,754	47.78	32.04
江　西	28,000.09	29,481	18,781.71	12,551	9,218.39	16,929	49.08	134.88
山　东	784,264.98	2,679,783	636,113.80	2,356,996	148,151.18	322,787	23.29	13.69
河　南	657.17	601	1,031.20	1,501	–374.03	–901	–36.27	–59.98
湖　北	16,359.84	20,252	14,811.96	25,557	1,547.88	–5,305	10.45	–20.76
湖　南	1,904.02	4,473	1,542.98	3,387	361.05	1,086	23.40	32.05
广　东	348,677.41	940,711	299,003.24	922,369	49,674.17	18,342	16.61	1.99
广　西	32,367.14	88,848	25,628.68	79,514	6,738.46	9,334	26.29	11.74
海　南	53,383.13	138,165	42,366.02	120,373	11,017.11	17,792	26.00	14.78
重　庆	1,084.29	10,116	1,274.74	10,522	–190.45	–407	–14.94	–3.86
四　川	4,937.90	27,089	3,248.30	20,084	1,689.60	7,005	52.02	34.88
贵　州	0.01	0	0.58	4	–0.57	–4	–97.81	–99.97
云　南	11,399.22	75,410	27,593.06	175,828	–16,193.84	–100,418	–58.69	–57.11
陕　西	1,085.92	5,840	391.47	559	694.45	5,281	177.40	944.66
甘　肃	5.51	28	22.87	140	–17.37	–112	–75.92	–80.00

青　海	276.00	1,271	18.90	18	257.10	1,253	1360.43	7017.21
宁　夏	9.69	39	51.25	319	-41.57	-280	-81.10	-87.84
新　疆	352.21	1,599	281.44	1,133	70.77	465	25.14	41.03

2011 年各地区水产品出口贸易情况

单位：万美元，吨

地区	2011 年出口		2010 年出口		2011 年比 2010 年增减（±）			
					绝对量		幅度（%）	
	金额	数量	金额	数量	金额	数量	金额	数量
全国总计	1779230.51	3912417.50	1382765.70	3338837.25	396,464.81	573,580	28.67	17.18
北　京	497.12	806.65	464.47	756.06	32.65	51	7.03	6.69
天　津	5202.59	7186.19	3349.69	5841.13	1,852.90	1,345	55.32	23.03
河　北	23338.18	32013.88	14569.21	26596.90	8,768.98	5,417	60.19	20.37
山　西	0.00	0.00	0.04		-0.04	0	-100.00	
内蒙古	0.00	0.00			0.00	0		
辽　宁	240794.05	723341.74	188537.50	572473.17	52,256.55	150,869	27.72	26.35
吉　林	7687.75	11558.81	6889.73	9949.87	798.02	1,609	11.58	16.17
黑龙江	119.47	521.04	62.99	392.23	56.48	129	89.65	32.84
上　海	9953.23	10528.62	9028.77	11424.71	924.45	-896	10.24	-7.84
江　苏	31399.89	56738.11	27111.26	57730.94	4,288.63	-993	15.82	-1.72
浙　江	197463.41	475675.29	159169.35	442130.50	38,294.06	33,545	24.06	7.59
安　徽	3520.83	3795.66	2762.78	4535.94	758.05	-740	27.44	-16.32
福　建	384871.97	690676.02	253752.38	515420.13	131,119.58	175,256	51.67	34.00
江　西	25283.21	10808.90	18265.56	10982.06	7,017.65	-173	38.42	-1.58
山　东	492568.69	1218907.14	398760.79	1017691.46	93,807.90	201,216	23.52	19.77
河　南	557.73	567.43	1013.87	1451.12	-456.14	-884	-44.99	-60.90
湖　北	15739.48	15844.64	14510.23	23758.57	1,229.26	-7,914	8.47	-33.31
湖　南	1830.29	4300.32	1390.27	2568.68	440.01	1,732	31.65	67.41
广　东	257420.76	436533.41	217842.16	448060.73	39,578.60	-11,527	18.17	-2.57
广　西	30540.54	77105.31	24263.66	69339.73	6,276.88	7,766	25.87	11.20
海　南	48793.78	130314.50	40280.51	115432.75	8,513.27	14,882	21.13	12.89
重　庆	0.00	0.00	0.57	0.27	-0.57	0	-100.00	-100.00
四　川	435.30	280.64	124.82	313.94	310.48	-33	248.75	-10.61
贵　州	0.00	0.00	0.00		0.00	0		
云　南	769.73	3174.94	461.54	1538.30	308.19	1,637	66.77	106.39
陕　西	5.14	5.12	5.14	2.80	0.01	2	0.15	82.52
甘　肃	0.00	0.00	0.00	0.01	0.00	0	-100.00	-100.00

青　　海	274.94	1251.21	18.42	17.35	256.52	1,234	1392.54	7111.56
宁　　夏	0.00	0.00	0.09	0.06	–0.09	0	–100.00	–100.00
新　　疆	162.41	481.97	129.88	427.84	32.53	54	25.04	12.65

2011 年各地区水产品进口贸易情况

单位：万美元，吨

地区	2011 年进口		2010 年进口		2011 年比 2010 年增减（±）			
					绝对量		幅度（%）	
	金额	数量	金额	数量	金额	数量	金额	数量
全国总计	**801671.69**	**4248779.57**	**653624.63**	**3821800.91**	**148,047.06**	**426,979**	**22.65**	**11.17**
北　　京	38638.64	201706.52	25443.44	139760.96	13195.20	61945.55	51.86	44.32
天　　津	16664.34	100356.56	18555.50	112765.74	–1891.16	–12409.18	–10.19	–11.00
河　　北	989.01	3138.83	1154.88	2891.75	–165.88	247.08	–14.36	8.54
山　　西	11.18	79.88	0.82	30.40	10.37	49.48	1270.49	162.76
内 蒙 古	59.18	258.73	49.17	282.17	10.02	–23.44	20.37	–8.31
辽　　宁	157027.06	933062.46	118056.70	790538.21	38970.36	142524.25	33.01	18.03
吉　　林	7533.13	63134.75	7014.71	64064.92	518.43	–930.17	7.39	–1.45
黑 龙 江	321.76	1924.69	157.43	661.41	164.33	1263.28	104.38	191.00
上　　海	68359.70	184856.96	51061.02	176510.60	17298.68	8346.36	33.88	4.73
江　　苏	9173.07	47966.71	7092.79	36931.36	2080.28	11035.35	29.33	29.88
浙　　江	28492.39	153939.73	20011.20	124895.94	8481.18	29043.79	42.38	23.25
安　　徽	4828.08	33881.68	3203.97	22352.70	1624.11	11528.99	50.69	51.58
福　　建	59191.62	400342.69	46728.32	310844.98	12463.30	89497.70	26.67	28.79
江　　西	2716.88	18671.83	516.15	1569.19	2200.74	17102.64	426.38	1089.90
山　　东	291696.29	1460875.83	237353.01	1339304.82	54343.28	121571.01	22.90	9.08
河　　南	99.44	33.50	17.33	50.38	82.11	–16.88	473.95	–33.51
湖　　北	620.36	4407.18	301.73	1797.96	318.62	2609.22	105.60	145.12
湖　　南	73.74	172.44	152.70	818.52	–78.97	–646.08	–51.71	–78.93
广　　东	91256.65	504177.43	81161.08	474307.91	10095.57	29869.52	12.44	6.30
广　　西	1826.60	11743.04	1365.02	10174.51	461.59	1568.53	33.82	15.42
海　　南	4589.35	7850.93	2085.51	4940.21	2503.84	2910.72	120.06	58.92
重　　庆	1084.29	10115.57	1274.18	10521.87	–189.89	–406.30	–14.90	–3.86
四　　川	4502.60	26808.38	3123.48	19770.49	1379.12	7037.89	44.15	35.60
贵　　州	0.01	0.00	0.58	3.60	–0.57	–3.60	–97.81	–99.97
云　　南	10629.49	72235.04	27131.52	174289.38	–16502.04	–102054.34	–60.82	–58.55
陕　　西	1080.78	5834.90	386.33	556.24	694.45	5278.67	179.75	949.00
甘　　肃	5.51	28.00	22.87	140.00	–17.36	–112.00	–75.91	–80.00

青　海	1.06	20.00	0.48	0.51	0.58	19.49	121.40	3813.89
宁　夏	9.69	38.74	51.16	318.57	–41.47	–279.83	–81.07	–87.84
新　疆	189.79	1116.61	151.55	705.64	38.24	410.97	25.23	58.24

2012 年全国水产品总产量

单位：吨

指标	2012 年	2011 年	2012 年比 2011 年增减(±)	
			绝对量	幅度（%）
水产品总产量	59,076,760	56,032,090	3,044,670	5.43
海水产品	30,333,437	29,080,487	1,252,950	4.31
淡水产品	28,743,323	26,951,603	1,791,720	6.65
养殖产量	42,883,553	40,232,630	2,650,923	6.59
海水养殖	16,438,105	15,513,292	924,813	5.96
淡水养殖	26,445,448	24,719,338	1,726,110	6.98
捕捞产量	16,193,207	15,799,460	393,747	2.49
海洋捕捞	12,671,891	12,419,386	252,505	2.03
远洋渔业	1,223,441	1,147,809	75,632	6.59
淡水捕捞	2,297,875	2,232,265	65,610	2.94
养殖产品中：鱼类	24,369,533	22,818,257	1,551,276	6.8
甲壳类	3,592,588	3,291,589	300,999	9.14
贝类	12,343,169	11,795,839	547,330	4.64
藻类	1,772,689	1,609,046	163,643	10.17
其他类	805,574	717,899	87,675	12.21
捕捞产品中：鱼类	10,394,482	10,222,415	172,067	1.68
甲壳类	2,551,297	2,415,261	136,036	5.63
贝类	844,197	870,654	–26,457	–3.04
藻类	25,764	27,406	–1,642	–5.99
头足类	698,909	695,251	3,658	0.53
其他类	455,117	420,664	34,453	8.19

2011 年全国水产加工情况

指标	计量单位	2012 年	2011 年	2012 年比 2011 年增减(±)	
				绝对量	幅度（%）
1.水产加工企业	个	9,706	9,611	95	0.99
水产品加工能力	吨/年	26,380,416	24,293,673	2,086,743	8.59
其中:规模以上加工企业	个	2,737	2,648	89	3.36
2.水产冷库	座	8,835	9,173	–338	–3.68
冻结能力	吨/日	588,946	677,680	–88,734	–13.09

冷藏能力	吨/次	4,515,020	4,276,993	238,027	5.57
制冰能力	吨/日	245,369	239,727	5,642	2.35
3.水产加工品总量	吨	19,073,913	17,827,840	1,246,073	6.99
淡水加工产品	吨	3,439,881	3,051,392	388,489	12.73
海水加工产品	吨	15,634,032	14,776,448	857,584	5.80
（1）水产冷冻品	吨	11,749,664	11,037,216	712,448	6.45
其中：冷冻品	吨	5,633,597	5,452,898	180,699	3.31
冷冻加工品	吨	6,116,067	5,584,318	531,749	9.52
（2）鱼糜制品及干腌制品	吨	2,734,370	2,597,930	136,440	5.25
其中：鱼糜制品	吨	1,171,552	1,040,174	131,378	12.63
干腌制品	吨	1,562,818	1,557,756	5,062	0.32
（3）藻类加工品	吨	1,013,879	969,560	44,319	4.57
（4）罐制品	吨	355,387	265,566	89,821	33.82
（5）水产饲料(鱼粉)	吨	1,952,634	1,821,526	131,108	7.20
（6）鱼油制品	吨	60,208	48,049	12,159	25.31
（7）其他水产加工品	吨	1,207,771	1,087,993	119,778	11.01
其中：助剂和添加剂	吨	74,241	74,248	–7	–0.01
珍珠	千克	168,759	174,284	–5,525	–3.17
4.用于加工的水产品总量	吨	21,358,082	19,810,438	1,547,644	7.81
其中：淡水产品	吨	5,108,055	4,572,755	535,300	11.71
海水产品	吨	16,250,027	15,237,683	1,012,344	6.64
5.部分水产品年加工量	吨	1,510,701	1,382,097	128,604	9.30
其中：对虾	吨	535,710	462,814	72,896	15.75
克氏原螯虾	吨	174,895	153,407	21,488	14.01
罗非鱼	吨	623,465	595,111	28,354	4.76
鳗鱼	吨	109,527	112,188	–2,661	–2.37
斑点叉尾鮰	吨	67,104	58,577	8,527	14.56

2012 年各地区水产加工品总量

单位：吨

指标	2012 年		2011 年		2012 年比 2011 年增减(±)			
					绝对量		幅度（%）	
	水产加工品总量	其中:淡水加工产品	水产加工品总量	其中:淡水加工产品	水产加工品总量	其中:淡水加工产品	水产加工品总量	其中:淡水加工产品
全国总计	19,073,913	3,439,881	17,827,840	3,051,392	1,246,073	388,489	6.99	12.73
北　　京	2,004	2,004	4,019	2,030	–2,015	–26	–50.14	–1.28
天　　津	1,346	626	1,126	616	220	10	19.54	1.62

河　　北	141,550	12,639	131,000	13,001	10,550	–362	8.05	–2.78
山　　西								
内蒙古	8,418	8,418	8,179	8,179	239	239	2.92	2.92
辽　　宁	2,132,874	40,346	1,969,610	37,257	163,264	3,089	8.29	8.29
吉　　林	12,783	1,145	10,655	605	2,128	540	19.97	89.26
黑龙江	2,275	2,275	2,065	2,065	210	210	10.17	10.17
上　　海	26,972	18,663	18,681	12,364	8,291	6,299	44.38	50.95
江　　苏	1,587,634	839,063	1,278,441	657,633	309,193	181,430	24.19	27.59
浙　　江	2,207,803	145,257	2,235,327	147,307	–27,524	–2,050	–1.23	–1.39
安　　徽	135,784	131,304	121,950	121,950	13,834	9,354	11.34	7.67
福　　建	2,905,173	159,941	2,737,450	144,593	167,723	15,348	6.13	10.61
江　　西	311,710	311,710	287,658	287,658	24,052	24,052	8.36	8.36
山　　东	5,946,635	139,144	5,625,478	156,707	321,157	–17,563	5.71	–11.21
河　　南	21,403	21,403	18,875	18,875	2,528	2,528	13.39	13.39
湖　　北	771,837	771,837	671,339	671,339	100,498	100,498	14.97	14.97
湖　　南	144,242	144,242	130,322	130,322	13,920	13,920	10.68	10.68
广　　东	1,456,988	376,789	1,437,863	369,905	19,125	6,884	1.33	1.86
广　　西	709,103	155,081	610,514	116,854	98,589	38,227	16.15	32.71
海　　南	523,202	134,177	505,198	130,042	18,004	4,135	3.56	3.18
重　　庆	163	163	117	117	46	46	39.32	39.32
四　　川	2,859	2,859	1,509	1,509	1,350	1,350	89.46	89.46
贵　　州	1,034	1,034	3,959	3,959	–2,925	–2,925	–73.88	–73.88
云　　南	17,193	17,193	14,154	14,154	3,039	3,039	21.47	21.47
西　　藏								
陕　　西	480	120			480	120		
甘　　肃								
青　　海								
宁　　夏	167	167	150	150	17	17	11.33	11.33
新　　疆	2,281	2,281	2,201	2,201	80	80	3.63	3.63

2012 年各地区水产加工品总量(按品种分)（一）

单位：吨

地区	水产加工品总量	其中		1.水产冷冻品		
		淡水加工产品	海水加工产品		冷冻品	冷冻加工品
全国总计	**19,073,913**	**3,439,881**	**15,634,032**	**11,749,664**	**5,633,597**	**6,116,067**
北　　京	2,004	2,004		1,980		1,980
天　　津	1,346	626	720	1,220	1,210	10

河　北	141,550	12,639	128,911	49,339	28,125	21,214
山　西						
内蒙古	8,418	8,418		5,967	5,497	470
辽　宁	2,132,874	40,346	2,092,528	1,456,617	385,710	1,070,907
吉　林	12,783	1,145	11,638	1,290	500	790
黑龙江	2,275	2,275		1,405	1,405	
上　海	26,972	18,663	8,309	23,860	10,330	13,530
江　苏	1,587,634	839,063	748,571	575,831	357,156	218,675
浙　江	2,207,803	145,257	2,062,546	1,687,305	1,201,631	485,674
安　徽	135,784	131,304	4,480	93,225	44,189	49,036
福　建	2,905,173	159,941	2,745,232	1,373,341	784,595	588,746
江　西	311,710	311,710		108,757	64,558	44,199
山　东	5,946,635	139,144	5,807,491	3,930,981	1,744,683	2,186,298
河　南	21,403	21,403		20,233	6,281	13,952
湖　北	771,837	771,837		316,454	96,831	219,623
湖　南	144,242	144,242		74,056	57,067	16,989
广　东	1,456,988	376,789	1,080,199	939,380	378,810	560,570
广　西	709,103	155,081	554,022	622,876	146,165	476,711
海　南	523,202	134,177	389,025	445,916	314,139	131,777
重　庆	163	163				
四　川	2,859	2,859		1,103	133	970
贵　州	1,034	1,034		245	159	86
云　南	17,193	17,193		16,182	2,322	13,860
西　藏						
陕　西	480	120	360	480	480	
甘　肃						
青　海						
宁　夏	167	167				
新　疆	2,281	2,281		1,621	1,621	

2012 年各地区水产加工品总量(按品种分)（二）

单位：吨

地区	2.鱼糜制品及干腌制品	鱼糜制品	干腌制品	3.藻类加工品	4.罐制品	5.水产饲料（鱼粉）
全国总计	2,734,370	1,171,552	1,562,818	1,013,879	355,387	1,952,634
北　京						
天　津						

河　北	16,585	470	16,115		6,304	66,822
山　西						
内蒙古	104		104	1,887	460	
辽　宁	142,043	43,271	98,772	269,514	17,718	75,072
吉　林	11,493		11,493			
黑龙江	870	870				
上　海						
江　苏	72,050	26,875	45,175	25,546	58,229	831,531
浙　江	245,934	100,270	145,664	22,363	43,417	178,731
安　徽	30,683	17,305	13,378		4,950	
福　建	622,893	316,701	306,192	369,181	55,028	300,288
江　西	160,461	64,095	96,366	1,367	10,094	18,084
山　东	668,802	276,707	392,095	310,434	67,981	381,647
河　南	925	395	530	242	3	
湖　北	420,851	186,544	234,307		32,216	
湖　南	58,160	15,758	42,402	87	3,309	6,257
广　东	217,718	105,822	111,896	3,309	54,430	91,382
广　西	32,693	13,532	19,161		386	2,820
海　南	28,706	1,073	27,633	9,580	90	
重　庆	163		163			
四　川	1,756	1,420	336			
贵　州	789	351	438			
云　南	131	93	38	369	505	
西　藏						
陕　西						
甘　肃						
青　海						
宁　夏					167	
新　疆	560		560		100	

2012 年各地区水产加工品总量(按品种分)（三）

单位：吨

地区	6. 鱼油制品	7.其他水产加工品	助剂和添加剂	珍珠(千克)
全国总计	60,208	1,207,771	74,241	168,759
北　京		24	24	
天　津		126		
河　北	55	2,445		

山　西				
内蒙古				
辽　宁	200	171,710	2,300	2
吉　林				
黑龙江				
上　海		3,112		
江　苏		24,447	13	42
浙　江	5,845	24,208	8,640	909
安　徽		6,926		16,000
福　建	28,690	155,752	6,816	
江　西	520	12,427	125	509
山　东	22,119	564,671	51,560	
河　南				
湖　北		2,316	50	6,000
湖　南	1,200	1,173		139,791
广　东	709	150,060	216	5,506
广　西	870	49,458	4,497	
海　南		38,910		
重　庆				
四　川				
贵　州				
云　南		6		
西　藏				
陕　西				
甘　肃				
青　海				
宁　夏				
新　疆				

2012 年各地区用于加工的水产品量

单位：吨

地区	用于加工的水产品量	其中	
		淡水产品	海水产品
全国总计	**21,358,082**	**5,108,055**	**16,250,027**
北　京	2,355	2,355	
天　津	1,370	630	740
河　北	366,973	15,124	351,849

山　西			
内蒙古	8,735	8,735	
辽　宁	2,984,897	44,921	2,939,976
吉　林	42,433	3,333	39,100
黑龙江	3,490	3,490	
上　海	27,155	18,846	8,309
江　苏	1,728,929	827,141	901,788
浙　江	2,482,530	175,372	2,307,158
安　徽	162,654	155,613	7,041
福　建	3,509,497	185,080	3,324,417
江　西	582,459	582,459	
山　东	3,982,775	98,159	3,884,616
河　南	51,679	51,679	
湖　北	1,481,521	1,481,521	
湖　南	162,958	162,958	
广　东	2,064,048	588,043	1,476,005
广　西	827,320	227,208	600,112
海　南	829,563	420,647	408,916
重　庆	892	892	
四　川	4,095	4,095	
贵　州	2,753	2,753	
云　南	43,252	43,252	
西　藏			
陕　西	280	280	
甘　肃			
青　海			
宁　夏	350	350	
新　疆	3,119	3,119	

2012 年各地区水产品加工企业、冷库基本情况

地区	水产加工企业			水产冷库			
	小计（个）	水产加工能力（吨/年）	其中:规模以上加工企业（个）	数量（座）	冻结能力（吨/日）	冷藏能力（吨/次）	制冰能力（吨/日）
全国总计	9,706	26,380,416	2,737	8,835	588,946	4,515,020	245,369
北　京	5	7,685	1	215	68	28,120	69
天　津	6	2,265		19	237	196,380	65
河　北	252	520,938	15	221	6,206	57,421	4,711

山　西						
内蒙古	39	7,200	17	32	350	2,289	237
辽　宁	903	2,779,116	386	846	68,708	647,740	18,860
吉　林	24	21,096	5	22	105	1,355	2
黑龙江	30	4,700		23	318	4,055	65
上　海	23	62,961	4	62	949	13,235	237
江　苏	1,028	1,577,814	332	1,133	29,794	163,577	20,482
浙　江	2,174	2,495,505	368	1,421	41,994	877,782	32,370
安　徽	111	200,804	61	347	11,715	37,763	724
福　建	1,129	3,576,237	387	770	14,868	389,719	20,555
江　西	178	228,905	43	144	1,871	18,451	3,383
山　东	1,941	8,379,983	687	2,122	280,917	1,506,316	98,746
河　南	76	59,012	12	61	1,024	7,861	454
湖　北	236	1,380,601	125	310	72,864	97,208	11,509
湖　南	117	335,447	43	248	16,348	42,389	1,962
广　东	1,130	2,592,573	131	539	20,262	285,993	15,232
广　西	191	1,084,914	58	51	2,475	90,723	3,028
海　南	42	713,410	42	150	4,427	33,767	12,338
重　庆	3	1,700	2	20	12,057	5,092	66
四　川	8	30,340	4	8	160	1,750	13
贵　州	13	2,100		9	21	215	19
云　南	40	301,300	10	20	418	2,551	238
西　藏							
陕　西				4	26	35	4
甘　肃							
青　海							
宁　夏	1	10,000	1	5	500	800	
新　疆	6	3,810	3	33	264	2,433	

2012 年各地区水产品进出口贸易情况

单位：万美元，吨

地区	2012 年进出口		2011 年进出口		2012 年比 2011 年增减（±）			
					绝对量		幅度（%）	
	金额	数量	金额	数量	金额	数量	金额	数量
全国总计	**2,698,139.14**	**7,924,968**	**2,580,902.20**	**8,161,197**	**117,236.94**	**–236,230**	**4.54**	**–2.89**
北　京	38,443.40	158,026	39,135.76	202,513	–692.36	–44,487	–1.77	–21.97
天　津	22,893.69	93,353	21,866.93	107,543	1,026.76	–14,190	4.70	–13.19

河　北	25,322.97	37,408	24,327.19	35,153	995.78	2,255	4.09	6.42
山　西	1.08	0	11.18	80	–10.10	–80	–90.34	–99.69
内蒙古	36.64	152	59.18	259	–22.54	–107	–38.09	–41.16
辽　宁	382,767.19	1,568,539	397,821.12	1,656,404	–15,053.93	–87,865	–3.78	–5.30
吉　林	19,343.16	95,248	15,220.89	74,694	4,122.27	20,554	27.08	27.52
黑龙江	1,655.41	9,459	441.23	2,446	1,214.18	7,013	275.18	286.75
上　海	92,470.55	192,467	78,312.93	195,386	14,157.62	–2,919	18.08	–1.49
江　苏	46,077.41	104,670	40,572.97	104,705	5,504.44	–35	13.57	–0.03
浙　江	228,478.51	601,347	225,955.79	629,615	2,522.72	–28,268	1.12	–4.49
安　徽	8,125.80	31,109	8,348.91	37,677	–223.11	–6,568	–2.67	–17.43
福　建	519,684.98	1,115,663	444,063.59	1,091,019	75,621.39	24,645	17.03	2.26
江　西	33,814.17	16,488	28,000.09	29,481	5,814.08	–12,992	20.76	–44.07
山　东	751,146.41	2,517,954	784,264.98	2,679,783	–33,118.57	–161,829	–4.22	–6.04
河　南	1,411.59	2,356	657.17	601	754.42	1,755	114.80	292.09
湖　北	26,454.48	29,510	16,359.84	20,252	10,094.64	9,258	61.70	45.71
湖　南	2,644.19	7,222	1,904.02	4,473	740.17	2,749	38.87	61.46
广　东	382,325.74	984,465	348,677.41	940,711	33,648.33	43,754	9.65	4.65
广　西	40,706.83	114,121	32,367.14	88,848	8,339.69	25,272	25.77	28.44
海　南	57,032.74	146,548	53,383.13	138,165	3,649.61	8,383	6.84	6.07
重　庆	3,134.67	16,113	1,084.29	10,116	2,050.38	5,998	189.10	59.29
四　川	4,209.68	21,173	4,937.90	27,089	–728.22	–5,917	–14.75	–21.84
贵　州			0.01		–0.01		–100.00	
云　南	8,839.56	57,398	11,399.22	75,410	–2,559.66	–18,012	–22.45	–23.88
陕　西	627.22	2,577	1,085.92	5,840	–458.70	–3,263	–42.24	–55.87
甘　肃			5.51	28	–5.51	–28	–100.00	–100.00
青　海	107.90	172	276.00	1,271	–168.10	–1,099	–60.91	–86.47
宁　夏	26.37	155	9.69	39	16.68	116	172.14	299.69
新　疆	356.81	1,275	352.21	1,599	4.60	–324	1.31	–20.26

2012 年各地区水产品出口贸易情况

单位：万美元，吨

地区	2012 年出口		2011 年出口		2012 年比 2011 年增减（±）			
					绝对量		幅度（%）	
	金额	数量	金额	数量	金额	数量	金额	数量
全国总计	**1,898,311.28**	**3,801,211.31**	**1,779,230.51**	**3,912,417.50**	**119,080.77**	**–111,206.20**	**6.69**	**–2.84**
北　京	205.69	174.43	497.12	806.65	–291.43	–632.22	–58.62	–78.38
天　津	6,389.54	7,192.91	5,202.59	7,186.19	1,186.95	6.72	22.81	0.09

河　　北	22,525.15	31,181.20	23,338.18	32,013.88	–813.03	–832.67	–3.48	–2.60
山　　西								
内 蒙 古								
辽　　宁	243,498.02	685,866.04	240,794.05	723,341.74	2,703.97	–37,475.70	1.12	–5.18
吉　　林	7,328.28	13,869.93	7,687.75	11,558.81	–359.48	2,311.12	–4.68	19.99
黑 龙 江	183.26	1,166.76	119.47	521.04	63.79	645.73	53.39	123.93
上　　海	10,028.05	9,832.80	9,953.23	10,528.62	74.82	–695.81	0.75	–6.61
江　　苏	33,635.55	53,987.09	31,399.89	56,738.11	2,235.66	–2,751.03	7.12	–4.85
浙　　江	195,539.16	431,495.70	197,463.41	475,675.29	–1,924.25	–44,179.59	–0.97	–9.29
安　　徽	4,967.87	6,089.94	3,520.83	3,795.66	1,447.04	2,294.28	41.10	60.44
福　　建	456,117.64	688,688.62	384,871.97	690,676.02	71,245.67	–1,987.40	18.51	–0.29
江　　西	32,888.68	9,803.41	25,283.21	10,808.90	7,605.47	–1,005.48	30.08	–9.30
山　　东	488,987.84	1,146,165.25	492,568.69	1,218,907.14	–3,580.85	–72,741.89	–0.73	–5.97
河　　南	919.44	996.21	557.73	567.43	361.71	428.78	64.85	75.57
湖　　北	25,688.17	23,983.75	15,739.48	15,844.64	9,948.68	8,139.11	63.21	51.37
湖　　南	2,081.63	3,260.76	1,830.29	4,300.32	251.34	–1,039.56	13.73	–24.17
广　　东	273,608.20	439,171.38	257,420.76	436,533.41	16,187.45	2,637.98	6.29	0.60
广　　西	39,210.59	103,939.21	30,540.54	77,105.31	8,670.05	26,833.90	28.39	34.80
海　　南	52,119.58	138,603.28	48,793.78	130,314.50	3,325.80	8,288.78	6.82	6.36
重　　庆								
四　　川	714.94	356.73	435.30	280.64	279.64	76.09	64.24	27.11
贵　　州								
云　　南	1,312.42	4,502.83	769.73	3,174.94	542.68	1,327.88	70.50	41.82
陕　　西	2.89	4.80	5.14	5.12	–2.25	–0.32	–43.75	–6.24
甘　　肃								
青　　海	102.07	164.97	274.94	1,251.21	–172.87	–1,086.24	–62.88	–86.82
宁　　夏								
新　　疆	256.66	713.31	162.41	481.97	94.24	231.35	58.03	48.00

2012 年各地区水产品进口贸易情况

单位：万美元，吨

地区	2012 年进口		2011 年进口		2012 年比 2011 年增减（±）			
					绝对量		幅度（%）	
	金额	数量	金额	数量	金额	数量	金额	数量
全国总计	**799,827.87**	**4,123,756.21**	**801,671.69**	**4,248,779.57**	**–1,843.82**	**–125,023.36**	**–0.23**	**–2.94**
北　　京	38,237.71	157,852.06	38,638.64	201,706.52	–400.93	–43,854.46	–1.04	–21.74
天　　津	16,504.15	86,159.69	16,664.34	100,356.56	–160.19	–14,196.87	–0.96	–14.15

河 北	2,797.82	6,226.94	989.01	3,138.83	1,808.81	3,088.11	182.89	98.38
山 西	1.08	0.25	11.18	79.88	–10.10	–79.63	–90.32	–99.69
内蒙古	36.64	152.23	59.18	258.73	–22.54	–106.50	–38.09	–41.16
辽 宁	139,269.17	882,672.76	157,027.06	933,062.46	–17,757.90	–50,389.70	–11.31	–5.40
吉 林	12,014.88	81,377.78	7,533.13	63,134.75	4,481.75	18,243.03	59.49	28.90
黑龙江	1,472.16	8,292.17	321.76	1,924.69	1,150.40	6,367.48	357.53	330.83
上 海	82,442.50	182,634.23	68,359.70	184,856.96	14,082.80	–2,222.72	20.60	–1.20
江 苏	12,441.86	50,682.43	9,173.07	47,966.71	3,268.78	2,715.72	35.63	5.66
浙 江	32,939.35	169,851.25	28,492.39	153,939.73	4,446.96	15,911.52	15.61	10.34
安 徽	3,157.93	25,019.34	4,828.08	33,881.68	–1,670.15	–8,862.35	–34.59	–26.16
福 建	63,567.34	426,974.81	59,191.62	400,342.69	4,375.72	26,632.12	7.39	6.65
江 西	925.49	6,685.01	2,716.88	18,671.83	–1,791.39	–11,986.82	–65.94	–64.20
山 东	262,158.57	1,371,788.34	291,696.29	1,460,875.83	–29,537.71	–89,087.48	–10.13	–6.10
河 南	492.15	1,359.99	99.44	33.50	392.71	1,326.50	394.93	3,959.93
湖 北	766.31	5,525.78	620.36	4,407.18	145.96	1,118.61	23.53	25.38
湖 南	562.57	3,960.80	73.74	172.44	488.83	3,788.36	662.93	2,196.91
广 东	108,717.54	545,293.63	91,256.65	504,177.43	17,460.89	41,116.19	19.13	8.16
广 西	1,496.25	10,181.64	1,826.60	11,743.04	–330.35	–1,561.40	–18.09	–13.30
海 南	4,913.17	7,944.91	4,589.35	7,850.93	323.82	93.98	7.06	1.20
重 庆	3,134.67	16,113.25	1,084.29	10,115.57	2,050.38	5,997.68	189.10	59.29
四 川	3,494.75	20,815.77	4,502.60	26,808.38	–1,007.86	–5,992.60	–22.38	–22.35
贵 州			0.01		–0.01		–100.00	
云 南	7,527.15	52,895.65	10,629.49	72,235.04	–3,102.34	–19,339.39	–29.19	–26.77
陕 西	624.32	2,572.30	1,080.78	5,834.90	–456.46	–3,262.61	–42.23	–55.92
甘 肃			5.51	28.00	–5.51	–28.00	–100.00	–100.00
青 海	5.83	7.00	1.06	20.00	4.77	–13.00	451.21	–65.00
宁 夏	26.37	154.84	9.69	38.74	16.68	116.10	172.25	299.69
新 疆	100.16	561.36	189.79	1,116.61	–89.64	–555.25	–47.23	–49.73

（高宏泉）

2.21 精制茶加工业

【a. 2012 年全球茶叶产销概况】

受自然气候条件利好和全球经济转暖的影响，2012 年全球茶叶种植、生产、消费均保持上升趋势，茶叶国际贸易略有下降，供销基本持平。据国际茶叶委员会统计，2012 年全球茶叶产量为 452.8 万吨茶叶出口 174.1 万吨茶叶进口 159.9 万吨茶叶消费量为 438.6 万吨。但世界上主要消费还是以红茶为主，绿茶消费呈上升趋势。

在过去十年间，全球茶叶产量以年均 4.08%的速度增长，动力主要来自生产率的提高和茶叶种植面积的扩大；茶叶消费以年均 3.81%的速度增长。

2003-2012 年全球茶叶产量与消费量　单位：千吨

年份	2003	2004	2005	2006	2007	2008	2009	2010	2011	2012
产量	3217	3334	3457	3579	3795	3863	3944	4170	4299	4528
消费	3175	3206	3362	3490	3658	3711	3824	3975	4106	4386

茶叶产量增加的主要原因是稳定的油价、充足的劳动力和适宜的气候促使茶叶总产量逐年上升。预计到 2023 年，茶叶产量将在此基础上再提高 41%，2033 年将达到现有产量的 1.77 倍，而中国是世界产茶国中产量增长最快的国家。

茶叶消费量的增加的主要原因是茶与健康的研究和各国对茶叶的推广，带动全球茶叶消费增长。预计到 2023 年，茶叶消费量将提高 45%，2033 年将达到现在的 1.78 倍，但此增长趋势存在潜在的瓶颈，超过半数的茶叶消费集中在亚洲及远东地区。

中国、印度、斯里兰卡、肯尼亚、越南是最主要的茶叶生产国，其中中、印两国茶叶产量之和占世界总产量的 60%以上。2012 年中国、印度、斯里兰卡、肯尼亚和越南的茶叶产量分别为 176.1 万吨，112 万吨，37 万吨，32.5 万吨，15.8 万吨。而茶叶消费量全球排在前五位的分别是中国(130 万吨)、印度(93.2 万吨)、俄罗斯(18.2 万吨)、斯里兰卡(15.2 万吨)和巴基斯坦（131 万吨）。

2012 年，全球茶叶出口排在前五位的国家分别是肯尼亚（43 万吨）、中国（32.2 万吨）、斯里兰卡（30.6 万吨）、印度（18.3 万吨）和越南（13.5 万吨）。 2012 年，全球茶叶进口量排在前四位的国家分别是俄罗斯（18.9 万吨）、英国（14.5 万吨）、巴基斯坦（13.1 万吨）和美国（12.6 万吨）。随着茶叶在世界各国推广的深入，全球各茶叶消费国的格局还将会发生变化。

综上所述，未来全球茶产业的发展主体格局不会发生变化，绿茶有很大的提升空间，产茶国消费量的增加成为拉动茶叶消费增长的新动力。具体表现为：1 未来十年，全球茶叶价格变化幅度不大，在 3 美元/kg 左右徘徊；2 世界茶叶消费将仍以红茶为主，2021 年全球红茶将达到供需平衡；3 茶叶出口贸易中红茶出口仍占主流，绿茶有较大增幅；4 全球绿茶生产将以超过 7%的速度增长，中国是主要影响国；5 产茶国的茶叶人均消费需求有进一步拓展的空间。

【b. 2012 年我国茶叶产销概况】

2012 年，全国各茶区的茶叶生产均未出现极端恶劣天气，除在春茶生产中云南省部分地区受到干旱的影响，部分省份受低温多雨天气影响，开采比往年推迟 10-15 天外。其余省份均未受到太大的影响，气候条件整体来说，比往年趋好。因此，2012 年，我国的茶叶总产量和总产值齐增长，单位面积产量有所提高。六大茶类除白茶黄茶外均增产，红茶和黑茶增幅最大。

1、茶叶生产

1）茶叶面积

在良好效益驱动下，茶农的茶叶生产积极性进一步提高，茶叶的种植面积继续扩大，尤其是中西部主要产茶省份，政府对茶农种植茶叶扶持力度加大，据国家统计局最新统计，2012 年，我国的茶叶种植面积为 228.0 万公顷，比 2011 年的 211.3 万公顷，增加 16.7 万公顷，增长 7.9%。2012 年全国茶园面积只有海南省出现下降，其余省份茶园面积都是在增长。

2003–2012 年我国茶叶种植面积　单位：万公顷

2003	2004	2005	2006	2007	2008	2009	2010	2011	2012
120.7	126.2	135.2	143.1	153.0	174.6	184.9	197.0	211.3	228.0

数据来源：国家统计局

2012 年，全国茶园面积排在前 5 位的分别是云南 38.97 万公顷）、四川（26.66 万公顷）、湖北（26.01 万公顷）、贵州（25.15 万公顷）和福建（22.15 万公顷）。其中茶园面积增幅最大是贵州省，2012 年茶园面积比 2011 年增长了 5.52 万公顷，增长 28.1%。其次是河南省（增长了 0.91 万公顷，增幅 11.6%）、四川省（增长了 2.74 万公顷，增幅 11.4%）、江西省（增长了 0.65 万公顷，增幅 11.0%）和山东省（增长了 0.19 万公顷，增幅 10.3%）。

2012 年度全国各地区茶叶种植面积　单位：千公顷

地区	年末实有茶园面积		2012 年比 2011 年增加		其中：本年采摘面积
	2011 年	2012 年	绝对数	%	2012 年
全国总计	2212.5	2279.9	167.4	7.9	1735.2
江苏	32.3	34.0	1.8	5.6	28.8
浙江	182.0	183.0	1.1	0.6	164.6
安徽	138.0	149.7	11.7	8.5	131.0
福建	211.3	221.5	10.1	4.8	195.5
江西	59.0	65.5	6.5	11.0	49.9
山东	18.8	20.8	1.9	10.3	14.3
河南	78.5	87.6	9.1	11.6	73.5
湖北	243.0	260.1	17.2	7.1	189.4
湖南	102.5	108.8	6.4	6.2	86.6
广东	41.1	41.8	0.7	1.7	37.9
广西	53.8	55.6	1.8	3.4	47.0
海南	1.1	1.0	–0.1	–5.6	0.8
重庆	34.7	35.1	0.4	1.2	25.8
四川	239.2	266.6	27.4	11.4	186.7
贵州	196.4	251.5	55.2	28.1	121.3
云南	380.0	389.7	9.7	2.5	308.7
西藏	0.2	0.2	0.0	0.0	0.0
陕西	90.8	97.1	6.4	7.0	69.2
甘肃	10.0	10.2	0.2	2.2	4.0

青海	0.0	0.0			0.0
宁夏	0.0	0.0			0.0
新疆	0.0	0.0			0.0

数据来源：国家统计局

2）茶叶产量

我国茶叶已经连续 10 年增产增收，茶园总面积呈现逐年扩大的局面，根据国家统计局统计 2012 年为 179.0 万吨，同比增加 16.65 万吨，增 10.3%。但茶园管理粗放，已经影响到生产水平的提高，如以采摘面积计算，亩产仅 65.3 公斤，在 2011 年同期下降 2.6 公斤，降 3.8%。其主要原因是大部分茶区只重视扩大茶园面积忽视加强茶园管理，采茶偏好于抢早和嫩芽，忽视夏、秋茶的采摘，致使单产下降。因此，全国茶叶增产趋势在短期时间里难以改变。虽然云南、四川和贵州省份受高温干旱、地震等自然灾害影响外，其余省份气候条件良好，有利于茶叶的生产。

2003–2012 年我国茶叶产量　单位：万吨

2003	2004	2005	2006	2007	2008	2009	2010	2011	2012
76.8	83.5	93.4	102.8	116.6	125.7	135.9	147.5	162.3	179.0

数据来源：国家统计局

2012 年全国茶叶产量排在前 5 位的省份分别是福建省（32.10 万吨）、云南省(27.17 万吨)、四川省（21.02 万吨）、湖北省（20.70 万吨）和浙江省（17.48 万吨），而茶叶种植面积排在第 5 位的贵州省茶叶产量仅有 7.44 万吨，这也表明贵州的茶叶单产较低。

2012 年度全国各地区茶叶产量　单位：吨

地区	茶叶产量		2012 年比 2011 年增加	
	2011 年	2012 年	绝对数	%
全国总计	1623213.8	1789752.6	166538.8	10.3
北京	0.0	0.0	0.0	0.0
天津	0.0	0.0	0.0	0.0
河北	0.0	0.0	0.0	0.0
山西	8.1	5.7	–2.4	–29.6
内蒙古	0.0	0.0	0.0	0.0
辽宁	0.0	0.0	0.0	0.0
吉林	0.0	0.0	0.0	0.0
黑龙江	0.0	0.0	0.0	0.0
上海	0.0	0.0	0.0	0.0
江苏	14580.0	15371.0	791.0	5.4
浙江	169724.0	174840.0	5116.0	3.0
安徽	87598.0	953740.0	7776.0	8.9
福建	295976.0	320958.0	24982.0	8.4
江西	32734.0	38662.0	5928.0	18.1
山东	10704.0	13323.0	2619.0	24.5
河南	49447.0	51374.0	1927.0	3.9

湖北	184165.0	206984.0	22819.0	12.4
湖南	132787.0	135346.3	2559.3	1.9
广东	59637.0	63095.0	3458.0	5.8
广西	44410.0	49359.0	4949.0	11.1
海南	1241.0	1196.3	–44.7	–3.6
重庆	27895.0	31372.3	3477.3	12.5
四川	186207.0	210201.0	23994.0	12.9
贵州	58381.0	74359.0	15978.0	27.4
云南	238337.4	271704.2	33366.8	14.0
西藏	8.3	30.8	22.5	272.2
陕西	28430.0	35195.0	6765.0	23.8
甘肃	944.0	1002.0	58.0	6.1

数据来源：国家统计局

在国家统计局公布的最新茶叶统计报表中，自 2010 年开始，统计结果是按照六大茶类进行统计，增加了黄茶、白茶两项统计，之前这两项合并到其它茶中。在部分省份上，茶叶种植面积上没有数据，而茶叶产量上却增加了数据，如山西省虽然不产茶，但是增加了 5.7 吨其它茶，数量较小，对整体数据影响不大。同时，由于各地统计局对茶类的理解上存在偏差，部分省份把普洱茶纳入其它茶类，如云南省，黑茶产量为零，而其它茶类为 4.05 万吨。因此，对茶类的统计还需进一步的规范。

2013 年各地区分茶类茶叶产量统计表　单位：吨

地区	绿茶	青茶	红茶	黑茶	黄茶	白茶	其它茶
全国总计	1247827	217879	132416	79836	179	10244	101371
北京	0	0	0	0	0	0	0
天津	0	0	0	0	0	0	0
河北	0	0	0	0	0	0	0
山西	0	0	0	0	0	0	5.7
内蒙古	0	0	0	0	0	0	0
辽宁	0	0	0	0	0	0	0
吉林	0	0	0	0	0	0	0
黑龙江	0	0	0	0	0	0	0
上海	0	0	0	0	0	0	0
江苏	12674	0	2452	0	0	0	245
浙江	168731	0	1370	3159.5	0	0	1579.2
安徽	89150	70	4422	0	0	48	1684
福建	110064	172690	27365	0	0	9284	1555
江西	29317	1530	5123	46	12	286	2348
山东	13323	0	0	0	0	0	0
河南	45496	0	5878	0	0	0	0

湖北	165004	4116	21746	11363	0	151	4604
湖南	58363	3582	15890	48010	10	4	9487
广东	25741	30143	1338	0	8	0	5865
广西	34087	362	8720	949	0	0	5240
海南	1011	0	134	0	0	0	51
重庆	24059	30	3101	1883	0	0	2299
四川	171628	4558	3195	14403	145	268	16004
贵州	63161	132	950	23	4	203	9886
云南	199817	666	30731	0	0	0	40490
西藏	3	0	0	0	0	0	27.48
陕西	35195	0	0	0	0	0	0
甘肃	1002	0	0	0	0	0	0
青海	0	0	0	0	0	0	0
宁夏	0	0	0	0	0	0	0
新疆	0	0	0	0	0	0	0

数据来源：国家统计局

3）绿茶

2012 年进绿茶主要生产省份天气状况较好，仅云南省在春茶生产期受到干旱的影响和浙江等一部分省份受低温的影响导致采摘时间向后推迟，品质与以往同期略有下降。同时，由于新发展茶园大面积投产，加上大多数新发展的茶园已经开始进入丰产期，2012 年我国绿茶产量达 124.8 万吨，比上年 113.8 万吨，增长 9.7%。

（注：在国家统计数据中，花茶、普洱茶属于再加工茶，这两类茶统计数据列在绿茶类）。

2003-2012 年我国绿茶产量单位：万吨

2003	2004	2005	2006	2007	2008	2009	2010	2011	2012
57.0	61.4	69.1	76.4	87.4	92.7	100.6	104.6	113.8	124.8

数据来源：国家统计局

4）红茶

2012 年，我国的红茶产量是 13.24 万吨，比 2011 年 11.37 万吨，上涨 16.4%。2012 年，红茶依然是我国茶叶产业的热点，在福建的金骏眉、坦洋工夫和河南的信阳红等红茶热的带动下，全国红茶出现快速发展，而且信阳红、遵义红等新创制红茶在市场也得到快速发展。在国家统计局公布统计数据里，2010 年云南红茶没有包括在内，根据云南农业部门提供数据，2010 年云南红茶产量约为 2 万吨，如果将 2010 年云南红茶产量计算在内，2010 年我国红茶产量为 8.81 万吨（国家统计局数据为 6.81 万吨）。

2003-2012 年我国红茶产量　单位：万吨

2003	2004	2005	2006	2007	2008	2009	2010	2011	2012
3.99	4.37	4.79	4.83	5.32	6.97	7.19	8.81	11.37	13.24

注：2010 年红茶产量为中国茶叶流通协会调整数

数据来源：国家统计局

5）青茶（又称乌龙茶）

乌龙茶一直是这几年国内茶叶消费的热点，铁观音市场进一步成熟，武夷岩茶、广东乌龙茶继续快速发展。2012 年，乌龙茶生产产量为 21.79 万吨，比 2011 年的 20 万吨增长 9%左右。

2003–2012 年我国青茶产量单位：万吨

2003	2004	2005	2006	2007	2008	2009	2010	2011	2012
8.13	9.02	10.38	11.62	12.97	14.41	15.91	18.00	20.00	21.79

数据来源：国家统计局

福建安溪是我国乌龙茶最大产区，2012 年，安溪的乌龙茶产量占全国乌龙茶产量的 35%。2012 年，安溪茶叶产量比 2011 年增长 5%，低于全国乌龙茶产量增长速度。

6）黑茶

黑茶作为少数民族地区的生活必需品，主要供应边疆少数民族地区。2012 年，黑茶主要产地湖南、湖北和云南，陕西、浙江等部分省份也有零星生产，在政府和企业的大力推动下，黑茶市场进一步扩大，除内蒙、新疆和西藏等边疆少数民族地区外，广东、湖南、北京、山东等内地市场也有较大需求。由于统计口径不一致，黑茶统计数据偏低，黑茶供应少数民族地区常年稳定在 7 万吨左右，国家统计局公布的黑茶产量 2010 年只有 4.14 万吨，2011 年为 6.35 万吨，2012 年为 7.98 万吨。根据供应少数民族地区黑茶的正常消费以及国内其它地区黑茶消费增加，估计黑茶产量在 9 万吨左右。

7）白茶、黄茶

白茶、黄茶是国家统计局新列的统计项目，2010 年之前白茶、黄茶没有做专门统计。白茶主要产于福建的福鼎和政和，2012 年白茶的产量为 1.02 万吨，比 2011 年的 1.43 万吨减少了 28.7%，甚至低于 2010 年的 1.22 万吨。黄茶产量更少，全国黄茶主要产于安徽霍山（霍山黄芽）、四川雅安（蒙顶黄芽）、湖北英山（英山黄大茶）、浙江平阳、泰顺、瑞安、永嘉等地（平阳黄汤）、广东省韶关、肇庆、湛江等县市（广东大叶青）、湖南岳阳（君山银针）和湖南宁乡（沩山毛尖）等，2012 年黄茶产量为 179 吨，接近于 2011 年 391 吨和 2010 年的 394 吨的产量的一半。按照目前黄茶的发展态势，估计 2012 年部分省份的黄茶数据没有列入国家统计局数据中。

2、茶叶内销

在出口基本稳定的情况下，2012 年，我国的茶叶内销仍是拉动我国茶业发展的主要因素。国内茶叶市场热点不断，名优绿茶继续受到市场欢迎，普洱茶、红茶和武夷岩茶延续 2011 年的态势，继续引领市场发展；铁观音积极转变发展方式，倡导精品化生产，浓香型和传统口味重新受到市场青睐：在各级政府和厂家的推动下，黑茶的保健功效逐渐获得市场认知，市场销售也快速增长；普洱茶的生产和销售得到进一步发展，呈现出理性发展的良好局面；绿茶和白茶也继续保持了平稳较快发展。

2003–2012 年我国茶叶内销量　单位：万吨

2003	2004	2005	2006	2007	2008	2009	2010	2011	2012
50.0	52.5	64.8	74.1	87.6	90	100	110	118	130

数据来源：中国茶叶流通协会

2012 年内销市场上，第 1 位是绿茶，绿茶销售 71.5 万吨，占市场总销售量的 55%，第 3 位是乌龙茶，乌龙茶销售 18.2 万吨，占市场总销售量的 14%，第 5 位是黑茶 8.5 万吨，占总消费额的 6.5%。2012 年，黑茶的消费量首次超过了茉莉花茶的消费量。

2012 年内销市场上分茶类销售情况（万吨）

绿茶	红茶	乌龙茶	花茶	黑茶	普洱茶	其它茶
71.5	8.0	18.2	7.8	8.5	6.8	9.2

数据来源：中国茶叶流通协会

近几年，我国茶类结构发生较大的变化，绿茶作为我国主要茶类，各地把名优绿茶作为市场推广重点对象，促进绿茶销费比重上升，绿茶销售比重由 2005 年的 48%上升到 2012 年的 55%；乌龙茶也是这几年市场消费热点，继安溪之后，大红袍、凤凰单枞等在市场上受到欢迎，比重由 2005 年的 12%上升到 2012 年的 14%；红茶在福建红茶和河南信阳红的带动下，也得到快速发展，红茶销售比重由 2005 年的 2%，上升到 2012 年的 6%；普洱茶经历 2007 年波动后，2012 年市场在恢复的基础上又得到发展，比重也由 2005 年的 8%。下降到 2012 年的 5.2%；花茶、黑茶市场相对比较

稳定，但黑茶呈上升的发展态势，茉莉花茶的市场分额出现下降，花茶从2005年的15%下降到2012年的6%，其主要原因是一是花茶原料坯价格的上涨，二是北方消费人群对各茶类消费结构发生的变化，三是部分消费者存在花茶属低档茶这一消费误区。

3、茶叶出口

据海关统计，2012年，我国茶叶出口31.3万吨，同比下降2.82%，金额约10.42亿美元，平均单价3301美元／吨，同比分别上升7.98%和11.11%。

其中，绿茶出口24.87万吨，同比下降3.41%，金额约7.56亿美元，均价3039美元／吨，同比分别上升6.98%和10.76%；红茶出口35847吨，金额约1.19亿美元，均价3315美元／吨，同比分别上升同比上升0.76%、9.30%和8.47%；乌龙茶出口17372吨，同比下降3.20%，金额约7985万美元，均价4597美元／吨，同比分别上升7.74%和11.30%%；花茶出口7322吨，同比下降0.25%，金额约5155万美元，均价7040美元／吨，同比分别上升11.30%和11.57%；普洱茶出口4288吨，金额约3622万美元，均价8448美元／吨，同比分别上升0.34%、22.60%和22.19%。

在茶叶出口市场中，位居前五位的是摩洛哥、乌兹别克斯坦、美国、日本和俄罗斯。

我国茶叶出口到120多个国家和地区，其中70%的出口对象国为欠发达国家和地区，尤以西北非国家这样的传统市场为主，茶叶附加值也有待提高。据了解，我国出口的产品多为原料性和大宗散装茶，贴牌加工居多，技术含量低，附加值不高，企业只能获取微薄的加工费，更多利润被国外品牌商赚取。而且出口地相对集中，浙江地区占出口总量50%以上，其次为湖南、安徽、福建的企业。

俄罗斯是世界主要茶叶消费国，也是最大茶叶进口国，年进口量约为17万～18万吨。近年来，俄罗斯进口茶叶在供应总量中所占的比重逐年增加。统计显示，在2007年-2011年间，俄罗斯进口茶叶比重从19.7%上升到21.2%。

正因为俄罗斯是重要的茶叶进口市场，国内企业应加以关注，加大中国茶在俄罗斯市场的推广力度。在拓展俄罗斯市场的同时企业也要巩固已有的出口市场,如摩洛哥市场等，引导国外的消费者了解并接受中国的高端茶叶，进一步带动茶叶出口。

【c. 2013年我国茶叶形势预测分析】

2013年，除四川雅安受地震影响损失惨重、云南和贵州部分地区遭受高温干旱天气外，其余省份天气状况良好，受此影响，全国各茶区普遍提前7-20天采摘和生产。虽然4月中旬，浙江、江西和福建等省有轻度倒春寒现象，但已经过了采摘高峰期，对产量影响不大。在今年气候基本正常的情况下，我国茶叶生产继续保持稳定地增长，据估计，2013年我国茶叶总产量将达到195万吨左右，较去年同期增产8%左右。但产能过剩、采工紧缺、生产资料成本居高不下、高档名优茶价格大幅度下跌等问题依然突出。

大宗茶量增价涨，高档名优茶大幅下跌

1、茶叶产量

2013年，我国的茶叶种植面积和茶叶总产量将继续保持增长，但单位面积的单产依然很低。其主要原因是大部分茶区只重视扩大茶园面积，忽视加强茶园管理，采茶偏好于抢早和嫩芽，忽视夏、秋茶的采摘，致使单产下降。因此，全国茶叶增产趋势在短期时间里难以改变。虽然云南、四川和贵州省份受高温干旱、地震等自然灾害影响外，其余省份气候条件良好，有利于我国茶叶的生产。

2、茶叶质量

全国各产茶区春茶未出现影响茶叶生产的极端恶劣天气，茶叶休眠期相对较长，有利于茶树营养物质的积累，同时采摘与加工期天气晴好，加之各地区不断提高茶园管护水平和鲜叶加工技术较大地提高了茶叶质量。除部分地区春茶生产因为阴雨天气导致质量下降外，2013年，其它茶类春茶品质总体好于往年。

3、茶叶价格

受“国八条”和国际经济环境的影响，除云南普洱茶和福鼎白茶价格继续保持上涨外，其他茶类的大宗茶保持平稳增长，高档名优茶大幅下跌，跌幅在10-50%之间，不同茶类幅度略有区别。据中国茶叶流通协会对全国主要产茶区的调查，浙江市场前期市场慢热，后期交易温和，早茶成交价格明显低于去年。高档龙井茶跌幅较大，降幅在30%左右。安徽高档名优绿茶，如六安瓜片、太平猴魁、黄山毛峰等价格降幅在is%左右，中低端大宗春茶价格与去年持平，江西的大宗春茶比去年同期略有增长，而高档名优茶，如婺源县的早熟品种高档绿茶市场销售疲软价格也由去年的6000-8000元／公斤降至4000-6000元／公斤。福建和云南部分品种价格不降反升，如福建白茶上涨幅度较大，采摘的鲜叶价格比去年提高30%左右。云南受干旱影响，春茶推迟到4月下旬，普洱生茶价格上涨到10%-15%。个别古树茶，价格涨幅较大，如双江冰岛古树茶，价格上涨50%左右，湖南早春茶的销售没有往年的红火，茶叶价格相对比较合理，但高档名优绿茶销售形势不容乐观，高档礼品茶比去年下降30%左右。重庆往年春茶一般在清明前后才陆续上市，但今年提前到3月上旬，价格上涨了10%左右。河南信阳毛尖价格基本与去年持平，等等。

产能过剩问题突出，卖茶难成行业发展瓶颈

1、产能过剩

在匡1家政策的大力扶持下和茶叶良好效益的驱动下，我国茶叶连续10年保持快速增长。在茶叶出口基本稳定的情况下，依靠国内茶叶消费市场增量来维持我国茶叶生产快速发展是有限的。因此茶叶产销矛盾、用工矛盾将会日益突出。今年茶叶生产，不少地方因为招不到采茶工，大量春茶采不下来。在浙江、安徽、贵州、四川、湖北等省份，夏秋茶基本不采，造成大量的茶叶资源浪费。与此同时，行业普遍存在盲目乐观的情绪，各主要产茶省份，尤其是中西部地区，在产业政策上还是鼓励茶叶种植，发展茶园面积。如果不对产业政策进行调整，限制茶园面积的发展，把工作重点转移到提高单位面积茶叶经济效益和消费市场培育上来，茶贱伤农情况很有可能发生。

2、抗自然灾害风险能力差

4月20日，雅安发生了7.0级地震，使雅安的茶产业蒙受巨大损失，据雅安市茶叶协会统计，雅安有大大小小1000家茶叶企业及加工作坊，在地震中几乎无一幸免，各家茶企业的直接经济损失过亿元，包括厂房、原料、茶园和各种机器设备，所幸的是虽有人员受伤但并无生命危险。目前雅安茶企基本上处于停工状态，因为交通、电力、通讯等设施线路都受到不同程度地破坏，灾情最为严重的宝兴县灵关镇中坝乡的海鑫茶业有限公司，有700多平方米老厂房已成危房，新建的5000多平方米新厂房墙体开裂、玻璃破损，由茶厂通往茶山的4公里道路交通中断3200亩有机茶园多处塌方，而4月20日当天上午所采的3000多斤鲜叶已全部毁坏。我国的茶产业，依然是靠天吃饭，抵卸自然灾害的风险能力非常差。

3、卖茶难成行业发展瓶颈

通过对北京、广州、上海、济南等主要销区的调查情况反映，今年入春以来，整个茶叶市场人气不足，呈现“疲软”的现象，高端礼品茶销售明显下降，多数商家表示，今年礼品茶订单数量比2011年少了一半以上。

而产区方面，中、低档茶销售影响较小，到目前为止，积压不是很严重，而高档茶叶普遍反映下降至两三成左右，价格虽然下降，但销量还是较为正常，例如四川受茶叶销售市场环境变化的影响，高档礼品茶销售量锐减，高档茶销量至少减少了两三成。重庆今年很多企业遵守抑制三公消费的相关规定，均取消了相关产品的预订，一些中高档礼品茶叶销量同比去年下滑了20%-30%。贵州方面名优茶销量的下降幅度高达50%以上，中低档茶价格有上升，名优茶和中低档茶价格总体要下降15%-20%。

4、生产资料成本上涨挫伤农民种茶积极性

当前，随着CPI指数的攀升，农业生产资料成本继续加大，如茶叶生产所需的能源、农用生产资料都在上涨中，而毛茶的价格相对于其它产品来说，其上涨幅度较低，其主要原因是茶叶并不是生活必需品，除边疆少数民族外。价格上涨过快，其市场的需求必然减少，再加上劳动力和生产设备成本的上升，导致部分地区茶农弃采茶叶，在一定的程度上挫伤茶农种茶的积极性。

5、稀土指标制定存在一定的不合理，影响行业的发展

我国现行有关茶叶稀土的国家标准主要是卫生部于2005年和2012年制定发布的GB2762-2005《品中污染物限量》和GB 5009.94-2012《植物性食品中稀土元素的测定》。这两项标准自实施以来，在茶叶行业内引起了强烈反响和广泛争议，众多行业专家和企业针对稀土标准提出了质疑和修改意见。

调研中发现，稀土标准严重束缚茶产业发展，影响全国近1亿多茶农和涉茶人员的生计问题。我国茶业主产区特别是乌龙茶、黑茶、普洱茶产区的茶企和茶农苦于“怎么努力都难以符合稀土标准”。更令茶业界和有关专家担忧的是，我国茶叶稀土标准随时可能被别有用心的人所利用，带来茶叶贸易壁垒等更大危害。

加大农业生产资料的扶持力度拓宽农产品流通渠道

鉴于我国茶叶行业存在的以上诸多问题，我们建议：

1、适度控制茶叶种植面积，做好行业发展规划。

国家有关部门尤其是农业主管部门，要因地制宜，根据当地的生产实际，做好行业发展规划，制定政策适度控制茶叶种植面积。鼓励通过栽培、管理技来提高单位面积茶叶的产量和经济效益。

2、加快产业结构化调整，解决茶叶行业用工难问题。

随着城乡差距化的加大，农村青壮劳动力进城务工逐年增多，而留在农村大多数是老弱病残人士，再加上茶叶生产的季节性非常强，造成农村劳动力结构性短缺，在农忙季节出现“用工难”的问题，当前唯一的解决办法是如何提高茶产品的销售价格，增加茶农收入，加快农村城镇化建设和农

业产业结构化的调整。

3、加大农业生产资料的扶持力度，建立农资价格监控体系

在我国，农业始终是个薄弱的行业，茶叶行业仍不例外，刺激我国农业的发展，除了加快农业现代化的进程外，首要的问题是如何增加农民的收入，增加农民收入关键要看投入与产出的问题，建议政府部门应加大对农业生产资料的扶持力度，在制订政策时应向此倾斜，同时应建立农资价格监控体系，一方面防止农业生产资料上涨过快，另一方面杜绝部分不法商贩囤积农资，人为造成价格上涨。

4、拓宽农产品流通渠道，解决卖茶难问题。

无论是政府、还是行业协会，应积极主动地通过开展各种促销活动，帮助茶农拓宽茶产品流通渠道，增加茶农的收入，建议茶叶价格指数，及时了解市场的行情，建立透明的市场价格体系，向茶农及时反馈市场信息，指导茶农生产适销对路的茶产品，另一方面通过提倡饮茶有利于人体健康的宣传等促销活动来帮助茶农迅速打开茶叶销路市场。

5、抑制过度包装，节约社会资源

不光在我国的茶叶行业，在我国的其它行业领域，过度包装问题非常严重，中国的“面子工程”直接反映到产品的过度包装上，建议国家有关部门应制订严格的限制产品过度包装等相关的法律法规，自觉抵制过度包装，引导茶叶包装向“简约包装、循环利用”的环保方向发展。同时，政府有关职能部门，应加强对市场上茶叶过度包装的监督检查，依法处罚过度包装行为。

6、积极正确引导消费，发展大众茶市场，杜绝天价茶炒作

天价茶的炒作行为影响基本上是负面的，不仅没有被社会认可，而且还严重损害了行业的美誉度，影响茶叶消费的增加。天价茶叶出现，其重要原因是信息不对称。建议建立茶叶价格信息体系，及时向社会发布茶叶价格变化情况，抑制市场过度投机，避免价格波动给茶农和生产经营者带来损害，同时应正确地引导茶农根据市场的需求来调整生产计划，媒体应通过正确新闻舆论引导，制止恶意炒作价格行为。

同时，企业不可一味地盲目发展礼品茶市场，应该对市场作充分调研的基础上，开发普通老百姓能消费得起的大众茶。

（梅宇）

第三部分

地方分述

3.1 北京市

2010 年，北京市食品行业深入学习实践科学发展观，认真贯彻落实各项宏观调控政策，在调整中继续平稳复苏回升，转变经济发展方式稳步推进，行业保持平稳增长，保证了"十一五"规划顺利完成，实现了"十二五"时期的良好开局。2012 年，面对日趋严峻的国际经济形势，以及国内经济调整转型、自然灾害叠加等多重因素影响，北京市食品工业坚持"稳中求进"方针，积极推进产业结构调整，保持食品工业持续健康稳定发展。

【a．概况】

1、产业发展。

受上游农副产品原材料价格普遍上涨影响，北京市食品工业企业努力消化成本上涨压力，食品工业总产值稳定增长。

2010 年，北京市工业规模以上工业企业完成工业总产值 13699.84 亿元，同比增长 24.10%；都市工业完成工业总产值 1330.00 亿元，同比增长 11.30%；规模以上食品工业完成工业总产值 667.10 亿元，同比增长 13.90%；占北京市工业 4.87%；占都市工业 50.16%；在全国食品工业总产值中占 1.06%；在全国 31 个省市中排列第 22 位。

2011 年，北京市工业规模以上工业企业完成工业总产值 14513.60 亿元，同比增长 5.90%；都市工业完成总产值 1562.20 亿元，同比增长 19.90%；食品工业完成总产值 779.63 亿元，同比增长 20.81%；占全市工业 5.37%；占都市工业 49.91%；在全国食品工业总产值中占 0.99%；在全国 31 个省市中排列第 23 位。

2012 年，北京市工业规模以上工业企业完成工业总产值 17801.00 亿元，同比增长 7.70%；都市工业完成总产值 11540.80 亿元，同比增长 2.10%；食品工业完成总产值 842.77 亿元，同比增长 7.48%；占全市工业 4.73%；占都市工业 54.70%；在全国食品工业总产值中占 0.94%；在全国 31 个省市中排列第 24 位。

2、食品价格。

2010 年，北京市居民消费价格涨幅低开高走，全年居民消费价格比 2009 年上涨 2.4%，涨幅高于 2009 年 3.9%，其中，食品价格上涨 5.5%。

2011 年，北京市居民消费价格指数高位开局，比 2010 年上涨 5.6%，其中，食品价格上涨 10.6%。

2012 年，北京市居民消费价格比 2011 年上涨 3.3%，其中，食品价格上涨 6.6%，涨幅比 2011 年有所回落。

3、市场消费。

2010 年，北京市实现社会消费品零售额 6229.3 亿元，比 2009 年增长 17.3%。其中，吃的商品实现零售额 1331 亿元，比 2009 年增长 12.8%。

2011 年，北京市实现社会消费品零售额 6900.3 亿元，比 2010 年增长 10.8%。其中，吃的商品实现销售总额 1561.4 亿元，比 2010 年增长 17.3%。

2012 年，北京市实现社会消费品零售额 7702.8 亿元，比 2011 年增长 11.6%。其中,吃的商品实现零售额 1679.1 亿元，增长 7.5%。

4、产业政策。

2010 年，北京市经济和信息化委员会制定《北京食品产业发展战略》。

2011 年，北京市经济和信息化委员会发布《北京都市产业"十二五"发展规划》，明确了"十二五"期间，都市产业发展的思路、目标和工作重点；北京市食品安全办公室发布《北京市食品安全行动计划(2011-2015)》。

2012 年，北京市经济和信息化委员会提出《北京食品工业“十二五”时期发展思路》，提出了行业发展的总体思路、目标、路径、发展重点和对策措施。

5、品牌建设。

2010 年，在食品（工业）类商标认定中，被国家工商总局商标局认定“中国驰名商标”件，被市工商局认定“北京市著名商标”件。

2011 年，在食品（工业）类商标认定中，被国家工商总局商标局认定“中国驰名商标”3 件，被市工商局认定“北京市著名商标”25 件。

2012 年，在食品（工业）类商标认定中，被国家工商总局认定为“中国驰名商标”3 件；被市工商局认定为“北京市著名商标”17 件。

【b. 协会工作】

2010 年，北京市食协在北京市经信委的领导下、在社会各界和全体会员的大力支持、配合下，坚持以“服务”为宗旨，认真履行职能，与时俱进，努力工作，为推进北京食品产业健康平稳较快发展做出贡献。

1、帮扶企业，共同应对挑战。紧紧围绕北京市委、市政府应对国际金融危机，调整经济结构，振兴都市工业的要求，协会发挥自身优势，主动协助政府主管部门积极应对国际金融危机挑战，帮扶企业，调整结构，成为政府和企业间的桥梁与纽带，发挥了应有的作用。

2010 年初，面对食品行业新形势，继续加大工作力度，积极走访企业进行调研，了解企业存在的困难和需要解决的问题，及时向主管部门进行反映，争取政策支持，配合政府主管部门，指导企业练好内功，帮助企业，战胜危机，与企业同舟共济，共克时艰，发挥了良好作用。

2010 年初，与中国食品质量报共同主办“春节”团购会，积极帮助会员企业搭建平台，开拓市场，扩大销售，应对危机挑战；多次走访会员企业，与企业领导就企业发展、行业发展进行沟通，及时向政府主管部门反映情况；积极推荐北京二商、大三环、红螺、仿膳、稻香村等会员企业的产品进驻“北京礼物旗舰店”；先后为北京市绿得食品有限公司与北京王致和食品有限公司搭桥，促成合作开发无糖腐乳项目。为山东乐福记食品有限公司与北京希杰食品有限公司搭桥，促成进行豆制品深加工项目的开发；参与北京义利食品公司检测中心项目的国家发改委项目论证服务。

年中，及时召开了以“转变经济增长方式，推动首都食品产业又好又快发展”为主题的会员大会，对北京食品产业发展形势进行了分析，提出了行业发展的对策和建议。还积极参与政府主管部门的产业发展规划研究，为市经信委提供行业动态和信息，并在“北京食品信息”刊物中进行报导，服务政府和会员企业。积极参与《北京食品工业发展战略》的制定，提供北京食品工业 SWOT 分析资料，努力为制定食品行业“十二五”规划进言献策，做好基础性工作。

2、扶持名优产品，推进品牌建设。认真贯彻加强北京工业品牌建设的措施，坚持传承创新、拓宽创新思路，协会从抓基础工作入手，持续推进名牌发展战略的实施。

2010 年上半年，受市工商局委托，对北朗中、美丹、御食园、祥聚公、三水品牌进行“北京著名商标”的评审，全部被评为“北京著名商标”。年中，推荐三家会员企业参加包装设计“红星奖”的评审，获得优秀奖。

下半年，与市质监局和北京质量协会联合开展北京知名品牌消费者推选活动，推荐北京食品类知名品牌 60 余个，努力营造百姓信赖品牌的良好氛围，持续推进品牌战略的深入实施。

3、开展诚信活动，保障食品安全。协会把食品安全做为开年的头等大事，积极配合市经信委《食品工业企业诚信体系建设》的推进工作。

2011 年上半年，在市经信委和市质监局联合召开的诚信体系大会上，代表行业协会起草宣读诚信倡议书，提出了“以诚为本、以信经营”等六点倡议。并在市经信委的领导下，推行试点。协会积极配合北京二商集团诚信体系建设文本及评定标准的制定工作，参与诚信管理体现（CMS）建立及实施要求的课题研究，制定了企业食品安全信用体系评价表。

下半年，围绕宣贯《食品安全法》这条主线，举办食品工业企业诚信体系建设培训。提升了企业的食品安全意识，为推进企业诚信体系建设奠定了基础。协会还和北京食品学会联合主办了两次国际性安全论坛，成为推广食品安全应用技术与解决方案的盛会，成为政府、企业、学术界交流合作、提升食品安全的平台。

年底，还组织北京粮食协会、北京肉类协会、北京冷饮食品协会、北京茶业协会、北京乳业协会、北京酒业协会、北京焙烤食品协会、北京蜂产品协会、北京酿造协会、北京豆制品协会、北京包装技术协会等十二家行业协会参加北京市食品安全监督协调办公室举办的“十二五”食品安全规划研讨，为首都“十二五”食品安全规划的制订出谋献策。

4、构建展示平台，提升首都形象。在市经信委的大力

支持下，协会充分发挥服务政府服务行业、服务会员企业的作用，积极承办或组织会员企业参加展览展销活动，通过引进来走出去，搭建会展平台，既为会员企业积极开拓市场，又充分展示了首都食品产业发展的新形象。

2012 年上半年，积极承办第五届中国（北京）餐饮、食品博览会，组织 16 家协会会员企业参加。

下半年，组团参加澳门国际贸易投资展览会。因整体形象突出，影响很大，成为澳门国际贸易投资展览会的一大亮点。达成初步合作意向 27 个，签定代理合同两项，代理金额一百余万元。组织企业赴浙江省参加中国（宁波）食品博览会，达成合作意向 36 项。北京金路易速冻食品有限公司与四家超市签定代理合同，签定合同金额 230 万元。通过组织企业展览展示活动，积极帮助企业开拓市场，充分展示首都食品产业发展的新形象，达到了较好效果。8 月，在对 2009 中国（宁波）食品博览会项目业绩审评中，协会工作获得了评审会计师事务所的好评，获得 93 分的优秀成绩。

5、开展技能培训，提高行业素质。为适应食品产业发展需要，协会积极组织行业培训，促进行业人员素质和能力的提高。借助“北京市工业职业技能竞赛”这个平台，积极组织开展食品检验工培训和技术比赛活动，营造职工学习钻研技能的氛围，提升行业的整体素质。

截止到 2012 年，协会已经连续组织了 3 届食品检验工竞赛。通过这一行业练兵活动，不仅为企业员工提升技能、加强交流搭建了平台，更为企业打造高技能的人才队伍发挥了积极作用。

6、加强对外交流，拓宽合作渠道。一是大力开展合作加强与北京兄弟行业协会的交流合作。与北京工业经济联合会、北京食品学会、北京包装技术协会、北京质量协会等密切合作，研究“十二五”时期都市产业的发展，并在节能减排、教育培训、培育工业名牌等工作中合作。二是加强与外地同行业的交流合作。先后与河北省秦皇岛市食品协会、四川省食品工业协会进行建立联系；应河北雄县塑纸包装印刷协会邀请，参加“雄洲第八届塑料包装机械产品博览会”，推进双方的合作。三是加强与世界先进同行的合作与交流。先后组织了赴美、加考察团、赴东欧考察团和赴埃及南非考察团，推动会员企业走出去，学习先进技术，拓展合作领域，提升北京影响力。四是，努力办好会刊《北京食品信息》。全年印刷发行 12 期，编辑文字 36 万字。还配合年中的“北京食品经济运行发布会”出版一期专刊。及时传递行业信息，促进多方面的交流合作。

2011 年，北京食协充分发挥行业协会作用，按照开阔大视野、发展大食品的要求，积极协助政府有关部门规划行业发展蓝图。

（一）落实“十二五”规划，推动食品产业科学发展。

1、加强信息统计分析，为制定“十二五”规划提供依据。协会按月份进行了食品行业信息统计，在动态分析的基础上，及时向市经信委提供数据分析服务。协会积极参与北京食品产业“十二五”规划研讨，承担制定“十二五”规划（草案）的相关任务，紧密围绕产业发展建言献策。

2、参与节能环保评审，推进食品行业节能降耗。2011 年下半年，协会与市发改委节能环保中心配合，积极参与“十一五”食品行业耗能项目评审，承担了农副产品加工业、食品制造业和饮料制造业三行业 12 家企业的耗能项目评审。按照评审要求，及时完成评审任务，提出节能降耗建议，为“十二五”食品行业节能减排打好基础

3、关注食品安全，为“十二五”食品安全出谋献策。2011 年下半年，协会按照市食品安全办公室的要求，组织北京粮食协会、北京肉类协会、北京冷饮食品协会、北京茶业协会、北京乳业协会、北京酒业协会、北京焙烤食品协会、北京蜂产品协会、北京酿造协会、北京豆制品协会、北京包装技术协会等十二家行业协会参加北京市食品安全 “十二五”食品安全规划研讨，为首都“十二五”食品安全规划的制订出谋献策。

4、关注食品价格变化，努力反映行业发展意愿。面对 CPI 高位运行的实际，协会积极关注食品价格的变动。2011 年四季度，在市经信委、市发改委召开的座谈会上，呼吁扩大食品行业主要产品价格监测范围，呼吁建立更加全面的价格监测体系，准确反映价格变动情况，便于及时采取措施，保持食品价格稳定和食品行业平稳发展。

5、配合主管部门，做好产业融合调研和特供标识清理工作。配合政府主管部门做好食品行业中的产业融合问题，协会联系多家会员企业和区县部门进行调研，为做好产业融合做了大量基础性工作。协会贯彻国务院 4 部委关于《开展清理整顿部分商品滥用“特供”“专供”标识专项行动的通知》精神，在会员企业中认真进行了调查，并将情况写出报告上报市经信委。

（二）履行社会责任，保证首都食品安全放心。

“民以食为天，食以安为先”。食品安全仍然是“十二五”时期食品行业工作的重点。安全、健康是产业的热点，

实现产业链安全成为产业发展的主题。

1、协助政府主管部门，2010年积极推动诚信体系建设工作。5月，协会配合市经信委举行了北京食品工业企业诚信管理体系建设动员大会，向行业和社会发布诚信倡议书（书面）；8月，配合市经信委召开了全市调味品生产企业开展诚信管理体系建设启动会，全市调味品生产企业诚信管理体系建设工作正式启动。12月，配合市经信委召开了“诚信体系建设工作会”，认真总结了我市食品企业开展诚信体系建设工作的情况。两年来，全市调味品生产企业、重点肉类企业、乳制品企业、二商集团下属企业、怀柔区重点食品企业广泛开展诚信体系建设试点工作，取得了积极的进展，探索具有我市特色的食品工业企业诚信体系建设的基本经验和做法，探索在产业结构调整中从源头到终端建立长效保障机制，提高产品层级，保障产品质量，打造信得过的品牌工程。

2、配合政府主管部门，切实履行好企业的安全责任。2011年上半年，北京市场出现了非法生产经营北京烤鸭问题，社会反映强烈。协会积极配合政府相关部门进行市场调查和综合治理。协会参加了北京市食品安全专题会议，参与了对北京市场出现非法生产经营北京烤鸭的情况分析，对市场治理和企业自律提出建议。协会本着实事求是和对行业、社会负责任的原则，积极向市食品安全办公室推荐品牌烤鸭名单，支持自律企业发展。同时，协会牵头，组织、协调全聚德、便宜坊两家烤鸭企业研讨、起草、完成北京烤鸭行业标准（草案），上交市食品安全办公室。

3、配合政府主管部门，积极做好行业食品安全工作。针对台湾食品“起云剂事件”，协会对食品企业邻苯二甲酸酯类物质和起云剂的使用和使用标准进行了普查，并及时把情况向市经信委汇报反馈。年底，协会应市市食品安全办公室邀请，作为北京行业协会代表参加了国务院对北京食品安全工作督查的情况汇报。协会的汇报准备充分，获得了肯定。

（三）加强名优品牌建设，提升首都食品的影响力。

品牌是实力的重要标志。推动行业品牌建设是提升食品行业竞争力的重要措施，北京食协认真贯彻加强北京工业品牌建设的措施，坚持传承创新、拓宽创新思路，从抓基础工作入手，持续推进名牌发展战略的实施。

1、积极参与北京市著名商标评审和中国驰名商标推荐2010年上半年，受北京市工商行政管理局的委托，协会进行了北京市著名商标的评选审核。审核企业21家，涉及企业评选商标25件。根据《北京市著名商标认定和保护办法》的规定，协会审核、推荐的25件商标全部被认定为2010年度北京市著名商标。推荐华都集团“华都”商标、康贝尔食品有限公司“马大姐”商标申请中国驰名商标。

2、组织参加卓越绩效模式先进企业申报评选。协会推荐二商集团、顺鑫农业等16家企业申报评选中国食品工业实施卓越绩效模式先进企业。推荐的“稻香村、丰收葡萄酒、华都集团、红螺食品、汇源饮料、康贝尔、龙徽葡萄酒、牛栏山酒厂、鹏程食品、金路易、燕京啤酒、二商集团、大红门、王致和、六必居、宫颐府、绿得、红星酿酒、义利面包、五星啤酒”等21家企业荣获“卓越绩效模式先进企业”称号。

3、组织参与北京知名品牌、北京礼物评选。2012年上半年，协会积极配合市质监局、北京质量协会进行了北京质量奖评审和北京知名品牌评选。北京食品行业的19个品牌被评为“北京知名品牌”；北京稻香村食品有限责任公司、北京燕京啤酒股份有限公司被评为2010年度北京质量奖企业。组织参加市旅游委举办的“北京礼物”和“十大必购商品”的评选，红星、王致和、全聚德等产品均榜上有名。

4、组织参加中国食品工业科学技术奖。协会组织参加第五届中国食品工业科学技术奖评选，北京企业共获得中国食品工业科学技术一等奖3项，二等奖5项；有5家企业获全国食品工业科技进步优秀企业称号，10项科研项目获优秀项目奖，8位企业负责人获得先进科技带头人称号，2位获得先进科技工作者称号，北京食品协会获优秀组织单位奖。

（四）构建展示平台，提升首都食品形象

在市经信委的支持下，北京食协积极组织会员企业参加各类展览展示活动，参与市场竞争，提升北京食品的影响力，取得了较好效果。

1、承办中国（北京）餐饮食品博览会。2010年5月，协会承办了第六届中国（北京）餐饮食品博览会，推出展览、报告会、专题会、产品推介会、表演、颁奖等多项活动。展览规模2万余平方米，参展企业400余家，参展展位600余个。全方位、多层次、多视角系统呈现从农业养殖、食品加工，餐饮服务、到百姓餐桌的全过程，突出展示餐饮、食品产业链发展和食品安全放心工程所取得的成果，是一次食品产业链重装阅兵，是一次以会为媒，以展会友，扩大影响，加强合作，促进发展的行业盛会。

2、组织参加中国（北京）国际休闲食品展览会。9月，

协会组织了20家会员企业参加了2011中国（北京）国际休闲食品展览会，并以厚重、大气、清新、自信亮相展会。北京二商集团、红星、义利、稻香村、红螺、御食园、康贝尔、美丹等企业积极参展。北京食品以“北京特色、市场满意”为推广主题，精心组织的产品呈现出名牌产品多、老字号产品多、精致产品多的特点。专业观众对北京产品展现出浓厚兴趣，大加追崇，北京食品成为本届展览的热门产品和展会亮点。

3、组织参加第十三届中国连锁店展览会。11月，协会组织食品企业参加了“第十三届中国连锁店展览会”。参展企业中有中国名牌7家、北京名牌9家、中华老字号4家、北京新产品5家。在展会期间，重点组织举办了北京食品企业产品推介活动，重点对北京食品工业发展情况进行了整体推介。25家参展企业共达成合作意向77个，签约购销合同3家，签约金额169万元。

（五）开展技术交流和技能培训，提高行业素质。

为适应食品产业发展需要，积极组织行业培训，促进行业人员素质和能力的提高。北京食协积极组织开展培训和技术比赛活动，营造职工学习钻研技能的氛围，提升行业的整体素质。

1、第四届中国北京国际食品安全高峰论坛。2011年4月，协会与北京食品学会共同主办的第四届中国北京国际食品安全高峰论坛。主题是“食品产业链的全过程控制”。内容包括主题论坛、行业展览和专题研讨会三个部分，北京食品协会会员企业的相关领导参加。论坛是一次高层次、高水平、高质量的学术研讨会；是一次展示食品安全新技术和解决方案的经验交流会；也是一次统一思想，提高认识，履行社会责任的行业自律盛会。

2、第三届食品科技北京论坛。9月，协会与北京食品学会、《食品工业科技》杂志社共同主办的第三届食品科技北京论坛。本届论坛的特点是“以市场为导向，以科技为根本，以实用为目的”论坛集官、产、学、研于一堂，从各自不同的角度来阐述自己的观点，为推动中国食品工业的发展献言进策。内容包括国家食品管理领导、专家对政策法规的解读、知名食品生产企业专家介绍企业研发情况、知名食品添加剂企业专家的新产品三个组成部分。涉及食品产业链各方面的政府官员、行业领导、专家学者和企事业单位的技术管理人员近千人参加大会。

3、行业从业人员培训。10月，按照国务院办公厅《关于印发食品安全整顿工作方案》的通知，卫生部分别对《GB2760食品添加剂使用标准》、《GB7718预包装食品标签通则》等标准进行修订，2011年6月20日开始实行，为使食品企业了解新国标，执行好新标准，协会主办了食品企业《食品添加剂新标准》培训班。来自北京食品企事业单位的检验、管理人员近50余人参加了培训。

2012年，北京市食协按照食品产业科学发展的要求，充分发挥行业协会作用，积极配合政府有关部门工作，推动食品产业发展。

（一）服务政府，积极配合政府部门的工作。

1、2010年落实科学发展要求，推进食品产业升级。为贯彻落实“十二五”各项任务，协会积极配合政府工作，推动食品产业发展。2月，常务副会长周以秋参加了市经信委召开的“都市产业发展工作座谈会”，对推动北京食品产业发展积极进言献策。3月份，协会围绕市经信委提出的都市产业发展要求，及时组织食品产业升级研讨会，贯彻市委、市政府产业升级有关政策精神，以科学发展为主题，以加快转变经济发展方式为主线，立足首都城市功能定位和人口、资源、环境特点，围绕经济发展大局，积极推进首都食品产业优化升级，确保“十二五”期间北京都市产业发展目标的顺利实现。协会还积极协助市经信委，在研讨基础上，形成意见，制定出《促进北京食品产业优化升级，加快经济发展方式转变》的方案。5月份，在会员大会上，邀请北京市经信委副巡视员张兰青介绍北京食品工业“十二五”时期的发展思路。并动员会员企业，积极行动，努力奋斗，配合政府主管部门，通过加快结构调整，促进首都食品工业实现结构调整目标，实现首都食品生产总量突破1000亿元的发展目标。邀请北京市副市长苟仲文做了重要讲话。他肯定了北京食品协会取得的成绩和重要作用，要求协会继续发挥引领作用，发挥联系政府与企业的桥梁纽带作用，发挥促进产业发展的作用，把各项工作落到实处，努力实现“十二五”发展目标。

2、2011年提高安全责任意识，推进诚信体系建设工作。为了落实国家工信部《2012年食品工业企业诚信体系建设工作实施方案》，协会积极配合市经信委，推进诚信体系建设工作。8月，集中举办了两期《食品工业企业诚信体系建设标准》宣贯培训班。围绕《食品工业企业诚信管理体系(CMS)建立及实施通用要求》和《食品工业企业诚信评价准则》两项诚信管理行业标准，请专家逐条解析了标准条款、重点解读了企业诚信管理体系的建立要求、诚信管理体系文件的建立及运行和依据诚信行业标准开展自我评价及评价要点分析。全市近 200 家规模以上食品工业企业的诚信管理体系负责人参加了培训。协会为加快食品企业诚信管理体系建设，有序开展企业诚信管理体系评价工作，成立了“北京食品协会食品企业诚信建设管理工作委员会”，并完成了分支机构申报材料的组织和送检。11 月份，被国家工信部确定为国家第二批食品工业企业诚信管理体系委托评价机构，正式启动企业诚信管理体系标准评价工作。

3、2012 年组织“北京礼物”评选，展示首都食品风采。按照 2012 第九届“北京礼物”旅游商品大赛的要求，协会积极组织会员企业参加“北京礼物”评选活动。7 月，以体现“北京地域特点、民族文化内涵、首都风貌特征、城市知名品牌”为定位，征集（食品类）参赛作品。9 月，在动员、组织、设计、选拔的基础上，协会主办了大赛（食品类）参赛作品评比，对来自 30 家企业的近百种产品进行了初评。经过专家评审，有 71 种产品入围，参加“北京礼物”旅游商品大赛最终奖项的评选。12 月，2012 第九届“北京礼物”旅游商品大赛的各个奖项揭晓。食品类 39 种产品最终获得奖项。其中，金奖 3 名、银奖 2 名，铜奖 5 名、优秀奖 29 名。北京食品协会荣获 2012 第九届“北京礼物”旅游商品大赛优秀组织奖。

4、承接有关部门工作，组织参加政府重大活动。为承接政府有关部门工作，协会组织会员单位积极参与政府重大活动。5 月，组织参与‘京交会’活动。协会按照市民政局、市商务委要求，通过多种形式，组织了 30 余家单位参加或参与了‘京交会’的相关活动。9 月，组织参与“园博会”活动。为做好园博会特许经营工作，协会按照园博会组委会要求，积极组织了 10 余家有意企业，联系园博会组委会了解情况、商谈具体工作（结果等待中）。

5、承担“志-书”编写任务，完成“食品志”初稿。按照编制工作任务和要求，协会承担了“北京工业志”（食品工业）的编写工作。承接任务后，协会进行认真研究，多次拜访市经济产业研究中心，与主管领导就食品工业（章节）的编辑事宜进行沟通、商讨、汇报，确定编制框架、条目和任务，投入人员查询资料，进行编写。历经四个多月，协会编写完成了“北京地方工业志”（1999--2010）《食品工业志》初稿，12 月中旬，初稿上报。

6、关注食品质量，为质量管理进言献策。协会出席市质监局组织的“十二五”质量规划研讨会，积极反映“十一五”期间，首都市场出现的食品质量问题，并就“十二五”期间，加强食品质量管理提出建议，得到市质监局的重视。

7、履行社会责任，开展社会公益活动。为履行社会责任，协会积极开展社会公益活动，与北京工业经济联合会联合合作，共同组织开展了名牌企业、名牌产品进社区和社区百姓进名牌企业的“两门”活动。组织了一轻控股、二商集团、华都肉鸡、百花蜂产品、张一元茶叶等 14 家企业及产品进社区展览展示，组织丰台区华源一里居民走进“王致和”、“龙徽”企业参观指导。通过走出去、引进来，与社区百姓互动，宣传食品行业中的名牌企业、名牌产品，展示安全食品、名优产品，提升北京食品在社区百姓中的形象和消费信心。协会还按照市经信委要求，联系会员企业，积极配合市经信进行外援扶贫事宜。

（二）服务行业，认真组织各类行业活动。

在市经信委的支持下，北京食协继续组织好行业各类活动，通过展览、展示、论坛、竞赛，积极引导搭建行业平台，宣传北京食品，提升北京食品的影响力，取得了较好效果。

1、办好北京食博会，展示行业发展成果。在市经信委领导下，协会继续组织北京食品展会，宣传展示食品行业发展取得的成果，展现首都食品风采。4 月，协会继续承办了第七届中国国际（北京）餐饮 · 食品博览会。本届博览会在六届成功举办的基础上，规模继续扩大，影响力进一步提升。本届博览会展览规模一万余平方米，参展企业 350 余家，参展展位 600 余个，展品汇集了餐饮原材料、各种类品牌食品、各种类农副产品、各种类食品加工设备和用品，组织了研讨会、报告会、专题会、产品推介会、表演颁奖等多项活动，全方位、多层次、多视角系统呈现从农业养殖、食品加工，餐饮服务、到百姓餐桌的产业链全过程，展示了餐饮 · 食品两大产业相互促进、共同发展所取得的成果，是一次以会为媒，以展会友，扩大影响，加强合作，促进发展的行业盛会。本届博览会上，经过观众投票、专家评审，参展企业推出的 37 个新产品获得本届博览会的“产品创新奖”。协会引进的深圳银行北京分行中小企业金融服务中心、河北雄县旭日包装有限公司首次参加展会，为参展企业增加了金融、食品包装的衔接和服务，成为本届展会的新亮点。

2、组团参加外阜展会，扩大北京食品影响力。在市经信委领导下，协会组团走出去，参加外阜展会，扩大北京食品影响，帮助企业拓展市场。10 月，协会组织了 26 家重点食品企业，赴大连参加了“2012 中国东北及环渤海创新型中小企业‘专精特新’产品展洽会”。北京食品展团租设了(组织)20 个标准摊位（面积 200 平米），集中展示北京食品

行业的最新产品和知名品牌。参展企业聚集了北京众多的著名和知名企业,如北京二商集团、京粮集团和燕京、稻香村、王致和、六必居、吴裕泰、古船食品、华都等企业。北京参展产品涵盖了荣获中国名牌、北京名牌、中国著名商标、北京著名商标、中国老字号、北京老字号、荣获中国龙头食品企业和荣获中国质量效益型企业等称号的产品。包括:啤酒、酿造、糕点、饼干、蜂产品、糖果、无糖食品、肉制品、禽类食品、粮油食品、果制品、小食品和茶叶 13 大类品种,1000 多种产品。期间北京参展人员积极推介企业产品,使大连消费者对北京食品行业及参会企业有了进一步的了解。北京展台产品丰富多彩,深受各方的好评,是本届“展洽会”的凸出亮点。展期内,北京产品现场交易金额 65 万元,合同成交 11 项,合同金额 548 万元;达成合作意向 22 项,现场签约金额 1570 万元,北京食品展团在本届展洽会取得了丰硕成果。

3、办好食品安全论坛,提高安全管理水平。协会与北京食品学会合作,共同主办了第五届中国(北京)国际食品安全高峰论坛。本届高峰论坛的主题是“食品安全管理和国际技术合作”。内容包括主题论坛、行业展览和专题研讨三个组成部分。涉及食品产业链各方面的政府有关部门、行业领导、专家学者、企事业单位和两会会员单位的上千人参加了大会。论坛持续进行了 4 年,在行业内和社会上具有较大的行业影响力,是高层次、高水平、高质量的学术研讨平台、是展示食品安全新技术和解决方案的平台。通过活动,帮助企业提高食品安全意识,提高安全管理水平。

4、办好食品科技论坛,提高科技创新能力。协会与北京食品学会联合主办了第四届食品科技北京论坛。本届论坛主题是“功能性食品创新”。主要议题为“新趋势、新原料、新技术、新法规”。论坛针对功能食品行业发展进程中遇到的最新问题展开深入探讨,把握国内外功能食品的最新发展趋势,加强功能食品原料和新技术的开发应用,解读国家最新的功能食品行业标准与法律法规,为进一步促进功能食品产业的健康发展凝聚智慧,发挥重要的推动作用。来自政府有关部门领导和食品行业的专家学者、管理人员和企业负责人 500 余人参加了本届论坛。本届论坛的研讨深刻而富有创新性,有助于启发企业创新意识,提高科技创新能力。

5、开展职业技能竞赛,提升行业竞争力。协会积极继续组织职业技能竞赛活动。3–10 月,组织企业参加了“2012 北京市第三届职业技能大赛”系列活动。技能大赛共有 369 人参加了初赛,是历届大赛参赛人数最多的一届;经过理论考试和实际操作考试,有 110 位选手进入复赛;经过复赛,有 33 人进入决赛。决赛中,有 5 人获得国家一级职业资格证书,6 人获得国家二级职业资格证书,9 人获得国家三级职业资格证书,11 人取得国家四级职业资格证书。获得资格证书人数占全部参赛人数的 28%。“2012 北京市第三届职业技能大赛”食品检验工技能比赛取得圆满成功。

(三)服务会员,助力会员企业发展。

北京食协继续秉承“服务”宗旨,服务会员企业。通过及时发布行业信息,促进行业交流,推动技术合作,助力企业发展。

1、创新食品包装,促进传统产业提升。7 月,协会与北京包装技术协会合作,联合举办了京味特色食品创新包装启动仪式暨中秋月饼包装新品交流会。创新食品包装是以京味特色食品的市场需求为中心,以“特色食品、绿色包装”为指针,在政府主导下,发挥行业协会的优势,搭建服务平台,合力开拓食品市场的有益尝试。活动对弘扬北京悠久历史,传播中华饮食文化,丰富首都消费市场,促进传统产业提升起到积极的推动作用。一轻、二商、古船、绿得、稻香村、红螺食品、御食园、百花、康贝尔、好人缘、金星鸭业、西红轩等企业负责人参加活动,并在现场与包装设计师进行了交流、洽谈。

2、组织会员参加“2012 中非食品南南合作国际会议”。5 月,为了增进中非食品产业间的相互交流,促进中非食品产业抓住机遇,争取在未来非洲市场竞争中逐步取得优势,协会参与组织了 **“2012 中非食品南南合作国际会议”**。会议突出了“加强食品产业交流,促进中非南南合作”的主题,共同就中非食品行业投资、贸易、技术、设备需求、信息共享等内容进行了交流,探讨通过联合国南南合作框架展开中非南南合作,促进中非食品产业技术提高和发展,。协会 30 余家会员企业的负责人参加了会议。

3、组织会员参加“2012 北京国际包装博览会”。7 月,为提升北京食品包装水平,协会组织会员参加了 **“2012 北京国际包装博览会”**。会议突出了“提高包装质量,超越带来成功”的主题,重点突出包装设计、包装新材料、简约包装、包装循环利用、包装安全五大理念。通过互动平台,达到上下游产业交流、促进。

4、参加会员活动,帮助企业解决问题。协会应邀参与了北京义利食品公司司史的编辑工作;参加北京康贝尔食品有限公司的工作会和产品订货会,应邀访问了会员企业——北京顺义区北郎中农工贸总公司、北京西红轩食品有限公司、北京市美丹食品有限责任公司、北京全福德烤鸭公司、北京京粮集团等企业，了解企业情况和需求，构通行业情况，及时提供帮助，解决企业出现的问题。

5、办好《北京食品信息》杂志。协会刊物《北京食品信息》按月出刊，共计出刊 12 期。出版栏目 60 个，75 万字。其中出版专辑两期。（1 月份，配合企业诚信体系建设，出版了《深入推进食品企业诚信体系建设工作》专辑；5 月，配合会员大会，出版《北京食品协会第四届会员大会》专辑）。

2012 年，北京食协还参加了北京工业行业协会党建工作，发挥社会组织在社会发展及建设中的作用；参与了市消费者协会举办的“优质服务促消费 凝心聚力保安全”纪念“3、15”国际消费者权益日主题活动，积极参与北京市消费纠纷调解；参与中国食品工业协会冷冻食品专业委员会“冷冻食品行业标准”编制工作”，成为冷冻食品行业标准编委会和《冷冻食品基本术语》等三个行业标准起草小组，按照计划成为跟进工作；积极配合了北京工业设计促进会等兄弟行业协会的相关工作或活动，在转变增长方式，提高行业竞争力等方面取得成效。定期参加朝阳区商联会食品分会工作会，介绍产业发展的情况，指导区级协会的工作。还与新家坡厂商联合会定期联络，就两会合作事宜进行了沟通。通过参加兄弟协会的活动，开阔了思路眼界，拓宽了工作渠道，学习有了榜样，为进一步做好协会工作，服务政府、服务行业、服务会员企业打下良好基础。

（周以秋）

3.2 天津市

【a. 概况】

2010 年，天津市食品工业继续保持了快速、健康、协调发展，经济运行呈现 4 个明显特点：

（1）主要经济指标大幅增长。全市规模以上食品工业企业完成工业总产值 869 亿元，同比增长 21.50%；销售收入 865 亿元，同比增长 23.93%；利税 51 亿元，同比持平略低；出口交货值 36.35 亿元，同比增长 9.80%；实现新产品产值 153.62 亿元，同比增长 6.06%。

食品工业总产值中：农副食品加工业增长 22.05%，食品制造业增长 73.12%，酒、饮料和精制茶制造业增长 10.4%，烟草制造业增长 37.57%。在四个 4 个直辖市中天津市排列第 2 位。

（2）固定资产投入加大。全年累计完成投资 53 亿元，同比增长 39.47%；新增固定资产 78 亿元，同比增长 2.5 倍。益海嘉里集团、天津顶益公司、利民调料公司、天津粮油集团公司等近 20 家企业都有较大投入。

（3）50 强企业带动作用明显。天津天狮生物工程有限公司、九三集团天津大豆科技有限公司等“2010 年天津市食品工业 50 强企业”发挥出明显的骨干优势和拉动作用，呈现出“五个增”：

一是企业规模明显增大。50 强企业中，年销售收入最小为 2 亿元，5 亿元以上 27 家，比 2009 年增加 4 家；10 亿元以上 15 家，与上年持平；20 亿元以上 11 家，比 2009 年增加 5 家；40 亿元以上 5 家，比 2009 年增加 3 家；50 亿元以上 2 家，比 2009 年增加 1 家。九三集团天津大豆科技有限公司 54 亿元，天津天狮生物工程有限公司 142 亿元。

二是拉动效应显著增强。50 强企业实现销售收入 724.33 亿元，占全市规模以上食品工业企业的 83.35%，比 2009 年增加 11.48 个百分点；实现利税 44 亿元，占 86.27%。

三是聚集发展持续增进。天津市滨海新区的开发开放和经济体制综合配套改革先行先试的优势吸引了诸多食品大企业跻身新区。50 强企业中有 19 家坐落在滨海新区。其中，食用植物油企业九三大豆、龙威粮油、邦基正大、嘉里粮油、北海粮油、中纺油脂等大型油脂加工企业在滨海新区已形成规模化产业群。当年食用植物油销售收入 260 亿元，占全市食品工业的 30%。

四是保健品行业迅猛增长。2010 年全市保健（功能）食品销售收入 162 亿元，比 2009 年增长 43%。天津天狮生物工程有限公司致力于做大国内国外两个市场，在 50 强企业中位列第 1。

五是饮料和方便面行业发展增快。2010 年，全市饮料行业销售收入 90 多亿元，在 50 强企业中就有 7 家；方便面行业销售收入 34 亿元，产量近 30 万吨，同比增长 45%，天津顶益国际食品有限公司首屈一指。

（4）滨海新区食品工业发展迅猛。2010 年滨海新区食品工业总产值 473 亿元，同比增长 29.2%，占全市食品工业的 54.45%；销售收入 468 亿元，同比增长 26.8%，占全市食品工业的 54.12%。

2011 年，天津市食品工业按照“十二五”发展目标，紧紧抓住产品结构调整和转变经济发展方式两条主线，努力克服原材料涨价、用工成本升高和中小企业融资难等因素影响，健康、协调、超常规发展，在“十二五”开局年打了个漂亮仗。2011 年全市食品工业经济运行呈现 5 个特点：

（1）主要经济指标超常规增长。全市食品工业总产值 1300 亿元，同比增长 49.60%；利税 85 亿元，同比增长 66.67%；出口交货值 40.91 亿元，同比增长 12.54%。

（2）重点行业发展速度提高明显。从完成工业总产值比上年增长情况看，食用油增长 16.57%；生猪屠宰增长 38.27%；肉制品及副产品加工增长 35.76%；方便面增长 595.36%；焙烤食品增长 26.75%；乳及乳制品增长 101.86%；

饮料增长 43.40%；营养保健食品增长 56.57%。

（3）结构调整取得突破性进展。代表精深加工的食品制造业增长突出，2011 年完成工业总产值 697 亿元，同比增长 121%；占全市食品工业的比例由上年 37.33%增加到 53.62%。初加工的农副食品加工业所占比例由 2010 年的 43.63%下降到 32.64%。经济效益的增速高出产值增长速 16.6 个百分点。

（4）规模化发展效果明显。2011 年全市食品工业企业 262 家，完成工业总产值 1300 亿元。平均每家企业总产值为 4.96 亿元，是 2010 年的两倍多，是全国平均数的两倍多。

（5）食品工业在全市工业的贡献率提高。食品工业总产值占全市工业总产值的比例为 6.5%，比 2010 年的 5.1% 增加了 1.4 个百分点，提高了 27.4%。天津市食品工业总产值占全部工业的 52.31%，占轻纺工业的比例达到 59.74%，比 2010 年增长了 12.74 个百分点，高于轻工业增长速度 10.77 个百分点。

2012 年，天津市食品工业按照天津市食品工业"十二五"发展规划要求，以科学发展为主题，以创新为动力，突出结构调整和转变经济发展方式两条主线，坚持不懈抓大项目、好项目，积极推进食品安全和食品企业诚信体系建设，大力开展技贸交流与合作，超额完成了 2012 年各项工作目标。经济运行呈现 7 个特点：

（1）主要经济指标继续大幅增长。2012 年全市食品工业总产值 1935.10 亿元，同比增长 45.53%；销售收入 1859 亿元，同比增长 36.3%；利税 231.78 亿元，同比增长 53.8 %。分大类行业看，农副食品加工业工业总产值 808.4 亿元，同比增长 63.55%，占全市食品工业的 41.78%；食品制造业工业总产值 941.79 亿元，同比增长 44.28%，占 48.67%；酒、饮料和精制茶制造业工业总产值 139.59 亿元，同比下降 7.16%，占 7.21%；烟草制品业工业总产值 45.32 亿元，同比增长 40.10%，占 2.34%。

（2）食品工业经济增速在全国名列第 1。2012 年全市食品工业总产值同比增长 45.53%，增速连续两年全国名列第 1；工业总产值在全国 31 个省区市中排列第 18，比 2011 年上升 1 位，比"十一五"末上升 3 位。天津市首次位列 4 个直辖市之首，工业总产值超过上海市 150.1 亿元，超过重庆市 1.03 倍，超过北京市 1.3 倍。

（3）重点行业发展在全国领先。天津市食品工业"十二五"规划中 5 个重点发展的优势行业中，保健食品制造业工业总产值 378.88 亿元，同比增长 56.89%，总量在全国排列第 1；方便面行业工业总产值 403.87 亿元，同比增长 48.88%，总量在全国排列第 1；食用植物油行业工业总产值 626.46 亿元，同比增长 82.5%，总量在全国的排位由 2011 年的第 8 上升到第 5；碳酸饮料行业总量排在全国第 3，茶饮料总量排在第 5。

（4）食品工业对全市工业增长贡献率进一步提高。食品工业总产值占全市工业的 8.06%，比 2011 年增加了 1.56 个百分点。食品工业对全市工业增长贡献率为 24.44%，拉动全市工业增长 2.81 个百分点。

（5）企业规模持续扩大，50 强企业强者恒强。2012 年全市食品工业 50 强企业销售收入 1691 亿元，占全市食品工业企业的 91%，比 2011 年增加 4.75 个百分点；利税 246.65 亿元。50 强中排名前三的企业是：天津天狮生物工程有限公司，销售收入超 300 亿元；康师傅方便面投资（中国）有限公司和嘉里粮油（天津）有限公司，销售收入均超过 200 亿元。50 强中销售收入 50–100 亿元的 3 家，比 2011 年减少 1 家；20–50 亿元的 11 家，增加 2 家；10–20 亿元的 10 家，增加 3 家；5–10 亿元的 13 家，增加 1 家。50 强企业中销售收入最低的 3 亿元，2011 年为 2 亿元。

（6）结构调整效果明显。进入"十二五"以来，天津市食品工业紧盯享受型、小康型食品市场需求，不断加大结构调整力度，关闭落后企业 600 余家，淘汰部分落后产能，以科技创新为主导，开发新产品，推广新技术，采用新装备，利用新材料，食品工业企业组织结构更加合理，大企业拉动作用明显，产品更加适应需求，绿色环保意识增强，食品安全水平提高。2012 年，在企业总数减少 23%的情况下，产值增长 45.53%，利税增长 53.80%。

（7）投资继续加大，持续发展能力增强。2012 年，全市食品工业完成固定资产投资 86.62 亿元，比上年增长 45%；施工项目 168 个，增加 44 个；投资超过 5 亿元的项目 7 个，增加 2 个。

【b."十一五"回顾】

（一）主要发展情况

"十一五"期间，天津市食品工业按照"上档次、增总量、保安全"的总体目标，发挥传统优势，加大技改投入，加快结构调整和产业升级，保持了快速、稳定、健康发展。

企业数。2009 年天津市食品工业规模以上 361 家，比 2005 年的 325 家增加了 36 家。其中，国有 84 家、三资 139 家、民营 138 家。

从业人员。2009 年天津市食品工业规模以上 69833 人，

比2005年增长了3.88%。

工业总产值。2009年天津市食品工业规模以上完成696亿元，比2005年的315亿元增长120.95%，年均递增21.92%；

销售收入。2009年天津市食品工业规模以上完成684亿元，比2005年的310亿元，增长117.14%，年均递增21.88%；

利税。2009年天津市食品工业规模以上完成57亿元，比2005年的32亿元，增长78.13%，年均递增15.53%；

出口创汇。2009年天津市食品工业完成5.7亿美元，比2005年的4.7亿美元，增长21.28%，年均递增4.94%。

2010年与2005年相比，产量增长较快的主要产品有：

大米18.36万吨，增长1.13倍；小麦粉55.48万吨，增长53.38%；植物油216.69万吨，增长3.2倍；方便面20.72万吨，增长90.44%；乳制品33.34万吨，增长1.02倍；白酒4.11万千升，增长75.64%；啤酒31.69万千升，增长1.19倍；葡萄酒5.03万千升，增长26.38%；软饮料274.99万吨，增长2.39倍；其中碳酸饮料75.36万吨，增长1.14倍；果汁及果汁饮料7.46万吨，增长13.92倍。

（二）主要特点

1、企业规模明显扩大

"十一五"期间，天津市食品工业大型企业迅速崛起，规模逐年增大，产业集中度和聚集效应显现，对行业拉动作用明显。2009年，天津市食品工业50强企业实现销售收入513亿元，占规模以上食品企业的73.29%，比2006年增长108%，实现利税53亿元，占规模以上食品企业的83.3%，比2006年增长66.67%。2006年50强企业有41家销售收入超过亿元，排在第1位的企业为20亿元，最后1位的近5000万元；2009年50强企业销售收入均超过亿元，排在第1位的企业销售收入超过80亿元，最后1位的企业为1.3亿元。

2、产业结构调整加快

"十一五"期间，通过产业结构调整和优化升级，天津市食品工业产业结构发生了新的变化，整体水平得以提升。2006年天津市农副食品加工业；食品制造业；酒、饮料和精制茶制造业完成工业总产值分别占规模以上食品工业的45.43%、26.96%、21.90%；2009年分别占规模以上食品工业的47.57%、34.16% 、14.00%。其中：代表精深加工的食品制造业占天津市食品工业的比重逐年上升，由2006年的26.96%上升到2009年的34.16%。

3、投资力度逐年加大

"十一五"期间，招商引资力度逐年加大，资金投入不断增加，促进了产业升级和经济总量增加。一是一批来自境外的食品大项目、好项目落户天津市，新项目总投资超过120亿元。国际知名粮油加工企业嘉里粮油、印尼金光、印尼春光等投资建厂或增资扩产，美国维益食品高档奶油项目、养乐多发酵型活性乳酸菌饮料等项目都已开工建设；二是国内知名企业看好天津市发展环境，纷纷加大投入，投资总额超过140亿元。肉类行业的中粮集团、雨润集团、宝迪公司、众品集团等公司，建设生猪养殖及肉类综合加工基地，投资总额达80亿元。伊利集团在滨海新区兴建华北规模最大干法奶粉生产项目，投产后年销售收入预计可达20亿元；三是天津市食品企业注重技改投入，增加企业后劲。2006年–2009年固定资产投资项目共500多项，累计投资总额超过250亿元。一批新建和改扩建项目开工建设，津酒集团的蓟县新津酒基地开始启动，康师傅控股公司投资超过18亿元新方便面厂、东大化工公司投资12亿元的食品添加剂生产基地、利民调料公司投资建设的现代化调料生产基地等都建成运营。

4、科技创新步伐加快

"十一五"期间，天津市食品行业注重科技投入，科技自主创新能力不断提升，科技成果转化步伐加快。"十一五"前4年科技经费支出23亿元，科技项目（包括新产品、新技术、新工艺、新装备）1099项，专利申请1266项，其中发明专利占90%。具有自主知识产权的新技术、新工艺不断涌现。华泰森淼生物工程有限公司与清华大学合作的"超高压设备与技术的研究"被列入国家863计划，所研发的具有中国特色和国际先进水平的超高压系列设备申报了20项专利，有4项已经授权。海得润滋食品有限公司利用海水资源，经过三十九级闪蒸主体设备，制取高纯度淡水，经反渗透和灭菌生产出高质量的饮用纯净水，成为国内首家采用"海水淡化"先进技术的饮用水企业。利金粮油股份有限公司"小麦精深加工"项目被列入国家星火计划，获得市科技创新专项资金支持，并新增6项专利，小麦蛋白粉及熟化面粉技术还填补了国内空白。食品进出口公司"金星牌"乐思酒的研制、春发食品配料公司以禽骨为原料生产的天然级肉味香精、林业果蔬研究所特色果酒的技术研究与开发3个项目获第六届全国食品工业科技进步优秀项目奖。科技投入的加大，带动了新产品研发的步伐，新品种不断涌现，产品结构进一步调整。2009年，天津市食品工业新产品产值244.68亿元，占食品工业总产值的35.15%，比2006年的85.34亿元增长1.86倍，年均递增42.06%。

5、食品安全水平有所提升

“十一五”期间，天津市食品安全总体状况良好，未发生重大食品安全事故。各级政府及有关部门对食品安全高度重视，认真贯彻落实《食品安全法》。食品安全企业是第一责任人意识普遍增强，通过 ISO9000、HACCP 等认证的企业逐年增多，生产加工过程进一步规范。涌现出一批好的典型和样板。截止 2009 年，天津市有 1500 多家企业的 1949 个产品获得“QS”认证，食品监督抽查实物质量合格率 92%，同比增长 3%。

“十一五”期间，天津市食协在保证食品安全方面做了大量工作。一是开展食品安全示范企业申报评审工作，评出 3 批共 92 家，为保证食品安全起到示范引领作用；二是开展食品安全师培训考核工作，有 245 人经过培训考试取得证书；三是加强行业自律，制定了《天津市食品生产加工企业不安全食品召回实施的指导规范》和《加强乳制品及含乳食品生产企业自律意见》在行业执行；四是配合有关职能部门，组织了多次食品安全宣讲活动及维权活动；五是受天津市经信委委托，研究制定“天津市食品工业企业食品安全诚信体系建设工作方案”，在食品行业组织开展诚信体系建设工作。

6、信息化得到广泛应用

“十一五”期间，天津市食品工业信息化应用有了长足进步，信息技术在食品企业生产经营等环节得到了广泛的应用，包括企业资源管理、财务管理、供应链管理、客户关系管理、办公自动化、商务智能和电子商务以及 RFID(射频识别)技术。应用信息技术的企业达到 90%以上，但主要是使用单一模块软件（财务、库存管理）的低端用户，通过信息化实现信息整合和智能管理的高端用户只占 20%左右。从企业应用情况看，大型企业信息化应用较好，如康师傅公司已经跻身“中国企业信息化 500 强”行列，北海粮油、王朝葡萄酒、海河乳业、天立独流老醋、桂发祥等公司通过多年信息化的应用，推进了企业体制创新和管理创新，提升了企业加工能力和加工水平，提高了企业的核心竞争力。

7、企业外向度进一步提高

“十一五”期间，天津市食品企业不断扩大国内外市场占有率，做到“两个市场”一起抓。“十一五”前 4 年，共完成出口交货值 132.5 亿元，占销售产值的 6.5%,出口创汇 25.15 亿美元。出口较好的企业主要有食品进出口公司、嘉里粮油、中纺油脂、龙威粮油、北海粮油、中辰番茄、顶好果蔬等企业。同时拓宽发展思路，充分利用外省市资源和投资政策环境，致力于“走出去”投资发展，提高市场占有率，增加品牌影响力和知名度。天津龙康食品公司在区位条件优越和农副产品资源丰富的安徽淮北市凤凰山食品经济开发区投资 1.2 亿元建厂，大大降低物流成本。食品进出口公司与吉林一家制药公司在吉林舒兰开发区合资组建公司，依托中科院沈阳应用生态研究所在生物资源和生物技术研究方面的优势，开发玫瑰精深加工产品。天丰裕公司在山东利用劳动力资源和用工成本的优势，生产魔芋结丝。永和集团在吉林投资建设生态产业园效果都很明显。

【c. 行业管理】

2010 年，天津市食协按照天津市委、市政府的要求和部署，遵照“开阔大视野、发展大食品、树立高目标、逼上新水平”的工作思路，坚持开拓工作局面，创新工作思路和方法，从实际出发用好用活政策，以企业为服务主体，重点做了 5 项工作并取得阶段性效果：

（一）精心编制天津市食品工业发展“十二五”规划。

受市经信委委托，天津市食协将天津市食品工业发展“十二五”规划的编制作为重点。规划指导思想明确，坚持以科学发展为主题，以结构调整和转变经济发展方式为重点，加快推进工业化、标准化、规模化、信息化、国际化建设，突出发展 5 个行业，形成滨海新区核心做强做大、区县外围加快提升、众星捧月的空间布局，实现年均 20%的快速增长，到“十二五”末，全市规模以上食品工业总产值达到 2162 亿元。

（二）全力抓好食品安全。

2010 年，围绕贯彻落实《食品安全法》，重点开展了 8 项工作。

（1）开展了天津市第 3 批食品安全示范企业的审定工作，共评出 46 家企业，并在《天津日报》和《中国食品报》公告宣传。

（2）与天津市质监局联合开展“食品质量安全专家走进社区四季行”活动，组织有关食品专家到社区面对面为居民讲解有关食品知识和辨别真假产品的技巧。

（3）组织开展了 3 次“12315”维权活动。分别围绕蜂产品打假、肉制品维权、酒类产品知识产权保护开展了活动，收到良好效果。

（4）与天津经济广播“天天美食”节目联合举办“海河之春食品安全与健康市民服务日暨《天天美食》大型听众见面会”。食品安全示范企业现场设台展示，近 3000 名市民自发来到会场参与活动，取得了宣传、造势、服务、咨询、展销等多方面的收获。

（5）受天津市质监局委托，开展了食品生产加工企业不安全食品召回实施调研。编制了《天津市食品生产加工企业不安全食品召回实施的指导规范》，天津市质监局核准实施。

（6）加强诚信体系建设。贯彻落实工信部等10部委和天津市政府“关于《食品工业企业诚信体系建设工作指导意见》的通知”精神，针对行业食品安全师缺失问题，向黄兴国市长书面报告，提出了“关于加强食品安全管理、开展食品安全岗位培训的建议”。黄兴国市长、张俊芳副市长分别批示同意。据此，市食协制定出“天津市食品安全岗位培训规划”，力争用3年或更短时间基本完成从原材料、食品加工、流通、餐饮到执法部门食品安全师的培训工作。

（7）围绕食品安全开展了产品质量状况调研，并将调研报告上报天津市质监局。

（8）根据天津市质监局“津质技监局食监[2010]488号关于印发《乳制品及含乳食品生产企业专项整治方案》的通知”精神，市食协拟订并下发了“加强乳制品及含乳食品生产企业自律意见”。根据天津市乳制品工业项目（企业）审核清理工作实施方案（津经信消费[2010]15号），配合天津市经信委、发改委组成乳制品检查验收组，于2009年12月29日–2010年1月7日，对天津市15家已建和2家新建乳制品企业进行了检查，对存在问题企业提出了限期整改意见。

（三）广泛开展会展交流和技贸考察。

（1）在2010年春节前，成功举办了“2010首届天津迎新春安全食品年货展销会”。

（2）成功举办“第四届全国优质食品博览会暨2010中国 · 天津（环渤海）国际食品交易会”。经过精心策划、组织、实施，场面火爆，效果超出预料，4天展会观众达15万人次。是天津市食品展中规模最大、规格最高、品种最全（品位最高）、会中活动最多、对接效果最好、影响力最强、反映最佳的展会。

（3）组织专业协会和50多个企业参加了“安徽淮北相山（天津）项目推介会”。并组织8个企业、院校赴安徽淮北食品工业园进行了投资环境的考察。淮北市政府正式聘请天津市食协赵国瑞理事长为“淮北市人民政府高级经济顾问”。天津市食协与园区签署了战略合作协议，设立了天津食品园，龙康食品公司、康宏园食品配料公司已投资2.2亿元在园区开工建设。

（4）积极参与中新食品园的招商投资活动。4月份召开“中国新加坡吉林食品区投资说明会”，经武肉类食品公司等6家企业与永吉县签订了合作框架协议书。市食协7月9日组织了部分副理事长到永吉县实地考察。

（5）组织22家食品企业参加在河南漯河召开的“第八届中国食品博览会”。

（6）组团参加了“中国北京国际休闲食品展”。春发、外贸食品等36家企业设位参展。并组织了桂顺斋二厂等企业70余人参观展览。

（7）组织天津市食品生产和流通企业的管理人员、大专院校科研人员共10个单位19人的食品考察团赴台湾交流考察。

（8）组织天津市十几家食品企业参加了“中国 · 天津第17届投资贸易洽谈会”。

（9）组织有关食品企业参加了“2010（天津）台湾名品博览会”。

（10）协助天津市商务委组织企业参加了泰国在天津举办的“2010泰国采购洽谈会”。

（11）为促进交流、共同发展，天津市食协与河南省南乐县人民政府建立战略合作关系。

（12）配合天津市商务委积极创造条件搭建“天津食品物联交易平台”。组织天立醋、长芦汉沽盐场等14家企业参加了HS编码数据宝业务的培训。

（四）积极搭建为企业服务平台。

为将更多的社会资源聚拢到协会，扩大为企业服务领域，提高服务质量，天津市食协坚持创新搭建服务平台。

（1）信息平台。一是创建《环渤海食品》刊物，已发行5期；二是将市食协原网站改版为“中国环渤海食品网”，域名是：www.cbrf.cn；三是与天津经济广播《天天美食》合作创办“安全食品进万家”专题节目，请食品企业专家走进直播间，宣传有关食品营养、保健、防伪及合理消费的知识，共进行了近60次；四是市食协全年出刊简报32期，是协会成立以来最多的1年；五是与《城市快报》合作在每周五的《全民养生》栏目开辟“食品养生”专栏，介绍食品营养与健康有关知识；六是行业、企业的重大事项由市食协向有关领导或部门报送专项快讯；七是加强了信息员队伍建设，召开信息工作会议，交流做法，提出要求，进一步完善信息工作制度。全年利用各种渠道为企业提供各类信息近500条。

（2）金融平台。为解决食品行业、特别是中小企业融资难的问题，市食协于2010年6月与民生银行天津分行、

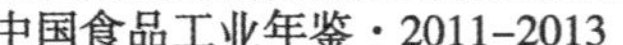

华侨银行天津分行、深圳发展银行天津分行北辰支行、天津汇丰中银小额贷款有限公司、中商港科技发展有限公司合作成立了“天津市食品工业协会融资服务委员会”。“委员会”根据中小企业担保、抵押条件有限等实际困难，积极推出了“自组银团、互助创业”为基础的联保式“个人银团贷款”等许多新的信贷品种，到2010年12月底共为7户企业解决了1715万元贷款。不仅解决了企业所急，也产生了良好的社会影响。市有关部门认为市食协在为企业服务方面站得高，创新力度大，带了个好头，银行也得到收益。企业反映市协会是真正为企业服务的协会，有找到家的感觉。浙商银行、北京银行、天津市工商行也积极加入了服务平台。

（3）科技平台。市食协设有专家委员会，制订了《天津市食品工业百名专家库专家的推荐范围和条件》、《天津市食品工业百名专家库管理办法》，评选出了101名专家，发布每位专家的专利、成果和技术专长，以便与企业科技需求对接，尽快建立健全企业自主创新体系。

（4）人才平台。为解决本市食品企业人才需求，更好地为经济发展服务，市食协与中华英才网、中国北方人才市场、中国天津人力资源开发服务中心、天津市教育委员会人才交流服务中心、天津智拓人力资源有限公司、天津现代职业技术学院、天津科技大学、天津商业大学生物技术与食品科学学院、天津农学院食品科学系等单位合作成立“天津市食品工业协会人才服务委员会”。“人才委”具有较强的人才推介、培养、派遣、管理、培训、招募等能力。

市食协还坚持开展了非国有食品企业管理人员的技术职称推荐申报工作，2010年，为25人办理了职称评定，其中中级9人、助理16人。

2010年在充分调研的基础上，筹建发展战略和法律维权服务委员会。

（五）加强协会自身建设，提高服务水平。

一是明确职能定位和发展目标，把市食协建设成为能高质量完成政府交办任务，能为企业出色服务，能有效担当起行业管理职责的学习型、创新型、服务型、管理型、实体型的协会；二是加强与市质监局、食药局、工商局、卫生局、统计局等有关部门联系，配合完成有关工作，争取各部门的支持；三是加强行业组织建设。针对天津市山楂食品企业小、散、弱的状况，组建了“天津市食品工业协会山楂食品专业委员会”；四是召开了4次理事长工作会议、3次专业协会例会；五是引进了1名副秘书长和1名年轻本科生到协会工作。六是按照市级机关工委部署，开展了“争先创优”工作，要求党员在为企业服务中建功立业，年终按要求搞出了党建责任制自查报告；七是加强基础性管理，制订了协会档案管理办法等相关制度；八是坚持了每月2次机关全体例会制度；九是关心离退休老干部，组织开展有意义的活动。

2011年天津市食协以扩大服务范围、提高服务质量为宗旨，紧紧围绕食品工业发展重点，开展了6项工作并取得阶段性成果：

（一）调研促发展有了新的深度

1、紧密结合行业重点确立调研课题。2011年，围绕“把握享受型消费方向，加快食品产业升级”、“建立质量追溯体系，确保食品安全”、“天津市食用油行业诚信体系建设研究”3个软课题作为工作的重点，开展了全方位多层次的调研。

2、深入重点企业开展有针对性调研。市食协理事长、秘书长带队，有的放矢地深入80余家食品企业开展调研。就发展战略、市场开拓、结构调整、产品标准、管理咨询、信息交流、科研开发、企业融资，以及技改、人才、用工等问题同企业一起深入探讨，寻求解决办法。积极宣传解读天津市食品工业“十二五”发展规划，明确食品享受型消费需求的内涵。

3、通过调研和推荐申报，嘉里粮油、桂发祥2家公司获得中国食品工业实施卓越绩效模式先进企业称号，天津科技大学荣获中国食协科学技术进步奖一等奖。组织龙威粮油、肉联厂、食品进出口公司申报了中国食协优秀龙头企业。泰达酒业和静海利华印刷包装公司2家被批准为“市级企业技术中心”。到2011年底，全市食品工业共有26家“市级企业技术中心”。天津中辰番茄制品有限公司、天津食品进出口股份有限公司、天津顶好果蔬进出口有限公司获“2010年中国食品工业出口百强企业”。

4、组织编辑了“改革开放30周年，天津市食品工业成就”《环渤海食品》专刊，对天津市食品工业30年来的发展成果进行了回顾和总结。

（二）加大食品安全各项工作力度

1、向市食品企业下发“关于认真学习贯彻胡锦涛总书记在天津考察工作时重要讲话精神，加快天津市食品工业发展的通知”。要求充分领会讲话精神实质，进一步贯彻落实好《食品安全法》。

2、评选出“第4批天津市食品安全示范企业”35家。到2011年底，全市共有食品安全示范企业81家。

3、组织了7次“质检邀您看企业，食品安全大家行”活动，收到了良好的效果。市食协与市质监局、天津出入境

检验检疫局、天津电台联合组织，邀请市人大代表、市政协委员、劳动模范、消费者代表、媒体代表到企业，近距离参观食品生产过程，听取代表建议，对消费者的一些误解解疑释惑。参观了王朝公司、顶津食品公司、博康天蜜公司、天狮集团、金士力（佳友）公司、天津市质检院、津酒公司，并在媒体报道宣传。

4、大力推进食品行业企业诚信体系建设工作。一是召开了嘉里粮油、九三等8家食用油龙头企业参加的“食用油行业诚信体系建设工作座谈会”，组织申报天津市食用油行业企业第3批诚信体系建设试点并获得工信部批准。二是配合市经信委，确定了40家诚信体系建设试点企业。确定了市7家食用油和3家婴幼儿乳粉企业在2011年底前建立诚信体系，力争通过评价。三是组织嘉里粮油公司为组长单位的工作组，共同起草了“食用油行业企业诚信体系建设工作方案”。组织8家食用油企业参加了诚信体系建设专家辅导，并在专家指导下编写出《粮油行业诚信管理体系（CMS）建立及实施通用要求》。

5、贯彻落实国务院42号、工信部598号文件要求，市食协组成专家组，配合市经信委、市发改委组成乳制品检查验收组，对天津市15家已建和2家新建乳制品企业进行了企业资质、奶源情况、工艺与设备、产品检验、能耗及水耗、环境保护等文件严格核查和实地验查，对存在问题提出了限期整改意见，并对企业的重新认证提出了意见。

6、与市质监局建立食品安全会商机制，每季度召开一次双方领导、有关部门、企业代表参加的食品安全分析会。

（三）会展交流和技贸考察效果明显

1、会展工作组织了20多家食品企业参加“迎新春购物节”和“农副产品博览会”。与国展中心签署“环渤海食品展战略合作协议”。配合天津市商务委组织完成了津洽会62个展位招展工作。11月份成功举办了“2011中国·天津（环渤海）食品交易会”。

2、组织境内外学习考察

组织了赴台湾、新马泰、欧洲3次境外考察参展。组织了23家企业先后参观考察了安徽淮北市、吉林永吉市、河南漯河市、山东商河县的食品企业，与当地有关部门和企业达成了一些合作意向。市食协与河南省南乐县签订了战略合作协议。市食协牵头组织了2次部分省市食协发展协作交流会，分别就食品安全问题以及新形势下协会的工作开展、加强省市协会间合作等进行了研讨。组织了21家有进出口权的企业召开如何申领政府中小企业开拓资金的政策解读会。帮助32人申报了出国考察的中小企业开拓资金。组织了35家有进出口权的食品企业参加了市商务委的扩大外贸出口政策宣贯会。

3、广泛开展涉外交流。与西班牙驻华使馆商务参赞就经济技术合作洽谈，并达成合作意向。组织西班牙驻天津地区代表与天津食品企业就合作与贸易进行交流。与阿联酋阿布扎比港口公司（ADPC）签署合作框架协议书，并参加了阿布扎比及拉美6国在津路演活动。接待以东盟投资贸易协会副主席帕娜瓦为代表的东盟国际投资商会食品采购团，签署了两会战略合作协议，并组织7家企业50余种产品进行了有效对接。与法国里昂地区驻北京代表就专业展会合作达成意向。组织天津市8家企业与日本宫崎县访问团进行了交流。与法国爱博集团中国区负责人商榷了食交会合作意向。接待伊朗食品代表团来津考察，组织有关食品企业与伊方进行交流。

（四）服务平台更加完善

（1）信息平台。一是编辑出版《环渤海食品》刊物，共发行9期和1期专刊；二是适时补充、调整了“中国环渤海食品网”的相关内容；三是与天津经济广播《天天美食》合办的“安全食品进万家”专题节目共进行了近百次，听众给予高度评价；四是推荐了8家企业走进与天津电视台科教频道合办的“健康大厨房”节目；五是编印了《天津市食品工业协会简报》20期，快讯24期；六是对部分50强企业在《天津日报》做了整版专题宣传；七是针对“质检邀您看企业，食品安全大家行”等活动邀请各大媒体参与在主要报刊予以报道；八是与《城市快报》养生栏目合作编写了了10篇关于食品养生的科普材料予以宣传；九是中国经济导报就食品安全与协会建设采访协会理事长，文章刊登后，人民日报、光明日报、求是杂志要求转载。

（2）融资平台。一是市食协与天津国际融资服务公司合作于11月4日食交会中举办了《投融资服务说明会》；二是市食协与该公司签订了合作协议书；三是协会与中小企业担保公司等多方面接触，寻找新的融资渠道；四是为部分中小企业解决了部分急需资金。

（3）人才平台。一是成立了由中国北方人才市场、中华英才网、中天人力、智拓人力、科大、农学院、商学院、现代学院组成的人才服务委员会；二是与中天人力共同组织了招聘会，设立食品企业专区，有20多家食品企业到场招聘，同时组织了几所院校学生到场应聘；三是非国有食品企业职称评定工作，在2010年底前，共为107人解决了职称晋升，其中高级 6 人、中级 23 人、助理 78 人。2011 年又为 36 人申报，其中高级 1 人、中级 10 人、助理 25 人。

（4）科技平台。一是更新整理了市食协专家库 63 名专家的基本信息；二是向市质监局提供专家信息，为参加天津市 QS 认证的专家做好资质准备；三是发挥专家在食品安全工作中的作用，组织有关专家参加对乳品等食品企业的重点检查；四是组织焙烤专家参加了市质监局召开的“天津阿尔发保健品有限公司添加‘食用碱水’生产月饼”问题的论证会；五是向国家质检总局推荐乳品、肉类、酒、粮油制品、饮料、食品添加剂 6 名专家，作为将成立的加工食品质量安全专家委员会成员。

（五）认真完成了政府委托工作

1、按照市经信委安排，组织推动食品行业企业诚信体系建设；推荐了 7 家企业食品安全方面的好做法；开展了“讲诚信、保质量、树新风”活动；推荐并报送了 12 家企业为全国农副产品加工业重点企业。

2、按照市政府加强食品安全监管和国家质检总局“看得重、抓得实、管得严、打得狠”的总体要求，与市质监局建立食品安全定期会商机制，每季度召开 1 次会议，深入研究天津市食品企业存在的食品安全突出问题，进一步规范食品企业良性发展，防止发生行业性、区域性食品安全事故。

3、按照市委市政府关于发展第三产业、培育大市场的要求，在市商务委的支持下，成功承办了由中国食协、天津市商务委和经信委主办的“2011 中国 · 天津（环渤海）国际食品交易会”。参与服务了津洽会和台湾名品展。

4、配合市农委开展以农副产品加工重点企业为龙头，拉动农业结构调整工作。为促进蓟县产业升级，通过发展山楂食品产能拉动蓟县农业经济，帮助山楂食品专业委员会研究制定了“山楂万亩园区规划”。

5、协助市工商局搞好市著名商标的申报工作，出具申报企业产品近 3 年在本市产销量排位的证明。

6、为加强食品安全工作，就食品企业设立食品安全师岗位向黄兴国市长写了专题报告提出建议。

（六）天津市食协自身建设进一步提升

1、落实责任，坚定工作信心。6 月，赵国瑞理事长与市经信委领导签定了 2011 年目标责任书，并应邀发言：“认真总结经验，全力落实好全年工作，在服务中彰显协会价值”。

2、加大工作力度，壮大会员队伍。市食协新增理事单位 17 家，增补副理事长单位 1 家、副理事长 1 人。到 2011 年底协会会员单位共 263 家， 比换届时增加了 24.76%。

3、加强党性教育，提高综合素质。为庆祝建党 90 周年，同中国食品工业协会一起组织党员参观了天津滨海新区的 A320 飞机总装线和康师傅方便面厂，并开展了党课教育等有意义的活动。

4、完成了协会年检工作。制定并完善了协会带薪休假、病假期间工资待遇、工作人员职务晋升等制度。

5、做好了速冻和乳品 2 个协会的换届准备工作。

6、天津市酿酒工业和焙烤两个食品专业协会按照市里统一要求建立了党支部。

2012 年，天津市食协主要开展了 8 大项工作。

（一）“十二五”发展规划的实施全面展开。

市食协将落实好行业“十二五”规划目标作为重中之重始终抓住不放。一是深入企业广泛宣传教育，使企业明确“十二五”奋斗目标、面临形势、未来食品消费形态变化及企业经营的风险与机遇；二是坚持分类指导，突出重点，分期将行业“十二五”规划内容全部登载在《环渤海食品》上。对“十二五”规划确定的食用油、保健（功能）食品、冷食饮料、方便休闲食品、肉及肉制品 5 个重点发展行业加大帮促力度；三是有针对性地深入到宝迪、东大化工、美可高特等百余家有大项目好项目的企业，帮助解决问题，推动在建项目加快进度，尽快形成生产能力；四是组织糖果巧克力等专业委员会召开结构调整和转型升级研讨会，认真分析行业在组织结构、产品结构、市场结构、人才结构等方面存在的差距，通过转变经济发展方式，解决产品同质化、创新不足、品牌意识差等问题。

（二）加大技贸考察与合作交流力度。

1、境内合作交流增加。配合市商务委组织 21 家食品企业参加 2012 迎新春中心年货市场。组织市内 29 家食品企业参观北京国际水展，了解了水处理技术的国际新动态。组织大宇、春发生等 30 家企业参加安徽淮北食品展览会，设展位 37 个。同时考察了安徽淮北食品工业园。协助安徽淮北招商局与春发生、凯涛奇等食品企业进行了交流。组织天狮集团等 5 家企业参加第 10 届中国（漯河）食品博览会。

2、互访交流和境外考察增多。一是为提升天津市食品展会的国际知名度，与法国爱博集团、东盟投资商会、日本水产物中国输出促进协会、伊朗霍拉桑省商会等多个国家和地区的代表团洽谈展会合作；二是组织市内食品企业与法国欧尚食品采购团、伊朗经贸团、日本八户市经贸团等就经贸合作进行了广泛交流；三是市食协理事长赵国瑞率领天津食

品代表团与日本八户市副市长奈良冈修一率领八户市政府经贸代表团7月份进行了两市互访活动。针对展会合作、招商引资、产品出口等事宜进行了洽谈，参观了各自的企业，赵理事长访日期间还做了“快速发展的中国食品工业”的演讲。受到日方业界同仁的充分肯定。之后日本八户市市长小林真、八户市副市长奈良冈修一、八户市商工劳动部部长沼畑龙南、三八五流通株式会社董事长泉山 元先生特意先后来函表示感谢。互访对加强食品业界沟通交流与合作起到了很好作用。目前，访问之后，津酒出口日本的前期工作已经完成；八户市的糕点、餐饮和贸易3家公司有意向在天津投资发展；四是市食协组织了34个企业139人次赴韩国、南非、欧洲、日本、新马泰及台湾地区考察，部分企业与境外企业在原材料采购、技术引进等方面达成了合作意向。

3、市食协协助9家食品企业办理申报中小企业国际市场开拓资金取得进展。其中博康天蜜、月盛斋、强源、精武肉类、康宏园食品5家单位已经完成申报工作，并获得了进出口资格。

（三）市场培育有新进展。

市食协把培育中国北方最大的食品交易市场作为重点工作。在几年来举办食品专业展会的基础上，又成功举办了“2012中国·天津（环渤海）国际食品交易会”，这届展会是本展会创办以来影响力最大的一届。规模进一步扩大，水平进一步提升，国际化程度提高，专业化发展更加突出，会中会更加丰富有效。来自18个省市的300多家企业参展，共设700个展位，有15000多个品种。观众45万人次、专业观众2000多人，现场交易及意向成交额2亿元。

（四）食品安全管理工作进一步强化。

1、根据食品安全示范企业规定和条件，按照评审程序，评出了第6批43家食品安全示范企业。其中包括天津养乐多乳品公司等 16 家首次评审和嘉里粮油（天津）公司等27家通过复审的企业。至2012年，全市共有食品安全示范企业89家。

2、市食协与市质监局、天津出入境检验检疫局、天津电台联合举办的“质检邀您看企业，食品安全大家行”活动，紧密结合国家质检总局巡查、食品安全周及质量月活动，共组织人大代表、政协委员、劳动模范50余人次、媒体记者80多人次、消费者代表400多人次走进海河乳业、伊利乳业、子母乳业、大桥道食品、理研维他、津乐园食品等 7 家企业。

3、参与组织了天津市“放心奶”工程建设启动仪式。海河乳业公司代表全市17家乳制品企业做出郑重承诺。参与该工程的乳制品企业均建立了可追溯系统。市有关部门先后组织对乳制品企业的219批次产品开展月抽检，对69批次产品开展计划性监督抽查和风险监测，对13353批次成品和原料进行三聚氰胺专项检测，对4209批次成品和原料进行黄曲霉毒素M1专项检测，均未发现问题。

4、诚信体系建设工作取得进展。受市经信委委托共同组织了推动会，近百家企业参加会议，宣读了诚信宣言。参加了天津市《食用油行业诚信管理体系（CMS）建立及实施通用要求》标准审定会。通过嘉里粮油公司具体修改，该标准已通过工信部组织的专家审定。组织美可高特公司与国家认证认可技术研究所签订了诚信体系建立指导及评价协议，开展了两次辅导，年底通过了评价。同时通过与福厦、宝迪、大桥道等公司沟通协调，与国家权威部门建立了体系建设合作关系。

5、市食协作为中国食协授权的天津地区食品安全师考试中心，组织了40名学生参加的助理食品安全师考试。

6、市食协与市质监局建立食品安全会商机制，就食品生产过程中的标准、工艺技术等敏感问题，召集企业、专家进行磋商，对山楂、调味品、冷饮行业存在的问题进行了研讨。

（五）提高信息服务质量。

市食协通过刊物、网站、简报、快讯、电台专题栏目等各种方式，围绕“十二五”发展规划、结构调整、重点行业建设、滨海食品发展、大项目好项目、技术进步、合作交流、融资、食品安全、政策法规、津门品牌等为企业做好面上宣传和重点经验推广，2012年为70余家企业进行了100多次宣传。

《环渤海食品》共发行6期；出刊了《改革开放30年特刊》和《月坛高端国际酒品新天地开业专刊》；发行简报22期，快讯16期；与天津经济广播《天天美食》节目合办的 “安全食品进万家”专题栏目，有食品安全示范等企业114次走进直播间，听众给予了高度评价。

（六）创新企业融资方式。

3月底，市食协与民生银行签定战略合作协议，得到2亿元授信额度，采取抵押、联保、对公、信用贷款等形式解决食品行业的发展资金问题。8月24日，民生银行为市食协授牌——“中国民生银行天津市食品工业协会城市商业合作社”，进一步深化了两单位的合作关系。市食协与民生银行共走访企业300余家，了解资金需求，推广金融产品，个别指导，集中宣传，现场办公，解决资金 3 亿多元。与民生银行合作推出“互助合作基金”新品种，年底又为 65 户企业解决资金 1 亿多元。

（七）深入人才和科技服务。

一是加大了非国有食品企业专业技术人员的职称申报工作，共申报评审通过工程师 7 人、助理工程师 28 人；二是 11 月，联合中华英才网、农学院在农学院举办了近 100 家企业参加的“2013 届本科毕业生校园招聘会”，宝迪、龙威粮油、桂发祥、伊利乳业、天狮生物等 30 家企业到场招聘；三是市食协与农学院食品系联合举办就业报告会，赵国瑞理事长就行业现状、发展趋势、就业前景等问题向千余名在校生进行演讲；四是市食协专家委员会对宝迪公司《新建年屠宰 200 万头生猪项目》屠宰生产线进口设备先进性进行了论证。其论证结论使企业免去了招投标程序，保证了项目进度；五是市食协标准化技术委员会组织本市 20 多家食品企业参加 2012 年滨海新区食品安全专家座谈会，就食品法律法规、食品营养标签、食品生产管理等问题进行座谈；六是市食协与英鹏食品配料公司联合举办“亚洲乳品、饮料新品交流会”，介绍了 2013 年亚洲乳品、饮料发展新动态，品鉴了新产品，使与会企业进而明确了结构调整方向；七是配合中国食协冷冻专业委员会到狗不理、宽达公司调研，为修订速冻食品国家相关标准提供依据；八是协助宽达公司在中科百奥工业生物技术公司建立第三方检验机构，双方已达成合作意向；九是与经济广播《天天美食》节目及医科大学等食品及营养专家联合举办食品安全消费公益教育，现场向 400 多市民传授食盐消费知识和鉴别方法；十是配合市轻工行业联合会推荐天津宝迪公司程榆茗、龙威粮油公司张娅、桂发祥公司何悦青 3 人申报“全国轻工行业劳动模范”。

（八）进一步加强协会自身建设。

市食协牵头组织了第 19 届部分省市食品工业协会行业发展协作会，重点商讨成立协作联盟，促进食品工业发展等问题。完成焙烤糖制品、食品机械包装、酿酒工业协会的换届工作；协助肉类和乳品协会做好换届前的准备；批准成立酒器具收藏专业委员会；积极开展清真食品专业委员会及食用植物油专业委员会成立的前期工作。吸纳了天津七十二沽酒业公司等 36 家新会员。配套制定了《协会奖惩暂行规定》及《保密管理有关规定》等制度。

【d. 市食协 30 周年回顾】

2011 年是“十二五”规划的起步年，而又恰逢天津市食协成立 30 周年，值得总结和庆贺。30 年前，国内食品工业发展滞后，市场供应紧张，百姓呼声强烈。1984 年 8 月国务院召开了解放以来的第 1 次“全国食品工业会议”，明确提出“食品工业是朝阳产业，是永不衰败的工业”。天津市委、市政府认真贯彻中央精神，1984 年 11 月 4 日召开了天津市第 1 次食品工业工作会议，李瑞环市长亲自作报告，论述了发展食品工业的十大关系。市政府成立了食品工业领导小组，相继组建了天津市食品工业协会和天津市政府食品工业办公室。当年，市政府派出以中垣同志为团长的代表团到日本专门考察食品工业。在中央的关心和市委市政府的重视决策下，天津市食品工业快速发展。30 年来，天津市食品工业年均增速 20%以上；食品工业企业由 170 家发展到近 2000 家；工业总产值由 11.7 亿元发展到 2011 年的 1300 亿元；产品品种由 1500 种增加到万余种。2011 年的增速高达 50%，在全国排在第 1 位。很多国内外大项目好项目落户天津：世界 500 强企业中 6 家食品企业在天津落户；世界最大且引领世界方便面潮流的企业康师傅在天津诞生；世界最大的集研发、生产、交易、交流为一体的酒类文化中心在天津开工建设；全国最大的粮油食品生产企业集聚区在滨海新区形成，食用植物油“十分天下有其一”；全球知名的保健食品生产及出口企业天狮集团在天津成长壮大；国内乳品前 5 名全部在天津投资；国内知名的肉类加工企业多数都来天津发展。天津食品工业不仅增速和经济总量快速发展，而且发生了质的变化。归纳起来就是“五个转变”和“五个特点”。五个转变是：生产方式从作坊式手工操作到工业化、自动化转变；产品结构由低档向中高档发展转变；经济体制由国营企业为主向多种所有制并存转变；经营模式由计划经济的以产定销向市场经济转变；企业生产由满足生存型消费向享受型消费需求方向转变。五个特点是：突出特色稳健发展；发挥优势加快发展；项目拉动规模发展；产业聚集强势发展；创新驱动内生发展。

天津市食协在市委市政府关心支持下，随着食品工业的发展步伐，克服了各种困难，经受了改革开放及体制变化等各种洗礼，不断成长壮大。市食协于 1981 年 11 月成立，1983 年成立了市政府食品工业办公室，实行一套人马两块牌子。前几届会长分别由中垣、晋峰、慧芬、新成等市级领导担任，直到如今，治平副市长、亚力副主任、晋峰、成怀、文华三位老同志仍然是协会的名誉理事长。历届理事会拼搏进取、刻意创新、订规划、出主意、攻难关、抓管理，为全市食品工业的发展做出了突出贡献。1984 年全国食品工作

会议上，晋峰同志代表天津在大会上介绍经验，北京、上海、山东、山西和东北三省等纷纷来天津学习。中国食协原会长杜子端同志说，天津市的做法在全国是一个新的创举，值得向全国推广。天津市食品工业的发展凝集了协会历届老会长的心血，饱含了各级领导、社会各界的关心支持。

天津市食协第六届理事会在历届理事会打下的良好基础上，根据新的形势任务，找准位置，明确目标，搭建服务平台，树立大食品的发展理念，努力建好原材料大基地，发展大企业，培育大市场，搞好大配套，推进产学研大协作，以服务企业为宗旨，通过5年的努力，使协会能高水平完成政府交办的各项工作，高质量为企业服好务，高标准搞好行业管理，建设成为按照社会化运作的学习型、创新型、服务型、管理型、实体型的新型行业管理协会。

（廉长和　王乐年）

3.3 河北省

【a. 概况】

2010年。河北省规模以上食品工业总产值2266.24亿元，同比增长25.75%，位于全国第10位。其中：农副食品加工业1377.62亿元，同比增长26.73%；位于全国第10位；食品制造业478.54亿元，同比增长25.97%；位于全国第8位；酒、饮料和精制茶制造业为283.04亿元，同比增长24.69%；位于全第13位；烟草制造品业117.20亿元，同比增长16.63%，位于全国第16位。销售产值2195.25亿元，同比增长24.57%，产销率98.63%。工业增加值513.22亿元，同比增长13.9%，占河北省规模以上工业增加值的6.53%。出口交货值60.72亿元，同比增长28.27%，高于全国食品工业出口交货值增速7.01个百分点。主营业务收入2207.16亿元，同比增长25.72%，位于全国第10位；利税总额237.91亿元，同比增长20.18%，位于全同第12位；利润总额121.70亿元，同比增长19.49%，位于全国第15位。规模以上食品工业企业1260家，从业人员22万人。

主要产品产量：小麦粉907.39万吨；精制食用植物油130.25万吨；酱油5.98万吨；味精18.39万吨；鲜、冷藏肉51.73万吨；乳制品255.44万吨，其中液体乳229.40万吨；碳酸饮料2.62万吨；方便面76.86万吨；白酒26.14万千升；啤酒134.44万千升；葡萄酒9.95万千升；卷烟775亿支。

2010年河北省食品行业拥有国家级企业技术中心3个，省级企业技术中心23个；拥有中国驰名商标27项；河北省名牌产品172项，河北省著名商标158项，河北省优质产品88项；中华老字号产品15项；获河北省质量效益型企业23个，河北省质量管理奖企业7个。

2011年。河北省食品工业总产值2863.34亿元，同比增长32.09%，位于全国第11位。其中：农副食品加工业1758.46亿元，同比增长30.07%；位于全国第11位；食品制造业604.89亿元，同比增长45.80%，位于全国第9位；酒、饮料和精制茶制造业353.11亿元，同比增长28.59%，位于全国第13位；烟草制品业135.92亿元，同比增长16.35%，位于全国第16位。销售产值2822.92亿元，同比增长34.19%，产销率98.63%。工业增加值686.3亿元，同比增长16.70%，占河北省规模以上工业增加值的6.53%。出口交货值73.73亿元，同比增长30.35%，高于全国食品工业出口交货值增速9.85个百分点。主营业务收入2827.24亿元，同比增长33.59%，位于全国第10位；利税总额317.17亿元，同比增长37.22%，位于全国第15位；利润总额164.38亿元，同比增长39.64%。位于全国第13位。规模以上食品工业企业994家。从业人员23万人。

主要产品产量：小麦粉1211.16万吨；精制食用植物油146.18万吨；酱油4.96万吨；鲜、冷藏肉64.09万吨；乳制品269.00万吨，其中液体乳259.50万吨；碳酸饮料8.22万吨；方便面：101.26万吨；白酒32.39万千升；啤酒160.26万千升；葡萄酒9.37万千升；卷烟807.50亿支。

2011年河北省食品行业拥有国家级企业技术中心3个，省级企业技术中心31个；拥有中国驰名商标27项；河北省名牌产品198项，河北省著名商标166项，河北省优质产品143项；中华老字号产品15项；获河北省质量效益型企业19个，河北省质量管理奖企业7个。

2012年。河北省食品工业总产值3176.60亿元，同比增长18.66%，位于全国第12位，占全国食品工业总产值的3.55%。其中：农副食品加工业1919.89亿元，同比增长17.00%，位于全国第12位；食品制造业703.65亿元，同比增长26.90%，位于全国第6位；酒、饮料和精制茶制造业387.66亿元，同比增长12.12%，位于全国第14位；烟草制品业165.40亿元，同比增长21.69%，位于全国第16位。主营业务收入3199.00亿元，同比增长16.2%，位于全国第11位；利税总额375.06亿元，同比增长22.99%，位于全国第

15位；利润总额194.35亿元，同比增长25.3%，位于全国第13位。工业增加值731.5亿元，同比增长13.7%，占河北省规模以上工业增加值的6.61%。销售产值31114.79亿元，同比增长17.70%，产销率98.06%。出口交货值103.82亿元，同比增长39.86%，高于河北省工业出口交货值增速32.50个百分点。

主要产品产量：小麦粉883.29万吨；大米7.10万吨；精制食用植物油147.19万吨；酱油4.01万吨；鲜、冷藏肉69.00万吨；乳制品272.48万吨，其中液体乳239.58万吨；碳酸饮料2.06万吨；罐头41.34万吨；方便面103.79万吨；白酒29.08万千升；啤酒157.40万千升；葡萄酒10.58万千升；卷烟827.50亿支。规模以上食品工业企业1016家，从业人员24万人。

2012年河北省食品行业拥有国家级企业技术中心3个，省级企业技术中心27个；拥有中国驰名商标27项；河北省名牌产品172项，河北省著名商标160项，河北省优质产品88项，中华老字号产品15项；获河北省质量效益型企业23家，河北省质量管理奖企业7家。

【b.“十一五”回顾】

“十一五”时期，河北省食品工业总产值年均递增15.10%；工业增加值年均递增11.20%；利税年均递增14.17%；主营业务收入年均递增15.66%。

到“十一五”末，全省食品工业总产值为2266.24亿元；在全国排第10位；主营业务收入2207.16亿元，在全国排第10位；利税237.91亿元，在全国排15位；拥有食品生产企业1260家，从业人员21万人。

2006年，河北省规模以上食品工业企业实现工业总产值1123.62亿元；工业增加值301.92亿元（其中：农副食品加工业142.65亿元、食品制造业70.42亿元、饮料制造业46.90亿元、烟草制造业41.95亿元），占全省工业企业增加值的7.44%；利税122.60亿元；主营业务收入1065.80亿元；从业人员21.75万人。

2007年，河北省规模以上食品工业企业实现工业总产值1391.14亿元，位居全国第7位；工业增加值367.36亿元（其中：农副食品加工业168.65亿元、食品制造业78.84亿元、饮料制造业64.13亿元、烟草制造业55.74亿元），占全省工业企业增加值的7.78%；利税149.97亿元，位居全国第13位；主营业务收入1369.19亿元，位居全国第8位；从业人员20.96万人。

2008年，河北省规模以上食品工业企业实现工业总产值1736.55亿元，位居全国第7位；销售产值1704.78亿元；工业增加值438.28亿元（其中：农副食品加工业222.18亿元、食品制造业79.44亿元、饮料制造业75.11亿元、烟草制造业61.56亿元），占全省工业企业增加值的7.11%；利税171.37亿元，位居全国第12位；主营业务收入1677.68亿元，位居全国第7位；从业人员20万人。

2009年，河北省规模以上食品工业企业实现工业总产值1786.76亿元，位居全国9位；销售产值1748.36亿元；工业增加值467.70亿元（其中：农副食品加工业240.30亿元、食品制造业82.67亿元、饮料制造业76.84亿元、烟草制造业67.88亿元），占全省工业企业增加值的6.27%；利税197.37亿元，位居全国第14位；主营业务收入1743.83亿元，位居全国第9位；从业人员20万人。

2010年，河北省规模以上食品工业企业实现工业总产值2266.24亿元，位居全国第10位；销售产值2195.25亿元；食品工业增加值513.22亿元（农副食品加工业240.62亿元、食品制造业107.57亿元、饮料制造业83.64亿元、烟草制造业81.39亿元）；利税237.91亿元，位居全国第15位；主营业务收入2207.16亿元，位居全国第10位；从业人员20万人。

“十一五”期间，河北省食品工业主要产品产量按年份分别为：

面粉：534.23万吨、581.08万吨、645.27万吨、740.66万吨、907.39万吨；食用植物油：88.71万吨、114.28万吨、133.65万吨、102.21万吨、130.25万吨；肉制品：97.02万吨、25.78万吨、万吨、38.47万吨、51.73万吨；乳制品：212.42万吨（液体乳：187.71万吨）、276.08万吨（液体乳：208.91万吨）、236.45万吨（液体乳：208.51 万吨）、196.63万吨（液体乳：179.84 万吨）、255.44万吨（液体乳：229.40万吨）；调味品：8.90万吨、7.45万吨、6.37万吨、6.49万吨、5.98万吨；方便主食：方便面：64.03万吨）、方便面：79.77万吨）、方便面：52.49万吨）、方便面：57.65万吨）、方便面：76.85万吨）；白酒：13.16万吨、17.52万吨、19.99万吨、23.45万吨、26.14万吨；啤酒：138.31万吨、148.08万吨、132.45万吨、23.45万吨、26.14万吨；葡萄酒：10.57万吨、9.24万吨、9.93万吨、11.35万吨、9.95万吨；软饮料：183.95万吨（瓶装饮用水：34.71万吨）、 42万吨（瓶装饮用水：2.63万吨）、45.09万吨、139.16万吨、202.89万吨；罐头：7.69万吨、6.2万吨、7.7万吨、12.88万吨、26.22万吨；卷烟：620亿支、亿支、亿支、742.50亿支、775亿支。

2006 年，规模以上食品工业企业 988 个。其中：农副食品加工业 589 个；食品制造业 327 个；饮料制造业 149 个；烟草加工业 4 个。

2007 年，规模以上食品工业企业 1026 个。其中：农副食品加工业 629 个；食品制造业 239 个；饮料制造业 154 个；烟草加工业 4 个。

2008 年，规模以上食品工业企业 1037 个。其中：农副食品加工业 621 个；食品制造业 249 个；饮料制造业 163 个；烟草加工业 4 个。

2007 年，规模以上食品工业企业 1026 个。其中：农副食品加工业 629 个；食品制造业 239 个；饮料制造业 154 个；烟草加工业 4 个。

2008 年，规模以上食品工业企业 1037 个。其中：农副食品加工业 621 个；食品制造业 249 个；饮料制造业 163 个；烟草加工业 4 个。

2009 年，规模以上食品工业企业。其中：农副食品加工业 675 个；食品制造业 275 个；饮料制造业 183 个；烟草加工业 4 个。

2010 年，规模以上食品工业企业 1260 个。其中：农副食品加工业 751 个；食品制造业 311 个；饮料制造业 194 个；烟草加工业 4 个。

【c. "十一五" 期间大事记】

2006 年，受河北省质量技术监督局的委托，组成 5 个调查组到全省 5 个市 10 个县 30 个村的 5 大超市、10 个中型超市、30 个批发市场、90 个个体经营商店，对已实施食品生产许可证的 28 类食品实施情况进行调查。调查样本 39522 个，有 QS 标志的样本 35291 个，有证食品占有率 89.29%。该调研报告的数据被河北省政府采用。

同年，由省委组织部、省人事厅和省社会科学院合作编撰河北省第一部《人才发展蓝皮书》。河北省食品工业协会组织专人撰写食品行业人才队伍情况，该情况被编入《人才发展蓝皮书》。河北省食品行业的人才队伍建设情况：2005 年食品行业人才总量为 12108 人，其中：经营管理人才 2767 人，占总数的 22.8%；专业技术人才 3594 人，占总数的 29.68%；技能人才 5747 人，占总数的 47.5%。在经营管理和专业技术两类人才中，有高级职称人数 294 人；中级职称的人数 1234 人。学历结构：研究生 69 人；本科学历人数 1188 人；大专学历人数 2099 人。

同年，建立河北食品官方网站，开辟协会动态、名优食品、供求信息、科技成果、政策法规和健康知识等 13 个栏目。

同年，河北省工业经济联合会和河北省食品工业协会联合召开河北省食品工业年会暨 "平安糖业" 杯落实科学发展观、坚持自主创新高峰论坛。省食协、平安糖业有限公司、石家庄三鹿集团股份有限公司、石家庄珍极酿造集团有限公司、秦皇岛正大有限公司、河北华龙集团等单位介绍技术创新经验及自主创新发展新观念、新思路、新举措、新谋略。

2007 年，为帮助食品企业宣传品牌形象，开拓市场，促进厂商合作，扩大食品品牌影响力，在春节前夕召开 "河北省名优食品推介会"。推介会融汇 "中国名牌"、"中国驰名商标"、"河北省名牌"、"河北省著名商标"、"中华老字号"、"绿色食品" 等称号的 10 大类 74 种食品。，省发改委等政府部门领导、新闻单位、商家代表等 160 人参加会议。

同年，河北省政府抓产品质量和食品安全专项整治工作。河北省食品工业协会撰写《关于对县级食品安全整治活动的调研报告》，受到时任主管工业副省长高度评价，并在全省召开现场会进行经验交流。

2008 年 9 月 13 日，发生 "三鹿牌婴幼儿奶粉事件" 重大食品安全事故。三鹿牌部分批次奶粉中含有三聚氰胺，是不法分子为增加原奶或奶粉的蛋白含量而人为加入的。此事件造成婴儿死亡、众多儿童患病等结果。党中央、国务院对严肃处理三鹿牌婴幼儿奶粉事件做出部署，立即启动国家重大食品安全事故 1 级响应，并成立应急处置领导小组到石家庄进行调查处理。该事件，三鹿集团借债 9.02 亿元付给全国奶协，用于支付患病婴幼儿的治疗和赔偿费用；12 月 23 日石家庄市中级人民法院宣布三鹿破产，处罚金人民币 2468.7411 万元；三鹿集团股份有限责任公司董事长田文华被判生产、销售伪劣产品罪，判处无期徒刑；其他 15 名被告人分别获 2–15 年不等的有期徒刑。这起重大的食品安全事故，危害性大，影响恶劣，后果十分严重。为此，全国紧急开展了奶粉市场治理整顿，由国家质检总局会同有关部门对市场上所有婴幼儿奶粉进行全面检验检查，对不合格的奶粉实施下架。"三聚氰胺" 事件犹如乳制品行业的一次地震，近几年行业处于低谷，严重地阻碍了产业的发展。

2009 年，河北省食品工业协会参加《食品安全法》现场宣传咨询活动。副省长孙士彬在省食品工业协会的宣传展台前语重心长的说："你们是主力军"。

2010 年 12 月 23 日、24 日，中央电视台《焦点访谈》节目连续 2 次对昌黎县少数葡萄酒生产企业制假售假行为曝光。一些葡萄酒生产厂家用添加剂、香精、色素等调制后做成假冒葡萄酒，有的甚至根本不含一点葡萄汁。更有甚者，

不法厂商贴上各种国内外葡萄酒标签，冒充名牌葡萄酒进行销售。野力、更好、丘比特、嘉华、韩愈 5 家葡萄酒企业和与此相关联的生产企业，抚宁县樊南印刷厂、卢龙县、龙山泉酒业公司，共计查封 1.1 万件干红葡萄酒、3.7 万件商标和 4.4 万件各类包装。此事在全国引起强烈反响，国务院食安办立即会同工信部、商务部、海关总署、工商总局、质检总局、食品药品监督局等有关部门在全国范围内开展葡萄酒专项整治。河北省委书记张云川省长陈全国迅速做出重要指示，要求有关部门对昌黎县少数葡萄酒企业制假售假行为调查处理。省政府召开由省质检、卫生、工商、商务等部门参加的紧急会议部署六项具体措施：一是对涉嫌制假的企业一律实施关停，进行调查处理；二是对涉嫌造假售假所生产的全部产品迅速召回，并对不合格产品及时进行销毁；三是成立以省政府领导为组长，由省质检、工商、卫生、商务等有关部门负责人为成员的专项治理工作领导小组，迅速展开工作，连夜赶赴昌黎，依法依规、从快从重进行调查处理；四是立即对全省葡萄酒生产企业开展拉网式排查，1 家不漏，对发现的制假售假企业及产品一律吊销营业执照，并召回全部产品；五是对合法合格的企业及产品实施有效保护；六是自觉接受新闻媒体和社会监督，及时公开查处过程和有关情况。

河北省食品工业协会也于第一时间赴昌黎进行专题调研，撰写了《关于葡萄酒情况的调研报告》。昌黎县是国内第一瓶干红葡萄酒发源地，葡萄酒加工企业有 59 家，但规模小，品牌乱，人才不足，技术落后情况也很突出。应借此机会，整合重组。报告递交给省政府后，时任常务副省长、副省长都有批文。

【d. 大事记】

2010 年元旦，胡锦涛总书记到三河汇福粮油集团公司视察时说，“树立民族品牌，致力人类健康这个提得好”。胡总书记叮嘱：“一定要把汇福这个民族品牌做好、做大、做强”。

开展展食品行业对标行动工作

2010 年，为加快经济发展方式的转变，河北省委、省政府部署了全省工业企业普遍开展对标行动工作。根据省政府冀政（2010）58 号文件要求，河北省食协在石家庄市召开对标行动座谈会，食品行业的 30 家龙头企业参加座谈，参会企业学习了河北省政府关于对标行动文件，理解对标行动的内涵，为开展企业的对标工作做好充分准备。在食品行业开展的对标行动中，乳制品、白酒、植物蛋白饮料、熟肉制品、食品添加剂行业率先制定了对标指标体系。由省工业企业对标领导小组办公室与省质量技术监督局以（冀对标办[2011]6 号）联合发文公布。

组织河北省食品行业“河北第一”命名活动

2010 年，为挖掘河北食品文化历史渊源，整合食品文化资源，打造一批有发展前景，有市场需求，有良好经济效益、能带动一批产业兴起的河北食品领军企业和知名品牌，省食协在全省食品行业中开展了“河北第一”命名活动。经企业申报、食品专家审核，河北衡水老白干酿酒（集团）有限公司、唐山蓝猫集团有限公司、唐山隆义实业（集团）公司万里香烧鸡、蓝贝酒业集团有限公司蓝贝啤酒 等 22 家企业的品牌获“河北第一”荣誉称号。

编制河北省食品工业“十二五”发展规划

受省工信厅委托，河北省食协编制了《河北省食品工作“十二五”发展规划》。2010 年 10 月底完成规划初稿，12 月底完成送审稿。2011 年 3 月 29 日，对《规划》进行了专家论证。《规划》（送审稿）报省政府后，常务副省长赵勇强调说：“我省是农业大省，食品工业是可以做大的，要把它摆在更突出的位置。河南与河北相似，河南能做大，为什么河北做不大呢？河南食品工业总量比我省高许多，我省有差距也有潜力。在保障食品安全的同时，把食品工业做大，这是需要我们回答的问题。通过监管把企业都弄没了，这不是本事。做大做强了，又不出问题，这才是本事。规划中提出了‘以安全促发展，以发展保安全’这个提法我很赞同，要落实。”

组织编制《小枣产业“十二五”发展规划》

2010 年，根据行业发展需要，河北省食协组建了“河北省食品工业协会枣专业委员会”。为解决枣深加工、开发枣核苷酸等新产品，认真组织专家进行专题研究攻关。协助沧县政府制定了《小枣产业“十二五”发展规划》，谋划筛选了“十二五”期间重点和技改项目。

撰写食品行业发展报告

2010 年，按照省工经联工作要求，河北省食协完成了《2009 年度、2010 年度、2011 年度食品工业行业发展报告》。该《报告》包括行业发展概况；行业基本结构情况（产品类型结构、行业所有制结构、分布格局和产业集中度、人力资源结构，产业投资结构等）；行业市场情况；行业发展环境；途径选择。

撰写调研报告

2010 年 6 月，省食协撰写《关于当前河北省食品安全状况的调研报告》。该报告受到省政府领导的关注。

2010 年 7 月，省食协在唐山市召开了冷食、糕点、白酒、面粉、含乳饮料、酸奶食品等行业生产企业代表参加的座谈会。通过座谈调研，不少企业反映标准备案难问题。就此问题，省食协向省政府提交了《关于食品安全企业标准“备案难”的情况报告》。

撰写食品添加剂使用情况调研报告。2010 年，省卫生厅委托省食协对食品添加剂使用情况进行调研并撰写调研报告。省食协组成专门人员，重点调研了 8 个市的小麦粉、食用油、方便面、熟肉制品、含乳饮料、焙烤食品、豆制品、蜂蜜、淀粉及淀粉糖、葡萄酒等 10 个小行业的 80 家食品企业。调研采用问卷、培训班、座谈会、实地考察等方式进行。省卫生厅对调研报告给予很高评价。

制订《河北省食品工业企业质量安全管理制度（试行）》。

2011 年，组织研究并多方征求意见，制订了《河北省食品工业企业食品安全管理制度（试行）》。省食品安全委员会十分重视，将该制度批转省质监局研究。省质监局认为“该制度内容丰富、从管理责任制、管理流程、管理方式、人员培训到奖惩措施等都对食品工业企业提出了具体要求，这充分体现了行业协会关心食品安全，关心企业规范、关心行业发展的拳拳之心”。

为政府建言献策，提出促进食品企业兼并重组的意见建议。

2011 年，河北省食协向省政府提出大力整合河北省食品企业，重点推进乳制品、面粉、食用植物油、白酒、葡萄酒、啤酒、肉类、焙烤等 8 个行业的兼并重组。以资产为纽带，通过市场机制推动企业联合重组。该意见被河北省政府文件采纳。

举办河北食品工业经济论坛。

2011 年，省工经联和省食协联合举办食品工业经济论坛。省政府研究室、省发改委、省质监局、省社科院等单位专家和部分企业代表参加了论坛。

反映企业呼声，促进产业健康发展。

省食协高度关注食品质量安全动态，发现问题立即与企业沟通了解情况，并及时向上级领导和有关部门反映，收到比较好的效果。例如，石家庄君乐宝遭遇明胶事件。当时网上传言老酸奶和果冻中使用工业明胶，严重影响了消费者的信心和产品销售。君乐宝老酸奶仅几天，君乐宝的销售量下滑 30%以上。省食协在一季度工业经济运行发布会上，向各大新闻媒体说明了明胶事件的真相及其对行业发展的负面影响。我们认为：揭露食品安全问题要准确无误，不能笼统的讲现象。这样容易误导消费者给企业造成负面影响。五得利“面粉事件”被网络热炒的关键时刻，省食协得到信息后态度鲜明高度关注，立即向有关部门，反映食品企业和产品的真实情况。经过认真核实，监管部门认定五得利集团在深州、雄县公司，在面粉生产过程中不存在非法添加硼砂的问题。

参与撰写河北省工业经济志。

按照河北省工业志组委会的要求，省食品协撰写工业经济志（食品工业部分）。该稿件反映了河北省食品工业 1978 年-2010 年发展历程，介绍了省食品工业的总体情况、产业发展历程、机构变迁、历任食品管理机构领导、著名企业等。

提高经济运行分析报告水平。

按照省发改委和省统计局《关于授予有关行业协会行业统计职能并委托有关工作的通知》，开展统计调查工作，圆满地完成了《全省食品工业生产快报报告》、《全省食品工业统计月报》，为省政府经济运行调度会、省工经联全省经济运行新闻发布会、省工信厅等有关部门，提供了准确的经济运行分析。

举办食品添加剂应用培训班。

2010 年 4 月中旬，省食协在石家庄举办了“食品添加剂法律法规及应用领域知识培训班”。组织来自面粉、饮料、乳制品、方便食品、白酒等行业的 30 多家食品企业添加剂管理人员参加了培训。

2011 年 6 月，省食协在石家庄举办食品添加剂（新版）国家标准应用技术培训班。40 余家食品企业的技术质量管理人员和主管负责人参加了培训班。省食品专家委员会主任曹泽涵教授详细讲解了 GB2760- 2011《食品添加剂使用标准》。

2010 年河北省食品工业主要经济指标完成情况　　单位：亿元

行业＼指标	资产合计	同比增长%	主营业务收入	同比增长%	利税总额	同比增长%	利润总额	同比增长%
食品工业总计	1139.66	20.76	2207.16	25.72	237.91	20.18	121.70	19.49
农副食品加工业	544.68	24.88	1354.82	26.57	84.87	25.27	66.03	22.61
食品制造业	267.01	15.69	478.49	25.39	36.60	11.18	23.56	9.27

饮料制造业	240.41	18.39	259.77	26.22	43.64	19.21	21.10	25.01
烟草制造业	87.56	18.82	114.08	16.68	72.80	19.97	11.00	15.21

2011 年河北省食品工业主要经济指标完成情况

单位：亿元

行业＼指标	资产合计	同比增长%	主营业务收入	同比增长%	利税总额	同比增长%	利润总额	同比增长%
食品工业总计	1297.61	24.34	2827.24	33.59	317.17	37.22	164.38	39.64
农副食品加工业	655.68	22.92	1741.18	30.95	109.94	34.60	79.12	23.56
食品制造业	286.58	41.67	623.48	48.81	58.58	73.09	40.74	86.33
酒、饮料和精市茶制造业	263.90	19.72	330.91	30.20	58.99	37.67	30.46	46.36
烟草制造业	91.44	4.56	131.67	15.96	89.66	23.22	14.05	27.77

2012 年全省食品工业主要经济指标完成情况

单位：亿元

行业＼指标	资产合计	同比增长%	主营业务收入	同比增长%	利税总额	同比增长%	利润总额	同比增长%
食品工业总计	1557.06	19.90	3199.00	16.20	375.06	22.99	194.35	25.30
农副食品加工业	788.90	20.10	1964.35	15.20	117.95	17.43	86.34	19.0
食品制造业	345.08	20.20	710.71	21.10	70.84	26.29	50.38	30.50
酒、饮料和精制茶制造业	327.76	24.30	368.11	12.30	77.07	31.16	40.26	34.60
烟草制造业	95.33	4.2	155.83	18.30	109.19	21.81	17.37	23.80

2010 年河北省食品工业主要产品的产值、工业增加值

行业＼指标	工业总产值		工业增加值	
	累计完成	同比增长%	累计完成	同比增 长%
食品工业总计	2266.24	25.75	513.22	13.9
农副食品加工业	1377.62	26.73	240.62	12.5
食品制造业	478.54	25.97	107.57	15.4
酒、饮料和精制茶制造业	283.04	24.69	83.64	16.9
烟草制造业	117.20	16.63	81.39	13.1

2011 年河北省食品工业主要产品的产值、工业增加值

行业＼指标	工业总产值		工业增加值	
	累计完成	同比增长%	累计完成	同比增长%
食品工业总计	2863.34	32.09	686.3	16.7
农副食品加工业	1758.46	30.07	345.7	13.7
食品制造业	604.89	45.80	142.6	26.7
酒、饮料和精制茶制造业	353.11	28.59	101.4	19.2
烟草制造业	135.92	16.35	96.7	12.2

2012 年河北省食品工业主要产品的产值、工业增加值

指标 行业	工业总产值		工业增加值	
	累计完成	同比增长%	累计完成	同比增长%
食品工业总计	3176.60	18.66	731.50	13.7
农副食品加工业	1919.89	17.00	327.80	9.4
食品制造业	703.65	26.96	134.70	23.3
酒、饮料和精制茶制造业	387.66	12.12	113.9	10.9
烟草制造业	165.40	21.69	125.00	16.7

2010–2012 年河北省食品行业获中国驰名商标企业名单

注册商标	产品名称	生产企业
晨光	天然色素	河北晨光生物科技集团股份有限公司
华龙	方便面	华龙日清食品有限公司
露露	杏仁露	河北露露集团
衡水	白酒	衡水老白干酿酒有限公司
珍极	酱油、食醋	石家庄珍极酿造集团有限责任公司
板城	白酒	承德乾隆醉酒业有限公司
小洋人	含乳饮料	河北小洋人生物有限公司
梅花	味精	河北梅花味精集团有限公司
山庄	白酒	承德避暑山庄集团实业有限责任公司
福成	分割牛肉	河北福成五丰食品股份有限公司
蓝贝	啤酒	蓝贝酒业集团有限公司
汇福	食用植物油	汇福粮油集团有限公司
骊骅	淀粉糖	秦皇岛骊骅淀粉股份有限公司
小刀	白酒	河北三井酿酒有限责任公司
九九	白酒	河北久久集团有限公司　两个(九九\青竹)
旭日升	饮料	河北旭日集团
刘伶	白酒	河北刘伶醉酒业有限公司
钻石	烟	张家口卷烟厂
十八酒坊	白酒	衡水老白干酿酒有限公司　两个(老白干\十八酒坊)
今麦郎	面粉	今麦郎食品有限公司
五得利	面粉	五得利面粉集团有限公司
栗源	板栗仁	遵化栗源食品有限公司重负
钟楼	啤酒	宣化新钟楼啤酒有限公司
养元	植物蛋白饮料	河北养元智汇饮料有限公司

	甘栗仁	遵化栗源食品有限公司
富岗	苹果	河北富岗食品有限责任公司
泥坑	白酒	河北凤来仪酒业有限公司
双鸽	肉制品	石家庄双鸽食品集团有限公司

【e. 市场开拓和产品开发】

组织河北"金秋"食品交易会

2010 年于 9 月 16 日-20 日，由省工信厅、省工经联、正定县人民政府主办；省食协承办了河北（正定）2010"金秋"食品交易会。本次交易会受到省领导的关心和支持，省人大马兰翠副主任及省直有关部门的领导参加会议；参展食品企业认知了解了正定，正定已成为石家庄新区，是正在崛起的物流、会展、产业园区建设的华北商贸名城，未来商机无限；展会有新老客户近百家单位到会咨询，洽谈业务，4.7 万人次光临大会。

举办廊坊食品工业展洽会

2011 年 12 月 8 日-11 日，省工信厅、省商务厅、省质监局、廊坊市政府主办，省食协承办的"2011 首届环京津食品工业展洽会"在廊坊市国际会展中心成功举办。展洽会期间签订合同协议意向累计金额达 8000 多万元。其中邯郸中棉科技有限公司与河北粮油集团公司签订合同 3000 万元，君乐宝公司将通过北京商业联合会开拓北京餐饮市场，现代牧业公司开发了在北京的代理销售渠道等。展洽会期间还举办了"食品企业营销战略"、"中国食品工业科技创新"、"食品生产环节的安全控制"和"中小企业发展扶持政策"4 个专题讲座。

积极协助省工经联办好"冀展网"食品馆

由省工经联（省经团联）主办，各有关行业协会共办的"河北工业产品网上（常年）展示展销中心"，采用电子商务网络营销方式，及时收集和发布产需信息，在互联网上模拟现实展会、展览及展销。常年展示河北省工业、企业改革发展成果，为河北工业企业和产品提供一个长期稳定的展示平台。省食协积极组织食品生产企业参加网上展览展销，参展企业达 100 余家，共计 300 多个品种。

开设门户网站名优食品专栏

河北食品网是省食协官方网站，设置专栏网页，常年展示河北省食品企业的优质产品，向广大消费群体宣传企业优秀文化，宣传品牌产品，扩大社会影响，提高企业知名度。河北食品网作为食品行业的喉舌，逐渐成为企业之家。河北省食协充分利用网络平台，全面的反映河北食品行业的发展动态等信息，2012 年又开辟了员工园地专栏，利用这个平台，反映员工爱岗敬业、钻研技术、踏实工作的精神状态，激励员工更好的为公司添砖加瓦，贡献力量。

参加河北省名牌审定工作

2010、2012 年，省食协组织食品专家参加省质监局组织的河北省名牌审定工作。

共评出 58 项、66 项食品为河北省名牌；完成河北省 46 家企业的 50 类产品优质产品的审核；完成对石家庄君乐宝乳业有限公司等 21 家企业河北省质量效益型企业的审核。

向河北省工商局推荐河北省著名商标食品

2010、2011、2012 年度省食协向省工商局推荐河北省著名商标数分别为 43 项、36 项、38 项。

大力宣传、 塑造形象，提升河北食品影响力。

从 2012 年 4 月份开始，在省食安办、省食协指导下，河北日报报业集团组织了"品味 2012.我最信赖的河北食品品牌"调查推选活动。通过公众投票、媒体采访、专家指导，选出 15 家优秀的食品企业。他们是老白干集团、五得利面粉集团、今麦郎集团、养元公司、露露公司、栗源公司、蓝猫公司、君乐宝公司、绿岭公司、稻香村公司、富岗公司、丛台酒业、双鸽公司、汇福公司、越千年公司。并编辑出版了《河北省优秀食品企业特刊》。该活动于 11 月 28 日在石家庄组织了河北省优秀食品企业恳谈会暨建设食品安全放心企业联合签名活动。

【f. 科技进步和科研成果】

组建河北省食品安全技术专家委员会

食品行业科技奖评审

2010 年 10 月经过企业申报、食品专家会议审定等程序，对全省食品行业申报的 12 个企业 8 大类 14 个项目评审，评出特等奖 2 项（1、山区特色食品在发酵乳制品中的应用研究 2、核桃乳饮料预处理新工艺研究）；一等奖 2 项（1、绵柔浓香型白酒技术研究及开发 2、玉米深加工副产物发酵耦联技术）；二等奖 6 项（1、长城高档半干白酿造新工艺 2、优质干红葡萄酒酚类物质纹库控制技术研究 3、国际优质酿酒葡萄西拉、梅鹿辄、霞多丽等品种深加工技术研究与示范

4、12000 吨/年水化磷脂综合利用 5、合馥香白酒—三祖龙尊酒的开发研发 6、中式清酒工艺技术研究及开发）；三等奖 4 项（1、甜高粱秸秆榨汁发酵实验研究 2、干红葡萄酒应用新技术、新方法 3、纳米技术在啤酒生产中的应用 4、高浓稀释及后修工艺在啤酒生产中的应用）。

2012 年，评审专家对食品行业申报的 6 大类的 7 个项目进行了形式审核、集体交流项目情况及无记名投票等评审程序，评选出中粮中国长城葡萄酒有限公司的长城天赋葡园系列干红葡萄酒生产工艺研究等 3 项一等奖；评出河北养元智汇饮品股份有限公司的饮品灌装罐（马口铁）电子监测装备的研制等 4 项二等奖。

组织企业参加第五届中国食品工业协会科学技术奖评审

2011 年，河北省 2 个项目获全国食品行业科技进步二等奖（石家庄君乐宝乳业有限公司的山区特色农产品在发酵中应用关键技术研究及产业化示范、河北养元智汇饮品股份有限公司的核桃仁饮料新工艺技术集成）；3 个企业获“全国食品工业科技进步优秀企业”称号（石家庄君乐宝乳业有限公司、河北养元智汇饮品股份有限公司、三河汇福粮油集团有限公司）；三个项目获“全国食品工业科技进步优秀项目”（三河汇福粮油集团有限公司的 12000 吨/年水化磷脂综合利用、中粮华夏长城葡萄酒有限公司的香气指纹分析技术控制优质葡萄酒酿造工艺研究、石家庄君乐宝乳业有限公司的每日活菌乳酸饮料的开发）；六人获“全国食品工业科技进步先进科技带头人”称号（魏立华、姚奎章、严斌、刘彦龙、朱宏、刘景兰）；四人获“全国食品科技进步科技工作者”称号（张昭伟、张福艳、陆淳、康志远）；省食协荣获“食品工业科技进步组织工作先进单位”称号。

制定《饮用天然泉水》地方标准

河北省饮用泉水资源丰富，饮用天然泉水生产企业已有 50 多家。省食协根据省质监局《2009 年河北省地方标准修订项目计划》要求，编制了《饮用天然泉水》河北省地方标准。2010 年 7 月 23 日，省质监局组织有关部门专家对《饮用天然泉水》河北省地方标准的送审稿进行了审定，审定通过后，以技监局 15 号公告发布。《饮用天然泉水》地方标准 DB13/T1269–2010 于 2010 年 9 月 10 日起实施。

组织食品行业化验检验工技术能手大赛

2011 年，按照河北省人力资源和社会保障厅与省工经联《关于进一步发挥行业组织作用广泛开展行业职业技能竞赛的通知》（冀人社字[2010]234 号文）要求，结合食品行业的特点，河北省食协与河北省食品质量检验院合作在食品检验化验工种开展技术能手大赛活动。获竞赛第一名的选手由河北省人力资源和社会保障厅授予“河北省技术能手”称号；获二至六名的选手授予“2011 年度河北省食品行业技术能手”称号。获技术能手称号者，不具备技师资格晋升为技师，已是技师的晋升为高级技师；行业职业技能竞赛按高级工标准命题的，获二至十名的选手颁发高级工证书。

经过企业申报、初赛、决赛后，比赛结果：授予河北衡水老白干酒业股份有限公司等 9 单位“金睛奖”荣誉称号；授予朱立宁等 10 人为“河北省食品行业技术能手”称号；获竞赛第一名选手(河北衡水老白干酿酒集团有限公司杜惠丽)被河北省人力资源和社会保障厅授予“河北省技术能手称号”并晋级高级技师；晋级技师的有玉锋实业集团有限公司的贾梦等 5 名；晋级高级工有三河汇福粮油集团有限公司的陈涛等 14 名。

2012 年，经省工业经济联合会(经团联)审核同意，省民政厅注册登记，省食协食品安全技术专家委员会（以下简称专委会）以冀民许准字[2011]263 号文件批准成立。本届食专委聚集了全省大专院校、科研单位、专业协会秘书长、食品龙头企业高级专业人员、中国食品安全报社副总编、省食协等单位的 50 多位食品专家。邹世华会长为食专委主任委员、 吴龙妹为秘书长。

企业技术中心建设

到 2012 年底，河北省食品行业建成国家级企业技术中心 3 个，省级企业技术中心 31 个。

做好技改和重点项目筛选工作

全省食品工业 120 个项目列入河北省工信厅《2010 年省第一批企业技术改造项目导向计划》。经过河北省工信厅、河北省财政等组织专家审定，食品行业 37 个项目定为 2011 年重点支持项目，共给予贴息 6673 万元。

省食协获得省科技厅颁发的食品行业技术奖评审资格证书

省科技厅经过对省食协申请的审核、考察，于 2010 年 1 月颁发了“中华人民共和国社会力量设立科学技术奖登记证书”，准予省食协自 2010 年起在全省食品行业内开展科学技术奖的评定工作。

组织食品行业白酒酿造工技术能手大赛

为提升食品行业白酒酿造工的技术水平，提高白酒生产企业的产品质量，保障白酒行业质量安全，由省工经联、人社厅主办，省食协承办的河北省食品行业白酒酿造工技术能

手大赛于 2012 年 8 月–10 月举办。河北衡水老白干酿酒集团、邯郸丛台酒业有限公司、三井酿酒有限公司、承德山庄企业集团有限公司、沧州酒业有限公司等 11 个省内白酒企业的 40 名选手参加在石家庄举办的培训选拔赛，选拔出 34 名选手参加实际操作决赛。大赛结果：姜峰等 3 人获竞赛前三名选手报请省人力资源和社会保障厅授予“河北省技术能手”荣誉称号，并颁发技师资格证书；赵润涛等 9 人为“河北省食品行业技术能手”称号；有 1 人晋级高级技师；30 人获得国家人力资源和社会保障部高级工证书。

（吴龙妹）

3.4 山西省

【a．概况】

2010 年山西省食品工业在山西省委、省政府的领导下围绕转型升级、跨越发展的战略决策，开拓创新，努力实施《山西省食品产业调整和振兴规划（2009–2011）》和《促进山西醋产业加快发展若干意见》等政策措施，使山西省食品工业在“十一五”最后一年继续保持了快速发展的好势头。

2010 年，全省规模以上食品工业企业 328 家，实现工业总产值 389.7 亿元，主营业务收入 403.1 亿元，工业增加值 129.0 亿元，利润 37.4 亿元，利税 68.9 亿元，同比分别增长 34.6%、41.3%、32.5%、91.2%、50.1%。

2011 年，全省食品工业总体上继续保持加速向上的发展态势。规模以上食品工业企业 262 家，从业人员 69347 人，实现工业总产值 538.6 亿元，销售收入 538.9 亿元，工业增加值 178.8 亿元，利润 56.6 亿元，利税 97.8 亿元。行业经济总量和增长速度均创近年来的新高，大大超越了《山西省食品产业调整和振兴规划》提出的到 2011 年，全省规模以上食品工业企业销售收入达到 450 亿元以上的目标。

2012 年，在山西省工业增速放缓、缓中有降的环境中，食品工业继续保持平稳增长。全省规模以上食品工业企业 265 家；实现工业总产值 603.4 亿元，完成主营业务收入 632.2 亿元，工业增加值 201.9 亿元，实现利润总额 46.9 亿元，利税 99.6 亿元，同比分别增长 23.0%、21.2%、14.4%、25.7%、26.2%。

2010–2012 年，山西省食品工业的发展呈现出以下特点：一是增速一直高于山西省工业平均水平。二是重点产品增长明显。经济效益显著好转。全省食醋、饮料、白酒、肉制品行业实现工业总产值分别同比增长 19.9%、52.9%、46.7%、45.7%。2012 年，酒、饮料和精制茶制造业实现利润总额 22.8 亿元，同比增长 43.8%；实现利税总额 50.6 亿元，同比增长 42.3%；分别占全省规模以上食品工业企业利润、利税总额的 48.6%和 51.7%。食品制造业和烟草制品业利润总额也分别同比增长 24.0%和 27.0%。三是大型企业支撑作用明显。工业总产值亿元以上食品工业企业由 2011 年初的 94 家增加到 2012 年末的 115 户。2012 年，这 115 户企业共完成主营业务收入 568.8 亿元、工业总产值 529.4 亿元、利润总额 44.2 亿元、利税 94.7 亿元。（占规模以上工业 43.4%。）亿元以上企业在全省食品工业发展中支撑作用明显。山西食品工业诞生首个百亿元企业 --汾酒集团。

【b．“十一五”回顾】

“十一五”末，全省食品工业规模以上企业 328 家；实现工业总产值 389.7 亿元，比 2005 年增长 186.1%，年均增长 23.4%；实现利税 68.9 亿元，比 2005 年增长 239.4%，年均增长 27.7%。食品工业总产值占全省工业总产值的比重由 2005 年的 2.8%提高到 2010 年的 3.1%。

山西省食品工业“十一五”期间主要经济指标

年份	工业总产值	增幅%	主营业务收入	增幅%	利润	增幅%	利税	增幅%
2005	136.2		132.2				20.3	
2006	160.8	18.0	155.3	17.5	9.7	78.8	26.3	29.8
2007	227.6	41.5	217.0	39.6	14.5	49.9	35.1	33.5
2008	259.5	14.0	252.7	16.4	14.4	–6.0	37.3	6.2

2009	289.4	11.6	285.4	13.0	19.6	35.6	45.9	23.0
2010	389.7	34.5	403.1	41.2	37.4	91.3	68.9	50.2

【c. 大事记】

2010年4月4日，省经信委胡荣华总工程师到山西省食品办调研。胡荣华对食品办一年来的工作给予了高度肯定，指出：全省“八大产业”振兴规划的出台，正式把食品工业作为支柱产业。食品工业要发展，食品办也要发展。食品办近期的工作重点应放在：一是搞好“十二五”规划，作好规划对行业的发展作用很大。二是抓好食品安全这件大事。安全至上，安全是个大问题。把质量管理和食品安全诚信体系建设结合起来。三是分类指导，突出重点。按照山西的特点，看哪些行业还有潜力。把工作再细化些，研究再深入些。

同年4月22日，吕梁市政府与汾酒集团签署战略合作协议，正式启动山西省转型发展重点项目工程“杏花村酒业集中发展区”。省人大副主任靳善忠、副省长陈川平出席。《杏花村酒业集中发展区战略规划》是：用3年时间投资50亿元新建酒业集中发展区，安排3万人就业，带动酿酒高粱产区10万户农民致富，增加销售收入100亿元以上。1年建设，2年达产，3年明显见效。

同年5月9日，山西省醋产业协会在太原成立，原山西省酿醋行业协会正式更名为山西省醋产业协会。据统计，山西年产商品醋30万吨，约占全国的1/10，醋企业500多家。该协会将以山西省陈醋为龙头，捆绑山西名优土特产为一体，在全国各大城市和乡镇社区开设连锁加盟店。成立大会上，醋产业协会通报了山西老陈醋质量标准、安全工艺规范、品评标准制订情况以及山西老陈醋、山西陈醋两个证明商标的审批进展情况。

同年6月13日，山西（老陈）醋产业技术联盟在太原成立。联盟的主要任务是：建立成员间的技术交流和合作平台，解决老陈醋生产中的关键共性技术，提升山西老陈醋的品牌价值和产品品质，共同研发新产品、新技术、新工艺。

同年6月18日，汾酒集团在北京人民大会堂隆重召开纪念大会，庆祝山西汾酒荣获1915年巴拿马万国博览会中国白酒品牌唯一甲等大奖95周年。

同年9月26日，中国食品工业协会第六届会员代表大会在北京召开。山西省食品工业办公室崔元斌主任、汾酒集团李秋喜董事长当选为中国食协六届理事会常务理事，太原市双合成食品有限公司赵光晋董事长、山西水塔老陈醋股份有限公司武峥兴董事长当选为理事。

同年9月28日，山西省经信委在太原召开全省工业转型发展百强潜力企业培育工程启动大会，为评选确定的百强潜力企业授牌。山西省杏花村汾酒集团有限责任公司、山西水塔老陈醋股份有限公司、山西紫林食品有限公司、太原双合成食品有限公司、山西古城乳业集团有限公司、长治市金泽生物工程有限公司、山西厦普赛尔食品饮料股份有限公司、山西戎子酒庄有限公司8户食品企业入选。

同年10月，山西老陈醋专卖店全国连锁开业暨“携手人道，与爱同行”公益活动在太原启动。该活动由省红十字会、财政厅、经信委、商务厅、质监局、促进山西醋产业加快发展领导组、山西省醋产业协会共同主办。山西老陈醋全国连锁专卖店是由山西省醋产业协会牵头，以驰名中外的山西老陈醋为龙头，集山西百年老字号产品为一体，捆绑山西传统美食和绿色特产小杂粮，以特许加盟的方式在全国各大城市和中心社区建立多家“专卖山西纯粮酿造，专营山西绿色土特产”连锁店，实行统一物流配送和电子商务管理，形成山西特产全国连锁的销售网络。“携手人道，与爱同行”公益活动为每销售一瓶山西老陈醋，即向红十字事业捐赠2分钱，持续支持公益事业发展。

2011年2月21日，汾酒集团在北京人民大会堂隆重召开山西省汾酒集团公益基金会成立大会，同时也启动了2015年在太原市和杏花村举办世界酒文化博览会的筹备活动。该基金会是由山西杏花村汾酒集团有限责任公司发起，经山西省国资委批准，在山西省民政厅注册登记的全国性非公募基金会。

同年“山西老陈醋中华行”厦门站、福州站、哈尔滨站活动逐步启动。进一步提升山西老陈醋的知名度和美誉度，大力弘扬源远流长的山西老陈醋文化，展示醋都新风貌，更好地开拓省外市场。在央视等中央级媒体推出“山西老陈醋、山西陈醋”公共品牌宣传。

同年9月，由山西省食品工业办公室主编的《山西老陈醋》杂志，为太原机场候机楼贵宾室和所有书报栏提供免费赠阅。同时，与太原机场合作，在旅客休息区新建山西老陈醋形象宣传雕塑，普及醋知识，宣传醋文化，树立山西老陈醋行业新形象。

同年11月6日至8日，卫生部副部长陈啸宏带队，农业部、卫生部、国家工商总局等部门组成国务院食安委督查组，对山西省2011年食品安全工作进行了督导检查。督查组分别现场抽查和暗访了山西省6个市级单位，涉及食品生

产、屠宰加工、食品店、超市和集贸市场、餐饮单位和集体食堂，9个县（乡）镇食品生产经营单位（包括农村食品店、餐饮单位），并认真查阅了食品安全工作档案资料。督查组认为山西省认真开展了食品安全监管工作，食品安全长效治理取得了初步成效。

同年11月18日，设立山西省太原市清徐食醋产业示范基地论证会在太原召开，有关专家学者就设立食品行业第一个省级示范基地进行了论证。会议通过了清徐食醋产业示范基地设立方案。基地将紧紧抓住太原市确定清徐为"都市南部新区、新型产业基地"的契机，以建设一流新型产业基地为目标（目前入园企业29家），依托资源优势，突出区域特色，力争到2015年基地食醋产量达到100万吨，实现工业总产值100亿元，工业增加值超过30亿元。基地立足清徐、带动全市、辐射全省，建设成为国家级新型食醋工业基地。

同年11月22日，山西省首届食醋行业从业人员技术等级暨国家职业资格鉴定培训班在山西老陈醋集团举办。来自促进山西醋产业加快发展领导组成员单位的领导及参加培训的10个市的77户企业的近百名学员参加了开班仪式。食醋行业推行职业资格证书制度，标志着山西老陈醋、陈醋产品的从业人员获得国家职业资格证书才能上岗。

2012年1月31日，在北京举行的第一批（41家）"国家级非物质文化遗产生产性保护示范基地"颁牌仪式上，山西老陈醋集团有限公司的美和居老陈醋酿制技艺荣获这一殊荣，是山西省惟一入选、全国酿造技艺类项目惟一入选项目。

同年2月24日，山西省政协副主席令政策带领省政协食品安全专题调研组一行12位委员，到山西省食品工业办公室、山西省食品工业协会调研食品安全工作。省经信委副主任陈官虎、省食品办主任崔元斌等参加汇报会。令政策副主席认真听取了工作情况汇报后提出，食品安全问题不仅事关人民群众切身利益、身体健康和生命安全，从更深层次看，还事关国民经济发展大局，是影响国民经济能否稳定协调发展的重要因素之一。山西省虽然不是食品工业强省、大省，但地理位置很重要，我们要借综改实验区的大好形势，先行先试，探索食品安全管理新模式，找出一条解决好食品安全问题的新路子。

同年3月6日，食品安全专家座谈会在京召开。山西省政协令政策副主席、省政协教科文卫体委负责人参加了座谈会。座谈会邀请了6位专家：国家质检总局执法督查司司长严冯敏、中国农大食品科学与营养工程学院院长罗云波、中国食品工业协会原秘书长黄圣明、中国标准化研究院食品所所长齐璇、卫生部中国疾控中心食品安全首席专家刘秀梅、中国食品安全报副总编辑李标。令政策主席就大胆探索食品安全监管的体制机制、制定符合省情的食品安全政策措施、出台地方食品安全管理办法、制定和完善食品安全标准等方面与专家进行了深入、热烈地探讨。

同年6月11日，山西焦煤集团与双汇集团签订合作协议，完成了其非煤业务的一次重大突破——进入食品行业。根据协议，双方将在太原市阳曲县建设生猪屠宰加工项目，计划年屠宰生猪200万头，加工肉制品10万吨，年销售额达30–40亿元，项目力争1年内建成投产。

同年6月12日，山西省经信委诚信办组织开展了以"共建诚信家园　同铸食品安全"为主题的食品安全周诚信体系建设宣传活动。省工商局、省质监局、省食药局、省商务厅、省农业厅等食品工业企业诚信体系建设联席会议成员单位的负责同志及部分企业代表，深入食品诚信体系建设试点企业山西水塔老陈醋集团公司进行参观调研；听取了该企业诚信体系建设工作情况汇报，参观学习了老陈醋生产工艺过程和宝源老醋坊文化。

同年6月13日，山西省"食品安全宣传周"活动正式启动。省政府为此召开食品安全新闻发布会，通报了山西省2012年以来的食品安全情况，并对食品添加剂等7大品种和4大环节的整治工作进行部署。其中，种养殖环节要重点打击违法制售农药和兽药行为、在饲料中非法添加的行为、非法收购生鲜乳的行为、在水产品中使用禁用药物行为；食品生产环节要重点查处生产不符合标准的食品及包装材料行为、制售假冒伪劣食品行为、无证生产加工行为、采用造假手段逃避监管和进行商业欺诈行为、非法入境食品逃避检验检疫行为；食品流通环节要查处超范围经营经销过期或有毒有害食品行为、虚假违法食品广告问题、非法渠道进货及销售假冒食品问题；餐饮服务环节则重点打击原料采购不索证行为、使用不合格食品原料行为、使用不合格餐具行为、采购病死畜禽及劣质食用油行为。此外，食品添加剂、乳制品、食用油、保健食品、鲜肉和肉制品、瘦肉精、酒类成为山西省综合治理食品安全的7个重点品种。

同年8月20日，中国太原(清徐)国际醋文化节开幕。为期7天的文化节以"醋与健康"为主题，通过一系列丰富的主题文化活动，进一步提升清徐作为"中国醋都"的品牌形象。8月22日，举行项目签约仪式共签订项目14个，涉及金额15.87亿元。

同年9月6日，山西老陈醋中华行上海站活动举行，山西省8家骨干企业携饺子醋、蒜醋等150多个品种参加。活动期间达成20个合作意向，初步达成加盟开设专卖店29家。

【d. 政策引导】

“十二五”发展规划总体思路。“十二五”期间，山西食品工业将深入贯彻落实科学发展观，以转型升级、跨越发展为主题，继续调整食品工业结构，按照“扩规模、调结构、强特色、抓龙头、树品牌、促安全”的总体思路，做大做强传统食品，做精做细特色食品，培育壮大现代食品，全力打造龙头企业、品牌产品，力争“十二五”末全行业实现年销售收入1000亿元的目标，使食品工业成为全省经济发展新的支柱产业。

2010年，“促进山西醋产业加快发展领导组”及办公室成立。其主要职责是：研究提出促进山西醋产业加快发展各项任务分工；协调解决在促进山西醋产业加快发展过程中的问题；建立联席会议制度，定期或不定期召集领导组成员单位召开会议，听取相关部门承担工作任务的进展情况，及时总结经验推进醋业发展。领导组由山西省财政厅、省经信委、省商务厅、省文化厅、省卫生厅、省食药局、省质监局、省旅游局、清徐县有关领导组成。

同年，山西省商务厅牵头制定了《散装白酒经营管理办法》。其核心是对散装白酒经营实行“加封密闭包装、固定店铺零售”管理。该办法的出台弥补了山西省散装白酒管理的空白。

2011年，《山西省人民政府办公厅关于贯彻国家发展改革委2011年促进中部地区崛起工作要点的实施意见》（晋政办发〔2011〕86号）印发。根据国家发展改革委《2011年促进中部地区崛起工作要点》（发改地区〔2011〕975号）精神，山西省委、省政府进行总体部署，明确了山西省实施中部崛起战略的思路。《意见》指出，要努力保持经济快速健康发展，高度重视新兴产业投资，继续支持吕梁杏花村白酒园区等特色食品工业项目；推进产业结构调整，发展现代产业体系，做大做优汾酒、陈醋、乳品、小杂粮等特色食品工业；加快推进运城、晋中、大同三大现代农业示范区和雁门关生态畜牧经济区建设，深入实施农产品加工龙头企业“513”工程，启动实施“一村一品、一县一业”推进工程。

同年，山西省食醋行业开始推行从业人员职业资格证书制度。根据国家职业技能鉴定工种目录，酿醋行业职业资格证书分为“初级食醋制作工”、“中级食醋制作工”、“高级食醋制作工”以及“食醋制作技师”、“食醋制作高级技师”5种。

同年，《山西省农产品质量安全条例》由山西省第十一届人民代表大会常务委员会第二十六次会议于2011年12月1日通过，自2012年3月1日起施行。《条例》对农产品生产、监管、流通等各环节都做了具体规定，特别是将管理关口前移，加大对农业投入品的监管力度。

2012年，山西省政府对食品安全协调委员会进行调整充实。成员单位由原来的23个增至30个，新增的7个成员单位分别是：省政法委、省政府新闻办、省政府应急办、省科技厅、省铁路局、省旅游局、省通信管理局。副省长张建欣担任调整后的山西省食品安全协调委员会主任。

山西省经信委编制出台2012年山西工业转型发展技术改造重点项目推进计划。作为培育壮大的新兴产业，食品工业重点推进：做大做强酒类、食醋、乳品三大传统食品，做精做细小杂粮、肉类、特色食用油、干鲜果蔬、功能五大特色食品，培育壮大饮料制造、淀粉制品、方便食品三大现代食品。2012年，食品工业重点推进的技改项目132个，总投资317.7亿元。

同年，山西省经信委委托山西省食品工业办公室编写山西省《食醋单位产品综合能耗限额》地方标准。

2010年分行业主要经济指标

统计口径	企业数	主营业务收入	利润总额	利税总额	工业总产值	工业增加值
	个	亿元	亿元	亿元	亿元	亿元
农副食品加工业	160	192.3	15.7	16.9	193.4	49.6
食品制造业	101	74.8	6.7	9.4	80.5	21.8
酒、饮料和精制茶制造业	66	109.6	12.1	25.7	89.5	37.8
烟草制品业	1	26.4	2.9	16.9	26.3	19.8
合　计	328	403.1	37.4	68.9	389.7	129.0

2011 年分行业主要经济指标

统计口径	企业数	主营业务收入	利润总额	利税总额	工业总产值	工业增加值
	个	亿元	亿元	亿元	亿元	亿元
农副食品加工业	125	263.4	28.2	30.1	266.9	72.5
食品制造业	77	98.5	8.4	11.3	106.8	24.8
酒、饮料和精制茶制造业	59	146.5	16.1	35.8	133.4	57.4
烟草制品业	1	30.5	3.9	20.6	31.5	24.1
合　　计	262	538.9	56.6	97.8	538.6	176.1

2012 年分行业主要经济指标

统计口径	企业数	主营业务收入	同比增减	利润总额	同比增减	利税总额	同比增减	工业总产值	同比增减	工业增加值	同比增减
	个	亿元	%	亿元	%	亿元	%	亿元	%	亿元	%
农副食品加工业	127	295.7	17.6	10.7	–1.4	12.2	–0.9	293.8	32.0	78.9	22.1
食品制造业	77	110.6	9.3	8.5	24.0	11.6	29.1	110.4	4.6	26.4	4.1
酒、饮料和精制茶制造业	60	189.4	36.9	22.8	43.8	50.6	42.3	162.3	23.9	68.3	12.5
烟草制品业	1	36.6	19.9	5.0	27.8	25.1	21.9	37.0	17.6	28.3	9.6
合　　计	265	632.2	21.2	46.9	25.7	99.6	26.2	603.4	23.0	201.9	14.4

2010 年主要产品产量表

产品名称	计量单位	年产量	同比增长（%）
小麦粉	万吨	24.55	24.54
大米	万吨	0.46	365.06
混合饲料	万吨	77.01	43.54
精制食用植物油	万吨	12.26	–0.04
成品糖	万吨	4.35	27.49
鲜、冷藏肉	万吨	11.87	62.58
速冻米面食品	万吨	1.43	305.40
方便面	万吨	4.67	3.55
乳制品	万吨	50.03	5.86
其中：液体乳	万吨	43.66	2.16
罐头	万吨	1.68	–12.14
发酵酒精（折 96 度,商品量）	万千升	5.21	0.62
其中:白酒（折 65 度,商品量）	万千升	11.20	12.08
啤酒	万千升	33.21	30.64
葡萄酒	万千升	0.06	19.21

软饮料	万吨	63.69	10.43
其中：碳酸饮料类（汽水）	万吨	18.45	20.61
包装饮用水类	万吨	1.31	–36.73
果汁和蔬菜汁饮料类	万吨	25.99	7.68
卷烟	亿支	147.50	1.72

2011 年主要产品产量表

产品名称	计量单位	年产量	同比增长(%)
小麦粉	万吨	24.46	10.50
大米	万吨	0.84	82.10
饲料	万吨	181.82	31.26
其中:配合饲料	万吨	76.31	21.68
混合饲料	万吨	104.33	39.07
精制食用植物油	万吨	16.22	60.27
成品糖	万吨	4.35	–0.13
鲜、冷藏肉	万吨	34.44	37.97
速冻米面食品	万吨	0.50	–64.35
方便面	万吨	4.83	2.22
乳制品	万吨	52.46	11.40
其中:液体乳	万吨	47.87	19.45
罐头	万吨	1.19	8.48
发酵酒精（折 96 度,商品量）	万千升	5.22	0.27
饮料酒	万千升	57.94	35.25
其中:白酒（折 65 度,商品量）	万千升	14.57	31.77
啤酒	万千升	42.68	35.93
葡萄酒	万千升	0.19	236.63
软饮料	万吨	83.55	33.53
其中：碳酸饮料类（汽水）	万吨	18.00	18.78
包装饮用水类	万吨	3.94	204.28
果汁和蔬菜汁饮料类	万吨	36.82	42.56
卷烟	亿支	155.00	5.08

2012 年主要产品产量表

名　称	计量单位	2012 年产量	同比增长%
小麦粉	万吨	27.53	8.53
大米	万吨	0.45	–46.96
饲料	万吨	209.45	31.18
其中：配合饲料	万吨	85.14	18.58

混合饲料	万吨	118.16	44.79
精制食用植物油	万吨	18.46	23.44
成品糖	万吨	5.26	20.95
鲜、冷藏肉	万吨	39.97	49.42
速冻米面食品	万吨	2.56	9.18
方便面	万吨	5.18	2.07
乳制品	万吨	65.18	24.29
其中：液体乳	万吨	60.36	26.13
乳粉	万吨	4.20	–4.18
罐头	万吨	1.48	–2.05
食醋	万吨	55.03	21.06
食品添加剂	万吨	2.01	38.16
发酵酒精（折 96 度，商品量）	万千升	6.83	30.66
饮料酒	万千升	54.80	–4.15
其中：白酒（折 65 度，商品量）	万千升	13.07	–5.27
啤酒	万千升	40.85	–4.27
葡萄酒	万千升	0.22	13.76
软饮料	万吨	128.53	24.36
其中：碳酸饮料类（汽水）	万吨	15.73	–8.32
包装饮用水类	万吨	29.73	6.08
果汁和蔬菜汁饮料类	万吨	49.19	47.36
卷烟	亿支	156.00	0.65

【e. 诚信体系建设】

2010 年 12 月，山西省经信委以晋经信合作字[2010]763 号文，会同有关部门（单位）建立了“山西省食品工业企业诚信体系建设工作部门联席会议制度”，研究制定了山西省食品工业企业诚信体系建设工作实施方案。

2011 年是山西省食品工业企业诚信体系建设的开局之年。在工信部消费品司和山西省经信委的指导下，山西省诚信办有序推进山西省食品工业企业诚信体系建设的各项具体工作。1.完善了工作体系。按照《山西省食品工业企业诚信体系建设工作实施方案》的要求，建立山西省级联席会议制度，成立山西省食品工业企业诚信体系建设工作办公室，明确了工作职责。在此基础上，督促各市建立相应的日常工作机构，并明确了负责人和联络员。为各项工作的有序推进提供了组织保障。2.上报山西省食品工业企业诚信体系建设平台项目。按照工信部的要求，申报了山西省食品工业企业诚信体系平台建设项目。通过平台建设以实现全省统一管理的食品工业企业诚信信息征集、发布、监测和公共服务系统。项目包括诚信信息发布平台、诚信管理平台、诚信评价平台、诚信宣传平台、诚信建设培训平台、诚信保障能力建设平台 6 个子平台。3.召开山西省食品工业诚信体系建设启动大会。6 月 13 日，组织召开了山西省食品工业诚信体系建设启动大会，工信部消费品司、中国食协、省联席会议成员单位负责同志，各市经信委、食品办分管领导，以及百户重点食品工业企业代表近 200 人参加了启动大会，标志着山西省食品工业企业诚信体系建设工作正式启动。4.组织山西省食品工业企业诚信论坛。工信部消费品司王贵宝、中国食品工业协会副秘书长王伟、山西农业大学食品科学与工程学院院长郝利平，以及山西水塔集团、山西古城乳业和太原双合成 3 个企业的代表，围绕贯彻落实科学发展观、保障食品质量安全、促进行业健康发展等话题进行了演讲。5.组织山西省内百户企业开展诚信体系建设培训。6 月中旬，邀请国家食品工业企业诚信体系建设管理专家高军、袁运生为各市经信委

分管诚信体系建设的领导及联络员、各市食品办主任及省内百户食品工业企业的代表进行了食品工业企业诚信体系建设专题培训。

2012年5月13日，山西省经信委邀请国家认可监督管理委员会认证认可技术研究所（CCAI）乔东所长，组织山西省食品工业办公室、省轻工行办、省食品工业研究所、省轻工职业技术学院、省轻工设计院、省农科院农产品加工所、省检验检疫局等30余位专家及相关人员举办了山西省食品工业企业诚信管理体系培训班。通过认真讲解，大家充分了解了最新的食品工业企业诚信体系评价工作机制，明确了2012年度山西省食品工业企业诚信体系目标任务、推进进度；培育了诚信工作专家队伍。

2012年6月1日，经山西省食品工业办和山西省轻工行业办审核推荐，山西省经信委确认了山西省首批咨询机构2家：山西省食品工业协会、山西省食品工业研究所；聘用专家28名。

2012年雅士利乳业、古城乳业通过食品工业企业诚信管理体系认证。

【f. 树龙头、推品牌】

在中国食协2010—2011年度全国食品工业优秀龙头食品企业、食品工业强县市、区和产业集群示范区评选活动中，山西省汾阳市被评选为全国食品工业强县（市、区）；汾州裕源土特产品有限公司、山西山宝食用菌生物有限公司、山西特达土畜产有限公司、山西沁州黄小米集团谷之爰食品有限公司、太原酒厂5家企业被评为全国食品工业优秀龙头食品企业。

山西水塔老陈醋股份有限公司发展农业循环经济，形成以“高粱种植——食醋酿造——饲料加工——沼气工程——生物质能源发电——污水处理——高粱种植”为主线的循环产业链，实现资源、废弃物的多重综合利用。具体实施了6个项目：5万亩酿醋专用高粱种植基地;年产30万吨老陈醋、陈醋扩建;醋糟综合利用饲料生产线；沼气工程;2×15MW生物质热电联产;废水处理与中水利用。其中，年产30万吨老陈醋、陈醋扩建项目及5万亩酿醋专用高粱种植基地所产生的秸秆7万吨、醋糟废料20.4万吨，被用于醋糟综合利用饲料生产线、沼气工程和热电联产，各项目之间形成一个良性循环体系，实现了资源的再使用和再循环。

2011年，太原双合成食品有限公司的“双合成”、山西唯思可达天然饮业有限公司的“唯思可达”商标被国家工商总局认定为中国驰名商标。到2011年底，山西食品工业共拥有中国驰名商标 18 件，占山西省中国驰名商标总量的36%。

2012年7月30日，农业部公示了拟认定的20家全国主食加工业示范企业名单。山西省有太原六味斋实业有限公司、太原双合成食品有限公司、山西亿佳美食品有限公司、山西亿家康面业有限公司4家企业。

同年10月，山西省工商局公布了2012年认定的山西省著名商标，共计351件。其中新申请认定182件，食品工业82件；重新申请认定169件，食品工业69件。食品工业合计151件，占全省著名商标总量的43.0%。

【g. 汾酒风采】

2012年伊始，汾酒集团公益基金会投入近300万元向革命老区、贫困地区及少数民族地区15所中小学、幼儿园的孩子们送上了一份特殊的“新年礼物”——15辆30座中巴校车。汾酒集团公益基金会是中国第一个酒类行业的公益基金会，成立至今，已投入1000余万元用于公益事业。

同年4月18日，山西省重点工程项目之一，杏花村汾酒厂股份有限公司保健酒扩建项目奠基。该项目是汾酒集团“十二五”发展规划产能提升的重点工程之一，是汾酒实施双轮驱动、做强做大保健酒市场的具体举措。

同年11月6日，山西汾酒文化商务中心在太原市奠基。项目概算总投资为35亿元。

同年汾酒集团实现销售收入100亿元以上，比原计划提前3年迎来“百亿汾酒”的崭新时代；位居2012年山西企业百强排行榜第 42 名；汾酒集团“杏花村”品牌以83.17亿元的价值位列“中国最具价值品牌百强榜”第36名，同时也是山西省惟一入选的品牌。

（张萍）

3.6 辽宁省

【a. 概况】

2010 年，辽宁省规模以上食品工业企业 2610 户，比 2009 年增加 274 户。其中：农副食品加工业 1856 户，增加 194 户；食品制造业 461 户，增加 37 户；酒、饮料和精制茶制造业 289 户，增加 43 户。实现销售收入 3670.87 亿元，同比增长 37.4%。其中：农副食品加工业 2788.12 亿元，增长 38.9%；食品制造业 481.48 亿元，增长 35.0%；酒、饮料和精制茶制造业 350.36 亿元，增长 33.0%；烟草制品业 50.91 亿元，增长 16.6%。利税总额 265.15 亿元，同比增长 52.0%。其中：农副食品加工业 162.43 亿元，增长 74.3%；食品制造业 29.85 亿元，增长 40.2%；酒、饮料和精制茶制造业 40.59 亿元，增长 25.6%；烟草制品业 32.28 亿元，增长 8.716.7%。利润 171.73 亿元，同比增长 64.7%。其中：农副食品加工业 124.64 亿元，增长 79.1%；食品制造业 20.54 亿元，增长 54.0%；酒、饮料和精制茶制造业 22.96 亿元，增长 26.9%；烟草制品业 3.59 亿元，增长 10.8%。

全省食品工业增加值 985.86 亿元，同比增长 29.8%，增幅比全省工业高 12.0 个百分点，占全省工业的 11.35%。其中：农副食品加工业增加值 689.45 亿元，增长 31.7%；食品制造业增加值 133.08 亿元，增长 26.9%；酒、饮料和精制茶制造业增加值 125.21 亿元，增长 20.0%；烟草制品业增加值 33.12 亿元，增长 43.7%。

主要产品看产量，白酒 53.0 万千升，同比增长 12.1%；啤酒 231.7 万千升，下降 6.2%；葡萄酒 2.19 万千升，下降 18.0%；大米 766.1 万吨，增长 15.6%；液体乳 80.5 万吨，增长 56.6%；果蔬汁 17.5 万吨，下降 10.7%。

经济效益指标。规模以上食品工业企业户均指标继续保持较好水平。户均实现销售收入 1.41 亿元，利润 658 万元。平均利润率为 4.7%，比上年增加 0.8 个百分点，其中：农副食品加工业为 4.5%，食品制造业 4.3%，酒、饮料和精制茶制造业 6.6%。

出口情况。农副食品加工业完成出口交货值 294.4 亿元，同比增长 37.2%，占全省工业的 9.7%。禽肉、食用菌等辽宁省传统出口产品增幅较大，禽肉出口 2767 批、5.6 万吨，货值 15175 万美元，同比分别增长 71%、87%、83%，出口量创 1996 年以来新高。其中：出口冷冻禽肉 1556 批、4.1 万吨，货值 8500 万美元，货值同比增长 85 %。

在全国地位。2010 年辽宁省食品工业销售收入，增幅比全国平均水平高 9.8 个百分点；占全国总量的 5.9%，比 2009 年提高 0.5 个百分点，行业总量在全国的位次已超越江苏，排在山东、河南、四川、广东之后，位居第 5。

大类行业情况。2010 年，农副食品加工业销售收入占全省食品工业比重为 76.0%，比 2009 年上升 0.8 个百分点；利润占比为 72.6%，比 2009 年上升 5.8%个百分点。食品制造业销售收入占全行业比重为 13.1%，比 2009 年下降 0.2 个百分点；利润占比 12.8%，比上年下降 0.8 个百分点。酒、饮料和精制茶制造业销售收入占全行业比重为 9.5%，比 2009 年下降 0.4 个百分点；利润占比 13.4%，比 2009 年下降 4.0 个百分点。

2011 年，辽宁省规模以上食品企业 2017 户（2011 年起统计口径变更，与以前不具可比性）。实现销售收入 4434.30 亿元。其中：农副食品加工业 3427.95 亿元，食品制造业 539.72 亿元，酒、饮料和精制茶制造业 409.00 亿元，烟草制品业 57.63 亿元。利税总额 436.18 亿元。其中：农副食品加工业 288.75 亿元，食品制造业 54.07 亿元，酒、饮料和精制茶制造业 55.89 亿元，烟草制品业实现 37.47 亿元。利润 313.65 亿元。其中：农副食品加工业 232.65 亿元，食品制造业 41.27 亿元，酒、饮料和精制茶制造业 35.8 亿元，烟草制品业 3.93 亿元。

主要产品产量平稳增长。2 大米 914.16 万吨，比 2009

年增长 11.5%；冷冻水产品 136.09 万吨，增长 50.8%；乳制品 102.88 万吨，增长 9.5%；饮料酒 332.48 万千升，增长 13.1%（其中啤酒 262.20 万千升，增长 11.71%；白酒 68.05 万千升，增长 19.59%）；软饮料 397.14 万吨，增长 13.8%；精制食用植物油 169.84 万吨，下降 9.4%。

2011 年，辽宁食品工业继续保持较快增长，但增速较有所回落。规模以上食品工业增加值增长 25.7%，增速比 2010 年下降 3.8 个百分点；增幅比全省工业平均水平高 10.8 个百分点，占全省规模以上工业增加值的 11.6%，是辽宁省经济发展的第 4 个支柱产业。从大类行业看，农副食品加工业增加值增长 31.7%，食品制造业增加值增长 26.9%，酒、饮料和精制茶制造业增加值增长 20.0%，烟草制品业增加值增长 43.7%。

受欧美主要发达经济体复苏乏力及人民币汇率升值等因素影响，辽宁省食品工业外贸出口增速大幅回落，同比下降 30.3 个百分点。2011 年，农副食品加工业完成出口交货值 303.4 亿元，同比增长 6.9%，比全省外贸出口平均增幅低 7.5 个百分点。

大类行业情况。2011 年，行业经济效益增长明显低于总量增长，各行业间发展分化加剧。农副食品加工业销售收入占全省食品工业比重为 77.3%，比 2010 年上升 1.3 个百分点；利润占比为 74.2%，上升 1.6%。食品制造业销售收入占全行业比重为 12.2%，下降 0.9 个百分点；利润占比 13.2%，增长 0.4 个百分点。酒、饮料和精制茶制造业销售收入占全行业比重为 9.2%，下降 0.3 个百分点；利润占比 13.4%，下降 4 个百分点。

2011 年，全省规模以上食品工业企业户均实现销售收入 2.20 亿元，户均实现利润 1555 万元。其中：农副食品加工业户均销售收入 2.30 亿元，利润 1560 万元；食品制造业户均销售收入 1.76 亿元，利润 1350 万元；酒、饮料和精制茶制造业户均销售收入 1.89 亿元，利润 1660 万元。规模以上企业平均利润率为 7.07%。其中：农副食品加工业为 6.79%，食品制造业 7.65%，8.75%饮料制造。

在全国地位。2011 年，辽宁省食品工业实现销售收入占全国的 5.79%，下降 0.11 个百分点。排名全国的第 5 位。

2012 年，辽宁省食品工业在国内宏观经济下滑、外需不振的背景下仍然保持较快增长，表现出强劲的发展后劲，按食品工业总产值计，位居山东、河南之后，首次进入全国前三强。

2012 年，全省规模以上食品工业企业 2097 户，比 2011 年增加 80 户；实现销售收入 5528.01 亿元，同比增长 24.7%。其中：农副食品加工业 4298.10 亿元，增长 25.4%；食品制造业 661.74 亿元，增长 22.6%；酒、饮料和精制茶制造业 500.48 亿元，增长 22.4%；烟草制品业 67.74 亿元，增长 17.5%。利税总额 599.60 亿元，同比增长 37.5%。其中：农副食品加工业实现 412.10 亿元，增长 42.7%；食品制造业 71.23 亿元，增长 31.7%；酒、饮料和精制茶制造业 70.71 亿元，增长 26.5%；烟草制品业 45.56 亿元，增长 21.6%。利润 414.05 亿元，同比增长 32.0%。其中：农副食品加工业 311.60 亿元，增长 33.9%；食品制造业 51.85 亿元，增长 25.6%；酒、饮料和精制茶制造业 46.13 亿元，增长 28.9%；烟草制品业 4.51 亿元，增长 14.8%。

2012 年，全省规模以上食品工业增加值按可比价格计算比 2011 年增长 9.9%。其中：农副食品加工业增长 12.6%，酒、饮料和精制茶制造业增长 10.0%，烟草制品业增长 8.8%。农副产品加工业已成为辽宁省工业中排名第二大类行业，占工业增加值的 19.4%。

主要产品产量。乳制品 106.0 万吨，增长 3.93%，占全国比重 4.2%；啤酒 264.1 万千升，增长 2.89%，占全国比重 5.39%；白酒 80.6 万千升，增长 22.72%，占全国比重 7.0%；精制食用植物油 234.5 万吨，增长 38.1%，占全国比重 4.5%；软饮料 446.4 万吨，增长 6.79%，占全国比重 3.4%；葡萄酒 43042 吨，增长 49.43%，占全国比重 3.1%；罐头 387258 吨，下降 0.02%，占全国比重 4.0%；大米 789.4 万吨，增长 11.28%，占全国比重 7.3%。

大类行业情况。行业总量增长快于企业数量增长，效益增长快于总量增长。2012 年，辽宁省食品工业在企业数量增长 4%的情况下，实现了销售收入增长 24.7%，利润增长 32%；行业间差距扩大趋势有减缓迹象。2012 年农副食品加工业销售收入占全省食品行业比重为 77.75%，，比 2011 年上升 0.45 个百分点，利润占比为 75.25%，上升 1.05%。而食品制造业销售收入占全行业比重 11.97%，12.2%，下降 0.23 个百分点；利润占比 12.52%，下降 0.68 个百分点。酒、饮料和精制茶制造业销售收入占全行业比重 9.05%，下降 0.15 个百分点；利润占比 11.14%，下降 2.26 个百分点。

企业情况。主要指标已经超过全国平均水平。2012 年全省规模以上食品工业企业户均实现销售收入 2.64 亿元，同比增加 0.44 亿元，高于全国平均水平 0.03 亿元。户均实现利润 1970 万元，同比增加 415 万元，超全国平均水平 20 万元。其中：农副食品加工业户均销售收入 2.77 亿元、利润2010万元；食品制造业户均销售收入2.11亿元、利润1660万元；酒、饮料和精制茶制造业户均销售收入2.21亿元、利润2030万元；规模以上企业平均利润率为7.49%，同比增加0.42个百分点，比全国平均高0.02个百分点。其中，农副食品加工业净利润率为7.25%，食品制造业为7.84%，酒、饮料和精制茶制造业为9.22%。

在全国地址：2012年，辽宁食品工业实现的销售收入占全国比重达到6.28%，比2011年增加0.49个百分点；同比增长24.7%，增幅高于全国平均水平5.69个百分点。按现价食品工业总产值计算，辽宁省首次超越广东、四川食品强省，居山东、河南之后，进入全国前三强，提前三年完成"十二五"规划目标。按产量计，啤酒、白酒、葡萄酒产量均排名全国第5，大米排第6，乳制品排第8，软饮料排第10，罐头排第11。

辽宁省食品工业占据东北地区半壁江山。2012年，辽宁规模以上食品工业企业数占东北地区49.5%，销售收入占46.0%，利润占62.4%；

出口情况。2012年，部分食品工业产品出口逆势增长或创历史最好水平。出口熟制禽肉20165.28吨，货值11551.91万美元，同比增长15.52%、25.05%，主要出口国家和地区为日本、韩国、新加坡和香港；蜂产品出口9841吨，货值2354万美元，创历史新高。出口品种以蜂蜜为主，主要出口国为波兰、荷兰、新加坡、澳大利亚、德国、美国等。

2012年，辽宁省食品工业的发展主要得益以下几方面：一是经过股份制改造的骨干企业，经过"磨合期"阵痛后，逐渐成为各行业的领军企业；二是食品工业的快速发展吸引了其它行业的资本流入，经过几年的发展进入了快速回报期；三是辽宁省雄厚的产业基础和丰富资源优势吸引央企和部分国内知名食品企业在辽宁的投资项目开花结果；四是随着消费升级，辽宁特色食用资源受到消费者追捧，成为消费的新亮点；五是辽宁省食品工业门类齐全，综合实力比较均衡，虽然缺少突出的行业和特大型龙头企业，但不少细分行业在全国的行业排名相对靠前，"短板"的行业较少。另外，2012年，辽宁省食品工业的快速增长主要体现在农副食品加工业，销售收入同比增加870亿元，占全省食品工业总增加额1093.7亿元的近80%。诸多利好因素叠加、共振，促使辽宁食品工业在2012年实现跨越式发展。

辽宁省食品工业继续保持快速发展的基础尚不稳固，主要表现在：一是企业融资、用工、环保、原材料等成本不断上升；二是企业自主创新能力与发达省份相比仍有差距；三是具有较强牵动作用的特大型龙头企业集团发展缓慢；四是食品安全问题在不同程度上仍困扰着食品行业发展；五是劳动力的结构性短缺有常态化趋势。中、高级技师及科研、管理人员缺乏将成为行业可持续发展的瓶颈。2012年，食品制造业用工短缺的企业占该行业企业数的64.1%。

【b. 行业管理品牌建设】

2010年，辽宁省品牌建设工作成果显著，对申报"中国驰名商标"工作取得突破性进展。2010年，国家工商总局认定的辽宁"中国驰名商标"20件，为历年最多，其中食品行业6件。辽宁省名牌推进委员会认定217家企业及产品（含复审）获得"辽宁名牌产品"称号，其中食品工业有65家企业及产品。

2011年，辽宁省新获认定"中国驰名商标"56件，其中食品类有16件。全省新评（含复评）出217个产品中，食品类产品67个。

2011年，辽宁省食品工业办公室组织企业参加"全国食品行业实施卓越绩效模式先进企业的推荐、表彰、经验交流活动"，积极组织各市推荐、申报，沈阳苍达粮油有限公司、阜新振隆土特产有限公司等8家企业获表彰；组织骨干企业参加全国食品工业百强评选活动，红梅集团、阜新振隆土特产有限公司、阜新田园实业有限公司获中国食品工业百强企业称号；组织企业参加第五届"中国食品工业协会科学技术奖"评审活动暨第八届全国食品工业科技进步表彰工作。辽宁三沟酒业有限责任公司荣获中国食品工业协会科学技术奖，本溪木兰花乳业有限责任公司的木兰花牌系列营养酸牛奶、辽宁三沟酒业有限责任公司获中国食品行业科技进步优秀项目奖，另有2名同志荣获先进科技带头人称号。

2012年辽宁省新获认定"中国驰名商标"14件，其中食品类3件全省新评（含复评）出191个产品中，食品类产品49个%。

2012年，国家质检总局公布国家级食品农产品质量安全示范区，沈阳沈北出口禽肉质量安全示范区、辽中出口果蔬质量安全示范区、法库出口树莓质量安全示范区榜上有名。

诚信体系建设　2010年，按照工信部统一部署，以工信部在哈尔滨开展食品工业企业诚信体系建设阶段性总结暨现场经验交流会为契机，借助"诚信辽宁"平台，辽宁省经信委下发《全省食品工业企业诚信体系建设工作方案》，启动了辽宁省食品工业企业诚信体系建设工作，确定从

2011 年开始，首先在乳品行业试点，用 2 年左右时间，在全省建立起食品工业企业诚信管理体系、企业诚信信息征集体系、企业诚信评价体系和政府部门协同推动、行业协会组织实施、食品企业积极参与、诚信责任有效落实的食品工业企业诚信体系运行机制。

2011 年，省经信委按照工信部的部署，结合辽宁省食品工业实际，积极稳妥地推进食品工业企业诚信体系建设。一是制定《辽宁省食品工业企业诚信体系建设实施方案》等相关文件。二是借鉴黑龙江省经验并根据辽宁省实际，确立以乳品行业作为诚信体系建设的突破口，召开辽宁省乳制品企业诚信体系建设推进会议，正式启动辽宁省食品工业企业诚信管理体系建设。三是开展诚信体系培训及经验交流活动。组织企业参加工信部在合肥举办的诚信体系培训会议，参加在无锡召开的诚信体系建设阶段总结暨经验交流会。四是开展诚信体系建设专项调研。对试点行业推进诚信体系建设进行摸底，深入了解体系建设推进的实际情况和遇到的实际问题。五是举办辽宁省食品工业企业诚信体系建设培训。邀请工信部诚信体系建设专家为辽宁省乳品、肉类制品等 6 个行业的企业相关人员授课。辽宁省 16 个市县的行业主管部门及 60 余户企业共 80 余人参加了培训。

2012 年，辽宁省食品工业企业诚信管理体系建设工作继续稳步推进。一是开展培训，5 月，省经信委组织企业参加国家认监委研究所在哈尔滨举办的诚信管理体系实操培训，指导培训人员如何结合企业自身实际分析、识别诚信因素并编制相关程序文件；11 月，举办了辽宁省首届建立食品诚信体系企业指导培训班，邀请专家为签约参评企业开展诚信体系相关文件咨询。12 月，辽宁省食安办与省经信委共同举办食品生产经营企业法人食品安全培训班，邀请国务院法制办、卫生部、认监委研究所、沈阳农大等部门的专家学者，就诚信管理体系建设与评价、舆情监督与媒体应对、食品安全与对策等食品行业热点问题进行了培训，省直有关部门、全省 16 个市县食品安全管理部门、行业主管部门、近 120 户骨干企业法人代表约 230 余人参加了培训。二是组织开展诚信体系评价。经多次沟通协调，落实沈阳英雄（辉山）有限公司等 8 户企业签约诚信管理体系评价，标志辽宁省食品工业企业诚信体系建设迈出实质性的一步。经过多方共同努力，沈阳辉山（英雄）乳业公司于 12 月成为辽宁省第一家通过诚信管理体系评价的食品企业。三是诚信管理体系评价队伍开始壮大。东北审核有限公司通过工信部第二批资质审核，取得开展食品工业企业诚信管理体系评价资格，诚信管理体系审核人员实现了辽宁本地化。

【c. “十一五”回顾】

“十一五”期间，辽宁省食品工业克服全球性金融危机和持续的能源、原材料价格波动影响，在外延性扩张和内生性增长双轮驱动作用下，积极调整结构，转变增长方式，努力使行业发展从数量规模型向质量效益型转变，实现了总量增长快于企业数量增长、效益增长高于总量增长的良好发展态势，超预期完成“十一五”规划目标。全行业总量（按销售收入计）在全国的排名，从“十五”末期的第 9 位上升到“十一五”末期的第 5 位，超越了浙江、福建、云南、江苏等传统食品工业强省，与四川、广东的差距进一步缩小。

“十一五”末期，全省共有规模以上食品工业企业 2610 户，比“十五”末期增加 1485 户，增长 132%;完成销售收入 3670.87 亿元，增长 427%，年均增长 85.4%；实现利税 265.15 亿元，增长 403%，年均增长 80.6%；实现利润 171.73 亿元，增长 691%，年均增长 138%。其中：农副食品加工业销售收入增长 452%，年均增长 90.4%；利税增长 792%，年均增长 158.4%；利润增长 865%，年均增长 173%。食品制造业销售收入增长 464%，年均增长 92.8%；利税增长 445%，年均增长 89.0%；利润增长 494%，年均增长 98.0%。酒、饮料和精制茶制造业销售收入增长 371%，年均增长 74.2%；利税增长 209%，年均增长 41.8%；利润增长 473%，年均增长 94.6%。

“十一五”期间，辽宁省食品工业主要产品产量都有不同程度的增长，基本满足了人们日益增长的消费需求。“十一五”末期，白酒产量比“十五”末期增长 104%，乳制品增长 71%，啤酒增长 22.9%；部分产品产量在全国位居前列，其中啤酒产量居全国第 5 位，白酒产量居全国第 4 位。

“十一五”期间，辽宁省食品工业企业积极推进结构优化升级，转变发展方式，行业整体质量水平比“十五”期间明显提高。以技术含量相对较高的食品制造业为例，其处于产业链下端，受到上游原料供给和市场需求的双重挤压，唯有通过优化产业结构、提高产品技术含量和附加值，不断化解上游原材料价格变动带来的成本压力和市场消费低迷带来的需求压力，才能确保行业在可持续发展的轨道上运行。“十一五”期间，食品制造业在销售收入增幅逐步回落的情况下，利润增幅稳步提高（2008 年受经济危机影响数据变化较大），结构调整和技术创新对行业发展的贡献度不断增大。“十一五”期间，销售收入各年增幅依序为 50.0%、43.2%、30.4%、48.9%、35%；利税增幅为 65.3%、37.5%、4.9%、

62.9%、40.2%；利润增幅为 52.9%、54.8%、-0.2%、63.3%、54%。"十一五"末期，全省规模以上食品工业企业户均销售收入 1.5 亿元，比"十五"末期增长 142%；户均利润 0.066 亿元，增长 246%；户均利税 0.10 亿元，增长 113%。

"十一五"期间，辽宁省食品工业发展取得了显著成就。

1、经济规模和效益大幅提升。主要经济指标显著增长，主要产品产量大幅增加。自 2003 年起，辽宁食品工业实力不断壮大,在全国的位次逐年上移，特别是从 2005 年后出现了跳跃式发展，2003–2007 年，排名分别为 13、12、9、7、7 位(按销售收入)，已超越浙江、福建、云南等传统食品工业强省。2010 年，在全国的位次已超越江苏，在山东、河南、四川、广东之后，位居第 5 名，与四川和广东的差距明显缩小，增幅也高于全省增幅 12 个百分点。

2、行业结构不断优化。一是所有制结构得以调整，呈现多元化；二是产业结构明显改善，趋向合理；三是产品结构显著优化，多样化、系列化成为特色，产品开发创新成为企业共识，在绿色食品、有机食品、特产食品、运动食品、休闲食品、营养食品和保健食品等特色产品方面有所突破。

3、科技创新取得较大进步。辽宁大学生命科学学院、沈阳农业大学食品学院和沈阳师范大学食品学院就与省内 4 家食品企业共建了产学研基地，共同开发新产品。气调保鲜、微波、程控及生物技术等一大批新成果、新技术被开发出来并应用于食品工业。

4、招商引资不断取得新突破。辽宁省食品工业充分发挥资源、地理、市场、政策等优势，全方位对外开放，积极引进国外先进技术、设备和资金，兴办"三资"企业和嫁接改造传统食品工业。

5、名牌战略扎实推进。2010 年底，辽宁省食品工业有"中国驰名商标"6 个，新增和复审的"辽宁省名牌"65 个。

6、农业产业化进程明显加快。通过以龙头项目带动生产基地、基地带动农业、农业推动建设，促进了农产品流通。食品工业生产基地进一步从城市向农业产区转移，以"公司+基地 +农户"为主要形式的农业产业化经营，已成为工业反哺农业、促进农产品加工转化、增值的有效途径。

7、行业中介组织健康发展。辽宁省食品工业行业已经成立的中介组织有：辽宁省食品工业协会、辽宁省白酒协会、辽宁省瓶装水协会、辽宁省盐业协会。

8、食品工业企业诚信体系建设稳步推进。

辽宁省食品工业发展存在的问题。一是产品深加工水平不高，食品工业产值与农业产值的比值是 0.43：1，远远低于发达国家的 2–3.7：1，低于发展中国家的 1：1 水平；二是食品工业结构还需进一步调整，粗加工、低附加值的产品比重仍较高，精加工、高附加值的产品比重还维持在不高的水平；三是企业整体规模不够大、个体实力强的企业不多，一部分企业装备较差，生产集中度不高，达不到规模经济，集团能力明显不足；四是自主创新能力不强，产品开发研发能力不强、技术储备不足，自主创新能力偏低；产品多样化层次化欠缺，具有市场占有率、知名度的企业和品牌不多，国内知名品牌和驰名商标少；五是食品工业的产供销一体化水平不高，企业营销、物流发展未能相应进步和同步配套；六是辽宁作为工业大省的优势在食品工业发展中没有充分体现。

【d. 协会工作动态】

2010 年，辽宁省食品工业协会积极转变观念，多层次、全方位为企业开展服务工作，引导企业由以价格和规模为主的竞争方式向品牌竞争转变，实现增长方式的升级。一是做好行业展贸活动的组织协调工作，重点开展了沈阳、大连、铁岭食品博览会的组织协调工作。指导沈阳举办食品节和大型产品订购会。组织 5 户白酒企业参加上海世博会文化遗产周产品展销活动，深受企业和消费者欢迎，并都取得了较好的社会和经济效益；二是加强品牌建设，做好名牌产品推荐工作，做好 "辽宁名牌食品"项目的初审工作，经申报由中国食品工业协会批准沈阳东陵区树莓项目为"中国树莓之乡"；三是开展产品评比活动。组织企业参加中国食协 2009–2010 年度中国食品工业实施卓越绩效模式先进企业推荐、表彰工作；组织省内 40 家白酒企业、80 余种白酒产品开展行业鉴评，评出辽宁省名优酒 42 个，辽宁省优质酒 33 个；四是强化省际沟通与交流，通过与各省市的协作交流，特别是重点加强环渤海区域内省市的沟通交流，宣传辽宁食品，学习、借鉴各地区发展食品工业的管理工作经验，推动行业发展及管理工作。

2010 年，辽宁省食品行业各专业协会依据行业实际开展了有针对性的服务工作。辽宁省白酒协会积极开展酿酒系列职业技能培训工作，50 余人参加培训，经过专家鉴定考核，30 人获得国家高级职业资格，20 人获得中级职业资格；对省内白酒行业评委任期满 5 年以上人员进行换届，60 余名专家参加了各等级评委的应聘培训和考核。省食协啤酒分会根据行业实际开展了质量品评交流、统计工作经验交流等活动。蜂产品分会等专业分会也通过多种形式开展针对行业

特点的培训和技术咨询等服务活动。

2011 年，辽宁省食品工业协会推动行业自律，引导企业依法合规、诚实守信开展经营。组织辽宁省食品行业开展“讲诚信、保质量、树新风”的活动，食品企业着眼于建立食品安全长效机制，提高企业员工食品安全生产意识、努力完善内部监管，从源头上防范和化解食品安全风险，同时积极向广大消费者普及食品安全消费知识，增强安全消费意识，提高安全消费能力，使全社会携手同心共筑食品安全“防护堤”。

辽宁省食品工业协会指导各专业协会针对行业特点开展行业服务。辽宁省白酒协会认真落实国家有关“从业人员持证上岗”的规定，在沈阳举办了 60 余人参加的白酒行业从业人员资质培训班，请国家白酒行业专家授课，通过严格考试，参训人员均获得国家初、中、高级资格证书。在瓦房店市举办东北三省行业联席会议，三省协会领导、专家、企业及相关部门代表共 60 余人出席，会议加强了三省间的行业交流，了解行业未来的发展方向。啤酒协会围绕从节能减排、提高企业节能降耗水平开展行业技术交流与培训。蜂产品等协会通过向消费者宣传产品相关知识，倡导健康、安全消费意识。

2012 年，按照民政部门的规定，在有关部门的指导下，辽宁省食品工业协会于 12 月召开了恢复成立暨第一次会员代表大会。通过了协会《章程》，选举段洪艳为会长、高明和陈继红为副会长、郭建国为秘书长。

辽宁省白酒协会举办了辽宁省白酒行业科技交流大会，省内企业行业专家、企业技术人员共 70 余人出席了本次会议，30 余篇技术论文进行了现场交流。举办了为期 3 天的辽宁省白酒行业技术培训班，有近 70 余人参加了活动，培训以酒体设计为主，同时涉及白酒生产工艺、白酒鉴评等方面内容。组织辽宁省内部分企业参加了在黑龙江省举办的第 16 届东三省重点白酒企业联席会，研讨了“东北固态法白酒酿造”在季节与香型选择、不同曲子结合、原料使用、香型融合、生态建设等方面的问题举办了辽宁省白酒行业产品鉴评活动，有关专家、评委、企业人士近 60 余人参加了本次活动。对 2010 期（有效期 3 年）行业获奖产品例行年检及对新申报产品进行鉴评并开展企业间的学习和交流。

【e. 主要行业简况】

啤酒行业

2010 年，辽宁省啤酒行业受极端天气影响及经营成本压力增大等原因，行业发展出现小幅下滑，行业总产量及主要经济指标略有下降。行业两级分化和地区间差距扩大化现象依然突出。行业竞争从单一的市场层面向多层次的战略布局、并购、资本等各个层面延伸，行业竞争更加全面、立体。面对近年来居高不下的能源和原材料价格，节能降耗工作在行业发展的地位更加突出，向管理和技术要效益，成为企业生存的之本。

从产量指标看，2010 年，辽宁省啤酒总产量为 231.7 万千升，同比下降 6.2%，占全国总产量的 5.2%，产量排在山东、河南、广东、浙江之后，居全国第 5。

2010 年，辽宁规模以上啤酒企业 17 家，其中产量超过 10 万千升以上的企业有 8 家，合计产量 174.7 万千升，占全省总产量的 75.4%。产量最高的企业是沈阳华润雪花啤酒公司，为 61.8 万千升，占全省的 26.7%。按品牌划分，华润雪花集团在辽宁有 8 家企业，总产量 145.1 万千升，占全省的 62.6%。

从物耗指标看，5 项消耗指标比 2009 年同期有不同程度的下降。

1、总损失率：最低 0.37%，最高 5.83%，全省平均 2.93%，同比降低 0.08 个百分点。按全年总产量计算，节约啤酒液 1.85 千升。

2、耗粮（折 11 度计算）：每千升最低 143.26 千克，最高 166.25 千克，全省平均 147.84 千克，同比增加 0.25 千克；按全年总产量计算，多耗粮 579 吨。

3、耗标煤：每千升最低 46.72 千克，最高 100.15 千克，全省平均 59.90 千克，同比 6.79 千克标煤。按全年总产量计算，节约煤 15731 吨。

4、耗电：每千升最低达到 55.7 千瓦时，最高 89.98 千瓦时，全省平均 63.96 千瓦时，同比 4.57 千瓦时。按全年总产量计算，节约电 1059 千瓦时。

5、耗水：每千升最低 3.48 立方米，最高 6.59 立方米，全省平均 4.43 立方米，同比 0.4 立方米。按全年总产量计算，节约用水 23 万立方米。

从效益指标看，2010 年，利税总额为 14.77 亿元，同比下降 4.51%；其中沈阳华润最高为 5.67 亿元。产品销售收入 44.36 亿元，同比下降 0.37%；有 5 户企业亏损，总亏损额为 1.23 亿元；盈亏相抵后利润总额为 5.97 亿元；人均实现利税 11.2 万元，大连大雪最高为 22.6 万元；每千升酒利润平均为 257.95 元，大连华润最高为 549.83 元。

2011 年，辽宁省啤酒行业通过资源整合、优化结构、加强节能降耗等方式使全行业保持了稳定的发展态势，但受通胀、气候及劳动力成本上升等因素影响，全行业亏损面近40%。优势品牌企业垄断地位进一步确立，行业两级分化和地区间差距不断扩大。

2011 年，辽宁啤酒总产量为 262.2 万千升，同比增长 11.71%；产量占全国总量的 5.35%，仍居全国第 5。

根据省食协会啤酒分会统计，2011 年，全省啤酒企业 17 户，合计产量 239.8 万千升。其中产量超过 10 万千升以上的企业还是 8 家，合计产量 186.3 万千升。产量最高的企业是沈阳华润雪花啤酒公司，为 69.2 万千升。按品牌划分，华润雪花集团在辽宁有 10 家企业，总产量 165.1 万千升，占统计产量 68.8 %。

从物耗指标看，5 项消耗指标互有增减。

1、总损失率：最低 1.50%，最高 6.86%，全省平均 2.96%。

2、耗粮(折 11 度计算)：每千升最低 142.72，最高 154.80 千克，全省平均 147.19 千克，同比降低 0.65 千克。按全年产量计算，节约用粮 1535 吨。

3、耗标煤：每千升最低 31.35 千克，最高 95.00 千克，平均 52.14 千克，同比降低 7.76 千克标煤。按总产量计算，节约用煤 18325 吨。

4、耗电：每千升最低 44.39 千瓦时，最高 104.81 千瓦时，全省平均 58.82 千瓦时，同比降低 6.23 千瓦时。按总产量计算，节约用电 1167 万千瓦时。

5、耗水：每千升最低 2.80 立方米，最高 7.96 立方米，全省平均 4.16 立方米，同比降低 0.32 立方米。按总产量计算，节约用水 59.99 万立方米。

从效益指标看，2011 年重点啤酒企业利税总额为 17.26 亿元，同比增长 16.90%；其中沈阳华润最高为 7.96 亿元。销售收入 51.89 亿元，同比增长 16.96%。有 6 户企业亏损，亏损额为 1.92 亿元，盈亏相抵后利润总额为 6.34 亿元。人均实现利税 14.5 万元，哈尔滨啤酒（锦州）有限公司最高为 33.3 万元。每千升酒平均利润为 283.09 元。大连华润最高为 744.10 元。

2012 年，辽宁省啤酒行业洗牌进一步加剧，全行业亏损面超过 40%，而龙头企业的垄断地位进一步巩固和强化。

2012 年，我国省啤酒总产量为 264.1 万千升，同比增长 2.[illegible]%；产量占全国总产量的 5.39%，位居全国第 5。

根据省食协啤酒分会统计，2012 年，全省重点啤酒企业 [illegible]7 户，合计产量 236.1 万千升，同比降低 2.35%。其中产量超过 10 万千升以上的企业还是 8 家，合计产量 181.1 千升。产量最高的企业是沈阳华润雪花啤酒公司，为 70.4 万千升。按品牌划分，华润雪花集团的 10 家企业总产量 164.5 万千升，占统计产量的 69.7%。

从物耗指标看：整体比 2011 年有较大提高。

1、总损失率：每千升最低 1.18%，最高 4.62%，全省平均 2.78%，同比降低 0.18 个百分点。全年共节约啤酒液 3786 千升。

2、耗粮（折 11 度计算）：每千升最低 141.29 千克，最高 154.18 千克，平均 145.33 千克，降低 1.86 千克，全年节约用粮 3912 吨。

3、耗标煤：每千升最低 30.42 千克，最高 98.00 千克，平均 44.93 千克，同比降低 6.88 千克。全年节约用煤 15807 吨。

4、耗电：每千升最低 39.19 千瓦时，最高 77.32 千瓦时，全省平均 53.92 千瓦时，同比降低 3.36 千瓦时。全年节约用电 772 万千瓦时。

5、耗水：每千升最低 2.48 立方米，最高 5.54 立方米，全省平均 3.35 立方米，同比降低 0.69 立方米。全年节约用水 159 万立方米。

从效益指标看，2012 年，全省重点啤酒企业利税总额为 18.66 亿元，同比增长 4.64%；其中沈阳华润最高为 9.66 亿元。销售收入 56.4 亿元，增长 8.75%。有 7 个企业亏损，亏损额为 2.67 亿元，盈亏相抵后利润为 7.75 亿元，同比增长 13.24%。人均实现利税 16.0 万元，华润雪花（沈阳）有限公司最高为人均 42.2 万元。每千升酒平均利润为 337.35 元，比上年增加 54.26 元；大连华润最高为 883.30 元。

白酒行业

2010 年，行业发展呈现以下特点：一是结构调整步伐加快。企业逐步转变了以低档产品为主的传统经营观念和格局，通过高档产品精品化、低档产品优质化等发展战略，使产品结构趋于合理，产品及布局得到优化。二是强化产品质量及创新。在传统工艺基础上，通过加大科技投入力度，加快技术创新进程，强化企业管理来提升产品的科技含量，增加产品的附加值，进一步提高了产品的市场竞争力。行业在经历了多年的实践和探索后，坚定了自酿酒生产的意识和信心，积极实施以提高自酿酒生产能力为前提的基础设施改造和升级。同时随着大众消费水平的提高，产品开发更趋于时尚化、个性化、传统化和高端化。三是重视品牌塑造与市场建设。通过挖掘和弘扬企业历史文化，培植和打造产品品牌等运作形式，积极实施品牌发展战略，有效扩大了产品的知名度和企业的影响力。在此基础上，企业的市场营销模式及

市场建设，也日趋理性化、个性化、多样化。

行业统计数据显示，2010年辽宁省白酒行业规模以上企业白酒总产量约为30万千升。

2011年，辽宁白酒行业按照“控总量、调结构、促转型、强品牌”的发展思路，产量和经济效益稳步增长。从市场占有情况看，虽然受到来自国内一线名牌及域外强势品牌的扩张和渗透，但以省内中端白酒品牌仍具有相对优势，并主导各地区域市场。在低端市场，省内大中企业及地区性品牌有价格和质量优势，控制着市场。

在产品品种方面，白酒企业为获得更大的利润空间及持续发展的能力，在继承传统酿酒技艺基础上，不断运用现代生物科技加以创新和发展，形成了有各自特点的酿酒技艺和酒体风格。首先在品种结构上，向低度化、多样化、中高档化方向发展，酒精度已普遍降低10度以上，中低度酒约占总量近90%。其次在质量上，创新工作的持续开展，有效控制和合理应用白酒中多种成分，产品质量得以稳定和提升。另外，格外重视品牌塑造和培养，以及包装设计上的多样化、个性化。

2011年，辽宁白酒产量达到68.1万千升，总量位居四川、河南、山东之后全国排名第4位，占全国总量的6.6%，比2010年增长19.6%，增幅比全国平均低11.1个百分点。

2012年，白酒行业在经过连续几年高速发展后，受白酒塑化剂事件、严控“三公”经费等因素影响，中高端消费受到抑制，产能过剩的负面影响凸显，特别是高端白酒受到较强冲击，行业发展面临新的形势。辽宁省白酒企业由于主要以中低端产品为主，所受冲击较小。在省内市场，本地产品的市场占有率约为70%。

2012年，部分骨干企业集体申报了“辽香型”白酒标准，使辽酒风格特征得到明确定位。当年全省白酒总量80.6万千升，同比增长18.4%；占全国白酒总量的7.0%，按产量计全国排名第5位。

【f.展贸活动】

2011年5月，辽宁省经信委和辽宁省食品工业办公室共同主办了2011第四届东北食品博览会。来自国内外580家知名厂商2万余种商品参展。观众16.5万人次，现场零售额2000多万元，签约订货额18.5亿元。7月，中国食品工业协会、辽宁省食品办、沈阳市政府共同举办2011中国（沈阳）食品博览会。沈阳市食品工业协会举办2010最受沈阳市民欢迎的食品品牌、沈阳第三届豆制品美食节及沈阳市45家安全食品联盟企业产品承诺发布会等展贸宣传活动。

2012年4月，“2012第二十二届东北国际食品机械、包装设备展览会”、“2012第五届东北食品糖酒交易会”、“第六届沈阳中韩食品展览会”同时召开。7月，沈阳市举办2012中国（沈阳）食品博览会。博览会历时5天，汇聚了来自全国23个城市以及台湾地区共280余家企业参展参会。展会签约总额14.7亿元，累计现场零售额740万元，为历届食博会之最。8月，2012第四届东北（沈阳）秋季糖酒会在辽宁工业展览馆召开，来自广东、贵州、山东、河南、天津等全国十几个省市的近千种食品参展。

（郭建国 许智超 王革 张国通）

3.7 吉林省

【a.“十一五”回顾】

“十一五”是改革开放以来吉林省食品工业增长最快的时期，并在许多方面取得了新突破，食品工业总产值稳居吉林省各工业门类第 2 位，提前 2 年完成“十一五”规划的主要目标。玉米深加工产业优势明显，深加工能力显著提高，赖氨酸市场份额占绝对主导地位，丙酮、丁醇、多元醇等玉米生物产品以及秸秆、玉米芯生物质原料的利用和再利用取得新的进展，长白山特色生态食品产业健康发展，畜禽乳制品稳步增长。“十一五”的主要成就表现为：

1. 食品工业取得突破性发展，支柱产业地位进一步巩固。

（1）工业总量取得新突破。“十一五”期间，吉林省食品工业连续突破了两个亿元大关。2008 年实现工业总产值 1343.25 亿元，2010 年实现食品工业总产值 2238.45 亿元，成为吉林省继汽车行业后第 2 个突破 2000 亿元的行业。

（2）增长速度取得新突破。“十一五”期间，食品工业总产值增长了 3.87 倍，年均增长 32.56%；食品工业增加值增长了 3.1 倍，年均增长 24.82%；利税增长了 2.8 倍，年均增长 36.48%；3 项分别比“十五”高出 9.06、2.72、9.78 个百分点。

（3）在全国排名取得新突破。吉林省食品工业多年排在全国第 18 位左右，2007 年位居 16 位，2008 年位居第 12 位，2009 年位居第 11 位，2010 年位居第 11 位，创历史最高水平。

（4）在全省工业中的位次取得新突破。食品工业连续 18 年位列汽车行业石化行业之后，居吉林省工业第 3 位。2008 年，超过石化行业 33 亿元，首次跃居第 2 位；2010 年，食品高出石化 629 亿元，进一步稳固了第 2 的位置。食品工业在全省工业的比重也逐步增加，由 2005 年的 11.5%提高到 2010 年的 16.9%。

2. 加工体系逐步完善，产品结构进一步优化。“十一五”期间，通过加大投资，优化资源配置，吉林省食品工业体系逐步完善，成涵盖农副食品加工业、食品制造业、酒、饮料和精制茶制造业、烟草制造业 4 个大类 22 个中类 56 个小类。其中，农副食品加工业在国内具有较强的竞争优势，食品制造业、酒、饮料和精制茶制造业和烟草制造业市场份额不断扩大。同时，精深加工产品和终端产品不断增加，产业链逐步延伸，玉米加工业已延伸到生物化工领域，生产出丁醇、乙二醇、丙三醇等多种化工类产品；氨基酸类产品也由单一的赖氨酸发展到蛋氨酸、色氨酸、谷氨酸等多种氨基酸。葡萄酒、包装水、冷冻饮品、大米等终端产品产量大幅增加，比 2005 年均增长 2 倍以上。

3. 规模以上企业数量大幅增加，龙头企业进一步壮大。2010 年底，吉林省规模以上食品工业企业 1343 户，比“十五”期末增加了 875 户。以长春大成、长春皓月等为龙头的玉米、畜禽等一批企业逐步壮大，长春大成公司和皓月公司已成为亚洲最大的玉米深加工和清真食品企业。2010 年产值分别达到 311 亿元和 105 亿元。吉林省食品工业共有 12 个中国名牌和中国驰名商标、87 个省级名牌产品。

4. 高新技术得到充分应用，科技水平进一步提高。“十一五”时期，吉林省食品工业充分利用省内中科院长春应化所、吉林大学、东北师大、吉林农大、省农科院等平台，重点加强以食品加工为主的农产品深加工重大科技专项攻关，拉长、做大产业链，大力研发应用生物工程先进生产技术、微电子技术等，攻克了利用秸秆及其他玉米副产物制备乙二醇、丁醇等生物质醇类，产品科技含量不断提高，竞争力不断提升。秸秆综合利用聚乳酸技术、淀粉生产湿磨工艺、计算机集散控制系统、谷氨酸（赖氨酸）生产工艺、牛副产品发展生物制品等多数达到国际一流水平，并已应用于生产中，取得了良好的经济和社会效益。2010 年，肉类加工、

精制米、玉米淀粉、烟草、啤酒、乳制品等行业重点企业的装备达到或接近国际水平。

5. 区域特色不断发展，产业优势进一步增强。“十一五”期间，重点围绕玉米、畜禽、油脂、长白山矿泉水、葡萄酒、果仁和朝鲜族风味食品等推进区域特色产业，提升综合竞争能力。形成了以德惠、农安、大安、辉南为中心的禽类产业区；以长春、辽源、长岭为中心的肉牛肉羊产业区；以农安、九台、榆树、公主岭为中心的肉猪产业区；以辽源、德惠、梨树、扶余为中心的油脂产业区；以长春、德惠、公主岭、乾安、松原、吉林经济开发区为中心的玉米深加工产业区；以安图、抚松、靖宇为中心的长白山矿泉水产业区，以延吉为中心的朝鲜族风味食品产业区；以梅河口、抚松、辽源、永吉为中心的果仁产业区；以通化、蛟河、左家为中心的葡萄酒产业区。如长春市的玉米休闲食品、清真食品、鹿产品，吉林市的大米加工、葡萄酒、林蛙产品，延边州的朝鲜族特色食品，通化市的葡萄酒、白酒，白山市的矿泉水、林蛙、人参产品，长白山管委会的旅游食品，白城市杂粮、白酒产品，松原的杂粮和草原特色产品等。

【b. 概况】

2010年，全省食品工业规模以上企业有1343户，比2009年增加213户；工业总产值223.45亿元，同比增长32.7%，增幅高于全国食品工业、全省工业平均增幅；排名居全国第8位。利润102.15亿元，占全省工业的12.1%。

25种主要产品中20种产量同比增长，其中增幅较大的有：精制食用植物油增长60.2%、冻肉增长59.4%、大米增长44.4%、包装饮用水增长42.6%。产量下降的有：糖果下降74.3%、速冻米面食品下降8.7%、小麦粉下降6.2%、葡萄酒下降3.9%、发酵酒精下降3.8%。产品产量全国排名前5位的有：发酵酒精138.8万吨，排名第1位；包装饮用水340.8%万吨，排名第2位；葡萄酒18.8万吨，排名第2位；冷冻饮品26.2万吨，排名第3位；鲜冷藏肉166.9万吨排名第4位。

2011年，全省食品工业平稳较快发展。企业数1126户；工业总产值3038.44亿元，同比增长45.3%；排名居全国第9位。利润142.69亿元，增长57.1%；固定资产投资638.0亿元，增长89.8%，占全省工业投资的16%，是全省工业中投资额最大的行业。

监测的22种主要产品产量中，20种增长，2种下降。其中，酱油增长87.8%、速冻米面食品增长68%、精制植物油增长64.1%、白酒增长49.7%、混合饲料增长41.6%。碳酸饮料、方便面分别下降12.9%、6.8%。主要产品中发酵酒精148.0万千升，同比增长20.2%，全国排名第2位；葡萄酒20.7万千升，同比增长14.7%，全国排名第2位；包装饮用水513.7万吨，同比增长38.9%，全国排名第2位；冷冻饮品30.4万吨，同比增长16.5%，全国排名第2位；速冻米面食品7.8万吨，同比增长68%，全国排名第3位；鲜、冷藏肉183.1万吨，同比增长8.4%，全国排名第4位。

2012年，全省食品工业企业1204户；完成总产值3693.7亿元，增长22.78%，高出工业6.66个百分点，高出全国食品工业1.04个百分点，工业产值位居全国第9位。

工业增加值965.5亿元，增长17.4%；利润171.9亿元，增长17.3%；税金142.7亿元，增长22.7%。

监测的22种产品产量中19种增长，3种下降。其中，精制茶增长93.8%、乳粉增长51.9%、速冻米面食品增长47.3%、葡萄酒增长38.1%、冷冻饮品增长35.9%、食品添加剂增长30.9%、混合饲料增长29.8%、包装饮用水增长28.8%、大米增长27.9%、果汁和蔬菜汁饮料增长25.1%、白酒增长22.4%、酱油超过21.1%。啤酒、方便面、配合饲料分别下降8.9%、4.6%、2.9%。22种产品产量中，冷冻饮品排名全国第1位；发酵酒精、葡萄酒、包装饮用水排名第2位；速冷米面食品排名第3位；鲜、冷藏肉排名第4位；大米排名第5位。

【c. 开拓市场】

2012年，在第8届东北亚博览会上，吉林食品行业突出展示长白山天然矿泉水取得了很好成效。此外，在申报的参展企业中遴选了获得中国驰名商标的泉阳泉饮品公司、长白山酒业集团、吉林省地理标志保护产品的金博湾饮品公司、吉林省著名商标和省名牌的企业辉南森经局天龙矿泉水公司、松海泉矿泉饮品公司和韩国独资企业延边农辛矿泉饮料公司等企业为本次博览会的参展企业；精选了泉阳泉的含气矿泉水、加气矿泉水、泡茶专用水，长白山酒业集团的煲汤专用水、沏茶专用水、保鲜矿泉水，松海泉的八百度玻璃瓶矿泉水、圣兰娜SLA矿泉水，金博湾金标矿泉水以及天龙泉和九鼎饮品公司推出的新产品等30多种精、名、特、新的高品质长白山天然矿泉水为参展产品。东博会期间，长白天然矿泉水展区共接待参观者3万多人，与890多户采购商开展了商务洽谈，与50多户采购商达成合作意向，签约总额达1000万元以上。

【d. 松原台湾工业食品园】

松原台湾食品工业园是松原市政府为推动与台湾客商

合作，特别打造的一个专业性食品加工园区。该工业园位于松原市西南部，规划面积 2.04 平方公里。2012 年 6 月 20 日开园当天， 7 家台湾企业与松原市政府达成协议，在园区合作发展日产 100 吨米糠精炼油项目、年产 1000 吨荞麦食品项目以及香菇多糖、黄原胶项目等。

当天，松原市还举办了“海峡两岸 · 松原首届经贸交流会”。

【e. 科技成果】

2010 年 ~ 2012 年，吉林省有关单位在食品工业项目开发、产品研发上取得一系列成果。其中主要的有：

2010 年，吉林农业大学“蜜环菌深层发酵工艺优化与产业化应用研究”获省科学技术进步奖一等奖；长春师范学院等“中药苯乙醇苷和皂苷类化合物提取分离及抗氧化成分活性评价研究”、吉林大学“小分子蛋白类新型检测方法的研究”、吉林大学“食品污染物免疫学快速检测技术基础研究”、吉林农业大学“食品级抗猪轮状病毒基因工程乳酸菌口服制剂研制关键技术研究”获省科学技术进步奖二等奖；吉林出入境检验检疫局“蔬菜和食用菌中农药残留系统方法技术平台研究”、长春大学“生物酶法转化大豆异黄酮的技术与产品”、长春工业大学“天然复配抗氧化剂系列产品研制及在鹅肥肝中应用”、吉林省疾病预防控制中心“大米、蔬菜、水果中氯氟吡氧乙酸残留量测定方法研究”获省科学技术进步奖三等奖。吉林省瑞福寿保险食品有限责任公司“蚕蛹精粉的制备方法”获省科学技术发明奖。

2011 年，吉林大学“抗 Hp 嗜酸乳杆菌发酵乳预防和治疗耐药 Hp 感染的研究”、吉林省中医药科学院等“人参皂苷提取物等国家标准的研究与建立”获省科学技术进步奖二等奖。

2012 年，吉林农业大学等“可食用有机酸压热酸解与酶法联合制备慢消化淀粉的研究”吉林农业大学“玉米淀粉生物转化关键技术研究和产品开发”、“人参新资源食品安全性评价研究”“花生种质资源创新与利用研究”获吉林省科学技术进步奖二等奖；通化市林蛙研究所“林蛙卵提取高 F 值低聚肽酶解方法在其制剂方面的应用”、吉林工程技术师范学院“奇可力多糖提取及其保健功效的研究”、吉林省疾病预防控制中心等“食源性致病菌快速检测技术研究与应用”、吉林省产品质量监督检验院“蓝莓等小浆系列标准”、吉林化工学院“玉米须降糖有效部位的研究和新产品的应用”、吉林省疾病预防控制中心等“提取牛血中血红素铁在保健食品中的应用研究”、抚松县大自然生物工程有限公司“利用人参茎叶制备人参皂苷单体 Rh1、Rh2、Rg2、Rg3、Re 的工艺”、吉林省中医药科学院等“林蛙油、林蛙卵防治骨质疏松症的研究”,获省科学技术进步奖三等奖。

（张迎新）

3.8 黑龙江省

【a. 概况】

2010 年，黑龙江省食品工业规模以上企业有 1123 家，实现主营业务收入 2029.84 亿元，同比增长 53.1%；实现利税 196.49 亿元，同比增长 93.59%；实现利润 104.55 亿元，同比增长 78.11%，在黑龙江省“四大支柱产业（能源、食品、石化、装备）”中增速位居前列，实现历史性突破。

2010 年，全省食品工业完成投资 422.16 亿元，同比增长 50.9%。为改变食品工业企业小、散、弱的现状，围绕“做强一个企业，带动一个产业”的目标，黑龙江省加大了对重点食品工业企业的资金、政策扶持力度，引导企业加强资源整合与对外交流合作，努力培育出一批重点食品工业企业。

黑龙江省以乳制品生产企业为主体的诚信体系建设阶段性成果和社会效益不断显现。企业的主体作用得到有效发挥，省内乳制品企业全部建立了诚信建设组织领导机构，90%以上的企业设有诚信建设责任部门，并配备了专、兼职负责人，规模以上乳制品企业还向全社会做出了诚信承诺。企业诚信管理制度普遍建立，诚信档案进一步完善，覆盖了从原料采购、生产加工、出厂销售等各个环节，基本实现了产品质量的可追溯。企业诚信激励机制初步形成，以教育培训、奖励处罚、评比竞赛、自查自纠为主要内容和形式的企业自律作用正在显现。

2011 年，黑龙江省食品工业紧紧围绕省委、省政府提出的“八大经济区”和“十大工程”，抓园区、建载体；经济效益大幅增长，投资增速加快。全年实现主营业务收入 2460.58 亿元，同比增长 29.7%。其中，农副食品加工业 1687 亿元，食品制造业 466.02 亿元，酒、饮料和精制茶制造业 220.62 亿元，烟草制品业 86.93 亿元。实现利税 238.99 亿元，同比增长 21.57%；实现利润 123.12 亿元，同比增长 17.78%。

2011 年黑龙江省食品工业持续快速增长的特点是：

一是以项目为支撑。2010 年黑龙江省食品工业共完成固定资产投资 505.5 亿元，同比增长 45.1%，占黑龙江省工业固定资产投资的 17.1%。这些投资突出特色资源，延伸产业链条，吃干榨净出精品上下功夫，围绕玉米、水稻、大豆、蔬菜、乳品、生猪、肉牛、山特产品等 7 大原料进行产业链延伸，由单一产品向系列产品转变，实现多层次加工增值为重点，所投项目在 2011 年已见到成效。

二是以培育骨干型龙头企业为抓手。在全省监控的 100 户重点工业企业中，食品工业企业有 25 户，占总数 25%。这 25 户重点监控企业实现的主营业务收入和利税分别占全省食品工业规模以上企业的 34.3%和 40.6%。到 2011 年底，全省规模以上食品工业企业达到 836 家。

三是实施品牌创建战略。省工信委把创立和培育自主知名品牌作为落实科学发展观和建设创新型省份的一项战略任务，大力实施品牌创建战略，提高黑龙江省食品工业产品质量、诚信度和市场竞争力。在创建品牌活动中涌现一批重点企业，经省工信委组织专家认定，在乳制品、大米、大豆、马铃薯、饮品、山特产品等 6 大食品加工行业，完达山乳业等 80 户企业为黑龙江省食品工业创品牌重点企业。

四是以食品安全诚信体系试点建设为楔机，建立健全食品安全保障体系。2011 年，按照“选择重点、稳步推进”的原则，以婴幼儿配方乳粉生产企业 100%建立实施食品安全诚信管理体系并通过试评价，同时在肉类、调味品、饮料、酒类行业扩大试点，选择部分企业争取通过试评价为目标，先后对 6 个地市进行了督导调研，在完善诚信体系建设协调工作机制、加快建立企业诚信管理体系、建立诚信信息征集和披露体系、建立并完善企业诚信评价体系、加强行业自律机制建设、加强诚信宣传与诚信文化建设、加快诚信奖惩机制建设等 7 个方面全面推进。

2012 年，黑龙江省食品工业努力克服国内外复杂经济环境影响，不断将技术成果转化成新品，形成以玉米、大豆、

水稻、马铃薯加工、肉食、乳制品加工为主的6大食品加工行业格局，当年全省规模以上食品工业实现总产值2958.11亿元，同比增长24.8%，增速比全省规模以上工业高14.4个百分点。其中，农副食品加工业及酒、饮料和精制茶制造业增速较快，分别完成工业总产值2109.09亿元和290.38亿元，增幅分别为30.2%和24.9%；食品制造业完成456.17亿元，同比增长4.4%；烟草制品业完成102.48亿元，同比增长18.2%。

2012年，黑龙江省规模以上食品工业企业达到863家，其中主营业务收入超亿元企业407家，超十亿元企业28家，超百亿元企业2家；绿色食品生产企业520家，工业总产值超千亿元，其中主营业务收入超亿元企业65家。哈尔滨市食品工业总产值首次突破千亿元大关。

"龙江品牌"特色日益显现。2012年，黑龙江省绿色食品认证个数1250个，比2011年增加150个；拥有4个中国驰名商标、10个中国名牌产品和138个黑龙江名牌产品。2012年，为宣传黑龙江省名牌食品，举行了以"诚信龙江奶、强健中国人"为主题的大型宣传活动。中央电视台摄制组深入黑龙江省完达山、飞鹤、大庄园、华润雪花等6户食品工业企业专访，拍摄了国内首部以诚信体系建设为题材的专题纪录片《诚信—中国行动》，全面展示黑龙江省食品工业企业诚信体系建设的丰硕成果，叫响"龙江品牌"。

2012年，黑龙江省食品安全诚信体系建设趋于完善。重点推进乳制品、肉类、酒类、调味品和饮料5个行业、240余户企业诚信体系建设工作并取得积极进展。全省有9家乳制品企业包揽了国家首批食品工业企业诚信管理体系评价证书；多数企业建立了包含原辅料进货管理、生产过程及仓储管理、不合格品管理等9大类、21项诚信管理制度。以质量诚信为核心、以制度建设为根本、以平台和档案建设为载体、以人才建设为支撑、以运行机制建设为保障、以诚信文化建设为基础的乳制品工业企业诚信体系已趋于成熟。

2012年，黑龙江省食品工业先进技术成果转化工作取得新突破。黑蒜作为一种新兴的多功能健康食品，在国内存在巨大的市场潜力。省工信委经过多次考察、对接，终于促成黑龙江龙鑫乳业有限公司携手东北大目标投资有限公司与省科学院大庆分院达成合作协议，总投资1亿元建设的年产100吨大蒜茸和200吨大蒜脯项目，成功落户海伦市工业园区。

【b."十一五"回顾】

"十一五"期间，黑龙江省工信委从产业结构调整、食品工业产品质量、不断扩大企业规模和食品工业区域布局入手，黑龙江省食品工业企业实现总产值年均增长24.2%；实现主营业务收入年均增长24.7%；实现利税年均增长31.3%。主要食品产量大幅增长，产品结构不断优化。

"十一五"期间，黑龙江食品工业实现了重大的突破，规模以上食品工业从业人员达到19万人，比"十五"期间增长132%；主营业务收入1934亿元，比"十五"期间增长257%；实现利润收入144亿元，比"十五"期间增长752%。

【c.主要行业简况】

水稻产业 2012年，随着千亿斤粮食产能工程的实施，各地水稻种植积极性空前高涨，主要表现在以下几个方面，第一，种植面积的增加，黑龙江省水稻播种面积达到了5730.7万亩，比2011年增加了559.4万亩，增幅达到10.8%。第二，产能增加，黑龙江省水稻产量达到2100万吨，比2011年增加了144万吨。总产量占黑龙江省粮食产量的37.68%，成为仅次于玉米的第二大粮食作物。水稻亩单产达到1020斤，最高亩单产达到1500斤。第三，效益增加，水稻亩纯利润562.74元，分别比玉米、大豆高97.4元和191.03元；每斤水稻收购价在1.41元到1.61元之间，比2011年提高了0.06-0.2元/斤；因水稻质量、品种的不同而会存在差异，出米率在59%~60%之间。

在主食稻米的加工能力方面，我省在产业项目建设的权利推动之下，水稻加工业发展势头强势，具体表现在，第一，总量实现进一步扩展，全省现有水稻加工企业2000多户，年设计加工能力达4528万吨，实际加工能力有1500万吨，其中规模以上水稻加工企业576家，省级龙头企业73家，国家级龙头企业6家，规模以上企业实现主营业务收入464.7亿元，利润12.9亿元，完成利税2.3亿元；第二，链条拉长，全省水稻深加工产品达到20个，深加工率达到20.4%，改变过去只加工大米的单一品种局面，开发出了米糠油、白炭黑、活性炭、药用级谷维素等深加工产品，开发出了稻壳发电办法，实现了副产品资源循环利用和深度开发。第三，集群发展，自2011年发展"十大产业"的两年来，投资亿元以上，新建扩建水稻加工项目38个，计划投资247亿元，实际投资45.5亿元，占总投资的18.5%，已建成投产项目14个，建成水稻加工能力30万吨以上的企业32个。第四，牵动增强，龙头企业带动水稻基地面积由2011年的5171.3万亩发展到了5730.4万亩，同比增加了559万亩；带动农户由132万户发展到220万户，同比增加了88万户；户均增收由2300元增加到3200元，安排就业岗位

3.5 万人，增加到 4.95 万人，同比增加 1.45 万人。

在粮食产品销售方面，我省开始纵深全方面拓展，在水稻生产、加工快速发展的同时，水稻销售的形势也一片大好，主要表现在：第一，外销逐年增加，2012 年，全省预计外销水稻、大米 1500 万吨，近五年累计调出水稻和大米 6570 万吨，有效保障了全国市场的需求；第二，品牌效益越来越明显，打造出来多个中国名牌产品，培养出了许多高知名度品牌；第三，产销形势创新，加工企业积极参与各种推介会、展销会，为扩大产品销售提供了多种渠道。

玉米产业 2012 年，黑龙江省玉米种植面积达 9000 万亩，同比增长 20%，占全国比重 17.6%；玉米产品为 577.6 亿斤，同比增长 24.2%；玉米加工企业 1326 家，年玉米加工能力 1417 万吨，实际加工量在 650 万吨以上，其中省级以上玉米加工龙头企业有 12 家，加工能力 258 万吨，占黑龙江省玉米深加工消耗总量的 70.6%。黑龙江省玉米加工能力 50 万吨以上企业 5 家，玉米加工规模达到 400 万吨，占黑龙江省玉米深加工总规模的 47.2%。

酒饮料制造业 黑龙江省酒、饮料行业呈现出生产增长较快、效益状况改善、结构逐步优化等良好格局，酒、饮料制造产业保持不断上升的态势。2012 年，黑龙江省规模以上白酒企业 39 家，啤酒企业 22 家，其他酒类制造企业 9 家，酒精企业 14 家，饮料制造企业 34 家；实现主营业务收入 279.26 亿元；实现利税 17.95 亿元；实现白酒总产量 38.02 万千升，同比增长 68%；啤酒总产量 209.13 万千升，同比降低 6.0%；酒精总产量 113.70 万千升，同比降低 0.7%。

乳制品行业 2010 年底，通过对黑龙江省 138 家乳制品企业进行现场审查，95 家乳企符合《乳制品工业产业政策（2009 年修订）》行业准入条件要求，符合条件的企业日处理鲜奶能力为 2.82 万吨，生产能力与奶源配套相比，加工能力大于奶源，通过开展项目（企业）审核清理、三聚氰胺专项整治、奶业整顿和振兴规划纲要整顿措施的实施，共关闭乳制品企业 41 家，占企业总数的 30%，淘汰产能 0.33 万吨/日，占原总产能的 11%。

到 2012 年底，黑龙江省乳制品获证企业有 84 家，日处理鲜奶 2.82 万吨/日，乳制品工业实现生产总值 316.6 亿元，同比增长 1.22%；销售产值收入 321.22 亿元，同比增长 4.52%。乳制品产量 185.7 万吨（占全国 8%），同比下降 3.8%，其中，液体乳产量 134.1 万吨，同比增长 6.9%，乳粉产量 40.75 万吨，同比下降 8.25%。

（陈丽）

3.9 上海市

【a. 概况】

2010 年是“世博”之年，也是“十一五”规划的最后一年。面对国内外复杂多变的经济环境，上海市食品工业，在全力参与办好世博会的同时，扎实推进各项工作，食品工业由回升向好、向稳定增长发展。

2010 年，上海市实现社会消费品零售总额 6036.86 亿元，同比增长 17.5%。其中吃的商品零售额 1819.88 亿元，增长 12.9%。全年居民消费价格总水平比 2009 年上涨 3.1%，而食品类价格上游达 7.7%，上拉总指数 2.5 个百分点。

各类农产品价格的上涨，缩小了食品加工、制造业的盈利空间，食品企业克服各种困难，把不利因素降到最低程度，工业总产值、出口交货值、主营业务收入、利润等主要经济指标都增长 10%以上。

2010 年，上海市食品工业经济运行呈现以下特点。

1、生产持续发展。全市规模以上食品工业（主营业务收入 500 万元以上）企业 569 家，完成工业总产值 1405 亿元，同比增长 16.1%，其中卷烟业增长最快，达 34.9%。食品各子行业中，增幅在 10%以上的是：豆制品、糕点面包、糖果巧克力、米面制品、速冻食品、液体乳及乳制品、酱油及食醋类、其他调味品、啤酒、饮用水、含乳饮料和植物蛋白饮料等；增幅超过 20%的有：淀粉及淀粉制品、饼干及其他焙烤食品制造。

主要食品产量中，与人民生活关系较密切的糕点达 1[illegible]36 万吨，同比增长 12.9%；糖果 13.37 万吨，增长 6.9%；方便面 2.34 万吨，增长 4.3%；乳制品 42.3 万吨，增长 4.8%；罐头 4.1 万吨，增长 3.9%。

2、销售快速上升。2010 年，上海世博会的召开不仅拉动了内需，也带动了食品消费。2010 年完成主营业务收入 145[illegible].4 亿元，同比增长 21.8%，四个大类行业全面增长，其中卷烟业增幅最大，达 38.2%，食品制造业增长 19.1%，酒、饮料和精制茶制造业增长 9%、农副食品加工业增长 8.4%。

除烟草外，食品 42 个小类行业比 2009 年增长。增幅超过 20%的有 18 个，占 38.3%，包括速冻食品、其他调味品、淀粉及淀粉制品、豆制品、糖果巧克力、饼干及其他焙烤食品、蔬菜水果和坚果加工、糕点和面包、茶饮料、含乳及植物蛋白饮料、啤酒制造等；增幅超过 10%的有 12 个，包括糕点和面包、液体乳和乳制品、冷饮、固体饮料、饮用水制造等。

全行业产销率达 98.9%，处于较高水平。烟草制品高达 100.2%，农副食品加工业 99.3%，食品制造业 98.8%，酒、饮料和精制茶制造业 94.4%。

3、出口加快恢复。国际金融危机复苏的加快，使全球经济好转，带动了出口市场回暖。2010 年，上海市规模以上食品工业完成出口交货值 40.3 亿元，同比增长 10.7%，走出了前两年的低迷状态。增长最快的是营养保健食品业，同比增长达 10 倍之多；水产品冷冻加工、蔬菜水果和坚果加工、饼干及其他焙烤食品、速冻食品出口增幅在 60%以上。

4、效益不断改善。实现利润 193.5 亿元，增长 14.1%，居首位的烟草制业占全部利润的 73.2%。农副食品加工业、食品制造业盈利同比下降。

“十一五”的前 4 年，农副食品加工业、食品制造业利润始终走在上升通道，但 2010 年首次出现回落，主要是农产品价格创新高导致成本骤升。

2010 年，国际农产品新兴国家需求增长，恶劣气候变化而“涨”声四起。据统计，至 2010 年 12 月，世界 55 种食品的大宗商品指数连续第 6 个月上涨。糖和肉类价格涨幅最大，均创历史新高。玉米价格创 4 年最大涨幅，谷物和食用油价格都创 2008 年以来新高。

中国是农产品进口大国，加之国内气候影响，人工成本上升，农产品价格高位运行，大米年内上涨 16.6%，食糖上

涨 22.6%，粮食、油脂、肉类、蛋品等价格一路走高；加之全年工业品出厂价上涨 2.3%；原材料、燃料、动力购进价上涨 11.2%，对企业构成巨大的成本压力，导致农副食品加工业、食品制造业企业利润缩水。

对上海市食品工业利润构成影响较大的三个子行业是：食用油加工、乳制品、碳酸饮料制造业。三者合计利润从 2009 年 26.88 亿元锐减至 2010 年的 20.83 亿元，仅食用油和碳酸饮料两个子行业就减少 9.72 亿元，是上海农副食品加工业、食品制造业利润降低的重要因素之一。

由于食品企业积极增加生产、降低成本，化解各种不利因素，还是取得了一定的利润，但增幅很不平衡。食品制造业中的其他调味品和发酵制品、饼干及其它焙烤食品、糖果和巧克力、液体乳及乳制品、蜜饯制造等取得了利润增长 30%—60%的业绩。

5、多种经济全面发展。上海市食品工业国有、集体、联营、股份、“三资”、私营、其他等多种所有制经济并存，得到全面发展。

不计烟草制品业，在 567 家规模以上工业企业中，比重最大的“三资”企业有 277 家，其次是私营企业 201 家，股份、集体、国有分别是 16、16 和 14 家。不同经济类型中，“三资”企业盈利能力最强，占全部利润的 89.7%，股份制和私营经济盈利发展较快。

2011 年是“十二五”规划的开局之年，也是改革创新的突破年，上海市食品工业继续保持平稳健康发展，主要经济指标得到全面增长。食品工业企业积极应对成本上升压力，节能减排、加强管理、缩减费用，实现了“十二五”的开门红，食品工业支柱产业地位进一步增强。

2011 年，上海市食品工业经济运行具有生产平稳发展，销售强劲增长，出口小幅上扬，效益有效提高，多元经济健康发展，食品安全水平进一步改善的特点。但食品各行业发展并不平衡，烟草制品业除出口外，各项指标明显上升，农副食品加工业除主营业务收入增长外，其他指标在低位运行。

1、生产平稳发展。2011 年，上海市规模以上食品工业企业 383 家，工业总产值 1645.2 亿元，同比增长 12.6%，其中烟草制造业完成 676.2 亿元，占比 41.1%。不计烟草制品业，工业总产值 968.9 亿元，同比增长 4.4%。增幅超过 20%的有：卷烟、饲料、水产品冷冻、豆制品、调味品、碳酸饮料、固体饮料加工制造业；饼干及其他焙烤食品、畜禽屠宰、糖果及巧克力、米面制品、调味品、黄酒等行业也增长较快。

29 类列入工业统计的食品产量中，6 类产品增幅超过 20%，3 类产品增幅超 10%，55%的产品产量比 2010 年同期增长，多数是与民生关系密切的产品，包括小麦粉、饼干、糖果、乳制品、方便面、冷冻饮品、饮料等。

2、销售强劲增长。食品销售市场繁荣，产销两旺，2011 年销售产值 1612.7 亿元，同比增长 17.2%，且销大于产。主营业务收入 1743.8 亿元，同比增长 20.3%。食品几大行业全面增长，如不计烟草制品业，完成主营业务收入 1074.3 亿元，同比增长 17.8%。47 个子行业中，主营业务收入增长的有 43 个。

随着社会的快速发展和外来、流动人口的增加以及旅游市场带动，速冻、方便、休闲、功能性食品需求上升，饼干及焙烤食品、糖果巧克力、营养保健食品、饮料等消费品市场趋旺。产品结构的调整、新产品的不断开发，进一步拉动了食品工业产品的消费。全年实现限额以上消费品零售额 4938.46 亿元，同比增长 12.6%，其中吃的商品零售额 1264.7 亿元，同比增长 11.3%；全年居民消费价格指数 105.2，而食品类价格指数高达 110.8。

3、出口小幅上扬。2011 年，完成出口交货值 42.7 亿元，同比 101.7%，4 个行业中，两增两减。出口较好的是：饼干及焙烤食品、糖果巧克力、速冻食品、调味品、精制茶加工等行业，而出口量较大的肉制品加工行业出现了明显下滑，生猪等畜禽类肉制品因受出栏下降、价格上升及“瘦肉精”事件影响，波及到出口销售，显示出疲软迹象。

4、效益有效提高。2011 年，利润 226.5 亿元，同比增长 117.3%。烟草制品业的利润占了全部食品工业的 74.3%。不计烟草制品业，食品 3 个行业完成利润 58.2 亿元，同比增长 113.4%，其中农副食品加工业利润下降。

2011 年，由于农产品价格持续上涨，能源、原材料、人工费用等上升，企业成本、费用增幅高于主营业务收入增幅，主营业务收入中的成本比重提高，除烟草制品业外的 3 大行业，主营业务成本占主营业务收入的比重，从 2010 年的 71.5%提高到 72.6%，其中农副食品加工业从 88%提高到 89.6%。

2011 年上海市食品工业亏损面比 2010 年降低 0.2 个百分点，盈利企业盈利额增加 6.8 亿元，亏损企业亏损额减少 0.1 亿元，人均利润从 4.93 万元提高到 5.43 万元，增长 10.1%，经济运行质量有所提高。

5、多元经济健康发展。383 家规模以上食品工业企业由多元经济构成，其中“三资”企业占 55.4%，私营企业占

29.8%。

烟草制品业是国有独资公司，人均利润从 2010 年 355.8 万元提高到 2011 年 415 万元，同比增长 16.6%。除烟草制品业外，盈利能力最强的是“三资”企业，实现利润 44.5 亿元，同比增长 14.1%，占行业利润的比重从 76%提高到 76.5%；其次是私营企业，实现利润 6.4 亿元，同比增长 47.9%，占行业利润比重从 8.6%提高到 11%；其他依次为：有限责任公司和股份制经济。

2012 年，上海市食品工业在“稳增长、调结构、抓改革”等工作中仍取得一定成效，经济运行稳中有进，走出了完成工业总产值前高后低、主营业务收入平稳向上、利润前抑后扬的轨迹，保持了 16%以上的增幅。

全市居民消费价格指数为 102.8，其中，食品类价格指数 105.8。市限额以上消费品零售额 5293.24 亿元，同比增长 7.5%；其中吃的商品 1222.61 亿元，同比增长 3.7%。

上海市食品工业经济运行的特点是：生产增速放缓，销售平稳向上，产销供需平衡，利润明显增长。

1、生产增速放缓。全市规模以上食品工业企业 404 家，工业总产值 1785 亿元，同比增长 3.6%；增幅比全市规模以上工业企业高 4 个百分点。

除烟草制品业的 49 个子行业中，61%的子行业产值下降，其中方便面下降 16.4%，饮料制造业下降 17.5%。

部分企业由于原料涨价过快和销售原因，实行限产和季节性停产，一方面减少了产值，另一方面也压缩了库存，年末产成品库存减少 1.2 亿元，同比下降 7.8%。个别企业集团在转型中调整发展策略，对工厂进行整合，将生产基地移往外地，减少了上海地区的产值。

生产增长较快的有：调味品、豆制品、焙烤食品、乳制品、烟草制造业。

2、销售平稳向上。全年主营业务收入 1911.5 亿元，同比增长 8.6%，增幅下降 11.7 个百分点。产销率 100.4%，比过全市工业高 1.1 个百分点。

大多数行业实现了主营业务收入增长，增长较快的是食品制造和烟草制品业。其中调味品、焙烤食品、乳制品、糖果制造业分别增长 23.4%、16.3%、11.2%、10.6%，卷烟制造业增长 14%。

肉制品及饮料业下降 19.3 亿元，下降幅度超过 10%。饮料制造减少 11 亿元，下降 6.9%，对全行业影响较大。

食品工业企业积极拓宽市场。一是扩大自营销售，以品牌效应带动销售增长；二是探索扩大为连锁餐饮配餐服务的销售模式，发展为中、西连锁餐饮配餐供应；三是细化市场，开发多种新品，满足不同消费需求；四是利用网上销售扩大影响。

3、产销供需平衡。主要产品产销基本平衡，20 项大类产品中有 60%上升，与民生关系密切的食用油、乳制品、鲜冷藏肉、糕点、饼干、卷烟等产销量上扬。

4、利润明显增长。全市食品工业利润 262.3 亿元，同比增长 16.1%，高于产值、主营业务收入增幅，经济运行质量总体较好。其中农副食品加工业同比增长 68.7%，饮料制造业下降 6.2%。

2012 年，上海市食品工业主营业务收入利润率 13.7%，比 2011 年增加 0.7 个百分点。盈利较好的行业是：调味品、糖果、乳制品、卷烟制造业，增幅分别达到 54.9%、29.9%、29.8%、13.5%，酒类大幅回落，碳酸饮料赢利减少 2.4 亿元。

调味品行业利润上升的原因与原料降价有关，调味品原料之一的增鲜剂 I+G 价格在大幅上扬后回落 25%～30%，给调味品行业带来了赢利空间。

多数企业仍面临较大成本压力，全年工业生产者购进农副产品价格指数为 102.5，劳动力、物流成本持续走高，企业一线生产大多使用外劳力，企业为外劳力缴纳的综合保险调整为城镇保险后，有的企业人均缴费从 290 元左右提高至 550 元，用工成本大大提。大豆价格不断波动，从 2011 年的每吨 3980 元提高到 4490 元，抬高了食用油和豆制品加工企业成本。食品安全问题也提高了产品成本，由于食品安全事件使企业经营理念发生变化，不少企业对原材料供应商重新筛选，不合格供应商被淘汰出局，一方面提高了企业食品安全水平，促进产品质量稳定，另一方面也提高了企业生产成本。

【b.“十一五”回顾】

“十一五”期间，上海市食品工业实现长足发展。“十一五”末与“十五”末相比，食品工业总产值增长 108.7%，年均递增 15.85%；主营业务收入增长 101.8%，年均递增 15.08%；利润增长 120.4%，年均递增 17.12%。上海市食品工业盈利增幅高于生产、销售，处于良性发展；在扩大内需，拉动消费，保持经济又好又快发展中发挥了重要作用。

上海市市食品工业“十一五”期间主要经济指标　单位：亿元

指标	2005 年	2006 年	2007 年	2008 年	2009 年	2010 年
工业总产值（当年价）	673.2	727.6	891.5	1119.6	1156.3	1405.0

主营业务收入	723.1	782.4	934.0	1148.5	1196.5	1459.4
利润	87.8	102.6	120.5	159.5	169.6	193.5

【c. 协会工作】

2010 年，上海市食品协会（以上简称“协会”）工作基本实现年初设定各项任务，在“创新趋动，转型发展”战略思想指导下迈上新的台阶。协会工作以“与世博同行、为世博添彩”为中心，以“外树形象内强素质”为目标，有序推进。

1、积极组织参与“与世博同行，为世博添彩”活动。围绕办一届“成功、精彩、难忘”的世博会，协会为政府部门编撰“世博会食品安全和供应的调研”、“上海世博会主副食材供应方案”，完成 “上海世博期间和世博后食品供应管理实施方案的研究”。作为发起单位，共同编辑出版《上海食品纵览》一书。与市质监局联合召开全市名牌食品企业“迎世博、促提升、保安全动员大会”。提高企业品牌意识、安全责任意识和世博参与意识。配合“中国上海”政府门户网站等单位，开展 “迎世博上海城市公众满意度（调味品）调查”，扩大对品牌调味品的宣传。在市商务委指导下，对本市生猪屠宰场进行检查，对标准化菜市场星级评定进行复查，确保世博食品供应安全。

2、服务会展经济，组织举办各类展会。2010 年，协会共组织承办了 4 个展会和 6 项赛事。有：“迎新春农副食品大联展”，“名特优新食品、生活用品大联展”，“上海食品包装、机械、食品馅料展”和“2010 上海品牌食品博览会”。

3、积极为行业发展建言献策，服务政府，服务行业。一是提出了“上海市食品业‘十二五’发展规划建议”，积极参与市经信委关于上海市轻纺工业“十二五”规划的修改，二是参与了市商务委“上海畜牧屠宰业‘十二五’发展规划”的调研。三是受市质监局的委托，开展上海市食品质量分析的课题调研。四是承担上海市食品行业名牌评价规范起草，并组织专家评审。五是完成上海市菜场猪肉追溯系统使用情况调查。六是参与全国青少年健康食品行动计划。

4、拓展与国内外食品界的合作交流。国内方面，加强与长江三角洲地区（城市）食品（工业）协会的合作联动，对联席会《组织办法》“和长三角地区名优食品认定办法”达成共识，将付之实施；组织企业赴江苏大丰、安徽淮北考察，签订全面战略合作关系协议，还举办投资推介会等，为融入长三角迈出探索性的步伐。在国际方面，与多个国家食品界保持联系，如与韩国国家食品产业园签订合作备忘录，形成相对稳定的合作关系。

5、继续推进名牌战略，扩大咨询服务面。完成 ISO 复审认证咨询。

2011 年–2012 年，协会在转型创新中持续发展，与行业同发展，各项工作取得长足进步。协会管理基础工作不断加强，桥梁纽带作用进一步发挥。2012 年，协会被市社会团体管理局评为社会组织规范化建设 5A 级，并被市商务委推荐为市先进行业协会候选单位。协会努力提升创新服务的意识和能力，坚持把提升创新服务的意识和能力摆在突出重要位置，努力构筑创新服务平台。加强服务工作常态化、机制化建设，摸索行业协会的发展之路。

一是构筑上下沟通的平台。2011 年，“问题馒头”曝光后，协会接受市商务委委托，及时召集全市主要食品生产企业和有关协会，召开“推进行业自律，加强食品安全工作会议”，举一反三，推进工作。在调研中，协会发现有一家名为“多福多”的馒头生产企业管理规范、产品质量可控，但因遭“问题馒头”影响，日产量直线下降，困难很大，协会及时编写简报，向有关部门反映。在各方面的努力下，企业产能放空问题得到缓解。

受“毒奶粉”事件影响，“上海名牌”食品于 2011 年暂停评比，部分“上海名牌”食品 2012 年 3 月有效期将止，新评、复评工作尚未开始，而企业剩余的价值 600 多万元的包装材料到期将不能使用，为节约社会资源，减少企业损失，协会组织人力走访了 40 多家企业进行调研、实地查看情况，并积极向有关方面反映情况，争取到延长包装材料的使用期，使问题得以妥善解决。

2012 年月饼券上取消“过期作废”的表述后，协会在第一时间汇集企业意见，及时向行政主管部门作了专题汇报，反映企业诉求。赢得行政主管部门的重视，使问题得到较好解决。

在《食品安全法》颁布实施 3 周年之际，协会牵头联合 23 家相关协会，组织举办“责任 安全 行动”论坛，被上海市食品安全办公室列为全市 2012 年食品安全宣传周活动内容。在宣传周启动仪式上，向全市发布“进一步贯彻《食品安全法》，建设食品最安全城市——上海市食品行业联合行动宣言”。

根据上海市委、市政府把上海建设成为国际著名旅游城市战略，自 2010 年起，协会与上海市旅游行业协会、上海市包装技术协会、上海市食品学会在市商务委、市旅游局和市质监局的指导下，引进台湾 “伴手礼”的理念，研究制定了评选办法，共同开展“上海特色旅游食品”评选。为促进产业融合，打造上海旅游城市名片作了铺垫。

二是构筑建言献策的平台。围绕食品安全问题，编制了“关于发展本市馒头（包子）产业化产销方案”。同时，受上海市食安委办公室委托，起草上海市食品安全协会联合会章程（草案）等。

三是构筑实施品牌战略的平台。联合相关协会，组织开展上海名优食品评选，积极培育食品品牌。开展了长三角地区江浙沪名优食品互认。2011 年，两省一市 90 家食品企业的 90 个产品被互认为“长三角名优食品”。2012 年，又有 69 家企业的 73 个产品被互认为“长三角名优食品”。其中上海有 39 家企业的 39 个产品。

从 2009 年开始，协会首倡举办“上海品牌食品博览会”，旨在推动企业确立品牌意识，促进认牌消费理念。至 2012 年已举办了 4 届。博览会被列入 上海“质量月” 、“购物节”和“旅游节”活动内容。

四是构筑技能培训平台。协会下属上海市现代食品职业技能培训中心，已为行业培训 3500 多名各类技术人才和食品安全管理员。并积极承办由上海市人力资源和社会保障局、市教委等 6 单位组织的“上海市职业技能竞赛”，获优秀组织奖；由中国轻工业联合会、人力资源和社会保障部中国就业技术指导中心等部门举办的第 7 届 ~ 第 13 届全国焙烤职业技能比赛等等，为技术人才脱颖而出作出贡献。分别被中国轻工业联合会、中国焙烤食品糖制品工业协会命名为“全国焙烤食品糖制品行业培训基地”，被全国工商联烘焙业公会授予“烘焙培训杰出贡献单位”和上海市徐汇区授予“优秀示范办学单位” 称号。

五是构筑评优创先平台。协会制定办法并组织进行上海市食品行业领先企业、优秀新产品和协会优秀企业以及积极分子评选活动。从 2010 年起，运用统计信息获得第一手资料，在企业自愿申报基础上，向社会公示征求意见、专家评审，综合各方面因素，评出各年度“上海食品行业领先企业”，并在《上海商报》、《上海食品》、《中国食品报》、东方明珠移动电视、上海食品网等媒体广泛宣传，旨在促进上海食品业持续发展，提高企业知名度和核心竞争力，获得较好反响。从 2010 年起，由企业自荐，相关协会初审、专家组成评委会复审，评出上海市食品行业优秀新产品，并在品牌食品博览会上辟专区集中展示，接受社会检验，为企业搭建创新转型平台。

六是构筑诚信建设平台。2011 年，协会承担了市经信委《2010 年度上海市社会诚信体系建设专项资金项目——上海市食品协会工业企业诚信体系建设试点项目》。结合工信部等有关部委颁发的《食品工业企业诚信体系建设工作指导意见》等文件，在上海调味品行业开展试点，制定了上海食品工业企业信用档案范本、编制细化了《上海市食品工业企业诚信管理体系(CMS) 建立及实施通用要求》、制定细化了《上海市食品工业企业诚信评价准则》、委托第三方信用服务机构完成对试点企业征信评价。经过近 1 年试点，完成项目要求，也提高了企业诚信意识。试点结束后，协会举行了交流和总结，并制定出下一年诚信工作计划和细分方案，又在 2012 年召开诚信体系建设动员会、进行培训等工作。2012 年，经工信部评审通过，协会还取得了“食品工业企业诚信管理体系评价机构”资质。

七是构筑咨询服务平台。协会每年都要举办两次以上信息报告会，内容从通报上海食品工业经济运行情况，扩展到报告宏观经济走势，为大家提供服务，受到会员企业的欢迎。同时完善《上海食品网》，出版《上海食品》杂志。协会还以庆祝成立 30 周年为契机，联合与食品相关的 20 家行业协会（专业委员会）和组织 36 家有代表性的企业，编写《上海食品 30 年》，比较全面地反映和梳理了改革开放 30 年本市食品工业的成长发展轨迹，留存了一份可供研究的历史资料。

八是构筑推进标准化平台。2011 年 5 月，协会请市工商局、市食药局等有关部门的专家，就流通环节食品经营现状、企业标准的编写和备案申请、企业诚信体系建设、全国食品安全标准进展、食品添加剂的应用、食品生产许可证审查通则 2010 年版解读等内容，对企业品控和质量安全岗位人员进行培训。参加培训的有 160 多人，协会还颁发了培训证书。同期，对食品营养成分标注知识组织企业进行专题培训。

九是构筑融资和技术服务平台。协会牵手民生银行，为中小企业融资服务。为缓解企业生产经营中的资金困难，贸易分会从 2011 年以来，已实现融资超过 4 亿元人民币，年融资约 60 户次。与上海食品研究所合作，推出“上海市食品行业中小企业技术服务平台”，为中小企业提供食品质量检测和技术咨询服务。

几年中，协会注重引导企业依法生产经营，履行社会责任。每年“3.15”，积极参与有关部门组织的宣传活动，为消费者就食品安全问题释疑解惑，指导维权。利用各种展会，宣传食品安全知识。两年内，协会下属贸易分会向市慈善基金会捐款 50 万元人民币，优先帮助协会会员单位困难职工。2012 年“五一”

前，协会启动了这项帮困基金，200 名职工受惠。

探索创新协会管理机制。根据协会综合性强的特点，协会在管理机制上不断探索创新。2011 年、2012 年，先后设立了贸易分会和咖啡专业委员会，在经济上“分灶吃饭”，促使分支机构的活动力更好地发挥出来。贸易分会为会员解决融资等急难问题；咖啡专业委员会着手制订咖啡师标准，促进本市咖啡业的规范有序发展。

坚持开展行业统计工作。受上海市统计局授权、委托，协会成为全市第 1 批开展行业统计的行业协会，也是全市拥有统计单位最多的行业协会。

2012 年 12 月，协会进行了第六届理事会的换届改选工作。上海市食品协会第七届第一次会员代表大会审议并通过第六届理事会工作报告，修改了协会章程，选举产生第七届理事会及会长、副会长，顺利完成了新老交接。

【d. 食品安全】

2011 年，上海市食品安全水平进一步改善。为努力践行上海市政府关于食品安全“五个最严”的要求，即最严的执法、最严的监管、最严的准入、最严的处罚、最严的问责。打击“瘦肉精”、“染色馒头”等违法事件，上海市食品企业把贯彻实施《食品安全法》作为重要工作，认真执行各项标准，开展食品企业诚信体系建设，创建食品安全氛围，构建食品安全环境，企业食品安全意识大大提高，食品安全处于平稳、可控状态。

2012 年，上海市食品安全总体水平稳步提升，全年未发生重大食品安全事故。上海市是座食品“流通城”。

受资源、环境约束，上海市食品供给对外依赖度较高，近七成农产品来自外省市。2012 年上海市进口的肉类食品、乳与乳制品总量比 2011 年分别增长 25.3%和 37.3%，是名副其实的食品“流通城”。

到 2012 年底，上海市食品生产企业规模仍以“小、散、弱”为主，超过 75%企业尚属规模以下企业，但企业已开始向“大、集、优”转变，“拔尖”企业逐渐增多。从重视企业数量向提高质量转变，上海食品产业正走向良性循环，出类拔萃且让消费者安心的食品生产经营企业逐渐增多，下列情况可以表明：

根据市质监局的量化分级，截止 2012 年底，所发生产许可证中 A 级企业占 17.8%， B 级企业占 60.1%；最差的 C 级企业占 22.1%，但比 2011 年减少 4.2 个百分点。

食物中毒发生率创新低。2012 年上海集体性食物中毒发生率创历史新低，食物中毒起数、人数和发生率分别比 2011 年下降 12.5%、28.4%和 27.6%，比本世纪初的 10 例/10 万人更是大幅降低，这得益于上海对食品安全实施了最严格的监管。食品年抽检数达到 8 件/千人，抽检密度比汉堡、伦敦、纽约等国际城市平均 3 件/千人的水平都高。

筑起食品风险“防火墙”。根据各类食品的消费量和食品中可能含有的危害因素造成人体健康风险的高低，上海食品被分为 I 类、II 类和 III 类，分别在每月、每季度和每半年监测一次。 I 类食品消费量大、消费频率高、风险较高，III 类食品消费量和风险则相对较低。2012 年分别监测 I 类、II 类、III 类食品 20.03 万项次、3.26 万项次、5110 项次，总体合格率分别为 92%、93%、99%。

2012 年，植物油、乳制品、豆制品、婴幼儿等 I 类食品，粮食、乳制品、瓶（桶）装饮用水等 II 类食品，蜂制品、淀粉（谷、薯、豆类）、调味品、休闲食品、豆制品等 III 类食品的安全风险监测合格率均达到 100%。但腌腊肉制品、粮食制品等 II 类食品、熏烤肉制品类等 III 类食品合格率在 90%以下。

百姓对食品安全信心逐步回升。在高压监管下，一批食品犯罪案件被曝光，低质食品企业被淘汰。2012 年《上海市民食品安全知识知晓程度调查报告》显示，多数市民认同上海食品安全状况，87.7%的市民认为上海食品安全状况“很安全”、“比较安全”和“一般”，比 2011 年提高了 1.4 个百分点。

对食品安全现状的信任，很大程度上源自对食品安全情况的认知。2012 年上海市民食品安全知晓率总体得分达 80.1 分，自 2011 年起，连续 2 年达到 80 分以上。认知程度的加深，增加了市民参与食品安全问题监督的积极性，80%的市民愿意主动参与食品安全工作。

表一　2010 年上海食品工业完成主要经济指标

指标	单位	食品工业合计		其中：农副食品加工业		食品制造业		饮料制造业		卷烟制品业	
		2010 年	同比%	2010 年	同比%	2010 年	同比%	2010 年	同比%	2010 年	同比%
工业总产值	亿元	1405	116.1	259.4	100.1	436.5	114.4	170.4	100	538.7	134.9

销售产值	亿元	1389.6	120.8	257.7	108.3	431.4	118.1	160.8	102.3	539.7	138.4
主营业务收入	亿元	1459.4	121.8	273.4	108.4	478.5	119.1	169.3	109	538.2	138.2
出口交货值	亿元	40.3	110.7	11.9	111.3	15.2	111.7	5.4	114.5	7.8	105.9
利 润	亿元	193.5	114.1	12.1	98.3	32.4	118.6	7.3	45.6	141.7	124.4
利税合计	亿元	632.7	134.5	15.9	9.8	56.5	115.7	21.4	72.7	538.9	143.3
资产总计	亿元	1499.4	110.5	189.9	107.6	388.7	114.5	164	113.8	756.8	108.7
企业数	个	569		204		295		68		2	
平均从业人员	人	113664	105	31172	101.9	64901	106.4	13607	107.1	3984	100.1

（注：以上数据为规模以上食品工业企业,下同）

表二　2010 年上海工业完成主要食品产、销量

产品名称	单位	产量	同比%	销量	同比%
精制食用植物油	吨	853148	84.8	858997	89.9
糖果	吨	133722	106.9	143187	108.6
糕点	吨	103622	112.9	97531	113.4
饼干	吨	56201	94.5	58517	99.7
速冻米面食品	吨	57957	94.3	57318	95.7
方便面	吨	23437	104.3	23395	107.6
乳制品	吨	422958	104.8	421941	105.3
其中：液体乳	吨	381026	106.2	390697	106.1
罐头	吨	40628	103.9	40450	98.3
味精	吨	77376	102	75792	95.4
酱油	吨	71970	94.7	71968	93.3
饮料酒	千升	785025	97.2	764181	94.9
其中：啤酒	千升	653588	97	639629	95.3
黄酒	千升	117631	97.6	111370	92.2
软饮料	吨	2609775	97.9	2595463	97.4
其中：碳酸饮料	吨	1032569	99.8	1037838	97.6
瓶（罐）装饮用水	吨	969879	96.4	954193	97.8
果汁及果汁饮料	吨	151046	72.6	150370	71
冷冻饮品	吨	53094	87.9	55809	94.3
卷烟	万支	8825878.1	102	8785299.8	100.6

表三　2010 年中国名牌产品（上海市）

产品名称	企业名称	品牌
糖 果	冠生园（集团）有限公司	大白兔
黄 酒	冠生园（集团）有限公司	和
速冻主食品（饺子、汤团）	上海国福龙凤食品股份有限公司	龙凤
焙烤食品 月饼	杏花楼食品餐饮股份有限公司	杏花楼
糖 果	上海金丝猴集团有限公司	金丝猴
黄 酒	上海金枫酿酒有限公司	石库门

表四 2010 年中国驰名商标（上海市）

认定商标	企业名称	认定商品
冠生园	冠生园（集团）有限公司	糖果、蜂制品、糕点、速冻食品
大白兔	上海冠生园食品有限公司	糖果
光 明	光明乳业股份有限公司	乳制品
中 华	上海烟草（集团）公司	卷烟
杏花楼	杏花楼食品餐饮股份有限公司	月饼、糕点
金丝猴	上海金丝猴集团有限公司	糖果
上好佳	上海晨光食品工业有限公司	膨化食品
石库门及图	上海金枫酿酒有限公司	黄 酒
昂立	上海交大昂立生物药业有限公司	非医用营养液
天喔	上海天喔食品（集团）有限公司	蜜饯、加工过的坚果
正广和及图	上海正广和饮用水有限公司	汽水
天象	上海正广和饮用水有限公司	汽水
Aquarius	上海正广和饮用水有限公司	汽水
脑白金	上海黄金搭档生物科技有限公司	非医用营养液
清美	上海清美绿色食品有限公司	豆制品
爱普	上海爱普香料有限公司	香料、香精油
新天 suntime	新天国际葡萄酒有限公司	葡萄酒
中意及图	津市市中意糖果有限公司	糖果
拉斐	上海嘉升国际贸易有限公司	葡萄酒;酒(饮料);含酒精饮料(啤酒除外);黄酒;烧酒;料酒;劣等酒

表五 2010 年上海食品工业 50 强企业

1、上海烟草(集团)公司
2、可口可乐饮料（上海）有限公司
3、光明乳业股份有限公司
4、多美滋婴幼儿食品有限公司
5、上海嘉里食品工业有限公司
6、不凡帝范梅勒糖果（中国）有限公司
7、上海太太乐食品有限公司
8、上海申美饮料食品有限公司
9、上海东辰粮油有限公司
10、百事食品（中国）有限公司
11、上海良友海狮油脂实业有限公司
12、箭牌糖类（上海）有限公司
13、上好佳(中国)有限公司
14、上海来伊份股份有限公司
15、上海嘉里粮油工业有限公司
16、上海百事可乐饮料有限公司
17、上海克莉丝汀食品有限公司
18、嘉里特种油脂(上海)有限公司
19、上海佳格食品有限公司
20、上海清美绿色食品有限公司
21、上海双汇大昌有限公司
22、好丽友食品(上海)有限公司
23、上海东方航空食品有限公司
24、上海江崎格力高食品有限公司
25、上海石库门酿酒有限公司
26、上海香川饲料有限公司
27、上海雀巢有限公司
28、上海元盛食品有限公司
29、上海天喔食品(集团)有限公司
30、上海乳品四厂有限公司
31、奇华顿食用香精香料(上海)有限公司
32、上海亚太酿酒有限公司

33、青岛啤酒上海松江有限公司
34、上海五丰上食食品有限公司
35、上海福喜食品有限公司
36、上海大江(集团)股份有限公司
37、上海福新面粉有限公司
38、上海味好美食品有限公司
39、三得利啤酒(上海)有限公司
40、上海爱森肉食品有限公司
41、英联饲料(上海)有限公司
42、上海金丝猴食品股份有限公司
43、上海农好饲料有限公司
44、联合利华食品(中国)有限公司
45、上海好成食品发展有限公司
46、上海东方希望动物营养食品有限公司
47、上海惠氏营养品有限公司
48、上海乐惠米业有限公司
49、上海太太乐福赐特食品有限公司
50、国民淀粉工业（上海）有限公司

表六

2011-2012 年上海食品工业主要经济指标完成情况

指 标	单位	食品工业合计				其中：农副食品加工业				食品制造业				酒、饮料和精制茶制造业				卷烟制造业			
		2011年	同比%	2012年	同比%	2011年	同比%	2012年	同比%	2011年	同比%	2012年	同比%	2011年	同比%	2012年	同比%	2011年	同比%	2012年	同比%
工业总产值（现行价）	亿元	1645.2		1785	3.6	285.6		305.6	4.1	483.2		546.8	4.5	200.2		177.6	-16	676.2		755	8.4
销售产值	亿元	1612.7	117.2	1792.9	109.8	289.7	115.3	309	108.2	467.8	109.5	538.9	109.7	184.2	117	180.3	97.6	671	124.3	764.7	114
出口交货值	亿元	42.7	101.7	51.5	108.4	10	87.9	9.1	99.9	18.3	104.4	26.7	111.2	6.7	127	7.2	107.8	7.7	98.8	8.5	110.3
主营业务收入	亿元	1743.8	120.3	1911.5	108.6	330.3	122.1	355.4	104	549.7	115.8	634.1	110.4	194.3	116.7	178.9	92. 1	669.5	124.4	763.1	114
利 润	亿元	226.5	117.3	262.3	116.1	10.2	90.1	15.4	168.7	36.7	113.1	45.4	123.4	11.3	149.8	9.8	88.3	168.3	118.7	191.7	113.5
利税合计	亿元	781.1	123.7	899.1	114.9	12.9	87.4	18.9	159.5	63.5	112.9	77.8	119.3	26.5	124.1	23	85.9	678.2	125.9	779.4	114.8
资产总计	亿元	1670.6	113	1892.5	111.4	197.4	109	216.7	113.5	432.6	113.8	526.7	112.8	168.6	105.2	169.3	100.2	872	115.2	979.8	112.4
企业数	个	383		404		134		134		203		222		44		46		2		2	
平均从业人员	人	111369	103	123820		30017	103.2	28845	102.8	64578	103.6	74606	109.2	12720	99.9	16248	113.3	4054	101.8	4121	99

表七

2011-2012 年上海食品工业主要产品产销量

产品名称	单位	生 产 量				销 售 量			
		2011 年	同比%	2012 年	同比%	2011 年	同比%	2012 年	同比%
小麦粉	吨	209850	110.5	172390	86.8	212431	109.6	176119	87.9
大米	吨	196125	150.5	180089	101.7	178522	132.8	187440	117.9
饲料	吨	1536426	110.4	1446417	91.6	1542515	110.9	1438381	90.7
精制食用植物油	吨	845573	99.1	1016983	120.1	854387	99.5	871868	101.9
鲜、冻藏肉	吨	45530	86	53295	109.9	45243	85.6	53021	109.5
冻肉	吨	12294	69.6	9336	75.8	13032.5	75.5	9740	74.9
冷冻水产品	吨	5275	196.6	3345	69.4	4771	182.5	2688	62.3
糕点	吨	98977	99.7	125557	113.4	97253	103.4	124180	114.1
饼干	吨	68948	123	72191	101.5	67004	114.8	70935	103.1
糖果	吨	154176	101.3	165475	97.4	163275	101	175727	98.3
速冻米面食品	吨	53800	93.8	44203	98.1	54287	95.6	44669	99.6
方便面	吨	25720	109.7	25989	101	22948	98.1	25624	111.7
乳制品	吨	457451	108.9	581729	112.4	455629	108.8	583033	113
其中：液体乳	吨	408613	107.2	530741	113.2	409045	107.4	532056	113.4
乳粉	吨	44640	127	48187	107.9	42487	124.7	48153	113.3
罐头	吨	38999	96	42856	109.9	40011	98.9	40259	100.6
味精	吨	67888	84.7	67832	103.3	67475	85.9	66272	101.6

产品名称	单位	生产量				销售量			
		2011 年	同比%	2012 年	同比%	2011 年	同比%	2012 年	同比%
酱油	吨	62655	87.7	64377	102.7	62572	87.6	65164	104.1
冷冻饮品	吨	59100	111.9	45543	77.1	46217	83.3	52267	113.1
饮料酒	千升	629014	81.6	705336	89.1	629404	84	706069	89.1
其中：白酒（折 65 度，商品量）	千升	10798	137.8	6140	56.9	10264	135.2	6171	60.1
啤酒	千升	208822	77.9	595019	88.6	508507	79.5	595903	88.7
黄酒	千升	104167	100.4	99315	95.3	105251	108.3	98899	94
葡萄酒	千升	1218	88.2	784	64.4	1114	86.6	770	69.1
软饮料	吨	2681671	106.1	2841527	100.1	2694945	107.2	2825532	99.2
其中：果汁和蔬菜汁饮料	吨	218060	144.4	182354	83.6	218088.6	145	179202	82.2
瓶(罐)装饮用水	吨	972097	109.6	1064359	102	950809	109	1046487	102.7
碳酸饮料	吨	932216	99.5	1116312	109.1	964811	102.1	1113401	105.4
卷烟	万支	8960977	101.5	9169190	102.3	9013511	102.6	9155938	101.6
其中：一类卷烟	万支	5123530	132.1	5728950	111.8	5074817	130.8	5803984	114.4

注：1、以上数据为规模以上食品工业企业　　2、工业总产值与上年比较指标为可比增长%

表八　2012 年中国驰名商标（上海市）

认定商标	企业名称	认定商品
冠生园	冠生园（集团）有限公司	糖果、蜂制品、糕点、速冻食品
大白兔	上海冠生园食品有限公司	糖果
光 明	光明乳业股份有限公司	乳制品
中 华	上海烟草（集团）公司	卷烟
杏花楼	杏花楼食品餐饮股份有限公司	月饼、糕点
金丝猴	上海金丝猴集团有限公司	糖果
上好佳	上海晨光食品工业有限公司	膨化食品
石库门及图	上海金枫酿酒有限公司	黄 酒
昂立	上海交大昂立生物药业有限公司	非医用营养液
天喔	上海天喔食品（集团）有限公司	蜜饯、加工过的坚果
正广和及图	上海正广和饮用水有限公司	汽水
天象	上海正广和饮用水有限公司	汽水
Aquarius	上海正广和饮用水有限公司	汽水
脑白金	上海黄金搭档生物科技有限公司	非医用营养液
清美	上海清美绿色食品有限公司	豆制品
爱普	上海爱普香料有限公司	香料、香精油
新天 suntime	新天国际葡萄酒有限公司	葡萄酒
中意及图	津市市中意糖果有限公司	糖果
拉斐	上海嘉升国际贸易有限公司	葡萄酒；酒（饮料）；含酒精饮料（啤酒除外）；黄酒；烧酒；料酒；劣等酒

表九　2012 年上海食品工业 50 强

（按主营业务收入排序）

序号	企业名称	序号	企业名称
1	上海烟草(集团)公司	26	上海乐惠米业有限公司
2	光明乳业股份有限公司	27	上海东方航空食品有限公司
3	上海嘉里食品工业有限公司	28	上海石库门酿酒有限公司
4	可口可乐饮料（上海）有限公司	29	青岛啤酒上海松江有限公司
5	多美滋婴幼儿食品有限公司	30	上海乳品四厂有限公司
6	不凡帝范梅勒糖果（中国）有限公司	31	上海好成食品发展有限公司
7	上海太太乐食品有限公司	32	上海农好饲料有限公司
8	百事食品（中国）有限公司	33	上海五丰上食食品有限公司
9	上海申美饮料食品有限公司	34	奇华顿食用香精香料(上海)有限公司
10	箭牌糖类（上海）有限公司	35	上海太太乐福赐特食品有限公司
11	上海东辰粮油有限公司	36	上海良龙食品有限公司
12	上好佳(中国)有限公司	37	天喔食品（集团）有限公司
13	上海良友海狮油脂实业有限公司	38	上海元盛食品有限公司
14	嘉里特种油脂（上海）有限公司	39	上海双汇大昌有限公司

15	上海嘉里粮油工业有限公司	40	上海味好美食品有限公司
16	上海来伊份股份有限公司	41	上海元祖梦果子有限公司
17	上海佳格食品有限公司	42	上海爱森肉食品有限公司
18	上海克莉丝汀食品有限公司	43	上海福喜食品有限公司
19	上海百事可乐饮料有限公司	44	上海新农饲料有限公司
20	联合利华食品（中国）有限公司	45	上海金丝猴食品股份有限公司
21	上海清美绿色食品有限公司	46	上海品食乐冷冻食品有限公司
22	上海雀巢有限公司	47	上海东方希望动物营养食品有限公司
23	上海江崎格力高食品有限公司	48	乐天(上海)食品有限公司
24	好丽友食品(上海)有限公司	49	上海福新面粉有限公司
25	上海香川饲料有限公司	50	上海雀巢饮用水有限公司

表十　2012 年部分食品市场占有率

序号	产品名称	第一名		第二名		第三名		第四名		第五名	
		品 牌	占有率%	品 牌	占有率%	品 牌	占有率%	品 牌	占有率%	品 牌	占有率%
1	食用油	金龙鱼	32.5	海狮	25.9	福临门	9.6	多力	8.5	融氏	4.6
2	中国烟	双喜	37.5	中华	36.4	利群	2.8	云烟	2.1	泰山	2.0
3	黄酒	和酒	25.7	石库门	14.8	金色年华	11.4	沈永和	6.3	古越龙山	5.0
4	啤酒	三得利	29.0	百威	15.4	青岛	15.3	雪花	11.8	世好	5.1
5	酱油	海天/一品鲜	35.6	欣和六月鲜	26.3	李锦记	12.4	淘大	8.0	泰康黄牌	1.3
6	醋	宝鼎天鱼	27.7	恒顺	21.1	东湖	13.5	北固山	8.5	鼎丰	7.0
7	包装大米	乐惠	30.2	光明米业	23.2	金龙鱼	11.4	福临门	9.7	香满园	5.1
8	巧克力	德芙	38.4	费列罗	22.4	好时	6.8	M & M	3.6	明治	2.8
9	糖果	大白兔	13.6	悠哈	12.1	徐福记	10.2	阿尔卑斯	7.8	百花	4.7
10	挂面	顶味	16.8	味都	15.2	今麦郎	14.5	味千	6.9	陈克明	5.5
11	膨化食品	乐事	33.2	旺旺	20.7	上好佳	13.9	好丽友	11.8	张君雅	4.0
12	饼干	奥利奥	16.2	百奇	8.4	闲趣	8.2	太平	6.1	康师傅	5.4
13	八宝粥	梅林真的	30.1	娃哈哈	29.2	银鹭	11.8	华元	10.5	亲亲	2.9
14	鱼(肉)罐头	梅林	48.6	鹰金钱	16.5	鲜得味	8.5	雩花	6.6	古龙	4.5
15	冷冻副食品	爱森	14.6	五丰上食	11.3	膳博士	6.0	大昌行	2.5	苏食	2.0
16	冷饮	和路雪	42.7	伊利	16.8	光明	15.5	八喜	10.6	蒙牛	7.0
17	奶粉	雀巢	29.6	安怡	27.3	伊利	13	光明	10.1	荷兰乳牛	5.5
18	液态奶	光明	50.1	蒙牛	26.7	伊利	4.8	三岛	1.1	其他	17.3
19	瓶装水	农夫山泉	38.7	雀巢	19.6	正广和	7.1	冰露	5.4	康师傅	4.9
20	瓜子	洽洽	28.4	阿明	20.4	张二嘎	8.7	天喔	7.8	华味亨	7.5
21	干果	天喔	24.2	百味林	13.0	华味亨	11.3	阿明	9.9	口水娃	5.2

序号	产品名称	第一名		第二名		第三名		第四名		第五名	
		品牌	占有率%	品牌	占有率%	品牌	占有率%	品牌	占有率%	品牌	占有率%
22	休闲鱼（肉）制品	立丰	14.1	天喔	12.8	新东阳	8.7	小辣椒	6.7	宁老大	4.7
23	蜂产品	冠生园	62.3	百醸工房	9.1	乡村蜂园	2.7	心之源	1.7	蜂博士	1.4
24	麻油	三添	39.1	龙溪一滴香	21.5	淘大	10	金龙鱼	9.8	五福	3.8
25	鸡精	太太乐	58.5	家乐	13.9	味美思	12.3	佛手	12.2	味好美	1.4
26	味精	双桥	41.7	佛手	27.6	太太乐	17.6	红碗	2.8	家乐	2.7
27	调味粉	味好美	38.2	唯加	8.9	太太乐	6.3	豪美佳	5.3	家乐	3.3
28	速冻调理品	湾仔码头	25.1	龙凤	12.8	桂冠	11.8	三全	10.8	海霸王	8.6
29	果冻布丁	喜之郎	24.3	台尚	24.2	华元如果	10.5	旺旺	9.5	雅客	5.4
30	沙琪玛	台尚	35.6	徐福记	20.9	光明	4.3	中洋宝	3.8	老大房	1.7
31	酸奶	光明	50.6	达能	16.5	蒙牛	10.8	味全	3.8	伊利	2.7
32	威化	雀巢	31.2	奥利奥	25.1	嘉顿	12.7	光明	5.4	爱利地	4.5
33	派	好丽友	34.6	乐天	15.7	光明	12.4	中洋宝	4.6	梦伟	2.1
34	蜜饯	华味亨	23.7	天喔	13.5	百味林	7.6	益民	4.9	大阿哥	3.3
35	调味酱	四季宝	17.7	丘比	14.5	桂冠	8.8	好侍	8.3	味好美	8.3
36	熟食	双汇	18.8	雨润	15.1	新雅	5.7	梅陇镇	3.1	荷美尔	3.0
37	喜糖	诗蒂	35.6	费列罗	19.9	德芙	13.5	申浦	12.0	阿尔卑斯	11.9
38	麦片	桂格	19.2	早早麦	11.0	智力	10.4	超级	7.7	皇宝	5.6
39	胶母糖	益达	42.6	箭牌	20.9	曼妥思	7.9	炫迈	7.6	好丽友	5.2

（吴如瑾）

3.10 江苏省

【a. 概况】

2012 年，江苏省食品工业经济运行总体健康良好，规模持续上升，生产增长有力，产销衔接水平提高，企业利润大幅提高，产值突破 5000 亿元大关，成为全省工业经济的增长亮点，继续位居全国食品工业强省“第 1 方阵”之列，保持了良好的发展态势。

1、**生产平稳步快速增长。**2012 年，全省食品工业规模以上企业 1909 家，从业人员 35.14 万人，完成现价工业总产值 5173.97 亿元，同比增长 22.18%，位列山东、河南、辽宁、湖北、四川之后，居全国第 6 位。分行业看，采盐业完成 60.49 亿元，同比增长 19.80%；农副食品加工业完成 3217.99 亿元，增长 24.98%；食品制造业完成 588.65 亿元，增长 24.09%；酒、饮料和精制茶制造业完成 866.47 亿元，增长 18.48%；烟草制品业完成 440.37 亿元，增长 9.11%。全省食品工业总产值占全省工业总产值的 4.31%，比 2011 年提高 0.35 个百分点，是全省轻工行业的第 1 大产业。

2、**市场保持产销两旺。**2012 年，江苏省食品工业实现销售产值 5157.24 亿元，同比增长 21.60%。食品消费市场稳定向好，产销衔接水平提高。粮、油、肉、乳、蛋、糖、茶等日常生活主要食品供需平衡，产销同步上升，全年食品产销率达 99.68%。2012 年，全省食品工业主要产品产量居全国前 10 位的有：小麦粉 897.17 万吨，第 4 位；大米 688 万吨，第 7 位；精制植物食用油 474.88 万吨，第 3 位；冷冻水产品 24.46 万吨，第 8 位；速冻米面 4.94 万吨，第 7 位；乳制品 128.32 万吨，第 7 位；酱油 18.08 万吨，第 7 位；发酵酒精 108.28 万千升，第 4 位；白酒 91.41 万千升，第 4 位；啤酒 217.38 万千升，第 7 位；果蔬汁饮料 80.65 万吨，第 10 位；原盐 742.68 万吨，第 2 位；卷烟 1006.19 亿支，第 9 位。市场消费向安全、自然、健康、方便、休闲性发展，市场细分增加，高档食品、个性化食品、功能性食品、国际化食品份额提高。

3、**效益增长势头明显。**2012 年，江苏省规模以上食品工业企业主营业务收入 5076.24 亿元，同比增长 19.84%；利税总额 964.89 亿元，增长 19.57%。其中：利润总额 460.60 亿元，增长 26.07%。全省食品工业主营业务收入、利税总额、利润总额增幅分别高于全省规模以上工业 8.84、10.47、20.27 个百分点；分别高于全省轻工业 5.24、2.07、6.47 个百分点。全省食品工业呈现利润总额增幅高于主营业务收入和利税总额的良好态势。

4、**出口拉动取得新增长。**2012 年，传统出口市场增长虽明显放缓，但全省食品工业企业严把产品质量关，克服贸易壁垒，出口交货值取得了新增长。当年完成 152.20 亿元，同比增长 15.35%。

5、**新产品产值增幅明显。**2012 年，全省食品工业企业以技术创新为核心，提高研发能力，加大技术攻关，促进成果转化，全省食品工业完成新产品产值 98.93 亿元，同比增长 32.12%。特别是农副食品加工业和食品制造业分别完成 50.79 亿元和 11.79 亿元，增幅分别达到 55.05%和 65.41%。2012 年全省食品工业新增 6 家省级企业技术中心。截止 2012 年年底，江苏食品工业有 1 家国家级企业技术中心和 14 家省级企业技术中心。

6、**结构调整有新成效。**全省食品工业依据产业政策和行业发展重点及方向，加快淘汰落后产能，利用高新技术改造提升传统产业，加快调整产业产品结构，促进行业结构优化。一是规模以上食品企业数量增加。2011 年统计口径调整后规模以上企业为 1812 家，2012 年新增 97 家，达到了 1909 家。二是龙头食品企业增势强劲。2012 年新增省级农业产业化重点龙头食品企业 60 家。截止 2012 年年底，国家级龙头食品企业 28 家，省级重点龙头食品企业 230 家。

7、**品牌化战略有新进展。**2012 年全省食品工业新增 14

个“中国驰名商标”，分别是：桂花牌盐水鸭、老山牌蜂王浆冻干粉、苏食牌猪肉、淮牌食盐、双鱼牌猪肉脯、苏三零牌面粉、亲亲牌八宝粥、大富豪牌啤酒、安惠牌食用菌、宁富牌生肉食、甘露牌香油、沙洲优黄牌黄酒、香雪牌味精、淮安大米牌大米；新增 37 个“长三角名优食品”；重新认定和新认定江苏省著名商标 157 个。截止 2012 年年底，江苏食品工业获得“中国名牌产品”26 个、获“中国驰名商标”48 个，获“长三角名优食品”67 个，获“江苏名牌”374 个，获“省著名商标”391 个。

8、食品安全保障能力得到加强。2012 年，全省食品工业奉行“食品工业是道德工业”的经营理念，积极稳步推进食品工业企业诚信管理体系建设工作，加强企业食品安全师培训和认证，建立保障食品安全长效机制。一是全行业积极配合政府部门开展产品质量和食品安全专项整治行动，积极参加食品安全宣传周及“放心食品大家看”主题宣传日活动。二是在 26 家乳制品和肉制品企业中开展诚信管理体系建设试点工作，已有 19 家企业通过了现场评价。省食品工业协会被工信部确定为全国第二批诚信管理体系评价机构。三是开展食品安全师专题培训认证工作，全年共培训人员 140 人。截止 2012 年年底，全省累计培训 651 人，已获得国家职业资格认证 461 人，初步建立起了全省企业食品安全管理人才队伍。

【b.“十一五”回顾】

1、发展现状

“十一五”期间，江苏省食品工业总量快速增长，产值翻番，重点行业及主要产品产量稳步增加，经济效益持续提高，产业结构调整加快，市场竞争力不断上升，提前完成“十一五”规划的目标，为“十二五”持续发展打下了良好基础。

总量规模不断提升。2010 年，全省规模以上食品工业生产企业 2542 家，比 2005 年增长了 71.6%。完成现价工业总产值 3693.30 亿元，销售收入 3674.64 亿元，利税 646.66 亿元，“十一五”期间，年均分别增长 22.7%、23.6%、25.3%。工业总产值和利税均提前实现“十一五”的预期目标，总量位居全国第 6 位。

重点行业进一步向好。江苏省“十一五”食品工业发展规划中确定的粮油加工业、肉及肉制品加工业、乳及乳制品制造业等 5 个重点发展行业和功能饮料制造业、水产品加工业等 6 个鼓励发展行业已成为全省食品工业的主体，工业总产值占全省食品工业的 72%，比“十五”期间提升了近 7 个百分点。

主要产品产量持续增长。“十一五”期间，全省食品工业主要产品产量大幅增长。2010 年，食用植物油产量 496.72 万吨，比 2005 年增长 1512.7%，年均增幅为 74.4%;乳制品 100.19 万吨，增长 233.7%，年均增幅 27.3%;大米 630.02 万吨，增长 201.8%，年均增幅 24.7%;果汁饮料 58.24 万吨，增长 135.3%，年均增幅 18.7%;鲜冷藏肉 31.31 万吨，增长 24.2%，年均增幅 4.4%。食品种类逐渐趋于系列化、多样化、精细化，更好地满足了消费者的需求。

骨干企业和重点地区支撑作用明显增强。2010 年，全省食品工业前 100 强企业共实现产值 1976 亿元，占全省规模以上企业产值的 54%。雨润集团、维维集团产值超百亿元，并涌现出苏食集团、洋河、今世缘、恒顺等一批知名企业。江苏食品工业获得“中国名牌”26 个、“中国驰名商标”15 个，“江苏名牌”374 个，“江苏省著名商标”369 个，国家级龙头食品企业 24 家。特色食品产业发展和产业集聚取得新成效，形成具有一定区域特色的食品产业聚集区和食品工业强县，累计已有 8 个县(市)获得全国食品工业强县称号。

食品安全保障能力明显提高。全省食品企业积极履行食品安全第一责任人的职责，食品安全保障能力明显提高，严格执行国家规定，加强检验检测能力建设，提升质量保障水平，从源头上保证食品质量安全。加强企业食品安全管理人员队伍建设，一批重点企业设立了食品安全师岗位，将经过专业培训并取得国家认可的食品安全师任职资格的专业人员配备到岗位上。

2、存在的问题

“十一五”期间，江苏省食品工业虽然成效显著，但与科学发展观的要求和食品工业发达的省份相比仍存在着一定差距和问题，主要表现在以下 3 个方面：

技术创新能力有待进一步提高。一是人力资源和技术水平优势未得到充分发挥。江苏省在食品工业相关专业的人才培养上处于全国领先地位，食品的科研水平也在全国具有优势，但这一优势没有得到充分发挥利用。二是研发投入明显不足。2010 年，全省规模以上食品工业增加值占规模以上制造业增加值的份额为 5.27%，而研发投入占制造业研发投入的份额为 1.88%。三是新产品开发速度慢。适应消费结构升级的方便型、功能型产品少，高附加值产品比重偏低。2010 年全省食品工业新产品产值排全国第 14 位，新产品产值只占销售收入的 1.03%。四是社会化技术服务体系配套不完备。全省县级以上政府部门所属的研究和开发机构中，还没有食品工业的专门研究开发机构，且科技成果的转化率低。

产业结构有待进一步优化。一是企业平均规模小。产业集中度低，龙头企业引领作用不强，大部分中小食品企业竞争力弱，行业“小、散、弱”的状况尚未得到根本改变，食品安全保障能力不够。二是产品仍以初级加工为主。精深加工、专用型、功能性产品所占比例较低，具有较高附加值和技术密集型的产品少，附加值不高。三是区域布局不合理。“苏南资金技术充裕、苏北资源丰富”这一全省区位优势未得到很好发挥，食品工业整体布局有待优化。

原材料供应及配套服务体系有待进一步完善。一是缺少原材料供应基地。全省大部分食品生产企业无农产品原料供应基地，全省规模化、标准化的种植(养殖)基地较少，食品加工与农业生产之间尚处于简单的初级供需阶段，尚未形成一体化发展模式，增加了企业经营成本和市场风险。二是配套服务体系不完善。围绕食品工业发展的社会化流通和服务网络尚未形成，冷链物流网络发展相对落后，大宗食品原料储备、电子商务、贸易和加工配送体系不完善，围绕骨干食品企业的配套协作产业发展滞后，一定程度上制约了食品工业的发展。

【c. 大事记】

2010 年

1 月 16 日，在苏州市召开了江苏省食品行业工作座谈会。会议总结交流了 2009 年全省食品行业发展情况，分析了 2010 年行业发展形势，部署了 2010 年度工作重点，座谈全省食品行业协会之间如何加强联系与合作互动，促进行业发展。

3 月 30 日，在南京市召开了《江苏食品–保健食品专辑》编委会会议。

7 月 1 日，在常州市组织召开了江苏部分食品生产加工企业与常州新阳光国际食品城对接会议。

7 月 11 日–14 日，在宿迁市举办了第 6 届江苏省白酒评委培训考核班，全省重点白酒企业 89 名业务骨干参加培训考核。

7 月 14 日，组织 50 多名重点食品生产企业负责人赴上海参观考察“第 16 届中国国际加工、包装及印刷科技展览会”。

8 月 4 日–6 日，在无锡健特药业召开了江苏省食协营养保健品专业委员会 2010 年度技术委员会年会。

10 月 20 日–22 日，第 3 次长江三角洲地区（城市）食品（工业）协会联席会议在南京市召开。上海、浙江、江苏及省辖市食品协会负责人 30 人出席会议。

11 月 27 日，在南京市召开了吉林（中国–新加坡）食品区推介会。

11 月 30 日–12 月 5 日，在南京市举办了第 4 期国家级食品安全师职业资格培训考试班。

12 月 17 日–18 日，在南京市召开了江苏省营养保健品专业委员会 2010 年年会。

2011 年

3 月 25 日在南京召开了《江苏食品–保健食品专辑》编委会会议。

5 月 27 日，在南京市召开了全省食品工业诚信体系建设工作会议。各省辖市经信委、行业协会、部分县（区）经信部门以及全省乳制品肉制品行业企业的负责人参加了会议。

5 月 29 日 ~ 6 月 2 日，组织部分白酒企业负责人赴安徽省考察学习。

7 月 14 日，组织 50 多名重点食品生产企业负责人赴上海参观考察“第 17 届中国国际加工、包装及印刷科技展览会”。

8 月 28 日–31 日，在今世缘酒业召开 2011 年省白酒评委年会暨白酒创新产品质量鉴评会。

11 月 3 日–5 日，在南通市江苏安惠生物科技有限公司召开了江苏省食协营养保健品专业委员会 2011 年度技术委员会年会。

11 月 27 日–12 月 4 日，在南京市举办了第 5 期国家级食品安全师职业资格培训考试班。

12 月 7 日–9 日在南京市召开全省食品工业企业诚信体系建设试点企业培训会。

12 月 15 日–16 日，在南京市召开了江苏省营养保健品专业委员会 2011 年年会。

2012 年

5 月 3 日–15 日，组织专家检查组对南京雨润食品有限公司等 12 家已初步建立诚信管理体系试运行的试点企业进行了专项检查。

6 月 19 日江苏省食品工业协会第 6 次会员代表大会在南京召开。省经信委副主任周毅彪当选理事会会长，孙林为副会长兼秘书长。

8 月 2 日–5 日在今世缘酒业召开了 2012 年度省白酒评委年会暨白酒勾调培训班。

9 月 7 日，在南京雨润集团召开了省食协第六届理事会第一次会长会议。

10月25日–27日，在丹阳市召开省食协营养保健品专业委员会2012年度技术委员会年会。

12月9日–15日，在南京市组织举办了第6期食品安全师职业资格培训考试班。

12月21日在南京市召开了省食协营养保健品专业委员会2012年年会。

【d. 固定资产投资】

2010年，江苏省食品工业固定资产投资总额333.90亿元。其中：农副食品加工业171.11亿元，食品制造业101.72亿元，饮料制造业57.79亿元，烟草制造业3.28亿元。投资总额中新建投资为246.18亿元，扩建投资46.50亿元，改建投资41.22亿元。当年施工项目642个（其中新开工456个），全部建成投产项目413个，投产率达64.33%。其中：农副食品加工业项目367个（新开工281个），全部建成投产项目241个，项目建成投产率为65.67%；食品制造业项目197个（新开工130个），全部建成投产项目129个，项目建成投产率为65.48%；饮料制造业项目75个（新开工44个），全部建成投产项目42个，其项目建成投产率为56%；烟草制造业项目3个（新开工1个），全部建成投产项目1个，项目投产率为33.33%。

2011年，江苏省食品工业固定资产投资总额451.78亿元。其中：农副食品加工业245.83亿元，食品制造业124.16亿元，酒、饮料和精制茶制造业69.61亿元，烟草制品业12.18亿元。投资总额中新建投资为292.56亿元，扩建投资104.55亿元，改建投资54.67亿元。当年施工项目1024个（其中新开工699个），全部建成投产项目748个，投产率73.05%。其中：农副食品加工业项目611个（新开工421个），全部建成投产项目433个，建成投产率为70.87%；食品制造业项目290个（新开工199个），全部建成投产项目225个，建成投产率为77.59%；酒、饮料和精制茶制造业项目117个（新开工75个），全部建成投产项目88个，建成投产率为75.21%；烟草制造业项目6个（新开工4个），全部建成投产项目2个，建成投产率为33.33%。

2012年，江苏省食品工业固定资产投资总额为605.58亿元，同比增长34.04%。其中：农副食品加工业348.09亿元，增长41.60%；食品制造业157.89亿元，增长27.50%；酒、饮料和精制茶制造业88.44亿元，增长27.10%；烟草制造业11.16亿元，下降8.40%。从投资结构看，呈现三多三少：一是地方投资多，中央投资少；二是内资投资多，港澳台商和外商投资少；三是私人控股投资多，国有控股和集体控股投资少。

【e. 行业管理】

2010年–2012年，江苏省食协确立优质服务意识，发挥桥梁纽带作用，积极为企业、行业、政府部门服务。特别是2012年，加强自身建设，完成了协会换届改选工作，为协会的进一步发展奠定了良好基础。

1、精心筹备组织，做好换届工作。江苏省食品工业协会是1981年经省政府批准成立的。省食协上一届理事会自1997年以来已有15年没有换届。在精心筹备组织后，2012年顺利换届组成第6届理事会。新一届理事会由238人组成，其中有12位厅局级领导担任副会长，省经信委周毅彪副主任当选会长。会议还对2011年度江苏省食品行业优秀企业、优秀企业家和先进工作者进行了表彰。

2、发布行业信息，引导产业发展。通过省经信委《经信动态》和网站分别发布2009年、2010年、2011年度江苏食品行业经济运行情况，公布全省食品工业主要经济指标、主要产品产量、重点行业运行情况分析、品牌化战略成果和食品安全工作情况等，引导产业有序发展。通过省食协主办的《江苏食品》杂志，及时传递国家和省有关食品行业发展的政策信息，让地方和企业了解行业动态。

3、稳步推进食品工业企业诚信管理体系建设，建立保障食品安全长效机制。按照工信部统一部署和省食安委要求，省食协开展的工作主要有：一是宣传发动，营造良好工作氛围，2011年5月。省经信委召开了全省食品生产企业诚信体系建设工作会议，部署食品工业企业诚信体系建设工作，与会企业共同签署了《江苏省食品工业企业诚信宣言》。二是确定试点，认真进行诚信体系建设培训。集中各地经信委行业主管部门、行业协会负责人和试点企业负责人、食品安全管理人员进行业务培训，依据工信部颁布的QB/T4111–2010标准，专门编写了全省食品工业企业诚信体系师资及企业内部审核人员培训讲义，聘请有资质、有理论功底、有丰富实践经验的教师进行授课。三是下发试点工作实施方案，积极稳妥开展工作。制定了《江苏省食品工业企业诚信管理体系建设试点工作实施方案》，对试点企业建立和实施诚信管理体系（CMS）明确了时间进度，选定咨询辅导机构，对咨询辅导机构及其工作作出了规范性规定。四是加强工作督查，组织专家组对试点工作专项检查。根据全省试点企业的工作进度，在试点企业完成自主创建并试运行一段时间后，组织专家组对企业进行了专项检查。五是对试点企业诚信管理体系建设进行试评价。组织国家工信部授权的

第三方评价机构对试点企业食品质量安全保障组织体系及相应管理制度、企业质量诚信保障能力、财务状况、企业社会责任等方面进行了符合性及有效性现场评价，全省 19 家试点企业全部通过了现场评价。六是协会积极创造条件，申报工信部诚信管理体系评价资质。聘请了有关专业人员参加工信部组织的评价人员课程培训和考试，经审核和公示，协会被工信部确定为第二批 17 家食品工业企业诚信管理体系委托评价机构之一。

4、抓食品安全师队伍建设，为全省食品企业设立专职食品安全岗位提供人才保障。按照省政府关于“加强企业食品安全师培训和认证工作，大型食品企业要内设食品安全监控机构，并做到专人负责、持证上岗”的要求，发挥协会食品安全培训机构的作用，以加快建设具有良好职业操守，具备较强理论和实践能力的专业食品安全和诚信管理专业人员队伍为重点，开展食品安全师专题培训工作。2010 年至 2012 年共培训企业人员 92 人次，大学食品专业四年级学生 180 人次。学员经历了 60 课时的理论学习和 20 课时的实际操作，通过全国统一考试，达到了“职业素质提升”、“专业水平提升”、“职业道德提升”、“安全意识提升”的目标。

5、加强行业技术交流，提高江苏白酒产品质量水平。白酒是江省食品工业的重要产品之一。2010 年，在宿迁举办第 6 届江苏省白酒评委培训考核班，全省重点白酒企业共有 89 名业务骨干经各单位选拔参加培训考核，依据考核成绩和聘用原则，62 人被聘为第 6 届江苏省白酒评委，17 人被聘为第 6 届江苏省白酒特邀评委。2011 年，在今世缘酒业召开了 2011 年省白酒评委年会暨白酒创新产品质量鉴评会，一是选拔优秀白酒省评委参加白酒国家评委考评。最终灌输有 20 人被中国食协白酒专业委员会聘任。二是对近年来全省白酒创新产品进行了质量鉴评。将白酒创新产品感观质量鉴评评语下发各白酒企业，供其在勾兑中借鉴、创新、提高，从而提高全省白酒产品质量。2012 年在今世缘酒业组织召开了第 6 届江苏省白酒评委白酒勾调培训会。会议通报了全省食品工业和白酒行业经济运行情况；介绍了白酒行业发展方向和动态；组织了 4 场专家教授技术专题讲座；进行了白酒勾调理论培训和实践训练；举行了白酒勾调比赛；点评了白酒创新产品。

6、重视对新兴行业的指导，推动其健康发展。为加强对营养保健食品生产企业的教育和引导，推动营养保健品行业的健康发展，省食协营养保健品专业委员会组织活动，干预和指导行业的健康发展。一是年底召开全省营养保健品专业委员会年会，总结交流行业发展情况及年度工作任务完成情况，提出新年度工作重点，统一思想，明确任务。骨干企业带头，规范企业行为，号召同行诚信经营，推动行业健康发展。二是编辑出版《江苏食品–保健品专辑》刊物，加强信息沟通，为行业内企业提供交流服务平台，对行业共性问题进行探讨。三是召开营养保健品行业技术委员会会议，重点研讨螺旋藻、食用菌的深度开发，对膳食纤维及蛋白肽的最新研究进展等热点问题进行研讨，同时发布行业最新研究动态，举办讲座。

7、走出去和引进来，加强与兄弟省市的交流。一是做好长三角地区名优食品推荐认定工作，这是江、浙、沪两省一市建立的长三角地区食品品牌战略平台。江苏省有 67 个产品获得长三角地区名优食品称号。二是组织江苏食品产品走出去。组织食品行业人员赴上海参观举办的中国国际加工、包装及印刷科技展览会；组织 40 家食品企业参加“2012 江苏国际食品博览会”；组织餐饮企业参加在上海举办的“中国国际食品、饮料、酒店、餐饮、烘焙、零售设备及供应服务展览会”。三是积极开展行业协会之间交流合作。参加部分省市协作交流会议，加强全国食品行业协会之间的联系与交流和合作。接待兄弟省市食品行业考察团到江苏考察学习，密切彼此的合作与交流。

8、为政府、行业、重点企业做好服务工作，增强协会的影响力。

每年积极参加省安办组织的食品安全宣传周以及“放心食品大家看”主题宣传日活动。

每年接受省工商局委托，在企业申报江苏省著名商标时提供行业服务，对企业进行综合评价，出具行业意见，为认定工作提供了依据。

完成省质监局召开全省食品生产监管联席会议所需年度全省食品行业运行情况材料。

完成中国食品工业年鉴（江苏分述）撰写工作。

支持和协助江苏食品职业技术学院筹备中国食品职教联盟和江苏食品职业技术学院办学理事会组建工作。

参与溧水白马现代农业园招商活动、南通三信塑机 4m 高速延膜机组技术鉴定、南京冠生园食品集团三年发展规划制定、洋河酒厂二期和三期扩能项目建设、南京工业大学木薯改性淀粉产学研合作项目验收、江苏御珍酒业公司新品市场推广活动等活动，取得了满意的效果。

9、加强协会自身建设，更好地发挥桥梁纽带作用。注重协会自身建设，切实转变工作作风，不断提高协会工作人员整体素质。一是组织好学习十八文件精神和落实科学发展观的专题学习，提高全体职工的思想素质，进一步增强做好工作的自觉性。二是积极探索协会服务行业和企业的新手段，开拓为全省食品行业发展做好服务工作的新领域。三是积极稳妥开展投资项目节能评估工作。四是加强党风廉政建设责任制的贯彻落实，注重内部各项制度的落实。五是关心职工的切身利益，努力营造协会内部和谐团结向上的良好氛围。通过拓宽服务领域，提高服务质量，努力把协会真正办成适应市场经济发展、政府信任、企业信赖、社会认可的食品行业管理与服务组织。

【f. 名牌产品和著名商标】

根据江苏省政府《关于大力推进名牌品牌创建工作的意见》（苏政发〔2007〕93 号）和《关于加快推进工业结构调整和优化升级的实施意见》（苏政发〔2009〕69 号）精神和《江苏省名牌产品管理办法》的规定，经企业自愿申请，各地初审推荐，组织专家评审，省名牌战略推进委员会审议确认，2010 年度和 2011 度江苏名牌产品的分别有 157 个和 73 个食品工业产品中获得。

2010 年–2012 年江苏省食品工业主要产品产量

表 1–1　2010 年度　　单位：万吨、万千升

产品名称	2010 年产量	同比增长%	全国位次	产品名称	2010 年产量	同比增长%	全国位次
原盐	516.07	7.26	4	罐头	16.59	2.31	15
大米	630.02	11.62	8	味精	4.34	–23.33	13
小麦粉	745.56	14.94	5	酱油	10.15	–2.19	9
食用植物油	496.72	8.08	2	发酵酒精	95.01	5.98	3
鲜、冷藏肉	31.31	60.65	15	白酒	56.39	64.86	5
冷冻水产品	12.80	0.69	7	啤酒	258.04	–9.49	5
速冻米面	3.52	18.78	10	软饮料	390.19	6.56	9
方便面	23.12	25.16	11	果汁饮料	58.24	22.03	13
乳制品	100.19	2.14	8	卷烟（亿支）	959.53	3.78	9

表 1–2　2011 年度　　单位：万吨、万千升

产品名称	2011 年产量	同比增长%	全国位次	产品名称	2011 年产量	同比增长%	全国位次
原盐	691.80	55.80	3	罐头	14.22	–1.56	14
大米	548.73	4.55	7	味精	4.34	–23.33	13
小麦粉	788.18	16.26	5	酱油	11.14	37.87	9
食用植物油	482.53	–1.47	3	发酵酒精	88.00	–5.10	4
鲜、冷藏肉	41.19	21.69	15	白酒	67.85	26.06	5
冷冻水产品	19.03	52.42	6	啤酒	234.74	–6.36	6
速冻米面	4.33	20.27	9	软饮料	400.33	17.65	11
方便面	23.49	7.05	11	果汁饮料	62.40	7.69	10
乳制品	100.25	2.01	9	卷烟（亿支）	991.09	3.29	9

表 1–3　2012 年度　　单位：万吨、万千升

产品名称	2012 年产量	同比增长%	全国位次	产品名称	2012 年产量	同比增长%	全国位次
原盐	742.68	7.35	2	罐头	12.62	–11.25	14
大米	688.00	25.38	7	味精			
小麦粉	897.17	13.83	4	酱油	18.08	62.29	7
食用植物油	474.88	–1.58	3	发酵酒精	108.28	23.04	4

鲜、冷藏肉				白酒	91.41	34.72	4
冷冻水产品	24.46	28.53	8	啤酒	217.38	–7.39	7
速冻米面	4.94	14.08	7	软饮料	595.55	48.76	10
方便面	35.95	53.04	11	果汁饮料	80.65	29.25	7
乳制品	128.32	28.00	7	卷烟（亿支）	1006.19	1.52	9

2010 年江苏省规模以上食品工业企业主要经济指标

表 2–1 **单位：亿元**

项目	农副食品加工业	食品制造业	饮料制造业	烟草加工业	合计
企业单位数(个)	1858	462	254	6	2580
资产总计	1166.98	335.65	512.72	352.49	2367.84
流动资产	663.74	196.85	255.08	291.63	1407.03
应收帐款	91.32	46.48	21.62	8.41	167.83
存货	206.53	48.53	71.19	96.40	422.65
固定资产原价	433.56	162.21	196.44	83.82	876.03
固定资产净值	311.85	103.56	129.81	43.54	588.76
负债合计	784.94	178.61	267.63	52.74	1283.92
所有者权益	382.04	157.04	245.09	299.75	1083.92
实收资本	193	90.06	110.38	13.21	406.65
主营业务收入	2258.84	414.24	584.19	345.16	3602.43
主营业务成本	2029.03	336.55	429.05	78.36	2872.99
主营业务税金及附加	7.11	1.44	16.58	184.11	209.24
利润总额	125.09	27.25	60.25	65.15	277.74
利税总额	195.25	43.92	105.33	295.74	640.24
应交增值税	63.04	15.22	28.50	46.48	153.24
全部从业人员年平均人数（万人）	18.23	7.15	6.88	0.61	32.87

2011 年江苏省规模以上食品工业企业主要经济指标

表 2–2 **（单位：亿元）**

项目	农副食品加工业	食品制造业	酒饮料和精制茶制造业	烟草加工业	合计
企业单位数(个)	1357	314	177	5	1853
资产总计	1251.16	397.67	571.56	395.92	2616. 31
流动资产	757.07	218.76	327.04	314.03	1616. 90
应收帐款	94.70	48.44	29.81	5.60	178.55
存货	201.49	56.16	109.00	101.67	468.32
固定资产原价	674.79	199.60	263.68	90.83	1228.90
固定资产合计	348.62	137.45	177.66	46.34	710.07
负债合计	824.48	222.59	307.15	53.54	1407.76

所有者权益	426.66	175.08	264.41	342.38	1208.53
实收资本	199. 38	101.84	130.90	14.22	446.34
主营业务收入	2556.74	485.88	748.10	303.62	4194.34
主营业务成本	2275.33	394.44	552.67	90.19	3312.67
主营业务税金及附加	9.43	2.03	25.34	225.32	262.12
利润总额	160.52	36.09	124.71	68.77	458.86
利税总额	236.44	54.99	189.67	347.58	828.68
应交增值税	66.49	16.87	39.62	53.50	176.48
全部从业人员年平均人数（万人）	16.79	7.25	6.80	0.60	31.44

2012 年江苏省规模以上食品工业企业主要经济指标

表 2–3 **单位：亿元**

项目	采盐业	农副食品加工业	食品制造业	酒饮料和精制茶制造业	烟草加工业	合计
企业单位数（个）	15	1388	319	182	5	1909
资产总计	133.16	1262.65	434.80	735.72	441.76	3008.09
流动资产	50.91	709.16	234.07	397.39	351.33	1742. 86
应收帐款	3.38	112.34	51.30	35.88	6.40	209.30
存货	7.11	246.19	55.22	112.03	129.63	550.18
产成品	1.69	105.43	23.71	29.04	3.19	163.06
管理费用	5.82	56.70	22.71	31.95	17.86	135.04
负债合计	80.58	773.84	243.65	336.04	53.10	1487.21
财务费用	2.44	20.72	5.48	4.70	–4.76	28.58
销售费用	3.50	57. 85	52.93	55.88	5.45	175.61
主营业务收入	58.15	3150.20	586.22	840.92	440.75	5076.24
主营业务成本	42.60	2807.14	463.27	585.95	91.45	3990.41
主营业务税金及附加	1.3	14.62	3.23	25.13	249.25	293.53
利润总额	3.26	187.57	41.99	145.23	82.55	460.60
利税总额	6.99	282.32	66.34	219.52	389.72	864.89
应交增值税	2.43	80.13	21.12	49.16	57.92	210.76
全部从业人员年平均人数(万人)	1.43	17.58	7.77	7.79	0.57	35.14

【g. 科技进步和科研成果】

获全国食品工业科学技术奖项目

（2009–2010 年度）

一等奖项目：

1、食品功能性添加物的纳米包埋技术——江南大学等

2、高效食品发酵剂制造技术创新及产业化应用——南京农业大学、江苏农业科学院等

3、大米品种和产地模式识别及其对黄酒品质的影响——江南大学等

二等奖项目：

1、传统腌腊肉(肠)酸败形成的品质特性及其卫生评价的研究——江苏雨润肉类产业集团有限公司

2、生物制造婴幼儿奶粉复配营养素核苷酸关键技术开发及其应用——南京同凯兆业生物技术有限责任公司

自主创新企业家：

江苏洋河酒厂股份有限公司董事长杨廷栋

获全国食品工业科技进步优秀企业

（2009-2010 年度）

1.江苏雨润食品产业集团有限公司

2.南京同凯兆业生物技术有限责任公司

3.江苏洋河酒厂股份有限公司

4.江苏今世缘酒业股份有限公司

5.江苏星驰生物技术有限公司

6.常州红梅乳业有限公司

7.常州新区怡泰食品有限公司

8.江苏大富豪啤酒有限公司

9.江苏新中酿造有限责任公司

10.海安县兰波实业有限公司

获全国食品工业科技进步优秀项目

（2009-2010 年度）

1、中国绵柔型风格白酒的研制与开发——江苏洋河酒厂股份有限公司

2、食品接触材料安全检测与评价技术的研究于推广——张家港出入境检验检疫局

3、啤酒污染菌 PCR 指数快速鉴定技术的研究——重庆啤酒集团常州天目湖啤酒有限公司

4、低压动态煮沸系统在啤酒酿造工艺体系的研究——江苏大富豪啤酒有限公司

5、出口蔬菜青花菜产业化关键技术的研发——江苏嘉安食品有限公司、江苏沿江地区农业科学研究所、南通市农副产品加工技术协会、如皋市农业科学研究所

获全国食品工业科技进步先进科技带头人

（2009-2010 年度）

1.江苏雨润肉类产业有限公司副总裁：祝义亮

2.江苏洋河酒厂股份有限公司总工程师：周新虎

3.江苏星驰生物技术有限公司董事长、总裁：顾培华

4.常州红梅乳业有限公司董事长、总经理：盛国兴

5.常州新区怡泰食品有限公司总经理：李宪中

6.江苏大富豪啤酒有限公司总经理：胡金成

7.江苏红蜻蜓油脂有限责任公司董事长：龙文斌

8.江苏双沟酒业股份有限公司副总经理：谢玉球

9.南京同凯兆业生物技术有限责任公司董事长：应汉杰

获全国食品工业科技进步先进科技工作者

（2009-2010 年度）

1、江苏洋河酒厂股份有限公司技术中心主任：陈翔

2、江苏双沟酒业股份有限公司酿造部部长：崔凤元

3、南通西亭脆饼有限公司董事长总经理：季仁昌

（唐建泽）

3.11 浙江省

【a. 概况】

2010 年，浙江省食品工业在宏观调控政策措施指导下，积极调整产业结构，努力转变经济增长方式，克服成本上升造成的压力，在食品消费市场刚性需求拉动下，食品工业经济全年保持平稳较快发展。

2010 年末,浙江省食品工业规模以上企业 1973 个，从业人员 21.92 万人。工业总产值 1885.6 亿元，占全省工业的 3.65%，居全省工业行业第 10 位。增长水平比全省工业低 12.67 个百分点，比全国食品工业低 9.52 个百分点。

表 1　2010 年浙江省食品工业分行业工业总产值

	工业总产值	同比 ± %
浙江省工业	40718.86	2.03
全国食品工业	49698.71	17.86
浙江省食品工业合计	1625.69	7.18
农副食品加工业	643.95	3.1
食品制造业	342.3	14.2
酒、饮料和精制茶制造业	403.63	7.24
烟草制品业	235.81	9.13

1、在全国食品工业中的排位逐年下降。浙江省食品工业总产值在全国各省市中的排位自 2005 年的第 6 位下降至 2007 年居第 7 位、2008 年居第 9 位、2009 年居第 12 位、2010 年居第 15 位。

2、主要产品产量增长，一些新兴产品全国排位上升。列入统计的 29 种主要产品，有 24 种产品产量较快增长，其中 17 种产品产量增长 10%以上。新兴产品如水生动物冷冻品、速冻米面食品、果汁及蔬菜汁饮料等在全国的排位逐步上升。产量位居全国各省市前 10 位的产品有：黄酒、精制茶、冷冻水产品第 1 位；速冻米面食品、软饮料、食品添加剂第 3 位；啤酒、罐头、保健食品第 4 位；饮料酒第 5 位；酱油、糕点第 6 位；碳酸饮料、瓶（罐）装饮用水第 7 位；冷冻饮品、味精第 9 位。

3、2010 年全省食品工业企业主要产品产量表

指标名称	单位	本月累计	比去年同期累计增长%	企业个数
原盐	吨	16000	-8.57	1
小麦粉	吨	582776	20.52	8
大米	吨	496827	10.23	42
饲料	吨	4614800	11.23	144
配合饲料	吨	2586798	16.53	91

混合饲料	吨	373521	4.76	22
精制食用植物油	吨	445882	-7.49	31
鲜、冷藏肉	吨	238499	15.90	17
冻肉	吨	6367	18.40	2
冷冻水产品	吨	1234819	12.47	283
糕点	吨	75235	10.93	32
饼干	吨	70825	22.05	19
糖果	吨	36718	-0.68	14
速冻米面食品	吨	93537	47.77	15
方便面	吨	333120	19.69	9
乳制品	吨	307600	-5.30	24
液体乳	吨	222987	-9.28	18
乳粉	吨	39341	-5.98	4
罐头	吨	803880	-11.79	87
味精（谷氨酸钠）	吨	45192	-14.61	8
酱油	吨	265581	-29.33	17
冷冻饮品	吨	96689	16.97	9
食品添加剂	吨	4865	88.12	7
饲料添加剂	吨	8198.29	433.57	4
发酵酒精（折 96 度,商品量）	千升	221.63	-17.56	1
饮料酒	千升	3605824.23	8.63	93
白酒（折 65 度,商品量）	千升	24345.77	0.97	27
啤酒	千升	2830862.40	8.19	28
黄酒	千升	728832.89	10.52	54
软饮料	吨	6855103.48	0	69
碳酸饮料类（汽水）	吨	579153.50	-41.31	7
包装饮用水类	吨	2280968.59	10.31	25
果汁和蔬菜汁饮料类	吨	600753.87	2.05	23
精制茶	吨	397829.07	6.69	144
卷烟	万支	8509814.00	5.82	2

4、**经济效益增幅下降**。全省食品工业利税总额 330.82 亿元，同比增长 12.51%，比全省工业低 25 个百分点，同比下降 1.23 个百分点。其中利润 111.55 亿元，比 2009 年下降 3.14%。分行业看，酒、饮料和精制茶制造业和烟草制品业的经济效益出现大幅度下降。具体见表 4。

5、2010 年分行业经济效益增长表

	利税总额（亿元）	同比±%	利润总额（亿元）	同比±%
浙江省工业	4799.62	37.51	3003.62	47.34

浙江省食品工业合计	330.82	12.51	111.55	–3.14
农副食品加工业	40.08	43.53	29.93	51.27
食品制造业	46.55	14.81	29.14	13.80
酒、饮料和精制茶制造业	61.45	–9.13	33.05	–15.33
烟草制品业	224.11	15.09	19.44	–36.73

6、高新技术应用面扩大，企业技术装备水平提高。电子计算机、微处理机广泛应用于生产控制和在线检测;新型菌种亦被广泛应用;喷雾干燥、真空干燥、冷冻干燥技术，膜分离技术，超临界流体萃取技术，高温瞬时杀菌技术，高真空技术，深度冷加工技术，微胶囊技术，高效浓缩发酵技术，微波技术及生物工程、基因工程等技术已在食品工业各个行业中得到应用，极大地推动了产品的更新换代。通过引进、消化、吸收国外先进技术和设备，骨干企业技术装备达到国际先进水平。

【b. 存在的问题】

1、产业集中度偏低。全省规模以上食品工业企业仅占食品企业总数的 5.49 %。"小而散"的产业格局导致了整体技术装备水平、产品科技含量、生产效率较低，品牌效应、综合利用、经济效益较差。浙江省食品行业税利主要来源是卷烟和酒、饮料和精制茶制造业两大行业，农副食品加工业和食品制造业中的大部分企业处于微利状态。

2、质量安全保障水平仍然较低。主要体现在：

（1）大量规模以下企业生产环境差，加工设备落后，难以保证食品质量和安全。其中数量不少的家庭作坊式食品企业安全隐患更为严重。

（2）部分经营者缺乏企业法人是食品安全第一责任人的意识，食品质量安全风险防范意识不强，违法使用非食用物质和滥用添加剂的现象依然存在。

（3）新材料、新工艺和新产品的不断涌现和相关标准制定滞后的矛盾日益突出。食品安全标准短缺，标准技术水平偏低，标准实施力度不大。

3、企业技术自主创新能力不足。中小食品企业技术研发投入资金占销售收入的比重不足 1%，难以形成核心技术。

（1）食品资源综合利用水平较低，节能减排任务艰巨。粮油、肉禽、果蔬、水产品加工等行业副产品综合开发利用和节能减排等方面需进一步提高。

（2）食品专用原料基地建设相对滞后。大多数食品企业缺少稳定的专用原料生产基地，分散农业提供的原料在品种、品质等方面不能适应食品工业发展的需要。

（3）食品工业发展与经济大省地位不相称。由于全省新兴产业发展较快，传统的食品工业被忽视。如 2009 年食品工业产值全国人均 3714 元，浙江为 3163 元；食品工业的固定资产投资全国人均 422 元；浙江仅为 210 元；全国食品工业固定资产投资占工业比重为 9.6%，浙江不到 3%。全省食品工业已成为国民经济的短腿，大大落后于全国平均水平。

4、2010 年全省食品工业主要经济效益指标

	单位	全省工业			食品工业		
		2010 年	2009 年	2010 年比 2009 年±%	2010 年	2009 年	2010 年比 2009 年±%
利润总额占利税总额	%	62.58	58.51	4.07	33.72	34.65	–0.93
每百元销售收入实现利税	元	9.75	10.97	–1.22	17.33	19.99	–2.66
每百元资金实现利税	元	10.34	11.03	–0.69	23.37	23.03	0.34
出口交货值占工业销售产值	%	21.21	21.6	–0.39	12.19	12.58	–0.39
新产品率	%	19.63	18.08	1.55	11.23	10.14	1.09
亏损面	%	9.92	14.42	–4.5	12.52	15.03	2.51
亏损率	%	2.53	8.93	–6.4	3.01	9	–5.99

【c. 强化食品生产加工环节监管】

2010 年，浙江省食品监管部门依法清理调整食品生产许可目录，明确监管范围和对象，落实监管职责。敦促食品及相关产品生产加工企业切实落实法定的质量安全主体责

任，明确企业应当落实的食品安全报告制度。加大对不诚信和违法生产加工食品行为的监督检查和打击力度。确保对食品生产企业监督抽查品种覆盖面达90%以上；省市县3级产品质量综合合格率继续保持在95%以上。组织开展对桶装水、乳制品、食品添加剂、豆制品、食品包装产品、化妆品等行业的重点整治，全面完成生产环节食品安全整顿和食品加工小作坊整规各项目标任务；深化食品加工小作坊整合提升典型经验，加大对生产环节食品加工小企业小作坊的政策帮扶和转型升级力度；开展对已经完成整规工作的食品加工小作坊的"回头看"，采取有力措施为全省生产环节所有食品生产加工行为全面实行生产许可制度打好基础。全面完成食品安全风险监测和百姓查询系统平台建设。

【d. 临安成为中国坚果炒货食品城】

2010年，临安被中国食品工业协会授予"中国坚果炒货食品城"。临安坚果炒货起源于明清年间，起步于山核桃生产加工。通过多年的发展，在企业规模、产业规模、销售市场和种植、生产加工技术等方面都实现了快速的发展，知名度越来越高。2009年，临安全市坚果产业实现产值约50亿元，占全国坚果食品行业比重超20%。临安拥有坚果食品加工企业230余家，其中规模以上企业60余家，总加工生产能力3万余吨。"临安山核桃" 2003年还获得了国家原产地标志使用权，2009年成功注册地理标志。

临安的坚果炒货产品有山核桃、碧根果、杏仁、夏威夷果等30多个品种，销售市场覆盖全国近30个省市和欧美、中东、东南亚等国家，已成为全国最大的坚果食品生产、加工、销售集散地。形成了以龙岗镇为核心区块的块状产业集聚区，成为临安西部地区老百姓的主要经济收入来源。

【e. "萧山萝卜干"成为浙江省食品工业的首个证明商标】

2010年8月，历时10年的申请，"萧山萝卜干"证明商标终于获批，填补了浙江省食品工业产品中证明商标的空白。萧山萝卜干历史悠久，制作工艺独特，其产品品质由特定的地理特征与气候条件所决定，是萧山叫响全国的一张"老名片"。萧山有萝卜干生产加工企业60多家，年产量4-5万吨，产值在3亿元左右，其中有区级以上名牌产品10个。萧山萝卜干目前已远销日本、韩国、澳大利亚、新西兰、欧美、东南亚等国家地区及港澳台等地，在国内外有较好的知名度。

萧山区食品工业协会作为注册申请人，在10年的申请过程中，查证了大量资料，调研了许多企业，并以理力争，对有关异议提出了充分的佐证意见，终于取得国家有关部门的认可。

【f. 国内首家"中国调味品产业中试与孵化中心"落户浙江】

2010年5月，"中国调味品产业中试与孵化中心"在义乌市佛堂工业区浙江正味食品有限公司正式揭牌成立。中国调味品协会、省农业厅、省科技厅、浙江省食品工业协会、浙江省调味品协会、浙江大学、浙江工业大学、浙江科技学院等相关行业协会、政府机构以及大专院校的领导专家出席该成立仪式并举行揭牌庆典。

该中心将开展食用菌非挥发性风味成分的研究和食用菌风味成分的提取技术研究。将承担畜禽骨原料粉碎技术、酶解技术、乳酸发酵工艺、黄帝椒腌渍与护色工艺、生姜前处理工艺与生姜精油萃取工艺等研究，完成了畜禽调味料和黄帝椒酱的样品试制。该中心是中国调味品产业的科技创新平台，它的成立对促进中国调味品产业的快速发展起到积极的推动作用。

（张艳）

3.13 福建省

【a. 概况】

福建省食品工业具有悠久的发展历史，在全省产业结构中占有重要地位。2010 年，规模以上食品工业企业 2112 家，同比增长 14.2%；完成工业总产值 2341.92 亿元，同比增长 31.08%，增幅比全国食品工业高 3.57 个百分点，位列全国 31 个省市区第 9 位。其中，农副食品加工业 1242.16 亿元，同比增长 34.50%；食品制造业 553.27 亿元，增长 33.50%；酒、饮料和精制茶制造业 374.53 亿元，增长 27.60%；烟草制品业 170.60 亿元，增长 11.19%。

2010 年新产品产值为 22.22 亿元，同比下降 7.65%。其中，农副食品加工业 10.65 亿元，下降 33.32%；食品制造业 6.35 亿元，增长 74.24%；酒、饮料和精制茶制造业 3.20 亿元，增长 26.53%；烟草制品业 2.01 亿元，增长 5.38%。

2010 年工业销售产值 2272.29 亿元，同比增长 30.61%，位列全国 31 个省市第 9 位。其中，农副食品加工业 1201.06 亿元，增长 33.38%；食品制造业 538.66 亿元，增长 34.59%；酒、饮料和精制茶制造业 366.67 亿元，增长 28.40%；烟草制品业 164.43 亿元，增长 8.12%。

2010 年实现出口交货值 351.18 亿元，同比增长 43.71%。其中，农副食品加工业 251.37 亿元，增长 45.11%；食品制造业 92.25 亿元，增长 42.07%；酒、饮料和精制茶制造业 7.46 亿元，增长 21.37%；烟草制品业 0.10 亿元，增长 91.42%。

2010 年列入统计的 29 类主要食品的产量，有 24 类增长，其中增幅达到 10%以上的有 16 种。福建省食品产量在全国位列前 10 位的有 12 种，分别为：罐头第 1 位，糕点、饼干、糖果第 2 位，冷冻水产品、精制茶第 5 位，啤酒第 7 位，配合饲料第 6 位，精制食用植物油、成品糖、味精(谷氨酸钠)、软饮料第 10 位。

2011 年，全省规模以上食品工业企业数 2112 家，同比下降 30.6%； 工业总产值 2901.06 亿元，同比增长 28.17%，增幅比全国食品工业低 3.41 个百分点，位列全国第 10 位。其中，农副食品加工业 1516.33 亿元，增长 26.22%；食品制造业 693.15 亿元，增长 28.63%；酒、饮料和精制茶制造业 482.11 亿元，增长 36.91%；烟草制品业 208.66 亿元，增长 22.31%。

2011 年工业销售产值 2817.72 亿元，同比增长 28.30%，位列全国第 11 位。其中，农副食品加工业 1467.64 亿元，增长 26.33%；食品制造业 671.95 亿元，增长 28.07%；酒、饮料和精制茶制造业 472.50 亿元，增长 37.13%；烟草制品业 204.87 亿元，增长 24.59%。

2011 年出口交货值 456.20 亿元，同比增长 32.38%。其中，农副食品加工业 333.79 亿元，增长 36.03%；食品制造业 115.46 亿元，增长 24.85%；酒、饮料和精制茶制造业 6.81 亿元，增长 2.37%；烟草制品业 0.14 亿元，增长 42.43%。

2011 年列入统计的 29 类主要食品的产量，有 23 类增长，其中增幅达到 10%以上的有 19 种。食品产量全国位列在前 10 位的有 12 种，分别为：罐头第 1 位，糖果第 2 位，冷冻水产品第 5 位，精制茶第 6 位，配合饲料、成品糖、啤酒第 9 位，软饮料第 10 位。

2012 年，全省规模以上食品工业企业数 1775 家，同比下降 15.90%；工业总产值 3203.86 亿元，同比增长 23.79%，位列全国第 10 位。其中，农副食品加工业 1810.89 亿元，增长 24.82%；食品制造业 809.92 亿元，增长 20.94%；酒、饮料和精制茶制造业 582.55 亿元，增长 24.72%。

2012 年工业销售产值 3135.49 亿元，同比增长 23.97 %，位列全国第 10 位。其中，农副食品加工业 1766.89 亿元，增长 25.13%；食品制造业 795.81 亿元，增长 20.85%；酒、饮料和精制茶制造业 572.08 亿元，增长 24.92%。

2012 年出口交货值 530.39 亿元，同比增长 16.22%。其中，农副食品加工业 382.55 亿元，增长 15.26%；食品制造

业 134.89 亿元，增长 17.76%；酒、饮料和精制茶制造业 12.92 亿元，增长 30.64%。

2012 年列入统计的 29 类主要食品的产量，有 23 类有增长，其中增幅达到 10%以上的有 16 种。福建省食品产量位列全国前 10 位的有：罐头第 1 位，糖果第 2 位，冷冻水产品第 4 位，精制茶第 5 位，成品糖第 8 位，啤酒、酱油、配合饲料第 9 位。

2012 年，全省食品工业固定资产总计 1770.09 亿元，同比增长 20.98%。其中，农副食品加工业 968.92 亿元，食品制造业 450.37 亿元，酒、饮料和精制茶制造业 325.26 亿元。

2012 年主营业务收入 3153.64 亿元，同比增长 20.46%。其中，农副食品加工业 1765.46 亿元，增长 22.33%；食品制造业 787.66 亿元，增长 16.47%；酒、饮料和精制茶制造业 599.80 亿元，增长 20.50%。

2012 年主营业务税金及附加 21.14 亿元，同比增长 24.33%。其中，农副食品加工业 5.32 亿元，增长 26.58%；食品制造业 3.40 亿元，增长 5.64%；酒、饮料和精制茶制造业 12.39 亿元，同比增长 29.74%。

2012 年利润 207.69 亿元，同比增长 24.76%。其中，农副食品加工业 93.80 亿元，增长 25.18%；食品制造业 57.05 亿元，增长 26.04%；酒、饮料和精制茶制造业 56.83 亿元，增长 22.79%。

【b.“十一五”回顾】

“十一五”期间，福建省委、省政府提出建设对外开放、协调发展、全面繁荣的海峡西岸经济区的战略构想，实施项目带动、发展县域经济、加快产业集聚、提升民营经济、转变政府职能的举措，为福建省食品工业的发展创造了机遇和发展的契机。

“十一五”期间，随着人民生活水平的提高，食品消费需求旺盛，全省食品工业持续快速发展，总产值突破 2000 亿元，主要产品产量稳步增加，产品结构调整取得新的进展，市场竞争力持续上升，经济效益快速增长。

1、**规模不断扩大。**2010 年底，全省拥有规模以上食品工业企业（不含烟草制品业，下同）2095 家，总资产 1191 亿元，从业人员 30 万人。当年全省食品工业总产值 2174 元，总量居列全国第 9 位，提前 1 年实现“十一五”规划的 1700 亿元的目标。

“十一五”期间，全省食品工业总产值年均增长 27.7%；利税总额年均增长 38.3%，出口交货值年均增长 18.8 %。出口占销售产值比重从 2005 年的 23.3%下降到 2010 年的 16.2%，出口产品以罐头、蔬菜水果及坚果加工制品、水产品制品出口为主，这 3 类产品出口占全省食品工业出口的 85%以上，出口额分别位列全国第 1 位、第 2 位、第 3 位。

软饮料产量从 2005 年的 111.3 万吨增加到 2010 年的 387.0 万吨，罐头从 78.6 万吨增加到 203.2 万吨，啤酒产量从 157.3 万吨增加到 188.8 万吨，精制食用植物油从 43.5 万吨增加到 168.4 万吨，饼干从 9.9 万吨增加到 60.7 万吨，糖果从 12.8 万吨增加到 29.3 万吨，糕点从 3.9 万吨增加到 21.9 万吨，精制茶从 4.0 万吨增加到 10.3 万吨。食品种类趋于多样化、系列化、精细化、休闲化，基本满足消费者的需求。罐头、精制茶产量位列全国第 1 位，糖果、糕点、饼干产量列第 2 位，水产品产量列第 3 位，啤酒产量列第 6 位，软饮料产量列第 10 位。

2、**产业集聚效应凸显。**“十一五”期间，福建省根据自身的资源特色和优势，重点建设闽东南高优农业产业带、沿海蓝色农业带、闽西北山区绿色农业产业带，食品工业重点培育果、蔬、茶、笋、水产、食用菌、畜禽等 8 大主要特色农产品的精深加工产业集群（带），形成闽东南果蔬加工产业集群，闽西北笋竹加工产业集群，泉州休闲食品产业集群，闽东和闽中水产品加工产业带，闽北闽西畜禽产品加工，闽南，闽北、闽东茶业加工等具有区域特色的食品加工集聚区。产值在百亿元以上的行业有水产品加工业、食用植物油加工业、蔬菜水果及坚果加工业、罐头加工业、软饮料加工业、焙烤食品制造等，占福建省食品工业的 54.2%。培育了一批龙头骨干企业和示范加工基地，其中厦门银鹭食品有限公司、厦门古龙罐头食品有限公司、福建紫山集团有限公司、福建同发食品集团有限公司被中国罐头工业协会授予“全国罐头十强企业”，达利集团被国家统计局授予“全国食品行业饼干行业十强企业”，英博雪津啤酒有限公司进入啤酒行业前 10 位。

3、**品牌发展战略初见成效。**全省食品工业拥有“中国驰名商标”77 个，“中国名牌”产品 20 个，福建省著名商标 300 多个，福建省名牌产品近 400 个。众多知名品牌在国内享有较高的知名度，其中银鹭、达利、雪津、明一等部分龙头企业利用品牌优势，根据原料和市场销售范围，陆续在省外布点设厂，进一步做大做强。

4、**科技支撑能力持续提升。**以福建农林大学食品学院等为代表的一批食品加工学科科研队伍，初步构建了食品加工方面的科技创新体系；并建设了福建省休闲食品行业（泉州）技术开发基地、福建省食品生物技术开发基地和福建省农副产品保鲜技术开发基地等产业研发公共服务平台，26

个企业的技术中心通过了省级企业技术中心认定，对提高自主创新能力和促进食品加工业的发展发挥了重要作用。

【c. 行业管理】

2010 年，在贯彻实施《食品安全法》的背景下，根据省政府办公厅 2010 年度全省治理“餐桌污染”、建设“食品放心工程”工作方案要求，由福建省食品工业协会负责组织开发食品添加剂预警系统软件，建立食品添加剂使用在线查询平台。省食品安全委员会建立“福建省食品安全专家库”。省食协副秘书长林勇毅担任“福建省食品安全专家委员会”委员。

10 月 27 日，省食协参加国家食品安全整顿督查组到福建督查时召开的部分行业组织、食品企业、新闻媒体座谈会，向国家督查组汇报全省食品行业组织加强行业管理自律工作、食品安全质量管理工作情况，对全省食品安全整顿工作的意见和建议。按照工业和信息化部办公厅《关于推荐工业和信息化部安全生产专家组成员的通知》，推荐林玉明、林勇毅为安全生产专家候选人员。10 月 28 日，参加了我信部在河南省漯河市召开的河南省食品安全诚信现场观摩会。

12 月 21 日，省食协和省食安委办公室联合举办 2010 年福建“食品加工与质量安全”报告会，通报了 2010 年全省食品安全整顿情况和加工食品监管情况，邀请专家作了“台湾地区食品安全管理现状与海峡两岸食品安全管理的比较”、“国际食品发展的新趋势”、“食品安全科学与实践”的演讲。

同年，受省经贸委委托，省食协组成《福建省食品工业“十二五”发展规划》课题组，通过对食品企业、相关科研院所、有关食品行业的职能部门的调研，召开相关专家座谈会，形成《福建省食品工业“十二五”发展规划》（征求意见稿）。在专题论证评审后，2011 年由省经贸委颁布实施。

同年，为了认真贯彻全国对口支援新疆工作会议精神，落实省委书记孙春兰同志赴新疆考察期间提出的引导有实力的福建省民营企业到新疆投资兴业的批示精神，省食协与新疆昌吉回族自治州人民政府签订了合作框架协议，积极配合昌吉回族自治州开展相关招商引资工作，鼓励和动员福建省龙头食品企业到昌吉回族自治州投资兴业。在厦门“9•8”投洽会期间，新疆区政府举办闽疆经贸合作推介会，省食协也邀请了省内重点食品企业代表参加。

【d. 食品工业企业诚信体系建设】

2011 年，为加快推进食品工业企业诚信体系建设和罐头试点行业工业企业诚信体系建设工作，省经贸委会同省发改委、监察厅、财政厅、科技厅、人力资源和社会保障厅、农业厅、海洋与渔业厅、卫生厅、工商局、质监局、食品药品监督管理局、福建省出入境检验检疫局、人民银行福州中心支行、省食协和省罐头工业协会等 16 家单位建立了福建省食品工业企业诚信体系建设工作部门联席会议制度。5 月 14 日，省食协、厦门银鹭集团有限公司、厦门古龙罐头食品有限公司、福建紫山集团有限公司、福建立兴罐头食品有限公司参加《食品工业企业诚信管理体系（CMS）建立及实施通用要求——罐头生产企业实施指南》审订会。6 月 23 日，福建省食品工业企业诚信体系建设启动仪式暨培训会议在福州举行，标志着福建省食品工业企业诚信体系建设正式启动。10 月 16 日 – 19 日，省食协派员参加工信部在无锡市召开的食品工业企业诚信体系建设试点工作交流暨培训会并参加师资人员培训。

2012 年，省食协协助省经贸委在漳州市举办“福建省罐头生产企业诚信体系建设标准培训班”。省食协等 17 家单位确定为第 2 批食品工业企业诚信管理体系委托评价机构，省食协的有 3 人取得第一批食品工业企业诚信管理体系评价员资格。

【e. 行业标准】

根据《福建省地方标准管理办法》规定，按照省质量技术监督局《关于印发 2010 年福建省地方标准制修订计划项目（第一批）的通知》（闽质监标［2010］296 号）文件要求，由省食协和相关单位负责编制《大豆油单位产品能源消耗限额》、《味精单位产品能源消耗限额》、《红曲黄酒单位产品能源消耗限额》强制性地方标准。

这 3 项标准编制后，代号为 DB35/ 1164–2011《味精单位产品能源消耗限额》、DB35/ 1165–2011《红曲黄酒单位产品能源消耗限额》、DB35/ 1166–2011《大豆油单位产品能源消耗限额》，2011 年 7 月由省质监局颁布，10 月 1 日起实施。

2012 年，省食协举办“福建省食品安全企业标准与食品安全地方标准制订培训班”及“福建省政府 2012 年关于扶持中小微企业发展政策”宣传贯彻会。邀请省卫生厅食品安全地方标准审评委员会专家、省卫生监督所专家进行宣讲，并邀请省质检院专家解读在 QS 发证过程中食品标签标识存在的问题。同时还宣讲了 2012 年扶持中小微企业发展的政策。

【f. 食品名城和品牌建设】

漳州市现代农业、对台农业、绿色食品的发展走在全国前列，食品工业总产值居福建省设区市第 1 位，占省规模以

上食品工业总产值的27%。

2010年，福州科力现代农业科技开发有限公司“科力+KEL+图形”牌金针菇等187个商标获得“福建省名牌产品“称号。福州泽霖食品有限公司“闽洋MINYANG”牌海蛰皮等142个食品被授予“福建著名商标”称号。

2011年11月，第三届海峡两岸现代农业博览会开幕式上，经省食协推荐申报，中国食品工业协会组织专家审定，中国食品工业协会石秀诗会长亲自授牌，漳州市市长吴洪芹接牌。这是继河南省漯河市、山东省烟台市之后，全国第三个“中国食品名城”。

2011年，长乐聚泉食品有限公司“聚泉牌+图形”牌冷冻烤鳗等205个商标获得“福建省名牌产品”称号。奇客食品有限责任公司“奇客CHEER-KEY及图”牌饼干、糕点等152个食品被授予“福建著名商标”称号。

2012年，省食协受有关职能部门的委托，依托3名国家注册审查员组成专家审查组，对100多家食品企业申请“QS”生产许可证进行现场核查。根据《福建省名牌产品管理办法规定》，受省质监局委托，省食协组成食品行业福建名牌产品评审小组，根据相关管理办法对食品行业产品进行专业评审。受省工商局委托，组织专家对2012年度福建省著名商标食品类企业进行评审。

2012年，福建康宏股份有限公司“多佰+dobo”牌食用植物油等177个商标获得“福建省名牌产品”称号。福建天线宝宝食品股份有限公司“阿尔卑斯”牌水晶冻、食品用果胶、水果罐头等257个食品被授予“福建著名商标”称号。福清朝辉水产食品有限公司等85家企业为2011-2013年度福建省水产产业化龙头企业，比上一轮增加了8家。

为贯彻工信部《关于加快我国工业企业品牌建设的指导意见》，落实工信部《关于加强2011年工业质量工作的通知》要求，省食协推荐福州百洋海味食品有限公司、福建省晋江福源食品有限公司、福建福马食品集团有限公司、福建盈丰食品集团有限公司共4家企业申报全国工业企业品牌培育试点工作。

【g. 协会工作】

2011年9月7日，由中国酿酒工业协会黄酒分会和省食协联合举办，国家级黄酒评酒委员年会暨全国红曲黄酒品鉴会在福建省福州市举行，参加会议的有第八届国家级黄酒评酒委员55位，全国红曲黄酒企业代表50多位。国家级黄酒评委对通过九轮的品鉴，选拔出全国红曲黄酒优秀传统产品4支，全国红曲黄酒优秀创新产品13支，全国红曲黄酒创新产品12支，福建红曲黄酒占获奖总数的70%左右。参会企业代表一致认为此次品鉴公开、公平、公正，对福建红曲黄酒的产业发展有较大的指导意义。

2012年4月25日，省食协第八次会员代表大会在福州召开，会员单位代表180多人参加了会议。会议选举产生了福建省食品工业协会第八届理事会，省人大财经委主任委员黄常谔当选新一届会长。聘请省经贸委副主任、省食安办副主任吴秉成为顾问，省食品协原会长汪乔生为名誉会长。12月7日在厦门召开全省部分地市食品行业协会会长联席会议。

12月中旬，省经社联组织行业协会对口帮扶光泽县扶贫开发工作。省食协黄常谔会长带队到协会对口帮扶贫困村光泽县上屯村调研扶贫开发工作，帮助指导上屯村在种、养、农产品加工等项目上有所突破，带动和促进农民增收，实现脱贫致富和可持续发展。调研期间，黄常谔还专程到福建圣农发展股份有限公司与傅光明董事长交谈，了解企业发展情况，并就圣农做为中国南方重要的冻鸡供应商，在严把产品源头、确保食品安全问题进行了交流，希望福建圣农发展股份有限公司成为中国优质肉鸡第一品牌。省食协秘书处人员也深入企业开展调研工作，每月平均到6家以上食品企业了解情况，力所能及地帮助企业解决问题。

同年，受省经贸委委托，省食协组织撰写了《2011年福建省食品工业发展情况及展望》书稿。为宣传福建食品工业的业绩，省食协编印了《福建省食品工业手册》，内容包括综合篇、政策及法规、行业调研、食品安全、荣誉篇、企业名录篇；展示了福建食品辉煌30年，回顾了“十一五”期间福建食品取得的业绩，展望福建食品“十二五”发展前景，并汇集了近阶段食品行业发展的产业政策，汇总了全省取得QS准入的食品企业名录。

同年，为鼓励全省食品行业加快科学技术进步的步伐，提升食品行业生产效益，更好地推进福建食品行业产业技术升级，经省食协申报省科技厅批准设立“福建省食品工业科学技术进步奖”。

【h. 展会活动】

2010年5月25日，省食协联合中国食品报在泉州召开“2010中国冷冻食品技术创新交流会”。广东、广西、福建3省的大中型食品生产企业300人参会。

6月18日，根据第七届中国•海峡项目成果交易会组委会和省经贸委的安排，省食协积极组织食品企业参会、洽谈、对接项目，并征集到企业技术需求和推介项目共30项，总投资额84722万元。

省食协组织企业参加11月8日西班牙政府和企业代表团在福州市举办的“西班牙美食节”、“福建省和西班牙企业家交流对接会”。在组织企业赴台参加“2010年海峡两岸食品展览会”期间，与台湾食品科学技术学会签订框架协议，双方对增进两岸食品经贸合作，推广技术成果，组织交流达成初步协议。

12月27日–30日，省食协与晋江市政府在晋江共同举办“闽台食品行业技术交流对接会”，200多家食品企业参会。邀请台湾区食品暨制药机械公会、台湾中华整厂发展协会等台湾食品业界专家作食品设备、技术发展走向演讲，同时组织台湾参会嘉宾参观福建晋江食品企业，现场洽谈技术合作事宜。

2011年6月，省食协联合中国食品报在厦门举办了首届“中国火锅料节暨中国火锅料发展高峰论坛”，全国近300家重点火锅生产企业、设备供应商、采购商等出席会议。由省食协协办的主题为“生产更健康休闲食品、引领更健康休闲消费”的第六届全国休闲食品产业峰会2011年11月在厦门市召开，作为全国主要休闲食品产地的福建企业收获颇丰。

经中国食协审定，亚洲酿酒(厦门)有限公司、福建海壹食品饮料有限公司、福建龙旺食品饮料有限公司、英博雪津啤酒有限公司荣获“2009–2010年度中国食品工业实施卓越绩效模式先进企业”称号；福建惠泽龙酒业有限公司获得“中国食品工业协会科学技术奖”二等奖；福建盈丰食品有限公司、福建达利集团、福建亲亲股份有限公司、福建海壹食品饮料有限公司等11家企业荣获“全国食品工业优秀龙头食品企业”称号。由省食协选送的福建省建瓯黄华山酿酒有限公司张守财通过考评，被中国食协批准聘为“第八届白酒国家评委”。

2012年5月26日–28日，省食协联合中国食品报社在厦门市主办题为“交流融通 携手共赢”的2012第2届中国火锅料节暨火锅料产品经销采购大会。火锅料高峰论坛和品牌营销高峰论坛也同期举行，专家们就产品同质化问题和解决之道、销售渠道同质化问题和解决之道进行了精彩演讲。

受省经贸委委托，省食协组织本省食品企业参加第2届中国(贵州)国际酒类博览会。2012年10月，福建食品企业积极参加在福州举办的第87届全国糖酒商品交易会，及“两岸食品行业合作发展研讨会”。省食协参与签署并发表了《两岸食品共发展倡议书》，倡议两岸的从业者探索两岸食品产业合作机制，促进信息透明化，提升进出口食品的品质与安全，推动产业转型与升级，开创两岸食品经济合作的新局面。

11月15日–18日，福建省15家食品企业参加了在宁波举办的第八届中国食品（宁波）博览会，强化了福建食品的省外影响力，增强了经销商和企业的对接功能，为企业建立了新的销售网络。

表 2010年全国及福建省食品工业分行业工业总产值

行业分类	地区	工业总产值（亿元）	同比增长±%	新产品产值	同比增长±%	销售产值（亿元）	同比增长±%	出口交货值（亿元）	同比增长±%
食品工业总计	全国	63079.93	27.51	2755.98	22.93	61740.26	27.59	3098.86	21.26
	福建	2341.92	31.08	22.22	–7.65	2272.29	30.61	351.18	43.71
采盐业	全国	319.00	19.08	8.16	25.28	305.82	18.92	3.49	–40.15
	福建	1.36	–22.84	0.00		1.46	1.71	0.00	418.75
农副食品加工业	全国	35953.64	29.75	950.63	20.27	35195.02	29.92	2139.33	22.63
	福建	1242.16	34.50	10.65	–33.32	1201.06	33.38	251.37	45.11
食品制造业	全国	11738.92	27.21	480.23	15.32	11454.70	27.10	759.78	20.84
	福建	553.27	33.50	6.35	74.24	538.66	34.59	92.25	42.07
饮料制造业	全国	9350.96	25.70	591.62	29.19	9114.55	26.40	169.42	10.71
	福建	374.53	27.60	3.20	26.53	366.67	28.40	7.46	21.37
烟草制品业	全国	5717.40	18.52	725.35	27.12	5670.17	17.62	26.84	14.79
	福建	170.60	11.19	2.01	5.38	164.43	8.12	0.10	91.42

表　2010年福建省食品工业主要产品产量

产品名称	计量单位	12月产量	比上年同月增长（%）	1–12月累计产量	比上年同期增长（%）
原盐	万吨	3.20	7.57	33.39	–11.03
小麦粉	万吨	5.62	–7.24	59.97	15.69
大米	万吨	10.30	–0.78	102.26	17.09
其中：配合饲料	万吨	38.99	5.61	444.37	25.70
混合饲料	万吨	3.52	–12.04	38.65	28.95
精制食用植物油	万吨	16.27	120.50	168.43	158.74
成品糖	万吨	0.00	–100.00	3.73	–36.32
鲜、冷藏肉	万吨	3.53	–7.26	38.02	23.61
冷冻水产品	万吨	4.20	20.07	33.38	11.81
糕点	万吨	1.24	78.41	21.88	194.75
饼干	万吨	6.40	113.30	60.72	102.93
糖果	万吨	2.23	–21.59	29.31	7.01
速冻米面食品	万吨	0.03	69.23	0.31	2.48
方便面	万吨	2.33	135.27	11.83	23.97
乳制品	万吨	2.54	72.32	16.74	5.28
其中：液体乳	万吨	1.57	65.48	12.30	5.45
罐头	万吨	19.55	19.58	203.21	24.48
味精(谷氨酸钠)	万吨	0.67	8.07	7.24	5.08
酱油	万吨	1.63	–28.29	8.55	7.44
冷冻饮品	万吨	0.02	–92.59	0.79	–38.34
饮料酒	万千升	10.51	9.81	197.62	–0.04
其中：白酒(折65度,商品量)	万千升	0.36	46.06	3.40	58.61
啤酒	万千升	9.35	17.13	188.78	–0.76
葡萄酒	万千升	0.00	2760.49	0.01	188.39
软饮料	万吨	31.25	10.46	386.96	22.58
其中：碳酸饮料类(汽水)	万吨	3.86	6.75	46.24	1.86
包装饮用水类	万吨	7.00	13.82	122.37	39.77
果汁和蔬菜汁饮料类	万吨	3.04	–20.14	31.25	–11.08
精制茶	万吨	1.24	7.36	10.31	21.27
卷烟	亿支	43.09	–3.63	843.76	5.71

表　2011 年全国及福建省食品工业分行业工业总产值

行业分类	地区	工业总产值（亿元）	同比增长 ±%	销售产值（亿元）	同比增长 ±%	出口交货值（亿元）	同比增长 ±%
食品工业总计	全国	78078.32	31.58	76540.18	31.58	3547.09	20.50
	福建	2901.06	28.17	2817.72	28.30	456.20	32.38
采盐业	全国	359.40	25.19	355.57	30.08	4.34	19.75
	福建	0.82	47.93	0.76	12.91	0.00	–44.58
农副食品加工业	全国	44706.80	32.99	43896.49	33.19	2414.66	20.32
	福建	1516.33	26.22	1467.64	26.33	333.79	36.03
食品制造业	全国	14295.12	31.76	13945.56	31.46	900.13	20.88
	福建	693.15	28.63	671.95	28.07	115.46	24.85
饮料制造业	全国	11932.16	34.25	11575.56	33.28	197.33	21.70
	福建	482.11	36.91	472.50	37.13	6.81	2.37
烟草制品业	全国	6784.85	19.07	6767.00	19.85	30.63	15.37
	福建	208.66	22.31	204.87	24.59	0.14	42.43

表　2011 年福建省食品工业主要产品产量

产品名称	计量单位	12 月产量	比上年同月增长（%）	1–12 月累计产量	比上年同期增长（%）
原盐	万吨	2.52	24.52	23.90	63.29
小麦粉	万吨	6.17	21.92	57.95	10.24
大米	万吨	10.17	6.24	114.34	20.23
饲料	万吨	65.29	45.60	646.71	22.41
其中：配合饲料	万吨	49.00	35.60	499.34	26.05
混合饲料	万吨	5.75	47.76	49.89	21.55
精制食用植物油	万吨	7.50	–4.47	71.60	–26.66
成品糖	万吨	0.53		10.02	168.91
鲜、冷藏肉	万吨	4.35	25.61	41.49	13.47
冷冻水产品	万吨	4.81	27.84	41.23	31.71
糖果	万吨	3.03	39.52	29.36	2.04
速冻米面食品	万吨	0.02	–10.48	0.31	30.37
方便面	万吨	1.28	–46.65	13.56	8.73
乳制品	万吨	1.81	–28.83	19.41	16.81
其中：液体乳	万吨	1.49	–4.37	16.93	38.27
罐头	万吨	22.15	16.19	237.43	19.82
酱油	万吨	0.59	–61.66	9.28	17.71
冷冻饮品	万吨	0.08	304.74	1.09	38.43
饮料酒	万千升	13.07	28.67	205.13	6.43
其中：白酒（折 65 度，商品量）	万千升	0.27	–28.52	3.33	–9.97

啤酒	万千升	12.18	33.40	196.51	6.24
软饮料	万吨	36.44	27.04	424.79	20.54
其中：碳酸饮料类（汽水）	万吨	4.67	20.96	50.11	8.38
包装饮用水类	万吨	6.92	15.89	116.93	13.02
果汁和蔬菜汁饮料类	万吨	3.14	7.28	35.66	14.78
精制茶	万吨	0.86	–22.30	10.54	17.55
卷烟	亿支	51.78	20.16	884.29	4.80

表　2012 年全国及福建省食品工业分行业工业总产值

行业分类	地区	工业总产值（亿元）	同比增长 ±%	销售产值（亿元）	同比增长 ±%	出口交货值（亿元）	同比增长 ±%
食品工业总计	全国	82111.73	22.30	80498.78	21.67	4028.72	13.15
	福建	3203.86	23.79	3135.49	23.97	530.39	16.22
采盐业	全国	342.47	9.15	331.37	7.55	1.47	11.64
	福建	0.50	–38.58	0.72	–6.16	0.02	0.00
农副食品加工业	全国	52369.00	23.39	51313.90	22.42	2784.89	12.13
	福建	1810.89	24.82	1766.89	25.13	382.55	15.26
食品制造业	全国	15859.56	21.01	15650.89	21.08	996.49	15.19
	福建	809.92	20.94	795.81	20.85	134.89	17.76
饮料制造业	全国	13540.69	20.05	13202.62	19.87	245.87	16.75
	福建	582.55	24.74	572.08	24.92	12.92	30.64

表　2012 年福建省食品工业主要产品产量

产品名称	计量单位	汇总企业数（个）	12 月产量	比上年同月增长（%）	1–12 月累计产量	比上年同期增长（%）
原盐	吨	2	4125.27	–83.63	149680.3	–37.37
小麦粉	吨	22	103013	–5.52	1154622	6.98
大米	吨	64	148209.8	–3.89	1644654	–5.97
饲料	吨	114	718478.2	24.81	7035500	20.04
其中:配合饲料	吨	92	551088.3	24.79	5566793	23.39
混合饲料	吨	23	56979	81.28	462828	63.97
精制食用植物油	吨	27	97865.75	28.18	1053029	25.04
成品糖	吨	2	1134	–78.47	69741.95	–30.43
鲜、冷藏肉	吨	17	66367.43	26.76	683502.1	39.17
冷冻水产品	吨	114	121896.2	65.07	880979.8	39.65
糖果	吨	31	58827.76	23.15	529317.6	27.63
速冻米面食品	吨	6	4749.48	43.53	30989.95	29.29
方便面	吨	9	18065	19.01	197108	23.38
乳制品	吨	8	21499.03	8.14	224496	7.51

其中:液体乳	吨	3	16212	13.98	173403	9.71
乳粉	吨	3	2758.1	-12	25936.4	4.27
罐头	吨	106	243627.9	30.77	2360233	14.72
酱油	吨	10	12462.47	-13.93	130037.6	23.39
冷冻饮品	吨	1	542	-29.52	11248	4.25
食品添加剂	吨	9	5267.06	-16.14	68456.06	4.2
饮料酒	千升	33	96776.76	-26.79	2067511	-1.75
白酒（折 65 度，商品量）	千升	12	4207.84	70.35	34637.54	4.66
啤酒	千升	14	83680.13	-32	1961299	-2.48
葡萄酒	千升	1	24	0	3196	18.81
软饮料	吨	44	257795.5	-8.64	3981895	14.91
其中:碳酸饮料类(汽水)	吨	6	14942.48	-68.7	430798.3	-9.43
包装饮用水类	吨	19	78846.16	8.82	1398310	19.67
果汁和蔬菜汁饮料类	吨	18	47895	6.21	626048.9	38.32
精制茶	吨	262	17250.04	44.27	172671.9	24.54

表　2012 年全国及福建省食品工业分行业效益指标

行业分类	地区	12 月份亏损企业数（个）	同比增长 ± %	累计亏损额（亿元）	同比增长 ± %	累计产成品（万吨）	同比增长 ± %	累计资产总计（亿元）	同比增长 ± %
食品工业总计	全国	2468	8.53	242.27	23.43	27408.6	9.14	43684.97	17.29
	福建	84	-1.18	6.67	21.82	1352.3	12.95	1770.09	20.98
采盐业	全国	14	75.00	3.17	992.83	200.6	20.19	736.42	19.06
	福建	1	0.00	0.00	-75.96	2.0	-17.95	25.53	-0.82
农副食品加工业	全国	1382	14.31	106.72	27.78	16400.9	10.76	22420.98	17.25
	福建	45	9.76	4.06	48.19	832.6	19.03	968.92	20.81
食品制造业	全国	622	1.63	51.41	-1.15	5055.1	4.18	9647.65	14.93
	福建	25	-7.41	1.16	-21.69	328.5	2.64	450.37	21.31
饮料制造业	全国	450	1.12	80.97	33.93	5752.0	8.79	10879.91	19.43
	福建	13	-18.75	1.44	16.19	189.1	7.96	325.26	23.17

续表　2012 年全国及福建省食品工业分行业效益指标

行业分类	地区	累计主营业务收入（亿元）	同比增长 ± %	累计主营业务税金及附加（亿元）	同比增长 ± %	累计利润总额（亿元）	同比增长 ± %
食品工业总计	全国	80769.77	19.28	822.60	17.66	5533.51	24.58
	福建	3153.64	20.46	21.14	24.33	207.69	24.76
采盐业	全国	341.40	5.38	7.54	8.40	20.54	-13.54
	福建	0.72	-10.07	0.03	-7.07	0.01	

农副食品加工业	全国	51341.89	20.56	234.17	19.48	2671.51	20.64
	福建	1765.46	22.33	5.32	26.58	93.80	25.18
食品制造业	全国	15681.92	17.63	99.19	17.66	1311.47	25.80
	福建	787.66	16.47	3.40	5.64	57.05	26.04
饮料制造业	全国	13404.55	16.84	481.70	16.95	1529.99	31.78
	福建	599.80	20.50	12.39	29.74	56.83	22.79

（林玉明　林勇毅　檀巧斌）

3.14 江西省

【a. 概况】

2010 年，江西省食品工业克服国际金融危机、农产品价格上涨、劳动力成本上升等不利因素的影响，保持快速发展势头。至 2010 年底，全省规模以上食品工业企业 755 家，比 2009 年新增 206 家；从业人员 13 万人；资产总计 513.7 亿元，同比增长 25.6%。全省规模以上食品工业实现总产值 1131.8 亿元，同比增长 33.1%，增速比全国食品工业高 5.6 个百分点，位列全国各省区市第 19 位；主营业务收入 1130.5 亿元，增长 33.9%；实现利税 158.5 亿元，同比增长 29.1%；其中利润 72.97 亿元，增长 41.0%。

主要产品产量快速增长。在统计的 12 种主要产品产量中，2010 年有 10 种产品增幅在 10%以上，其中有 7 种产品增幅超过 40%，精制食用油 30.96 万吨，增长 176.35%;液体乳 25.83 万吨，增长 56.62%;乳制品 28.17 万吨，增长 50.52%;冷冻饮品 3.81 万吨，增长 49.58%;罐头 6.87 万吨，增长 47.63%;白酒 12.63 万千升，增长 41.31%;软饮料 189.57 万吨，增长 41.30%;包装饮用水 74.78 万吨，增长 31.69%;大米 645.57 万吨，增长 21.89%;精制茶 4.27 万吨，增长 22.66%;此外啤酒 123.70 万千升，增长 9.94%;卷烟 559.00 亿支，增长 5.67%。

农副食品加工业和食品制造业发展迅速。2010 年，农副食品加工业总产值 666.7 亿元，同比增长 39.1%；主营业务收入 666.0 亿元，增长 40.2%；利税 45.9 亿元，增长 51.1%。食品制造业总产值 241.5 亿元，增长 34.7%;主营业务收入 240.8 亿元，增长 35.3%；利税 25.0 亿元，增长 37.3%。酒、饮料和精制茶制造业总产值 130 亿元，增长 19%；主营业务收入 129.7 亿元，增长 22.0%；利税 24.8 亿元，增长 25.2%。烟草制品业总产值 93.6 亿元，增长 12.8%;主营业务收入 94.0 亿元，增长 11.3%；利税 62.8 亿元，增长 15.4%。

"四个一"项目行业引领作用突显。2007 年，江西省政府决定在"十一五"期间着力抓好"四个一"项目，即"一支烟"、"一瓶酒"、"一片茶叶、"一盒胶囊"的发展。3 年来，江西食品工业以"四个一"项目为抓手，将烟草、酿酒、茶叶、保健品作为食品工业的发展龙头，通过多层面协同推进机制，"四个一"项目已引领全省食品工业快速发展。2010 年，"四个一"项目合计完成全年目标的 100.6%；主营业务收入 211.2 亿元，占全省食品工业的 18.7%，同比增长 19.1%，利税 83.5 亿元，占全省食品工业的 52.7%，增长 17.8%，完成全年目标的 107%。其中，"一支烟"主营业务收入 94 亿元，利税 62.1 亿元，"一瓶酒"主营业务收入 68.5 亿元，利税 16.5 亿元，"一片茶叶"主营业务收入 19.7 亿元，利税 1.8 亿元，"一盒胶囊"主营业务收入 29 亿元，利税 3.1 亿元。

出口增长较快。2010 年，全省食品工业完成出口交货值 43.16 亿元，同比增长 12.0%。江西省婺源大鄣山绿色食品有限公司成为全国有机绿茶出口第一的生产加工企业，占据欧盟有机绿茶市场 50%以上的份额，并将市场扩展到美国、日本、瑞士等多个国家和地区。

固定资产投资增长迅速。2010 年，全省规模以上食品工业完成固定资产投资 366.32 亿元，同比增长 40.0%，比全省工业高 2.4 个百分点。由江西省粮油集团有限公司投资兴建的江西金佳谷物新干分公司年产 18 万吨优质大米及其副产品综合利用稻壳燃料热电联产项目竣工投产。该项目总投资 3.9 亿元，形成了年加工优质大米 18 万吨、淀粉糖浆 6 万吨、蛋白粉 7000 吨以及稻壳发电 4200 千瓦时、粮食物流量 80 万吨的能力。项目达产达标后可实现年主营业务收入 6 亿元、利税 6000 万元。江西春丝食品公司投资 6000 万元的 3 万吨面条扩改项目竣工投产。项目达产达标后，面条生产能力将达到 7 万吨，进入全国 5 强。福建达利集团投资 10 亿元在南昌县小蓝经济济开发区建设食品饮料生产基地，该项目建成后，年产值达将 10 亿元，税收 8000 万元。

各设区市食品工业发展迅速。2010年，各设区市规模以上食品工业主营业务收入增长都在25%以上，其中9个市的增速达到30%以上。总量排名前3位的是南昌市411.95亿元，同比增长30.5%；宜春市171.58亿元，同比增长37.9%；赣州市120.72亿元，同比增长25.3%，以上3个设区市的主营业务收入占全省食品工业的62.3%。利润增长最快的是抚州、萍乡、宜春、九江和吉安市，分别增长121.6%、89.1%、85.4%、84.5%和43.0%，均高于全省41.0%的平均水平。

2011年，江西省食品工业企业积极采取措施应对成本费用上升，加强企业内部管理，缩减中间费用，实现经济效益快速增长。至2011年底，全省共有规模以上食品工业企业数510家。其中，主营业务收入超100亿元的有2家，超20亿元的有4家，超10亿元的企业有11家。全行业从业人员13万人。资产总计568.3亿元，同比增长10.6%。食品工业总产值1374.9亿元，增长40.5%，增速比全国食品工业高9.0个百分点；主营业务收入1370.9亿元，增长39.7%；利税188.5亿元，增长30.2%；利润86.3亿元，增长37.5%。

产销同步上升。2011年，全省部分主要食品产量实现快速增长。其中，罐头10.32万吨，同比增长88.77%；包装饮用水88.64万吨，增长56.18%；白酒14.58万千升，增长29.87%。全省食品工业销售产值1359.63亿元，增长40.18%；产品销售率98.89%，全国食品工业高0.86个百分点。其中，食用植物油、精制茶、米面制品制造、营养保健食品制造、白酒等产品销售产值增长速度均超过20%。

“四个一”项目稳定增长。2011年，“四个一”项目实现主营业务收入240.0亿元，占全省食品工业的17.5%，同比增长13.6%；利税97.1亿元，占51.5%，增长16.3%。

外贸出口增势强劲。2011年，全省食品工业出口交货值65.6亿元，列全国食品工业出口第10位；同比增长51.7%，增速列全国食品工业出口第4位。全省米、面制品制造业出口交货值6.5亿元，同比增长48.3%，占全国米、面制品制造业出口总值比重的42.6%，总值和增幅列全国第1位。

固定资产投资大幅提升。2011年，全省食品工业固定资产投资392.5亿元，同比增长26.7%。其中，农副食品加工业193.0亿元，占全省食品工业的49.2%，同比增长30.7%。江西中烟工业有限责任公司赣南卷烟厂、兴国卷烟厂合并重组成新的赣州卷烟厂并进行易地技术改造年产60万大箱卷烟项目，占地730亩，总投资22亿元。南昌亚洲啤酒有限公司投资6亿元建设“60万吨啤酒厂首期工程项目”，该项目全部建成达产后，总产值可达12亿～15亿元。

各设区市食品工业发展势头强劲。2011年，全省各设区市食品工业中，九江市发展最快。全市食品工业主营业务收入、利税同比增长，分别为84.7%、65.5%，增速均列全省第1位。萍乡、上饶、吉安、抚州市食品工业主营业务收入增长超过40%。全省食品工业主营业务收入位列前3位的南昌、宜春、赣州市，合计为874.8亿元，占全省食品工业的63.8%。

2012年，全省食品工业共有企业552家，比上年增加42家。其中，主营业务收入超20亿元的有9家，超10亿元的有16家，超5亿元的有56家。全行业从业人员15万人；资产总计806.27亿元，同比增长32.1%；实现总产值1829.9亿元，增长30.7%；增速居全国第4名，中部6省第1名，总量在全国列第19位。

主要经济指标强劲增长。全省食品工业主营业务收入1856.35亿元，占全省工业的8.3%；同比增长32.7%，比全省工业增速高14.2个百分点；利税249.50亿元，增长31.2%；利润127.02亿元，占全省工业的9.9%，增长44.7%，比全省工业增速高23.8个百分点。

主要产品产量平稳增长。精制食用油111.79万吨，同比增长219.52%；罐头12.73万吨，增长23.38%；精制茶5.52万吨，增长16.91%；大米526.65万吨，增长11.03%；软饮料236.65万吨，增长10.94%；白酒15.71万千升，增长8.36%；包装饮用水94.87万吨，增长7.03%；啤酒114.93万千升，增长4.13%；卷烟599.00亿支，增长2.57%。乳制品28.51万吨，下降1.38%；液体乳24.96万吨，下降4.91%；冷冻饮品2.99万吨，下降68.00%。

固定资产投资和重大项目建设成效显著。2012年，江西省食品工业始终把固定资产投资和项目建设工作放在突出位置来抓，广泛开展招商引资，大力促进社会投资，千方百计扩大固定资产投资规模。当年完成固定资产投资498.82亿元，占全省工业投资的7.5%，同比增长25.6%。重大项目中，青岛啤酒新建年产60万千升啤酒项目开工，该项目位于九江市庐山区，占地约330亩，总投资20亿元。南昌双汇项目二期工程竣工。它集生猪屠宰、分割、肉制品加工、冷藏仓储、物流配送为一体，拥有生鲜产品、高温肉鲜品和低温肉制品等多个品种。南昌双汇项目总投资12亿元，是双汇集团全国所有厂区中规模最大，在产能上排名亚洲第一、世界第二的生产厂区。一期和二期全部投产后能够有效带动周边的畜牧养殖业、饲料加工业等农业产业的发展，间接为1万多人提供就业，并带动南昌生猪屠宰及肉制品加工向规模化、工业化、自动化和信息化方向发展。

外贸出口快速增长。出口交货值91.4亿元，列全国食品工业出口第9位，同比增长33.5%。其中，水产品加工出口交货值27.55亿元，占全省食品工业出口交货值的30.1%，增长26.8%。

亏损企业大幅减亏。全省食品工业亏损企业亏损额1.80亿元，同比下降33.5%。亏损企业亏损额大幅下降，使全省食品工业利润快速增长，当年全省食品工业实现利润127.02亿元，同比增长44.7%。

各设区市食品工业加快发展。其中9个设区市的主营业务收入增速达到20%以上。总量排前3位的是：南昌市724.12元，同比增长34.5%；宜春市265.54亿元，增长25.0%；吉安市192.06亿元，增长30.3%。以上3个设区市的主营业务收入占全省食品工业的63.7%。

煌上煌集团正式挂牌上市。9月5日，江西省首家上市的食品工业企业江西煌上煌集团食品股份有限公司在深圳证券交易所正式挂牌上市。该公司计划到2016年将销售网络覆盖到全国25个省区市，门店数目增加150%以上。

【b.“十一五”回顾】

“十一五”期间，江西省食品工业坚持科学发展观，克服困难，扎实工作，锐意进取。全省食品工业体系完整，4个大类、22个中类、56个小类齐全。至2010年底，全省规模以上食品工业企业有755家，实现总产值1131.8亿元，为2005年的4.3倍多列全国19位；主营业务收入1130.5亿元，为2005年的4.5倍多；利税158.5亿元，为2005年的3.28倍，其中利润总额72.97亿元，为2005年的5.99倍。工业总产值和主营业务收入双跨千亿元，成为江西第4个过千亿产业。

“十一五”期间，江西省食品工业固定资产投资逐年增长，累计完成固定资产投资800亿元，是“十五”期间固定资产投资额的近7倍，食品工业支柱产业地位得到进一步巩固，生态优势和农业资源优势得到充分发挥。为推动江西鄱阳湖生态经济区的建设，加快江西新型工业化、农业现代化、绿色崛起、进位赶超起到积极推动作用。

至2010年底，全省共有主营业务收入超亿元的企业278家，比2005年新增235家。其中，超20亿元的企业2家，超10亿元的8家，超5亿元的22家。江西中烟公司年销售收入超80亿元，销售量突破百万箱大关；四特酒有限责任公司销售收入近20亿元，居全国白酒行业前列；江西汪氏蜜蜂园有限责任公司综合效益水平列全国同行业第1名，德兴市百勤异VC钠有限公司是全国同行业最大的生产企业。江西粮油集团、江西阳光乳业集团有限公司、江西煌上煌集团有限公司、江西金佳谷物有限公司、江西润田食品饮料有限公司等，一大批优强食品企业正迅速崛起，形成了产业新的增长极。

通过实施品牌战略，江西食品工业创出了一批深受消费者欢迎、享誉全国的名牌产品。“春丝”面条、“金佳”大米、“玉珠”大米、“安福”火腿获中国名牌产品称号。“金圣”、“四特”、“月兔”、“汪氏”、“煌上煌”、“南丰蜜桔”、“泰和乌鸡” 、“得尔乐”、“万年贡”获中国驰名商标称号，有82个产品获江西名牌产品称号，85个产品商标获评江西省著名商标。2009年全省绿色（有机）食品产品总数达1408个，居全国第8位；有机食品产品总数达到750个，连续7年保持全国第1位。

依托全省食品工业科研院校的力量和食品工业专家网络，大力推进产、学、研一体化，科、工、贸一条龙，推进企业技术开发和创新。至2009年，全省共建立省级技术中心6个。现代生物技术、真空浓缩技术、微胶囊技术、膜分离技术、真空冻干技术及与国际接轨的质量管理体系等一批科学技术得到推广应用，有力地促进了全省食品工业技术水平的提高和产品的升级。奶制品、啤酒、饮料等行业技术装备水平有了较大提高，稻谷加工业技术装备达到国内先进水平。

食品骨干企业以“公司＋基地＋农户”等组织形式，促进农产品加工转化增值，成为吸纳农村剩余劳动力的主体之一，对农村经济发展和农民脱贫致富发挥了重要作用。到2010年底，全省共有农业产业化省级龙头企业470家，其中国家级重点龙头企业27家。

虽然江西食品工业“十一五”期间的发展成绩斐然，但在发展过程中还存在一些不足：

行业发展水平偏低。2010年食品工业总产值占全国总量不到2%，在全国第19位，在中部地区列第5位；产业集中度较低，企业规模偏小，90%以上为中小企业。

产业结构不够合理。精深加工含量较高的食品制造业所占比例偏低，产品粗加工多，深加工和精加工少，农产品综合加工转化率不到40%。产品品种花色少、档次低、单一产品较多，缺少在全国有影响、市场占有率高的产品。

企业管理水平不高。大部分中小食品生产企业还未建立真正的现代企业制度，人力资源匮乏，经营理念落后，企业经营管理者素质有待提高。企业装备条件、企业技术创新能力还满足不了现代化企业的要求。

【c. 大事记】

2010年1月26日，江西省食品工业办公室会同省商务厅、省财政厅前往江西美庐乳业有限公司开展临时存储乳粉检查工作。重点检查存储乳粉的品种、数量、质量、安全等。

2月4日，2010台湾优质食品推介会暨企业洽谈会在南昌举行。

3月17日，投资6000万元的江西春丝食品公司3万吨面条扩改项目在樟树市竣工投产。

6月29日，省政府办公厅印发《江西省促进中部地区崛起规划贯彻实施意见》，明确江西将重点发展优质健康绿色的食品加工业。

9月19日，江西金佳谷物股份有限公司年产18万吨优质大米及其副产品综合利用稻壳燃料热电联产项目竣工。

9月，江西省食品安全协调领导小组办公室发表《江西省食品安全状况报告（2009年）》白皮书。白皮书报告了全省食品产业状况、食品安全有关数据及其分析、全省食品安全监管工作、存在的主要问题和下一步主要工作等。

12月21日，江西省食品工业协会第4届会员代表大会在南昌召开。

2010年，江西规模以上食品工业工业总主营业务收入均超过千亿元，成为江西第4个过千亿元产业。

2011年1月10日，省政府办公厅印发了《江西省绿色食品产业发展配套政策》。

3月，省工信委会同省发改委和省质监局开展乳品项目（企业）审核清理工作。

3月31日，江西英雄乳业股份有限公司等4家婴幼儿配方乳粉生产企业在全国婴幼儿配方乳粉生产企业诚信管理体系建设启动会上与全国124家婴幼儿配方乳粉生产企业共同签署了诚信宣言，向社会作出了“坚持守法经营、弘扬诚信理念、践行诚信诺言、保证产品质量、履行社会责任、维护行业秩序、加强行业自律、接受社会监督”等8项郑重承诺。

5月19日，全省食品工业企业“讲诚信、保质量、树新风”活动启动仪式暨百家食品工业企业诚信经营倡仪签名活动在南昌举行，全省近百家食品工业企业负责人在会上签名郑重承诺：坚持守法经营、保证产品质量。

6月10日，江西省食品工业企业诚信体系建设启动暨宣贯培训会在南昌市召开，全省100多家食品工业企业代表共计150余人参加了会议。

6月30日，全国白酒标准化技术委员会特香型白酒分技术委员会在南昌市召开成立大会，这是在江西省获得国家标准委批准成立的第1个全国食品专业标委会。

10月11–14日，江西省第9届果露黄酒评委培训班在南昌市举行。全省20多家果酒、露酒和黄酒生产企业的30多名国家和省果露黄酒评委及从事果露黄酒生产、技术和质量管理的有关人员参加了培训。

11月，省人民政府通报了2010年度加快工业发展加速工业崛起先进单位名单。食品产业（江西省食品工业办公室）荣获“江西省产业经济‘十百千亿工程’突出贡献奖”。

12月1日，江西省食品工业企业诚信体系建设首批试点企业工作会议在南昌召开。

2012年1月12日，中共江西省直机关工委、江西省直机关精神文明建设委员会下发表彰省直机关第8届文明单位的决定(赣直党字〔2012〕4号)，江西省食品工业办公室获文明单位奖。

6月26日，全省食品工业企业诚信体系建设工作座谈会在南昌市召开。

8月4日–9日，江西省第10届白酒评委培训考核在南昌市举行。全省50多家白酒生产企业和行业管理部门的100多名国家和省白酒评委及从事白酒生产、技术和质量管理的有关人员参加了培训。

9月5日，江西煌上煌集团食品股份有限公司（煌上煌002695）在深圳证券交易所正式上市。

10月15日，由四特酒有限责任公司研发完成的“特香型酒窖泥的培养及应用”项目通过省级科技计划项目鉴定。该项目，填补了国内特香型窖泥研究的空白。

12月27日，江西省首批通过食品工业企业诚信管理体系评价企业授牌仪式在南昌市举行，会上，江西美庐乳业有限公司等4家婴幼儿乳粉生产企业获颁证书。

【d. 行业管理】

2010年，江西省食品工业办公室、江西省食品工业协会以建设鄱阳湖生态经济区为机遇，紧紧围绕江西工业三年强攻、产业经济“十百千亿工程”的发展目标，全面贯彻落实科学发展观，切实履行各项职责，扎实推进各项工作。

1、认真开展行业调研，完成了江西油茶产业情况调研。在总结“十一五”以来的成绩和存在的问题，分析全行业发展所面临的形势的基础上，完成了江西省食品工业三年发展规划及江西省食品工业“十二五”发展规划编制（草案）。

2、积极配合做好食品安全专项整顿和推进诚信体系建设工作。加强与卫生、农业、工商、质监等部门的协作，配

合做好食品安全整顿的相关工作。贯彻落实国务院安委会开展安全生产大检查相关工作的精神，组织全省食品工业重点企业进行行业安全生产自查。积极配合有关部门继续开展打击违法添加非食用物质和滥用食品添加剂专项整顿工作。按工信部、发改委、质检总局三部委关于在乳制品行业中开展审核清理的工作要求，积极配合省工信委，在全省乳制品行业中开展企业（项目）审核清理工作。充分发挥行业协会作用，加强食品安全知识培训，开展各种形式的行业自律和质量承诺活动。组织编写江西省食品工业企业诚信体系建设工作方案讨论稿等，带领企业参加全国食品工业诚信体系建设试点总结大会，并学习试点省份的工作经验，为下一步在开展诚信体系建设试点工作打下基础。

3、帮助行业加快食品工业技术创新和技术改造，引导产业结构调整和产业合理布局。对行业内企业投资项目进行产业政策认定，完成南城、南丰县2个农副食品加工产业基地评估与认证。制定江西省乳制品工业企业新建和改（扩）建项目验收工作方案。组织企业参加在南昌市举办的中国鄱阳湖国际生态文化节。与台北世贸中心、中国国际贸易促进委员会江西分会联合举办了“2010台湾优质食品推介会暨企业洽谈会”，30多家台湾和60多家江西食品企业及50多家商贸流通企参加了本次洽谈会。

4、2010年12月21日，召开了江西省食品工业协会第4届会员代表大会。原省人大副主任钱梓弘、省政协副主席李华栋被聘为省食协第4届理事会名誉会长，原省经贸委副主任蒋国宾当选为省食协会长。

2011年，省食办、省食协认真履行“制定行业规划、监测行业经济运行、协调行业发展、引导产业布局、加快行业技术进步”的职责，扎扎实实做好行业管理工作。

1、深入市县和企业开展食品工业调研活动，共同探讨如何做大做强江西食品工业和“四个一”项目如何引领食品行业的发展。通过调研，完善了《江西省食品工业“十二五”发展规划》；撰写了《2010年江西食品工业分析报告》、《关于开展食品安全工作的情况汇报》、《以“四个一”项目为抓手，做大做优食品工业——对我省食品工业发展的调研与思考》、《关于抓住鄱阳湖生态经济区建设机遇推动江西省食品产业跨越式发展的政策建议》等调研报告。参与撰写《江西食品产业调研报告》报省工信委。开展龙头食品企业有关税收政策的调研并将调研情况报中国食协。

2、推进“两化融合”建设，做好行业服务工作。举办食品行业全面信息化研讨会，40多家食品工业企业有关人员参加了会议。举办了果露黄酒评委培训考核，组建了江西省第9届果露黄酒评委队伍。举办了推荐参加第8届白酒国家评委考聘人员选拔培训班。组织参加了在南昌市举办的第2届世界低碳与生态经济大会暨技术博览会。组织参加了2011年中国（贵州）国际酒类博览会暨中国·贵阳投资贸易洽谈会和第6届中国（永城）面粉食品博览会。

3、开展诚信体系建设工作。一是制定了2011年～2013年全省食品工业企业诚信体系建设工作实施方案并印发各有关单位，各设区市工信委及各有关企业。二是组织召开江西省食品工业企业诚信体系建设启动暨宣贯培训会，对全省食品工业企业诚信体系建设工作进行了动员和部署，并邀请工信部诚信体系建设专家为全省100家食品企业以及11个设区市工信委、有关行业协会共计150余人宣讲国家诚信建设有关标准文本和文件精神，指导企业建立诚信体系。三是开展诚信体系建设试点工作，将全省乳制品行业11家企业以及肉制品、饮料酒行业的部分重点企业共计22家食品生产企业纳入第一批试点范围。四是组建省食品工业企业诚信体系建设专家队伍为指导省内企业建立诚信管理体系、开展诚信管理培训、参与企业诚信评价工作、形成诚信咨询和管理服务机制奠定良好基础。

4、做好食品安全相关工作。配合省工信委等有关部门开展乳品项目（企业）审核清理工作。经审核，全省有11家企业符合《乳制品工业产业政策（2009年修订）》相关准入要求，予以认定，1家企业声明自愿退出乳制品生产行列。积极开展打击食品非法添加和滥用食品添加剂专项整治行动。代省工信委与省卫生厅等10部门联合下发了《关于加强食品添加剂监督管理工作的通知》要求各地督促食品企业进一步落实食品添加剂使用申报制度，着力消除食品添加剂生产、销售和使用中存在的管理漏洞，引导食品添加剂行业健康有序发展。配合卫生、农业、质检等相关部门开展“瘦肉精”等食品安全专项整治行动。

2012年，省食品办、省食协认真做好行业管理工作，取得了较好成绩。

1、行业调研有新突破。2012 年，先后赴各设区市、县和企业进行调研，了解当地食品工业发展情况，努力帮助企业解决困难和问题，并根据调研情况提出扶持食品工业发展的政策建议。如：《进一步推进茶产业发展的意见》、《关于进一步推进赣南脐橙产业发展的意见》、《贯彻实施江西省质量发展纲要 2012 年行动计划》、《关于支持吉泰走廊打造重要增长带的若干意见》、《关于进一步加强农产品质

量安全监管工作的意见》、《江西省现代农业体系建设规划纲要（2012–2020 年）征求意见稿》、《扶植南昌市打造核心增长极工作措施》等。

2、为行业企业做好服务。举办了江西省第 10 届白酒评委培训考核活动，组建了江西省第 10 届白酒评委队伍。积极为企业争取国家产业振兴、中小企业专项等政策的支持，参与白酒、葡萄酒、乳业的产业认证工作，帮助企业进行新产品、名牌、著名商标的申报和评审，加强对重大项目建设的调度，配合协调解决项目推进过程中遇到的问题。

3、积极推进诚信体系建设工作。制定了《2012 年江西省食品工业企业诚信体系建设工作方案》，召开了全省食品工业诚信体系建设工作会议，编印《江西省食品工业企业诚信体系建设宣传手册》2000 余本，购置《食品工业企业诚信体系建设宣贯培训教材》，发放至全省 100 个县（区）及全行业规模以上企业；组织省内重点企业的代表和有关行业专家参加全国食品工业企业诚信体系建设工作交流培训会，初步建立了省内诚信管理体系师资队伍；邀请工信部专家为 11 个设区市、100 个县（区）及规模以上食品企业共 500 人次宣讲诚信体系建设的背景、意义和标准；确定了 22 家重点食品企业作为首批诚信体系建设试点企业。2012 年 11 月，江西美庐乳业有限公司、江西雄鹰乳业有限公司、江西金薄金生态科技有限公司、江西英雄乳业股份有限公司 4 家婴幼儿乳粉生产企业通过国家食品工业企业诚信管理体系评价，这是江西省首次通过国家食品工业企业诚信管理体系评价的企业。

【e. 政策、规划】

2010 年 6 月 29 日，省政府办公厅印发了《江西省促进中部地区崛起规划贯彻实施意见》，明确将重点发展优质健康绿色的食品加工业。发挥生态优势龙头企业在资金、技术和市场等方面的优势，推进农产品转化增值。应用先进的食品工程技术，开发粮食深加工及综合利用产品，大力发展肉、禽蛋、水产品精深加工产业，以及山茶油等特色食用油，柑橘、山笋、食用菌等果蔬制品、速冻调理食品、乳制品、高中档饮料酒等食品产业。加大对食品企业的监管力度，建立健全食品企业及各级食品质量安全管理体系，保障食品质量安全。

2011 年 1 月 10 日，省政府办公厅印发了《江西省绿色食品产业发展配套政策》：鼓励企业、农民专业合作组织及个人投资绿色（有机）食品产业开发建设；加大对绿色食品原料标准化生产基地建设的支持力度；强化对绿色（有机）食品产业开发的金融支持；加大对绿色（有机）食品开发的支持力度；加大对绿色（有机）食品开发的科技创新投入；支持各种形式的绿色（有机）食品合法营销网络的建立和完善；积极完善全省鲜活农产品运输绿色通道；加大对绿色（有机）食品开发建设用地支持力度：省财政每年继续安排相应的绿色（有机）食品工作经费，用以保障这项工作的正常开展；各级政府对在绿色（有机）食品产业的开发、技术推广和管理工作中做出显著成绩的单位和个人，按照有关规定予以表彰或奖励。

2012 年 1 月 5 日，省发改委、省工信委等部门联合印发了《鄱阳湖生态经济区新型工业化专项规划》，规划期为 2011 年至 2015 年。规划实施期间，食品产业将重点推进 17 个重大项目建设，投资总规模达 109.4 亿元，全部投产后预计主营业务收入年可增 221 亿元，年可增利税 14.73 亿元。其中，投资 10 亿元以上项目有 7 个，投资额 77 亿元。

2012 年 12 月 28 日，省政府办公厅印发《江西省食品安全举报奖励办法》。从 2 月 1 日起，对食品安全违法犯罪行为进行举报的公民、法人和其他组织，将给予奖励，举报奖金最高 3 万元。

【f. 品牌建设】

近年来，江西省品牌建设不断得到加强，各级政府对品牌建设制定了一系列扶持政策。2012 年，政府出台了《江西省人民政府关于进一步实施商标发展战略的意见》，鼓励企业实施名牌战略，对新获得中国驰名商标的企业一次性奖励标准由原来的 30 万元提高至 50 万元。南昌市对新获得中国驰名商标的企业一次性奖励 30 万元。

品牌建设有力促进企业的增值增收，有效扩大了食品产品的知名度，产品的市场竞争力、品牌效益明显提升。例如，四特酒有限责任公司一直坚持抓品牌建设，建立了良好而稳定的品牌创建体系。以品牌复兴工程、市场精细化营销以及核心产品“四特东方韵”的成长壮大，为四特酒实现跨越式发展提供了重要支撑。2012 年该公司销售收入突破 50 亿元，上缴税收突破 10 亿元。

2010 年，江西万年贡米集团有限公司“万年贡”商标被认定为“中国驰名商标”。

2011 年，江西省春丝食品有限公司“春丝”牌商标（第 30 类：面条）、江西大井冈科技实业有限公司“井冈牌”商标（第 33 类：酒）、赣州市赣南脐橙协会“赣南脐橙”商标及商标图（第 31 类：柑橘）、江西华茂保健品开发有限公司“光临 GUANGLIN”商标及商标图（第 30 类：蜂蜜）被认

定为“中国驰名商标”。

2012 年，江中药业股份有限公司初元及图（第 30 类：蜂蜜；食品用糖蜜；非医用营养粉）、江西高安市大观楼腐竹集团有限责任公司大觀樓及图（第 29 类：腐竹）、江西维尔宝食品生物有限公司维宝 WEI BAO 及图（第 29 类：制食用脂肪用脂肪物）、江西仙客来生物科技有限公司仙客来及图（第 29 类：蘑菇罐头）、江西鹰南贡米有限公司香贡世家（第 29 类：大米）、江西润田饮料股份有限公司润田（第 29 类：蒸馏水；矿泉水；水；不含酒精的饮料）、安福县火腿协会安福及图（第 29 类：火腿、加工过的肉）、德兴市源森红花茶油有限公司源森及图（第 29 类：食用油；食用菜子油；食用油脂）8 件食品商标被认定为“中国驰名商标”，创下江西食品行业有史以来 1 年中被认定“中国驰名商标”数量之最。至 2012 年，江西食品行业“中国驰名商标”已达 20 件，占全省“中国驰名商标”的 30.3%。庐山云雾茶等 4 个食品产品被批准为“国家地理标志保护产品”。另外，289 件食品商标被认定为“江西省著名商标”，占当年认定的“江西省著名商标”的 43.46%。

【g. 省级食品产业基地建设】

2010 年 6 月 25 日，省工信委批复同意授予南城县、南丰县江西省农副食品加工产业基地称号。2011 年 5 月 12 日，省工信委批复同意授予石城县江西省绿色食品（白莲）产业基地称号。2011 年 9 月 30 日，省工信委批复同意授予新干县江西省粮油食品产业基地称号。至此，江西食品行业已有南昌小蓝经济开发区、青山湖区、南城县、南丰县、石城县、新干县 6 个省级食品产业基地。

近年来，各省级食品产业基地以产业特色为抓手，积极推进品牌建设，产业集聚效应进一步增强。青山湖区食品产业基地内不仅有“统一”、“娃哈哈”、“雪津啤酒”等年产值超亿元的大型知名企业，还拥有“金冠马得利”烘焙食品及“鲜徕客”米面豆类方便食品、“川奇”保健食品等省内著名品牌，这些企业生产规模居省内同行业前茅，装备水平国内一流，企业产品具有较高的科技含量和工艺技术水平，尤其是饮料制造业在全省处于龙头地位的局面没有改变。小蓝经济开发区食品饮料产业基地凭借优质的水源、良好的生态环境，致力于打造以饮料制造业为主体，以农副食品加工业及高附加值的新型食品制造业为两翼的产业布局，重点发展饮料、肉禽蛋加工、油脂加工、水产品加工和高附加值新型食品等 5 大加工制造业。到 2012 年底，6 个省级食品产业基地共有食品工业企业 488 家，其中已投产企业 448 家，规模以上食品工业企业 82 家。

【h.技术进步和先进荣誉】

至 2012 年，有 9 个食品工业企业建立了省级技术中心，即：四特酒有限责任公司、谱赛科（江西）生物技术有限公司、江西汪氏蜂业集团、南昌亚洲啤酒有限公司、江西中烟工业有限责任公司、江西德宇集团、江西正邦科技股份有限公司、燕京惠泉啤酒（抚州）有限公司、江西国鸿集团有限公司。

在“第 5 届中国食品工业协会科学技术奖”颁奖大会暨“第 8 届全国食品工业科技进步工作会议”上，江西金佳谷物股份有限公司“优质大米生产及副产品综合利用”项目荣获“2009 ~ 2010 年度中国食品工业协会科学技术奖”二等奖；四特酒有限责任公司、江西春丝食品有限公司等 9 家企业被评为“2009 ~ 2010 年度全国食品工业科技进步优秀企业”；江西中超生物科技有限公司的“碎米深加工及啤酒专用糖浆生产”等 7 个科技项目被评为“2009–2010 年度全国食品工业科技进步优秀项目”；四特酒吴生文副总经理、九江仙客来潘新华董事长等 11 人被评为“2009–2010 年度全国食品工业科技进步先进科技带头人”。

2011 年 12 月，新干县、南丰县、吉水县、泰和县、南城县获“2010 ~ 2011 年度全国食品工业强县”荣誉称号；四特酒有限责任公司、江西省春丝食品有限公司、江西煌上煌集团食品股份有限公司、江西德宇集团、江西万载千年食品有限公司等 27 家食品企业获“2010 ~ 2011 年度全国食品工业优秀龙头食品企业”荣誉称号。

2012 年，中国粮食行业协会宣布，江西省粮油集团公司、江西万年贡米集团、江西金土地粮油公司入选“中国粮油企业 100 强”。江西省粮油集团有限公司、江西万年贡米集团、江西金土地粮油股份有限公司、江西金农米业集团有限公司入选“中国大米加工企业 50 强”，九江市嘉盛粮油工业有限公司入选“中国食用油加工企业 50 强”，江西省春丝食品有限公司入选“中国挂面加工企业 10 强”。

2011 年 11 月，省人民政府通报了 2010 年度加快工业发展加速工业崛起先进单位名单。食品产业（省食品办）、江西汪氏蜜蜂园有限公司荣获“江西省产业经济‘十百千亿工程’突出贡献奖”；江西中烟工业有限责任公司被授于“年度贡献奖”；江西中烟工业有限责任公司、四特酒有限责任公司被授于“江西工业优强企业”称号。

江西省食品工业产值表

单位：万元

分　类	2010 年	2011 年	2012 年
食品工业合计	11317711	13749145	18299134
农副食品加工业	6667487	8301541	11325239
食品制造业	2414575	2718580	3421054
酒、饮料和精制茶制造业	1299966	1639791	2185899
烟草制品业			1366941

江西规模以上食品工业主要经济指标

分类	单位	2010 年	2011 年	2012 年
企业数	个	755	510	552
主营业务收入	万元	11305084	13709347	18563497
实现利润	万元	729669	862733	1270238
利税总额	万元	1585224	1885154	2495036

说明：2010 年规模以上食品工业企业为主营业务收入 500 万及以上的非国有工业法人企业，2011 年起规模以上食品工业企业主营业务收入调整为 2000 万。

江西食品工业主要产品产量

产品名称	单位	2010 年	2011 年	2012 年
乳制品	吨	281692	289138	285144
罐头	吨	68670	103206	127339
白酒	千升	126333	145817	157060
啤酒	千升	1237006	1294666	1181266
软饮料	吨	1895693	2133224	2366528
精制茶	吨	42661	41320	55178
卷烟	万支	5589999	5840000	5990000
大米	吨	6455729	4586535	5266459
冷冻饮品	吨	38066	17286	29895
液体乳	吨	258272	262744	249851
包装饮用水	吨	747844	886410	948694
精制食用油	吨	309589	285850	1117949

（陈叔然）

3.15 山东省

【a.“十一五”回顾】

食品工业经济总量上新台阶。2010 年底，山东省规模以上食品工业企业 6885 家，资产总额 4981.41 亿元，从业人员 118.65 万人；“十一五”期间年均增长 10.60%、18.40%和 5.40%；分别占全省工业的 14.64%、9.39%和 12.77%。2010 年食品工业增加值 2780 亿元，年均增长 22.1%；主营业务收入 11104.39 亿元，年均增长 23.4%；利润 654.86 亿元，年均增长 24.7%；利税 990.93 亿元，年均增长 24%；分别占全省工业的 11.98%、12.45%、10.84%、10.22%；主营业务收入、利润、利税分别占全国食品工业的 20.31%、20.68%、20.03%。

食品工业结构进一步优化。人民生活水平的日益提高，饮食结构、饮食方式的改变，推动了山东省食品工业结构调整。（1）是名优食品增多，主要食品产量大幅增加。2010 年年底，全省食品行业有 62 个产品获“中国名牌”，381 个产品获“山东名牌”，分别比 2005 年增加 37 个和 271 个；获“中国驰名商标”68 件，“山东省著名商标”487 件，分别比 2005 年增加 53 件和 151 件。小麦粉、食用植物油、鲜冷藏冻肉、乳制品、啤酒、葡萄酒等重点产品产量比 2005 年增长 60%～310%。（2）是新兴行业得到较快发展。2010 年，淀粉糖主营业务收入达 350 亿元、海洋食品 1500 亿元、速冻调理食品 500 多亿元，均比 2005 年增长 1 倍以上。（3）是重点龙头企业增多。2010 年，主营业务收入过亿元的重点龙头企业超过 1300 家，比 2005 年增加 600 多家；其中 10 亿元以上的 100 多家，比 2005 年增加 500 家；50 亿元以上的 15 家，比 2005 年增加 11 家；100 亿元以上 6 家。

自主创新能力明显提高。“十一五”期间，全省食品工业科研和技改投资增多，创新平台建设步伐加快，食品技术创新能力不断增强，行业整体技术装备水平有较大提高。2010 年底，有 13 家食品企业获国家级企业技术中心，57 家食品企业获省级技术中心，分别比 2005 年增加 9 家和 41 家。食用植物油、肉类加工、乳制品、淀粉糖及功能糖、真空冷冻干燥食品、速冻调理食品、啤酒、葡萄酒等行业重点龙头企业的技术装备水平达到国内或国际先进水平。

食品质量安全水平有所提高。山东省各级政府十分重视食品质量安全工作，制订完善食品相关法规、标准，支持食品企业开展质量管理和食品安全体系等认证，严格执行市场准入制度，加大食品质量监管力度，增强食品质量安全意识；全省大、中型食品企业基本上建立了食品质量安全管理体系；2006 年以来共制订、修订地方食品标准近 300 余项。

节能减排取得新进展。“十一五”期间，全省食品工业企业坚决执行国家节能减排有关政策，认真抓好啤酒、白酒、酒精、淀粉及淀粉糖等行业清洁生产示范工作，积极推广清洁生产先进工艺技术，节能减排工作取得明显成效。西王集团有限公司、保龄宝生物有限公司、阜丰集团有限公司、菱花集团有限公司、山东鲁洲食品集团有限公司等玉米深加工企业实现了玉米产业链多层次开发和副产品的综合利用，发展循环经济。青岛啤酒股份有限公司、山东景芝酒业股份有限公司、泰山酒业集团有限公司、古贝春集团有限公司等酿酒企业积极实施清洁生产，节能减排取得较大成绩。五年间，全省食品行业 16 家企业被命名为山东省环境友好型企业。按照国家有关部门淘汰落后产能的规定要求，有关食品企业对年生产能力 3 万吨以下的酒精、味精以及工艺落后、能源资源消耗高、环保不达标的企业实行了技术改造或依法关停。

【b. 概况】

1.运行情况。

（1）2012 年，全省规模以上食品工业主营业务收入 14031.17 亿元（不含烟草），比 2010 年增长 26.35%；利润 832.05 亿元，增长 27.05%。

其中：农副食品加工业主营业务收入 10261.11 亿元，

增长 27.54%；利润 545.83 亿元，增长 27.44%。

食品制造业主营业务收入 2429.26 亿元，增长 19.68%；利润 168.98 亿元，增长 27.82%。

酒、饮料和精制茶制造业主营业务收入 1340.8 亿元，增长 30.24%；利润 117.24 亿元，增长 24.24%。

（2）**主要产品产量**：食用植物油 878.29 万吨，比 2010 年增长 47.76%；鲜、冷藏肉 955.81 万吨，增长 87.62%；冷冻水产品 137.13 万吨，增长 25.31%；乳制品 320.72 万吨，增长 28.47%；白酒 124.44 万千升，增长 28.42%；葡萄酒 46.71 万千升，增长 24.42%；啤酒 665.08 万千升，增长 24.05%。食用植物油、鲜冷藏肉、冷冻水产品、啤酒、葡萄酒产量保持了全国第 1 位。

2、结构调整情况。

产业结构、产品结构的调整以小麦粉加工、食用植物油加工、肉类加工、蔬菜果品加工、水产品加工、淀粉及淀粉制品、饼干、速冻调理食品、味精、罐头、乳制品、白酒、啤酒、葡萄酒等优势行业加快发展为重点，推动行业上规模、产品上档次、质量上水平，实现规模效益双增长。

其中：食用植物油加工主营业务收入 1445.46 亿元，比 2010 年增长 29.23%；利润 58.13 亿元，增长-2.3%。畜禽屠宰加工主营业务收入 1694.75 亿元，增长 62.17%；利润 79.56 亿元，增长 52.31%。乳制品主营业务收入 264.06 亿元，增长 45.31%；利润 18.69 亿元，增长 64.27%。方便食品主营业务收入 75.96 亿元，增长 39%；利润 6.24 亿元，增长 56.63%。白酒主营业务收入 376.05 亿元，增长 50.82%；利润 27.03 亿元，增长 80.69%。葡萄酒主营业务收入 283.78 亿元，增长 20.29%；利润 39.32 亿元，增长 26.24%。

3、技改投入持续增加。

2011-2012 年，列入山东省重点技改导向计划食品工业项目有 162 个，项目总投资 244 亿元。其中：2011 年 100 项，投资额 154 亿元；2012 年 62 项，投资额 90 亿元。大项目、提升产品档次项目增多。如烟台喜旺肉制品、烟台威龙有机葡萄酒、烟台广和曲奇蛋糕、得利斯冷却肉、荣成泰祥调理食品、鲁花菜籽油、西王低聚糖、龙大花生油、高唐蓝山冷榨花生油、凌云海糖业精制糖等名牌产品项目竣工投产后取得了很好效益。

4、大企业集团、重点企业，带动作用增强。

2012 年年底，全省主营业务收入过亿元的食品企业 2984 家，比 2010 年增加了 984 家。其中过 10 亿元的企业 197 家，增加了 77 家；过 50 亿元的企业 22 家，增加了 3 家；过 100 亿元的企业 10 家（山东六和、临沂金锣、青岛啤酒、西王集团、山东渤海油脂、烟台张裕、山东鲁花、诸城外贸、得利斯、山东香驰），增加了 4 家。行业中前 100 户重点企业的主营业务收入、利润占全省食品工业的比重分别提高到 30%、40%，均比 2002 年增加了 10 个百分点。

5、区域聚集发展效应明显。

全省食品工业以产业结构调整为主线，积极推进食品名城、产业集群、食品标准化生产示范基地建设，优势产业规模逐步扩大。

2012 年，荣成海洋食品产业集群、禹城及邹平淀粉糖与功能糖产业、沂水饼干产业集群、烟台葡萄酒产业集群、莱阳食用油与果蔬产业集群、诸城畜禽食品产业集群、曹县及平邑果蔬罐头产业集群、金乡大蒜加工等 8 大优势产业集群（生产基地）实现主营业务收入 2600 多亿元，占全省食品工业主营业务收入比重为 18.5%，比 2010 年提高了 2.5 个百分点。

【c. 大事记】

2010 年

3 月-6 月，受省经信委委托，省食品办、省食协起草《关于推进我省食品工业持续健康发展意见》。2010 年 11 月以鲁经信消字（2010）555 号文发布。

5 月-8 月，受山东省经信委委托，省食品办、山东省食协编制了《山东省食品工业“十二五”发展规划》和《山东省“十二五”粮食加工业发展规划》。2010 年 10 月省经信委发布实施。

省食协组织审定了《腐乳味烤花生果》、《奶油味烤花生果》、《蒜味烤花生果》 3 项省级地方标准。

5 月-10 月，省食品办牵头，会同省消费者协会、山东省食协、省食品标准化技术委员会组织开展了山东省食品工业标准化生产示范基地创建工作。确定 84 家企业为山东省食品工业标准化生产示范基地，9 家企业为山东省食品工业标准化生产基地，并进行表彰、授牌。

5 月，省食品办、山东省食协在济南举办了 2010 年全国食品博览会。

6 月 4 日，中国食品工业协会在烟台市隆重举行“中国食品名城”授牌仪式，中国食协副会长张志祥、副秘书长杜荷，省经信委副主任姜奇出席授牌仪式。张志祥副会长向烟台市政府市长张江汀颁授了“中国食品名城”牌匾。

6 月 10 日，工信部组织中国社科院专家到山东就编制全国“十二五”农产品深加工规划进行调研。省经信委、省发改委、省财政厅、省商务厅等省直部门参加调研。省食协介绍了全省食品工业基本情况，并就如何加快发展玉米深加工产业、花生产业、罐头工业提出了建议。

6月11日–16日，省食协组织调味品、乳品行业重点企业负责人赴日本考察。

6月，省食协向省经信委报送《关于我省食品工业淘汰落后产能的建议报告》、《山东省玉米深加工产业调整意见》、《山东省食品工业调整振兴指导意见执行情况的报告》，参与编制《山东省"十二五"老年用品发展规划》。

8月18日，中国食品工业协会授予西王集团"中国玉米油城"授牌仪式在北京隆重举行。中国食品协王文哲会长、沈篪秘书长等领导出席。

11月25日，省食品办、省食协在济南举行"山东省食品工业标准化生产示范基地暨山东省食品行业十大品牌企业授牌会"，授予西王集团有限公司等84家企业为"山东省食品工业标准化生产示范基地"，授予山东扳倒井股份有限公司等67家企业为"山东省食品行业十大品牌企业"。

12月，省食品办、省食协与潍坊市政府在潍坊共同举办了第七届中国（山东）名牌食品展示交易会。

2011年

1月7日，省经信委在济南召开全省食品工业工作会议。会议宣读了省经信委《关于推进我省食品工业持续健康发展的意见》，通报了全省食品工业经济运行情况，表彰全省食品工业先进企业和个人。

5月25日，省政府通报表彰2011年全省产学研合作创新突出贡献单位，其中食品行业有11家企业获得殊荣。

5月，省食品办、省食协在济南举办第五届全国食品博览会。

6月1日，由威海市政府、省科技厅主办的第三届山东荣成产业技术创新战略联盟活动周在荣成市石岛举行启动仪式。中国食协副秘书长王薇、省食协常务副会长王世敏出席开幕式。

6月13日，省政府在济南市举行"山东省暨济南市食品安全宣传周活动"启动仪式。常务副省长王仁元、副省长王随莲等领导出席。

6月29日，山东省首个"山东省食品工业基地"揭牌仪式在济阳县举行，省经信委副主任王万良等出席。济阳县近几年食品工业产值年均递增30%以上，2010年全县食品工业企业140多家，其中规模以上52家，工业总产值70.15亿元，占全县规模以上工业总产值的五分之一。

7月4–5日，省食协举办"第四届山东省白酒省级评委暨第八届国家白酒评委选拔考评会"。

全省白酒企业高度重视，此次白酒省评委换届考评及国家评委预选考评报名企业72家，参加考试选拔的人员多达136人。经过综合评定，有97名考生获省评委资格，13名考生获聘特邀省评委，有10名优秀考生被推荐为参加国家评委考评复赛。

8、8月11–13日，由省食品办、省食协主办的第六届中国（北方）国际食品添加剂和配料展在青岛国际会展中心举行。

10月26日，中国食协、中国食协白酒专业委员会联合公布了第八届白酒国家评委考聘结果。山东省白酒企业有36人被聘为国家评委，聘期5年。

第八届白酒国家评委（山东）

杜祥宝	山东百脉泉酒业有限公司
董胜利	泰山酒业集团股份有限公司
晁进福	青岛琅琊台集团股份有限公司
孙守营	山东红太阳酒业有限公司
张秀敏	山东昌邑乾隆杯酒业有限公司
唐丽云	山东沂蒙老区酒业有限公司
西玉玲	山东秦池酒业有限公司
张爱霞	山东四君子集团有限公司
付静静	山东扳倒井股份有限公司
何向荣	山东花冠集团酿酒有限公司

继续聘任的第八届白酒国家评委（山东）

张峰国	山东扳倒井股份有限公司
张红旗	曲阜孔府家酒酿造有限公司
潘学森	山东青州云门酒业有限公司
王秀丽	山东郓城金都酒业有限公司
李佳利	济宁心心酒业有限公司
王新山	山东日照尧王酒业集团有限公司
王守杰	济南趵突泉酿酒有限责任公司
王海忠	山东金贵酒厂有限公司
郝　芳	山东兰陵企业（集团）总公司
赵佃臣	古贝春集团有限公司
管桂坤	山东兰陵美酒股份有限公司
邢克喜	山东大禹龙神酒业有限公司
杨秀丽	山东孔府宴酒业有限责任公司
来安贵	山东景芝酒业股份有限公司
郭建民	山东花冠酒业有限公司

吕月明　山东温和股份有限公司
申作树　山东福瑞酒业有限公司
耿衍瑞　山东黄河龙集团有限公司
孟宪军　山东金彩山酒业有限公司
胡风艳　山东扳倒井股份有限公司
武金华　泰山酒业集团股份有限公司
王金亮　山东花冠集团酒业有限公司

第八届白酒特邀国家评委（山东）

赵纪文　山东扳倒井股份有限公司
马业准　山东百脉泉酒业有限公司
于成华　山东颐阳酒业有限公司
孙前聚　山东四君子集团有限公司

12 月 22 日，省食协、省食品办、省消协、省广播电视台在济南联合启动“山东省食品安全倡议活动”。

12 月 20 日，中国食协在北京举行“履行社会责任、打造诚信品牌”暨“2010–2011 年度全国食品工业优秀龙头食品企业、食品工业强县（市、区）经验交流会”，中国食协石秀诗会长出席交流会并致辞。山东省诸城市人民政府、蓬莱京鲁渔业有限公司分别代表产业集群和龙头企业作了典型发言。

山东省龙大食品集团有限公司等 51 家企业获得“全国食品工业优秀龙头食品企业”荣誉称号；济阳县等 7 个县（市、区）被授予“全国食品工业强县（市、区）”荣誉称号；诸城市高端食品安全示范区被授予“全国食品工业产业集群示范区”荣誉称号。

2012 年

1 月 11 日，山东省政府召开第 3 届山东省省长质量奖颁奖大会，省长姜大明、副省长王军民等领导出席及个人颁奖。

3 月 29 日，省食协（食品办）在邹平县西王集团召开全省食协（食品办）工作会议。省经信委李建生巡视员等领导、省食协副会长单位、各市食品办负责人出席。会议布置了 2012 年全省食品工业主要工作。

9 月 3 日 ~ 6 日，山东省食品办、省食协在济南举行全省白酒行业评委年会暨食品行业十大品牌标准化生产示范基地产品质量年检会议。会议宣读了省食品办、省食协《关于表彰张锋国等 33 位白酒国家评委的决定》，并向获得“全省白酒行业评委感官质量品评奖”及“全省食品行业评委感官质量品评奖”的企业颁发了奖牌。

9 月 4 日，认定安丘市为山东省食品工业基地。山东省经信委巡视员李建生和潍坊市、安丘市等领导出席座谈会及授牌仪式。

11 月 29 日，山东省食协七次会员代表大会召开。会议听取审议表决通过六届理事会工作报告和省食协会费收费与使用管理办法；表彰了省食协六届优秀会员单位；选举产生了省食协七届理事会，省食品办主任王世敏为会长，省食品副主任尤其为副会长兼秘书长，闫世春、都本强、周洪江、丁树明、赵纪文、王　勇、王培亮、宫学斌、于建洋、房建设、马西元、于宏昌、牛德强、王星云、刘新才、唐传勤、周晓峰、付国平、秦文、王忠本、刘建源等 21 人为副会长。聘请山东省经信委巡视员李建生为省食协名誉会长，聘请省食协原会长鲍言富为省食协顾问。

【d. 政策、法规】

2010 年 ~ 2012 年，山东省出台的与食品工业有关的政策、法规主要有：

2010 年，《关于推进我省食品工业持续健康发展的意见》2010 年，《山东省人民政府关于实施蔬菜等五大产业振兴规划的指导意见》。2010 年，《山东省人民政府关于加快发展现代畜牧业的意见》。2011 年，《山东省生猪屠宰管理办法》。

【e. 科技进步和科研成果】

截止 2012 年年底，全省食品工业企业中建立国家级企业技术中心共 18 家，省级企业技术中心共 74 家。其中建立了国家级企业技术中心的食品企业分别是：青岛啤酒股份有限公司、烟台张裕集团有限公司、鲁洲食品集团有限公司、菱花集团有限公司、东阿阿胶股份有限公司、青岛明月海藻集团有限公司、保龄宝生物股份有限公司、好当家集团有限公司、得利斯集团有限公司、山东六和集团有限公司、龙大食品集团有限公司、青岛康大食品有限公司、日照金禾生化集团有限公司、山东福田药业有限公司、烟台喜旺食品有限公司、青岛琅琊台集团股份有限公司、西王集团有限公司、谷神生物科技集团有限公司。

2010–2012 年，山东省食品工业骨干企业技术创新能力明显增强，技术创新投入增加，新产品开发加快，自主知识产权成果数量增多，带动了食品工业科技进步。其中获得国家及山东省科技进步奖（技术发明奖）项目为：

2010 年，青岛明月海藻集团有限公司、山东东方海洋科技股份有限公司等单位完成的“海洋水产蛋白、糖类及脂质资源高效利用关键技术研究与应用”获国家科技进步奖二等奖；山东渤海油脂工业有限公司等单位完成的“大豆磷脂生

产关键技术及产业化开发”项目获国家科技进步奖二等奖；山东泰山啤酒集团有限公司完成的《啤酒小麦酿造啤酒的关键技术研究与产业化开发》获得山东省科技进步奖一等奖。

2011 年，谷神生物科技集团等单位完成的《大豆精深加工关键技术创新与应用》项目获国家科技进步奖二等奖；山东九发生物降解工程有限公司、诸城兴贸玉米开发有限公司等单位完成的《可食性全降解食品包装材料工业化制造》项目获山东省科技进步奖二等奖；山东福洋生物科技有限公司等单位完成的《淀粉质原料固定化细胞高效转化海藻糖技术产业化》项目获山东省科技进步奖二等奖；山东巨野晨农天然产物有限公司等单位完成的《大蒜精深加工关键技术研究及产业化》项目获山东省科技进步奖三等奖；山东瀚霖生物技术有限公司等单位完成的《生物法生产长链二元酸技术开发与产业化》项目获山东省科技进步奖三等奖；山东鲁花集团有限公司等单位完成的《花生油脂加工关键新技术产业化开发及标准化安全生产》项目获山东省科技进步奖三等奖；烟台北方安德利果汁股份有限公司等单位完成的《生物酶解、脱色脱酸及无菌贮存技术集成在浓缩苹果汁加工中应用研究开发》项目获山东省科技进步奖三等奖；烟台张裕集团有限公司完成的《葡萄与葡萄酒质量安全综合检测平台建设及控制技术研究与应用》项目获山东省科技进步奖三等奖；临沂山松生物制品有限公司完成的《大豆低聚糖生产技术研究开发》项目获山东省科技进步奖三等奖；山东扳倒井股份有限公司等单位完成的《芝麻香兼浓香型白酒的研制》项目获山东省科技进步奖三等奖。

2012 年，山东鲁花集团有限公司等单位完成的《高含油油料加工关键新技术产业化开发及标准化安全生产》项目获国家科技进步奖二等奖；山东鲁花集团有限公司等单位完成的《果蔬食品的高品质干燥关键技术研究及应用》项目获国家科技进步奖二等奖；烟台华海生物制品有限公司等单位完成的《海洋生物蛋白资源制备系列功能寡肽和功能蛋白技术与应用》项目获山东省技术发明奖一等奖；保龄宝生物股份有限公司等单位完成的《低聚半乳糖、低聚果糖、低聚异麦芽糖生物加工关键技术及产业化》项目获山东省科技进步奖一等奖；青岛啤酒股份有限公司完成的《高麦香醇厚型啤酒技术的开发与应用》项目获山东省科技进步奖三等奖；烟台喜旺食品有限公司完成的《肉制品加工传统工艺的技术改造与产业化示范》项目获山东省科技进步奖三等奖；烟台恒源生物工程有限公司等单位完成的《L–天冬氨酸的高效生物转化技术及产业化》项目获山东省科技进步奖三等奖；烟台张裕集团有限公司等单位完成的《蛇龙珠葡萄特征香气成分的确定及对高档葡萄酒风味的影响研究与应用》项目获山东省科技进步奖三等奖；山东景芝酒业股份有限公司等单位完成的《芝麻香型白酒细菌曲的生产与应用》项目获山东省科技进步奖三等奖；诸城东晓生物科技有限公司完成的《结晶葡萄糖节能环保生产新工艺》项目获山东省科技进步奖三等奖；山东福田药业有限公司完成的《色谱层析分离法制备 L–阿拉伯糖技术》项目获山东省科技进步奖三等奖；鲁洲生物科技（山东）有限公司等单位完成的《一步法生产高纯山梨醇工艺研究及其产业化》项目获山东省科技进步奖三等奖。

（王宏进）

3.16 河南省

【a. 概况】

2012 年，河南省规模以上食品工业企业 2996 家，从业人员约 120 万人；主营业务收入 7217.42 亿元，同比增长 7.72%；税金 432.81 亿元，增长 14.69%；利润 687.97 亿元，增长 4.46%.完成固定资产投入 1288 亿元，占全部工业投资总额的 11.6%。其中农副产品加工业完成投资 664.58 亿元，增长 31.58%；食品制造业 396.90 亿元，增长 28.86%；酒、饮料和精制茶制造业 211.41 亿元，增长 12.49%；烟草制品业 15.89 亿元，增长 31.98%。

主要产品产量完成情况：畜肉制品 232.0 万吨,同比增长 10.3%；方便面 275.1 万吨，增长 17.4%；小麦粉 4584.1 万吨，增长 16.2%；冷冻水产品 0.4 万吨，增长 26.9%;精制茶 4.3 万吨，增长 6.0%；乳制品 175.4%万吨，增长 19.0%;糖果 10.5 万吨，增长 22.1%；罐头 18.2 万吨，增长 3.8%；酱油 57.2 万吨，增长 18.1%；原盐 355.8 万吨，增长 23.4%；发酵酒精 187.0 万千升，增长 19.3%；卷烟 1691.0 亿支，增长 0.9%；冷冻饮品 26.6 万吨，增长 16.8%;鲜冷藏肉 387.2 万吨，增长 20.9%；速冻米面食品 250.7 万吨；增长 14.2%；味精 28 万吨，增长-14.8%；饮料酒 627.1 万千升，增长 21.4%；白酒 99.9 万千升，增长 5.7%；啤酒 496.1 万千升，增长 25.3%；软饮料 909.1 万千升，增长 13.7%。

【b. 大事记】

1、中国食品工业协会、中国商业联合会、河南省人民政府主办，漯河市人民政府、省工业和信息化厅、省商务厅、河南省食品工业协会承办的第 10 届中国（漯河）食品博览会，于 2012 年 5 月 16 日-18 日在漯河市举办。中央军委原副主席曹刚川、全国人大常委会副委员长华建敏、全国政协副主席李金华，中国食品工业协会会长石秀诗等主办单位领导，出席开幕式。有 178 家来自世界 500 强、国内 500 强、行业百强企业和大型央企国企中的高管参会；12 个国家和地区，全国 27 个省、区、市的 1056 家企业参展；到会采购商近 3000 人。展会期间还举行了中国食品百强工业园揭牌仪式、中国食品工业运行信息发布暨高峰论坛、贸易洽谈与采购等一系列重要活动，收到了很好的效果。成功签约各类投资项目 56 个，总投资 271.60 亿元，贸易总成交额 286 亿元。

2、6 月 11 日，河南省 2012 年食品安全宣传周暨四大放心工程（放心奶、放心肉、放心菜、放心豆制品）活动启动仪式在河南省人民会堂隆重举行。河南省副省长、省食品安全委员会副主任刘满仓出席并作重要讲话，省政府副秘书长、省食品安全办公室主任朱长青主持启动仪式，省市相关部门的领导及食品企业代表等 1200 余人参加。食品安全四大放心工程是：让全省人民喝上放心奶、吃上放心肉、放心菜和放心豆制品，用 1 年左右的时间，创建一批食品安全达标（示范）企业、达标（示范）市场和达标（示范）店，打造一批食品安全示范产业集群。

3、7 月，河南省食协开展了 2012 年度河南省名优月饼质量安全达标活动。对月饼制作优秀技师和名优月饼的质量安全达标，进行了严格的评审和认定。

4、8 月，全国肉制品生产企业（河南试点）诚信体系建设培训会在洛阳召开。

5、8 月 16 日-20 日，由中国食品报社、省食协冷冻专业委员会主办的 2012 年第五届中国（国际）冷冻食品产业大会在郑州举办。北京、辽宁、河北、海南、吉林、上海等 20 个省区高的 200 多家企业参展。

2012 年度河南百强百高企业

百强食品类企业：

双汇实业集团有限责任公司

河南众品食业股份有限公司

河南大用（集团）实业有限公司

河南省南街村（集团）有限公司
河南省志元食品有限公司
乐天澳的利饮料有限公司
河南天冠企业集团有限公司
河南华英禽业集团
益海（周口）粮油工业有限公司
郑州思念食品有限公司
白象食品集团（河南省正龙食品有限公司）
科迪食品集团股份有限公司
河南金丹乳酸科技股份有限公司
郑州三全食品股份有限公司
河南信阳五云茶叶（集团）有限公司
河南省淇县永达食业有限公司
安阳市健丰食品有限公司
好想你枣业股份有限公司
周口金丝猴食品有限公司
漯河联泰食品有限公司

百高食品类企业：

（彭谦）

3.17 湖北省

【a. 概况】

2010 年–2012 年，食品工业是湖北省确定的六个高成长产业之一，2008 年，全湖北省食品工业规模以上企业达到 1598 家，完成工业产值 1227 亿元。实现销售收入 1190.1 亿元。湖北省食品工业在全国排名第八位。

2012 年，湖北省食品工业规模以上企业到达 1850 家，实现主营业务收入 5082.2 亿元。完成工业增加值 1743.6 亿元，食品工业占湖北省规模以上工业比重达到 15.9%。经济总量排全湖北省各行业之首。同时湖北省食品工业跻身全国食品工业第 5 位。

湖北省食品工业 2010–2012 年以来。

一、发展态势：

1.速度明显加快。工业总产值同比增幅过 50%的市州有 4 个；分别是襄阳市、咸宁市、黄冈市、十堰市。

2.经济效益持续向好。食品销售收入过 4 亿的市州有：武汉市、宜昌市；过 100 亿的市州有：荆门市、襄阳市、荆州市、孝感市、随州市。利润同比增幅超过 1 倍的市州有：十堰市、鄂州市、襄阳市、仙桃市、荆门市、孝感市、咸宁市。

3.出口创汇大幅增加，湖北省出口交货值过 10 亿元市州有：宜昌；过 5 亿元市州有：随州、潜江。

二、发展特点：

1.产业门类比较齐全，主要产业具有一定的竞争优势。湖北省食品工业基本覆盖了食品工业统计的生产门类。大米居全国第 2 位，原盐居第 4 位；白酒，糖果，果汁及果汁饮料，精致菜均居第 5 位，水产品居第 6 位，油脂，罐头，软饮料居第 7 位，面粉，饼干，啤酒，碳酸饮料居第 8 位，乳制品居第 10 位。产值过百亿元的食品门类有 5 个：（米面淀粉类，油脂类，肉制品类，白酒类，风味食品类），出口交货值过亿元的门类有 5 个：（菌藻蔬菜类，风味食品类，罐头类，水产类，方便食品类）。

2.区域布局渐趋于合理，地方特色十分鲜明。

湖北省各地食品工业呈现出竞争发展的势态。武汉市形成一烟（武烟），两啤（百威，华润）三油（华泰、益海、中昌）三乐（可口可乐、百事可乐、乐百氏），四奶（伊利、蒙牛友芝友、光明、维维香满楼）为主的格局；孝感市形成了以麻糖米酒、饼干糕点、银杏加工、花生加工为主导的食品产业布局；襄阳市形成了以粮油加工，宜昌市重点发展水果加工。仙桃市形成以粮油加工、畜禽蛋、冷冻食品、果蔬加工、水产品为主的产业布局。黄冈形成绿色食品产业加工园区。潜江重点发展水产品加工，共出口规模达到全湖北省第一。

3.企业规模不断扩大，龙头企业带动作用显著。

湖北省 1850 家规模以上食品工业企业中，销售收入过 100 亿元以上有：益海粮油，过 50 亿元有：稻花香、百威啤酒、同星农业、福娃集团、枝江酒业、劲牌、白云边。京山国宝桥米公司通过资产重组，组建了湖北国宝桥米集团，取得了“京山桥米”国家地理标志。

4.品牌建设加强，提升湖北省食品知名度。

湖北省食品工业中金龙泉啤酒、国宝桥米、福娃大米等 10 个品牌获中国名牌认定，枝江大曲等 118 个产品获湖北省名牌产品称号，安琪、劲牌、枝江、稻花香、古隆中、神丹、白云边、关公坊等 8 个获中国驰名商标称号，湖北省绿色食品品牌数在全国位居第二，湖北省在注重本地企业品牌建设的同时，大力引进国际国内知名品牌，例如可口可乐、百事可乐、娃哈哈、双汇、金龙鱼、鲁花、百威、雪花、燕京、青岛、伊利、蒙牛、旺旺等等。

5.食品加工园区建设加快，产业集群初具规模。

2012 年底，湖北省销售规模过亿元的成长型食品加工产业集群 56 个，关联企业 3100 个，从业人员 50.15 万人。

重点形成钟祥市农产食品加工产业集群、咸丰县绿色食品产业集群、大冶市饮料食品产业集群、监利市食品产业集群、武汉市东西湖区食品产业集群、襄阳市襄州区农产食品加工产业集群、黄冈市黄州饮品产业集群、枝江市酒业产业集群、宜昌市夷陵区稻花香酒业产业集群。

宜昌水果加工园、荆州粮食加工园、枣阳粮油加工园、随州香菇加工园、仙桃食品加工园、潜江水产食品加工园、洪湖水产食品加工园、鄂州沼山食品加工园、黄冈食品产业园。

6.基地建设加强，原料供应得到缓冲。

目前湖北省几经建立具有规模的优质油菜基地、优质稻基地、优质蔬菜基地、优质瓜果基地、畜牧养殖基地和水产品养殖基地，例如蔬菜基地 46 个，菜叶基地 10 个，畜牧基地 30 个，水产基地 26 个。湖北省是全国 8 大生猪重点产区之一。

7.科技成果显著，自主创新能力加强。

安琪酵母、劲牌公司、百威啤酒成为国家级技术中心和博士后工作站，稻花香、神丹、奥星、白云边建立了省级技术研发中心。

8.招商引资成果丰硕。

湖北省东面有大别山，西面有神农架，农产品资源丰富，引进的国内外知名企业有：统一食品、可口可乐、百事可乐、金龙鱼、双汇、娃哈哈、光明、蒙牛、伊利、汇源、雨润、旺旺、百威、燕京、青岛啤酒、鲁花、正大、达利园、银鹭、洋河。

表 1　2010 年各市州食品工业规模以上食品企业个数，主营业务收入情况表。

市州	武汉	十堰	宜昌	鄂州	黄冈	咸宁	潜江	恩施	随州	黄石	荆州	襄阳	荆门	孝感	仙桃	神农架	天门
企业个数	143	33	159	19	145	67	32	105	119	16	169	136	207	151	54	1	35
主营业务收入	250.21	8.95	169.03	5.39	49.39	34.55	19.47	19.89	25.37	29.76	88.26	88.93	97.34	59.16	49.67	0.26	25.38
比上年同期增长%	52.39	42.13	37.66	41.15	58.29	117.97	11.82	35.31	47.82	29.76	63.95	99.38	53.48	50.94	35.76	–48.88	47.82

【b. 重点项目】

一、粮食加工行业。

1.湖北千点食品有限公司投资 30 亿元建设丰产 150 万吨全谷物食品项目。

2.中兴集团投资 20 亿元建设的粮食深加工项目。

3.洪森实业公司投资 15 亿元建设 15 万吨集粮油详加工综合工业园项目。

4.福娃集团投资 10 亿元建设糙米深加工项目。

5.国宝桥米公司投资 10 亿元的精米加工，小米粥，饴糖，米乳饮料项目。

6.益海嘉里（武汉）公司投资 10 亿元的面粉加工项目。

7.丰乐集团投资 5 亿元的面粉加工项目。

二、食用植物油加工行业。

1.武汉中海粮油工业有限公司投资 12 亿元的食用油加工项目。

2.湖北梅园油脂科技有限公司投资 7.8 亿元的食用油加工项目。

3.湖北奥星粮油公司投资 5 亿元建设的年处理 50 万吨油料生产线。

4.湖北佳富实业公司投资 4.65 亿元建设的年加工 30 万

吨菜棉籽加工项目。

5.湖北黄袍山公司投资 3 亿元建设油茶精深加工产业园。

6.益海嘉里（武汉）公司投资 1.9 亿元建设的金龙鱼食用油生产项目。

7.潜江区源油脂公司投资 1.18 亿元建设的 5000 吨脱皮冷榨油脂生产线。

三、酿酒（饮料酒）和软饮料行业

1.稻花香集团投资 10 亿元的应城，黄梅千年缘酒业以及关公坊综合扩建和包装工业园二期项目。

2.枝江酒业股份公司投资10亿元建设名优酒技改项目。

3.白云边集团投资 20 亿元建设生态科技产业园项目。

4.劲牌公司投资 15 亿元在山南开发区建设年产 15 万吨保健酒项目，投资 5 亿元在阳新县建设年产 5 万吨保健酒基酒项目，投资5亿元在神龙架林区建年产5万吨保健酒项目。

5.湖北蓝带食品产业园投资3.5亿元建设40万吨啤酒项目。

6.华润雪花啤酒投资 5 亿元重组 100 万吨啤酒产能。

7.百威技改在湖北产能达到 55 万吨啤酒项目。

8.多加宝投资 30 亿元建设仙桃凉茶项目。

9.湖北劲牛牧业公司投资 10 亿元建设的养殖场及 125 万吨奶制品生产线项目。

10.稻花香集团投资 5 亿元建设的茶饮料深加工项目。

11.红牛（湖北咸宁）公司投资 5 亿元建设的儿童饮料项目。

12.乐百氏公司投资 5 亿元的脉动饮料项目。

13.黄冈伊利乳业公司投资 3.1 亿元的 PET 冷灌装颗粒乳饮料项目。

14.汇源（湖北钟祥）公司投资 4.8 亿元的果汁加工项目。

15.武汉友芝友乳品公司投资2.9亿元建设的日产650吨成奶 1100 吨鲜奶产业化项目。

四、禽畜蛋制品加工行业。

1.襄阳正大农牧公司投资 40 亿元的 100 万头生猪产业化加工，肉鸭深加工项目。

2.湖北宝迪农业科技公司投资 11 亿元建设年屠宰加工 2200 万头猪，5000 万只肉鸡项目。

3.襄大农牧公司投资 4.1 亿元建设猪、鸡屠宰分割冷冻项目。

4.江苏雨润集团（湖北钟祥）公司投资 17 亿元建设 200 万头生猪肉制品深加工项目。

5.江苏雨润集团（湖北宜昌）公司投资 1.75 元建设年产 300 万只肉鸡加工项目。

6.保康县富襄公司投资 6 亿元的 5000 万只肉鸭养殖加工项目。

7.湖北鸿翔公司投资 5.4 亿元的肉鸭屠宰及深加工产业化项目。

8.仙桃市九珠食品有限公司投资 3 亿元的蛋品加工项目。

五、水产品加工产业。

1.潜江华山水产公司投资 5 亿元的甲克素深加工项目。

2.湖北莱克水产公司投资 7 亿元建设的 20 万吨淡水产品加工，5 万吨冷库；5 万吨物流和 30 亿尾小龙虾良种繁育项目。

3.湖北大明水产公司投资 8 亿元的 10 万吨鱼糜加工项目。

4.德炎水产公司投资 4 亿元的年产 5000 吨鱼胶原蛋白项目。

5.天峡鲟都科技公司投资 3.71 亿元建设鲟鱼加工项目。

6.梁子湖水产集团投资 1.5 亿元的 5 万吨鲜鱼精深加工项目。

六、果蔬、茶叶加工行业。

1.华润万家公司投资 36 亿元的年产 20 万吨蔬菜食品加工项目。

2.萧氏茶叶投资 20 亿元的高科技工业园项目。

3.众森产业投资公司投资 5.5 亿元的富硒宜红茶加工项目。

4.凤池实业公司投资 2.5 亿元的果蔬深加工项目。

5.新美香公司投资 2 亿元的蔬菜深加工项目。

6.武汉汉味鲜绿色食品公司投资 1.2 亿元的蔬菜高温脱水生产项目。

7.湖北爱期曼食品公司投资 5 亿元的果蔬罐头加工项目。

8.赤壁赵李桥洞庄茶叶有限公司投资 1 亿元的青砖茶产业园。

七、发酵及调味品行业。

1.安琪集团投资7.3亿元的1000吨新型生物酶制剂生产线；年产 2.5 万吨新型生物调味品生产线；年产 2.5 万吨复合生物饲料添加剂生产线；0.6 万吨固态生物发酵基地生产线项目。

2、老河口美味公司投资 1.4 亿元的高档调味品项目。

3.武汉劲宝食品公司投资 1.2 亿元的劲宝调料工业园项目。

4.武汉新华扬生物公司投资 1.02 亿元的酶制剂产业化项目。

5.湖北尝相思食品公司投资 3 亿元的调味品、豆制品项目。

八、地方特色食品行业。

1.宜昌土老憨公司投资 3.7 亿元的鱼鲜养生酱及风味豆豉系列产品加工项目。

2.武汉冠利达必是食品公司投资 1 亿元的方便热干面生产基地项目。

3.武汉仟吉食品公司投资 1.5 亿元的烘焙食品生产线项目。

4.湖北广源食品公司投资 8 亿元的米饼项目。

5.沙洋两江食品公司投资 5 亿元的荸荠开发利用项目。

6.仙桃华美公司投资 1 亿元的系列饼干项目。

表 2 湖北省 2012 年食品产业发展主要指标：

类别	指标	2012 年
经济增长	主营业务收入（规模以上）	5082.2 亿元
	工业增加值（规模以上）	2200 亿元
	利税（规模以上）	781 亿元
	利润（规模以上）	285 亿元
结构调整	食品工业与农业产值的比重	0.9:1
	主营业务收入过 100 亿元企业	1 家
	主营业务收入过 50 亿元企业	8 家
	主营业务收入过 100 亿元大县、强县	11 个
技术进步	省级以上企业技术中心，工程研究中心，重点实验室	27 家
	新产品产值率	4%
可持续发展	单位工业增加值能耗降低	16%
	绿色食品	1987 个
	有机食品	189 个

表 3 2012 年湖北省食品工业主要行业主营业务收入目标分解表

行业	2011 年	2012 年
总计	3904.1	5082.2
1.农副食品加工业	2248.66	3024.8
粮食加工	852.65	1181.8
植物油加工	563.33	695
屠宰及肉类加工	227.67	281
水产品加工	116.55	180.8
2.食品制造业	509.18	659.1
3.饮料制造业	764.01	949.6
酒业加工	411.43	530.8
白酒	263.31	352.9
啤酒	101.51	109.1

精制茶	102.05	146.6
4.烟草	382.2	448.7

表 4　2012 年湖北省过百亿食品企业培育目标表

企业名称	主营业务收入（亿元）
	2012 年
合计	858.6
1.稻花香集团	160
2.枝江酒业	70.2
3.福娃集团	69.9
4.武汉百威	65
5.武汉益海嘉里	55
6.国宝桥米	51.8
7.襄大农牧	51.9
8.劲牌公司	50.9
9.奥星粮油	51.8
10.梅园粮油	43.3
11.汉口精武	16.9
12.华山水产公司	30
13.白云边集团	40.6
14.三杰粮油	37.1
15.万宝粮油	32.8

表 5　2012 年湖北知名品牌培育规划表

序号	产品名称	品牌培育目标（个）	行业	所在地市
1	大米	3	粮食	荆门、荆州、襄阳
2	面粉	2	粮食	襄阳、随州
3	菜油	2	食用油	襄阳、随州
4	芝麻油	1	食用油	武汉、襄阳
5	饲料	1	粮食	武汉
6	白酒	2	饮料	宜昌、荆州
7	露酒	1	饮料	黄石
8	啤酒	2	饮料	荆门、武汉
9	肉类	2	畜禽	武汉、随州
10	蛋品	1		孝感
11	乳制品	1	饮料	武汉、宜昌
12	卤制品	1	畜禽	武汉
13	水产品	2	水产品	鄂州、潜江、荆州

14	风味食品	1		潜江
15	速冻制品	1		潜江
16	蜂蜜制品	1		武汉
17	绿茶	2	饮料	宜昌、十堰
18	青砖茶	1	饮料	咸宁
19	果汁饮料	1	饮料	武汉
20	高活性酵母	1	发酵	宜昌
21	膨化米果	1		武汉
22	特色食品	2		孝感、黄石
23	卷烟	2	烟草	武汉

（苏传胜）

3.18 湖南省

【a. 概况】

"十一五"以来，湖南省食品工业在省委、省政府的正确领导下，坚持科学发展观，大力推进新型工业化进程，着力培育发展食品产业集群，调整优化产业结构，积极应对多重困难和危机，呈现持续快速增长态势，为促进全省经济社会发展和富民强省做出了重要贡献。2012 年底，全省规模以是食品工业总产值（不含烟草）3316.3 亿元，同比增长 19.7%在全国排名第 9 位；完成工业增加值 880.7 亿元，同比增长 12.7%。

"十一五"以来湖南食品工业的主要成就是：

（1）生产持续快速增长。经过多年的发展，食品工业已经成为全省第 2 大产业，形成了以粮食、畜禽、果蔬、油料、茶叶、水产品工业为主，休闲食品、调味品、乳制品、酿酒业、软饮料、方便食品为辅的产业体系。

（2）企业不断成长壮大。2012 年底，全省共有食品工业企业 2 万余家，基中规模以上企业 1619 家。形成了一批年销售收入过 10 亿元的龙头企业。其中，大米、挂面、淡水鱼、调味品等行业的企业在国内率先登陆资本市场。

（3）主要农产品产量排位靠前。稻谷和柑桔产量一直居全国第 1，生猪出栏量居全国第 2，茶叶和淡水养殖产品居全国第 5 位，油料、蔬菜等农产品产量也居全国前列。

（4）品牌建设力度加大。全省食品产业已拥有中国驰名商标 100 件，占全省中国驰名商标总数的 38.4%；2010 年 ~ 2012 年获评湖南省著名商标 695 件，占全省著名商标的 36.27%。同时，产品质量水平稳步提升。

（5）产业集聚度逐步提高。通过发挥区域资源优势，加速产业集群和企业集聚，形成了长沙粮油乳茶、岳阳粮油茶调味品、株洲肉乳、常德粮油水产品、湘潭肉莲、邵阳酒果蔬糖、怀化粮油果蔬、永州酒油果蔬等 8 个食品产业集群。8 个产业集群区域完成食品工业总产值占全省规模以上食品产业总产值的 78.5%。

（6）研发平台体系初步建立。唐人神、金健米业、熙可食品、酒鬼酒、太子奶、亚华乳业、天龙米业等 20 家食品企业建立了省级技术中心，5 家食品企业设立了博士后流动工作站。全省食品工业初步形成了"产、学、研"相结合的技术创新和产品研发体系。

存在的主要差距：

湖南省食品产业实现了向"千亿产业"跨越，但与湖南农业大省的地位仍不相称，与发达省市相比存在较大差距，主要体现在产业不强，企业不大。2012 年，全省工业经济既身处宏观经济不景气的大环境中，又面临土地价格、劳动力成本、煤电油气运价格偏高等现实问题，多年来保持高速增长的态势将逐步放缓，开始步入中速发展期。从产业自身看，湖南食品产业发展方式比较粗放，整体竞争力依然比较弱，特别是 2012 年以来食品工业发展增速明显回落，下滑趋势明显，产业发展态势与将食品工业打造成全省工业重要支撑的构想还不相符。

【b. 大事记】

2010 年 1 月 12 日，省委办公厅、省政府办公厅下发《关于加快发展食品产业的意见》（湘办[2010]4 号）。《意见》提出，要"合理规划，壮大一批食品龙头企业；培育一批具有特色资源优势的产业集群；建立稳定的原料生产基地；提升行业技术装备水平；健全质量安全保障体系。到 2015 年，力争湖南省规模以上食品工业企业（不含烟草）实现总产值 6000 亿元，年均增长 25%以上；培育形成 2 ~ 3 家产值过 100 亿元、3 ~ 5 家产值过 50 亿元、50 ~ 60 家产值过 10 亿元的企业，食品经济总量进入全国 10 强"。

5 月 19 日–21 日，根据省委书记、省长周强的批示精神，湖南省组织省内部分重点食品企业和各市州经委代表共 198 人组成湖南省代表团，参加了在上海举办的第 11 届 SIAL

CHINA 中国国际食品和饮料展览会。期间，举办了湖南食品专场推介会。湖南熙可食品有限公司等 12 家湘字号食品生产企业与部分境内外采购商现场签订了产需合作协议，签约金额达 8.049 亿元（其中美元 5570 万元，折合人民币 3.899 亿元；人民币 4.15 亿元）。

11 月 23 日，省经信委联合省发改委、省监察厅、省农业厅、省商务厅、省卫生厅、人民银行长沙中心支行、省工商局、省质监局、省食品药品监督管理局、省食品行业联合会等单位在长沙举行了湖南省食品工业企业诚信体系建设试点工作启动仪式。湖南副省长陈肇雄出席了启动仪式并宣布试点工作正式启动。

12 月 23 日，湖南省食品行业联合会第五届第一次（换届）会员代表大会召开，省经信委原巡视员刘送保当选为第五届理事会会长。

2011 年 3 月 25 日，总部位于湖南株洲的唐人神集团在深交所中小板挂牌上市。

5 月 17 日，湖南省食品工业企业诚信体系建设培训班暨第 2 批试点企业启动仪式在长沙举行，标志湖南省食品工业企业诚信体系建设正式湖南开展，工信部消费品工业司王黎明司长出席开班仪式并讲话。

5 月 26 日，湖南率先在全国开通“湖南省食品工业企业诚信网”；同时开通的还有改版后的“湖南食品网。”

8 月，根据省经信委下发的《湖南省食品工业企业诚信体系建设工作实施方案》和《关于扎实推进湖南省食品工业企业诚信体系建设的通知》精神，为激励试点企业加快推进食品工业企业诚信体系建设，鼓励企业先行先试，省食品行业联合会下发《关于在试点企业中开展争创湖南省食品工业企业诚信体系建设示范企业活动决定》的通知。

9 月 27 日，省食品行业联合会流通分会成立大会暨湖南省食品产销对接会召开。唐人神集团、中粮湖南可口可乐等省内近 100 家食品生产企业，步步高、家润多等省内外 100 余家食品流通企业、主流经销商、各大终端连锁卖场代表共 200 多人参加会议。盈成油脂、果秀等 8 家食品生产企业与步步高、家润多等 8 家食品流通企业签署了意向合作协议，协议金额超过 20 亿元。

1 月 6 日，总部位于湖南长沙宁乡的加加食品集团股份有限公司在深交所中小板挂牌上市。

3 月 16 日，总部位于湖南益阳南县的克明面业在深交所中小板挂牌上市。

4 月 11 日，省食品行业联合会休闲熟食分会正式成立。

4 月 13 日～14 日，中央驻湘媒体分会和省食品行业联合会共同组织人民日报社湖南分社、新华社湖南分社、光明日报社湖南记者站、经济日报社湖南记者站、中央人民广播电台湖南记者站、中新社湖南分社、中国食品安全报湖南记者站等集体进行“走转改”活动，前往湖南省最大的菜籽油生产企业湖南盈成油脂工业有限公司进行集体采访。高规格新闻采访活动。

6 月 14 日，创建“湖南省食品工业企业诚信体系建设示范企业”座谈会在长沙召开。湖南省经信委、省卫生厅、省质监局等 11 个省食品工业企业诚信体系建设工作部门联席会议成员单位负责人，湖南省茶业有限公司等 15 家创建“湖南省食品工业企业诚信体系建设示范企业”的企业主要负责人参加会议。会议部署在全国率先开展食品工业企业诚信体系建设示范企业评选工作。

8 月 16 日，由香港贸易发展局举办的美食博览、香港国际茶展在香港会议展览中心举行。省食品行业联合会与省贸促会共同组织了近 20 家企业参展。其中，湖南益阳茶厂送选的产品获得了黑茶类产品的亚军，这是湖南企业首次在该活动上获奖。

10 月 17 日–18 日，光明日报社湖南记者站、中央人民广播电台湖南记者站、中央电视台湖南记者站、中新社湖南分社、中国日报社湖南记者站、新华社湖南分社、中国食品安全报湖南记者站等央媒驻湘记者采访团前往湖南临武舜华鸭业发展有限公司，在这个中国最大的麻鸭加工基地进行“走转改”活动。

9 月 26 日，由省加速推进新型工业化工作领导小组办公室、省经信息委、省商务厅共同主办，省食品行业联合会承办的 2012 年湖南省食品产业产需合作对接会在长沙召开。省委常委、副省长陈肇雄出席会议并讲话。省食品行业联合会与省贸促会国际交流服务中心、新食品杂志，省食品行业联合会休闲熟食分会与省食品行业联合会流通分会、武汉市副食品商会、经桥网络科技有限公司、湖南盈成油脂工业有限公司分别签署了战略合作协议；唐人神、盈成油脂等 20 家湖南食品工业企业代表与麦德龙、步步高等省内外 20 家流通企业代表签署产需合作协议。与会重点食品工业企业与商贸流通企业共达成合作伙伴协议 261 个，签定 2012 年产品采购合同 188 个，签约金额达 87 亿元。

8 月 17 日，由湖南省经信委副巡视员、省食品联合会秘书长杨月华主持召开省食品工业企业诚信体系建设示范企业评审会。按得分多少为序，评选出了全省首批 20 家诚

信示范企业。

12 月 8 日，由省人民政府主办，省湘菜产业促进会和省食品行业联合会承办的，以“诚信湖南•安全食品•放心湘菜”为主题的“湘菜食品安全诚信自律高峰论坛暨湘菜企业食品安全诚信自律活动启动仪式”在长沙召开。中国工程院院士袁隆平，省人大常委会副主任蔡力峰，副省长盛茂林，政协原副主席、省湘菜产业促进会会长李贻衡等出席论坛。

【c. 市场开发】

湖南省食品行业联合会，以开放的思维搭建开放的平台，凝聚社会各方资源，紧紧围绕产销对接这一核心环节，多措并举，多管齐下，为企业开拓市场创造条件。

1. 搭建线上平台，发挥网络优势。2010 年底省食品行业联合会换届后，随即与湖南经桥网络科技公司合作，共同创建“湖南食品网”、“湖南省食品工业企业诚信网”、“湖南医药在线”3 个网站，2011 年 5 月 26 日成功上线运营。日均访问量 2 万人次，并与国内 35 家展会承办公司建立了媒体合作关系。网站首页广告位和“食品企业”、“品牌推荐”栏目已经成为全省重点食品企业形象展示、重点食品品牌产品强力推荐的窗口。2012 年元月又创建了家庭网购平台——经桥购物网，独创 B2H 商业模式，首推“网上购物+线下社区分销”，以湖南农特产品（米面油茶）为主的家庭日常生活用品作为网站的核心产品。至 2012 年底，该网已与湖南 100 多家食品企业签订了合作协议；长沙 100 家社区体验店建成并部分正式运营，2013 年底，长沙市中心城区 300 家体验店将全部投入使用。

2. 助推湘品出湘出境。2012 年，在实施“湘品出湘”工程中，省食品行业联合会是作为协办单位，着力推动湖南省食品产品走出湖南。在与省贸促会国际交流服务中心 2012 年 8 月成功组织湖南省内 20 余家食品生产企业参加香港美食博览会的基础上，进一步与该中心达成战略合作协议，该中心每年提供 150 万元人民币财政资金用于湖南省食品企业出境展览补贴；同时，帮助有资质的企业到境外设点、落地，并力求做到每年以 1–2 家的速度递增，从而助推湖南食品企业走上国际化道路。

【d. 加强研发】

省食品工业的科研平台体系基本成形。湖南有 20 家食品企业建立了省级技术中心，5 家企业设立了博士后流动工作站。湖南省食品工业初步形成了企业、高校、科研院所“产、学、研”相结合的技术创新和产品研发体系。

省级技术中心目录

湖南省轻工盐业集团有限责任公司
湖南亚华乳业有限公司
湖南省茶业有限公司
加加食品集团股份有限公司
湖南亚林食品有限公司
湖南省明园蜂业有限公司
湖南湘丰茶业有限公司
湖南太子奶集团生物科技有限公司
伟鸿食品有限公司
湖南宏兴隆湘莲食品有限公司
湖南湘窖酒业有限公司
湖南巴陵油脂有限公司
湖南金健米业股份有限公司
湖南德山酒业营销有限公司
克明面业股份有限公司
湖南熙可食品有限公司
湖南省天龙米业有限公司
湖南金浩茶油股份有限公司
酒鬼酒股份有限公司
湖南老爹农业科技开发股份有限公司

博士后流动工作站

袁隆平农业高科技股份有限公司
湖南金健米业股份有限公司
湖南亚华乳业有限公司
大湖水殖股份有限公司
湖南中烟工业有限责任公司

2011 年湖南省食品行业获得的国家科技进步奖

二等奖：

湖南湘云生物科技有限公司：新型和改良多倍体鱼研究及应用

万福生科（湖南）农业开发股份有限公司、湖南润涛生物科技有限公司等合作：稻米深加工高效转化与副产物综合利用

克明面业股份有限公司：高效节能小麦加工新技术

2012 年湖南省食品业获得的国家科技进步奖

二等奖：

湖南金健米业股份有限公司：优质早籼高效育种技术研创及新品种选育应用

湖南省被国家认定为中国驰名商标企业名单

2011 年：

湖南湘丰茶业有限公司
湖南省轻工盐业集团有限责任公司
盐津铺子食品有限公司
湖南金霞粮食产业有限公司
湖南宾之郎食品有限公司
湖南益阳粒粒晶粮食购销有限公司
益阳市口味王槟榔有限责任公司
安化县茶叶协会
湖南重庆啤酒国人有限公司
湖南德山酒业营销有限公司
湖南武陵酒有限公司
湖南插旗菜业有限公司
湖南省长康实业有限责任公司
湖南山润油茶科技发展有限公司
湖南李文食品有限公司
湖南浩天米业有限公司
湖南省华康食品有限责任公司
百雄堂控股集团有限公司
湖南果秀食品有限公司
麻阳苗族自治县柑桔协会
古丈茶业发展研究中心
酒鬼酒股份有限公司

2012 年：

湖南顺祥水产食品有限公司
湖南胖哥食品有限责任公司
辣妹子食品股份有限公司
湖南巴陵油脂有限责任公司
湖南旺辉食品有限公司
口口香米业股份有限公司
湖南白沙溪茶厂有限责任公司
湖南华龙粮油集团有限公司
聚宝金昊农业高科有限公司
湖南湘窖酒业有限公司
湖南中富植物油脂有限公司
永兴冰粮橙种植业协会
湖南金拓天油茶科技开发有限公司
湖南济草堂金银花科技开发有限公司
常德广积米业有限公司
湖南广益粮棉油有限公司
常德市汇美食品有限公司
湖南惠生肉业有限公司
湖南人人家食品有限公司
湖南亮之星米业有限公司
万福生科湖南农业开发股份有限公司
湖南盈成实业有限公司
湖南亚林食品有限公司
益阳茶厂有限公司
石门县茶业产业协会
湖南佳佳粮食购销有限公司
湖南绿海粮油有限公司
永州市异蛇科技实业有限公司
长沙市沙龙主畜牧有限公司
湖南兰岭绿态茶业有限公司
湖南精为天粮油有限公司
湖南金雁粮食购销有限公司
湖南好味屋食品有限公司
株洲好棒美食品有限公司
岳阳市洞庭山茶叶有限公司

获得省长质量奖的湖南食品工业企业

2011 年：

湖南湘窖酒业有限公司

2012 年：

酒鬼酒股份有限公司

（陈赛）

3.19 广东省

【a. 概况】

食品工业是广东传统的支柱产业。

“广东粮、珠江水”名闻遐迩。广东食品工业竞争力优势明显，门类齐全，品种繁多，产品质量较高，经济效益较好，是全国食品工业生产大省和出口大省。

2010 年以来，广东食品工业保持平稳健康发展。总体上看，呈现生产平稳增长、市场稳定向好、产量持续增长、经济效益较好等特点。在经济下行压力加大的背景下，广东食品工业保增长、促消费、惠民生优势鲜明，传统支柱产业作用明显。据统计，省食品生产经营单位有 35000 多家，主要以中小企业和家庭作坊为主，从业人员过百万，其中从事特色食品生产的约占 80%。在全部食品工业企业中，除部分国有及国有控股企业外，95%以上的企业是外资、合资和民营企业。

广东特色食品产业在凉茶饮料、广式焙烤食品、广式调味品、广式凉果、广式腊味和水产品、干鲜果蔬、功能食品等领域具有较强的优势，呈现出集群化、规模化发展态势，成为广东食品工业发展方向和重要增长点。

凉茶被认定为国家级非物质文化遗产后高速发展，创造了国际饮料史上一个奇迹，并由此产生出植物饮料类别，形成自有知识产权。

2012 年，广东食品工业规模以上企业工业总产值 5171.80 亿元、工业增加值 1391.95 亿元、工业销售产值 5037.91 亿元，分别占全省工业的 9.07%、6.33%、5.40%。

其中 2012 年，软饮料、包装饮用水类、碳酸饮料类（汽水）、果汁和蔬菜汁饮料类、糖果、酱油等产品产量保持在全国首位，占比分别为 16.15%、16.68%、19.57%、15.49%、24.47%、43.22%。

广东食品工业发展特点：

（1）特色食品产业成为发展动力。在主要产品产量中，广式月饼、软饮料、糖果、酱油、蚝油、调味酱、米粉、凉果蜜饯等项产品产销量居全国首位，水产品、饼干、精制食用植物油、成品糖、速冻米面食品、方便面、啤酒等拥有很高的知名度。国家级非物质文化遗产——凉茶的主要物质载体——凉茶饮料产业成为全球饮料产业的佼佼者，准确科学地诠释了“药食同源”这一传统的养生理念。

（2）食品安全状况良好。省委、省政府将严打食品安全违法犯罪列为重点督办的民生实事，将食品安全指数列入“幸福广东”考核指标，通过政府监管、行业自律、社会参与，落实各项措施，保障了全省食品安全，促进了广东经济社会的稳定和发展。广东省食品行业协会、省医药行业协会提出并制订实施的《广东省食品医药行业自律管理规范》（DB44/T766–2010）和《广东省食品医药行业社会责任》（DB44/T767–2010）两个标准，科学地解决了社会主义市场经济条件下社会管理中行业自律管理和企业履行社会责任、诚信体系建设等重大问题，有力保证了食品安全。

2012 年，是广东省深入落实“3 打 2 建”专项工作的关键一年，食品作为“3 打”工作重点“率先开打”。省食品安全专项整治取得明显成效，食品安全形势总体稳定向好。2012 年食品监测合格率稳中有升；食品安全事故得到有效防控，未出现跨区域爆发现象，各类型食品安全问题得到有效遏制。国家食品安全督查组对广东省 2012 年食品安全工作予以充分肯定。

（3）产业转型升级成果显著。广东省以一批具有地方特色的系列食品和大企业为龙头逐步形成食品工业产业集群，提高技术水平和创新能力，产业配套能力不断增强，通过横向拉长、纵向延伸产业链条，积极探索“升级”之道，打造食品工业竞争新优势。企业积极创建自有品牌，涌现出珠江、海天、珠江桥、致美斋、徐福记、喜之郎、雅士利等一大批全国知名品牌。截止 2012 年底，全省食品工业企业拥有中国驰名商标 36 个。

【b."十一五"回顾】

广东省食品工业在"十一五"期间健康快速发展，依靠科技进步和实施名牌战略，结构调整取得实效，拥有一大批深受消费者欢迎、享誉全国的名优产品，产业集中度和规模化水平得到较大提升，食品安全水平进一步提高，经济总量成为广东省九大支柱产业中增幅最大的产业之一。

1.结构继续调整优化，转型升级有序推进

（1）生产保持较快增长，综合实力持续增强。2006–2010年，广东食品工业总产值年均增长19%，工业增加值年均增长17.03%。2010年，全省食品工业总产值达4003亿元，工业销售产值3882.39亿元，处于全国第4位；提前2年实现了广东省食品工业"十一五"规划目标。2010年，广东农副产品加工业、食品制造业占全省工业的比重比2005年分别上升0.04个、0.19个百分点。

（2）产品结构保持优化，市场份额有效增强。2010年，广东食品工业大部分产品产量与2005年相比，均增长在1倍以上。一些优势产品如饼干、方便面、速冻米面食品、酱油、软饮料和瓶（罐）装饮用水等增幅达2.51倍、2.60倍、19.23倍、3.27倍、2.37倍、2.14倍，凉茶饮料更是超高速发展，增幅高达25倍。

2010年，广东食品类产品中的糕点、糖果、酱油、软饮料、碳酸饮料、包装饮用水、果汁和蔬菜汁饮料等产量均排名全国第1，占全国的比重分别是15.49%、23.54%、44.83%、17.71%、19.37%、19.03%、17.09%。速冻米面食品产量全国第2，占比4.78%；成品糖、精制食用植物油、方便面、饮料酒、啤酒产量排名第3，占比分别是8.38%、8.79%、6.82%、7.33%、8.95%。

（3）实施特色食品战略，提升改造传统产业

底蕴深厚的岭南食文化和改革创新的政策环境，为广东食品工业的发展奠定了坚实的人文基础物质基础。依靠科技进步和实施名牌战略，广东食品工业开发出一大批深受消费者欢迎、享誉全国的产品，成为广东食品工业开拓市场、快速发展的动力。如凉茶的加多宝、王老吉、上清饮、黄振龙、邓老、杏林春等；焙烤行业的安琪、利口福、华美、荣华、元朗等；调味品行业的海天、珠江桥、李锦记、美味鲜、致美斋、味事达、东古调味等；饮料行业的香雪亚洲、怡宝、景田、福地、华山泉、东鹏、津威等；啤酒行业的珠江、蓝带等；油脂行业的鹰唛；凉果行业的佳宝、康辉、同享、农夫山庄等；肉制品行业的皇上皇、无穷、真美等；食品添加剂行业的名花、广益、汇香园、百花等等。

"十一五"期间，广东食品行业在全国创造性地提出并实施"特色食品发展战略"，以特色+科技+文化的广东新型产业模式，进一步提升了广东食品产业层次，优化了产品结构，带动了食品工业的发展。自2009年开始，广东共认定了3批209个岭南特色食品，形成了"广东首信"产业，成为广东食品转变经济发展方式，提升改造传统产业的重要抓手。广东名牌食品产品中，外向型发展、具有国际竞争力的产品占30%。通过实施名牌战略，促进更多的"中国制造"与"广东品牌"走向国际市场，有50%产品以自主品牌出口。

2.结构调整步伐加快，发展成效日益显现

"十一五"期间，广东食品工业结构调整、产业转型升级取得了较大进展。食品产业结构升级优化、区域工业协调发展、产品市场结构调整等方面均取得预期效果。

（1）产业布局趋向合理。食品制造业、饮料制造业继续走在全国前列并具有较强的竞争优势；基本形成了以珠三角地区为中心，东西两翼和北部山区技术资源相互配套、协调发展的格局。

（2）集群建设成果显著。产业聚集趋势明显。"十一五"期间，全省共培育了"中国第一食品名镇——庵埠"、"中国腊味食品名镇——黄圃"、"中国沙糖桔之乡——广宁"、"中国饮料名镇——三水"、"中国食品名镇——茶山"、"中国仙草之乡—平远"、"中国特色食品名镇——道滘"、"中国*月饼之乡*——吴川"等全国著名的产业集群。

随着产业集群建设力度的加大，广东特色食品产业依托岭南独特工艺技术和产业基础，在饮料、焙烤食品、调味品、凉果、腊味制品和水产品等领域呈现出集群化、规模化发展态势，凉茶饮料、广式腊味、广式调味品、广式凉果、广式糕点等特色食品的产销量不仅居全国首位，而且占据了全球部分高端市场。

3.注重创新发展模式

"十一五"期间，广东省食品行业积极应对"金融危机"对产业的冲击，注重创新产业发展模式。

（1）党建促进行业健康发展。广东食品行业在全国率先提出并将党的基层组织建在协会分支机构上，创建了全国第一个行业协会党委并成为目前全国直接拥有党的基层组织和党员数量最多的协会党委，解决了市场经济条件下行业内流动党员的组织管理、队伍壮大和党员模范带头作用发挥的重大问题。协会党委主要在3个方面发挥基层党组织的战斗堡垒作用和党员的模范带头作用：①是宣传。

让员工，尤其让企业负责人懂政策，守法律。②是引导。让企业，尤其让企业主要负责人按照市场发展规律和自身实际及时调整产品结构，提高经济效益。③是保障。保障党和政府的方针政策在企业中的落实，保障食品药品安全，保障企业合法权益，保障国家利益、声誉不受侵害。从而也使行业协会“4个服务”（为政府、行业、企业、社会服务）的功能得到进一步发挥并落到实处，促进了全省食品产业的健康发展。党的基层组织建设已成为促进广东食品工业发展的组织基础。

（2）文化拉动行业高速发展。广东创建并实施“用文化拉动产业高速发展”的新模式。在2005年认定“凉茶”为“广东省食文化遗产”基础上，创造了“粤、港、澳”共同申遗新模式，不仅使凉茶成为国家级非物质文化遗产，而且使凉茶成为全球最大的饮料产业（2005年国内凉茶饮料不足100万吨；2006年，申遗成功，凉茶饮料以翻番的速度发展；2010年，凉茶饮料产量达到2500万吨，超过可口可乐全球销量）。支持安琪月饼制作技艺成为国家级非物质文化遗产，有力拉动了产业的高速发展，为促进食品工业发展和建设文化强省提供了成功范例。

（3）预警保证行业安全发展。广东不断完善食品产业预警服务平台建设，为产业安全保驾护航。分管副省长于蓝曾专门从省长基金中拨出经费给予支持。在省有关部门的支持下，广东省食品行业协会创建的食品产业安全预警服务平台不断完善，定期发布产业预警信息。其中成功处置2009年“5.11凉茶添加夏枯草事件”提供了行业协会危机公关典型案例。2008年3月发布的美国“三聚氰胺”警示、2009年3月发布的国外月饼进口标准变化等信息对全省相关食品企业起到了重要的预警作用。

（4）自律保障行业稳定发展。广东省食品行业狠抓诚信自律体系建设，在严格执行国家系列食品安全标准的同时，结合广东实际，先后制定了《广东省食品行业自律管理若干规定》、《广东省食品行业自律管理评价办法》、《广东省食品行业自律管理奖惩办法》、《广东省食品行业自律管理评价实施细则》，系统化的规章为全省食品产业健康发展注入新活力。特别是《广东省食品医药行业自律管理规范》和《广东省食品医药行业履行社会责任》2个地方标准经省技术监督局批准于2010年9月1日实施，以标准管理的方式规范自律，这在全国尚属首次。

（5）技术带动行业优化发展。“十一五”以来，广东食品企业加大科研和技改投资力度，膜分离、无菌冷灌装、浓缩、冷加工、自动计量与封装等得到普遍应用，生物工程技术、分离提取技术、冷冻干燥技术、微电子技术等高新技术也得到了初步推广，有力地促进了食品工业生产技术水平的提高和产品的更新换代。如2006年加多宝成功研发了凉茶浓缩汁技术，开创了凉茶“集中提取、分散灌装”的工业模式，实现凉茶的标准配比调配、灌装。

4. 存在问题

（1）是对食文化拉动经济建设和行业发展及人群特性的影响认识不足，对食品行业的地位和贡献认识不够。（2）是各类资源未能形成合力，没有采取切实可行的政策、资金、推广等扶持措施推进行业发展。（3）是规模效应不强，生产设备较落后。全省基本是使用上世纪80年代的设备，亟待更新。尤其是大量规模以下的小企业技术含量较低、产品质量较差、品牌意识淡薄、抗风险能力不强，难以适应全球化竞争形势的要求。

【c. 大事记】

2010年

1月29日，广东食协派员参加GB14881《食品企业通用卫生规范》修订工作组，是参与单位中惟一省级行业协会。

2月26日，广东省食品行业协会荣获全国社会组织深入学习实践科学发展观活动指导小组、民政部授予的“社会组织深入学习实践科学发展观活动先进单位”荣获称号，并再次荣获民政部授予的“全国先进社会组织”荣誉称号。

3月5日，广东省食品行业协会实授予“全省性行业协会商会和基金会等级评估”5A级。

4月21日，央视《情系玉树、大爱无疆——抗震救灾大型募捐活动特别节目》上，加多宝集团捐款1.1亿元。

5月14日，第六届中国（深圳）国际文化产业博览交易会在深圳隆重开幕。

广东省食品行业协会组织项目广东凉茶企业和安琪广式月饼制作技艺亮相文博会，引起了强烈反响。

经广东岭南特色食品认定工作领导小组认定，皇上皇金冠牌腊肠等74个产品为第二批广东岭南特色食品。

6月13日～17日，由中国食品工业协会、东莞市人民政府和广东食品行业协会主办的“首届中国（道滘）美食文化节”在东莞市道滘镇举行。中国食品工业协会会长石秀诗出席开幕式。4天时间吸引50多万人次的游客前来参观，食品销售总额达1亿元，协议订货金额达1.5亿元。

中国食品工业协会领导十分关心广东食品工业的发展。

2010 年 9 月上任的新一届中国食品工业协会会长、全国人大财经委主任石秀诗于 10 月 30 日出席在广州召开的“食品安全亚运行”活动启动暨“亚运食品安全高峰论坛”，并作了重要讲话。

12 月 6 日 ~ 7 日，石秀诗会长赴广东考察了食品企业运作并检查了亚运会闭幕后我国食品安全工作情况，提出进一步推进食品产业经济发展方式转变，实现行业又好又快发展的新要求。

12 月 28 日，石秀诗会长、广东省人民政府雷于蓝副省长出席“食品安全亚运行”活动总结表彰大会。对在亚运期间为食品安全作出贡献的企业、单位和个人给予充分的肯定和表彰。

广东食协受省经信委委托，编制了《广东省食品产业十二五发展规划》，9 月 1 日，《广东省食品医药行业自律管理规范》（DB44/T766–2010）和《广东省食品医药行业社会责任》（DB44/T767–2010），经省质量技术监督局批准正式实施。

9 月 28 日，第三届中国三水饮品文化节开幕。中国食品工业协会向三水区授予“中国饮料之都”牌匾。

10 月 10 日，民政部在广州市召开“全国行业协会改革发展经验交流会”广东省食品（医药）行业协会党委书记、广东省食品行业协会会长张俊修作了题为《充分利用改革空间，努力实现跨越式发展》的典型介绍。

10 月 30 日，由中国食品工业会主办，广东省食品行业协会承办，北京、上海、辽宁、山东、浙江、江西、河南、湖北、四川、云南等 13 个省、市食品行业主管部门、行业协会和广东加多宝食品饮料有限公司协办的“食品安全亚运行”活动启动暨“亚运食品安全高峰论坛”在广州拉开帷幕。全国人大财经委主任委员、中国食品工业协会会长石秀诗和广东省副省长雷于蓝出席并作了重要讲话。

“食品安全亚运行”活动从 10 月 30 日开始，至 12 月 19 日结束。活动以“我们应该为亚运做些什么？能做什么？怎么做？达到什么效果”为主题，统一认识、统一步伐；以组委会提出的“一个中心”（保障亚运食品安全为中心）、“三大目标”（高姿态、高标准、高质量）、“五项重点”（亚运食品安全高峰论坛、征文活动、知识竞赛、创先争优、亚运食品安全巡礼）为内涵，全面实施、深入推进。由全国性行业协会及众多省市行业主管部门、行业协会共同举办这样的全国性活动，在国内尚属首次。

于 11 月 5 日–8 日，在宁波国际会展中心隆重举行。广东省组织广州、珠海、东莞、江门、中山、湛江、惠州等市的 50 家企业参加在宁波举办的 2010 中国食品博览会。广东展区展位 100 个，合同（含意向）金额 21.3 亿元。

广东省食品行业协会会长张俊修作为第 111 棒火炬手，进行了具有特殊纪念意义的亚运火炬传递。

12 月 6 日–7 日，中国食品工业协会会长石秀诗一行赴广东调研。石会长参观了加多宝（中国）饮料有限公司、广东五芳斋食品有限公司、佳佳美餐饮管理有限公司，并分别在加多宝（中国）饮料有限公司和道滘镇人民政府举行现场座谈会。

12 月 28 日，食品安全亚运行活动组委会在广州召开了“食品安全亚运行”活动总结表彰大会。全国人大财经委主任委员、中国食品工业协会会长、食品安全亚运行组委会主任石秀诗，广东省人民政府副省长雷于蓝等出席。

“食品安全亚运行”活动实现了活动组委会提出的“确保供亚食品 100%合格、确保运动会食品安全万无一失”的宏大目标，取得了巨大的成功，创造了全国性行业协会联合地方行业协会，自觉保障国际大型活动食品安全的新模式，形成了全国与地方行业协会的联动工作机制，引起了社会强烈反响。

2011 年

1 月 25 日，盒装王老吉凉茶也被宣布正式入选国家高技术研究发展计划（863 计划），“功能性食品安全性评价与功能因子关键检测技术”。成为迄今为止参加国家 863 计划的首个凉茶项目和植物饮料项目。

3 月 4 日，加多宝集团在清远隆重举行了“清远加多宝草本植物科技有限公司开业典礼”。广东省委副书记、省纪委书记朱明国出席。清远加多宝草本植物科技有限公司计划日产百吨凉茶浓缩汁。凉茶浓缩汁技术是 2006 年由加多宝集团在国内首次研制成功。

2011 年，广东省认定了第三批广东岭南特色食品共有 53 种产品。

同年广东省食品行业协会组织开展食品科学技术奖评选活动。共评选 9 个项目为“广东省食品行业科学技术奖”，4 人为“广东省食品行业科学技术奖自主创新企业家”，15 个项目为“广东省食品行业科技进步优秀项目”，9 家企业为“广东省食品行业科技进步优秀企业”，6 人为“广东省食品行业科技进步先进科技带头人”，7 人为“广东省食品行业科技进步先进科技工作者”。

同年广东省获全国食品工业科技进步优秀企业 7 家，全国食品工业科技进步优秀项目名单 12 项，全国食品工业科

技进步先进科技带头人 8 人，全国食品工业科技进步先进科技工作者 6 人，广州珠江啤酒股份有限公司董事长方贵权获自主创新企业家。广东环西生物科技股份有限公司的发酵精氨酸及其衍生物精酮合剂关键技术开发和广州珠江啤酒股份有限公司优质纯生啤酒品质控制体系研究与应用获中国食品工业协会科学技术奖一等奖；佛山市海天（高明）调味食品有限公司调味品中卫生微生物高通量快速检测关键技术研究与示范，广东珠江桥生物科技股份有限公司调味品中痕量有机污染物检测技术的研究与应用、广东肇庆星湖生物科技股份有限公司 L–脯氨酸生物发酵生产技术开发及产业化和广州市名花香料有限公司双酶法制备奶香底料的研究项目获二等奖。

6 月 30 日，广东省食品工业企业诚信体系建设试点工作启动仪式暨动员大会在广州召开。工业和信息化部党组成员、总工程师朱宏任，广东省副省长佟星出席。

6 月 3 日 ~ 7 日，中国食品工业协会、广东省食品行业协会、东莞市人民政府共同主办的第二届中国（道滘）美食文化节暨名优食品展在道滘镇举行。凭借独特的美食文化和深厚水乡底蕴，道滘镇获评“中国特色食品名镇”。

本届美食节以展兴文、以文促展，客商及游人食客达 60 万人次，现场食品销售总额达 1.3 亿元，协议订货金额达 2 亿多元，拉动消费约 5 亿元。

7 月 13 日，广东省食品（饮食）文化遗产工作领导小组、广东省食品行业协会主办的，“凉茶成功申遗五周年暨凉茶文化与产业发展峰会”在北京召开。

2011 年，广东省食品行业协会开展了《食品企业自检自控体系中快速检测技术应用研讨会》、《食品添加剂使用标准》、《预包装食品标签通则》宣贯会等各类培训，全省参加培训人数超过 8 万人。

2012 年

1 月 9 日晚，“庆祝广东省食品行业协会成立 30 周年和广东省医药行业协会成立 10 周年演唱会”在广州海心沙亚运公园举行。广东省副省长雷于蓝、省政协副主席姚志彬等领导出席。

结合 30 年庆祝活动，省食协开展了表彰广东省食品行业先进单位和个人活动。84 家企业获广东省食品行业杰出贡献企业，21 位个人获广东省食品行业领军人物，23 位个人获广东省食品行业著名企业家，76 个品牌获广东省食品分行业领军品牌。

2 月 6 日，中共广东省食品（医药）行业协会委员会被中共广东省委组织部授予“‘两新’百强”党组织荣誉称号。佛山市海天调味食品股份有限公司党委、广东霸王花食品有限公司党支部、阳江喜之郎果冻制造有限公司党支部、肇庆市福加德投资控股有限公司等协会会员单位也获此殊荣。

2 月 5 日 ~ 15 日，由文化部等 16 个部委共同举办的“中国非物质文化遗产生产性保护成果大展”在北京举行。展会以第一批国家级非物质文化遗产生产性保护示范基地为主，从全国精心选取了 180 多项在“非遗”生产性保护方面取得显著成效的传统技艺、传统美术、传统医药类项目参展。广东省食品行业协会组织加多宝集团、香雪制药、霸王有限公司等企业参展。

3 月 7 日，广东省食品行业协会举办《预包装食品营养标签通则》应用研讨会”。

4 月 11 日，广东省食品行业协会召开企业征询意见座谈会，与对卫生部拟撤销 38 种食品添加剂提出意见，要求保留甘草作为食品添加剂而不予撤销。

6 月 1 日，省食协举办 GB28050–2011《预包装食品营养标签通则》和 GB14880–2012《食品营养强化剂使用标准》宣贯会。

6 月 3 日，石秀诗会长出席第二届中国（道滘）美食文化节暨名优食品展、第七届中国粽子文化节开幕式，并向东莞市道滘镇颁授了“中国特色食品名镇”牌匾。

6 月 11 日，广东省食品安全宣传周活动在广州启动。广东省食协在行业中开展了写一封公开信（《广东省食品行业协会致广东省食品行业广大干部职工的公开信》）、建两支队伍（以全省食品企业、食品类大专院校学生为主组建的宣传队伍和专家、媒体记者为主的监督队伍）活动，号召全省食品行业广大员工，以实际行动确保食品安全；动员全省食品企业、各大专院校学生及媒体记者共组成 4 万人的食品安全志愿者队伍活动。按行业分类编印了《食品安全知识普及读本》开展宣传工作。

6 月 20 ~ 24 日，由中国食品工业协会、广东省食品行业协会和东莞市人民政府主办的第三届中国（道滘）美食文化节暨名优食品展在东莞市道滘镇举行。本届美食文化节共吸引国内外 10 多个省市及港澳台地区 500 多家参展商前来参展，展销了法国、日本、智利、印尼等国家或地区的美食近 1000 种。5 天时间里，共有来自国内外的 300 多家食品和商贸企业前来参观采购，现场食品销售总额达 1 亿元，协议订货金额达 1.2 亿元；观众 50 多万人次，拉动消费约 3 亿元。

"七一"前夕，中共中央表彰创先争优先进基层党组织、优秀共产党员。广东省社会组织党委副书记、广东省食品（医药）行业协会党委书记、省食协会长张俊修被评为全国创先争优优秀共产党员，是全国社会组织中唯一获此荣誉的代表。张俊修还被中共广东省委评为"广东省创先争优'南粤先锋'优秀共产党员"。

7 月 6 日，粤港两地食品界在香港会议展览中心举行了"粤港食品行业专场对接会"。全国政协常委、香港食品商会会长、香港四洲集团主席戴德丰，广东省外经贸厅副厅长吴军，省食品行业协会会长张俊修等主持对接会。

为做好食品安全监管体系建设工作，广东省食安办制定了《广东省食品安全监管体系建设试点工作方案》。以建立行政执法、行业自律、舆论监督、群众参与相结合的食品安全监管体系作为工作目标。成立由省食安办副主任、省卫生厅副厅长黄飞任组长，省食安委各组成单位领导和省食品行业协会会长任副组长的广东省食品安全监管体系建设工作领导小组，并由省食协牵头成立食品行业自律体系建设工作小组，制定《广东省食品行业自律监管体系建设工作小组实施方案》，共同推动食品行业中社会信用体系及市场监管体系的建设。

8 月 27 日，以国家发改委社会发展研究所杨宜通所长为首的国家发改委宏观经济研究院调研组，专程到省食品行业协会、省医药行业协会开展《社会组织参与社会管理研究》专题调研。

9 月 10 日，省经济和信息化委员会、省精神文明建设委员会办公室和省食品行业协会联合举办"广东省食品企业诚信文化交流会"。

9 月 10 日，由省经济和信息化委主办、省食协协办的"广东省食品工业企业诚信信息公共服务平台"（www.gdspcx.com）举行开通仪式。

9 月 28 日–10 月 2 日，文化部非物质文化遗产司、中共天津市委宣传部等单位在天津举办"第二届全国非物质文化遗产展示会"。广东省食品行业协会组织了加多宝（中国）饮料有限公司、广州王老吉药业股份有限公司、广州香雪制药股份有限公司等凉茶企业代表凉茶项目和安琪广式月饼制作技艺企业参会。

10 月 9 日上午，中共中央政治局委员、省委汪洋书记在省委常委、秘书长林木声、副省长刘昆及省委、省政府有关部门领导同志的陪同下，到广东省食品行业协会就行业协会做大做好，增创广东发展体制新优势进行专题调研。广东省食品（医药）行业协会党委书记、省食协会长、省医药协常务副会长兼秘书长张俊修与广东省医药行业协会副会长、广东省食品行业协会凉茶分会会长、香雪制药公司董事长王永辉、广东省食品行业协会副会长、珠江啤酒集团董事长方贵权、加多宝集团总经理庞振国及广东省医药行业协会副会长单位——广药集团副总经理倪依东等一起向汪书记汇报了省食品（医药）协会基本情况，并重点汇报了协会近年来开展的几项重要工作。汪书记肯定行业和协会工作，并号召协会、凉茶分会及加多宝、广药集团要把凉茶产业继续做强做大，并为此开出"良性竞争，共同发展"的良方。

10 月 16 日，广东省食品行业协会召开专题研究会，落实汪洋书记的"良性竞争，共同发展"的指示。张俊修会长，凉茶分会会长、广州香雪制药有限公司董事长王永辉，加多宝（中国）饮料有限公司总经理庞振国，广药集团副总经理倪依东参加。会议确定：由凉茶分会制订《优化竞争环境，做强做大凉茶产业公约》，向社会公布，接受群众监督。

10 月 26 日–29 日商务部和四川省人民政府在成都主办第八届中国食品博览会。为落实广东省委、省政府促进消费的战略部署，帮助食品企业开拓省外市场，省食协受委托组团参加。来自深圳、广州、东莞、中山、江门、惠州、阳江、肇庆、茂名、潮州等地区组成的广东代表团，参展参会人数近 500 人。无论是展位数量、展区规模还是参团人数都是是除四川省外最大的组团单位。据不完全统计，广东省参展企业合同（含意向）金额 25 亿元。

11 月 29 日，工业和信息化部下发了《关于印发食品工业企业诚信管理体系委托评价机构（第二批）名单的通知》（工信部消费〔2012〕567 号），确定广东省南方食品医药行业评估中心名列其中，为广东省唯一被授权单位。

广东食协结合广东作为全国饮料试点实际，帮助广东省南方食品医药行业评估中心编制了《诚信管理体系评价管理手册》、《广东省食品工业企业诚信体系等级评价细则》及诚信管理体系手册等相关程序文件，搭建起指导及评价食品工业企业 CMS 的文件体系。

12 月 12 日–18 日，中国食品工业协会、中国商业联合会、湖北省人民政府、武汉市人民政府主办的第 21 届中国食品博览会暨交易会在武汉国际会展中心举行。东莞、广州、珠海、江门、茂名、肇庆、潮州、揭阳等地 50 多家企业组成了广东代表团。广东展区面积 3000 平方米近 150 个展位。是历届食博会展区面积最大、展位数量最多、展团阵容最强

的省市组团，现场零售和签订合同（意向）数额最大。

12 月 20 日,中共广东省委组织部举办“两新”组织党组织书记培训示范班，安排学员赴广东省食品（医药）行业协会党委考察交流。

同年，广东省食品行业新增“昆仑山”（矿泉水）、“皇上皇”（腌腊肉）、“广益”（食品添加剂）、“天地壹号”（醋饮料）、“劲霸”（鸡汁）、“思朗”（饼干）等食品产品为“中国驰名商标”。

广药集团与加多宝之间的王老吉商标之争落幕。加多宝生产的红罐凉茶改名“加多宝”；广药集团成立广州王老吉大健康产业有限公司生产，销售广药版红罐“王老吉”。受社会普遍关注的加多宝、王老吉激烈之争，由于双方加大产品宣传活动，一定程度上促进了企业知名度和凉茶产业发展。2012 年加多宝大幅增长超过 50%，王老吉增长逾 30%。

广东省公布第三批省级非物质文化遗产项目代表性传承人，绿盒装王老吉郑荣波、杏林春凉茶黄达驹和小凤饼（鸡仔饼）、广式腊味、月饼、致美斋广式调味品、豆豉酿制等食品项目有关人员名列其中。

同年，工信部命名一批国家级信息化和工业化深度融合示范企业，广东食品企业中有：广州珠江啤酒股份有限公司、佛山市海天（高明）调味食品有限公司、广东中烟工业有限责任公司。

【d. 政策、法规】

2010 年 ~ 2012 年，广东省人民政府及有关部门颁布的与食品有关的政策、法规主要有：

1. 2010 年

《关于开展质量强省活动的意见》（粤府〔2010〕84 号）

关于印发《广东省食品药品监督管理局关于〈餐饮服务许可管理办法〉的实施细则》的通知（粤食药监法〔2010〕203 号）

《广东省食品医药行业自律管理规范》（DB44/T766-2010）

《广东省食品医药行业社会责任》（DB44/T767-2010）

2. 2011 年

《广东省生猪屠宰管理规定》（粤府令第 162 号）

《广东省食品安全举报奖励办法》

《广东出入境检验检疫局出口食品包装检验监管工作程序》

《广东省水产品质量安全监控检测机构管理办法》

《关于进一步明确食品、食品添加剂生产许可审查工作若干问题的通知》（粤质监食函〔2011〕750 号）

广东省工商行政管理局关于《食品流通许可证管理办法》的实施细则（粤工商食字〔2011〕67 号）

广东省海洋与渔业局关于广东省水产品标识管理实施细则（粤海渔函〔2011〕734）

广东省质监局关于速冻肉粒速冻排骨等产品生产许可有关问题的批复（粤质监食函〔2011〕828 号）

广东省质监局关于经浸泡清洗等处理包装的初级农产品生产许可有关问题的批复（粤质监食函〔2011〕863 号）

广东省质监局关于熏烧烤酱卤肉制品生产许可有关问题的批复（粤质监食函〔2011〕876 号）

广东省质监局关于生产加工环节食品企业的监督管理办法（粤质监〔2011〕32 号）

广东省食品药品监督管理局关于餐饮服务从业人员健康检查的管理办法（粤食药监法〔2011〕127 号）

广东省食品药品监督管理局关于餐饮服务食品安全管理员的管理办法（粤食药监法〔2011〕129 号）

广东省卫生厅食品卫生许可证发放管理办法（粤卫〔2011〕247 号）

广东省餐饮服务食品安全量化分级管理规定（粤食药监食〔2011〕144 号）

广东省人民政府转发国务院关于加强食品安全工作决定的通知（粤府〔2012〕97 号）

3. 2012 年

广东省人民政府办公厅关于进一步加强餐厨废弃物管理的意见（粤府办〔2012〕135 号）

广东省海洋与渔业局关于水产品质量安全抽检结果的公示办法（粤海渔函〔2012〕951 号）

广东省工商行政管理局关于现场制售食品经营行为的管理规范（试行）（粤工商食字〔2012〕694 号）

广东省人民政府关于实施质量发展纲要（2011-2020 年）的意见（粤府〔2012〕76 号）

广东省人民政府关于支持农业产业化龙头企业发展的实施意见（粤府〔2012〕130 号)

广东省质监局行政审批制度改革事项公告

关于印发《2012 年广东省生猪养殖环节“瘦肉精”专项监测方案》的通知（粤农办〔2012〕59 号）

2012 年广东省食品工业企业主要经济指标

主要行业	主营业务收入		利润总额		税金总额		从业人员平均人数	
	2012 年（亿元）	同比增长（%）	2012 年（亿元）	同比增长（%）	2012 年（亿元）	同比增长（%）	2012 年（万人）	同比增长（%）
农副食品加工业	2290.02	12.8	94.80	35.3	30.99	18.5	15.67	4.1
食品制造业	1365.28	15.4	184.16	24.3	85.83	16.6	16.12	3.9
酒、饮料和精制茶制造业	841.86	5.7	35.73	–7.0	58.71	16.6	7.30	3.4
烟草制品业	375.90	6.5	44.86	1.2	224.42	7.7	0.87	2.3

资料来源：广东省统计局

2010 年广东省食品工业主要行业产值

行业	工业总产值（千元）	工业增加值（千元）
农副食品加工业	181678304	31883039
谷物磨制	11111604	1754522
饲料加工	64322970	11076415
植物油加工	42378979	5208377
制糖	8481976	2187501
屠宰及肉类加工	12519545	2160873
水产品加工	25785456	5791413
蔬菜、水果和坚果加工	8742592	2231110
其他农副食品加工	8335184	1472827
食品制造业	118949828	38254644
焙烤食品制造	10755953	2842798
糖果、巧克力及蜜饯制造	22511811	9965979
方便食品制造	13349596	3149170
液体乳及乳制品制造	12026860	3608058
罐头制造	4139518	1078758
调味品、发酵制品制造	23017593	5600180
其他食品制造	33148497	12009701
饮料制造业	66719069	18517114
酒精制造	653753	178475
酒的制造	14001181	5062827
软饮料制造	50949560	13007423
精制茶加工	1114575	268390
烟草制品业	32991829	25121071

烟叶复烤	208945	139972
卷烟制造	31998188	24715400
其他烟草制品加工	784696	265698

2011年广东省食品工业主要产品产值

行业	工业总产值（千元）	工业增加值（千元）
农副食品加工业	232241049	42608626.1
谷物磨制	14472555	1940769.6
饲料加工	86182703	15555977.9
植物油加工	54995572	7132925.7
制糖	12964362	3465374.0
屠宰及肉类加工	14694807	2908102.3
水产品加工	33199431	7503071.4
蔬菜、水果和坚果加工	9517172	2674325.3
其他农副食品加工	6214447	1428079.9
食品制造业	154504909	47715998.8
焙烤食品制造	11304396	2827229.4
糖果、巧克力及蜜饯制造	26693620	10036801.1
方便食品制造	12767036	3680736.5
液体乳及乳制品制造	14187561	3895904.3
罐头制造	5234237	1424235.9
调味品、发酵制品制造	27379461	6913313.9
其他食品制造	56938598	18937777.7
饮料制造业	88900195	21949376.9
酒精制造	1060812	307211.2
酒的制造	17734008	6714095.4
软饮料制造	69049670	14666149.9
精制茶加工	1055705	261920.4
烟草制品业	37397254	28294821.4
烟叶复烤	331628	222887.2
卷烟制造	36533517	27889686.9
其他烟草制品加工	532109	182247.3

2012年广东省食品工业主要产品产值

行业	工业总产值（千元）	工业增加值（千元）
农副食品加工业	234791107	42237635.1
谷物磨制	13804491	1519874.5

饲料加工	86345998	16604335.4
植物油加工	59892252	8528656.7
制糖业	14750452	3125620.8
屠宰及肉类加工	16002627	2933281.5
水产品加工	30906186	6261593.3
蔬菜、水果和坚果加工	7233002	2132289.0
其他农副食品加工	5856099	1131983.9
食品制造业	150977909	46421919.9
焙烤食品制造	12548624	2714267.4
糖果、巧克力及蜜饯制造	23894554	8695228.2
方便食品制造	13002991	2928273.6
乳制品制造	14830811	4256442.8
罐头食品制造	5326326	1492969.2
调味品、发酵制品制造	26852939	5332993.7
其他食品制造	54521664	21001745.0
酒、饮料和精制茶制造业	93138373	19073783.2
酒的制造	19392610	5565679.1
饮料制造	72469910	13189523.6
精制茶加工	1275853	318580.5
烟草制品业	38273025	31460831.1
烟叶复烤	166702	126526.8
卷烟制造	37128969	31006402.0
其他烟草制品制造	977354	327902.3

2010年广东省食品工业主要产品产量

产品名称	计量单位	产量	同比增长%
小麦粉	吨	2053935	17.3
大米	吨	759777	25.5
精制食用植物油	吨	3442100	12.2
成品糖	吨	925608	–23.8
糕点	吨	232931	27.4
饼干	吨	478995	–18.7
糖果	吨	423413	4.9
速冻米面食品	吨	142333	19.1
方便面	吨	469577	4.7

产品名称	计量单位	产量	同比增长%
乳制品	吨	581169	19.9
其中:液体乳	吨	501621	21.2
乳粉	吨	41583	11.0
罐头	吨	301811	17.5
味精(谷氨酸钠)	吨	82836	–2.0
酱油	吨	2670517	–0.3
冷冻饮品	吨	46886	–7.1
软饮料	吨	17685239	13.6
其中:碳酸饮料类(汽水)	吨	2450383	3.8
包装饮用水类	吨	8085406	12.2
果汁和蔬菜汁饮料类	吨	3011823	19.1
精制茶	吨	13983	28.0

2011 年广东省食品工业主要产品产量

产品名称	计量单位	产量	同比增长%
小麦粉	吨	1964604	–3.4
大米	吨	1048583	38.4
精制食用植物油	吨	5108002	55.3
成品糖	吨	982277	7.1
糖果	吨	522123	18.3
速冻米面食品	吨	189808	43.5
方便面	吨	453400	11.4
乳制品	吨	612182	16.3
其中:液体乳	吨	524336	15.3
罐头	吨	237947	7.5
酱油	吨	2887984	10.4
冷冻饮品	吨	50016	41.9
软饮料	吨	20149853	17.6
其中:碳酸饮料类(汽水)	吨	3309057	37.3
包装饮用水类	吨	8257254	9.2
果汁和蔬菜汁饮料类	吨	3262242	11.5
精制茶	吨	14266	–0.4

2012 年全省食品工业主要产品产量

产品名称	计量单位	产量	同比增长%
小麦粉	吨	2314034.1	11.8

大米	吨	811169.3	25.7
精制食用植物油	吨	5838740.4	37.6
成品糖	吨	1476020.3	43.2
糖果	吨	592399.6	-12.5
速冻米面食品	吨	89266.4	4.9
方便面	吨	482489.7	8.3
乳制品	吨	568041.9	-0.7
其中：液体乳	吨	279683.5	-17.6
罐头	吨	298694.1	27.7
酱油	吨	3027201.8	10.7
冷冻饮品	吨	28181.1	36.1
软饮料	吨	21035005.7	11.6
其中：碳酸饮料类(汽水)	吨	2566657.7	-7.7
包装饮用水类	吨	9277520.3	27.0
果汁和蔬菜汁饮料类	吨	3452468.2	5.8
精制茶	吨	19634.5	-0.3

资料来源：广东省统计局

【e. 国际及地区交流】

2010 年 1 月 11 日，奥地利驻广州领事馆商务处人员拜访广东省食品行业协会，张俊修会长会见。

8 月 13 日，智利干果企业代表团到广东省食品行业协会进行业务交流。

8 月 12 日，省食协组织 30 家企业 70 多人，组团参观由香港贸易发展局在香港会议展览中心主办的 2010 年香港美食博览会。

9 月 15 日 ~ 18 日，省食协按组委会 3：1 的比例要求，组织食品企业参加第七届中国国际中小企业博览会暨中澳中小企业博览会澳大利亚参展企业项目对接。

9 月 17 日，参加第七届中博会“各省（市、自治区）投资环境和项目推介会。

2011 年 3 月 17 日，以太平绅士黄家和理事长为团长的香港食品委员会与香港中华厂商联合会饮食出品业委员会代表团，专程到广东省食品行业协会访问交流。张俊修会长会见。

8 月 11 日，省食协组织 20 多家企业 50 多人参观 2011 年香港美食博览会。

9 月 22 日 ~ 25 日，省食协组织企业参加第八届中国国际中小企业博览会暨中泰中小企业博览会，与 172 家泰国企业中食品企业和项目进行专题对接，并与来自 33 个国家和地区的境外企业洽谈合作交流。

9 月 23 日，省食协组织企业参加由波兰驻华大使馆贸易和投资促进处、波兰驻广州总领事馆、中国国际中小企业博览会（中博会）组委会等共同组织召开的“中国——波兰中小企业合作推介会”。

12 月 17 日，省食协和香港食品商会在香港联合召开粤港两地食品行业组织合作交流座谈会。工信部消费品工业司司长王黎明应邀出席并作重要讲话。全国政协常委、香港食品商会会长、香港四洲集团董事局主席戴德丰博士主持会议并介绍了香港食品行业发展情况。广东省食品行业协会会长张俊修在座谈会上介绍了广东省食品安全和饮料行业诚信体系建设试点工作情况，并与戴德丰会长共同签署了“诚信执业、确保食品安全”宣言。

2012 年 6 月，省食协协办了由英国驻广州领事馆在索菲亚大酒店主办的中英食品研讨会。

7 月 6 日，“粤港食品行业专场对接会”在香港会议展览中心举行。全国政协常委、香港食品商会会长、香港四洲集团主席戴德丰，广东省外经贸厅副厅长吴军，广东省食品行业协会会长张俊修与分别来自广东及香港的逾百名代表，从大至食品安全、营商环境，小至个别行业条列细则，互动

交流。

9 月 22 日 ~ 25 日，省食协组织企业参加第九届中国国际中小企业博览会，与越南工业贸易部、厄瓜多尔投资出口促进总局组织的企业进行洽谈交流。

【f. 科技进步和科研成果】

1.2009 ~ 2011 年广东省食品行业科学技术奖

（1）**项目名称：发酵精氨酸及其衍生物精酮合剂关键技术开发。**完成单位：广东环西生物科技股份有限公司。

（2）**项目名称：优质纯生啤酒品质控制体系研究与应用。**完成单位：广州珠江啤酒股份有限公司、中国食品发酵工业研究院。

（3）**项目名称：技术创新能力建设。**完成单位：广州珠江啤酒股份有限公司。

（4）**项目名称：L–脯氨酸生物发酵生产技术开发及产业化。**完成单位：广东肇庆星湖生物科技股份有限公司。

（5）**项目名称：调味品中卫生微生物高通量快速检测关键技术研究与示范。**完成单位：佛山市海天（高明）调味食品有限公司。

（6）**项目名称：双酶法制备奶香底料的研究。**完成单位：广州市名花香料有限公司。

（7）**项目名称：凉茶专用药材安全生产技术研究及产业化。**完成单位：广东南台药业有限公司。

（8）**项目名称：调味品中痕量有机污染物检测技术的研究与应用。**完成单位：广东珠江桥生物科技股份有限公司。

（9）**项目名称：凉茶清润饮料的研究开发及产业化。**完成单位：霸王（中国）饮料有限公司。

2. 2009 ~ 2011 年广东省食品行业科学技术奖自主创新企业家

方贵权　广州珠江啤酒股份有限公司董事长

方佳茂　广东环西生物科技股份有限公司总经理

万玉华　霸王（中国）饮料有限公司总裁

陈桂贞　广州双桥股份有限公司董事长、总经理

3. 2009 ~ 2011 年广东省食品行业科技进步优秀项目

（1）**项目名称：泰国原糖生产优级白砂糖的技术应用。**完成单位：东莞市东糖集团有限公司。

（2）**项目名称：发酵型青梅酒生产工艺研究及产业化。**完成单位：广东十二岭酒业有限公司。

（3）**项目名称：破壁灵芝孢子粉抗氧化技术研究及系列产品开发。**完成单位：广东南台药业有限公司。

（4）**项目名称：多菌种低温发酵荔枝果醋生产技术。**完成单位：广东帝浓酒业有限公司

（5）**项目名称：基于生物多酶技术制备的蛋奶香精基料。**完成单位：广州市名花香料有限公司。

（6）**项目名称：酵母自动真空包装生产线中的预成形装置。**完成单位：东莞市东糖集团有限公司。

（7）**项目名称：中草药口服液自动除渣工艺与设备的开发与引进。**完成单位：无限极（中国）有限公司。

（8）**项目名称：烹制御香鸡的智能联动装置的研发。**完成单位：广东温氏佳润食品有限公司。

（9）**项目名称：HM1000 酶改型饼干项目。**完成单位：东莞市华美食品有限公司。

（10）**项目名称：王老吉润喉糖质量控制综合研究。**完成单位：广州王老吉药业股份有限公司。

（11）**项目名称：豆力多调制豆奶的研制及产业化生产。**完成单位：深圳市福荫食品有限公司。

（12）**项目名称："老中医老姜撞奶"植物饮料生产工艺的研究和产业化。**完成单位：广东老中医保健食品有限公司。

（13）**项目名称：晨光学生奶标准化生产体系产业化项目。**完成单位：深圳市晨光乳业有限公司。

（14）**项目名称："纤动大三通"系列饮料（品）研制与产业化。**完成单位：佛山市三水区隐雪食品有限公司。

（15）**项目名称：邓老凉茶饮料自动化销售项目。**完成单位：广州紫和堂邓老养生食品连锁有限公司。

4. 2009 ~ 2011 年广东省食品行业科技进步优秀企业

广州珠江啤酒股份有限公司

广东肇庆星湖生物科技股份有限公司

广州双桥股份有限公司

无限极（中国）有限公司

东莞市华美食品有限公司

广东十二岭酒业有限公司

深圳市味奇生物科技有限公司

东莞石龙津威饮料食品有限公司

东莞市鑫源食品有限公司

5. 2009 ~ 2011 年广东省食品行业科技进步先进科技带头人

李惠萍　广州珠江啤酒股份有限公司总工程师

郭正忠　广东十二岭酒业有限公司厂长

涂京霞　广州珠江啤酒股份有限公司研发中心经理

梁敬坤　广州珠江啤酒股份有限公司技术部经理

卢运明　深圳市绿得宝保健食品有限公司董事长

陈思奇　佛山市三水区隐雪食品有限公司副总经理

6. 2009～2011 年广东省食品行业科技进步先进科技工作者

敖　宏　无限极（中国）有限公司技术发展经理

黄生权　无限极（中国）有限公司技术部主任

李立群　深圳市味奇生物科技有限公司研发部经理

何宗民　深圳市晨光乳业有限公司副总工程师

廖绍波　东莞石龙津威饮料食品有限公司技术部经理

鲁玉侠　广州市名花香料有限公司研发室主任

李香莉　广州市名花香料有限公司技术中心主管

（钟华）

3.22 重庆市

【a. 概况】

2012 年底，重庆市食品工业规模以上企业 475 户，其中，产值在 5 亿元以上的企业 36 户。按大类行业分，盐业 2 户，农副食品加工业 307 户，食品制造业 96 户，酒、饮料和精制茶制造业 65 户，烟草制品业 5 户。从业人员 100845 人，比 2011 年增长 9.49%。食品工业总产值在轻工行业中所占比例为 44.25%，是重庆市轻工业中第一大产业。

2012 年，重庆市食品工业总产值 985.54 亿元，比 2011 年增长 23.20%。其中：盐业 23.65 亿元，增长 22.12%；农副食品加工业 547.33 亿元，增长 28.30%；食品制造业 134.21 亿元，增长 14.76%；酒、饮料和精制茶制造业 129.7 亿元，增长 16.49%；烟草制品 150.64 亿元，增长 19.84%。

全市食品工业增加值 339.13 亿元，比 2011 年增长 22.37%。其中：盐业 5.82 亿元，增长 22.12%；农副食品加工业 135.85 亿元，增长 28.9%；食品制造业 40.53 亿元，增长 13.31%；饮料制造业 49.50 亿元，增长 19.09%；烟草制品工业 107.43 亿元%。

全市食品工业销售收入 991.07 亿元，比 2011 年增长 19.33%。其中：盐业 23.65 亿元，增长 29.58%；农副食品加工业 543.63 亿元，增长 24.64 亿元；食品制造业 154.46 亿元，增长 10.85%；酒、饮料和精制茶制造业 129.98 亿元，增长 12.40%；烟草制品 139.34 亿元，增长 4.79%。

全市食品工业利税总额 171.64 亿元，比 2011 年增长 15.52%。其中：盐业 1.19 亿元，下降 0.75%；农副食品加工业 43.14 亿元，增长 19.55%；食品制造业 14.6713 亿元，增长 17.12%；饮料和精制茶制造业 19.00 亿元，增长 14.72%；烟草制品业 93.65 亿元，增长 13.50%。

全市食品工业利润总额 53.7061 亿元，比 2011 年增长 1.72%。其中：盐业 0.08 亿元，下降 58.74%；农副食品加工业 25.66 亿元，增长 9.98%；食品制造业 8.47 亿元，增长 14.57%；饮料和精制茶制造业 8.31 亿元，增长 1.85%；烟草制品业 11.20 亿元，下降 18.48%。

【b. "十一五"回顾】

"十一五"期间，在重庆市委、市政府的领导下，在市场需求和政策导向的驱动下，全市食品工业进入新一轮快速增长期。通过推进企业资产重组、推广现代食品科技、引进先进技术，克服了国际金融危机的严重冲击，在结构调整、技术改进、经济增长方式转变等方面取得明显效果，行业经济运行质量提高。

1、行业经济稳步增长，支柱地位日益巩固。2010 年末，重庆市规模以上食品工业企业 728 户，从业人员 9.8 万人，资产合计 408 亿元；工业总产值 642 亿元，是 2005 年的 3.4 倍，年均增长 28.1%；产品销售收入 650 亿元，是 2005 年 3.5 倍，年均增长 29.5%；工业增加值 162 亿元，是 2005 年的 2.5 倍，年均增长 11.8%；利润总额 39 亿元，是 2005 年的 4.5 倍，年均增长 36.7%。"十一五"末，食品工业总产值占全市轻工业比例上升为 48%，轻工业中第一大支柱产业地位进一步巩固，在全市社会经济发展中发挥越来越大的作用。

2、大力实施名牌战略，产品结构逐步优化。"十一五"末，我市食品工业已形成食品加工业、食品制造业、饮料加工业、烟草加工业和盐业 5 个大类行业，20 个中类行业。通过大力实施品牌战略，推动名、优、特、新产品发展，拥有"中国名牌"产品 6 个，"中国驰名商标"产品 9 个，市级名牌产品 121 个，与 2005 年相比分别增长 500%、125%、61%。与"十五"相比，食品工业产品结构进一步优化，肉制品、食用植物油、饮料、方便休闲食品等市场空间大的品种增多，产量持续增长，质量明显提高，部分产品已跻身全国一流行业，榨菜、泡椒凤爪位居全国第 1，重庆啤酒全国第 4，天友乳业西部第 1，火锅底料等复合川味调味品享誉

全国。

3、技术创新有新突破，装备水平有所提高。“十一五”期间，重庆市食品工业企业加强与大专院校、科研院所的合作，实施了一批重大科技攻关，攻克了无菌冷灌装、超微粉碎、生物酶解、微波干燥等关键技术难题，引进了无菌包装、工业机器人、双瓶吹瓶机等一批技术含量高的加工设备，有力地推动了食品工业生产技术水平的提高以及产业结构的优化升级，缩小了重庆食品工业在技术装备上与国际国内先进水平的差距。

4、充分发挥主力军作用，对农业产业化带动明显增强。“十一五”期间，一批食品骨干企业以公司+基地+农户的组织形式，实现了农产品加工原料生产基地化、产加销经营一体化，有力地带动了农业产业化经营，对农村经济发展和农民脱贫致富发挥了重要作用，为促进城乡统筹协调发展做出了积极贡献。涪陵区榨菜加工产业常年吸纳从业人员 7 万人以上，带动农民种植青菜头 50 多万亩，农民种植、加工收入近 10 亿元。

【c. 大事记】

2010 年 7 月 16 日，重庆市食品工业协会召开会员大会，换届选举产生了市食协第 3 届理事会，重庆诗仙太白酒业（集团）公司党委书记、总经理陈红兵当选市食协第 3 届理事会会长。市食协 3 届理事会第 1 次会议选举产生重啤、天友乳业、周君记等为副会长单位，选举永川豆豉、胖子天娇、天厨天雁等单位为常务理事单位，选举曾宪林为市食协秘书长。

2011 年 3 月，举行专家与企业科技服务对接，组织永川豆豉、鱼泉榨菜（集团)、康河食品、川洲桃片、荷花米花糖等 12 家企业与西南大学、重庆市食品工业研究所、重庆市计量质量检测研究院、重庆市农科院的 10 位专家举行对接会，帮助企业解决各自的技术难题。

5 月 6 日，重庆市开展食品安全百日专项整治活动。召开调味品行业安全整治工作会，40 多家企业近 80 人参加了会议。

6 月 3 日，市卫生局组织召开重庆市《食品添加剂使用标准（GB2760–2011）》培训会。由于新版标准与 07 版标准由很大改变，参培企业人员纷纷反映这次培训对他们触动很多，表示要进一步加强新标准的学习，防止因为新旧标准的差异而出现食品安全问题。

5 月 26 日，市食安办召集部分食品行业协会、商会开会，布置“重庆市食品安全示范企业评选活动”。经市食品工业协会、市酒类管理协会、市肉类行业协会、市调味品协会、市豆制品行业协会、市糖果糕点协会、市奶业协会、市茶叶商会推选、活动组委会审定并在媒体上公示，工商等职能部门和广大消费者无异议，最终评出重庆诗仙太白酒业（集团）有限公司等 89 家重庆市首届食品安全示范企业，黄花园等 77 个食品安全示范品牌，陈红兵等 48 位食品安全模范先进个人。

2012 年 2 月 24 日，市食协举办预包装食品标签通则和预包装食品营养标签通则培训。邀请食品安全国家标准委员会审评委员、重庆市食品工业研究所黄小平博士进行授课，共有 60 家企业的 91 人参培。

3 月 19 日，市食协组织冰晶、中粱山、安吉尔、古泉、雅佳康、金威等重庆市知名水企业负责人、食品质检专家，举办了"水与安全"主题研讨会,共同探讨桶装水的安全问题，为消费者提供安全健康的“放心水”。

6 月，《重庆食品》杂志创刊。该杂志由市经信委主管、市食协主办。这是第一份全面反映重庆市食品工业情况的刊物。

8 月 30 日市食协组织举办了民营经济专项资金项目申报培训会，邀请有关领导和评审专家授课。40 多家食品企业、近 60 人参加了培训。2012 年底，全市已评审 4 批企业项目，共 78 家企业获得市和国家专项资金支持。

同年，市食协先后组织 3 批近百家企业、150 人次，分别前往湖北黄冈食品产业园、四川达州通川工业园区、重庆市荣昌荣隆台湾工业园区、綦江食品工业园区进行参观考察，协助重庆食品企业某求新的发展商机。

2012 年以来，重庆市 10 多家泡椒凤爪（翅）生产企业不断收到市场上关于泡椒凤爪（翅）产品执行标准过期的投诉，对这些企业的产品质量提出质疑。市食协代表这些企业，就泡椒凤爪（翅）产品执行标准向市卫生局专函请示。市卫生局函复，明确指出，《食品安全地方标准泡椒肉制品》（DBS50/004–2011）中肉制品概念未完全涵盖凤爪（翅)，故《食品安全 地方标准 泡椒肉制品》未代替《泡椒凤爪（翅）》DB50/294–2008 两个标准有效。

【d. 政策、法规】

2010 年 11 月 22 日，重庆市人民政府令第 246 号：

《重庆市食品安全管理办法》，自 2011 年 6 月 1 日起施行。

《重庆市人民政府关于进一步加强食品安全监管工作的意见》（渝府发{2011}72 号）。

《重庆市质量技术监督局食品生产加工违法行为举报奖励办法》(渝质监发[2011]161号)。

2010年–2012年重庆市食品工业主要产品的产值和产量

2010年度

序号	产品名称	单位	本年	同比（%）
1	原盐	吨	1655091.00	5.16
2	小麦粉	吨	86042.00	501.24
3	大米	吨	927845.99	50.52
4	饲料	吨	1819563.31	15.74
	其中：配合饲料	吨	1053237.88	27.32
	混合饲料	吨	275709.33	14.62
5	精制食用植物油	吨	197796.54	1.20
6	鲜、冷藏肉	吨	512660.86	67.46
7	冻肉	吨	32641.73	562.65
8	冷冻水产品	吨	416.00	
9	▲榨菜	吨	594065.43	24.07
10	糕点	吨	54809.58	99.20
11	饼干	吨	10595.30	59.38
12	糖果	吨	4381.00	7.14
13	速冻米面食品	吨	8682.00	65.06
14	方便面	吨	105847.94	25.96
15	乳制品	吨	125841.75	–15.56
	其中：液体乳	吨	125567.75	18.35
16	罐头	吨	62031.24	36.28
17	味精（谷氨酸钠）	吨	75884.61	29.12
18	酱油	吨	21780.00	17.44
19	冷冻饮品	吨	78796.00	–3.38
20	食品添加剂	吨	255.21	
21	饮料酒	千升	908325.03	1.07
	其中：白酒（折65度商品量）	千升	154811.37	–8.75
	啤酒	千升	751859.66	3.32
	葡萄酒	千升	162.00	–64.51
22	软饮料	吨	3483392.70	48.75
	其中：碳酸饮料类（汽水）	吨	386349.00	–0.40
	包装饮用水类	吨	812668.50	11.12

	果汁和蔬菜汁饮料类	吨	1986076.00	102.42
23	精制茶	吨	50161.78	18.14
24	卷烟	万支	5010000.00	5.25

2011年度

序号	产品名称	单位	本年实际	同比%
1	原盐	吨	2243988.00	35.58
2	小麦粉	吨	31839.00	–65.34
3	大米	吨	868669.08	10.51
4	饲料	吨	2246906.54	20.56
5	其中：配合饲料	吨	1222715.83	17.52
6	混合饲料	吨	348015.02	24.99
7	精制食用植物油	吨	486439.55	94.38
8	鲜、冷藏肉	吨	581506.90	18.71
9	糖果	吨	7804.98	3.77
10	速冻米面食品	吨	25105.69	–17.25
11	方便面	吨	77614.00	–26.66
12	乳制品	吨	128514.20	7.72
13	其中：液体乳	吨	128514.20	7.72
14	罐头	吨	44466.93	–20.13
15	酱油	吨	18314.03	22.17
16	冷冻饮品	吨	25421.00	–52.26
17	食品添加剂	吨	264.60	84.76
18	饮料酒	千升	948414.36	9.24
19	其中：白酒（折65度,商品量）	千升	173495.95	17.75
20	啤酒	千升	773138.22	7.48
21	软饮料	吨	2971581.20	–14.49
22	其中：碳酸饮料类（汽水）	吨	402160.00	6.40
23	包装饮用水类	吨	838026.00	0.64
24	果汁和蔬菜汁饮料类	吨	1386006.80	–29.67
25	精制茶	吨	48858.01	10.76
26	卷烟	万支	5160000.00	2.99

2012年度

序号	产品名称	单位	本年	同比%
1	原盐	吨	2329532.00	4.35
2	小麦粉	吨	72650.00	128.18
3	大米	吨	1099489.35	24.89
4	饲料	吨	2613489.28	13.52
5	其中：配合饲料	吨	1672339.65	9.03

6	混合饲料	吨	289883.34	35.08
7	精制食用植物油	吨	631297.41	29.68
8	鲜、冷藏肉	吨	638867.42	14.16
9	糖果	吨	7637.06	–2.15
10	速冻米面食品	吨	5411.00	–77.57
11	方便面	吨	69778.00	–10.10
12	乳制品	吨	112379.70	–12.76
13	其中：液体乳	吨	112105.20	–12.77
14	罐头	吨	45414.95	6.78
15	酱油	吨	37346.04	66.68
16	冷冻饮品	吨	18487.00	29.60
17	食品添加剂	吨	4979.00	118.70
18	发酵酒精（折96度，商品量）	千升	2701.00	–34.54
19	饮料酒	千升	955720.47	5.84
20	其中：白酒（折65度，商品量）	千升	182218.07	42.24
21	啤酒	千升	772337.40	–0.10
22	软饮料	吨	2594499.60	–15.04
23	其中：碳酸饮料类（汽水）	吨	382557.00	–3.32
24	包装饮用水类	吨	919926.00	8.81
25	果汁和蔬菜汁饮料类	吨	874406.50	–36.97
26	精制茶	吨	58607.11	19.02
27	卷烟	万支	5510000.00	6.78

【e. 先进企业和名优产品】

2012年重庆市荣获中国驰名商标名单

品牌	产品	生产企业
有友	休闲食品	重庆有友实业有限公司
一生缘	豆制品	重庆天润食品开发有限公司
川州桃片	糕点	重庆市合川区川洲桃片有限公司
张鸭子	鸭肉制品	重庆市梁平张鸭子食品有限公司
奇爽	休闲食品	重庆奇爽实业有限公司
盛世唐朝	白酒	重庆诗仙太白酒业（集团）有限公司

2010 年重庆市食品工业 10 强企业

重庆诗仙太白酒业（集团）有限公司
重庆啤酒（集团）有限责任公司
重庆市天友乳业股份有限公司
重庆有友实业有限公司
重庆红九九食品有限公司
重庆市涪陵榨菜（集团）股份有限公司
重庆飞亚实业有限公司
重庆新涪食品有限公司
重庆茶叶（集团）有限公司
重庆桂楼实业（集团）股份有限公司

2010年重庆市食品工业10大品牌

品牌	企业名称
诗仙太白	重庆诗仙太白酒业（集团）有限公司
山城	重庆啤酒（集团）有限责任公司
天友	重庆市天友乳业股份有限公司
有友	重庆有友实业有限公司
红99	重庆红九九食品有限公司
鱼泉	重庆市鱼泉榨菜(集团）有限公司
华生园	重庆华生园食品有限公司
自家厨房	重庆自家厨房食品有限公司
冰点	重庆冰晶食品有限公司
玫瑰	重庆市江津米花糖有限责任公司

【f. 市场开拓和产品开发】

重庆市食品工业重视市场的开拓和新产品的开发工作，企业不断开发新的市场，不断推出适销对路的新产品占领市场。如重庆有友实业有限公司其产品涵盖了泡制品、卤制品和散装食品3大系列，共有泡凤爪、玩味花生、山椒竹笋、牛皮晶、山椒猪皮晶“玩味族”卤制品及山椒豆干等30多个品种、70余个规格，占全国同类产品市场份额30%以上，从而跻身“中国驰名商标”行列。2011年，该企业在央视投放电视广告，在品牌传播上进行了突破性尝试，初步实现了面向全球的品牌传播。重庆诗仙太白酒业（集团)有限公司是重庆市知名酒企，不断推出“原浆酒”、“传藏系列”高档酒、“柔顺新花瓷年份酒”。该企业通过自营、加盟、合作等多种方式，按照“五统一”的原则，已先后在重庆、北京、河南、贵州等地开设了120多家专营店。

【g. 国际交流】

2011年10月26日比利时驻上海总领事馆携比利时EJProducts、CADMOS公司高层拜访市食协，就重庆食品企业未来合作可能性和重庆食品如何进入欧洲市场进行了友好的交谈。

11月28日，英国美滋味风味调味粉公司总经理在英中贸易协会成都代表处的带领下拜访市食协交流合作意向。

【h. 科技进步和科研成果】

重庆市食品企业非常重视科技进步，从产品工艺、设备、包装技术、生产管理等方面不断追求突破，涌现了一批新技术、新发明、新设备。重庆有友实业有限公司近年来投资千万元对生产工艺和技术装备进行全面技术改造，引进了“非热源灭菌技术--幅照灭菌技术”。与西南大学食品科学学院联合成立了“发酵肉食品研究所”，由专家指导改进工艺，经过全面技术改造，生产进一步规范化、科学化、规模化。其生产的“有友泡凤爪”获得了国家发明专利。

重庆啤酒股份有限责任公司多年坚持不懈地进行技术改造，从德国、丹麦引进了具有国际先进水平的全套啤酒酿造、灌装生产线，使公司的生产装备和技术水平在全国啤酒行业中始终处于行业前沿。

重庆市江津酒厂（集团）有限责任公司依靠科技，采用独特的双酶双醇、双水泡粮和添加糖化酶发酵工艺，成功解决了杂交饭高粱生产小曲酒杂醇油偏高的行业性技术难题，该公司研发的获得国家技术专利的“白酒蒸馏冷凝装置”、“白酒甑桶用甑蓖”、“白酒生产用摊凉床”等3项发明，是在白酒酿造技术研发方面的重大突破。该企业利用地窖大规模发酵、通风凉槽、行车运输等先进生产工艺，是目前全国唯一一家采用机械化大规模生产小曲酒的企业。2011年12月，由江津酒厂（集团）牵头制定的“小曲白酒国家标准”已正式实施，

标志着该企业的核心技术步入全国同行业前列。

（邹世云）

3. 24 贵州省

【a. 概述】

贵州省食品工业在 2011、2012 年中，大力实施省委、省政府提出的“工业强省和城镇化带动战略”，面对复杂多变、极不寻常的国内外经济形势，经过行业全体员工的共同努力，创新转变食品工业发展方式，积极调整产品结构，坚定不移地实施工业强省的主基调、主战略，以提高经济增长质量和效益为中心，坚持“稳中求进、提速转型”的总基调、总目标，落实“好中求快、快中保好，能快则快、又好又快”的总要求，实现了食品工业经济快速健康持续发展。每年增长速度均超过 20%。

2012 年底，全省食品工业规模以上企业有 296 家，工业总产值 950.63 亿元。其中：农副食品加工业 122 家，工业总产值 138.08 亿元；食品制造业 42 家，工业总产值 65.83 亿元；酒、饮料和精制茶制造业 130 家，工业总产值 436.05 亿元；烟草制品业 2 家，工业总产值 310.67 亿元。全省食品工业总产值比 2011 年的 779.76 亿元增长 21.9%，占全省国民经济总产值的 15.3%，是贵州省国民经济的重要支柱产业。

【b. 行业工作】

1、确立行业发展重点。

2011 年–2012 年，省食协立足贵州省食品工业的优势和特点，确立了在酒、饮料和精制茶制造业中以酱香型白酒和精制茶，以及在食品制造业中以调味品为主的食品工业发展思路开展工作。

2011 年 7 月，承担了由省委政策调研室组织的《国外蒸馏酒生产情况、市场强劲展望》和《国内白酒产业形势分析以及高、中、低端白酒发展情况》两个子项目的调研工作。在认真完成调研报告的同时，还向省委、省政府提交了《对贵州省白酒产业发展的几点建议》，为省委、省政府制定出台《贵州省“十二五”白酒产业发展规划》的决策提供了参考依据。《贵州省“十二五”白酒产业发展规划》的出台促进了贵州白酒产业的迅速发展，到 2012 年底，贵州白酒行业实现工业总产值 371.97 亿元，同比增长 27.73%；销售产值 317.82 亿元，产品销售率 85.44%。

贵州是国内优质茶的主产地。省食协积极参与了，《贵州省茶叶标准技术规程》制定。该《规程》的实施，保障了贵州优质精制茶的加工技术水平和产量的发展。2012 年底，贵州省精制茶加工完成工业总产值 24.74 亿元，同比增长 44.34%，销售产值 23.66 亿元，产品销售率 95.63%。

“贵州酸汤调味料”是最具贵州地方民族特色的传统健康食品，素有除川味“麻辣火锅”、北方“清汤火锅”之外，中国 3 大火锅底料之 1 的称谓。为使这一传统特色食品发扬光大，省食协经过 2 年的努力，制定了“贵州酸汤调味料”地方标准（DB52/T 746–2012），为贵州酸汤调味料产业迎来了发展转折点。在 2012 年第 2 届中国（厦门）火锅料节上，“贵州酸汤调味料”生产企业抱团亮相，美味的贵州酸汤震撼了中国火锅料节，色香味俱全的贵州酸汤引来众多品尝者，成为节会的一大亮点。2012 年底，仅贵州酸汤调味料这一单品，总产值达 10 亿元。

2、坚定不移地抓好食品安全。省食协始终把抓食品安全放在头等重要的位置。为强化食品生产企业对食品添加剂的法律法规意识，提高食品添加剂在食品生产领域的安全使用水平，2011 年 5 月，省食协组织贵州茅台酒厂（集团）董事长季克良等省内 60 余家食品生产企业负责人，共同向社会和广大消费者发出打击食品非法添加行为及切实加强食品添加剂监管的“食品质量安全承诺书”。2012 年参与由省质监局起草制定的“贵州省食品生产监管约谈制度”，以及省科技厅组织的食品（农产品加工）安全重点实验室项目论证。在“贵州食品工业网”上加大食品安全的宣传力度，以及不定期地到食品生产企业进行现场指导，有效地遏制了重大食品安全事故的发生。

3、抓实食品行业技术队伍的建设。

2011 年，贵州省人力资源和社会保障厅受权，由省食协组织全州省食品行业技术职务的评定工作。在省人社厅的指导下，已评定食品加工、食品制造、食品安全和酿造工程师 175 名，助理工程师 226 名；2012 年，评定出食品行业中级技术人员 121 名，初级技术人员 121 名。

4、办好网站，为企业提供全方位的信息服务。“贵州省食品工业网”2011 年开始试运行，在有关部门和企业的支持下，进行了充实、改进和技术提升，为所有想进入网站的省内食品企业建有企业网页，所有广告栏目为企业免费开放，所有技术资料和技术、产品标准为企业免费阅读下载，并及时为企业发布信息。这样的全方位信息服务，迅速提高了“贵州食品工业网”的点击率，到 2012 年底，点击率已由 2011 年底的 27 万人次上升到 90 万人次。

【c. 行业活动】

省食协始终把为行业企业服务作为协会的宗旨，积极开展行业间的活动。通过强化服务功能，做到对会员与非会员服务一样，对政府和对企业的服务一样，企业反映有回音，企业要求有结果，得到了有关政府部门和企业的认可，壮大了行业的力量，促进了行业的发展。

食品安全标准化服务。2011 年 ~ 2012 年，省食协主持起草制定“地理标志产品鸭溪窖酒（DB52/738—2011）”、“贵州酸汤调味料（DB52/T746–2012）”地方标准 2 项，贵州省食品安全企业标准 74 项。

协助企业做好市场开拓。省食协始终把做好市开拓工业做为服务企业的重要内容。积极配合省直有关职能部门，帮助企业开拓国内外市场。2011 年 ~ 2012 年共组织省内百余家食品生产企业参加了无锡南长乐活节活动、青海“国际清真食品展”、广东“第七届中国粽子文化节”、台北“国际食品展”、泰国曼谷“国际食品展”、法国 “欧洲食品配料展”、第二届中国火锅料节（厦门）、广州名酒节等国内外食品展销会，宣传和扩大了贵州食品生产企业的影响和知名度，为企业的产品寻找到了商机。

食品安全工作常态化。省食协始终把食品安全工作放在首位，做到食品安全活动常态化。每月坚持向食品生产企业发出食品安全通报，同时做到重大食品安全信息及时向食品生产企业和媒体通报。2011 年 5 月，在重庆查获了不法商贩用非食用物质罗丹明 B 染色的花椒，及时向省食协全行业发出了警惕重庆“毒花椒”流入贵州省市场的紧急通知，并在“贵州食品工业网”上公布了非食用物质罗丹明 B 染色花椒的鉴别方法。6 月 10 日，针对外省劣质糖浆流入贵州省的情况，专门召开了贵州省冷饮制品行业淀粉糖浆使用安全座谈会。通报了省外劣质糖浆的检测情况，要求冷饮制品生产企业在采购原材料时，要求供应商提供产品检测报告，按合法手续购进，严防劣质糖浆进入生产环节。2012 年 3 月，为配合 GB 28505《食品安全国家标准 预包装食品营养标签通则》2013 年 1 月 1 日的正式强制实施，除加大在网站的宣传力度外，专门组织了对企业的宣贯培训工作。

加强行业间的交流。2011 年 ~ 2012 年，省食协采取请进来和走出去的办法，共接待了山东省食品企业代表团、四川酒类科研所、济南市食品工业协会、浙江食品工业协会温州考察团和中国食品工业协会游学团等 5 个赴黔考察团；同时应贵州省内部分食品生产企业的要求，分两批次组织了赴陕西西凤酒、山西汾酒和江苏苏酒集团的考察学习。看到和学习了食品工业先进地区的新理念、新技术、新设备，查找了自身的不是之处。

2011 年 7 月，与四川酒类科研所签订了“贵州省白酒发展战略合作伙伴协议”。2011 年–2012 年，委托四川酒类科研所在成都为贵州举办了 2 期“贵州省白酒生产技术培训班”。通过培训，对指导贵州白酒生产、提高技术水平、强化质量管理和提升受训人的专业技术能力起到了积极的推动作用。

【d. 2012 年概况】

1、按大类分的行业情况

农副食品工业。全省有生产企业 122 家，工业总产值 138.08 亿元，同比增长–3.49%；工业增加值 20.56 亿元；销售产值 132.75 亿元，同比增长–3.21%。影响较大的是蔬菜加工，2011 年有 15 家企业，工业总产值 19.30 亿元；2012 年减少到 9 家企业，工业总产值 6.32 亿元，仅为 2010 年的 32.75%。增长较快的豆制品加工业，2011 年仅有 1 家企业工业总产值 3.59 亿元；2012 年增加到 2 家企业，工业总产值 7.01 亿远，增长 95.26%。

食品制造业。生产企业由 2010 年的 28 家增加到 42 家，工业总产值 65.83 亿元，同比增长 35.48%；工业增加值 21.35 亿元；销售产值 64.56 亿元，同比增长 36.87%。增长较快的是酱油、食醋行（产）业，生产企业由 2 家增加到 4 家，工业总产值 2.55 亿元，同比增长 74.56%，是近年来少有的快速增长；其次是拳头产品辣椒制品行业，生产企业由 11 家增加到 18 家，工业总产值 45.16 亿元，同比增长 30.22%。

统计数据表明，贵州省食品制造业的主体是辣椒制品，其工业总产值占食品制造业的 68.60%。其中贵阳南明老干妈食品有限公司贡献了 33.67 亿元，其余的 17 家生产企业完成了 11.49 亿元，平均每家 6759 万元。贵州省辣椒制品（产）业的产业集群正在形成。

酒、饮料和精制茶制造业。生产企业由 112 家增加到 130 家，工业总产值 436.05 亿元，同比增长 31.44%；工业增加值 378.82 亿元；销售产值 380.69 亿元，同比增长 41.50%；产品销售率 87.34%。其中白酒制造业企业 67 家，增加 1 家，工业总产值 371.97 亿元，产品销售率 85.44%。瓶装饮用水工业总产值 18.25 亿元，同比增长 41.91%；销售产值 17.76 亿元，产品销售率 97.32%。精制茶制造业工业总产值 24.74 亿元，同比增长 44.34%；销售产值 23.66 亿元，产品销售率 95.63%。

烟草制品业。工业总产值 310.67 亿元，同比增长 23.14%；工业增加值 246.89 亿元；销售产值 302.89 亿元，产品销售率 97.50%。是贵州省历年来烟草制品增长速度较快的 1 年。

2、主要产品产量。大米：44.90 万吨，同比增长 31.14%。精制食用植物油：23.09 万吨，同比增长 101.65%。成品糖：1.58 万吨，首次跨过万吨大关。鲜、冷藏肉：8.87 万吨，同比增长 19.73%。方便面：2.56 万吨，同比增长 84.60%。乳制品：5.88 万吨，同比增长 7.15%。酱油：2.6 万吨，同比增长 38.65%。白酒：26.83 万千升，同比增长 18.54%;产量国内占比 2.32%，产值占比 8.31%；贵州省每千升白酒均价为 118512.86 元，高于国内均价 3 倍多。精制茶：1.78 万吨，同比增长 11.59%，产量国内占比 0.92%，产值占比 2.01%；每吨精制茶均价为 138988.76 元，同比增加 21591.50 元，也高于国内均价 1 倍。全省精制茶加工企业 37 家，增加 10 家。卷烟：1264.72 亿支，同比增长 1.68%，平均价 0.245 元/支，同比提高 0.0468 元，效益进步非常明显。

3、行业科技成果。2011 年以来，贵州省食品生产企业依托科技创新，食品工业加工技术水平不断提升，产品加工工业化程度逐步提高，促进了行业的发展。

2011 年 9 月，贵州茅台（酒厂）集团贵州习酒有限公司的“习酒窖藏 1988 新产品产业化集成技术研究与应用”，荣获“中国食品工业协会科学技术奖”2 等奖。

2012 年 4 月，贵州晴隆古安南茶业有限公司通过 2 年的自主研发和不断实验，成功地实现了以老边茶叶为主要原料（不添加任何淀粉物质）生产其他蒸馏白酒的工业化生产，并获得了由国家质检总局颁发的白酒生产许可证。

贵州大学食品科学系是贵州省唯一从事食品科学与工程教学科研的单位，现有教授 17 人、副教授 11 人、讲师 5 人，其中博士 14 人，硕士 5 人，师资力量雄厚。拥有贵州农产品食品质量安全检测中心、贵州省发酵工程与生物制药重点实验室、省农业生物工程重点实验室、国家辣椒制品加工技术研发分中心、国家牛肉加工技术研发分中心等研发平台及近 3000 万元的先进试验仪器设备。2011 年以来，承担近 40 项国家、省、市重点及重大科技项目，涉及研究经费 1500 多万元，发表 200 余篇高质量论文，其中“特色乳品的加工技术研究及贵州外销型蔬菜的贮运技术研究与应用”、“泡椒工业化生产”、“油辣椒标准炒制工艺研究”等多项科技成果，获得省部级科技成果奖；自主发明的黑树莓饮料和绿茶饮料制作方法专利，已由国家知识产权局分别于 2011 年 8 月和 9 月受理公布。

【e. 获奖情况概况】

2011 年 9 月，贵州茅台（酒厂）集团贵州习酒有限公司的“习酒窖藏 1988 新产品产业化集成技术研究与应该”获“中国食品工业协会科学技术奖”2 等奖。

2011 年在贵州省名牌产品（食品）评定中，以贵州茅台酒股份有限公司等 41 家食品生产企业生产的 57 个产品被评为贵州名牌产品，食品名牌产品的数量占 2011 年全省名牌产品 36.3%。

2011 年，贵州珍酒酿酒有限公司等 4 家企业的商标获贵州省驰名商标。

2012 年 6 月 5 日，中国食协白酒专业委员会 2012 年度白酒国家评委年会上，贵州茅台镇陈年酒厂和贵州珍酒酿酒有限公司 53 度酱香型白酒、53 度酱香型精装珍酒，分别荣获 2012 年度“中国白酒酒体设计奖”和“中国白酒国家评委感官质量奖”。

2012 年 12 月，贵州乡下妹食品有限公司获贵阳市 2012 年“贵阳市创新型企业”2 等奖。

2012 年，贵州珍酒酿酒有限公司等 36 家食品企业的 41 个产品，被省政府授予“2012 年贵州省名牌产品”称号。食品工业名牌产品数量占全省 95 个名牌产品的 43.1%。

2012 年，中国贵州茅台酒厂（集团）有限责任公司等 14 家企业的商标再获贵州省著名商标。

（杨世尧）

3.25 云南省

【a.“十一五”回顾】

“十一五”期间，云南省食品工业高速发展，其中食品制造业和饮料制造业的发展尤其突出。比2005年，食品工业增加值增长了436亿元，年均增长13.9%。烟草制造业增加值年均增长12.6%，非烟食品工业增加值年均增长26%，高于全国的平均增长速度。其中，食品加工年均增长22.4%，食品制造业年均增长49.5%，饮料制造业年均增长24.8%。多数小类行业的增长速度都达到了30%以上，工业总产值超过10亿元的行业中，增长率基本都在10%以上。

一批具备鲜明资源优势、饮食文化特色的产品逐步发展起来。例如以梅果、螺旋藻、酸角、火腿、野生食用菌、热带亚热带水果、咖啡、青刺果等为原料的各式加工食品，从无到有、从小到大，开始走向省内外、国内外市场，逐渐具备了一定的产业规模和市场规模，创建了一批有一定影响力的品牌。如梅果产品的“洱宝”、“得一”，保健食品中的“绿A”,咖啡产业中的后谷，地方特色食品中的“宣威火腿”、“猫哆哩”、“马老表”等。此外植物提取物及食品添加剂也有长足发展。

面对国内外强势品牌的竞争，本土企业不断发展壮大，培植了一批有一定竞争力的企业和品牌。例如葡萄酒中的“云南红”、“香格里拉”，饮用水中的“云南山泉”、“承龙”、“天外天”等，食用植物油中的“金菜花”，果蔬行业的“宏斌”、“王国”、“天使”、“子弟”等，肉制品中的“德和”、“高上高”、“泰华”等。

云南省食品工业吸引了越来越多的国内外强势企业及品牌的进入。“康师傅”、“统一”、“雨润”、“可口可乐”、“雀巢”、“娃哈哈”、“光明食品”、“燕京”、“金星”、“嘉士伯”、“天士力”等已先后落户云南，对全省食品工业的发展产生了积极的带动作用。

【b. 2010-2012年经济运行情况】

1、2010年，云南省食品工业实现总产值1442.43亿元，比2005年的732.84亿元增长96.83%，年平均增长19.36%；工业增加值912.6亿元，比2005年的479.58亿元增长90.02%，年增长18.05%，主营业务收入1349.22亿元，比2005年的712.54亿元增长89.35%，年增长17.87%；利税总额835.07亿元，比2005年的415.65亿元增长100.9%，年均增长20.18%。

2、2011年，全省食品工业总产值1788.86亿元，比2010年增加346.46亿元，增长24.02%；工业增加值1099.63亿元，增加187.03亿元，增长24.49%；占全省工业增加值39.93%，其中，非烟食品工业产值574.4亿元，比2010年增加164.1亿元，增长40%；实现工业增加值161.58亿元，比2010年增加46.18亿元，增幅24%，占全省工业增加值的5.87%，比2010年提高0.77%；实现税收34.5亿元，比2010年增加10.3亿元，增幅42.5%；实现利润59.7亿元，比2010年增加17亿元，增幅39.8%。

2011年全省食品工业经济运行特点：

（1）非烟食品工业增加值、总产值增长幅度高于上年，分别提高了6.34、16.8个百分点，主要是食品加工和饮料制造增幅较大形成的拉动效应。

（2）非烟食品工业利润连续3年保持近40%的增长幅度。

（3）与居民生活关系密切的大米、方便面、饮料、酒类、乳制品等产量增长快，基本需求旺盛。

（4）制糖、食用植物油、鲜肉、冷冻肉、白酒等产品下降，反映了自然灾害、物价上涨、原料不足的影响，以及产品结构不合理、市场营销不得力等问题。

（5）啤酒、葡萄酒产量增幅大，分别达到39.3%和55.5%，与白酒下降3.18%形成鲜明对照。

3、2012 年，全省食品工业实现总产量 1931.68 亿元（非烟食品工业总产值 660 亿元），比 2011 年增长 28.57%。其中，农副食品加工业 387.6 亿元，增长 29.2%；食品制造业 121.5 亿元，增长 29.3%；酒、饮料和精制茶制造业 150.0 亿元，增长 27.2%。利税总额 112.16 亿元，增长 28.92%。其中，利润 83.16 亿元，增长 29.3%；税收 29.00 亿元，增长 27.87%。制糖、乳制品、啤酒、饮料等主要产品产量都有较大幅度增长，带动全省食品工业快速增长。

2012 年底，全省食品工业规模以上 496 家企业中，产值 2 亿元以上的有 49 家，3 亿元以上的有 20 家，5 亿元以上的有 5 家，10 亿元以上的有 2 家。食品企业技术中心有 15 个。

【c. 行业主要特点】

速度加快，优势资源得到进一步开发利用，烟、糖、茶等骨干产品在国内名列前茅，市场竞争力较强，咖啡、葡萄酒、野生食用菌等产品加工开发异军突起，潜力巨大；名特食品火腿、普洱茶等传承弘扬，少数民族传统食品发扬光大。

2、农副食品加工业、食品制造业、酒、饮料和精制茶制造业的产值比例前几年为 7:1:2，2010 年–2012 年，经不断调整已达到 5.9:1.8:2.3 比例，食品行业结构有所优化。表现较明显的有葡萄酒，从普通干酒向高档特色干酒、葡萄蒸馏酒发展；乳制品从一般液体奶向固体乳制品、发酵乳制品、花色乳制品发展；白酒行业经过产品结构调整，努力向中高档次白酒冲击。

3、不足方面，主要是：食品安全保障体系不够完善，企业规模小，生产集中度低，企业创新能力比较薄弱，产学研用结合不紧密，深加工力度小，产业发展方式粗放等。同时面临着许多新情况、新问题，一方面是肉、禽、蛋、奶制品的消费量大幅提高，餐桌食品、营养食品、休闲食品等日益丰富，对食品的安全、卫生、质量要求越来越高；另一方面企业遇到了原辅材料价格不断上涨，劳动力成本上升，企业投融资难度加大，资金吃紧等诸多不利因素，生产经营困难重重。

【d. 制定“十二五”发展规划】

2010 年 6 月，省工信委和省食协联合公布了《云南省食品工业“十二五”发展规划》。《规划》总结了“十一五”期间全省食品工业运行状况，分述了烟草工业、制糖工业、制茶工业、酿酒工业等重点行业发展状况，全面剖析了云南省食品工业的发展环境和条件，指出要以发展特色食品为主线，以“安全、绿色、健康、发展”为主题，做强做优传统支柱食品工业，做特做精特色食品工业，加快发展新兴食品工业，积极扶持潜在优势食品工业，促进全省食品工业快速发展。《规划》确立的发展目标为：“十二五”期间非烟食品工业产业发展目标不能低于“十一五”期间年均 26%的增长率。到 2015 年，全省规模以上食品工业总产值力争达到 2350 亿元，实现工业增加值 1500 亿元以上，实现利税 1000 亿元以上。其中非烟食品工业总产值 1150 亿元，实现工业增加值 300 亿元以上，实现利税 150 亿元以上。

【e.诚信体系建设】

推进食品工业企业诚信体系建设，促使食品生产企业从源头抓诚信，从生产过程保诚信，从产品质量上守诚信，是促进食品工业良性发展，保障食品安全的重要措施。云南省的目标是力争用 3–5 年时间，在全省食品行业全面推行食品企业诚信体系建设，逐步建立食品企业诚信体系运行长效机制。2012 年这项工作开始推开，在云南省工信委的领导下，省食协参与了云南省 12 家重点食品企业的诚信体系培训、建立、运行、评价工作。云南宏斌绿色食品有限公司、昆明雪兰牛奶有限责任公司、江城绿色版纳生态食品有限公司、云南欧亚乳业有限公司、云南德宏英茂糖业有限公司景罕糖厂、云南临沧耿马糖厂有限公司、云南新希望邓川蝶泉乳业有限公司、云南皇氏来思尔乳业有限公司 8 家食品企业通过体系评价并获得证书；云南玉林泉酒业有限公司、香格里拉酒业股份有限公司通过评价处于整改阶段；昆明华曦牧业集团有限公司、云南神农肉业食品有限公司已经建立体系准备进行评价。

【f. 先进企业和品牌建设】

从国家名牌产品评比以来，云南省食品国家名牌产品只有 2 个，一个是云红葡萄干酒，一个是云南山泉矿泉水。

2011 年，云南食品工业固定资产投资 42 亿元，当年开工项目 122 个，其中政府扶持资金 10803 万元。2012 年，投资总额以及政府扶持资金与 2011 年基本持平。

【g. 技术改造】

2012 年初，醉明月白酒被国务院机关事务管理局列为 3 个白酒用酒之一；12 月，醉明月白酒被深圳市酒业认定为高品质浓香型白酒，向深圳市推荐用酒。“醉明月”酒的叫响，打破了高档酒原有的格局，有利于全国树立云南酒的形象。

2012 年食品行业一批大项目开工和投产。主要有：燕京啤酒二期扩建工程竣工投产；华狮啤酒 10 万吨扩建接近完工；洪斌公司 5 万吨小米辣大理生产基地建成投产；昆明酿造公司 10 万吨酱油富民县基地正在建设；金星啤酒 35

万吨工程2012年11月开工；伊利公司20万吨乳制品项目在杨林工业园区开工；蔗糖、饮料、肉制品、茶叶、咖啡、粮油等都有较大技术改造工程在进行，为全省食品工业跨越式发展打下了基础。

【h. 省食协主要工作】

（1）发挥智力资源优势，深入企业具体帮助指导工作。

（2）大力宣传《食品安全法》，提高企业遵纪守法、诚信自律意识，树立向社会提供安全食品的自觉性。

省食协除充分利用《云南食品》内刊和《云南食品网》积极宣传《食品安全法》，推介云南省内优秀食品企业和食品产品外，还与《春城晚报》、《中国食品安全报》等媒体合作，宣传食品卫生与安全，宣传云南合格诚信知名食品企业。

（3）帮助企业开拓国内外市场，组织有关企业到省内外参展、参观和考察，提高全省内食品企业及产品在国内外的知名度，扩展市场空间。

（4）继续办理食品行业职称评审工作，为全行业人才队伍建设做好服务。

（雷金福）

3.26 陕西省

【a. 概况】

陕西食品工业经过建国后的快速兴起，特别是改革开放以来的加速发展，现已构成了农副食品加工，食品制造，酒、饮料、精制茶和烟草制品业4大系列22个中类56个小类的食品工业体系，形成了以关中乳业、果业、酒类、肉类制品、方便食品、粮油加工为主体率先聚集发展，带动陕南茶叶、坚果、特色食品加工业和陕北红枣、羊肉制品、小杂粮、马铃薯加工业为两翼的非均衡发展格局。2010年~2012年，陕西省食品工业产值年均增长27.81%，利润年均增长42.17%，工业增加值年均增长32.97%，固定资产投资年均增长37.68%。到2012年，全省食品工业规模以上企业总资产达620亿元，从业人员有13万余人。陕西省拥有国家级食品强县11个，国家级重点企业35个，省部级重点企业49个，食品科研机构7个，企业技术研发中心15个。陕西省内食品行业重点门类有白酒制造、糕点面包、肉制品、饲料加工、食用油加工、淀粉加工、乳制品加工、果汁饮料制造和精制茶加工等。

2012年，全省规模以上食品工业企业完成产值1524.83亿元、主营业务收入1387.88亿元、实现利润112.64亿元，分别比2011年增长25.73%、20.74%、43.95%；分别占陕西省规模以上工业的9.04%、9.78%、6.79%。产销率98.46%，比2011年增加2.13个百分点；百元主营业务收入中的成本75.90元，同比减少1.17元；主营业务收入利润率8.12%，同比增加1.31个百分点。按大类行业分，农副食品加工业实现产值688.10亿元，食品制造业318.35亿元，酒、饮料和精制茶制造业337.68亿元，烟草制品业180.70亿元。分别比2011年增长29.14%、19.72%、29.07%、18.76%。陕西省食品工业产值全国行业排序居第20位，主营业务收入和实现利润双居第19位。2012年，陕西省食品工业主要产品产量为：小麦粉419.91万吨，精制食用植物油121.94万吨，饲料246.75万吨，乳制品172.10万吨，白酒9.31万千升，啤酒102.09万千升，软饮料419.84万吨，卷烟879.50亿支。

2010年-2012年行业运行总体特点：

1、投资不断加大，有力增强了产业发展后劲。陕西省食品工业固定资产投资逐年攀高，年递增37%以上，投资增幅超过了产值增幅，2012年达到226.63亿元。

2、流通顺畅，产销衔接紧密。2011年产销率比2010年提高了1.32个百分点，2012年比2011年又提高2.13个百分点。

3、行业创利势头持续强劲。2012年，食品工业利润增幅高于陕西省工业平均水平39.15个百分点，位居全省12大类工业第4位

4、骨干龙头企业带动作用凸显。2012年，陕西中烟公司产值180.73亿元，石羊集团60亿元，西凤酒集团42.9亿元，国维淀粉公司32亿元，银桥、海升、汉斯啤酒达到25亿元，20个企业产值过10亿元。这批龙头企业2012年实现的产值总量，已经占到2012年全省规模以上食品工业企业产值总量的40%。

【b. “十一五”回顾】

1、主要发展成就

“十一五”期间，陕西省食品工业迅猛发展，产业结构调整步伐加快，技术装备水平明显提升，自主创新能力进一步提高，产品竞争力显著增强。初步形成以城市为中心，乡镇为纽带，城乡结合，具有一定规模的食品工业体系。支撑陕西省食品工业高速发展的重要因素，一是陕西农业的高速发展为食品工业提供了日益丰富的原料；二是消费者购买力的提高，形成了需求旺盛的食品大市场，培育了陕西食品工业的高速成长。

（1）**实力不断增强**。2010年底，陕西省拥有规模以上

食品企业 682 家，比“十五”末增加了 318 家；资产总值 620.55 亿元，比“十五”末增加 371.92 亿元，增长 149.59% ；实现工业总产值 935.51 亿元，增长 254.26%。

（2）**增速进一步加快**。“十一五”以来，陕西省食品工业进入快速发展时期，提前 1 年实现了“十一五”规划目标。工业总产值年均增长 25.14%，达到了全国平均增长水平；工业增加值年均增速达到 23.92 %。

（3）**经济效益显著提高**。2010 年，陕西省食品工业实现利税 158.49 亿元，比“十五”末的 54.56 亿元增长近 2.9 倍。利税总额居陕西省 8 大支柱产业第 3 位。

（4）**骨干企业不断壮大**。2010 年底，形成了 100 亿元以上企业集团 1 户、30 亿元企业集团 3 户、20 亿元以上企业 5 户、10 亿元以上企业 7 户。

（5）**培育了一批名牌产品**。“十一五” 末，陕西省食品工业获得中国名牌称号的产品共 7 个，中国名牌占全省工业名牌总数的 26%。共有 112 个产品获得陕西省名牌，约占陕西省工业名牌总数的 25.53%。

（6）**优势产业发展迅猛**。陕西苹果产业首次实现了苹果种植面积、产量、果汁产量和出口量 4 项指标全国第 1。“十一五”末，年果汁加工能力达到 100 万吨。在全国浓缩果汁加工和出口创汇前 5 位的企业中，陕西有 3 个。乳制品行业年均增长速度达到 30%以上。陕西奶山羊存栏数和羊奶产量双居全国第 1，羊奶产业已经成为国内最具优势的特色产业。奶牛存栏数居全国第 6 位，奶类产量居全国第 5 位。酿酒和烟草制造业体制和机制创新，西凤、太白等企业重点技改项目建设进度加快并相继投产，产品结构调整步伐明显加快，“好猫烟”、“红西凤酒”产品市场份额逐年提高。食品、粮油和肉制品加工业通过招商引资，雨润、金龙鱼等一批重点项目在陕西省相继落户和建成投产，带动陕西粮油和肉制品加工业实现跨越式发展。

（7）**农业产业带基本形成，发展空间拓展**。依托区域和自然资源，陕西省已基本形成以奶畜、秦川牛、强筋小麦、特色蔬菜、猕猴桃为主的关中农业产业带；以苹果、奶山羊、设施蔬菜为主的渭北农业产业带；以名优杂粮、白绒山羊、红枣为主的陕北农业产业带；以瘦肉型猪、农蚕、茶叶、魔芋、食用菌、“双低”油菜为主的陕南特色农业产业带。随着农产品生产标准化、基地化、规模化进程的加快，带动优势资源向工业园区和龙头企业集聚。

2、存在的主要问题

（1）总量仍然偏小。2010 年，陕西省食品工业总产值仅占全国食品工业总产值的 1.48%；陕西省食品工业销售收入仅为山东省的 8.16%、河南省的 18.93%。

（2）产业链不完善，产业融合有待进一步加强。

（3）企业规模小、产业集中度较低、带动作用不强。

（4）食品原料生产标准化、基地化水平低，规模小，专业合作社的作用不明显，不能形成对食品加工业的有效支撑。

（5）食品产业加工方式粗放，结构不合理，精深加工产品少，同质化产品多，产品科技含量及附加值低。

（6）技术装备落后，资源利用率低。

（7）宏观调控能力差，融资渠道狭窄，政府产业引导资金投入不足，带动作用不强。

（8）食品安全隐患仍然突出。

【c. 大事记】

1、发挥参谋助手作用，强化行业宏观协调指导

陕西省食品协会成立以来，积极协助政府部门参与政务，受陕西省发改委委托，制定了《陕西省食品工业“十一五”发展规划》,列入到陕西省国民经济发展规划予以执行；协助工信厅制定了《陕西省食品工业“十二五”发展规划》、《陕西省促进产业园区发展的指导意见》、《陕西省食品产业集群的发展规划》；指导咸阳、汉中市制定了食品工业“十二五”发展规划；帮助镇巴、太白、延川、吴起、三原、兴平、泾阳、淳化等县制定了食品工业发展规划或食品产业园区发展规划。

2、深入调查研究，其成果很多予采纳

据不完全统计，省食协先后编撰各类调研报告、论文 30 余篇，其中 20 余篇被政府机关、有关媒体、有关市县（园区）采纳、刊载和使用。如“我国食品工业科学管理体制的若干建议”被国家发改委采用；“坚持科学发展观，高度重视我国食品安全问题”被中国食协食品安全师培训管理办公室收为专编教材；“朝阳产业的辉煌亮点”被中国食协和陕西省政府转发；“陕西食品工业 10 大问题”被西安交大校刊选编；“陕西食品工业发展报告”被省工信厅和《陕西日报》刊载等等。

3、搭建展会平台，不断扩大行业影响力

展会经济是市场经济发展到一定阶段的必然产物。陕西食品展会历经曲折，走向常态化和规范化，为推动行业发展做出了积极贡献。根据工作需要，省食协慎重选择了振华、旭峰两大会展公司作为合作伙伴，每年 5 月和 11 月分别举办“陕西省农副食品博览会”和“陕西省糖酒食品博览会”。

截止2012年共举办食品展会13届，其中单届展会最大规模已达6万平方米、2000个标准展位、1500余家国内外展商参加，达到了宣传陕西名优新特食品、宣传陕西食品企业和食品行业的目的。

4、积极开展食品安全师培训认证工作

食品安全师职业资格认证是中国食协培养专门化人才队伍、改善食品安全管理状况、促进食品安全不断好转的重要举措。国务院开展的食品安全诚信活动和食品安全信用体系建设中明确设有食品安全师岗位。在中国食协、省工信厅和省轻工协会的重视支持下，省食协建立了以西安工程技术学院为依托的陕西省食品安全师培训中心和以省食协为依托的陕西省食品安全师考试中心，采用多种形式办班，配备了食品安全师授证讲师队伍，确保了工作的顺利进行。从2007年～2012年底共举办了7届食品安全师培训班，协助西安工程技术学院举办了4届食品营养与安全专业大专班，会同中国食协开办了6届高级食品安全师培训班。全省现有768人通过培训考核获得了中国食协颁发的《中国食品工业协会食品安全师》证书及国家劳动和社会保障部配套颁发的《食品安全师岗位职业培训》资质证书，其中有56人获得了高级食品安全师资格认证。

5、多渠道为企业做好项目申报推介工作

2010年以来，省食协先后配合省发改委开展了国债食品专项工作；配合省农业厅进行了农业产业化重点龙头企业认定工作；配合省科技厅开展了星火计划和13115计划推广工作；配合省中小企业局开展了中小企业技改项目推介等服务。省食协成立以来，约为40多家企业的50余个项目争取到了中央、省财政资金的支持，项目总投资年均在5亿元以上。目前，省食协与多个省级项目管理渠道保持着业务上的正常联系，与省内外10余所大专院校、科研单位建立了互信规范的合作机制，并成功组建了省食协自身的专家团队，能够及时组织社会资源，为企业提供产业导向、项目论证、经济技术咨询、可行性研究报告编制和项目推介等服务。

6、全方位构建了信息网络服务平台

（1）陕西省信息中心合作创办了《陕西食品网》；（2）和陕西天德装饰有限公司合作，开办了半月期会刊《陕西食品快讯》、与主流新闻媒体建立了长效诚信的合作关系。多年来，上述媒体伙伴贴近陕西省食品行业发展实际，及时报道了业界各种动态信息，充分发挥了传递信息、交流经验、服务行业的正能量作用，得到了广大会员单位和社会各界的肯定与欢迎。

【d. 加强行业管理】

1、加快食品工业企业诚信体系建设。

2011年7月12日，省工信厅印发了《陕西省食品工业企业诚信体系建设工作方案》（陕工信发〔2011〕279号），正式启动陕西省食品工业企业诚信体系建设工作。作为试点，对全省41家乳制品企业按行业标准开展了诚信管理体系培训，其中15家婴幼儿乳粉生产企业全部建立实施了诚信管理体系，并通过第三方中介机构评估认证，颁发了诚信企业证书。

2、发布了《陕西省食品工业“十二五”发展规划》。

2011年12月20日，省工信厅代表省政府下发了《陕西省食品工业“十二五”发展规划》（陕工信发〔2011〕553号）。目标是到2015年，陕西食品工业规模以上企业实现产值2600亿元，增加值750亿元，年均利税300亿元，规模以上企业达到1400家，累计完成固定资产投资1500亿元。

3、积极推进陕西产业集群和产业园区发展。

省政府于2009年3月19日，印发了《陕西省产业集群发展规划纲要（2009—2015年）》（陕工信发〔2009〕24号），明确提出了5年内坚定不移地打造陕西食品工业产业集群，通过兼并重组、园区建设、规模化生产、结构调整和产业升级，加速推进陕西食品工业跨越式发展。

4、切实加强行业协会工作的组织与领导。

陕西省食协的上级主管部门是省工信厅，省工信厅通过省轻工业协会指导省食协工作。2012年，省轻工业协会制定和下发了《关于加强所属行业协会工作的意见》，进一步明确了大协会、综合性协会和专业性协会的职能、定位、相互关系和服务方向，为省食协加强自律建设和开展工作提供了良好的政策环境。

【e. 先进企业和名优产品】

通过多年发展，陕西食品工业培育出了一批骨干企业，如陕西卷烟总厂、石羊集团、国维淀粉、西凤酒集团、太白酒厂、海升果业、恒兴公司、银桥集团、东方乳品厂、青岛汉斯啤酒、米旗公司、安琪公司、陕富面粉、老牛面粉、毅武面粉、秦宝牧业、本香集团、八鱼油脂、锦泰公司、赛德集团等。在全省获得的10多个国家名牌产品中，食品行业就占了7个，分别是“秦俑”奶粉、“银桥”液态奶、“海升”浓缩果汁、“汉斯”啤酒、“米旗”糕点、“陕富”面粉和“老牛”面粉等。截至2012年，全行业还获得了“陕西名牌”

产品 112 个。

近年来，陕西在特色资源开发方面也取得了长足进展，成为陕西食品工业新的增长点和产业持续发展的希望。陕南的茶叶、魔芋、绞股蓝、核桃、板栗、刺梨、黑米、山野菜、竹笋以及紫阳富硒食品，陕北的沙棘、荞麦、山杏、红枣，关中的猕猴桃和鸵鸟肉制品等，均是陕西独具特色的食品资源。其中陕北红枣、紫阳富硒茶、平利绞股蓝、陕南魔芋等产品，在全国乃至国际市场享有一定的知名度。

【f. 市场开拓和产品开发】

陕西果汁加工在中国和世界都占有重要地位，全省现有苹果汁企业 20 余家，37 个加工厂，43 条生产线，产能 100 万吨，出口到欧、美、亚、非各大洲 67 个国家和地区，出口量占全球 36.13%，2011 年出口创汇 4.6 亿美元，比 2010 年增长 18.51%，是省内唯一在国际市场具有绝对话语权的产品。羊乳制品的产销量全国第 1，市场份额占全国 80%以上。富硒食品拥有 5 大系列 50 余个品种，约占国内 35%市场份额。魔芋系列食品出口日本、韩国、东南亚、俄罗斯，骨干企业汉中锦泰公司已成为亚洲最大的魔芋产业化龙头企业。

2010 年 ~ 2012 年，陕西食品工业在产品开发方面的主要进展有：

（1）太白县与陕西教育学院合作，利用当地丰富的蔬菜水果资源，开发出了 10 余种果蔬脆片产品；

（2）紫阳县与五环集团合作，开发出了富含微量元素硒、锌的“硒锌宝”矿泉水；

（3）锦泰公司成功推出魔芋仿真食品“诸葛魔芋宴”；

（4）志建公司利用汉中特有银杏资源，开发出了银杏黄酮胶囊产品。据不完全统计，近 3 年上述类似产品开发，陕西约有 40 余种之多。

【g. 国际交流】

2010 年 6 月，省食协在中国食协和有关部门的统一安排下，积极组织了陕西 17 家企业的负责人，到“新马泰”学习考察，了解了这些国家在生物防虫防腐变、热带水果保鲜与深加工、乳制品加工与安全保障、现代物流促经济发展方面的成果与经验。

2011 年 8 月，省政府与日本政府部门合作举办“陕西日本经济合作周”，陕西 28 家食品企业派代表参加了活动。

2012 年 10 月，省食协与上海玄龙公司合作，组织渭南大荔县红汇公司董事长赴日本东京和大版，专题考察引进日本纳豆生产工艺与技术。

【h. 科技进步和科研成果】

陕西是科教资源大省，到 2012 年，有 30 户食品企业被认定设立了省级中小企业创新研发中心，建立省级以上研发中心的企业有 15 户，一些企业在国外还成立了研发机构。科技创新改变了传统食品工业面貌，精深加工逐步提高，新产品不断出现。白酒行业面对地产白酒萎缩的被动局面，以科技创新为动力，相继开发出了“凤兼浓”、“凤浓酱”、“浓兼酱”等新产品，并对原有凤香型和浓香型产品进行深层次提升，这些创新产品销量已占全省白酒总销量的 70%以上。乳品行业通过大力度整顿，强化检验检测平台建设，有效保障了国产乳制品产品质量。2010 年，国家发改委批准在陕西农产品加工技术研究院组建了“农业信息服务与农产品加工技术交易平台”，这是国内最早、最大的专业从事农产品加工信息、农业加工资源信息、产品交易信息、企业信息服务平台，截止 2012 年，服务陕西食品企业 1200 多家。杨凌作为国家唯一的农业高新技术产业示范区，从育种、开发初级产品、创新工艺技术、成果转化应用，为全国特别是陕西的农业和食品工业做出了重大贡献。据初步统计，2010 年 ~ 2012 年，陕西涉食大专院校、科研单位、专家学者、企业研发中心攻关食品类科研成果共有 50 余项。

附表：

表 1　2010–2012 年陕西省食品工业主要经济指标　　单位：亿元

	2010 年	2011 年	2012 年
产值	933.15	1202.87	1524.83
工业增加值	345.17	481.73	609.62
主营业务收入	861.92	1149.64	1387.88

表 2　2010–2012 年陕西省食品工业行业情况　　单位：亿元

	2010 年	2011 年	2012 年	年递增%
农副食品加工业	409.17	526.86	688.10	29.78

食品制造业	201.54	263.45	318.35	25.69
酒、饮料和精制茶制造业	199.56	258.66	337.68	29.86
烟草制品业	121.00	152.28	180.70	22.13

表3 2010–2012年陕西省食品工业主要产品产量 单位：万吨、万千升、亿支

	2010年	2011年	2012年
小麦粉	319.03	358.05	419.91
精制食用植油	67.92	88.15	121.94
饲料	161.43	195.54	246.75
乳制品	147.97	160.20	172.10
白酒	8.33	7.99	9.31
啤酒	94.26	98.98	102.09
软饮料	215.79	383.54	419.84
卷烟	830	860	879.50

（林晓平）

3.27 甘肃省

【a. 概况】

2010 年以来，甘肃省委、省政府把发展食品工业作为振兴地方经济的基础性产业和保障民生的支柱产业，以其产业关联度高、涉及面广、劳动技术密集作为发展全省经济的突破口。

2010 年-2012 年省食品工业分别完成工业增加值 140.76 亿元、171.33 亿元、217.49 亿元，同比分别增长 22.86 %、21.98 %、17.00 %。实现主营业务收入 342.54 亿元、401.60 亿元、518.87 亿元，同比分别增长 40.46 %、17.34 %、29.20 %。食品工业成为农民增收、企业增效、财政增税的主要支柱产业，初步形成了具有甘肃地方特色的食品工业体系。

1、2010 年概况。2010 年全省规模以上食品工业完成工业增加值 140.76 亿元，同比增长 22.86%，占全省工业的 10.23%；比全省工业增速高出 6.26 个百分点。其中：农副食品加工业完成工业增加值 43.21 亿元，同比增长 24.13 %；食品制造业完成工业增加值 11.67 亿元，增长 15.49%；酒、饮料和精制茶制造业完成工业增加值 25.34 亿元，增长 15.16 %；烟草制品业完成工业增加值 60.54 亿元，增长 27.10%。

食品工业实现利润 16.02 亿元，同比增长 24.28%，占全省工业的比重为 7.41%。利税总额 98.81 亿元，同比增长 68.65%，占全省工业的 16.29%。其中：烟草制造业利税总额 74.05 亿元，占全省食品工业利税总额的 74.94%。

食品工业资产总计 459.14 亿元，占全省工业的 7.05%。从业人员 7.22 万人，占全省工业的 10.11%。全省百强工业企业中，食品工业有 13 家，其中大型企业 4 家、中型企业 9 家；这 13 家企业资产总计 113.46 亿元，占全省食品工业资产总计 29.56%；工业总产值 136.17 亿元，占全省食品工业的 29.31%；主营业务收入 133.59 亿元，占全省食品工业的 36.09%；年末从业人员 1.72 万人，占全省食品工业的 23.83%。

2010 年甘肃省食品工业主要经济指标　　户、亿元、人

指标 \ 行业	食品工业合计	农副食品加工业	食品制造业	饮料制造业	烟草制造业
企业数	414	259	70	82	3
工业增加值	140.76	43.21	11.67	25.34	60.54
工业总产值	403.79	176.63	46.37	83.35	97.45
工业销售产值	373.41	161.44	40.82	73.61	97.54
资产总计	459.14	217.71	42.67	113.72	85.05
固定资产合计	158.49	77.76	19.69	43.75	17.28
主营业务收入	342.54	129.40	34.46	73.06	105.63
利润总额	21.40	9.46	0.77	4.98	6.19
利税总额	98.81	11.80	2.00	10.95	74.05
平均从业人员	72212	37111	12507	18909	3685

2、2011 年概况。食品工业企业 297 家，占全省工业企业数的 21.66%；资产总计 437.03 亿元，占全省工业的 5.7%；

工业增加值 171.33 亿元，占全省工业的 9.61%，食品工业增加值增速为 21.98%，比全省工业平均增速高 5.78 个百分点，对全省工业增长的贡献率为 13.31%。分行业看，农副食品加工业增加值53.91 亿元，同比增长 29.1%；食品制造业 11.17 亿元，增长 25.3%；酒、饮料和精制茶制造业 30.75 亿元，增长 20.1%；烟草制品业 75.5 亿元，增长 18%。

主营业务收入 401.6 亿元，占全省工业的 6.11%；利润 22 亿元，占 8.21 %；利税总额 95.13 亿元，占 13.5%；上缴税金 71.18 亿元，占 17.50%；年末从业人员 6.02 万人，占 10.06%。食品工业的发展不仅为保障了人民生活起到积及作用，而且也带动了全省农业生产的发展；既缓解了就业压力，又增加了居民收入，有效地提高了城乡居民的生活质量。食品工业在自身发展的同时也带动了全省工业的发展，当年增长速度 21.98%，仅低于全省最高的冶金工业 22.42 %的增长速度，成为带动甘肃工业增长的支柱产业。

2011 年甘肃省食品工业主要经济指标

户、亿元　、人

行业 指标	食品工业合计	农副食品加工业	食品制造业	酒、饮料、和精制茶制造业	烟草制品业
企业数	297	179	51	65	2
工业增加值	171.33	53.91	11.17	30.75	75.5
工业总产值	470.93	220.40	54.11	101.16	95.25
工业销售产值	440.03	205.89	49.80	93.95	90.40
资产总计	437.03	202.64	46.62	119.05	68.71
固定资产合计	136.28	60.24	16.33	47.11	12.60
主营业务收入	401.60	189.38	38.24	83.42	90.55
利润总额	22.00	8.19	1.27	4.94	7.60
利税总额	95.13	10.48	2.27	12.58	69.81
平均从业人员	60233	27202	12279	17537	3215

3、2012 年概况。全省食品工业完成工业增加值 217.49 亿元，同比增长 17.0 %，比全省工业增长速度高出 2.4 个百分点；占全省工业的 11.26%。主营业务收入 518.87 亿元，增长 29.2%。其中：农副食品加工业主营业务收入 238.53 亿元，增长 25.95%；食品制造业 61.14 亿元，增长 59.88%；酒、饮料和精制茶制造业 106.25 亿元，增长 27.37%；烟草制品业 112.95 亿元，增长 24.74%。食品工业的快速增长，带来了可观的经济效益。2012 的食品工业实现利润 31.91 亿元，同比增长 45.05%；利税总额 122.92 亿元，增长 29.21%。

2012 年甘肃省食品工业主要经济指标

户、亿元、人

行业 指标	食品工业合计	农副食品加工业	食品制造业	酒、饮料、和精制茶制造业	烟草制品业
企业数	385	244	63	76	2
工业增加值	217.50	73.78	10.78	35.85	97.08
工业总产值	654.17	311.04	78.97	141.42	122.75
工业销售产值	587.42	278.02	71.09	125.48	112.82
资产总计	593.38	263.29	103.20	145.43	81.47
固定资产合计	163.07	74.47	22.92	53.00	12.69
主营业务收入	518.87	238.53	61.14	106.25	112.95
利润总额	31.91	11.18	2.83	6.08	11.82
利税总额	122.92	13.26	4.11	14.84	90.70

平均从业人员	61215	27603	12644	17613	3355

【b. 发展特点】

甘肃省委、省政府2010年提出"因企施策，分类指导，紧扣产权，注重实效"的企业改革思路，为食品工业发展创造了更加宽松的环境，食品工业资产规模不断扩大。2012年，规模以上食品工业资产总计为593.38亿元，比2010年增长29.24%；户均资产1.54亿元，增长38.86%；户均主营业务收入1.35亿元，增长63.84%；户均利税总额0.32亿元，增长33.33%。甘肃烟草工业有限责任公司完成工业产值122.75亿元，实现主营业务收入112.95亿元，利税总额90.70亿元，分别比2010年增长25.96%、6.93%、22.48%。

大中型企业在甘肃省食品工业中企业数目虽少，但在经营生产活动中所占优势大，特别是大中型食品工业发展步伐加快，对带动全省食品工业的快速发展起了重要的支撑作用。

食品工业已成为农产品加工增值的主渠道，是实现农业产业化的主力军。据武威市调查显示，2009年，该市面粉产量195.12万吨、增加值达到15.22亿元，消耗粮食243.9万吨，增值转换率为1：1.3；啤酒产量5.93万吨，增加值达到0.41亿元，消耗啤酒大麦0.3万吨，由啤酒大麦到麦芽进而生产出啤酒等系列产品的增值转换率为1：52；葡萄酒产量1.07万吨，增加值1.72亿元，消耗葡萄2.14万吨，增值转换率为1：9.3。从以上数据可以看出，食品工业的发展为农业规模化种植、产业化发展提供了难得的机遇。

食品工业正在成为带动甘肃省相关产业发展的加速器。据调查，用于加工面粉的包装袋，基本来源于本地，仅此一项，增加收入7.8亿元；用于酒类、酱醋业包装的纸箱增加收入1.2亿元等。在2012年交通运输业增加值中，约有40%–50%由食品工业的供应和销售提供。此外，还带动了市、州的商贸、印刷、服务行业的发展，进而推动了整体经济的增长。

产品品牌、品种显著增加。甘肃食品工业现有面粉、饲料、淀粉、食油、白酒、啤酒、葡萄酒、麦芽、小食品、饮料、酱醋等14个小类，近300个品种的产品。食品工业不仅产品种类显著增多，系列、名牌产品不断增加，甘肃威龙葡萄酒被授予"中国驰名商标"、"绿色食品"、"中国葡萄酒A级产品"等称号。

食品工业正在成为拉动甘肃省地方经济增长的主动力。甘肃省农产品商品率由2001年的48.7%提高到2009年的65.4%，提高了16.7个百分点，仅食品工业就提供了8.2个百分点。从2012年全省经济增长情况看，规模以上食品工业增加值增速达17.0%（可比价），比国内生产总值增速高4.4个百分点。

【c. 主要问题】

甘肃省食品工业在全省工业乃至全省经济中的支柱地位都很明显，但发展中也存在诸多困难和问题。突出表现在：

产品多为初级加工品，精、深加工尚处于起步阶段。据重点企业抽样调查资料显示，初级加工的小麦产品占94.1%。从增值情况看，在初级加工产品中，葡萄酒的转化率最高达到1：9.3，面粉增值转化率最低仅为1：1.3，高低相差8倍，在2次加工产品中，啤酒的增值转化率最高达到1：52，比初级增值转化率最高的葡萄酒高42.7倍，但多次加工的食品制造业增加值仅占全部食品工业增加值的4.96%，精、深加工产品市场仍处于起步阶段。

资源的有效开发不足，使多领域、多品种发展差距明显。在食品工业资源的开发利用方面，较好的有啤酒大麦、马铃薯等，它们的商品率较高，2009年分别达到88.7%、70.0%，并且形成了规模种植、产业化经营。但在甘肃的农产品中，尚有很多没有得到开发，例如豆类、蔬菜、黑瓜子加工等，企业生产利用的数量仅占实际产量的18.3%、1.5%、20.4%，大部分以原始农产品的形式直接出售，瓜类、果类等农产品基本没有进行开发。

设备、工艺、包装水平不高，发展意识有待加强。尽管近几年投资规模不断扩大，发展速度加快，但大部分企业技术、装备落后，采用90年代一般工艺的企业仍在运行。生产设备相对老化、精度低，固定资产净值占原值的比重仅为44.76%，比全省工业低17.57个百分点。企业折旧速度相当缓慢，仅为4.2%，阻碍了企业技改资金的筹措。在包装上，塑料袋、纸袋、纸箱是主流包装材料，严重影响了食品工业产品的外销，也影响了产品的市场竞争力。

食品工业各行业间发展不平衡。2010–2012年中平均增速最快的是烟草制品业，年均增长32.33%，增速最低的是酒、饮料和精制茶制造业，3年均增长11.53%，相差20.8个百分点。主营业务收入中利税：烟草制品业最高80.3%、酒、饮料和精制茶制造业次之为13.97%、食品制造业为6.72%、农副食品加工业最低5.56%。从产品销售情况看，全省食品工业出口交货值仅占食品工业产值的2.11%。

企业技术研究开发投入不足。近几年甘肃省食品工业的

R&D 的投入占主营业务收入的比重很低，不到 1%，与国际上通常的投入比例 4% ~ 6%相比，相距甚远。企业研究开发能力薄弱，致使自主开发能力差，技术创新能力低，跟不上市场发展的步伐，企业还未真正成为技术创新和科技投入的主体。

（陈宗礼）

3.28 青海省

【a. 概况】

改革开放的 30 多年来，青海省紧紧抓住西部大开发的战略机遇，认真贯彻落实科学发展观，尤其是以畜牧业、农业、野生资源优势为主的食品工业，形成了一定规模的生产基础，对扩大内需，增加市场供应，满足我省人们日益增长的物质和生活消费需求，保障生活供给，提高人们的生活质量，起到巨大的积极作用。2010 年–2012 年，青海省食品工业得到了快速、持续、良好的发展，结构调整加快，产业结构趋于合理，类型主要是：面粉加工、植物油、乳制品、牛羊肉加工、白酒、啤酒、饮料（含果汁饮料）、矿泉水、动植物类保健品加工、果蔬加工、食用盐、调味品、豆制品加工、水产品、禽蛋加工，焙烤食品、干炒货、土特产、淀粉加工、蜂产品等 22 大类。340 多个品种，共计 3100 多个产品。

1、产业结构趋于合理，青海食品工业以调整产业结构、振兴特色食品工业产业为主旨，以结构调整为主线，以技术创新为动力，大力培育和发展农牧业产品加工为主的食品特色优势产业，不断提升产业聚集度和产业层次，把推动特色消费品产业的发展作为广泛吸纳社会就业、繁荣城乡市场、促进经济增长的重要任务，有利推动了全省食品工业的快速发展。

“十一五”以来，消费品工业所有制结构改革步伐不断加快，形成了以民营企业经济为主、多种所有制共同发展的新格局。通过建立现代企业制度，进一步完善法人治理结构，建立了有效的激励机制，企业的组织结构发生较大变化。利用每年举办“青洽会”，全方位引进“外部资金”，壮大企业实力，扩大企业规模，引进国内有实力的企业，来青海进行投资建设，开发新产品，拓展新市场，从而为发展的新型消费品工业企业创造了良好条件。2010 年，已经进入西宁市经济技术开发区的国内外食品生产企业有 25 户。例如黄河佳酿啤酒有限公司、清华博众生物技术有限公司、旺旺食品有限公司、康师傅矿泉水有限公司、加多宝集团投资建设 20 万吨昆仑山矿泉水，哇哈哈启力饮料有限公司建设保健饮料、小西牛乳业有限公司建设 1 万吨乳酸奶、金三角面业有限公司引进 2 条瑞士布勒面粉生产线等，新型企业的进入，扩大了青海食品工业的生产规模，提高加工水平，关键是引来新的管理机制，创新了管理办法，更新了管理理念，为我省特色消费品产业发展注入了新的活力。同时，一批民营企业迅速成长，在轻工业、医药、食品工业中已具有重要地位。

青海省消费品工业规模以上非公有工业企业 91 户，占全省规模以上消费品工业企业的 88.35%；国有及国有控股的消费品工业企业 8 户，占全省规模以上消费品工业企业的 7.78%。产权结构从“十五”期间后发生了巨大变化。

2、产业规模不断壮大。“十一五”期间，从特色产品研发、市场开拓、基地建设等方面做出了积极的努力。许多具有资源优势的产品加工，如沙棘、枸杞、虫草、精炼油菜籽加工、青稞白酒、野生植物及其加工品等产品已初具规模，在国内市场享有一定的知名度。这些产品的开发，成为我省食品工业新的增长点，为我省食品工业开拓了新的领域，为今后积极开发青海的资源优势产品，打造青海“特色”加“绿色”的产品品牌，为逐步走上规模化生产和经营奠定了良好的基础。

表 1　2011 年 ~ 2012 年食品工业主要产品产量

产品名称	计量单位	2011 年产量	2012 年产量	同比增长(%)
食用植物油	万吨	7.61	11.34	49.01
油料（含油菜籽）	万吨	36.07	52.30	45.00

牛奶	万吨	26.96	28.56	5.93
乳制品	万吨	12.18	15.75	29.31
饮料	千升	105755	116500	10.16
白酒	千升	17055	19178	12.48
啤酒	千升	88700	92200	3.95
原盐	万吨	153	176.98	15.67

经过多年的发展，青海食品工业培育了一批年销售超过1–5亿元以上的骨干企业。例如青海互助青稞酒有限公司、青海可可西里肉食品有限公司、青海绿草源食品有限公司、青海威思顿生物工程有限公司、青海昆仑山矿泉水有限公司、青海天露乳品有限公司、青海小西牛乳品饮料厂、青海清华博众生物有限公司、青海康普生物科技股份有限公司等骨干企业。一批国际国内知名食品企业纷纷在青落户，如加多宝、康师傅、哇哈哈启力饮料、黄河啤酒等在青海建立生产基地，成为本地食品工业发展的重要力量。

3、**发展成果明显**。2011年，全省规模以上消费品工业企业完成工业总产值198.21亿元，同比增长40.1%；现价销售总产值187.78亿元，同比增长41.4%；产销率94.74%，同比略高。食品工业增加值72.30亿元，同比增长32.2%；比全省工业增速17.2个百分点。食品工业结构调整取得明显成效，保持了平稳较快发展的势头，有力拉动了全省工业经济的增长。

2012年，全省共有639家食品生产加工企业，资产总额超过54多亿元，全行业从业人员近3.6万多人。销售总产值从2010年的64亿元增加到2012年近104亿元，增长了3.6倍，年均增长29.19%。工业增加值从2005年的7.8亿元增加到29.85亿元，年均增长30.78%。以特色资源加绿色的食品工业格局成为青海省的特色优势产业，列入青海省经济发展的“十大特色产业”之中。“三资”和“合资”企业发展迅速，已达到26户，实现销售收入28亿元，占27.0%；民营企业（股份合作企业、股份制企业和私营企业）实现销售收入4.5亿元，占23.7%；与2000年相比，国有企业比重降低了近23个百分点，“三资”企业和民营企业分别提高了4.2个百分点和16.8个百分点。

4、**品牌建设进展显著**。“互助”、“天佑德”、“可可西里”、“绿草原”、“青海湖”、“青海青”、“天露”、“小西牛”、“昆仑山”、“三江雪”等品牌，在国内外市场占有一定地位，品牌优势逐步显现，为青海的食品工业发展奠定了坚实的基础。

全省有农畜产品和食品注册商标近300个，其中中国驰名商标8件、省著名商标34件；全省已确定13个国家级农畜产品标准化示范区，认定无公害农产品产地72个，无公害农产品种植面积113多万亩，经过认证的无公害品种91个；有21家企业的58个产品获得中国绿色食品标志；有10家企业的22个产品被通过有机产品认证。

5、**技术进步不断加快**。“十一五”期间，省政府先后出台扶持绿色产业发展的各种政策，加大了资金的投入，这5年来，全省食品行业实施技术改造、科技开发、中小企业发展、农业产业化项目建设、农业综合开发等资金等项目的投资，极大地促进消费品工业的发展，企业技术改造步伐加快，结构调整、产业升级成绩显著。

不少企业积极引进冷冻干燥设备及真空封口机械等技术含量高的食品加工装备，缩短了与国内先进水平的差距，部分领域接近国际先进水平，例如康普德生物制品有限公司的沙棘油采用二氧化碳超临界萃取技术，提高了我们的技术加工和产品研发水平。“十一五”期间，我省医药行业共获得省级科技成果96项、专利112项。其中，20余项成果获得国家和省级奖励。新药研发和传统藏药二次开发取得显著成效，先后研发“珍龙醒脑胶囊”、“安儿宁颗粒”、“藏降脂胶囊”等10多种新产品和5种国家重点产品。

青海互助青稞酒有限公司以科学发展观为统领，生产稳定发展，各项经济指标逐年增长，在国内市场上产生良好的企业形象和经济效益，为地方经济发展做出了巨大贡献。2012年，白酒产量3.86万吨，销售收入10.45亿元，比2008年增长3.2倍，税收总额1.64亿元。2011年该公司股票成功上市，成为青海食品工业第1家上市企业。

在保健品方面，挖掘青藏高原特色动植物资源，充分利用冬虫夏草、沙棘、枸杞、蜂蜜、蜂王浆、花粉、锁阳、红景天、大黄、菊芋、亚麻籽等特有的强身健体、提高机体免疫力功能，开发高原抗缺氧、抗疲劳、抗衰老等方面的保健品。在生物活性从方面，对野生植物资源药理、药效成分充分进行剖析和研究，采用现代提取分离技术对特色植物中的多糖、黄酮类、花青素、胶原蛋白等有有效成分进行提取、分离研究，推动特色产品的技术产业化生产。

6、总量小，总体水平不高，短板明显。青海食品工业基础薄弱，技术改造力度偏小，使得企业规模普遍较小，实力不强，资产总额不大，市场竞争力薄弱，特别是缺乏大型的龙头企业，94 %的企业属于作坊式生产，初级产品多，产业链较短，高科技含量产品少，缺乏高附加值产品，难以形成规模效应，抗风险能力不弱。

农产品和畜产品生产资源性矛盾较为突出产业分布不均。例如：湟中县油菜籽生产厂家数量多，企业生产规模较小，仅多巴镇大大小小的加工企业就有 46 家，生产能力远远超过资源。又如马铃薯加工，全省已建设了 6 家生产企业，淀粉加工企业先后建设了 5 家，加上各地乡村的小型家庭作坊，进行加工一些淀粉、粉条等产品，使马铃薯资源日趋短缺，价格节节盘升，企业加工原料不能得到保障。

【b. 省食协主要工作】

1、加强职工队伍建设，培养优良工作作风。使省食协全体职工以执着的精神对待事业，专于业务，兢兢业业工作，勤勤恳恳办事。

2、完成《青海省食品工业“十二五”发展规划》的编制。

3、大力推进食品生产企业食品安全建设。2011 年 6 月，选择 15 户重点企业作为试点，在“青海省食品安全工作大会”上向全社会进行公开承诺，健全各项自律性管理制度，规范行业行为，树立良好的行业形象，得到社会的高度评价。

2012 年 6 月 14 日，组织 20 多户企业在西宁中心广场开展了“讲信誉、保质量、树新风”为主题的宣传日活动，安排展板 15 块，发放宣传资料 15000 份。

4、协助做好玉树灾后重建工作。2010 年玉树了生 4.12 地震发生后，积极与有关食品饮料生产企业联系，动员企业以抗震救灾为工作重点，尽最大努力开足马力全力生产救灾食品和饮料。省食协还抽调了 3 名同志到省经委支援玉树灾后重建建材办公室工作。董继忠同志认真负责，克服家庭困难，带病坚持工作在玉树一线，被评为全省玉树抗震救灾先进工作者。

5、认真做好我省婴幼儿奶粉事件患儿赔偿后续核实与赔偿工作。2012 年，通过省食协、公安厅户籍网站和各地派出所对 331 名未赔付婴幼儿进行新一轮重新查找与核实。

6、努力做好中国（青海）国际清真食品及用品展览会的项目洽谈和组织工作。按照省政府的部署和清真食品及用品展览会组委会的安排，2010 年、2011 年、2012 年中国（青海）国际清真食品及用品展览会先后在西宁国际展览中心举行。省食协的主要工作包括：认真筛选招商项目；组织青海、甘肃、陕西、宁夏、新疆等省区的重点企业相关负责人参加信息发布和投资洽谈活动；邀请国内各省市食协（食品办）组团参会；接待境外商务组织、投资商、参展商来青参加先后接待马来西亚、伊朗、土耳其、印度尼西亚、新加坡等伊斯兰国家和澳门、香港等客人 7 批 52 人次。

7、协助省质监局、省工商局和各州、地经（商）委对省内乳制品企业进行现场审核，一共检查 18 户企业，首批重新获得生产许可证的乳制品企业 7 户；2011 年、2012 年又进行核查，新颁 5 户，一共达到 12 户。

8、认真开展食品工业诚信体系建设，全面落实食品安全责任。2012 年，为企业组织了 15 次学习培训，系统掌握诚信体系建设知识，增强企业人员诚信意识，树立诚信为本的理念。2012 年完成 15 家企业评价工作。

9、围绕青海食品工业的发展情况加强调研工作。

10、完善信息统计工作。认真完成了中国食品工业协会关于食品重点企业统计信息报送工作。2010 年–2012 年完成“食品与包装信息”内部刊物 12 期，发布产业政策、行业信息、企业动态、青海食品等信息 230 条，其中报送到省经委综合处 15 篇，采用 8 篇。

（邵定宁）

第四部分

附　录

4. 1 重点企业介绍

利乐公司—液态食品行业的护航者

利乐公司于 1952 年成立于瑞典，创新性地推出了一种耗材最少、卫生水平最高的牛奶包装——利乐四面体纸包装，并成为当时最先为液态奶提供纸质包装的公司之一。通过在竞争中不断进步和创新，利乐已经发展成为向牛奶、果汁、饮料和许多其它产品提供整套包装系统的大型供应商。1991 年，利乐的业务延伸至液态食品加工设备、厂房工程及干酪生产设备。

截至 2013 年，利乐在全球共有 36 家销售公司，40 家包材生产厂，6 家包装系统组装厂。公司拥有两万多名员工，产品行销 170 多个国家。2013 年，利乐共生产了 1784 亿件包装，为全球消费者提供了 779 亿公升的液态食品产品。今天，利乐在中国市场的累计投资已达 37.65 亿元人民币，拥有员工 1900 多名，在上海、北京和香港等主要城市设立了 10 余个分支机构，并建立了遍布全国的分销网络，在北京、佛山、昆山、呼和浩特开设了世界级的包材生产厂，满足甚至超越中国客户的需求。利乐在不断加大投资力度的同时，也将世界最先进的包装技术和理念引入中国市场，利乐中国技术研发及生产中心和利乐中国饮料研发中心先后落户北京和上海，带来了凝聚全球智慧、整合业界资源的尖端技术支持，让更多方便、安全的液态食品走进了亿万中国人的生活。

利乐公司作为全球领先的液态食品加工与包装系统供应商，在超高温灭菌（UHT）技术和无菌包装系统方面拥有雄厚实力，在产业生态系统中居于技术主导型和技术推动型企业的位置。在六十多年的发展历程中，利乐秉承“三位一体”的可持续发展观，即追求经济稳定增长、环境妥善治理和有效的社会贡献，并致力于推动液态食品行业产业链的整体和谐发展，这既是利乐公司对社会的回馈，也和利乐着眼于长期发展的业务目标相一致。

自 1979 年进入中国市场以来，利乐一直信奉“与中国客户共同成长”的经营理念，致力于贯彻“确保安全的食品在任何地方皆举手可得”的使命，不断将先进的技术设备和完善的配套服务引进中国。作为中国液态食品行业的成员之一，利乐不仅积极发挥自身在技术、资本、经验等方面的优势，而且利用其经营理念与社会责任管理体系，对整个产业链起到拉动、示范和辐射的作用，为液态食品行业的健康发展保驾护航。

共发展，服务亿万消费者

从 1970 年代开始，利乐与中国紧密联系在了一起。1972 年，尼克松访华，中国紧闭的大门有迹象打开。利乐公司创始人劳辛家族第二代传人格•劳辛博士，借着一次北京召开的瑞典工业展览会展出了利乐当时最先进的包装设备。1979 年，改革开放的大幕徐徐拉开，利乐在中国的第一条灌装线终于在广东罐头厂投产，产品是 250 毫升利乐砖无菌包装的“鲜宝”牌菊花茶，这也是中国市场上第一款无菌包装的饮料。作为第一批进入中国的外资企业，利乐参与并见证了中国液态食品行业的发展与腾飞。值得玩味的是，利乐的诞生地瑞典，也是建国之初第一个与新中国建交的西方国家。

因地制宜、顺势而为成为利乐参与中国食品工业发展的基本原则，而贯穿利乐发展始终的则是“与中国共同发展”的理念以及“保护好品质”的承诺。以乳业为例，中国的奶源地主要分布在北方，而主要消费区域却集中在东南沿海以及经济比较发达的大城市，最长运输距离超过 3,500 公里。如何克服冷链限制，跨越长途运输，让更多的人品尝到安全、营养的优质奶产品，成为 1990 年代中国奶业最紧迫的议程。

如今，人们在三亚的海风中都可以随时喝到来自内蒙古大草原的优质牛奶，能够为提升消费者的生活品质，在生活方式的变革中有所贡献，利乐与有荣焉。

几十年来，利乐一直是中国液态食品发展的积极参与者。早在自 20 世纪 80 年代，利乐就陆续与乳品企业、行业协会以及政府有关部门牵手，为中国乳品工业培养人才。1984 年，利乐携手姐妹公司利拉伐，支持成立“中国–瑞典北京奶业培训产品开发中心”，成为改革开放以来建立的第一个奶业培训和产品研发机构。从 2001 年起，为配合乳品企业进一步发展，提升管理水平和市场能力，利乐与中国乳制品工业协会、中国奶业协会共同组织了五期“乳业之星”高级管理培训班，邀请来自全国大中乳品企业的管理人员参加。2004 年以来，利乐与客户先后成立了“伊利利乐管理学院”、“利乐麦趣尔管理学院”、“利乐旺旺管理学院”等，为客户提供更多量身定制的培训和服务。

2009 年，中国乳制品总产量增长到 3781.5 万吨，列世界第三（第一位印度，9460 万吨，第二位美国，8260 万吨）；乳制品的人均占有量达到 28.3 千克，乳业真正成为了一个惠及 13 亿人口的产业。同时涌现出一批技术先进、实力雄厚、网络遍布全国的大型乳品企业。（数据来源：中国乳制品工业协会）中国乳制品工业协会会长宋昆冈认为，“无菌灌装技术使我国乳品工业产品结构调整的步伐加快，同时缓解了我国奶源南北分布不平衡的矛盾。利乐无菌包装的引入，无疑可视为中国乳业 20 年发展历程的重要分水岭。”

如今利乐的包装形式已经从最初单一的四面体，发展成利乐砖、利乐钻、利乐枕、利乐冠等形状各异的纸包装，它们已经成为我们日常生活的一部分；由它们盛装的各种食品，尤其是液态食品，如牛奶、果汁、饮料等，超越了时间的限制，跨越了空间的阻隔，方便安全，无处不在，举手可得。

负责任，促进产业链可持续发展

除了积极支持中国液态食品行业的发展，促进技术进步、优化产品结构和提高管理水平，利乐还不遗余力的推动产业链上下游的建设，上至帮助牧场提高经营管理能力、提高原奶质量；下至开展饮奶教育，支持国家学生饮用奶计划等等。同时，利乐还积极推动建立一个绿色包装产业链，倡导可持续森林管理，支持废弃包装回收再利用，开发可持续产品，力争实现全产业链减排的目标。

奶源兴则乳业兴，除了在乳品加工和包装环节发挥作用之外，利乐还积极促进奶牛养殖业与畜牧业发展，对产业上游起到了拉动作用。2003 年，利乐支持农业部和国家“学生饮用奶计划”部际协调小组办公室正式启动“学生奶奶源升级计划”（即“白雪计划”），目标为“培育一批样板牧场，培养一批技术骨干，建立一套技术规范”。在利乐支持下，到 2013 年底，193 家“学生奶奶源升级计划示范基地”原奶质量已经达到甚至超过了欧盟标准。

2008 年 1 月，为了更加系统化、长期化地支持奶源建设，促进原奶生产与管理水平的提高，利乐又启动了范围更广、力度更大的“利乐原奶支持项目”。该项目包括三大内容：与中国人民大学农业与农村发展学院共同成立“人大–利乐奶业研究中心”，研究适合中国国情的原奶生产发展模式；开展中国奶业强市（县）基层干部培训，让管奶的干部懂奶业；支持中国奶业协会实施“奶农学校”项目，让奶农更好地掌握科学技术，提高饲养水平。到 2011 年底，“人大–利乐奶业研究中心”已经在全国建立了 10 个研究基地，连续三年发布深度研究报告；对基层干部的培训则覆盖了 30 多个奶业县，160 多个干部参加了培训；“奶农学校”则使近 20 个省的 9000 多名奶农接受了专家的培训，而与中央电视台农业科技频道联合录制的培训视频节目则覆盖了超过 4800 万观众。

从传统上说，中国消费者没有饮奶习惯。然而牛奶的丰富营养正是人们健康生活所需。利乐多年来持续宣传科学饮奶知识，开展培养消费者的饮奶习惯的活动，其中之一就是推动实施“学生饮用奶”计划。这是政府倡导的、由经过认证的定点生产企业直接向学校提供的让学生在课间饮用的牛奶。利乐公司深信这是增强儿童体质，促进乳业进步，拉动产业发展的、既利民又利国的好项目，因此早在 1992 年朱镕基访问瑞典时，利乐公司格•劳辛博士就积极提出了有关学生奶的许多建议，从此利乐公司全力投入和支持中国学生饮用奶计划，为中国政府定下的“安全、营养、方便、廉价”的高标准提供了技术保障。在多方支持下，到 2013 年

底，学生奶项目日供奶量接近 2000 万份，学生饮用奶的覆盖范围已经开始由大中城市向中小城市推广，并与“农村义务教育学生营养改善计划”有效结合，为更多农村学生提供安全、丰富的营养食品。

同时，面对不断恶化的自然环境、越来越严格的政府监管、以及不断提高的消费者要求，2011 年利乐将“追求卓越环保绩效”上升为公司四大核心战略之一，其中最重要的指标就是希望到 2020 年将全产业链的碳排放保持在 2010 年的水平。也就是说利乐将相关的原材料采购以及包材生产、物流运输、加工灌装、和消费后包装的回收再利用，全面纳入碳减排考核中，力求推动打造一条绿色产业链。

为此，利乐于 2007 年率先在业内推出 FSC®（森林管理委员会）认证包装，确保采购纸板来自负责任管理的森林，以实际行动保护森林资源。2013 年，利乐包装中 FSC 认证包装的比例由 2012 年的 38%增加到 41%，共计 320 亿个带有 FSC 认证标志的利乐包装送到了消费者手中，其中有近 44 亿个 FSC 认证包装在中国市场投放。利乐还积极致力于开发基于 100%可再生原材料的包装。从 2011 年开始，利乐公司就与美洲最大的热塑性树脂生产商 Braskem 合作，采用由甘蔗提取衍生物制作的生物质高密度聚乙烯（HDPE）为原料，推出多款生物质塑料开盖。2013 年，全球范围内使用生物质塑料开盖的利乐包装已达到 11 亿包。2013 年中旬，利乐还宣布以其巴西工厂作为试点，全面使用以甘蔗为原料的生物质低密度聚乙烯（LDPE）生产包材，将其包装原材料中可再生资源的比率提高到 82%。这标志着利乐公司向实现“包装 100%使用可再生原材料”的目标又迈出了里程碑意义的一步。

利乐不仅在自身生产中严格执行“世界级制造”（WCM）体系，控制温室气体排放，而且推出了一系列创新的加工设备和技术服务，如“一步法”技术（OneStep technology）、Tetra Alcross® RO Lite 乳清过滤系统、Tetra Vertico®新一代热交换器等，协助客户减轻碳足迹。利乐还为客户量身打造了工厂优化咨询服务，通过加工设备部工厂优化的专家团队，为客户提供包括工艺、清洗、设备、能源、环境以及整厂优化在内的一系列咨询服务，进一步推动绿色产业链的建设。

长期以来，利乐中国还一直积极支持消费后利乐包装的循环再利用，推动完善中国的垃圾分类和回收体系。从 1998 年开始，利乐中国就有了专门的环保团队负责牛奶饮料纸包装的循环再利用研发和推广工作，推动建设消费后牛奶饮料纸包装的再生利用体系。目前，北京、上海、杭州、深圳、山东等地陆续出现了近十家循环再利用企业，一条覆盖华北、华东、华南的回收再利用产业链已经初步形成。在利乐公司和相关政府机构以及合作伙伴的共同努力下，2013 年中国牛奶饮料纸包装的回收总量增至 13.9 万吨，意味着约有 170 亿个 250ml 标准利乐包装得到了有效回收利用。

重创新，助推行业转型升级

站在历史和时代的视角考察问题，任何创新都源自时代所赋予的灵感。利乐创始人鲁宾 · 劳辛博士曾说：“一家公司的生存，依赖其不断创新。”而利乐的发展历程也完全可以用“始于创新、成于创新”来总结。

创业之初的 1950 年代，面对战后资源紧缺、消费需求增长的背景，利乐创新性地推出了一种耗材少、卫生水平高的牛奶包装——利乐四面体纸包装，成为当时最先为液态牛奶提供纸质包装的公司之一。

上世纪 60 年代，利乐首创了无菌灌装技术，使液态食品更好地保留了色泽、质地、自然风味和营养价值，从而带动了液态食品工业的升级和结构变革，因此后来被美国食品工艺研究所评价为“50 年来食品科学中最重要的成果”。

六十多年来，创新文化已经融入利乐的企业基因。为了更好地满足客户与消费者需求，利乐不断推陈出新，提升自身的差异化竞争能力。公司每年将年销售额的约 4%用于研发，在全球创立了 11 个研发中心。如今，利乐公司在液态及半流质食品的包装和加工领域拥有 5100 多个单项专利。

作为系统供应商，利乐除了提供多种类别、多种规格的包材，还提供食品加工和灌装设备，以及相关的各种技术服务。目前，利乐在中国不仅建立了遍布全国的客户服务网络，而且依托在上海浦东的加工设备系统中心，利乐陆续建设了中国技术研发及生产中心、自动化中心、饮料产品研发中心、以及包装创新中心，助推液态食品行业的技术进步和市场创新。

2010 年 4 月，顺应中国液态食品行业的快速发展，利乐在整合原有技术和服务部门的基础上，在上海浦东成立了“利乐中国技术研发及生产中心”。依托全球优势资源，为中国客户提供更优质的一站式服务和技术支持。 该中心是一座集设备生产和销售、技术支持、本地采购、备件管理、产品研发、技术培训于一体的技术基地，主要包括了加工设备系统中心、技术服务、发展与工程、包装设备供应链管理、亚太零配件配销中心等业务部门，为客户提供从售前咨询至售后支持的一站式服务。随着该中心的顺利运行，2010 年 12 月，利乐全球的第一个多功能自动化中心——利乐自动化中心也在此落户，配置了先进的软硬件设施，成为集远程实时技术支持、多重程序测试、自动化培训与 3D 自动化展示等四大功能于一身的全方位自动化控制服务基地。

2011 年 11 月，利乐中国饮料产品研发中心也在浦东正式开幕，致力于为乳品饮料企业提供饮料产品研发服务，降低其研发成本，缩短研发周期，以应对乳品饮料市场日益多元的需求。饮料产品研发中心将为客户提供更具性价比的研发和生产测试解决方案，减少因原材料选择、配方优化、口感测试、生产线产能损耗等产生的成本支出，为客户提供更加贴近在地研发需求的顶级智囊支持。该中心的所有设备均经过相关机构的严格测试与验证，执行业内最严苛的生产工艺和质量标准，确保客户可以便捷的将开发成果转化为安全可靠的商业化生产，大大加快了客户从萌生概念直至产品上市的研发速度，使得产品开发更具成本效益。通过使用先进的萃取、混合、添加及灌装等加工设备，中心可实现从乳品、饮料产品配方测试直至成品灌装的全套工序，能够为客户提供新产品及新工艺开发，新产品配方制定及概念发展，新产品加工工艺优化和加工设备优选，新产品包装方案创新，新产品消费者测试及市场评估等相关服务，从而全方位满足不同客户的多种产品需求。

2012 年 3 月，在德国举办的国际食品技术博览会上，利乐公司展示了一系列业界领先的全新技术和理念。从 iLine XT 全厂集成解决方案、电子束（eBeam）非接触式杀菌系统，到超高速（Hyperspeed）灌装机理念、直觉控制软件等，每项创新都对液态食品包装行业具有里程碑的意义。

随着经济的发展与社会的进步，人们的生活方式和消费观念也发生了翻天覆地的变化，消费者对于产品的需求也正在向多样化、个性化和审美化的方向发展。这就要求企业持续创新，始终向消费者提供具有竞争力的产品。利乐也一直在包装和开盖产品上锐意创新，从最初的三角包、利乐枕、利乐砖，到利乐钻、利乐屏、利乐峰、利乐晶、利乐威……这些繁花似锦的包装，开创了液态食品常温包装领域的先河，不仅提供新颖的外观形式，而且满足细致入微的功能需求，给人们带来安全、便捷和全新感受。

消费者需求一直是利乐创新设计的核心，利乐总部专门设有前端设计部门，在产品研发的前期就充分将消费者需求纳入创新。以 2012 年在斯堪的纳维亚包装博览会上折桂的梦幻盖（DreamCap™）为例，在研发前期，利乐的研发人员就在伦敦、米兰、纽约和上海等四个兼顾多元文化、代表风尚潮流的国际大都市进行了消费者调研。调研发现，伴随着城市化浪潮和中产阶级崛起，新型交通、通讯工具正改变着城市的发展进程——消费者生活半径持续扩大、生活节奏不断加快，享用饮品的时间、场所与方式也随之改变。伴随这一趋势，便利店型现代零售渠道遍布交通热点周边，“在途饮用”渐成年轻消费者首选。当“在途饮用”逐渐固化为消费习惯时，也对饮品的饮用触感、倾倒效果提出了进一步要求。

同时设计团队还邀请消费者进入“消费者观察室”，全方位体验备选包装方案的外观、尺寸、便利性等。利乐研发工程师还深入地铁等在途饮用场合，进行包装的倾倒与开合实验，从而发掘最具人性化的开盖形式。这些精心之举最大限度地实现了梦幻盖设计的人性化，提供了出色的纸包装饮料饮用体验。梦幻盖全面融合人体工程学理念。其开盖高度、开口半径以及与唇部的接触脊线，均保证了与消费者面部和嘴唇的完美贴合，让消费者能够随心所欲的在途畅饮，并能更好地控制饮料的入唇流速，提供了绝佳的饮用体验。

更富创意的产品设计要数利乐屏®无菌包装（Tetra Evero Aseptic®）。作为世界首款无菌牛奶纸瓶包装，无菌利乐屏的瓶型设计充满巧思且富有热情，突破了传统无菌包装的盒状造型，包装侧面扁平的圆柱形设计采用了人体工程学理念，更贴合手型，便于各类消费者握持、倾倒，并且在食品保护和低碳环保方面表现出色。瓶型设计通体均可印刷，提供了更具视觉表现力和冲击力的展示空间，有助于客户提升品牌

影响力，吸引消费者的注意。并且在可分离冠型利乐屏无菌包装的纸质瓶身上添加穿孔，方便消费者将塑料瓶冠部分与瓶身相分离，这一简单明了的拆分动作，利于消费后包装的拆解和分类回收，进一步提升了包装的环保性。在不增加成本的前提下，这一包装创新可帮助客户满足消费者对回收便利性的需求，使其在竞争激烈的市场上强化其品牌的环保形象。开发团队甚至将航空航天领域的计算流体动力学引入包装设计，还第一次在无菌包装上实现直接注塑成型工艺。难怪这款包装 2014 年在德国慕尼黑荣膺素有“国际工业设计奥斯卡”之称的 iF 设计大奖。

而另外一款 1 升装利乐峰无菌包装（Tetra Brik® Aseptic 1000 Edge），则凭借其造型独特、设计立体和低碳环保等综合优势，荣获 2014 年“世界之星”包装设计大奖。基于利乐旗下应用最广泛的包装——利乐砖，利乐峰无菌包装在其独特的倾斜顶面搭配了 30 毫米轻巧盖（LightCap™ 30），不仅能够在琳琅满目的同类商品中脱颖而出，而且显著提高了消费者的倾倒体验。此外，利乐峰无菌包装还具有突出的成本优势、强大的堆放能力和环保再生性能，适合牛奶、果汁、饮料和无泡饮品等多种液态食品的分销。自 2011 年上市以来，利乐峰已赢得全球 25 个国家 50 多个乳品和果汁企业客户的青睐。

共发展、负责任、重创新是利乐的经营之道，也是利乐基业长青的制胜法宝。中国液态食品行业经过多年的发展，已经逐步走向成熟与稳定，未来将面临更多产业升级和市场细分的压力。利乐将继续携手行业伙伴，推动产业链的可持续发展，满足消费者日益提升的需求，为中国液态食品行业的发展乃至中国经济的转型做出自己的贡献。

施耐德电气（中国）有限公司品

信息化与工业化融合助力食品饮料企业节能增效　何晓柯　王文亮　杨宽

“十二五”时期，我国食品饮料工业发展处于战略机遇期，既存在继续保持快速发展的重大机遇，也面临加快转变发展方式、节能降耗、保证食品安全等重大挑战和压力。

与此同时，工业与信息化部提出以信息化带动工业化，以工业化促进信息化。通过信息化与工业化的融合，针对国际产业竞争日趋激烈，企业核心竞争力不足的问题，提高企业生产效率、促进企业管理优化，从而推动企业升级转型；面向企业资源环境约束强化、要素成本上升的困境，细化企业能源消耗、优化企业能源管理，直至实现企业可持续发展。

《食品工业十二五发展规划》中指出我国食品工业能耗与污染物排放仍然较高，并明确要求：到 2015 年，食品工业单位国内生产总值二氧化碳排放减少 17 %以上，能耗降低 16 %。食品工业节能减排任务艰巨。降低食品饮料制造企业的能源消耗成本，不仅能够提高企业经济效益，同时也是实现节能减排的社会责任。

作为全球能效管理专家，提出了能效管理的五个步骤：第一步是使能源消耗可视化；第二步是找到可以进行改进的地方；第三步是定义具体的步骤和管理行为来完成节能降耗的需求；第四步是通过优化控制流程及体系建设来实现节能降耗；第五步是持续监管整个过程的运行状况，并开始下一个循环，进行持续改进。

施耐德电气 EcoStruxure 管理平台能够实现从一个工厂到整个集团的所有能效管理工作。该平台覆盖能源管理所涉及到的五个领域：电力管理；过程与机器管理；楼宇管理；安防管理以及信息机房管理。使得每个工厂可以一目了然地了解自身的能耗状态和漏洞，及时有针对性地改善能源利用，获得不断降低的能耗指数以及持续改进的生产效率，从而提高整体利润率。

施耐德电气在自己的 140 个工厂和办公楼里都安装了 EcoStruxure™ 管理平台，以验证节能效果。结果非常振奋人心，比如：施耐德电气巴黎总部的单位能耗从 2008 年到现在已经降低了 75%，从 320 千瓦时/年/平方米降低到 78 千瓦时/年/平方米；我们在美国的一个工厂，从 2004 年到现在，电能消耗降低了 40%，而产能增加了 2.5 倍；我们在巴西的一个工厂，从 2010 年到现在，能耗也降低了 75%。

同时，面对趋于白热化的食品饮料市场竞争，原材料价格持续上涨，人工成本不断提高，消费者忠诚度降低， 企业必须持续不断地提升其运营管理的效率，快速研发和制造新产品。卓越运营和柔性生产在企业管理与战略决策中越发重要。

EcoStruxure™管理平台在系统中内嵌了生产管理工具，采集生产设备的运营数据，故障状态，结合ERP订单系统，来分析运营效率及人员效率。通过分析工具和报表系统，针对关键问题制定持续改进措施，不断优化管理流程。同时结合统一的协同自动化平台，整合过程自动化与包装自动化，满足了快速批次切换和柔性批次生产。

一个著名的饮料生产企业，在一个车间的4条包装线上采用了EcoStruxure™卓越制造管理模块，通过自动数据采集，分析，跟踪并生成关键报表,实现了动态的生产状态监视与实时报警，协助管理设备OEE，在线质量，成本分析及能源数据统计。并按照工厂4种不同级别的管理层，从操作工到工厂厂长，定义了55项KPI指标，通过数据分析持续帮助客户改进。最终该工厂提高了1–3%的整体运营效率，投资回报率达到64%，在7个月内回收了成本，成为集团内精益生产的标杆。此外，融合工业化与信息化的EcoStruxure™管理平台还能为食品安全保驾护航。为了确保食品饮料质量安全，EcoStruxure™采用多种安全手段对生产过程进行全程可视化监控和管理。比如在生产线上配备自动化控制与生产监控系统，保障生产流程符合食品安全法规；整个生产过程采用门禁安全系统与视频监控系统，杜绝人为因素对食品安全造成的干扰。并且，从源头的原材料采购、运输，到生产过程，以及分销、运输，甚至终端的销售，施耐德电气为整个流程建立了一套完整的信息化系统，企业可对每一个产品追溯其批次、来源、品种等具体信息，使其有据可查，便于及时纠正纰漏，减少食品安全问题的发生，也为企业树立了良好的社会形象；消费者也能够清楚地了解自己所购买产品的原材料及生产细节，对食品质量安全更加放心。

食品饮料制造企业的运营管理十分复杂且面临诸多挑战。通过信息化和工业化的融合，EcoStruxure™管理平台为食品饮料企业打造可视化全价值链管理工具，帮助企业节能增效，迈向卓越运营、精益能效及可持续发展的世界级制造工厂。

奥瑞金包装股份有限公司

向“大包装”方向前进

经过二十年的不断发展，奥瑞金包装股份有限公司（下文简称“奥瑞金”）凭借技术创新，管理创新，商业模式创新赢得了食品、饮料等行业众多大品牌客户的青睐，使企业获得了高速的发展，并已成功上市。目前，奥瑞金无论是产业规模，还是技术水平，都处于行业领先地位，为中国包装行业的发展与进步做出了巨大贡献。

来到奥瑞金北京工厂，记者看到的不仅仅是花园式的厂区，现代化的厂房，世界最先进的生产设备，更有一位位洋溢着喜悦与自豪的奥瑞金人。

作为一名奥瑞金人，他们为奥瑞金的发展壮大感到喜悦，更因奥瑞金中国金属包装行业领军人的地位感到自豪，上至管理人员，下至普通工人，愈发地自信。

据了解，2012年时，奥瑞金的营业收入还是35亿元，到2013年，仅初步统计就已达46亿元。

经过近20年的发展，奥瑞金已在国内外建起了二十余家工厂，有充足的产能、雄厚的技术，主要客户红牛、加多宝、旺旺、两乐（可口可乐、百事可乐）、青岛啤酒、雪花啤酒等大品牌的业务增长迅速，对金属罐的需求量增大。“客户的业务增长了，我们的业务也会跟着增长，这是显而易见的。”公司负责人说道。

当然，要赢得众多大品牌客户的青睐并不容易。

奥瑞金靠的是什么？这位负责人表示，优势还是很多的，比如奥瑞金领先的技术，完善的管理以及开创性的商业模式等。

“三片罐”起家，凭借技术优势获得大品牌客户青睐

奥瑞金成立于1994年，以金属包装中的“三片罐”起家，后来又发展了“两片罐”等多种系列的产品。在奥瑞金成立时，用“三片罐”的大品牌很多，红牛就是最典型的产品。

在奥瑞金成立之前，国内金属包装行业整体技术水平不高，要想赢得红牛等大品牌的信赖并不容易。由于红牛公司对产品质量要求很高，饮料罐也不例外。当时国内生产的饮料三片罐，是将裁成指定尺寸的镀锡薄钢板（简称“马口铁”）弯曲成圆筒后，用焊机设备将边缝焊接，之后焊缝不再做任何处理。这样的三片罐在储存饮料一段时间后，焊缝处极易生锈，从而影响饮料的品质。对于红牛公司来说，这种缺陷

是不可接受的。他们要求饮料三片罐生产商对焊缝处进行防护，但那时国内企业并没有这种技术和设备。

就是这个时候，奥瑞金抓住了商机，斥巨资从瑞士引进了用于饮料三片罐焊缝处理的粉末喷涂机和防锈粉末。经过反复试验，终于成功生产出符合红牛要求的饮料三片罐，从此开始了为这家全球闻名的饮料企业生产包装罐的历程，并逐渐成为了它最主要的供应商。

但奥瑞金并不就此满足，在此基础上通过技术研发，又创新应用了仿瓷涂料和粉末补涂工艺，既增加了食品的安全系数，也成就了奥瑞金"绿色包装"的目标。

开发高性价比材质，闯出食品、饮料金属罐新市场

奥瑞金又一个具有重要创新意义的技术成果就是"DR材"的开发应用。

这种材质最大特点就是薄，能减少对金属材质的用量，在降低产品成本的同时却不降低品质。

据悉，奥瑞金从2000年时就开始着手开发这种材质。当时最大的动机，就是想抢占蕃茄酱金属罐市场。

那时，国内番茄酱加工企业只是将番茄酱装在大的容器里出口，再由国外厂商分装进不同规格的小瓶或小罐，以便销售。为了减少中间环节以获取更高的利润，国内番茄酱企业开始推出小包装的番茄酱产品，这就催生了与之对应的番茄酱包装罐市场。

不过这个市场不是轻易能获得的，必须要有拿得出手，能得到客户信赖的金属包装罐。为此，奥瑞金经过充分的市场调研后，发现"DR材"是个不错的选择，用这种材质生产的金属罐，罐身材料的用量比普通罐减少了25–30%，而且材质经过两次冷轧，能保证其硬度、强度等主要指标。

"DR材的应用，不仅节约了我们的成本，同时也节约了客户的成本，因此一研发出来就很受青睐。"这位负责人说，"我们以这种材质的优势拓展番茄酱金属罐市场，效果自然不会差。"

与此同时，奥瑞金不仅是国内第一家用"DR材"做食品罐的企业，也是第一家用其做饮料罐的企业。后来，通过这种材质的优势，奥瑞金又成功地获得了露露等大品牌的订单。

研发5升金属啤酒桶填补亚洲空白

很多人爱喝啤酒，在啤酒文化较为发达的一些国家，经常会用到5升便携式啤酒桶。在国内，很多啤酒企业也有这种需求，但由于技术等原因，很长一段时间内都没有企业能生产这种啤酒桶。

后来，奥瑞金发现了这一商机，于是决定研发5升啤酒桶。

经过考察，奥瑞金斥资向德国企业购置了专用设备，并派遣技术人员赴德学习制造技术。2006年，奥瑞金成功研制出5升啤酒桶。该产品共获得6项国家专利，填补了中国乃至亚洲啤酒新型包装领域的空白。

2008年亚洲包装展览会上，奥瑞金研制的5升啤酒桶获得了展会金奖。该产品的推广不仅增强了企业的竞争力，也推动了我国金属制罐技术的发展。

这种自主研发的5升啤酒桶，同时也使中国的啤酒酿造企业有可能推出面向高端市场的产品，而不再承担进口啤酒桶的高昂成本。目前，奥瑞金每年生产的5升金属啤酒桶有几十万只，较好的满足了啤酒企业的需求。

不断推进金属制罐工艺升级

多年的市场打拼让奥瑞金明白，企业要想获得持续的发展，必须要有过硬的产品，要有不断推陈出新的技术。因此，奥瑞金每年在新产品、新技术、新工艺的研发方面都保持着很高的投入。比如近年来，企业就致力于研发"覆膜铁"的工艺技术。

所谓"覆膜铁"，简单说就是把塑料膜和金属板通过高温热压，将膜贴在金属板上的加工技术。

这种技术诞生于日本，奥瑞金在吸收其精华的基础上，不断进行研究升级，形成了自己独具特色的技术工艺。

据介绍，这种技术使得生产的金属罐相比同类产品更具优势。首先是更环保，比如它没有涂料涂布过程中产生的挥发性物质，不会带来空气的污染；另外，这种工艺生产的金属罐耐腐蚀性更强，像一些高盐、高酸的食品或饮料都不会对其造成影响，因此应用范围非常广；再次，运用这种工艺，生产加工更简便，成本更低，而且不会因为有涂料残留等给罐装的食品或饮料带来安全隐患。

据了解，这种技术工艺目前已在金属罐产品中得到应用，开始进行中小批量的试生产。从业界及客户的反馈，都非常看好其前景，认为它有望引领未来金属包装的技术潮流。

奥瑞金在技术研发方面可谓硕果累累，据了解，目前企业已获30多项专利。2012年还获得了知名国际组织颁发的样罐类金奖和两片食品罐银奖。由于始终在技术方面处于行业领先地位，奥瑞金也因此受益多多，不仅赢得了食品、饮料等行业大品牌客户的青睐，更受到业界的高度赞誉，两次被国际包装组织评为"年度最佳制罐公司"，连续获得"高新技术企业”和“技术进步企业”等荣誉称号。

打造“制造+服务”的商业新模式

“奥瑞金从来不认为自己只是单纯的金属包装供应商，从来不认为自己与上游原材料供应商和下游客户之间仅仅是简单的买卖关系。”这位负责人说，“我们与上游的供应商和下游的客户之间，确切的说更是一种战略合作关系。”

对于上游的供应商，奥瑞金与上海宝钢签订了战略合作协议，共同促成了“DR材”的研发应用，既节约了企业的生产成本，为客户创造了更多的价值，也为国家节约了资源。

而对下游的客户，则不仅提供金属罐的包装产品，更提供多样的服务。比如奥瑞金在与加多宝的合作中，就不仅供应金属罐，还可以根据加多宝的配方，由关联企业提供饮料的灌装服务。

奥瑞金与主要客户如红牛等几乎比邻而居，在物流方面节约了大量的成本，而且对客户的需求能够做到更快速的反应，更周到的服务。这样的合作，早已超越了简单的买卖关系。

“我们现在对于客户，不仅提供金属包装产品，也提供包装设计、印刷、制造及其他服务等为一体的综合包装解决方案。”这样就形成了一种‘制造+服务’的新型商业模式。”这位负责人说。

完善管理，优化自身实力

奥瑞金的快速发展，逐渐彰显出管理优化的重要性。

为了更好的完善企业人员管理，生产管理，现场管理等，奥瑞金引入精益生产管理，对企业的发展保驾护航。同时，建立ERP系统，更加有力的整合奥瑞金分（子）公司的资源。为了加强人员技能、管理水平的提高，奥瑞金每年安排大批员工前往设备厂商，上下游企业以及专业管理培训学校进行学习、深造。

正是由于奥瑞金一系列的管理创新，使其在不断发展、壮大的过程中，愈发显得游刃有余。

向“大包装”进军

奥瑞金的业务以金属包装为主，但企业却有更为宏大的理想——向“大包装”挺进。即在立足现有金属包装的基础上，研发生产更多的产品系列，扩宽奥瑞金产品的应用领域。

奥瑞金的“大包装”也指业务范畴的扩大，即除了研发生产产品，也为客户提供包装的设计、印刷及其他业务的综合解决方案，提供“打包式”的全方位服务。随着企业的上市，资本实力的增厚，在向“大包装”挺进的道路上，奥瑞金的步伐会迈得越来越快。

雄县旭日纸塑包装有限公司

“旭日”七层共挤高阴隔包装为食品安全保驾护航

位于“旅游胜地、华北明珠”白洋淀畔的雄县旭日纸塑包装有限公司，多年来一直致力于七层共挤高阻隔材料的开发、研究和生产，专业生产七层共挤高阻隔真空膜、高温蒸煮膜、拉伸膜、气调包装膜、防雾膜、易撕膜以及真空袋、高温蒸煮袋、铝箔袋、拉链、吸嘴、自立袋，为食品行业在包装、储存、运输等方面保驾护航。

一、分析食品行业包装现状

1、商品粮在储存、运输中的难题。粮食是一种多孔性物质，表面积大，容易沾染细菌和霉菌孢子，再加上粮食本身富有营养，因此很难抑制微生物的生长繁殖。在加工、储存过程中会出现陈化、发热变霉、爆腰等现象，甚至会产生霉素和恶臭。此外，粮食还易受虫害和鼠害的影响，不仅受到储存数量上的损失，而且使粮食受到污染，导致品质下降。目前我国商品粮包装从材料选用上看，主要用塑料编织袋、复合塑料袋作为包装容器，而这些包装在运输、装卸、零售等环节存在诸多问题。使用塑料编织袋包装，包装方式简单，但材料防潮性和阻隔性差，粮食易氧化变霉，虫害现象较为严重，尤其在夏季储存期更短。复合袋的抗压强度不够，在运输过程中经常出现破袋现象，在商超里2.5公斤、5公斤的抽真空复合袋漏气率高达50%以上，影响粮食的保质期。同时由于一些生产厂商在包装材料生产中使用的胶黏剂含有酯类、苯类、酮类等有害物质，从而进一步对粮食造成污染。

2、坚果炒货氧化酸败难以控制。近年来随着经济发展和人们生活水平的提高，很多消费者将坚果炒货食品列入到日常的消费方式和休闲情趣之中，从而使这类食品消费迅速增长，行业产销模式呈跳跃式发展。在休闲食品市场不断扩大的同时，整个行业也面临着一个产品质量的老问题---产品氧化酸败。因其富含油脂，且不饱和脂肪酸含量较高，在流通销售过程中很容易出现因过氧化值超标造成产品氧化

酸化酸败，而且由于产品氧化是不可逆的反应，一旦出现问题将意味着会给食用者的身体健康带来危害及大批量的产品浪费，同时对公司的品牌、声誉造成重大打击。

3、肉制品保质保鲜难上水平。从目前市场上的肉类食品包装来看，第一是阻氧性差。肉制品在加工过程中，由于氧的作用，把血红素变成了高铁血红素，引起产品褪色、促进了脂肪氧化和好氧性微生物的增殖，所以阻止产品与氧的接触，对于产品保质、保鲜、提高保存性都是极为重要的。第二是防湿性低。若产品水分以水蒸气形式从包装薄膜内侧渗透过来，则产品的风味、内在质量会发生变化。第三是耐冲击性（抗穿刺能力）弱。由于肉制品在物流过程中发生碰撞挤压及其本身有一定的硬度，要求包装材料要有耐冲击性。第四是耐寒性差尤其是对冷冻类肉制品，要求包装材料即使在—45℃低温情况下，仍能保持其强度和耐冲击性能。第五是耐热性低。即软化点高，一些肉制品需要高温蒸煮及多次灭菌，要求包装材料加热后不变形、不膨胀。第六是耐油性差。既要防止从肉制品中析出的游离脂肪向薄膜外侧渗透，又要避免在密封口处薄膜溶解渗透，以保证产品质量。

4、节日性食品货架期无法延长。节日性食品是一种高油脂、易氧化变质、储存期短的食品，如粽子、月饼要求包装薄膜阻湿、阻氧、防尘、保香、耐油性。这些年节日性食品经历了从散装裸体到纸包装、复合包装的阶段。因受到外界温度与湿度的影响较大，保质期不会超过一个月，如一些蛋黄馅心的变质多有发生，各地食品监管部门对此也多有曝光。近年来，由于散装食品缺少品名，制造商，卫生许可证等要素，且经常发生卫生问题，许多消费者已经视这类产品为劣质食品。而一些塑料复合袋包装由于阻隔性能差，往往不能起到保质、保鲜的作用，且残留苯等物质人体一旦摄入很难排出，严重的会增加致癌的可能性。使得节日性食品只局限于极短的生产销售时间。

5、冷冻、冷藏食品变干、变色无法克服。主要是以海鲜、水饺、馒头、汤圆等食品在长时间冷冻、冷藏过程中，由于复合包装的阻隔性能差，且冷冻后变硬破损，使得这类食品的新鲜度严重下降，产生龟裂、变色、变味、变干、变硬等现象，严重影响食品的外观及口味，从而使食品氧化变质，给消费者健康造成危害，对生产厂家造成不良影响。

二、七层共挤高阻隔包装的特点及应用

1、七层共挤高阻隔包装的特点

高阻隔：利用不同塑料材料阻隔性能的相差迥异，一次共挤而出，达到对氧气、水、二氧化碳、气味等高阻隔的效果。

功能强：耐油、耐潮湿、耐 120℃的高温蒸煮、耐–45℃的低温冷冻、保质、保鲜、保气味。可用于真空包装、无菌包装、自动灌装、气调包装等。

成本低：相对于玻璃包装、铝箔包装、纸质包装及其它塑料软包装，要达到同样的效果，七层共挤高阻隔包装材料在成本上具有完全优势。由于其工艺简单，所生产的薄膜产品成本与干式复合薄膜和其它复合薄膜相比，可减少10–20%。

结构设计灵活：由于其柔软且透明度高，可采用不同的结构设计，可以满足您对不同产品的保质需求。

强度高：共挤薄膜在加工过程中具有拉伸的特点，塑料拉伸后可相应提高强度，也可以再中间加入尼龙、茂金属聚乙烯等塑料材料，使其具备超过一半塑料包装的复合强度，不存在分层剥离现象，柔软性好，热封性能优良。

容量比小：共挤薄膜可以采用真空收缩包装，容量体积比近乎 100%，这是玻璃、铁罐、纸包装所无法比拟的。

无污染：七层共挤高阻隔包装材料由环保材料（EVOH、PA、PP、PE、EAA）一次共挤而成，不添加胶黏剂，不含苯类、酯类、酮类物质，不含重金属，更无溶剂残留，绿色环保，节能减排，符合现在的低碳效应。

2、七层共挤高阻隔包装的应用

尼龙对称型普通型薄膜：广泛用于真空防潮、保鲜、防氧化的产品，如粮食、果蔬、农副产品等。

尼龙非对称型低温冷冻薄膜：可用作猪肉、牛肉、羊肉、鸡、鸭、鹅及各种海产品等需要冷冻的保鲜包装。

尼龙非对称型水煮型薄膜：可用于各种熟肉食品，如火腿、香肠、果酱等需要抽真空后巴氏灭菌的产品包装。

高温蒸煮型薄膜：可用于各种熟肉食品、海产品、蛋类产品、油炸食品等需要进行 120℃超高温灭菌的产品包装。

高阻隔易撕复合膜：可用于果冻、罐头、快餐粥、豆浆等杯装食品的易撕盖包装。

高阻隔性基材膜：用于各种需要高阻隔产品的真空包装，也可以作为基材膜复合使用。

气调包装膜：利用塑料薄膜对氧气和二氧化碳有不同阻透性和对水透过率低的原理来抑制果蔬在储藏过程中的呼吸作用和水蒸发作用的储藏方法，以及对生鲜、肉类、熟食、焙烤食品、豆制品的抽真空后充入氮气包装，达到对食品保

鲜的作用。

三、结束语

中国软包装行业发展至今，采用高阻隔包装是维护食品品牌形象的最直接、最有效的方法。因此包装的关键在于根据包装内容物的特性和流通环境与货架周期正确的选择高阻隔包装材料。阻隔对食品的卫生安全至关重要，对保质、保香举足轻重。EVOH 冻结了食品流失的价值，它以阻隔保证了食品的安全和风味依旧，保证了食品的香气、香味永存！

泉州市天发食品机械有限公司

泉州市天发食品机械有限公司专业生产丸子等冷冻调理食品加工全套设备及烘培类加工设备。产品包括液压升降打浆机、全自动铜锣烧生产线、万能充填机、智能充气打发机、强力绞肉机、斩拌机、切肉机、肉梗成型机、泵浦机、桂花肠成型机、腰花肠成型机、多头蟹排线、贡丸机、包芯淡水丸机组、双速鱼丸成型机、燕(虾)饺成型机、油炸机、水煮生产线、刨肉机、双螺杆供料机、多头蟹排机、螺旋式水煮线、双联泵浦机、制袋机、斜切机、多头腰花肠机等几十种食品机械系列。承接各类肉制品/鱼制品设计和生产。

图 1

图 2

图 3

图 4

1、液压升降打浆机带提升（图 1）

该机适合食品厂大批量生产，通过液压升降进行翻桶、自动侧杆，方便取料、清洗，打浆操作方便、省电和噪音小等特点。料桶采用保温双层式，使桶内浆料温度不容易上升，效果良好。该机配有自动和手动打浆功能，设计合理，操作安全，外表美观大方。

型号	功率	材料	产量	容量	重量	尺寸
DS250	23.5Kw	不锈钢	250Kg/桶	250Kg	2500Kg	2000 × 2065 × 1200（mm）

DS350	31.5Kw	不锈钢	350Kg/桶	350Kg	2800Kg	2080×1350×2230(mm)
DS500	47.5Kw	不锈钢	500Kg/桶	500Kg	3600Kg	2416×1411×2505（mm）

2、YHC800 腰花肠机（图 2）

产品概述：本产品采用国际先进设备，选用材料符合国际食品卫生要求，做工细致、外表美观、光滑、便于清洗，适用于腰花肠生产。

型号	功率	材料	产量	重量	尺寸
YHC800	1.1Kw	Stainelss Steel	800Pcs/Min	350Kg	1300×1130×1340mm

3、包芯机

该机采用机械传动，设计精密，外型美观大方，操作简便，使用寿命长，符合食品卫生安全要求，适用于包馅丸类生产。如：包芯鱼丸、包芯贡丸、撒尿牛肉丸等。

Model	Power	Material	Productivity	Weight	Dimension
BX158S	1.1Kw	Stainless steel	120Pcs/Min	250Kg	750×550×450（mm）

4、全自动铜锣烧生产线

TLS-8000 全自动铜锣烧生产线采用变频调节和智能控制技术相结合，大大提高了铜锣烧生产线的安全性、稳定性和操作便捷性（一条生产线 3 人就能满足生产），生产产品口感好，色泽均匀。我司可根据客户的需求提供产品配方、设备操作、维护保养和产能规划等全方位的培训指导工作。

主要配置：

4KW 变频调节减速机、凸轮分割器、触摸品、120 块烧烤料板和阿尔法变频器等。

型号	功率	外形尺寸	重量	产量	瓦斯需求	燃烧装置
TLS-8000	3.12Kw	5300*1600*2000(mm)	3200Kg	288 个/分	20-25KG/小时	进口红外线燃烧器

漯河东方莱茵机械技术有限公司

做肉制品设备行业的先行者　徐达明

"工欲善其事，必先利其器"，生产设备的优劣直接影响到最终产品的品质和企业的效益。尤其是中国加入 WTO 以后，国内的生产企业为了在新的市场环境下快速发展，缩小与先进企业的差距，引进国外发达国家的先进技术、先进工艺和设备以及与之配套的管理经验来提升企业的竞争力，成为快捷通道。

东方莱茵机械技术有限公司成立于 2004 年，是代理国际肉制品设备和食品添加剂的贸易公司，作为行业国际贸易代表，把肉制品行业最尖端的生产技术，众多国际知名品牌的机械设备引进到国内广大肉制品生产厂家，推动了中国肉制品行业的发展。公司董事总经理徐达明先生自 1996 年前往美国工作，主要负责和美国各个肉类同行巨头像泰森 TYSON、史密斯菲尔德 SMITHFIELD、萨拉李 SARA LEE、 荷美尔 HORMEL 交流和联系，负责整合世界肉类最新发展的信息、技术、新设备、新工艺、新材料等。曾先后就读于美国 UCLA 大学，加州大学洛杉矶分校，于 2004 年回国创办了东方莱茵公司，服务于中国肉类和油脂客户，在欧美供应商和中国客户之间架起了一座沟通的桥梁，及时把欧美的新设备、新技术、新工艺、新材料介绍给中国客户，使中国的肉类和油脂工业可以和发达国家保持同步发展。

东方莱茵机械技术有限公司拥有美国及欧洲多家国际知名品牌的独家代理权。公司现主要代理的产品有马瑞奥汤森公司的去皮机、香肠剥皮机、热狗肠机机、共挤系统、注射机；德国赛德曼斩拌机、绞肉机、搅拌机；英国 LOMA 金属检测仪、X 光机异物检测系统；美国 ALLMEAT 的骨肉分离机；德国 E+V 胴体自动分级系统；美国 Cozzini 自动化香肠生产线；美国 ALKER 连续烟熏蒸煮系统；巴西 Tecnal 榨油设备；丹麦 SFK 测膘仪、美国 Carruthers 切片、切丁机及罐装机、美国 MARLEN 真空肉泵、美国 BLENTECH 蒸煮搅拌机；德国 LEFA 烟熏炉；美国查维斯屠宰加工设备以及品种丰富的奥地利 ALMI 食品添加剂和比利时功能型猪血蛋白粉等。

马瑞奥汤森作为去皮机的发明者，拥有世界领先的去

皮技术和经验，去皮设备应用广泛包括全自动输送带式整块无骨肉去皮和 SK 11–300 系列带骨或剔骨后去皮脂及去筋膜机等多种产品选择，不但去皮效果卓越，出品率高，而且操作简单易于保养清洁。在坚持为客户提供高效快捷的去皮设备同时保证出品率的最大化并满足您的多种产品需求。

德国赛德曼公司成立于 1843 年，是一个拥有 170 多年历史的专业食品机械制造公司，产品遍布欧洲、澳大利亚、日本和泰国等多个国家。斩拌机是赛德曼公司的主要产品，在中国的市场知名度很高，在华机器销售数量近 200 台。德国机械以高品质闻名于世，世界领先的性能和稳定性是产品的主要特点，很多厂家仿制都难以望其项背。赛德曼可以根据客户的生产需要及工艺要求，提供多种系统配套设备，满足客户的个性需求。

英国 LOMA 公司成立于 1969 年，是全球领先的在线检测系统提供商。Loma 服务于食品、医药、化工、服装、包装等行业，帮助用户的生产符合全球性的产品安全标准，达到甚至超出法规和消费者提出的安全要求。对食品安全的日益关注，以及 HACCP 认证体系的广泛推广，使得对产品中异物的检测成为必须，以防止不合格产品流入市场，保护生产者的品牌形象。Loma 持有 ISO9001 证书，长期以来持续投资进行深入的研究和发展，以先进的技术、稳定的产品质量，在客户中赢得了很高的声誉。

E+V 基于机器视觉技术的在线无损胴体分级系统具有强大的处理能力，完全自动化分级，自动生成及保存图片及数据档案，方便查询及指导后续产品加工方向，可控制分割机器人按最大经济价值自动分割。同时，整个分级过程自动完成，外界物品不接触胴体，没有污染胴体的机会，保障食品安全。改变了长期以来，由人根据经验评级，人为感官差异及失误造成分级不准，差异太大，引起市场对胴体等级的评定不信任，甚至演变为对采购商的不信任。

美国查维斯是世界最大的肉食品及禽类加工机械生产商之一，自创立以来便专注生产与研究先进的屠宰加工设备（猪、牛、羊、家禽、水产类）。设备类型丰富，使用安全，通过美国农业部 USDA 和欧盟 CE 认证，确保了设备的高品质标准。查维斯营销网络遍及全球，其产品技术代表着世界同行业屠宰加工行业的先进水平（众多产品皆具有专利号），尤其体现在屠宰切割机械自动化的发展，机器人在肉类行业的使用还属于创新阶段，但其在生产中体现的高速流畅的操作性能，高出频率以及高卫生标准都为未来食品加工行业的发展指明了方向。

奥地利 ALMI 食品添加剂，自 1931 年创建以来始终致力于食品添加剂的研发和销售，30 年来产品远销世界各地并在多地建立分公司。公司生产规模大，产品种类丰富，从功能性添加剂到混合香料，在香肠，火腿，汉堡等肉类和鱼类制品中为您实现从新产品研发到销售的整体服务方案。

比利时 Veos 功能型猪血蛋白粉，从血浆中分离出的高效成分，成为肉类产品的完美的乳化剂。防止肉类烹制过程中水油分离，在保水保油的同时增强肉食产品的口感。与其他同类产品相比不但乳化效果出色出品率高，而且为猪血中提取的纯动物胶原蛋白，不含人工的胶质添加剂，更有效的提高了产品的质量。

数年来东方莱茵和欧美跨国公司一起研究肉类行业发展新的需求，东方莱茵和欧美的合作伙伴一起，结合客户的不同需求，为客户提供一系列完善的解决方案：

●生产线自动化方案：东方莱茵帮助中国企业量身设计一系列完整香肠（火腿）生产线，结合客户的需求和产品的特点，合理优化配置各个环节的生产加工设备，在使用先进的技术提升生产效率的同时帮助客户控制综合成品，提高产品质量，增强企业在国际市场上的综合竞争力。

●肉类加工全方位成本控制方案：我们为客户提供从原料的选用，配方的优化组合，添加剂的合理利用，出品率的管理等方面提供有效的成本控制，联手欧美创新的食品工艺，从新产品的实验研发到投产销售，为客户提供完整的咨询服务和技术支持。

●屠宰分割的数字化、信息化方案：我们德国合作伙伴 E+V 公司，已经成功地和美国农业部合作，为美国猪、牛屠宰和分割提供系统的全方位的数字化信息化的解决方案；现在我们两家公司一起为中国的猪、牛、禽类提供收购，屠宰，分割的全数字化信息化方案。

●节能减排降耗方案：我们最新的德国制冷技术，优选设计的制冷机组运用微机自动控制，可以有效帮助客户降低冷库，车间电力消耗 30%–50%；我们的荷兰，巴西技术可以帮助榨油客户节省蒸汽用量 50%，帮助客户早日步入低碳时代。

东方莱茵的客户不仅有本土的食品企业，还与世界知名的大型跨国公司保持着长期的良好合作关系。东方莱茵拥有双汇、雨润、雀巢、杜邦、肯德基以及麦当劳等一批忠实的客户群：当今世界上 ABCD 四大垄断粮商（ADM、

邦吉、嘉吉和路易达孚）之中的三个 A，B，C 都是东方莱茵的客户。

东方莱茵通过代理中国国际知名品牌的产品和联合世界跨国公司共同开发新设备新技术，不断开拓、填补国内食品加工行业市场的空白，丰富食品种类，提高产品品质，从而更好满足中国食品加工企业对新设备新技术的需求。

青岛澳柯玛商用电器有限公司

一、总经理刘金彬简介

姓名：刘金彬　　性别：男

出生年月：1975 年 8 月　　民族：汉族

籍贯：山东青岛　　学历：工商管理硕士

二、工作简历

2011 年至今：澳柯玛商用电器公司执行董事、总经理

2006 年至 2010 年：澳柯玛商务公司总经理助理、工程部经理

2000 年至 2006 年：澳柯玛商务公司直供部经理

三、所获荣誉

2010 年获得中国营销人士最高荣誉“金鼎奖”；

2007 年¯2011 年所带领团队连续获得所在企业颁发的“销售先锋号”及“优秀团队”称号；

2001 年¯2003 年连续三年获得集团公司“销售状元”称号；

2001 年获得青岛市工业系统“最佳营销员”奖项；

四、主要业绩

拥有 16 年大客户市场一线运作和团队管理经验，具备敏锐的市场洞察力，擅长顾问式营销管理；在长期的市场实践中善于挖掘客户需求，创造市场价值，能够充分了解员工的个人价值和自我实现需求。

曾经在公司最艰难的时刻率领仅有两人的团队二次创业，用三年时间每年实现跳跃式增长，销售业绩在五年间增长十倍，市场占有率傲居行业前列，其中某细分渠道行业市场占有率超过 70%，并被集团公司破格提拔，以一个部门为基础组建了以客户服务价值链为主要实现目标的业内第一家专业商用电器公司，截至 2013 年公司销售额相当于行业内第二名与第三名的总和。

企业简介

青岛澳柯玛商用电器有限公司坐落于美丽的黄海之滨—青岛，是澳柯玛股份有限公司（600336）的全资子公司，公司以“梦想 专注 创新”作为企业核心价值，致力于为有温度需求的工业、服务业、政府采购和流通业客户提供全面的产品解决方案和服务增值方案，打造世界级专业商用冷链方案解决商。

澳柯玛自 1987 年创立以来，27 年始终如一的专注于研发与制造，始终秉承“没有最好，只有更好”的企业管理理念，坚持以市场为导向，产品为基石，做百年企业创世界名牌。公司先后获得“国家级企业技术中心成就奖”，“国家重点新产品”、“国际火炬计划高新技术企业”等奖项，累计申请专利 1200 余项，参与 10 余项国家标准的制定及修订工作。

作为民族品牌，澳柯玛牢固树立起了“精心造精品，精品铸品牌”的质量观念，致力于制造“零缺陷、用户 100% 满意”的产品。公司全面采用了国际先进的六西格玛（6sigma）过程控制管理，贯穿于产品设计、制造、服务全过程的 1000 多项严格、精密的控制，成就了澳柯玛产品的卓越品质，1995 年澳柯玛被誉为“中国电冰柜大王”，冷柜连续十八年产销量居全国第一。企业连续多年获得“中国驰名商标”“中国名牌产品”“中国重点支持与发展的出口名牌”“中国十大影响力品牌”等殊荣，“澳柯玛”已成为中国最有价值的品牌之一。

澳柯玛商用冷柜一直以来市场占有率都位居国内翘楚，凭借在商用竞争力、创新能力、交货能力和售后服务方面的优异表现，我们同蒙牛、伊利、统一企业、娃哈哈、青岛啤酒、中石油、中石化、联合利华、可口可乐、百事可乐等大型企业集团和跨国公司建立了良好的合作关系，市场占有率领先国内商用市场，并凭借卓越的客户体验得到了国内外客户的一致好评，是世界上最具影响力的冷饮、冷食配套产品供应商之一。

展望未来，商用电器依托集团强大的生产研发能力以及卓越的品质管理体系，立足商用冷链的全产业链条，着力在展示冷柜、商超便利、冷链物流及烘焙加工等多个领域进行全方位拓展，实现从工厂到餐桌的全过程温度解决方案和服务增值方案，为中国制造赢得世界尊重。

约克（中国）商贸有限公司

约克冷冻制冷系统节能优化技术与解决方案

江森自控约克冷冻源于1853 年，旗下包括YORK，FRICK，SABROE，GRAM 和STAL等多个全球著名的冷冻品牌。160多年来约克冷冻一直致力于不断创新发展制冷技术与产品，为遍布全球的客户设计制造有先进控制系统的高效节能冷冻设备，并可提供整体解决方案。无论您是在啤酒厂，乳制品厂，渔业加工厂，家禽屠宰厂，冷冻食品加工厂，还是在配送中心大型物流库等，约克都能承担冷冻冷藏供应链配套制冷工程项目设计，施工，安装和调试工作。我们将持之以恒的以先进的节能技术和设备，丰富的全球资源，以及卓越的售后服务能力，为我们的客户提供最优质的全面服务。

约克冷冻主要产品

约克冷冻产品范围广泛，能够满足目前市场上对工业冷冻控制、食品加工和冷藏、气体压缩中的各种工艺冷却要求。约克冷冻产品涉及整个制冷技术领域，包括压缩机、蒸发式冷凝器、压力容器、热交换器、盘管、超净空气处理装置、冷（盐）水机组、制冰机、控制系统和成套工厂组装式冷冻系统。我们可以为遍布全球的客户设计制造具有先进控制系统的高效节能冷冻设备。

我们始终把产品安全放在第一位，约克的压缩机采用的是最新科技设计的最可靠和最节能的机组，按照ASHRAE–15 安全工程标准设计和测试，设计寿命都超过十万小时，确保了部件的可靠性和易维护性。其次是高效，螺杆式压缩机结合了速度式压缩机和容积式压缩机的优点，更重要的是约克压缩机拥有高效的滑阀式容量控制因而实现了能量的无级调节，压缩机转子按最先进的非对称转子型线设计，高效节能。第三是自动化，约克本身在工业设备制造方面就具有较强的实力，在和江森自控强强联合后更加强了在自动化控制方面的实力，约克目前的设备大多是采用最先进的 Quantum™微电脑控制系统，全自动运行不需要人值守，数据可以远程传递到客户的中央控制室，便于客户及时了解设备运行的状况。也允许客户使用通用的通讯协议访问我们的控制器，使设备控制器和工厂中央控制系统之间实现数据和信息传输。

食品冷藏过程中对系统的节能和稳定性提出了很高的要求，约克率先推出全自动冷库系统，全自动冷库冷库要求冷藏间，低温穿堂，冻结间、预冷间等不同房间的温度控制各有不同，各个单元既要独立运行调节控温又需协调联网和监控管理。合理设计的全自动系统不仅可以在季节或工艺转换时能自适应，从而在最佳状态下运行，使能耗水平降低，优化热力资源的分配；具有多级、开放、模块化、可扩展等特点。约克冷冻在此领域拥有一百多年丰富的经验，近年来为中国若干座各类型的冷库提供了高效自动节能的设备或制冷系统整体解决方案。在整体解决方案中均采用约克三级冷冻控制系统：第一级中央监控管理系统（SCADA）；第二级系统监督控制；第三级现场控制器。

另外，我们创新性的运用Vyper™ VSD驱动螺杆压缩机组，使机组具有出色的制冷性能，并且通过提高效率使得系统更加节能，同时降低维护成本。降低速度 ，提高效率和减少成本。在工业制冷系统中，压缩机是典型的最大能耗设备。使机房高效运行是降低一个楼宇或工厂的能耗和碳排放的主要方法。在每个工艺工作点，合理的运用变频驱动结合恰当的控制，从而确保高效运行。Vyper™ VSD提供了出色的工业制冷系统性能、最大的降低能耗及维护成本。合适的

Vi(容积比)控制能使螺杆压缩机更高效运行。对于定速压缩机，只有滑阀为满载时，Vi控制才是最优的。当使用Vyper™变频器作为主要的能量调节手段时，压缩机的滑阀始终处于满载位置，此时Vi(容积比)的最优控制将能得到保证。若机组带有经济器的话能保证经济器发挥最大的效率。滑阀满载还可以有效减小因Vi失调所引起的机组振动。

此外，我们针对食品冷冻客户研发的RWKII系列双螺杆式冷冻压缩机组、压缩冷凝机组和盐水机组，适用于包括预冷、速冻、冷藏等冷链产业的各个环节，目前已广泛应用在食品加工、制药、化肥工业、矿井隧道、人造冰雪等诸多领域。为用户量身打造节能高效的RWKII系列赢得了2011–2012年度中国冷链产业“金链奖”。另外，2012年开发了约克空调变频螺杆式风冷/水冷冷水机组，成功地应用多项新技术，包括变频螺杆压缩机技术、降膜蒸发技术和微通道换热技术，获得美国暖通、空调和制冷行业专业杂志Consulting–Specifying Engineer Magazine和Air–Conditioning, Heating, Refrigeration News颁发的2012年度创新产品金奖和银奖。

约克冷冻另一款明星产品：约克高效紧凑型氨冷水机组—PAC，采用天然环保制冷剂氨，极低的氨充注量，最高可降低达90%，大幅提升系统安全性；采用约克工业级高效压缩机，变频控制可选，极高的系统COP，机组节能可达30%左右；最先进的板式换热设计，结构紧凑，可节省50%以上占地面积；机组成撬出厂，便于运输和易地安装，为用户调整生产或扩建带来极大便利；工业级设计，全自动运行，低全寿命周期成本(LCC)，拥有多项设计专利；运行安全可靠，可用于饮料、啤酒、乳制品、制药等安全卫生标准高的行业。美国印第安纳州某食品加工厂，约克提供6台PAC机组，且每台PAC都配装变频启动柜，极低的全寿命周期成本，且每年可减少温室气体排放564 吨。

冷冻制冷系统节能优化技术与解决方案

现代生活对食品安全和品质需求越来越高，因此对食品冷冻冷藏和加工工艺要求越来越严格。作为全球冷冻市场的领导者，江森自控约克冷冻近年来一直结合国际先进的制冷技术，积极研发适用于冷链各个环节的整体解决方案，可以满足食品加工及冷冻冷藏等多种工艺要求，为用户提供量身定制节能高效的制冷系统。此外，还承担着冷冻冷藏供应链配套的制冷工程项目设计、施工、安装和调试工作，为客户提供高效且增值的整体解决方案，满足客户的各种需求。

约克倡导“节能、环保、舒适的可持续发展”思路，从系统设计、设备配置、安装及维护、环保制冷剂的选择使用等各方面进行技术优化，使制冷系统发挥最大的能效，以实现行业节能、环保的发展目标。近几年来，行业对制冷系统的稳定性和安全性提出了很高要求，制冷系统故障率的高低直接影响到运营成本。江森自控约克冷冻的系统控制解决方案，能向制冷系统控制部件实时传递制冷设备的运行状态，便于更快捷、准确的监控和诊断，能够提升整个系统的性能，真正确保包括人身安全、食品/产品安全、设备安全在内的系统安全。

另外，随着中国制冷空调行业HCFCS淘汰管理计划已于2011年7月获得正式批准，行业已经开始进入HCFCS替代转换全面实施的阶段。作为全球制冷行业的领军企业，约克对天然环保冷媒的推广和应用负有极强的社会责任感。近来CO_2天然制冷剂凭借其优良的性能再次等到人们的重视，作为全球第一个CO_2商业化应用的企业，约克冷冻有近一百二十年的CO2应用经验，技术成熟，工艺精湛。约克推出系列CO2解决方案，其中约克CO_2/氨复叠式冷冻系统(Carbon Dioxide Ammonia Freezer Package)凭借非常高的系统综合COP，非常低的功耗(包括部分负荷)和运行成本，且结构紧凑、占地小得到了广大客户的肯定和好评。

与此同时，氨做为环保冷媒也极具优势，但由于去年几起关于氨制冷系统的重大安全事故相继发生，一时间社会上“谈氨色变”，对氨制冷系统造成一定的负面影响。实际上，氨作为一种天然制冷剂，在全球已有一百五十多年的使用历史。氨因为其优良的热物理性能，高制冷效率，低廉的价格，绿色环保，而被广泛应用于工业冷冻冷藏领域。为杜绝事故的发生，在全制冷行业内树立正确认识和使用氨的理念，提高安全意识，势在必行。减少氨充注量可以从根本上降低泄漏危险的途径。2013年，约克创新性的推出的PAC机组，PAC机组具有极低的氨充注量，标准PAC机组的氨的充注量可达0.10 kg/kW，且所有氨制冷剂仅仅局限于放置在机房的PAC撬块内，不进入库房或工艺车间。约克PAC机组推出完全可以做到氨亦可安，给氨制冷系统带来新的发展希望。

RWKII-CM 螺杆压缩机组

PAC 机组

CO_2/氨复叠冷冻机组

某冷库项目现场图

常州晶雪冷冻设备有限公司

常州晶雪冷冻设备有限公司，位于江苏省武进经发区丰泽路 18 号，是国内领先的冷藏库库体和节能厂房围护整体解决方案供应商，也是国内规模居前的节能保温板材生产厂家。经过 20 多年的发展，公司已经拥有两条国际先进的板材连续生产线，建成了两个生产基地和遍布全国的销售网络，形成了 200 万平方米各类节能板材、10000 扇冷库门和工业门及 5000 个升降平台的年生产能力，能够为客户提供节能保温围护系统的设计、生产、安装和围护的全方位服务，从而可以优质高效的完成客户订单，一站式地满足不同客户的个性化围护系统建设需求。

晶雪公司参与了超过 14 项国家及行业标准的起草修订，获得 18 项专利。2009 年参加 GB/T21558-2008《建筑绝热用硬质聚氨酯泡沫塑料》项目获得中国轻工业联合会科学进行三等奖。2010 年被评为国家级高新技术企业，同年在中国塑料行业十强企业评选活动中，被评为行业第一。在技术研发上，公司不断加强研发基础建设，2012 年申请并成立了江苏省冷链物流设备与材料工程技术研究中心。连续八年荣获“全国 3.15 质量和服务诚信承诺企业”的称号。2013 年公司的各类节能保温板材产品通过了美国 FM 认证，晶雪成为国内节能板材领域里通过该认证品种规格最多的企业。公司产品为江苏省名牌产品、国家绿色建筑选用产品。

晶雪公司下设上海晶雪节能科技有限公司和江苏晶雪节能环境工程有限公司两家全资子公司，分别专注于销售和安装业务。同时，晶雪拥有较强实力的研发团队和年轻化的后备力量，公司本着“以人为本，增强团队凝聚力”的团队建设思路，进一步完善人才选、育、用、留的机制，践行晶雪团队文化，有针对性的解决目前人才层次、结构问题，打造晶雪团队。

客户群方面，晶雪公司生产的“晶雪”“晶诺”品牌的各类 PU、PIR、岩棉新型节能板材、各类冷冻冷藏库门、工业门和升降平台，广泛的应用于冷链物流、超市、食品加工、生物医药、餐饮酒店、机场仓储、科研院校、工业厂房和建筑外墙等领域，具有较高的市场占有率。公司积累了大量的中高端客户，拥有良好的口碑，并成为众多世界 500 强和中国 500 强企业在节能保温围护系统建设中的首选。

晶雪依托丰富的行业经验和强大的研发团队，在项目前期设计阶段采用了国际上最先进的 3D 动态效果图，能够让客户非常直观的看到各类围护系统建成后的效果，功能区域的分布，以及晶雪是如何实现节能环保的。

▲ 聚氨酯夹芯板

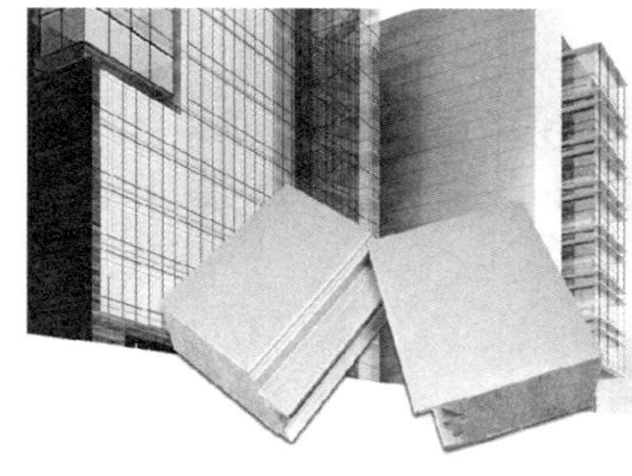

▲ 金属面岩棉复合板

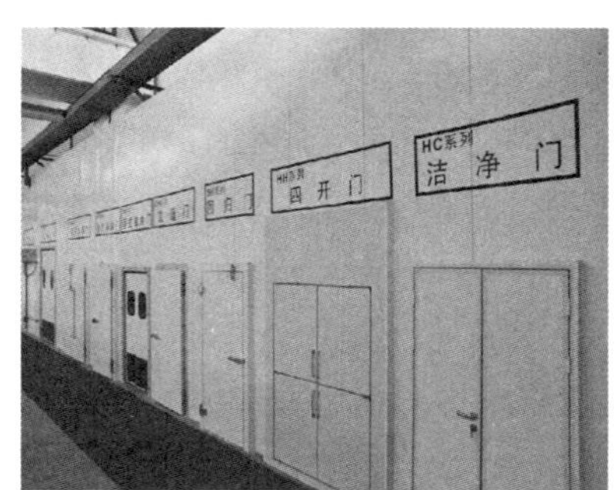

▲ 工业门、冷库门系列产品

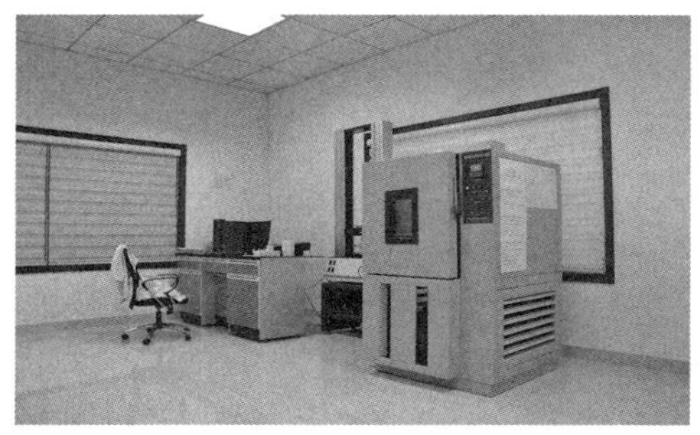

▲ 物理性能实验室

▲ 防火性能实验室

▲ 意大利生产线

▲ 德国生产线

临沂新程金锣肉制品集团有限公司

搞好质量监控　确保食品安全

对于食品企业来说，为消费者提供安全放心的优质产品，是企业生存和发展的基础。如今，在食品安全备受关注，健康趋势逐步走高的今天，越来越多的食品企业已经清晰地认知到这一点，并将食品安全、产品质量放在了企业发展的

首位。

而在中国众多的食品企业中，中国肉制品领军企业金锣集团始终站在高质量、高标准的前端，通过全产业链的打造，稳步构建其质量管理体系，实现全方位的质量管控，把安全产品送到消费者的家中。

五统一　安全从源头开始

只有好的原料才能生产出好的产品。解决食品安全问题，确保产品质量，源头是第一步。

在传统的小农经济养殖模式中，千家万户分散饲养加大了技术服务和监督管理的难度，使得农产品的原材料管控成为问题，原料品质参差不齐，存在安全隐患。

面对这样的问题，金锣集团率先突破，开创了源头“五统一”的新型产业化模式，变分散养殖为规模化养殖，变粗放式为标准化，从品质、技术、管理等多个方面实现全方位升级。

统一种猪：金锣集团所有产品的原料种猪，均来自金锣投资建设的现代化良种猪繁育场，实现猪仔的统一供应。

统一饲料：人吃的好就会健康，牲畜亦是如此。金锣集团自建饲料厂，统一饲料，避免原料安全隐患。

统一药品疫苗：金锣集团统一为种猪进行疫苗注射，杜绝生长激素、抗生素等化学药剂的滥用。

统一收购商品猪：长成后的商品猪由金锣集团统一收购、屠宰、加工，确保从生猪生长到屠宰加工都经过严格的流程管控。

通过“五统一”的模式，不仅使金锣最大限度确保原料品质和安全，更实现了农业、工业两大产业互相促进，实现了规模化生产和标准化经营，从根源上提高企业食品安全控制水平。

全监控　生产关卡环环扣

对于食品生产企业来说，优质的原料还仅仅是个开始，产品的生产加工过程更为关键。对此，金锣集团坚信：只有层层把关，环环监控，才能确保产品的高品质。

走进金锣集团的生产车间，宽敞明亮、干净整洁、井然有序，金锣的优质肉制品就是在这里生产出来，最终送到千家万户的餐桌上。

为了保证产品安全和品质，金锣集团在产品生产中布下了“天罗地网”，建立了一套全面的安全检测体系，贯穿食品生产的全过程，全方位确保食品安全。

据了解，在屠宰加工中，金锣所有的产品都要经历四道重要关口。一道关：专业检测员团队到圈检测，押送至厂；二道关：专业仪器检测，分圈分户，确保安全可追溯；三道关：猪肉分割后在线检测；四道关：成品检测。

除了这四道关之外，从生猪进厂到屠宰再到深加工的整个过程中，金锣的产品总共要经过大大小小20道检验检疫。

与此同时，金锣还综合利用电子标签、条形码、视频监控、网络查询等信息技术，建立食品安全电子信息备案追溯系统，通过现代化手段对产品进行监管。

凭借严格精准的全方位检测系统，金锣实现了生产全过程的产品质量控制，严格确保出厂产品的安全健康和高品质。

规范化　品质管理到终端

如今，有很多企业在产品完成、合格出厂之后，便结束了其质量管理工作，转而将关注点放在终端铺货、市场销售、竞争促销之上。然而，作为事关人民饮食大事的企业，作为肉制品行业的领军企业、作为一家负责任的企业，金锣集团将品质管理做到了终端。

对于金锣来说，眼前的利益只是暂时的，只有真正为消费者考虑，为消费者提供好的产品，才是企业长久发展之策。

为了能够把安全健康的放心肉送到百姓的餐桌上，金锣集团将规范化的质量管理延展到了终端。

一方面，金锣集团通过打造“冷链生产、冷链运输、冷链销售、连锁经营”的冷鲜肉专卖营销模式，确保产品在运输和销售过程中的新鲜、健康、安全、放心；另一方面，金锣集团在终端实行专卖店“统一形象、统一规划、统一配送、统一价格、统一管理、统一服务标准”的规范化管理。通过严格的管理，提升员工责任意识，确保品质，避免疏漏。

可追溯　产品身份全透明

最后，消费者买到了金锣产品，如何获知这是合格放心的安全产品？对此，金锣集团想在了消费者前面。金锣率先建立执行了“食品安全可回溯体系”。

据了解，为了让消费者有据可查，产品更加透明、放心，金锣集团在全产业链的基础之上，计划推行一种新的安全追溯制度—建立食品安全信息数据库，录入相关信息。原料来源、生产单位、生产日期、供应商信息、检疫信息……，通过网络系统和产品追溯码，消费者可以清晰获知所购买的金锣产品从种猪到终端的全部信息。全程透明，全程可追溯、让消费者买的安心，吃得放心，真正从根源上确保了食品的安全。

而对于企业来说，通过这样一个全透明的可追溯体系，也更便于金锣集团实现自查和品质管理。一旦发现问题，企

业能够根据溯源进行有效的控制和召回，从源头上保障食品安全和消费者的合法权益。

如今，全产业链越来越得到众多企业所认可，成为解决食品安全问题的重要模式。在国家《食品工业“十二五”发展规划》中，也将“推动食品全产业链有效衔接”作为工作重点。

而作为肉制品行业的领军企业，金锣集团不仅率先构建了一条从源头到终端的全产业链，同时，也将质量监控融入其全产业链的各个环节，从源头把控、生产监控、到终端规范、产品追溯，全方位实现质量管控，把安全和品质送到消费者家中。

有业内人士指出：金锣集团全产业链的质量管理，不仅能够有效发挥全产业链的优势，也使得品质管理更为系统化、规模化、规范化，能够充分确保食品安全和产品品质。

北京首都农业集团有限公司

首农食品为健康加油，为“舌尖安全”助办

北京首都农业集团有限公司（以下简称首农集团）由北京三元集团、华都集团、大发公司于2009年重组而成。首农集团作为北京市最大的农业国企集团资产总额逾 300 亿元，员工4万人，国有全资及控股企业64家，中外合资合作企业31家，境外公司3家；其中北京三元食品股份有限公司为上市公司。首农集团在畜禽良种繁育、养殖、食品加工、生物制药、物产物流等方面具有行业明显优势，业已形成从田间到餐桌的完整产业链条，拥有5家国家级重点农业产业化龙头企业和“三元”、“八喜”、“峪口禽业”、“太子奶”、“丘比”、“华都”六个中国驰名商标，“三元”、“华都”、“双大”三个“中国名牌”及一批著名商标，并与多家国际知名企业建立良好合作关系，具有较强的市场竞争力和影响力。

首农集团旗下有八喜、丘比、荷美尔等合资品牌，还有“中育”配套系、SPF种猪、“京红1号”、“京粉1号”、“北京鸭”、“黑六”等自主知识产权的品种品牌。

首农集团紧紧围绕首都经济发展内涵，大力发展现代农牧业、食品加工业等产业。在提高综合生产能力和经济效益的同时，强化服务“三农”的意识和社会责任，努力成为提供绿色健康食品、在国内同行业具有龙头地位、首都标志性的都市型现代农业产业集团。

首农集团不断加强《食品安全法》、《农产品质量安全法》、《北京市食品安全管理条例》的培训工作，通过对企业主管领导及从业人员的教育与培训，使农产品生产、食品加工从业人员认识到，农产品生产、食品加工安全是食品企业的基本责任，企业是农产品食品安全的第一责任人，不断强化农产品食品质量安全是企业第一生命线的意识。农产品、食品企业增强了自主监测农产品食品安全风险意识，加大了设备投入。不断加强农产品食品质量安全生产加工的标准化修订、完善、实施工作。

从2008年至今，在农业部农垦局领导与大力支持下，首农集团稳步推进实施农垦农产品质量追溯系统建设工作，相继有北京金星鸭业北京鸭、北郊世新华盛牧业黑猪、巨山有机蔬菜、北京华都肉鸡、滦平华都肉鸡、北京大发正大肉鸡、北京南口农场苹果、北京滦平金星鸭业北京鸭、北京绿荷牛业生鲜乳、首农物流、三元食品实施了农产品质量追溯系统建设项目，可追溯产品涉及北京鸭、鸡肉、猪肉、牛奶、水果、蔬菜，2013年追溯产品总量逾2万吨。通过农产品质量追溯系统建设期项目的实施，实现产品“生产有记录、信息可查询、流向可跟踪、质量可追溯”，为企业提高质量安全意识和强化内部质量管理发挥了显著作用。如果食品质量安全出现问题，就可追本溯源。对于引导消费者对食品质量的关注与监督，强化生产者与消费者之间的有效互动，推动农产品食品质量安全信息化管理工作的有效开展。

多年来，首农集团始终恪守诚信经营和质量立市的发展理念，坚守“安心之选　首农集团”的价值理念，遵循“安全立业　业精于农”的行为准则，一如既往，将践行社会责任当作企业经营之魂。通过构筑完整的产业链、标准化的生产加工方式、严格的农产品食品质量可追溯体系，实现从“田间到餐桌”的链接，切实加强诚信体系建设，为市场和广大消费者提供绿色、健康、营养的农产品和食品，切实发挥国有龙头企业在首都食品安全行动中的引领作用。

北京农业产业化龙头企业协会简介

北京农业产业化龙头企业协会成立于 2013 年 1 月 15 日，包括北京首都农业集团有限公司、中粮集团、北京二商集团有限公司、北京顺鑫农业股份有限公司、北京大北农科技集团股份有限公司、北京新发地农副产品批发市场、国投

中鲁果汁股份有限公司等 170 家国家级和北京市级农业产业化龙头企业，涵盖北京市 13 个区县。

北京农业产业化龙头企业协会自成立以来，在北京市农委领导下，秉承一个宗旨（即为会员服务），两个定位（即平台和孵化器)，三个方法(即标准化、团队和创新精神)，四个效果(即会员满意、政府满意、协会满意、市场满意)的理念，致力于提高北京农业产业化龙头企业发展水平，打造北京龙头企业良好形象，树立北京市龙头企业品牌，代表和维护全行业的共同利益及协会成员的合法权益，向政府及有关部门反映本行业及会员的合理愿望和要求，在政府和行业、企业与企业、企业与市场之间发挥桥梁和纽带作用，推动全行业的改革与发展。

协会以科技项目支持、组织会员企业调研、参加和举办论坛、参加和举办展会、信息服务、招聘人才、举办培训班和会长联谊、项目大赛、建立协会工作标准化等多种形式，为政府和会员企业做好服务。组织会员企业调研和参加论坛，深入了解行业发展状况，加深沟通和交流，为会员企业参与国内、国际合作寻找发展契机；信息服务使各会员企业即时掌握行业发展和动态信息；通过多渠道、多方式的招聘服务，为会员企业网罗多种人才，更好的服务企业发展；培训班和大型综合性活动的举办，使企业家之间相互认识，增加对各企业品牌和产品了解，搭建了乡镇与企业之间合作、低收入村与企业之间帮扶、企业融资需求和金融部门对接等诸多平台；会长联谊会的组织，增强了协会号召力，得到了市农委领导的高度肯定，进一步加强企业间的学习与交流，提升了行业整体水平；北京农村青年创富项目大赛的举办，锻炼了协会组织能力，同时向社会广泛宣传、推介，帮助农村青年获得更多社会关注和资金、技术支持，达到了预期效果。协会通过多种方式做好服务，充分发挥了企业间、企业与政府间的桥梁和纽带作用，增强了凝聚力，密切了与会员企业董事长和总经理的关系，实现会员企业、协会、合作单位等多方共赢。

协会将于 2014 年 11 月在国家会展中心举办 2014 北京国际农业产业化展会，主题是推进技术贸易、增加首都市场安全优质农产品的供应、搞好金融为三农服务。

中绿食品集团有限公司

凝聚绿色正能量　构筑绿色中国梦

核心提示

中绿集团凭借消费者信得过的质量，产品畅销大江南北。多年来，集团将品牌定位于做高附加值的全程绿色食品品牌，一直致力于绿色健康的企业文化建设。以“创造全球健康生活新概念，向世界提供一流的全程绿色食品，为实现人类社会可持续性发展贡献力量!”为公司使命，在“做中国全程绿色食品企业冠军，成为世界全程绿色食品企业的十强!”愿景的指引下，树立了“以人为本，科学管理，持续创新，互利共赢”的核心价值观。企业在快速发展的同时，更加注重员工队伍的建设，持续不断坚持对员工涵盖“思想润泽、心灵灌溉、身心培育、素养提升、能力加强”的企业文化培训，使每一位中绿员工健康生活、快乐成长，为员工搭建了职场生涯与企业发展愿景和谐交融、互惠共赢的人生舞台。

“四绿”标准打造“全程绿色健康中国”

说起中绿集团，在厦门早已家喻户晓。今年时值中绿集团成立十五周年，十五年艰辛创业，如今的中绿已从一家默默无闻的地方性企业成长为被国家农业部认定的“农业产业化国家重点龙头企业”和“全国食品工业优秀龙头食品企业”；一家拥有 3 个事业部，20 家子公司，2 个境外办事处，集农业综合开发、食品加工销售和农业生态旅游为一体的具有高附值和良好成长潜力的集团化上市公司。

1998 年，中绿（福建）农业综合开发有限公司成立，同年，中绿在惠安县走马埭设立首个种植基地。2004 年 1 月上市，同年，中绿在福建、江西、湖北、河北食品开发有限公司相继成立并投产。2005 年，中绿食品集团成立，总部设在厦门。开始实施由产供到贸工农的战略改变，以标准化定制全程产业链，逐渐建立起中绿绿色产品的规划化技术体系。

中绿集团紧紧围绕“全程绿色，健康中国”和“绿色食品选中绿”的绿色食品文化的传播，做倡导引领绿色健康生活的领航者，“全程绿色”具体体现在以下几个方面：**深度的绿**——成为全程绿色食品的标准种植商，已建成覆盖国内 30 多个不同纬度和海拔地区，总面积达 60 万亩的绿色种植基地；**广度的绿**——成为全程绿色食品的标准加工商，基于对产品品质的高标准要求，中绿积极构造 100%安全、100%

放心、100%健康的加工系统，以“全程绿色”理念贯彻至生产加工的每一环节，为消费者守护舌尖上的安全；**新鲜的绿**——成为全程绿色食品的标准供应商，从种子到生长，采摘到包装，运输到供应，中绿利用先进检验设备，实施全程监控，保证产品从田园到餐桌，全程新鲜绿色；**品牌的绿**——做具有竞争力的高附加值绿色食品品牌，2011 年，中绿获得《中国 500 最具价值品牌》荣誉，品牌价值高达 26.48 亿。

从 2005 年开始，中绿就提倡五谷粗粮的概念，推出“中绿”品牌系列饮品。2008 年提出了“从专注于高附加值的农产品贸易经营到定位于高附加值的绿色食品品牌的转变”的发展目标，2009 年推出“中绿粗粮王系列”与其他产品系列，顺应了谷物浓浆饮料的风潮，得到了市场的认可。2013 年推出了“中绿粗凉茶”等系列产品。

无论是果汁、水、功能饮料、牛奶、粗粮还是凉茶，中绿一直倡导的都是绿色健康文化，通过产品与服务的不断升级，和社会、消费者进行互动，努力分享绿色价值，提升社会及消费者对中绿产品的满意度，激活社会及消费者新的需求，打造出最具影响力的绿色食品品牌。

绿色慈善浇灌企业文化常青之树

除了倡导绿色健康文化，中绿集团还肩负社会责任，不断关注公益事业，为中国的公益事业做出贡献。

汶川地震，当晚中绿集团就紧急召开集团办公会议，第一时间做出向灾区捐献第一批总共价值 120 万元物资的决定。雅安地震，中绿集团总裁孙少锋带头捐款 10 万元。鼓励员工积极参加抗震救灾行动，培育心手相连众志成城的民族观念。

几年来，中绿集团每年都会从企业利润中拿出一大部分资金用于社会慈善事业，同时发动员工积极投身公益事业。多年来，先后举办数届“泛闽南区万人爱心健康大博饼”活动，创下大吉尼斯世界记录；2012 年还举办了中绿粗粮王“健康达人秀”活动，将绿色健康生活的理念及方式以大家喜闻乐见的方式传递给每个人。

2012 年，中绿捐助厦门市教育基金会 60 万元，用于资助 30 名贫困大学生顺利完成学业。集团总裁孙少锋称“中绿集团一直将公益事业列入集团发展的核心内容之一，中绿粗粮王将尽所能及地帮助那些经济上有困难的优秀学子，顺利完成大学学业，点亮前往美好人生的道路。并表示希望汇聚众力，在未来把‘爱心助学’推向全国，共同为莘莘学子尽一份心与力。”

绿色培养成就企业发展不竭动力

企业的发展离不开员工的积极性和创造力，中绿集团倡导的是绿色，健康，所以也要求每一名员工要保持健康的生活方式，要以绿色健康的形象展示给社会，展示给消费者。多年来，中绿集团一直致力于绿色健康的企业文化建设，坚持以人为本，以文化人，以爱感人，凝聚绿色正能量，构筑绿色中国梦。

一是坚持德育修身，以文化人。中绿集团从成立开始，就坚持对员工进行“德育修身，以文化人”的培育理念，常年邀请高校专家学者进企业，开辟《中绿大讲堂》，通过最简单的《三字经》，组织员工反复诵读“子不学，非所宜，幼不学，老何为？ 玉不琢，不成器，人不学，不知义。为人子，方少时，亲师友，习礼仪……”等经典名句，使员工明白为人处世修身立命的基本道理；通过讲解儒家《论语》，让员工知道“己所不欲勿施于人”，时时牢记“吾日三省吾身”，“见贤思齐焉，见不贤而内自省也。”；通过开展《闽南文化大讲堂》，让员工熟悉闽南文化，培养重乡崇祖的生活哲学、爱拼敢赢的精神气质、重义求利的价值观念和山海交融的行为模式。同时，集团注重不同层面的员工培养的针对性，每年开展了针对普通员工的执行力培训，针对管理层的领导力培训，针对销售人员开展了亲和力培训等等，多年来累积举办讲堂400余场，举办培训100余次，参加学员2000余人次，累积投入各类教育经费3000余万元，打造了一直爱企爱国、爱岗敬业、遵纪守法、务实高效的员工队伍，为企业发展奠定了扎实基础。

二是坚持培育健康心灵，打造精神家园。十五年来，中绿集团高速发展，靠的是员工队伍的务实高效。在企业高速发展的同时，集团更注重员工的心理健康。集团自2004年上市伊始，就在人资中心设立专职心理咨询师，每月不定期为员工开展心理咨询，举办心理沙龙，开展心理辅导。对生产任务紧张的一线班组，适时开展团体心理辅导，对个别心理压力大的管理人员，开展个案矫治。通过开展“寻找真善美，幸福你我他”团体心理辅导活动，培育员工真诚善良互信的美德，帮助员工打消隔阂，凝聚团队力量；通过开展音乐心理疗法，让员工在舒缓流畅的音乐旋律中抛弃生产工作中的不良情绪，回归积极向上的阳光心态；通过沙盘疗法，引导员工从多角度思考人生和工作问题，走出心理死角，走上健康心灵轨道。

三是以爱感人，共筑绿色中国梦。“全程绿色，健康中国”是中绿集团企业文化的核心理念，围绕这一理念和共同愿景，集团坚持以爱感人，用爱心将员工凝聚在“绿色食品选中绿”的绿色食品文化的传播下，共筑绿色中国梦。集团每年都从企业利润中拿出一大部分资金用于社会慈善事业，同时发动员工积极投身公益事业，多年来，先后举办数届“泛闽南区万人爱心大博饼”活动，创下大吉尼斯世界记录；举办中绿粗粮王“健康达人秀”活动，倡导绿色生活观念，引领绿色风尚；参加抗震救灾行动，培育心手相连众志成城的民族观念；捐助寒门学子，圆梦大学校园，培育社会责任和公民责任；

此外，中绿依托集团优势，推行中绿特色“公司+农户+基地”现代农业发展模式，惠及百城千镇万千农户；作为国家农业产业化龙头企业，集团的工厂、基地遍布祖国各地和大江南北，每当有员工家庭遇到困难，集团都会第一时间拨出专项基金给予帮助，同时，也会有来自祖国大江南北的中绿员工伸出爱心之手，团体帮扶，在中绿工作，就是在一个爱心的海洋里工作。

石家庄洛杉奇食品有限公司

企业基本情况

石家庄洛杉奇食品有限公司位于鹿泉市绿岛火炬开发区，公司成立于 2002 年 3 月，注册资金 3000 万元，公司总资产 2.34 亿元。公司拥有中国驰名商标“金凤”和河北省著名商标“洛杉奇”两个品牌，主营“金凤”禽类制品，“洛杉奇”肉食、面食制品和生态鸡、鸡蛋的生产和销售，是一家集禽类养殖、禽肉面食品深加工、冷链物流配送、食品连锁零售为一体的混合所有制企业。公司现有员工 700 余人，其中大中专毕业生占 46.6%，有专业技术职称的占 24.2%。

公司在发展中，秉承“挑战自我，追求卓越”的企业精神；坚持“以质求胜创效益，以人为本求发展”的经营理念；推崇“时刻对品牌负责，永远让顾客满意”的质量方针，实施“以质量树立品牌，以诚信维护品牌，以创新发展品牌”品牌战略，推行“感恩、关爱、共赢”的企业文化核心思想。公司被授予“河北省著名商标企业”、“河北省自主品牌建设重点培育企业”、“河北省农业产业化重点龙头企业”、“河北省商贸名牌企业”、“全国信用评价 AAA 级信用企业”、“河北省 AAA 劳动关系和谐单位”、“全国和谐商业企业”、“共青团中央青年就业创业见习基地”、“河北省非物质文化遗产生产性保护示范基地”、“河北省工业与信息化融合重点企业”、“中国食品安全诚信体系建设示范单位”、“河北省先进集体”等荣誉称号。

公司自成立以来，积极开展农业产业化经营，目前公司已建成有 2700 亩国家柴鸡生态养殖示范基地、占地 85 亩金凤禽肉类食品加工园区、占地 10 亩洛杉奇烘焙食品加工园区、占地 100 亩金凤冷链物流仓储配送园区和由 200 余家“金凤扒鸡”连锁专卖店及 70 余家“洛杉奇”连锁专卖店组成的销售网络体系。公司养殖基地是河北省目前唯一的国家柴鸡生态养殖综合标准化示范区，公司是国家《扒鸡》和《加工食品销售服务要求（肉制品）》两项行业标准制定单位，国家工信部认定的河北省首家国家农产品冷链信息化应用试点单位，在河北省同行业中首家通过 ISO9001–2000 国际质量管理体系和 ISO22000 食品安全管理体系双认证，在河北省禽类（熟）加工行业中位于前列。

公司的禽肉类产品深加工及冷链物流项目总投资 2.5 亿元，占地 180 亩，主要建设禽肉类制品、面食食品、冷库、配送中心及办公附属设施，年产“金凤”扒鸡及“洛杉奇”肉食制品、面食产品 8 万吨，达产后年实现销售收入 5 亿元，提供就业岗位 2000 余个。

到 2015 年，公司将从一个食品加工企业发展为集禽类养殖(公司基地示范+合作社+农户模式)——禽类屠宰分割——肉、禽类制品深加工—冷链配送——终端销售（连锁销售+商超+批发流通）为一体的农业产业化集团公司。

公司产品介绍

公司主打产品“金凤”扒鸡始于光绪三十四年，已有百年历史，是石家庄商业文化发展的代表之一，具有深厚的历史文化底蕴。其原料鸡选用生长期 500 天左右的蛋鸡，经过冲洗、整理，别致成“恭卧状”造型后抹蜂蜜入锅炸至金黄色，再利用百年老汤佐以十八味香辛料焖煮十四个小时以上（其中不添加任何防腐剂），18 味辅料既是香辛料又是中草药，配合使用后产生出一种综合的醇厚香气。“金凤”扒鸡历年来荣获“石家庄市标志型产品”、“石家庄名特产”、“河北省优质产品”、“中华著名特产”、“河北省名牌产品”、“河北畅销品牌”等称号。2006 年被商务部首批认定为“中华老字号”，2007 年在河北省首届“冀菜饮食文化展演大赛上”，“金凤”扒鸡的“凤飞九天”荣获冷拼类最高奖---金鼎奖。金凤扒鸡的传统手工制作技艺被列为“省级非物质文化遗产”，2014 年 1 月“金凤”又荣获“中国驰名商标”荣

誉称号。2014年6月河北青年报发布的“什么代表石家庄”民意调查结果显示“金凤”扒鸡为石家庄市民首选特色产品。

洛杉奇熟肉制品分为高低温包装猪肉、牛肉、驴肉、兔肉系列制品以及禽类制品系列两大类产品体系，传统产品与西式产品相结合，深受广大消费者赞誉。洛杉奇面食制品在河北省素有“面包大王”的美誉，健康、营养、安全、绿色，追求“专业品质、健康共享”的理念，洛杉奇连锁店被评为“全国优秀饼店”和“全国三星级饼店”；洛杉奇月饼荣获“第五届全国烘焙技术大赛月饼制作总决赛金奖”，“中国饭店业十佳品牌月饼”称号。在2008年政府举办的近百万人参与投票评选活动中名列食品类第一名，当选“石家庄城市品牌”；2013年洛杉奇焙烤食品荣获“河北省优质产品”荣誉称号，在省会拥有众多的消费者。

洛杉奇柴鸡生态散养基地位于赞皇县原生态山林，自然环境优越，通过近十年科学选育出高品质太行鸡品种，鸡群自由啄食原生虫草、渴饮山泉水，科学辅喂优质蛋白桑，全程放养，无激素无抗生素。生产的生态柴鸡鸡肉蛋白质含量较普通鸡肉提高10—20%，柴鸡蛋蛋白质含量较普通鸡蛋提高10—15%，均具有很高的营养价值。

金凤冷链物流园

金凤冷链物流配送园区地理位置优越，处于青银高速、石铜路、232省道交汇处，距石家庄新建火车站不足8公里，距南新城铁路编组站约15公里，配送中心从获铜路可与市内各主要干线相通，交通便利，可快速将产品分流进入城区各大超市和零售网点。2013年内公司吸引了北京大红门集团、科迪汤圆、伊利集团、恒洁食品、天元集团等一批大客户入住园区，由于冷库管理规范，设施达标，公司还承担了国家冻肉储备、省级冻肉储备和市级冬春储备菜的储备任务。公司积极开展冷链物流以及生鲜猪肉、鸡肉、各类冻品、蔬菜油脂等产品的储存、批发、交易业务，形成集展示、交易、仓储、加工、配送等功能于一体的集约式农产品商贸物流园区，争取3年内交易额达到15个亿。

食品安全

民以食为天，食以安为先，保证食品安全洛杉奇公司做到了让消费者四放心：

1、公司的高度责任感可以让消费者放心

食品行业必须有社会责任感，不能唯利是图。公司特别成立了由公司总经理担任组长的食品安全管理委员会，制定了严格的食品安全生产管理制度、详细的操作规范和完善的食品安全事故应急预案，将食品安全责任落实到个人。公司定期组织安全知识培训和演练，防患于未然。公司在食品行业率先推行诚信体系建设，制定了《扒鸡》行业标准和《加工食品销售服务要求 肉制品》行业标准，引领行业的技术安全旗帜，促进了行业的道德水准按规范方向发展。

2、原材料放心

公司有自己的养殖基地进行标准化养殖，用作高端产品的原料，养殖基地是国家柴鸡生态养殖综合示范基地，从育苗、防疫、喂养都有严格的标准要求。

产品原料收购有严格的验收标准，把关非常严格，除了普通的18项检验指标外还做比如抗生素残留的检测，主要检测项目有磺胺类、氯霉素等药残的检查，保证原料不出现药残超标的情况。其他畜肉原料更是把关严格，目前河北省瘦肉精检查开展的是盐酸克伦特罗一项，洛杉奇公司原料瘦肉精检查是三项，还包括沙丁胺醇和莱克多巴胺。保持更高的要求就是为了更好防范源头的安全。

3、加工过程放心

公司通过了ISO9001质量管理体系和ISO22000食品安全管理体系双认证，建立了包括生产设备条件、生产技术水平、原料组成、产品规格、售后服务等于一体的标准体系。建立关键控制点进行工艺管控，做到了生产过程层层管控。先后引进了意大利进口的高湿低温缓化设备、真空预冷设备、气调保鲜设备等，从加工硬件上给予保证。过程控制有规范的作业指导书和岗位标准，通过对标、达标健全企业内部管理体系，被河北省工信厅列为肉制品对标工作标杆企业。

4、产品放心

食品安全的核心是质量，公司建立了28个方面食品安全管理制度，进一步规范了食品生产加工行为。公司投资几十万元建立了高标准理化分析室，并通过了市级技术中心评价，完善了公司的技术规范。同时为实现科学监督管理，公司整个食品加工链实施以产品分类、供货商分级、监管分等为手段的“三分”监管新模式。目前公司全部产品包括原辅料、过程产品等进行食品风险程度不同的高、中、低风险等级评价。在分类分级的基础上，采取动态监督管理措施，将监督信息纳入公司的信用档案，通过各部门间的信用评价达到食品安全的激励作用，有效保证了公司四大类一百多个品类的产品批批合格。

公司文化

洛杉奇公司在创立之初就确定了“感恩 关爱 共赢”的企业文化，在抓好经济效益的同时全面落实以人为本的科学

发展观，把企业文化建设活动融于生产、经营、管理的各个环节，实现经济效益与社会效益的共赢。

公司通过完善系统专业的培训提高员工的职业素养、工作技能，使员工有了更好的发展平台，满足了员工自身发展和自我价值的实现，促进了员工与企业管理者的信息沟通，增强了企业的向心力和凝聚力，为公司战略目标的实现打下坚实的基础。近年来，公司建立了层级培训制度，开展了全方位、多层次的人员培训，包括员工入职培训、岗位培训、心理素质培训、户外拓展训练、团队执行力训练以及消防安全培训演练等活动。

公司经常组织召开丰富多彩，健康向上的业余文化活动。公司针对女职工占多数的实际情况，每年三八节都会组织女性健康、养生、礼仪等方面的讲座，让员工关注自己，了解自己，更加自信和从容地工作和生活；每年春节组织举办表彰大会，进行先进工作者、先进集体、明星店面等评选，发挥榜样和模范的带头作用，激发员工工作积极性和主动性；开展丰富多彩的文艺汇演活动，参加“廉政文化主题歌会”，参加乒乓球、羽毛球友谊赛，组织公司新老党员参加党员活动日，组织党员参加西柏坡、狼牙山、白洋淀党员宣誓暨红色旅游活动，组织员工在灵寿县“全国三八绿色工程示范基地”开展义务植树活动等，最大限度地吸引员工积极参与，陶冶了员工情操，培养了团队精神，丰富了员工的业余文化生活。

公司注重企业的社会服务作用，热心公益事业。2008年汶川地震后公司累计向灾区捐款达60余万元并将一万只“金凤”扒鸡和500顶帐篷运抵灾区，表达了河北人民对灾区人民的深情厚谊；四川平武灾区的49个孩子来到石家庄后，公司连续三年组织人员陪他们欢度中秋节和生日；2009年，公司将8万元爱心善款送至希望工程，在晋州兴办了一所希望小学，2013年又继续向希望工程捐款5万元；公司还帮助赞皇县野湖泉村及井陉县岳家庄等贫困村进行饮水改善工程建设，保障当地人民的饮水安全。公司还定期组织员工到石家庄市福利院看望残疾儿童，慰问西柏坡孤儿院儿童；在消费者心中树立了以人为本，勇担社会责任的良好形象。公司在2014年被河北省政府授予为“河北省先进集体”荣誉称号。

河北大午农牧集团食品有限公司

河北大午农牧集团食品有限公司始建于2000年5月，是河北大午集团投资3000多万元兴建的现代化食品加工企业。大午食品公司依托大午集团的产业优势，结合大午种禽公司、大午饲料公司，建立了稳固的大午养殖基地，十几年来一直致力于打造以鸡肉系列为主的研发、饲养、加工、销售一条龙的食品加工企业,建立了从孵化饲养、饲料专配、屠宰加工、物流配送所有环节的食品安全可控生产流程，是经国家农业部认定的全国农产品加工示范基地，2005年通过了ISO国际质量管理体系认证。

公司生产的大午徐水驴肉是地方特产的代表，大午徐水驴肉是代表保定特产的城市名片，原料肉和东阿阿胶集团合作，保证了驴肉原料的来源纯正，大午徐水驴肉选用精品驴肉为原料，采用传统工艺，精工细作而成。用优质原材料作放心食品，打造健康产业链，大午食品永远做良心产品是我们的行为标准。

公司生产“慢吞吞牛肉系列”、“风味蛋”及各种休闲食品系列，以安全、营养、美味的品质，深受消费者的喜爱。大午食品以丰富的产品生产线，安全美味的品质、完善的销售体系、优质的售后服务，深受消费者的信赖。大午食品已经融入全国市场，并赢得了良好的社会声誉。

2004年在保定市首届美食节荣获“保定知名小吃”称号；2005年被河北省工商局认定为“河北著名商标”，2007年被认定为“保定市放心肉制品生产企业”，2008年被认定为“保定市放心食品品牌”；2009年被河北省质检局评为“河北省名牌产品”；2011年被河北省工信系统评为“河北省中小企业名牌产品”；2013年再度被评为“河北省著名商标企业”“河北省名牌产品”。

大午食品坚守品质取胜，做良心产品，我们的目标是打造一个高认可度、高性价比的健康食品事业！

产品：

大午烤鸡系列：选用500日龄健康母鸡，从活鸡宰杀，烤制，包装，灭菌到上市需要三十多道工序，精湛的工艺，全方位营养配方加上现代化全自动温控设备，严格的量化管理，使大午烤鸡色、香、味、型俱佳，121度高温灭菌，口味独特，老少皆宜。

驴肉系列：

驴肉传说：

传说在保定城和徐水之间的漕河地区，曾经有两个较大的帮派：漕帮和盐帮。盐帮贩卖私盐常常依赖漕帮水运。后二派起了争斗，盐帮只好改私盐水运为陆运，驴是主要的交通工具。但漕帮多次袭击盐帮的运盐队，常常获胜，缴获大量毛驴。后试以卤制驴肉为食，得美味。为了方便携带，以当地火烧裹夹驴肉以充干粮。

谚谚语云：天上龙肉，地上驴肉。要长寿，吃驴肉；要健康，喝驴汤。吃了驴肝肺，能活一百岁。

驴肉的营养极为丰富，每 100 克驴肉含蛋白质 18.6 克，还含有碳水化合物、钙、磷、铁及人体所需的多种氨基酸。中医认为驴肉的功效一是补气养血，用于气血不足者的补益；二是养心安神，用于心虚所致心神不宁的调养。功效非凡的阿胶制品，就是用驴皮熬制而成的，具有很好的补血护肤养颜功效。

科学测定：驴肉“两高两低”；高蛋白，低脂肪；多氨基酸，低胆固醇。对动脉硬化、冠心病、高血压有着良好的保健作用。另外还含有动物胶、骨胶朊和钙酸等成分，能为老人、儿童、体弱和病后调养的人提供良好的营养补充。

《本草纲目》载：驴肉味甘、性凉、无毒。解心烦，止风狂、补血益气，治远年劳损。

驴肉、阿胶具有补血益气，护肤养颜的功效，最适合女士美容养颜。成就美女的三件宝：木瓜丰胸，木耳减肥，驴肉养颜。驴肉可健脾肾、固精填髓、补血益气、护肤养颜。

大午集团食品有限公司驴肉系列产品，采用山东东阿集团的生驴肉，采用传统工艺，现代科技，配以天然辅料及调味品，真空包装、高温灭菌而成，味道鲜美，风味独特。

河南众品食业股份有限公司

一、公司概况

公司成立于 1993 年，总部位于河南许昌。

定位：中国肉类产业链整合商，中国温控供应链集成服务商。

布局：全国布局 9 个加工制造业基地，25 个温控供应链服务业基地。

规模：2013 年，主营业务收入 145 亿元，其中加工制造业 119 亿元，服务业 26 亿元，利税 5.6 亿元，就业员工 1.2 万人。

资质：获得农业产业化国家重点龙头企业、全国农产品加工示范企业、全国新农村建设百强示范企业、全国农业农村信息化示范基地、全国电子商务示范企业、博士后科研工作站、国家级企业技术中心、国家级检测中心、国家猪肉加工分中心等荣誉资质 19 项。

二、产业体系

农牧产业：依托区域农产品资源优势，建立“六方合作”产业联盟模式，实施“五统一”管理，合作养殖场 485 家，年出栏生猪 400 多万头。

加工制造业：生猪加工能力超过 1000 万头，肉制品深加工能力 15 万吨/年，猪副产品综合加工能力 3 万吨/年，上市产品 1200 多种。

服务业：在全国已建 15 个销地冷链物流中心，10 个产地冷链物流中心，标准化多温带冷库容积 120 万立方米，冷藏车辆 1500 多部，服务网络覆盖 26 个省、区，拥有“鲜易网”、“中国冷链网”两个电商平台和农产品物联网应用中心。

三、社会责任

带动就业：通过产业链带动养殖场、养殖户 15 万户、种植户 3.2 万户、农村经合组织和家庭农场 630 个，累计培训农民和农村经纪人 30 万人次。

食品安全：应用冷链、IT 和标准技术，建立全程质量安全控制和追溯体系，主持或参与制（修）订国家标准、行业标准 15 项，通过了 GAP、GMP、SSOP、HACCP、ISO9001、ISO1004 等体系认证和新加坡 AVA、美国 FDA、北美 AIB 等注册，检测中心通过 CNAS 认证，无发生食品安全事件。

员工成长：投资 2.5 亿元为员工建设标准化员工公寓和配套生活设施，每年投入 2000 余万元用于员工培训，连续 5 年获得中原最佳雇主称号。

环境责任：投资 6300 万元建设公益型污水处理设施，每年投入 2300 多万元用于环境保护。

公益事业：近 5 年来，累计投入 9600 多万元用于公益事业，2013 年出资 2000 万元成立众品阳光公益基金。

公司目前在进口方面主要与美国、法国、爱尔兰、加拿大、巴西、丹麦澳大利亚、文莱、智利、中国、中国香港、印度尼西亚、日本、韩国、马来西亚、新西兰、秘鲁、菲律宾、中国台北、泰国、巴布亚新几内亚、新加坡、越南、墨西哥等国家的著名厂商有直接往来，进口品种主要有：猪肉及猪副产品、鸡副产品、牛羊肉及其副产品；出口经营品种有：冷鲜肉、低温肉制品、速冻果蔬（芦笋、荠菜、青豆、黄桃、胡萝卜丁、草莓等）、蔬菜罐头等农产品的出口贸易以及相关果蔬产品的国内贸易，目前已与香港、澳门、俄罗斯、朝鲜、韩国、哈撒克斯坦、吉尔吉斯坦、德国、荷兰、澳大利亚以及非洲等五十多个国家和地区的客商建立了良好的贸易关系。公司年贸易总额达 1000 万美元以上，公司每年都有大量的外商来公司亲自进行考察和参观，随着公司知名度的增加，美国、韩国、日本等一些在食品界要求较高的国家已经开始立足中国寻求供应商，“众品”已经成为他们寻找合作伙伴的重要对象。

未来几年，公司将依托区域性农产品资源优势，以市场为导向，专注于食品加工制造业和温控物流服务业，致力于把公司建成最有价值的国际农牧产业集团。

雏鹰农牧集团股份有限公司

雏鹰农牧　守质如金　侯建芳

“做食品就是做良心，安全是最重要的，而要做到安全，就必须时刻绷紧‘质量’这根弦。”

——雏鹰农牧集团董事长　侯建芳

发展生态产业，引领时尚生活。

这是一家农牧上市企业最为执著的企业信念。这家始创于 1988 年的企业，不仅在默默地践行着自己的承诺，而十余年如一日对质量和安全的坚守，也让雏鹰农牧集团股份有限公司收获了越来越多的赞誉和信任。

肯定：获“2013 年度郑州市市长质量奖”

5 月 28 日，郑州市质量工作暨创建“全国质量强市示范城市”动员大会在郑州市嵩山饭店召开，会议公布了 5 家荣获 2013 年度市长质量奖单位，雏鹰农牧股份有限公司（以下简称“雏鹰农牧集团”）榜上有名。

据悉，郑州市市长质量奖（以下简称“市长质量奖”）

是郑州市政府设立的全市最高质量荣誉，授予在质量管理和运营绩效上成绩突出的“硬”派带头单位。

此次雏鹰农牧集团获得市长质量奖，是对企业质量管控和产品安全方面的一个高度肯定。为满足人们对绿色、安全、生态食品的消费需求，雏鹰农牧在行业内大力发展生态养殖，其产品“三门峡雏鹰黑猪”成为业内唯一生态原产地保护产品；企业积极构建完整的产业链、先进的食品安全追溯管理系统，并在行业内率先引入“首席质量官”制度，这均体现了企业对食品安全的前瞻视野及产品质量及高标准要求。

“做食品就是做良心，安全是最重要的，而要做到安全，就必须时刻绷紧‘质量’这根弦。”雏鹰农牧集团董事长侯建芳在接受媒体采访时，如是说。

管理：以安全为核心的管理文化模式

雏鹰农牧集团由董事长侯建芳于1988年创立，经过20多年的发展，已成为一家大型现代化农牧企业集团。

公司秉承“优势互补、合作共赢、风险共担、成果共享”的经营理念，在长期发展过程中，探索出了独特的雏鹰模式，从而实现了带动合作农户增收的同时，企业也得到了快速发展。2010年9月，公司在深圳证券交易所成功挂牌上市（股票代码：002477），被誉为“中国养猪第一股”。

提起“雏鹰模式”，在养殖行业内无人不知，无人不晓。它是雏鹰农牧集团经过多年实践摸索创新的养殖模式，不同于传统的‘公司+基地+农户”和工厂化养殖模式，它将各种模式的优势加以组合创新，拥有丰富的养殖文化特色和安全内涵。

雏鹰模式是雏鹰文化的沉淀。“雏鹰模式”不是生硬的规章制度，而是包含了雏鹰农牧集团与养殖户之间的信任关系，以及雏鹰文化的沉淀。

雏鹰农牧集团2001年开始打造“雏鹰模式”，直到2006年才相对成熟，主要难点在于如何处理公司与农户以及不同养殖阶段的农户之间的关系。

雏鹰农牧集团董事长侯建芳表示，在长期的养殖过程中，他发现自己的家人，由于具有了为自己干的心理和高度的责任心，因而养殖的成活率都远远高于一般的养殖人员，因此，要想让合作农户把养殖做好，关键还是在模式上让他们产生同样的心理，这样可以充分调动农户的积极性，提高养殖效率。

因此，在合作养殖过程中，雏鹰农牧集团从头至尾建立了一套让农户为自己干的制度。在不同阶段通过不同的核算方式与农户合作，农户在养殖过程中所消耗的各种原材料与其收入挂钩，公司与农户各担其责、优势互补、共享成果。这一系列的制度设计都是在实践中不断摸索出来的，同时也需要公司与农户以及农户与农户之间的信任关系来践行。因此，“雏鹰模式”的设计与实施与其管理文化理念息息相关。

“雏鹰模式”的三大安全保障。首先，“雏鹰模式”能够有效保证猪肉的质量与安全。由于农户要加盟雏鹰就必须遵守雏鹰的各项规章制度，雏鹰农牧集团对养殖环境和使用的饲料进行统一规定，对养殖过程进行统一管理，并派出专业的养殖人员对农户进行管理和监督。这种模式最大程度地保证了公司出产猪肉的质量与安全，能够有效防止“瘦肉精”等其他猪肉安全事件发生。

其次，“雏鹰模式”有利于公司的快速扩张。“雏鹰模式”实际上就是有保底、有产权的“公司+农户”模式，本质是公司承担市场风险，农户承担养殖风险，公司管理只需对技术人员进行管理即可，农户会自觉尽责养好猪，使得管理大大简化，有利于内部迅速复制。

再次，“雏鹰模式”还结合了物理隔离和技术防疫的优势，在实现规模经营的基础上将公司疫情风险降到最低。

“雏鹰模式”的多赢经营机制，开创了一条在实现企业自身发展的同时，带动广大农民增收致富的特色之路。在近几年经营实践中，雏鹰农牧集团通过与当地农民合作，解决了农民“缺资金、缺技术、缺市场”的难题，为中央农业产业结构调整、社会主义新农村建设、破解“三农问题”提供了一把“金钥匙”！

随着社会的发展和行业动态的变化，“雏鹰模式”也与时俱进地被赋予了新的内涵和精神！

养殖：源头控制+科学管理+疾病防控=安全有保障

雏鹰农牧集团自成立以来，秉承“让国人吃上安全肉”的核心发展理念，积极探索生态养殖新模式，打造以生猪养殖为基础的全产业链战略布局。目的在于为老百姓的餐桌提供健康安全的放心肉。

饲料安全是畜产品安全的前提和保障。饲料生产是雏鹰集团辅助配套业务的关键环节，为有效控制饲料安全，养出健康的猪，雏鹰农牧集团还兴建了现代化的饲料加工厂，生产以玉米、豆粕、麸皮等为主原料的专用配合饲料。同时把好入门关，饲料原料入库前，须进行农药、重金属含量检测，对不符合要求的饲料原料不许入库加工。饲料厂拥有严格的品质管理机制，品管部门严格对原料接收、保存 ，对成品加工、储藏等各个环节进行监控，使产品具备了可追溯性。

吸收现代化养殖模式的优点的同时，雏鹰农牧集团还对生产的各个环节加强卫生防疫工作。历年来，我国生猪养殖业的巨大波动，都与疫病流行有着极为密切的关系。在疫病未得到有效预防的情况下，一些养殖户有可能遭受生猪大量死亡，血本无归，损失惨重的境地。对规模化养殖企业来讲，由于养殖规模巨大，风险则成倍增加。

因此，雏鹰农牧集团尤其重视猪群的防疫情况。雏鹰农牧集团采取“六统一”的管理模式，其中对于防疫及防治药品实行统一采购，并对药品购置、使用和废弃建立科学管控体系，有效防止饲养户擅用违禁药品和非法添加物。坚持“预防胜于治疗、预防为主”的理念，实行“总兽医师、巡回兽医、驻场兽医”三级兽医体系和兽医处方制度，严格执行国家有关休药期制度，为不同阶段畜禽制定相应防疫制度，从源头上消除了食品安全隐患。

雏鹰农牧集团在生产中时刻贯彻“养重于防、防重于治”的方针，在搞好饲养管理的基础上，通过严格的环境控制和综合的疫病防控，再加上科学的饲养管理，最大限度地保证了猪群健康，提高了生产效率。

质量为基、市场为导、渠道为媒

——好当家食品国际化品牌发展之路

好当家集团成立于 1978 年，经历了靠捕捞业打拼原始资本，靠养殖业积累经济实力，靠食品加工业实现二次起跳，靠高新技术、滨海旅游等新兴产业快速腾飞，现已发展成为集五大产业于一体，拥有 50 多家下属企业的国家级企业集团，2004 年山东好当家海洋发展股份有限公司成功上市，是国内第一家以海水养殖及海洋食品加工为主营业务的上市公司，好当家先后被评为全国食品工业百强企业、农业产业化国家重点龙头企业，“好当家”海洋食品被评为中国名牌产品，好当家注册商标被评为中国驰名商标。

好当家集团有限公司自成立伊始，便将成为世界第一的健康海洋食品的缔造者为目标，努力发展食品产业，以科技为先导，以创新为动力，以品牌为灵魂，以发展纯天然水产养殖、生产绿色无公害食品，以向人类提供健康海洋食品为己任，做大做强。

一、二十多年年食品出口历史，丰富的生产管理经验。

上世纪九十年代初，好当家集团有限公司在传统产业海洋捕捞和水产养殖不断发展的同时，日益清晰的认识到：随着社会经济水平的提高和人们饮食习惯的变化，只有实现这些水产品的精深加工，才能保值增值，取得更好的发展。为此，好当家通过兴办合资企业，把国外的资金、技术、管理和市场引进来，大力发展精深加工。

1990 年，好当家与韩国东源株式会社共同成立了荣成市第一家合资企业——源运水产有限公司，从事水产品的精加工，产品有鱼排、虾排、鱿鱼圈等，成品直接销往日本、韩国以及欧美市场，，开启威海市大批建设冷冻食品出口企业的序幕。以此为契机，好当家兴建了 17 家食品加工企业，实际利用外资上亿万美元合作领域也从单一的水产品精深加工拓展到蔬菜类、肉食类、面食类等多个系列 300 多个品种的“好当家”牌系列冷冻食品，年产量 10 万多吨，成为我国重要的绿色食品生产基地和出口基地。悠久的食品加工出口历史，使好当家掌握了成熟的加工工艺和严格的质量标准，并积累了丰富的生产管理经验，为国内市场的迅速开拓，打下了坚实的基础。

二、成立专门的研发机构，确保产品科技含量。

为了保证生产工艺的科学性和产品种类的丰富性，提高产品的营养价值，好当家集团成立了专门的食品研发中心，配备先进的科研设备和优秀的研发人才，以省科学院雄厚的科技支撑，保证了好当家食品种类的丰富性和营养的合理化。

随着国外市场的不断成熟和中国经济水平的不断提高，好当家又把目光投向国内，致力于提供可以改善国人体力、智力水平的海洋生物食品，与山东省科学院、山东省轻工业学院、中国海洋大学、山东大学威海分校等科研院究合作，以现代生物学、营养学、烹饪学为基础研制开发出了即食鲜海参、海参原浆、海参胶囊、即食鲍鱼、即食大虾等一系列方便易携的海洋即食食品。近年来，随着海洋生物产业的发展和人们对海参药理功效的开发和肯定，好当家加大对海参多糖、海参皂苷药理功效及制备工艺的研究，结合传统中医理论，采用生物酶解、萃取分离等技术，开发出一系列具有提高人体免疫力、抗疲劳、调节三高等功效的海洋功能食品和生物药物制剂，具有纯天然、无副作用、针对性强，效果明显的特点，均已通过临床试验，投放市场后深受消费者的

欢迎。

三、拥有广阔的原料基地，提供优质的原料。

好当家集团以捕捞业起家的，但敏锐的意识到海洋捕捞业势必因鱼类资源的骤减而衰退。上世纪九十年代初好当家就开始大力实施“以养兴渔”战略，投资数十亿元资金，在海域水质达到国家一类渔业水质标准的公司驻地兴建了 5 万多亩的“天海湾海洋牧场”，从过去养鱼养虾的全面开花经营模式，变为名优海珍品的养殖。好当家养殖区实行投苗不投饵的立体养殖方式，下层水底主要养殖海参，中层水体主要养殖中国大对虾、扇贝等，上层水体主要养殖海蜇。同时又开发了 35 万平方米海参苗种基地、30 万个海上育苗网箱和 21 万亩深海养殖基地，为海洋食品的加工带来丰富的原料。

好当家采用企业+农户的方式，在全国各地兴建十数个果蔬、畜牧生产基地，采取签订农副产品购销合同、免费提供技术服务、保证回收产品等措施，调动周边镇村农户的积极性。在黑龙江、山西、河北、内蒙古等十多个省、市发展起了果蔬、畜产品等种养殖基地 20 多万亩，带动各类种养殖专业村 100 多个。

四、严格的质量控制体系，强有力的质量保证。

好当家在管理上主动与国际标准接轨，所有食品生产车间都严格按照 ISO9002、ISO14000 等质量管理体系及 HACCP 质量认证体系，对产品生产的各个关键点进行控制、追踪，严格掌控各生产环节。随着食品安全重要性的日益增强，好当家建设了通过国家实验室认可的高标准中心检测室——好当家海翔食品检测服务有限公司，被评定为“出口农产品区域检测中心”，可面向社会的检测服务。该实验室配备各类检测设备 50 多台套高端的化学分析设备，可进行 700 多项农兽残的检测，为好当家进一步确保产品安全走向市场提供了最大保障。好当家严格按照国家规定，所有产品包括苗种、鲜品、加工成品在上市前均必须实行现场抽样，通过实验室检测，贴有合格证标签，方可进入下一步生产环节，保证了产品原料新鲜产品质量合格，为确保产品安全走向市场提供了最大保障。

五、以市场需求为导向、建立科学的营销体系。

要叫响“好当家”的中国海洋食品第一品牌，光靠优质的产品与完善的市场是不行的，还要建立起商标的特色，能够在潜移默化中培养消费者对商品的认同感与归属感。1998 年好当家聘请国内知名的企业策划专家进行咨询策划，并按照企业名称和产品名称统一的国际惯例，着力打造“好当家”品牌，构建好当家的核心竞争力。

好当家通过自主经营或加盟代理的方式在全国范围内开设连锁店，成立餐饮事业部、电子商务事业部，实行“统一品牌、统一包装、统一价格、统一质量”四统一原则，先在省内城市开，然后辐射省外城市；先在大城市开设，然后辐射小城市，建立起完善高效的市场终端营销网络。目前，好当家在国内销售的鲜活品可以空运到中国各中心城市，在数小时内可端上餐桌；冻鲜品在安全的冷链保障下销往各大城市，并进入千家万户。

郑州思念食品有限公司

一、董事长基本情况

姓　　名：李 伟　　　　性　　别：男

出生年月：1968.7　　　　民　　族：汉族

籍　　贯:河南省驻马店遂平县　　学　　历：本科

二、工作简历

1990.07—1992.09　河南省技术监督局

1992.10—1996.09　“苹果”服装河南总代理

1996.09—1997.06　联合利华“和路雪”河南总经销经理

1997.06—2001.12　河南省思念速冻食品有限公司总经理

2001.12—2005.09　河南思念食品股份有限公司董事长

2005.09—现在　郑州思念食品有限公司董事长

三、荣誉

2001 年，获得郑州市“五一”劳动奖章

2001 年，获得郑州市第七届“十大新闻人物”称号

2004 年，当选为郑州市人大代表

2004 年，获得“新长征突击手”称号

2005 年，当选为第二届河南省优秀创业企业家

2005 年，当选为郑州市优秀民营企业家

2006 年，河南省食品工业杰出企业家

2006 年，获得首届郑州市“优秀中国特色社会主义事业建设者”称号

2007 年，当选为郑州市优秀民营企业家

2008 年．当选为郑州市优秀民营企业家

2009 年，当选为河南省、郑州市优秀民营企业家

2009 年，当选为“河南省十大杰出青年企业家”

2010 年，被授予“中国速冻产业二十年--突出贡献奖”。

2012 年，当选为河南省工商联副主席。

2013 年，当选为第十二届全国人大代表

2013 年，当选为郑州市嵩山文明研究基金会理事

四、主要业绩

李伟同志于 1997 年创建思念食品，2006 年 8 月份思念公司成功在新加坡上市。目前思念公司拥有郑州、成都、湖州、广州四大生产基地，年产值 48.8 亿元，国内市场占有率 20%以上，思念公司产品出口美国、澳大利亚、加拿大、法国、意大利、日本、香港、澳门等二十多个国家和地区，拥有员工 10000 多人，是国内最大的专业速冻食品生产企业之一。

思念食品被农业部、财政部等国家九部委认定为“农业产业化国家重点龙头企业”；被河南省政府确定为“河南省百户重点工业企业”之一；思念公司携手奥运，成为“北京 2008 年奥运会速冻包馅食品独家供应商”；思念品牌连续六年被国际五大品牌评估机构之一——“世界品牌实验室”与“世界经济论坛”及其独立的评测委员会，评估为当年“中国 500 最具有价值品牌”；2009 年品牌价值评估达 44.9 亿元，蝉联“中国品牌年度大奖——速冻食品类第一名”，成为中国速冻食品行业第一价值品牌；2011 年荣获河南省百高企业；2012 被农业部认定为“主食产业化示范基地”；思念品牌是“中国驰名商标”、“河南省国际知名品牌”；“思念”牌汤圆、水饺还双双荣获“中国名牌产品”。

作为中国知名企业，公司在做大、做强的同时，更追求企业的社会责任感。公司成立十余年来，不忘回报社会，累计已捐款 6000 万元以上。

2008 年 5 月 12 日四川省汶川县发生 8.0 级特大地震，公司第一时间向灾区人民捐赠几百万元的食品、车辆和现金。

作为 2008 年北京奥运会速冻包馅食品独家供应商，思念食品捐赠 4000 多万元全程赞助的“福娃爱心传递 共享和谐奥运”大型公益活动，让无数生活条件困难的孩子圆了福娃梦，同时也带动了社会各界爱心人士积极参与到关心下一代成长的公益事业中来。

2009 年 7 月，希望工程圆梦行动启动暨思念助学基金成立仪式在郑州举行。“河南希望工程圆梦行动”是由共青团河南省委、河南省青少年发展基金会发起实施的一项以资助贫困大学生为主体的公益活动。在此次活动中，思念食品出资 1000 万元，携手河南希望工程，设置思念助学基金，为贫困学子插上梦想的翅膀！

2011 年 1 月，思念食品响应市委、市政府“爱心捐赠公交车辆”活动，通过郑州市慈善总会向社会捐赠 7 辆公交车，价值 455 万元。

2013 年 4 月 21 日四川省雅安地震后，思念公司第一时间成立地震救援小组，快速启动思念食品抗震救灾专项工作，向地震灾区捐赠 150 万救助物资。

2014 年 2 月份捐赠工商联举办的慈善公益活动现金 100 万元整。

五、企业简介

郑州思念食品有限公司是国内最大的专业速冻食品生产企业之一，成立于 1997 年。公司产品涵盖速冻汤圆、速冻水饺、速冻面点、速冻休闲食品、速冻西点、速冻调理制品等六大系列、300 多个花色品种，主要产品在国内市场占有率高达 20%以上，其中“思念”牌汤圆、水饺双双荣获“中国名牌产品”。

产品创新与品牌营销是思念食品得以立足并快速发展的两大引擎。在速冻食品行业还停留在生产沙质馅、大个头汤圆的时候，思念小小汤圆以小个头、流质馅华丽亮相，并于 2012 年被行业授予“畅销 12 年金品大奖”；思念金牌灌汤水饺，打破水饺在口味上的地域属性，将南北地域美食的特点融入水饺的研发中，混搭跨界让思念金牌灌汤水饺在众多水饺品牌中脱颖而出；思念中华面点成为继思念水饺和汤圆之后第三大产品系列，在保持和发扬中国传统面点工艺“色”、“香”、“味”的基础上，思念食品又创新性的研发出卡通包、水果包两大全新产品。水果包因其外形动感、时尚，内馅料真味足，荣获“2013 年度方便食品行业创新产品“大奖。

思念食品在品牌营销上一直独树一帜。2006 年 9 月，思念食品携手奥运，成为“北京 2008 年奥运会速冻包馅食品独家供应商”，是速冻食品行业中唯一的一家；2012 年，国内速冻行业首家品牌馆---思念品牌馆落户郑州；2013 年，思念食品在品牌营销上又全面升级：8 月，思念食品更换标识：以“红豆”为壳，“思念”为核的设计理念，承载了“思念”品牌传达的情感意义；以中国红为主色调，象征企业肩负着传承中华美食的神圣使命，并且传递着热情，积极进取，勇于挑战的企业文化；10 月，以思念金牌灌汤水饺名义赞助的湖南卫视国内首档家庭亲子类节目《爸爸去哪

儿》，自首播之日起火爆荧屏，该节目平均收视份额17.85%，成功超越了年度其他综艺栏目，位列全年第一位，在节目的拉动下，思念金牌灌汤水饺业已成为水饺系列中的明星；12月，思念玉汤圆赞助《中国达人秀》V5季，玉汤圆"有姿色、更出色"的产品理念与达人秀中草根明星才艺展现的完美结合，成为娱乐营销中产品与节目有效统一的样板；2014年3月，思念食品与东方卫视再度结缘，以思念中华面点名义独家冠名赞助喜剧类真人秀节目《笑傲江湖》，同时主推中华面点旗下两款最具创新型产品卡通包与水果包。自此，思念食品三大主线产品纷纷牵手娱乐营销，成为速冻食品行业中营销模式最清晰、思路最一致、效果最鲜明的企业。

以创新为本，以"中华美食现代化，世界美食本土化，企业发展共享化，顾客满意思念化"为企业使命的思念食品，正全力引领速冻潮流，成就中国第一，为消费者缔造美好饮食新生活。

六、公司大事记

公司成立于1997年。

2006年8月在新加坡证交所挂牌上市，是中国第一家海外上市的速冻食品企业。

2006年9月成为北京2008年奥运会速冻包馅食品独家供应商。

是中国最大的速冻食品生产加工企业，主要生产水饺、汤圆、粽子、休闲食品、油油炸食品等七大系列，300多个品种。

郑州工业园区占地350亩，产能36万吨，员工8千人

成都厂2007年7月份投产，年产能8万吨、湖州生产基地2008年3月投产，年产能12万吨，广州生产基地2012年1月份投产，产能10万吨建设完成。郑州新工业园2010年11月份投产，占地500亩，是目前国内最大、最先进的速冻食品生产基地，年产能达到50万吨。

思念公司已通过ISO9001:2008国际质量管理体系认证、ISO22000食品安全管理体系认证并获得HACCP认证；公司拥有国家CNAS认可检测实验室、国家级企业技术中心和省级工程技术中心。

销售网络遍及全国，并在世界20多个国家和地区有销售网络。

山东香驰粮油有限公司

香驰天下五谷食用油在创新中成长，在坚守中走向成熟

天下五谷是香驰控股公司专业食品品牌，始于2009年，是香驰控股为进军小包装食用油而着重开创，拥有大豆油、调和油、玉米油、花生油等全系列产品，其中"天下五谷粗粮营养调和油"由公司与河南工业大学油脂科研团队联合研发而成，是全国首个以粗粮为概念的调和油产品，深受广大消费者及经销商的好评。经过几年的发展，"天下五谷"品牌已成为山东省区域内食用油行业领导品牌，全国食用油行业的知名品牌，上市5年来，每年以50%以上的市场增长量，缔造了中国食用油市场的一颗新星。

第一部分　天下五谷产品发展历史

一、天下五谷的由来

香驰控股有限公司成立于1989年，20余年来一直专注于食用油行业的发展，先后建设了3条大豆油加工生产线，日加工大豆达8000吨，年生产豆油40余万吨，成长为中国食用油十强企业。长期以来，油类产品单一，以散装及贸易化运作，或供给其他品牌厂家灌装小包装食用油销售。因油类产品的单一及贸易化运作，产品毛利点较低，往往受下游贸易商的制约，而近几年，国人对食品健康的需求已越来越高，散装油的市场越来越萎缩，中国食用油市场小包装品牌化趋势越来越明显，面对行业发展的新局面，继续采取原有散油及贸易化销售将在竞争中处于劣势。因此，香驰管理团队经过缜密的思考，决定上马小包装食用油项目，建设香驰自己的食用油品牌，占领消费一线市场，并为品牌赋予了向亮的名字—天下五谷，2009年9月9日，天下五谷食品公司也因此应运而生。

二、小包装产品初上市遭冷遇

小包装生产线2009年初建成试产，生产一级大豆油的5升及4升规格。由于新组建的销售团队多从原散油销售队伍中转岗而来，没有快速消费品操作经验，加之产品品种单一、产品形象差，行业竞争激烈，初入终端消费品市场的香驰小包装油上市即受到了市场的冷遇，产品上市3个月，只销售了2000余吨，生产线开工率严重不足，产品只能靠价格竞争取得部分低端客户的订单。复杂而竞争激烈的包装食用油市场给香驰人上了生动的一课。

三、品牌化战略的创新梳理

产品上市后遇到的一系列问题和挑战使香驰团队冷静了下来，香驰人认识到小包装食用油产品是终端消费品，不是简单的换了包装形式就可以拿到市场上叫卖，必须对市场进行深入的分析，辨明方向，借鉴其他品牌成功经验，创新营销思路。

2009 年，小包装食油产品已面市十几年，市场上已发展为金龙鱼、福临门、鲁花等食用油巨头的全国布局，三家合计全国市场占有率达 60%；同时而各地方又有一些小品牌、小杂牌争当地头蛇，全国食用油品牌达 500 余个。同时，通过分析我们也认识到，虽然三大品牌具备寡头的市场占有率，但仍然有众多的小品牌存活并发展，占据着超过 40% 的市场份额。

从市场环境的角度来看，小包装食用油行业虽然存在寡头，对新进入者而言比较残酷，但这些寡头有寡头体量却无寡头的实质，他们虽然能够覆盖到农村市场，但其终端掌控力仅止于三线市场。在很多市场，大品牌对终端的管理也仍是粗放式，除三大家一线品牌外，市场上没有出现强有力的跟随品牌，区域品牌王屈指可数。因此说，小包装食用油行业并非铁板一块，还有新品牌、新资本进入和发展的空间。在中国小包装食用油市场容易在不断壮大的情况下，在中国广泛的市场空间里，中小食用油品牌仍会大有作为，甚至可以后来居上。

通过对市场的深入分析，使我们坚定了未来的方向，整个行业和产业给我们的机遇是足够多的，只是操作方法上存在的不足，必须创新调整，重新梳理战略方向，清晰化品牌及产品定位，建设自己的渠道和网络才能在激烈的市场竞争中占有席之地。

为此，重新组建了整个公司营销及研发团队，外聘有行业经验的职业经理人加盟。与行业知名营销咨询公司及广告策划公司合作重新梳理市场及建设品牌。新组建的团队深入市场、组织消费者座谈，咨询行业专业，重新梳理了品牌的战略定位，重新进行了产品设计，对渠道及网络功能布局进行了规划和调整。提出了一系列的创新思路和操作办法，并在具体工作中不断完善总结，形成了有公司特色的营销体系，经过具体实践检验，取得了良好的效果。

第二部分　品牌建设及营销定位

一、食用油布局战略定位

公司布局小包装食用油业务上，确定采取“创新性跟随，资源集中化切入”这一战略方向，结合公司现状采取此种切入战略具有以下两方面优势：

第一方面的优势，在现有竞争对手的基础上进行有限创新，提供更符合渠道需求的事业机会和消费者需求的产品服务，同时还可以免去教育市场、培育市场的痛苦，大大缩短市场启动的时间，节约教育成本，使企业资源得到更有效的利用。

第二方面的优势，选择优秀的区域市场作为核心市场，进行集中化切入，可以在局部形成相对的竞争优势，便于渠道和消费者的接受和认知，便于将核心市场建设成样板市场，便于打造区域强势品牌，对于以后的市场拓展也有巨大的示范作用。

二、品牌定位

通过对市场的盘整，宏观环境的分析以及对竞品的了解，我们认为公司小包装食用油的产品组合必须以高中、中低档，豆油和调和全品相覆盖，才能在市场上获得更多的消费者认可。

在品牌操作上，如果仅简单的以一个品牌运作，那么仅靠一个品牌如何去支撑既做高端，又做低端？既做调和油又做大豆油？因此，至少两个品牌同时操作才能在市场上取得一定得效果获得更多的消费者认可。

同时，过多的品牌会造成企业资源消耗过多，品牌过多分摊的资源会减少，不利于品牌的发展，所以我们确定了采用双品牌操作，每个品牌承担不同职责和任务，在每一步拓展中，要求子品牌以各自目标为依据，完成战略任务。经过反复的推敲和头脑风暴，确定了“天下五谷”、“喜香汇”双品牌运作，天下五谷为主品牌，全面占领市场；喜香汇为辅助品牌，满足特定竞争性市场需要。

1）“天下五谷”品牌

品牌地位：小包装事业的主打品牌。

主要任务：面向大众消费群，通过塑造出独特的品牌优势追求长足发展，是公司小包装事业的根基。

品牌口号：天下好油，首选五谷，天下五谷香，滴滴益健康。

核心卖点：精选粗粮谷物营养，更天然、更健康。

2）“喜香汇”品牌

品牌地位：小包装事业的辅助品牌。

主要任务：针对流通渠道的低端品牌，价格低，实现走量的目标，肩负起阻击竞争对手的战略任务。

品牌口号：一家人，喜香汇，民以食为天，油以香为先，饭菜香满门，好事喜满门。

核心卖点：好原料、好工艺、好味道。

三、产品线调整

在产品的市场定位上，要做到高中低档的组合化，赋予不同档次产品不同的市场功能，并阶段性有所侧重的主推不同档次的产品

首先，在小包装食用油市场开发的初期，我们主要的目的是为了快速的切入和启动市场，积累更多的渠道资源和消费者认知，所以以低价策略主推低端产品，并辅助培养中端及高端利润形象产品；待市场渐渐成长和成熟后，最大化解决企业和渠道的盈利问题，并塑造专业良好的小包装食用油品牌形象，所以主要精力要放到中高端溢价产品上。

其次，在的产品线构成上，我们有价格敏感度相对较高的大豆油产品，也有产品价格相对稳定的调和油产品，同时，更有强化产品利益诉求的概念性高溢价产品；在产品的规格上，有大规格的 20L 行业产品，有 5L 的大众产品，也有小规格的 1.8L、900ML 试吃性产品。经过规划后的产品品类为 8 款，产品规格 24 款。

四、渠道建设调整

在渠道选择上，提出"以传统渠道为核心的全渠道覆盖、用系统手段提高渠道推力"的策略具体策略方向：

1）策略一，以传统渠道为核心的全渠道覆盖策略，覆盖现代商超、传统渠道、团购以及其他创新渠道；抓住传统渠道的主销作用；现代商超、团购及其他创新渠道作为补充。

2）策略二：用系统手段提高渠道推力，获取渠道商支持，增强铺货和渠道推荐力度；增强渠道向心力，加强企业对渠道的控制力；

目的是以传统渠道为重心全渠道策略，辅以小规模的现代渠道进行渠道组合和建设。既要抓住主销渠道的销售份额，降低销售费用，又要做好其他类型渠道做好品牌传播，保证市场覆盖的宽度，不留市场空白和死角。

同时为了规范化渠道管理，制定以下渠道推进措施：

1）通过全新设计产品线及价盘体系，使公司产品的利润高度高于同行业产品，经销商销售积极性得到了最大程度的提高；

2）在不同市场的销售状态，针对不同的市场运作模式，设立针对经销商的层级分明的激励措施，以调高经销商的各种动销积极性；

3）通过制定对经销商支持、培训与管理等帮扶性的服务模式，使经销商自己的团队变得更加规范，市场呈良性的发展；

4）通过与经销商建立完善的、详实的终端明细资料和铺货路线，使经销商日常铺货和分销更加具有明确化；

5）通过建立经销商的销量贡献数据库，进行有效的分析，进而建立经销商的分级，并根据分级进行针对性极强的市场支持资源的配置，使市场资料得到最大功能的应用；

6）建立完善的市场秩序监管机制，在政策的运行的范围内全力保护经销商的市场秩序稳定，防止窜货及低价竞争。

五、品牌推广创新

主要以铺货和品牌导入为目标，加大经销商的信任度和信心，同时 降低消费者对新品牌的陌生感，具体形式上包含线上广告、报刊、户外广告。

1）线上广告：投放硬性广告，初步形成品牌知名度和影响力，显示企业实力，树立经销商的信心，媒体选择形式上，以省级媒体投放为主，辅以地方媒体为补充。此种方式能够确保推广资金的合理利用，同时因地制宜，选择地方媒体，发挥地方特色。

2）报刊：减少硬性广告投放，在地方报纸投放文，开设健康专栏，在生活类栏目投入植入式广告，重点介绍天下五谷产品新品上市，粗粮健康油引爆家庭换油革命。

3）户外广告：选择重点区域市场在城市商圈楼宇，高速重点路段投放路牌广告。经销商车体制作，终端店招制作。

公司根据品牌定位及市场竞争状态，制定出品牌推广和产品促销相互拉动的推广方式，将价格因素在推广中模糊化和淡化，重点培养消费者对品牌产品的消费感知高度，从而抬高品牌产品的溢价能力。

第三部分　品牌建设取得良好效果

通过一系列的调整及布局，并不断对组织出现的问题进行完善改进升级，公司小包装食用油产品 09 年 9 月 9 日重新招商上市，当年实现销售收入 1.5 亿元，2010 – 2013 年，年保持了 50%以上的增长速度。2013 年产品销售额突破 8 亿元。

目前，"天下五谷"品牌已成长为山东省区域内食用油行业领导品牌，全国食用油行业的知名品牌，产品网络已覆盖全国 20 余个省市，拥有实力雄厚的经销商 800 余家。"天下五谷"食用油产品被中国粮食行业协会评为"全国放心粮油，进农村进社区示范工程"，"天下五谷"品牌入选 2013 年度中国粮油市场报《中国十佳粮油（食品）品牌》。

2012 年天下五谷系列大米产品也正式推入市场，为百姓饮食及健康生活提供了一个更好的选择。随着天下五谷健康产品群的不断壮大，消费者可选择的产品也越来越多。

放眼未来，香驰天下五谷还将不断的推陈出新，以满足国人家庭健康为己任，不断研发新品、不断拓展市场，打造成为国内优质粮油产品的综合提供者，将天下五谷品牌发展成为全国综合粮油产品领导品牌。更好的诠释香驰人“自然予我，健康予你”的企业理念。

冀中能源邢台矿业集团有限责任公司油脂分公司

冀中能源邢台矿业集团有限责任公司油脂分公司，前身为邢台矿业（集团）有限责任公司植物油厂，隶属于冀中能源集团，坐落于沙河市十里亭，占地面积50000平方米，注册资金8000万元，资产总额逾亿元，毗邻河北省花生主产区，交通便利，地理位置优越。建厂时，设计生产规模为日加工原料30吨、年产3000吨食用油。2009年，先后两次对生产系统进行扩产提能技术改造，日加工原料分别提高到50吨、80吨,吨料加工成本下降300多元。2010年，瞄准油脂行业前沿，投资近百万元建成花生油低温过滤生产线，油品质量再次提升，且吨料成本再降百元。2011年有建成了调味品生产线，新增小磨香油、芝麻酱产品，不断打破建厂初期仅有花生油单一品种的格局。

经过多年的发展，油脂分公司现有一条日加工原料100吨的花生油生产线、一条日加工10吨芝麻的调味品生产线、一条中包装灌装线和两条小包装灌装线，压榨花生油低温精炼工艺和小磨香油精滤方法两项国家专利，产品形成了涵盖花生油、小磨香油、芝麻酱、调和油、大豆油、橄榄油、棉籽油、粉条、小米、笨鸡蛋等在内的多品牌、多品种、多规格的产品组合，成功打造了“宴友”高端品牌和“众康”、“逗佬大”、“丰立多”等二线品牌。

产品质量严格执行标准化管理，2001年通过ISO9002国际质量体系认证，2008年通过ISO9001质量管理体系和ISO22000食品安全管理体系认证，2010年通过GB/T24001-2004环境管理和GB/T28001-2001职业健康安全管理体系认证，生产现场有效推行6S和TPM管理，确保了企业科学标准化管理和优质的产品质量，使多种油品先后荣获“河北省用户满意产品”、“河北省优质产品”“河北省消费者信得过产品”等称号，“宴友”连续被评为“河北省著名商标”、“邢台市消费者喜爱消费品牌”、“3.15消费者喜爱消费品牌”，企业先后被授予“全国放心粮油进农村进社区示范加工企业”、“中国质量万里行信誉单位”、“河北省著名商标企业”、“AAA级河北省质量信用企业”、“河北省质量效益型先进企业”、“河北省质量安全示范企业”和“食品质量管理工作先进单位”、“邢台市农业产业化经营重点龙头企业”。

加快市场建设，由集团内部市场向外部市场逐渐扩展，建立了销售网络，拥有了稳定的客户群。1997年，销售收入787万元；2010年销售收入突破亿元，创造了油脂分公司发展的新的里程碑。油脂分公司不断深化改革，坚持科技创新，大力开拓市场，努力打造市场导向型的运营机制，11年累计开发销售网点1000家，12年成功打造沙河“突破双百”（销售量过百吨、销售收入过百万）样板市场，全区域累计建设终端网点2000家以上，13年企业秉承“传播健康理念，引领健康消费，奉献健康产品，创造幸福生活”的发展理念，致力于打造“绿色、健康、方便、安全”的宴友健康会员模式，开发新产品丰富产品线，建设万亩的绿色生态基地。运用好电子商务，以“五位一体”为抓手，打造健康产品品牌服务商。

以质量求生存，以创新求发展，油脂分公司立足建设冀南第一食用油品牌，求真务实,开拓创新，企业规模不断扩大，产品品种日益丰富，市场竞争力明显增强，经济效益和社会效益稳步提升。至此油脂分公司已发展成为当前区域竞争优势显著、管理基础不断提升、发展步伐稳健、充满生机活力的明星企业，并致力于打造冀南第一粮油企业。

郑州雪麦龙食品香料有限公司

花椒调味品中麻味物质的变化研究　田卫环　胡永帅　雷瑞萍

摘　要：

目的：研究花椒油调味品中花椒麻味物质的变化，为花椒调味品的工业化生产做基础研究。方法：将含花椒油树脂的复合调味油制成颗粒粉状，并用高效液相色谱法（HPLC）

测定不同存放条件下，其中麻味物质的含量变化。结果：颗粒粉存放 3 个月后花椒麻味物质的损失量小于 8%。结论：机械挤压法制得的花椒调味颗粒应用到市场是可行的。

关键词：

花椒麻味物质,高效液相色谱法,花椒调味品,花椒油树脂

花椒是人们常用的食品调味料，既有食用价值又有重要的药用价值[1-2]。花椒主要含有挥发油、生物碱、酰胺类等化学成分，其中酰胺类物质决定了花椒麻味的强弱，它的含量是花椒重要的品质特征之一。有关花椒的研究有很多，主要是针对花椒的风味成分[3-4]和功能作用的分析[5-6]，其中不少学者对花椒麻味物质进行了研究。付陈梅[7]对花椒粉状、油状及含花椒物中花椒麻味物质的提取、纯化及检测进行了较系统的研究。余晓琴[8]等以重庆江津不同采收时期的青花椒为研究对象发现其麻味物质含量变化为 10.25~13.65mg/g。花椒油脂的提取方法主要有水蒸汽蒸馏法、溶剂浸提法及超临界 CO_2 萃取法[9-11]等。超临界 CO_2 萃取技术是一种新兴的、安全的、高效的提取技术，可得到优质的花椒油树脂，其中花椒麻味物质的含量达到了 200mg/g 以上，且香气浓郁。

由于油脂自身不溶于水，含有不饱和脂肪酸等特点，易受水分、空气、日照、高温等因素影响而发生氧化反应，其中一些呈味物质也不同程度地分解或破坏，降低了油脂的品质从而制约了其在食品工业中的应用。如果将油脂包埋，即微胶囊化，则能克服其特性局限，较大的保留了其风味物质，而且改善其水溶性和乳化分散性，方便储存和运输，具有广泛的应用前景。花椒油树脂微胶囊化的方法有冷冻干燥法、喷雾干燥法和研磨法等。本实验采用机械挤压的方法制作花椒油树脂及其复配油颗粒粉，然后对不同存放条件下麻味物质的变化做研究，以期为实际生产提供一定的理论基础。

1.材料与方法

1.1 材料与仪器

花椒油、五香油 郑州雪麦龙食品香料有限公司提供；可自封铝箔袋 郑州雪麦龙食品香料有限公司提供；花椒麻味物质对照品 西南大学食品科学学院提供；甲醇，色谱纯 天津市四友精细化学品有限公司；娃哈哈纯净水 杭州娃哈哈厂生产

JY502T 型电子天平 上海衡平仪器仪表厂；DZKW-4 电子恒温水浴锅 北京中兴伟业仪器有限公司；岛津液相色谱仪 LC-20A 日本岛津；ZLB-80 型旋转制粒机 张家港市荣华机械制造有限公司；电热恒温干燥箱 101-1A 型 沪南电炉烘箱厂。

1.2 试验方法

1.2.1 调味油的调配　五香油由花椒油树脂、茴香精油、肉桂精油、生姜精油、八角精油等多种香辛料调配而成，香气浓郁，口感良好。花椒油主要由花椒精油调配而成，具有花椒特有的香气，又掩盖了花椒的苦味。

1.2.2 样品的前处理　称取一定量混匀的油脂样品约 0.1g（颗粒状油脂先粉碎再称取约 1g，精确到 0.0001g）于 150mL 具塞三角瓶中，加入约 40mL 甲醇，于 40~50℃水浴中充分摇动 30min，然后将其转入 250mL 容量瓶中，甲醇定容，摇匀后过 0.45μm 有机滤膜，进行色谱分析。

1.2.3 标准曲线的绘制　采用 HPLC 法测定样品中麻味物质的含量[12]。色谱条件为：色谱柱 Inertsil ODS-SP（4.6mm×250mm,5μm）反相色谱柱，柱温箱温度 35℃，检测波长 254nm，总流速 0.8ml/min，进样 20μL。流动相梯度洗脱：0~15min 为甲醇：水由 50:50 渐变为 70:30；15~25min 甲醇：水=70：30；25~26min 甲醇：水从 70：30 渐变为 50:50。

精密吸取花椒麻味物质对照品贮备液（55μg/mL），用甲醇配制成么浓度为 0、0.55、1.10、1.375、1.65、5.5μg/mL 的花椒麻味物质对照液。以花椒麻味物质对照液质量浓度（单位为μg/mL）为横坐标，峰面积为纵坐标作标准曲线图。

1.2.4 颗粒调味品工艺　将调配陈化好的五香油和花椒油分别制成颗粒。五香油颗粒中五香油比例为 6.3%，花椒油颗粒中花椒油比例为 5.5%。辅料：食盐、白砂糖、莲花味精、玉米淀粉、麦芽糊精、I+G、吐温 20 和水。辅料充分混合，经粉碎机粉碎，然后加入精油，充分混合，搅拌均匀。倒入制粒机中制粒，然后将颗粒放入恒温干燥器中 65℃烘 30min，烘干后的颗粒过 40 目筛，取筛上物。

1.2.5 颗粒存放条件的研究　将制好的颗粒分组，一组于培养皿中敞口放置，另一组装入铝箔袋中封口放置，装好之后均放入 20℃恒温箱中，分别测定 0 周、2 周、1 个月和 3 个月后样品中麻味物质的变化，每组做 3 个平行，求平均值，结果按麻味物质的含量为纵坐标，时间为横坐标作图。

1.2.6 花椒麻味物质的测定　在与对照品相同色谱条件下测定待测样品花椒麻味物质的浓度 c（μg/mL），则花椒麻味物质的含量 M（mg/g）按式（1）计算。

$$M=\frac{c\times V}{m\times 1000} \qquad \cdots\cdots\cdots(1)$$

式中：c—待测液中花椒麻味物质浓度（μg/mL）；V—

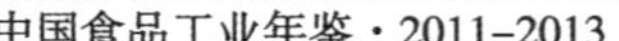

待测液的定容体积（mL）；m—样品质量（g）。

1.2.7 颗粒感官评定方法 对所制颗粒的色泽、香气和滋味进行评价[13]。

1.2.8 保湿性试验 用甘油和水的混合液控制密闭的干燥器中相对湿度为 75%，称取花椒油颗粒粉约 2g（精确到 0.0001g）放入已干燥恒重的称量瓶中，然后置于相对湿度为 75%的干燥器中，每隔 1d 取样称重，计算吸湿百分率，公式如下：

$$w = \frac{m_2 - m_1}{m_1} \times 100\% \quad \cdots\cdots\cdots\cdots (2)$$

式中：w—样品的吸湿百分率（%）；m_2—样品吸湿后的重量（g）；m_1—样品吸湿前的重量（g）。

2 结果与分析

2.1 花椒麻味物质标准曲线

花椒麻味物质对照品 HPLC 色谱图见图 1，花椒麻味物质在该色谱条件下的洗脱时间为 25.666min，花椒麻味物质含量与峰面积关系标准曲线见图2，回归方程为 Y = 251461X –8167.33，R=0.9999。

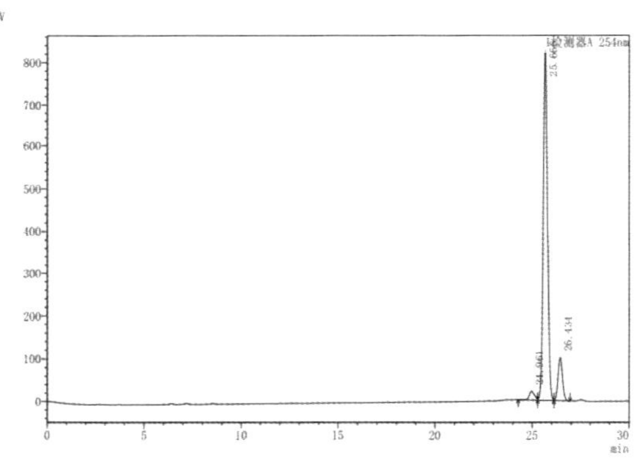

图 1 花椒麻味物质对照品 HPLC 色谱图

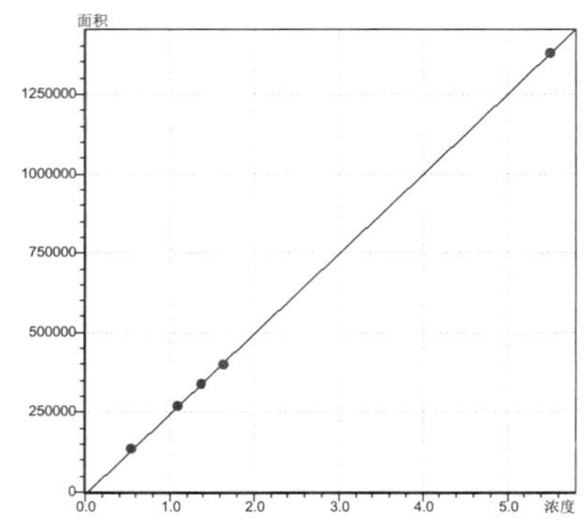

图 2 花椒麻味物质标准曲线

2.2 精油中麻味物质的测定

花椒中酰胺类物质的测定方法有高效液相色谱（HPLC）法[8]、薄层层析法、气质联用检测法[10,14]、近红外光谱法[15]及紫外分光光度法[16]等。

采用 HPLC 的方法测定花椒油和五香油中花椒麻味物质含量（见图 3 和图 4）。得出花椒油中麻味物质的峰面积 A=15472973，含量为 108.0mg/g；五香油中麻味物质的峰面积 A=8432714，含量为 27.8 mg/g。

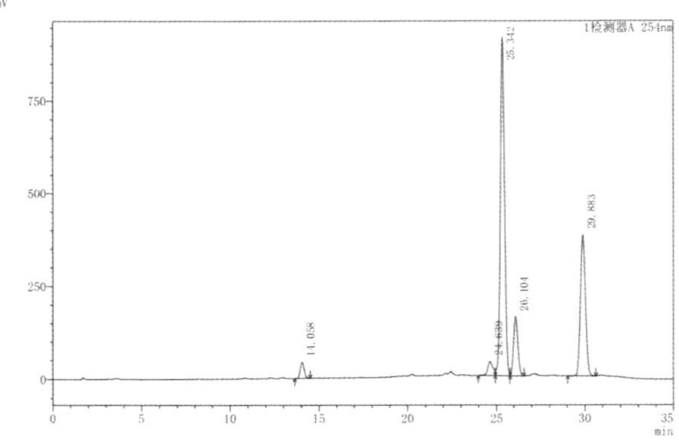

图 3 花椒油中花椒麻味物质 HPLC 分析图谱

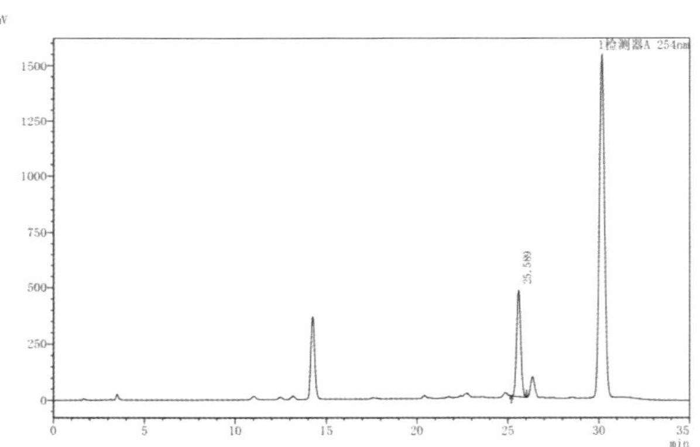

图 4 五香油中花椒麻味物质 HPLC 分析图谱

2.3 制成颗粒后麻味物质的变化

颗粒中麻味物质的变化见图 5~6。从图 5 中可以看出，随着存放时间的延长，花椒油颗粒粉中麻味物质含量略有降低。0 周时麻味物质含量为 5.91mg/g，敞口存放 3 个月后，麻味物质含量为 5.47mg/g，下降了 7.45%，而封口放置 3 个月后，麻味物质的含量仅降低了 5.25%。

图 6 中五香油颗粒粉 0 周时麻味物质的含量为 1.67mg/g，敞口存放 3 个月后，麻味物质的含量降到 1.55mg/g，下降了 7.19%，而封口放置仅下降了 4.79%。说明含花椒油调味品制成颗粒后不但食用添加量易于控制，还有利于其中

风味成分的保留。

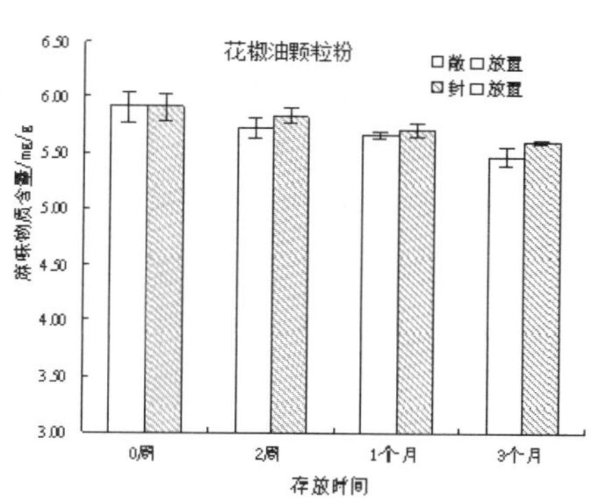

图 5　存放条件对花椒油颗粒粉中麻味物质的影响

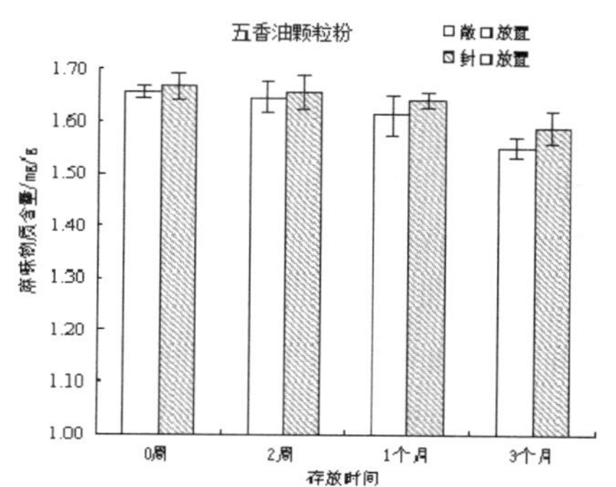

图 6　存放条件对五香油颗粒粉中麻味物质的影响

2.4 颗粒感官评价结果

花椒调味品的感官评价结果见表 1。两种调味颗粒鲜香味柔和，又具有花椒的特有风味，是良好的花椒调味品。

表 1　花椒调味品的感官评价

	色泽	香气	滋味
花椒油树脂颗粒	浅黄色	花椒香气浓郁，咸鲜味协调	麻味适中，口感良好
五香油颗粒	微黄色	五香味协调浓郁	花椒麻味与其它精油柔和协调，口感良好

2.5 吸湿性试验

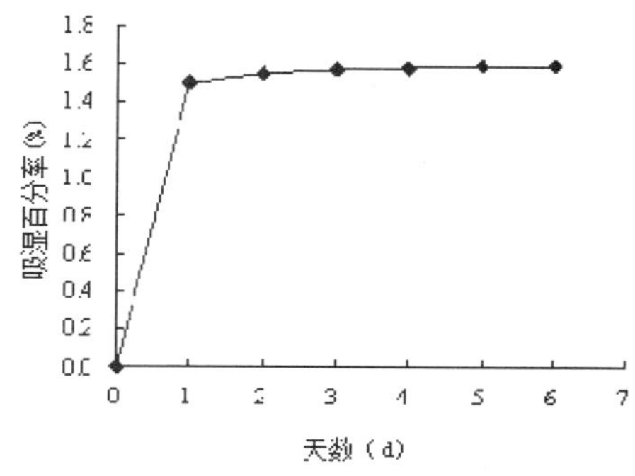

图 7　花椒油颗粒粉的吸湿性测试结果

由图 7 可知，花椒油颗粒粉在放置 1d 后，吸湿率明显上升，达到 1.5%，放置 2d 后基本达到平衡。待放到 6d 后吸湿百分率达到较低水平 1.6%。这可能是靠机械挤压而成的颗粒粉，表面结构比较紧密，不易吸收水分。这样有利于颗粒粉的保存，延长保质期。

3 结论

采用机械挤压的方法制作花椒油树脂及复配油颗粒，既避免了喷雾干燥法的高温过程，又比低温干燥法节省了大量的成本。得到的颗粒风味良好，不易吸湿，敞口或封口存放 3 个月，损失小于 8%。说明机械挤压法制得的花椒调味颗粒应用到市场是可行的。

参考文献

[1]国家药典委员会.中华人民共和国药典[M].北京:化学工业出版社,2005:130

[2]郑瑾,张丽娟.花椒药用研究进展[J].辽宁中医药大学学报,2008,10(11),69–71

[3]刘雄,阚建全,陈宗道等.花椒风味成分的提取[J].食品与发酵工业,2003,29(12):62–66

[4]邱琴等.花椒挥发油化学成分的 GC–MS 分析[J].中药材.2002,25(5):327–328

[5]吴素蕊,阚建全,刘春芳.花椒的活性成分与应用研究[J],中国食品添加剂,2004,(2):75–78

[6]佟如新,王普民,王淑春等.青花椒中活性成分香柑内酯的止血作用实验研究[J].中国中医药信息杂志,1998,5(11):14–16

[7]付陈梅.花椒麻味物质的检测方法研究[D].重庆：西南农业大学,2004

[8]余晓琴,吴素蕊,阚建全等.重庆江津青花椒不同采收时期的品质变化[J],食品与发酵工业,2009,(11)：164–167

[9]孙国锋,李凤飞,杨文江等.花椒有效成分的 CO_2 超临界萃取工艺[J].食品与生物技术学报,2011,30(6): 899–904

[10]莫彬彬,连宾,万固存等.超临界 CO_2 分步萃取花椒香气和麻味物质的初步研究[J],食品科学,2009,(8): 201–203

[11]何军,郭红祥.超临界二氧化碳萃取花椒挥发油研究[J].西北农业大学学报,1999(5):66-70

[12]DB/T 50321-2009 花椒麻味物质的检测方法—高效液相色谱法[S].重庆市：重庆市质量技术监督局,2009

[13] SB/T 10371-2003 鸡精调味料[S].北京：中华人民共和国国家和改革委员会，2004

[14]杨潇,芮光伟,钟智超等.9 种花椒超临界 CO_2 萃取物中化学成分的 GC/MS/AMDI 分析[J],食品与发酵工业,2011,(3):158-162

[15]祝诗平,王刚,杨飞等.基于近红外光谱的麻椒麻味物质快速检测方法[J],红外与毫米波学报,2008,(2): 129-132

[16]付陈梅,阚建全,刘雄等.紫外分光光度法测花椒油中酰胺类物质含量[J].中国食品添加剂,2003(6): 100-102

郑州雪麦龙食品香料有限公司

超临界 CO_2 萃取当归精油有效活性成分的研究　田卫环

当归是极好的中药材，始载于《神农本草经》，被列为中品，具有补血活血、调经止痛、润肠通便的功效。当归也常被人们作为香辛料添加到食物中，不但利用其药用价值，还品味着其绵纯的香味，而这种香味特征主要来源之一便是当归挥发油。藁本内酯是当归中主要活性成分，是评价当归、当归挥发油或精油等质量的重要指标。

当归挥发油的提取过去多用水蒸气蒸馏（SD）和有机溶剂萃取法(SE)，超临界 CO_2 萃取技术(SFE)作为高新提取分离技术逐渐受到重视。水蒸气蒸馏法虽然成本低，但工艺温度较高，且加热时间过长(5~14h)；有机溶剂浸提法又常有溶剂残留，应用受限；超临界 CO_2 萃取法可以在近常温的条件下提取分离，几乎保留产品中全部有效成分，无有机溶剂残留，产品纯度高，操作简单节能，对于提取分离挥发性成分、脂溶性物质、高热敏性物质以及贵重药材的有效成分显示出独特的优势。超临界 CO_2 萃取法萃取当归挥发油得率高(1.28%~2.32%)，约为水蒸气蒸馏法（0.31%~0.45%）的 6 倍；得到的精油（挥发油）中藁本内酯含量较高（36.67%~46.88%），且气味较纯正。

1.当归精油液相、气质检测分析

郑州雪麦龙食品香料有限公司拥有多套超临界萃取设备，日均萃取原料量达 4 吨以上，可以选择优质稳定的原料，一次采购，集中生产，低温存储，常年质量稳定供应。当归在我国甘肃、云南、四川、青海、陕西、湖南、湖北、贵州等地均有栽培，其中甘肃所产当归中藁本内酯含量最高，雪麦龙公司选购甘肃岷县优质当归原料，超临界 CO_2 萃取得到优质的当归精油。

利用高效液相设备对当归精油中藁本内酯进行检测（保留时间 21.556min），其含量高达 40%以上（如图 1 所示）。利用气相-质谱对精油中挥发油成分进行分析（如图 2 所示），挥发油中有 77 种成分被鉴别出，其中反式-藁本内酯的面积比达到 73.6%(相对保留时间 RT 为 82.535min 和 88.312min)，其次是亚油酸 8.62%(RT 116.70min)、3-亚丁基-1(3H)-异苯并呋喃酮 3.34%(RT 75.24min)、棕榈酸 2.45%（RT 107.69min）、5H-Benzocycloheptene, 6,7-dihydro- 2.13%(RT 118.68min)、4-乙烯基-2-甲氧基苯酚 1.68%(RT 37.55min)、对乙基苯乙酮 1.25%(RT 73.00min）等。

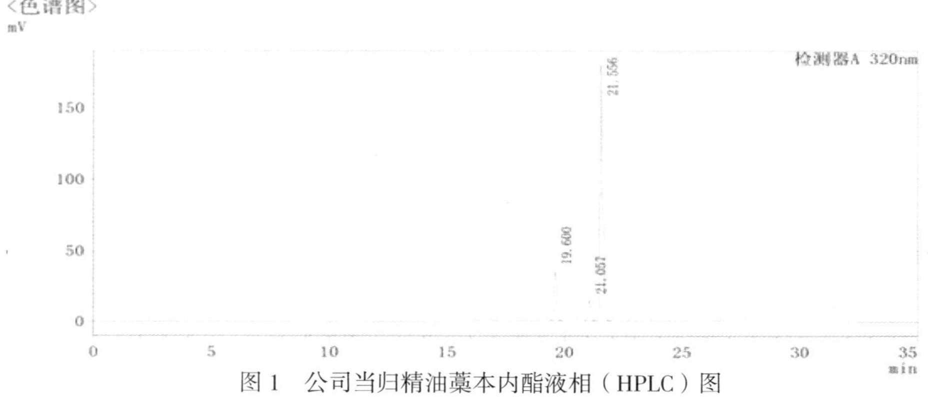

图 1　公司当归精油藁本内酯液相（HPLC）图

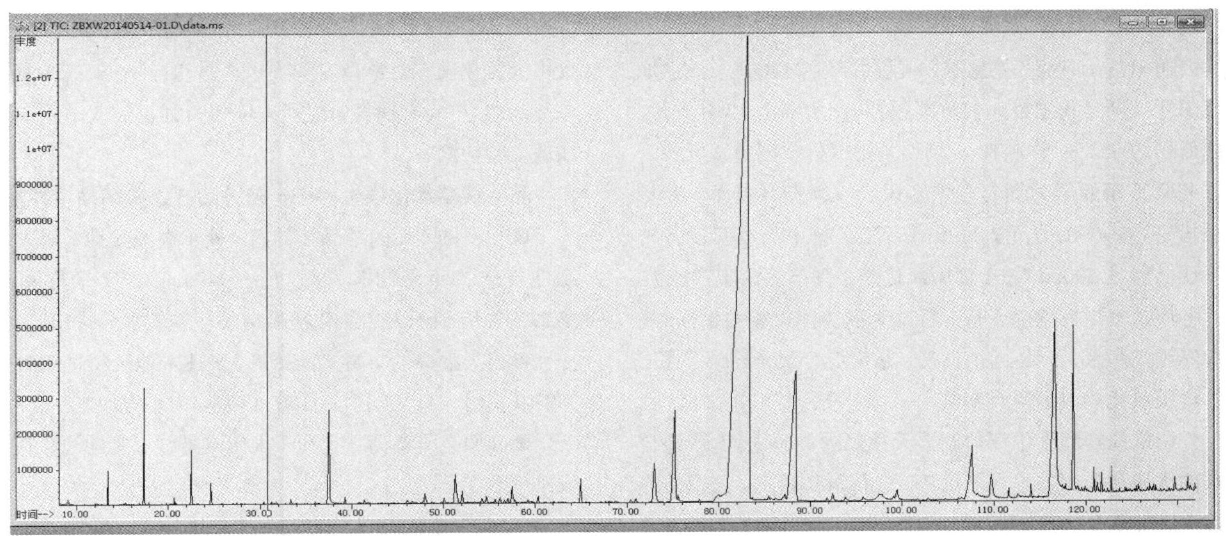

图 2　当归挥发油 GC–MS 图谱

2.藁本内酯的稳定性研究

藁本内酯是在 1960 年由 Mitsuhashi 首次从伞形科藁本属植物 Ligusticum acutilobum 中分离出来，并命名为 Ligustilide，其化学结构为不饱和苯酞结构，3 位上有活泼的丁烯基，均为化学不稳定性因素，容易发生脱氢、氧化、水解、降解的多种异构化反应。

藁本内酯纯品极不稳定，但是当其处在精油中的稳定性如何研究还很少。为了研究藁本内酯在精油中的稳定性，现取当归精油分别经 95℃敞口水浴加热 0h，0.5h，1.0h 和 2.0h，然后用高效液相法检测藁本内酯含量变化情况（表 1）。

表 1　不同加热（95℃）时间当归精油中藁本内酯含量的影响

加热时间(h)	0	0.5	1.0	2.0
藁本内酯含量(%)	44.20 ± 0.3	44.2 ± 0.5	42.3 ± 0.35	43.7 ± 0.5

整体来说，当归精油经 95℃加热 0~2h 藁本内酯的含量变化不大，说明当归挥发油中的藁本内酯稳定性较纯品高，可能因其与挥发油中其他物质共存及均匀分散于挥发油中所致。利用气质分析当归精油加热前后挥发油的变化，发现有些烯类物质占挥发油的比例略有降低，也有某些物质甚至发生了取代氧化反应。如加热 1h 后，反式–β–罗勒烯占挥发油百分比由 1.00%降到 0.88%；当归挥发油中(2Z,4Z,6E)–2，4，6–十一碳三烯（占挥发油百分比 0.187%）变为 6–丁基–1,4–环庚二烯（占挥发油百分比 0.187%）等。这样也解释了，藁本内酯在精油或挥发油中的稳定性较纯品高的原因，精油中的一些成分对藁本内酯有一定的保护作用。

3.总结

当归具有极高的药食两用价值，在当归精油或挥发油的提取中，超临界 CO2 流体萃取法优于水蒸气蒸馏法和有机溶剂法，可以更大限度地保留当归的有效活性成分—藁本内酯。超临界 CO_2 萃取当归精油中藁本内酯含量大于 40%，主要挥发油成分除藁本内酯外，还有亚油酸、3–亚丁基–1(3H)–异苯并呋喃酮、棕榈酸等。藁本内酯在精油或挥发油中的稳定性较纯品高，精油中的一些成分对藁本内酯有一定的保护作用。

青海晶洁镁露科技有限责任公司

食用氯化镁专家

青海晶洁镁露科技有限责任公司创建于 2007 年 9 月，是一个专业生产食用氯化镁的科技型企业，是青海柴达木循环经济试验区格尔木工业园注册的第一家中外合资科技公司，是获得青海省商务厅批准的进出口经营权和自理报验单位备案登记证书的进出口企业，也是目前国内唯一一家以纯天然物理化方式生产绿色食品添加剂——食用氯化镁系列

产品的企业。

公司坐落于素有“聚宝盆”美称的柴达木盆地，该盆地的察尔汗盐湖是我国最大的盐湖。公司注册资金 1500 万元，占地面积约 22153 平方米。 公司坚持以科技创新求发展，经过几年不懈的努力拥有多项知识产权和专有技术，2012 年总投资达 9000 万元人民币进行工艺技术与成套设备转化，现已形成 50000 吨/年食用氯化镁系列产品的生产能力，产品各项技术指标均优于行业标准和欧美国家相关指标，处于世界领先水平，产品远销日韩、东南亚、欧美等国，在国内外食用氯化镁市场享有盛誉。

公司依托青海察尔汗盐湖得天独厚的资源优势、产地自然条件优势和公司技术人才优势，进行科技研发。公司始终坚持“质量至上、客户至上、人才至上、创新至上”的经营方针和理念，秉承以人为本、科学发展，创立“诚信守诺、创新超越、利国惠民”的企业精神，恪守“对国家、对社会、对企业、对用户、对员工极端负责”的企业道德风范，铸就了和谐的企业文化内涵，为国内、国外市场提供优质食品添加剂---食用氯化镁系列产品。

公司纪事

2007 年　青海晶洁镁露科技有限责任公司创建

同年获得省商务厅批准的进出口经营权和自理报验单位备案登记证书

2007 年　成功研发出食品级氯化镁，首家获得韩国政府许可在韩国销售使用

2007 年　制定食用氯化镁产品企业标准《食用氯化镁》QB/JJ004–2006

2007 年　获得科技部科学技术创新立项证书

2007 年　获得青海省优秀民营企业

2008 年　获得青海省科技厅科学技术成果鉴定证书和成果完成者证书

2008 年　获得青海省海西州科技进步三等奖

2009 年　通过了 ISO9000 认证

2009 年　企业标准被国家国标委采纳为国家标准 GB25584–2010 并享有署名权

2010 年　获得国家质量监督检验检疫总局颁发的生产经营卫生许可证（QS）

2012 年　通过科技型企业评审

2012 年　获得格尔木科学技术先进集体光荣称号

2013 年　技术转化建成 5 万吨 / 年食用氯化镁，总投资 9000 万人民币建设了现代化洁净厂房及自控一体化流水生产线，修建了无菌结晶培养屋，纯物理化方式生产纯天然食用级氯化镁，已申请专利。

2013 年　实现科研生产一体化目标，建成了研发中心和微生物检测室。

晶洁镁露氯化镁生产——独特的“无菌结晶培养室”

●独特的“无菌结晶培养室”处于高原盆地，属大陆荒漠性气候，年平均蒸发量可达 3494mm，年平均降雨量 23.2mm，有利于天然氯化镁再结晶培养的水分排出。

●得天独厚的丰富光能资源，柴达木地区年日照时数为 3533.9 小时，日光辐射在 160~175 大卡/平方厘米。

●高原空气稀薄，有利于太阳红外线、紫外线穿透，吸收热量杀菌。

●3600 米的海拔是“无菌结晶培养室”天然氯化镁生长结晶最适宜高度。

●天然水氯镁石在“无菌结晶培养室”中经过六次培养自然生长，完全是物理化生产过程。

晶洁镁露产品特点

●天　然：产于世界上最大最著名的天然内陆盐湖之一——青海察尔汗盐湖，纯天然、无污染、无添加。

●安全健康：远低于国家标准中铅、砷、硼等有害元素含量，且不含铵和氮，本企业标准远高于国家食品添加剂（氯化镁）标准，食用更安全。

●高 品 质：Mg 纯度可达≥47%。

●核心科技：利用自然日晒资源生产精细化工产品、无化学加工工艺。

晶洁镁露产品优势

●拥有生产许可证且产品质量高于国家标准

●拥有采矿权和自有盐田保证生产原料的纯天然及产品品质的一致性

●生产过程的无添加、零排放

●专业规模化的生产和高品质的产品

●选择安全合格的食用氯化镁是健康的保障

晶洁镁露产品在豆制品生产方面的三个突出特点

1、营养：天然结晶六水氯化镁不会破坏大豆蛋白质，有利于人体的吸收；

2、保健：天然结晶六水氯化镁点制的豆腐不会造成胃胀、胃寒，尤其是老年人阳气弱，更适宜吃卤水豆腐，不适宜吃石膏豆腐。石膏豆腐因石膏的微溶特性，长期食用容易患结石类疾病。

3、生理：天然结晶六水氯化镁金属镁离子是人们生理

活动所需要的微量矿物素，通过豆制品补充镁离子是最佳途径。

常用豆制品添加剂比较

项目	食用氯化镁	工业氯化镁	石膏	葡萄糖酸内酯
化学成分	$MgCl_2 \cdot 6H_2O$	$MgCl_2 \cdot 6H_2O$	$CaSO_4 \cdot 2H_2O$	
人体受用	符合食用标准	不符合食用标准	不适合食用	符合食用标准
超标杂质	无	As、Pb^{2+}、Ca^{2+}、SO_4^{2-}、NH_4^+	Ca^{2+}、SO_4^{2-}	无
直导疾病	无	体质毒素 / 寒凉、结石	体质寒凉、结石	无
营养健康	清热解毒、降脂降压	没有	没有	没有

晶洁镁露食品级氯化镁产品目录

品名（$MgCl_2 \cdot 6H_2O$）	物理特征	质量标准	备　注
纯天然结晶状六水氯化镁	透明结晶体	QB/JJ004-2006	需达到一定量提前订制
纯天然液态氯化镁	透明液体	QB/JJ004-2006	需达到一定量提前订制
精制六水氯化镁食品特级	半球状晶体	QB/JJ004-2006	现　货
精制六水氯化镁食品优级	片状晶体	GB25584-2010	现　货
乳化镁	乳白色液体	GB25584-2010	需达到一定量提前订制

纯天然结晶状六水氯化镁

符　合：QB/JJ004-2006

性　质：无色无味透明晶体，易溶于水，极易潮解。

用　途：主要用于豆制品凝固剂、营养改良剂。同时，食用氯化镁在食品加工过程中，作为固化剂、膨松剂、蛋白凝固剂、助酵剂、除水剂、组织改进剂等，在医药、食盐、矿泉水、面包、水产保鲜、瓜果蔬菜等行业的生产加工过程中都得到广泛的应用。

包　装：25kg 内衬 PE+外袋 PP、20kg 三层共挤膜 PE 袋。

纯天然结晶状氯化镁检测数据

项　目		企业质量标准 (QB/JJ004-2006)	国家质量标准（GB25584-2010）	美国质量标准（FCC7）	欧洲质量标准（E511）	检测数据
氯化镁 w/%	以 $MgCl_2 \cdot 6H_2O$ 计 ≥	99.0	99.0	99.0 ~ 105.0	99	99.0
	以 $MgCl_2$ 计 ≥	47	46.4			47.6
钙（Ca），w/% ≤		0.05	0.10			0.01
硫酸盐（以 SO_4 计），w/% ≤		0.03	0.40	0.03		0.01
水不溶物，w/% ≤		0.05	0.10			0.01
色度/黑曾 ≤		30	30			30
铅（Pb）/(mg/kg) ≤		0.8	1	4	10	0.1
砷（As）/(mg/kg) ≤		0.1	0.5		3	0.1
铵（NH_4）/(mg/kg) ≤		40	50	50	50	未检出
汞（Hg）/(mg/kg) ≤					1	

纯天然液态氯化镁（卤水）

符　合：QB/JJ004-2006

性　质：无色无味，透明液体。

含　量：35%的饱和溶液，波美度达35

用　途：主要用于豆制品凝固剂、营养改良剂。同时，食用氯化镁在食品加工过程中，作为固化剂、膨松剂、蛋白凝固剂、助酵剂、除水剂、组织改进剂等，在医药、食盐、矿泉水、面包、水产保鲜、瓜果蔬菜等行业的生产加工过程中都得到广泛的应用。添加在硅胶，高档纺织印染助剂，高端陶瓷和复合材料等高端行业。

包　装：25kg液体袋 + 纸箱 + 托盘、1000kg液体袋 + 纸箱 + 托盘。

纯天然液态氯化镁检测数据

项目	企业质量标准	检测方法	检测数据
性状	无色透明液体	目　测	符合规定
入光率（λ = 550nm 处）　%　≥	99	紫外可见分光光度计	99.6
含量（以 $MgCl_2$ 计）　%　≥	32	滴定法	35
硫酸根（以 SO_4^{2-}计）　PPM　≤	1400	紫外可见分光光度计	160
钠离子（以 Na^+计）　PPM　≤	2500	原子吸收分光光度计	1478
钾离子（以 K^+计）　PPM　≤	3100	原子吸收分光光度计	1239
钙离子（以 Ca^{2+}计）　PPM　≤	700	原子吸收分光光度计	381
铵根离子（以 NH_4^+计）　PPM　≤	35	紫外可见分光光度计	11
铁离子（以 Fe^{2+}计）　PPM　≤	10	原子吸收分光光度计	2
锌离子（以 Zn^{2+}计）　PPM　≤	5	原子吸收分光光度计	0.3
砷（以 As^{3+}计）　PPM　≤	2	砷斑法	符合规定
铅（以 Pb^+计）　PPM　≤	1	原子吸收分光光度计	0.03

六水氯化镁晶体 · 食品特级

分子式：$MgCl_2 \cdot 6H_2O$

形　状：半球状晶体

符　合：QB/JJ004–2006

性　质：无色无味透明晶体，易溶于水，极易潮解。

用　途：主要用于豆制品凝固剂、营养改良剂。同时，食用氯化镁在食品加工过程中，作为固化剂、膨松剂、蛋白凝固剂、助酵剂、除水剂、组织改进剂等，在医药、食盐、矿泉水、面包、水产保鲜、瓜果蔬菜等行业的生产加工过程中都得到广泛的应用。

包　装：25kgPE 阀口袋、20kg 三层共挤膜 PE 袋。

六水氯化镁晶体 · 食品优级

分子式：$MgCl_2 \cdot 6H_2O$

形　状：片状晶体

符　合：GB25584–2010

性　质：无色无味透明晶体，易溶于水，极易潮解。

用　途：主要用于豆制品凝固剂、营养改良剂。同时，食用氯化镁在食品加工过程中，作为固化剂、膨松剂、蛋白凝固剂、助酵剂、除水剂、组织改进剂等，在医药、食盐、矿泉水、面包、水产保鲜、瓜果蔬菜等行业的生产加工过程中都得到广泛的应用。

包　装：25kg 内衬 PE+外袋 PP、20kg 三层共挤膜 PE 袋。

食品级氯化镁产品检测数据

项目		企业质量标准 (QB/JJ004–2006)	国家质量标准（GB25584–2010）	美国质量标准（FCC7）	欧洲质量标准（E511）	检测数据	
						特级	优级
氯化镁 w/%	以 $MgCl_2 \cdot 6H_2O$ 计 ≥	99.0	99.0	99.0 ~ 105.0	99	99.0	99.0
	以 $MgCl_2$ 计　≥	47	46.4			47.2	46.8
钙（Ca），w/%　≤		0.05	0.10			0.05	0.08
硫酸盐（以 SO_4 计），w/%≤		0.03	0.40	0.03		0.03	0.1

水不溶物，w/% ≤	0.05	0.10			0.02	0.08
色度/黑曾 ≤	30	30			30	30
铅（Pb）/(mg/kg) ≤	0.8	1	4	10	0.5	0.8
砷（As）/(mg/kg) ≤	0.1	0.5		3	0.05	0.2
铵（NH_4）/(mg/kg) ≤	40	50	50	50	未检出	40
汞（Hg）/(mg/kg) ≤				1		

乳化镁

符　合：GB25584–2010

性　质：乳白色无味液体

用　途：主要用于豆制品凝固剂、营养改良剂。同时，食用氯化镁在食品加工过程中，作为固化剂、膨松剂、蛋白凝固剂、助酵剂、除水剂、组织改进剂等，在医药、食盐、矿泉水、面包、水产保鲜、瓜果蔬菜等行业的生产加工过程中都得到广泛的应用。

包　装：25kg 液体袋＋纸箱＋托盘、1000kg 液体袋＋纸箱＋托盘。

江西汪氏蜜蜂园有限公司

好蜜蜂，找汪氏

汪氏蜜蜂园于 1965 年在四川始建，1992 年南下珠海，创立珠海汪氏蜜蜂园，首创特种蜂蜜产品理念，并创建汪氏全国连锁经营专卖模式。汪氏蜜蜂园隶属汪氏集团的母体公司，是国内规模最大从事蜜蜂养殖、蜂产品深加工为主业，集保健品、制药、蜂药、化妆品、房地产、旅游开发等多种产业化经营、科研开发、加工生产、市场营销为一体的大型民营企业。同时致力于蜂产品在保健、美食、美容和蜂疗等多方面的科研和应用。

目前公司主要生产特种蜂蜜、蜂花粉、蜂胶、蜂王浆、蜂化妆品等六大系列 150 余个品种，年生产能力达万吨规模。汪氏蜜蜂园现有厂区面积 20 万 m^2，其中高标准蜂产品加工主厂房面积 3 万 m^2，拥有 6000 吨地下蜜池，3000m^2 专用冷冻库。全国各地设有吉林汪氏、珠海汪氏等四大生产基地和二十多个驻外办事处，3000 余家汪氏连锁专卖店；而今蜜蜂园内基本实现了工厂园林化、设施配套化、管理科学化、设备现代化、园内生态化。产品已销往德国、日本、韩国、阿根廷、马来西亚等欧美，东南亚国家，蜂产品在国内市场占有率达 15%左右。

现公司技术中心已被认定为国家蜂产品加工技术研发中心、江西省级企业技术中心和江西省蜂产品工程技术研究中心，相继与南昌大学、江西农大、吉林农大等合作，建立了驻汪氏博士工作站，拥有雄厚的技术力量和先进科研、检测设备，先后自主开发和与科研院所合作开发了一大批新产品，产品技术含量处于国内外领先水平，“汪氏”牌蜂产品多次荣获国际新产品金奖和省市科技进步成果奖及省市优秀新产品奖，已有 12 种保健食品先后获国家卫生部和国家食品药品监督管理局批准证书。获国家专利 15 项，其中：发明专利 3 项。综合经济实力在全国蜂产品行业排位第一。公司已通过 ISO9001:2000 国际质量体系认证、国家保健食品 GMP 生产规范认证、HACCP、QS、有机食品认证等。

公司在国际上先后荣获比利时第 35 届和斯洛文尼亚第 38 届国际蜂业大会授予中国和亚洲地区唯一金牌企业。2007 年至 2011 年又荣获澳大利亚墨尔本第 40 届国际养蜂大会产品创新奖和阿根廷第 42 届国际蜂业大会产品发明创新银奖。在国内分别被授予和认定农业产业化国家重点龙头企业、中国驰名商标、国家级星火计划科技示范基地、全国蜂产品行业龙头企业、全国蜂产品行业 AAA 级信用企业、中国蜂产品消费者满意十佳产品、中国蜂产品最具影响力十大品牌、江西名牌、江西著名商标、江西农业产业化“双十”重点龙头企业、江西食品工业十强企业、江西先进民营科技企业、江西首批创新型试点企业、江西省非公有经济先进企业、江西省优秀企业 100 强、南昌市“工业企业科技创新 20 强”和“工业 50 强”以及县区纳税大户等百项荣誉称号。

荣成市海洋食品市场管理委员会

转调增创新优势　做大做强“中国海洋食品名城”　毕志明

荣成市地处山东半岛最东端，海岸线长500公里，与韩国、日本隔海相望。荣成市做为东部沿海优秀的滨海旅游城市，是全国首批食品工业百强市（县），在改革开放大潮中特别是进入新世纪的十多年发展中，荣成市委、市政府从产业发展战略高度精心培植食品产业，依托丰富水产品资源和邻近日韩的区位优势，抢抓机遇，积极转方式、调结构，不断探索增创特色海洋食品工业发展新优势，形成了以海洋食品为主，多业并举的食品工业发展格局，先后荣获了全国食品工业十大发展特色县市，被中食协授予“中国海洋食品名城”等殊荣。全市拥有食品企业675家，其中规模以上企业217家，食品工业的各项主要经济指标占全市工业经济的比重均在40%以上，成为区域经济的第一支柱产业。全市食品产业规模由2001年的186亿元，发展到2013年的1007亿元，产业创新能力和品牌竞争发展能力不断增强，主要做法：

一、创新机构机制与政策措施，整合行业优势

荣成市坚持政府引导、企业主体、市场运作的模式，充分发挥政策、资本、技术等要素的积极作用，形成推动产业升级发展的合力。在领导机制方面，荣成市成立了海洋食品市场管理委员会、食品工业促进局，作为行业主管部门，同时引导企业成立了食品协会、渔业协会、花生协会、海藻协会、全国农产品经纪人协会海洋食品分会等行业组织，加强行业规划、管理、协调和服务，较好地实现了行业自律、有序发展，提升了对外话语权。在政策引导方面，先后出台了《关于鼓励企业转型发展的若干规定》、《关于鼓励食品生产企业产品广告促销的暂行规定》、《关于鼓励荣成海洋食品营销网点建设的暂行规定》、《关于鼓励企业参加国内外展览会扶持政策的暂行规定》、《关于加快电子商务发展的实施意见》等文件，不断加大对食品工业的倾斜和支持力度，推动企业转型发展。在营销推介方面，每年投入2000多万元在央视、高铁、机场等媒体和场所宣传推介荣成的海洋食品。于2013年成立了海洋食品展销中心，是全国首家海洋食品专题展览馆，作为荣成海洋食品产业对外推介和交流合作的窗口平台。并依托海洋食品展销中心，与中国农产品流通经纪人协会、台湾农产品流通经纪人协会合作，举办“中国·威海荣成海峡两岸海洋食品展销会”，打造面向东亚、东北亚地区的区域海洋食品集散中心。在拓展传统营销渠道的同时，积极开展网络营销，建有海易网B2B和海食360平台，组织60多家食品企业、1000多种产品入驻了淘宝天猫、京东商城等第三方平台，引进成立了6家专业运营商，今年前5个月交易额3.5亿元，超过去年全年水平。在诚信建设方面，在全国率先开展了冷冻调理食品安全信用体系建设试点市工作，组织泰祥等8家企业参加了全国试点企业工作，以泰祥集团为主负责起草的《冷冻调理食品生产经营示范文本》，在全国同行业中推广示范。

二、加强食品质量保证体系建设，打造品牌发展优势

质量安全是食品工业的生命线，荣成始终将质量安全作为食品产业发展的头等大事来抓，狠抓农业投入品监管和面源污染治理，积极推行标准化生产技术，在全国率先开展了质量安全示范区和食品质量安全可追溯体系建设，形成了种植有基地、生产有标准、管理有档案、产品有标识、质量有保障的标准化生产格局，被国家质检总局评定为全国首批出口农产品质量安全示范区。一是水产养殖生态化。依托荣成纯净无污染的200万亩可养海域，大力发展生态养殖，加快建设名优水产养殖示范基地，全市出口水生动物注册养殖场达到15家，备案养殖场10家，养殖面积12万亩，供出口加工用的原料年产量30万吨。通过山东省无公害产地认证的企业达到77家，获得农业部无公害产品认证160个。先后代表中国接受美国FDA、日本农林水产省、韩国海洋水产部、俄罗斯兽医局的检查，得到高度评价。二是种植基地标准化。以花生产业为突破口，大力推行标准化生产技术，20万亩春花生获得了全国绿色食品原料标准化生产基地称号。全市参与基地建设的企业达到120多家，发展各类优势农产品标准化基地120万亩，企业自建基地面积达到43万亩，实现了标准化生产全覆盖。三是捕捞基地远洋化。依托中国北方最大的渔港——石岛港，加快发展远洋捕捞。近年来，投资2亿多美元先后建设了印尼、利比里亚、斯里兰卡、斐济、毛里求斯等五大远洋渔业基地，遍布三大洋，目前拥有远洋渔业资格企业17家，专业远洋渔船247艘，在建远洋渔船107艘，年捕捞量6万多吨，为荣成食品加工企业提供了大量金枪鱼、鱿鱼等优质原料。四是加工标准出口化。长久以来，荣成食品产业多是以出口为导向，全市300多处食品企业通过了ISO系列认证、HACCP认证，出口食品备

案企业达到226家，国外卫生注册企业294家（次），是山东省最大的食品出口集群，年出口货值近10亿美元，产品主要销往日本、韩国、美国、欧盟、东盟、澳大利亚、俄罗斯等100多个国家和地区。拥有“荣成海带”、“荣成大花生”2个全国地理标志商标和“荣成海参”、“荣成鲍鱼”、“荣成裙带菜”等16个全国农产品地理标志。拥有中国名牌产品2个，中国驰名商标4个，山东名牌产品31个，山东省著名商标16个，“海芝宝”牌海带、“爱伦湾”牌海带、“好当家”牌海参成为“好客山东三珍”产品。

三、大力实施“创新驱动”战略，增创竞争优势

2009年以来，荣成市连续五年举办了“产业技术创新战略联盟活动周”，举办海洋食品产业加工技术论坛和“产学研”技术对接活动，邀请中国海大、浙大、天津科技大等院所的专家进行技术交流和科技成果对接，提升了企业科技创新能力，如泰祥集团与浙江大学合作承接了国家科技支撑计划项目“鲜活农产品安全低碳物流技术与配套装备”子课题“海水产品深冷物流关键技术开发”；与中国海大等院所进行的“鱿鱼内脏EPA和DHA提取工艺技术研究”、“鱼头活性物质提取的研究”、“大型海藻营养调味品的开发”等研究项目，都取得了较好成效。先后与中国海大、中科院海洋所等30多家科研机构建立合作关系，共实施“863”计划、国家科技支撑计划等省级以上科技项目40多项，建有国家级技术研发中心5个，省级技术研发中心12个；“院士工作站” 5家；“博士后科研工作站”2家。年均投入30多亿元用于食品工业技改和产业发展，每年研发新产品、新品种100多个，先后荣获中国食品工业科技进步一等奖2项，二等奖3项，优秀项目奖3项，4家企业获“全国食品工业科技进步优秀企业”称号。成立了威海海洋职业学院和山东省海洋食品营养研究院，为食品产业发展提供源源不断的高素质人才和智力支持。

四、加强产业园区和原料基地建设，发挥特色优势

荣成市积极改善投资环境，加强食品工业园区规划与政策引导，实现园区科学发展。市政府先后出台了有关政策，引导海边小冷藏、小食品加工企业向园区转移，减少陆源污染物入海。鼓励企业实现清洁生产，降低企业能源消耗。目前，荣成市建有市经济技术开发区海洋生物产业园、寻山国际海洋食品加工区、石岛海洋食品工业园、俚岛海藻食品工业园、成山海洋食品科技工业园、石岛（人和）海洋高新产业园、台湾产业园、家家悦绿色食品工业园等园区。同时荣成海域处于西太平洋洋流与黄渤海沿岸流的交汇处，具有水流活、水质清，水动力大、净化能力和光合作用强等显著优势，近海海域是我国重要的种质资源保护区，荣成市从食品原料源头抓起，在全省建成首个农产品质量安全信息化监控平台，采取“公司+基地”、“公司+基地+专业合作社+农户”等方式，大力发展有机食品、绿色食品、无公害食品原料生产基地，做到“源头能控制，过程可追溯，质量有保证”，实现“从农田到餐桌”全过程的质量安全管理。并积极实施原料外扩战略，保证了食品工业安全、优质、专用原料的有效供给。全市有“三品”（有机食品、绿色食品、无公害农产品）认证企业233家，共456个产品，“三品”认证基地70多万亩，认证产品涵盖了水产养殖、花生、水果、蔬菜等领域。好当家养殖区成为全国水产养殖标准化示范区，泰祥水产公司成为全国出口速冻裹衣水产品、肉类及蔬菜类标准化示范区，鸿洋神水产公司成为“全国海带养殖、加工标准化示范区”。

五、积极培植优势产业及龙头企业，打造产业集聚优势

荣成市突出临海资源的比较优势，先后培植出好当家集团、泰祥集团、赤山集团、石岛集团、靖海集团、泓达集团、鸿洋神、俚岛海科、广信、海之宝等一大批规模大、效益好的海产品龙头加工骨干企业。几年来，荣成市先后培育形成了六个全国之最。一是全国最大的冷冻调理海洋食品出口基地，年产量30万吨，主攻日韩欧美等高端市场，被农业部评为全国冷冻调理（水产）食品加工示范基地、山东省优质冷冻调理食品生产基地；二是全国最大的海带食品生产基地，产量约占全国的50%，被评为全国农产品加工示范基地和山东省优质海带制品生产基地；三是全国最大的海产品罐头生产基地，产量约占全国同类产品的35%，其中贝类罐头占全国的80%以上；四是在全国最具有影响力和知名度的海洋即食休闲食品，占全国产量的 5%。五是全国最大的深海鱼油等软胶囊生产基地，也是亚洲最大的营养补充剂生产基地。六是全国最大的海参、鲍鱼名优海珍品养殖加工基地，争创鱿鱼、金枪鱼精深加工全国领先地位。全市拥有山东好当家海洋发展股份有限公司A股上市公司1家；石岛集团、俚岛海科等8家农业产业化国家重点龙头企业；泓达食品、鸿洋神等26家山东省农业产业化重点龙头企业；海之宝、宏业食品等10家中国食品工业优秀龙头企业；好当家集团、泰祥集团连续多年荣获中国食品工业质量效益优秀企业。

六、大力发展第三产业，打造全产业链协调发展新优势

荣成拥有两个国家一类开放港口，13个万吨级以上泊

位，开通了 16 条国际国内航线，拥有 2 个中韩陆海联运汽车货物运输口岸，1 个对台直航口岸和中国北方最大的渔港—石岛渔港。全市港口年吞吐量 2000 多万吨。有各类冷库 469 个，总库容达到 152 万吨，年出口食品农产品近 30 万吨，进口食品农产品原料约 10 万吨，海产加工品年产量 200 多万吨，产品畅销国内外。食品生物技术产业的快速发展，带动了海水养殖业、海洋捕捞业的发展，同时推动了食品服务业新业态经济的发展，成为荣成市打造国际海洋食品港坚实的发展基础，荣成启动了省级冷链物流产业园区建设、威海海洋产品国际交易中心建设、中国（荣成）海洋食品综合电子商务基地建设、中国海洋食品（荣成）物流交易中心项目、京易通冷链物流项目、锦江物流项目，海洋科技孵化基地、荣成海洋食品展销中心建设、以及包含海洋科技馆、海参馆、海带馆，集展览展示、旅游观光、休闲购物、和产业对接为一体，将于 2014 年 10 月完工的威海市海洋食品博览中心建设项目，这些项目的实施，融合了旅游业、会展业、电子商务、物流业等相关服务业，推动了荣成食品产业向更高的层次发展。

立足产业优势，放眼蓝色未来，荣成海洋食品产业将按照“企业扩张向高端延伸、行业分工向专业细分转变、市场开拓向创牌用牌并举、产业转移向特色园区聚集”的高端化、专业化、品牌化、园区化“四化”方向发展，全力打造“中国海洋食品名城”和“国际海洋食品港”城市品牌形象，加强产业推介和国内市场开拓，做大做强做优荣成食品产业。

东北农业大学

一腔赤诚献丹心　百年做人今始成　江连洲教授

江连洲，男，汉族，60 年出生，中共党员，教授，博士研究生导师。现任东北农业大学食品学院院长、农业部岗位科学家。是国务院和省政府特殊津贴获得者、“龙江学者”特聘教授、省级重点学科带头人、省杰出青年基金获得者。该同志始终把“传道、授业、解惑”作为自己无私奉献的使命，充分发挥了一名共产党员的先锋模范作用，真情诠释着人民教师的神圣职责，在平凡的岗位上默默耕耘、勤奋工作，取得了突出业绩。作为第一完成人和主要完成人，他潜心研发的“大豆精深加工关键技术创新与应用”、“大豆磷脂加工关键技术研究与产业化”项目分别获 201 0 、2011 年度国家科学技术进步奖二等奖；2012 年获全国优秀科技工作者、省优秀共产党员荣誉称号；2013 年被评为省高校师德先进个人、省级优秀研究生导师。主讲的《大豆与人类健康》被评为国家级视频公开课，主持的“食品科学与工程类专业实践教学的探索与应用”项目获黑龙江省高等教育教学成果一等奖等。

一、政治坚定，思想素质良好

作为一名有着 28 年党龄的共产党员，江连洲教授思想政治素质好，理想信念坚定，在大是大非面前立场坚定，旗帜鲜明，始终同党中央保持一致。党的群众路线教育实践活动开展以来，他以高度的责任感，主动承担了学院教师邓小平理论学习小组和学生党课授课任务。无论再忙再累，要承担多少行政、科研工作任务和家庭的责任，他都欣然接受并圆满完成党组织交给的政治任务。

二、忠诚事业，教学水平精湛

作为一名教师，江连洲教授非常重视专业知识的学习和工作技能的提高。无论是重复课还是新开课，他都认真准备，不断充实新的内容，善于与学生沟通、交流，充分发挥教师、学生两个主体的积极性和主动性，培养学生的学习态度和质疑精神，极大地提高了教学效果，他讲授的所有课程，学生出勤率一直很高。他教过的学生都说：“听江老师的课每一次都大有收获，落下一次都非常可惜”。

三、教书育人，引领作用突出

作为学院的院长，江连洲教授思想和工作作风扎实正派、务实深入，不图虚名，注重实干，头脑清晰，善于创新，具有强烈的责任感和敬业精神。他非常注意工作方法，善于调动各方面积极性，注重用自身人格的力量影响和带动他人，团结和带领周围教师一道工作。在他的带领下，学院成功申报了一级学科博士点和硕士点；获得国家级教学实验示范中心、“3+1”人才创新模式等多项国家质量工程项目。

四、科研卓著，学术成果累累

作为一名科技工作者，江连洲教授在承担大量的教学、行政工作的同时，从未放松科学研究，科研工作硕果累累。近 5 年，就承担科研项目 2 5 项，其中主持 12 项（包括国家“863”，国家自然科学基金、国家“十一五”、“十二五”科技计划以及省部级重大项目等）。获科研成果 2 1 项；发

表学术论文170余篇，其中SCI/EI 35篇；出版教材及专著8部；申请专利110项，授权34项；获奖16项，其中国家科技进步二等奖2项，省科技进步一等奖2项、技术发明奖1项，省长特别奖2项等。

总之，江连洲教授就是这样把自己的全部精力都献给了他所热爱的教育事业，献给了无数的东农学子，献给了数以万计的农民兄弟，他十几年如一日地忘我工作，保持了一个优秀党员的本色，在社会上谱写了一曲壮丽的人民教师的赞歌，表现出了教师中最优秀分子的时代风貌。

五、学院科研成果

东北农业大学食品学院始建于1958年，在全国最早开设畜产品研究方向的本科专业。1988年10月东北农学院农业工程系畜产品加工教研室和园艺系园产品加工教研室、基础部食品化学教研室合并，组建食品科学系；1998年10月经黑龙江省教委批准成立食品学院。2003 年被国家批准为食品科学与工程学科博士后流动站，是东北农业大学“九五”、“十五”期间和“211工程”重点建设学科，黑龙江省特聘教授岗位设置学科。目前，食品学院具有一个一级博士授予学科-食品科学与工程,四个硕士授予学科-食品科学，农产品加工与贮藏工程，粮食、油脂及植物蛋白工程，水产品加工与及贮藏工程；四个本科专业-食品科学与工程、食品质量与安全、粮食工程、乳品工程，其中食品科学与工程专业是黑龙江省重点专业。食品学院现设食品科学、畜产品加工、农产品贮藏加工工程三个系；一个校内肉品加工厂，一个校内乳品中试基地，并设有食品科学研究所，食品综合实验中心，食品工程工艺中心,黑龙江省农产品贮藏加工实验中心,黑龙江省生物乳业重点实验室，乳品科学教育部重点实验室，国家牛肉加工技术研发分中心。食品学院现已形成一定规模的教学、科研队伍。目前拥有博士生导师10名，硕士生导师31名，教授11名，副教授14名，高级实验师（工程师）4名。专任教师中，29人拥有博士学位，20人拥有硕士学位。高级职称人数占教职工总数的52%。学院承担着国家自然科学基金、国家奶业重大专项、国家西部计划、国家"863"计划、国家十五攻关、国家星火计划、国际 IFS基金、省重大专项科研课题的研究,另外还承担企业、部门间的横向课题和其他多项国际合作。

食品学院具有较强的科研实力。科研设备齐全、拥有“食品科学与工程”国家级实验教学示范中心，仪器设备总值近6000万元，为科学研究提供了有利条件；校内肉品加工厂和食品加工创新基地作为固定的实验教学和科研基地，国家乳品工程技术研究中心、国家大豆工程技术研究中心作为食品学院的技术依托，成为我院科研建设的国家级重要平台。

从2008年底开始，食品学院在抓好“十一五”各级各类科技计划项目实施和结题工作的同时，超前谋划、主动参与、积极争取“十二五”课题。到2010年10月底，包括食品学院、乳品中心、大豆中心独立或联合申报并获科技部批准进入国家项目库的有关乳品加工、大豆加工、肉类加工、水稻加工课题共9项,，其中列入首批启动的课题或子课题5项，包括支撑计划课题“大豆油加工关键技术及设备研究与产业化示范”、“新型乳基料研究开发与示范”“婴幼儿配方粉功能乳基料研究与开发”、“863”课题“新型甜味剂绿色加工技术研究开发”、“传统食品非热加工技术研究”等，合同金额2200多万元。

近五年，食品学院先后承担各级各类科研课题190项（国家级59项、省部级110项、地市级21项），科研经费达近5900万元。其中主持了国际合作项目4项，国家“863”计划项目8项，国家自然资金21项，国家科技支撑项目5项，国家重大专项2项，国家科技成果转化项目3项，教育部新世纪人才1项，省杰出青年基金4项，省攻关项目25项。

食品学院获各级各类科研奖项40余项，其中国家科技进步二等奖1项，中科院科技进步二等奖1项，中国食品科技学会科技创新一等奖、二等奖，三等奖各1项，黑龙江省科技进步一等奖2项、二等奖3项、三等奖4项，省长特别奖1项。教师在各类核心期刊发表论文1000余篇，SCI、EI、ISTP 收录 100 余篇；其中，赵新淮教授有关累黄酮化合物对人食管癌细胞系OE33的凋亡与周期停滞的分子机制的研究论文，2009年当选为《Science Watch》农业领域的“Fast Breaking Papers”（快速突破论文），我国九年中只有九篇入选。主编、参编正式出版著作85部；申请国家发明专利90余项，已取得授权40余项。

目前，实验室总面积达到23,400 m^2，拥有一批高级实验仪器和设备，可满足大豆生物学、化学、工艺学、生物技术等各方面的研究需要，主要包括色-质联用仪、分析及制备型高效液相色谱仪、气相色谱仪、Labscale TFF System 超滤系统装路、英国 CNS TS25 质构仪、Bio-RAD 低压层析系统、双螺杆挤压机及喷雾干燥塔、MOS-450 圆二色光谱仪、傅立叶红外光谱仪、动态激光光散射仪、差示扫描量热仪、表面张力仪、荧光分光光度计、紫外分光光度计、电镜、氨基酸分析仪、冻干机、实验型超滤仪(美国产)，反渗透仪(国产)、温度可调式冰箱、厌氧培养箱、高速冷冻离心机、生物显微镜、细胞流式仪等、平板式超滤、反渗透、层析、电泳等。同时，还有 80 m² –20℃低温种子资源储藏库 1 间；4℃低温蛋白质实验室 1 间；全自控室内温室 2 间；以上仪器设备为本课题实施提供了物质支撑。建成生物学、理化分析、工程技术三个研究平台，可以进行生物化学、分子生物学、营养学、微生物各方面研究工作，将为本研究的顺利进行提供良好保障。

邵阳县油茶产业办公室

油茶产业大事记

2011 年 4 月 2 日，国家林业局油茶研究开发中心副主任、湖南省林业科学院油茶研究所所长陈永忠教授在邵阳县举办油茶生产技术培训。

2011 年 4 月 14 日，财政部党组成员、部长助理胡静林，在财政部农业司司长赵鸣骥，湖南省省长助理、省财政厅厅长李友志，省林业厅厅长邓三龙等领导的陪同下，察看了邵阳县九公桥镇大湾村油茶低改基地和白仓镇迎丰村油茶造林基地，召开了扶贫开发暨油茶产业发展座谈会，希望邵阳县将油茶产业打造成贫困地区群众脱贫致富的主导产业。

2011 年 5 月 1 日，湖南省林业科学院副院长周小玲，国家林业局油茶研究开发中心副主任、湖南省林业科学院油茶研究所所长陈永忠教授到邵阳县考察湖南瑞柏茶油有限公司及七里山场油茶新品种规划基地。

2011 年 5 月，通过自我申报、项目陈述、专家评审，邵阳县成功挤进了湖南省油料生产及产业大县行例，项目一定三年，国家年固定投资在 1000 万元以上。

2011 年 6 月 15 日，湖南瑞柏茶油有限公司生产的“野生山茶油”顺利通过北京中合金诺认证中心有限公司认证，获得了有机产品认证证书（证书编号 C14011O10026R0S），成为继邵阳县华强粮油发展有限公司之后又一家获得有机食品认证的茶油加工企业。

2011 年 6 月 27 日，湖南省委书记、省人大常委会主任周强，在省委常委、省委秘书长杨泰波，省委农村工作部部长、省政府农办主任刘宗林，省烟草专卖局局长、省烟草公司总经理杨先杰，省委办公厅副主任施亚雄，省扶贫办主任张英维，省食品药品监督管理局副局长梁毅恒及市、县领导的陪同下，考察了邵阳县白仓镇迎丰村油茶造林基地，对邵阳县油茶产业发展给予了充分肯定和高度评价。

2011 年 11 月 21 日，湖南省林业厅下发了湘林产[2011]22 号文件，确定湖南瑞柏茶油有限公司为湖南省林业产业龙头企业，并颁发了证书和奖牌，实现了我县省级林业产业龙头企业零的突破。

2011 年 12 月 15 日，湖南省林业厅依据《湖南省营造林工作目标管理考核办法》，对市州和县市区油茶生产情况进行现场踏看，综合评定，下发了湘林造[2011]23 号文件表彰通报，邵阳县等 11 个县被评为湖南省油茶生产先进单位。

2012 年 4 月–5 月，国家林业局油茶研究开发中心、湖南省林业科学院与湖南瑞柏茶油有限公司在邵阳县七里山场兴建 300 亩油茶新品种示范基地。

2012 年 5 月 2 日–3 日，中国经济林协会常务副会长兼秘书长伍步生一行对邵阳县申请命名“中国油茶之乡”进行了现场踏查、座谈调研，后经有关专家评审论证， 2012 年 12 月 12 日进入公示公告程序，2012 年 12 月 24 日，邵阳县被国家林业局冠名为“中国油茶之乡”。

2012 年 5 月 23 日，湖南省农业综合开发办公室副主任邱望梅一行莅临我县调研、指导油茶产业发展工作。

2012 年 7 月 10 日，湖南省委副书记梅克保一行先后深入邵阳县白仓镇迎丰村高产油茶基地、现代烟草农业示范区、金江水库、夫夷新城、石齐学校进行考察调研，详细了解邵阳县农业产业发展、扶贫开发、城市建设、水利基础设施建设等情况。

2012 年 10 月 19 日，广西宁明县县委书记蓝锋杰一行来邵阳县考察油茶产业，现场察看了湖南瑞柏茶油有限公司和白仓镇迎丰村高产油茶造林基地。

2012 年 12 月 20 日，湖南省林业厅依据《湖南省营造林工作目标管理考核办法》，对市州和县市区油茶生产情况进行现场踏看，综合评定，公布了湖南省油茶生产先进县，邵阳县榜上有名。

2013 年 1 月 17 日，国家林业局原副局长、党组副书记李育材在湖南省林业厅副厅长唐苗生、邵阳市林业局局长何砚国以及邵阳县委书记蒋伟、县长袁玉华等领导的陪同下，到邵阳县五峰铺镇考察油茶、牡丹产业等工作。

2013 年 3 月，省林业厅公布了“湖南省十大茶油推荐

品牌”，湖南瑞柏茶油有限公司生产的“茶仔皇”茶油品牌榜上有名。

2013 年 6 月 13 日，欧洲投资银行中国区项目经理苏拉库一行 16 人莅临邵阳县考察欧洲投资银行贷款湖南油茶发展项目，拟投资 300 万欧元，用于邵阳县油茶产业建设。

2013 年 6 月 21 日，“邵阳茶油”品牌被国家工商总局商标局注册认证为国家地理标志证明商标，实现了我县地理标志证明商标零的突破。

2013 年 6 月 27 日，湖南省林业厅厅长邓三龙一行来邵阳县调研指导生态林业工作，考察了湖南瑞柏茶油有限公司和白仓镇迎丰村高产油茶基地，邵阳市委副书记、市长龚文密，副市长李万千，县委书记蒋伟，县长袁玉华等领导陪同或参加汇报会。

2013 年 7 月 10 日，邵阳县委常委、副县长、统战部长陈小飞，县人大党组副书记钟经球，省林业厅发展改革处副处长、副县长熊伟，县政协副主席、林业局局长黄小健，县政府副调研员、扶贫办主任刘牮等一行 22 人到衡阳常宁市考察学习油茶产业。

2013 年 9 月 28 日，邵阳县委书记蒋伟主持召开县委常委第 19 次扩大会议专题研究油茶产业，讨论通过了《中共邵阳县委 邵阳县人民政府关于进一步加快油茶产业发展的意见》，并一致同意将邵阳县油茶产业发展办公室升格为正科级。

2013 年 10 月 8 日，邵阳县顺利通过第一轮全省油料生产及产业大县末期绩效评估和新一轮油料生产及产业大县项目的申报，挤进了新一轮油料生产及产业大县项目，争回国家投资 3000 万元，邵阳县人民政府县长袁玉华亲自作项目陈述报告。

2013 年 11 月 29 日，邵阳县委书记蒋伟主持召开会议，讨论香港华丰集团承建“中国茶油之都 · 邵阳油茶产业园”项目一事。

2013 年 12 月，湖南省林业厅公布了《关于公布 2013 年湖南省林业产业龙头企业运行监测暨新增龙头企业名单的通知》湘林产[2013]12 号文件，邵阳县华强粮油发展有限公司被冠名为湖南省林业产业龙头企业。

2013 年 12 月 10 日，湖南省林业厅依据《湖南省营造林工作目标管理考核办法》，经有关专家现场踏看，综合评定，公布了湖南省油茶生产先进县，邵阳县榜上有名。

【产业概况】 邵阳县位于湘中偏西南，资水上游，是油茶适宜生长区，油茶栽培经营历史悠久，在县域经济中占有重要的地位，全县辖 25 个乡镇场，面积 1996 平方公里，总人口 105 万，是国家扶贫开发工作重点县、全国油茶基地示范县、“中国茶油之都”、“中国油茶之乡”。现有耕地面积 92 万亩，林地面积 146.2 万亩，其中油茶林面积达 56.2 万亩，年产茶油可达 1.08 万吨，油茶林面积和产量均居邵阳市第一、湖南省前例。近几年，为了帮助群众开发利用宜林荒山荒地和荒芜多年的老油茶林，变废为宝，邵阳县委、县政府坚持以“超常规”的思路谋划油茶产业，以“超常规”的力度扶持油茶产业，以“超常规”的措施发展油茶产业，探索了一条以油茶基地建设为载体，以“邵阳茶油”地域品牌为特色产业发展之路，为农民增收致富发挥了不可替代的作用，并连续第三年荣获湖南省油茶生产先进县。

【产业规划】 近年来，我们通过深入调查、专家论证、市场考察，立足本县土地、气候、水源、种植习惯等优势，审时度势，果断决策，从发展大局的高度提出了“油茶富民”设想，决心举全县之力发展油茶特色产业。

一是理清发展思路。县委、县政府提出了把油茶产业作为富民强县的第一产业来定位，作为全县农业支柱产业的领军产业来扶持，按照“政府引导、市场主导、典型示范、社会参与”的发展思路，努力实现油茶产业总量、茶油质量齐升，打造全国规模最大的油茶集散基地，让全国茶籽汇聚邵阳，让“邵阳茶油”畅销全球，推动经济社会快速发展。

二是制订产业规划。精心编制了《湖南省邵阳县 80 万亩油茶产业发展总体规划》，到 2025 年，全县油茶林面积发展到 80 万亩，其中建设亩产茶油 45 公斤以上的油茶丰产林基地 35 万亩，茶油年产量达到 2.7 万吨以上，产品精深加工率达到 80%以上，建成集科研、加工、交易、博览、旅游、观光、休闲等于一体的油茶产业园，实现茶油年产值突破 30 亿元，吸纳产业人员 35 万人，参与国家茶油标准制定，占领茶油市场制高点，力争油茶产业真正成为我县的富民产业、邵阳市的支柱产业、湖南省的特色产业和全国的品牌产业。

三是强化组织保障。成立由县委书记蒋伟任政委、县长袁玉华任组长，常委、副县长、人大、政协分管领导具体抓的油茶产业发展领导小组，具体负责全县油茶产业发展的组织指导和综合协调。设立常设工作机构县油茶产业发展办公室，具体负责全县油茶产业的综合开发工作。同时，县委、县政府明确乡镇党委书记为油茶产业发展第一责任人，实行严格考核、严格奖惩，将油茶产业建设纳入行政问责、绩效考核等考核范围，并作为干部评先评优、提拔使用的重要依

据。

【扶持政策】 为扶持我县油茶产业发展壮大，在充分调研、科学论证的基础上，县委、县政府出台了《关于进一步加快油茶产业发展的意见》，实行全方位扶植，推动油茶产业快速健康发展。

一是政策规费减免扶植。对在我县投资兴办茶油企业或项目的，在建设过程中，只收取工本费，其他服务性收费按最低标准收取；企业办理各项手续时，在县政务中心实行“一条龙服务、一站式办结”，为企业提供最快的政务服务；对油茶企业在生产经营期间的行政事业性收费和服务性收费按最低标准收取，油茶企业用地除支付征地成本和必须上缴上级的土地出让金外，其他费用一律免除。

二是整合资金投入扶植。每年整合退耕还林后续产业、林业生态工程、农业综合开发、财政扶贫、现代农业、油料生产、土地整理、水土保持、生态移民、交通等专项资金5000 万元以上，采取以奖代投、扶贫贴息的办法，对连片开发 5 亩以上的大户或企业，低改油茶每亩补助 400 元，新造每亩补助 1000 元，扶植油茶产业发展。同时，对第六年挂果率达 80%以上，且年产油茶鲜果在 900 斤/亩以上，面积在 100 亩以上、1000 亩以上的，分别按 100 元/亩、200 元/亩的标准予奖励；对连片种植 300 亩以上、500 亩以上、1000 亩以上油茶林基地，经验收合格的，自筹资金按标准完成油茶基地蓄水池、机耕道等基础设施建设的，分别解决 3 万元、5 万元、10 万元基础设施建设资金，对进入油茶专业市场交易的茶籽，销往县内茶油加工企业按 0.3 元/斤标准予以补贴，销往县外茶油加工企业的按 0.1 元/斤标准予以补贴，以促进油茶专业市场的繁荣。同时，加大外来资本引入力度，去年成功引进了欧洲投资银行贷款 300 万欧元，对造林成活率在 85%以上，面积在 1000 亩以上且管护到位的，优先纳入欧洲投资银行贷款项目。

三是争取项目建设扶植。紧紧抓住国家对扶贫开发工作重点县和油茶产业大力扶持的发展机遇，加大油茶产业发展项目挤进国家、省投资计划笼子的力度，助推油茶企业做大做强。积极鼓励支持湖南瑞柏茶油公司、湖南长江粮油发展有限公司采用世界先进的低温冷榨和精炼生产工艺，开发的主打产品“茶仔皇”、“东方一号”系列山茶油，壮大加工规模，建成“中国茶油之都”标志性的龙头企业。目前，湖南瑞柏茶油公司开发的“茶仔皇”、“瑞柏”被誉为山茶油中的“极品”，湖南省十大茶油推荐品牌、湖南省名牌产品和全国绿色食品博览会金奖。

四是创建品牌重奖扶植。鼓励企业做好产品和品牌的市场定位，对获得无公害食品、绿色食品、有机食品、省著名商标或名牌产品、中国驰名商标或国家名牌产品、省农业（林业）产业化龙头企业、国家农业（林业）产业化龙头企业、国家地理标志证明商标、国家地理标志保护产品、国家油茶生物产业基地等名优产品和知名品牌，分别给予 1—50 万元奖励，对参与起草制订国家茶油标准的企业奖励 50–100 万元。近年来，我县先后获得全国油茶基地示范县、“中国茶油之都”、“中国油茶之乡”、“邵阳茶油”国家地理标志证明商标、“邵阳茶油”国家地理标志产品保护等五个“国字号”品牌；我县瑞柏茶油公司、长江粮油公司和华强粮油公司开发的“茶仔皇”、“瑞柏”、“东方一号”、“宝庆桂芳”等 5 个品牌成为全省名牌产品和著名商标，并获得了绿色食品认证和有机食品的冠名认证。

【保障措施】 我县采取会议动员、技术培训、科技联姻、模式创新等多种形式联动发展。

一是宣传发动。为充分调动群众对油茶造林的积极性，我们与群众仔细算好了三笔账。即经济效益账，人地矛盾帐、生态效益帐。通过油茶造林，能有效地提高森林覆盖率和缓解人地矛盾，并且第四年即有收益，第七年亩产茶油可达 50 公斤以上，亩平收益达 4000 元以上，而且盛果期长达 80 年以上，通过对比算账，群众种植油茶的积极性大大提高。同时，充分利用会议、电视、报纸等各种宣传工具，开展全方位、多层次、广角度的立体宣传，每年召开油茶生产动员大会和督战会议，聘请湖南省林科院和中南林业科技大学的专家开展专题讲座 2 次和技术培训 5 期，极大地激发了干群参与油茶生产的积极性。

二是服务帮动。采取自建种苗基地、加强与大学院校合作、组建服务团队等办法，大力加强种苗供应、技术培训和服务工作，推行良种良法。在县城周围建立了年产 300 万株无性系油茶良种苗木的繁育基地，与中南林业科技大学和省林科院开展技术合作，在七里山场建立了 300 亩的油茶新品种示范基地，在白仓镇迎丰村、瓦屋村，蔡桥乡水口村，长乐乡江边村、郦家坪石山村、姚家铺村分别建立了集中联片 5000 亩优良无性系良种油茶造林基地。同时，成立 12 个机械化的油茶林翻耕专业服务团队，帮助茶农和基地大户机械化翻耕油茶林。

三是创新带动。在采取“公司+基地+农户、大户承包等经营模式的基础上，创造性地开展“专业合作社”经营模式，发展壮大油茶基地。在一些油茶林面积相对集中，效益

较高的地方，坚持“政府引导、入社自愿、利益共享、风险共担”的原则，引导农民成立专业合作社，统一开发，统一管护、统一销售。目前，全县已成立日恋、怡悦、日盛、五龙、四尖峰、融城伟业等 37 家农民专业合作社，引进瑞柏茶油、长江粮油、德晨投资、湘南农业、华强粮油、兴隆粮油等 13 家企业投资油茶产业。

四是联建推动。坚持示范带动，采取“县直机关单位联基地、机关干部联林农”的办法，将油茶产业发展成效与干部津补贴直接挂钩，强力推动机关干部服务基地建设，服务土地流转，加快油茶基地建设。近年来，全县机关单位按照人均联建 8 亩新造油茶林任务，“一把锄头一把刀”上山垦覆油茶，联点管护油茶基地达 7.3 万亩。

五是文化促动。在发展过程中，我们把油茶树确定为“县树”，把油茶花确定为“县花”，采取诗词歌赋征集的方式，创作出《油茶花开》“县歌”，积极培育我县油茶特色文化。目前，我县保留有大量历史悠久的传统榨油工具、古老的加工方式，保存着全省最大的百年老树，全县盛传着《油茶花开》、《茶山情歌》、《油茶赋》等油茶歌赋。通过多方联动发展，近年来全县发展油茶种植大户 363 户，完成油茶造林 11 万亩，油茶低改 14 万亩，油茶林面积达到 56.2 万亩，低产油茶林从原来的 5.1 公斤上升到 21.4 公斤，亩平收益达 1712 元，2009 年新造的油茶林亩产茶油 12.3 公斤，亩平收益 984 元，预计第 7 年亩产茶油 50 公斤以上，亩平收益 4000 元以上，油茶产业逐步走上了规模化种植、企业化生产、产业化经营的科学发展之路，成为富民强县的第一产业。

4.2 政策法规目录（2010-2012）

国务院

《国务院关于加强食品安全工作的决定》（国发〔2012〕20 号）。

《国务院办公厅关于印发国家食品安全监管体系“十二五”规划的通知》（国办发〔2012〕36 号）。

《国务院办公厅关于严厉打击食品非法添加行为切实加强食品添加剂监管的通知》（国办发〔2011〕20 号）。

2011 年 5 月 13 日，《关于开展 2011 年食品安全宣传周活动的通知》（食安办[2011]18 号）。（国务院食品安全委员会办公室）

2011 年 5 月 5 日，关于印发《食品安全宣传教育工作纲要（2011—2015 年）》的通知（食安办【2011】17 号）。

工业和信息化部

2009 年 12 月 18 日，工业和信息化部、国家发展和改革委员会、监察部、农业部、商务部、卫生部、中国人民银行、国家工商行政管理总局、国家质量监督检验检疫总局、国家食品和药品监督管理局，关于印发《食品工业企业诚信体系建设工作指导意见》的通知（工信部联消费[2009]701 号）。

2010 年 10 月 21 日，工业和信息化部，关于印发《食品工业企业诚信体系建设工作部门联席会议制度》和《食品工业企业诚信体系建设工作实施方案（2010 年—2012 年）》的通知（工信部消费[2010]549 号）。

2011 年 9 月 13 日，工业和信息化部，关于印发《食品工业企业诚信管理体系评价机构工作规则（试行）》和委托评价机构（第一批）单位名单的通知（工信部消费[2011]430 号）。

2011 年 8 月 18 日，中华人民共和国工业和信息化部公告（2011 年第 27 号），浓缩果蔬汁（浆）加工行业准入条件。

2012 年 3 月 13 日，工业和信息化部，印发《2012 年食品工业企业诚信体系建设工作实施方案》的通知（工信部消费[2012]110 号）。

2012 年 3 月 13 日，工业和信息化部，关于印发《2012 年食品安全重点工作实施方案》的通知（工信部消费[2012]111 号）。

2012 年 6 月 13 日，中华人民共和国工业和信息化部公告（2012 年第 22 号），《葡萄酒行业准入条件》。

卫生部

2011 年 5 月 23 日，关于印发《食品相关产品新品种申报与受理规定》的通知（卫监督发〔2011〕49 号）。

2011 年 3 月 2 日，关于印发《食品安全地方标准管理办法》的通知（卫监督发〔2011〕17 号）。

2010 年 11 月 3 日，关于印发《食品安全信息公布管理办法》的通知（卫监督发〔2010〕93 号）。

2010 年 1 月 25 日，卫生部、工业和信息化部、工商总局、质检总局、国家食品药品监管局联合印发，关于印发《食品安全风险监测管理规定（试行）》的通知（卫监督发〔2010〕17 号）。

国家工商行政总局

2012 年 3 月 7 日，关于印发《2012 年流通环节食品安全治理整顿工作方案》的通知（工商食字【2012】35 号）。

2011 年 3 月 28 日，关于印发《2011 年流通环节食品安全整顿工作方案》的通知（工商食字[2011] 72 号）。

国家食品药品监督管理局

2010 年 12 月 9 日，关于印发全国餐饮服务食品安全宣传教育纲要（2011—2015）的通知（国食药监食[2010]477 号）。

国家质量监督检验检疫总局

食品检验机构资质认定管理办法（质检总局第 131 号令）

4.3 国家地理标志名录

2012 年 1–12 月份新增地理标志名录

序号	省份及地区	商标名称	注册人	注册号	商品
1	天津	崔庄冬枣	天津市滨海新区大港太平镇崔庄冬枣协会	9917445	冬枣
2	山西	万荣大黄牛	万荣县畜物兽医发展中心	11525106	牛肉
3	山西	万荣大黄牛	万荣县畜物兽医发展中心	11525107	牛肉
4	山西	万荣大黄牛	万荣县畜物兽医发展中心	11525108	黄牛
5	山西	万荣大黄牛	万荣县畜物兽医发展中心	11525109	黄牛
6	山西	万荣苹果	万荣县果业发展中心	11525110	苹果
7	山西	万荣苹果	万荣县果业发展中心	11525111	苹果
8	山西	寿阳豆腐干	寿阳县豆制品协会	7680606	豆腐干
9	山西	左权绵核桃	左权县绵核桃产业协会	10534859	新鲜核桃
10	山西	太谷饼	山西省太谷县太谷饼协会	11709359	饼子
11	山西	太谷壶瓶枣	山西省太谷县木本粮油站	11709360	鲜枣
12	山西	太谷壶瓶枣	山西省太谷县木本粮油站	11709361	干枣
13	山西	大宁西瓜	大宁县名特优农产品协会	9246793	西瓜
14	内蒙古	托县彩米	托克托县特色杂粮开发协会	7108429	小米
15	内蒙古	红毛药酒	凉城县药酒协会	10451855	药酒
16	内蒙古	阿鲁科尔沁羊肉	阿鲁科尔沁旗牧羊管理协会	10470815	羊肉
17	内蒙古	阿鲁科尔沁牛肉	阿鲁科尔沁旗牛业管理协会	10891804	牛肉
18	辽宁	康平甘薯	沈阳市康平县杂粮发展协会	10126704	地瓜
19	辽宁	康平寒富	康平县林业工作总站	10750171	苹果
20	辽宁	葫芦岛秋李子	葫芦岛市农业品牌促进会	11178303	李子
21	辽宁	葫芦岛锦丰梨	葫芦岛市农业品牌促进会	11178304	梨
23	辽宁	兴城苹果	兴城市果树专业协会	9939536	苹果
24	辽宁	盘锦河蟹	盘锦市河蟹协会	10290425	螃蟹（活的）

25	辽宁	凤城板栗	凤城市林业产业联合会	10871851	新鲜栗子
26	辽宁	昌图豁鹅	昌图县畜牧养殖产品行业协会	10941288	鹅
27	辽宁	西丰梅花鹿	西丰县鹿业协会	10174323	梅花鹿
28	辽宁	开原紫皮大蒜	开原市农副产品协会	9641516	青蒜
29	辽宁	营口大闸蟹	大石桥市农业技术推广中心	9871428	大闸蟹（活的）
30	辽宁	营口小米	大石桥市杂粮生产协会	11523729	小米
31	辽宁	桓仁黑木耳	桓仁满族自治县农副产品行业市场协会	10327179	干黑木耳
32	辽宁	桓仁大白桃	桓仁满族自治县农副产品行业市场协会	10327180	大白桃
36	吉林	通榆草原红牛	通榆县通榆草原红牛养殖专业协会	10267469	牛
37	吉林	通榆草原红牛肉	通榆县通榆草原红牛养殖专业协会	10267489	牛肉
38	吉林	柳河山葡萄酒	吉林柳河山葡萄酒商会	10314123	葡萄酒
39	吉林	万昌大米	永吉县粮食行业协会	10903397	大米
40	吉林	敦化小粒黄豆	敦化市小粒黄豆产业协会	10070230	大豆（未加工的）
41	吉林	抚松林下山参	抚松县人参协会	9685101	人参
42	吉林	公主岭玉米	公主岭市粮食行业协会	10764020	玉米
43	黑龙江	林甸鸡	林甸县农业科学技术推广中心	10291437	活鸡
44	黑龙江	林甸鸡	林甸县农业科学技术推广中心	10291438	鸡（非活的）
45	黑龙江	克山大豆	克山县农民产业协会	10291158	大豆
46	黑龙江	克山马铃薯	克山县农民产业协会	10291159	马铃薯
47	黑龙江	讷河大豆	讷河市农副产品开发协会	11197745	大豆（未加工的）
48	黑龙江	讷河大豆	讷河市农副产品开发协会	11197746	大豆
49	黑龙江	讷河马铃薯	讷河市农副产品开发协会	11197744	马铃薯
50	黑龙江	嫩江大豆	嫩江县农业技术推广中心	11372033	大豆（未加工的）
51	黑龙江	嫩江大豆	嫩江县农业技术推广中心	11372034	大豆
52	黑龙江	大兴安岭蓝莓	大兴安岭山特产品开发推广协会	11675043	新鲜蓝莓
53	黑龙江	大兴安岭蓝莓	大兴安岭山特产品开发推广协会	11675044	蓝莓酱等
54	江苏	南京雨花茶	南京茶叶行业协会	10956961	茶
55	江苏	建湖大米	建湖县粮食行业协会	11530536	米
56	江苏	金湖白鹅	金湖县农副产品营销协会	10154867	白鹅（活的）
57	江苏	金湖荷藕	金湖县农副产品营销协会	10154868	鲜藕
58	江苏	金湖芡实	金湖县农副产品营销协会	10154869	加工过的干芡实
59	江苏	金湖泥鳅	金湖县农副产品营销协会	10154870	泥鳅（活的）
60	江苏	金湖甲鱼	金湖县农副产品营销协会	10154871	甲鱼（活的）

61	江苏	金湖螃蟹	金湖县农副产品营销协会	10154872	螃蟹（活的）
62	江苏	淮阴黑猪	淮安市淮阴区畜禽产业协会	11332459	活猪
63	江苏	黄桥烧饼	泰兴市黄桥烧饼协会	11656372	烧饼
65	江苏	常阴沙大米	张家港市常阴沙大米产业协会	10643390	米
66	浙江	鸬鸟蜜梨	杭州余杭鸬鸟镇农业技术服务站	9752083	梨
67	浙江	萧山白对虾	杭州市萧山区农产品加工业行业协会	10493117	虾（活的）
68	浙江	奉化芋艿头及图	奉化市芋艿头协会	6344240	芋艿头
69	浙江	大雷黄泥拱笋	宁波市鄞州区竹子研究所	11165782	鲜笋
70	浙江	樟村浙贝	宁波市鄞州区浙贝母生产协会	11265826	贝母（中药材）
71	浙江	余姚荷藕	余姚市河姆渡水生动植物研究所	10933578	荷藕
72	浙江	温岭葡萄	温岭市名特优农产品行业协会	10291845	葡萄
73	浙江	德清早园笋	德清县林业技术推广站	10348007	笋
74	浙江	岱山海盐	岱山县盐学会	10196860	海盐（食用）
75	浙江	二都杨梅	上虞市二都杨梅协会	8107439	杨梅
76	浙江	瑞安清明早及图	瑞安市农民专业合作社联合会	8891327	茶
77	浙江	瑞安清明早	瑞安市农民专业合作社联合会	8891328	茶
78	浙江	龙游乌猪	龙游县龙游乌猪产业协会	8317712	生猪
79	安徽	天长龙岗芡实	天长市铜城芡实协会	9673003	芡实
80	安徽	桐城小花	桐城市小花茶叶开发工程指挥部办公室	10479921	茶
81	安徽	枞阳媒鸭	枞阳县枞阳媒鸭养殖协会	11523539	媒鸭（活家禽）
83	福建	同安凤梨穗	厦门市同安区农村经纪人协会	10852973	干桂元
84	福建	同安凤梨穗	厦门市同安区农村经纪人协会	10852974	龙眼
85	福建	永泰李干	永泰县生产力促进中心	8715207	李干（蜜饯）
86	福建	一都枇杷	福清市一都镇经济发展服务中心	10865125	枇杷（鲜水果）
88	福建	河市槟榔芋	泉州市洛江区河市镇槟榔芋协会	11180200	芋
89	福建	石亭绿茶	南安市石亭绿茶研究会	8757651	茶
90	福建	邵武笋干	邵武市笋制品行业协会	10236834	笋干
91	福建	建阳桔柚	建阳市经济作物技术推广站	10231607	桔柚
92	福建	小湖杨梅	建阳市小湖镇三农服务中心	11083255	杨梅
93	福建	光泽溪鱼	光泽县水产研究所	11132352	活鱼
94	福建	古田红曲	古田县红曲行业协会	10786824	曲种
95	福建	坦洋工夫	福安市茶业协会	11499122	茶
96	福建	坦洋工夫	福安市茶业协会	11499123	茶

97	福建	坦洋工夫	福安市茶业协会	11499124	茶
98	福建	溪塔刺葡萄	福安市穆云畲乡刺葡萄协会	10180903	鲜葡萄
99	福建	福安油茶油	福安市油茶协会	11345819	食用油
100	福建	霞浦元宵茶	霞浦县茶业协会	10430782	茶
101	福建	霞浦元宵茶	霞浦县茶业协会	10430783	茶
102	福建	宁德缢蛏	宁德市蕉城区缢蛏协会	10729939	蛏（活的）
103	福建	宁德缢蛏	宁德市蕉城区缢蛏协会	10729940	蛏干
104	福建	武平猪胆肝	武平县猪胆肝协会	11186858	猪胆肝（猪肉食品）
106	福建	漳州芦柑	漳州市果业发展中心	10032250	柑橘
107	福建	漳州芦柑及图形	漳州市果业发展中心	10032251	柑橘
108	福建	漳州芦柑及图形	漳州市果业发展中心	10032252	柑橘
109	福建	平和南胜咸水鸭	平和县特产协会	10208093	咸水鸭
110	福建	山格查某囡仔肉	平和县特产协会	9975572	生仁饼（糕点）
111	福建	诏安灰鹅	诏安县白洋灰鹅协会	10126597	鹅（活家禽）
112	福建	诏安红星青梅	诏安县红星乡青梅技术研究会	10462581	加工过的青梅
113	福建	诏安八仙茶	诏安县茶叶协会	9466590	茶
114	福建	深土花菜	漳浦县深土镇农产品产业协会	10221005	花菜（新鲜蔬菜）
115	福建	旧镇大蚝	漳浦县旧镇镇农产品产业协会	10181305	牡蛎（活的）
116	福建	大南坂菠萝	漳浦县大南坂农产品协会	9814817	菠萝
117	福建	漳浦大葱	漳浦县蔬菜出口协会	11192112	新鲜大葱
118	福建	官浔淡水虾	漳浦县官浔镇淡水生态虾养殖协会	10103610	淡水虾（活的）
119	福建	东厦缢蛏	云霄县农作物科学研究所	10737564	缢蛏（活）
120	福建	白水贡糖	龙海市白水糖果协会	9871237	糖果
121	福建	金定鸭	龙海市养鸭协会	11476392	鸭（活家禽）
122	福建	九湖兰竹荔枝	龙海市九湖镇荔枝协会	11014904	荔枝
123	福建	明溪淮山	明溪县淮山行业协会	10191790	山药（新鲜蔬菜）
124	福建	清流豆腐皮	清流县嵩溪豆腐皮营销协会	10600558	豆腐皮
125	江西	余干辣椒	余干县辣椒协会	10823280	辣椒
127	山东	黄河乡西瓜	章丘市黄河乡西瓜协会	10126459	西瓜
128	山东	文祖香椿	章丘市文祖镇香椿种植协会	10921192	香椿（新鲜蔬菜）
129	山东	文祖花椒	章丘市锦屏山小杂粮协会	11126494	花椒（调味品）
131	山东	北宅樱桃	青岛市崂山区北宅樱桃协会	10281863	樱桃

132	山东	泊里西施舌	胶南市渔业协会	10033640	贝壳类动物
133	山东	烟台绿茶	烟台市茶叶协会	9467396	茶
134	山东	牙山黑绒山羊	栖霞市畜牧协会	10864806	山羊（活的）
135	山东	云峰大樱桃	莱州市文峰果品协会	11056223	樱桃
136	山东	金岭小米	招远市瓜菜协会	10043788	小米
138	山东	蓬莱海参	蓬莱市渔业协会	10637494	海参（非活）
139	山东	蓬莱葡萄	蓬莱产区葡萄与葡萄酒商会	11106297	新鲜葡萄
140	山东	乳山板栗	乳山市板栗协会	10516105	新鲜栗子
141	山东	泰安煎饼	泰安市岱岳区泰安煎饼协会	11549973	煎饼
142	山东	孔庄粉皮	肥城市王庄粉皮协会	10378393	粉皮
143	山东	安山大米	东平县安山大米行业协会	10356709	大米
144	山东	新泰芹菜	新泰市农村合作经济组织联合会	11040723	新鲜芹菜
146	山东	日照核桃	日照市东港区核桃种植协会	11466417	核桃(新鲜)
147	山东	日照烤烟	日照市东港区烤烟协会	11466419	烟叶；烟丝
149	山东	日照刺参	岚山区岚山头街道浅海养殖协会	11466423	刺参（非活）
150	山东	日照刀鱼	岚山区岚山头街道渔业技术协会	11466428	刀鱼（非活）
151	山东	日照黑头鱼	岚山区岚山头渔业技术协会	11466426	黑头鱼（非活）
152	山东	五莲苹果	五莲县苹果技术协会	10192001	苹果
153	山东	五莲樱桃	五莲县松柏镇樱桃技术协会	10192002	樱桃
154	山东	金乡百子鹅	金乡县畜牧养殖协会	11180906	鹅（活家禽）
155	山东	金乡小米	金乡县富硒小米协会	11135855	小米
156	山东	泗水西红柿	泗水县金庄镇瓜菜协会	9655619	西红柿
157	山东	黄沟池藕	泗水县大黄沟乡莲藕协会	11319797	池藕
158	山东	谢庄豆角	邹城市太平镇蔬菜协会	9701508	豆角（新鲜蔬菜）
159	山东	金山大樱桃	邹城市看庄大樱桃协会	10516083	樱桃
161	山东	灰埠大枣	邹城市大束镇灰埠大枣协会	10614571	鲜枣
162	山东	邹城双孢菇	邹城市食用菌产业发展中心	9655634	新鲜蘑菇；鲜食用菌
163	山东	济宁百日鸡	济宁市市中区济宁百日鸡养殖协会	10498660	活鸡
164	山东	前海辣椒	兖州市绿源蔬菜产业协会	10934770	辣椒
165	山东	颜店肉鸭	兖州市肉鸭养殖技术协会	10934769	活鸭
167	山东	梁山黑猪	梁山县大义和养猪协会	11577510	猪（活动物）
169	山东	方城西瓜	临沂市兰山区绿农瓜菜种植协会	11220888	西瓜

170	山东	高青黑牛	高青黑牛协会	11027327	黑牛肉
171	山东	高青黑牛	高青黑牛协会	11027328	黑牛（活动物）
172	山东	荆家实秆芹菜	桓台县荆家实秆芹菜种植协会	11474662	新鲜芹菜
173	山东	桓台金丝鸭蛋	桓台县农村合作经济组织联合会	10921334	鸭蛋
174	山东	消水蒜黄	沂源县悦庄镇农业综合服务中心	11077692	蒜黄
175	山东	博山蓝莓	博山区水果协会	10573757	蓝莓（新鲜水果）
176	山东	博山山楂	博山区山楂产业协会	11022630	山楂
178	山东	博山板栗	博山区有机农产品行业商会	11022632	新鲜栗子
179	山东	博山核桃	博山区有机农产品行业商会	11022633	核桃
180	山东	青州柿果	青州市王坟有机农业专业合作社联合社	11346204	柿子
181	山东	莱州湾鲈鱼	昌邑市水产养殖协会	11135145	鲈鱼（非活）
182	山东	潍河口开凌梭	昌邑市水产养殖协会	11135146	梭鱼（非活）
183	山东	昌邑原盐	昌邑市盐业协会	11384285	原盐
184	山东	柘山花生	安丘市柘山镇山货协会	9595990	花生（果品）
185	山东	诸城韭青	诸城市昌城镇农业综合服务中心	10729666	新鲜韭青
186	山东	诸城韭黄	诸城市昌城镇农业综合服务中心	10729667	新鲜韭黄
187	山东	诸城黄樱桃	诸城市桃林镇农业综合服务中心	11571360	新鲜樱桃
188	山东	诸城草莓	诸城市贾悦镇农业综合服务中心	11571361	新鲜草莓
189	山东	石桥子黑木耳	诸城市石桥子镇农业综合服务中心	11571362	木耳
190	山东	九山板栗	临朐县九山镇果业协会	10893371	板栗
191	山东	临朐酱菜	临朐县柳山镇酱菜协会	10815871	酱菜
193	山东	寿光大葱	寿光蔬菜产业协会	10800614	大葱
194	山东	寿光樱桃西红柿	寿光蔬菜瓜果产业协会	11159591	樱桃西红柿
195	山东	寿光海盐	寿光市盐业协会	11159592	海盐
196	山东	上口冰果	寿光蔬菜瓜果产业协会	11159589	冰果（新鲜水果）
197	山东	桂河芹菜	寿光蔬菜瓜果产业协会	11159590	芹菜
198	山东	莱州湾沙蚕	潍坊滨海经济技术开发区渔业协会	11624100	沙蚕（鲜活）
199	山东	大家洼盐田卤虫	潍坊滨海经济技术开发区渔业协会	11624101	卤虫（鲜活）
200	山东	莘县西瓜	莘县董杜庄镇西瓜协会	11651259	西瓜
201	山东	临清大蒜	临清市大蒜协会	11570268	大蒜
202	山东	成武大蒜	成武县天鸿大蒜协会	11041876	大蒜
203	河南	信阳红	信阳市茶叶协会	8720349	茶
204	河南	西峡猕猴桃	西峡县猕猴桃生产办公室	9831623	猕猴桃

205	河南	洛阳牡丹红	洛阳牡丹红茶协会	10636790	茶
206	河南	灵宝苹果	灵宝市果品产业协会	7729131	苹果
207	河南	郏县红牛	郏县红牛养殖协会	10424835	牛
208	湖北	沔阳麻鸭	仙桃市鸭业协会	11210913	活鸭
209	湖北	潜江龙虾	潜江市龙虾养殖协会	8434342	小龙虾（活的）
210	湖北	义河蚶	天门义河蚶养殖协会	11257389	蚶（活的）
211	湖北	蔡甸沉湖	武汉市蔡甸区水产服务中心	10297667	鳙鱼（活的）
212	湖北	蔡甸西甜瓜	武汉市蔡甸区农业技术推广中心	10479863	西瓜
213	湖北	黄陂黄牛	武汉市黄陂区畜牧服务中心	10479864	黄牛
214	湖北	舒安藠头	武汉市藠头协会	9870853	藠头（腌制蔬菜）
215	湖北	宜红工夫茶	宜都市宜红茶协会	10356049	茶
216	湖北	宜昌红茶	宜都市宜红茶协会	10356050	茶
217	湖北	宜昌白山羊	宜昌畜牧绿色产业研究所	10245371	羊肉；羊（非活）
219	湖北	宜昌白山羊	宜昌畜牧绿色产业研究所	10245373	羊(活的)
221	湖北	鹤峰绿茶	鹤峰县茶叶产业协会	9588598	茶
222	湖北	巴东大蒜	巴东县大蒜专业技术协会	11146410	大蒜（腌制蔬菜）
223	湖北	巴东大蒜	巴东县大蒜专业技术协会	11148785	大蒜（腌制蔬菜）
225	湖北	谢埠千张	鄂州市谢埠千张协会	11300404	豆腐制品
226	湖北	钟祥大米	钟祥市米业产销协会	11315030	米
227	湖北	纪山米	荆州市荆州区纪山米产销协会	11537756	米
228	湖北	荆江鸭	荆州市沙市区荆江鸭产销协会	11537999	鸭（非活的）
229	湖北	荆江鸭	荆州市沙市区荆江鸭产销协会	11538000	活鸭
230	湖北	桃花鸡蛋	石首市桃花鸡蛋产销协会	9678416	鸡蛋
231	湖北	桃花楠竹	石首市桃花山楠竹协会	10969173	加工过的竹笋
232	湖北	石首尖椒	石首市七姊妹朝天椒产销协会	10969172	辣椒（调味品）
233	湖北	松滋蜜柚	松滋市蜜柚产销协会	9955116	柚
234	湖北	街河市辣椒	松滋市街河市镇蔬菜产销协会	11421905	辣椒（植物）
235	湖北	洪湖莲子	洪湖市莲藕协会	10048747	莲子（未加工的）
236	湖北	襄阳山药	襄阳市襄城区卧龙山药专业技术协会	10969171	山药
237	湖北	襄阳大头菜	湖北襄阳大头菜协会	11050912	大头菜
238	湖北	保康绿茶	保康县荆山锦茶业技术协会	10987830	茶
239	湖北	保康黑木耳	保康县食用菌协会	11251530	木耳
240	湖北	枣北黄牛	枣阳市黄牛养殖协会	11294027	黄牛肉

241	湖北	枣北黄牛	枣阳市黄牛养殖协会	11294028	黄牛（活的）
242	湖北	咸宁桂花	咸宁市桂花协会	11294029	桂花苗木；鲜桂花
243	湖南	浏阳蒸菜	浏阳蒸菜产业协会	9535900	蒸制菜品
245	湖南	鼎城茶油	常德市鼎城区油茶协会	10147715	茶油
247	湖南	湘西黄牛	湘西土家族苗族自治州畜牧工作站	9815196	牛
248	湖南	湘西黄牛	湘西土家族苗族自治州畜牧工作站	9815197	牛肉、牛肉干等
249	湖南	凤凰姜糖	凤凰县姜糖协会	9095841	姜糖
250	湖南	托口生姜	洪江市托口生姜协会	10744624	生姜
251	湖南	辰溪金银花	辰溪县仙峰金银花行业协会	10440612	金银花
252	广东	肇实	肇庆市鼎湖区肇实协会	7735064	芡实（新鲜）
253	广东	高州香蕉	高州市香蕉协会	10943672	香蕉
254	广东	阳春马水桔	阳春市马水桔协会	5598498	桔
255	广东	普宁青梅	普宁市水果蔬菜局	11518099	青梅
256	海南	澄迈福橙及图形	澄迈福橙产销协会	9965781	橙
257	海南	澄迈福橙	澄迈福橙产销协会	9965782	橙
258	重庆	奉节脐橙	奉节县华源脐橙协会	11543980	脐橙（新鲜水果）
259	重庆	奉节白肋烟	奉节县农技站	11556766	白肋烟（烟草）
260	重庆	增福土鸡	重庆市涪陵区增福土鸡协会	11112017	土鸡（活动物）
261	重庆	涪陵水牛	重庆市涪陵区畜牧技术推广站	10415256	水牛（活动物）
262	重庆	渝东黑山羊	重庆市涪陵区畜牧技术推广站	10415257	黑山羊（活动物）
263	重庆	黔江金溪红心猕猴桃	黔江区金溪镇农业服务中心	11012683	猕猴桃
264	重庆	涪陵白茶	重庆市涪陵区蔺市镇农业服务中心	11083212	白茶（茶）
265	重庆	倒流水豆腐干	石柱土家族自治县大歇镇"倒流水"豆腐干专业经济协会	10807321	豆腐干（豆腐制品）
266	重庆	长寿血豆腐	重庆市长寿区农产品商贸流通协会	11504752	血豆腐
267	重庆	酉州乌羊	酉阳土家族苗族自治县畜牧技术推广站	11041331	乌羊（非活）
268	重庆	酉阳贡米	酉阳土家族苗族自治县花田乡农业服务中心	11237935	米
269	重庆	丰都栗子大米	丰都县农产品协会	11112018	大米
270	重庆	虎城尖柚	梁平县虎城镇农业服务中心	11083213	尖柚（柚子）
271	重庆	梁平竹笋	梁平县屏锦镇农业服务中心	11083214	竹笋（新鲜蔬菜）
272	重庆	梁平甜茶	梁平县龙胜乡农业服务中心	11083215	甜茶（茶）

273	重庆	万州罗田大米	重庆市万州区罗田镇农业服务中心	10533138	米
274	重庆	荣昌白鹅	中国重庆畜牧科技城建设委员会办公室	10380827	白鹅（鹅肉）
275	重庆	荣昌白鹅	中国重庆畜牧科技城建设委员会办公室	10380828	白鹅（活动物）
276	重庆	荣昌夏布	荣昌县外商投资服务中心	11351765	夏布(麻布)
277	重庆	秀山黄花	秀山土家族苗族自治县农业技术服务中心	11477896	鲜黄花（新鲜蔬菜）
278	重庆	秀山黄花	秀山土家族苗族自治县农业技术服务中心	11477897	干黄花（黄花菜）
279	重庆	秀山豆腐乳	秀山土家族苗族自治县农业技术服务中心	11477898	豆腐乳（腐乳）
281	重庆	合川肉片	重庆市合川肉片协会	10722608	肉片
282	重庆	合川丝瓜	重庆市合川钓鱼城农产品协会	11351764	丝瓜（新鲜蔬菜）
283	重庆	松溉健康醋	重庆市永川区松溉镇农副产品协会	10132979	醋
284	重庆	松溉盐花生	重庆市永川区松溉镇农业服务中心	11530635	盐花生（加工过的花生）
285	重庆	临江儿菜	重庆市永川区莲藕协会	11556765	儿菜（新鲜蔬菜）
286	重庆	沧沟西瓜	武隆县沧沟乡西瓜产业办公室	9670899	西瓜
291	重庆	垫江咂酒	垫江县永安镇农业服务中心	11237934	黄酒
293	重庆	鱼洞乌皮樱桃	重庆市巴南区鱼洞街道农业服务中心	11505764	乌皮樱桃（樱桃）
294	重庆	黑山谷糯玉米	重庆市万盛区农产品技术推广协会	10395593	糯玉米
295	重庆	黑山谷葡萄	重庆市万盛区农产品技术推广协会	10851288	葡萄
296	重庆	黑山谷樱桃	重庆市万盛区农产品技术推广协会	10851289	樱桃
297	重庆	黑山谷草莓	重庆市万盛区农产品技术推广协会	10851290	草莓
298	重庆	江津百合	重庆市江津区永兴镇农业服务中心	11056410	鲜百合
299	重庆	忠州豆腐乳	忠县豆制品行业协会	11369484	豆腐乳
301	重庆	跳磴火葱	重庆市大渡口区跳磴镇蔬菜专业合作协会	11211064	火葱
302	四川	蒲江猕猴桃	蒲江猕猴桃果业协会	9641182	猕猴桃
303	四川	蒲江米花糖	成都市蒲江地方名特产品保护促进会	11153566	
304	四川	温江大蒜	成都市温江区大蒜专业协会	10333150	大蒜
305	四川	德昌香米	德昌县香米协会	7210977	香米
306	四川	宜宾芽菜	四川省宜宾市食品工业协会	10891979	芽菜(腌制)
307	四川	南江黑木耳	南江县农产品流通经纪人协会	11041162	黑木耳
308	四川	巴山猪	巴中市畜禽养殖协会	10379375	猪肉
309	四川	巴山猪	巴中市畜禽养殖协会	10379376	生猪
310	四川	犍为茉莉花茶	犍为县茉莉花协会	11650211	茉莉花茶
312	四川	丹棱冻粑	丹棱县冻粑协会	9155234	泡粑

313	四川	岳池米粉	岳池县商务企业服务中心	10603058	米粉
314	贵州	梵净山翠峰茶	印江土家族苗族自治县茶业管理局	9571612	茶
317	贵州	威宁荞酥	威宁县荞酥协会	9478917	荞酥
318	贵州	安龙金银花	安龙县金银花协会	7524308	金银花
319	云南	安宁红梨	安宁市县街镇礼义红梨协会	11325325	梨
321	云南	建水小米辣	建水县园艺站	9678437	小米辣（新鲜蔬菜）
322	云南	建水草芽	建水县园艺站	9678438	草芽（新鲜蔬菜）
323	云南	弥勒葡萄	弥勒县葡萄协会	10449511	鲜葡萄
324	云南	普洱咖啡	普洱市咖啡产业联合会	8958549	咖啡
325	云南	思茅咖啡	普洱市咖啡产业联合会	8958550	咖啡
326	云南	普洱烟叶	普洱市人民政府烟草生产办公室	11012573	烟叶
327	云南	富宁八角	富宁县八角研究所	8001165	八角（调味品）
328	云南	丘北辣椒	文山州"丘北辣椒"产业协会	9954581	辣椒（新鲜蔬菜）
329	云南	盐津乌骨鸡	盐津县畜牧兽医站	7964780	鸡（活的）
330	云南	牟定腐乳	牟定县腐乳行业协会	9132397	腐乳
331	云南	宾川朱苦拉咖啡	宾川县农副产品营销服务中心	10292430	咖啡
332	云南	宾川红提葡萄	宾川县农副产品营销服务中心	10292431	鲜葡萄
333	云南	巍山红雪梨	巍山彝族回族自治县农业局园艺工作站	10852664	梨
334	云南	龙陵黄山羊	龙陵县畜牧工作站	10762927	山羊
335	云南	龙陵黄山羊	龙陵县畜牧工作站	10762928	羊肉
336	云南	永德芒果	永德县水果协会	9900684	芒果
337	云南	华宁柑桔	华宁县柑桔产业发展办公室	9954580	柑桔
338	云南	元江鲤	元江哈尼族彝族傣族自治县鱼种技术推广站	11034609	鲤鱼（活鱼）
339	云南	西双版纳茶花鸡	西双版纳傣族自治州畜牧兽医工作站	8169916	鸡（活的）
341	西藏	昌果红土豆	贡嘎县昌果乡红土豆协会	10132975	鲜土豆
342	陕西	延安小米	延安市农业科学研究所	10503399	小米
343	陕西	图形	延安市农业科学研究所	10503400	小米
344	陕西	吴起荞麦香醋	吴起县特色生物资源加工营销协会	10148036	醋
345	陕西	富县油糕	富县油糕协会	8695196	年糕
346	陕西	汉中仙毫	汉中市茶业协会	7306965	茶
347	陕西	三原蓼花糖	三原县食品协会	11105423	蓼花糖
348	陕西	柞水木耳	柞水县无公害绿色农产品开发协会	9497680	木耳

349	陕西	铜川大樱桃	铜川市果业管理局	11145417	樱桃
350	甘肃	秦州大樱桃	天水市秦州区果品产业协会	9954781	樱桃
351	甘肃	瓜州枸杞	瓜州县林果科技服务中心	7858930	枸杞
352	甘肃	甘加羊	夏河县畜牧工作站	7778363	羊肉
353	甘肃	玛曲牦牛	玛曲县畜牧工作站	10687905	牛肉
354	甘肃	玛曲牦牛	玛曲县畜牧工作站	10687906	活牛
355	甘肃	欧拉羊	玛曲县畜牧工作站	10687908	羊肉
356	甘肃	欧拉羊	玛曲县畜牧工作站	10687909	活羊
358	宁夏	泾源黄牛	泾源县畜牧技术推广服务中心	7693372	牛
359	新疆	喀什羊肉	喀什农村合作经济组织协会	11086389	羊肉
360	新疆	喀什石榴	喀什农村合作经济组织协会	11086390	石榴
361	新疆	喀什小茴香	喀什农村合作经济组织协会	11086391	小茴香（调味品）
362	新疆	喀什葡萄	喀什农村合作经济组织协会	11086392	鲜葡萄
363	新疆	喀什甜杏	喀什农村合作经济组织协会	11086393	杏
364	新疆	喀什红枣	喀什农村合作经济组织协会	11086394	干枣
365	新疆	喀什巴旦姆	喀什农村合作经济组织协会	11086395	巴旦姆(坚果)
366	新疆	喀什甜瓜	喀什农村合作经济组织协会	11086396	甜瓜
367	新疆	喀什核桃	喀什农村合作经济组织协会	11086397	鲜核桃
368	新疆	喀什新梅	喀什农村合作经济组织协会	11086398	酸梅
369	新疆	伊犁苹果	伊犁哈萨克自治州果业协会	10444510	苹果

4.4 中国驰名商标名单

2010 年-2012 年国家工商总局认定的中国驰名商标名单（食品行业部分）

2010 年，国家工商总局商标局认定的食品行业 139 件中国驰名商标。

序号	商标	注册人/所有人	类别	使用商品/服务
1	贵烟及图	贵州中烟工业公司	34	卷烟
2	天下农庄	福建天下农庄食品发展有限公司	30	米
3	顺鑫 SHUNXIN	北京顺鑫农业股份有限公司	31	新鲜蔬菜、新鲜水果
4	涪陵榨菜及图	重庆市涪陵区榨菜管理办公室	29	榨菜
5	美好	新希望集团有限公司	29	火腿肠
6	十三香	驻马店市王守义十三香调味品集团有限公司	30	调味品
7	清美	上海清美绿色食品有限公司	30	豆制品
8	银光	湖南银光粮油股份有限公司	30	大米
9	天龙 TIANLONG 及图	湖南省天龙米业有限公司	30	大米
10	开口笑	湖南湘窖酒业有限公司	33	白酒
11	澳优	澳优乳品（湖南）有限公司	5	婴儿奶粉
12	玫瑰牌 MEIGUIPAI 及图	重庆市江津米花糖有限责任公司	30	米花糖
13	粳冠及图	盘锦鼎翔米业有限公司	30	大米
14	兴泽及图	大连兴泽制麦有限公司	31	酿酒麦芽
15	即墨	山东即墨黄酒厂	33	黄酒
16	八马 Bama 及图	福建省安溪八马茶业有限公司	30	茶叶
17	山莊及图	承德避暑山庄企业集团有限责任公司	33	白酒
18	玉兔 YUTU 及图	山东玉兔食品有限责任公司	30	醋
19	川珍及图	四川省青川县川珍实业有限公司	29	黑木耳、冬菇、食用菌
20	开化龙顶及图	开化县特产局（茶叶局）	30	茶
21	金門高粱酒	金门酒厂实业股份有限公司	33	高粱酒
22	维之三 WEIZHIWANG 及图	山西维之王食品有限公司	29	蜜饯

23	叙府及图	四川省叙府茶业有限公司	30	茶叶
24	金潭玉液	四川省宜宾高洲酒业有限责任公司	33	白酒
25	第 1554360 号图形	湖北广源食品有限公司	30	饼干
26	凤山 FENGSHAN 及图	福建省安溪茶厂有限公司	30	茶叶
27	胶州大白菜	胶州市大白菜协会	31	白菜
28	迎春乐	青岛迎春乐乳业（集团）有限公司	29	牛奶、牛奶饮料（以奶为主）、牛奶制品
29	第 1438551 号图形	广州市美益香料有限公司	30	食用香料、食用芳香剂
30	福鼎白茶 FUDING WHITE TEA	福鼎市茶业协会	30	茶
31	远山 YUANSHAN	福建省远山农业发展有限责任公司	31	生猪、肉食鸡
32	蓝天 LanTian 及图	河南蓝天生态茶业有限公司	30	茶叶
33	丰缘	北大荒丰缘集团有限公司	30	面粉
34	GUOLIAN 及图	湛江国联水产开发股份有限公司	29	虾（非活）、鱼（非活）、贝壳类动物（非活）
35	乐福记及图	山东乐福记食品有限公司	30	豆奶粉
36	御食园	北京御食园食品有限公司	29	蜜饯
37	京萃 JINGCUI 及图	北京天利海香精香料有限公司	1	乙基麦芽酚
38	甘竹牌	广东甘竹罐头有限公司	29	听装（罐装）鱼、水产罐头、蔬菜罐头
39	朋珠及图	烟台蓬珠酒业有限公司	33	葡萄酒、白兰地
40	春光及图	文昌市春光食品有限公司	30	糖果
41	明健盛及图	三明市健盛食品有限公司	29	笋干、干食用菌
42	太白及图	陕西省太白酒业有限责任公司	33	白酒
43	板城	承德乾隆醉酒业有限责任公司	33	白酒
44	土老憨 SIMPLE AND HONEST GAFFER 及图	湖北土老憨生态农业开发有限公司	31	鲜水果
45	马家沟 MAJIAGOU 及图	青岛琴园现代农业有限公司	31	芹菜
46	龙水及图	黑龙江省人和米业有限公司	30	大米
47	东宝	江苏东宝粮油集团有限公司	29	食用油、色拉油
48	兴唐 XINGTANG 及图	宁夏兴唐米业集团有限公司	30	大米
49	盐池滩羊及图	盐池县滩羊肉产品质量监督检验站	29	滩羊肉
50	中绿及图	中绿食品集团有限公司	31	新鲜蔬菜、鲜水果
51	可可西里 KEKEXILI 及图	青海可可西里实业开发集团有限公司	29	牦牛肉干
52	金乡大蒜及图	金乡县大蒜协会	31	大蒜
53	远洋	辽宁省大连海洋渔业集团公司	29	鱼（非活）、虾（非活）、海

				参（非活）
54	新雅及图	上海杏花楼（集团）有限公司新雅粤菜馆	30	糕点
55	粟海及图	山西粟海集团有限公司	29	鸡肉制品
56	云南红	昆明云南红酒业有限公司	33	葡萄酒
57	营口大米 YINGKOUDAMI	营口市农业中心	30	大米
58	古越楼台	湖南胜景山河生物科技股份有限公司	33	黄酒、料酒
59	第 1790262 号图形	山东东阿阿胶股份有限公司	5	阿胶
60	牛头牌及图	贵州永红食品有限公司	29	牛肉食品
61	天景 SKY SCENERY 及图	吉林天景食品有限公司	30	谷类制品
62	宏宝莱	宏宝莱集团股份有限公司	30	冰淇淋、冰糕
63	榆树钱	吉林省榆树钱酒业有限公司	33	白酒
64	藏缘及图	西藏藏缘青稞酒业有限公司	33	青稞酒
65	5100	西藏冰川矿泉水有限公司	32	矿泉水
66	陬福	湖南湘鲁万福农业开发有限公司	30	大米、麦芽糖
67	天佑德	青海互助青稞酒有限公司	33	青稞酒
68	丹泉及图	广西丹泉酒业有限公司	33	白酒
69	六必居	北京六必居食品有限公司	29	酱菜、腌制蔬菜
70	盛湘 SH?X 及图	湖南盛湘粮食购销集团有限公司	30	谷类制品等
71	第 1338982 号图形	锦州百合食品有限公司	29	腌制蔬菜、海带
72	同发 TONGFA 及图	福建同发食品集团有限公司	29	水果罐头、蘑菇罐头、蔬菜罐头、水产罐头、肉罐头
73	黄金搭档	上海黄金搭档生物科技有限公司	30	非医用营养品
74	好雨 HAOYU 及图	吉林裕丰米业股份有限公司	30	米、谷类制品
75	石桥	辽宁石桥调味品股份公司	30	酱油、醋、调味品、调味酱
76	安井及图	厦门华顺民生食品有限公司	29	鱼制食品
77	MARTELL	马爹利股份有限公司	33	含酒精饮料
78	好想你及图	好想你枣业股份有限公司	29	加工过的枣；干枣
79	径山茶	杭州市余杭区径山茶业管理协会	30	茶
80	世龙及图	山西世龙食品有限公司	29	腊驴肉、驴肉食品
81	国缘	江苏今世缘酒业有限公司	33	酒精饮料（啤酒除外）
82	思源 Siyuan 及图	云南玉溪水松纸厂	34	卷烟纸
83	顺香斋及图	山东顺香斋食品有限公司	29	香肠
84	双沟珍宝坊	江苏双沟酒业股份有限公司	33	白酒
85	庄子开拓	新疆庄子实业有限公司	29	食用油
86	西尔丹	新疆西尔丹食品有限公司	30	辣椒酱
87	金沙及图	贵州金沙窖酒酒业有限公司	33	白酒

88	宁诚	内蒙古顺鑫宁城老窖酒业有限公司	33	白酒
89	万年贡	江西万年贡米集团有限公司	30	大米
90	龙头及图	四川省巴中龙头食品有限公司	30	挂面
91	实实 shishi	鹤岗市实实米业有限责任公司	30	大米
92	芦花 LUHUA 及图	天津长芦汉沽盐场有限责任公司	30	食用盐
93	海花及图	营口盐业有限责任公司	30	食盐
94	天峡 TIANXIA	湖北天峡鲟业有限公司	29	鱼制食品
95	龙润 LongRun	云南龙润药业有限公司	30	茶
96	鼎福	山东鼎福食品有限公司	30	饼干、糖果
97	巴山雀舌	四川巴山雀舌名茶实业有限公司	30	茶
98	苏美及图	江苏苏美食品有限公司	30	酱油
99	乐义	王乐义/寿光市世纪三元现代农业开发有限责任公司	31	新鲜蔬菜、鲜水果
100	联发 LIANFA 及图	河南省联发纸业有限公司	34	卷烟纸
101	九华山及图	舒学昌/河南九华山茶业有限公司	30	茶叶
102	阜丰及图	山东阜丰发酵有限公司	29	食品用胶
103	惠发及图	山东惠发食品有限公司	29	肉、鱼（非活的）
104	兴贸 XINGMAO 及图	诸城兴贸玉米开发有限公司	30	玉米淀粉
105	文新 WENXIN 及图	信阳市文新茶叶有限责任公司	30	茶叶
106	泰祥 TAIXIANG 及图	荣成泰祥水产食品有限公司	29	水产品
107	富春及图	扬州富春饮服集团有限公司	30	包子、糕点
108	小王子 XIAOWANGZI 及图	浙江小王子食品股份有限公司	30	膨化食品
109	陆龙及图	宁波市陆龙兄弟海产食品有限公司	29	海水产品、水产罐头
110	如意情及图形	厦门如意集团有限公司	29	速冻方便菜肴、腌制蔬菜、水果蜜饯
111	文王	安徽文王酿酒股份有限公司	33	白酒
112	迎驾及图	安徽迎驾集团有限公司	33	白酒
113	同福 TongFu	安徽同福食品有限责任公司	30	粥
114	九联及图	青岛九联集团股份有限公司	29	肉类食品
115	政和工夫及图	政和县茶叶技术推广总站	30	茶
116	雾里青	安徽天方茶业（集团）有限公司	30	茶叶
117	晨光 chenguang 及图	晨光生物科技集团股份有限公司	2	食用色素、食品色素、食物色素
118	和	上海华光酿酒药业有限公司	33	黄酒
119	YANGYUAN 及图	河北养元智汇饮品股份有限公司	32	无酒精饮料

120	西吉马铃薯 XiJiMaLing Shu 及图	西吉县马铃薯生产研究所	31	鲜土豆
121	香山硒砂及图	宁夏中卫香山硒砂瓜业有限责任公司	31	西瓜
122	亚林 YALIN 及图	湖南亚林食品有限公司	29	加工过的瓜子、加工过的花生
123	华鹏	湖南省武冈市华鹏食品有限公司	29	豆腐制品、鱼制食品、卤肉制品
124	龙及图	湖南龙牌酱业集团有限公司	30	酱油、醋
125	宏兴隆 HONGXINGLONG 及图	湖南宏兴隆湘莲食品有限公司	29	莲子
126	古洞春	湖南古洞春茶业有限公司	30	茶叶
127	鄂州武昌鱼 WUCHANG FISH IN E ZHOU 及图	鄂州武昌鱼协会	29	武昌鱼（非活的）
128	林都 Lindu 及图	伊春市林都山特产品有限责任公司	29	干食用菌
129	金星牌 GOLDEN STAR BRAND 及图	天津食品进出口股份有限公司	32	白酒、葡萄酒、露酒、改制酒
130	清谷新禾 PURE FRESH FARM 及图	内蒙古清谷新禾有机食品有限责任公司	29	食用油、精制坚果仁、干食用菌
131	绝味	戴文军/湖南绝味食品股份有限公司	29	板鸭、豆腐制品、鱼制食品
132	鹰唛	广东鹰唛食品有限公司	29	植物食油
133	龙嫂及图	宿迁市龙嫂绿色食品有限公司	30	面粉、方便面、食用淀粉
134	富谷及图	大连富谷水产有限公司	29	鱼（非活）、海参
135	北霸 BEIBA 及图	沈阳北霸米业集团有限公司	30	大米
136	益君	北京资源亚太食品有限公司	29	猪肉食品、肉
137	阿满	吉林省阿满食品有限公司	29	猪肉食品、肉
138	南国	海南南国食品实业有限公司	30	糖、糖果
139	洛川苹果 LUOCHUAN APPLE 及图	洛川县苹果产业协会	31	苹果

2011 年，国家工商总局商标局认定的食品行业 204 件中国驰名商标。

序号	商标	注册人/所有人	类别	使用商品/服务
1	安记及图	福建省泉州市安记食品有限公司	30	调味品
2	日春 RICHUN	日春股份公司	30	茶、茶叶代用品
3	龙徽 DRAGON SEAL 及图	北京龙徽酿酒有限公司	33	葡萄酒
4	粤农 YUENONG	惠州市四季鲜绿色食品有限公司	29	干荔枝、桂元、果肉
5	红螺及图	北京红螺食品有限公司	29	水果蜜饯
6	杜康及图	河南杜康酒业股份有限公司	33	酒
7	龙丹	黑龙江龙丹乳业科技股份有限公司	29	牛奶、乳制品

8	神丹	湖北神丹健康食品有限公司	29	蛋等
9	远航及图	广东省九江酒厂有限公司	33	酒
10	九宫山及图	通山县九宫山有机茶基地	30	茶
11	论道	四川省峨眉山竹叶青茶业有限公司	30	茶、茶叶代用品
12	徽记及图	四川徽记食品产业有限公司	29	加工过的瓜子等
13	燕之屋	厦门市双丹马实业发展有限公司	29	食用鸟窝
14	黑牛	黑牛食品股份有限公司	30	豆制品（豆奶粉）
15	福臨門及图	中粮集团有限公司	29	食用油脂
16	厨邦	广东美味鲜调味食品有限公司	30	酱油、醋、调味品、鸡精、蚝油
17	唯怡 1 及图	四川斯比泰饮料食品有限公司	32	花生奶（软饮料）
18	富岗 FUGANG	河北富岗食品有限责任公司	31	鲜水果
19	盈丰及图	福建盈丰食品集团有限公司	29	蜜饯果类
20	沃尔旺 WoerWang	河北沃尔旺食品饮料有限公司	32	无酒精果汁、水（饮料）
21	古井及图	安徽古井贡酒股份有限公司	33	白酒
22	图形	内蒙古河套酒业集团股份有限公司	33	酒
23	玉溪	红塔烟草(集团)有限责任公司	34	香烟
24	杨麻子及图	杨富贵	30	大饼
25	妙恋	小洋人生物乳业集团有限公司	29	牛奶饮料（以牛奶为主的）
26	HOWYAWL 及图	青岛浩源集团有限公司	29	贝壳类动物（非活）、鱼制食品、鱼片
27	皖及图	安徽皖酒制造集团有限公司	33	白酒
28	湘丰及图	湖南湘丰茶业有限公司	30	茶
29	德山及图	湖南德山酒业营销有限公司	33	酒（饮料）
30	亚达及图	福建亚达集团有限公司	29	笋干、熟蔬菜
31	霸王花 BaWanghua 及图	广东霸王花食品有限公司	30	米粉、米排粉
32	秋林 QiuLin 及图	哈尔滨秋林糖果厂有限责任公司	29	香肠、风干肠、火腿
33	FXH 及图	合肥肥西老母鸡餐饮有限责任公司	29	非活家禽、肉、肉汤
34	蒙古王	内蒙古蒙古王实业股份有限公司	33	酒（饮料）
35	天湖 TIANHU 及图	新疆生产建设兵团农业建设第二师二十七团	31	啤酒花
36	东及图	盘锦光合水产有限公司	31	贝壳类动物（活的）、甲壳动物
37	春发及图	天津市双星香精香料有限公司	30	食用香精
38	宝应湖 BYH 及图	江苏水仙实业有限公司	31	活动物、活家禽
39	阿里山	江苏阿里山食品有限公司	29	加工过的坚果、加工过的瓜子

40	楼兰 LOULAN	吐鲁番楼兰酒业有限公司	33	葡萄酒
41	忘不了及图	浙江忘不了柑桔专业合作社	31	桔、鲜水果
42	野娇娇 YEJIAOJIAO 及图	杭州千岛湖野娇娇食品有限公司	29	鱼（非活的），加工过的山核桃
43	上品堂	大连先先食品有限公司	29	海参（非活）
44	金万家及图	海城市三星生态农业有限公司	31	新鲜蔬菜
45	独凤轩 DU FENG XUAN 及图	抚顺市独凤轩食品有限公司	30	调味品
46	真心	大连真心罐头食品有限公司	29	水果罐头；水产罐头
47	非及图	大连非得生物产业有限公司	30	非医用营养胶囊
48	越橘庄园	黑龙江兴安红酒有限公司	33	蓝莓酒
49	振隆 ZLTC 及图	阜新振隆土特产有限公司	29	加工过的瓜子、精制坚果仁
50	古丈毛尖及图	古丈茶业发展研究中心	30	茶叶
51	君乐宝 JUNLEBAO 及图	石家庄君乐宝乳业有限公司	29	酸奶、牛奶、牛奶饮料（以牛奶为主）
52	金士百 jinsben 及图	四平金士百啤酒股份有限公司	32	啤酒
53	佳瑞龙及图	长春市佳龙农牧食品发展有限公司	29	香肠
54	第 877986 号图形	吉林粮食集团米业有限公司	30	谷类制品
55	银桥及图	西安银桥生物科技有限责任公司	29	牛奶制品、奶粉（奶制品）
56	井冈牌及图	江西大井冈科技实业有限公司	33	酒
57	生态	湖南重庆啤酒国人有限责任公司	32	啤酒、无酒精饮料
58	麻阳及图	麻阳苗族自治县柑桔协会	31	柑桔
59	武陵	湖南武陵酒有限公司	33	酒
60	粒粒晶及图	湖南益阳粒粒晶粮食购销有限公司	30	大米
61	佳享 JIAXIANG 及图	成都佳享食品有限公司	29	猪肉食品
62	福胶及图	山东福胶集团东阿镇阿胶有限公司	30	阿胶、阿胶膏
63	喜燕 happy swallow	青岛天祥食品有限公司	31	食用油
64	洪湖清水 The clean water of Hong Hu	洪湖市闽洪水产品批发交易市场服务有限公司	31	活动物
65	雪天 Xuetian 及图	湖南省轻工盐业集团有限责任公司	30	食盐
66	北洋 BY 及图	青岛市北洋食品有限公司	29	鱼制食品
67	沾化冬枣	沾化县冬枣研究所	31	鲜枣
68	又一家	河北又一家饮食服务有限责任公司	29	非活家禽
69	可比克 capicao	福建达利食品集团有限公司	29	土豆片（油炸）
70	百味林及图	上海百味林实业有限公司	29	蜜饯、加工过的开心果、瓜子、花生、精制坚果仁

71	四海及图	河北四海发展股份有限公司	31	酿酒麦芽
72	射阳大米及图	射阳县大米协会	30	米
73	中洋及图	江苏中洋集团股份有限公司	31	活鱼、虾(活)、贝壳类动物(活的)
74	日照绿茶 RIZHAOLUCHA 及图	日照市东港区茶叶技术协会	30	茶
75	春丝	江西省春丝食品有限公司	30	面条
76	景芝及图	山东景芝酒业股份有限公司	33	白酒
77	颜皓 YANHAO 及图	陵县颜皓制粉有限公司	30	面粉、面条
78	梦想 MENGXIANG 及图	河南梦想食品有限公司	30	饼干
79	丝宝宝及图	山东金城股份有限公司	30	粉丝
80	银宝 YINBAO 及图	山东银宝食品有限公司	29	猪肉、猪肉食品、非活家禽
81	龚老汉	杭州金达龚老汉特种水产有限公司	31	活甲鱼、甲鱼种
82	大佛	新昌县名茶协会	30	茶
83	果秀	湖南果秀食品有限公司	29	水果罐头
84	插旗及图	湖南插旗菜业有限公司	29	腌制蔬菜、脱水菜、豆腐制品
85	广泽	吉林省乳业集团广泽有限公司	29	牛奶
86	泉阳泉 QUANYANGQUAN 及图	吉林森工集团泉阳泉饮品有限公司	32	矿泉水
87	皇沟及图	河南皇沟酒业有限责任公司	33	白酒
88	东方海洋 ORIENTAL OCEAN 及图	山东东方海洋科技股份有限公司	29	鱼制食品、海带
89	铁刹山	辽宁铁刹山酒业有限责任公司	33	白酒
90	赢德及图	开原市赢德肉禽有限责任公司	29	冻肉鸡
91	宾之郎 BIN ZHI LANG	湖南宾之郎食品有限公司	29	槟榔
92	长康	湖南省长康实业有限责任公司	30	醋、酱油、辣椒酱
93	龙须及图	龙口龙须粉丝有限公司	30	粉丝（条）
94	茅贡及图	贵州茅贡米业有限公司	30	大米
95	新安源有机茶及图	黄山市新安源有机茶开发有限公司	30	茶叶
96	几江	重庆市江津酒厂（集团）有限公司	33	白酒
97	鸿茅及图	内蒙古鸿茅实业股份有限公司	5	药酒
98	东方红 DONGFANGHONG	四川绵竹剑南春酒厂有限公司	33	白酒
99	古城及图	新疆第一窖古城酒业有限公司	33	白酒
100	新天龙及图	吉林省新天龙酒业有限公司	1	酒精
101	恒联 HL 及图	广东恒联食品机械有限公司	7	制食品用电动机械

102	金菜地 JINCAIDI 及图	马鞍山市黄池食品(集团)有限公司	29	豆腐制品、酱菜
103	海阳及图	宁德市南阳实业有限公司	29	猪肉食品
104	SHG 及图	石家庄双鸽食品有限责任公司	29	熟肉制品、烧鸡
105	枣博士	好想你枣业股份有限公司	29	干枣
106	榆园及图	沈阳榆园食品工业有限公司	29	酸菜
107	广天牌及图	辽宁广天食品有限公司	29	罐头
108	宝迪 BAODI 及图	天津宝迪农业科技股份有限公司	29	肉、猪肉食品
109	古船、第 1276464 号图形	北京京粮股份有限公司	30	面粉、谷类制品
110	老干妈	贵阳南明老干妈风味食品有限责任公司	30	豆豉、辣椒酱（调味）、炸辣椒油
111	康福	沈阳康福食品有限公司	30	面包、糕点
112	康麦斯、K—Max 及图	上海康麦斯保健品有限公司	30	非医用营养胶囊、非医用营养颗粒
113	味好美	上海味好美食品有限公司	30	调味品
114	庶人坊	四川南溪庶人食品有限公司	30	豆制品
115	贡 gong 及图	杭州西湖龙井茶叶有限公司	30	茶叶
116	泸池	泸州老池酒业集团有限公司	33	酒(饮料)
117	叙府及图	四川省宜宾市叙府酒业有限公司	33	酒
118	NESTLE、Nestle 及图、雀巢	雀巢产品有限公司	5	婴儿食品
119	花秋	四川省花秋茶业有限公司	30	茶
120	大益	勐海茶厂	30	茶叶
121	华康	湖南省华康食品有限责任公司	29	芝麻油
122	康比特	北京康比特体育科技股份有限公司	30	非医用营养液
123	优酸	内蒙古伊利实业集团股份有限公司	29	牛奶饮料（以牛奶为主）
124	旺仔	宜兰食品工业股份有限公司	30	饼干；糖果；米果 果子冻；牛奶制品
125	轩尼诗	法国轩尼诗公司	33	含酒精饮料（啤酒除外）
126	阿尔卑斯	不凡帝范梅勒有限公司	30	糖果
127	哈根达斯	美国通用磨坊食品公司	30	冰淇淋
128	安化黑茶及图	安化县茶叶协会	30	茶
129	甘岭及图	广东金岭糖业集团有限公司	30	白砂糖、赤砂糖
130	果维康	石药集团有限公司	30	非医用营养片
131	恒顺	江苏恒顺醋业股份有限公司	30	酱油、醋、调味品
132	華旗	天津市华旗食品有限公司	32	果茶、果汁
133	半球 BANQIU	山东半球面粉有限公司	30	面粉、面条

134	梦之蓝	江苏洋河酒厂股份有限公司	33	白酒
135	爽歪歪	杭州娃哈哈集团有限公司	32	无酒精饮料
136	沱 tuopai 及图	四川沱牌曲酒股份有限公司	33	白酒
137	常山胡柚	常山县胡柚产销行业协会	31	胡柚
138	德氏 Deshi 及图	沈阳德氏冷饮食品有限公司	30	冰淇淋
139	鄂尔多斯及图	内蒙古鄂尔多斯酒业集团有限公司	33	白酒
140	富世康及图	肥城富世康工贸有限公司	30	面粉
141	赣南脐橙及图	赣州市赣南脐橙协会	31	柑橘
142	關公坊	宜昌关公酒业有限公司	33	酒（饮料）
143	光临 GUANGLIN 及图	江西华茂保健品开发有限公司	30	蜂蜜
144	海南岛	海南岛屿经济开发有限公司	32	果汁饮料（饮料）
145	海湾 HAIWAN 及图	大连复州湾盐场	30	食用盐
146	寒地黑土 COLD ZONE BLACK GLEBE 及图	黑龙江寒地黑土农业物产集团有限公司	30	谷类制品
147	韩城大红袍花椒 HCDHPHJ 及图	韩城市花椒销售协会	30	花椒（调味品）
148	和田玉枣 HETIAN JADE DATE	和田玉枣产业协会	29	干枣
149	红 99	重庆红九九食品有限公司	30	调味品
150	鸿兴源 HXY 及图	山东鸿兴源食品有限公司	30	调味品
151	华曦 huaxi 及图	昆明华曦牧业集团有限公司	29	蛋、咸蛋
152	金鸡	沈阳华美畜禽有限公司	29	鸡肉
153	金沙河	河北金沙河面业有限责任公司	30	面条、食用面粉
154	金霞	湖南金霞粮食产业有限公司	30	米
155	口味王	益阳市口味王槟榔有限责任公司	29	槟榔（加工过的坚果）
156	来伊份及图	上海来伊份股份有限公司	29	水果蜜饯、精制坚果仁、肉脯
157	瑯琊台及图	青岛琅琊台集团股份有限公司	33	白酒
158	老苗及图	青铜峡市清真食品有限责任公司	30	糕点、蛋糕、饼干
159	李文及图	湖南李文食品有限公司	29	蔬菜罐头、水果罐头
160	利达 LIDA 及图	天津利金粮油股份有限公司	30	面粉
161	利生 LISHENG 及图	山东利生面业(集团)有限公司	30	面粉、挂面
162	良仁 LIANGREN	湖北省潜江市华山水产食品有限公司	29	鱼（非活的）、龙虾（非活）
163	绿升	四川天源油橄榄有限公司	29	食用橄榄油
164	梅花及图	梅花生物科技集团股份有限公司	30	味精
165	湄潭翠芽	贵州省湄潭县茶业协会	30	茶

166	青草香及图	安徽省桐城青草香米业集团有限公司	30	米
167	曲堤	济南曲堤蔬菜销售有限公司	31	黄瓜
168	三杯香及图	泰顺县茶业协会	30	茶
169	三山岛 SANSHANDAO 及图	大连三山岛海产食品有限公司	29	海参（非活）
170	森山	浙江森宇实业有限公司	30	非医用营养胶囊
171	山润及图	湖南山润茶油科技发展有限公司	29	食用油脂、食用菜籽油
172	陕富及图	陕西陕富面业有限责任公司	30	面粉、面粉制品、谷物制品
173	双合成	太原双合成食品有限公司	30	糕点、馒头、面包
174	同心圆枣	同心县圆枣协会	31	枣
175	万里江及图	青岛万里江茶业有限公司	30	茶
176	唯思可达	山西唯思可达天然饮业有限公司	32	果汁饮料、矿泉水
177	维多宝	绥芬河市维多宝食品有限公司	29	木耳、干食用菌
178	味博士	百雄堂控股集团有限公司	29	食用腌黄豆、五香萝卜、腐乳
179	武夷星 WU YISTAR 及图	武夷星茶业有限公司	30	茶
180	西塘	浙江嘉善黄酒股份有限公司	33	黄酒
181	仙居杨梅	仙居县果品产销协会	31	杨梅
182	仙坛 XIANTAN 及图	山东仙坛股份有限公司	29	非活家禽
183	乡都	新疆乡都酒业有限公司	33	葡萄酒
184	香格里拉	香格里拉酒业股份有限公司	33	酒（饮料）、酒精饮料（啤酒除外）
185	湘泉 XIANGQUAN 及图	酒鬼酒股份有限公司	33	酒
186	响水	黑龙江响水米业股份有限公司	30	大米
187	笑厨 XIAOCHU	新疆笑厨食品有限公司	30	酱油、醋、饼干
188	欣欣大庄园及图	黑龙江欣欣大庄园食品有限公司	29	肉、牛肉食品、羊肉食品
189	信乐及图	山东信乐味精有限公司	30	味精、鸡精（调味品）
190	雄洲	沈阳雄洲食品工业有限公司	29	肉脯、肉
191	烟台苹果及图	烟台市苹果协会	31	苹果
192	一致及图	湖北一致魔芋生物科技有限公司	30	魔芋粉、粉丝（条）
193	亿路发 YILUFA 及图	青岛亿路发集团有限公司	29	水产罐头、鱼制食品
194	崟露及图	福建敖峰闽榕茶业有限公司	30	茶叶
195	优乐美 U.loveit 及图	广东喜之郎集团有限公司	32	奶茶(非奶为主)
196	云霄 YUNXIAO 及图	云霄县枇杷协会	31	枇杷
197	珍及图	贵州珍酒酿酒有限公司	33	白酒
198	中得	浙江中得农业集团有限公司	31	甲鱼

199	紫轩	甘肃紫轩酒业有限公司	33	葡萄酒
200	紫云猕猴桃	广元市元坝区紫云猕猴桃协会	31	猕猴桃
201	醉三秋及图	安徽金种子酒业股份有限公司	33	白酒
202	第 3356483 号图形	青岛柏兰食品有限公司	29	芝麻油、熟芝麻
203	第 3462848 号图形	湖南浩天米业有限公司	30	米、谷类制品、面条
204	海洋岛	大连海洋岛水产集团有限公司	31	海参(活的)、贝壳类动物(活的)、鲍鱼(活的)

2012 年，国家工商总局商标局认定的食品行业 344 件中国驰名商标。

序号	商标	注册人/所有人	类别	使用商品/服务
1	雪龙黑牛及图	雪龙黑牛股份有限公司	29	肉；肉片
2	鲜八里 XIANBALI	鲜八里集团有限公司	29	肉、非活家禽、鸡腿、鸡翅、肉罐头、猪蹄
3	恒康	宁波恒康食品有限公司	29	加工过的坚果
4	大平 DAPING	安徽大平工贸(集团)有限公司	29	食用油、食用菜油
5	蒙水及图	山东玉泉食品有限公司	29	水果罐头
6	谷神及图	谷神生物科技集团有限公司	29	食物蛋白；人食用蛋白质；大豆蛋白肽（食用蛋白）
7	鹰金钱及图	广州轻工工贸集团有限公司	29	鱼；水产品；鱼罐头、水产罐头
8	劲霸 jinba	广东嘉豪食品股份有限公司	29	鸡汁
9	有友及图	重庆有友实业有限公司	29	加工过的肉
10	圣迪乐 Sun Daily 及图	四川圣迪乐村生态食品有限公司	29	蛋
11	川南	四川省川南酿造有限公司	29	腌制蔬菜；泡菜；酸菜；榨菜
12	中茶及图	中国茶叶股份有限公司	30	茶叶
13	惠成 HUICHENG 及图	沈阳惠成调料有限公司	30	调味品
14	香香仔	吉林省香辰食品有限公司	30	方便米饭
15	绿宝石 LUBAOSHI	哈尔滨绿宝石实业有限公司	30	米
16	品品香	福建品品香茶叶有限公司	30	茶
17	民天 mt	济南民天面粉有限责任公司	30	面粉
18	大桥及图	武汉亚太调味食品有限公司	30	鸡精（调味品）；调味品
19	思朗 silang 及图	东莞锦泰食品有限公司	30	饼干
20	川洲	重庆市合川区川洲桃片有限公司	30	桃片糕；糕点
21	米老头 UNCLE POP 及图	四川米老头食品工业集团有限公司	30	米花糖、饼干（曲奇）、华夫饼干、米果

22	鸿笙 SWANSHENG 及图	成都市鸿笙食品有限公司	30	玉米粉
23	兴达 XINGDA 及图	河北兴达饲料集团有限公司	31	饲料
24	闽中及图	福建省闽中有机食品有限公司	31	新鲜蔬菜
25	招宝及图	福建省招宝生态农庄有限公司	31	种家禽、活动物
26	福鼎槟榔芋 FUDING BINGLANG TARO 及图	福鼎市福鼎芋协会	31	芋
27	森源及图	宜昌森源食用菌有限责任公司	31	食用菌；食用菌菌种
28	润田	江西润田饮料股份有限公司	32	蒸馏水；矿泉水；水；不含酒精的饮料
29	台福及图	福建省台福食品有限公司	32	非酒精饮料
30	今贝及图	湖北今贝生物科技有限公司	32	无酒精饮料
31	百威	安海斯–布希公司	32	啤酒
32	高丽村	刘志东 延边边城酒业有限公司	33	含酒精液体；含酒精浓汁；烧酒
33	沙洲优黄	江苏张家港酿酒有限公司	33	黄酒
34	缘	安徽缘酒酿造有限公司	33	白酒
35	海神	安徽海神黄酒集团有限公司	33	黄酒
36	石花及图	湖北省石花酿酒股份有限公司	33	酒（饮料）
37	渔樵仙 Yuqiaoxian	四川省渔樵(集团)有限公司	33	薄荷酒、果酒（含酒精）、酒（饮料）
38	三珍斋	嘉兴三珍斋食品有限公司	29	酱鸡；酱鸭；肉
39	祖名及图	祖名豆制品股份有限公司	29	豆腐干；豆制品；豆腐
40	峩眉雪芽	峨眉山旅游股份有限公司	30	茶
41	益达	箭牌糖类有限公司	30	非医用口香糖
42	卡斯特	李道之	33	葡萄酒
43	普洱茶 PUER 及图	云南省普洱茶协会	30	茶
44	初元及图	江中药业股份有限公司	30	蜂蜜；食品用糖蜜；非医用营养粉
45	紫林及图	山西紫林食品有限公司	30	醋
46	红花郎 HONGHUALANG 及图	古蔺县久盛投资有限公司	33	白酒
47	西湖龙井	杭州市西湖区龙井茶产业协会	30	茶叶
48	JIABAO 及图	贺州嘉宝食品有限公司	29	水果罐头、蔬菜罐头、蘑菇罐头
49	猴坑 HOUKENG 及图	黄山市猴坑茶业有限公司	30	茶
50	汉森	内蒙古汉森酒业集团有限公司	33	葡萄酒
51	ZHONGMIN 及图	山西忠民集团有限公司	29	食用油

52	奥淳及图	内蒙古奥淳酒业有限责任公司	33	白酒
53	安惠 Iphay 及图	江苏安惠生物科技有限公司	31	食用菌、新鲜块菌、菌种
54	巴陵春 Balingchun 及图	袁小月/岳阳市洞庭山茶叶有限公司	30	茶、茶叶代用品、茶饮料
55	百瑞源及图	银川泰丰生物科技有限公司	30	非医用营养粉、茶、非医用营养液
56	本强及图	贵州酒中酒(集团)有限责任公司	33	白酒
57	博大 boda 及图	郑州博大面业有限公司	30	挂面、面粉、鸡蛋面
58	财神岛 CSD 及图	大连财神岛集团有限公司	29	海参(非活);贝壳类动物(非活);鱼制食品
59	查干湖及图	前郭尔罗斯查干湖旅游经济开发区查干湖渔场	29	鱼(非活的)
60	池之王 Chizhiwang	吉林天池葡萄酒有限公司/被许可人：辽宁天池葡萄酒有限公司	40	葡萄酒加工
61	創鑫及图	河北鑫利粮油有限公司	29	熟芝麻、加工过的芝麻
62	春伦及图	傅天甫/福建春伦茶业集团有限公司	30	茶
63	大觀樓及图	江西高安市大观楼腐竹集团有限责任公司	29	腐竹
64	大泉源及图	吉林省大泉源酒业有限公司	33	白酒
65	大司马及图	青县司马庄绿豪农业专业合作社	31	新鲜蔬菜
66	丹丹及图	四川省丹丹调味品有限公司	30	调味品、豆瓣酱
67	丹华 JL 及图	延边丹华山珍食品有限责任公司	29	干制蔬菜、木耳、冬菇
68	稻园 Daoyuan 及图	黑龙江万禾园油脂有限公司	29	食用油
69	帝豪 DiHao	山东帝豪酒业有限公司	33	白酒
70	维宝 WEI BAO 及图	江西维尔宝食品生物有限公司	29	制食用脂肪用脂肪物
71	十里香	河北三井酒业股份有限公司	33	白酒
72	定西马铃薯	定西市安定区马铃薯经销协会	31	鲜土豆、马铃薯
73	东方亮 EASTLIGHT	山西东方物华农业科技有限责任公司	30	小米
74	東馬屯 DONGMATUN	大连东马屯果业有限公司	31	苹果、鲜葡萄、杏
75	鄂洪山菜苔	武汉市洪山区洪山菜苔产业协会	31	新鲜蔬菜(菜苔)
76	汾州裕源	汾州裕源土特产品有限公司	29	精制坚果仁；加工过的花生
77	凤及图	云南滇红集团股份有限公司	30	茶；红茶
78	福达坊 FUDAFANG 及图	武汉福达食用油调料有限公司	29	芝麻油
79	付士	黑龙江省桦川县付士米业有限公司	30	谷类制品、食用面粉、米
80	高黎贡山 GAOLIGONG SHAN 及图	腾冲县高黎贡山生态茶业有限责任公司	30	茶叶
81	广乐及图	四川彭州广乐食品有限公司/四川广乐食品有限公司	29	酱菜

82	含羞草 MiMoSa 及图	福建东方食品集团有限公司	29	蜜饯、精制坚果仁、干食用菌
83	好棒美及图	株洲市好棒美食品有限公司	29	非活家禽、鱼制食品、蛋
84	好味屋及图	湖南好味屋食品有限公司	29	肉，蜜饯，五味姜
85	华正 HUAZHENG 及图	吉林正业集团有限责任公司	29	猪肉食品
86	淮 HUAI 及图	江苏省盐业集团有限责任公司	30	食盐
87	槐祥及图	安徽槐祥工贸集团有限公司	30	大米
88	環太 HUANTAI 及图	四川环太实业有限责任公司	30	茶饮料
89	黄羊河及图	甘肃黄羊河农工商(集团)有限责任公司	30	玉米(烘过的)、玉米粉、玉米花
90	会理石榴	会理县果品市场管理中心	31	石榴
91	解百纳	烟台张裕集团有限公司	33	葡萄酒
92	金奥力及图	威海紫光生物科技开发有限公司	30	非医用营养液、非医用营养粉
93	金冠 GOLDEN CROWN 及图	金冠(中国)食品有限公司	30	糖果
94	金丝源及图	商洛市朝阳金丝源粮油食品有限公司	29	食用油脂
95	金香品雪 JXPX 及图	宜昌萧氏茶叶集团有限公司	30	茶
96	金雁 JIN YAN 及图	衡阳市金雁粮食购销有限公司	30	谷类制品、米
97	津酒 JINJIU	天津津酒集团有限公司	33	酒
98	精为天及图	湖南精为天粮油有限公司	30	米、面条
99	景陽春	山东景芝酒业股份有限公司	33	白酒
100	昆仑山及图	陈鸿道/被许可人：昆仑山矿泉水有限公司	32	矿泉水
101	兰岭及图	湖南兰岭绿态茶业有限公司	30	茶叶
102	凌雪 LINGXUE 及图	日照市凌云海糖业集团有限公司	30	糖；白糖；红糖
103	流沙河	长沙市沙龙畜牧有限公司	29	猪肉食品、肉、肉冻
104	柳宗元及图	永州市异蛇科技实业有限公司	33	白酒
105	龙泉春及图	辽源龙泉酒业股份有限公司	33	酒
106	龙王及图	黑龙江省农垦龙王食品有限责任公司	29	豆制品
107	绿 A	云南绿 A 生物工程有限公司	30	非医用营养片
108	绿草源及图	青海绿草源食品有限公司	29	肉、肉干
109	绿海	湖南绿海粮油有限公司	30	谷类制品、食用面粉
110	绿兰莎 lULANSHA 及图	山东华狮啤酒有限公司	32	啤酒
111	绿岭及图	河北绿岭果业有限公司	31	坚果（水果）；树木
112	绿色心情	内蒙古蒙牛乳业(集团)股份有限公司	30	冰淇淋、冰棍、冻酸奶(冰冻甜点)

113	绿树 GREENTREE 及图	河北东方绿树食品有限公司	30	膨化水果片、蔬菜片、膨化土豆片
114	绿翔 LUXIANG 及图	新疆绿翔牧业有限责任公司	29	羊肉、牛肉
115	綠進及图	厦门绿进食品有限公司	29	猪肉食品；肉冻；鱼制食品
116	寧富及图	江苏宁富食品有限公司	29	生肉食
117	农家良道	湖南佳佳粮食购销有限公司	30	米
118	彭阳春	甘肃彭阳春酒业有限责任公司	33	酒
119	华安铁观音	华安县茶叶协会	30	茶
120	平谷及图	北京市平谷区农产品产销服务中心	31	鲜桃
121	祁尔康 QIERKANG 及图	甘肃祁连山生物科技开发有限责任公司	30	非医用营养液
122	清样	湖北稻花香酒业股份有限公司	33	白酒
123	泉岩 QUANYAN 及图	泉州市泉岩茶业有限公司	30	茶
124	神人助及图	河南神人助粮油有限公司	30	食用面粉、面粉、糕点用粉
125	石门银峰	石门县茶叶产业协会	30	茶
126	汤臣倍健	广东汤臣倍健生物科技股份有限公司	30	非医用营养液、非医用营养粉
127	洮南及图	洮南市洮南香酒业有限公司	33	白酒
128	天渊	山西天渊枣业有限公司	29	加工过的红枣
129	天助	湖北宏凯工贸发展有限公司	29	食用油；食用油脂
130	ZY ZHIYU 智育及图	山东光大日月油脂股份有限公司	29	食用油；食用油脂
131	维思特 WEISITE 及图	庆阳市维思特食品有限公司	29	水果蜜饯、杏仁粉、五香豆
132	五常 WUCHANG 及图	五常市大米协会	30	大米
133	西湖之春 XIHUZHICHUN	浙江上升农业开发有限公司	31	生态甲鱼
134	西吉芹菜 XiJiQinCAI	西吉县马铃薯生产研究所	31	芹菜
135	西夏王 XI XIA KING 及图	宁夏西夏王葡萄酒业有限公司	33	葡萄酒
136	喜盈盈及图	漯河联泰食品有限公司	30	虾味条、米果
137	仙客来及图	潘新华/被许可人：江西仙客来生物科技有限公司	29	干食用菌、蘑菇罐头、蔬菜罐头
138	仙洋洋	福建仙洋洋食品科技有限公司	30	茶、茶叶代用品
139	香贡世家	江西鹰南贡米有限公司	30	大米
140	香飘飘 Xiangpiaoa 及图	香飘飘食品有限公司	29	奶茶(以奶为主)
141	香其	双城香其酱业有限责任公司	30	调味酱、酱菜(调味品)
142	湘益 XIANG YI 及图	益阳茶厂有限公司	30	茶叶（红茶、绿茶、砖茶、花茶）
143	小店	北京顺鑫农业股份有限公司	31	活动物
144	晓芹 XIAOQIN 及图	大连晓芹食品有限公司	29	海参

145	谢正安及图	黄山谢裕大茶叶股份有限公司	30	茶
146	新农 XinNong 及图	武汉三镇食品有限公司	29	牛肚、肉
147	雪山来客	伊春市恒泰牧业科技有限公司	29	野猪肉
148	亚林 YALIN 及图	湖南亚林食品有限公司	29	精制坚果仁，加工过的松子，熟制豆
149	燕之坊	安徽燕之坊食品有限公司	30	豆类粗粮、由碎谷干果和坚果制的早餐食品
150	一生缘	重庆市天润食品开发有限公司	29	豆腐制品
151	怡达 yida 及图	承德怡达食品股份有限公司	29	果丹皮、水果蜜饯、水果罐头
152	益生 YISHENG 及图	山东益生种畜禽股份有限公司	31	种家禽；活家禽；孵化蛋
153	益源慶	太原市宁化府益源庆醋业有限公司	30	醋
154	英福 YF 及图	辽宁绿源肉业有限公司	29	肉；肉片
155	盈成	湖南盈成实业有限公司	29	食用油
156	玉星及图	玉锋实业集团有限公司	30	食用葡萄糖；食用淀粉
157	远征及图	河南永新面粉股份有限公司	30	面粉、挂面
158	张飞及图	四川张飞牛肉有限公司	29	牛肉干、牛肉片
159	章陵 ZHANGLING	湖北金华麦面集团有限公司	30	面粉、面条
160	志元及图	志元食品集团有限公司	29	猪肉、猪肉食品
161	忠芝 ZZ 及图	伊春市忠芝大山王酒业有限公司	32	果汁饮料(饮料)
162	紫阳富硒茶 ZIYANGFU XI CHA 及图	紫阳县茶业协会	30	茶
163	紫玉 ZIYU 及图	迁西县金地甘栗食品有限公司	29	板栗罐头
164	陬福	万福生科(湖南)农业开发股份有限公司	29、30	第29类食用蛋白、食用油脂；第30类食用葡萄糖
165	白玉 Baiyu	北京二商希杰食品有限责任公司	29	豆腐、豆腐制品
166	长城牌 greatwall 及图	北方国际集团天津食品进出口有限公司	29	罐头（肉类罐头）
167	名福	邯郸市名福植物油有限责任公司	29	食用油
168	味品堂 WEIPINTANG 及图	大连未来食品有限公司	29	水果罐头
169	岳海及图	福建岳海水产食品有限公司	29	鱼制食品、水产罐头
170	绿帝 LUDI 及图	厦门嘉琪贸易有限公司	29	冬菇、桂圆
171	金鲁源及图	李宝叶	29	海参（非活）
172	五更炉	山东凤祥食品发展有限公司	29	肉（鸡肉制品）
173	辣妹子	辣妹子食品股份有限公司	29	水果罐头、水产罐头、蔬菜罐头
174	胖哥及图	湖南胖哥食品有限责任公司	29	槟榔（加工过的）

175	皇上皇	广州市食品公司	29	加工过的肉、腌腊肉、腊肠
176	石丫 SHIYA 及图	重庆市万源禽蛋食品有限公司	29	蛋、咸蛋、皮蛋（松花蛋）、鹌鹑蛋
177	乐宝及图	四川李记酱菜调味品有限公司	29	干制、腌制蔬菜
178	好利来	北京好利来企业投资管理有限公司	30	糕点、面包
179	八喜	北京艾莱发喜食品有限公司	30	冰淇淋
180	津乐园 JINLEYUAN 及图	天津市津乐园饼业有限公司	30	糕点、面包、饼干（曲奇）、月饼
181	邯光 HANGUANG 及图	河北光牌面业有限公司	30	面粉、谷物制品、面条、挂面
182	香雪及图	江苏天香集团有限公司	30	味精
183	苏三零及图	江苏三零面粉有限公司	30	面粉、食用面粉、米、面粉制品
184	华祥苑 HUAXIANGYUAN 及图	华祥苑茶业股份有限公司	30	茶、茶叶代用品
185	仟吉	武汉市仟吉食品有限公司	30	面包、糕点、饼干、月饼
186	钓鱼城 DIAOYUCHENG 及图	重庆合川盐化工业有限公司	30	食盐
187	东汉	四川东柳醪糟有限责任公司	30	醪糟
188	鹃城牌 Juanchengpai	四川省郫县豆瓣股份有限公司	30	豆瓣
189	摩卡 MOCCA	瑞昶贸易股份有限公司	30	咖啡
190	金味	新加坡金味食品工业私人有限公司	30	麦片、燕麦食品
191	康之味	福建康之味食品工业有限公司	32	无酒精果汁饮料、水（饮料）、汽水
192	古南丰及图	安徽省古南丰酒业有限公司	33	黄酒
193	珍珠液 ZHENZHUYE 及图	湖北珍珠液酒业有限公司	33	白酒
194	绣林及图	劲牌酒业(石首)有限公司	33	酒(饮料)
195	三峡牌及图	湖北三峡酒业有限公司	33	酒
196	百年糊塗酒	佛山市吉利贸易有限公司	33	酒
197	泸宝	四川省泸州原窖酒厂	33	含酒精饮料（白酒）
198	泸坊	泸州池窖酒业集团有限责任公司	33	酒
199	华夏春	四川省宜宾市华夏酒业有限公司	33	酒
200	黄金叶及图	河南中烟工业有限责任公司	34	卷烟
201	塔牌 PAGODA BRAND 及图	浙江塔牌绍兴酒有限公司	33	绍兴酒
202	大富豪	江苏大富豪啤酒有限公司	32	啤酒
203	雅客 yake 及图	雅客(中国)有限公司	30	糖果、糕点

204	汾	山西杏花村汾酒厂股份有限公司	33	白酒
205	大红袍	四川天味食品股份有限公司	30	调味品(辣)
206	后谷	德宏后谷咖啡有限公司	30	咖啡
207	中坝	四川清香园调味品股份有限公司	30	酱油
208	贝因美 BEINGMATE	浙江贝因美科工贸易股份有限公司	5	婴儿食品
209	明一	明一(福建)婴幼儿营养品有限公司	5	婴儿奶粉
210	塘栖枇杷	杭州市余杭区塘栖镇农业技术推广站	31	枇杷
211	蒙顶山茶 MDSC	名山县茶业协会	30	茶、茶叶
212	国台	贵州国台酒业集团有限公司	33	白酒
213	乐健及图	安徽乐健绿色食品有限公司	30	食用淀粉、粉丝（条）
214	张晓毛及图	安徽张晓毛食品有限公司	29	加工过的瓜子
215	润思 RUNSI	安徽国润茶业有限公司	30	茶、茶叶代用品
216	WUXINGGUOPIN 及图	安徽五星果品有限公司	31	鲜水果
217	相山及图	安徽曦强乳业集团有限公司	29	牛奶、牛奶制品
218	六百里及图	黄山六百里猴魁茶业有限公司	30	茶
219	霍山黄芽	霍山县茶叶产业协会	30	茶叶
220	詹氏 Zhan shi	安徽詹氏食品有限公司	29	山核桃
221	峪口禽业 YUKOU POULTRY 及图	北京市华都峪口禽业有限责任公司	31	种鸡
222	东威及图	福清市东威水产食品实业有限公司	29	鱼（非活的）、虾（非活）、鱼制食品
223	漳平水茶 ZhangPing Shui Cha 及图	漳平市茶叶协会	30	茶饼
224	国泰沙利 GUO TAI SHA LI 及图	福建国泰沙利食品有限公司	30	糕点；谷类制品；饺子
225	三都港 DUGANG 及图	宁德市金盛水产有限公司	29	鱼（非活的）
226	夏威及图	宁德市夏威食品有限公司	31	活鱼
227	海名威及图	宁德市海洋技术开发有限公司	29	鱼制食品、腌制鱼、蛏干
228	南日鲍 NAN RI ABALONE 及图	南日鲍协会	31	鲍鱼（活）
229	方家铺子	方敏/方家铺子（莆田）绿色食品有限公司	29	干蔬菜、鱼制食品、干食用菌
230	明祥 MING-XIANG-PAI	石狮市华宝明祥食品有限公司	29	鱼制食品、紫菜、海带
231	金润及图	福建泉州市金穗米业有限公司	30	米
232	中闽魏氏	福建魏氏茶业有限公司	30	茶、茶叶代用品、茶饮料
233	绿鲜及图	福建绿宝食品集团有限公司	29	水果罐头、蔬菜罐头、肉罐头

234	海魁及图	福建省东山县海魁水产集团有限公司	29	鱼片、冻虾、螃蟹肉、水产罐头
235	古河州及图	甘肃古河州酒业有限责任公司	33	酒（饮料）、酒精饮料（啤酒除外）、葡萄酒
236	静宁苹果	静宁县苹果产销协会	31	苹果
237	刘巧儿 LIUQIAOER	庆阳市北地红调味食品有限公司	30	调味酱、佐料、调味品
238	天地壹号	广东天地壹号饮料有限公司	32	醋饮料、苹果醋饮料
239	宇峰及图	灵山县宇峰保健食品厂	30	龟苓膏、凉粉
240	石阡苔茶	石阡县茶业协会	30	茶
241	兰馨 Lanxin	贵州湄潭兰馨茶业有限公司	30	茶及茶叶代用品
242	鸭溪	贵州鸭溪酒业有限公司	33	白酒
243	品香园 PIN XIANG YUAN 及图	海南品香园实业有限公司	30	茶、茶叶代用品
244	丛台及图	邯郸丛台酒业股份有限公司	33	白酒
245	宇花及图	河南华星粉业股份有限公司	30	面粉、玉米粉、糕点用粉
246	老鼎丰及图	哈尔滨老鼎丰食品有限公司	30	月饼、四季饼
247	龙蛙	黑龙江省龙蛙粮油进出口有限公司	30	米、面粉、谷类制品
248	丰林及图	伊春市丰林山特产品有限责任公司	29	干蔬菜（山野菜）、腌制蔬菜（山野菜）、干食用菌
249	劲·JING 及图	劲牌有限公司	33	酒
250	洪森 HONGSEN 及图	湖北洪森实业有限公司	30	大米
251	玉荷 yuhe	湖北兴农粮食产业发展有限公司	30	米、谷类制品
252	汉口精武 HAN KOU JING WU	涂国华/武汉市汉口精武食品工业园有限公司	29	油炸丸子、死家禽、板鸭
253	梅园及图	湖北梅园米业有限公司	30	米、面粉制品
254	常香缘	老河口市常香油脂有限公司	29	食用菜油、食用油、玉米油
255	楚园春	湖北楚园春酒业有限公司	33	酒（饮料）、酒精饮料（啤酒除外）
256	王中华	湖南佳信佰生物技术有限公司	30	非医用营养液、非医用营养粉
257	亮之星	湖南亮之星米业有限公司	30	米
258	人人家及图	湖南省人人家食品有限公司	30	糕点、谷类制品、豆粉、麦片
259	歪脖脖	湖南惠生肉业有限公司	29	猪肉食品、腌腊肉
260	鑫湘汇 XINXIANGHUI 及图	常德市汇美食品有限公司	29	水果罐头、罐装水果、蔬菜罐头
261	湘雅及图	湖南广益粮油棉有限公司	29	食用油脂

262	广积 GUANGJI 及图	常德广积米业有限公司	30	米、面条及米面制品
263	济草堂	湖南济草堂金银花科技开发有限公司	32	金银花植物饮料
264	金拓天 JINTUOTIAN 及图	湖南金拓天油茶科技开发有限公司	29	食用油
265	永兴冰糖橙	永兴冰糖橙种植业协会	31	冰糖橙
266	中富 zhong fu	湖南中富植物油脂有限公司	29	食用油、食用油脂、食用菜子油
267	湘窖	湖南湘窖酒业有限公司	33	白酒
268	金昊及图	聚宝金昊农业高科有限公司	30	米、面粉、挂面
269	绿湘园及图	湖南华龙粮油集团有限公司	29	食用油
270	白沙溪 BAISHAXI	湖南省白沙溪茶厂有限责任公司	30	茶
271	第 4947158 号图形	口口香米业股份有限公司	30	米
272	渔家姑娘 Fisherman’s Daug hter	湖南顺祥水产食品有限公司	29	鱼（非活的）、肉、腌制蔬菜
273	飞旺	湖南省旺辉食品有限公司	30	面粉制品
274	道道全 DaoDaoQuan	湖南巴陵油脂有限公司	29	食用油脂、食用油
275	吉塔 JITA 及图	吉林省金塔实业（集团）股份有限公司	30	调味品、辣椒粉、调味酱
276	棒槌泉	舒兰市棒槌泉矿泉水有限责任公司	32	矿泉水（饮料）
277	五塔及图	梅河口市阜康酒精有限责任公司	33	酒精
278	金立华 JINLIHUA	金立华/珲春华瑞参业生物工程有限公司	30	非医用营养液、非医用营养胶囊
279	金翼 GoldWing	吉林金翼蛋品有限公司	30	除香精油外的蛋糕调味香料、除香精油外的蛋糕调味品、食品用香料（含醚和香精油除外）
280	淮安大米及图	淮安市粮食行业协会	30	米
281	苏食 SUSHI 及图	江苏省食品集团有限公司	29	猪肉食品
282	桂花及图	南京桂花鸭（集团）有限公司	29	盐水鸭、鸭肫、板鸭
283	老山 LAOSHAN 及图	南京老山药业股份有限公司	30	食用蜂王浆（非医用）、蜂皇浆冻干粉、蜂蜜
284	泓膏 HongGao 及图	江苏红膏大闸蟹有限公司	31	蟹（活的）
285	双鱼 Shuangyu 及图	靖江双鱼食品有限公司	29	猪肉脯、牛肉干、猪肉罐香肠
286	阳山	无锡市惠山区阳山水蜜桃桃农协会	31	桃子
287	亲亲	扬州欣欣食品有限公司	30	八宝粥
288	甘露及图	镇江京友调味品有限公司	29	香油
289	宁都黄鸡 NDHJ 及图	宁都县畜牧兽医技术服务中心	31	黄鸡
290	安福及图	安福县火腿协会	29	火腿、加工过的肉

291	源森及图	德兴市源森红花茶油有限公司	29	食用油、食用菜子油、食用油脂
292	四而	大连冠华食品有限公司	29	鱼制食品、海带、熟蔬菜
293	千山及图	辽宁千山酒业集团有限公司	33	白酒
294	曙光及图	辽宁唐人神曙光农牧集团有限公司	29	鸡翅、鸡肉食品
295	蒙都	内蒙古蒙都羊业食品有限公司	29	肉、肉片、干蔬菜
296	响沙及图	鄂尔多斯市响沙酒业有限责任公司	33	白酒
297	谷道粮原	内蒙古谷道粮原农产品有限责任公司	30	谷类制品
298	塞外香 SAIWAIXIANG	宁夏中航郑飞塞外香清真食品有限公司	30	谷物制品、挂面
299	涝河桥 LAOHEQIAO 及图	宁夏涝河桥清真肉食品有限公司	29	牛肉、羊肉、加工过的肉
300	灵武长枣 LING WU CHANG ZAO 及图	灵武长枣协会	31	鲜枣
301	仙红 XH 及图	青海仙红辣椒开发集团有限公司	30	调味品（辣）、辣椒粉、辣椒油
302	三江雪	青海三江雪食品饮料有限公司	30	茶饮料、茶叶代用品
303	江河源及图	青海江河源农牧科技发展有限公司	29	食用菜籽油、五香豆
304	发达 FaDa 及图	发达面粉集团有限公司	30	面粉、挂面
305	国蕴 GUOYUN	古贝春集团有限公司	33	烧酒、酒（利口酒）、酒饮料
306	第 1522631 号图形	青岛万福集团股份有限公司	29	肉、速冻方便菜肴、腌制蔬菜
307	青食及图	青岛食品股份有限公司	30	糖果、饼干
308	崂池及图	青岛崂池云峰茶业有限公司	30	茶
309	红岛 HONGDAO 及图	青岛红福集团有限公司	29	冷冻水产品、鱼虾、蛤蜊
310	亚奥特 YAT	山东亚奥特乳业有限公司	29	牛奶制品
311	七彩庄园 Colourful Manor 及图	山东省寿光蔬菜产业集团有限公司	31	新鲜蔬菜
312	鲁丰及图	安丘市外贸食品有限责任公司	29	水果罐头、蘑菇罐头、豌豆罐头
313	CHANG 及图	山东潍焦集团有限公司	30	食品发泡剂
314	苏伯	潍坊开发区华裕实业有限公司	29	汤
315	金色时代庄园 GOLDEN TIMES FAZENDA 及图	烟台时代葡萄酒有限公司	33	葡萄酒
316	蓝白及图	烟台蓝白食品有限公司	30	馒头、粽子、元宵
317	中庄及图	沂源县盛全果蔬有限公司	31	鲜水果
318	梨花及图	山东梨花面业有限公司	30	面粉、面条、馒头
319	郭国芳及图	山西郭氏食品工业有限公司	29	肉汤
320	明泉宝及图	山西太谷通宝醋业有限公司	30	醋、调味品

321	城固柑桔 CHENG GU GAN JU 及图	城固县果业技术指导站	31	柑桔
322	午子 WUZI 及图	陕西省午子绿茶有限责任公司	30	茶
323	胜利山及图	吴起醋业有限责任公司	30	醋
324	延川红枣	延川县枣业协会	29	干枣
325	森蜂园	上海森蜂园蜂业有限公司	30	食用蜂王浆（非医用）、蜂蜜
326	仁吉及图	四川仁吉粉业集团有限公司	30	面粉、挂面
327	欧阳晓玲	欧阳晓玲/四川欧阳农业集团有限公司	31	梨
328	若男 RUO NAN 及图	四川省若男食品有限公司	30	面粉、面条
329	华记思奇香	西昌思奇香食品有限责任公司	29	肉干、肉
330	三溪及图	四川泸州三溪酒厂	33	酒
331	安岳柠檬 ANYUELEMEN 及图	安岳县柠檬产业局	31	柠檬
332	美乐及图	四川省远达集团富顺县美乐食品有限公司	30	香辣酱
333	新康 XIN KANG 及图	新疆轻工国际投资有限公司	30	番茄酱、调味酱
334	鹤庆乾	杨金林/鹤庆乾酒有限公司	33	白酒、保健酒、米酒
335	勐库及图	云南双江勐库茶叶有限责任公司	30	茶叶
336	龙生 LongSheng 及图	云南龙生茶业股份有限公司	30	茶
337	千岛湖及图	杭州千岛湖啤酒有限公司	32	啤酒
338	寿仙谷	李明焱/金华寿仙谷药业有限公司	30	非医用营养胶囊、非医用营养膏
339	恒亮及图	浙江江山恒亮蜂产品有限公司	30	蜂蜜、食用蜂胶（蜂胶）、食用王浆（非医用）
340	羊岩山及图	临海市羊岩茶厂	30	茶叶、红茶、绿茶
341	张鸭子	重庆市梁平张鸭子食品有限公司	29	死家禽
342	诗仙太白盛世唐朝及图	重庆诗仙太白酒业（集团）有限公司	33	酒精饮料（啤酒除外）
343	奇爽	重庆奇爽实业（集团）有限公司	29	豆腐制品
344	泰山	泰山企业股份有限公司/泰山企业（漳州）食品有限公司	32	矿泉水（饮料）、汽水、乳清饮料

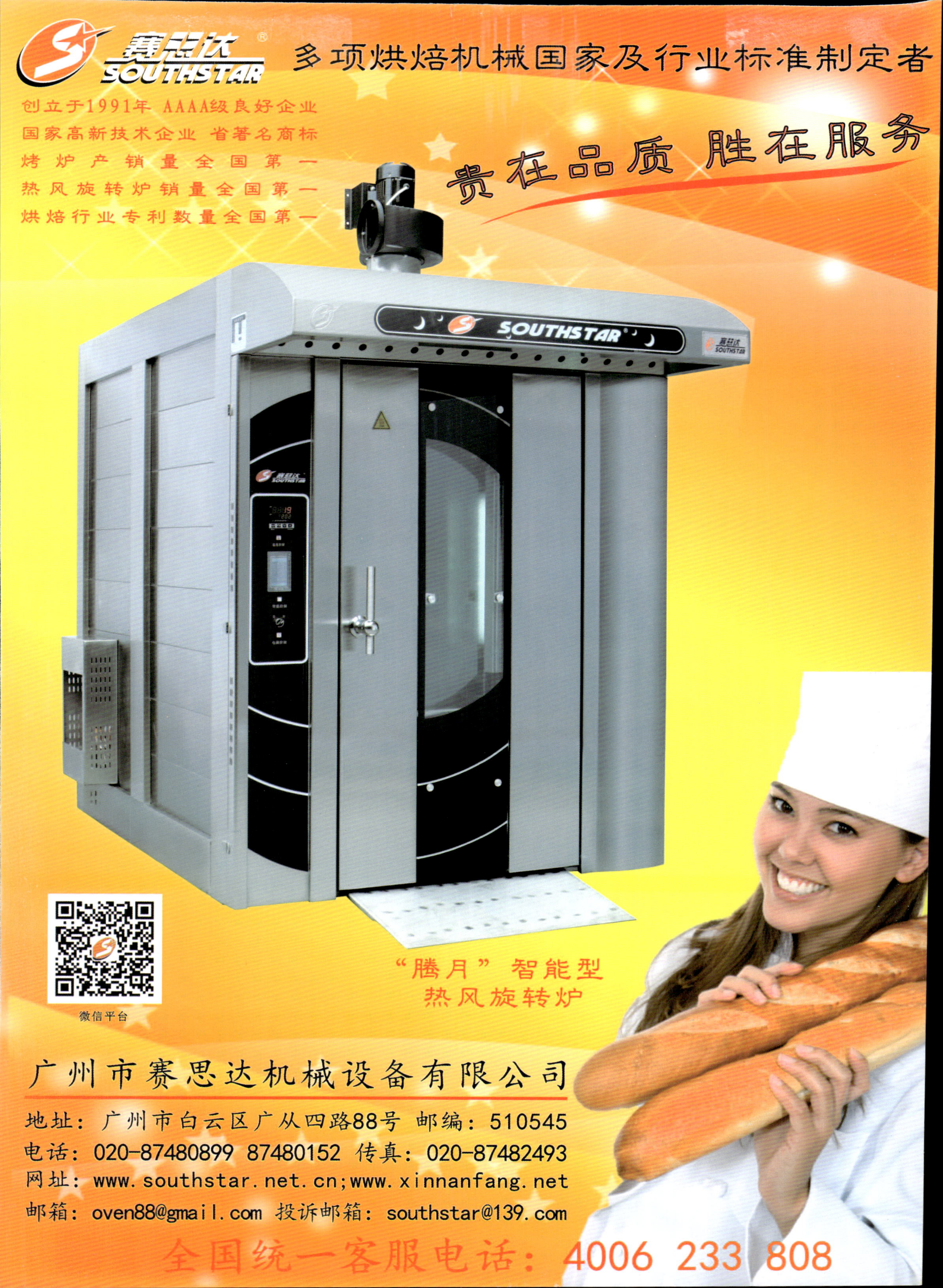
赛思达
SOUTHSTAR
多项烘焙机械国家及行业标准制定者
创立于1991年 AAAA级良好企业
国家高新技术企业 省著名商标
烤炉产销量全国第一
热风旋转炉销量全国第一
烘焙行业专利数量全国第一
贵在品质 胜在服务
SOUTHSTAR
微信平台
“腾月”智能型
热风旋转炉
广州市赛思达机械设备有限公司
地址：广州市白云区广从四路88号 邮编：510545
电话：020-87480899 87480152 传真：020-87482493
网址：www.southstar.net.cn;www.xinnanfang.net
邮箱：oven88@gmail.com 投诉邮箱：southstar@139.com
全国统一客服电话：4006 233 808

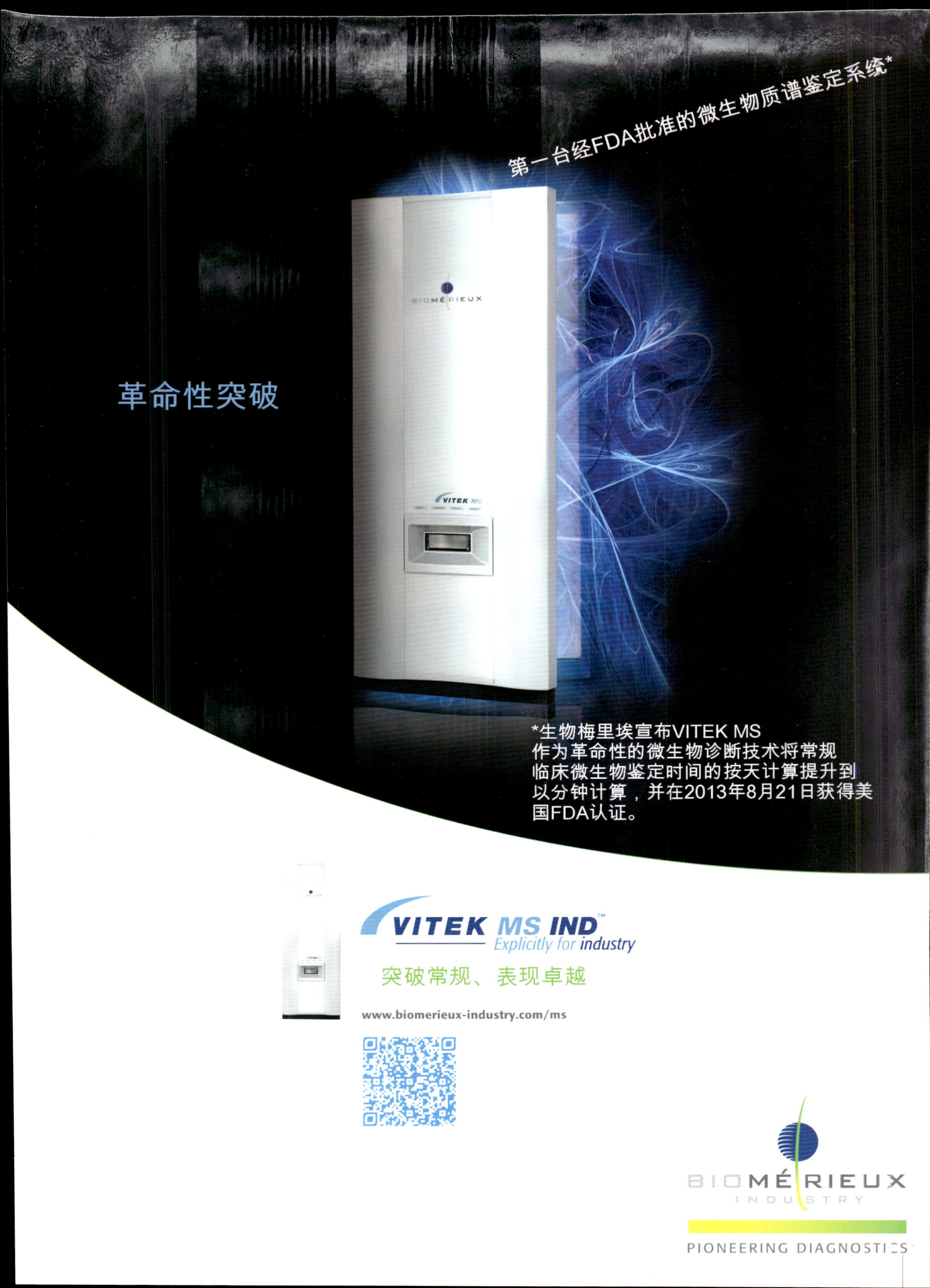
第一台经FDA批准的微生物质谱鉴定系统*
BIOMÉRIEUX
VITEK MS
革命性突破
*生物梅里埃宣布VITEK MS
作为革命性的微生物诊断技术将常规
临床微生物鉴定时间的按天计算提升到
以分钟计算，并在2013年8月21日获得美
国FDA认证。
VITEK MS IND™
Explicitly for industry
突破常规、表现卓越
www.biomerieux-industry.com/ms
BIOMÉRIEUX
INDUSTRY
PIONEERING DIAGNOSTICS

浙江省酱卤休闲食品质量检验中心

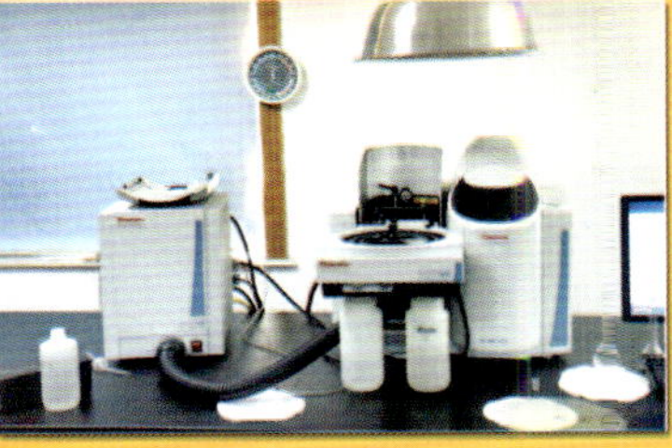

原子吸收仪

浙江省酱卤休闲食品质量检验中心（简称中心）于2011年8月苍政发[2011]169号文件批文筹建，2013年11月28日由浙江省质量技术监督局浙质科发[2013]254号文件批准成立。为非法人单位，母体为苍南县质量技术监督检测院。

1、实验室装备

中心目前实验室使用面积1000^2，位于苍南县城工业示范园区质检综合楼，二楼600^2的实验室及已投入使用，一楼400^2作为建立研发中心、培训以及开拓其他检测项目等的预留用房。

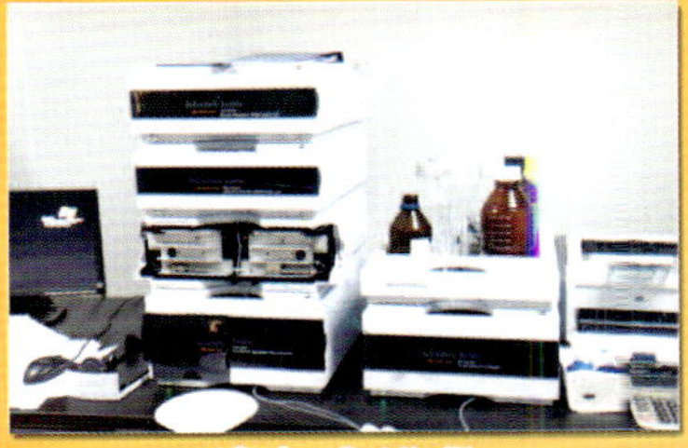

液相色谱仪

中心现有仪器设备原值474万元，共有设备共80台（套）。拥有液质联用仪（UPLC/MS-MS）、液相色谱仪（LC）、气质联用仪（GC/MS）、气相色谱仪（GC）、原子吸收分光光度计、微波消解仪等国内知名品牌仪器；省中心的主要关键仪器设备达到国际先进水平，其它仪器设备达到国内先进水平。

2、检测人员简绍

实施“科技兴检、人才强检”战略，推动科技进步和技术创新，培养优秀的科研与检测人才，建设一流的酱卤休闲食品检测实验室；现有在岗人员13名，检测人员8名，辅助检测人员2名。通过人才引进、内部培养，建立了一支业务过硬的检测队伍：高工、温州市“551人才工程”第二层次培养人选1名，工程师5名。

3、检验检测能力和水平

2012年10月29日，中心取得了食品检验机构资质认定、计量认证、审查认可的三合一证书，通过了52项涉及省中心检测项目能力。中心具备了《酱卤肉制品》等的食品检测项目/参数共373项。中心具备了酱卤休闲食品领域95%以上的承检能力，关键检验项目的能力覆盖率达到98%以上。年检测能力达2000多批次。

2013年中心检测业务范围：

按地域分：浙江省内98%、福建2%。

按系统分：企业委托：43.8%；质监：50%；工商：1.4%；公安：1.4%；药监：0.6%；协会：2.8%。

气相色谱仪

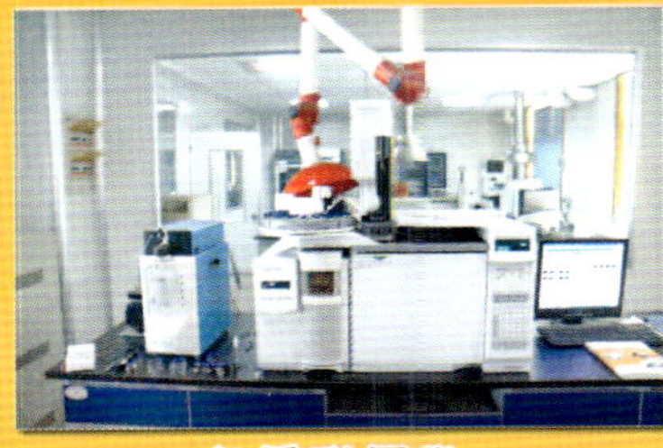

气质联用仪

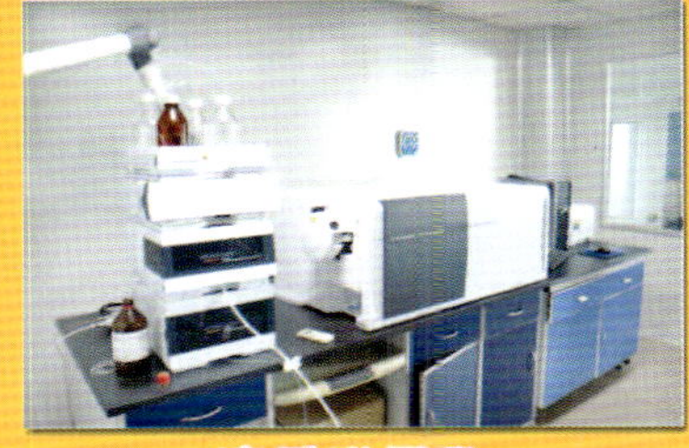

液质联用仪

能力验证（食品部分）：2013年，参加了国家认可委组织的能力验证食品中微生物检测（菌落总数、大肠菌群、金黄色葡萄球菌（定性）、沙门氏菌（定性）、副溶血性弧菌（定性）、志贺氏菌（定性）、果汁饮料中食品添加剂能力验证（苯甲酸）、猪肉中β-受体激动剂类兽药残留检测（盐酸克伦特罗）、大米粉中有机氯类农药残留检测（六六六、滴滴涕）、饮料中镉、铜的测定、大豆粉成分测定能力验证（水分、蛋白质），以及黄曲霉毒素B1、六六六、菌落总数、苯甲酸参数的测量审核，结果均为满意。参加了省质监局组织的能力验证水中高锰酸盐指数（耗氧量）测定、水中亚硝酸盐氮测定;结果均为满意。

4、今后发展规划：

4.1 提升检验能力和水平。

立足苍南，服务当地企业，打造苍南县具有300年历史的酱卤肉制品、鱼饼、鱼丸系列酱卤制水产品的品牌质量。一是通过加大人才培养引进、检测设备投入和科研合作等多项措施，覆盖温州、辐射全省，成为具有国内一流检测、科研水平，参与国家标准和国际标准的制订，开展酱卤休闲食品及其原材料的检测研究，扩大国外实验室互认机构的认可的项目范围；做精做强。

4.2人才队伍建设。

继续引进博士生、研究生；培养具有本科学历的检测人员若干名，形成以教授、博士生导师为主导，高工、硕士研究生为骨干，本科食品专业检测人员为主力的结构合理多层次科研检测队伍。计划到2015年，拥有正高级1人、副高级4人、中级8人和初级3人。

中国海洋食品名城

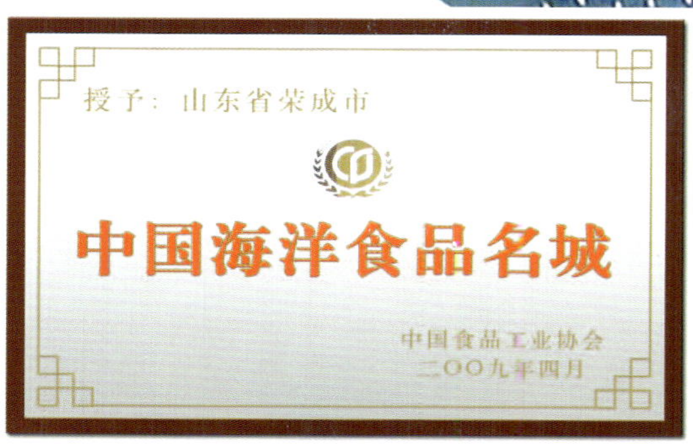
授予：山东省荣成市

中国海洋食品名城

中国食品工业协会
二〇〇九年四月

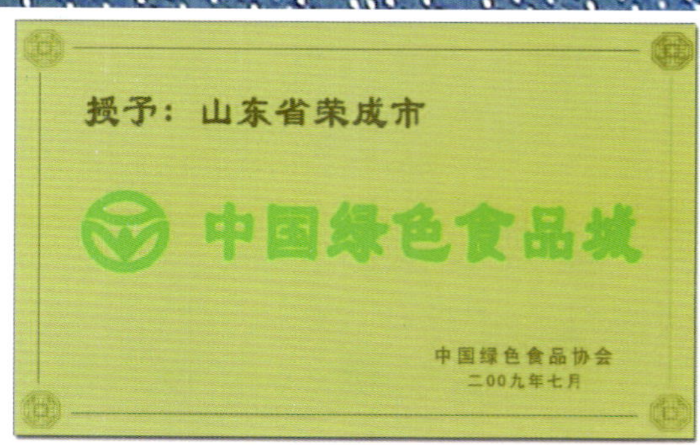
授予：山东省荣成市

中国绿色食品城

中国绿色食品协会
二〇〇九年七月

山东威海海洋食品博览中心

博览中心总面积3万平米，建有海洋食品主题区、展示区、[illegible]集展览展示、旅游观光、休闲购物和产业对接为一[illegible]

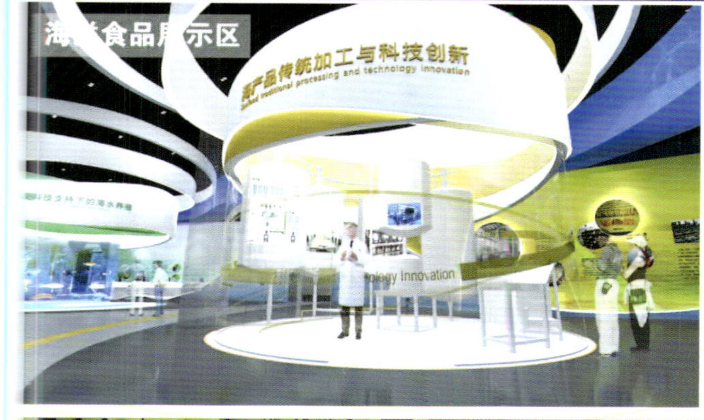

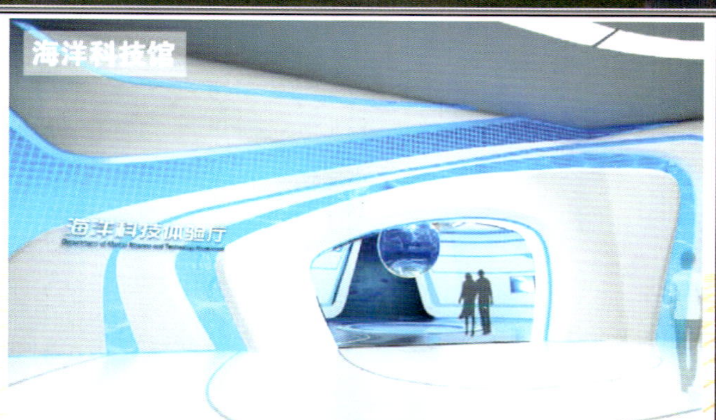

「海域环境」

「生态养殖」

「大洋渔业」

金枪钓船

「精深加工」

全封闭无菌加工车间

「优势产品」

冷冻调理水产食品

海产罐头食品

海藻食品

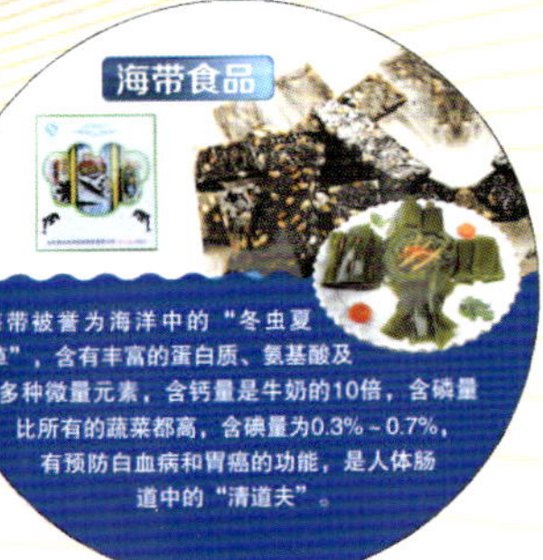

海珍品

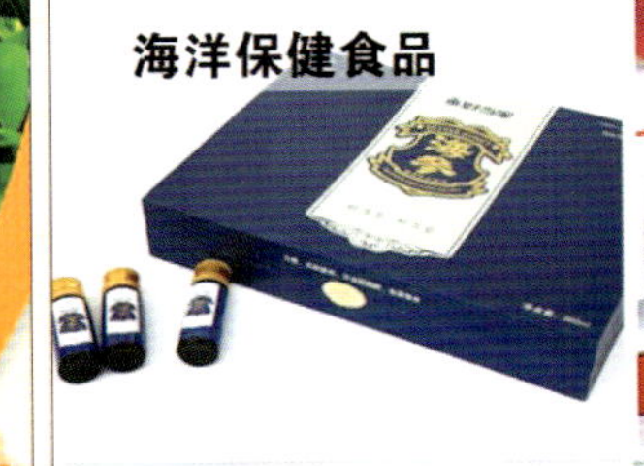

中国豆腐干之乡——南溪

一、南溪区食品产业概况

[illegible]照“工业强区”战略的总体要求，充分发挥南溪食品产业优势，加快南溪食品产[illegible]的规划建设力度，加大食品企业的扶持力度，鼓励企业加大技术创新力度，不断扩[illegible]生产规模，提高产品质量，打造品牌建设。从2004年开始，南溪食品产业发展迅[illegible]已成为南溪四大主导产业中的优先发展产业，并形成了白酒、豆制品、蔬菜深加工[illegible]畜禽深加工四大骨干产业，支撑南溪工业经济的快速健康发展。2013年，全区食品工[illegible]企业已达60家，其中规模以上企业18家，实现总产值38.4亿元，占规上总产值的[illegible]35%，同比增长23.71%，上缴税收2亿元，占整个工业税收的50%以上，取得了显著[illegible]经济和社会效益。

二、南溪区食品产业分类简介

（一）南溪豆制品产业

[illegible]前，南溪豆腐干形成了以徽记食品为龙头，以国硅、玉林、庶人坊、大良心等为骨干[illegible]的产业集群，拥有5家规模以上企业，5家传统工艺手工豆腐干企业，生产规模达[illegible]/年，形成了“好巴食”、“众喜坊”、“国硅食品”、“庶人坊”、“大良心[illegible]“茉玉林”、“採铃”、“选清”、“孝善坊”等品牌，35种风味，68个品种，销往[illegible]国各大城市，以及美国、加拿大、韩国、新加坡等10多个国家和地区。2013年规上[illegible]制品产业总产值实现14.83亿元，成为了南溪食品产业发展的支柱产业，

[illegible]1年南溪区被评为“全国食品工业强区”，2013年第四届中国.南溪豆腐干博览会[illegible]申报了“豆腐干袋包装拼图”吉尼斯世界纪录。“庶人坊”和“好巴食”被认定[illegible]“中国驰名商标”，“大良心牌豆制食品”被评为四川名牌产品，徽记、国硅、玉林[illegible]家豆腐干企业被评为“全国食品工业优秀龙头食品企业”；徽记公司拥有“一种豆[illegible]品卤水及其卤制方法”发明专利和“一种用于小包食品的装袋装置”实用新型专利[illegible]庶人坊拥有“利用茶液给豆腐干着色的方法”发明专利和“豆腐干生熟浆混浆制[illegible]工艺”发明专利。徽记食品企业技术中心被认定为省级企业技术中心，国硅食品企业[illegible]术中心被认定为市级企业技术中心。

（二）南溪白酒

[illegible]前全区共有白酒生产企业47家，其中规模以上企业13家（长兴酒业、天成酒业<含[illegible]进白云边酒业>、叙南酒业、金南福酒业、大观园酒业、唐氏酒业、云台酒业[illegible]邦酒业、惠宇酒业、宁泉酒业、天升酒业、六尺巷酒业、泰斗酒业），形成了“今[illegible]造”、“南福”、“天寨春”、“金喜来”系列的品牌酒，2013年规上实现产值[illegible]4亿元。已形成年产能（含已立项和在建项目）11万吨生产规模，达产后可实现总[illegible]近35亿元。长兴酒业、金南福酒业、吉鑫集团（含南溪今良造、天成酒业、叙南[illegible]）被中国白酒文化节组委会授予“中国白酒之都——小金花企业”称号，长兴酒业[illegible]南福酒业、叙南酒业、大观园酒业被国家质量技术监督局获准使用“宜宾酒”专[illegible]理标志，金南福酒业的“南福牌曲酒”被评为“四川名牌”，“南福及图”被[illegible]为“四川省著名商标”；金南福、天成酒业、长兴酒业、金喜来四企业技术中心[illegible]定为市级企业技术中心。

（三）蔬菜深加工

[illegible]前，南溪已建成高标准无公害蔬菜基地27万亩，年产量达59万吨，年产值达6.[illegible]元。南溪先后被命名为四川省第一批优质蔬菜产业强县、全国和省级无公害蔬菜[illegible]基地、全国蔬菜标准化示范区、四川省无公害农产品整体认定基地县、四川省优[illegible]色效益农业蔬菜基地。建有榨菜基地8万亩，鲜菜产值7000万元，以此为基础建有[illegible]菜生产企业，形成了“一江”牌和“江馥”牌的品牌榨菜，2013年总产值达0.[illegible]2[illegible]元。目前，在建蔬菜加工企业1家皇都榨菜，全部建成投产后年产榨菜系列产品[illegible]吨。

（四）畜禽深加工

全区通过“公司+基地+农户”的经营模式，已形成集保种选育、种鹅发展、种蛋保护价回收孵化、鹅苗投入及成鹅保护价回收加工销售为一体的产业化体系。目前全区畜禽深加工企业3家（娥天歌食品、嘉福乐食品、宏福食品），形成了蜀源牌的品牌，2013年规上实现产值3.22亿元。娥天歌“蜀源”牌获得省著名商标称号，南溪县富民白鹅养殖开发有限公司企业技术中心被认定为市级企业技术中心。

三、今后发展目标与举措

（一）目标定位：国家休闲食品产业基地、西部豆制品加工产业基地、中国优质原酒酿造基地、中国生态白鹅养殖加工基地、西部蔬菜加工产业基地、西部食品之城。

（二）产业目标：

豆制品：2015年达到45亿元，2020年争取达到70亿元。

酒类：2015年达到30亿元，2020年争取到达60亿元。

畜禽（白鹅为主）：2015年达到15亿元，2020年争取到达40亿元。

蔬菜：2015年达到10亿元，2020年争取到达30亿元。

根据食品产业发展规划，全区食品产业2015年达到100亿元，到2020年达到200亿元。

四、工作举措

（一）建立食品产业专项发展资金，促进企业发展壮大。区上制订出台发展扶持政策，建立食品产业发展基金制度，每年以上年食品企业入库税金一定比例作为食品产业专项发展基金，以扩能技改、税收返还奖励、品牌打造、市场开拓等补助资金的方式扶持奖励给企业，促进企业发展扩大。

（二）调整产业结构，促进企业转型升级。通过引进资金雄厚的大企业大集团，整合南溪及周边食品产业资源，形成一个集分行业统一标准工艺生产、科技研发、市场销售（电子商务）、物流配送、食品文化展示的规范化运营模式，实现产业联盟，不断做大做强做优南溪食品产业。

（三）着力打造食品园区，优化土地资源配置。加快九龙食品产业园区建设，尽快配套完善生产要素，保障要素供给。

（四）实施品牌战略，变革营销模式。坚持不懈地办好南溪豆腐干博览会，使南溪食品成为全国食品的集散地、信息发布地、标准制定地；大力实施名牌创建战略，对于创建国家、地方名牌的企业给予强有力的政策支持和扶持；充分利用现代营销网络，加大对我区食品品牌的宣传力度，通过直营、专卖、加盟连锁、网络销售、电商销售（组建食品电商运营公司）等形式，拓展区外、省外、国外市场，不断提升我区食品品牌价值和影响力。

（五）创新融资模式，拓宽企业融资渠道。搭建“银政企”合作对接平台，营造良好的投融资环境，充分利用中小企业互助会作用，不断破解小微企业融资难题。

（六）引进优秀人才，实现人才兴企战略。区上加大人才的引进培训力度，努力营造环境留住人才。通过多种形式，引进企业急需的管理、研发、营销等各类人才；努力建立完善以业绩和贡献为导向的人才评价体系，评选先进模范人物，对真正为企业做出贡献的人才实施资金和股权激励；加强人才的培养力度，政府和企业加大培训人才的投入，通过多种培训方式，对企业的管理、营销、安全等方面的人员进行培训，提升企业的综合竞争实力，促进企业不断发展壮大。

（七）加强协会建设，提高办事效率。进一步完善协会的权力机构、常设机构、执行机构、办事机构，使之规范化、制度化、人性化，从而提高食品工业协会的工作能力、效率、水平。待条件成熟时，在食品工业协会下设立如酒类、豆腐干（畜禽）专业协会，增强协会的凝聚力和执行力。

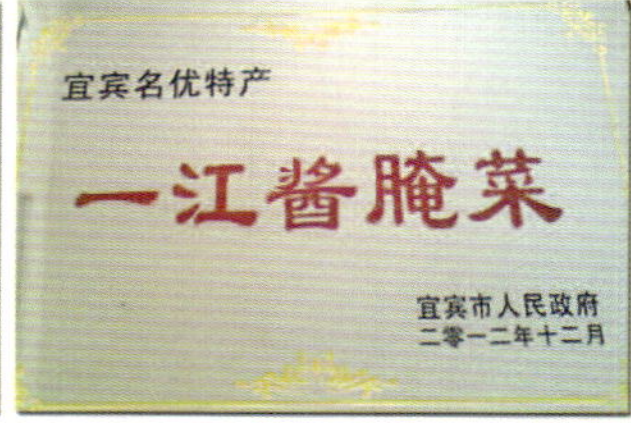

地　址：宜宾市南溪区内北街24号　　电　话：0831-3334451　3334451　　邮　箱：2902691145@QQ.com

沂水县位于鲁中南地区、沂蒙山腹地，总面积2434.8平方公里，在全省县级区划面积中列第二位，辖18个乡镇（街道），1个经济开发区，1040个行政村，113.2万口人。沂水县历史悠久。秦代即在此置县，隋开皇16年（公元596年）定名为沂水县。沂水县有光荣的革命传统，是“红嫂”的故乡、沂蒙精神发祥地之一。食品产业是沂水县传统的支柱产业，起源于上世纪80年代，经过三十余年的发展，全县食品产业逐步壮大，成为支撑地方经济发展的主导产业。目前，全县获证食品企业已发展到230余家，其中规模以上工业企业达到95户。固定资产达到36亿元，从业人员6万余人。年加工各类食品400余万吨，产品达十大系列500多个花色品种，畅销全国各地并远销30多个国家和地区。2013年，规模以上食品工业企业完成产值239.64亿元、利税16.2亿元，同比分别增长13.3%和22%。

隆科特酶制剂公司

鲁洲食品集团

沂水县先后被评为“中国食品城”、“全国食品工业强县”、“中国优质饼干加工示范基地”、“全国食品安全示范县”、“国家火炬计划功能性生物糖特色生产基地”、“山东省新型工业化示范基地（焙烤食品和淀粉糖）”、“省级产业集群（沂水县食品产业集群）”。鼎福、乐福记商标被认定为“中国弛名商标”，鲁洲集团的食用植物油、青援公司的饼干和辣酱、沂蒙山酒业公司的浓香型白酒等9种产品被评为“山东名牌产品”，大仓、沂蒙山、一品庄园、隆大等13个商标被认定为“山东省著名商标”；拥有国家级企业技术中心1户，省级企业技术中心3户，市级企业技术中心5户;拥有博士后科研工作站2个；明富食品公司、现代农业公司、御膳房食品公司等8户企业被评为“2012—2013年度全国食品工业优秀龙头食品企业”。鲁洲食品集团在玉米蛋白粉改性制备食用蛋白粉的研究、树脂酸化及连续糖化技术在葡萄糖浆生产中的应用，隆科特酶制剂公司在酶选育技术，沂蒙山酒业公司在芝麻香、浓香型白酒酿造工艺方面拥有较先进的核心技术。鲁洲食品集团参与和主持制定了食用葡萄糖、低聚异麦芽糖、果葡糖浆、麦芽糖、麦芽糊精、葡萄糖浆等十余项国家标准；隆科特酶制剂公司先后参与制定了7项酶制剂国家标准、一项酶制剂企业生产规范。

鼎福食品公司

青援食品公司

广元市人民政府食品饮料产业推进办公室

一、广元概况：

广元，古称利州，地处四川盆地北部，位于东经104°36′41″-106°45′48″与北纬31°31′40″-32°56′07″之间，是祖国“南方的北方、北方的南方”，处于四大经济圈中心（成都、重庆、兰州、西安）、两大经济区连接处（成渝经济区、关中——天水经济区），幅员面积1.63万平方公里，下辖利州区、昭化区、朝天区和苍溪、旺苍、剑阁、青川县，以及国家级广元经济技术开发区和广元市天然气综合利用工业园区。广元常年平均气温16.1℃，森林覆盖率54.3%（居四川第二位），城区环境空气质量优良天数达350天，是全国卫生城市、中国优秀旅游城市、国家森林城市、中国人居环境范例城市、全国首批低碳发展突出贡献城市、国家低碳城市试点市、国家新型工业化基地、中国首批农科教结合示范区。

二、产业发展基本情况：

近年来，随着广元市工业强市战略的全力推进和农业产业化进程的提速升级，全市食品饮料产业全面提升发展质效，实现了持续快速健康发展。截至2013年底，全市食品饮料企业已达1100多家，规模以上食品饮料企业达到100家，亿元以上食品饮料企业达到41家，2013年规模以上食品饮料企业实现总产值200.25亿元，同比增长23.17%，居全省第9位，也是全市首个冲破200亿元产值大关的产业，占全市规模以上工业总产值的30.08%，处于广元市五大支柱产业领军的地位。全市规模以上食品饮料企业完成销售收入197.42亿元，产销率达到98.59%，实现利润7.6亿元，同比增长22.7%。近年来，中纺粮油等一批央属企业和娃哈哈等一批国内知名企业纷纷在广元投资开发和战略布局，食品饮料产业对广元市经济和社会的带动作用日益显著。

三、产业发展主要特点：

一是主导地位显著突出。2010年，广元市食品饮料产业产值首次突破100亿元大关，成为我市第一个百亿产业。2013年，全市食品饮料产业产值突破200亿，达到200.25亿元，同比增长23.17%，继续保持了全市“5+2+1”产业中的领军地位。

二是产业集群初步形成。广元市肉食品加工、粮油加工、白酒制造、软饮料制造、农特产品加工、饲料加工等产业集群已初具规模。截至目前，初步形成了以雨润食品、高金食品、剑门火腿为龙头的肉食品加工业集群；以香浓米业、盛大油脂、紫爵大朝为重点企业的粮油加工业集群；以不倒翁、剑门关、翔宇酒业为代表的白酒制造业集群；以娃哈哈、鸿皇圣世、苍溪猕猴桃饮料为主体的软饮料加工业集群；以川珍实业、帆舟食品为龙头的农特食品加工业集群；以特骑力士、健珠饲料、壮牛饲料为代表的饲料加工业集群。

三是平台建设卓有成效。广元市现有广元昭化“中国食品产业发展重点园区”、利州大石“中国食品产业发展重点园区”两个国字号食品产业园区。各县区及经济开发区根据各自区域情况，按照“一园一主业”的要求，分别规划建设了专业食品饮料工业园，如国家级经济技术开发区王家营食品工业园、苍溪县武当食品工业园、旺苍县长滩坝食品工业园、剑阁县剑门食品工业园、青川县木鱼食品工业园、朝天县中子食品工业园等，全市食品饮料产业发展平台搭建日趋完善。

四是产业结构优化升级。广元市食品饮料产业结构调整不断发生三大变化：精深加工企业比重大幅增加；产业关联度不断加强，特别是园区内企业间发展的互补性得到有力增强；产业链条不断延伸，产品附加值不断提高。越来越多的食品饮料企业不断完善技术水平，升级产品质量，名品名牌不断涌现，现已有不少产品上档升级。如米仓山富硒绿茶、朝天核桃、青川木耳、中华红心猕猴桃获得国家地理标志产品保护，川珍实业“天马”商标获得中国驰名商标，青川县唐家河野生资源开发有限责任公司、剑阁县剑门火腿有限责任公司、四川不倒翁酒业有限公司、米仓山茶业公司等企业成功创建“四川省著名商标”。目前，全市共有7个省著名商标、10个省名牌产品。

广元·利州区大石中国食品产业发展重点园区

一、园区规划。广元市利州区大石工业园于2009年规划建设，2010年5月，经广元市人民政府正式批准设立。园区总规划面积3.5平方公里，涉及大石镇大石村、小稻村等5个村和荣山镇泉坝村，其中可供工业用地1600亩左右，重点发展食品饮料等无污染的一类工业。

园区分两期建设，一期（大石镇小稻组团）规划建设范围主要涉及大石镇大石村、小稻村，有净工业用地约950亩。近年来，区政府投入资金1.2亿元，完成了园区征地拆迁、道路、河堤、供排水、供电、供气等基础设施建设，完全满足企业入驻条件。2010年园区被中国食品工业协会命名为“中国食品产业发展重点园区”。园区二期（荣山泉坝拓展园）规划面积约1200亩，其中工业用地570亩，目前已完成控制性详细规划编制和河堤修建，2014年启动了部分园区道路、供电、供水、供气、通讯、污水管网铺设等基础设施建设，已签约企业3家，规划入驻企业8家以上，实现产值15亿元以上。

二、入园企业。园区现已入驻企业达30家，总投资20.17亿元。按投资额分类，投资亿元以上企业9家，5000万元以上企业4家，1000万元-5000万元企业17家；按行业分类，食品饮料类企业19家，投资额达17.49亿元，占总投资额的77.42%，食品包装印制类等配套企业4家，其他类企业7家。已竣工企业18家，其中规模以上工业企业17家。全面达产后，可年实现产值近39.63亿元，税收11455万元，提供就业岗位3870个。

三、发展前景。到2016年底，园区将基本建成。计划入驻企业35家左右，年产值达到60亿元以上，实现税收2-3亿元，提供就业岗位5000个左右。

广元·昭化区中国食品产业发展重点园区

昭化区中国食品产业发展重点园区，位于广元市东部城市郊区、昭化城区北部，国道212线两侧，规划面积3.27平方公里，可提供工业用地2970亩。园区区位十分独特和优越，处于南北交汇地带，距广元城市中心仅9公里，距昭化区政府驻地7公里。园区内的道路、桥梁、电力、供水、通讯、网络以及污水处理等基础设施配套齐全，海拔高度503—520米，地势平坦，环境优美、大气、地表水、声环境质量均达到相应功能区标准。现入驻企业16家，其中雨润集团广元公司、福润公司、冰鸟矿泉水、山清米业、钏琰生物科技、铁骑力士、壮牛、石典豆豆香、白龙酒业、武媚娘酒业等11个项目已建成投产，正在建设的有香香嘴豆制品、中纺油脂加工、核桃乳加工、猕猴桃深加工等6个项目。2013年将实现工业总产值27.7亿元，增加值6.3亿元。

中国食品产业发展重点园区秉承以生产绿色、环保、安全食品为宗旨，突出农副食品精深加工和食品制造两大产业，锁定肉制品深加工业、粮油食品深加工业、绿色山珍果蔬加工业、特色食品、饮料制造四大类别，走以工带农、循环发展道路，大力扶持具有资源优势的肉类、粮油、果蔬等农副食品加工业，积极发展特色食品制造业和出口食品加工业，着力打造 “川猪”、“川粮”、 “川果”、“川酒”等优势品牌，努力把园区建设成为秦巴绿色经济走廊、食品饮料产业特色区、川陕甘毗邻地区的食品饮料工业强区，以工业经济的大发展推动宜业宜居活力昭化建设。

中国卤菜之都——湖南·武冈

◆武冈市特色产业开发办公室

2013年12月“武冈卤菜”证明商标荣获中国驰名商标，为全国卤制品行业唯一获得驰名商标的证明商标。

张硕辅副省长(前排中)视察我市特色产业

近年来，在市委、市人民政府正确领导下，武冈市特色产业开发办公室做了大量卓有成效的工作，“武冈卤菜”、“武冈铜鹅”蜚声中外，获得了众多好评。

2011年，武冈市被评为中国最具特色品牌县（市）；武冈铜鹅（民俗）被列入第二批邵阳市级非物质文化遗产名录；出版了《武冈卤菜》和《武冈铜鹅》两本专业书籍；开通了“百万信息”宣传工程；建立了“中国卤菜交易网”和“特色武冈”网。2012年，成功注册了“武冈卤菜”、“武冈铜鹅”3个地理标志证明商标拼音商标；启动了卤菜研发大楼建设；第六届东方美食烹饪赛专用产品。2013年，“武冈卤菜”证明商标被认定为中国驰名商标；“武冈铜鹅”（肉体）、“武冈铜鹅”（活体）证明商标续评为省著名商标；卤菜研发大楼竣工使用；华鹏食品列入航空食品行业。

通过宣传支撑、项目支持、品牌培育、维权打假、基地建设等多种扶持政策，强化了市场竞争力，如今“武冈卤菜”、“武冈铜鹅”产品深受广大消费者喜爱，供不应求。2013年，全市在武冈卤菜、武冈铜鹅的品牌方面已有注册品牌商标39个，其中，中国地理标志证明商标6个，中国驰名商标2个，省著名商标11个，邵阳市知名商标18个，地理标志产品保护2项，为湖南省内县级产业品牌之最。拥有年产值过亿元的卤制品企业2家，年产值过5千万元的6家，小型加工企业196家，从业人员达12000余人。拥有九塘、玉屏、曹家塘等年出笼铜鹅2000羽的规模养殖场18个，年出笼铜鹅150万羽。“武冈卤菜”、“武冈铜鹅”已由2010年的年产值4.6亿元攀升至16.8亿元，正向产业集聚化、集团化这一目标迈进。

卤豆腐

卤菜拼盘

卤鹅翅

武冈铜鹅

地　址：湖南省武冈市春光路与恒丰路交叉口　　网　址：www.zglcjyw.com(中国卤菜交易网)
联系人：林立东　　电　话：0739-4256836　　传　真：0739-4256836

邵阳县油茶产业

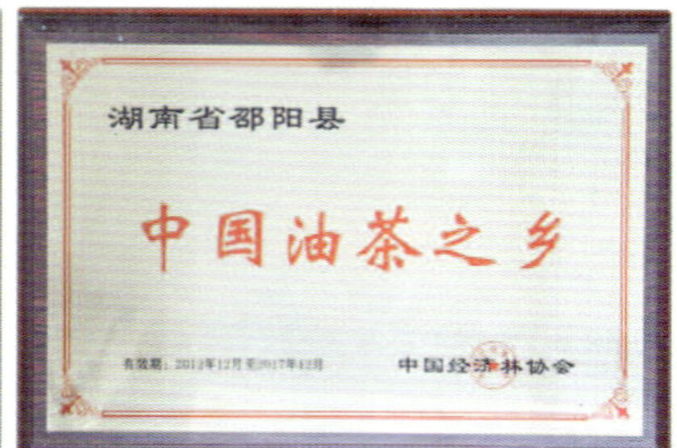

原湖南省省委书记、省人大常委主任现任最高人民法院院长周强考察指导邵阳县油茶产业工作

湖南省委书记、省人大常委会主任徐守盛到邵阳县考察指导工作

原国务院扶贫办主任范小建视察邵阳县油茶产业工作

湖南省委副书记、省长杜家毫到邵阳县考察指导工作

湖南省委副书记孙金龙考察指导邵阳县油茶产业工作

原湖南省委副书记、现任国家质量监督检验检疫总局副局长梅克保考察指导邵阳县油茶产业工作

国家财政部副部长胡静林考察调研邵阳县油茶产业工作

原国家林业局副局长、党组副书记李育材考察指导邵阳县油茶产业工作

邵阳县委副书记、县长袁玉华陪同欧洲投资银行专家考察油茶基地

邵阳县苗圃优良无性系油茶育苗一角

邵阳县蔡桥乡水口村油茶造林基地一角

邵阳县蔡桥乡桂花村油茶低改现场

邵阳县黄亭市镇民主村丰产油茶林一角

湖南省名牌产品—茶仔皇

湖南省著名商标—宝庆桂芳

唱响“有机”曲　打好“朱鹮”牌

——洋县人民政府

洋县又称“朱鹮之乡”，位于陕西汉中盆地东缘，北依秦岭，南屏巴山，三面环山，一面迎川，总面积3206平方公里，总人口44万，辖20个镇362个行政村6个社区居委会。洋县地处我国南北气候交汇处，大气质量一级，境内自然资源丰富，生态环境良好，森林覆盖率达到68.9%，生物多样性尤为突出，被誉为“中国的肺脏”和“世界天然物种基因库”。建有朱鹮和长青两个国家级自然保护区，秦岭四宝—朱鹮、大熊猫、金丝猴、羚牛齐聚境内。洋县“黑米”和“红米”是国家地理标志保护产品。长江第一大支流汉江在县内流经84公里，是国家南水北调和陕西省引汉济渭工程的重要水源涵养地。优越的生态环境、良好的大气、土壤和水资源，造就了食品工业发展得天独厚、无与伦比的天然条件。

多年来，洋县县委、县政府牢固树立“生态立县，循环发展”的理念，提出了“生态立县、工业强县、农业稳县、旅游活县”的发展战略，狠抓基地强基础，依靠科技促升级，建设园区育龙头，打造品牌拓市场，走出了一条具有洋县特色的食品强县之路。全县经济保持了较快发展的势头，县域综合实力进一步增强。2013年，洋县生产总值达到85.05亿元，增长13%。全县财政总收入完成2.8亿元，地方财政收入达到1.6亿元；城镇居民人均可支配收入实现22000元，农民人均纯收入达到6600元，分别比上年增长12.2%和15%。全县规模以上工业企业达29户，其中食品工业12户，该县的食品原料认证基地已达12大类60种10.4万亩，累计发展有机食品生产企业20多户，2013年食品工业完成产值10亿元，占县属工业总产值的29%。通过“十五”、“十一五”、“十二五”的不懈努力，洋县食品工业从小到大、从单一向多元健康发展，初步形成了以朱鹮牌黑米酒、谢村桥牌黄酒、古秦洋牌白酒为主的“三酒”工业；以黑米食醋、酱油为主的调味品工业；以米、面、食用油、红薯、魔芋加工为主的农产品加工业；以乙基麦芽酚、双乙酸钠、甲基环戊烯醇酮为主的食品添加剂业；以无抗生素饲料为主的饲料加工业等五类产业。朱鹮牌黑米酒、古秦洋牌白酒、谢村桥牌黄酒等6类食品工业产品被评为陕西省名牌产品。谢村桥牌黄酒、秦洋牌白酒、朱鹮牌调味品荣获“中华老字号”。先后被评为“陕西省食品工业强县”、“全国食品工业强县”。2011年被国家认监委授予全国首批“国家有机产品认证示范创建县”，是陕西省唯一获此殊荣的县区。2012年，国家认监委把洋县确立为全国唯一的“有机产品认证认可工作联系点”。洋县凭借良好的生态环境和优良的产品质量信誉，于2013年11月，被国家质检总局批准创建“全国朱鹮生态保护产业知名品牌示范区”，成为全国23个有机产品认证示范县中唯一被命名的全国知名品牌示范创建区。“朱鹮”、“有机”品牌已经成为洋县对外宣称的靓丽名片和形象代言。

立足新起点，致力新突破。洋县将以党的十八大精神为指导，认真贯彻落实科学发展观，做好优化资源配置、加快园区建设、完善产业结构、强化政策激励四篇文章，打响“朱鹮”牌，唱响“有机”曲，形成较为完备的生产、加工、营销、监管等产业运行体系，以产品质量的不断升级铸造“全国食品工业强县”和“全国知名品牌”示范形象。